国刑法司法适用疑难问题研究丛书

总主编 陈兴良 周光权

案例刑法研究（总论）
（上卷）（第二版）

主　编　陈兴良
副主编　周光权
上卷撰稿人　（以撰写章节先后为序）
车　浩　柏浪涛
付立庆　陈兴良

中国人民大学出版社
·北京·

总　序

　　我国刑法理论的发展存在两个面向：第一是体系化和学术化，第二是专业化和技术化。所谓体系化和学术化，是指我国刑法理论应当进一步提升自身的学术水平，建构与我国刑法相融洽的刑法教义学体系。而所谓专业化和技术化，是指我国刑法理论应当面向司法实践，将刑法理论资源转化为解决司法实践中疑难问题的专业技术，实现刑法教义学的实践理性。如果说，前者是我国刑法理论的"上天"，那么，后者就是我国刑法理论的"入地"。只有同时从这两个面向推进我国刑法理论向前发展，才能使我国刑法理论不辱使命，成为法学中的显学。

　　应该说，刑法理论的体系化和学术化与专业化和技术化这两个面向并不是互相抵牾而是相互促进的关系。刑法教义学的研究成果处在刑法理论的尖端，对于刑法理论的发展具有引导功能。近年来，随着德日刑法教义学原理的引入和推行，我国刑法理论得到了长足的进步。当然，德日刑法教义学如何与我国刑法相契合，仍然存在需要进一步完善的地方。每个国家的刑法理论都和其刑法的立法与司法密切相关，具有这个国家的气质与禀赋。因此，我国不可照抄照搬德日刑法教义学的原理。当然，刑法理论本身具有跨越国境的性质，尤其是刑法的一般原理，它是从哲学、历史和伦理的深处生长出来的，反射人类精神生活，因而是值得学习和借鉴的。我国切不可闭关锁国，隔断与人类文明的精神通道。另外，刑法教义学的本土化是较为重要的，刑法理论只有植根于我国的司法实践才具有生命力。这就需要将刑法理论与刑法司法紧密地结合起来，充分发挥刑法教义学所具有的应用价值。因此，中国刑法学者应当立足于我国的刑法立法与司法现实基础，从中汲取学术养分，并将刑法理论作用于司法实践，解决刑法适用中的疑难复杂问题。

　　"中国刑法司法适用疑难问题研究丛书"是中国人民大学出版社邀请我和周光权教授共同主编的一套面向司法实践的大型理论著作丛书。这套丛书的编辑宗旨是将近些年来已经在我国司法实践中采用和采纳的刑法教义学进一步推向司法实践，为司法工作人员提供刑法教义学的方法和工具，从而进一步提升我国司法工作人员解决刑法适用疑难问题的能力。收入本丛书的作品需具有较高的刑法理论水准，同时又能够解决刑法各个领域所经常遇到的疑难问题，因而是推进我国刑法司法实务能力的知识更新与理论变革之作。

本丛书以司法实践中的疑难问题为主要研究对象，除了我和周光权教授主编的《案例刑法研究（总论）》（上下卷）涉及刑法总论全部内容以外，其他作品都是专题性研究著作，对存在于刑法各个领域的疑难问题进行了深入和细致的刑法教义学研究。这也是本丛书与以往出版的刑法作品的主要区别之所在。因此，面向司法现实是本丛书的基本特色，解决刑法的司法适用问题是本丛书的根本使命。

作为刑法学者，我们当然要有对刑法理论的钻研精神，同时要有直面现实的正确态度。司法实践中每时每刻发生的各种疑难问题，都等待着我们去解决。因此，刑法司法实践才是刑法教义学理论的源泉。离开了司法实践，刑法理论就会成为无源之水、无本之木。具体来说，刑法司法适用过程中，会出现大量疑难案例，这些疑难案例正是刑法司法实务中疑难问题的载体。如何解决这些疑难案例，就成为检验刑法教义学理论的试金石。以下，我以骗取更名案为例进行说明。

甲是某公司房产销售人员，乙通过甲购买了该公司一处房产，交付全部购房款34万元。后甲欺骗乙签订了更名申请承认书，将该房产以35万元出卖给丙，并为丙办理了房产证，而且丙实际占有了房屋。

骗取更名案的案情非常简单，只有短短几行字，基本上就能把案情说清楚。然而，对骗取更名案的分析却并不容易，涉及十分复杂的理论问题。在骗取更名案中，被害人是谁？对此其说不一：有的人认为被害人是乙，有的人认为被害人是丙。此外，在骗取更名案中，财产损失人是乙还是丙？诈骗数额是34万元还是35万元？对这些问题都存在不同意见。我们以行为分析法进行分析，就会发现骗取更名案中存在两个行为：第一个行为是甲欺骗乙签订更名申请承认书，第二个行为是甲利用更名申请承认书将房屋出卖给丙。这两个行为前后发生，并互为因果。甲在骗取乙的更名申请承认书以后，才能根据该承认书办理更名手续，将购房人由乙变更为丙，并为丙办理了房产登记。下面，我对这两个行为进行法教义学的分析。

第一个行为是甲骗取乙签署更名申请承认书，这是一种欺骗行为。从后果上看，正是这份材料使乙丧失了已经购买的房产。那么，能否据此将本案涉及的罪名认定为诈骗罪呢？诈骗行为是指虚构事实，导致他人产生认识错误，基于认识错误而交付财物。但在本案中，甲虽然实施了欺骗行为，但欺骗行为并没有使甲直接获得房产，乙也没有交付房产的意思和行为，因而并不符合诈骗罪的直接性原则，不能将甲的行为认定为诈骗罪。那么，这份更名申请的性质是什么呢？从民法角度来说，更名申请的性质属于债权转让。

在更名之前，乙和开发商之间签订房屋买卖合同，并交付购房款34万元，由此形成乙对开发商的债权。因此，更名的性质不是退房，退房属于解除房屋买卖合同。更名是在购房合同有效的前提下，改变买受人，因而属于债权转让。

第二个行为是甲利用骗取的更名申请承认书将乙的债权转让给丙，并取得35万元购房款。在更名以后，甲将乙对开发商的债权转让给了丙。丙并不是无对价取得债权，而是向甲交付了35万元。在这一债权转让过程中，开发商是无过错第三人。甲的更名虽然以乙签名的更名申请承认书为依据，但该承认书是甲骗取的，其内容并没有得到乙的许可。因此，甲是在乙不知情的情况下，处分乙的债权。在盗窃罪的客体包括债权或者其他财产性利益的情况下，这一行为具有盗窃的性质。

通过以上分析可以看出，在司法实践中对于那些多种行为交织、纠缠在一起的复杂案件，应当逐个对行为的法律性质加以判断，最后才能完成定罪的过程。而且，在对财产犯罪进行定罪的时候，还应当结合民法的知识。例如，在骗取更名案中，涉及物权与债权的区分。从上述对案情的描述来看，司法工作人员就没有区分物权和债权，例如，将乙与开发商签订房屋购买合同描述为乙购买了房产，又把甲对房屋购买合同的更名说成是将乙的房产卖给丙。这些描述，从日常生活理解来看并没有错误。然而，从法律的角度来说，乙虽然与开发商签订了房屋购买合同，但合同并未最终履行，因而乙向开发商交付34万元，只是获得了以开发商交付房产为内容的债权。而甲也只是将乙的债权转让给丙，此后通过开发商履行债权，丙才获得了房产。由此可见，以房产交付为内容的债权和物质化的房产之间是存在区别的，不可混为一谈。这一从物权与债权的区分中所得出的结论，对于分析骗取更名案具有一定的参考价值。

物权包括所有权、用益物权、担保物权等，《民法典》对此都作了规定。值得注意的是，《民法典》没有规定债，取而代之的是合同，合同是具体之债。在民法学中，债是按照合同的约定或依照法律规定，在当事人之间产生的特定的权利和义务关系。《民法典》规定了各种典型合同，其中包括借款合同，债权与债务关系一般出现在借款合同之中。这个意义上的债比较符合生活中的债的含义。然而，《民法典》中的债，除了生活中的债，还包括其他合同所产生的债。例如，《民法典》规定的买卖合同，也是债的关系。债的关系中，享有权利的人称为债权人，履行义务的人称为债务人。刑法关于财产犯罪的规定，不仅保护物权而且保护债权。然而，我国刑法在关于财产犯罪的具体规定中，只涉及财物的概念，并没有涉及债权的概念。因此，我国刑法关于财产犯罪的规定是否保护债权，在刑法教义学中是存在争议的，这种争议主要表现为：财产性利益是否属于财产犯罪的保护法益？这里的财产性利益就是指民法中的债权。

现在我国较为通行的观点是肯定说，认为刑法中的财物不仅包括物权，而且扩大解释为包括债权。在上述案件中，在对甲的行为进行分析的时候，如果采用债权债务的概念，分析乙与开发商之间的法律关系，以及更名所带来的这种法律关系的变更，是更容易让人接受的。例如，甲的第一阶段行为，仅骗取乙的更名申请承认书，并没有实际骗取房产，而且房产尚未交付与登记，客观上也不存在骗取房产的可能性。只有第二阶段的行为实际处分了乙的债权，侵害了乙的债权，因而具有法益侵害性。因此，该行为才是构成要件行为，应当根据该行为对甲的行为进行定性。这种未经他人同意处分他人债权的行为，与盗窃罪的性质最相接近，因此，将甲的行为认定为盗窃罪是合适的。

骗取更名案比较复杂，我们可以用一个简化版的案例来说明：甲以非法占有为目的，欺骗乙，让乙把手机借给甲使用。甲拿到手机以后，假装打电话，乘乙不备，拿着手机潜逃，将乙的手机据为己有。这就是骗打手机案，在司法实践中多有发生。在此，存在两个行为：第一个是骗取手机，第二个是占有手机。在分析这个案件的时候，容易发生的错误是根据骗取手机的行为将甲的行为认定为诈骗罪。但这里的骗取手机行为之所以不能被认定为诈骗罪，就是因为不存在交付行为，占有没有发生转移。乙将手机交给甲，只是让甲在乙的监视下使用手机，因此，手机仍然处在乙的占有之下，占有转移没有发生。只有第二个行为，才导致乙丧失对手机的占有，而该行为具有秘密窃取的性质，构成盗窃罪。我们将骗打手机案和上述骗取更名案相比较，可以发现，在骗打手机案中犯罪的对象是手机，属于物的范畴，侵害的是物权，而骗取更名案中犯罪的对象是债权。另外，骗打手机案中只有甲与乙两人，而在骗取更名案中还存在第三人，即开发商。因此，骗取更名案是更为复杂的，但这两个案件的原理基本上是相同的。

骗取更名案，可以说是一个疑难案件。对于该案仅仅凭借生活常识，是很难得出正确结论的。反之，从刑法教义学出发得出的结论，则往往是与公众常识相抵牾的。对于骗取更名案，基于生活常识容易得出诈骗罪的定罪结论。然而，生活中的欺骗不能等同于刑法中的诈骗。刑法中的诈骗罪，不仅要有欺骗行为，而且要求该欺骗行为造成他人产生认识错误，并且基于认识错误而交付或者处分财物。在骗取更名案中，虽然存在欺骗行为，但甲的欺骗行为与乙的债权灭失之间并不存在直接关联。而欺骗行为与财产损失之间存在直接关联，是构成诈骗罪的必要条件。同时，将骗取更名案认定为盗窃罪，社会公众也是不容易接受的，因为它与典型的盗窃行为之间还是存在一定差异的。然而，对于盗窃罪不能仅仅根据其表面特征，而是还要把握其本质特征，这就是未经他人同意或者许可，私下将他人财物据为己有。骗取更名案中，甲的行为符合盗窃罪的本质特征。虽然从表面来看，甲直接将房屋买卖合同的买方从乙变更为丙，从而完成了债权的转让。然而，在此过程中甲利用更名申请承认书控制了乙的债权，这是甲处分乙的债权的逻辑前提。在此基础上，才又可能发生将债权确定在丙的名下的事实。因此，甲利用骗取的更名申请承认书为其窃取乙的债权制造了条件，只有将债权转移到丙的名下，盗窃行为才最终完成。至于债权能否成为盗窃罪的保护法益，也是该案中可能会涉及的问题，而这个问题又可以转换成财产性利益是否可以成为盗窃罪的对象的问题。在日本刑法中，财产性利益被明确规定为诈骗罪的对象，在盗窃罪的对象不包括财产性利益的情况下，可以合理地推论，财产性利益不能成为日本刑法中盗窃罪的对象。那么，我国刑法又如何看待这个问题呢？我国刑法将财产犯罪的对象都规定为财物，没有涉及财产性利益。然而，在我国司法实践中，一般都认定刑法关于财产犯罪的规定不仅保护物权，而且也保护债权。例如，盗窃借据可以被认定为盗窃罪，使用暴力迫使他人出具借据的行为可以被认定为抢劫罪。此外，关于受贿罪，刑法规定的犯罪对象是财物，但司法解释将财产性利益解释为财物。例如，2016年4月18日最高人民法院、最高人民检察院《关于办理贪污贿赂刑事案件适用法律若干问题的解释》第12条明确规定：贿赂犯罪中的"财物"包括货币、物品和财产性利益。财产性利益包括可以折算为货币的物质利益如房屋装修、债务免除等，以及需要支付货币的其他利益如会员服务、旅游等。由此可见，我国刑法中的财物在一定意义上包括财产性利益。在这种情况下，将债权解释为财物应当没有法律上的障碍。

司法适用中的疑难问题，并不是刑法学者的主观臆想，而是从活生生的案例中呈现出来或者提炼出来的。面对疑难问题，找出解决之道，这就是刑法教义学方法。不得不指出，在相当长的一个时期里，有相当一些人还是凭经验和感觉处理刑法司法适用中的疑难问题。这里涉及司法经验和刑法理论之间的关系。刑法不仅是一门学问，而且是一门技艺。因此，司法经验的积累和应用是十分重要的。然而，某些司法适用中的疑难问题是超越经验的，换言之，按照日常经验是难以解决的。在这种情况下，就需要借助于刑法教义学的原理，因为只有这些原理才能回应司法实践的需要。而且，刑法理论本身也要面向司法实践，以问题为导向，解决实际问题。

"中国刑法司法适用疑难问题研究丛书"立足于理论，面向司法实践，因而不仅具有理论价值，而且具有现实意义。值得一提的是，参加本丛书写作的作者都是我国中青年一代刑法学者，这些青年才俊不仅具有年龄优势，而且具有知识优势。其中，有些作者除了在国内接受法学教育，还有出国留学深造的经历，有的青年学者还获得了国外的博士学位。因此，这些作者同时具有中国的问题意识和世界的学术视野，是我国刑法学界的新兴力量。他们将来对我国刑法理论发展的学术贡献是值得期待的。

值此"中国刑法司法适用疑难问题研究丛书"即将出版之际，聊缀以上数语，是为序。

陈兴良

谨识于昆明滨江俊园寓所

2020 年 8 月 20 日

序　言

随着我国案例指导制度的建立，案例，尤其是最高人民法院和最高人民检察院颁布的指导案例，在司法实践中发挥着越来越多的作用。在刑法理论中，尽管刑法教义学成为我国刑法知识的主体内容，但以案例为中心展开的刑法理论同样占据着重要地位。我曾经出版《判例刑法学》（上、下卷，第2版，中国人民大学出版社，2017），以案例为线索，对刑法总论和各论的基本问题与重点罪名进行了理论分析。当然，该书是围绕着案例展开的，因此不能体系性地展现刑法原理。本书则以专题为经线、以问题为纬线，较好地将案例分析和理论叙述相结合，完整地呈现刑法总论的基本原理。可以说，《案例刑法研究（总论）》一书是刑法案例类著作的升级版，对于直观和生动地掌握刑法基本理论具有重要参考价值。

本书写作的动议可以追溯到2013年，当时最高人民法院发起编写出版一套案例教程丛书，涉及法学各个学科，多达数十本。其中，《案例刑法教程》就分为总论和各论两本。我受邀担任《案例刑法教程（总论）》的主编，周光权教授担任副主编，并与最高人民法院刑庭相关法官进行合作。然而，我和周光权教授负责的书稿在2013年就完成了，因为最高人民法院主管领导发生人事变动，该案例教程丛书的出版计划随之被搁置。一晃七年过去了，而《案例刑法教程（总论）》的电子版一直沉睡在我的电脑中，几乎完全忘却。偶然的机会，我重新发现了书稿，虽然七年时间过去，刑法规定和司法解释都发生了重大变更，但本书的基本框架和知识体系还是具有价值的。在这种情况下，我和周光权教授商量，在原稿的基础上，对本书进行重新编写。本次编写，除对全书结构进行调整以外，主要是对内容进行了较大幅度的扩容。例如，我所承担的第五章"违法阻却事由"，原标题为"正当防卫和紧急避险"，当时完成的字数是4万。近些年来，我国出现了大量的正当防卫争议案件，例如于欢案、于海明案、赵宇案等。这些案件引起社会的广泛关注，并且被收入最高人民法院和最高人民检察院的指导案例。随着这些正当防卫案例的披露，我国刑法学界对正当防卫和防卫过当进行了深入的理论研究，我本人也撰写了《正当防卫如何才能避免沦为僵尸条款——以于欢故意伤害案一审判决为例的刑法教义学分析》［载《法学家》，2017（5）］和《赵宇正当防卫案的法理评析》（载《检察日报》，2019-03-02）等文，结合具体案例，对正当防卫问题进行理论研究。因此，这次在对"违法阻却事由"一章进行修改时，我增补了相关案例和理论评述，本章的篇幅从4万字增加到10万字，使本章的案例更加丰富、分析更加透彻，从而提高了学术水平和理论层次。其他章也都是如此。在这种情况下，本书的篇幅大幅增加，只能分为上下两卷出版。可以说，本书从动议到定稿，经历了一个漫长而曲折的写作过程。

本书的框架设计，是把刑法规范、司法案例和刑法理论这三者有机地结合起来，因此，将每一节的内容分为知识背景、规范依据、案例评价和深度研究四个部分。下面分别加以介绍。

1. "知识背景"

"知识背景"主要是提供对疑难案件进行分析的基本原理，从而为此后的案例评价作铺垫。因此，在知识背景中所提供的是与案例相关的基础性知识，这些知识对于相关案例的评析是不可或缺的。例如，周光权教授撰写的第八章"共同犯罪"中胁从犯部分，在"知识背景"中，主要对胁从犯的概念、特征和处罚等内容进行了介绍。这些知识都是从我国刑法对胁从犯的规定中引申出来的，是理解胁从犯的基础知识。与之相比，周光权教授在对胁从犯的深度研究中，讨论了受胁迫作为排除犯罪事由的实质根据及其犯罪论体系地位问题。周光权教授指出："受胁迫是国外刑法理论普遍认可的排除犯罪事由，只是其排除犯罪的根据及体系地位尚有争议。在我国，由于刑法规定了胁从犯，对受胁迫行为的研究主要集中在对胁从犯的认定上，很少将受胁迫作为一项独立的排除犯罪事由加以研究。至于受胁迫作为排除犯罪事由的实质根据及其犯罪论体系地位，更无深入细致探讨。"可以说，在共同犯罪中设立胁从犯是我国刑法的特殊规定，而在其他国家的刑法典中，都没有胁从犯的概念，只有受胁迫参加犯罪的出罪事由。在这种情况下，如果局限于我国刑法关于胁从犯的规定，事实上是难以对胁从犯进行更加深入的研究的。周光权教授穿透了我国刑法关于胁从犯的规定，对受胁迫作为排除犯罪事由的实质根据及其犯罪论体系地位进行探讨，并对受胁迫行为的四种情形，即：(1) 阻却构成要件该当性的受强制行为，(2) 阻却违法的受胁迫行为，(3) 阻却责任的受胁迫行为，(4) 胁从犯，分别进行了具体的分析和论述。这样，周光权教授就把胁从犯纳入受胁迫行为的范畴中进行讨论，这对于正确理解我国刑法中的胁从犯具有重要的理论意义。可以说，周光权教授对胁从犯的知识背景和深度研究的完美区隔，成为本书内容的一个亮点。

2. "规范依据"

"规范依据"是指法律规定，它是分析案例的基本规则根据。"规范依据"

虽然只是法律规范的简单罗列，似乎没有太多的讲究，但其实要完整收集相关法律规范，还是要求作者具有较强的法律知识素养的。例如，我在职务上的正当防卫部分的"规范依据"中，除了列举我国《刑法》第20条第3款关于无过当防卫的规定，还列举了最高人民法院、最高人民检察院、公安部、国家安全部、司法部《关于人民警察执行职务中实行正当防卫的具体规定》（1983.09.14）。这个规定出台时间较早，它对人民警察在执行职务中的正当防卫问题进行了具体规定，是我国唯一关于职务上的正当防卫的规定。虽然它不是法律法规，效力层级不是很高，但对于正确认定职务上的正当防卫具有重要规范意义。当然，有些问题属于纯理论形态，例如劳东燕教授承担的第十章"罪数与竞合"，对此刑法和其他法律并没有明文规定。在这种情况下，本书也并不强求对法律规范进行罗列。这也是一种实事求是的态度。

3. "案例评价"

"案例评价"是本书的主体内容，占据了较大篇幅。在本书的写作过程中，面对海量的案例，如何选择具有代表性的案例进行评介，是本书作者首先面临的一个问题。根据主编的构想，收入本书的案例应当具有典型性和疑难性，因为只有这种案例才具有分析价值和参考意义。因此，我们要求尽可能收入最高人民法院和最高人民检察院的指导案例，因为这些指导案例是最高人民法院、最高人民检察院通过严格的程序遴选的结果，在法律适用和要旨提炼方面都堪称样板。在本书相关章节中，只要是与本书主题相关的最高人民法院、最高人民检察院指导案例，都已经入选。这也成为本书的一个特色。当然，最高人民法院、最高人民检察院发布的刑法案例数量还有限，未能覆盖刑法总论的所有知识点，因此，本书除了尽可能选择指导案例，还从《最高人民法院公报》、《刑事审判参考》和《人民法院案例选》等权威刊物刊登的案例中选择了具有评介意义的案例。这些案例虽然不如指导案例那样权威，但也经过了层层筛选，具有一定的疑难、复杂性。对这些案例进行评介，可以完整而体系地展示刑法总论的知识。例如，李飞故意杀人案是最高人民法院指导案例第12号，它对于死刑适用具有重要指导意义。方鹏副教授将其选入本书的第十一章第一节"量刑情节"中，涉及的知识点是酌定情节的认定，包括民间矛盾、亲属协助抓捕等。虽然李飞故意杀人案涉及死刑适用的多个面向，但方鹏副教授侧重于对该案的酌情量刑情节的考察，指出："该案（指李飞故意杀人案——引者注）确定了酌定量刑情节（本案中仅有累犯这一个情节系法定量刑情节），在从宽情节方面，将民间矛盾引发、被告人亲属协助抓捕、积极赔偿都确定为酌定量刑情节；在从严情节方面，将手段残忍、被害人亲属不予谅解确定为酌定量刑情节。可见，司法实务中酌定量刑情节的范围，特别是死刑案件中酌定量刑情节的范围，非常宽泛。被告人亲属协助抓捕，属于与犯罪人本人无关的情节，也属酌定量刑情节。"虽然这些论述是对李飞故意杀人案的裁判要旨的解说，但它超越了个案，具有对同类案件的指导意义。本书收入的案例数以百计，生动地呈现了司法实践中的刑法适用情况。作者对案例进行梳理和评析，并上升到刑法理论高度，从而完成了从个案到法理的惊险跳跃。

4. "深度研究"

"深度研究"是本书具有特色的内容之一，也是本书不同于其他案例类书籍的特点。一般来说，案例类书籍以案例评析为主要内容，虽然具有生动性和直观性，但容易被人诟病的是理论失之于浅显，学术性不被人所看重。因此，对于学者来说，案例类书籍不是体现一个学者水平的代表性著作，偶尔为之，却不受重视。当然，案例类书籍在司法实践中是受欢迎的。在设计本书的时候，我们力图打破读者对案例类书籍缺乏较强的学术性的传统观念，试图在学术研究方面有所着力。因此，本书的"深度研究"是重要看点，也是本书作者所下功夫最深之处。在本书第四章"主观构成要件"中，付立庆教授结合具体案例对故意和过失进行了理论阐述，具有学术深度。例如过于自信的过失和间接故意在司法实践中如何区分，始终是一个疑案问题。付立庆教授在深度研究中，从以下三个方面进行了论述：（1）被告人的供述与主观罪过形式认定的关系；（2）信赖原则与被害人的自我答责；（3）事实的清楚与模糊。最后，付立庆教授还对过于自信的过失与间接故意的界分规则作了总结性陈述："在两者的区别上，一方面要始终围绕前述的三点区别，另一方面又要结合案件的具体情况具体分析，如果实在不能明确区分究竟属于间接故意还是过于自信的过失的场合，按照存疑时有利于被告的原则，只能按照过失处理。"这些刑法理论的论述，对于在司法实践中正确区分过于自信的过失与间接故意具有指导意义。

本书是集体创作的产物。作为主编，我和副主编周光权教授共同负责本书的编写，催促写作进度，并对全书的框架结构进行设计和调整，最后统稿和定稿，共同完成了主编工作。参与写作的撰稿人来自北京大学、清华大学、中国人民大学和中国政法大学等著名院校法学院的刑法学科。在七年前本书启动的时候，他们还是我国刑法学界崭露头角的年轻学者，现在他们都已经成长为我国刑法学界的中坚力量。正是他们的辛勤写作，才有本书的问世。尤其是柏浪涛副教授，作为本书编写的联系人，为促成本书的出版作出了重要贡献。其本人的任职单位也从6年前的中国地质大学转为华东师范大学，完成了从北京到上海的地域转换。此外，本书在动议初期，得到最高人民法院各级领导和法官的大力支持，对此深表谢意。原以为本书能以最高人民法院组织编写的案例丛书的形式出版，没想到以现在这种方式单独出版。据我所知，在这套构想的案例丛书中，只有本书最终获得出版。这是本书的幸运，也是全书作者共同努力的结果。

　　在本书即将在中国人民大学出版社付梓印行之际,对本书编写过程的曲折经历和内容略作叙述,是为序。

陈兴良

谨识于北京海淀锦秋知春寓所

2020 年 6 月 27 日

总 目

上 卷

第一章 罪刑法定原则 ··· 1
第二章 犯罪概念与犯罪构成 ······································· 118
第三章 客观构成要件 ··· 164
第四章 主观构成要件 ··· 242
第五章 违法阻却事由 ··· 345
案例索引 ··· 443

下 卷

第六章 责任阻却事由 ··· 1
第七章 未完成形态 ··· 56
第八章 共同犯罪 ·· 159
第九章 单位犯罪 ·· 280
第十章 罪数与竞合 ··· 313
第十一章 刑罚的适用 ·· 367
案例索引 ··· 447
后 记 ·· 451

上卷目录

第一章 罪刑法定原则 ··· 1
  第一节 罪刑法定原则与解释方法 ······················· 1
  第二节 刑法解释的立场与限度 ·························· 49
  第三节 罪刑法定原则与有利于被告 ···················· 74
  第四节 罪刑法定原则与刑法效力 ······················· 99

第二章 犯罪概念与犯罪构成 ································ 118
  第一节 犯罪概念与但书规定 ···························· 118
  第二节 犯罪构成与定罪方法 ···························· 135

第三章 客观构成要件 ·· 164
  第一节 行为主体 ·· 164
  第二节 行　为 ·· 180
  第三节 结　果 ·· 203
  第四节 因果关系 ·· 216

第四章 主观构成要件 ·· 242
  第一节 构成要件故意 ······································ 242
  第二节 过　失 ·· 275
  第三节 刑法上的认识错误 ································ 303
  第四节 犯罪的目的和动机 ································ 315
  第五节 无罪过事件 ··· 332

第五章 违法阻却事由 ·· 345
  第一节 正当防卫 ·· 345
  第二节 紧急避险 ·· 430

案例索引 ·· 443

第一章　罪刑法定原则

第一节　罪刑法定原则与解释方法

知识背景

　　罪刑法定原则是现代法治国家最重要的刑法基石,是刑事政策不可逾越的藩篱。在现代社会,罪刑法定原则"已经突破了一个国家的国民意识形态的范围,成为世界性的信条和准则"[①]。各国或将之规定于刑法,或将之作为保障人权的表现在宪法上宣布;在国际人权公约中也经常能见到罪刑法定原则的身影。[②] 我国《刑法》第3条规定,法律明文规定为犯罪行为的,依照法律定罪处刑;法律没有明文规定为犯罪行为的,不得定罪处刑。该条被无异议地视作罪刑法定原则的文字表达。

　　从历史上看,首倡罪刑法定原则的经典作家都是要求法官严格地依照法律规定判案,甚至由此否认法官具有解释法律的权力,认为法官只能机械地按照三段论进行推理。[③] 但实际上,法律规定本身不可能是自明的,因为法律经常利用的日常用语与数理逻辑及科学性语言不同,它并不是外延明确的概念,而是多少具有弹性的表达方式,后者的可能意义在一定的波段宽度之间摇摆不定,视该当的情况、指涉的事物、言语的脉络、在句中的位置以及用语的强调,而可能有不同的意涵。即使是较为明确的概念,仍然经常包含一些本身欠缺明确界限的要素。[④] 在这个意义上,不仅有疑义的文字需要解释后才能适用,甚至任何法律规定都要经过解释才能适用,有时一个含义似乎十分明确的概念在遇到具体案件时会文义含混不清而需要解释。[⑤] 今天人们已经

---

　　① 泷川幸辰.犯罪论序说.王泰,译.北京:法律出版社,2005:1.
　　② 《欧洲人权公约》第1项,《公民权利和政治权利国际公约》第15条,等等。
　　③ 贝卡利亚.论犯罪与刑罚.黄风,译.北京:中国大百科全书出版社,1993:12.
　　④ 拉伦茨.法学方法论.陈爱娥,译.北京:商务印书馆,2003:194.
　　⑤ 陈兴良.罪刑法定主义.北京:中国法制出版社,2010:226.

充分认识到,对于刑法适用而言,由于刑法用语的模糊性和歧义性、概念术语的不确定性、刑法内在价值的隐藏性以及刑法规定相对于生活变化的稳定性和滞后性等等原因,刑法解释是不可或缺的。绝对的罪刑法定主义只是一种不可能实现的理想,而在相对罪刑法定主义的原则下,刑法解释有其存在的必要性和正当性,也是法官适用法律的基本前提和主要使命。

在罪刑法定原则的视野中,如何展开刑法解释,首先涉及一个解释方法的问题。关于法律解释方法的种类,众说纷纭。迄今为止,最无争议的四种刑法解释方法分别是:文义解释、历史解释、体系解释和目的解释。所谓文义解释,是指从刑法条文的字面意义和逻辑构造来说明法条含义的方法;所谓历史解释,是根据制定刑法时的历史背景以及刑法发展的源流,阐明法条含义的解释方法[①];所谓体系解释,是指将法条放在整个刑法乃至整个法律体系之中,联系上下文和前后文的语境来说明法条含义的方法;所谓目的解释,是指根据刑法规范的目的,阐明法条真实含义的解释方法。在司法实践中,合理运用这四种刑法解释方法,妥善处理各种解释方法之间的关系,对于维护罪刑法定原则和实现法官的使命,具有重要意义。

规范依据

《刑法》(2020年修正)第3条:"法律明文规定为犯罪行为的,依照法律定罪处刑;法律没有明文规定为犯罪行为的,不得定罪处刑。"

案例评价

[案例1-1] 魏某、王某故意杀人、抢劫、脱逃、窝藏案[②]
(罪刑法定原则与文义解释)

1. 基本案情

王某(男)与魏某(女)系恋爱关系。1998年10月30日下午,魏某见王某驾驶摩托车载着许某,即上前责问王某与许某是何关系,并谩骂许某,引起争执、斗殴,后被人劝阻。为此,魏某心怀怨恨。次日上午7时许,魏某途经许某的水果摊位时,又与许某发生口角。魏某即返回自己的发廊,取了一把双刃尖刀插于腰间,再次来到许某的摊位,与许某争执、扭打。扭打中,魏某拔出尖刀刺向许某右颈部,致许某倒地;又朝许某左大腿外侧刺一刀,后被在场

[①] "历史解释并不意味着只是探讨立法原意,而是要根据历史参考资料得出符合时代的结论。"[梁慧星.论法律解释方法.比较法研究,1993(1).]

[②] 最高人民法院刑事审判第一、二、三、四、五庭.中国刑事审判指导案例:侵犯公民人身权利、民主权利罪.北京:法律出版社,2009:38~42.

群众拉开。魏某逃离现场，于当日到派出所投案，被羁押于Z县看守所。许某被人送往医院，经抢救无效死亡。经鉴定，许某系颈部右侧刺伤，创腔经右锁骨上窝切断右锁骨下动脉，进入右胸腔，刺破右肺上叶，造成血气胸而死亡。

1998年11月，魏某因计划外怀孕，自愿在Z县计划生育服务站人工流产。

王某曾因犯罪在福建省Z县看守所服刑，对看守所的情况比较熟悉。魏某因涉嫌犯故意杀人罪被逮捕羁押在Z县看守所后，王某产生从看守所将魏某"救"出的念头，并为此购买了铁管、螺丝刀、手电筒、假警服、鞭炮等作案工具。1999年1月17日下午4时许，王某乘车到Z县S镇S村其表兄郑某家并告知郑某晚上要到Z县看守所"救"出魏某。晚饭后，王某在郑某家换上假警服，戴上假警帽，携铁管、螺丝刀、鞭炮等，骑自行车离开郑某家。当晚11时许，王某进入看守所，将值班室窗户护栏拉弯入内，用螺丝刀撬开办公桌抽屉，盗出监房钥匙，又将看守所北面围墙用铁管撬开一个大洞。进入监舍后，王某用钥匙打开8号女监房，将正在睡觉的魏某叫出。魏某穿好衣服与王某一起走到监房外走道上，王某叫魏某往前走，魏某听出是王某的声音，便问："怎么是你？"王某说："来救你！"二人从看守所围墙洞口钻出后，骑自行车逃跑。次日凌晨1时许，王某、魏某来到郑某家，要郑某帮助找柴油三轮车。郑某带王某到本村陈某家附近，后由王某自己去叫开陈某家门，郑某返回家中睡觉。随后，王某以100元的价格包乘陈某的柴油三轮车连夜赶到邻县S县县城，在一旅社住下。早上6时50分，公安干警在S县旧县检查站将一辆开往浙江省龙泉市的班车拦下，查获了王某、魏某。郑某亦于当日被刑事拘留。另查明，1999年1月1日凌晨1时许，王某伙同颜某携带作案工具潜入Z县Y县邮电支局，将值班员许某捆绑、打伤后，劫取保险柜一个，内有现金32元、总面值79.65元的邮票和空白支票等。

福建省南平市人民检察院以被告人魏某犯故意杀人罪、聚众持械劫狱罪，被告人王某犯聚众持械劫狱罪、抢劫罪，被告人郑某犯聚众持械劫狱罪，向福建省南平市中级人民法院提起公诉。

福建省南平市中级人民法院依照《中华人民共和国刑法》（1997年修订）第232条、第263条、第310条第1款、第316条第1款、第57条第1款、第49条、第69条第1款、第25条第1款的规定，于1999年7月2日判决如下：（1）被告人魏某犯故意杀人罪，判处无期徒刑，剥夺政治权利终身；犯脱逃罪，判处有期徒刑2年。决定执行无期徒刑，剥夺政治权利终身。（2）被告人王某犯窝藏罪，判处有期徒刑10年；犯抢劫罪，判处有期徒刑8年，并处罚金人民币2 000元。决定执行有期徒刑18年，并处罚金人民币2 000元。

(3) 被告人郑某犯窝藏罪，判处有期徒刑1年。

一审宣判后，王某、郑某服判。魏某不服，上诉于福建省高级人民法院。魏某上诉称：其系无意刺中许某颈部和左大腿，无脱逃故意，且有自首情节，请求从轻处罚。

福建省高级人民法院于1999年9月2日裁定驳回上诉、维持原判。

2. 涉案问题

如何认定单独持械将在押犯劫出的行为？

3. 裁判理由

法院认为：非在押人员可以与在押人员构成脱逃罪的共犯。魏某在王某的策划、安排和直接劫夺下，从看守所逃离，严重侵犯了司法监管秩序。其行为已构成脱逃罪。王某为使魏某从看守所逃离，采用破坏监管设施的手段，为魏某脱逃创造条件，并伪装成看守所干警将魏某从看守所带出，使魏某逃离了司法监管，因而构成脱逃罪的共犯。此外，王某将魏某从看守所劫出后，又提供钱财，包租他人三轮车，与其一起逃往外地，又构成窝藏罪。

4. 评析意见

本案中的关键问题在于：王某在郑某的帮助下，将魏某从看守所劫出的行为，究竟应被认定为聚众持械劫狱罪，还是脱逃罪的共犯，抑或窝藏罪？这里涉及在罪刑法定的框架内，对法律规定作出正确理解。首先，从文义解释的角度来看，本案中的行为不构成聚众持械劫狱罪。《刑法》第317条第2款规定的聚众持械劫狱罪，是指聚集多人，有组织、有计划地持械劫夺被依法关押的罪犯、被告人、犯罪嫌疑人的行为。本罪侵犯的法益是司法机关对在押犯的监管秩序和制度，其犯罪对象只能是被依法关押的罪犯、被告人或犯罪嫌疑人。该条款当中明确规定本罪的行为方式为"聚众持械劫狱"。这里就涉及对"聚众"的解释。从文义解释的角度看，"聚众"至少须在三人以上。也就是说，聚众持械劫狱罪是必要的共同犯罪。本案中，王某采用破坏监管设施的手段将魏某从看守所劫出，郑某明知王某到看守所"解救"魏某，而提供自行车，帮助联系三轮车使之逃跑，再加上被劫出的魏某，这表面上似乎符合聚众持械劫狱罪的构成特征，但实际上，在王某劫狱之前，郑某虽然知道王某要将魏某劫出，但是并未对劫狱行为提供任何有实质意义的帮助，也未随着王某去劫狱，只是在劫狱之后为王某和魏某的逃匿提供了协助，因此，郑某不是劫狱行为的共犯。此外，魏某在王某进入看守所之前，并未与王某之间形成劫狱的共谋，其见到王某后随其离开，也未采取任何手段危及监管人员的安全或破坏监管设施，因此，魏某也不是劫狱行为的共犯。这样看来，本案中的劫狱行为实际上是由王某一人完成的。而聚众持械劫狱罪要求的是聚众一起劫狱，而并非仅仅在劫狱前后出现了多人。因此，按照对

"聚众"进行文义解释的结论,本案中不具备"聚众"这一构成要件要素,"根据罪刑法定原则,不能以聚众持械劫狱罪定罪处罚"①。

其次,根据文义解释,本案也不符合劫夺被押解人员罪的构成要件。《刑法》第 316 条第 2 款规定,"劫夺押解途中的罪犯、被告人、犯罪嫌疑人的……"。这说明本罪的劫夺对象只能处在押解途中。本案中魏某是被关押在看守所的犯罪嫌疑人,不属于处在押解途中的犯罪嫌疑人,因此,"依照罪刑法定原则,在立法对此作出修改以前,不能扩大劫夺被押解人员罪的犯罪对象范围"②。综上,法院在本案中排除了聚众持械劫狱罪和劫夺被押解人员罪的适用,依据文义解释的方法贯彻了罪刑法定原则。这是值得肯定的。

[案例 1-2] 李某盗伐林木案③(罪刑法定原则与文义解释)

1. 基本案情

2010 年 8 月底 9 月初的一天,李某在未经行政主管部门批准许可的情况下,向从事苗圃生意的王某兴谎称其已与交通局的领导打好招呼,可以处理无锡市滨湖区锡南路葛埭社区路段两侧的香樟树,并让王某兴帮忙卖掉其中 10 棵。王某兴遂联系到买家苏州市 W 苗圃场经营者周某。2010 年 9 月 20 日,周某安排人员至上述路段挖走香樟树共计 10 棵,其中胸径 40 厘米的 1 棵、38 厘米的 2 棵、28 厘米的 7 棵,林木蓄积量共计 5.147 5 立方米,价值共计 35 496 元。

当日,李某在上述挖树现场遇从事苗圃生意的陆某,陆某得知李某系得到相关领导同意后处理香樟树,即向李某提出购买部分香樟树,李某表示同意。陆某又与范某、王某兵商定将上述路段的香樟树卖与范、王二人。2010 年 9 月 22 日,范某、王某兵各自带领工人在上述路段挖树时被公安人员当场查获。案发时,范某、王某兵已开挖香樟树 17 棵,其中胸径 30 厘米的 2 棵、29 厘米的 6 棵、28 厘米的 3 棵、27 厘米的 5 棵、26 厘米的 1 棵,上述林木蓄积量共计 6.901 立方米,价值共计 53 250 元。案发后,王某兴退赔被害单位 3.2 万元。

法院认为:被告人李某以非法占有为目的,通过欺骗方式利用他人盗挖国家所有的行道树,其行为构成盗窃罪。公诉机关指控李某犯盗伐林木罪的事实清楚,证据确实充分,但指控的罪名不当,应予改正。李某的犯罪行为发生在 2011 年 4 月 30 日以前,依照《中华人民共和国刑法》第 12 条第 1 款

---

①② 最高人民法院刑事审判第一、二、三、四、五庭. 中国刑事审判指导案例:侵犯公民人身权利、民主权利罪. 北京:法律出版社,2009:40.

③ 最高人民法院刑事审判第一、二、三、四、五庭. 刑事审判参考:总第 86 集. 北京:法律出版社,2013:56.

之规定，应当适用《刑法修正案（八）》颁布前《中华人民共和国刑法》的相关条款。李某在实施其中一次犯罪过程中因意志以外的原因而未得逞，系犯罪未遂，可以比照既遂犯从轻、减轻处罚。李某归案后认罪态度较好，可酌情从轻处罚。法院遂依法判决如下：被告人李某犯盗窃罪，判处有期徒刑4年，并处罚金5 000元。

一审宣判后，李某未上诉，公诉机关亦未提出抗诉，判决已经发生法律效力。

2. 涉案问题

盗挖行为能否被评价为盗伐林木罪中的"盗伐"？

3. 裁判理由

法院认为：采挖行为与采伐行为是本质上不同的两类行为。被告人李某为了达到转手香樟树获利的目的，让人盗挖后出售，属于"盗挖"而非"盗伐"。盗伐林木罪被列在《刑法》2009年第二次修正之"妨害社会管理秩序罪"一章中的"破坏环境资源保护罪"一节，是鉴于活体树木对人类的特殊贡献。盗伐行为造成的破坏不可逆转、无法恢复，所以其最终必然破坏生态环境。而本案被告人的盗挖行为虽然未经绿化行政主管部门审批，在一定程度上违反了有关城市绿化管理制度，但毕竟未终结树木生命，尚未对生态环境造成无法挽救的后果，因此其行为的危害主要体现在侵害了树木所有人的财产所有权。综上，法院认为被告人的盗挖行为不构成盗伐林木罪。

4. 评析意见

本案判决认定李某的行为不构成盗伐林木罪，不是因为认为行道树不属于林木，而是因为认为被告人李某所实施的行为是盗挖而不是盗伐。在裁判说理中，法官对此作了详尽的解释：盗伐行为与盗挖行为之间，存在着行为方式、行为后果、行为本质等诸多差异。在行为方式上，"伐"是用刀、斧、锯等把东西断开。伐木，就是用锯、斧等工具把树木弄断。"伐"的行为实施后，树木主干与其赖以生存的根部分离，根部留存于土壤中。而"挖"是用工具或手从物体的表面向里用力，取出其一部分或其中包藏的东西的意思。挖木，就是用锄、铲、锹等工具把树木及其树根的主要部分从泥土中取出，将树整体与泥土分离。在行为后果方面，"伐"后树木必然死亡，而"挖"后栽种的树木会被移走。在行为本质上，"伐"的行为直接导致活立木的死亡，行为实施当场就对森林资源和生态环境造成破坏，而"挖"的行为并不会直接造成林木死亡，故"伐"与"挖"对林木资源和生态环境造成的影响存在本质的区别。应当说，上述对"盗伐"与"盗挖"的区分是非常到位的。通常而言，"伐木"意味着把用工具把树木砍伐弄断，追求或者放任树木的死亡，而"挖树"，特别是出于获利目的将树木从一处移植至另一处或转卖给他人,恰恰是要避免树木的死亡,因而不会把树木砍伐弄断。所以,从文义解释来看,"盗挖"行为不在带有砍伐折断树木含义的"盗伐"的通常含义的射程之内,因而李某的行为不符合盗伐林木罪的构成要件。

[案例1-3] 凌某、刘某贩卖、制造毒品案① (罪刑法定原则与文义解释)

1. 基本案情

2008年12月,刘某、凌某与"阿发"(在逃)共谋加工"咖啡"贩卖牟利,由"阿发"提供配方,刘某、凌某提供加工"咖啡"的毒品原料和加工场所。刘某、凌某先后租用Z市百合星城二期5号楼SD房间、H市华洪大厦16楼B室、东方巴比伦605房间、海燕宾馆1306房间和1401房间存放毒品和加工"咖啡"。刘某指使同案犯周某在华洪大厦16楼B室,按配方将"摇头丸""Y仔"碾成粉末并与"K粉"混合后送到东方巴比伦605房间,由"阿发"雇用的同案犯马某航、马某、黄某(均另案处理,已判刑)加入袋装"雀巢"咖啡内,并用封口机封口,以每包人民币80元的价格贩卖给附近的娱乐场所和吸毒人员。

法院认为:凌某、刘某明知是毒品,而伙同他人贩卖,并制造毒品"咖啡",其行为构成贩卖、制造毒品罪。一审法院宣判后,被告人凌某、刘某不服,提起上诉。二审法院驳回上诉、维持原判。最高人民法院经复核认为,刘某、凌某等人将"摇头丸""Y仔""K粉"混合后加入袋装"雀巢"咖啡内贩卖,不属于制造毒品,仍属于贩卖毒品的行为,不应当被认定为制造毒品罪。

2. 涉案问题

在毒品中添加非毒品物质的行为能否被认定为制造毒品罪?

3. 裁判理由

刘某等人把毒品"麻古""摇头丸""Y仔"等混合的行为,不是为了制造出一类新毒品,也没有制造出新毒品,其目的是混合后加入咖啡中以便于贩卖,因此不属于制造毒品。

4. 评析意见

在本案中,刘某、凌某等人将"摇头丸"、"Y仔"与"K粉"混合后加入袋装"雀巢"咖啡内贩卖,主观上并不是为了制造出一种新类型的毒品,而是想通过这种混合的形式达到掩人耳目的目的。其主观目的是贩卖毒品。这一点并没有疑问。问题是:这种行为在客观上能否被认定为"制造"?对此

---

① 最高人民法院刑事审判第一、二、三、四、五庭.刑事审判参考:总第87集.北京:法律出版社,2013:46.

存在两种不同意见。一审和二审法院都认为该行为构成制造毒品罪。但是最高人民法院否定了这种观点。《全国部分法院审理毒品犯罪案件工作座谈会纪要》第4条中规定,"制造毒品不仅包括非法用毒品原植物直接提炼和用化学方法加工、配制毒品的行为,也包括以改变毒品成分和效用为目的,用混合等物理方法加工、配制毒品的行为,如将甲基苯丙胺或者其他苯丙胺类毒品与其他毒品混合成麻古或者摇头丸"。最高人民法院复核后认为,该纪要提到的以物理方法制造毒品有明确的指向,即制造"麻古""摇头丸"等成分相对固定、毒品性能有所变化的新型毒品,而本案不属于这种情形。其实,更根本的原因在于,本案中的行为,仅仅是一种单纯的混合,并没有加工、配制,因此不能被称为"制造"。对刑法用语的理解,不能脱离日常语义。通常所说的"制造",仅仅是物质的混合还是不够的,往往需要这种混合改变了原有各物质的存在形态或功用,形成一种新的形态或功用。在本案中,这种混合行为只是简单地把一些毒品和咖啡掺杂在一起,既没有严格的比例配置规范要求,也没有专业化的配比工艺程序,还不足以达到改变毒品成分和效用的程度,没有形成新的混合型毒品,故不属于制造毒品的行为。对刘某、凌某的这种行为以制造毒品罪论处,就超出了文义解释的边界,违反了罪刑法定原则。因此,对于一审、二审法院将其认定为制造毒品罪的判决,最高人民法院经复核后予以纠正的做法是正确的。

[案例1-4] 徐某、郑某帮助伪造证据案[①]（罪刑法定原则与文义解释）

1. 基本案情

2002年6月9日,衢州奥科特食品有限公司（以下简称奥科特公司,法定代表人毛甲）向蔡某借款人民币（以下币种同）70万元,月息3分,其中2分的月息由毛甲另行出具借条,内容为:"今借到蔡某先生现金壹拾陆万捌仟元整,定于5月31日前归还,该款项在2003年5月31日归还期限内不计息。借款单位衢州奥科特食品有限公司,法人毛甲"。之后,奥科特公司归还了该168 000元款项,但借条没有取回。2008年7月,蔡某持上述16 800元款项的借条,向浙江省衢州市衢江区人民法院起诉,请求法院判令奥科特公司归还借款168 000元及利息311 136元。同年8月13日,浙江省衢州市衢江区人民法院开庭审理此案,奥科特公司辩称已归还该借款且该借款已过诉讼时效,故不同意调解。2008年9月,浙江省衢州市衢江区人民法院（2008）衢民初字第16号民事判决书以该借款已超过诉讼时效为由驳回蔡某的诉讼请求。蔡某不服该判决,向浙江省衢州市中级人民法院提起上诉。在此期间,

---

① 最高人民法院刑事审判第一、二、三、四、五庭.刑事审判参考:总第95集.北京:法律出版社,2014:36.

蔡某明知徐某、郑某和毛乙（另案处理）不知其向毛甲催要 168 000 元借款或者没有找到过毛甲等而分别要求三人出庭作虚假证言，证明他们曾先后陪同其到毛甲处找到毛甲追讨该 168 000 元债务，从而证明该借款存在诉讼时效中断的事由。其中，蔡某还向徐某提供字条，要徐某出庭作证时按照字条上的内容陈述。徐某、郑某和毛乙均表示同意。2009 年 2 月 6 日二审开庭，徐某、郑某及毛乙按照蔡某的要求，分别出庭作证。其中，徐某在 2008 年 6 月（陪同蔡某去毛甲的办公室并进行了录音）之前未陪同蔡某向毛甲催要过 168 000 元债务，却当庭作证证明：2006 年 10 月、2009 年，其先后和蔡某找到毛甲，听到毛甲说这 168 000 元借款肯定会还给蔡某的。郑某未见过毛甲，也不知该 168 000 元债务，却当庭作证证明：2009 年 4、5 月，其和蔡某到毛甲的办公室催款，听到蔡某叫毛甲把钱重新结算一下，168 000 元这笔快到时间了，能否再转一下，毛甲说没必要转的，有钱肯定会还的。毛乙不知该 168 000 元债务，却当庭作证证明：其多次陪蔡某到毛甲处催款，第一次是在毛甲的办公室，第二次是 2004 年在饭店，之后又多次到毛甲的办公室，2006 年春节前到毛甲的大姨家催过一次，2006 年 8 月还催过一次，都是为了 168 000 元这笔借款。经法庭调解，该案以（2009）浙衢商终字第 1 号民事调解书调解奥科特公司于 2009 年 2 月 6 日前支付蔡某 2 万元款项，该款应当当场支付。

浙江省江山市人民法院认为：蔡某指使他人作伪证，侵犯了正常的司法秩序，其行为构成妨害作证罪；徐某、郑某受蔡某指使，帮助蔡某在法庭上提供虚假证言，侵犯了正常的司法秩序，情节严重，其行为均构成帮助伪造证据罪。郑某能如实供述其罪行，依法可以从轻处罚。据此，依照《中华人民共和国刑法》第 307 条第 1 款、第 2 款，第 67 条第 3 款之规定，判决如下：（1）同案被告人蔡某犯妨害作证罪，判处有期徒刑 1 年 6 个月。（2）被告人徐某犯帮助伪造证据罪，判处有期徒刑 1 年。（3）被告人郑某犯帮助伪造证据罪，判处有期徒刑 10 个月。一审宣判后，蔡某、徐某均不服，以原判认定事实和适用法律有误为由分别提起上诉，请求浙江省衢州市中级人民法院撤销原判、改判二人无罪。二审裁定驳回上诉、维持原判。

2. 涉案问题

在民事诉讼中当庭所作的虚假证言是否属于帮助伪造证据罪中的"证据"？

3. 裁判理由

法院认为：徐某、郑某在民事诉讼中当庭故意作伪证，严重扰乱正常的司法秩序，并造成对方当事人遭受实际财产损失，具有严重的社会危害性，对其行为应当以帮助伪造证据罪追究刑事责任。

4. 评析意见

本案审理过程中，对于徐某、郑某的行为是否成立帮助伪造证据罪存在不同意见。否定性意见认为：徐某、郑某在民事诉讼中当庭所作的证言不属于帮助伪造证据罪中的"证据"。帮助伪造证据罪中，行为人所毁灭、伪造的证据，应当限于物证，书证，鉴定意见，勘验、检查笔录与视听资料，转化为书面或者视听资料的证人证言，被害人陈述或犯罪嫌疑人、被告人的供述和辩解等。该观点强调言词证据的物体化，认为非物体化的证据不属于帮助伪造证据罪中的证据。法院最终没有采纳这种观点，而是将虚假的证人证言认定为帮助伪造证据罪中的证据。应当说，从证人证言属于民事诉讼的法定证据类型之一这一点来看，法院的认定有其合理性与正当性。法院提出了两点理由：第一，在民事诉讼中证人当庭所作的证言在效力上高于物体化的证人证言，当庭所作虚假陈述对于法官判断证据及认定事实的影响一般高于物体化的证人证言所产生的影响，所以如果帮助伪造物体化的证人证言可能成立犯罪，而当庭作虚假陈述的行为反而被排除在犯罪之外，则缺乏合理性。第二，即使坚持言词证据的物体化，证人当庭所作的证言是由法庭记录在案的，在经过书记员记录、庭审录音录像后也就转化成了物体化的证人证言，其后庭审过程中当事人及代理人也是对该已转化的证人证言进行质证，当庭所作证言与物体化的证人证言在本质上并无区别。从证人证言本身的证据性质来看，将当庭所作证言与物体化的证言作本质区分，将后者入罪而排斥前者，这确实不合适。但本案的关键问题不是证人证言是否属于"证据"，而是当庭说谎作伪证是否属于"伪造"行为。然而，法院的裁判理由并没有关注到这一点。通常来讲，把说谎行为评价为"伪造"，不太符合公众对"伪造"一词的日常理解。这似乎超越了"伪造"的文义界限。但是，考虑到"作伪证"的说法已经成为法律上的专门术语且也逐渐渗透到日常生活中，将当庭作伪证这一行为整体上评价为"伪造证据"，也处在可以接受的范围之内。

[案例1-5] 王益某等遗弃案[①]（罪刑法定原则与历史解释）

1. 基本案情

1996年至1999年8月间，刘晋某、田某、沙某丹·胡加基、于某，在某市精神病福利院院长王益某的指派下，安排该院工作人员将精神病福利院的28名"三无"公费病人遗弃在甘肃省及新疆昌吉附近。（1）经四病区科主任刘晋某的认可和护士长田某的参与，送走"三无"公费病人4次，病人19名。其中，1996年6月由该院工作人员王某、王某茂乘火车将病人王某鹏、周某、荣某、沙某山遗弃在甘肃省境内；1999年5月由刘晋某、田某将张某堂、努某克、里某甫遗弃在新疆昌吉附近；1999年7月由王某乘火车将病人

---

① 国家法官学院，中国人民大学法学院. 中国审判案例要览：2003年刑事审判案例卷. 北京：人民法院出版社，2004.

刘某生、单某义、郑某忠、王乙、杜某新、无名遗弃在甘肃境内。(2) 经五病区科主任沙某丹·胡加基的认可和护士长于某的参与,送走"三无"公费病人4次,病人9名。其中,1999年4月沙某丹·胡加基与张某玲将病人罗某珍遗弃在某市红山附近;1999年5月于某与张某玲将病人沙痴女遗弃在新疆昌吉附近;1999年8月沙某丹·胡加基将磕头、库力某汗、马某清、吴某珍、吴某遗弃在新疆昌吉附近;1999年11月沙某丹·胡加基、于某将病人曹某、哑女遗弃在新疆昌吉附近。

法院依照《中华人民共和国刑法》(1997年修订)第261条,第72条第1款,第73条第2款、第3款,第25条,第26条第1款,第27条的规定,作出如下判决:(1) 王益某犯遗弃罪,判处有期徒刑2年,缓刑3年;(2) 刘晋某犯遗弃罪,判处有期徒刑1年,缓刑2年;(3) 沙某丹·胡加基犯遗弃罪,判处有期徒刑1年,缓刑2年;(4) 于某犯遗弃罪,判处有期徒刑1年,缓刑2年。

一审法院判决后,被告人于某不服,提起上诉。于某上诉称:原审判决认定事实不清。自己是一般医务人员,自己的行为不构成犯罪,自己不符合遗弃罪的犯罪主体,原审对其定罪处刑不正确。请求二审法院撤销原审对其定罪处刑的判决。二审法院驳回上诉,维持原判。

2. 涉案问题

非家庭成员之间的遗弃行为能否构成遗弃罪?

3. 裁判理由

法院认为:被告人王益某、刘晋某、田某、沙某丹·胡加基、于某身为福利院的工作人员,对于依赖福利院生存、救助的"无家可归、无依无靠、无生活来源"的公费病人,负有特定扶养义务,应当依据其各自的职责,积极履行监管、扶养义务,而不应将被扶养的28名病人遗弃,拒绝监管和扶养。被告人王益某、刘晋某、田某、沙某丹·胡加基、于某的行为均已触犯我国刑法中关于对于年老、年幼、患病或者其他没有独立生活能力的人,负有扶养义务而拒绝扶养,情节恶劣的,处5年以下有期徒刑的规定,构成了遗弃罪,应予惩处。

4. 评析意见

本案行为人王益某、刘晋某等5人分别系某市精神病福利院院长、病区科主任、护士长,他们先后指派他人将28名"无家可归、无依无靠、无生活来源"的"三无"病人送到远离本精神病福利院的地方予以遗弃,客观上有遗弃行为,主观上也有遗弃他人的故意。本案中的争议点出现在:行为人与被害人之间不是家庭成员关系,其能否成为遗弃罪的主体?对此,控辩双方争议很大。控方认为,王益某等人遗弃病人的行为已经触犯《刑法》(1997年修订)第261条的规定,构成遗弃罪。而辩方则认为,王益某等人不具有遗弃罪的主体资格,其行为不构成遗弃罪。

从法院的判决及其理由来看,法院对此持肯定态度。法院认为:对"扶养义务"应从广义上理解。扶养义务不仅包括亲属间的法定扶养义务,也包括职业道德、职责所要求必须履行的扶养义务。例如:实行全托制的幼儿园、精神病医院以及人民政府为给社会上那些年老、年幼或身有残疾的"三无"人员提供生活、治疗等救助而专门设立的诸如福利院等机构的人员,出于职业道德和职责的要求,必须履行救助职责;如果他们有条件和能力履行这种救助职责而拒绝履行,应认为是遗弃行为,情节恶劣的,直接负责的主管人或直接责任人就应被追究遗弃罪刑事责任。法院认为,刑法只是规定了对年老、年幼、患病或者其他没有独立生活能力的人有扶养义务而拒绝扶养,情节恶劣的,构成遗弃罪,并没有规定只有亲属间有扶养义务的人实施遗弃行为才构成该罪。

显然,法院在这里是根据"扶养义务"的含义本身以及社会情势的变化,从客观解释的立场出发,得出结论:依特定的职业道德和职责应当对特定的对象履行救助职责而拒不履行的人,也可以构成遗弃罪的主体。

对此,学界存在不同的看法。从遗弃罪的立法沿革来看,我国刑法关于遗弃罪的规定存在一个演变过程。在1979年刑法中,遗弃罪属于妨害婚姻家庭犯罪,因而遗弃罪的主体只能是负有扶养义务的家庭成员,遗弃罪的对象是缺乏独立生活能力、在家庭经济上处于从属地位的人。1997年刑法修订时,对于妨害婚姻家庭的犯罪究竟是继续单设一章予以规定还是归并到"侵犯公民人身权利、民主权利罪"一章中,争议较大。有的观点认为:家庭是社会的细胞,婚姻家庭是否正常和稳定,直接影响到社会是否安定。同时,妨害婚姻家庭的犯罪与侵犯公民人身权利、民主权利的犯罪相比,有它的特殊性,故有单独设章规定的必要。相反的观点认为:从实质上讲,妨害婚姻家庭的行为也是一种侵犯公民人身权利、民主权利的行为,二者之间应当是包容的关系。同时,在1979年《刑法》所规定的八章中,唯有"妨害婚姻、家庭罪"只有6个条文,显得十分单薄,与其他章的条文数量相比极不协调。因此,应将1979年刑法单设一章的"妨害婚姻、家庭罪"归并到"侵犯公民人身权利、民主权利罪"中。立法部门采纳了第二种意见,将1979年刑法第七章的内容归并到了第四章中。①

由于在1997年刑法修订之后,遗弃罪连同其他妨害婚姻家庭犯罪一起被归并到"侵犯公民人身权利、民主权利罪"一章中,因此,有观点认为:遗

---

① 周道鸾,等. 刑法的修订与适用. 北京:人民法院出版社,1997:522.

弃罪的主体与对象不需要是同一家庭成员，因抚养义务不能仅根据婚姻法确定，而应根据不作为义务来源的理论与实践（如法律规定的义务、职务或业务要求履行的义务、法律行为导致的义务、先前行为导致的义务等）确定，故遗弃罪的主体不限于家庭成员。基于同样的理由，遗弃罪的对象也不限于家庭成员。因此，《刑法》（1997年修订）第261条中的"其他没有独立生活能力的人"应该拓展为家庭成员以外无生命自救能力的人。换言之，遗弃对象除年老、年幼、患病者外还包括以下之人：负伤者、精神陷入恍惚状态者、烂醉如泥者等。[1] 但是，持相反观点的学者坚持认为，尽管章节设置发生了变化，但是考虑到婚姻、家庭问题的特殊性，以及刑法关于遗弃罪的文字规定未作任何修改等，遗弃罪的含义并未发生变化，其客观方面仍然表现为对没有独立生活能力或者不能独立生活的家庭成员，有扶养义务而拒绝扶养的行为。[2] 有学者进一步指出，1997年刑法将遗弃罪归并入"侵犯公民人身权利、民主权利罪"中，其原因仅仅是技术性的，即"妨害婚姻、家庭罪"只有6条，单设一章过于单薄。这种纯粹由于技术原因而引起的罪名归类的变动，不能成为对法律规定的含义重新解释的理由。而且，遗弃罪本身具有侵犯人身权利的性质，但这是指对不能生活的人之人身权利的侵害，而不能宽泛地解释为对社会一般人的人身权利的侵犯。一个法律规定含义的变动，直接修改当然是主要原因，间接修改也是原因之一。在间接修改的情况下，某一法律规定本身虽未修改，但与之相关的其他法律规定被修改，可导致该法律规定的含义发生变化。罪名归类的变动，既非直接修改也非间接修改，因而对法律规定的含义不能进行重新解释。[3]

由此可见，对于《刑法》（1997年修订）第261条中的"扶养义务"如何理解，存在一个解释方法的选择和顺序问题。根据语义解释，扶养包括家庭成员间的扶养和社会扶养机构的扶养。就此而言，由于《刑法》（1997年修订）第261条并没有将扶养义务明文规定为家庭成员间的扶养义务，因而将非家庭成员间的扶养义务，这里主要是指社会扶养机构的扶养义务，解释为遗弃罪中的扶养义务似乎并无不妥。但从立法沿革来说，我国刑法中的遗弃罪从来针对的都是家庭成员间的遗弃，而并不包括非家庭成员间的遗弃。因此，这里存在着文义解释与历史解释之间的冲突。在解释方法的位阶顺序上，如果认为文义解释优先于历史解释，那么扶养就可以包括非家庭成员间的扶养，本案中的情形就构成遗弃罪；如果主张历史解释优先于文义解释，那么

---

[1] 周光权. 刑法各论讲义. 北京：清华大学出版社，2003：81.
[2] 周道鸾，张军. 刑法罪名精释. 北京：人民法院出版社，2007：488. 高铭暄，马克昌. 刑法学. 北京：北京大学出版社，2010：551.
[3] 陈兴良. 判例刑法学：上. 北京：中国人民大学出版社，2009：64.

扶养就仅限于家庭成员间的扶养，本案中的情形就不构成遗弃罪。

[案例1-6] 陈某故意杀人案①（罪刑法定原则与历史解释）

1. 基本案情

2005年9月13日晚，江苏省启东市公安局民警会同久隆镇民政干部黄某、久隆卫生院院长季某将躺在本市L镇X村宁启高速公路附近的一身体极度虚弱的女子送至L镇敬老院，由陈某负责接收。季某向陈某交代如该女子有发热等症状及时同医院联系。当晚，陈某帮该女子换洗了衣服并安排在一屋内休息。次日上午，陈某见该女子满身粪便，无自理能力，便让他人将其放在另一小屋内，并产生将该女子送至别处的念头。14日19时许，陈某租用了吴某的三轮车，将该女子送到H市三阳镇普新村一机耕路旁。15日凌晨，该女子被当地群众发现后送至H市三阳医院救治。经抢救无效该女子于当日9时许死亡。经鉴定，该女子系营养不良伴感染造成感染性休克而死亡。

江苏省启东市人民法院依据《中华人民共和国刑法》（2005年修正）第232条、第72条第1款及最高人民法院、最高人民检察院、司法部《关于适用普通程序审理"被告人认罪案件"的若干意见（试行）》*第9条之规定，作出如下判决：被告人陈某犯故意杀人罪，判处有期徒刑3年，缓刑5年。

一审判决作出后，陈某没有上诉。

2. 涉案问题

对非家庭成员负有救助职责而拒不履行救助义务，并因此导致救助对象死亡的，究竟是构成遗弃罪还是构成不作为故意杀人罪？

3. 裁判理由

法院认为：被告人陈某身为启东市L镇敬老院工作人员，应有慈爱之心，照顾、服侍病弱人员更系职责所在。然而，其无视法律与社会公德，因厌恶被救助后托其照顾的女子大便失禁、无生活自理能力，不顾该女子身体已经极度虚弱，选择在不易被察觉的晚间，雇用车辆将该女子抛弃在路边，致该女子在次日凌晨始被发现，经医院抢救无效而死亡。被告人陈某作为一个正常的成年人，应当明知自己的行为可能导致危害结果的发生，有意放任，具有间接故意，并致他人死亡。其行为已经触犯刑律，构成故意杀人罪。

4. 评析意见

本案与王益某等遗弃案颇为相似，但是法官最终没有认定为遗弃罪，而

---

* 该意见现已失效。——编辑注

① 国家法官学院，中国人民大学法学院. 中国审判案例要览：2007年刑事审判案例卷. 北京：人民法院出版社，中国人民大学出版社，2008：192~194.

是认定为故意杀人罪。从裁判理由来看，与王益某等遗弃案不同，本案法官正是从历史解释的角度否定了遗弃罪的成立。

本案审理法官认为：1979年刑法将遗弃罪规定在"妨害婚姻、家庭罪"一章中，而1997年刑法将"妨害婚姻、家庭罪"全部转移至"侵犯公民人身权利、民主权利罪"中，但是，不能以遗弃罪在刑法中章节位置的变化，就认为对该罪应根据变更后的法益进行重新解释。这种由纯技术性原因导致的罪名归类变动，不能成为对遗弃罪重新解释的理由。遗弃罪本身具有侵犯人身权利的性质，但这是指具有扶养义务的人对受扶养人之人身权利的侵害，而不能被宽泛地解释为对社会一般人的人身权利的侵犯。刑法未明确规定遗弃罪的对象范围和该罪中"扶养"一词的含义，在语义是非单一的、不明确的情况下，应根据立法沿革进行历史解释以符合立法精神。根据语义解释，扶养包括家庭成员间的扶养和非家庭成员间的扶养。那么，非家庭成员间的扶养是否包括在遗弃罪的扶养概念中呢？根据历史解释，遗弃罪属于"妨害婚姻、家庭罪"，其中的抚养自不应包括非家庭成员间的扶养。所以，虽然刑法规定的遗弃罪并没有将扶养义务明文规定为家庭成员间的扶养义务，但从立法沿革来说，我国刑法中的遗弃罪自1950年《中华人民共和国刑法大纲草案》起从来都是家庭成员间的遗弃，而不包括非家庭成员间的遗弃。由此可见，法官正是运用历史解释的方法，得出了否定遗弃罪的结论。

在此基础上，法官认定本案中陈某的行为构成故意杀人罪，理由在于：陈某身为敬老院工作人员，在受民政干部及卫生院院长指派接收无名女后，负有阻止无名女死亡的作为义务；陈某有履行照料义务的能力；陈某消极地不履行照料义务与无名女的死亡具有刑法上的因果关系。本案中无名女系营养不良伴感染造成感染性休克而死亡，如果陈某积极履行照料义务，则该女子的营养状况可以好转，而且在相对干净的环境里不易发生感染，即使出现恶化症状也可送医院急救，从而完全有可能挽救该女子的性命，故条件关系成立；根据接收时该女子的体质状况——其身体极其虚弱、无生活自理能力，而陈某选择在晚间将其抛弃在不易被人发现的路边，使其既无自救能力，又丧失被人救助的可能性，以理性人的思维和社会经验均可知，如此境遇造成该女子死亡的概率极大，甚至必然死亡，故相当关系亦成立。因此，陈某抛弃无名女的行为不仅符合故意杀人罪的一般犯罪构成要件，而且符合不作为犯罪的特殊条件，其故意杀人罪成立。①

近年来，我国非家庭成员间的遗弃行为呈现出多发之势。特别是医院、

---

① 国家法官学院，中国人民大学法学院.中国审判案例要览：2007年刑事审判案例卷.北京：人民法院出版社，中国人民大学出版社，2008：194.

敬老院、精神病院等一些机构的工作人员遗弃生命垂危者的案件时有发生。这种现象已经引起越来越多的社会关注，而各地法院处理这一类案件的裁判结论也差异很大。除了前面两个案例中的遗弃罪和故意杀人罪，还有类似案件以过失致人死亡罪论处。① 究竟是直接从文义解释出发将此种行为解释为遗弃行为，还是通过历史解释将其排除出遗弃罪的范围而论以故意杀人罪，抑或如学者建议的对此类非家庭成员之间的不履行救助义务的行为单独设立罪名②，刑法理论上尚有待进一步的争论和研究。

[案例1-7] 李某盗伐林木案③（罪刑法定原则与历史解释）

1. 基本案情

2010年9月初的一天，李某在未经行政主管部门批准许可的情况下，向从事苗圃生意的王某兴（另案处理）谎称其已与交通局的领导打好招呼，可以处理无锡市滨湖区锡南路葛埭社区路段两侧的香樟树，并让王某兴帮忙卖掉其中10棵。王某兴遂联系到买家苏州市W苗圃场经营者周某。2010年9月20日，周某安排人员至上述路段挖走香樟树共计10棵，其中胸径40厘米的1棵、38厘米的2棵、28厘米的7棵，林木蓄积量共计5.1475立方米，价值共计35 496元。

当日，李某在上述挖树现场遇从事苗圃生意的陆某，陆某得知李某系得到相关领导同意后处理香樟树，即向李某提出购买部分香樟树，李某表示同意。陆某又与范某、王某兵商定将上述路段的香樟树卖与范、王二人。2010年9月22日，范某、王某兵各自带领工人在上述路段挖树时被公安人员当场查获。案发时，范某、王某兵已开挖香樟树17棵，其中胸径30厘米的2棵、29厘米的6棵、28厘米的3棵、27厘米的5棵、26厘米的1棵，上述林木蓄积量共计6.901立方米，价值共计53 250元。案发后，王某兴退赔被害单位3.2万元。

法院认为：被告人李某以非法占有为目的，通过欺骗方式利用他人盗挖国家所有的行道树，其行为构成盗窃罪。公诉机关指控李某犯盗伐林木罪的事实清楚，证据确实充分，但指控的罪名不当，应予改正。李某的犯罪行为发生在2011年4月30日以前，依照《中华人民共和国刑法》第12条第1款之规定，应当适用《刑法修正案（八）》颁布前《中华人民共和国刑法》的相

---

① 《华西都市报》2004年11月19日报道：四川省南江县中医院院长林某、副院长何某等人在接治一名无名氏妇女后，认为该妇女身无分文又无人照料，是乞丐的可能性较大，遂将其拉出去丢弃，致该妇女死亡。四川省巴中市南江县人民法院以过失致人死亡罪判处被告人有期徒刑并适用缓刑。
② 陈兴良. 判例刑法学：上. 北京：中国人民大学出版社，2009：66.
③ 最高人民法院刑事审判第一、二、三、四、五庭. 刑事审判参考：总第86集. 北京：法律出版社，2013：56.

关条款。李某在实施其中一次犯罪过程中因意志以外的原因而未得逞，系犯罪未遂，可以比照既遂犯从轻、减轻处罚。李某归案后认罪态度较好，可酌情从轻处罚。法院遂依法判决如下：被告人李某犯盗窃罪，判处有期徒刑4年，并处罚金5 000元。

一审宣判后，李某未上诉，公诉机关亦未提出抗诉，判决已经发生法律效力。

2. 涉案问题

城市道路两旁的行道树是否属于盗伐林木罪的对象？

3. 裁判理由

法院认为：城市行道树作为城市绿化的有机组成部分，受到相关法律法规的保护。《中华人民共和国森林法》（2009年）第32条*第1款规定："采伐林木必须申请采伐许可证，按许可证的规定进行采伐……"《城市绿化条例》（1992年）第21条**第2款规定："砍伐城市树木，必须经城市人民政府城市绿化行政主管部门批准，并按照国家有关规定补植树木或者采取其他补救措施。"该条例第27条***第2项进一步明确，违反本条例规定，擅自修剪或者砍伐城市树木，构成犯罪的，依法追究刑事责任。该项规定为对擅自修剪或者砍伐城市树木的行为追究刑事责任提供了行政法上的指引。此外，城市道路两旁的行道树不是区分盗伐林木罪和盗窃罪的构成要件要素。行道树属于"其他林木"的范畴，可以成为盗伐林木罪的对象，因此，仅从行道树的角度，不能认定本案不构成盗伐林木罪。

4. 评析意见

本案涉及如何解释盗伐林木罪中的"林木"的问题。本案中城市道路两旁栽植的成行的香樟树是行道树，那么，这种行道树是否属于是林木？有观点认为，盗伐林木罪中的林木仅包括森林法规定的防护林、用材林、经济林、薪炭林、特种用途林等林区中的大片林木，城市行道树是绿化树木，不属于盗伐林木罪中的"森林"，也不属于盗伐林木罪中的"其他林木"。法官没有采纳这种意见，而是认为，城市道路两旁的行道树属于盗伐林木罪中"其他林木"的范畴。在论证这一观点时，法官首先是从文义解释的角度来解释"林木"。2000年1月国务院制定、施行的《中华人民共和国森林法实施条例》****第2条第3款明确规定，林木包括树木和竹子。可见，相关森林法律

---

* 2019年《中华人民共和国森林法》被修正，本条被变更为第56条，且相关规定有所变化。——编辑注

** 该条例于2011年、2017年被修订，本条被变更为第20条，但内容无变化。——编辑注

*** 经过2011年、2017年对条例的两次修订，本条已变更为第26条，第2项中已删去"修剪或"。——编辑注

**** 该条例后于2011年、2016年、2018年得到修订。——编辑注

法规中的"林木"的外延比较广泛。行道树是专门种植于道旁的树木，将其纳入"林木"的含义范围不会超出文义边界。同时，法官又采用了历史解释的方法，指出，"1987年9月5日，最高人民法院、最高人民检察院发布的《关于办理盗伐、滥伐林木案件应用法律的几个问题的解释》*对林区和非林区规定了不同的入罪林木数量，对非林区林木规定了较林区林木低的入罪门槛，城乡道旁等非林区的行道树、他人自留山上的成片林木可以成为盗伐、滥伐的犯罪对象。虽然该解释已被废止，但其对盗伐、滥伐犯罪对象范围的规定依然值得借鉴、参考。"显然，法官在这里采用了历史解释的方法，即追溯到一个虽然已经废止但明确规定行道树可以成为盗伐犯罪对象的司法解释。这虽然不是在追溯刑法立法者的原意，但是展示出来的，是最高人民法院司法解释的历史传统中对该问题的理解，这种理解产生了某种习惯性的、历史性的力量，能够为当下的解释提供某种程度上的佐证和支持。这就是一种历史解释的运用。

[案例1-8] 洪某等非法持有毒品案① （罪刑法定原则与体系解释）

1. 基本案情

2003年5月，洪某（吸毒人员）向甲市"阿辉"（在逃）购买毒品海洛因，并要求"阿辉"将毒品邮寄至家住乙市的李某（曾有吸毒史）家中。随后，洪某通知李某，有邮包寄至其住处，请李某收到邮包后送至自己家中。同年5月7日，李某收到邮包后将邮包送至洪某的住处。洪某当着李某的面打开邮包，二人均见包内有铁罐一只，罐内有一包用塑料纸包着的块状海洛因。嗣后，洪某将邮包中的海洛因分成39包，将其中20包海洛因装在一只塑料袋内委托李某带回家中代为保管，并称其吸完后再向李某要。李某遂携带上述物品离开洪某家，后被守候的公安人员抓获。随后洪某也被抓获，公安人员从其住处查获海洛因19包。经检验，从洪某处收缴的146.55克和从李某处收缴的155.05克白色碎块及粉末中均检出海洛因成分。

洪某对公诉机关指控的事实及定性不持异议。其辩护人认为：被告人洪某持有的毒品是自吸的，应酌情从轻处罚；毒品的质量低劣，有掺假和毒品含量小的情况；被告人洪某有立功表现，要求对洪某减轻处罚。

被告人李某辩解称：其不知道洪某交其保管的塑料袋内装的是毒品，故不构成非法持有毒品罪。其辩护人认为，指控李某犯非法持有毒品罪事实不清、证据不足，没有证据证明李某明知塑料袋内是毒品，故李某不属共同

---

* 该解释已被废止。——编辑注

① 最高人民法院刑事审判第一、二、三、四、五庭.刑事审判参考：总第37集.北京：法律出版社，2004：42~46.

犯罪。

法院认为：被告人洪某明知是毒品海洛因而非法持有，其行为已构成非法持有毒品罪。被告人李某明知是毒品海洛因仍为洪某转移，其行为已构成转移毒品罪。非法持有毒品罪的行为人对毒品有实际占有和处分的权利，能将毒品置于自己的控制之下，毒品的所有权属于持有者本人，在司法机关无法查清毒品的来源和用途，无法认定行为人构成走私、贩卖、运输、制造毒品罪或其他毒品犯罪时才认定构成非法持有毒品罪。而本案中毒品系被告人洪某所有，洪某将毒品交给李某是要李某对毒品进行保管，李某对所收毒品没有实际占有、处分的权利，更没有所有权，故对被告人李某应以转移毒品罪追究其刑事责任。遂依照《中华人民共和国刑法》（2002年修正）第348条、第349条第1款、第64条之规定，判决如下：（1）被告人洪某犯非法持有毒品罪，判处有期徒刑11年6个月，并处罚金人民币1万元。（2）被告人李某犯转移毒品罪，判处有期徒刑2年6个月。（3）犯罪工具予以没收。

一审宣判后，被告人洪某、李某没有上诉，判决已经生效。

2. 涉案问题

帮助非法持有毒品的犯罪分子转移、窝藏毒品的，应当如何定性？

3. 裁判理由

法院认为：被告人李某收到邮包时并不知道邮包内有毒品，但其将邮包交给洪某后洪某打开邮包时目击包内有1只铁罐且铁罐里装着白色块状物。洪某将20包毒品海洛因装在塑料袋内交给李某时，明确表示委托李某带回家中代为保管。洪某当时对李某说得很清楚，是放在李某家中，自己吸完后再向李某要；而李某的供述亦印证了此节事实。故被告人李某关于其不知道塑料袋内是毒品以及其辩护人关于公诉机关指控证据不足、事实不清及没有证据证明被告人李某明知是毒品的辩护意见不予采纳。

4. 评析意见

在本案中，由于现有证据不足以证实洪某有走私、贩卖、运输毒品的故意，故只能认定其构成非法持有毒品罪，对此，并不存在不同意见。但对于帮助洪某转移、保管毒品的李某应定何罪，则有不同看法：本案公诉机关指控李某构成非法持有毒品罪；法院最终认定李某构成转移毒品罪。这里涉及对转移毒品罪的理解。《刑法》（2002年修正）第349第1款规定，"包庇走私、贩卖、运输、制造毒品的犯罪分子的，为犯罪分子窝藏、转移、隐瞒毒品或者犯罪所得的财物"，分别构成包庇毒品犯罪分子罪和窝藏、转移、隐瞒毒品、毒赃罪。其中，后段规定"为犯罪分子窝藏、转移、隐瞒毒品或者犯罪所得的财物"中的"犯罪分子"究竟系仅限于"走私、贩卖、运输、制造毒品的犯罪分子"，还是包括所有的毒品犯罪的犯罪分子？如果认为"犯罪分子"仅限于"走私、贩卖、运输、制造毒品的犯罪分子",那么,由于本案中洪某不是走私、贩卖、运输、制造毒品的犯罪分子,而是非法持有毒品的犯罪分子,所以李某为洪某转移毒品,就不能构成转移毒品罪;如果认为"犯罪分子"包括所有各类毒品犯罪的犯罪分子,那么,非法持有毒品的洪某显然也属于这里的"犯罪分子",李某为洪某转移毒品,就构成转移毒品罪。由此可见,对窝藏、转移、隐瞒毒品、毒赃罪规定中的"犯罪分子"如何理解,将直接影响到对李某的定罪。

从本案中法院的判决来看,其显然是将"犯罪分子"理解为任何毒品犯罪的犯罪分子,当然也包括非法持有毒品的犯罪分子。但是,这个判决对法条的理解存在疑问。相反的观点认为,基于体系解释的原理,只有为走私、贩卖、运输、制造毒品的犯罪分子窝藏、转移、隐瞒毒品或者犯罪所得的财物的行为,方构成窝藏、转移、隐瞒毒品、毒赃罪。

首先,包庇毒品犯罪分子罪和窝藏、转移、隐瞒毒品、毒赃罪在性质上类似,均属于毒品犯罪的事后帮助行为。虽然立法仅明确限定前者所包庇的对象必须是"走私、贩卖、运输、制造毒品的犯罪分子",而对后者的对象未作类似限定,但在解释上,应当认为,立法作如上规定,只是出于文法表述简洁的考虑——两罪在同条同款中紧接规定,在前罪已作限定的情况下,在后罪中再作相同表述,会出现不必要的重复,使条文用语显得累赘而不够精练,否则,就会出现性质类似的罪行因构成要件存在重大差异而有失协调的情形,而这显然不符合法律的基本解释原理,有违立法精神。

其次,从《刑法》(2002年修正)第349条第3款的规定可以进一步、更明显地看出,如果不将"犯罪分子"限定为"走私、贩卖、运输、制造毒品的犯罪分子",将会得出不合理的结论。该款规定,"犯前两款罪(包庇毒品犯罪分子罪和窝藏、转移、隐瞒毒品、毒赃罪——引者注),事先通谋的,以走私、贩卖、运输、制造毒品罪的共犯论处"。若按上述观点,只要事先通谋,行为人即便是为非法持有毒品的人窝藏、转移毒品的,也要以走私、贩卖、运输、制造毒品罪论处。这显然严重违背了共同犯罪的基本原理。

综上,由于李某是为非法持有毒品的洪某窝藏毒品,因此,其行为不符合《刑法》(2002年修正)第349条规定的转移毒品罪的构成,不能对其以该罪论处,而应该以窝藏赃物罪论处。①

上述两点理由,都是在运用体系解释的方法对条文作出解释。第一点理由是从同一条款(第349条第1款)内不同用语之间的协调性和简洁性的角

---

① 最高人民法院刑事审判第一、二、三、四、五庭. 刑事审判参考:总第37集. 北京:法律出版社,2004:46.

度，论证"犯罪分子"的范围。第二点理由，则是从不同条款（第349条第1款与第3款）之间的协调性来论证"犯罪分子"的范围。对一个为非法持有毒品的犯罪分子转移毒品的行为人，以走私、贩卖、运输、制造毒品罪的共犯论处，显然是荒谬的。这种结论完全不符合共同犯罪的基本概念，第349条的第1款与第3款之间在文字形式和实质内容上都会出现难以协调的冲突和矛盾。从体系解释的角度来看，第349条第1款中的"为犯罪分子窝藏、转移、隐瞒毒品或者犯罪所得的财物"中的"犯罪分子"，应该是指"走私、贩卖、运输、制造毒品的犯罪分子"。

[案例1-9] 王某绑架案[①]（罪刑法定原则与体系解释）

1. 基本案情

2001年1月6日上午，王某到西良村学校附近，找到其表弟之子高某（10岁），以找高某的叔叔为由将高某骗走。王某挟持高某乘车先后到河南省安阳市、山西省长治市、山西省晋中市榆社县和河北省武安县、涉县等地。此间，王某用事先准备好的手机亲自或胁迫高某多次向高家打电话索要现金5万元。在索要未果的情况下，王某将高某挟持到涉县境内一火车隧道内，乘高某不备，用石头砸击其头部，将高某击昏后将其放到下水道内，并用水泥板盖住后逃离现场。1月13日下午，高某被铁路工人发现，抢救后脱险。经法医鉴定，高某颅骨多发性骨折，属轻伤。

河北省邢台市中级人民法院依照《中华人民共和国刑法》第239条第1款、第57条第1款的规定，以绑架罪判处被告人王某死刑，剥夺政治权利终身，并处没收个人全部财产。被告人王某赔偿附带民事诉讼原告人高某经济损失人民币3 000元。

一审宣判后，王某不服，以绑架未遂、量刑过重为由提起上诉。河北省高级人民法院经审理认为：王某绑架儿童勒索钱财不逞，杀害被绑架人，其行为构成绑架罪。虽因王某意志以外的原因未造成被绑架儿童死亡，但其犯罪手段极其恶劣，应当被判处死刑。原审法院依据犯罪的事实和情节，依法对本案作出的判决事实清楚，证据充分，适用法律准确，量刑适当，审判程序合法。对王某的上诉理由及其辩护人的辩护意见不予采纳。河北省高级人民法院遂依照《中华人民共和国刑事诉讼法》（1996年）第189条第1项、第197条的规定，裁定驳回上诉、维持原判。

2. 涉案问题

杀害被绑架人未遂的，是否属于《刑法》（1999年修正）第239条第1款

[①] 最高人民法院刑事审判第一、二、三、四、五庭. 中国刑事审判指导案例：侵犯公民人身权利、民主权利罪. 北京：法律出版社，2009：478.

规定的"杀害被绑架人的"情形？

3. 裁判理由

法院认为：被告人王某以勒索财物为目的，将被害人打昏后放在下水道内杀害被绑架人，手段恶劣，情节严重，其行为构成绑架罪。王某的行为虽未造成被害人死亡，但所犯罪行严重，不足以从轻处罚。对其辩护人提出的没有造成被害人死亡，可予从轻处罚的意见不予采纳。

4. 评析意见

《刑法》（1999年修正）第239条第1款规定：以勒索财物为目的绑架他人的，或者绑架他人作为人质的，处10年以上有期徒刑或者无期徒刑，并处罚金或者没收财产；致使被绑架人死亡或者杀害被绑架人的，处死刑，并处没收财产。据此，刑法将绑架罪的死刑适用仅限定在致使被绑架人死亡和杀害被绑架人这两种情况。而本案的问题是：杀害被绑架人未遂的，能否适用死刑？本案法官认为，"杀害被绑架人"既包括故意杀人既遂，也包括故意杀人未遂；虽杀人未遂，但手段特别残忍，致使被绑架人重伤或造成严重残疾，也应当判处死刑。

从裁判理由来看，法官主要采取了体系解释的方法，通过与其他犯罪的刑罚相比较，得出上述结论。（1）与故意杀人罪的法定刑相比较。从法定最高刑看，刑法对"致使被绑架人死亡或者杀害被绑架人"这两种情形只设置了唯一的即绝对确定的法定刑死刑，明显重于故意杀人罪以及具有加重情形的抢劫罪、强奸罪等的法定刑。刑法作此规定反映了立法者对绑架罪不同寻常的否定评价。刑法将"致使被绑架人死亡"和"杀害被绑架人"这两种情形归入绑架罪进行综合评价，对其处罚时理所当然地应当重于这两种行为独立发生时所受到的处罚。如果将杀害被绑架人未遂的情况排除在可判处死刑的情形之外，显然，与立法者对故意杀人罪和绑架罪的评价不相符。（2）与故意伤害罪的法定刑相比较。《刑法》（1999年修正）第234条第2款规定："……以特别残忍手段致人重伤造成严重残疾的，处十年以上有期徒刑、无期徒刑或者死刑……"这表明，故意伤害他人身体，尽管没有造成被害人死亡，但具有法定严重情形的，仍可能适用死刑。与故意伤害罪相比较，绑架罪是一种更为严重的犯罪，因此，其法定刑比故意伤害罪的法定刑更为严厉。如果认为"杀害被绑架人"仅指杀人既遂，势必可能出现故意杀害被绑架人未遂，但手段特别残忍，造成被绑架人严重残疾的，量刑反而比类似情形的故意伤害罪的量刑更轻。这显然不是立法者的意图，更不能视为立法可能的疏忽。因此，对"杀害被绑架人"的合理解释，应当是将杀害被绑架人未遂的情况包括进去。（3）与过失致使被绑架人死亡的刑罚相比较。从"致使被绑架人死亡"和"杀害被绑架人"的罪过形式来看，致使被绑架人死亡可能包括过失致使被绑架人死亡的情形，杀害被绑架人则指对被绑架人故意实施杀害的行为。显然，故意杀害被绑架人在主观恶性程度上明显高于过失致使被绑架人死亡，对过失致使被绑架人死亡的情形尚需适用死刑，那么对故意杀害被绑架人未遂的，特别是手段残忍、后果严重这类情形，就更没有理由不适用死刑了。① 由上可见，本案法官充分运用了体系解释的方法，通过与刑法其他条文的刑罚设置的比较，得出"杀害被绑架人"包括"杀害被绑架人未遂"的结论。应该承认，这一论证颇具说服力。②

但是，这是否意味着对所有绑架并杀害被绑架人未遂的情形，都必须一律判处死刑？本案法官认为，在具体量定刑罚时还要贯彻不同情况区别对待的原则：对于那些杀害被绑架人手段特别残忍且已造成特别严重后果的，虽然未遂，也应依法考虑判处死刑；但造成的后果并非特别严重，如没有造成严重残疾的，并非不能从轻判处，如有的可考虑判处"死缓"。在没有其他法定从轻或减轻处罚情节的条件下，如根据案件的特殊情况，确需在法定刑（死刑）以下量刑的，则应按照《刑法》（1999 年修正）第 63 条规定的特别程序来解决。从中可以看出，本案法官认为，杀害被绑架人未遂的，判处死刑（"死缓"也是死刑）属于常态，不判处死刑则是通过特殊程序才能排除的例外。

在刑法理论上，对于"杀害被绑架人"是否包括杀害被绑架人未遂的问题，目前尚存在较大争议。有的观点认为："杀害被绑架人"必须要求出现杀人既遂的结果，因而不包括杀人未遂的情形。对于未出现死亡结果的，处以10 年以上有期徒刑、无期徒刑，完全能够做到罪刑相当。③ 也有的观点认为，绑架杀人未遂的，依然适用"杀害被绑架人，处死刑"的规定，但是同时适用刑法关于未遂犯从轻、减轻处罚的规定。值得注意的是后一种观点的论证理由：将绑架杀人未遂与绑架杀人中止都纳入"杀害被绑架人"的规定中，只是对前者同时适用未遂犯的规定，对后者适用中止犯的规定。④ 这种从保持解释思路和法条援引逻辑的一致性的角度展开的论证，也是一种体系解释的表现方式。

---

① 最高人民法院刑事审判第一、二、三、四、五庭. 中国刑事审判指导案例：侵犯公民人身权利、民主权利罪. 北京：法律出版社，2009：478.
② 在另外一起绑架过程中杀人未遂致人轻伤的案件中，法官同样使用了体系解释的方法展开论证，得出"杀害被绑架人"属于情节加重的条款的结论，从而对被告人适用该条款并判处死刑。最高人民法院中国应用法学研究所·人民法院案例选：2010 年第 3 辑. 北京：中国法制出版社，2003：82~86.
③ 陈兴良. 规范刑法学：下册. 北京：中国人民大学出版社，2008：700. 周光权：刑法各论. 北京：中国人民大学出版社，2008：54.
④ 张明楷. 刑法学. 北京：法律出版社，2011：797.

[案例1-10] 廖某危险驾驶案①（罪刑法定原则与体系解释）

1. 基本案情

2011年6月11日18时许，廖某下班后将其单位车牌号为桂P307××的三菱汽车开回其居住的S县S镇龙江半岛花园小区内停放，然后坐三轮车外出与同事吃饭。当日21时许，廖某酒后坐三轮车回到小区，发现三菱汽车停放的位置离其居住的单元楼有一段距离，决定将车开到其居住的6—7栋楼下停放。廖某驾车行驶约50米到其楼下，在倒车入库时汽车尾部与停放在旁边的车牌号为桂ASJ3××的汽车前部发生碰撞。发生事故后，被撞汽车车主报警，公安人员即赶到现场将廖某抓获，并认定廖某负事故全部责任。经鉴定，廖某血液酒精含量大于300毫克/100毫升。案发后，廖某赔偿被害人经济损失人民币800元；广西壮族自治区S县人民法院依照《中华人民共和国刑法》（2011年修正）第133条之一、第67条第3款、第52条、第53条之规定，以被告人廖某犯危险驾驶罪，判处拘役3个月，并处罚金人民币2 000元。一审宣判后，廖某不服，以犯罪情节轻微且真诚悔罪为由，向广西壮族自治区防城港市中级人民法院提起上诉，请求对其宣告缓刑。其辩护人亦提出相同的辩护意见。广西壮族自治区防城港市中级人民法院经公开审理认为，一审法院综合廖某犯罪事实、悔罪表现和认罪态度以及积极赔偿被撞车辆损失等情节，对其判处拘役3个月、并处罚金人民币2 000元，并无不当，遂依照《中华人民共和国刑事诉讼法》（1996年）第189条第1款第1项之规定，裁定驳回上诉、维持原判。

2. 涉案问题

在小区道路醉酒驾驶机动车，是否构成危险驾驶罪？

3. 裁判理由

法院认为：被告人廖某违反道路交通安全法规，在道路上醉酒驾驶机动车，其行为构成危险驾驶罪。公诉机关指控廖某犯危险驾驶罪事实清楚，证据充分，指控罪名成立。廖某醉酒驾驶机动车，血液中酒精含量远超出醉酒驾驶标准，达到300毫克/100毫升以上，且在驾驶中与他人车辆发生碰撞，负事故全部责任，应当酌情从重处罚。鉴于廖某是为了挪车而在小区内醉酒驾驶机动车，到案后能如实供述自己的罪行，且积极主动赔偿被刮车辆车主的损失，认罪态度较好，依法可以从轻处罚。

4. 评析意见

《刑法修正案（八）》增设了第133条之一"危险驾驶罪"后，引发了一

---

① 最高人民法院刑事审判第一、二、三、四、五庭. 刑事审判参考：总第94集. 北京：法律出版社，2014：16.

系列理论上和实践中的争议。其中,法条规定的"在道路上驾驶"的"道路",是争点之一。本案的情形就代表了其中一类争议。在审理过程中,对于廖某醉酒驾驶机动车的地点是否属于危险驾驶罪罪状规定的"道路",存在两种意见:一种意见认为,廖某醉驾的地点不属于道路,其行为不构成危险驾驶罪。理由是:《中华人民共和国道路交通安全法》(2011年修正,以下简称《道交法》)第119条第1项规定:"'道路',是指公路、城市道路和虽然在单位管辖范围内但允许社会机动车通行的地方,包括广场、公共停车场等用于公众通行的场所。"对该规定中的"在单位管辖范围内但允许社会车辆通行的地方"应当作限制性解释,否则,"道路"的范围过于宽泛。界定小区的道路是否属于《道交法》规定的"道路",关键是要判断该小区的道路是否作为公用路段穿行使用。如果仅有业主、访客驾车进出,则不宜被认定为道路。本案案发小区虽然允许社会车辆进出,但主要是便于来访人员停放车辆,小区的道路并不作为公共路段穿行使用,故在该小区内醉酒驾驶机动车不构成危险驾驶罪。另一种意见认为,廖某醉驾的地点属于道路,其行为构成危险驾驶罪。理由是:刑法设置危险驾驶罪时并没有对"道路"作限制性规定,故"道路"的范围应当与《道交法》的规定保持一致。小区的道路是否属于危险驾驶罪罪状中的"道路",关键是要看该道路是否允许社会车辆通行。本案案发小区是开放性小区,社会车辆可以随便进出、停放,故在该小区内醉酒驾驶机动车的行为构成危险驾驶罪。

法院最后采纳了后一种意见,认为危险驾驶罪中的"道路"应当与行政法规定的"道路"保持范围一致。小区是居民聚居的生活场所,居住的人数众多,且随着社会的发展,小区的规模越来越大,小区内车辆通行的路段往往也是行人和非机动车通行的地方,在小区内醉驾对公共安全具有较大的危险性。如果在《道交法》规定之外,另以"是否作为公共路段穿行"作为认定道路的标准,将不利于保障小区内生活的人民群众的人身、财产安全。故对小区道路的认定应当与《道交法》之规定的精神保持一致,以是否"允许社会车辆通行"作为判断标准。

显然,法院在这里同时使用了体系解释与目的解释两种方法。一方面,强调在没有特别理由的情况下,对同一个概念,刑法上的理解应当与行政法上的理解保持协调、一致。"危险驾驶罪属于行政犯,如果没有特别需要扩张或者限制解释的理由,对概念性法律术语的规定应当与其所依附的行政法规保持一致。"另一方面,法院也没有把体系解释当作得出最终结论的唯一方法,而是同时论证了在小区道路上醉驾与在小区外大街上醉驾社会危害性并没有重大差异,两者对他人的人身和财产安全的威胁是一样的,因而同等地具备了对公共安全的法益的危险。由此可见,在处理各个法条的关系,特别是不同部门法规定的同一概念时，体系解释具有重要的作用，但并不能直接由此得出结论，而往往还需要配合使用其他解释方法。

值得注意的是，本案的裁判理由进一步引申，将常见的小区对社会车辆的管理方式概括为以下三种：第一种是开放式管理，即小区管理者在小区进出口未设置卡点，或者虽设置卡点，但从未拦截，社会车辆无须任何手续即可自由进出并在小区内停放；第二种是半开放、半封闭式管理，即在小区进出口设卡拦截，社会车辆若要进出小区，需要受访业主同意、登记车牌号或者交纳一定的停车、通行费用；第三种是封闭式管理，即在小区进出口设卡拦截，非业主车辆一律不允许通行，或者征得受访业主同意后，来访车辆停放在小区指定区域。法院认为，对于第一种和第三种管理方式下的小区道路的定性争议不大，前者属于典型的"允许"社会车辆通行的道路，后者则相反，不属于"道路"。仅仅是对于如何界定第二种管理方式下的小区道路的性质，存在较大争议。但是，笔者对上述看法存在疑问。是否认定为"道路"，关键不在于小区是否封闭管理，而在于小区内是否居住了多数人以及小区的道路是否允许车辆行驶。只要回答是肯定的，那么这个小区就已经形成了一个公共生活的空间，小区道路上来往的车辆和行人，其公共安全就需要受到保护。毕竟，业主不等同于家庭成员，封闭的小区也不能等同于家庭内部庭院。对于生活在小区中的人而言，房屋之外均属于公共空间，无论是处在小区里还是在小区外。因此，无论小区管理封闭与否，在小区道路上醉酒驾驶汽车，同样可能构成危险驾驶罪。

[案例1-11] 戴某走私弹药、非法持有枪支案[①]**（罪刑法定原则与体系解释）**

1. 基本案情

2007年，戴某对气枪产生较大兴趣，后非法取得CP88高压气手枪1支及相关气枪配件，藏匿于家中。2010年，戴某认为气手枪威力小，欲获取高压气步枪，遂非法取得国产"秃鹰"气步枪的配件1套和气枪弹，并将气枪弹和用气步枪配件组装成的气步枪1支均藏匿于家中。2012年5月，戴某在网上找到海外代购商程某，指使程某通过提供虚假的收货人身份信息并伪报商品信息，逃避海关监管，以710元的价格从国外非法购入气枪铅弹10盒1 625发。2010年至2012年期间，戴某还多次在网上购买了各类气枪配件。2013年1月5日，侦查人员在邮局抓获前来收取包裹的戴某，并在包裹内查获枪管2根。侦查人员从戴某的家中查获高压气枪2支、气枪铅弹1 190发、枪管6根、高压气瓶11个。经鉴定，戴某非法持有的2支高压气枪为枪

---

① 最高人民法院刑事审判第一、二、三、四、五庭. 刑事审判参考：总第96集. 北京：法律出版社，2014：43.

支，1 190发气枪铅弹均为弹药，19件枪支零件为枪支零部件。

重庆市第一中级人民法院以被告人戴某犯走私弹药罪，判处有期徒刑4年，并处罚金人民币2万元；以犯非法持有枪支罪，判处有期徒刑2年；决定执行有期徒刑5年，并处罚金人民币2万元。戴某提起上诉。二审裁定驳回上诉、维持原判。

2. 涉案问题

气枪铅弹是否属于走私弹药罪中的"弹药"？

3. 裁判理由

法院认为：被告人戴某通过海外代购的方式，使用虚假的收货人身份证明，告知代买人在报关时使用虚假的商品信息以逃避海关监管等，从境外网站购买气枪子弹1 625发。其行为构成走私弹药罪。法院同时认为，将气枪铅弹认定为弹药符合弹药一词的核心含义，气枪铅弹也具有杀伤力，在结构上有弹头，尾部有部分弹壳，可以借助气枪等武器发射至目标区域，但是没有火药、炸药或者其他装填物，它与很多非军用子弹特别是一些运动用弹，具有一定的类似性，将其认定为非军用子弹并不会超出国民的预测。走私气枪铅弹的行为对我国的进出口贸易制度和弹药监管秩序造成了侵害，从法益保护的角度看，对此类行为予以刑事处罚具有必要性。

4. 评析意见

2000年《关于审理走私刑事案件具体应用法律若干问题的解释》*〔以下简称《走私解释（一）》〕第1条第7款规定，"刑法第一百五十一条第一款规定的'武器、弹药'的种类，参照《中华人民共和国海关进口税则》及《中华人民共和国禁止进出境物品表》的有关规定确定"。而《中华人民共和国海关进口税则》列举的弹药种类中没有气枪铅弹，《中华人民共和国禁止进出境物品表》也仅在第1条"禁止进出境物品"中将"各种武器、仿真武器、弹药及爆炸物品"列为第一项，没有明确弹药的种类。因此，难以根据现有法律规定直接判断气枪铅弹是否属于"弹药"。这就对法律解释提出了任务。

在裁判理由部分，法官先后使用了两种解释方法。首先是从文义解释来看，将气枪铅弹解释为"弹药"，没有超出"弹药"这一用语的语义范围，也可以为国民所预测。发射气枪铅弹，能够对人身形成杀伤力；走私气枪铅弹，会侵害进出口贸易制度和弹药监管秩序，因而也不缺乏处罚必要性。在此基础上，法官进一步展开了体系解释，认为：将气枪铅弹认定为走私弹药罪的犯罪对象，与最高人民法院出台的相关司法解释规定的含义相符。例如，最高人民法院于2009年出台的《关于审理非法制造、买卖、运输枪支、弹药、

---

* 该解释现已失效。——编辑注

爆炸物等刑事案件具体应用法律若干问题的解释》（以下简称为《枪弹解释》）明确将气枪铅弹作为非军用子弹的一种作出了列举式规定。《走私解释（一）》尽管对走私弹药罪中的"弹药"没有作出类似的列举式规定，但从体系解释用语一致性的角度考虑，《枪弹解释》的规定无疑具有参考价值。应当说，法官较好地运用体系解释进行了论证。虽然《走私解释（一）》没有对气枪铅弹作出规定，但是《枪弹解释》有明确规定。前者是关于枪支弹药的走私类犯罪的司法解释，后者是关于枪支弹药的制造、买卖、运输类犯罪的司法解释，这两个司法解释都是围绕着枪支弹药类犯罪展开的，因此在体系上可以对核心概念提出同样含义和范围的要求，以保障法律适用的协调一致。

[案例1-12] 李某、曹某某掩饰、隐瞒犯罪所得案[①]
（罪刑法定原则与体系解释）

1. 基本案情

2015年4月13日15时许，李某、曹某某伙同同案犯张某某、曲某某（已判刑）在D市大同区新华电厂北的一处树林内，用非法收购的原油炼制土柴油，后被公安人员发现。张某某、曲某某被当场抓获，现场收缴原油2.51吨，纯油重2.48吨，价值人民币6 085.52元。现原油已返还采油五厂。同年7月13日曹某某到公安机关投案；7月29日李某到公安机关投案。

法院认为：被告人李某、曹某某明知是犯罪所得赃物仍予以掩饰、隐瞒，其行为均构成掩饰、隐瞒犯罪所得罪，且系共同犯罪，应依法予以惩处。李某、曹某某能够主动投案，如实供述犯罪事实，系自首，量刑时依法可以从轻或者减轻处罚。李某曾因犯罪被判处有期徒刑，在刑罚执行完毕5年内再犯应当判处有期徒刑以上刑罚的，系累犯，应当对其从重处罚。本案赃物已返还失窃单位，在量刑时酌情予以考虑。据此，依照《中华人民共和国刑法》（2011年修正）第312条、第25条第1款、第65条第1款、第67条第1款、第52条、第53条之规定，判决如下：（1）被告人李某犯掩饰、隐瞒犯罪所得罪，判处有期徒刑6个月，并处罚金人民币1万元。（2）被告人曹某某犯掩饰、隐瞒犯罪所得罪，判处拘役4个月，并处罚金人民币1万元。

一审宣判后，李某、曹某某均未提起上诉，检察机关没有抗诉，判决已发生法律效力。

2. 涉案问题

如何认定"以其他方法"掩饰、隐瞒犯罪所得、犯罪所得收益？

3. 裁判理由

法院认为：被告人李某、曹某某明知加工的原油系非法收购所得，但仍

[①] 最高人民法院刑事审判第一、二、三、四、五庭. 刑事审判参考：总第104集. 北京：法律出版社，2016：30.

采用将原油炼制为土柴油的方式出售获利。该行为使犯罪所得原油的性质发生了改变，妨碍了司法机关对窃取原油犯罪行为的有效追诉，从侵犯的法益来看符合本罪的立法本意。从具体行为方式来看，李某、曹某某采取了加工的方式，虽不同于本罪罗列的窝藏、转移、收购、代为销售的方式，但系基于妨碍司法追诉的目的，对犯罪所得采用了一种积极处置方式，使犯罪所得的性状发生了变化，使司法机关难以追查被盗赃物或者难以认定赃物价值，影响刑事追诉活动的正常开展，故李某、曹某某的行为与前述窝藏、转移、收购、代为销售行为具有同质性，同样都应受到刑法的否定性评价。最后从行为效果来看，该行为客观上扰乱了司法秩序，对正常的司法追诉产生了妨碍，处置行为与处置效果间具有因果关系。因此，李某、曹某某加工的方式可以被认定为本罪的"其他方法"。

4. 评析意见

《刑法》（2011年修正）第312条第1款规定了掩饰、隐瞒犯罪所得、犯罪所得收益罪："明知是犯罪所得及其产生的收益而予以窝藏、转移、收购、代为销售或者以其他方法掩饰、隐瞒的，处三年以下有期徒刑、拘役或者管制，并处或者单处罚金；情节严重的，处三年以上七年以下有期徒刑，并处罚金。"这是在1997年刑法的基础上，通过2006年《刑法修正案（六）》增加了"以其他方法掩饰、隐瞒"作为兜底式规定。通常来说，罪刑法定原则要求刑法规定必须具有明确性，不能使用不精确、不具有明确特征描述的语言来规定犯罪行为，但是，"法有限而情无穷"，由于立法技术的局限和社会生活的复杂，明确、刚性的条款，往往在面对日益翻新的犯罪手段时显得不够灵活。兜底条款就是立法机关为了解决这一问题而采取的一种立法技术，它是指刑法对犯罪的构成要件在列举规定以外，采用"其他……"这样一种概然性方式所作的规定，以避免列举不全。因此，兜底条款在本质上属于概然性规定，亦被称为堵漏条款。《刑法》（2011年修正）第312条规定的"其他方法"就是一种兜底的行为方法。在对兜底条款的内容进行解释的时候，特别要注意采用体系解释的方法。这里的体系解释，就是"或者"之后的"其他方法"，必须是与"或者"之前的窝藏、转移、收购、代为销售这四种行为方式相类似的方法，以体现前后行为性质的相当性，从而保持体系上的协调。"既然兜底性条款与明文规定的其他条款被规定在同一法律条文中，设置相同的法定刑，故而推断立法者认为两者在刑法评价上基本相当。"[①]

在本案中，李某、曹某某采用将原油炼制为土柴油的方式出售获利，使

---

① 最高人民法院刑事审判第一、二、三、四、五庭. 刑事审判参考：总第104集. 北京：法律出版社，2016：33.

犯罪所得原油的性质发生了改变。这种方法虽不同于窝藏、转移、收购、代为销售的行为方式，但通过使犯罪所得的性状发生变化，妨碍了司法追诉，使司法机关难以追查被盗赃物或者难以认定赃物的价值，从而影响刑事追诉活动的正常开展，因此可以认为该行为与窝藏、转移、收购、代为销售行为具有同质性，可以认定其为本罪中的"其他方法"。

[案例1-13] 陆某等抢劫案①（罪刑法定原则与目的解释）

1. 基本案情

2001年12月31日晚，汤某、苏某等人在某市靖城镇车站路煤石公司宿舍××号楼××室褚某家中以"青儿"的形式进行赌博。21时许，陆某、范某、邵某、黄某得知这一情况后，遂结伙采用持刀威胁等手段，至褚某家劫得褚某、汤某、苏某等人的人民币1000余元及价值人民币425元的移动电话机1部。所劫人民币由陆某等分用，移动电话机由黄某丢弃。2002年1月5日19时许，陆某、范某、徐某乘坐黄乙驾驶的牌号为苏MF33××的出租车，当车行驶至靖城镇虹桥新村时，陆某等三人采用持刀威胁等手段，劫得黄乙人民币500余元及价值人民币980元的移动电话机1部。所劫人民币由陆某等三人分用，移动电话机被陆某销赃得款人民币250元。2003年7月22日，陆某向公安机关投案自首并有立功表现。案发后，陆某、黄某分别退出人民币1500元和450元，均已发还被害人。另外，自2001年以来被害人褚某一直在自家开设赌场并因此受到过公安机关的行政处罚。

法院依照《中华人民共和国刑法》（1999年修正）第263条、第25条第1款、第65条第1款、第67条第1款、第68条第1款、第17条第1、3款、第70条、第69条、第56条第1款、第55条第1款的规定判决如下：（1）被告人陆某犯抢劫罪，判处有期徒刑5年6个月；剥夺政治权利1年；罚金人民币6000元。（2）被告人范某犯抢劫罪，判处有期徒刑8年；剥夺政治权利2年；罚金人民币8000元。（3）被告人邵某犯抢劫罪，判处有期徒刑2年；罚金人民币3000元。（4）被告人黄某犯抢劫罪，判处有期徒刑2年；罚金人民币3000元。（5）被告人徐某犯抢劫罪，判处有期徒刑4年；剥夺政治权利1年；罚金人民币4000元。

一审宣判后，陆某等均未提起上诉，公诉机关亦未抗诉，判决发生法律效力。

2. 涉案问题

设在他人住所内的赌场能否被视作入户抢劫中的"户"？

---

① 最高人民法院刑事审判第一、二、三、四、五庭. 中国刑事审判指导案例：侵犯财产罪. 北京：法律出版社，2009：369.

3. 裁判理由

法院认为，被告人陆某、邵某、黄某等共谋、实施抢劫的对象系参赌人员，且在场的除参赌人员外，还有其他人员，抢劫地点不属于与外界相对隔离的场所，因此，陆某、邵某、黄某等人实施的行为构成抢劫，但不构成入户抢劫。

4. 评析意见

在本案审理过程中，法院对陆某等人的行为构成抢劫罪没有疑义，但在陆某等人的行为是否构成入户抢劫的问题上，控辩双方展开了争论，最后法院采纳了辩方的意见，认为陆某等人的行为不构成入户抢劫。这里涉及对《刑法》（1999年修正）第263条第1项"入户抢劫"中的"户"如何理解与认定的问题，关于这一问题，司法实践中争议较多，值得在刑法解释上深入研究。

最高人民法院在《关于审理抢劫案件具体应用法律若干问题的解释》中专门对此问题作出了解释性规定：所谓入户抢劫，是指"为实施抢劫行为而进入他人生活的与外界相对隔离的住所，包括封闭的院落、牧民的帐篷、渔民作为家庭生活场所的渔船、为生活租用的房屋等进行抢劫的行为"。按照该司法解释的规定，入户抢劫中的"户"，其特征表现为供他人家庭生活和与外界相对隔离两个方面，前者为功能特征，后者为场所特征。这两个特征必须同时具备，缺一不可。本案中，陆某等人进入的是褚某的宿舍，宿舍具备了与外界相对隔离的特征。法院否认设在他人住所里的赌场为刑法中的"户"，主要是基于该场所不具有家庭生活起居的功能。

现实生活中，一些场所与外界相对隔离，但其所承载的功能是多种多样的，不仅包括家庭生活起居使用，还包括其他功能。这种情形下的场所能否被认定为"户"，必须结合抢劫行为实施当时的实际状况进行区分和判断，不能一概而论。① 本案中，陆某等人进入实施抢劫的场所属于被害人的家庭生活场所，但是在行为当时，又属于聚众非法赌博的场所，因此，法院认定其不具有家庭生活起居的功能特征。这一认定思路，与2016年颁布的《最高人民法院关于审理抢劫刑事案件适用法律若干问题的指导意见》的相关规定是一致的。该司法解释第二部分第1条规定，"对于部分时间从事经营、部分时间用于生活起居的场所，行为人在非营业时间强行入内抢劫或者以购物等为名骗开房门入内抢劫的，应认定为'入户抢劫'。对于部分用于经营、部分用于

---

① 例如，一些个体工商户的住所，既对外从事商业经营，又供家庭成员起居。如果在该场所处于经营活动期间进入并实施抢劫，由于当时主要表现为经营场所而非居住场所，一般不应认定为入户抢劫。最高人民法院刑事审判第一、二、三、四、五庭. 中国刑事审判指导案例：侵犯财产罪. 北京：法律出版社，2009：371.

生活且之间有明确隔离的场所,行为人进入生活场所实施抢劫的,应认定为'入户抢劫';如场所之间没有明确隔离,行为人在营业时间入内实施抢劫的,不认定为'入户抢劫',但在非营业时间入内实施抢劫的,应认定为'入户抢劫'"。按照上述规定,对于兼有生活功能和营业功能的场所,行为人在非营业时间入内抢劫的,构成入户抢劫。由此可以推出,在营业时间入内抢劫的,不构成入户抢劫。但是,上述司法解释并没有明确限定这里的"营业"是否必须是合法经营。在本案中,被害人褚某一直在自家开设赌场,显然属于非法经营。法院并没有对此作出合法经营与非法经营同等对待的直接说明,而是从其不属于与外界相对隔离的场所,否定了其家庭生活功能。

在黄某抢劫案中,法院作出了与上述判例逻辑一致但更加细致的说明。

黄某来到 T 市黄岩区东城街道山亭街路上,见被害人龚某向其招嫖,遂起意抢劫。黄某随龚某来到山亭街羊头塘里××号二楼,在龚某的出租房内与龚某发生性关系后,持事先准备的弹簧刀威胁龚某,劫得龚某价值1 091元的黄金戒指两枚和现金300余元。在逃离现场过程中,黄某在遭到龚某、方某、陈某等人抓捕时,持刀朝对方乱挥乱刺,致龚某、方某、陈某身体多处受伤,后被群众抓获。现赃物赃款已追回,返还龚某。

法院认为:被告人黄某以非法占有为目的,采用暴力手段强行劫取他人财物,其行为构成抢劫罪,依法应予惩处。公诉机关指控被告人的罪名成立,但指控黄某入户抢劫不妥,应予纠正。黄某归案后能够如实供述犯罪事实,认罪态度较好,依法予以从轻处罚。遂根据本案犯罪事实、性质、情节,依照《刑法》(1999年修正)第263条、第67条第3款之规定,以抢劫罪判处被告人黄某有期徒刑5年,并处罚金人民币2 000元。

一审法院宣判后,检察机关以黄某的行为构成"入户抢劫"为由提起抗诉;同时认为,一审法院未认定黄某有"入户抢劫"的加重情节,属于适用法律错误,导致量刑畸轻,要求二审法院纠正。二审法院裁定驳回抗诉、维持原判。

这起案件涉及的问题是:进入卖淫女的出租房嫖宿后,实施抢劫是否构成"入户抢劫"? 法院认为,"入户抢劫"是指为实施抢劫行为而进入他人生活的与外界相对隔离的住所。卖淫女的出租房兼具卖淫活动场所和家居生活住所的性质。卖淫女在从事卖淫活动时,其出租房表现为卖淫活动场所;卖淫女在不从事卖淫活动时,其出租房表现为家居生活住所。该出租房表现出卖淫活动场所和家居生活住所双重特征,在一定条件下这两个特征可以相互转化。当没有嫖客进入出租房时,该出租房供卖淫女进行日常生活起居,同时具有相对的封闭性和私密性,应当被认定为刑法意义上的"户"。相反,当卖淫女决定在该出租房内接纳嫖客时,该出租房实际上便转化为淫乱牟利的场所。此时,该出租房虽然具有"户"的场所特征,但不具有户的功能特征。①本案案发时被害人龚某已在招嫖,并没有在其出租房内进行家庭生活,而是将该出租房作为从事卖淫活动的场所。此时该出租房发挥的是性交易场所的功能,而非家庭生活住所的功能。因此,本案被害人的出租房在案发期间不具有"户"的功能特征,黄某不属于"入户抢劫"。

此外,在陆某等抢劫案中值得注意的是,法院否认入户抢劫的第二点理由是,"户"不仅是抢劫的场所,也是抢劫的对象。也即只有抢劫对象为家庭成员时,才能构成入户抢劫。法院认为,刑法之所以将入户抢劫规定为法定加重情节,一个重要原因是入户抢劫直接威胁到了户内居民的人身和财产安全,因此,入户抢劫中应包含着以户为对象而实施抢劫的实质性内容。② 由于本案中抢劫对象系参赌人员而非家庭成员,因此,法院认为陆某等人实际上是进入赌博场所抢劫参赌人员,而非入户抢劫家庭成员。当然,这个理由能否成为一个足够有力的论证,还值得商榷。刑法保护承载家居生活功能的住宅,并不意味着只保护住宅中的家庭成员。考虑到家庭为社会结构的基本单位,住宅所承载的社交功能,也应该被包括进家庭生活功能的范围。因此,进入他人住宅内的非家庭成员,只要其所从事的是得到该住宅成员与社会秩序认可的正常合法的社会交往活动,就应该受到刑法的保护;行为人进入住宅对其实施抢劫的,也应认定为"入户抢劫"。简言之,到他人家中做客的客人,当然也能成为入户抢劫的对象。因此,是否为家庭成员,并不是认定入户抢劫成立与否的关键。

在上述两起案件中,法院均对"入户抢劫"的问题进行了深入的分析,这种分析主要是采取了一种目的解释的方法展开的。所谓目的解释,是指从法律规范的设立目的出发,根据相关刑法条文的法益保护目的来对条文展开解释。《刑法》(1999年修正)第263条规定,对"入户抢劫"较一般的抢劫行为加重惩罚;《刑法》(1999年修正)第264条规定,对于"入户盗窃",在盗窃数额没有达到较大程度时也予以惩罚。这些法律规定都充分地说明,刑法在保护公民的财产安全的同时,进一步保护公民的住宅安全。这是由于住所是人们生活中最为隐秘和安全的场所。公民的住宅不受侵犯,不仅我国《宪法》对此作出明确规定,而且刑法中专门规定了非法侵入他人住宅罪。因此,在"入户抢劫"和"入户盗窃"的刑法规范中,除了财产权,住宅安全也是受到保护的法益。明确了法益保护目的之后,哪些场所能够被认定为"户",

---

① 最高人民法院刑事审判第一、二、三、四、五庭.刑事审判参考:总第91集.北京:法律出版社,2014:56.

② 最高人民法院刑事审判第一、二、三、四、五庭.中国刑事审判指导案例:侵犯财产罪.北京:法律出版社,2009:371.

就应该围绕着这一目的展开解释。就此而言，最高人民法院上述司法解释中提出"户"的功能特征和场所特征，以及上述两起案件中法院强调抢劫行为实施时住所承载的实际功能，都是围绕着刑法保护公民的住宅安全这一立法目的而展开的，对此应予以充分肯定。

[案例1-14] 马某、杨某拒不执行判决、裁定案① （罪刑法定原则与目的解释）

1. 基本案情

马某、杨某原系夫妻关系，二人于1997年在北京市丰台区开办了生产弹簧床垫的××床具厂，经营者为杨某，但由马某负责具体经营。1998年6—7月，马某、杨某与车某、常某相识并建立了业务关系。至2000年4月，马某、杨某共欠车、常二人货款人民币37.83万元。因多次索要货款未成，常某、车某遂分别将马某诉至北京市丰台区人民法院。2001年8月21日，该院以（2001）丰民初字第4925号、4926号民事判决书，分别判决马某给付常某、车某货款共计人民币37.83万元。马某向北京市第二中级人民法院提起上诉，在二审审理期间又撤回上诉，上述两份民事判决均已发生法律效力。马某、杨某为使法院的生效判决无法执行，于2001年12月28日协议离婚，约定除电视机、洗衣机、电冰箱归马某所有外，其余财产（包括××床具厂）归杨某所有，债务30万元由马某偿还。2002年1月16日，北京市丰台区人民法院向马某发出执行通知，责令其履行法院判决，但其仍不履行。同年2月28日，因马某拒不执行生效判决，北京市丰台区人民法院对马某司法拘留15日。后车某向北京市丰台区人民法院提出申请，认为马某、杨某用离婚方式逃避债务，要求追加杨某为被执行人。同年3月，杨某参加北京市丰台区人民法院召开的听证会后，认为法院也要让其承担债务，遂将此情况告知马某。马某即关闭××床具厂，将该厂的机器设备变卖给他人，而后与杨某共同躲藏到北京市大兴区居住。2002年4月6日，北京市丰台区人民法院下达民事裁定书，认为夫妻共同生活所负的债务，应当共同偿还，裁定马某、杨某负责清偿债务。因马某、杨某外出藏匿，人民法院已生效的判决、裁定长期无法执行。后二人被查获归案。

法院依照《中华人民共和国刑法》（2001年第一次修正）第313条、第25条第1款、第26条第1款、第27条，《全国人民代表大会常务委员会关于〈中华人民共和国刑法〉第三百一十三条的解释》第2款第1项、第5项及《最高人民法院关于审理拒不执行判决、裁定案件具体应用法律若干问题的解释》*第8条第2款之规定，判决如下：（1）被告人马某犯拒不执行判决、裁

---

* 该解释现已失效。——编辑注

① 最高人民法院刑事审判第一、二、三、四、五庭. 中国刑事审判指导案例：妨害社会管理秩序罪. 北京：法律出版社，2009：112.

定罪，判处有期徒刑2年。（2）被告人杨某犯拒不执行判决、裁定罪，判处有期徒刑1年。

一审法院宣判后，马某以没有偿还债务能力，不构成拒不执行判决、裁定罪为由提起上诉。二审法院认为，一审判决认定的事实清楚，证据确实充分，定罪准确，量刑适当，审判程序合法，遂裁定驳回马某的上诉，维持原判。

2. 涉案问题

如何理解相关立法解释规定的"致使判决、裁定无法执行"？

3. 裁判理由

法院认为：被告人马某有能力执行人民法院的判决、裁定而拒不执行，伙同被告人杨某，采用协议离婚、关闭工厂、变卖财产、外出藏匿等方式，逃避法院的执行，致使人民法院生效的判决、裁定无法执行，属于情节严重，均已构成拒不执行判决、裁定罪，应依法惩处。被告人马某在共同犯罪中起主要作用，系主犯；被告人杨某在本案中起次要作用，系从犯，依法从轻处罚。北京市人民检察院第二分院指控罪名成立，被告人马某的辩解及其辩护人的辩护意见不能成立，不予采纳。

4. 评析意见

"执行难"一直是司法实践中比较突出的问题，因此，我国《刑法》（2001年第一次修正）第313条规定，"对人民法院的判决、裁定有能力执行而拒不执行，情节严重的"，构成拒不执行判决、裁定罪。如何理解"情节严重"，是区分罪与非罪的关键。为了保证法律适用的统一性和可操作性，全国人大常委会于2002年专门公布了关于该罪的立法解释。按照该解释的规定，"有能力执行而拒不执行，情节严重"是指下列情形：（1）被执行人隐藏、转移、故意毁损财产或者无偿转让财产、以明显不合理的低价转让财产，致使判决、裁定无法执行的；（2）担保人或者被执行人隐藏、转移、故意毁损或者转让已向人民法院提供担保的财产，致使判决、裁定无法执行的；（3）协助执行义务人接到人民法院协助执行通知书后，拒不协助执行，致使判决、裁定无法执行的；（4）被执行人、担保人、协助执行义务人与国家机关工作人员通谋，利用国家机关工作人员的职权妨害执行，致使判决、裁定无法执行的；（5）其他有能力执行而拒不执行，情节严重的情形。由此可见，不论被执行人采取何种拒绝执行判决、裁定的方式，关键的问题在于是否"致使判决、裁定无法执行"。被执行人有能力执行而拒不执行，只有达到"致使判决、裁定无法执行"的程度，才能被认定为"情节严重"，进而按照该罪定罪处罚。

进一步的问题是：究竟如何理解"致使判决、裁定无法执行"的含义？

有的观点认为:"致使判决、裁定无法执行"包括暂时性的无法执行。只要行为人抗拒执行的行为暂时性地妨害了法院的正常执行活动,使裁判确定的执行内容暂时未得到执行,那么,即使法院通过多方面努力最终完成了执行工作,仍然可以对行为人定罪处罚。不同的看法是:"致使判决、裁定无法执行"只限于永久性的无法执行。只有行为人抗拒执行的行为永久性地妨害了法院的执行活动,造成了裁判内容彻底不能执行的后果,才应该对其定罪处罚。如果法院通过努力最终完成了执行,则不应再追究行为人的刑事责任。这两种观点各有其合理之处,但也都有些偏颇,在缺乏合理限定的情况下,容易造成打击面过大或过窄的局面。

本案审理法院认为:"致使判决、裁定无法执行"是指债务人逃避或者抗拒执行的行为造成法院执行机构无法运用法律规定的执行措施,或者虽然运用了法律规定的执行措施,但仍无法执行的情形。本案中的马某在判决生效以及执行通知发出后,在其有能力履行部分债务的情况下不予履行,而且与杨某协议离婚,分割财产和债务,最后将机器设备全部卖给他人。尽管分割财产和债务的行为尚未达到致使判决无法执行的地步(可以通过追加被执行人的方式执行),但是,将机器设备低价转让给他人,使被执行财产脱离被执行人的控制,则导致法院无法通过法定措施继续执行该案件,因此,法院认定其行为符合"致使判决、裁定无法执行"的条件,构成拒不执行判决、裁定罪所要求的"情节严重"。

笔者认为,上述对"致使判决、裁定无法执行"所作出的解读,正是通过目的解释的方法得出的结论。法院在裁判理由中指出:拒不执行判决、裁定罪所侵犯的法益主要是司法秩序和司法权威,因此应当从影响法院执行工作的角度来理解"致使判决、裁定无法执行",而不能从债权人是否最终实现债权的角度来分析。[①] 应当说,这一分析颇有见地。从是否影响法院执行工作的角度来看,不仅债务人的行为导致债权人的权利最终无法实现,表明了债务人拒不执行的行为达到了情节严重的程度,而且,当债务人逃避或者抗拒执行的行为导致法院执行机构通过采取法定执行措施无法继续执行或者根本无法法定执行措施时,即使债权人通过再次起诉等途径最终实现了债权,也仍应认定出现了"致使判决、裁定无法执行"的结果,可以追究债务人的刑事责任。明确了刑法规定拒不执行判决、裁定罪所要保护的法益是司法秩序和司法权威,就不宜再将"致使判决、裁定无法执行"狭隘地理解为债权最终无法实现。这是运用目的解释的方法理解和适用法律的又一个范例。

[①] 最高人民法院刑事审判第一、二、三、四、五庭.中国刑事审判指导案例:妨害社会管理秩序罪.北京:法律出版社,2009:113.

[案例 1-15] 刘某露交通肇事案①（罪刑法定原则与目的解释）

1. 基本案情

2012年4月8日6时40分许，刘某露在未取得机动车驾驶证的情况下，驾驶浙CJE5××号越野轿车，行驶至G15W常台高速公路往江苏方向293km+222m处时，超速行驶，导致其驾驶的越野轿车与刘乙驾驶的豫HA85××——豫HN9××挂车发生碰撞，造成越野车上的乘客郭某受伤并经医院抢救无效而死亡。经鉴定，刘某露在此事故中负主要责任。

另查明，2012年4月8日事故发生后，刘某露即被送往医院接受治疗。其在交警向其询问时，谎称自己姓名为刘路，并编造了虚假的家庭成员情况，且拒不交代肇事经过。当日12时许，刘某露离开医院。次日，刘某露主动联系公安交警部门，表示愿意到公安机关交代犯罪事实。同月10日，刘某露到公安机关投案，如实交代了自己的肇事经过。其亲属与被害方达成了赔偿和解协议，赔偿给被害方经济损失共计人民币（以下币种同）93 000元，并取得了被害方的谅解。

法院经审理认为：被告人刘某露违反道路交通运输管理法规，在未取得机动车驾驶证的情况下，驾驶机动车在高速公路上超速行驶，并有其他妨碍安全驾驶的行为，导致发生一人死亡的重大交通事故，负事故的主要责任。且在交通肇事后逃逸，其行为构成交通肇事罪，公诉机关指控的罪名成立。对辩护人提出的刘某露有自首情节、认罪态度较好，且已与被害人亲属达成赔偿协议、取得谅解等辩护意见，予以采纳，依法可对刘某露减轻处罚。据此，依照《中华人民共和国刑法》（2011年修正）第133条、第67条第1款之规定，以交通肇事罪判处被告人刘某露有期徒刑2年。

一审宣判后，刘某露在法定期限内未提起上诉，公诉机关亦未提起抗诉，一审判决已经发生法律效力。

2. 涉案问题

交通肇事后，行为人因受伤在医院治疗，公安机关向其询问案情时，拒不交代肇事经过，并虚构身份信息，后逃离医院的行为，是否应当被认定为"交通肇事后逃逸"？

3. 裁判理由

法院认为：本案被告人刘某露无证驾驶机动车在高速公路上超速行驶，导致发生交通事故，并致一人死亡，且承担事故主要责任，其行为构成交通肇事罪。刘某露未从事故现场逃离是因为其本人受伤，且需要到医院救治，

---

① 最高人民法院刑事审判第一、二、三、四、五庭. 刑事审判参考：总第87集. 北京：法律出版社，2013：88.

故其不具备逃离现场的条件。但刘某露在医院短暂治疗后，不向公安机关或者医院说明缘由就擅自离开，主观上具有逃避法律追究的故意。同时，刘某露在医院治疗期间，隐瞒真相、谎报身份，不向公安机关如实交代肇事经过，也体现出其具有逃避法律追究的主观目的。刘某露的行为构成"交通肇事后逃逸"。

4. 评析意见

本案涉及如何解释交通肇事罪中的"交通肇事后逃逸"的规定。在本案审理过程中，一种意见认为：刘某露的行为不构成"交通肇事后逃逸"。理由是：首先，公安部 2008 年 8 月发布的《道路交通事故处理程序规定》*明确规定，交通肇事后逃逸是逃离事故现场的行为。本案中，刘某露是从医院逃离的，不是从事故现场逃离的。其次，实践中交通肇事后逃逸的情形各异，对事故现场作扩大解释不利于统一司法标准。最后，从刘某露逃离医院的行为不足以推定其具有逃避法律追究的主观心理。但是，法院的判决最终没有采纳这种意见，而是将刘某露的行为认定为"交通肇事后逃逸"。

关键的问题是："逃逸"是否有时间和地点的限制？是限于从事故现场逃离？还是也包括那些从非事故现场例如医院、派出所等地逃离的行为？从文义解释的角度来看，这些情形都没有超出"逃逸"一词的文义可能射程，换言之，无论是否从现场逃离，在文义上都可以被评价为"逃逸"。但是，如果仅仅依靠文义解释就决定的话，那么，有些同样符合文义解释但是在情理和政策上欠缺加重惩罚必要性的行为，可能也会被不合理地纳入打击范围。例如，实践中，在交通事故发生后，肇事者在事故现场遭到被害人亲属等围攻，被害人亲属等由于悲愤情绪对肇事者实施殴打报复的情形并不少见。这种肇事者因害怕在事故现场被殴打报复而暂时躲避，或者在将被害人送到医院抢救后因害怕被殴打报复而暂时躲避，事后又主动归案的，显然不宜被认定为"交通肇事后逃逸"。

由此可见，文义解释只是给"逃逸"划定了一个不可逾越的边界，但是并非这个范围之内的所有含义，都可以成为刑法上的"逃逸"。在此，法院的裁判理由采用了目的解释的方法，在"逃逸"的文义范围内进行限制和定位。法院认为，之所以针对交通肇事后逃逸加重刑罚，是为了打击那些主观上想要逃避法律追究、客观上增加被害人的生命、财产受损失的风险的行为。这是加重打击的目的所在。由此出发，那些害怕被被害人亲属等围攻而逃离现场的肇事者，一般不会严重影响到对被害人的抢救治疗，且事后又主动归案，表明其并未有逃避相关法律责任的主观心理和客观表现。故应当将其排除在

---

* 该规定于 2017 年被修订。——编辑注

"逃逸"之外。同理，如果肇事者将被害人送到医院抢救，只是因害怕被害人亲属等殴打报复，暂时躲避，事后又主动归案的，这表明肇事者已履行了抢救义务，客观上又未逃避法律责任，亦不能被认定为"交通肇事后逃逸"。相反，如果肇事者因受伤在医院治疗，但在公安机关向其询问案情时，拒不交代肇事经过，并虚构身份信息，后又逃离医院的，表明其具有逃避法律追究的目的，就应当被认定为"交通肇事后逃逸"。这就是法院的判决通过目的解释的方法得出的结论。按照这一思路，法院基于以下几点，认为刘某露在交通肇事后主观上具有逃避法律追究的故意：刘某露不具备现场逃离的条件，其自己在事故中也受伤；刘某露离开时未受到任何束缚，并非因害怕殴打、报复一类的原因而暂时躲避；刘某露未承担任何救助、赔付义务，对被害人不闻不问即逃离；刘某露在医院时未对向其询问情况的公安人员如实交代事故经过，即逃离前已经暴露出逃避法律追究的客观行为表现。根据上述事实，法院最终认定刘某露的行为构成"交通肇事后逃逸"。

[案例 1-16] 胡某故意杀人案① （罪刑法定原则与目的解释）

1. 基本案情

胡某认为村干部黄某等三人分地时对其不公，一直欺压自己，遂对黄某等怀恨在心，预谋将黄某杀害，并为此准备了杀人工具尖刀一把。2011年11月7日19时30分许，胡某得知黄某与其他工作人员来村里做群众工作，即一边尾随其后，一边用脏话挑衅黄某，途中趁黄某不备之机，用事先准备的尖刀朝黄某左侧后背猛刺一刀。黄某因左肺下叶破裂、心脏破裂致心肺功能衰竭、失血性休克而死亡。当晚，胡某主动拦下警车向公安机关投案。

浙江省金华市中级人民法院认为：被告人胡某携尖刀故意杀人，并致被害人死亡，其行为构成故意杀人罪。胡某犯罪时已满75周岁，且具有自首情节，依法本可以从轻处罚，但鉴于胡某主观上具有事先准备尖刀的故意，且预谋杀害三人，客观上又尾随、辱骂黄某并公然持刃猛刺黄某的背部，致黄某心、肺破裂后死亡，应当认定"以特别残忍手段致人死亡"，依法应当严惩。遂依照《中华人民共和国刑法》第232条、第67条第1款、第49条第2款、第57条第1款之规定，以被告人胡某犯故意杀人罪，判处死刑，剥夺政治权利终身。

一审法院宣判后，胡某提起上诉，理由是：一审法院认定其"以特别残忍手段致人死亡"属于认定错误；自己主动投案自首，犯罪时已年满75周岁，原判量刑不当，请求依法改判。

---

① 最高人民法院刑事审判第一、二、三、四、五庭. 刑事审判参考：总第90集. 北京：法律出版社，2013：45.

浙江省高级人民法院经审理认为：上诉人胡某为泄私愤，预谋故意非法剥夺他人生命，其行为构成故意杀人罪。胡某实施犯罪时已年满75周岁，其作案手段不属于特别残忍，依法对其可不适用死刑。胡某犯罪时虽已年满75周岁并具有自首情节，但其所犯罪行极其严重，不足以对其从轻或者减轻处罚。遂依照《中华人民共和国刑法》（2011年修正）第232条、第17条第1款、第49条第2款、第57条第1款、第69条第1款以及《中华人民共和国刑事诉讼法》（1996年）第189条第2项之规定，判决如下：（1）撤销浙江省金华市中级人民法院（2012）浙金刑一初字第1号刑事附带民事判决中对上诉人胡某的量刑部分，维持判决的其他部分。（2）上诉人胡某犯故意杀人罪，判处无期徒刑，剥夺政治权利终身。

2. 涉案问题

如何理解《刑法》（2011年修正）第49条第2款中的"以特别残忍手段致人死亡"？

3. 裁判理由

本案中，胡某在作案手段上选择的是持刀杀人，而并非其他非常见的凶残狠毒方法；在行为次数上仅仅捅刺了一刀，并非连续捅刺；在被害人失去反抗能力之后也并没有再次捅刺。综上，胡某的犯罪手段一般，一审法院认定其"以特别残忍手段致人死亡"不当，二审法院认定其作案手段不属于"以特别残忍手段致人死亡"，依法不适用死刑是正确的。

4. 评析意见

《刑法》（2011年修正）第49条第2款规定，"审判的时候已满七十五周岁的人，不适用死刑，但以特别残忍手段致人死亡的除外"。此外，《刑法》（2011年修正）第234条规定，"故意伤害他人身体……致人重伤的，处三年以上十年以下有期徒刑；致人死亡或者以特别残忍手段致人重伤造成严重残疾的，处十年以上有期徒刑、无期徒刑或者死刑"。该条明确规定，同样是致人重伤（造成严重残疾）的后果，是判处10年以下有期徒刑还是10年以上有期徒刑、无期徒刑甚至死刑，完全取决于该行为是否"以特别残忍手段"实施。综合这两条的规定可知，特别残忍的手段属于一种加重刑罚的情形。二审法院否定本案属于"以特别残忍手段致人死亡"这一点是正确的，但其理由（这一杀人手段本身较为常见，仅仅捅了一刀，在被害人失去反抗能力之后并没有再次捅刺）仍然浮于表面，并没有给出对"特别残忍"这一刑法用语之内涵和边界的理解。

针对同样的死亡后果，为何在杀人手段残忍时考虑从重处罚？这里就涉及对立法目的的探寻。应当认为，以特别残忍手段杀人，与以一般的非残忍手段（如下毒、开枪）杀人相比，在同样侵害了被害人的生命权之外，多出了对善良风俗和底线伦理的严重侵犯,以及对作为"仁之端"的人类恻隐之心的极端挑战。"残忍"不是用来形容侵害的后果和程度,而是用来形容侵害的方式,表达的是这种侵害方式对人类恻隐之心的刺激。手段残忍侧重的不是对法益侵害程度和后果的判断,而是着眼于对一种善良风尚和伦理观念的违反;手段残忍并不必然造成更大的危害后果,但是足以反映出与一般的杀人手段相比,该手段本身的反伦理、反道德性更加严重。这就是立法者在故意伤害罪中对于以特别残忍手段致人重伤者提升法定刑,同时对于以特别残忍手段致人死亡的老年人亦不免死的原因。从伦理特征和社会一般观念出发理解"特别残忍的手段",也符合司法实践中过往判例对"特别残忍"的阐释,即"一般人难以接受"。

另有观点认为,故意杀人罪中的手段特别残忍,"是指在杀人过程中,故意折磨被害人,致使被害人死亡之前处于肉体与精神的痛苦状态"[1]。只有被告人除了杀死被害人,还故意造成被害人肉体与精神痛苦状态的情形,才能被认定为手段残忍的故意杀人。

上述这两种观点,都是试图从法理层面提供以特别残忍的手段杀人比普通杀人多出的内容。在普通杀人对人的生命权的侵害之外,以特别残忍手段杀人,可以认为是多出了对善良风俗的严重违反和对人类恻隐之心的极端挑战,也可以认为是多出了对被害人临死前额外的精神和肉体的折磨。总之,在理解和适用"特别残忍"这一刑法用语时,必须从立法者的目的出发,探寻立法者想要额外保护的对象。只有明确在生命权保护之外多出的保护目的,才能说明为何对以特别残忍手段杀人加重刑罚,也才能由此为司法实践处理此类案件提供法理依据和操作标准。

[案例1-17] 法兰克·巴沙勒·米伦等重婚案[2](罪刑法定原则与目的解释)

1. 基本案情

法兰克·巴沙勒·米伦于1991年8月24日在英国与被害人约瑟芬·米伦(JOSEPHINE MILLEN)注册结婚且婚姻关系一直延续。2005年,法兰克·巴沙勒·米伦到广东省广州市做生意期间,认识罗某并产生感情。罗某在明知法兰克·巴沙勒·米伦已经注册结婚的情况下,仍与对方以夫妻名义同居于广州市越秀区××路112号××房。2006年下半年,法兰克·巴沙勒·米伦、罗某举办婚宴,宴请双方亲朋好友,公开他们之间的夫妻关系。

---

[1] 陈兴良.故意杀人罪的手段残忍及其死刑裁量——以刑事指导案例为对象的研究.法学研究,2013(4).

[2] 最高人民法院刑事审判第一、二、三、四、五庭.刑事审判参考:总第97集.北京:法律出版社,2014:40.

后法兰克·巴沙勒·米伦和罗某在广州市生育了 2 名儿女。2013 年 2 月 26 日，法兰克·巴沙勒·米伦、罗某向公安机关投案。法兰克·巴沙勒·米伦归案后，被害人约瑟芬·米伦于 2013 年 3 月向公安机关表示谅解法兰克·巴沙勒·米伦，请求司法机关对其从轻处理。

法院认为：被告人法兰克·巴沙勒·米伦有配偶仍与他人以夫妻名义共同生活，被告人罗某明知他人有配偶而与他人以夫妻名义共同生活，其行为均构成重婚罪。法院遂作出判决：被告人法兰克·巴沙勒·米伦犯重婚罪，判处拘役 6 个月，缓刑 6 个月；被告人罗某犯重婚罪，判处拘役 6 个月，缓刑 6 个月。

2. 涉案问题

外籍人士在境外结婚后，在我国境内与我国公民以夫妻名义同居的，是否构成重婚罪？

3. 裁判理由

法院认为：外籍被告人在我国境内与他人以夫妻名义同居的行为符合重婚罪的构成特征。法兰克·巴沙勒·米伦在英国的婚姻关系，为我国法律所承认，其在我国境内的重婚行为，客观上已导致其同时拥有"两个妻子"。其行为明显侵犯了我国的"一夫一妻"制度，依法应当被纳入我国刑法的规制范围。罗某明知对方有为我国法律所承认的合法婚姻关系，仍与之以夫妻名义公开同居生活，造成对方"一夫两妻"的客观事实。其行为亦侵犯了我国刑法所保护的"一夫一妻"制度，依法亦应被纳入我国刑法的规制范围。

4. 评析意见

《刑法》（2006 年修正）第 258 条规定："有配偶而重婚的，或者明知他人有配偶而与之结婚的，处二年以下有期徒刑或者拘役。"本案中存在两个问题：一是以夫妻名义同居生活的事实婚能否被评价为"结婚"，二是构成重婚罪以已经有配偶为前提，那么，外国婚姻形成的外籍配偶，是否属于本罪所说的"配偶"？法院的裁判理由主要阐述了前一个问题，对第二个问题并没有展开。从文义上看，外国婚姻形成的外籍配偶，当然也是配偶，这并没有超出配偶一词的文义范围。但问题的关键在于，并非所有在文义范围内的含义，都能成为刑法用语的内涵。对此还需要进一步运用目的解释。在本案审理过程中，反对意见认为，法兰克·巴沙勒·米伦与罗某的行为不构成重婚罪，因为法兰克·巴沙勒·米伦与罗某在我国境内的同居行为仅侵犯了英国的婚姻制度，没有侵犯我国刑法保护的犯罪客体，不具有刑事可罚性。应当说，这种观点是从重婚罪的法益保护目的出发来理解配偶的范围，有一定的合理性。判决理由所说的有"两个妻子，因而侵害了我国的一夫一妻制度"，这一点是把外籍配偶视作我国一夫一妻婚姻关系内的"妻子"而得出的结论。但是进入我国的婚姻制度和秩序中的"配偶"或"妻子"，必须也同时受到婚姻法各个方面的保护,然而这一点对外籍配偶来说是很难做到的。当然,从后果主义的角度来说,这个判决也有其合理性,否则,若容许多个婚姻关系同时在国内外存在,那么一旦国内的婚姻关系破裂,出现财产分配方面的纠纷,则必将带来难以认定和执行的麻烦。

深度研究

从法条文字本身出发的文义解释,根据体系内部的逻辑关系展开的体系解释,借助历史特别是立法史的关联性进行的历史解释,以及基于法条的目的和客观理性的目的解释,这四种解释方法,构成了"(自萨维尼以来的)法律解释学中相当固定的组成部分"[①]。探讨解释方法的意义,不仅具有解释学理论上类型化的效果,也不仅着眼于解释经验的单纯总结,更重要的是,对于司法实务工作者来说,常常面临着在采用不同解释方法可能导出不同结论的情况下,应当如何在各种解释方法之间进行选择的问题。事实上,某些案件之所以疑难,关于案件中的争点之所以众说纷纭,原因常常在于解释方法的多样化,而每一种解释方法又可为不同的诠释,解释者各执一端,致生歧义。此种见解不一、众说纷纭的现象,严重影响了法律适用的安定性。由此引出法学方法论上的一个重要问题:在面对需要解释的个案时,文义解释、体系解释、历史解释、目的解释等各种解释方法,是可以任意选用还是具有内在的优先次序?

对此,刑法理论上观点迥异。一种观点认为,各种解释方法之间并不存在谁先谁后的位阶关系。德国学者茨威格特曾对此批评道:法律解释学说的缺陷具体在于,在各种解释标准中,无法找到一个确定的次序。对此,萨维尼用了一种机智的表述掩盖了这种指责:"……这些解释方法并不是由人们根据口味和喜好挑选,而是当解释应该成功时,必须协调发挥作用的不同活动。"[②] 类似的还有王泽鉴教授的看法,他不认为各种解释方法之间具有一种固定不变的位阶关系,但是也不认为解释者可以任意选择一种解释方法,以支持其论点。法律解释是一个以法律意旨为主导的思维过程;每一种解释方法各具功能,但亦受有限制,并非绝对;每一种解释方法虽分量有所不同,但须互相补足、共同协力,始能获致合理结果,从而在个案中妥当调和当事人的利益,贯彻正义的理念。[③]

相反的观点认为,各种解释方法之间,大致还是存在着某种位阶关系的。德国学者耶赛克认为,刑法解释方法的次序应该是以文义解释为出发点,经

---

① 恩吉斯. 法律思维导论. 郑永流,译. 北京:法律出版社,2008:88.
② 同①95.
③ 王泽鉴. 民法思维. 北京:北京大学出版社,2009:189.

由体系解释、历史解释，最后到达目的解释，目的解释是所有解释方法的核心。这一次序是有充分理由的，因为采用这种次序能够解决可能的争议。另一位德国学者毛拉赫指出，历史解释是位于最后位阶的辅助因素，系统解释比历史解释意义重要，文义解释是所有解释的基础与开始，起决定性作用的是目的解释，即以刑法适用时的目的所作的解释。① 陈兴良教授认为：在两种解释方法存在冲突的情况下，应当根据一定的规则进行选择以便确保解释结论的合理性。在一般情况下，文义解释是应当优先考虑的，在语义是单一、明确的情况下，不能进行超出语义可能范围的解释。但在语义非单一、不明确的情况下，则应根据立法沿革进行历史解释以符合立法精神。② 梁根林教授则表示，符合刑法文本特性、罪刑法定原则与刑法解释目标要求的刑法解释方法及其顺序，应当是文义解释、体系解释、历史解释、目的解释、合宪解释这样的先后排列顺序。③

笔者认为，法律解释方法的位阶关系问题，不应该总是放在一般的法理学和法学方法论层面泛泛而论，这样往往在结论上莫衷一是；应该将这一问题结合具体的部门法语境予以讨论。在刑法领域中，尤其要考虑到罪刑法定原则的基础性地位，由此出发来决定解释方法的选择。"由刑法文本的公法、强制法、第二次法、罪刑法定原则所决定的刑法规则体系的封闭性、安全性、确定性所决定，刑法文本的解释必须是严格解释，因而刑法解释应当慎重选择和使用既符合一般法律解释论要求又兼顾刑法文本解释特点的特定解释方法，并且对解释方法的适用顺序加以适当的安排。"④ 就此而言，文义解释应当并且必须成为刑法解释的第一步。

所谓文义解释的优先地位，指的是由一般的语言用法获得的可能字义，构成刑法解释的出发点，同时划定了解释的界限：超出可能字义的范围的解释，就再不能被视为刑法规定的内容而加以适用。立法者已经通过刑法条文的文本，规定了一个将由法官来加以具体填补的规则性框架。这个规则性框架的范围，是由法律文本可能的（口语化）字义加以标定的。只有在这个框架内，法官才能考虑体系要素、历史要素以及目的要素而展开解释。超出可能文义的边界进行解释和适用，就是一种为罪刑法定原则所禁止的类推。

在刑法领域中特别强调文义解释的优先地位和为其他解释方法界定活动范围的功能，这是由刑事法治的内在精神即罪刑法定原则决定的。对于罪刑

---

① 苏彩霞. 刑法解释方法的位阶与运用. 中国法学，2008（5）.
② 陈兴良. 判例刑法学：上. 北京：中国人民大学出版社，2009：65.
③ 梁根林. 罪刑法定视域中的刑法适用解释. 中国法学，2004（3）. 赞同这一排列顺序的还有苏彩霞. 刑法解释方法的位阶与运用. 中国法学，2008（5）.
④ 梁根林. 罪刑法定视域中的刑法适用解释. 中国法学，2004（3）.

法定原则的解读文献，可谓是蔚为大观，但整体而言，涉及罪刑法定原则的价值蕴含和思想渊源时，文献中都无异议地承认自由、民主、分权这几个核心支柱。首先，只有当统治者根据明确的法律规定而不是任意的裁断来行使刑罚权时，民众的行动自由才有预期，才能免于专制的压迫而得到保障。其次，法官只有严格按照民众代表组成的立法机关所通过的刑法来制裁犯罪人时，这种制裁才是人民意志的表达，才能获得惩罚的正当性根据。最后，立法权与司法权的分立与制衡，也是罪刑法定原则的题中应有之义。一方面，我国宪法明确规定法院独立行使审判权，不受其他因素干扰；另一方面，司法者只有根据立法者制定的法律规定去行使审判权，才不会导致权力的滥用。此外，罪刑法定原则还往往诉诸一般预防的刑罚目的与责任主义原则：只有根据行为实施前就已经明确规定的刑法去惩罚犯罪人，才能收到威慑潜在犯罪者和巩固民众对法律之忠诚的效果；只有在犯罪人在犯罪之前就已经知道或有机会知道其行为被刑法禁止的情况下，才可以对其进行谴责。

正是由于罪刑法定原则的上述内涵和要求，才特别强调文义解释的优先地位和界限功能。"立法者只能在文字中表达自己的规定，在立法者的文字中没有给出的，就是没有规定和不能适用的。"① 超越了刑法文字规定的可能字义去解释刑法，就会出现背离罪刑法定原则的一系列后果：公民再也无法对自己的行为作出预期，自由必将萎缩；刑罚权的发动违背了国家的自我约束，也丧失了民主的正当性基础；司法权与立法权之间的边界变得模糊，因为司法者超出立法者写下的文本去解释法律，就是以解释之名行立法之实；既然公民难以根据法律文本的可能文义去安排和规范自己的行为，一般预防的效果自然就无从谈起；超出可以被预见的禁止性文义的范围去谴责行为人，显然既不合理也不公正。

当然，法条的字义通常并不是单一、明确的，而是可能包含多种含义。除了数字和一些专有名词，大多数日常用语，甚至法律用语都是不明确的。在文义解释所划定的可能文义的范围之内，法律的语言往往还包含不同的含义，此时，就需要通过其他方法进一步解释。

一般而言，与历史解释与目的解释相比，体系解释并不具有位阶上的优先性；在没有其他解释方法竞争的情况下，体系解释才会发挥最后的作用。这主要是由于，无论是在刑法与其他部门法之间，还是在刑法体系内部，刑法用语都具有相对性。有些时候，只有将某一法条中的用语与其他法条中的相同用语解释得含义相同，才能得出体系协调一致的效果；有些时候，在解释得含义不同的情况下，才会得到协调的结果。而所谓协调，不仅仅是逻辑

---

① 罗克辛. 德国刑法学总论. 王世洲，译. 北京：法律出版社，2005：86.

本身的协调，这也往往会受到文本修正的历史脉络和法条的规范保护目的的限制。有学者甚至认为，"使刑法条文相协调是最好的解释方法这句话，是有前提的，那就是对法条作了合理解释……单纯使刑法条文之间的文字含义协调，还称不上最好的解释方法，只有既使刑法条文之间的文字含义协调，也使案件事实得到协调处理的解释方法，才是最好的解释方法"①。在这个意义上，体系解释并不是一个能够起到决定作用的指挥官，而是常常扮演着历史解释或目的解释的助手的角色。显然，除了受制于文义解释，体系解释与其他解释方法之间的位阶关系是非常灵活的，或者干脆说，并没有什么约束性的位阶关系。

争论的焦点常常是历史解释与目的解释之间的位阶关系。"即使历史解释方法和目的解释方法经常得出相同的结论，但也可能出现这样的情况：历史上立法者的意志与人们在后来赋予刑法规定的内容不相吻合。在这种情况下，方法论中的古老的有争议的问题——立法者的主观意志优先还是客观的法意志优先，就显得很重要。"② 近年来，我国刑法学界围绕着非家庭成员间的遗弃行为能否成立遗弃罪的争论，集中地反映了历史解释与目的解释在方法论上的位阶之争。本书所选择的两起较有影响力的案例所涉及的均是发生在非家庭成员间的遗弃行为，但是由于优先采用了不同的解释方法，因而一起案件被判处遗弃罪，另一起则被按不作为的故意杀人罪处理。这充分说明了问题的复杂性和争议度。

对于这个问题，陈兴良教授和张明楷教授曾归为文义解释与历史解释之争。陈兴良教授认为：这是由于文义解释与历史解释之间存在矛盾，此时历史解释具有优先于文义解释的效力；在语义非单一、不明确的情况下，应该根据立法沿革进行历史解释以符合立法精神；从历史沿革来看，遗弃罪属于妨害婚姻、家庭犯罪，因此不应该包括非家庭成员间的遗弃。③ 观点相同的还有法理学界的郑永流教授："在1997年修订的刑法中，遗弃罪被纳入侵犯公民人身权利、民主权利罪，扶养义务是否扩展至非亲属间呢？从文义上解释，似无不可。但有歧义。这时应寻求历史解释，此时历史解释优于文义解释。因此对非亲属间的遗弃行为若要作为犯罪处理，需要在刑法中加以专门规定。"④ 与之相反，张明楷教授认为，遗弃罪也包括非家庭成员之间的遗弃行为："在文义解释与历史解释之间存在矛盾的情况下，不应当一概以历史解释优先。如果文义解释得出符合刑法目的的结论，就应当采取这一解释。既然

---

① 张明楷. 罪刑法定与刑法解释. 北京：北京大学出版社，2010：147，151.
② 耶赛克，魏根特. 德国刑法教科书. 徐久生，译. 北京：中国法制出版社，2001：193.
③ 陈兴良. 判例刑法学：上. 北京：中国人民大学出版社，2009：65.
④ 郑永流. 法律方法阶梯. 北京：北京大学出版社，2008：170.

根据文义解释，扶养包括家庭成员间的扶养与非家庭成员间的扶养，而且这样解释完全符合刑法保护被害人生命安全的目的，就应当认为遗弃罪可以发生在非家庭成员之间。反之，如果历史解释不能得出符合刑法目的的结论，就不应当采取历史解释。将遗弃限定为家庭成员之间，虽然可谓一种历史解释，但不利于实现刑法保护法益的目的。"[1]

其实，上述争议，并非发生在文义解释与历史解释之间，而是发生在历史解释与目的解释之间，因为"除数字和少数的专有名词除外，大多数日常用语甚至法律用语都是不明确的。由字义'明确'地得出某种意义，这种确认本身经常已经是一种解释的结果"[2]。换言之，真正单一的、明确的字义，根本不需要解释；几乎绝大部分解释工作，都是以非单一的、不明确的语义作为起点的；而圈定一个用语具有哪些可能的语义，这是文义解释本身的内容。正是在文义解释所划定的这个充满着多种可能字义的范围之内，才有进一步采取其他解释方法的空间。在这个意义上，罪刑法定原则下的文义解释，享有永远不可置疑的优先地位，根本不可能也不允许其他解释方法与之发生矛盾。归根结底，文义解释并不是与其他解释方法展开竞争的对手，它的真正功能在于：一方面，为其他解释方法提供作为解释对象的、可选择的各种可能文义；另一方面，既然其他解释方法所得出的结论只能出现在可能的各种文义之中，那么，文义解释其实就是在为其他解释方法之间的竞争划定一个有边界的舞台，并且作为边裁，时刻监督着各种解释方法不得出界。

由此可见，得出非家庭成员间的遗弃行为不按照遗弃罪处理的结论，的确是历史解释发挥作用的结果，但这并不是历史解释与文义解释之间出现了冲突，进而强调历史解释优先于文义解释的缘故。毋宁说，首先是以文义解释的方法划定了"扶养"的范围和边界，而家庭成员间的扶养和非家庭成员间的扶养都没有超过可能字义的范围。至此，文义解释已经完成它界定范围的使命。接下来，是只选择前一种文义（历史解释）还是将两种文义都纳入遗弃罪之中（目的解释），则是历史解释与目的解释之间的竞争，而这个竞争的舞台边界是由文义解释划定的。文义解释划定边界之后，历史解释和目的解释在边界之内展开竞争，选择不同的可能的文义。这才是正确的描述。

因此，那种将目的解释作为支配性标准，认为文义解释、历史解释和体系解释均是探求法规目的的辅助手段的看法[3]，是有失偏颇的。首先，目的解释只能在文义解释划定的范围之内活动，无论解释者如何声称法益保护目的应当是什么，由此得出的结论也不能超出可能文义的范围。可能的文义的范

---

[1] 张明楷. 罪刑法定与刑法解释. 北京：北京大学出版社，2010：155.
[2] 拉伦茨. 法学方法论. 陈爱娥，译. 北京：商务印书馆，2003：220.
[3] 金日，徐辅鹤. 韩国刑法总论. 郑军男，译. 武汉：武汉大学出版社，2008：35.

围是由文义解释划定的,试图直接通过目的解释来划定文义范围的做法,实质上已经是位阶的僭越。那种在一开始就用法益保护目的来介入、渗透甚至操纵文义范围的做法,无论如何声称尊重可能文义的范围,都是在用目的解释突破和取代文义解释。在罪刑法定原则的框架之内,这种做法必须被否定。其次,对于目的解释与历史解释之间的关系,也应当持一种非固定位阶的、具体个案具体分析的灵活态度。具体而言,解释者应当尊重和忠实法律中所明确表述的历史上的立法者的意志,对此,需要通过历史解释的方法去查明;但是,如果公正性上的迫切理由、社会关系的发展或时代精神已经将过去的价值判断视为过时和落后的时候,就应该基于客观解释的立场,采用目的解释的方法,去得出合理的结论。就非家庭成员间的遗弃行为能否构成遗弃罪而言,对于发生在不同历史阶段的案件,可能会得出不同的结论,这是完全正常的。法官总是在这种时代的变化发展中去观察,社会机构遗弃病患的情形已经发展到了何种程度,是否足以将过去的"只有家庭间成员才存在扶养义务"的立法上的价值判断视为过失和落后。这一点的确是需要法官在个案中进行思考和决定的。对此,不能脱离个案语境简单地说结论的对错。

  总之,各种解释方法之间绝不存在无所关联的并立关系。至于它们之间的位阶关系,应当这样看待:首先,在刑法领域中,受罪刑法定原则的约束,文义解释具有不可置疑的优先地位,它主要是发挥限制性的边界作用。在文义解释所划定的界限内,常常还有多种解释的可能性。其次,同样由于罪刑法定原则的约束,通过历史解释能够明确获得的立法原意应当得到尊重,除非立法后经过很长时间,规范环境发生了变化,基本的法律原则出现了演变,以至于以历史上的立法目的及法律起草者的规范想法为准据的解释变得不能接受。在历史解释与目的解释存在冲突的场合,应当考虑到,作为基本法律,在足够成熟的立法技术和足够前瞻的立法理念的保证下,刑法规定的立法原意不应当是速朽的。在这个意义上,运用历史解释获得的立法原意应当被推定为当然符合法条的客观目的,除非有足够充分的理由,证明二者之间严重脱节,此时,就应当积极地运用目的解释得出合理的结论。最后,作为一种辅助性的解释方法,体系解释既可以服务于历史解释,也可以服务于目的解释,还可以用来支持文义解释,因此,它与其他三种解释方法不存在位阶上的冲突。

  至此,已经不可能奢求更加明确具体的操作规则了。正如法学方法论大师拉伦茨所感叹的,"由法律制定史而得的论据何时必须向客观的目的论的标准让步,原本妥当的解释何时必须向另一种取向于现代标准的解释低头,对这些问题终究无法作精确的答复,对于这点大概不至于感到惊奇吧。解释不是计算题,而是一种有创造性的精神活动。在遇到临界案例时,解释者所从事的工作，往往都拥有判断余地，于其内，多数不同的裁判都是'可接受的'。虽然有判断余地存在，但不能因此就认为依照方法从事解释是没有价值的，甚至认为可以任意地'选择方法'。解释者必须考虑各种不同的解释观点，并说明其选择某种观点为决定性标准的理由。法院对此常有欠缺。在穷尽所有获致确实可靠的结论的方法以后，法官才可以作出只对自己负责的决定，于此，他也必须清楚表明其抉择的价值判断"①。

第二节 刑法解释的立场与限度

知识背景

　　法律与解释是不可截然分开的，法律发达史实际上就是法律解释发达史，反之亦然。在一定意义上可以说，法律是在解释中发展的，也只有在解释中法律才能获得真正的理解与适用。② 主观解释论与客观解释论的学说之争，正是关于刑法解释的立场和目标的一个古老话题。主观解释论强调探询立法者的立法原意，强调尊重和忠实于立法者通过法律文本所表达的意见。主观解释论认为，刑法是立法者为社会一般人设计的行为规范，表达了立法者禁止或允许人们从事什么样的行为的主观愿望，这些主观愿望应当在法律解释中被揭示出来。因此，任何正确的刑法解释实质上就是在寻找立法原意，都是对立法者在立法时表达的立法原意的理解。这就是所谓主观解释论。客观解释论则认为，法律不是僵硬不变、意义固定的文字罗列，而是社会生活的产物，因此，法律应当是有内在生命力的、能够随社会生活变化而与时俱进的弹性表达。客观解释论强调法律文本的独立性，试图挣脱立法者的立法原意，而根据变化了的情势与适用的目的，挖掘法律文本在当下社会生活中的合理意思。有学者认为，主观解释论与客观解释论的问题，在我国基本上已经得到解决，即客观解释论几成通说。最高人民法院在有关的指导性案例中，也明显地倡导客观解释论。③ 但是，客观解释论的优势何在，主观解释论又有何缺陷，以及在客观解释论与主观解释论之间解释者和司法者是应当强调或坚守哪一种固定的立场，还是应当在个案中进行具体思考和决定，这些问题仍然需要进一步的深入研究。

　　在刑法解释过程中，司法者经常会遇到罪刑法定与法秩序的统一性问题。

---

① 拉伦茨. 法学方法论. 陈爱娥，译. 北京：商务印书馆，2003：220.
② 陈兴良. 法的解释与解释的法. 法律科学，1997（4）.
③ 陈兴良. 形式解释论的再宣示. 中国法学，2010（4）.

在一定意义上，这也是一个刑法解释的限度问题。刑法与其他部门法协调一致，才能保证法秩序的统一性。这种法秩序的统一性，追求的不是一种文字规定和条文表述上的形式性协调，而是违法性评价和惩罚功能上的实质性协调。具体而言，各个部门法之间的协调统一，并非只有通过显性的法律规定的字面相同才能实现；法律背后的理论基础和学说建构，不仅肩负着促进每一部门法体系化的任务，也具有协调各个部门法使其不相矛盾、彼此呼应的功能。考虑到法秩序的统一性，解释者不能仅仅在刑法的视野之内解释法律，而应当顾及刑法与其他部门法之间的协调。换言之，在刑法解释的边界和限度的问题上，整个法秩序的统一性也是一个不可忽视的因素。

近年来，形式解释论和实质解释论之争在刑法学界日益激烈。这一争论的背后，是对罪刑法定原则的不同理解。在形式解释论者眼中，罪刑法定原则的实质侧面与形式侧面在精神上是完全相同的，两者都统一于人权保障的价值蕴涵；而在实质解释论者看来，罪刑法定原则的实质侧面与形式侧面可能存在冲突，在处罚必要性的判断上，形式侧面存在缺陷，因而需要通过实质侧面加以补救。此外，形式解释论与实质解释论之间的分歧，在具体层面上往往表现为对文义解释与目的解释的位阶关系和重要性的不同理解。在形式解释论那里，文义解释享有不可置疑的优先地位。这里的优先地位，并不是意味着文义解释提供最后的解释结论，而是在为其他解释方法之间的竞争划定一个有边界的舞台，并且作为边裁，时刻监督着各种解释方法不得出界。相反，在实质解释论那里，文义解释并不具有这种第一位阶的划界功能，包含处罚必要性考量在内的目的解释往往起到决定性的作用。

规范依据

《刑法》（2020年修正）第3条："法律明文规定为犯罪行为的，依照法律定罪处刑；法律没有明文规定为犯罪行为的，不得定罪处刑。"

案例评价

[案例1-18] 李某组织卖淫案[①]（罪刑法定原则与客观解释）

1. 基本案情

2003年1月至8月，李某为营利，在先后与刘某、冷某等人预谋后，采取张贴广告、登报的方式招聘男青年做"公关人员"，并制定了"公关人员管理制度"，规定："公关人员"台费每次80元，包间费每人50元（由客人

[①] 最高人民法院刑事审判第一、二、三、四、五庭. 中国刑事审判指导案例：妨害社会管理秩序罪. 北京：法律出版社，2009：298.

付），包房过夜费每人 100 元；最低出场费每人 200 元，客人将 "公关人员" 带离工作场地超过 30 分钟，"公关人员" 可索要出场费并交纳 80 元；客人投诉某一 "公关人员" 超过 3 次，除对该人员罚款外，还立即除名；"公关人员" 上岗前需交纳管理费 200 元和身份证原件，上岗后需交纳押金 300 元；符合管理规定，离店时押金全部退还；离店需提前 15 天书面申请，否则不退押金；"公关人员" 上岗前须经检查、培训，服务前自备用具；必须服从领导，外出 30 分钟必须向经理请假，经经理或管理人员同意后方可外出，违者罚款 80 元；出场后，次日下午 2：00 前必须报到，每天下午 2：00、晚 7：30、凌晨 3：00 点名，点名不到罚款 80 元；等等。李某指使刘某、冷某对 "公关人员" 进行管理，并在其经营的三处酒吧内将多名 "公关人员" 多次介绍给男性顾客，由男性顾客将 "公关人员" 带至南京市××大酒店等处从事同性卖淫活动。

李某辩称，其行为不构成犯罪。其辩护人提出：《刑法》及相关司法解释对同性之间的性交易是否构成卖淫未作明文规定，而根据有关辞典的解释，卖淫是 "指妇女出卖肉体" 的行为。因此，组织男性从事同性卖淫活动的，不属于组织 "卖淫"，不危害社会公共秩序和良好风尚；依照罪刑法定原则，李某的行为不构成犯罪。

江苏省南京市秦淮区人民法院认为：被告人李某以营利为目的，招募、控制多人从事卖淫活动，其行为已构成组织卖淫罪，依法应予严惩。遂依照《中华人民共和国刑法》（2002 年修正）第 358 条、第 64 条之规定，判决如下：(1) 被告人李某犯组织卖淫罪，判处有期徒刑 8 年，罚金人民币 6 万元。(2) 被告人李某违法所得 1 500 元予以追缴。

一审判决作出后，李某不服，以组织同性卖淫不构成犯罪、量刑过重为由，向江苏省南京市中级人民法院提出上诉。

江苏省南京市中级人民法院经审理认为：原审判决认定上诉人李某的犯罪事实清楚，证据确实、充分，适用法律正确，审判程序合法，应予维持。上诉人李某所提上诉理由不能成立。据此，依照《中华人民共和国刑事诉讼法》（1996 年）第 189 条第 1 项之规定，裁定如下：驳回上诉，维持原判。

2. 涉案问题

组织男性从事同性之间的性交易，是否构成组织卖淫罪？

3. 裁判理由

法院认为：被告人李某关于其行为不构成犯罪的辩解，其辩护人关于卖淫不包括男性之间的性交易的辩护意见不能成立。根据我国刑法的规定，组织卖淫罪是指以招募、雇佣、引诱、容留等手段，控制、管理多人从事卖淫的行为；组织他人卖淫中的 "他人"，主要是指女性，也包括男性。被告人李某以营利为目的,组织"公关人员"从事金钱与性的交易活动,虽然该交易在同性之间进行,但该行为亦为卖淫行为,亦妨害了社会治安管理秩序,破坏了良好的社会风尚,故李某的行为符合组织卖淫罪的构成条件。

4. 评析意见

同性之间的性交易能否被认定为"卖淫"?过去,"卖淫"多见于女性以营利为目的与不特定男性从事性交易的行为。但是在实际的社会生活中,男性以营利为目的与不特定女性从事性交易的行为也屡见不鲜。立法上的修改回应了这一社会现实,1979年《刑法》第140条规定了强迫妇女卖淫罪,把女性界定为卖淫的主体后,男性卖淫现象逐渐增多,引起立法者的关注。1991年9月4日全国人大常务委员会通过的《关于严禁卖淫嫖娼的决定》*用"他人"取代了"妇女",1992年12月11日最高人民法院、最高人民检察院的司法解释及1997年《刑法》都使用"他人"。从词义上看卖淫主体无疑也包括男性。现在的问题是:当卖淫者为男性时,卖淫对象是否也可以为男性?也即"卖淫"的外延是否可以进一步扩大,包括以营利为目的与不特定同性从事性交易的行为?本案法官对此作了肯定回答,并且认为"对卖淫的这种界定,并不违反刑法解释的原理和罪刑法定原则,相反,是刑法立法精神的当然要求"①。法官的这个判断曾引来不少质疑的声音。有观点认为,对于组织男青年向同性卖淫的行为"比照组织卖淫罪定罪量刑"是一种类推定罪,法院的判决在司法中再次开启了类推定罪的"先例",是有悖于罪刑法定原则的。②

笔者认为法官的判决是正确的。从刑法解释的角度来说,不仅不能将刑法解释简单机械地等同于对字义表面的解释,而且应该从客观解释的立场出发,与时俱进地把握刑法用语的内涵。首先,对刑法用语必须在规范意义上加以理解,而不能简单照搬汉语词典。汉语词典对刑法用语的解释并不能成为办理具体案件的"法律依据",也不能取代对刑法用语的规范解释。例如,刑法中的故意与生活中的故意并不相同:刑法上的故意表现为对自己实施的危害行为及其危害结果的认识与希望或放任的态度,而生活中的故意是指行为人有意识地实施某种行为。因此,有意识地闯红灯撞死行人的行为,在刑法上却被评价为过失的交通肇事犯罪。③ 同理,尽管按照有关辞典的解释,"卖淫"是"指妇女出卖肉体",但是,并不能以此作为根据,来界定刑法上的"卖淫"。其次,刑法用语的含义会随着社会生活的发展而发生变化,因此

---

* 该决定已部分失效。——编辑注

① 最高人民法院刑事审判第一、二、三、四、五庭. 中国刑事审判指导案例:妨害社会管理秩序罪. 北京:法律出版社,2009:295.

② 王兆京. "类推定罪"借同性卖淫案"复活"?. 南方周末,2004-02-26(6).

③ 陈兴良. 刑法总论精释. 北京:人民法院出版社,2011.

应该从客观解释的立场出发去把握刑法用语的内涵。本案法官在裁判理由中指出,"对刑法用语,应当适应社会发展,结合现实语境,作出符合同时代一般社会观念和刑法精神的解释……据此,结合目前社会生活事实的发展变化——已出现同性卖淫行为,现时代一般社会观念对男性之间以营利为目的的性交易行为的认识——人们已习惯用同性卖淫来指称这种现象,以及刑法精神——禁止任何有伤风化的淫媒行为,以组织卖淫罪追究本案被告人李某的刑事责任,是符合罪刑法定原则的"①。由此可见,本案法官是从客观解释的立场出发,对"卖淫"一词按照社会情势的变化作了与时俱进的解释。对此应予以肯定。

[案例1-19] 董某组织淫秽表演案②（罪刑法定原则与客观解释）

1. 基本案情

2009年5月至2011年2月间,董某单独或伙同蔡某、沈某等人（均另案处理）,由董某寻找模特或由蔡某、沈某等人招募模特提供给董某,再由董某通过互联网发布人体模特私拍摄影信息,并招募参与私拍活动的摄影者,租借公寓或预订宾馆客房作为拍摄场地,安排模特分场次供摄影者拍摄,在拍摄过程中要求模特按照摄影者的需要,全裸、暴露生殖器以及摆出各种淫秽姿势。经鉴定,董某组织的私拍活动中有二十余场系淫秽表演。

法院认为：被告人董某以牟利为目的,单独或伙同他人组织模特进行淫秽表演,其行为构成组织淫秽表演罪,且情节严重,依法应予惩处。公诉机关指控的事实清楚,定性正确。鉴于董某到案后能如实供述自己的罪行,依法可从轻处罚。为维护社会良好风尚,依照《中华人民共和国刑法》（2009年第一次修正）第365条、第25条第1款、第67条第3款、第53条及《最高人民法院关于〈中华人民共和国刑法修正案（八）〉时间效力问题的解释》第4条之规定,以被告人董某犯组织淫秽表演罪,判处有期徒刑4年,并处罚金人民币8 000元。

宣判后,董某没有上诉,检察机关也未提出抗诉,判决已发生法律效力。

2. 涉案问题

招募模特和摄影者,要求模特摆出淫秽姿势供摄影者拍摄的,如何定性？

3. 裁判理由

法院认为：被告人董某以牟利为目的,单独或伙同他人组织模特进行淫秽表演,其行为构成组织淫秽表演罪,且情节严重,依法应予惩处。在董某

---

① 最高人民法院刑事审判第一、二、三、四、五庭.中国刑事审判指导案例：妨害社会管理秩序罪.北京：法律出版社,2009：295.

② 最高人民法院刑事审判第一、二、三、四、五庭.刑事审判参考：总第85集.北京：法律出版社,2012：88.

组织的人体摄影活动中，模特为配合摄影者的拍摄而裸露生殖器、摆出淫秽姿势，这是通过其形体、动作等可感受的形式将相关信息传递给现场的拍摄者，满足了拍摄者感官上的需求，在性质上不仅属于表演行为，而且也会给作为观看者的摄影者带来不正当的性刺激、性兴奋，进而危害社会的健康性风尚，属于刑法上的淫秽表演，对董某的行为应以组织淫秽表演罪论处。

4. 评析意见

本案中的关键问题是：招募模特和摄影者，要求模特暴露生殖器、摆出淫秽姿势供摄影者拍摄的行为带有组织性并无疑问，但是模特的行为是否构成"淫秽表演"？这就涉及对"表演"的解释。否定的观点和理由是，尽管模特按照董某的要求在摄影者的镜头前暴露生殖器、摆出各种淫秽姿势，但都是为了满足摄影者的拍摄需求，为摄影创作提供素材，而不是为了满足观众的观看要求，故在性质上不是表演行为，更非刑法意义上的淫秽表演。但是法院认为，模特在镜头前裸露身体、摆出各种淫秽姿势，表面上是为摄影者提供拍摄素材，但同时也将自身的人体形象展示给拍摄者，即通过不断变化的肢体动作，将人体形象展示给摄影者，满足摄影者感官上的需求，故模特的行为也明显具有表演性质。而且，摄影者是现场手动摄影，即通过照相机取景器来观察模特的动作姿势，然后再按动快门获取需要的图像，可以说摄影者是通过相机取景器来观看模特的表演的。

这里涉及对表演的广义和狭义的理解。从表演形式看，表演有狭义和广义之分。狭义的表演，如舞台剧，是指表演者与受众之间能够直接接触或互动的表演，表演行为与观看行为同步，表演者的表演是受众接受的最后形象。而广义的表演，不仅包括狭义的表演，还包括另一种表演形式，如电影、电视表演，即表演者的信息通过图片、影像等介质进行了储存，受众通过这些介质接收信息，表演行为与观看行为不同步，相关主体可以对这些介质进行加工、创造，表演者的表演并不是受众接受的最后形象。该种表演形式属于对表演概念的扩展。按照法院的理解，本案中模特的行为不仅构成表演，而且因观看行为和表演行为同步，还属于狭义的表演。

过去一般认为，传统上，在观看表演的当时，表演者应当是动态的。而本案中模特在拍摄时是静止的，而非动态的，不符合传统意义上的表演形式。对此，判决理由举出了健美表演的例子加以反驳：健美表演就是表演者摆出各种体态姿势来展示肌肉线条之美，其动作静止的瞬间正是健美表演的精华所在。由此可见，判决中法官对"表演"的理解，是基于一种客观解释的立场，提出了与时俱进的看法：随着时代的变迁，表演形式也在不断发展变化，不能以表演的动静与否作为判断是否属于表演的标准。因此，本案中的模特在摄影者镜头前的行为是以体态性的动作向摄影者传递感官可以接收的信息，故可以被认定为表演行为，且属于表演行为和观看行为同步的狭义表演。

[案例1-20] 白某强奸案[①]（罪刑法定原则与法秩序的统一）

1. 基本案情

白某与姚某于1994年10月1日结婚，婚后夫妻感情不好，多次发生口角。姚某于1995年2月27日回娘家居住，并向白某提出离婚要求。经村委会调解，双方因退还彩礼数额发生争执，未达成协议。

1995年5月2日晚8时许，白某到姚家找姚某索要彩礼，双方约定次日找中人解决，后白某回家。晚9时许，白某再次到姚家。姚某对白某说："不是已经说好了吗，明天我找中人解决吗？"并边说边脱衣服上炕睡觉。白某见状，亦脱衣服要住姚家。姚父说："小姚，你回老白家去。"白某说："不行，现在晚了。"此时，姚某从被窝里坐起来，想穿衣服。白某将姚某按倒，欲与其发生性关系。姚某不允，与白某厮掳。白某骑在姚某身上，扒姚某的衬裤，姚某抓白某的头发。白某拿起剪刀，将姚某的内裤剪断。姚某拿起剪刀想扎白某，被白某抢下扔掉，后白某强行与姚某发生了性关系。姚某与白某继续厮打，薅住白某的头发，将白某的背心撕破。白某将姚某捺倒，用裤带将姚某的手绑住。村治保主任陈某接到姚父报案后，来到姚家，在窗外看见白某正趴在姚某身上，咳嗽一声。白某在屋内听见便喊："我们两口子正办事呢！谁愿意看就进屋来看！"陈某进屋说："你们两口子办事快点，完了到村上去。"陈某给姚某松绑后，回到村委会用广播喊白某和姚某二人上村委会。此间，白某又第二次强行与姚某发生了性关系。白某对姚某踩躏达五个多小时，致姚某因抽搐昏迷，经医生抢救苏醒。姚家共支付医疗费301.8元。

法院依照《中华人民共和国刑事诉讼法》（1979年）第162条第2项的规定，于1997年10月13日判决如下：被告人白某无罪。

2. 涉案问题

本案涉及的问题是：丈夫违背妻子的意志，在婚姻关系存续期间，采用暴力手段，强行与妻子发生性行为，是否构成强奸罪？

3. 裁判理由

法院认为，被告人白某在与姚某的婚姻关系存续期间，以强制手段，强行与姚某发生性关系的行为，不构成强奸罪。

4. 评析意见

丈夫强奸妻子能否构成强奸罪，在刑法理论上和司法实践中都有争议。

[①] 最高人民法院刑事审判第一、二、三、四、五庭.中国刑事审判指导案例：侵犯公民人身权利、民主权利罪.北京：法律出版社，2009：374.

无论是 1997 年《刑法》，还是 1979 年《刑法》，对于丈夫能否成为强奸罪的主体都没有排除或规定。但一直以来，刑法学界的主流观点都认为婚内强奸不构成强奸罪。有的学者认为，婚内强奸不具备强奸罪中性交的非法性特征[①]；有的学者指出，从强奸罪的法律规定的字义来看，"奸"只能指婚外的非法性行为，因此，"婚内无奸"[②]。

　　本案中，白某的行为没有被认定为强奸罪，主要原因是法官从白某与姚某的婚姻关系合法有效出发加以判断，法官认为婚姻状况是确定是否构成违背妇女意志的法律依据。强奸罪是指以暴力、胁迫或者其他手段，违背妇女的意志，强行与其发生性交的行为。是否违背妇女意志是构成强奸罪的法律要件。法官认为，虽然婚内夫妻间性行为未必都征得妻子同意，但这与构成强奸罪的违背妇女意志的强行性交有本质的不同。根据婚姻法的规定，合法的婚姻，产生夫妻之间特定的人身和财产关系。同居和性生活是夫妻之间对等的人身权利和义务的基本内容，双方自愿登记结婚，就是对同居和性生活的法律承诺。因此，从法律上讲，合法的夫妻之间不存在丈夫对妻子性权利自由的侵犯。相反，如果妻子同意与丈夫之外的男子发生性关系，则构成对合法婚姻的侵犯。所以，在合法婚姻关系存续期间，丈夫不顾妻子反对，甚至采取暴力与妻子强行发生性关系的行为，不属于刑法意义上的违背妇女意志与妇女进行性行为，不能构成强奸罪。同理，如果是非法婚姻关系或者已经进入离婚诉讼程序，则采用暴力手段，强行与女方发生性关系，从刑法理论上讲是可以构成强奸罪的。但是，实践中认定此类强奸罪时，因其与普通强奸案件有很大不同，应当特别慎重。白某与姚某之间的婚姻关系是合法有效的，在案发前，虽然女方提出离婚，并经过村里调解，但女方并没有向法院或婚姻登记机构提出离婚请求，没有进入离婚诉讼程序，夫妻之间相互对性生活的法律承诺仍然有效，因此，白某的行为不构成强奸罪。[③]

　　从裁判理由可以看出，法官是根据合法婚姻关系的存在而否定婚内强奸的。笔者认为，这里涉及一个罪刑法定与法秩序的统一问题。刑法与其他部门法协调一致，才能保证法秩序的统一。这种法秩序的统一，追求的不是一种文字规定和条文表述上的形式协调，而是违法性评价和惩罚功能上的实质协调。具体而言，各个部门法之间的协调统一，并非只有通过显性的法律规定，即字面相同才能实现；法律背后的理论基础和学说建构，不仅肩负着促进每一部门法体系化的任务，也具有协调各个部门法使之不相矛盾、彼此呼

[①] 高铭暄，王作富. 新中国刑法的理论与实践. 石家庄：河北人民出版社，1988：534.
[②] 陈兴良. 判例刑法学：下. 北京：中国人民大学出版社，2009：185.
[③] 最高人民法院刑事审判第一、二、三、四、五庭. 中国刑事审判指导案例：侵犯公民人身权利、民主权利罪. 北京：法律出版社，2009：375.

应的功能。① 因此，尽管从罪刑法定的角度来看，我国《刑法》第236条关于强奸罪的文字规定本身并没有对丈夫能否成为强奸罪的主体作出限制，但是，考虑到法秩序的统一，解释者不能仅仅在刑法之内解释法律，而应当顾及刑法与婚姻法之间的协调，从同居是婚姻的实质内容这一角度来理解婚内强奸的问题。

刑法理论上一般认为，合法婚姻以在强奸罪的场合发挥出罪功能，主要是通过同居义务的法理来完成的。在另外一起引起广泛关注的"王某婚内强奸案"中，法官在裁判理由部分指出："夫妻之间既已结婚，相互承诺共同生活，有同居的义务。这虽未见诸法律明确规定或者法律的强制性规定，但已深深根植于人们的伦理观念之中，不需要法律明文规定。只要夫妻正常婚姻关系存续，即足以阻却婚内强奸行为成立犯罪，这也是司法实践中一般不能将婚内强奸行为作为强奸罪处理的原因。"② 法官在这里是将同居义务作为一种由自愿结婚行为推导出来的伦理义务。其实，在婚姻法的层面，应当将同居义务视作一种法律规定的强制性义务。我国婚姻法学界一般认为，由《婚姻法》（2001年）第3条第2款关于禁止有配偶者与他人同居的规定、第4条关于夫妻应当相互忠实的规定，以及第32条、第46条有关规定，可推论出夫妻有同居的义务。③ 无论对义务来源持何种看法，有一点都应当得到承认，那就是婚姻关系与同居义务之间并不具有同步性：在婚姻关系正常存续期间，同居义务也伴随婚姻存在，丈夫不能成为强奸罪的主体。但是，在婚姻关系非正常存续期间，即使双方尚未离婚（解除婚姻关系），同居义务也应停止履行。此时，丈夫可以成为强奸罪的主体。

笔者认为，为了保证法秩序的实质统一，在下面两种情形下，可以认定婚姻关系处于非正常存续阶段，进而否定夫妻间的同居义务：第一，夫妻双方因为感情不和而分居期间。婚姻关系存续期间，夫妻可能因感情不和而分居。根据《婚姻法》（2001年）第32条的规定，因感情不和而分居满两年，调解无效的，应准予离婚。在分居期间，婚姻关系虽然形式上还存在，但已经处于非正常存续状态。尽管分居并不必然离婚，但分居往往是离婚的前奏。在此期间，丈夫强制妻子性交的，应以强奸罪论处。从这一点来看，本案中姚某于1995年2月27日回娘家居住，并向白某提出离婚要求。经村委会调解，双方因退还彩礼数额发生争执，未达成协议。由此可见，双方实际上已经进入分居和协议离婚状态。在这种情况下，白某违背姚某意愿，强行与之发生性关系，应当认定为强奸罪。第二，提起离婚诉讼以后的期间。离婚有

---

① 车浩. 从间接正犯到直接正犯. 政法论坛，2009（3）.
② 最高人民法院刑事审判第一、二、三、四、五庭. 中国刑事审判指导案例：侵犯公民人身权利、民主权利罪. 北京：法律出版社，2009：377.
③ 杨大文. 婚姻家庭法学. 上海：复旦大学出版社，2002：163.

两种方式：一是协议离婚，二是诉讼离婚。诉讼离婚是由婚姻一方当事人向法院提起诉讼，要求解除婚姻关系。离婚诉讼提起以后，就进入婚姻解除程序。但是婚姻的正式解除还须经过一审甚至二审的法定程序。在离婚诉讼提起以后，婚姻就进入非正常期间。在此期间，丈夫强制妻子性交的，应以强奸罪论处。① 在上述两种情况下，即使夫妻之间的婚姻关系尚未解除，丈夫违反妻子意愿强制与之性交的也可以构成强奸罪。只有从同居义务的角度对强奸罪展开解释，才能够在维护婚姻关系和保护妇女权益两个方面，实现刑法与婚姻法在实质上的协调一致，保证法秩序的统一。

[案例1-21] 朱某虐待案② （罪刑法定原则与法秩序的统一）

1. 基本案情

1998年9月，朱某与刘某（女，殁年31岁）结婚。2007年11月，二人协议离婚，但仍以夫妻名义共同生活。2006年至2011年期间，朱某多次因感情问题以及家庭琐事对刘某进行殴打，致使刘某多次受伤。2011年7月11日，朱某因女儿教育问题和怀疑女儿非自己亲生等事项再次与刘某发生争执。朱某拿皮带对刘某进行殴打，致使刘某持匕首自杀。朱某随即将刘某送医院抢救。经鉴定，刘某体表多处挫伤，因被锐器刺中左胸部致心脏破裂大失血，经抢救无效死亡。另查明，朱某在将刘某送往医院后，主动打电话报警，后公安人员将朱某带回审查，朱某如实供述了殴打刘某的犯罪事实。

一审法院认为，朱某经常性、持续性地采取殴打等手段损害家庭成员身心健康，致使被害人刘某不堪忍受身体上和精神上的摧残而自杀身亡，朱某的行为构成虐待罪。

朱某提起上诉。二审法院裁定驳回上诉、维持原判。

2. 涉案问题

夫妻离婚后仍然共同生活的，是否属于虐待罪主体构成要件中的"家庭成员"？

3. 裁判理由

法院认为：朱某、刘某属于同一家庭成员，理由是二人虽已离婚，但仍以夫妻名义在同一家庭中共同生活、共同扶养子女、购置房产、履行夫妻间的权利义务。无论是朱某还是刘某，以及双方的亲属和周围群众，都认为二人仍然是夫妻，故应当将刘某认定为朱某的家庭成员。朱某虐待共同生活的家庭成员刘某，致使刘某自杀身亡，其行为构成虐待罪。

---

① 陈兴良. 判例刑法学：下. 北京：中国人民大学出版社，2009：196.
② 最高人民法院刑事审判第一、二、三、四、五庭. 刑事审判参考：总第98集. 北京：法律出版社，2014：43.

4. 评析意见

根据《刑法》（2006年修正）第260条的规定，虐待家庭成员，情节恶劣的，构成虐待罪；犯虐待罪，致使被害人重伤、死亡的，属于加重情节。虐待罪对犯罪主体和犯罪对象的身份有特别要求，故虐待罪只能发生在家庭成员之间。本案中朱某长期、多次对刘某实施身体上和精神上的摧残与折磨，致使刘某不堪忍受而自杀身亡。虽然朱某与刘某在案发3年前就已离婚，但此后仍在一起共同生活，所以是否能够将刘某认定为朱某的家庭成员，就成为本案的争议点。

关于"家庭成员"的具体含义，刑法及相关司法解释均未明确作出规定。从立法沿革来看，1979年刑法将虐待罪设立在"妨碍婚姻、家庭罪"一章，主要的考虑在于该罪属于与婚姻、家庭有关的犯罪，处罚的是严重破坏婚姻家庭关系的行为。1997年刑法修订时，妨害婚姻家庭的犯罪究竟是继续单设一章予以规定还是归并到"侵犯公民人身权利、民主权利罪"一章中，曾经存在争议。最终，该罪被放置在"侵犯公民人身权利、民主权利罪"一章之中。但是从历史解释和文义解释的角度来看，该罪的犯罪主体和犯罪对象仍然被限定为家庭成员，调整的仍然是发生在家庭内部的侵害家庭关系的行为。

从整个法律体系来看，目前各个法律还没有对何谓"家庭成员"及其范围作出明确、完整的规定。《婚姻法》（2001年）在第三章"家庭关系"中列举了夫与妻、父母与子女、祖父母、外祖父母与孙子女、外孙子女，以及兄姐弟妹四类家庭关系，但显然这并没有包括通常社会观念中的全部家庭关系，例如经由婚姻关系缔结形成的儿媳与公婆的关系、女婿与岳父母的关系等等，一般也被公众认为是家庭关系。再如，根据《收养法》* 第17条的规定，孤儿或者生父母无力抚养的子女，可以由生父母的亲属、朋友抚养，且这种关系不适用收养关系。但是这实际上也是一种被社会观念认可的家庭关系。这种具有事实抚养关系的主体，也应当被认定为家庭成员。

因此，从法秩序统一性的层面来看，由于家庭成员的定义和范围并没有被某个部门法明确固定，因而不存在部门法冲突的问题，而是需要在具体法领域具体判断。

在民法领域，家庭成员的认定，往往涉及财产的分配以及继承等等。但是对于刑法来说，认定家庭成员并不是为了解决财产的分配和继承问题，而是为了确定具体的构成要件及其法益保护目的。例如本案涉及的虐待罪与一般的故意伤害罪的差别就在于，被害人是在一个特定的生活环境里遭遇伤害的，而且这种伤害是对那种本可以期待得到保护和信任的、区别于陌生人之

---

* 该法已于2021年1月1日失效。——编辑注

间的亲密关系的破坏，往往具有长期、反复、不易被外部发现、不容易取证的特点，所以即使达不到轻伤程度，也可以构成犯罪。从这一理解出发，对家庭成员的认定，就没有必要限于婚姻法规定的基于婚姻和血亲所形成的四类家庭关系的主体，那些具有同居、扶养、寄养等"类家庭"关系的主体，也应被纳入家庭成员的范畴。

基于上述理解，最高人民法院认为，在司法实践中，对家庭成员宜作宽泛理解，除婚姻法规定的具有四类家庭关系的主体外，具有恋爱、同居、扶养等关系的主体，也应当被视为"家庭成员"[1]。

在本案中，朱某与刘某属于夫妻离婚后仍然在一起共同生活的关系。对此，能否认为朱某、刘某是"家庭成员"？从实际情况来看，离婚之后的两人，剥离了民法上的婚姻关系，在财产分配、继承方面不再受民法和婚姻法的保护，但是，这并不影响从刑法的实质性立场独立判断，即两人在事实上共同生活的亲密关系仍然存在，没有本质变化；二人之间的情感关系和社会关系都体现出家庭成员的特征，夫妻关系也得到社会明示或者默示的认同，离婚前形成的家庭关系仍然在延续。如法院所认定的，朱某和刘某虽然已协议离婚，但此后一直以夫妻名义在同一家庭中共同生活、共同抚养子女、共同购置房产，相互行使、履行夫妻之间的权利和义务。无论是当事人自己，还是双方的亲属及周围群众，都认为二人仍然是夫妻。在这种情况下，一方对另一方实施虐待行为，使用各种手段对另一方进行身体和精神上的摧残，与在民事婚姻关系外衣下对家庭成员的虐待相比，在对这种生活共同体的亲密关系的破坏和对被害人身体、精神的伤害上，是一样的。因此，朱某和刘某应当被认定为同一家庭成员。在二人协议离婚之后共同生活期间，朱某对刘某实施过多次殴打，对刘某造成了严重的身体和精神侵害。案发当日，朱某再次对刘某进行殴打，致使刘某因无法继续忍受而自杀身亡。依照虐待罪追究朱某的刑事责任，使其对刘某的死亡后果承担刑事责任，符合法理、人情。

[案例 1-22] 杨某投放虚假危险物质案[2]（罪刑法定原则与形式解释）

1. 基本案情

2002 年年初，北京地区一度流传艾滋病患者为报复社会，用携带艾滋病病毒血液的针管偷扎无辜群众，造成公众心理恐慌。在此期间，从外地到京打工的杨某因其女友与之分手而产生怨恨心理。2002 年 2 月 10 日 14 时许，

---

[1] 最高人民法院刑事审判第一、二、三、四、五庭．刑事审判参考：总第 98 集．北京：法律出版社，2014：45.

[2] 最高人民法院刑事审判第一、二、三、四、五庭．中国刑事审判指导案例：妨害社会管理秩序罪．北京：法律出版社，2009：39.

杨某携带一把木柄铁锥在北京市朝阳区潘家园车站乘坐开往东大桥方向的××路公共汽车,乘车上人多拥挤之机,用铁锥刺伤与其女友相像的女乘客杜某某的左腿根部,被杜某某及时发现指认,随后被车上的民警抓获。杨某在公共汽车上扎人的事件发生并经传开后,因误传,不仅给被害人造成了较大的心理压力,影响了其正常的生活和工作,而且也被当作验证艾滋病患者扎针报复社会的例证,在社会上造成了恶劣的影响。北京市朝阳区人民检察院以投放虚假危险物质罪提起公诉。

被告人杨某辩称其并不知道社会上存在"扎针"传播艾滋病的谣传,之所以扎被害人杜某某是因其女友与之分手而产生的怨恨心理,而杜某某又与其女友相像。

北京市朝阳区人民法院经审理后认为,被告人杨某在公共场所持铁锥随意刺伤他人身体,属滋事生非,且情节恶劣,其行为已扰乱了社会秩序,客观上造成了较大的恶劣的社会影响,构成寻衅滋事罪。遂依照《中华人民共和国刑法》(2001年第二次修正)第293条第1项、第64条的规定,于2002年4月28日判决如下:被告人杨某犯寻衅滋事罪,判处有期徒刑1年。

一审宣判后,在法定期限内,杨某没有上诉,公诉机关也未抗诉,判决已发生法律效力。

2. 涉案问题

在公共场所用铁锥扎人造成恐怖气氛的行为,能否构成投放虚假危险物质罪?

3. 裁判理由

法院认为:本案现有证据不能证明被告人杨某在案发前就已明知北京地区流传的"针扎"传播艾滋病的消息并具有制造恐怖气氛的目的,且杨某持铁锥刺扎他人的行为与投放虚假危险物质罪的客观方面不符,因此,不构成投放虚假危险物质罪。公诉机关指控的罪名不能成立。

4. 评析意见

关于本案中对杨某持铁锥刺扎他人的行为如何处理,有三种不同意见:第一种意见认为,杨某的行为构成投放虚假危险物质罪。因为杨某应当知道当时社会上存在"扎针"传播艾滋病的传言,却予以效仿,借机制造恐怖气氛,扰乱社会秩序,造成了较为严重的社会后果。第二种意见认为,杨某的行为不构成犯罪。因为没有证据证明杨某故意制造虚假的恐怖气氛,杨某所用的是实心的"锥子",不可能存放物质,也不存在所谓的"投放"的问题。尽管杨某的行为具有一定的社会危害性,但根据"法无明文规定不为罪"的罪刑法定原则,应宣告杨某无罪。第三种意见认为,杨某的行为不符合投放虚假危险物质罪的构成要件,但是杨某的行为系发生在特定时期、特定背景下，客观上具有较大的社会危害性，且已实际造成了恶劣的影响，符合寻衅滋事罪的构成要件，应当以寻衅滋事罪定罪处罚。

笔者认为，这里涉及一个对"投放"进行形式解释的问题。按《刑法》（2001年第二次修正）第291条之一的规定，投放虚假危险物质罪是指投放虚假的爆炸性、毒害性、放射性、传染病病原体等物质，严重扰乱社会秩序的行为。该罪在客观方面所要求的"投放"行为，一般表现为投掷、传递、邮寄、置放、遗留虚假的危险物质。此外，在司法实践中，对于使用有毒害性物质的注射器或吸食毒品后废弃的注射器刺扎他人的，也经常以投放危险物质罪定罪处罚。因此，注射方式也是投放行为的一种表现形式。上述主要是从语词的惯常用法的角度对投放行为的基本行为类型所大致圈定的范围。本案中，使用锥子扎人，能否被认定为"投放"行为？法官给予了否定回答。裁判理由指出，"杨某所使用的犯罪工具是一把实心的锥子，不可能存放任何物质，不存在投放问题"。这里涉及一个关于"投放"的解释限度的问题。从能否"存放物质"的角度来评价锥子是否可以成为投放物质的工具，是着眼于形式解释的立场，从社会一般人的普通语感出发而作出的判断。所谓形式解释，主要是指解释者应该严格遵循、依照罪刑法定原则，从构成要件明确规定的文字形式出发，将自己的解释限制在可能文义的范围内。[①] 将使用实心的锥子扎人的行为评价为"投放"，显然超出了可能文义的范围，有悖罪刑法定原则。就此而言，本案中的裁判结论和理由都是正确的。

[案例1-23] 严某故意毁坏财物案[②]（罪刑法定原则与实质解释）

1. 基本案情

严某利用申银万国证券股份有限公司（以下简称申银万国证券）同一营业部资金账号前四位数相同及股票交易账户初始密码为123456的特征，于2003年6月初在其住所内通过"股神通"可视电话，采用连续试验性登录的手法，掌握该公司上海××路证券营业部（以下简称××路营业部）电子交易中心电话委托系统内77名客户的账号及密码。同年6月11日至18日，严某擅自对在该营业部开户的10家单位和个人账户内的股票进行买卖，共造成客户亏损人民币13万余元。

上海市静安区人民法院根据认定的事实和判案理由，依据《中华人民共和国刑法》（2002年修正）第275条和第64条的规定，作出如下判决：（1）被告人严某犯故意毁坏财物罪，判处有期徒刑4年。（2）追缴的赃款发还各被害人及被害单位。

[①] 关于形式解释论的进一步阐述，可参见陈兴良.形式解释论的再宣示.中国法学，2010（4）.
[②] 上海市第二中级人民法院（2004）沪二中刑终字第208号刑事判决书.

一审判决作出后，严某不服，提起上诉，称：自己主观上没有毁坏他人财物的故意，且原判量刑过重，要求从轻处罚。其辩护人的辩护意见是上诉人严某的行为不构成故意毁坏财物罪，理由是：(1) 严某在主观上没有使他人财产受损的犯罪故意；(2) 严某操作股票时也有盈利，在客观上没有实施放任危害结果发生的行为；(3) 认定严某犯罪金额的依据不足。二审法院裁定驳回上诉、维持原判。

2. 涉案问题

买卖股票造成他人损失的行为能否被认定为"毁坏"？

3. 裁判理由

法院认为：被告人严某非法侵入他人股票交易账户，并非法进行股票交易，严某是明知其行为会导致他人股票市值降低的结果，且放任这一结果的发生，属于刑法上的间接故意。被告人严某的行为造成他人经济损失达13万余元，是对他人合法财产权的非法损害，数额巨大，其行为已构成故意毁坏财物罪，依法应予惩处。

4. 评析意见

本案中涉及股票能否成为毁坏财物罪的对象以及对毁坏行为的理解问题。

关于毁坏财物罪的犯罪对象，在刑法理论上和实践中有两种观点。持肯定观点的人认为：根据刑法规定，私人财产是指公民个人所有的合法财产，包括依法归个人所有的股份、股票、债券和其他财产；毁坏不限于从物理上变更或者消灭财物的形体，还包括使财物的价值丧失或者减少，故股票能够成为故意毁坏财物罪的犯罪对象。持否定观点的人认为：故意毁坏财物罪的犯罪对象只能是有形财物和特定的无体物，不能包括股票等无形财产权。本案中，法官认为股票可以成为毁坏财物罪的对象。在裁判理由中，法官提出以下几点理由：股票作为一种典型的资本证券，是股份有限公司在筹集资本时发行的用以证明投资者股东身份和所有者权益的股份凭证，它既是反映财产权的有价证券，也是证明股东权利的法律凭证。所谓"财物"，是指钱财和物资，它包括有形的或者无形的动产、不动产以及附属物。既然法律没有限制，除刑法另行规定侵犯特定财物属于其他犯罪外，财物应理解为包括各种形式的财物。摒弃传统刑法理论关于财物必须看得见、摸得着、具有某种特殊形态的观点，符合刑法原则和立法精神。所以，将侵犯财产罪中的"财物"理解为包括有形财物、无形财物和其他形式的财产权，无疑是正确的。

但是，上述裁判理由存在很大疑问。特定构成要件中的犯罪对象，只能放在特定的构成要件范围之内讨论，而不能在一般的意义上泛而论之。由于受到犯罪手段的限制，并不是所有财产都能成为各种不同的财产犯罪的犯罪对象。例如，不动产可以成为诈骗罪的对象，但不能成为盗窃罪、抢夺罪、抢劫罪的对象。不仅如此,某一种财物可以成为财产犯罪的对象,还存在一个如何成为这种财产犯罪的对象问题。就故意毁坏财物罪而言,现金或者其他不记名的财产凭证是可以成为其对象的,如将其撕毁,撕毁以后财产就丧失了。但对于股票或者其他记名的财产凭证而言,即使把股票或者其他财产凭证撕毁,还可以对股票或者其他财产凭证项下的财产加以保全,使其不灭失。在买卖股票使他人财产遭受损失的情况下,能否认定成立故意毁坏财物罪,关键并不在于股票能否成为故意毁坏财物罪的对象,而在于买卖股票的行为是否属于毁坏。① 概言之,故意毁坏财物罪中的"财物"的范围,应当在故意毁坏财物罪的构成要件结构之中加以界定;"毁坏财物"这样一种动宾结构决定了,是否能够成为毁坏行为的对象,在很大程度上受制于毁坏行为。

二审法院在裁定书中指出,"上诉人严某通过非法手段进入证券营业部的操作系统,并擅自对10名客户的股票进行操作,在操作过程中尽管也有少部分盈利,但在客观上还是造成10名客户股票市值的损失,即股票代表的价值人民币13万余元的财产权益丧失,这种财产权益的丧失正是上诉人严某的非法行为直接造成的。因此其在客观上实施了毁坏他人财物的行为"。由此可见,法官对"毁坏"的理解,完全是从财产损失的结果出发推及行为:只要是使财产遭受损失的行为,都可以被认定为毁坏行为。

但是,这实际上是将故意毁坏财物罪篡改为使他人财产受损罪,使故意毁坏财物罪成为所有财产犯罪的兜底型犯罪。这样一来,所有在结果上使他人遭受财产损失的犯罪行为,如盗窃行为、抢夺行为、诈骗行为等等,都被归摄在"毁坏"行为之下,毁坏行为成为各种财产犯罪行为的上位概念。这种对"毁坏"的解释,已经远远超出了一般人预测的可能范围,进而超出了可能文义的范围。这种解释,仅仅从裁判规则的角度出发,却没有考虑法条用语作为行为规范对于一般人的预测可能性。之所以会出现这种结论,归根结底,是由于对毁坏行为作了过分实质化的解释,用保护财产法益的目的性思考取代了毁坏行为本身的文义。在解释方法上,这种目的解释已经僭越了文义解释的地位,突破了文义范围,凸显了实质解释论的弊端。对此应当拒绝。

[案例1-24] 尚某盗窃案② (罪刑法定原则与实质解释)

1. 基本案情

尚某系北京市××区××街某火锅城服务员。2011年9月2日23时,饭

---

① 陈兴良. 判例刑法学: 下. 北京: 中国人民大学出版社, 2010.
② 最高人民法院刑事审判第一、二、三、四、五庭. 刑事审判参考: 总第86集. 北京: 法律出版社, 2013: 56.

店仅有尚某和收银员张某上班。尚某趁张某去后厨备菜之机，从张某放在吧台内的挎包里窃取1 300元。次日，张某发现后询问尚某，尚某矢口否认行窃事实。饭店经理让张某当着尚某的面报警，并安排张某一直陪同尚某在饭店大堂后面的员工宿舍内等待民警。在此过程中，尚某承认了盗窃事实。后民警赶到，将尚某带至派出所，并在派出所将尚某随身携带的赃款1 300元返还张某。

一审法院认为：尚某以非法占有为目的，秘密窃取他人数额较大的财物，其行为构成盗窃罪，依法应予惩处。鉴于尚某自愿认罪，赃款已全部追缴，对尚某依法可从轻处罚。遂依照《中华人民共和国刑法》（2011年修正）第264条、第67条第3款、第52条、第53条之规定，以被告人尚某犯盗窃罪，判处拘役4个月，并处罚金1 000元。

一审法院宣判后，检察院提出抗诉，认为：尚某明知被害人已经报警，在现场等待民警并向张某承认了盗窃事实。民警到达现场后，尚某没有拒捕行为，且供认犯罪事实，应当视为自首。一审判决未认定自首属于适用法律不当。尚某未提起上诉。

二审法院认为：原审被告人尚某在他人报警后，一直在现场等待民警到来。虽然没有受到人身强制，但张某在报警后，一直陪同尚某待在饭店内的员工宿舍内，尚某在客观上不具备离开现场的可能性，其留在现场等待的行为并不足以反映其主观上具有投案的主动性和自愿性，不应视为自动投案，不能认定为自首。

2. 涉案问题

本案是否符合《最高人民法院关于处理自首和立功若干具体问题的意见》（以下简称2010年《意见》）规定的"明知他人报案而在现场等待，抓捕时无拒捕行为，供认犯罪事实的"自首情形？

3. 裁判理由

二审法院经审理认为：原审被告人尚某在他人报警后，一直在现场等待民警到来。虽然没有受到人身强制，但张某在报警后，一直陪同尚某待在饭店内的员工宿舍内，尚某在客观上不具备离开现场的可能性，其留在现场等待的行为并不足以反映其主观上具有投案的主动性和自愿性，不应视为自动投案，不能认定为自首。

4. 评析意见

本案涉及对自首条件的认定。《刑法》（2011年修正）第67条第1款规定："犯罪以后自动投案，如实供述自己的罪行的，是自首……"根据这一定义，成立自首需要具备自动投案和如实供述自己的罪行这两个要件。本案中，尚某如实供述自己的盗窃罪行，因此其是否构成自首，关键在于其是否属于自动投案。1998年5月9日施行的《最高人民法院关于处理自首和立功具体应用法律若干问题的解释》（以下简称1998年《解释》）第1条第1项规定了7种应当被视为自动投案的情形。2010年12月22日印发的《最高人民法院关于处理自首和立功若干具体问题的意见》第1条规定："《解释》第一条第（一）项规定七种应当视为自动投案的情形，体现了犯罪嫌疑人投案的主动性和自愿性……"2010年《意见》在1998年《解释》的基础上，增加了5类应当视为自动投案的情形，其中包括"明知他人报案而在现场等待，抓捕时无拒捕行为，供认犯罪事实的"情形。这5类情形也均体现了犯罪嫌疑人投案的主动性和自愿性。

本案的抗诉机关认为：尚某明知被害人已经报警，在现场等待民警并向张某承认了盗窃事实。民警到达现场后，尚某没有拒捕行为，且供认犯罪事实，属于2010年《意见》规定的"明知他人报案而在现场等待，抓捕时无拒捕行为，供认犯罪事实的"情形，应当认定为自动投案，视为自首。一审判决未认定自首属于适用法律不当。但是，二审法院认为：犯罪嫌疑人投案的主动性和自愿性是自动投案的本质特征。1998年《解释》、2010年《意见》列举的各种自动投案的情形均要求犯罪嫌疑人具有投案的主动性和自愿性，因此，"明知他人报案而在现场等待"成立自首必须是犯罪嫌疑人能逃而不逃。所谓"能逃而不逃"，应当依据客观条件进行认定，自首的成立本身受制于客观条件。因此，对于客观上不具备逃走条件的犯罪嫌疑人，即使存在投案的主动性、自愿性，也不应认定为自首。如实施盗窃后被人发现报警，不论是因害怕被追究刑事责任还是为了争取从轻处罚，只要留在现场等待，都应当视为自动投案；而实施盗窃后被人发现报警并包围，留在现场被抓获的，就不应视为自动投案。因为在后一种情形中，犯罪嫌疑人客观上逃不掉，故其不属于"能逃而不逃"的情形。具体到本案中，尚某在明知他人报警之后，一直留在现场等待民警。此时，尚某的犯罪行为已经败露，尽管其没有实施逃走的行为，也没有受到人身强制，但是饭店经理安排张某一直陪同尚某留在饭店的员工宿舍内等待民警，就是为了防止尚某逃走，因此，尚某只能待在现场，客观上不具备逃走的条件，不是"能逃而不逃"，不应认定为自动投案。

应当说，对"明知他人报案而在现场等待"的不同理解，显示出形式解释与实质解释的差异。如果仅仅从文字形式上理解，那么本案中的情况显然应当属于"明知他人报案而在现场等待"，但是如果从自首的本质切入，考虑到投案的主动性和自愿性，就会对"明知他人报案而在现场等待"进一步提出"能逃而不逃"的限缩，由此显示出自首的自愿性。如果按照这种实质解释的角度来认定，那么本案中的犯罪嫌疑人就不能构成自首。这里虽然不是针对刑法条文进行解释，而是对司法解释的规定进行解释，但所显示出来的不同的解释立场和方法的差异是很明显的。

深度研究

（一）客观解释论与主观解释论的分野

客观解释论与主观解释论的分野，是过去关于刑法解释研究的中心议题之一。从思想渊源上说，主观解释常常被追溯到刑事古典学派（旧派），客观解释则被认为是受刑事实证学派（新派）的影响。[1] 刑事古典学派以严格限制法律解释而著称。因为法官不是立法者，所以在旧派学者眼中，法官所能做的就是逐句适用法律，而不必探询法律的精神。旧派学者认为：如果允许法官跳出法条文字所表达的立法原意去探询法律的精神，那么，这种法律精神完全可能取决于一个法官的逻辑推理是否良好、对法律的领会如何，取决于他的感情冲动，取决于被告人的软弱程度，取决于法官与被侵害者间的关系，取决于一切足以使事物的面目在人们波动的心中改变的、细微的因素。在这种情况下，就会出现公民的命运经常因法庭的更换而变化，不幸者的生活自由成了荒谬推理或者某个法官情绪冲动的牺牲品。法官提供的只能是飘忽不定而非持久稳定的法律解释，因此同案不同判的情形总是难以避免。在旧派代表人物贝卡利亚眼中，尽管法律文字本身存在含混性，但是严格遵守刑法文字所造成的麻烦，却远不能与解释法律所引起的混乱相比，因此，当一部刑法典业已厘定，就应逐字遵守，法官唯一的使命就是判定公民的行为是否符合成文法律。[2]

古典学派严格限制法官解释法律的观念，被刑法理论引申为主观解释论。主观解释论强调探询立法者的立法原意，强调尊重和忠实于立法者通过法律文本所表达的意见。主观解释论认为：刑法是立法者为社会一般人设计的行为规范，表达了立法者禁止或允许人们从事什么样的行为的主观愿望，这些主观愿望应当在法律解释中被揭示出来。只有根据刑法的明确规定所传递的立法者意思，行为规范和裁判规范才能得到落实。一方面，根据法律文字本身的明确意思，人们才能在社会生活中预见到自己行为的后果；另一方面，依据立法权与司法权的区分，法官应当也只能严格根据刑法规定判案。概言之，尽可能地限制法官脱离立法原意的解释，是为了实现法律的安全价值和保障机能。因此，任何正确的刑法解释实质上就是在寻找立法原意，都是对立法者在立法时表达的立法原意的理解。

---

[1] 陈兴良. 法律解释的基本理念. 法学，1995（5）.
[2] 贝卡利亚. 论犯罪与刑罚. 黄风，译. 北京：中国大百科全书出版社，1993：13.

与主观解释论被追溯到古典学派相对应，客观解释论常常被认为是刑事实证学派的产物。新派摈弃了旧派拘泥于法律字面含义的严格解释主义，主张在条件允许时对法律作出较为灵活的解释。在新派学者眼中，法律总是具有一定程度的粗糙和不足，难以适应现代社会的需要，因此，应当允许法官根据具体案件作出适用法律的司法解释。① 刑事实证学派在法律解释上倾向于自由解释，当然，这种自由解释不是任意恣为的解释，而是有一定的限度。其理论根据是：由于人的理性能力的局限性，不可能制定一部完美的成文法典。而案件事实又是千姿百态的，不可能都与法律规定完全吻合。在这种情况下，法官对法律的解释是必要的，解释权是司法权的重要内容之一。②

新派学者批评成文法规定的僵硬性，强调法律对社会生活的适应性。这被认为是客观解释论的思想滥觞。客观解释论认为，法律是社会的产物，法律解释必须符合实际的、客观的社会生活。在客观解释论眼中，法律不是僵硬不变、意义固定的文字罗列，而是具有内在生命力的、能够随社会生活变化而与时俱进的弹性表达。一旦立法者颁布了法律，法律便随着时间变化而逐渐并越来越远地脱离立法者而独立自主地生存下去，文字内涵也会出现新陈代谢的情况。概言之，客观解释论强调法律文本的独立性，试图挣脱立法者的立法原意，而根据变化了的情势与适用的目的，挖掘法律文本在当下社会生活中的合理意思。③

主观解释论与客观解释论之争，在思想渊源上被追溯到旧派与新派对法律解释的不同态度，在具体的解释方法上则常常表现为历史解释与目的解释之争。换言之，历史解释与目的解释之间的方法之争背后的理念，是主观解释论与客观解释论的立场之争。历史解释优先还是目的解释优先，这对于法律条文的缺陷是否可以通过解释的途径而得到更正的问题具有实践意义。如果想摆脱过时的历史上的立法者的决定，就可以从客观立场出发通过目的解释的途径实现；如果强调对立法者意志的尊重，则往往通过历史解释的方法达致。正如德国学者耶赛克所指出的，就法律漏洞的弥补而言，用基于客观立场的目的解释加以弥补会容易些，因为人民可以从现代权威的评价出发，而无须重新恢复遥远的过去的观念。但是，这种所谓客观的目的解释也具有不稳定性和被掩盖的主观主义的缺点，因为解释者很容易屈服于对"法意志"的研究。④

因此，笔者赞成这样一种做法：折中主观解释与客观解释的立场。同时，

---

① 菲利. 犯罪社会学. 北京：中国人民公安大学出版社，1990：126.
② 陈兴良. 法律解释的基本理念. 法学，1995（5）.
③ 梁根林. 罪刑法定视域中的刑法适用解释. 中国法学，2004（3）.
④ 耶赛克，魏根特. 德国刑法教科书. 徐久生，译. 北京：中国法制出版社，2001：194.

在具体解释技术的操作上，涉及历史解释与目的解释之争时，也持一种非固定位阶的、具体个案具体分析的灵活态度。正确的做法不是片面地强调基于主观解释立场的历史解释优先，也不是一味地主张基于客观解释立场的目的解释优先，而应当是处在两者之间。客观解释论的正确性在于，它不取决于参加立法过程的人和委员会在事实上的（并且经常是无法查清的）想法，因为一些新的问题甚至没有在刑法制定时为人所意识到；另外，就法官受到处在历史过程中的立法者在法律政策方面作出的价值决定的约束这一点而言，主观的历史解释应当得到支持。那种认为在法律上存在着不依赖立法者在法律政策方面作的价值决定的"客观含义"的观点，也就是片面强调客观的目的解释而罔顾立法原意的观点，在逻辑上是令人无法理解的。正如德国学者罗克辛所批评的，在这种忽视立法原意的"客观含义"中，其实涉及由法官自己所设定的主观性目的，而这种目的恰恰违反了罪刑法定原则。①

具体而言，解释者首先应当基于主观解释论的立场，尊重和忠实法律中所明确表述的历史上的立法者的意志，对此，需要通过历史解释的方法去查明；但是，如果公正性上的迫切理由、社会关系的发展或时代精神已经将过去的价值判断视为过时和落后，就应该基于客观解释的立场，采用目的解释的方法去得出合理的结论。本节中所说的"李某组织卖淫案"就是一个没有陷入僵硬不变的立场，而是根据具体案情选择解释方法和标准的范例。首先追溯组织卖淫罪当时的立法原意，根据当时的社会情况，卖淫虽然也包括男性卖淫，但是主要发生在异性之间，因此，如果坚持主观解释论的立场，强调历史解释的优先性，那么同性间的性交易就无法被解释为"卖淫"。但是，如果不仅考虑到立法当时的情形，而且进一步考虑到立法之后数年间社会生活的发展和变化，就会承认，目前同性间发生性关系乃至性交易的行为在社会生活中已不鲜见。此时，法官就应当考虑：将"卖淫"的概念限制于异性间的性交易这样的观念是否已经过时和落后？将同性间的性交易容纳进"卖淫"的概念之中是否与当下的社会一般观念相符？如果经过这样的思考得到的答案是限于异性性交易的卖淫概念已经过时，包括同性性交易的卖淫概念与当下的社会一般观念吻合，那么，法官就应当对组织同性之间进行性交易的行为按照组织卖淫罪论处。由此可见，法官和解释者不应当片面地强调或坚守什么立场，而是应当在个案中进行具体思考和决定。

（二）形式解释论与实质解释论的对立

相对于主观解释论与客观解释论这一组古老的解释论话题，近年来，中国刑法学界讨论更为热烈和集中的是所谓形式解释论和实质解释论。这一争

---

① 罗克辛. 德国刑法学总论. 王世洲，译. 北京：法律出版社，2005：86.

论的背后，涉及对罪刑法定原则的不同理解。有的观点认为，可以将主观解释论等同于形式解释论，而将客观解释论等同于实质解释论。①但是，主观解释论和客观解释论之争主要解决的是刑法条文的含义应不应该随着时间、外部世界以及人们的价值观念的变化而流变的问题，而形式解释论与实质解释论之争主要解决的则是解释的限度问题，即解释是否只能严格遵循刑法条文的字面含义的问题。②在这个意义上，这两组概念虽有一定的对应性和重合性，但还是属于不同的范畴。

但是，关于形式解释论与实质解释论的定义，并未得到普遍的、一致性的认可，而往往掌握在不同观点的解释者自己手中。大致说来，形式解释论者往往强调对刑法条文用语的字面含义的尊重，这种尊重表现为针对法律文字本身进行形式化的理解；而实质解释论者更加注重根据处罚必要性来界定解释的边界，认为刑法文义的范围决定于实质的处罚必要性。在大多数普通案件中，这两种解释论并没有多大的差异，但是在一些疑难或边缘性的案件中，采取形式解释论还是实质解释论，则会得出截然相反的结论。

例如，在真正的军警人员显示身份进行抢劫的场合，涉及对《刑法》（2020年修正）第263条中"冒充军警人员抢劫"的解释。形式解释论者根据文义解释，认为这里的"冒充"就是假冒，冒充军警人员抢劫就是指假冒现役军人、武装警察、公安机关和国家安全机关的警察、司法警察等身份，因而具有军警人员身份者显示身份抢劫，显然不能被容纳进"冒充军警人员抢劫"之中。③相反，实质解释论者则认为"冒充"包括假冒和充当："从实质上说，军警人员显示其真正身份抢劫比冒充军警人员抢劫更具有提升法定刑的理由。'冒充'包括假冒与充当，其实质是使被害人得知行为人为军警人员，故军警人员显示其身份抢劫的，应认定为冒充军警人员抢劫。"④

又如，采用高进低出方式进行股票操作而使他人遭受财产损失的场合，涉及对《刑法》（2020年修正）第275条"故意毁坏财物罪"中"毁坏"的解释。形式解释论者往往强调物质毁损说，认为毁损是指对财物的整体或部分造成物质性的破坏或毁坏，从而使此种财物完全不能或部分不能被按其本来的用法使用。按照这种观点，就会否认将高买低卖他人股票的行为按照毁坏财物罪处理，因为"如果高进低出买卖股票使他人财产受到损失的行为可以被解释为毁坏，那么刑法规定的毁坏一词就丧失了界限功能，故意毁坏财物罪就演变为故意使他人财物遭受损失的犯罪，无论对毁坏一词作何种宽泛的

---

① 梁根林. 罪刑法定视域中的刑法适用解释. 中国法学, 2004 (3).
② 许浩. 刑法解释的基本立场——对实用主义法律解释观的论证. 东方法学, 2008 (6).
③ 陈兴良. 形式解释论的再宣示. 中国法学, 2010 (4).
④ 张明楷. 刑法学. 北京：法律出版社, 2011：864.

解释，高进低出买卖股票的行为都难以为毁坏一词所涵摄。在此，存在一个符合普通公众语言习惯，因而具有法的可预测性的问题"①。实质解释论者多采效用侵害说，认为损毁是指损害财物的效用的所有行为。根据这种看法，高进低出买卖股票的行为就能够为毁坏一词所涵摄。"能否将高进低出买卖股票评价为毁坏，需要将规范向事实拉近、将事实向规范拉近，而将二者拉近时需要考虑事物的本质。当高进低出买卖股票导致他人遭受数额较大的财产损失（丧失了应有价值），刑法规定故意损坏财物罪就是为了保护他人财产免遭损失（保护他人的财产价值）时，就有必要将毁坏解释为使他人财物（股票）价值减少或者丧失的行为。"②

进一步地思考，形式解释论与实质解释论之争的思想背景，首先是对罪刑法定原则的不同理解。在形式解释论者眼中，罪刑法定原则的实质侧面与形式侧面在精神上是完全相同的，两者都统一于人权保障的价值蕴涵；而在实质解释论者看来，罪刑法定原则的实质侧面与形式侧面可能存在冲突，在处罚必要性的判断上，形式侧面存在缺陷，因而需要通过实质侧面加以补救。

在刑法理论上，存在罪刑法定原则包括形式侧面与实质侧面的观点。一般认为，罪刑法定原则具有以下六个派生原则：不溯及既往；排除习惯法；禁止类推；禁止绝对不定期刑；明确性原则；刑法内容适当原则。前四个原则被称作罪刑法定原则的形式侧面，后两个原则被称为罪刑法定原则的实质侧面。在形式解释论者眼中，罪刑法定原则的实质侧面与形式侧面虽然限制的权力不同，但是在精神上是完全相同的，都具有人权保障的价值蕴涵："罪刑法定原则要成为实质的保障人权原理，仅仅要求在行为时存在规定有犯罪和刑罚的法律还不够，该刑罚法规还必须是适当的。罪刑法定原则时至今日仍然能够作为刑事立法和刑法解释学的指导原理长盛不衰、蒸蒸日上，主要是因为在民主主义、自由主义之类的形式原理之上，还有更高层次的普遍原理，即实质的保障人权原理做支撑。这个原理，蕴含着保障人的基本自由、尊重人的基本权利的思想，也就是说，在实质性地保障着个人尊严为背景的权利和自由不受国家刑罚权的肆意侵害。"③ 由此可见，罪刑法定原则的形式侧面强调的是对司法权的限制，而罪刑法定原则的实质侧面强调的是对立法权的限制。这两种限制都是对刑罚权的限制，这种限制表现了保障人权的理想。

而在实质解释论者看来，罪刑法定原则的形式侧面与实质侧面之间的冲突是客观存在的，主要表现在两个方面：一是成文法的局限性决定了刑法不可能对所有犯罪作出毫无遗漏的规定，即存在实质上值得科处刑罚但缺乏形

---

① 陈兴良. 形式与实质的关系：刑法学的反思性检讨. 法学研究, 2008 (6).
② 张明楷. 罪刑法定与刑法解释. 北京：北京大学出版社, 2009：212.
③ 曾根威彦. 刑法学基础. 黎宏, 译. 北京：法律出版社, 2005：12.

式规定的行为；二是成文法的特点决定了刑法条文可能包含了不值得科处刑罚的行为，即存在符合刑法的文字表述、实质上却不值得处罚的行为。对于这两个方面的冲突，不可能仅通过强调形式侧面或者仅通过强调实质侧面来克服，只有最大限度地同时满足形式侧面与实质侧面的要求，才能使冲突最低限度地减少。①

但是，这两个方面所谓的冲突都存在很大问题。就第二个方面的冲突而言，其实在罪刑法定原则的语境下该冲突并不存在，因为罪刑法定原则并不限制出罪，按照文义解释划定文义范围之后，根据目的解释将那些不符合规范目的的、不值得处罚的行为剔除出去，这既与形式解释论不相矛盾，也与罪刑法定原则的形式侧面没有任何抵触。至于第一个方面的冲突，即出现某个行为"在实质上值得科处刑罚但缺乏形式规定"的情形，更是与罪刑法定原则毫无关系，也不是所谓的罪刑法定原则的形式侧面的缺陷，而最多是由于"法有限而情无穷"而天然存在的成文法缺陷。对于这种情形，只能通过民主立法的方式加以弥补。但是，按照实质解释论，要解决这个冲突，"应当在不违反民主主义与预测可能性的原理的前提下，对刑法作扩大解释"②。恰恰是在这一点上，实质解释论暴露了最大的问题：在"缺乏形式规定"的情况下所展开的解释，无论在修辞上说得多圆润，实质上也是类推和变相的解释者立法。在"缺乏形式规定"的情况下所说的"不违反预测可能性"，其实已经不是在说一般人针对法条用语的可能文义的预测可能性了，实质上是在说一般人针对刑法处罚这种行为的预测可能性了。由此可见，这种在"缺乏形式规定"的情况下所展开的"不违反预测可能性"的解释，已经挣脱了刑法规定的文义限制。而脱离法条文义议论来"处罚必要性"，已经不是在用解释者或者司法者的身份说话了，而是以立法者自居了。

一个行为是否值得处罚，本来就是一种仁智互见的价值性判断，因此，罪刑法定原则才禁止不明确的罪状，而且将准确描述罪状的权力交给立法者，将法定刑区间之内的自由裁量权留白给法官。当刑法上缺乏形式规定时，无论司法者认为行为实质上多么值得处罚，也只能作出无罪处理，而不是以扩大解释之名行类推之实。这不是一个法条解释和适用技巧的问题，而是罪刑法定原则的题中应有之义。概言之，罪刑是否相适应，是立法者说了算而不能任由司法者个人判断。如果司法者可以在没有形式规定的情况下处罚他认为值得处罚的行为，那么立法权与司法权之间的权限划分以及立法对司法的限制就荡然无存了。按此逻辑，司法者实际上成为另外一个分庭抗礼的立法者，他与其说是在解释和适用法律，倒不如说是在扮演议会立法中的少数派

---

①② 张明楷. 罪刑法定与刑法解释. 北京：北京大学出版社，2009：68.

或反对党，在法律通过之后仍然可以在法庭上贯彻自己的反对意见。这显然是与现代法治的基本共识完全背离的，也难以在现代法治理念的基础性框架内获得认同。①

此外，形式解释论与实质解释论之间的分歧，在具体层面上往往表现为对文义解释与目的解释的位阶关系和重要性的不同理解。

在罪刑法定原则的语境下，文义解释享有永远不可置疑的优先地位。这里的优先地位，并不是意味着文义解释提供最后的解释结论，相反，文义解释并不是与其他解释方法展开竞争，而是为其他解释方法提供作为解释对象的、可选择的各种可能文义；同时，既然其他解释方法所得出的结论只能出现在可能的各种文义之中，那么，文义解释其实就是在为其他解释方法之间的竞争划定一个有边界的舞台，并且作为边裁，时刻监督着各种解释方法不得出界。只有在文义解释划定边界之后，才轮到历史解释和目的解释等在边界之内展开竞争，选择不同的可能的文义。因此，一个严格的形式解释论者应当坚持：包括目的解释在内的各种解释方法，只能在文义解释划定的范围之内活动，无论解释者如何声称法益保护目的应当是什么，由此得出的结论也不能超出可能文义的范围。

相反，在实质解释论者那里，文义解释并不具有这种第一位阶的划界功能，包含处罚必要性考量在内的目的解释往往起到决定性的作用。这种对文义解释的贬低以及对目的解释的抬高，经常表现为两种形式：一种表现是认为文义解释仅仅是服务于目的解释的手段之一，"如果进行语义（文义）解释还不能得出符合刑法目的的结论，就要采取其他解释方法，直到得出符合刑法目的的解释结论为止"②。另一种表现是，名义上承认文义解释的优先性，但是由目的考量来决定文义的范围，实质上是用目的解释替代了文义解释。例如，当解释者把真正的军警人员抢劫也解释进"冒充军警人员抢劫"之内，并且声称这样并没有超出"冒充"的文义范围的时候，文义解释已经成为被挟持的傀儡，决定什么是"冒充"的文义范围的，已经不再是"冒充"这两个字的文义本身，而是解释者心目中的处罚必要性。实质解释论的最大问题就在于，让以处罚必要性为核心的目的解释取代了文义解释的地位。正如批评意见所说的那样，"在实质解释论那里，可能的语义并不能成为刑法解释的边界，而恰恰是处罚必要性决定可能的语义，因而刑法解释的边界不是由可能的语义划定的，而是由处罚必要性这一实质价值要素界定的"③。在这种情况下，目的解释并非在可能的文义范围内发挥作用，而是从一开始就用法益

---

① 车浩. 强奸罪与嫖宿幼女罪的关系. 法学研究, 2010 (2).
② 张明楷. 罪刑法定与刑法解释. 北京：北京大学出版社, 2009：154.
③ 陈兴良. 形式解释论的再宣示. 中国法学, 2010 (4).

保护目的来介入、渗透甚至操纵文义范围。这种做法无论在修辞上如何声称尊重可能文义的范围，其实质是在位阶上让目的解释僭越了文义解释的地位或者变相决定着文义的范围。在罪刑法定原则的框架之内，这种做法是难以被接受的。

的确，正确的解释，应当同时符合法律的文义与法律的目的，仅仅满足其中的一个标准是不够的。但是，这里所说的同时符合，并不意味着文义解释与目的解释扮演同样的角色或者具有相似的功能。如果说目的解释好比在运动场上拼搏的运动员，那么文义解释就是在场边执法的边裁，运动员只能在划定的运动场内任意驰骋，任何出界的行为都会被判定无效；如果说目的解释是奔着球门呼啸而去的足球，那么文义解释就是球门，射向哪个角度都可以，但是射在球门之外毫无意义。正如没有人会赞同由一个运动员来划定运动场的边界，或者由球员脚下的皮球来决定球门的大小一样，目的解释同样不能替代文义解释或者决定文义解释划定的限度。

第三节　罪刑法定原则与有利于被告

知识背景

一般认为，我国《刑法》（2020年修正）第3条规定的"法律明文规定为犯罪行为的，依照法律定罪处刑；法律没有明文规定为犯罪行为的，不得定罪处刑"，可以明显可分为前后两段。但是，对于该条前段如何理解，目前尚存争议。有的观点认为，前段规定的是积极的罪刑法定原则，后段规定的是消极的罪刑法定原则；前段的含义是对于法律规定为犯罪的行为，强调"应当"定罪处罚，这是从扩张刑罚权的方面，积极地运用刑罚惩罚犯罪、保护社会。[1] 但是这样的看法，既与罪刑法定原则的传统教义相悖，也不符合立法者制定法律时的原意。[2] 正确的解读是，第3条前段与后段的含义完全相同，都是强调只有法律明文规定为犯罪行为的，才能依法定罪处刑。[3] 不仅法无明文规定不为罪，而且论罪时也必须依法。由此看来，《刑法》（2020年修正）第3条确立的罪刑法定原则，是基于人权保障的立场而对司法权作出限制。由此禁止类推解释，自然显示出有利于被告的特征。

---

[1] 何秉松. 刑法教科书. 北京：中国政法大学出版社，2000：63. 曲新久. 刑法学. 北京：中国政法大学出版社，2009：35.

[2] 按照时任全国人大法工委刑法室副主任郎胜的解释，"第3条前半句强调的是依法，而不是所谓的积极意义上的应当"（张军，朗胜，陈兴良. 刑法纵横谈. 北京：北京大学出版社，2008：19）。

[3] 陈兴良. 罪刑法定主义. 北京：中国法制出版社，2011：63.

司法实践中，应当注意将《刑法》（2020 年修正）第 3 条与《刑事诉讼法》（2018 年修正）相关条文结合起来，从有利于被告的角度，对相关法条进行体系性的把握和理解。刑法上的罪刑法定原则，通过规定不能将无法涵摄进条文当中的事实按照犯罪处理，体现出有利于被告的精神。此外，刑法理论上的"罪疑唯轻"原则与刑事诉讼法上的疑罪从无原则，同样体现出有利于被告的精神，二者可以看作是同一理论在实体法和程序法上的分别解读，强调对于无法查清、证据不足或者存在疑问的案情，在实体法上不能作为相关的构成要件事实，在程序法上则从一开始就不启动涵摄程序而是按照证据不足以无罪处理。当然，为了避免出现不正义的结果，刑法理论通过"选择确定"原则来对可能过分偏袒被告的情况加以调和。总之，罪刑法定原则、罪疑唯轻或疑罪从无原则以及选择确定原则，都是围绕如何处理案件事实与刑法规定之间的关系而展开的，以有利于被告为原则、以不利于被告为例外的密切相关的刑法基本理念。考虑到实体法与程序法在司法实践中的配合应当是紧密无间的，在理解罪刑法定原则与有利于被告之间的关系时，应当将诉讼法上与之遥相呼应、反映相同意旨的相关法条和理论一并掌握。

规范依据

《刑法》（2020 年修正）第 3 条："法律明文规定为犯罪行为的，依照法律定罪处刑；法律没有明文规定为犯罪行为的，不得定罪处刑。"

《刑事诉讼法》（2018 年修正）第 200 条第 3 项："证据不足，不能认定被告人有罪的，应当作出证据不足、指控的犯罪不能成立的无罪判决。"

《刑事诉讼法》（2018 年修正）第 211 条第 1 款第 2 项："缺乏罪证的自诉案件，如果自诉人提不出补充证据，应当说服自诉人撤回自诉，或者裁定驳回。"

案例评价

[案例 1-25] 李某东过失致人死亡案[①]（罪刑法定原则与禁止类推）

1. 基本案情

2005 年 6 月 16 日 18 时许，李某东驾驶自己的豫 A130××号川路牌农用车，在少洛高速公路上施工下班回家途中，由西向东行驶至登封市君召乡水磨湾村大桥东 100 米处，因该公路未正常开通通行，在变更车道时，与相反方向行驶的王某红驾驶的二轮摩托车相撞，致王某红和乘车人王某娃当场死亡，王某杰受伤。登封市公安局交巡警大队事故责任书认定李某东负此事故

[①] 最高人民法院中国应用法学研究所. 人民法院案例选：2007 年第 3 辑. 北京：人民法院出版社，2007：22～26.

的主要责任。

另据法院查明，案发时少林寺至洛阳的高速公路未有通行车运行；案发后李某东系自己主动到公安机关投案自首。登封市人民检察院以李某东犯交通肇事罪向登封市人民法院提起公诉。

登封市人民法院经审理认为：被告人李某东驾驶施工车辆，在处于施工阶段、尚未开通运行的少洛高速公路上行驶，当与相反方向行驶的摩托车相遇时因疏忽大意致二车相撞而发生事故，造成二人死亡、一人重伤的严重后果。登封市人民检察院指控其犯罪的事实成立，本院予以支持。但所指控犯交通肇事罪的罪名不妥，本院不予支持。被告人的辩护人辩称的"被告人的行为在客观上虽然造成了损害结果，但不是出于故意或者过失，而是由于不能抗拒和不能预见的原因所引起的，不是犯罪，应宣告李某东无罪"，与本案的事实不相符，被告人的行为很明显是疏忽大意，对造成被害人死亡的结果存在过失。故对该辩护主张，本院不予采纳。"过失致人死亡的，处三年以上七年以下有期徒刑，情节较轻的处三年以下有期徒刑。"被告人李某东过失致二人死亡，另有一人重伤，不宜认定为情节较轻，应在3年以上7年以下有期徒刑的幅度内量刑。被告人在案发后主动投案自首，依法可从轻或者减轻处罚；鉴于被告人自愿认罪，案发后主动与死者家属和伤者达成赔偿协议，并已履行，得到死者家属和伤者的谅解，具有酌情从轻情节，确有悔罪表现。依照《中华人民共和国刑法》第233条、第67条、第72条、第73条之规定，判决如下：被告人李某东犯过失致人死亡罪，判处有期徒刑3年，缓刑4年。

2. 涉案问题

在尚未开通投入使用的高速公路上开车致人伤亡的，能否被认定为交通肇事罪？

3. 裁判理由

法院认为，根据《最高人民法院关于审理交通肇事刑事案件具体应用法律若干问题的解释》第8条第2款的规定，"在公共交通管理的范围外，驾驶机动车辆或者使用其他交通工具致人伤亡或者致使公共财产或者他人财产遭受重大损失，构成犯罪的，分别依照刑法第一百三十四条、第一百三十五条、第二百三十三条等规定定罪处罚"，故对被告人李某东的行为应以过失致人死亡罪定性。

4. 评析意见

本案发生在尚未开通投入使用的高速公路上，对于李某东的行为如何定性，在审理过程中形成以下几种意见。第一种意见认为，李某东的行为构成交通肇事罪，理由是：依据《道交法》（2004年）第77条关于"车辆在道路以外通行时发生的事故，公安机关交通管理部门接到报案的，参照本法有关规定办理"之规定，经分析论证，李某东驾驶机动车在没有标志标线的路段行驶，在没有确保安全的情况下，突然变更车道与对向行驶的二轮摩托车相撞，参照《道交法》（2004年）第38条关于"车辆、行人应当按照交通信号通行；遇有交通警察现场指挥时，应当按照交通警察的指挥通行；在没有交通信号的道路上，应当在确保安全、畅通的原则下通行"之规定，李某东的行为是造成该事故的主要原因，李某东应负此事故的主要责任。李某东在未通行的高速路上行驶，负有保证安全、谨慎驾驶的注意义务，其在变更车道时应当预见可能有行人或车辆路过，但由于疏忽大意而没有预见，致使两人死亡、一人重伤的重大交通事故发生。《刑法》（2005年修正）第133条中规定：违反交通运输管理法规，因而发生重大事故，致人重伤、死亡或者使公私财产遭受重大损失的，处3年以下有期徒刑或者拘役。故对李某东应以交通肇事罪追究其刑事责任。

第二种意见认为，李某东的行为构成重大责任事故罪，理由是：依据最高人民法院、最高人民检察院1986年6月21日《关于刑法第一百一十四条规定的犯罪主体的适用范围的联合通知》*，李某东是从事运输的个体商户，属于1979年《刑法》第114条、1997年《刑法》第134条规定的"重大责任事故罪"的犯罪主体，且其是在施工现场违反安全施工作业的规章制度。《刑法》（2005年修正）第134条规定："工厂、矿山、林场、建筑企业或者其他企业、事业单位的职工，由于不服管理、违反规章制度，或者强令工人违章冒险作业，因而发生重大伤亡事故或者造成其他严重后果的，处三年以下有期徒刑或者拘役；情节特别恶劣的，处三年以上七年以下有期徒刑。"故对李某东应以重大责任事故罪追究其刑事责任。

第三种意见认为，李某东的行为构成过失致人死亡罪，理由是：案发地点是在未开通的少洛高速公路上，这不属于公共交通管理的范围。参照《最高人民法院关于审理交通肇事刑事案件具体应用法律若干问题的解释》（2000年11月10日最高人民法院审判委员会第1136次会议通过）第8条第2款之规定，李某东在驾车途中，负有安全、谨慎驾驶义务，其变更车道时负有预见可能发生交通事故导致他人受伤害甚至死亡的注意义务，但由于疏忽大意而没有预见，最终导致二人死亡、一人重伤的严重后果。由于该起事故的事发地点不属于《中华人民共和国道路交通管理条例》**所列"道路"范畴，故对李某东应以过失致人死亡罪追究其刑事责任。

本案的审判法院采纳了第三种意见。在裁判理由中，法官特别提到了禁

---

* 该通知已失效。——编辑注
** 该条例已失效。——编辑注

止类推的问题。法官认为，本案若以"交通肇事罪"定性，无疑是1979年《刑法》"类推制度"的再现。1997年《刑法》较之1979年《刑法》的重要进步，就是"类推制度"的废除。《道交法》（2004年）第77条规定，"车辆在道路以外通行时发生的事故，公安机关交通管理部门接到报案的，参照本法有关规定办理"。由于案发地点是施工现场而非已经开通的公路，故而进行事故责任认定时，可以参照《道交法》进行处理。但是《道交法》并非特别刑法，且该条款并未参照《道交法》进行定罪量刑，故不必比照交通肇事罪进行定罪量刑。[①] 这里涉及对《刑法》（2005年修正）第133条所规定的交通肇事罪的时空范围的限定性要求，值得进一步展开讨论。

按照《刑法》（2005年修正）第133条的规定，构成交通肇事罪的前提是"违反交通运输管理法规"，因此交通肇事行为只能发生在交通运输管理法规所调整的时空范围之内。《道交法》（2004年）第2条规定，"中华人民共和国境内的车辆驾驶人、行人、乘车人以及与道路交通活动有关的单位和个人，都应当遵守本法"。由此可见，道路交通是交通运输管理法规的调整范围。除此之外，《道交法》（2004年）第77条又规定，"车辆在道路以外通行时发生的事故，公安机关交通管理部门接到报案的，参照本法有关规定办理。"应当说，《道交法》第2条的原则性规定以及第77条的例外性、补充性规定相结合，为公安机关交通管理部门处理各类由车辆驾驶引发的事故提供了统一的法律根据。但是，能否援引这种行政责任的法律根据，来认定刑事责任？这里就存在着一个行政责任与刑事责任相区分的问题。《刑法》（2005年修正）第133条规定的交通肇事罪，其所侵犯的法益是在交通运输过程中表现出来的公共安全，即不特定多数人的生命、健康以及公私财产的安全。交通安全是公共安全的一种，但并非所有的公共安全都等于交通安全。如果车辆驾驶事故不是发生在交通运输过程中，就不可能危及交通安全。因此，《最高人民法院关于审理交通肇事刑事案件具体应用法律若干问题的解释》第8条规定："在实行公共交通管理的范围内发生重大交通事故的，依照刑法第一百三十三条和本解释的有关规定办理。""在公共交通管理的范围外，驾驶机动车辆或者使用其他交通工具致人伤亡或者致使公共财产或者他人财产遭受重大损失，构成犯罪的，分别依照刑法第一百三十四条、第一百三十五条、第二百三十三条等规定定罪处罚。"应当说，这一司法解释界定了交通肇事罪的时空范围，也指出了刑事责任与行政责任的分野。对于"车辆在道路以外通行时发生的事故"，仍然可以按照交通管理运输法规对行为人追究行政责任，但是，

[①] 最高人民法院中国应用法学研究所. 人民法院案例选：2007年第3辑. 北京：人民法院出版社，2007：22～26.

却不能按照《刑法》(2005年修正)第133条规定的交通肇事罪对行为人追究刑事责任。这是由行政法规和刑法不同的规范保护目的所决定的。在刑法和司法解释明确限定了交通肇事罪的空间范围只能是用于公共交通的道路的情况下,将发生在仍处于施工阶段而尚未开通运行的高速路上的事故以交通肇事罪论处,就属于为罪刑法定原则所禁止的类推解释。就此而言,本案中法院的判决结论正确、说理充分,应当予以肯定。

[案例1-26] 赵某生刑讯逼供案① (罪刑法定原则与禁止类推)

1. 基本案情

1997年12月9日,山西省临汾铁路公安处翼城站派出所接到女青年赵某控告某建筑工程队队长许某某对其"要流氓"的报案,时任该派出所副所长的赵某生即安排该所民警持"治安传唤证"将许某某传唤至派出所。当日22时许,赵某生对许某某拳打脚踢,并威胁说:"如不好好交代,我让你把牢底坐穿。"此后,赵某生经与临汾铁路公安处刑侦大队探长娄某宏商量,安排刑侦大队侦察员李某旭、尉某东与翼城站派出所民警翟某宝(另案处理)、贾某贵(另案处理)将许某某带到翼城站值班室进行讯问,赵某生借故离开。翟某宝、贾某贵采用警棍、木棍殴打等方法对许某某进行讯问。次日凌晨1时许,赵某生在听取翟某宝、贾某贵的讯问汇报后,指示翟、贾继续讯问,并表示:"如果许某某不好好交代,就楔他(意思是打他)。"在此后的讯问中,翟、贾采取压杠子的手段逼取口供。当日16时左右,临汾铁路公安处刑侦大队探长娄某宏向赵某生转达了临汾铁路公安处法制科关于许某某的行为属于流氓行为的意见,赵某生即让该所民警贾某贵整理该案材料,并填写了"治安案件受理、立案表""治安案件破案表""治安管理处罚审批表"。17时许,赵某生让人将许某某铐在派出所的一棵桐树上,并对许某某拳打脚踢。20时许,赵某生让许某某的妻子交保释金7 000元,责令许某某按讯问笔录内容写了书面检查后,才让许某某离开派出所。许某某随即被其亲属送往医院治疗。后经鉴定,许某某构成轻伤。

一审法院经审理认定被告人赵某生犯刑讯逼供罪,判处免予刑事处罚。

宣判后,赵某生未提出上诉,检察机关也未提出抗诉。该判决遂发生法律效力。

此后,赵某生就此案向临汾铁路运输法院提出申诉,其申诉理由主要是:其作为派出所的负责人,在处理"许某某案"中自始至终行使的是治安管理权而非侦查权,故其并非刑法规定的司法工作人员,因此,其不符合刑讯逼

---

① 最高人民法院中国应用法学研究所. 人民法院案例选:2007年第2辑. 北京:人民法院出版社,2007:69~75.

供罪的主体资格；且许某某是违反行政管理秩序的违法行为人而非刑事诉讼中的犯罪嫌疑人，所以，原审判决"定性不准，适用法律错误"。

再审法院于 2004 年 6 月 21 日作出刑事裁定，维持了原审判决。赵某生以上述裁定"再度认定事实不清，定性不准，适用法律有误"为由，提起上诉。二审法院经审理后认为赵某生的上诉理由缺乏事实和法律依据，遂依法驳回了赵某生的上诉，维持了原审判决和再审裁定。

2. 涉案问题

派出所民警能否成为刑讯逼供罪的主体？

3. 裁判理由

法院认为，当派出所民警的行为实际超越了治安管理工作的范围，即将治安案件中的违法行为人等同于刑事诉讼中的犯罪嫌疑人，通过实际行使刑事侦查职能来达到治安管理的目的时，其成为刑讯逼供罪的主体。

4. 评析意见

本案中赵某生的主要申诉理由概括而言包括两方面：一方面，其本人作为派出所民警不是刑法意义上的"司法工作人员"，故不是刑讯逼供罪的主体；另一方面，本案被害人许某某作为治安案件的违法行为人，不是刑法上的"犯罪嫌疑人、被告人"，故也不是刑讯逼供罪的适格对象。正是基于这两方面的原因，赵某生认为以刑讯逼供罪对其定罪量刑属于"定性不准，适用法律错误"。

1997 年《刑法》第 247 条规定："司法工作人员对犯罪嫌疑人、被告人实行刑讯逼供或者使用暴力逼取证人证言的，处三年以下有期徒刑或者拘役。致人伤残、死亡的，依照本法第二百三十四条、第二百三十二条的规定定罪从重处罚。"据此规定，刑讯逼供罪的主体为"司法工作人员"。这里涉及刑讯逼供罪的主体的立法沿革。1997 年《刑法》第 247 条规定的刑讯逼供罪的主体，较之我国 1979 年《刑法》规定的此罪的主体，在范围上已大为缩减。1979 年《刑法》第 136 条将刑讯逼供罪的主体定位为"国家工作人员"。显然，与 1997 年《刑法》所界定的"司法工作人员"相比，1979 年《刑法》中刑讯逼供罪的主体是较为宽泛的。这种犯罪主体设置的"宽泛"虽在一定程度上严密了刑事法网，但却与刑讯逼供本来意义上所指的发生在特定的"刑事诉讼过程"中的行为又是不相匹配的。1997 年《刑法》为解决这一矛盾，采取了缩减刑讯逼供犯罪主体的立法方式，即将此类犯罪的主体定位为"司法工作人员"。

所谓"司法工作人员"，根据 1997 年《刑法》第 94 条的规定，是指"有侦查、检察、审判、监管职责的工作人员"。我国宪法规定的国家机关包括行政机关、权力机关、司法机关和军事机关、监察机关。公安部和地方各级公安机关分属国务院和地方各级人民政府,因此,公安机关在性质上属于行政执法机关。同时,公安机关又行使着大部分刑事案件的侦查权,因而在某种程度上公安机关又具有司法机关的职能。由此可见,公安机关中负有对犯罪进行侦查的职能的人员,也属于司法工作人员。这些人员包括刑事警察、技术鉴定人员和监管工作人员。但是,派出所民警显然不在此列。我国《公安派出所组织条例》*第1条第2款规定:"公安派出所是市、县公安局管理治安工作的派出机关。"该规定说明,从职责分工而言,派出所民警的工作职责是处理治安案件,而不是处理刑事案件,其本身不具有刑事侦查权,故不属于"司法工作人员"。因此,本案中,赵某生作为派出所民警,不属于刑法上的"司法工作人员",理应不能成为刑讯逼供罪的主体。

但是,法院认定赵某生构成刑讯逼供罪,并提出了以下理由。第一,从立法目的上看,刑讯逼供罪的立法本意不是关注各类司法机关的工作职责,也不是关注公安机关的工作人员所办理的案件究竟是刑事案件还是治安案件,而主要是处罚司法工作人员利用职权对被讯问人使用肉刑或变相肉刑逼取口供,从而严重侵犯公民人身权利的行为。因此,在认定刑讯逼供罪的主体问题上,在解读法律规范的同时,更应该关注立法的目的,并努力实现立法的目的。第二,在现行的司法体制下,公安派出所民警虽不具有刑法意义上的侦查权,但实践中大量存在的现象是其在办理治安案件的过程中,事实上运用着侦查的手段,实际上履行着侦查的职责,即以刑侦的方式方法达到办理治安案件的目的,由此便可能导致实践中刑讯逼供现象的出现。所以,以办理治安案件为名而行侦查刑事案件之实的,其对社会已经造成的实际危害或潜在的危害已完全被容纳在刑讯逼供罪的构成要件之中。第三,从《公安派出所组织条例》*也可以看出,我国法律虽没有赋予公安派出所明确的侦查权,但从法律授予派出所的10项职权来看,派出所民警在受委托的情况下进行审讯或协助侦查人员进行审讯是被允许的,这在一定程度上是司法实践的需要。相应地,实践中也必然会出现非刑法意义上的"司法工作人员"实际上实施刑讯逼供的情况。对此,最高人民法院的有关司法解释已予以肯定。如2000年《最高人民法院关于未被公安机关正式录用的人员狱医能否构成失职致使在押人员脱逃罪主体问题的批复》**中规定,"对于未被公安机关正式录用,受委托履行监管职责的人员,由于严重不负责任,致使在押人员脱逃,造成严重后果的,应当依照刑法第四百条第二款的规定定罪处罚"。又如,2000年《最高人民检察院关于合同制民警能否成为玩忽职守罪主体问题的批复》中规

---

* 该条例已失效。——编辑注
** 该批复已于2019年被废止。——编辑注

定:"合同制民警……应以国家机关工作人员论。"由此可以看出,从一定意义上说,最高人民法院已认可了非司法工作人员受委托参与刑事司法活动行为的合法性。第四,从法理上分析,将本案中非严格意义上的司法工作人员视为司法工作人员的做法实际上是对刑法中的"司法工作人员"的一种扩大解释。扩大解释不是类推解释,扩大解释与罪刑法定原则并非截然对立,罪刑法定原则应允许扩大解释的存在。就本案而言,非司法工作人员成为刑讯逼供罪的主体虽然会扩大刑法的处罚范围,不利于保障行为人的自由,"但是,刑法不只是为了保障行为人的自由,还要保护一般人的法益,二者之间必须均衡……当不进行扩大解释就不足以保护法益,而且扩大解释无损国民的预测可能性时,理所当然应当进行扩大解释"。考虑到实践中刑讯逼供行为屡禁不止的状况,这种扩大解释更有存在的必要。①

由此可见,派出所民警能否成为刑讯逼供罪的主体,不可一概而论。如果派出所民警的行为实际上超越了治安管理工作的范围,即将治安案件中的违法行为人等同于刑事诉讼中的犯罪嫌疑人,通过实际行使刑事侦查职能来达到治安管理的目的,则派出所民警可以成为刑讯逼供罪主体。就本案而言,赵某生的一系列行为表明其实际上将犯罪对象许某某视为"犯罪嫌疑人",并按照普通刑事案件来处理"许某某案",虽然最后以"治安案件"结案,但实际上行使的是刑事侦查权。所以,在办理"许某某案"的过程中,赵某生完全可以被视为刑法意义上的"司法工作人员",符合刑讯逼供罪的主体资格。因此,法院的判决是正确的。

[案例 1-27] 李某龙、高某聚众斗殴案(罪刑法定原则与禁止类推)

1. 基本案情

2010 年 6 月 17 日 23 时许,潘某、徐某、吴某殿、毛某波、高甲(均已判刑)酒后至上海市嘉定区安亭镇某舞厅娱乐。潘某在舞厅内与女青年陈某搭讪,被陈某的男友宋某保(已判刑)看见后双方产生矛盾。宋某保遂电话纠集高某,并由高某纠集李某龙和吴某义(已判刑)、乔某龙等人,由吴某义驾驶皖 NP56×× 奇瑞 QQ 轿车至现场。宋某保将潘某叫出舞厅,毛某波、徐某、高某见状一同跟出舞厅。在舞厅门口,宋某保先殴打潘某,继而双方互殴,在舞厅门口的吴某殿见状,也一同参与互殴。其间,宋某保至附近的兰州拉面馆取得一把不锈钢菜刀将毛某波砍成重伤。李某龙在斗殴中头部被砸伤,遂驾驶皖 NP56×× 奇瑞 QQ 轿车与高某等准备离开现场。此时,高某指

---

① 最高人民法院中国应用法学研究所. 人民法院案例选:2007 年第 2 辑. 北京:人民法院出版社,2007:69~75。

认在车前20米左右的吴某殿可能就是砸伤李某龙的人，李某龙为泄愤报复，驾车撞倒吴某殿并逃离现场。毛某波、吴某殿被人送至医院救治。公安机关先后将李某龙、高某上网追逃。2011年1月26日，李某龙被公安机关抓获后如实供述了上述事实。同年6月2日高某向公安机关投案，并如实供述了上述事实。

上海市嘉定区人民法院认为，被告人李某龙、高某在公共场所积极参加聚众斗殴，李某龙在聚众斗殴中驾车撞伤对方一人，高某明知本方人员为斗殴而驾车撞人，其行为均构成持械聚众斗殴。遂依照《中华人民共和国刑法》（2009年第二次修正）第292条第1款第4项，第25条第1款，第67条第1款、第3款和《最高人民法院关于处理自首和立功具体应用法律若干问题的解释》第1条之规定，认定李某龙犯聚众斗殴罪，判处有期徒刑4年；认定高某犯聚众斗殴罪，判处有期徒刑3年。

一审宣判后，高某以其并非持械斗殴为由向上海市第二中级人民法院提起上诉，请求对其从轻处罚。原审被告人李某龙在二审庭审中虽然表示服从一审判决，但提出驾车撞人系斗殴结束后的行为，非持械斗殴。二审法院裁定驳回上诉、维持原判。

2. 涉案问题

聚众斗殴并驾车撞击对方的行为能否被认定为持械聚众斗殴？

3. 裁判理由

上海市第二中级人民法院认为，上诉人高某、原审被告人李某龙在公共场所积极参加聚众斗殴，其行为均构成聚众斗殴罪。在聚众斗殴中李某龙驾车撞伤对方一人，高某坐于副驾驶位并指认被害人吴某殿系对方人员，因此二人均系持械聚众斗殴。故对高某及其辩护人提出的上诉、辩护意见不予采纳。

4. 评析意见

本案的核心问题是：利用车辆撞击聚众斗殴另一方可否被认定为"持械聚众斗殴"？依照《刑法》（2009年第二次修正）第292条第1款第4项的规定，持械聚众斗殴，属于聚众斗殴犯罪的四种加重处罚情节之一。"持械聚众斗殴"中的"持械"，是指参加聚众斗殴的人员使用器械或者为斗殴携带器械但实际上未使用的情形。按照通常文义上的理解，"械"包括各种枪支、刀具、棍棒、砖块等足以致人伤亡的工具，而"持械"一般是指随身携带或持有这些工具。法院认为，驾驶汽车也可以视作持械："已经发动的车辆具有速度快、冲力大、破坏性强的特点，如果在聚众斗殴中以操控方式作为斗殴行凶的工具，其作用等同于传统的棍棒类器械。因此，本案中的奇瑞QQ轿车可以被视为器械，结合李某龙使用的目的、后果和性质，其行为属于持械聚众斗殴。"从实质效果来讲，驾驶一辆汽车撞人，其杀伤力和危害性可能要比一般的持有刀具、棍棒的杀伤力和危害性更大，就惩罚必要性来说，确实比单纯的拳脚斗殴更需要予以打击。问题在于：把驾驶汽车的行为评价为"持械"，是否超出了该词语通常的语义范围，逾越了一般人对"持械"这一表达的理解边界？这是值得斟酌的。如果对此的回答是肯定的，那么这就意味着目的解释突破了文义解释所限定的界限，这种以实际危害性和惩罚必要性为决定因素而决定词语文义范围的实质性解释，就有违反罪刑法定原则的危险，成为一种类推。

[案例1-28] 林某渊贪污案①（事实认定与罪疑唯轻）

1. 基本案情

1991年2月8日，德化县糖烟酒公司将一批剑南春酒销往晋江安海镇，原任公司副经理的林某渊随车到泉州办理有关业务，随车前往的还有公司销售部郭某国、驾驶员张某团，该批酒销售款计19 728元。郭、张两人在多份证词中部分证明当场将该批酒款交给林某渊，部分证明将货款交给他人；同时两人提供的证词中对钱的交接方式、交接地点陈述不同。林某渊则否认曾收到此货款。1991年5月31日、6月2日林某渊分别持编号为NO.6735、NO.1926，两张金额为16 500元的运输发票向财务报销，经查两张发票是林某渊仿造的。公诉机关指控是林某渊冲抵销售货款，但林某渊称是为冲抵原公司经理郑某凤为公司垫付的私款，原公司经理郑某凤、林某来（会计）否认此事。另外，该公司曾于1991年6月间存入银行一笔3 228元的款项，但是由谁存入的无法查清。该公司销售剑南春酒的商品调拨单，是开票员蔡某华开的，但是何人叫开的，证人蔡某华在8份证言中说法不一。

福建省德化县人民法院认为：指控被告人林某渊犯贪污罪，缺乏事实依据，证人证言前后不一，证据不足，公诉机关指控的罪名不能成立。

一审判决后，德化县人民检察院不服，向泉州市中级人民法院抗诉称：认定林某渊收到货款19 728元及伪造两张经费发票之事实清楚，证据确实、充分，林某渊辩称伪造两张发票是为冲抵原公司经理郑某凤为公司垫付的私款之理由不能成立，何人授意开出商品调拨单及何人将3 228元余款存入银行，不足以否认林某渊的贪污事实，一审法院宣告林某渊无罪是错误的。

林某渊辩称：郭某国、张某团的证词前后矛盾，不能互相印证，且郭某国与自己积怨较深，蔡某华的证言中也有证实3 228元是郭某国拿给她存入银行的，伪造的两张运费发票是根据林某来的意见开给郑某凤的，让其取回代

---

① 国家法官学院，中国人民大学法学院. 中国审判案例要览：1998年刑事审判案例卷. 北京：人民法院出版社，中国人民大学出版社，1999.

垫的业务费用，故认定其贪污冤枉。

福建省泉州市中级人民法院经审理后认为，德化县人民检察院抗诉理由不能成立。遂根据《中华人民共和国刑事诉讼法》(1996年)第189条第1项之规定，裁定如下：驳回抗诉，维持原判。

2. 涉案问题

公诉人提出的证据不能排除其他可能的，法院能否判被告人有罪？

3. 裁判理由

二审法院认为：就已有证据，认定林某渊犯贪污罪事实不清、证据不足。原审判决认定公诉机关指控罪名不能成立正确。虽然林某渊伪造两张运输发票，但认定其收取货款19 728元证据不足，且3 228元如何被缴存至银行并作为酒款余额记账之情节，是本案关键情节之一，并非与定性无关。

4. 评析意见

对本案的处理，第一审人民法院是依照1979年《刑事诉讼法》的规定进行审理的，而检察机关抗诉后，1996年修正后的《刑事诉讼法》于1997年1月1日开始生效，第二审人民法院是依据1996年《刑事诉讼法》的规定进行审理的。尽管适用的法律不同，但是，两审法院在本案中都坚持了疑罪从无原则，在事实不清、证据不足的情况下，本着存疑时对被告人有利的法律精神，作出了无罪判决。本案可以视作是1997年《刑事诉讼法》生效后对于疑罪从无原则的一个旗帜鲜明的捍卫，值得充分肯定。

对本案的证据的认定有两种相反的看法：一种意见认为，德化县糖烟酒公司于1991年2月8日向外地出售一批剑南春酒，该公司的张某团、郭某国证实收回货款19 728元交给林某渊。林某渊又伪造两张金额为16 500元的运输发票抵销货款，该公司的蔡某华又证实，该货款余额3 228元，是由林某渊授意存入银行户头。由此，林某渊收取货款，并伪造发票抵销货款，将差额3 228元存入银行的事实清楚，证据确实、充分。另一种意见认为，虽公诉机关指控的事实都有相应证据，但所提供的证人证言均陈述前后不一，存在多种可能，证人证言是不稳定的。所有的证据又各具证据本身的多重性，因此，其共同证实的事实也是多重的、不确定的，根据疑罪从无原则的精神，不应认定林某渊犯有贪污罪。

从最终的裁判结论来看，两审法院都持第二种意见。法院的理由如下：(1)本案的关键之一在于能否认定张某团将酒款19 728元交给林某渊。从证据材料反映，经办货销售者是郭某国和张某团。在货物销售后郭、张是否把钱交给林某渊这一事实环节上，虽有郭、张二人的证言，但在钱的交接方式、交接地点上两人陈述不同，而且在多份证言中，也出现自相矛盾。有的证言说，货款直接交给林某渊，有的说是交给别人，真伪难分。林某渊则否认经收过货款。张某团、郭某国是直接当事人，又是本案的利害关系人，对其证据中的不一致的地方和重复的地方，是不能轻易采信的。(2) 本案的关键之二在于能否认定林某渊从 19 728 元的货款中，将 16 500 元占为己有。林某渊承认指令公司职员伪造运输发票，并亲自签署同意支付。这一事实，已由书面证据所证实。对于这笔款林某渊陈述为冲抵原公司经理郑某风为公司垫付的私款，然而郑某风否认此事：伪造的发票只用于账面上的冲转，没有领取现金。这一点已有证据肯定。林某渊欲非法占用这笔款，只有从郭某国、张某团手中拿取。然而郭、张两人是否把销售的货款交给林某渊事实不清、证据不足，不能得到确认，就不能证明林某渊将这笔公款占为己有。(3) 本案的关键之三在于能否认定林某渊将 3 228 元公款存入银行账户，以冲平全部销售货款。公司会计的账面表明，冲平这笔款的单据是伪造的两张运输发票和银行缴款单。缴款单是银行工作人员填写的，已经得到证实。但对于这笔钱是从哪里来的、由谁去存入的，银行工作人员未能提供证据，也没有其他证据证明这笔钱是林某渊存入的或者林某渊委托他人存入的。查明此款的出处、何人缴存、为何拖了 4 个月才存入，并非多余，而是必要，否则就不能推断是林某渊实施的行为。

本案中，检察机关以贪污罪起诉林某渊，认为他先收取公司的销售款 19 728 元，后伪造两张金额为 16 500 元的运输发票向财务冲抵货款。但是从上述的裁判理由中可以看出，法官认为本案中的三个关键环节都是可疑的：林某渊可能收取了 19 728 元，也可能没收；伪造 16 500 元发票可能是为了抵销货款，也可能是为他人抵销垫款；3 228 元可能是林某渊授意存进银行的，也可能不是其授意的。将上述证据材料组合起来，事实就有多种可能性。而由林某渊收取货款，并伪造运输发票抵销货款，将货款余额授意他人存入银行这种可能性只是多种可能性中的一种，是不确定的。因此，不能得出林某渊贪污的唯一结论。由此可见，当公诉人提出的证据不能排除其他可能的时候，法院没有采取疑罪从有的做法，而是坚持了疑罪从无原则，得出林某渊无罪的结论。这是非常正确的。

[案例 1-29] 褚某健等贪污案[①]（事实认定与罪疑唯轻）

1. 基本案情

1995 年 11 月中旬，褚某健指使罗某军将华玉公司账外存放卷烟浮价款的银行账号注销及将相关资料销毁，把剩余的 1 156 万美元以"支付设备配件款项"的名义全额转出。该款项实际转到新加坡商人钟某欣在境外银行开设的

[①] 最高人民检察院公报，1999 (5)：26.

账户上，案发后已被全部追回。对此事实，有银行转款凭证、收款凭证等在卷证据证实，控辩双方均无异议。经当庭质证，云南省高级人民法院认定：被告人褚某健指使罗某军转款的行为，同时存在非法占有、购买设备或其他目的的可能性，检察机关的指控不具有充分的排他性。因此，指控被告人褚某健贪污1 156万美元证据不足，不予确认。

针对其他犯罪事实，云南省高级人民法院依照《中华人民共和国刑法》（1979年）第12条，第382条第1款，第383条第1款第1项，第26条第1款、第4款，第27条，第57条第1款，第67条，第68条，第69条和全国人大常委会《关于惩治贪污罪贿赂罪的补充规定》第11条第1款的规定，作出如下判决：（1）被告人褚某健犯贪污罪，判处无期徒刑，剥夺政治权利终身，并处没收财产人民币20万元；犯巨额财产来源不明罪，判处有期徒刑5年；数罪并罚，决定执行无期徒刑，剥夺政治权利终身，并处没收财产人民币20万元。（2）对被告人褚某健的巨额财产中明显超过合法收入的差额部分，价值人民币403万元、港币62万元的财产依法没收。（3）被告人罗某军犯贪污罪，判处有期徒刑14年，并处没收财产人民币13万元。

2. 涉案问题

公诉人提出的证据不能排除其他可能的，法院能否判被告人有罪？

3. 裁判理由

法院认定，被告人褚某健指使罗某军转款的行为，同时存在非法占有、购买设备或其他目的的可能性，检察机关的指控不具有充分的排他性。因此，指控被告人褚某健贪污1 156万美元证据不足，不予确认。

4. 评析意见

本案中涉及的1 156万美元的部分，控辩双方争议的焦点是褚某健是否具有非法占有目的，其行为是否具备贪污罪的主观要件。经当庭质证，云南省高级人民法院认为指控褚某健贪污1 156万美元证据不足，因此对这部分犯罪事实不予确认。从法院的判决书中可以看出，本案中的证据存在诸多疑点。首先，法院认为罗某军的证言不能作为认定事实的根据。罗某军直接实施转款行为，在这一指控中有利害关系，作为证人作证时，证言的内容前后不一，特别是出庭作证时的内容与开庭前所作证言有重大变化，在重要情节上自相矛盾，对辩护人提出的质疑不能作出合理的解释，此外，其证言没有其他证据相印证，故法院对罗某军的证言不予采信。其次，法院认为钟某欣的证言亦不能作为认定事实的根据。钟某欣的证言中关于专门为褚某健转款购买公司、开设银行账户一节，经查证，在时间上、用途上均存在矛盾；关于提供给褚某健账号一节，有多种说法，前后不一致，没有其他证据相印证，故法院对钟某欣的证言不予采信。最后，法院认为，公诉机关出示的合同书、付款凭证等证据仅能证明购买烟丝膨胀设备的款项没有从转出的1 156万美元中支付,不能直接证明褚某健具有非法占有1 156万美元的故意。由于对罗某军、钟某欣的证言不予采信,指控证据不能相互印证、形成锁链。从控辩双方质证以后确定的定案证据看,褚某健指使罗某军转款的行为,同时存在非法占有、购买设备或其他目的的可能性,检察机关的指控不具有充分的排他性。因此,法院最终认定指控褚某健贪污1 156万美元证据不足,不予确认。

应该说,法院对检察机关指控褚某健贪污1 156万美元一节未作认定,在判决书中给出了详细的论证,是值得充分肯定的。从法院对一些证人证言不予采信的理由来看,法院的做法集中地体现了疑罪从无原则。

根据1996年《刑事诉讼法》第162条第1项的规定,刑事诉讼中的证明要求是"案件事实清楚,证据确实、充分"。达到这一程度,就应该视为案件中不存在"疑罪"。具体而言:第一,据以定案的证据都已查证属实;第二,据以定罪量刑的事实都有必要的证据加以证明;第三,证据之间、证据与案件事实之间的矛盾得到合理排除;第四,根据证据所得出的结论是唯一的,排除了其他可能性。如果不能满足上述条件,则属于存在"疑罪"。此时,应该按照1996年《刑事诉讼法》第162条第3项的规定,"证据不足,不能认定被告人有罪的,应当作出证据不足、指控的犯罪不能成立的无罪判决。"本案中,法院对检察机关指控褚某健贪污1 156万美元的事实和证据进行审查判断时,发现:检察机关提供的证据在内容上前后不一;证据之间、证据与事实之间的矛盾不能得到合理排除;个别证据并不具有控方所主张的证明力;所得出的结论尚不具有唯一性,不能排除其他可能性。因此,法院对这部分事实不予认定,充分体现了罪疑唯轻的刑事司法原则。

[案例1-30] 严某收购赃物案[①](罪疑唯轻与选择确定)

1. 基本案情

2002年3月29日下午5时许,严某驾驶一辆车牌号为A-R28××的桑塔纳2 000型轿车,行至浦东新区杨高南路成山路路口时,因违章行为被民警拦阻并接受检查,验证时发现该车行驶证有伪造嫌疑,且车辆未经年审,后经网上查询,发现该车牌照属于另一辆奥拓小客车,并据车架钢印查证该车系在本区南码头路1696弄49号被盗的车辆,失窃时间为2001年6月26日,民警遂将桑塔纳车扣押。当日,严某谎称该车是从其丈夫的朋友处借得,并承诺将朋友带来讲清事实。

2002年4月3日,严某至公安机关供述:该车系其私下从他人处购得。

---

① 最高人民法院刑事审判第一、二、三、四、五庭. 中国刑事审判指导案例:侵犯公民人身权利、民主权利罪. 北京:法律出版社,2009:97~98.

具体情况如下：2001年12月底某日下午，严某携带10万元现金至本市武宁路机动车交易市场，欲购买一辆二手桑塔纳轿车，恰逢一自称"刘某"的中年男子向其兜售该车，双方经商讨以人民币8万元成交。因严某要求试车，对方答应先预收5万元押金，试车完毕后支付余款并办理过户手续，"刘某"遂将当场书写的收条一张和车辆行驶证交与严某。后严某将车开至杨高南路一汽车修理厂，检验证实车辆性能良好。后严某曾多次打电话并前往交易市场寻找"刘某"，但均未找到，严某遂一直使用该车至案发。

庭审中，严某对公诉机关指控其购买、使用赃车的事实没有异议，但辩解其主观上并未"明知"。辩护人提出：虽严某有购买赃车的行为，但本案没有证据证实其有"明知"的犯意，从其购车地点和约定价格看，可推断出严某主观上不具备"明知"，故严某的行为不构成收购赃物罪。

上海市浦东新区人民法院经审理后认为：本案除被告人陈述外，虽无直接证据证实"明知"的故意，但最高人民法院、最高人民检察院、公安部、国家工商行政管理局联合发布的《关于依法查处盗窃、抢劫机动车案件的规定》第17条规定，当机动车证件手续不全或明显违反规定时，可视为被告人应当知道，据此，本案被告人主观上具备"明知"的犯意，客观上有购买赃车的行为，公诉机关指控的罪名成立。辩护人提出的关于被告人主观上不"明知"的意见，与上述规定的意旨不符，不予采信。遂依照《中华人民共和国刑法》（2001年修正）第312条、第53条之规定，判决如下：被告人严某犯收购赃物罪，判处管制1年，罚金人民币1 000元。

2. 涉案问题

如何处理"两罪存疑"案件？

3. 裁判理由

法院认为：本案中被告人严某既可能是通过购买获得赃物而构成收购赃物罪，也可能是根本没有支付任何价款获得赃物而构成窝藏赃物罪。在无法查证被告人严某以何种方法获得赃车的情况下，应该作有利于被告人的认定，认定其构成两罪之中处罚较轻的收购赃物罪。

4. 评析意见

本案中，有充分确实的证据证明严某所驾驶的车辆是被盗赃车，对此严某亦无异议。但是严某辩称自己是在机动车交易市场以人民币8万元的价格从他人手中购得，主观上并不知道车辆是赃车。但是，根据《关于依法查处盗窃、抢劫机动车案件的规定》，"机动车证件手续不全或者明显违法规定的"，可视为被告人应当知道其所购车辆为赃车。本案中，涉案车辆既无经工商行政机关检验盖章的交易凭证，又未办理登记、过户手续，显属"证件手续不全"，由于严某提出的自己在交易市场购车的经过缺乏证据支持，其辩称"自己是被蒙骗而购车"的主张难以推翻和反驳"明知"的推定,因此,法院没有采信严某的辩解而认定其主观上对于车辆属于赃车是"明知"的。但是,既然法院没有采信严某关于自己善意购车的供述内容,那么严某究竟是以何种方式获得该车,就成了无法查证的事实。严某既可能是明知是赃物而购买,也可能是明知是赃物而窝藏,进而,其行为既可能符合收购赃物罪的构成(如购买),也有可能符合窝藏赃物罪等其他罪的构成(如受赠)。这里就涉及选择确定的问题。

  刑法理论上的选择确定,是指"在证据尽善原则之下,对于一项事实的存在殆无疑义,但是该以何种行为类型处断,则有多种相类似的可能,苦于刑事政策上的需要,以及经验法则上的考虑,为了适用法条不能确定而致案件悬而不决或致有犯罪事实而不能治罪之情形,乃容许法官就一定类似或同等法律评价之法条之间,强制予以选择确定。"① 由此可见,选择确定在实体法上的功能是强调罪责原则,即基于两种犯罪事实已具体化但互为排斥时,选择比较轻的罪责,或者通过证据评价(自由心证)已确信行为具备某一犯罪构成要件,但由于犯罪构成要件先天设计不良,在涵摄事实的过程中没有办法确定哪一种刑法规范可以应对时,就应选择确定适用。但是选择确定在实体上有一个先决条件,即对犯罪事实的可选择的非难,必须有法伦理上和心理学上的可比较性。换言之,容许选择确定的犯罪类型必须有法律伦理性或以与社会心理相类似的行为类型为范围。② 在本案中,根据现有证据足以推定严某是在明知涉案车辆是赃车的情况下获得该车的,因此,其行为至少可能符合收购赃物罪或者窝藏赃物罪的构成,但是不能够确定的是,严某究竟系以何种方式得到该赃物。换言之,严某的行为肯定构成数罪中的一个,但是无法确定究竟是哪一个罪。在这种情况下,法官一方面根据选择确定的原则,并没有作出有违正义的无罪判决;另一方面,又根据存疑有利于被告人的原则,在数罪之中选择了一个对被告人有利的、处罚较轻的罪名。一般而言,由于在收购赃物罪中,行为人已经支付了一定对价,且其购买赃物通常是为了自用,故可认为,相对于窝藏赃物罪的行为人而言,收购赃物罪的行为人主观恶性一般要较轻,在类似情形下,对其作出的处罚应轻于对窝藏赃物罪的行为人作出的处罚。本案中,法官认为,"如果最终认定被告人严某构成收购赃物罪,那么,在量刑上就要比认定窝藏赃物罪相对轻缓"。因此,认定严某的行为构成收购赃物罪,"能体现有利被告人的精神"。

[案例1-31] 乔某诈骗案(罪疑唯轻与选择确定)

1. 基本案情

2007年8月至10月间,乔某在北京市丰台区木樨园"××通"手机市

---

① 苏俊雄. 刑法总论: I. 台北: 自版, 1998: 267.
② 陈珊珊. 论罪疑唯轻原则. 法学评论, 2007 (2).

场，向四名商户谎称为其代卖手机，共骗得手机140部，总价值58 700元。法院认为：乔某以非法占有为目的，诈骗他人财物，数额巨大，其行为构成诈骗罪。公诉机关指控的事实清楚，证据确实、充分，罪名成立。乔某实施部分犯罪时已满16周岁不满18周岁，部分犯罪数额缺乏证据佐证、不能认定，具有认罪、悔罪表现，且能积极退赔，系初犯、偶犯，对其可以减轻处罚，对相关辩护意见予以采纳。遂依照《中华人民共和国刑法》（2006年修正）第266条，第17条第1款、第3款，第52条，第60、61条之规定，以乔某犯诈骗罪，判处有期徒刑2年11个月，并处罚金3 000元。

宣判后，乔某以其实施全部犯罪时均未成年为由，提起上诉。

北京市第二中级人民法院在审理期间，经辩方申请，依职权调取了下列证据：（1）山西省小学学生学籍卡证实，乔小某，1989年12月11日出生。1996年9月1日入学。（2）山西省初中学生学籍卡证实，乔某，1989年10月18日出生。（3）山西省某村委会的证明证实，乔某，男，出生于1989年12月11日。（4）山西省某派出所出具的乔某户籍变更信息及情况说明证实：乔某，男，出生于1989年9月19日。该人原名乔小某，出生日期为1989年12月11日。2005年11月4日，姓名由乔小某变更为乔某，出生日期由1989年12月11日变更为1989年9月19日，无变更档案，变更原因不明。（5）证人张某的证言陈述，其子曾用名乔小某，出生于1989年12月11日，农历是1989年11月14日。因乔某的爷爷说乔小某这名字长大后不好，便于2005年改为现在的名字乔某，但改名时派出所把乔某的出生日期也更改的原因不详，错登为1989年9月19日。发现后，一直未纠正。

北京市第二中级人民法院经审理认为：上诉人乔某以非法占有为目的，诈骗他人财物，数额巨大，其行为构成诈骗罪。对于乔某及辩护人所提乔某出生于1989年12月11日，犯罪时尚未成年的意见，综合现有证据，虽不能确定乔某出生于1989年12月11日，但综合在案证据足可认定其实施犯罪时已满16周岁不满18周岁，属于已经达到法定刑事责任年龄但减轻责任年龄阶段。同时，鉴于乔某的亲属能够积极退赔被害人的损失，依法应当对乔某减轻处罚。原判定罪准确，审判程序合法，但因对乔某实施犯罪时的年龄认定错误，量刑不当，故予以改判。遂依照《中华人民共和国刑事诉讼法》（1996年）第189条第1项、第2项和《中华人民共和国刑法》（2006年修正）第266条，第17条第1款、第3款，第52条，第61条以及《最高人民法院关于审理未成年人刑事案件具体应用法律若干问题的解释》第4条之规定，判决如下：（1）撤销一审判决中对上诉人乔某的定罪量刑部分。（2）上诉人乔某犯诈骗罪，判处有期徒刑1年6个月，并处罚金人民币2 000元。

2. 涉案问题

公安机关的户籍材料存在重大瑕疵时，如何认定被告人犯罪时的年龄？

3. 裁判理由

法院认为,依据存疑有利于被告人的原则,综合现有证据,虽不能确定乔某的具体出生日期,但可以依法认定乔某实施全部犯罪时已达到法定责任年龄但属于减轻刑事责任年龄阶段。并据此予以改判。

4. 评析意见

在本案中,对于乔某的行为构成诈骗罪不存在争议,但对于乔某犯罪时的真实年龄,存在三种意见:第一种意见认为,公安机关出具的户籍证明是认定乔某刑事责任年龄的法定证据形式,具有较强的证明力,在没有充分证据予以推翻的情况下,应当按照户籍证明来认定。第二种意见认为,虽然户籍证明具有较强的证明力,但是本案中乔某的户籍信息曾作变更,变更原因不明,且无变更的原始材料,故依据变更后的户籍信息出具的证明材料证明力不足,存在严重瑕疵,应当按照变更前的户籍信息认定乔某的年龄。第三种意见认为,依据存疑有利于被告人的原则,综合现有证据,虽不能确定乔某的具体出生日期,但足可推定其实施指控罪行时已满16周岁不满18周岁。

在认定被告人的年龄时,在各类证据存在矛盾的情况下,原则上应当以现在的户籍登记日期为准。但是,本案中的户籍登记存在重大瑕疵。根据公安部相关规定,对于更改出生日期的,要持慎重态度,原则上不予更改,特殊情况需要更正的,一般应当由本人或者其监护人提出书面申请,提供原始户口底页或者迁移证存根及申请人原始档案资料,填写相应的审批表格等。但是,乔某户籍地的公安机关无法提供对乔某的年龄进行变更的合法依据及原始档案资料,亦不能进行合理说明,故上述变更后的户籍登记信息存在重大瑕疵。二审法院在穷尽各种调查手段(乔某的接生婆已去世、没有可供查询的医疗防疫记录、村委会没有当年报登年龄的原始记录等)后,综合在案证据,最后发现乔某的出生日期存在三个可能的时间:一是乔某母亲所称的与乔某小学入学登记卡及公安机关户籍登记底档记载相一致的1989年12月11日,二是现在公安机关户籍登记信息记载的1989年9月19日,三是乔某初中入学登记卡上记载的1989年10月18日。但是到底是哪个,依现有证据无法作出准确判断。本案行为期间是2007年8月至10月间。在这种情况下,就涉及疑时选择确定的问题。如果完全按照疑罪从无原则,在出生日期不能确定的情况下,就以事实不清、证据不足为由作出无罪判决,那也是不合适的,因为本案中乔某的出生日期毕竟不是毫无线索和基础的,而是属于三个选项中的一个。无论乔某的实际出生日期是哪个选项,其在2007年8月至10月实施诈骗行为期间,年龄都没有超过18周岁,但也都超过了16周岁。简言之,虽然无法确定乔某的出生日期,但能确定的是,其在行为当时属于限制责任年龄阶段。因此,二审法院根据存疑有利于被告人和选择确定的原则，按照对限制责任年龄人的处罚原则去追究乔某的刑事责任，是正确的做法。

深度研究

（一）扩大解释与类推解释的界分

禁止类推，是理解罪刑法定原则的一个重要甚至主要的维度。不过，刑法学说史上不乏支持类推的观点，例如，有的日本学者认为，"类推解释实质上也属于社会的需要，作为解释，只要是使用逻辑的方法，它便和其他一般法规一样，在刑法中也应被容许"[1]；有的德国学者认为，刑法上的类推无处不在，所谓可能的文义，其实本身也是一种类推。[2] 但是，无法否认的是，类推的存在使成文法成为一个开放的、缺乏明确边界的规则体系。这种情形或许在其他部门法中可以允许，但是对于涉及公民生杀予夺，因而必须严格限制刑罚权的刑法而言，类推显然是与罪刑法定原则相矛盾的。因此，只有在罪刑法定原则未享有基石性地位的情况下，刑法上的类推才可能有存在的空间；当罪刑法定原则在现代法治国家的语境下获得普遍认同时，禁止类推就成为罪刑法定原则所派生而出的首要原则。

自我国 1997 年《刑法》规定罪刑法定原则之后，罪刑法定原则的地位已经在刑法中树立，因此，禁止类推已经成为学界的共识。然而实践中的真正问题是：如何防止以扩张解释之名行类推解释之实？有学者指出，在我国刑法学中，与前述的实质解释论和形式解释论的对立相联系，围绕扩张解释与类推解释的论证不断。对于同一个解释结论，实质解释论者会认为是扩张解释，形式解释论者则会认为是类推解释，从而导致实质解释论者作为扩张解释所肯定的结论，往往被形式解释论者作为类推解释的结论来否定。[3] 应当说，扩张解释与类推解释的界限，是刑法理论史上一个永恒的问题，在当前中国刑事立法粗疏化的背景下，尤其具有特殊重要的意义。

我国刑法学界对于类推解释与扩张解释的区分问题，经历了一个长期的探索和认识的过程。在新中国成立之后的近 30 年时间里，没有一部成文的刑法典，更谈不上确立罪刑法定原则，类推适用刑法类规范也当然一直处于被允许的状况。[4] 当时的学术界也并不否认类推解释的正当性，至于扩张解释，

---

[1] 中山研一. 刑法的基本思想. 姜伟, 毕英达, 译. 北京：国际文化出版公司, 1988：9.
[2] 考夫曼. 法律哲学. 刘幸义, 等译. 北京：法律出版社, 2004：74.
[3] 冯军. 论刑法解释的边界和路径. 法学家, 2012 (1).
[4] 例如,《中华人民共和国惩治反革命条例》（已失效）第 16 条规定，以反革命为目的之其他罪犯未经本条例规定者，得比照本条例类似之罪处罚。

则被认为是"资产阶级法院为了维护自己的阶级利益所采取的类推伪装"①。1979年《刑法》明确规定了类推制度,"本法分则没有明文规定的犯罪,可以比照本法分则最相类似的条文定罪判刑,但是应当报请最高人民法院核准。"在此后的十余年中,陆续有学者对类推解释展开了反思,并且提出在可以适用扩张解释的情况下,就没有必要再适用类推解释定罪判刑。② 在1997年《刑法》出台之前,很多学者开始为在刑法上确立罪刑法定原则摇旗呐喊,由此也涉及类推解释与扩张解释之分。例如,陈兴良教授认为,"扩张解释与类推解释的区分不仅在于字面上,更为重要的区分在于思路上相反:类推并不是对某个词句进行解释,看某种行为是否包括在此解释内,而是从国家、社会全体的立场来看某一行为的不可允许,然后再设法找出类似的法条以资适用。与此相反:扩张解释完全是从能否纳入法律条文解释的范围这一观点出发来考察社会生活的各种行为。这种思路的不同,在权力与权利的紧张关系激化的场合,极有可能形成实质上的差异而表现出来"。经由这种思路上的区分而得出了扩张解释与类推解释在刑法解释中的不同境遇:扩张解释并不违反罪刑法定主义,而类推解释违反罪刑法定主义;前者应当允许,后者应当禁止。③ 对于这样的结论,在刑法学界已经大致达成了共识。

但是,仅仅阐释扩张解释与类推解释在思路上的不同,既不充分,也难以提供具有可操作性的区分标准,而若没有可操作性的区分标准,在目前的刑法语境下,扩张解释的潜在危险反而更大。1979年《刑法》虽然规定了类推制度,但是对类推制度的运用作了严格的限制,特别是要求必须报请最高人民法院核准。而1997年《刑法》虽然废除了类推制度,但是,如果不能具体区分扩张解释与类推解释,未能确立展开扩张解释的操作路径,就可能混淆扩张解释与类推解释,以扩张解释之名行类推解释之实。而且,扩张解释并不需要报请最高人民法院核准,因而很可能被滥用。果真如此,将会造成比具有严格限制的类推制度更大的破坏罪刑法定主义的危险。④ 因此,司法实践中能否坚守罪刑法定原则而实现禁止类推解释的任务,在很大程度上依赖于对扩张解释的正确运用。

有的观点认为,扩张解释就是扩张刑法条文的字面含义,使其符合"立法原意"⑤ 或者符合"刑法的真实含义"⑥。但是,关于这种观点存在疑问。

---

① 中央政法干部学校刑法教研室. 中华人民共和国刑法总则讲义,72.
② 赵秉志. 简论刑法中的扩张解释. 人民司法,1986(6).
③ 陈兴良. 罪刑法定的当代命运. 法学研究,1996(3).
④ 冯军. 论刑法解释的边界和路径. 法学家,2012(1).
⑤ 赵秉志. 新刑法教程. 北京:中国人民大学出版社,1997:44.
⑥ 张明楷. 刑法学. 北京:法律出版社,2011:45.

正如前文指出的，文义解释是展开刑法解释的起点和终点，文义解释所揭示的法条的可能文义为所有解释工作提供了舞台和边界。而法条本身就是且只能以文字形式表现出来并为人们所接收，只有文字的"字面含义"才能在面向写下这些文字的立法者和面对看到这些文字的普通公民时保持同一性。普通人看到"字面"时所能理解和联想到的一切，应当被视作可能文义的范围，因此，所谓"字面含义"就是可能的文义。任何超越了字面含义的解释，也超越了文义解释划定的范围，都是有违罪刑法定原则的。无论是"立法原意"还是"刑法的真实含义"，都必须在文义解释所划定的字面含义之内；如果在字面含义之外，追求虚无缥缈的"立法原意"或"刑法的真实含义"，则已经挣脱了字面含义的束缚，超越了文义解释的范围，试图以历史解释或目的解释取代文义解释第一位阶的地位。这种做法，不仅无法提供一个具有可操作性的具体标准，而且会导致法律解释方法的位阶混乱。更重要的是，这种混乱不仅仅是方法和技术层面的位阶僭越，其背后的实质是解释权或司法权对立法权的僭越。

正确的理解应当是，所谓扩张解释是指在刑法条文用语可能具有的含义（字面含义）之内，将刑法条文用语由其通常含义扩张到边缘含义。① 经由文义解释所划定的法条字面含义的范围，既包括通常（日常）含义，也包括边缘含义。而扩张解释就意味着，对法条文字的理解，虽然超出了通常含义的范围，但并没有超出可能文义的范围，而是处在字面含义的边缘范围内。这种扩张解释，与落在通常含义的范围内的通常解释一样，都没有超越可能文义的射程，因此都没有违反罪刑法定原则，从而被允许。相反，类推解释是当使用文义解释无法包纳具体事案中需要解决的事项时，根据该事项与相关法条用语的可能文义范围内的事项之间的相似性，将法条明文规定的法律效果赋予刑法无明文规定的事项的方法。

由此可见，是否处于文义解释所划定的可能文义的范围，是扩张解释与类推解释在"构造上的差异"②，也是区分扩张解释与类推解释的根本标准。而要判断可能文义的范围，确定文字用语的惯常用法和边缘含义，解释者不能仅仅依靠自己的文字感觉界定，而应当考虑到一般公民的预测可能性。扩张解释虽然超出了一般公民对文字的日常理解，但没有超出理性思考后的预测可能。例如，本节所举的"赵某生刑讯逼供案"涉及对1997年《刑法》第247条规定的刑讯逼供罪中的"司法工作人员"的解释，按照刑法规定，只有在法律上负有侦查、检察、审判、监管职责的工作人员才属于司法工作人员，

---

① 相似观点，参见冯军. 论刑法解释的边界和路径. 法学家，2012（1）. 曲新久. 区分扩张解释与类推适用的路径新探. 法学家，2012（1）. 刘明祥. 论刑法学中的类推解释. 法学家，2008（2）。
② 冯军. 论刑法解释的边界和路径. 法学家，2012（1）.

通常情况下，派出所民警不具有侦查职责，因而不属于司法工作人员，但是对于那些事实上运用着侦查的手段、实际上履行着侦查的职责、以刑侦的方式方法办理治安案件的派出所民警而言，将其认定为司法工作人员，进而构成刑讯逼供罪的主体，并不会超出一般公民对于司法工作人员的预测可能性，因此这里最多属于扩张解释，并不是类推解释。相反，类推解释是以法律没有明文规定为前提的，虽然具有填补法律漏洞的功效，但是，对于一般公民而言，已经超出了预测的可能。

例如，《刑法》（2020年修正）第263条规定的抢劫罪的加重情形中包括"冒充军警人员抢劫"，从字面含义来看，真正的军警人员显示军警人员身份进行抢劫的，虽然相比冒充者抢劫具有更大的实质危害性，但是却难以被容纳进"冒充军警人员抢劫"的可能文义之中。有学者提出，将"冒充"解释为假冒和充当，因而将真正的军警人员显示身份而抢劫，也认定为冒充军警人员抢劫。① 但是，从"冒充"的可能文义来看，"冒充"A身份的人中，不可能包括实际具有A身份的人。这种解释已经超出了一般人预测的可能性，溢出了文义解释的范围，因而属于类推适用。与之类似的是，尽管目前同性之间的性侵犯案件时有发生，危害程度也并不弱于异性间的性侵犯，但是，在被害人为男性的场合，无论如何也不能按照《刑法》（2020年修正）第236条规定的强奸罪论处，因为将男性包括进法条规定的"妇女"的做法，已经超出了可能文义的范围，显然属于类推解释。由此可见，类推解释虽然能够发挥填补法律漏洞的效果，但是有违罪刑法定原则。在罪刑法定原则面前，法官必须承认解释权的局限性，学者也必须承认法条规定的漏洞并呼吁修法，这才是正确的做法。

（二）罪刑法定原则、罪疑唯轻与选择确定的关系

法律适用就是将案件事实涵摄进法条的过程。只有查清事实，才会得出是否适用相关法条的结论。对于司法者来说，确认行为当时的事实是最困难的任务之一：无论现代侦查手段如何进步，总会存在重要事实查不清楚的情形。对这种事实不明的情况如何处理，就涉及刑法上的存疑有利被告人原则。存疑时有利于被告人，是古今中外的司法审判中并不鲜见的一种刑事理念。拉丁法谚中的"in dubio pro reo"，以及中国古代沿用下来的罪疑唯轻②的说法，都可以看作存疑有利被告人的同类表述。罪疑唯轻原则与罪刑法定原则之间，在基本精神上存在着内在的关联和一致性。在某种程度上可以说，罪疑唯轻是对罪刑法定原则的落实和保障。

---

① 张明楷. 刑法分则的解释原理. 北京：中国人民大学出版社，2011：67.
② 《尚书·虞书·大禹谟》中载，"罪疑惟轻，功疑惟重。与其杀不辜，宁失不经"。黄宗羲对此做法曾大加赞赏，"罪疑惟轻，则冥途有重返之魄"。

在方法论上，司法者查清事实之后，在将刑法条文对案件事实进行涵摄时，会得出适用（该当）与不适用（不该当）两种结论。罪疑唯轻意味着，当案件事实不清时，应按照不适用相关构成要件的结论处理。这样的结论，也可以从罪刑法定原则所表现的构成要件的保障机能中推出，因为构成要件的保障机能要求，国家只能在法律所要求的前提确定被实现时，才可以处罚行为人。如果刑法中针对犯罪行为所规定的前提要件在刑事程序中不被认真对待，也就是说案件事实在不清的情况下就被涵摄进构成要件，那就意味着刑法中是否对犯罪类型作了充分、明确的规定其实并不重要甚至毫无意义，这样一来，罪刑法定原则的明确性要求势必无法落实。在这个意义上，事实不清时仍然得出构成要件该当的结论，是将罪刑法定的明确性要求架空和搁置，使其仅仅成为一纸空文而在实质上发挥不出任何人权保障的机能。因此，在一个规定并切实尊重罪刑法定原则的现代法治国家中，必然也应当遵守罪疑唯轻：法院只有在完全查清和证明那些不利于被告人的事实的前提下，才能适用刑法条文涵摄相关事实，得出构成要件该当的结论，也才能在此基础上谴责和惩罚被告人。

此外，罪疑唯轻适用于事实不清的场合，而不适用于法律适用不明的情形。如果案件事实已经被清楚地确切证明，只是在所涉及的构成要件间适用界限不清，导致不知应将案件事实涵摄进哪一个构成要件之中时，并不适用罪疑唯轻原则。[1] 这是因为在解释法律概念时，是否应该作出对被告人有利或不利的解释，不是取决于法律效果对被告人有利与否，而是取决于应如何正确地解释所涉及的规范，即取决于对解释具有重要性的观点。例如，行为人为了入室盗窃而站在他人家门外用螺丝刀拨弄锁时被抓获，是否已经构成盗窃罪的着手，取决于对着手概念的理解。对此，起决定意义的不是要对被告人有利，而是解释者采取哪种着手标准。解释者认为正确的解释结果，当然可能对被告人不利，但这和罪疑唯轻之间没有任何矛盾，也没有任何关系。因此，在对刑法条文的理解产生疑问或面临多种选择之时，并不能援引罪疑唯轻。

在结论上，罪疑唯轻的司法适用会根据案情不同而出现不同的"唯轻"效果。例如，甲、乙在互不知情的情形下不约而同地以杀人的故意向 A 开枪，其中一枪击中 A 的胳膊，另一枪击中 A 的头部。A 因头部中枪而死亡。但是事后无法查明击中头部的致命一枪究竟是甲还是乙所发射。在这种情况下，只能对甲、乙均按照故意杀人罪的未遂处理。又如，本节所举的"林某渊贪污案"存在多处事实不清的问题：林某渊可能收取了 19 728 元，也可能没收；

---

[1] Schoenke/Schroeder/Eser, StGB, §1 Rn. 52.

伪造金额为 16 500 元的发票可能是为了抵销货款，也可能是为他人抵销垫款；3 228 元可能是林授意存进银行的，也可能不是其授意的。仅将上述的证据材料组合起来的事实，就有多种可能性。而由林收取货款，并伪造运输发票抵销货款，将货款余额授意他人存入银行这种可能性只是多种可能性中的一种，是不确定的。因为事实不清、证据不足，法院由此作出公诉机关指控的贪污罪名不能成立的结论。再如，在"褚某健等贪污案"中，法院认为，被告人褚某健指使罗某军转款的行为，同时存在非法占有、购买设备或其他目的的可能性，检察机关的指控不具有充分的排他性，因此，指控被告人褚某健贪污 1 156 万美元证据不足，不予确认。由此可见，因为事实不清而适用罪疑唯轻，既可能是由于客观事实不清，也可能是由于主观事实不清；既可能是由于行为部分或目的部分不清，也可能是由于因果关系部分不清。适用罪疑唯轻，既可能得出有罪但未遂的结论，也可能得出无罪的结论；在得出无罪结论的场合，实体法上的罪疑唯轻原则与诉讼法上的疑罪从无原则相互呼应，共同体现了存疑有利于被告人的精神。

特别需要注意的是，司法实践中应当避免对罪疑唯轻与选择确定产生误解甚至混淆的问题。例如，在"严某收购赃物案"中，能够确定的事实是，严某并非善意购买赃物，但是不能确定的事实是，严某既可能是通过购买获得赃物而构成收购赃物罪，也可能根本没有支付任何价款获得赃物而构成窝藏赃物罪。在无法查证严某以何种方法获得赃车的情况下，法院认为，"应该作有利于被告人的认定，认定为两罪之中处罚较轻的收购赃物罪"。作出上述判决的理由是，法官认为这里涉及所谓"两罪存疑取其轻"的规则的运用。"所谓两罪存疑取其轻，是指行为人的行为有可能符合两个犯罪的构成，而现有证据不能充分、确实地证明其行为已符合其中重罪的构成，但可以充分、确实地证明其行为已符合其中轻罪的构成时，司法机关应当按照其中的轻罪，而不能按照其中的重罪追究行为人的刑事责任。'两罪存疑取其轻'，是疑罪从无原则的应有之义，是有利被告精神在刑事诉讼中的体现。"[①]

但是，关于这段论述存在疑问。首先，该案中无法查证严某以何种方法获得赃车，严某既可能通过购买获得赃物而构成收购赃物罪，也可能根本没有支付任何价款获得赃物而构成窝藏赃物罪。这跟法官所总结的"现有证据不能充分、确实地证明其行为符合重罪构成，但可以充分、确实地证明行为符合轻罪构成"的情形完全不相符合。其次，如果在具体案件中出现"现有证据不能充分、确实地证明其行为符合重罪构成，但可以充分、确实地

[①] 最高人民法院刑事审判第一、二、三、四、五庭. 中国刑事审判指导案例：侵犯公民人身权利、民主权利罪. 北京：法律出版社，2009：97～98.

证明行为符合轻罪构成"的情形,那么当然就按照轻罪定罪论处。当行为符合轻罪的构成要件时,根本不涉及什么"两罪存疑"的问题。最后,"两罪存疑取其轻"既不是"疑罪从无原则的应有之义",也不是"有利被告精神在刑事诉讼中的体现",恰恰相反,是疑罪从无原则与有利于被告人原则的例外。

由此可见,司法实践中对于"两罪存疑取其轻"背后的选择确定的法理并不熟悉或存在误解。以"严某收购赃物案"为例:如果严格地交互适用罪疑唯轻,那么就应当得出这样的结论:由于无法查明严某是否通过购买获得赃物,因而不能认定为收购赃物罪;由于无法查明严某是否没有支付任何价款获得赃物,因而不能认定为窝藏赃物罪。由此依照罪疑唯轻只能得出无罪的结论。但是在能够确证严某非善意取得赃物的情况下按无罪处理,这样的结论显然会背离一般大众的法感情,因为"法院虽然在个别的观察下无法确切证明相关犯罪的所有前提,但却也已经确信行为人可罚,即已经确定所有剩余的事实可能性均属可罚的犯罪行为,并且也确知其中之一的事件流程一定与真实情形相符。倘若在这种情况下还是同样地坚持贯彻罪疑唯轻,那么就将会使有罪的被告逃脱原本应受的处罚,使被告得到其所不应得的利益"[①]。在这种情况下,法官不应当作出无罪判决,而是应当根据其中的轻罪定罪量刑。这就是刑法理论上的"选择确定"。

罪疑唯轻与选择确定的区分在于:当案件事实不明,可能符合甲罪,也可能不符合甲罪时,是罪疑唯轻的适用场域;当案件事实不明,可能符合甲罪,也可能符合乙罪时,能够确定必定符合其中某一罪而又不能确定到底符合哪一罪时,是选择确定的适用场域。由此可见,选择确定并非罪疑唯轻的"题中应有之义",恰恰相反,它是罪疑唯轻之例外。罪疑唯轻和选择确定这两个机制,都是为了克服在法律适用时事实不明所导致的怀疑。[②] 因此,如果只是构成要件解释上的问题,自然就与罪疑唯轻或者选择确定无关。这是在司法实践中需要特别注意的。

第四节 罪刑法定原则与刑法效力

知识背景

刑法的效力范围或者说适用范围,包括刑法的空间效力与刑法的时间效

---

① 蔡圣伟. 刑法问题研究. 台北:元照出版有限公司,2008:52.
② Jescheck/Weigend, Strafercht AT, 1996, S. 143.

力两个方面，是指刑法在什么地方、对什么人以及在什么时间内具有效力。具体而言，刑法的空间效力是指刑法对地和对人的效力，解决一个国家的刑事管辖权的范围问题。这里的刑事管辖权，是指一个国家根据主权所享有的，对在其主权范围内所发生的一切犯罪进行起诉、审判和处罚的权力。刑事管辖权的行使，事关国家主权，故各国刑法对此都有明文规定，我国刑法亦不例外。由于各国社会政治情况和历史传统习惯的差异，在解释刑事管辖权范围问题时所主张的原则不尽相同，概括起来，主要有以下几种：第一，属地原则，即以地域为标准：凡是在本国领域内犯罪，无论是本国人还是外国人，都适用本国刑法；反之，在本国领域外犯罪，都不适用本国刑法。第二，属人原则，即以人的国籍为标准：凡是本国人犯罪，不论犯罪地在本国领域内还是在本国领域之外，都适用本国刑法。第三，保护原则，即以保护本国利益为标准：凡侵害本国国家或者公民利益的，不论犯罪人是本国人还是外国人，也不论犯罪地在本国领域内还是在本国领域之外，都适用本国刑法。第四，普遍原则，即以保护各国的共同利益为标准：凡发生国际条约所规定的侵害各国共同利益的犯罪，不论犯罪人是本国人还是外国人，也不论犯罪地在本国领域内还是在本国领域之外，都适用本国刑法。我国《刑法》第6～10条对涉及刑法空间效力的上述原则作了明确规定。

刑法的时间效力是指刑法的生效时间、失效时间以及对刑法生效前所发生的行为是否具有溯及力的问题。关于刑法的生效时间，通常有两种规定方式：一是规定从公布之日起生效，二是规定公布之后经过一段时间再施行。刑法的失效时间基本上也有两种方式：一种是由立法机关明确宣布某些法律失效；另一种是自然失效，即新法施行后代替了同类内容的旧法，或者由于原来特殊的立法条件已经消失，旧法自行废止。刑法的溯及力是指刑法生效后，对于其生效以前未经审判或者判决尚未确定的行为是否适用的问题。如果适用，就是有溯及力；如果不适用，就是没有溯及力。一般而言，各国立法例上对此表现出四种原则：第一，从旧原则，即按照行为时的旧法处理，新法没有溯及力。第二，从新原则，即按照新法处理，新法有溯及力。第三，从新兼从轻原则，即新法原则上有溯及力，但旧法不认为是犯罪或者处罚较轻的，按照旧法处理。第四，从旧兼从轻原则，即新法原则上没有溯及力，但新法是不认为犯罪或者处罚较轻的，按照新法处理。上述诸原则中，从旧兼从轻原则既符合罪刑法定原则的要求，又适应实际需要，因而为绝大多数国家所采用。我国《刑法》（2020年修正）第12条关于溯及力问题的规定，就采用了从旧兼从轻原则。

规范依据

《刑法》（2020年修正）第6条："凡在中华人民共和国领域内犯罪的，除法律有特别规定的以外，都适用本法。""凡在中华人民共和国船舶或者航空器内犯罪的，也适用本法。""犯罪的行为或者结果有一项发生在中华人民共和国领域内的，就认为是在中华人民共和国领域内犯罪。"

《刑法》（2020年修正）第7条："中华人民共和国公民在中华人民共和国领域外犯本法规定之罪的，适用本法，但是按本法规定的最高刑为三年以下有期徒刑的，可以不予追究。""中华人民共和国国家工作人员和军人在中华人民共和国领域外犯本法规定之罪的，适用本法。"

《刑法》（2020年修正）第8条："外国人在中华人民共和国领域外对中华人民共和国国家或者公民犯罪，而按本法规定的最低刑为三年以上有期徒刑的，可以适用本法，但是按照犯罪地的法律不受处罚的除外。"

《刑法》（2020年修正）第9条："对于中华人民共和国缔结或者参加的国际条约所规定的罪行，中华人民共和国在所承担条约义务的范围内行使刑事管辖权的，适用本法。"

《刑法》（2020年修正）第10条："凡在中华人民共和国领域外犯罪，依照本法应当负刑事责任的，虽然经过外国审判，仍然可以依照本法追究，但是在外国已经受过刑罚处罚的，可以免除或者减轻处罚。"

《刑法》（2020年修正）第11条："享有外交特权和豁免权的外国人的刑事责任，通过外交途径解决。"

《刑法》（2020年修正）第12条："中华人民共和国成立以后本法施行以前的行为，如果当时的法律不认为是犯罪的，适用当时的法律；如果当时的法律认为是犯罪的，依照本法总则第四章第八节的规定应当追诉的，按照当时的法律追究刑事责任，但是如果本法不认为是犯罪或者处刑较轻的，适用本法。""本法施行以前，依照当时的法律已经作出的生效判决，继续有效。"

案例评价

[案例1-32] 陈某聚众扰乱社会秩序案[①]（属人管辖）

1. 基本案情

1996年7月3日，陈某与成都金阳建筑公司签订劳动合同，成为该公司承建的科威特228项目工地员工。同年12月，陈某到达科威特工地，先期任工段负责人，后从事一般管理工作。因工作条件、生活待遇等问题，陈某对成都金阳建筑公司科威特228项目工段经理部不满，遂于1997年10月17日下午在外出乘车时，与吕某兵（另案处理）等工地员工商量欲采取行动，讨

---

① 最高人民法院刑事审判第一、二、三、四、五庭．中国刑事审判指导案例：妨害社会管理秩序罪．北京：法律出版社，2009：7.

个说法。当晚，吕某兵因与工人打架到项目经理部要该部经理王某清交出凶手，引起上百人围观、起哄，陈某乘机煽动工人闹事。后吕某兵持砖刀殴打王某清，并率众将王强行带往中国驻科威特大使馆，途中先后引来三百余人围观，被当地警察阻止。次日，科威特228项目工地工人不上工，并成立"工会"。陈某借工人对工资、生活待遇等方面有意见，煽动工人不满情绪，激化工人与项目经理部的矛盾，导致工人砸坏工地小食堂的财物。陈某还与吕某兵等人起草了"申诉书"，编造虚假事实欺骗群众，策划、组织工人签名。当公司总部为平息事件将"告228项目工地全体员工公开信"张贴出来时，陈某向围观群众散布谎言、歪曲事实，阻止工人上工。此次事件给成都金阳建筑公司造成了严重的经济损失。

四川省成都市金堂县人民法院依照《中华人民共和国刑法》（1997年修订）第7条第1款、第290条第1款的规定，于1999年10月28日判决如下：被告人陈某犯聚众扰乱社会秩序罪，判处有期徒刑2年。一审宣判后，陈某提起上诉。四川省成都市中级人民法院驳回上诉，维持原判。

2. 涉案问题

我国公民在我国领域外犯罪如何适用我国法律追究刑事责任？

3. 裁判理由

本案审理法院认为：被告人陈某为发泄自己对公司经理部的不满，实现其无理要求，积极参与、组织他人扰乱社会秩序，致使公司无法正常生产、经营，扰乱了企业的生产秩序，给企业造成严重经济损失，并在国际上造成恶劣影响，其行为已构成聚众扰乱社会秩序罪。虽然被告人陈某所犯罪行应在3年以下有期徒刑的法定刑幅度内处刑，但其行为在国际上造成了恶劣影响，后果严重，仍应依法追究其刑事责任。

4. 评析意见

本案中陈某积极参与、组织工人罢工，并在罢工过程中起骨干作用，扰乱了企业生产秩序，造成了严重的经济损失，按照我国《刑法》（1997年修订）第290条第1款的规定，其行为已经构成聚众扰乱社会秩序罪。但是，虽然陈某是我国公民，其聚众扰乱社会秩序的行为却是发生在科威特，属于中国公民在国外犯罪。对此能否以及如何对其追究刑事责任，这就涉及刑法的空间效力，也就是我国刑事管辖权以及诉讼管辖等方面的问题。

刑事管辖权是国家主权的重要组成部分，因此，刑法的空间效力体现了一国主权能否在司法领域得到落实的问题。目前，世界各国的普遍做法是，本国刑法不仅能够适用于国内，在一定条件下也可以适用于国外。从刑法规定来看，我国刑法在空间效力上以属地原则为基础，以属人原则、保护原则和普遍原则为补充。本案中主要涉及属人原则的管辖问题。所谓属人原则，是指以犯罪人的国籍为准，本国人犯罪的，不管行为发生在何处，不管是在国内犯罪还是在国外犯罪，一律适用本国刑法。属人原则的根据在于国家主权所具有的属人优越性。国家和其本国公民之间具有特定的法律关系：一方面，对于在国外犯罪的本国公民，国家有保护其不承受不合理刑罚、免受国外的不公正的歧视性审判的义务。另一方面，既然本国公民不仅在国内而且在国外均受本国法律保护，那么本国公民也有义务遵守本国法律，不管其在国内还是在国外。

当然，这里也有一个立法伴随社会发展而不断修改和完善的过程。1979年《刑法》第 4 条、第 5 条即对中国公民在中国领域外犯罪时的刑法适用作出规定。当时由于我国与国外的人员交流尚未大规模展开，在国外的中国人也主要是中国侨民，他们长期居住在国外，与国内联系较少，对国内法律了解不多，主要遵守的是居住地的法律等，因此对在国外犯罪的我国公民在适用刑法上予以区别对待。1979 年《刑法》第 4 条从罪名上加以限制，即中国公民在中国领域外犯反革命罪，伪造国家货币罪，贪污罪，受贿罪，泄露国家机密罪，冒充国家工作人员招摇撞骗罪，伪造公文、证件、印章罪，应适用我国刑法。第 5 条则从法定刑上加以限制，对犯第 4 条所列罪以外之罪，按照我国法律规定的最低刑为 3 年以上有期徒刑，并且按照犯罪地的法律规定应当受到处罚的，也适用我国刑法；如果所犯之罪按照我国刑法规定的最低刑不满 3 年有期徒刑，或者按照犯罪地的法律不受处罚的，则不适用我国刑法。由此可见，1979 年《刑法》虽然规定了属人原则，但是考虑到当时的实际情况，在罪名和法定刑两方面都作了很大的限制。在一定程度上，这也是考虑到刑法在司法实践中的适用权威性的问题，因而是较为切实适宜的立法。

随着社会情势发展，1997 年《刑法》进行了大幅修订，其中涉及刑法的空间效力的部分，强化了属人原则，扩大了我国公民在国外犯罪时适用我国刑法的范围。1997 年《刑法》第 7 条第 1 款规定："中华人民共和国公民在中华人民共和国领域外犯本法规定之罪的，适用本法，但是按照本法规定的最高刑为三年以下有期徒刑的，可以不予追究。"第 2 款规定："中华人民共和国国家工作人员和军人在中华人民共和国领域外犯本法规定之罪的，适用本法。"按此规定，中华人民共和国公民在我国领域外犯罪，适用我国刑法，即中国公民在域外的行为是否构成犯罪，只能以我国刑法为标准，而不以外国刑法的规定为标准，只要我国公民在域外实施了我国刑法禁止的行为，就应当认定为犯罪，即使法定最高刑为 3 年以下有期徒刑的，或者已被外国法院审判、受过刑事处罚，也应当适用我国刑法，只是存在不予追究或者免除刑事责任的可能。本案中陈某系中华人民共和国公民，其在科威特积极参与、组织工人罢工，并在罢工过程中起骨干作用，且罢工扰乱了企业生产秩序，造成了严重的经济损失,其行为已触犯了我国1997年《刑法》第290条第1款之规定,应当由我国法院对其进行审判。1997年《刑法》第7条规定"可以不予追究",即意味着追究或不追究取决于具体的案情和法官的裁量。本案中,法官认为"被告人陈某的犯罪行为,不仅使其所在公司的生产经营活动无法正常进行,造成了严重经济损失,而且损坏了我国公司、企业在国外的形象,在国际上产生了恶劣影响,后果严重,仍应依法追究其刑事责任"[①]。应该说,法官的管辖和判决符合我国刑法规定,均是适当的。

[案例1-33] 罗某传播淫秽物品牟利、黄某等传播淫秽物品案（网络犯罪的管辖原则）

1. 基本案情

罗某由于淫秽网站"采花堂"将其账号删除,心中不服,决定自己另外创建淫秽网站对抗"采花堂",便在网上搜索了一个免费服务器,建立"风月神州"淫秽网站。由于该网站经常受到DOS攻击导致网页无法打开,罗某于2006年8月通过网络聊天工具MSN与网名ETING（另案处理）的男子取得联系,商定由ETING在美国租用一个付费服务器,罗某负责网站管理、宣传和人员聘用,ETING负责后台维护。2007年3月"风月神州"网站再次受到DOS攻击导致网页无法打开,ETING便重新租用了一个更高级的服务器,使网站可以在受到攻击后仍能正常运行。2006年4月20日至2007年7月期间,罗某先后聘用黄某、程某、王某、许某、魏某、邹某、刘某、朱某、李某（另案处理）、袁某军（另案处理）、张某（另案处理）、周某（另案处理）、王乙（另案处理）、陆某峰（另案处理）等人担任"风月神州"网站管理员、超级版主、版主等职务,对"风月神州"网站进行管理。截至2007年7月22日,江苏省南通市公安局网监处通过技术手段对该网站发帖内容进行截图取证,共截得淫秽图片20 593幅、淫秽文章3 788篇。在开办网站期间,罗某还伙同ETING通过发展VIP会员、增加会员积分、代理广告等方式进行收费,共计牟利人民币2万余元。

江苏省南通市崇川区人民法院认为:被告人罗某以牟利为目的,利用互联网传播淫秽电子信息,其行为已构成传播淫秽物品牟利罪,且情节特别严重,应当判处10年以上有期徒刑,并处罚金。被告人黄某、程某、王某、许某、魏某、邹某、刘某、朱某利用互联网传播淫秽电子信息,情节严重,其行为均已构成传播淫秽物品罪,且系共同犯罪,在共同犯罪中,上述被告人作用相当,不分主从,均应判处2年以下有期徒刑。被告人程某协助公安机关

[①] 最高人民法院刑事审判第一、二、三、四、五庭.中国刑事审判指导案例:妨害社会管理秩序罪.北京:法律出版社,2009:8.

抓获同案犯，有立功表现，可以从轻处罚；被告人朱某主动到公安机关投案，并如实供述自己的犯罪事实，系自首，可以从轻处罚。被告人罗某、黄某、程某、王某、许某、魏某、邹某、刘某、朱某在庭审中认罪态度较好，可以酌情从轻处罚。公诉机关指控被告人罗某犯传播淫秽物品牟利罪，被告人黄某、程某、王某、许某、魏某、邹某、刘某、朱某犯传播淫秽物品罪的事实清楚，证据确实、充分，提请依法判处的理由正确，指控的罪名成立，法院予以采纳。

一审宣判后，罗某提起上诉。其辩护人提出：其犯罪行为的实施发生在国外，仅部分犯罪的后果发生在国内，犯罪情节一般，犯罪后果并不严重。江苏省南通市中级人民法院依照《中华人民共和国刑事诉讼法》（1996年）第189条第1项之规定，裁定如下：驳回上诉，维持原判。

2. 涉案问题

我国公民在国外设立淫秽网站并主要面向国内传播淫秽信息，如何对其行使管辖权？

3. 裁判理由

本案二审法院认为：我国刑法适用采取的是以属地原则为主，兼采属人原则和保护原则及普遍管辖原则的有条件的适用规则。《刑法》（2006年修正）第7条第1款规定："中华人民共和国公民在中华人民共和国领域外犯本法规定之罪的，适用本法，但是按本法规定的最高刑为三年以下有期徒刑的，可以不予追究。"上诉人罗某，作为中华人民共和国公民，在留学加拿大期间，创建、管理"风月神州"中文淫秽色情网站达一年多的时间，伙同他人利用互联网传播淫秽电子信息牟利，其犯罪的行为和犯罪后果均有发生在中华人民共和国领域内，故其行为已触犯我国刑律，且社会影响极其恶劣，属情节特别严重，应当追究其刑事责任，依法应处10年以上有期徒刑或者无期徒刑，并处罚金或者没收财产。原审法院综合考虑上诉人犯罪动机、时间以及认罪态度等情节，对上诉人罗某判处有期徒刑10年，并处罚金1万元，并无不当。故辩护人认为上诉人犯罪情节一般、犯罪后果并不严重的辩护意见无事实和法律依据，本院亦不予采纳。

4. 评析意见

本案中值得重视的一个问题是网络上犯罪的刑事管辖权的确定与行使。随着互联网的日益普及，网络犯罪也呈急剧增长之势。由于互联网的虚拟性、全球化，网络犯罪打破了疆界、领土的限制，呈现出跨国性的特点。由此带来的一个重大问题是：对网络犯罪如何行使管辖权？

本案中，法官明确指出，网络犯罪的刑事管辖权同样适用我国《刑法》总则中关于刑法空间效力的规定。这一观点基本上是正确的。《刑法》（2006年修正）第6条第3款明确规定，"犯罪的行为或者结果有一项发生在中华人民共和国领域内的，就认为是在中华人民共和国领域内犯罪"。由此可见，我国的属地管辖原则实际上包括犯罪行为地管辖和犯罪结果地管辖两个方面，满足其中之一即可对犯罪予以管辖。一方面，从犯罪行为地管辖来看，网络犯罪必须通过一定的计算机终端、服务器等相对固定的计算机设备进行，可以以实施犯罪行为的计算机为线索，确定犯罪行为地，查明犯罪行为人。因此，实施网络犯罪的服务器、计算机终端等设备所在地便是犯罪行为地。尽管行为人在网络上的活动处于经常性变动之中，但是每台计算机在网络上具有唯一的物理 IP 地址，因此根据活动记录可以确定在一定时空内使用该计算机的行为人。可以说在利用网络实施异地犯罪的情形下，服务器所在地的物理 IP 地址是取得管辖权的重要依据。就利用网络传播淫秽信息的犯罪而言，网站服务器所在地的 IP 地址，以及维护、管理网站的行为的发生地，都应该被视为犯罪行为所在地。另一方面，从犯罪结果地管辖来看，对于网络上实施侵犯商业秘密间谍犯罪、散布破坏性病毒、更改或删除计算机信息犯罪等，应依据被侵入的系统局域网、计算机终端等设备所在地确定管辖法院。就利用网络传播淫秽电子信息而言，应该综合考虑网站针对的人群、浏览者主要所在地来确立管辖权。

此外，对于某些发生在本国领域外，又非直接针对本国或者本国公民的网络犯罪，不宜盲目地扩张管辖权，而是要确立与现实相一致的、可行的并且行之有效的管辖权规则。一般而言，只有当犯罪行为对本国或者本国公民已经形成实际侵害或影响或者产生直接关联时，才应考虑管辖权的行使。这就是所谓的"侵害或者影响关联性"标准。

本案中罗某作为中华人民共和国公民，在留学加拿大期间，创建、管理以中文为其网站文字的、主要针对中国境内的"风月神州"淫秽色情网站，伙同 ETING 利用互联网传播淫秽电子信息牟利，在中国境内发展会员，发布广告，并任命版主、超级版主进行管理、维护达一年多的时间，其犯罪的行为和犯罪后果均发生在中华人民共和国领域内，按照《刑法》（2006 年修正）第 6 条的规定，应适用我国刑法。由于网站传播了大量的图片和淫秽文章，社会影响恶劣，故其行为已触犯我国刑律，依法应予严惩。作为犯罪结果发生地之一的江苏省南通市的公安、司法机关对该网络犯罪行使管辖权，符合我国刑法，是正确的。

[案例 1－34] BUSAMBU TEMBELE MAYETA 盗窃案[①]（综合管辖的新发展）

1. 基本案情

2006 年 7 月 3 日凌晨 3 时许，在芬兰至广州的 AY087 航班上，BUSAMBU

[①] 最高人民法院中国应用法学研究所. 人民法院案例选：2007 年第 4 辑. 北京：人民法院出版社，2008：2～7.

TEMBELE MAYETA（中文译名：布萨布•坦布勒•玛也他）趁 SINGH 不备，盗走 SINGH 放在行李架上的旅行包内的钱包，钱包内有 3 800 欧元。

广东省广州市中级人民法院经审理认为：被告人 BUSAMBU TEMBELE MAYETA 以非法占有为目的，以秘密的手段窃取他人财物，数额巨大，其行为已构成盗窃罪。公诉机关指控被告人 BUSAMBU TEMBELE MAYETA 犯盗窃罪的事实清楚，证据充分，罪名成立。遂依照《中华人民共和国刑法》（2005 年修正）第 264 条、第 35 条的规定，判决被告人 BUSAMBU TEMBELE MAYETA 犯盗窃罪，判处驱逐出境。

一审宣判后，控辩双方没有提出抗诉和上诉。

2. 涉案问题

外国人在外国航空器内盗窃，后航空器降落在中国，中国法院是否有管辖权？

3. 裁判理由

本案审理法院认为：被告人的行为符合盗窃罪的构成要件，构成盗窃罪。在管辖问题上，虽然本案发生在国际航班上，但该飞机的降落地位于中国境内，可由中国法院管辖。

4. 评析意见

本案中的被告人和被害人都是外国人，案件发生在芬兰注册登记的航空器上，而且根据该航班的飞行时间，盗窃行为发生时，该航班并没有进入中国领空。换言之，犯罪行为发生在外国登记注册的航空器内，只是航班在中国着陆且案件在中国侦破。对此，中国法院能否行使管辖权？

从刑法规定来看，我国刑法的空间效力是以属地原则为基础，以属人原则、保护原则和普遍原则为补充。但是，单独按照上述某一项管辖原则来处理此案，可能都有些困难。根据属地原则，案件发生地不在中国，而是在芬兰注册登记的航班上，且盗窃行为发生时，该航班并没有进入中国领空；根据属人原则，该案的被告人、被害人分别为刚果人和印度人；根据保护原则，被告人的盗窃行为也没有直接或间接地危害到我国的利益；根据普遍原则，能够适用普遍原则的犯罪必须是危害人类共同利益的国际犯罪，主要指劫持航空器或者走私毒品犯罪等，而盗窃罪仅仅是一种很普通的刑事犯罪，直接适用普遍原则似乎并不妥当。那么，我国法院对本案主张管辖权的根据何在？我们认为，考虑到各种国际条约对航空器内犯罪的相关规定，国家间的犯罪增加和全球化的新趋势，以及司法资源节约化等因素，应当适度放松对属地原则和普遍原则的理解，承认我国对此类案件的管辖权。

首先，对于航空器，很多国际公约都规定了登记国和停留国基于属地原则的并行管辖权。我国学者指出，从国际条约来看，其并未限制各国对停留在该国领域内的航空器行使属地管辖权。相反，我国参加的《国际民用航空公约》第1条规定，"缔约各国承认每一国家对其领土之上的空气空间享有完全的和排他的主权"。第16条规定，"缔约各国有关当局有权对其他缔约国的航空器在降停或飞离时进行检查"。而1963年的《东京公约》和1971年的《蒙特利尔公约》在强调航空器登记国应该对发生在该国航空器内的犯罪行使管辖权的同时，规定该公约并不排斥按照本国法行使任何管辖权。这当然意味着任何航空器停留国可以根据主权原则对此类犯罪行使属地管辖权。[①] 从本案情况来看，案件发生在在芬兰注册登记的航班上，但是在中国境内着陆，也就是在我国领域内停留。对此予以管辖符合"登记国和停留国基于属地原则的并行管辖权"。

其次，一般而言，基于对各国主权的尊重，普遍原则向来受到严格的限制。但是，近年来随着国际交往的频繁、国际流动人口的剧增，越来越多的犯罪开始对世界各国的利益产生了共同的危害。为了适应世界各国通力合作与这些犯罪作斗争的需要，许多相关的国际公约都规定了缔约国负有对这些犯罪行使普遍管辖权的义务。在这种局面下，普遍原则更多地容纳了尊重国际主流价值、履行国际义务、维护国际社会共同利益、促进国际合作等新的内涵，因此，普遍原则的适用范围也出现了松动，可以考虑有条件地扩大到普通刑事犯罪。

最后，为达最佳司法效果，从诉讼流程看，被告人被捕地、拘留地、案件破获地的法院都应有管辖权。类似于本案这种情况，由于是在停留地被侦破，当地司法机关投入了人力和物力，启动了本国的司法资源，且本案的犯罪地所属国芬兰并没有因此受到直接或间接的损失，从最佳的司法效果和司法成本来考虑，我国管辖本案是合适的，也是正当的。

[案例1-35] 张某刚等运送他人偷越国境案[②]（属地管辖与外国法院判决）

1. 基本案情

1998年1月29日17时，张某刚、崔某炎因贪图钱财，接受了组织偷渡人员房某等人（均另案处理）支付的好处费人民币4.5万元后，将偷渡人员陈某官、王某南由天津港码头带上张、崔二人工作的"鹏飞"号货轮，藏匿于船头前尖仓库内。同年1月30日，"鹏飞"号货轮启航开往日本。在航行期间，张、崔二人多次向陈某官、王某南提供食物、水及棉衣等用品。2月2日7时许，张、崔二人发现王某南死亡。经商议后，二人将王某南的尸体藏

---

① 陈忠林．关于我国刑法属地原则的理解、适用及立法完善．现代法学，1998 (5)．
② 国家法官学院，中国人民大学法学院．中国审判案例要览：2001年刑事审判案例卷．北京：人民法院出版社，中国人民大学出版社，2002．

匿于前尖仓库一隐蔽处,后又将陈某官转移他处藏匿。2月3日,"鹏飞"号货轮停靠在日本国兵库县尼崎港。日本警方在检查时,发现了偷渡人员,后将张某刚、崔某炎查获扣留。经日本警方鉴定,王某南系被冻死的。1998年6月13日和6月1日,张某刚、崔某炎分别被遣返回国。公诉机关认为张、崔二人的行为均构成运送他人偷越国境罪。

张某刚的辩护人提出:张某刚在日本受到过刑罚处罚,依照《中华人民共和国刑法》第10条的规定,应当免除或者减轻处罚。崔某炎的辩护人提出:崔某炎受到过日本的刑罚处罚,应依法免除或者减轻处罚。

天津市塘沽区*人民法院经审理认为:公诉机关指控被告人张某刚、崔某炎犯有运送他人偷越国境罪的基本事实清楚,罪名成立。二被告人主观上具有非法运送他人偷越国境的犯罪故意,客观上实施了违反国家出入境管理法规,运送他人偷越国境的行为,且在运送中造成一人死亡,其行为均已构成运送他人偷越国境罪。遂依照《中华人民共和国刑法》(1997年修订)第6条、第321条第2款、第53条的规定,判决如下:(1)张某刚犯运送他人偷越国境罪,判处有期徒刑7年,并处罚金人民币5 000元。(2)崔某炎犯运送他人偷越国境罪,判处有期徒刑7年,并处罚金人民币5 000元。

本案宣判后,张、崔二人均未提起上诉。上诉期过后,崔某炎以其系从犯、量刑过重为由,申请再审。法院经审查后驳回再审申请。

2. 涉案问题

我国公民在我国领域内犯罪,但已经外国法院判决、受到过刑事处罚的,如何处理?

3. 裁判理由

本案审理法院认为:1997年《刑法》第6条第2款规定,凡在中华人民共和国船舶或者航空器内犯罪的,也适用本法。按照国际法惯例,凡属国家所有的或者其他的公有船舶,无论是在公海上还是在外国领水内,都被视为该国领土的浮动部分,即属于拟制领土的范畴。"鹏飞"号货轮系公有船舶,被告人张某刚、崔某炎在公有船舶上实施的犯罪行为,应适用我国刑法。而我国1997年《刑法》第10条规定的是在我国领域外犯罪如何处罚的情况。因此,本案应适用我国1997年《刑法》第6条的规定,而不能适用第10条的规定。故辩护人提出的对被告人在处罚上应适用我国1997年《刑法》第10条规定的辩护理由,不予采纳。

4. 评析意见

本案的两行为人均是我国公民,在我国船舶上实施犯罪,但是犯罪后在

---

* 2009年撤区,并入滨海新区。——编辑注

日本受到审判的，能否适用 1997 年《刑法》第 10 条，免除或者减轻处罚？

我国 1997 年《刑法》第 6 条第 2 款规定：凡在中华人民共和国船舶或者航空器内犯罪的，也适用本法。按照国际法惯例，凡属国家所有的或者其他公有船舶，无论在公海上还是在外国领水内，都被认为是该国领土的浮动部分，即属于拟制领土的范畴。因而，在这些公有船舶上发生的犯罪行为，都适用该国刑法。本案中张某刚、崔某炎在公有船舶"鹏飞"号货轮上实施了运送他人偷越国境的犯罪行为，即使该船已驶达日本港，仍应被视为在我国浮动领土上的犯罪。因此，本案适用 1997 年《刑法》第 6 条是正确的。

问题在于：本案中两行为人同在日本受到过刑罚处罚，对此，能否依 1997 年《刑法》第 10 条的规定，对其免除或者减轻处罚？从第 10 条的规定来看，适用该条的前提条件必须是在外国领域内犯罪，并受到外国刑罚处罚的。而本案行为人是在中国浮动领土上犯罪的。因此，本案审理法官提出，"根据国际法的主权原则，一个国家不得在其他国家领土上实施主权行为，而承认了外国法院判决对本国的效力，实际上是协助了外国在本国实施主权行为，因此，不能适用我国 1997 年《刑法》第 10 条的规定，也不能免除或者减轻处罚"。我们认为，对于这一类特殊案件，既要考虑到主权原则而不能任意接受他国法院的普遍管辖，又要考虑到国际交流和跨国犯罪的新形势，而对普遍原则在某些特殊案件中适度地放松。值得注意的是，本案与前述"BUSAMBU TEMBELE MAYETA 盗窃案"不同的是，行为人的罪行直接涉及我国公民的利益（如王某南的死亡），就此而言，法院不承认日本法院的判决是有道理的。不过，依据我国刑法的有关规定，罪犯在处罚前被羁押 1 日，则折抵刑期 1 日。因此，从刑法的特殊预防角度和人道主义精神来看，也应该将张、崔二人在国外被羁押的日期予以折抵。

［案例 1-36］王某、石某伪造国家机关证件案[①]（刑法的时间效力）

1. 基本案情

1997 年 2 月，王某多次找石某搞假结扎证明，石某说等有机会就搞。1997 年 2 月 27 日上午，石某带本单位结扎对象到波阳县妇幼保健所结扎，护士长陈某当时忙于做结扎手术，就叫石某代其为一已结扎对象在结扎证明书上盖章，石某乘机在事先准备好的 4 份空白波阳县妇幼保健所证明书上偷盖上"波阳县妇幼保健所疾病诊断专用章"。后石某将这 4 份盖了章的空白证明书给了王某。王某模仿波阳县妇幼保健所某医生的笔迹填写伪造结扎证明，经他人介绍，分别以 1 000 元、3 000 元、3 400 元的价钱将 3 张假结扎证明卖

[①] 最高人民法院刑事审判第一、二、三、四、五庭．中国刑事审判指导案例：妨害社会管理秩序罪．北京：法律出版社，2009：16．

给了波阳县的 3 个结扎对象，共获赃款 7 400 元。王某事后分给石某 2 800 元。案发后赃款均被追缴。

波阳县人民法院认为，公诉机关引用 1979 年《刑法》第 167 条的规定，指控二被告人犯伪造证件罪不当。依照 1997 年《中华人民共和国刑法》第 280 条第 1 款、第 3 条和第 12 条的规定，于 1999 年 5 月 5 日判决如下：被告人王某、石某无罪。

一审宣判后，检察机关未提出抗诉。

2. 涉案问题

对于王某、石某于 1997 年《刑法》施行前伪造医院证明的行为应如何适用法律？

3. 裁判理由

法院认为，被告人王某、石某伪造医院证明的行为，属于伪造事业单位证件的行为，根据 1997 年《刑法》的规定，伪造事业单位证件的行为不构成伪造证件罪，因此王某、石某的行为不构成犯罪。

4. 评析意见

1997 年《刑法》第 12 条第 1 款规定，"中华人民共和国成立以后本法施行以前的行为，如果当时的法律不认为是犯罪的，适用当时的法律；如果当时的法律认为是犯罪的，依照本法总则第四章第八节的规定应当追诉的，按照当时的法律追究刑事责任，但是如果本法不认为是犯罪或者处刑较轻的，适用本法。"在刑法理论上，关于刑法的时间效力的这一规定被称为"从旧兼从轻"原则。本案中，王某、石某于 1997 年《刑法》施行以前伪造医院结扎证明的行为是否构成犯罪，就涉及对刑法的时间效力原则的理解和适用。

我国 1979 年《刑法》第 167 条规定，"伪造、变造或者盗窃、抢夺、毁灭国家机关、企业、事业单位、人民团体的公文、证件、印章的，处三年以下有期徒刑、拘役、管制或者剥夺政治权利；情节严重的，处三年以上十年以下有期徒刑。"但是，1997 年修订《刑法》时对此罪作了修改。1997 年《刑法》第 280 条第 1 款规定，"伪造、变造、买卖或者盗窃、抢夺、毁灭国家机关的公文、证件、印章的，处三年以下有期徒刑、拘役、管制或者剥夺政治权利；情节严重的，处三年以上十年以上有期徒刑。"由此可见，在伪造证件罪的规定上，一方面，1997 年《刑法》比 1979 年《刑法》多规定了"买卖"证件的行为；另一方面，与 1979 年《刑法》相比，1997 年《刑法》删除了"企业、事业单位、人民团体的公文、证件、印章"的内容，将犯罪对象限制于国家机关的公文、证件和印章。所谓"国家机关"，是指国家权力机关、党政机关、司法机关、监察机关和军事机关。

本案中，王某、石某于 1997 年 2 月在波阳县妇幼保健所的证明书上偷盖

"波阳县妇幼保健所疾病诊断专用章"，并仿制签名，属于伪造医院证明文件的行为。医院作为事业单位，显然不属于"国家机关"的范围。根据1979年《刑法》，伪造医院证件的行为构成伪造证件罪，但是根据1997年《刑法》，伪造医院证件即伪造事业单位证件的行为，不构成犯罪。这就涉及本案是适用1979年《刑法》还是适用1997年《刑法》的问题。本案中，王某、石某伪造结扎证明的行为发生于1997年2月，但是人民法院审理本案是在1997年《刑法》实施之后。如果依照行为当时的刑法规定，王某、石某伪造医院证件的行为应该构成伪造证件罪，但是，如果依照1997年《刑法》，该行为并不构成伪造证件罪。按照1997年《刑法》第12条规定的"从旧兼从轻"原则，本案应适用1997年《刑法》，对王某、石某不能以伪造国家机关证件罪论处。

有观点认为，计划生育是我国的基本国策，波阳县妇幼保健所出具计划生育证明是在行使国家机关授予的职权，其行为可被视为国家机关的行政行为，因而可以认定王某、石某的行为构成伪造国家机关证件罪。[①] 但是，遵循基本国策的医务行为并不能直接等于公务行为，医院更不能被视为国家机关。这样的理解已经属于类推适用法律，显然是与罪刑法定原则相抵触的。此外，也不宜认为王某、石某的行为构成伪造印章罪。1997年《刑法》第280条第2款规定了伪造印章罪，该罪的犯罪对象是公司、企业、事业单位、人民团体的印章。尽管医院属于事业单位，但是本案中两名行为人并没有伪造医院的印章，而只是在空白的证明书上偷盖了真实的印章，该行为属于伪造结扎证明，但并不是伪造医院印章，因此，也不能以伪造印章罪论处。

[案例1-37] 张某良、方某强非法买卖枪支案[②]（刑法的时间效力）

1. 基本案情

张某良与范某明（另案处理）系原上海混凝土制品六厂的同事，张某良在单位食堂工作，范某明任单位保卫科科长。方某强与张某良系朋友。1997年前后，范某明向张某良提到组织单位民兵训练需要枪支，张某良遂从方某强处拿取一把猎枪借给范某明试用。随后，范某明以单位组织民兵训练为由，个人出资约人民币一万元通过张某良购买该猎枪，张某良将购枪款付给方某强。2003年6月22日晚，范某明使用该猎枪，在上海市浦东新区、宝山地区杀害5人并致3人重伤。同年6月24日，张某良、方某强到案，均如实供述

---

① 最高人民法院刑事审判第一、二、三、四、五庭. 刑事审判参考：总第105集. 北京：法律出版社，2016：28.

② 最高人民法院刑事审判第一、二、三、四、五庭. 中国刑事审判指导案例：妨害社会管理秩序罪. 北京：法律出版社，2009：16.

自己的罪行。

上海市第二中级人民法院认为：被告人张某良、方某强非法买卖枪支的行为已过追诉时效期限，且不属于必须追诉的情形。对于公诉机关提出适用《最高人民法院关于办理非法制造、买卖、运输非军用枪支、弹药刑事案件适用法律问题的解释》第3条对二被告人定罪并在7年以上有期徒刑或者无期徒刑的幅度内量刑的主张，不予采纳。据此，依照《中华人民共和国刑法》（2002年修正）第87条、《中华人民共和国刑事诉讼法》（2012年）第15条第2项和《最高人民法院关于适用〈中华人民共和国刑事诉讼法〉的解释》（2012年）第241条第1款第8项之规定，裁定终止审理。

2. 涉案问题

对于发生在1997年10月1日以前的非法买卖枪支行为应当如何适用法律？如何计算该罪追诉时效的起算时间节点？

3. 裁判理由

法院认为：对于发生在1997年10月1日以前的非法买卖枪支行为，应当适用1979年《刑法》和1995年《最高人民法院关于办理非法制造、买卖、运输非军用枪支、弹药刑事案件适用法律问题的解释》[*]。据此，被告人张某良、方某强的行为已构成非法买卖枪支罪，应在7年以下有期徒刑的法定刑幅度内量刑，从二被告人的犯罪行为完成之日起计算追诉时效，该案的追诉时效应为10年，因现已超出追诉时效期限，故不应追究二被告人的刑事责任。

4. 评析意见

法院认为：根据现有证据可以认定被告人张某良、方某强非法买卖枪支的行为发生在1997年前后，但无法确认该行为发生于1997年10月1日之前还是之后。鉴于1997年《刑法》对非法买卖枪支罪设置的法定刑重于1979年《刑法》，根据刑法从旧兼从轻原则，应当适用1979年《刑法》和上述1995年最高人民法院关于办理非法制造、买卖、运输非军用枪支、弹药刑事案件适用法律问题的解释。应当指出，这里不仅适用了从旧兼从轻原则，同时也适用了存疑时有利于被告人的罪疑唯轻，即在无法确定买卖枪支行为的具体时间的情况下，基于有利于被告人的考虑，认定行为时点是在1997年之前。在这种情况下，再根据从旧兼从轻的原则，对行为人适用1979年《刑法》和上述1995年解释。

深度研究

关于刑法空间效力的各种原则均有其合理性，也有其局限性。（1）属地

---

[*] 该解释已于2013年被废止。——编辑注

原则虽然直接维护了领土主权，但单纯实行这项原则，遇到本国人或者外国人在本国领域外实施侵害本国国家或者公民利益的犯罪时，就无法适用本国刑法，不利于保护本国国家和公民的利益。而且，本国人在国外犯罪不适用本国刑法，也不利于促使本国人遵守本国法律，也不利于保护在外国犯罪的本国公民的利益。（2）属人原则的根据在于国家主权所具有的属人优越性。国家和其对象之间具有特定的法律关系，一国公民受本国法律的保护，即使在国外也是如此，因此，本国公民即使在国外也有义务遵守本国法律，对于在外国犯罪的本国公民，本国刑法也有保护其不承受不合理刑罚的义务。但是，单纯的属人原则也有缺陷：遇到外国人在本国领域内犯罪时，竟不能适用本国刑法，显然有悖于主权原则。而外国人在国外侵犯了本国国家或者公民利益的，也无法适用本国刑法。此外，属人原则与犯罪地国家的属地管辖权也会发生冲突。（3）保护原则的实质是刑法对本国国家和公民利益的保护，体现了国家保护主义和国民保护主义。但是，单纯采用保护原则存在问题：在本国国内发生的犯罪如果没有侵害本国国家或者公民的利益，就不适用本国刑法，而这与主权原则相悖。本国人在国外犯罪而未侵犯本国国家或者公民利益的，也不适用本国法律，而这不利于促使本国公民遵守本国法律，也不利于用本国法律保护在国外犯罪的本国公民。而且，如果犯罪人是外国人，犯罪地又在国外，则涉及国与国之间的关系和刑事法律的冲突，因此，彻底实行保护原则实际上存在很大困难。（4）普遍原则的基点是，任何犯罪都是对人类整体利益的侵犯，因此，任何国家都有权处置一切犯罪行为。但是，在各国坚持本国主权的情况下，这种理想主义的管辖权不可能行得通。修正之后的普遍原则只能适用于那些本国参加的国际条约中规定的国际犯罪。也就是说，普遍管辖的法律基础不是本国刑法，而是国际公约、条约，所适用犯罪范围相当狭窄。

由此可见，上述各种管辖原则都是各有长短的，因此，目前各国单纯采用其中某一种管辖原则的情形已经十分罕见。尽管从历史传统上看，英美法系国家多采属地原则，大陆法系国家多采属人原则，但及至近代，世界上大多数国家的刑法都是以属地原则为主，兼采其他原则。也就是说，凡是在本国领域内犯罪的，不论本国人或外国人，都适用本国刑法；本国人或者外国人在本国领域外犯罪的，在一定的条件下，也适用本国刑法。这就是所谓"以属地原则为基础，以属人原则、保护原则和普遍原则为补充"的折中型刑事管辖体制。这种折中型的刑事管辖体制，既有利于维护国家主权，又有利于同犯罪作斗争，比较符合各国的实际情况和利益，所以能为各国所接受。我国刑法关于空间效力的规定采取的也是这种折中型的刑事管辖体制。

在属地管辖方面，有几个问题值得注意。

第一，《刑法》（2020年修正）第6条第1款规定，凡在中华人民共和国领域内犯罪的，除法律有特别规定的以外，都适用本法。根据该条规定，在我国香港和澳门地区犯罪的，虽然属于在中华人民共和国领域内犯罪，但是由于法律有特别规定，因而不适用《刑法》。尽管我国已经对香港和澳门地区恢复行使主权，但是按照港澳基本法的相关规定，香港特别行政区和澳门特别行政区高度自治，享有行政管理权、立法权、独立的司法权和终审权，因此，目前的《刑法》实质上是内地刑法，并不能适用于香港和澳门地区。香港、澳门居民既在香港、澳门犯罪，又在内地犯罪的，应对前者适用香港、澳门刑法，对后者适用内地刑法。但是为了避免双重审讯，经协商后，由最先受理的法院行使管辖权较为合适。从长远来看，需要在内地与特别行政区之间建立合理有效的罪犯移交制度。

第二，《刑法》（2020年修正）第6条第2款规定，凡在中华人民共和国船舶或者航空器内犯罪的，也适用本法。这里所说的船舶或者航空器，既可以是军用的，也可以是民用的；既指航行途中，也指停泊状态；既指在公海或者公海的上空，也指在别国的领域内。当然，在别国领域内犯罪，别国也有权管辖。[1] 这里所说的中华人民共和国船舶和航空器，不仅包括挂有中华人民共和国国旗的船舶和航空器，而且包括挂有中华人民共和国国徽等表明中华人民共和国所有的标志的船舶和航空器，以及没有悬挂任何国家的国旗、国徽等标志但事实上属于中华人民共和国国家、法人或者国民所有的船舶和航空器。[2]

第三，我国承认和加入的《维也纳外交关系公约》第31条规定，外交代表对接受国之刑事管辖享有豁免；第22条第1款中规定，使馆馆舍不得侵犯。但是能否就直接得出使领馆也属于一国领土的延伸部分，因此在使领馆内犯罪的，适用使领馆派出国的法律而不适用驻在国的法律的结论？对此尚存有争议。例如，意大利学者指出，"意大利驻外使领馆的馆舍不是我国的领域，外国驻意大利的使领馆也不是外国的领土。认为上述地方享有'治外法权'是不对的，因为这些地方只是享有特殊的、限制所在国强制行使权力的豁免权，但它们仍然是所在国领土的一部分"[3]。《维也纳外交关系公约》第41条第3款规定，使馆馆舍不得充作与本公约或一般国际法之其他规则或派

---

[1] 例如，2011年12月12日发生的韩国海警抓扣中国渔民时被刺死，中国渔民被韩国法院判处30年监禁的事件，引发各方关注，其中就涉及韩国是否有权管辖以及管辖根据的问题。由于中韩在黄海尚未划定专属经济区界限，因此中方表示不接受韩方单方面适用"专属经济区法"对中国渔民作出判决。

[2] 张明楷. 刑法学. 北京：法律出版社，2011：75.

[3] 杜里奥·帕多瓦尼. 意大利刑法学原理. 陈忠林，译. 北京：法律出版社，1998：51~52.

遣国与接受国间有效之特别协定所规定之使馆职务不相符合之用途。有学者认为，所谓与"使馆职务不相符合之用途"，系指在使馆馆舍内庇护人和在使馆馆舍内拘留人。国际法院在对外交庇护案的判决中指出：外交庇护使罪犯不受驻在国法律的管辖，是对驻在国主权的损害；使馆馆舍并不是派遣国领土的延伸，而是接受国（驻在国）的领土，在其内发生的犯罪行为应被视为发生在驻在国的领土上。驻在国政府没有义务给予外交使节以庇护罪犯或其他不属于该使节随从的人员的权力。外交使节必须在驻在国政府提出要求时将在使馆馆舍内避难的罪犯或被追诉人交出，否则，驻在国政府可以使用任何措施迫使外交使节将他交出来，只要不对使节本人进行攻击就可以。[①] 国际上有个别国家相互之间对于外交庇护订有条约或有默契，互相之间给予对方这种权力，但这只是个别现象，并不是一般的国际法原则。绝大多数国家都没有将使馆馆舍视为其领土的延伸部分，在其刑法中并没有"发生在使馆馆舍内的犯罪行为适用本国刑法"之类的规定。我国刑法没有规定在我国驻外使领馆内犯罪的应适用我国刑法，这表明我国并不承认使领馆是派遣国领土的延伸部分。[②]

第四，关于犯罪地确定的问题。对于以什么因素为标准确定犯罪发生在本国领域内，存在几种不同的观点。（1）行为地说。该说认为既然犯罪是一种行为，那么行为发生在本国领域内才被认为是在本国领域内犯罪。在作为犯罪中，行为人实际实施犯罪行为的地点或场所是犯罪地；对于不作为犯罪，应当以义务的来源地或者发生地作为犯罪地。该说未考虑结果发生地，不利于保护本国利益、维护本国主权。（2）结果地说。该说认为犯罪的实质是侵害法益，故行为人实施犯罪行为所导致的结果发生地是犯罪地。对于未遂犯，因没有发生犯罪结果，有人主张以结果应发生之地为结果发生地，有人认为应以法益侵害的危险地为结果发生地。但此说未考虑行为地，也不利于保护本国利益。（3）中间地说。该说认为，犯罪行为与犯罪结果之间的场所为犯罪地。这可能会有两种情况：一种例如犯罪人从甲国邮寄毒品，途经乙国，在丙国发生结果；另一种例如犯罪人从甲国邮寄毒品到乙国，被害人在乙国饮用毒品后前往丙国，在丙国死亡。应当认为，只有后一种情形下才属于中间地，前一种情形下是单纯的通过地，不宜被看作中间地。（4）遍在说。该说又称普遍存在理论、行为结果择一主义，认为行为地和结果地都是犯罪地，行为和结果只要有一项发生在本国，就属于在本国领域内犯罪。[③] 我国《刑法》（2020年修正）第6条第3款规定，"犯罪的行为或者结果有一项发生在

---

① 甘雨沛，等．犯罪与刑罚新论．北京：北京大学出版社，1992：35.
② 陈兴良．刑法总论精释．北京：人民法院出版社，2011：71.
③ 同②72．张明楷．刑法学．北京：法律出版社，2011：75.

中华人民共和国领域内的，就认为是在中华人民共和国领域内犯罪"。这说明我国刑法采用了遍在说。根据该规定，只要有一部分行为、一部分结果发生在我国领域内，就应认为是在我国领域内犯罪。根据遍在说，在未遂犯的场合，行为地与行为人希望、放任结果之地，可能发生结果之地，都是犯罪地。在共同犯罪的场合，不论是主犯的行为还是从犯的行为，只要有一部分行为发生在本国领域内或共同犯罪的结果有一部分发生在本国领域内，就认为是在本国领域内犯罪。

第二章 犯罪概念与犯罪构成

第一节 犯罪概念与但书规定

> **知识背景**

（一）犯罪概念

我国《刑法》（2020年修正）第13条规定：一切危害国家主权、领土完整和安全，分裂国家、颠覆人民民主专政的政权和推翻社会主义制度，破坏社会秩序和经济秩序，侵犯国有财产或者劳动群众集体所有的财产，侵犯公民私人所有的财产，侵犯公民的人身权利、民主权利和其他权利，以及其他危害社会的行为，依照法律应当受刑罚处罚的，都是犯罪，但是情节显著轻微危害不大的，不认为是犯罪。

其中，"危害国家主权、领土完整和安全，分裂国家、颠覆人民民主专政的政权和推翻社会主义制度"，属于侵害国家法益的行为；"破坏社会秩序和经济秩序，侵犯国有财产或者劳动群众集体所有财产"，大致属于侵害社会法益的行为；"侵犯公民的人身权利、民主权利和其他权利"，属于侵害个人法益的行为。

因此，根据《刑法》（2020年修正）第13条的规定，一切侵犯国家法益、社会法益及个人法益的依照法律应受刑罚处罚的危害行为，就是犯罪，但是情节显著轻微、危害不大的，不认为是犯罪。这一犯罪概念蕴含两项刑法理念。

1. 法益保护主义

《刑法》（2020年修正）第13条的规定表明，刑法的主要机能是保护法益，包括国家法益、社会法益及个人法益。侵害这些法益的行为被《刑法》（2020年修正）第13条概括为危害社会的行为，也即具有法益侵害性的行为就是具有社会危害性的行为。因此，对法益侵害性与社会危害性可以作相同理解。

法益，是指根据《宪法》的基本原则由法所保护的、客观上可能受到侵害或者威胁的人的生活利益。其中，由刑法所保护的人的生活利益，就是刑法上的法益。传统刑法理论所谓的犯罪客体实际上就是指犯罪所侵害的法益，不过传统理论认为犯罪客体的内容是犯罪行为所侵犯的社会主义社会关系（社会关系说），这不够严谨。一方面，"社会关系"虽然概括性很强，但内涵过于模糊，用来描述许多犯罪的客体并不合适。另一方面，"社会关系"的表述倾向于社会秩序法益，容易使人忽略个人法益。实际上，个人法益是社会法益、国家法益的基础。

明确法益保护主义，对于立法和司法具有重要的指导意义。第一，立法论的指导意义。在规定犯罪时，应考虑侵害法益和违反伦理道德的区别。单纯违反伦理道德而没有侵害他人法益的行为不能轻易被规定为犯罪。例如，对于不公开的同性恋性行为、兽奸行为不宜作为犯罪处理。第二，解释论的指导意义。刑法的解释方法有许多，但目的解释是具有指导性的解释方法。在解释具体犯罪的构成要件时，应以该犯罪所保护的法益为指导。例如，绑架罪的保护法益是人质的人身安全和自由而不是财产，因此，绑架罪的既遂标准就是实力控制了人质，而不是向人质的相关人勒索到财物。又如，聚众淫乱罪的保护法益是公众的正常的性羞耻心，因此，该罪的行为方式必须具有公开性。而引诱未成年人聚众淫乱罪的保护法益是未成年人的身心健康，所以该罪的行为方式不要求公开性。

2. 责任主义

《刑法》（2020年修正）第13条中的"依照法律应当受刑罚处罚"，不仅包括依照《刑法》分则的法律规定，还包括依照《刑法》总则的法律规定。根据刑法《总则》的规定，当行为人对侵害法益的行为和结果具有故意（第14条）或过失（第15条），行为人达到刑事责任年龄（第17条）、具有刑事责任能力（第18条）时，才能受到刑罚处罚。这些条件可以概括为责任主义。在刑法学中，最广义的责任是指刑事责任，这是指违反刑法规范所需要承担的法律后果。广义的责任包括个人责任和主观责任。个人责任，是相对于团体责任而言的，是指只能追究行为人本人的责任，而不能追究其他人的责任（禁止连坐等）。主观责任，是相对于结果责任而言的，是指只有行为人对侵害事实有故意或过失时，才能追究其责任，而不能认为，只要造成客观危害结果就追究责任。狭义的责任仅指主观责任。这里所谓的责任主义是指这种狭义的责任。

明确责任主义，对于解释构成要件具有重要指导意义。第一，在刑法领域，应当慎重实行严格责任。严格责任本属于侵权行为法中的责任承担方式，但是在我国有不少人主张在刑法中也应引进严格责任。[①] 这些引进说的第一个

[①] 苏力. 道路通向城市. 北京：法律出版社，2004：139.

理由是我国刑法中已然存在严格责任的现象。例如，醉酒人在犯罪时，完全不能辨认和控制自己的行为，但司法机关仍会追究其刑事责任，这就是严格责任。① 实际上，这不是主观责任的问题，而是如何解释实行行为的问题。对此，刑法理论已经通过原因自由行为概念基本予以解决了。引进说的第二个理由是在我国某些犯罪中不采取严格责任不利于打击犯罪。例如在环境犯罪中应采用严格责任。② 实际上，在环境犯罪中很难证明的是行为与结果之间的因果关系，而不是犯罪故意。此外，在我国引进严格责任还存在一个解释论上的难题，即如何处理《刑法》（2020年修正）第16条的规定："行为在客观上虽然造成了损害结果，但是不是出于故意或者过失，而是由于不能抗拒或者不能预见的原因所引起的，不是犯罪。"其中"不能预见的原因"便是要求坚持主观责任。引进论者大多从立法上或刑事政策学上论证引进严格责任的优点，但却忽视了解释论上的重大障碍。第二，犯罪成立条件意义上的罪量要素是否要求贯彻责任主义，需要仔细研究。例如，盗窃罪中的"数额较大"、寻衅滋事罪中的"情节恶劣"等，是否要求行为人认识。第三，法定刑升格条件是否要求贯彻责任主义，需要仔细研究。例如，盗窃罪中的"数额特别巨大"、抢劫罪中的"抢劫军用物资"等，是否要求行为人认识。

（二）罪量要素

《刑法》（2020年修正）第13条中规定，"……依照法律应当受刑罚处罚的，都是犯罪，但是情节显著轻微危害不大的，不认为是犯罪"。这表明我国刑法规定的犯罪存在罪量要素，亦即达到应受刑罚处罚的程度。如果情节显著轻微、危害不大的，不构成犯罪。为此，需要对罪量要素进行深入分析。

1. 罪量要素包括主观罪量要素和客观罪量要素

犯罪是侵害法益的行为，犯罪行为具有法益侵害性（违法性）。罪量要素便是表示违法程度的要素。违法要素分为客观的违法要素和主观的违法要素，因此，罪量要素包括主观的违法要素。有些主观的违法要素决定了违法的程度。例如，徇私枉法罪，徇私舞弊不征、少征税款罪等渎职犯罪中的"徇私"就是指一种基于私心、私情的犯罪动机。③ 如果行为人没有"徇私"而枉法裁判，但违法性依然存在，这表明"徇私"动机不影响违法性的有无。但是，刑法将"徇私"规定为构成要件要素表明，如果行为人没有"徇私"动机，则行为的违法性程度没有达到值得科处刑罚的程度。这表明，"徇私"动机成为违法的定量因素。换言之，"徇私"动机是表示违法程度的罪量要素。由于

---

① 毛建军. 我国刑法中严格责任的有无及其存在的合理性. 江苏警官学院学报，2003（3）：82. 孙海峰. 论刑事领域中的严格责任. 云南公安高等专科学校学报，2002（1）：79.
② 徐骏. 环境犯罪中的严格责任辨析. 昆明理工大学学报（社会科学版），2004（2）：27.
③ 张明楷. 渎职罪中的徇私舞弊的认定. 人民法院报，2007-11-28（6）.

"徇私"动机能够影响违法的程度,所以不仅影响犯罪的成立,还影响量刑。《刑法》(2020 年修正)第 397 条第 2 款将"徇私舞弊"规定为滥用职权罪、玩忽职守罪的法定刑升格条件,就是将"徇私"动机作为法定的量刑情节。

当然,大多数罪量要素都是客观的违法程度要素,主要是通过实行行为、行为对象及结果来表示违法的程度。这一点,从刑法条文及司法解释的规定也可以看出。例如,《刑法》(2020 年修正)第 324 条第 2 款规定"情节严重"时成立故意损毁名胜古迹罪。2008 年 6 月 25 日《最高人民检察院、公安部关于公安机关管辖的刑事案件立案追诉标准的规定(一)》[以下简称《立案追诉标准规定(一)》]第 47 条对"情节严重"的解释是:第一,损毁国家保护的名胜古迹三次以上或者三处以上,尚未造成严重损毁后果的。这是以行为次数和行为对象来表示违法程度。第二,损毁手段特别恶劣的。这是以行为方式来表示违法程度。第三,造成国家保护的名胜古迹严重损毁的。这是以危害结果来表示违法程度。

2. 罪量要素不具有行为规范机能,只具有裁判规范机能

以上是从构成要件要素的角度考察罪量要素,除此之外,还有必要从刑法规范的角度来认识罪量要素。这里探讨的刑法规范是指由基本罪状加法律后果组成的刑法规范,往往表现为"……的,处……",也称为罪刑规范、刑罚规范。刑法规范属于行为规范还是裁判规范是理论上长期争议的问题。行为规范,是指以禁止或命令一般人实施一定行为为内容的规范。裁判规范,是指为法官提供了定罪量刑依据的规范。① 一般而言,行为无价值论由于侧重对行为的评价,所以倾向于认为刑法规范属于行为规范;结果无价值论由于侧重对结果的评价,所以倾向于认为刑法规范属于裁判规范。

行为规范与裁判规范不应是对立关系,刑法规范既属于行为规范也属于裁判规范,主要看适用者是谁。就一般人而言,刑法规范是行为规范;就法官而言,刑法规范属于裁判规范。同样一条法律规范在不同人眼里具有不同机能,这是正常的现象。亦即,视角不同,刑法规范可以具有不同的机能。张明楷教授也指出:"对于行为规范与裁判规范相分离的现象,我们也不必感到意外。"②

虽然在不同人眼里刑法规范具有不同机能,但是进一步细分,还是会存在二者不同的侧重点。例如,就刑法规范中的"处……"部分而言,这种法律后果的规定主要是针对法官而言的,因为一般人只要知道符合罪状的行为会被判处刑罚即可,无须了解具体的法定刑设置。当然,有些犯罪分子为了

---

① 陈子平. 刑法总论. 北京:中国人民大学出版社,2009:8.
② 张明楷. 行为规范与裁判规范的分离. 中国社会科学报,2010 - 11 - 23 (10).

避重就轻，会关注法定刑的具体设置，但是这种关注与刑法规范的主旨已相去甚远。而法官必须仔细研究法定刑的具体设置，这是量刑的依据。

就刑法规范中的"……的"而言，这种罪状规定针对一般人就有行为规范的机能，针对法官就有裁判规范的机能，很难说主要针对哪一方。就一般人而言，对罪状规定的行为规范机能也应仔细分析。罪状是构成要件的表述，由定性因素和定量因素组成。定性因素告诉一般人，符合罪状的行为就是违法行为，并以此来规制、指引其行为。无疑，定性因素具有明显的行为规范的机能。但是，定量因素是否也是如此呢？例如盗窃罪中的"数额较大""多次盗窃"等是否也具有行为规范的机能？回答应是否定的，因为：刑法规范要起到规制、指引人的行为的机能，只需要告诉人们什么行为是适法行为、什么行为是违法行为即可，不需要告诉人们行为违法到什么程度才构成犯罪。例如，刑法规范只需要告诉人们什么行为是盗窃的违法行为，不需要告诉人们盗窃多大数额的财物才构成犯罪。刑法规范不可能这样告诉人们：窃取他人财物就属于盗窃的违法行为，但是如果窃取的数额不大的话就不构成犯罪，或者如果窃取的次数不多的话就不构成犯罪。可见，定量因素并没有起到行为规范的机能，而只起到裁判规范的机能。有人可能会说，告诉人们盗窃多大数额或盗窃几次就构成犯罪，也会对人们起到指引作用，所以定量因素也具有行为规范的机能。但是，这种指引主要是指引违法分子如何既实施违法行为又规避刑罚处罚，属于在实施违法行为时避重就轻的指引。而行为规范的指引机能主要是指引一般人不去实施违法行为的指引。

3. 罪量要素的体系性地位

关于罪量要素的体系性地位，在日本刑法学上实际上就是可罚的违法性的体系性地位，争论的焦点是：可罚的违法性应处于构成要件符合性阶段，还是应处于违法性阶段？换言之，在缺乏可罚性的场合，究竟是阻却构成要件符合性还是阻却违法性？

阻却构成要件符合性说认为，构成要件是犯罪的定型，立法者只是将值得处罚的行为类型化为构成要件，因此，符合构成要件的行为必然具有实质的违法性，也即可罚的违法性。因此，对于可罚的违法性应作为构成要件符合性的问题予以处理。如果某一行为不具有构成要件所预设的可罚程度的违法性，就不应认为该行为符合构成要件。① 根据这种观点，缺乏可罚性，属于构成要件符合性的阻却事由。这种观点从实质的角度理解违法性，采实质违法论的立场。

---

① 藤木英雄. 刑法讲义总论. 东京：弘文堂，1975：117//陈家林. 外国刑法通论. 北京：中国人民公安大学出版社，2009：273.

阻却违法性说认为：构成要件只是犯罪的形式类型，不应涉及其实质程度。如果在判断构成要件符合性时就判断了违法性的实质，那么构成要件符合性的判断与违法性的判断就失去了质的不同。[①] 根据这种观点，缺乏可罚性应属于违法性阻却事由。可以看出，这种观点是在形式地理解违法性，采形式违法论的立场。

比较而言，阻却构成要件符合性说是符合实际的。在构成要件阶段判断可罚的违法性，不是指在判断构成要件符合性之前判断违法性，而是指在判断构成要件符合性的同时进行可罚的违法性判断，二者是一体进行的，而不是先后进行的。如果将可罚的违法性放在违法性阶段判断，那么可罚的违法阻却事由属于一种超法规的、使行为缺乏实质违法性的阻却事由。这种做法存在三方面的缺陷：其一，没有对这种违法阻却事由与传统的违法阻却事由的本质作出区分、界定。其二，既然是超法规的阻却事由，容易导致实务中滥用这种阻却事由，或者完全不用这种阻却事由。其三，可罚的违法性的判断本来源于构成要件符合性的判断，而构成要件符合性的判断就是基于罪刑规范的判断，也即可罚的违法性的判断是有法律规范作为依据的。将其视为超法规的阻却事由，既无必要，也违背了罪刑法定原则。

在构成要件中既判断违法的性质也判断违法的程度，这种判断理念的优点是：其一，避免割裂违法的定性与定量判断。定性与定量本是一个有机统一范畴，如果被割裂，就无法做到对事物作合理评价。其二，如果不将罪量要素融入对构成要件的实质解释中，符合构成要件的行为的范围就会被不当地扩大，而这与构成要件的违法推定机能不符，也与罪刑法定原则的保障机能不符。其三，将罪量要素放置于体系中的其他位置，总会造成体系的紊乱。例如，如果将其放置于三阶层体系中的违法性阶层，作为阻却事由，会出现积极判断与消极判断的矛盾。如果将其放置于有责性阶层之后也即整个实体判断之后，则会使罪量要素脱逸责任的评价范围，违背责任主义。所以，最妥当也最符合认识规律的做法是将罪量要素融入构成要件的实质解释。

（三）"但书"规定

将罪量要素融入构成要件的实质解释中，也有利于理解《刑法》（2020年修正）第13条的"但书"。学界关于《刑法》（2020年修正）第13条的"但书"的评析分为两个方面。从立法论上，有的认为应当修改，有的认为应当删除。[②] 本书对此不予置评。在解释论上有多种解读：（1）有观点将"但书"直接作为出罪的适用标准。[③] 这种观点混淆了犯罪概念与犯罪构成的地位。认

[①] 大塚仁. 刑法概说（总论）：第3版. 冯军，译. 北京：中国人民大学出版社，2003：315.

[②] 王尚新. 关于刑法情节显著轻微规定的思考. 法学研究，2001（5）.

[③] 张波. 刑法学的若干基本理论探讨. 现代法学，2004（6）.

定犯罪的唯一标准是犯罪构成。犯罪概念只具有说明性质，不具有适用标准的属性。（2）有观点将"但书"作为犯罪的消极要件，并置于犯罪成立条件之后，与正当防卫等相并列。[①] 这种观点一方面混淆了罪量要素与正当防卫的本质区别，另一方面将罪量要素放在犯罪成立条件之后，会使罪量要素不属于故意认识的内容，违背责任主义。（3）有观点将"但书"作为违法阻却事由，对构成要件作形式判断，对"但书"规定的罪量要素作实质判断。[②] 这种观点误解了构成要件与违法的关系。刑法分则关于犯罪构成要件的规定是将具有处罚必要性的法益侵害行为类型化。凡是符合刑法分则各罪规定的行为，都是由立法者从形形色色的危害行为中挑选出来的，具有国家不能容忍程度的法益侵害性。

《刑法》中的"但书"与前段内容的逻辑关系大致有以下几种。（1）原则与例外关系。《刑法修正案（八）》在《刑法》（2009年修正）第49条中增加一款作为第2款："审判的时候已满七十五周岁的人，不适用死刑，但以特别残忍手段致人死亡的除外。"其中的"但书"违背了前段的基本规定，是前段的例外。（2）主体与限制关系。例如，《刑法》（2020年修正）第10条规定："凡在中华人民共和国领域外犯罪，依照本法应当负刑事责任的，虽然经过外国审判，仍然可以依照本法追究，但是在外国已经受过刑罚处罚的，可以免除或者减轻处罚。"其中的"但书"没有违背前段的主体规定，但对前段主体规定作了适用上的一定限制。（3）基础与补充关系。例如，《刑法》（2020年修正）第37条规定："对于犯罪情节轻微不需要判处刑罚的，可以免予刑事处罚，但是可以根据案件的不同情况，予以训诫或者责令具结悔过、赔礼道歉、赔偿损失，或者由主管部门予以行政处罚或者行政处分。"其中的"但书"没有违背前段的基础规定，而是对基础规定作了递进补充。（4）并列关系。《刑法》（2020年修正）第18条第1款规定："精神病人在不能辨认或者不能控制自己行为的时候造成危害结果，经法定程序鉴定确认的，不负刑事责任，但是应当责令他的家属或者监护人严加看管和医疗；在必要的时候，由政府强制医疗。"其中的"但书"与前段规定无主次之分，属于并列组合关系。（5）同义强调关系。例如，《刑法》（2020年修正）第16条规定："行为在客观上虽然造成了损害结果，但是不是出于故意或者过失，而是由于不能抗拒或者不能预见的原因所引起的，不是犯罪。"其中的"但书"没有设置新的要素，只是对后段"不能抗拒或者不能预见的原因所引起的"的同义强调，删除"但书"对条文的基本规定不会产生影响。

[①] 张永红. 我国《刑法》第13条但书研究. 北京：法律出版社，2004：174.
[②] 杨忠民，陈志军.《刑法》第13条"但书"的出罪功能及司法适用研究. 中国人民公安大学学报（社会科学版），2008（5）：72.

从条文逻辑来看，《刑法》（2020年修正）第13条的"但书"是对前段内容的同义强调。根据《刑法》（2020年修正）第13条的规定，危害行为"依照法律应当受刑罚处罚的，都是犯罪"。这表明危害行为只有达到应受刑罚处罚的程度，才构成犯罪。"但是情节显著轻微危害不大的，不认为是犯罪"只是对该规定从反面同义强调而已，并没有增添新的要素。换言之，即使删除"但书"，该条基本规定丝毫不受影响。设置"但书"的意义仅在于，立法者担心司法机关形式地理解"依照法律应当受到刑罚处罚的，都是犯罪"，也即对犯罪的构成要件仅进行形式判断，从而不当地扩大了处罚范围，损害了构成要件作为可罚违法类型的推定机能和罪刑法定原则的保障机能，因此需要格外强调提示：对构成要件不能仅作形式判断，而应同时进行实质判断，也即判断违法是否达到应当受到刑罚处罚的程度。

规范依据

《刑法》（2020年修正）第13条："一切危害国家主权、领土完整和安全，分裂国家、颠覆人民民主专政的政权和推翻社会主义制度，破坏社会秩序和经济秩序，侵犯国有财产或者劳动群众集体所有的财产，侵犯公民私人所有的财产，侵犯公民的人身权利、民主权利和其他权利，以及其他危害社会的行为，依照法律应当受刑罚处罚的，都是犯罪，但是情节显著轻微危害不大的，不认为是犯罪。"

案例评价

［案例2-1］文某盗窃案[①]（出罪事由的认定）

1. 基本案情

文某，男，1982年××月××日生，无业。（本案失主）系文某之母。江西省南昌市西湖区人民检察院以文某犯盗窃罪，向江西省南昌市西湖区人民法院提起公诉。南昌市西湖区人民法院经不公开审理查明：被告人文某之母王某是文某的唯一法定监护人。1999年7月间，文某因谈恋爱遭到王某反对，被王某赶出家门。之后，王某换了家里的门锁。数日后，文某得知其母回外婆家，便带着女友撬锁开门入住。过了几天，因没钱吃饭，文某便同女友先后三次将家中康佳21寸彩电一台、荣事达洗衣机一台、容声冰箱一台、华凌分体空调四台变卖，共得款31 500元。案发后，公安机关将空调一台和洗衣机一台追回并发还其母，其余物品获得退赔14 500元。

[①] 最高人民法院刑事审判第一、二庭. 刑事审判参考：总第13集. 北京：法律出版社，2001：24～29.

2. 涉案问题

文某盗窃母亲的财物是否构成盗窃罪？

3. 裁判理由

法院认为：王某是被告人文某的唯一法定监护人，在文某成年以前对其有抚育义务。文某过早谈恋爱，固有不对，但王某把他赶出家门、不给生活费，管教方法不当，有悖我国《婚姻法》和《未成年人保护法》的规定，没有正确履行监护人的职责。被告人文某尚未成年，是家庭财产的共有人，偷拿自己家中物品变卖，不属于非法占有。公诉机关指控被告人文某犯盗窃罪不能成立，对辩护人的辩护意见予以采纳。遂依照《中华人民共和国刑法》(1997年修订)第13条、《最高人民法院关于审理盗窃案件具体应用法律若干问题的解释》*第1条第4项、《中华人民共和国刑事诉讼法》(1996年)第162条第2项的规定，于2000年3月13日判决如下：被告人文某无罪。宣判后，文某服判未上诉，检察机关亦未抗诉，判决发生法律效力。

4. 评析意见

该无罪判决的裁判理由是："被告人文某尚未成年，是家庭财产的共有人，偷拿自己家中物品变卖，不属于非法占有。"在这种情况下，法律根据与裁判理由之间出现了矛盾。按照法律规定，被告人文某的行为属于犯罪情节显著轻微、危害不大，因而不认为是犯罪。但根据裁判理由，文某的行为不具备盗窃罪的构成要件，根本就不是犯罪。对此，我国学者评论如下："此案件的判决结论显然是正确的，但其判决理由却未为恰当。南昌市西湖区人民法院判决文某无罪的理由有两点：其一为被害人有过错，其二为盗窃对象为共有财产。但其援引的法条内容却是另外两条：其一为《刑法》第13条'但书''情节显著轻微危害不大不认为是犯罪'，其二为上述盗窃罪司法解释'盗窃自己家的财物不按犯罪处理'。显然，援引法条与判决理由牛头不对马嘴：判决理由将文某的行为性质界定为盗窃共有财产，不属非法占有，自然其行为也不构成盗窃行为；而援引法条之含义却是认可文某的行为是非法盗窃行为，只是因情节显著轻微危害不大或者属于'盗窃'自己家的财物才不按犯罪处理。前后显然相矛盾。"① 这一评论是正确的。但这里仍然存在一个值得研究的问题，即：在盗窃自己家庭财物的情况下，其无罪的根据到底是盗窃罪的构成要件不具备呢，还是盗窃的情节显著轻微、危害不大？裁判理由将文某盗窃自己家庭财物的行为认定为盗窃共有财产，因而认为其行为不构成盗窃罪。裁判理由在这里是把共同所有关系与共同占有关系混为一谈了。

---

* 该解释已失效。——编辑注

① 方鹏. 出罪事由的体系和理论. 北京：中国人民公安大学出版社，2011：45.

在家庭成员之间存在财产共同所有关系。但是，未成年人是家庭中的被抚养者，因此其不属于家庭财产的共有者。而财产的共同所有与共同占有又是存在区分的，换言之，共同所有不等同于共同占有。即使是在共同占有的情况下，也不能排除盗窃行为的成立。因此，盗窃罪中窃取他人财物之他人性，是在法律上受严格限制的。就此而言，本案被告人文某不是家庭财产的共有人，其窃取家庭财物的行为仍然符合盗窃罪的构成要件。只是因为盗窃自己家庭的财物行为的社会危害性较小，属于情节显著轻微、危害不大的情形，故不认为是犯罪。该案表明我国司法机关对于如何适用"但书"规定存在一些理解上的偏差。其实，在司法解释明文规定对于盗窃家庭财产和近亲属财产一般可以不作为犯罪处理的情况下，可以径直引用司法解释的相关规定予以出罪，没有必要另行阐述理由。如果要阐述理由，也应围绕文某盗窃家庭财物为什么不属于确有追究刑事责任必要的情形展开，而不是对盗窃家庭财物之行为的法律性质再作分析。①

[案例2-2] 蒲某、王某故意杀人案②（安乐死的认定）

1. 基本案情

王某之母夏某长期患病，1984年10月曾经被医院诊断为"肝硬变腹水"。在1987年年初，夏某病情加重，腹胀伴严重腹水，多次昏迷。同年6月23日，王某与其姐妹商定，将其母送某传染病医院住院治疗，蒲某为主管医生。蒲对夏的病情诊断结论是：（1）肝硬变腹水（肝功失代偿期、低蛋白血症）；（2）肝性脑病（肝肾综合征）；（3）渗出性溃疡2～3度。医院当日即开出病危通知书。蒲某按一般常规治疗，进行抽腹水回输后，夏某的病情稍有缓解。6月27日，夏某病情加重，表现为痛苦、烦躁，喊叫"想死"，当晚惊叫不安，经值班医生注射了10毫克安定后方才入睡。28日早晨夏某昏迷不醒。8时许，该院院长雷某查病房时，王某问雷某其母是否有救。雷某回答说："病人送得太迟了，已经不行了。"王某即说："既然我妈没救，能否采取啥措施让她早点咽气，免受痛苦。"雷某未允许，王某坚持己见，雷某仍回绝。9时左右，王某又找主管医生蒲某，要求给其母施用某种药物，让其母无痛苦死亡，遭到蒲某的拒绝。在王某再三要求并表示愿意签字承担责任后，蒲某给夏某开了100毫克复方冬眠灵，并在处方上注明是家属要求，王某在处方上签了名。当该院医护人员拒绝执行该处方时，蒲某又指派某卫校实习学生蔡某、戚某等人给夏某注射，遭到蔡某、戚某等人的回绝。蒲某生气地说："你

---

① 以上评析意见参见陈兴良．但书规定的规范考察．法学杂志，2015（8）：8．
② 最高人民法院中国应用法学研究所．人民法院案例选（1992～1999年合订本）：刑事卷：上．北京：中国法制出版社，2000：387～390．

们不打（指不去给夏某注射），回卫校去！"蔡某、戚某等人无奈便给夏某注射了75毫克复方冬眠灵。下班时，蒲某又对值班医生李某说："如果夏某12点不行（指夏某还没有死亡），你就再给打一针复方冬眠灵。"当日下午1时至3时，王某见其母未死，便两次去找李某，李某又给夏某开了100毫克复方冬眠灵，由值班护士赵某注射。夏某于6月29日凌晨5时死亡。经陕西省高级人民法院法医鉴定，夏某的主要死因为肝性脑病。夏某两次接受复方冬眠灵的总量为175毫克，用量在正常范围，并且患者在第二次用药后14小时死亡，临终表现无血压骤降或呼吸中枢抑制，所以，复方冬眠灵仅加深了患者的昏迷程度，促进了死亡，并非其死亡的直接原因。

2. 涉案问题

蒲某为了减轻病人痛苦而注射复方冬眠灵，能否依"但书"规定出罪？

3. 裁判理由

陕西省汉中市* 人民法院经过公开审理后认为：被告人王某在其母夏某病危濒死的情况下，再三要求主管医生蒲某为其母注射药物，让其母无痛苦地死去，虽属故意剥夺其母生命权利的行为，但情节显著轻微、危害不大，不构成犯罪。被告人蒲某在王某的再三请求下，亲自开处方并指使他人给垂危病人夏某注射促进死亡的药物，其行为属故意剥夺公民的生命权利，但其用药量属正常范围，不是造成夏某死亡的直接原因，情节显著轻微、危害不大，不构成犯罪。遂依照《刑法》（1979年）第10条和《刑事诉讼法》（1979年）第11条的规定，于1991年4月6日判决，宣告被告人蒲某、王某无罪。

一审宣判后，被告人蒲某、王某对宣告他们无罪表示基本满意，但对判决书中认定他们的行为属于故意剥夺他人的生命权利表示不服，提起上诉，要求二审法院改判。

陕西省汉中市人民检察院认为：蒲某、王某两被告人在主观上有非法剥夺他人生命权利的故意，在客观上又实施了非法剥夺他人生命权利的行为，社会危害性较大，符合我国《刑法》（1979年）规定的故意杀人罪的基本特征，已构成故意杀人罪。据此，该院以原判定性错误、适用法律不当为理由，向陕西省汉中地区中级人民法院** 提出抗诉，要求对蒲某、王某二人予以正确判处。

陕西省汉中地区中级人民法院** 二审审理后认为：原审人民法院对本案认定的事实清楚，证据确实、充分，定性准确，审判程序合法，适用法律和判决结果是适当的，应予维持，抗诉和上诉的理由不能成立。该院于1992年

---

* 现更名为汉中市汉台区（下同）。——编辑注

** 现更名为陕西省汉中市中级人民法院。——编辑注

3月25日依法裁定，驳回汉中市人民检察院的抗诉和蒲某、王某的上诉；维持汉中市人民法院对本案的判决。

4. 评析意见

蒲某、王某故意杀人案被称为我国安乐死第一案，但判决书中并没有出现安乐死一词，因此不能认为本案确认了安乐死为违法阻却事由。对此，1991年2月28日最高人民法院给陕西省高级人民法院的批复明确指出，你院请示的蒲某、王某故意杀人一案，经最高人民法院讨论认为："安乐死"的定性问题有待立法解决，就本案的具体情节，不提"安乐死"问题，可以依照《刑法》（1979年）第10条的规定，对王、蒲的行为不作犯罪处理。最高人民法院对安乐死的谨慎态度当然是正确的，但在不以安乐死作为蒲某、王某的出罪事由的情况下，以"但书"规定作为其出罪根据，带来了说理上的困难。其实，本案是完全符合安乐死的特征的：王某作为夏某之子，为了减少其母死前的痛苦，要求医生对其母采用药物使其速死。这就是一种典型的安乐死。而蒲某作为医生，接受王某的要求，给夏某开出复方冬眠灵的处方，并指使他人给夏某注射，致其死亡，故他是安乐死的实际施行者。按照三阶层的犯罪论体系，上述行为当然是符合故意杀人罪的构成要件的该当性的，其行为是否构成犯罪应当在违法性阶层考察，即是否具有违法性阻却事由。如果不承认安乐死是违法性阻却事由，则在有责性阶层考察是否存在免责事由。由此可见，三阶层犯罪论体系处理此类问题的逻辑思路是十分清晰的。但按照四要件的犯罪论体系，对本案的考察是在具备了犯罪构成四要件的前提下展开的，因此只能纳入社会危害性的思路，即以情节显著轻微、危害不大而不认为是犯罪，引用但书规定予以出罪。判决书在本案的论证中，试图将蒲某、王某的故意杀人行为界定为是情节显著轻微的，因此从客观和主观两个方面进行了说理：从客观上来说，一审判决认为：夏某两次接受复方冬眠灵的总量为175毫克，用量在正常范围，并且患者在第二次用药14小时死亡，临终表现又无血压骤降或呼吸中枢抑制。所以，复方冬眠灵仅加深了患者的昏迷程度，促进了死亡，并非其死亡的直接原因。这一理由是难以成立的：如果用药在正常范围，那么还能将蒲某、王某的行为定性为杀人行为吗？所谓注射复方冬眠灵并非夏某死亡的直接原因，这是否意味着判决认为蒲某、王某的行为是夏某死亡的间接原因，由此而确认间接原因是情节显著轻微的表现？从主观上来说，一审判决确认王某在主观上是为了"让其母亲无痛苦地死去"，能否以此认为王某的主观恶性较小，由此而认为主观恶性较小是情节显著轻微的表现？即便如此，那又怎么理解剥夺他人生命是危害不大呢？对此，我国学者指出："安乐死的实质就是故意杀人，即侵害他人生命权，生命权是至为重大、最为珍贵的法益，一旦故意杀人，就是情节极其严重。根本不存在所谓'情节显著轻微'的杀人行为,故意杀人不像盗窃、诈骗还有情节轻微与否之别。"① 概言之,故意杀人无论出于何种原因,都不存在适用"但书"规定的余地。勉强适用的结果是,对"情节显著轻微、危害不大"作过于宽泛的界定。因此,本案还是因为安乐死而出罪,并非因情节显著轻微、危害不大而出罪。②

[案例 2-3] 张某伪造居民身份证案③("但书"规定的适用)

1. 基本案情

张某不慎遗失居民身份证,因其户口未落实,无法向公安机关申请补办居民身份证,遂于 2002 年 5 月底,以其本人照片和真实的姓名、身份证号码和暂住地地址,出资让他人伪造了居民身份证一张。2004 年 3 月 18 日,张某因在中国银行上海市普陀支行使用上述伪造的居民身份证办理正常的银行卡取款业务时被银行工作人员发现而案发。

2. 涉案问题

行为人伪造一张居民身份证,是否可以作无罪处理?

3. 裁判理由

上海市第二中级人民法院认为:我国《刑法》(2002 年修正)第 13 条的规定揭示了犯罪应当具有社会危害性、刑事违法性和应受刑罚惩罚性等基本特征,其中,社会危害性是犯罪的本质特征,是认定犯罪的基本依据。某种符合刑法分则规定的犯罪构成要件的行为,只要它属于《刑法》(2002 年修正)第 13 条规定的对社会危害不大、不认为是犯罪的行为,也就不具有刑事违法性和应受刑罚惩罚性。因此,行为的社会危害性程度是界定罪与非罪的关键。2003 年《中华人民共和国居民身份证法》(以下简称《居民身份证法》)第 1 条规定:"为了证明居住在中华人民共和国境内的公民的身份,保障公民的合法权益,便利公民进行社会活动,维护社会秩序,制定本法。"第 8 条规定:"居民身份证由居民常住户口所在地的县级人民政府公安机关签发。"由此可见,居民身份证是公民维护自己合法权益和进行社会活动时不可或缺的身份证明。张某的户口从原址迁出后,一直无法落户。由于缺乏"常住户口所在地"这一要件,其居民身份证丢失后,户籍管理机关不能为其补办,这使其在日常生活中遇到困难。在此情况下,张某雇用他人伪造一张居民身份证,仅将此证用于正常的个人生活。张某使用的居民身份证虽然是伪造的,

---

① 方鹏. 出罪事由的体系和理论. 北京:中国人民公安大学出版社,2011:79.
② 以上评析意见参见陈兴良. 但书规定的规范考察. 法学杂志,2015 (8):10.
③ 最高人民法院办公厅. 中华人民共和国最高人民法院公报:2004 年卷. 北京:人民法院出版社,2005:347~350.

但该证上记载的姓名、住址、身份证编码等个人身份信息是真实的,不存在因使用该证实施违法行为后无法查找违法人的情况。张某在使用银行信用卡时虽有透支,但都能如期如数归还,且在日常生活和工作中无违法乱纪的不良记录。法庭调查证明:张某伪造并使用伪造居民身份证的目的是解决居民身份证遗失后无法补办、日常生活中需要不断证明自己身份的不便。张某伪造居民身份证虽然违法,但未对社会造成严重危害,属于情节显著轻微、危害不大。一审法院根据《刑法》(2002年修正)第13条的规定认定张某的行为不是犯罪,并无不当。抗诉机关以张某用伪造的居民身份证申领银行信用卡并在银行透支现金,推定张某的行为具有潜在的社会危害性,没有事实根据,其抗诉理由不充分,不予支持。据此,上海市第二中级人民法院依照《刑事诉讼法》(1996年)第189条第1项的规定,于2004年7月22日裁定:驳回抗诉,维持原判。

4. 评析意见

关于张某伪造居民身份证案,上海市静安区人民法院对其作出无罪判决,上海市第二中级人民法院驳回抗诉。这是相当令人敬佩的。本案被《最高人民法院公报》刊载,表明最高人民法院对此案也是持肯定态度的。但是,在本案中,判决书以"但书"规定作为张某的出罪根据,是令人难以接受的。伪造居民身份证罪本身是一种抽象危险犯,对于抽象危险犯来说,判断危害大小几乎是不可能的,因此根本就不存在适用"但书"的前提条件。张某之出罪的根据在于对伪造一词的理解。关于伪造,在日本刑法学界存在形式主义与实质主义之争。例如日本学者大塚仁教授曾经对文书伪造犯罪中的形式主义与实质主义作过以下论述:"关于文书伪造的犯罪中的现实的保护对象,形式主义认为是文书制作名义的真实即形式的真实,实质主义认为是文书内容的真实即实质的真实。形式主义提出,只要确保文书制作名义的真实,就自然会保护其内容的真实;而实质主义则提出,属于文书内容的事实关系违反了真实的话,就会侵害社会生活的安全。刑法以形式主义为基调,也含有实质主义。为了保护对文书的公共信用,首先有必要尊重文书的形式的真实性,不应允许因为内容是真实的就违反制作权人的意思而冒用其名义制作文书。不过,也存在应该特别保护文书内容的真实的情形,可以认为,刑法正是在这种认识之下规定了文书伪造的犯罪。"[①] 虽然大塚仁教授以上论述是针对日本刑法中的文书伪造犯罪而言的,但笔者认为其完全可以适用于对我国伪造犯罪的理解。伪造居民身份证罪是我国刑法规定的伪造犯罪之一种。关于这里的伪造,张明楷教授认为,伪造不仅包括无权制作身份证的人擅自制

---

① 大塚仁.刑法概说(各论):第3版.冯军,译.北京:中国人民大学出版社,2003:477.

作居民身份证，而且包括有权制作人制作虚假的居民身份证。[①] 在此，张明楷教授指出伪造居民身份证罪之伪造既包括有形伪造（无权制作者的非法制作）也包括无形伪造（有权制作者制作虚假文书）。这是正确的，但在有形伪造的情况下，是按照形式主义还是按照实质主义来判断伪造，张明楷教授并未论及。笔者的观点是，应该按照实质主义来判断伪造居民身份证罪中的伪造。因此，像本案中张某的行为虽然是一种无权制作居民身份证者非法制作居民身份证的行为，违反了《居民身份证法》的规定，但按照实质主义的理解，不能认为该行为构成了伪造居民身份证罪。当然，实际的制作人在不知委托人提供的个人信息是否真实的情况下非法制作的行为可以构成伪造居民身份证罪，而在明知委托人提供的个人信息是真实的情况下能否构成伪造居民身份证罪，尚可商榷。[②]

需要说明的是，2015年11月1日生效的《刑法修正案（九）》将伪造、变造身份证罪修改为"伪造、变造、买卖身份证件罪"。基于此，买卖身份证件的行为也构成犯罪。这里的"买卖"包括购买行为和卖出行为。购买行为既包括为卖出而购买，也包括为了自用而购买。根据《刑法修正案（九）》，张某的行为符合买卖身份证件罪的构成要件。不过，由于该案发生在2004年，故无法对张某以买卖身份证件罪论处。

深度研究

关于现行《刑法》第13条"但书"规定的正当性，素来存在争议。这里主要探讨这一规定是否违反罪刑法定原则的问题。

（一）积极罪刑法定原则的否定及"但书"规定本身的正当性

现行《刑法》第3条规定了罪刑法定原则："法律明文规定为犯罪行为的，依照法律定罪处刑；法律没有明文规定为犯罪行为的，不得定罪处刑。"这一规定的后半段是指"法无明文规定不为罪"，对此没有争议。对于前半段，我国学者将其称为积极的罪刑法定原则，即只要法律明文规定为犯罪行为的，就应当依照法律定罪处刑。例如何秉松教授指出："对于一切犯罪行为，都要严格地运用刑法加以惩罚，做到有法必依、违法必究。其基本精神是严肃执法，惩罚犯罪，保护人民。从这个基本点出发，积极的罪刑法定原则要求：1. 法律明文规定为犯罪行为的，要依法追究其刑事责任，任何机关或个人，不得违反刑法的规定，任意出人于罪，宽纵罪犯。2. 对犯罪分子定罪和处刑，都必须严格遵守刑法的规定，该定什么罪就定什么罪，该判处什

[①] 张明楷. 刑法学. 5版. 北京：法律出版社，2016：1038.
[②] 以上评析意见参见陈兴良. 但书规定的规范考察. 法学杂志，2015（8）：12.

么样的刑罚就判处什么样的刑罚，不得违反刑法的规定，重罪定为轻罪，轻罪定为重罪或者重罪轻判、轻罪重判。"① 根据这种所谓积极的罪刑法定原则，只要刑法规定为犯罪行为的，就一律定罪处刑。"但书"规定的正当性因此遭到质疑。例如有学者指出："我国《刑法》第 3 条的规定不仅包含了罪刑法定原则中的法无明文规定不为罪的一般规定，而且还包含了法律规定为犯罪行为的，就要依法定罪处刑，要严格执法。但是，根据'情节显著轻微危害不大的，不认为是犯罪'的规定，刑法分则已规定为犯罪的行为有可能被司法机关确定为不是犯罪，不予刑事处罚。罪刑法定原则要求刑法对个罪构成的规定要具体、确定，而'情节显著轻微危害不大的，不认为是犯罪'的规定则使刑法个罪的罪与非罪的标准永远处于一个不确定的状态，从而与罪刑法定之确定性要求相悖。"② 显然，这一对"但书"规定的批判是基于对积极的罪刑法定原则的理解，认为"但书"规定使那些刑法明文规定为犯罪行为的情形得以出罪，因而不妥。问题是：积极的罪刑法定原则能够成立吗？回答是否定的。现行《刑法》第 3 条前半段不能被理解为"只要法律明文规定为犯罪行为的，就应当依照法律定罪处刑"，而应当被理解为"只有法律明文规定为犯罪行为的，才能依照法律定罪处刑"③。因此，不能认为"但书"的出罪规定是违反罪刑法定原则的。

(二)"但书"规定的滥用危险与顺畅的出罪机制的建立

"但书"规定并不违反罪刑法定原则，这就为"但书"规定的正当性提供了法理根据。与此同时，也必须指出，"但书"规定在司法实践中确实存在着善意的滥用。这种善意滥用的根源还是在于"出罪须有法律规定"的思想在作祟。如果树立起"出罪无须法定"的理念，"但书"规定或者可以作为提示性规定而存在，或者只限于作为那些确属情节显著轻微、危害不大的行为的出罪根据。

根据"但书"规定出罪，是否会导致任意出罪？这也是对"但书"规定被滥用的一种担忧。例如有学者指出："认定某一行为是否具有较为严重的社会危害性或者说认定某一行为是否社会危害不大，这个社会危害性在具体的执法者那里往往具有较大的主观色彩，没有法律上的或者客观上的参照系。将这种'不认为是犯罪'的认定权交予司法机关行使，是不是会使司法机关的权力过大？这种不认为是犯罪的认定，不仅限于人民法院的认定，也包括侦查机关认为情节显著轻微不予立案或者中止侦查，还包括人民检察院不起

---

① 何秉松. 刑法教科书：上卷. 北京：中国法制出版社，2000：68.
② 王尚新. 关于刑法情节显著轻微规定的思考. 法学研究，2001 (5)：1.
③ 关于这一问题的深入讨论，参见陈兴良. 罪刑法定主义. 北京：中国法制出版社，2010：57～63.

诉。多个司法机关行使这一权力会使这一规定的执行具有更大的随意性。"①这种担忧是没有必要的。司法机关的定罪权本身就包括了两个方面的内容：一是入罪权，二是出罪权。前者是根据刑法规定将某一行为予以入罪的权力，后者是将某一行为予以出罪的权力。这种出罪又包括了两种情况：一是将根本就不符合构成要件的行为予以出罪的权力，这些行为原本就不是犯罪；二是将虽然符合构成要件但情节显著轻微、危害不大的行为予以出罪的权力，这些行为不被认为是犯罪。在世界各国，都不是某一行为只要符合刑法规定就一律入罪，对于那种情节显著轻微、危害不大的行为，都是采取各种途径予以出罪。在一个公正的刑事诉讼程序中，不仅入罪的渠道是畅通的，而且出罪的渠道也是无阻的。从我国目前的司法实践情况看，入罪容易出罪难，入罪的动力远远大于出罪的动力。在这种情况下，强调建立顺畅的出罪机制具有重要的理论价值与现实意义。应该指出，强调司法出罪的重要性，并不意味着鼓励出罪权的滥用，尤其是要防止贪赃枉法、放纵犯罪，但这个问题与建立顺畅的出罪机制之间并不矛盾。

在我国刑法学界，对于能否直接援引"但书"规定作为司法个案的出罪根据，存在着较大的分歧意见。其中肯定说认为，"但书"规定可以成为司法个案的出罪根据，不仅法院是适用"但书"规定的主体，而且公安机关和检察机关也是适用"但书"规定的主体。② 应该说，这是通说，也为司法机关所采纳。但否定说则认为，"但书"规定不能成为司法个案的出罪根据。例如张明楷教授指出："犯罪概念不是认定犯罪的具体标准，同样，《刑法》第13条的但书也不是宣告无罪的具体标准。司法机关只能根据刑法规定的犯罪成立条件认定行为是否成立犯罪，而不是直接以社会危害性的大小认定犯罪。如果行为符合犯罪成立条件，当然构成犯罪；如果行为不符合犯罪成立条件，自然不成立犯罪。如果行为符合犯罪成立条件，却又根据《刑法》第13条但书宣告无罪，便使刑法规定的犯罪成立条件丧失应有的意义，也违反了《刑法》第3条的规定。"③ 张明楷教授在此论及的并不仅仅是一个能否直接引用现行《刑法》第13条"但书"作为出罪根据的问题，而且涉及定罪思维的方法论问题，也即：刑法规定的犯罪成立条件是只是入罪条件呢，还是同时也是出罪条件？根据他的观点，犯罪成立条件既是入罪条件又是出罪条件：在符合犯罪成立条件的情况下，犯罪成立条件是入罪条件；在不符合犯罪成立条件的情况下，犯罪成立条件就是出罪条件。因此，正如不能在犯罪成立条件之外根据犯罪概念入罪一样，也不能在犯罪成立条件之外根据"但书"规

---

① 王尚新. 关于刑法情节显著轻微规定的思考. 法学研究，2001 (5)：22.
② 张永红. 我国《刑法》第13条但书研究. 北京：法律出版社，2004：76.
③ 张明楷. 刑法学. 5版. 北京：法律出版社，2016：91.

定出罪。对于这一观点，笔者是完全赞同的。但这并不是说，目前司法实践中根据"但书"规定出罪的情形不应当出罪，而只是说这些情形本来就不符合犯罪成立条件，应当根据不符合犯罪成立条件出罪，而不是根据"但书"规定出罪。①

第二节　犯罪构成与定罪方法

知识背景

（一）四要件体系的价值评判

我国传统的犯罪构成体系是四要件体系，亦即犯罪主体、犯罪主观方面、犯罪客体、犯罪客观方面。这种犯罪构成体系混淆了诸多关系。

1. 难以兼顾形式判断与实质判断

四要件体系将犯罪客体作为要件，可能使实质判断过于前置。通说的刑法理论中客体为犯罪成立的首要条件，所谓客体是刑法所保护而为犯罪所侵害的社会关系，这就涉及实质判断。此判断一旦完成，行为就被定性，被告人无法为自己进行辩护。这是一种过分强调国家权力之作用的做法，它可能会导致司法适用中先入为主的危险，不利于保障人权和实现法治。中国刑法学先考虑犯罪客体要件，实际上等于先定罪再找证据。但这样的犯罪构成理论必然违反一般的思维规律。

要对行为定性，需要优先考虑的是对行为的定型化，即判断实行行为及其附随情况，然后对行为的性质进行判断。例如，对于不作为犯，罪刑法定原则之下保障人权的自由主义观点强调犯罪构成的定型化、犯罪行为的确定化和现实性，认为犯罪不仅仅是违法行为，而且是由一定的构成要件所框定的违法行为，所以，对犯罪不能仅仅从一般的违法性的观念上去把握，要考虑其是否有构成要件该当性，必须仔细考虑不作为的构成要件该当性问题，行为人违反作为义务的行为才是该当构成要件的不作为行为。所以，对于不作为犯，判断是否在具备作为义务的情况下没有实施社会所期待的行为，是刑法评价的第一步。是否有具体的社会关系（直接客体）被侵害并不是司法判断的首要步骤。

许多学者也正是看到了犯罪客体要件的弊端，才提出取消该要件的主张。事实上，犯罪客体的功能在于揭示犯罪的本质特征，这一功能不是犯罪构成

---

① 以上关于但书规定的价值评价，参见陈兴良．但书规定的法理考察．法学家，2014（4）：58~60。

要件所要承担的，而是犯罪概念所要承担的。在功能上，犯罪客体与犯罪对象具有重合性。由此可见，犯罪客体的存在是不必要的，它不是犯罪构成要件。把犯罪客体要件放到犯罪概念或犯罪本质中加以讨论，也并不是不可行。

2. 重视控诉机制而轻视辩护机制

辩护机制在大陆法系国家的违法性、责任判断阶段都存在，个人可以主张自己的行为未侵害法益、自己不具有谴责可能性等，以摆脱司法追诉。辩护机制是罪犯与社会就犯罪性质所作的沟通，它的存在使国家对罪犯的惩罚建立在罪犯"同意"的基础上，使刑法成为罪犯"内心"的法，从而为国家的惩罚提供罪犯所认可的合法性。此外，由于法院的客观、超然和中立性，法院在罪犯与由检察机关所代表的国家的冲突中，能够根据犯罪成立理论中的辩护机制以特殊的角色出现。正是通过法院这样的"权力装置"，国家巧妙地化解了来自其对手的挑战而获得了统治的合法性。专业化、职能化的法律惩罚，使权力运作更为灵敏、精巧、迂回、隐蔽和省力。它通过体现科学和真理的法律知识隐蔽地实现了统治者的意图；它通过公开审判无形中实现了国家的法律符号权力的支配；它通过公诉、辩护制度实现了一种迂回的、同意的惩罚。

在中国刑法中，四大要件一旦"拼凑"成功，就可以得出个人有罪的结论。所有的刑法学著作都众口一词地说：行为符合四个构成要件，就能够得出有罪的结论。而没有任何一本书讲：行为人可以借助四个构成要件中的某些要件进行辩护。这样一来，犯罪构成就只能反映定罪结论（犯罪规格），突出刑法的社会保卫观念，由此在保障人权方面必然存在制度性不足，所以犯罪构成理论总体上是对控方有利的，这使刑事案件中控诉容易而辩护困难。在出现诱惑侦查、免责但并不阻却违法性的紧急避险等情况时，个人要进行无罪辩解，基本上没有可能。但在类似情况下，无论是在大陆法系国家还是在英美法系国家，个人要作无罪辩护，在犯罪成立理论上都是有根据的。

众所周知，对犯罪的认定，必须在实体上结合犯罪构成理论，反映控辩对抗的过程。刑事诉讼永远是控辩力量展示的过程，控辩活动各有其归宿：控诉证明基本事实，确认评价犯罪的一般标准、原则的有效性；而辩护意在证明阻却违法性、阻却责任的事实的存在，强调例外情形对于涉讼公民的意义。所以，在犯罪构成理论上，不考虑例外情况，不考虑为辩护权利的行使留有余地，就会出现行为完全符合四个构成要件但有罪结论明显不合理的情况。例如，现行刑法中并无亲亲相隐不为罪的规定，亲属之间相互包庇、窝藏，完全符合现行《刑法》第 310 条的规定的，就应当定罪。但这并不是特别合理，很多人就开始批评刑法规定不合理，建议增设相应的特别免责条款。但是，如果犯罪构成理论中有辩护机制存在，即使刑法中未规定亲亲相隐不为罪，也可以将类似行为"出罪"。按照大陆法系的刑法理论，行为人可以在责任判断阶段作免责的辩解。

3. 主观判断可能优于客观判断

在大陆法系国家中，对行为的客观判断和主观判断是分层次进行的。客观判断分两个步骤进行：行为在客观上是否符合构成要件；行为在客观上是否具有实质的法规范违反性。主观判断就是对个人责任的判断。在我国刑法学中，主观判断和客观判断同时地、一次性地完成。客观判断涉及危害社会的行为（作为及不作为）、危害社会的结果，犯罪的时间、地点，犯罪所使用的方法等附随情况。主观判断涉及罪过，即故意、过失。从表面上看，主观判断和客观判断界限分明、不易混淆；但在平面、闭合式结构中，在考虑主观要件和客观要件时，可能存在以下关系混淆。

第一，主观和客观的关系并不清晰。

与犯罪的客观情况紧密相关的主观要件，例如犯罪心理、刑事责任年龄等，往往也成为构成事实的一个组成部分，例如，在危害后果已然发生的情形下，行为人没有过失，就不可能成立过失犯罪。按照现存犯罪构成理论，由于四大要件是"一荣俱荣、一损俱损"的关系，没有犯罪心理就等于没有过失犯罪行为，这样，疏忽大意和过于自信的心理状态又属于与客观的构成事实有关的内容，成为一种"凝固的"、事实形态的犯罪事实。

第二，犯罪主体与犯罪构成要件的关系纠缠不清。

任何犯罪都离不开一定的主体，犯罪是人实施的，主体与个人的各种特殊情况有关，所以属于主观方面的内容。但是否把犯罪主体作为犯罪构成的要件，却是一个值得研究的问题。

在大陆法系犯罪构成理论中，并没有我们通常所说的犯罪主体这样一个犯罪构成要件。犯罪主体的内容被分解为两部分：（1）在构成要件该当性中，论述行为的主体，将其与行为客体相对应。由于构成要件该当性只是犯罪成立的第一个要件，因而无论什么人，只要实施了构成要件该当的行为，就具备了行为主体这一要件。（2）在有责性中，论述责任能力。责任能力是责任的前提，如果没有责任能力，就不存在罪过问题。在责任能力中，以否定要件的形式论述无责任能力的情形。

在苏联的犯罪构成中，有学者认为，责任能力不应被放在犯罪构成的范围内解决，而应当被置于犯罪构成的范围之外。然而，通说仍然把犯罪主体作为犯罪构成要件。中国刑法理论也将犯罪主体列入犯罪构成，通说的排列顺序是犯罪客体—犯罪客观方面—犯罪主体—犯罪主观方面。

但是，根据中国通行的犯罪构成理论，将犯罪主体作为犯罪构成要件，会引起逻辑上的矛盾：到底是犯罪主体作为犯罪构成的一个要件先于犯罪行为而独立存在,还是符合犯罪构成的犯罪行为先于犯罪主体被评价?如果是犯罪主体作为犯罪构成的一个要件先于犯罪行为而独立存在,那么,每一个达到法定刑事责任年龄、具备刑事责任能力的人都是犯罪主体。如果是符合犯罪构成的犯罪行为先于犯罪主体被评价,则不具备刑事责任能力的人也有可能实施犯罪行为。这是一个两难的推理,将犯罪主体是犯罪构成要件的观点推到一个尴尬境地。所以,把行为主体与责任能力相剥离,取消犯罪主体这一犯罪构成要件,可能是要加以考虑的。这里的主体是行为主体,属于构成要件该当性的内容,是行为得以实施的前提。而责任能力是与罪过相联系的,属于责任的范畴。责任是主观的,这里的主观,包括主观上的责任能力与在这种责任能力支配下的主观心理态度。因此,责任能力与罪过是紧密相连的,是后者的前提,只有将责任能力与罪过相贯通,才能对行为人进行主观归责。

第三,主观判断有时先于客观判断进行。

在大陆法系国家,对行为的判断,是将作为主观和客观的统一体的行为全体作为判断的对象;违法性判断与具体的行为者分离,根据社会一般的基准进行评价;责任判断是对特定行为人的行为进行规范的无价值评价。如果要体现刑法的法益保护机能,实现罪刑法定原则,就应当优先考虑行为客观方面的特征,再对主观方面进行评价。但中国目前流行的犯罪论体系缺乏评价的层次性,主观要件和客观要件同等重要,在平面式结构中看不出哪一个要件需要优先评价,也就无法防止人们先判断主观要件符合性是否存在。这种理论构架的直接后果就是人们在考虑主观要件之后才考虑客观要件,容易将没有法益侵害性但行为人主观上有恶性的身体动静(但不是实行行为)认定为犯罪,从而人为扩大未遂犯的成立范围,刑法就可能在某些问题上不可避免地陷入主观主义的陷阱之中。[①]

(二)四要件体系的实务考察

通过细致的实务考察,我们会发现四要件体系虽然"简洁明了",但是存在诸多适用不足。

1. 容易根据形式判断得出结论

四要件说强调四个要件是否"齐备"。对齐备与否的考察,主要是一个做"加法"的过程,而非层层推进、抽丝剥茧的过程。这样一来,容易导致的结果是:对犯罪是否成立的考察,演变为对要件是否存在的形式化观察。根据这种方法进行判断,在多数场合,得出有罪结论的概率大于得出无罪结论的

---

① 以上关于四要件体系的价值评判,参见周光权. 犯罪构成理论:关系混淆及其克服. 政法论坛,2003(6):47~51。

概率。例如，甲最近连续观看淫秽光盘，并在事后多次告诉共同租住一室的乙：其已经下定决心，要强奸深夜下班后从某偏僻巷道通过的女工丙。无论乙如何规劝甲，甲都执意要实施强奸计划。眼见甲不听劝且明确告知乙其马上就要出门实施强奸犯罪，乙试图拖住甲，但难以成功。乙灵机一动，对甲说："你最多摸摸她的乳房，过一下瘾就算了，别太过分。"甲后来一想，觉得乙说得有道理，果真在现场只猥亵了丙，然后逃跑。后甲被抓获。甲构成犯罪无疑。但对乙应该如何处理？按照四要件说，乙应当成立强制猥亵妇女罪的教唆犯，因为乙具有教唆故意，也有教唆行为，被教唆的甲事后也的确按照乙的教唆实施了强制猥亵妇女的犯罪行为。但是，这可能是形式化地看待行为概念、形式化地看待犯罪构成要件所得出的结论。

2. 不重视法益保护的观念

我国刑法学通说认为：犯罪客体是任何犯罪的必要构成要件，任何一种行为如果不侵害刑法所保护的客体，就不可能构成犯罪。一方面，通说认为，客体是否存在是决定犯罪是否成立的决定性因素，无客体要件，犯罪就不可能成立；另一方面，通说又认为，在很多情况下，犯罪客体并未受到侵害，法益侵害的结果或者危险并未发生，也可以定罪处罚。这足以说明，通说在表面上重视法益概念，但在"骨子里"并未将客体理论贯彻到底，并不重视法益保护的观念。

在四要件说中，对犯罪构成要件的判断，是简单判断和形式判断，基本没有实质的违法性判断，实质的法益侵害的考量就无从谈起。例如，张某伙同女青年王某（26岁）准备外出以"放飞鸽"的名义骗钱。到A省某县后，张某、王某发现老光棍胡某可能好骗，便准备对其下手。但二人苦于不认识胡某，便由张某出面找到人贩子赵某，对其谎称自己欲将王某卖出，要赵某帮忙，并答应事成之后给赵1 000元报酬。赵某第二天便带着张、王二人，顺利将王某以7 000元的价格"卖给"胡某。张某得款并付给赵某报酬后，立即逃离现场。王某当晚跑出胡某所在村庄200米后被发现，很快被抓回。赵某的行为构成何罪？张某和王某构成诈骗罪共犯当无异议，但他们二人与赵某之间不存在意思联络，在诈骗罪上不可能和赵某形成共犯关系。接下来需要考察其是否可能构成拐卖妇女罪的直接正犯或者共犯，对此又必须结合拐卖妇女罪的保护法益加以考虑。从表面上看，赵某有帮助张某拐卖妇女的意思并实施了相应的行为，只是由于意志以外的原因未得逞，所以，赵某的行为应当构成拐卖妇女罪未遂。但是，女青年王某属于诈骗犯罪的行为人，在本案中并无真正的被拐卖的妇女，即客观上不存在被害人，拐卖妇女罪所要保护的妇女的人身自由法益自然就不存在，法益侵害客观上绝对不可能发生，对赵某进行处罚对于保护法益没有实际意义。虽然赵某的行为应当受到舆论和道德的谴责，也对社会管理秩序有所妨害，但是，拐卖妇女罪是侵害人身自由的犯罪，当被"拐卖"的妇女不是刑法所要保护的妇女，而是诈骗罪犯时，不能认为赵某的行为侵犯了法益，所以，可以考虑对赵某作无罪处理。但是，作为通说的四要件说在分析具体犯罪时，并不将客体保护、法益侵害等问题置于中心位置加以考虑，这使客体要件的存在徒有虚名。

3. 过于重视行为人的意思

四要件理论是平面结构，在从事具体的判断时，犯罪构成要件之间没有先后之分，由此可能导致的问题是：在未进行客观要件的判断时，先作主观要件的判断。这种做法和刑法客观主义的立场相悖，刑法客观主义认为，犯罪是对社会有害的行为，如果没有客观的行为就没有犯罪；不以行为而以行为人的主观恶意为处罚根据，会混淆法与伦理的关系，还可能造成法官的恣意判断。由此一来，刑法客观主义重视外部的、现实的行为，强调表现于外的客观要素才是刑法评价的出发点和关键点，极其重视犯罪的类型化、定型性的意义。

四要件说将主观要件置于优先考虑位置的观念，对司法实务的影响是巨大的，也是消极的。例如，在具体处理案件时，存在大量的将所谓的"调包诈骗"行为定性为诈骗罪而非盗窃罪的做法，这实际上也是过于重视行为人的意思，只看到其"想"骗钱的一面，而没有仔细考察行为人取得被害人财物的关键手段究竟是什么。例如，犯罪人A、C故意将钱包丢在陌生人B的后面，叫B回来拾取，在B发现有外币之后，A、C声称要与B平分财物。B提出愿意要外币，但身上所带的现金不够，但有银行卡。A、C就欺骗B将三人的钱包都放入C事先带来的保险箱中，待B从银行取出现金后再分配捡拾的财物。三人约定，由B、C在现场监管保险箱，由A持B的银行卡去取款。实际上，A只是为了借机脱身，并未去取款。一小时后，C以寻找A为借口，也逃离了现场。B此时方知有诈，将保险箱砸开，发现里面只有三个空空如也的小包。事实上，在B将其钱包按照A、C的意思放入C带来的保险箱之际，A已经以极快的速度将B的钱包调包。对A、C应当如何处理？对于此案，一、二审法院都以诈骗罪定罪。法院的主要考虑是：行为人有诈骗的故意，基于这种意思所实施的设置圈套等行为多多少少含有"骗"的成分，并且基于其欺骗行为取得了他人财物，因此，应当以诈骗罪定性。但是，这样的思维逻辑，仍然是将行为人"想骗钱"这样的犯罪主观要件置于首要位置的产物。在处理类似案件时，需要考虑诈骗罪与盗窃罪的关键区别是：从"客观上"看，被害人是否基于认识错误处分或者交付财产。被害人虽然产生了认识错误，但并未因此而处分财产的，行为人的行为不成立诈骗罪；被害人虽然产生了认识错误，但倘若不具有处分财产的权限或者地位的，则其帮助转移财产的行为不属于诈骗罪中的处分行为，行为人的行为也不成立诈骗罪。所以，处分行为的有无，划定了诈骗罪与盗窃罪的界限。被害人自行处分财物时是诈骗罪而不是盗窃罪；被害人没有处分财物时，即行为人以和平手段改变财产占有关系时是盗窃罪。在本案中，如果首先考察客观要件就会发现，虽然A、C基于诈骗的意思，实施了骗B"上钩"的行为，但B没有因为受骗而产生处分财产的认识错误，更没有基于认识错误而在客观上处分财产，只是对财物的占有适度弛缓。此外，A取走该财物的行为，其关键手段乃是窃取。在这个意义上，A、C的行为只能成立盗窃罪。因此，一种犯罪论体系，如果不将客观要件置于绝对优先的地位，可能会导致结论错误，同时可能忽略很多复杂问题。

4. 难以正确处理正当化事由

利用我国通说的理论处理正当防卫、紧急避险等问题时，很容易得出自相矛盾的结论。通说认为，正当防卫、紧急避险等排除社会危害性的行为，是指外表上似乎符合某种犯罪构成，实质上不仅不具有社会危害性，而且对国家和人民有益的行为，它们都不是犯罪行为。既然我国刑法理论和苏联刑法理论一样，坚持认为犯罪构成是我国刑法所规定的、决定某一行为成立犯罪所必需的主客观要件的总和，是犯罪成立的规格和标准，是形式和实质的统一体，而且一切符合构成要件的行为都是犯罪行为，那么，又何来正当防卫、紧急避险等行为"符合犯罪构成要件"，却又"不构成犯罪"呢？此外，我们在利用通说处理"牺牲他人的生命保全自己"的案件时，容易得出行为人的行为完全符合四个构成要件，不能成立紧急避险，从而有罪的结论，因为从法律的角度看，每一个生命都是极其崇高和无比尊贵的，都具有平等的价值，没有哪一个生命可以超越其他生命。为了保全自己的生命，也不能牺牲他人的生命。牺牲他人保全自己的行为，是法律不可能容忍的，具有社会危害性和刑事违法性，因此，不可能成立阻却违法的紧急避险。在四要件说的背景下，被告人很难对有罪判决进行辩解。

5. 不能妥善处理共犯论的问题

共犯论是刑法学中"令人绝望的一章"，也是中国刑法学中最为薄弱的一章。把四要件说的犯罪客观要件、犯罪主观要件、犯罪主体要件的理论借用到共犯论上，大概只能解决共犯的成立条件问题，且对此问题的解决也并不彻底和深入。例如，对两个正犯，在犯罪客观要件和犯罪主观要件有相同或者交叉之处但并不绝对相同的场合，是否可以成立共犯？例如，A、B共谋"教训"C，A有杀人故意，到现场后实施危险程度很高的暴力行为，B仅有伤害故意，着手后的行为暴力程度一般，A、B是否成立共犯？按照四要件说，就难以得出肯定的结论。四要件说在讨论共犯的成立条件时，名义上是在分析共同故意、共同行为，但实质上沿用了讨论单独犯的故意、行为的简单套路，对很多复杂问题采用"绕开走"的办法，导致对很多问题的讨论只能是浅尝辄止。

把适用于单独犯的犯罪构成理论简单借用到共犯上，会带来思维判断简单化、共犯成立范围广的危险。A计划在两天后杀害B，并四处散布要杀B的言论。得知实情的B积极准备应对A的侵害行为，并向C咨询应对办法。C告诉B："如果他敢乱来，你就杀了他。"在A对B实施杀害行为之际，B果然按照C的指点反击，并将A杀死。按照四要件说，C成立故意杀人罪的教唆犯，因为从形式上看，B具有杀人故意，并因为自己的行为导致A的死亡，B的行为完全符合故意杀人罪的四个要件。C教唆B杀死A，B和C成立共犯没有什么问题。对于类似问题，阶层理论按照共犯从属性的原理，会认为B的行为没有违法性，对作为从属于B的教唆者C就没有处罚必要性，从而C无罪。

此外，四要件说作为一种平面的体系，难以对行为进行分层次评价，难以在不同的评价阶段得出相应的结论，对于共犯在何种意义上、在哪一个犯罪评价阶层"共同"，就难以展开讨论；在处理共犯关系问题上，尤其是在正犯和狭义共犯（教唆犯、帮助犯）的关系、狭义共犯的处罚根据等问题上，明显捉襟见肘。例如，A大摆宴席贺儿子满月，同事纷纷前来捧场，觥筹交错至夜深方散。A大醉，送同事Z出门。Z发现自己骑来的摩托车不见了，到处找也没找到。此时A见旁边另有几辆摩托车，即回家拿来扳手、榔头等工具。A叫Z给他递送工具，将其中一辆摩托车的车锁撬开，然后将此车交给Z，叫他骑走。第二天，A的弟弟B发现A的摩托车（价值2万元）丢失，遂向公安机关报案。经查，A的摩托车被A、Z在前夜"盗走"。对Z如何处理？按照四要件说，即便因为摩托车是A的，对A不处罚，也不能免除Z的责任，因为Z帮助A实施盗窃行为，Z有盗窃故意，也实施了帮助行为，符合盗窃罪的构成要件，当然构成盗窃罪。四要件说实际上坚持的是纯粹的引起说的立场，该说认为：只要共犯行为与正犯的违法性法益侵害之间具有因果联系，就需要对共犯处罚。至于正犯的行为，只要属于某种违法行为即可；即便正犯没有构成要件符合性，共犯也能够成立。Z的帮助行为与A的违法性法益侵害之间具有因果联系，所以对于Z需要处罚。但是，这一结论无视刑法分则关于盗窃罪的规定，和犯罪支配说、共犯从属性理论都不符合，本身并不妥当。[①]

[①] 以上关于四要件体系的实务考察，参加周光权．犯罪构成四要件说的缺陷：实务考察．现代法学，2009（6）：79～84。

(三) 三阶层体系

三阶层体系由构成要件该当性、违法性及责任组成，是一种阶层式的判断。

1. 构成要件该当性

构成要件包括客观构成要件与主观构成要件：客观构成要件包括行为主体、行为、结果及因果关系。主观构成要件包括故意与过失。构成要件具有形式特征与实质特征：构成要件的形式特征是指构成要件的定型性特征。构成要件的实质特征是指构成要件的违法性特征。

（1）构成要件的形式特征与实质特征。

第一，形式特征（定型性特征）。构成要件的定型性特征具有保障罪刑法定原则的机能。罪刑法定原则的主旨是保障人权。为此，刑法将什么行为规定为犯罪必须具有明确性，让国民具有预测可能性，能够知晓什么行为是犯罪、什么行为不是犯罪。若国民对行为的性质与后果没有预测可能性，则国民便不敢有所作为，国民的自由空间便受到限制。基于此，刑法在规定什么行为是犯罪时，应当提供一个样式或模型。这便是犯罪的构成要件。

第二，实质特征（违法性特征）。刑法将什么类型的行为规定为犯罪必须有实质根据，该实质根据便是法益侵害性，也称为实质违法性。因此，刑法规定一项罪名的构成要件，必然体现了该罪名的实质违法性。亦即，构成要件是违法性的存在根据。具有构成要件该当性的行为便具有违法性。早期，贝林（Beling）认为构成要件只是违法性的"征表"。后来，梅茨格尔（Mezger）认为构成要件是违法性的本体存在根据（Ratio essenti）。[①] 这种看法在今天几成共识，在判断构成要件时，必须考虑其蕴含的实质违法性。

综上不难看出，定型性特征是构成要件的"图像"，而违法性特征是构成要件的实体。

（2）客观构成要件与主观构成要件。

构成要件包括客观构成要件与主观构成要件。客观构成要件主要包括行为主体、行为、结果及因果关系。主观构成要件包括故意与过失。客观构成要件是客观违法性的根据，主观构成要件是主观违法性的根据。张明楷教授认为故意行为与过失行为对法益制造的危险没有区别，故意杀人行为与过失致死行为对他人生命的危险是相同的，因此，不承认故意、过失是主观违法要素。[②] 然而，这种观点值得商榷。

故意行为与过失行为在制造法益侵害的危险上呈现明显差异。故意行为

[①] Vgl. Edmund Mezger, Strafrecht, 3. Aufl., Duncker & Humblot, 1949, S. 182.
[②] 张明楷. 行为无价值论与结果无价值论. 北京：北京大学出版社，2012：88, 89.

由于具有目的性，因此对危险的发展具有现实的支配性，而过失行为由于缺少目的性，因此对危险的发展仅具有支配可能性。这也导致，故意行为制造的危险流具有方向性，而过失行为制造的危险流具有盲目性。故意行为中存在目的性思维活动，对危险流的发展具有目的性指引，因此危险流的发展具有方向性。相反，过失行为中不存在目的性思维活动，对危险流的发展没有目的性指引。此时的行为意志具有任意性，导致危险流的发展具有盲目性。这种差异也导致二者的因果关系在确定性上存在差异。因果关系是危险流的现实化。由于故意行为的危险流具有方向性，所以其与结果之间的因果关系具有可预见性或确定性。而过失行为的危险流具有盲目性，所以其与结果之间的因果关系也具有盲目性。[1] 韦尔策尔（Welzel）对此举例说明：护士在不知情的情况下向病人注射了药性过强的吗啡针剂，导致病人死亡。尽管她实施了目的性的注射行为，但并未实施目的性的杀人行为。所以，该死亡结果不是危险目的性的实现，而仅仅是因果性的实现。[2]

2. 违法性

行为具有构成要件该当性，意味着行为具有违法性。但是，这只是初步结论，接下来还需要从实质角度判断行为最终是否具有违法性，对此便需要考察违法阻却事由。这是因为：第一，构成要件该当性的判断是在形式框架内的判断，由此可能导致有些行为表面上具有违法性，但实质上不具有违法性。虽然一般情况下构成要件的形式特征（定型性特征）与实质特征（违法性特征）是统一的，符合定型性特征便具有违法性，但是，在个别情况下二者有可能割裂，亦即符合定型性特征但实际上不具有违法性。例如，甲杀了乙，但是基于正当防卫的事由。因此，有必要在实质角度考察最终的违法性。第二，构成要件是一种禁止性规范，表达的是一种针对国民的义务。然而，刑法应当容许国民行使某些权利，应当规定一些容许性规范。违法阻却事由便是一种容许性规范，常见的违法阻却事由有正当防卫、紧急避险等。

3. 责任

在违法性阶层，若判断行为人不具备违法阻却事由，则可以得出最终结论：行为人的行为制造了违法事实。接下来，需要就该违法事实看能否谴责或责难行为人。如果能够谴责行为人，则意味对行为人作了否定评价，行为人便要承担不利的法律后果。在此，便需要判断行为人是否具有可谴责性。行为人具有可谴责性的前提条件是行为人具有责任年龄、责任能力、违法性认识可能性及期待可能性。具备这些条件，则意味着行为人能够针对违法事

---

[1] 柏浪涛. 构成要件错误的本质：故意行为危险的偏离. 法学研究，2018（3）.
[2] 汉斯·韦尔策尔. 目的行为论导论：增补第4版. 陈璇，译. 北京：中国人民大学出版社，2015：4.

实形成反对动机（抑制实施违法行为的动机），却不形成反对动机。基于此，便可以谴责行为。若不具备这些条件，则意味着行为人不具有可谴责性。由此，不具备这些条件便成为一种责任阻却事由。

规范依据

《刑法》（2020年修正）第13条："一切危害国家主权、领土完整和安全，分裂国家、颠覆人民民主专政的政权和推翻社会主义制度，破坏社会秩序和经济秩序，侵犯国有财产或者劳动群众集体所有的财产，侵犯公民私人所有的财产，侵犯公民的人身权利、民主权利和其他权利，以及其他危害社会的行为，依照法律应当受刑罚处罚的，都是犯罪，但是情节显著轻微危害不大的，不认为是犯罪。"

案例评价

[案例2-4] 田某飞等抢劫案[①]（构成要件该当性的认定）

1. 基本案情

田某飞、李某阳、田某于2014年10月3日相约一起偷狗，后由田某飞驾驶一辆无牌照银灰色"五菱之光"面包车，带着李某阳、田某于当日17时许到安徽省凤台县某乡闫湖村李刘庄大兴青年路，李某阳用事先准备好的电叉将被害人童甲的一条重40余斤的黑色土狗（价值280元）电死后准备拖上车时，被童甲当场发现，李某阳为抗拒抓捕便用电叉对童甲进行威胁，并强行将狗拽上面包车后由田某飞驾车逃跑，在逃跑过程中他们遭到童乙、童丙等村民的围堵拦截，为冲出围堵田某飞等人驾车将站在路边的李甲撞倒并强行倒车，从其身上碾压过去，逃离现场，造成李甲受伤、经抢救无效于当日死亡。

2. 涉案问题

三名行为人先实施盗窃，在逃离过程中压死一人。这种行为符合何罪的构成要件？

3. 裁判理由

一审法院认为，被告人田某飞、李某阳、田某以非法占有为目的，使用暴力、胁迫等手段劫取他人财物，致人死亡，其行为均已构成抢劫罪，遂判决田某飞犯抢劫罪，判处有期徒刑15年；判处李某阳、田某相应刑罚。

4. 评析意见

根据阶层论处理本案，确实需要先考虑田某飞等的行为是否构成故意杀

[①] 安徽省淮南市中级人民法院（2016）皖04刑终138号刑事裁定书.

人罪。单纯依据田某飞等驾车撞击被害人李甲并强行倒车,从其身上碾压过去,致死的情节,可以认为其行为符合故意杀人的客观构成要件,且至少具有杀人的间接故意,故意杀人罪的构成要件该当性具备,田某飞等也无法提出违法阻却事由和责任阻却事由。但是,仅认定田某飞等的行为该当故意杀人罪的构成要件,无法同时评价他们之前盗窃被害人财物并在被害人出现时对其进行威胁,然后逃离现场这一情节。如果将整个犯罪过程联系起来考察就会发现,田某飞等在其盗窃行为被发现后驾车逃跑,在逃跑过程中遭到童乙、童丙等村民的围堵拦截,为冲出围堵而驾车撞人的一系列行为,都属于盗窃后抗拒抓捕的行为,其行为该当抢劫罪的构成要件。由于田某飞等不能主张正当防卫、紧急避险,其违法性也具备。至于在责任判断阶段,可以对李某阳主张的其只是去捉捕野狗,而野狗不受法律保护,自己不具有违法性认识进行反驳——在认识到自己的行为可能侵害他人占有的财物时,违法性认识就具备。田某飞等相约"偷狗",且电死的狗在被害人家附近,故其对于狗属于有主物有认识,进而对于自己的行为不被规范允许也应有认识。结合田某飞等在将被害人童甲家的狗电死,准备拖上车拉走时被当场发现,后为了抗拒抓捕,而当场使用暴力相威胁,以及三人在驾车逃跑过程中将被害人李甲撞倒并碾轧致死的事实,足以认定田某飞等对自己的行为明显具有违法性认识。这样一来,责任要件也齐备。①

[案例 2-5] 李某某网络"刷单炒信"案② (构成要件该当性的认定)

1. 基本案情

2013 年李某某创建"零距网商联盟"网站,其前身为"迅爆军团",利用 YY 语音聊天工具建立"刷单炒信"平台,吸纳淘宝卖家注册账户成为会员,并收取 300 元至 500 元的保证金和 40 元至 50 元的平台管理维护费及体验费。李某某在网站平台上制定了"刷单炒信"规则与流程,组织会员通过该平台发布或接受"刷单炒信"任务。会员缴纳会费承接任务后,通过与发布任务的会员在淘宝网上进行虚假交易并给予虚假好评的方式赚取任务点,使自己能够采用悬赏任务点的方式吸引其他会员为自己"刷单炒信",进而提升自己淘宝店铺的销量和信誉,欺骗淘宝买家。对每单任务网站都要收取 0.1 的任务点,该任务点可以在网站内流通,也可以货币化。

2. 涉案问题

行为人以牟利为目的在网上"刷单炒信",符合何罪的构成要件?

---

① 以上评析意见参见周光权. 阶层犯罪论及其实践展开. 清华法学, 2017 (5): 102.
② 陈东升,王春. 刷单炒信第一案, 法官详解为何定性为非法经营罪. 法制日报, 2017-06-21 (8).

3. 裁判理由

法院认为,被告人李某某违反国家规定,以营利为目的,明知是虚假的信息仍通过网络有偿提供发布信息等服务,扰乱市场秩序,情节特别严重,其行为已构成非法经营罪。遂以非法经营罪判处李某某有期徒刑5年6个月。

4. 评析意见

本案中李某某建立"刷单炒信"的网络平台,组织他人进行"刷单炒信"活动,使"刷单炒信"规模化和产业化,其社会危害性要比单个"刷单炒信"行为的社会危害性更为严重,这是毋庸置疑的,应该是法律打击的重点。但本案法院将组织他人进行"刷单炒信"的行为认定为非法经营罪,是否符合该罪的构成要件,需要仔细斟酌。非法经营罪的构成要件包括以下要件:第一是违反国家规定,第二是非法经营,第三是扰乱市场经济秩序。在这三个要件中,前两个要件都属于构成要件中的形式判断,而第三个要件属于构成要件中的实质判断。在本案中,扰乱市场秩序这一实质要件当然是具备的,问题在于,是否具备违反国家规定和非法经营这两个形式要件。对此,本案判决进行了论证。

(1) 关于违反国家规定,法院认为,被告人李某某的行为违反全国人大常委会《关于维护互联网安全的决定》(以下简称《决定》)和国务院颁布的《互联网信息服务管理办法》(以下简称《办法》)。李某某创建并经营的"零距网商联盟"以收取平台维护管理费、体验费、销售任务点等方式牟利,属于提供经营性互联网信息服务,根据《办法》相关规定,其应当取得互联网信息服务增值电信业务经营许可证。这一论证是存在逻辑错误的。组织"刷单炒信"平台并收取费用,该行为不可能属于提供经营性互联网信息服务,因为这种互联网信息服务是指法律允许的经营活动,因此如果提出申请相关管理部门会发给互联网信息服务增值电信业务经营许可证。如果行为人没有取得这种经营许可证即进行经营,则属于违反国家规定的经营行为。但在本案中,"刷单炒信"是《反不正当竞争法》所禁止的违法行为,即使提出申请有关部门也不可能发给经营许可证。在这种情况下,根本就不存在违反经营许可的问题。正如卖淫是法律所禁止的,不存在违反经营许可的问题一样。对于法律禁止的活动是不存在经营许可的,这是行政许可的基本原理。

此外,法院还认为,在本案中,"炒信"行为即发布虚假好评的行为虽系在淘宝网上最终完成,但李某某创建"炒信"平台,为"炒信"双方搭建联系渠道,并组织淘宝卖家通过该平台发布、散播"炒信"信息,引导部分淘宝卖家在淘宝网上对商品、服务作虚假宣传,并以此牟利。其主观上明显具有在淘宝网上发布虚假信息的故意,且系犯意的提出、引发者,客观上由平台会员即淘宝卖家实施完成发布虚假信息。其行为符合《决定》第3条规定的"利用互联网对商品、服务作虚假宣传",构成犯罪的,依照刑法有关规定追究刑事责任。在此,《决定》第 3 条属于提示性规定,对于利用互联网实施刑法已有规定的犯罪行为作了列举性的规定。该条第 1 项规定:"利用互联网销售伪劣产品或者对商品、服务作虚假宣传",这里的利用互联网对商品或者服务作虚假宣传,是指利用互联网为伪劣产品作虚假宣传。本案涉及的是"刷单"虚假交易,使商家虚增交易量,由此获得交易信用。因此,这种行为不能被认定为是在互联网上进行虚假宣传。可以说,法律对"刷单炒信"行为并没有作规定,由此也就不存在违反国家规定构成非法经营的问题。"刷单炒信"行为虽违反《反不正当竞争法》的规定,但并不可能因此而构成非法经营罪。因此,在本案中,非法经营罪的违反国家规定这一要件就不符合。

(2) 关于本案李某某的行为是否属于刑法规定的非法经营行为。我国《刑法》(2011 年修正) 第 225 条规定了四种非法经营行为,分别是:1) 未经许可经营法律、行政法规规定的专营、专卖物品或者其他限制买卖的物品的;2) 买卖进出口许可证、进出口原产地证明以及其他法律、行政法规规定的经营许可证或者批准文件的;3) 未经国家有关主管部门批准非法经营证券、期货、保险业务的,或者非法从事资金支付结算业务的;4) 其他严重扰乱市场秩序的非法经营行为。本案李某某的行为不符合前三种,只能被认定为第四种非法经营行为。而根据《最高人民法院关于准确理解和适用刑法中"国家规定"的有关问题的通知》第 4 条的规定,对于李某某的行为是否属于《刑法》(2011 年修正) 第 225 条第 4 款规定的"其他严重扰乱市场秩序的非法经营行为",有关司法解释未作明确规定的,应当作为法律适用问题,逐级向最高人民法院请示。由此可见,"其他严重扰乱市场秩序的非法经营行为"的认定权应当归属于最高人民法院。当然,本案不能定罪的主要根据还是在于"刷单炒信"行为缺乏违反国家规定的要件。在缺乏形式要件的情况下,基于对社会危害性的考量,将组织"刷单炒信"行为认定为非法经营罪,与罪刑法定原则相悖。[①]

[案例 2-6] 谢某军等开设赌场案[②](构成要件该当性的认定)

1. 基本案情

2015 年 9 月至 2015 年 11 月,向某在杭州市萧山区活动期间,分别伙同谢某军、高某、高某樵、杨某彬等人,以营利为目的,邀请他人加入其建立

---

① 以上评析意见参见陈兴良. 刑法阶层理论:三阶层与四要件的对比性考察. 清华法学, 2017 (5): 15.

② 最高人民法院指导案例 106 号, 浙江省杭州市中级人民法院 (2016) 浙 01 刑终 1143 号刑事判决书。

的微信群,组织他人在微信群里采用抢红包的方式进行赌博。其间,谢某军等人分别帮助向某在微信群内代发红包,并根据发出赌博红包的个数,从"抽头款"中分得好处费。

2. 涉案问题

对于建立微信群,以抢红包方式进行赌博的行为如何定性?微信群能否被认定为"赌场"?如何区分开设赌场罪与赌博罪中聚众赌博的行为?

3. 裁判理由

法院生效裁判认为:行为人以营利为目的,通过邀请人员加入微信群,利用微信群进行控制管理,以抢红包方式进行赌博,设定赌博规则,在一段时间内持续组织赌博活动的行为,属于《刑法》第303条第2款规定的"开设赌场"。谢某军等人伙同他人开设赌场,均已构成开设赌场罪,且系情节严重。最终,法院对四人均以开设赌场罪定罪处罚。

4. 评析意见

近年来,随着信息网络技术的不断发展,传统的犯罪模式出现了许多"互联网版本"。就赌博来说,通过建立微信群抢红包的方式进行赌博的行为方式开始出现且数量不断增多。在司法实践中,对该类行为的定性存在着赌博罪和开设赌场罪的分歧。就本案而言,同样存在着两种不同的定性意见。持构成赌博罪意见者认为,微信群具备一定的封闭性,参赌者必须被邀请才能进入,在这个意义上,微信群相对比较固定,规模有限;持构成开设赌场罪意见者则认为,赌博犯罪活动是否具备组织性、开放性和经营性是区分聚众赌博与开设赌场的关键,而本案行为人所为之行为已然具备这些特性。[①] 该案中法院最终以开设赌场罪对行为人定罪处罚。这一结论也得到了最高人民法院的认可,106号指导案例的裁判要旨指出,"以营利为目的,通过邀请人员加入微信群,利用微信群进行控制管理,以抢红包方式进行赌博,在一段时间内持续组织赌博活动的行为,属于刑法第三百零三条第二款规定的'开设赌场'。"此外,最高人民法院105号指导案例与本案非常相似,同样是建立微信群进行赌博活动的控制管理,只是该案行为人系采取根据竞猜游戏网站的开奖结果等方式进行赌博,故该案中的行为亦被定性为开设赌场罪。

在1997年《刑法》中,开设赌场原本属于赌博罪中的一种行为类型,自《刑法修正案(六)》出台后,开设赌场的行为被单独设置成罪。由于聚众赌博与开设赌场的行为在客观上往往都会体现出召集、组织赌博人员进行赌博的特征,因而两者的确存在相似性,要准确区分两罪应当从构成要件入手。

---

① 韩骏,钱安定,李跃华.以微信抢红包形式进行网络赌博的定性——浙江杭州中院判决谢检军、高垒、高尔樵、杨泽彬开设赌场案.人民法院报,2017-11-02(6).

因《刑法》第 303 条第 2 款对于开设赌场罪的罪状描述十分简单,对该罪构成要件的解释只能围绕"开设赌场"这一表述进行。

有观点试图从"赌场"入手来阐释两罪的区别,认为在具体的案件中,聚众赌博往往与开设赌场一样,都可能存在提供赌场的问题,此时要想区分两罪,就应当注意开设赌场中"赌场"的特殊性,其不是指一般进行赌博的场所,而是指为行为人所控制,具有一定的连续性和稳定性,专门用于赌博活动,并且在一定范围内为他人所知晓的地方。① 换言之,该观点对开设赌场罪中的"赌场"概念进行了特殊界定,从而使其区别于赌博罪中可能涉及的一般性"赌场"概念。此种思路固然为两罪的区分提供了一条具有可操作性的标准,但却是值得商榷的:一方面,从文义解释的角度而言,"赌场"一词的通常含义即指进行赌博活动的场所;另一方面,从体系解释的角度而言,尽力保障各个表述相同的概念呈现相同的规范内涵,是维护整个刑事法体系稳定融贯的应有之义。而且对开设赌场罪中的"赌场"进行特殊限定也缺乏规范依据,故不宜将开设赌场罪中的"赌场"与赌博罪中可能涉及的"赌场"进行概念上的区分。

除从"赌场"入手区分两罪的观点外,还有多种观点,有学者将各观点归纳为控制性标准、经营性标准、开放性标准和综合性标准,如此,前述从"赌场"概念入手的观点实质上也可以被纳入这些标准中,且最高人民法院指导案例的裁判要旨也基本上可以被纳入上述标准中。该学者还指出,上述标准均是对实践现象的归纳,而非实质标准,开设赌场罪之所以较赌博罪不法程度更高,是因为开设赌场的行为人处于易引诱他人实施违法行为的危险源地位,其行为可能引起成千上万起聚众赌博行为的发生。②

的确,从实质角度来说,与聚众赌博相比,开设赌场无疑为不特定赌博者提供了可以经常赌博的场所,发挥着吸引人员进行赌博活动的作用,因此其违法性程度更高。与此相应,只要行为人使一个赌博场所具备了持续运营的可能性,该场所就能发挥上述作用。因此从这个角度来说,经营性标准作为形式判断标准相对更具合理性。开设赌场强调"开设"行为,即开办、设立,内含建立、运营的要求。张明楷教授亦指出,"所谓开设赌场,是指经营赌场"③。而聚众赌博的主要特征在于"聚众",相关司法解释中对于两者之具体行为的界定也体现了这一点。具体来说,开设赌场的经营性主要体现为两

---

① 邱利军,廖慧兰. 开设赌场犯罪的认定及相关问题研究——以《刑法修正案(六)》和"两高"关于赌博罪司法解释为视角. 人民检察,2007(6):19.

② 江海洋. 论创建微信群组织抢红包赌博行为之定性. 西北民族大学学报(哲学社会科学版),2020(3):104~105.

③ 张明楷. 刑法学. 5 版. 北京:法律出版社,2016:1079.

点：一是行为人对赌场有控制支配能力，包括对场所本身以及内部组织、赌博活动的控制；二是行为人对赌场有经营管理的客观行为特征，例如赌场内部分工明确，会提供各种经营服务以维持赌场运行等。如果行为人建立微信群只是组织人员进行赌博，但是没有对微信群进行经营管理，没有相关人员的具体分工，就不能成立开设赌场罪，有可能成立赌博罪。[①] 让我们再审视指导案例的裁判要旨体现的关键信息，即"以营利为目的"、"邀请人员加入微信群"、"控制管理"和"一段时间内持续"。其中，"以营利为目的"尽管没有在开设赌场罪的条文中出现，但开设赌场的行为通常都会具备该条件。"邀请人员加入微信群"和"控制管理"都是经营性的表现。"一段时间内持续"不应被理解为对赌场实际运营的时间有要求，开设赌场罪是行为犯，只要赌场确实具备持续运营的现实可能性即可。

具体到本案中，首先，尽管"赌场"的概念无法为区分聚众赌博和开设赌场提供标准，在这里仍然需要明确微信群可否成为"赌场"，否则行为人不可能触犯开设赌场罪。随着网络科技的进步，越来越多的赌博活动可以在虚拟的网络空间进行，在线上还是线下进行不存在实质差别。在信息网络时代，对场所的界定不应当强调其物理意义，而应该重视其功能意义。无论是现实中的实体场所还是网络虚拟空间，只要能够具备开展赌博活动的功能，这种空间就不会超出"赌场"的概念范围。《最高人民法院、最高人民检察院关于办理赌博刑事案件具体应用法律若干问题的解释》和《最高人民法院、最高人民检察院、公安部关于办理网络赌博犯罪案件适用法律若干问题的意见》，认可赌博网站可以成为"赌场"，即认可了网络虚拟空间可以作为"赌场"。因此，同样为网络虚拟空间的微信群既然也具备开展赌博活动的功能，亦可以被认定为"赌场"。尽管现有司法解释只规定了建立赌博网站的相关行为属于开设赌场，但是司法解释的规定并不属于法律拟制，而是开设赌场的应有之义，因此将符合条件的建立微信群行为解释为开设赌场并不违反罪刑法定原则。

其次，在明确微信群可以成为"赌场"后，我们还需要判断本案中的行为是否具备经营性特征。在本案中，同案人员向某系赌博微信群的组建者，为赌博群制定了规则，组织人员赌博，招募代包手并安排具体流程。可见其对"赌场"具有控制支配能力，也进行了具体的运营，其行为构成开设赌场罪。谢某军等人作为代包手，伙同向某收取赌资抽头获利，系共犯，其行为也构成开设赌场罪。

[①] 周立波．建立微信群组织他人抢红包赌博的定性分析．华东政法大学学报，2017（3）：113～114．

[案例2-7] 张某等寻衅滋事案① (构成要件的关系)

1. 基本案情

张某找同学秦某松帮忙找工作,秦某松提供没有帮助,张某心生不满。2007年6月17日17时许,张某得知秦某松要到甲市惠济区的富景生态园游玩,便电话通知韩某到富景生态园"收拾"秦某松。韩某骑车带着倪某兴赶到富景生态园。在富景生态园,张某向韩某指认秦某松后,韩某、倪某兴便上前殴打秦某松,拳打脚踢。然后,张某要求秦某松给钱,见秦某松身上钱少,便拿走其两部手机,并让其第二天拿钱换回手机。在此过程中,秦某松没有反抗。后经秦某松索要,张某将一部手机归还。张某将另一部手机卖掉,并将赃款挥霍。

2. 涉案问题

抢劫罪的构成要件是什么?寻衅滋事罪的构成要件是什么?二者的关系是不是对立排斥关系?如果本案事实符合了寻衅滋事罪的构成要件,是否就一定不符合抢劫罪的构成要件?

3. 裁判理由

一审法院认为:被告人张某、韩某、倪某兴随意殴打他人,强拿硬要,情节恶劣,其行为均已构成寻衅滋事罪。检察机关指控的事实成立,但指控的抢劫罪罪名不妥。倪某兴的法定代理人提出其系未成年人、从犯的意见成立,予以采纳。应综合各被告人的犯罪事实、情节、作用、社会危害性、认罪态度等具体情节,对各被告人予以量刑。遂依照《中华人民共和国刑法》(2005年修正)第293条、第25条、第26条、第27条、第17条的规定,认定被告人张某、韩某、倪某兴犯寻衅滋事罪,分别判处被告人张某有期徒刑1年6个月,判处被告人韩某有期徒刑1年,判处被告人倪某兴有期徒刑6个月。

一审宣判后,检察机关提出抗诉。张某等三人均服判,不上诉。

检察机关的抗诉理由是:原判认定罪名不正确,适用法律不当。张某、韩某、倪某兴以非法占有为目的,当场使用暴力强行劫取他人财物,其行为均已构成抢劫罪。

二审法院经审理后认为:原审被告人张某、韩某、倪某兴随意殴打他人,强拿硬要,情节恶劣,其行为均已构成寻衅滋事罪。原审被告人张某、韩某在共同犯罪中起主要作用,均系主犯。原审被告人倪某兴在共同犯罪中起次要作用,系从犯,且犯罪时未满18周岁,依法应当从轻或者减轻处罚。关于

---

① 最高人民法院刑事审判第一、二、三、四、五庭. 中国刑事审判指导案例:妨害社会管理秩序罪. 北京:法律出版社,2017:77.

抗诉机关提出的本案应被定性为抢劫罪而非寻衅滋事罪的理由，经查，原审三被告人出于教训、报复他人的动机，随意殴打他人，并采用蛮不讲理的手段强行索要他人财物，其行为符合寻衅滋事罪的主、客观要件，故抗诉机关的抗诉理由不能成立，不予采纳。原审判决认定的事实清楚，证据确实、充分，定性准确，适用法律正确，审判程序合法，但对原审被告人倪某兴量刑不当。遂依照《中华人民共和国刑事诉讼法》（1996 年）第 189 条第 1、2 项，《中华人民共和国刑法》（2005 年修正）第 72 条第 1 款、第 73 条第 2 款，《最高人民法院关于审理未成年人刑事案件具体应用法律若干问题的解释》第 16 条之规定，维持一审法院对原审被告人张某、韩某的定罪、量刑及对原审被告人倪某兴的定罪；对原审被告人倪某兴改判有期徒刑 6 个月，缓刑 1 年。

4. 评析意见

第一种意见认为，寻衅滋事罪是指行为人带着满足精神空虚等流氓动机，随意殴打他人，强拿硬要他人财物，情节恶劣的行为。张某等三人的行为符合寻衅滋事罪的构成要件，应以寻衅滋事罪论处。

第二种意见认为，抢劫罪是指行为人以非法占有为目的，使用暴力、胁迫等强制手段，劫取他人财物的行为。张某等三人的行为符合抢劫罪的构成要件，应以抢劫罪论处。

传统理论认为，寻衅滋事罪与抢劫罪有所不同，区分标准是行为人是否带有满足精神空虚、寻求精神刺激等流氓动机。因此，一个案件事实不可能既符合寻衅滋事罪的构成要件又符合抢劫罪的构成要件。然而，这种分析思路是不妥当的。

可以看出，张某等三人带着报复泄愤动机殴打秦某松，符合寻衅滋事罪的构成要件，构成寻衅滋事罪。关于这一点应无多少争议。问题是：张某等三人的行为是否构成抢劫罪？抢劫罪的行为结构是：以非法占有为目的，实施暴力、胁迫及其他强制手段，压制对方反抗，对方因为无法反抗而被迫放弃财物，行为人因此取得财物。张某等三人一开始带着报复泄愤目的对秦某松实施暴力，然后临时起意产生非法占有秦某松钱财的目的，并采取胁迫手段取得财物。抢劫罪中的胁迫手段，是指行为人以恶害相通告，使对方产生恐惧心理，导致对方不敢反抗，并以此取得财物的手段。因此，抢劫罪的手段不限于暴力手段，包括胁迫手段及其他手段。张某等三人对秦某松拳打脚踢后，秦某松已经不敢反抗，此时张某等三人临时起意，以胁迫手段继续维持秦某松不敢反抗的状态，并以此拿走财物，这种行为符合抢劫罪的构成要件，构成抢劫罪。

其实，并非对任何两个不同罪名都需要明确区分标准。只有两个罪名的关系是对立排斥关系时，才需要明确它们的区分标准。所谓对立排斥关系，是指肯定行为成立甲罪，就必然否定行为成立乙罪；反之亦然。例如，盗窃罪与侵占罪的关系便是如此：因为盗窃罪的对象只能是他人占有的财物，而侵占罪的对象必须是自己事先占有的他人财物，所以，一个行为不可能既成立盗窃罪又成立侵占罪。

寻衅滋事罪与抢劫罪是不是存在对立排斥关系？传统理论提供的流氓动机这一区分标准是否妥当？众所周知，犯罪构成具有法定性，只有刑法规定的要素才是构成要件要素。可是我国传统理论上与司法实践中常常出现这种现象：在阐述甲罪的构成要件时，认为 A 要素不是构成要件要素，具备或不具备 A 要素，不影响甲罪的成立。然而，在阐述甲罪与乙罪的区别时，却有意或无意地认为只有不具备 A 要素，才能成立甲罪，如果具备 A 要素，就成立乙罪。例如，刑法理论或实务在阐述抢劫罪时认为，行为人是否具有流氓动机不是抢劫罪的构成要件要素，有无流氓动机不影响抢劫罪的成立。但是，在阐述抢劫罪与强拿硬要型寻衅滋事罪的区分时却认为，抢劫罪的行为人不能具有流氓动机，如果具有流氓动机，强拿硬要他人财物，就构成寻衅滋事罪。这种随意添加或删减某罪构成要件要素的做法明显违背了罪刑法定原则。一个罪名的构成要件要素具有法定性，不能为了区分此罪与彼罪，就随意添加或删减该罪的构成要件要素。

而且，在法定的构成要件之外随意添加的要素，并不能起到将此罪与彼罪区分的作用。例如，人们在提出区分标准时，常常说"甲罪的行为一般表现为 A，乙罪的行为一般表现为 B"。可是，当案件中的行为并不"一般"而比较特殊时，这种区分标准便没有意义。又如，人们在提出区分标准时，往往说"甲罪只能是 A，而乙罪既可以是 A 也可以是 B"。可是，当案件事实是 A 时，究竟是成立甲罪还是成立乙罪便不明确。例如，主流的观点认为，强拿硬要型寻衅滋事罪与抢劫罪的区别在于：于前者行为人主观上还具有逞强好胜和通过强拿硬要来填补其精神空虚等目的，于后者行为人一般只具有非法占有他人财物的目的。可是，当行为人既带有非法占有目的，又带有逞强好胜等流氓动机，强拿硬要他人财物时，是构成抢劫罪还是构成寻衅滋事罪，便有了疑问。

何况，这种无法一以贯之的区分标准会导致罪刑不相适应，违背公平正义。例如，甲不具有流氓动机，只有非法占有目的，使用暴力、胁迫手段劫取他人财物（价值 1 万元）。乙具有流氓动机，也有非法占有目的，使用暴力、胁迫手段强拿硬要他人财物（价值 10 万元）。按照有无流氓动机的标准，将对甲以抢劫罪论处，对乙以寻衅滋事罪论处。这显然是不公平的：寻衅滋事罪是轻罪，抢劫罪是重罪。乙带着流氓动机，却被论以轻罪；甲不具有流氓动机，却被论以重罪。这就告诉犯罪分子，只要带有流氓动机去劫取财物，就不会构成抢劫罪,而只构成寻衅滋事罪。这为犯罪分子提供了很便利的避重就轻的机会。

认定犯罪是一个三段论推理过程,刑法规定的罪名的构成要件是大前提,案件事实是小前提,结论是该案件事实是否符合某个罪名的构成要件。在判断得出该案件事实符合甲罪的构成要件后,还要看该案件事实是否符合乙罪的构成要件。只要甲罪与乙罪间不是对立排斥关系,那么一个案件事实就有可能同时符合两个犯罪的构成要件,此时便产生想象竞合的现象,应择一重罪论处。

寻衅滋事罪与抢劫罪的构成要件属于对立排斥关系还是交叉重合关系?对此,关键是看两罪是根据一个标准或角度来划分的还是根据两个标准或角度来划分的。如果是根据一个标准或角度来划分的,那么就是对立排斥关系。如果是根据两个标准或角度划分的,那么就有可能产生交叉重合关系。例如,如果仅根据性别来划分学生,那么就分为男生与女生,二者是对立排斥关系。如果还根据学历来划分,那么学生又可分为本科生与研究生,二者是对立排斥关系。但是,男生与本科生的关系就不是对立排斥关系,而是交叉重合关系,例如男生里有本科生也有研究生,研究生里有男生也有女生。很显然,寻衅滋事罪与抢劫罪是根据两个标准或角度来划分的,前者是根据社会管理秩序这一法益来划分的,后者是根据财产法益来划分的,因此,二者不会是对立排斥关系,而是交叉重合关系,也即,行为人在实施寻衅滋事罪的同时有可能触犯抢劫罪,在实施抢劫罪的同时也有可能触犯寻衅滋事罪。既然二者是交叉重合关系,那么一个案件事实符合其中一个罪的构成要件时,便不应该排斥符合另一个罪的构成要件。具体到本案,张某等三人的行为既触犯了寻衅滋事罪又触犯了抢劫罪,属于想象竞合犯,应择一重罪论处,即以抢劫罪论处。

深度研究

(一)犯罪构成体系的阶层性

四要件体系论者认为犯罪构成体系的阶层性(位阶性)就是先后顺序性,依此认为四要件体系也有判断的先后顺序,因此也具有阶层性。对于这种看法,需要仔细分析。

第一,犯罪客体。根据四要件的犯罪论体系,所谓犯罪客体是指我国刑法所保护的、为犯罪行为所侵害的社会关系。在这一犯罪客体概念中,实体性的内容是社会关系,而某种社会关系之所以被确定为犯罪客体,主要是由以下两项所决定的:第一是为刑法所保护,第二是为犯罪行为所侵害。这两项都对社会关系作了某种程度的限制,而凸显犯罪客体的性质。如果说,为刑法所规定反映了犯罪客体的法定性，由此将刑法没有规定的社会关系从犯罪客体中予以排除，那么，为犯罪行为所侵害就是对刑法所保护的社会关系作了某种事实性的限制，将那些未为犯罪行为所侵害但为刑法所保护的社会关系从犯罪客体中予以排除。对此，四要件的犯罪论体系认为，在我国社会主义制度下所有重要的社会关系都受到我国刑法的保护，但并不能因此称这些社会关系就是犯罪客体，这些社会关系只有在受到危害行为的危害时，才能被称为犯罪客体。由此可见，犯罪客体在逻辑上是以犯罪行为为前置条件的。换言之，犯罪客体依附于犯罪行为，在犯罪行为与犯罪客体之间存在着"若无前者，即无后者"的位阶关系。按照这种逻辑关系，犯罪行为（在犯罪客观方面的意义上采用犯罪行为的概念）在位阶上先在于犯罪客体。因此，犯罪客体应当置于犯罪客观方面之后。但根据四要件的犯罪论体系，犯罪客体又前置于犯罪客观方面，由此形成了内在逻辑的混乱。也就是说，犯罪客观方面与犯罪客体之间虽然存在"若无前者，即无后者"的关系，但反之并不存在"即无后者，亦有前者"的关系。因此，在犯罪客体与犯罪客观方面这两个犯罪成立要件的关系上，就出现了逻辑关系与排列顺序之间的矛盾：按照逻辑关系，应当是犯罪客观方面排列在犯罪客体之前，但在四要件的犯罪论体系中，犯罪客体排列在犯罪客观方面之前。

第二，犯罪客观方面。犯罪客观方面，根据四要件的犯罪论体系，是指刑法所规定的、说明行为对刑法所保护的社会关系造成损害的客观外在事实特征。在此，客观外在事实特征是犯罪客观方面的实体性要素。但决定这一实体性要素的有两项内容：一是为刑法所规定的。这是法定性的特征。二是行为对刑法所保护的社会关系造成损害。这是犯罪客体的内容。由此可见，在犯罪客观方面与犯罪客体之间，虽然从犯罪客体的概念来看，其以犯罪行为为前置条件，具有对犯罪行为的依附性，但如果从犯罪客观方面的概念来看，其亦以犯罪客体的存在为前提，因此，这两者之间的关系并不是位阶关系，而是互相依存关系。易言之，就是"你中有我，我中有你"的关系。因此，犯罪客体和犯罪客观方面只能同时存在，而不可能存在只有犯罪客体而没有犯罪客观方面或者相反的情形。在这个意义上说，在犯罪客体与犯罪客观方面之间并不存在位阶关系。

第三，犯罪主体。根据四要件的犯罪论体系，犯罪主体是指实施危害社会的行为并应负刑事责任的自然人和单位。在这一概念中，除"应负刑事责任的自然人和单位"的实体性内容以外，也包含了"实施危害社会的行为"的要素，正如犯罪客观方面的概念。因此，只有在构成犯罪的情况下，犯罪主体的要件才能成立。就此而言，犯罪主体具有对犯罪客观方面的依附性，即以犯罪客观方面为前提。因此，犯罪客观方面在位阶上似乎前置于犯罪主体。四要件的犯罪论体系之所以将实施危害行为这明显属于犯罪客观方面的要素纳入其中，是因为如果没有这一要素的限制，每一个达到刑事责任能力、具有刑事责任能力的自然人都将成为犯罪主体，而这显然是荒谬的。根据四要件的犯罪论体系，犯罪主体包含了犯罪客观方面的要素，由此形成对犯罪客观方面的依附性。虽然在犯罪客观方面的概念中没有犯罪主体的要素，但在逻辑上却不能不承认，犯罪客观方面的成立同样是以犯罪主体为前置条件的。换言之，如果不具备犯罪主体，则犯罪客观方面也是难以成立的。

第四，犯罪主观方面。根据四要件的犯罪论体系，犯罪主观方面是指犯罪主体对自己的行为及其危害社会的结果所抱的心理态度。根据这一概念，犯罪主观方面在逻辑上是以犯罪主体与以危害行为及其结果为内容的犯罪客观方面为前提的，对这两个要件具有依附性。然而，并不能由此得出犯罪主观方面与犯罪主体和犯罪客观方面之间具有位阶性的结论，因为，四要件的犯罪论体系是把犯罪主观方面与犯罪客观方面之间的关系界定为互相决定的有机联系，这样，犯罪主观方面与犯罪客观方面之间就形成互相依存关系。

互相依存关系是对四要件之间关系的最为确切的描述。这种互相依存关系属于耦合式的逻辑关系，以此区别于三阶层的递进式的逻辑关系。如果说三阶层的犯罪论体系属于阶层理论，那么四要件的犯罪论体系就属于耦合理论。[①]

（二）阶层体系的司法运作

1. 阶层理论转换为司法逻辑

刑法学必须成为体系性的科学，离开体系性的认识，就无法对所有与定罪有关的重要细节进行有效掌控，无法避免司法上的偶然和恣意，定罪活动可能沦为"法律门外汉"的作业。合理的犯罪论体系一定是阶层的理论，从要件理论向阶层理论发展是我国犯罪论体系建构的唯一方向。这样不仅可以防止错案，确保定性准确，而且可以将违法和责任清晰地分开，训练司法人员的思维，形成正确的刑法适用方法论。一般而言，能够准确区分违法和责任的犯罪论体系会因为理论层次多、体系复杂而增加司法上把握的困难，从而损害其实用性；平面要件理论则会降低判断的难度。然而，如果把人们视为畏途的阶层性犯罪论体系进行话语转换，将其理解为"先客观（违法）后主观（责任）、先原则后例外"的司法逻辑或实务判断方法，则操作难度将大大降低。

---

① 以上关于犯罪构成体系阶层性的论述，参见陈兴良．刑法阶层理论：三阶层与四要件的对比性考察．清华法学，2017（5）：8～9。

在阶层理论体系中，对客观要件与主观要件、违法与责任、事实与价值的区分相对比较清楚，行为人触犯刑法分则某一法条所规定的特殊构成要件即符合构成要件，这是初步的判断；之后才依次是对违法性、有责性的认定。通常，该当某罪的客观构成要件就可以推定具有违法性、有责性，被告人及其辩护人没有提出特别的辩护理由（如正当防卫、紧急避险、精神病、未成年、违法性认识错误、缺乏期待可能性等）的，控辩双方就不应当在违法阻却、责任排除上进行争辩。经历这种层层过滤的、立体式的阶层判断，才能确认被指控的行为构成犯罪。

按照这一理论，司法实务中定罪的基本逻辑可以简化为以下方面。（1）先寻找出犯罪客观要件，并对其进行价值评价，以得出违法性是否存在的结论。因此，在司法实务中，完全可以不采用阶层犯罪论体系的名词、术语，更可以不照搬构成要件该当性、违法性、有责性的理论构造。只要在处理具体案件时，先客观、后主观的方法论能够在司法实务中逐步形成，进而坚守刑法客观主义立场即可。此外，按照客观判断、违法判断绝对优先的要求，传统上的很多定罪观念也需要转变。例如，关于对过失犯的认定，很多传统上处理为主观责任要素的内容，其实可以提早到客观构成要件该当性阶段进行判断，即探究行为人是否制造了法所不容许的风险，再验证风险制造行为是否与结果发生有规范上的关联，最后才考虑主观的注意义务违反问题。因此，在客观构成要件不具备时，无须考察注意义务是否被违反。（2）在客观构成要件得到确定，且明显不存在违法阻却事由的前提下，才开始判断犯罪人的主观意思，即对结果是否有希望或者放任，或者是否违反了主观的注意义务。换言之，行为人在司法实务中能否被定罪，必须在客观的归责可能性确定之后，再判断责任是否存在，而不是相反。在具体办案时，绝对不能一开始就说行为人有故意或过失或者主观恶性较大。（3）在进行客观构成要件、主观构成要件的判断时，根据案件情况，需要同时例外地思考是否存在排除违法性或者责任的可辩护事由。（4）特别值得注意的是，在结合客观构成要件和主观构成要件进行判断时，司法实务工作者一定要具备价值评价、规范判断的意识和能力，要看到客观构成要件不完全等同于违法性、主观构成要件也不完全等同于责任，要得出违法或者有责的结论还必须结合相关要件进行价值评价。例如，在违法性判断过程中，我们必须结合行为、结果，再运用规范评价色彩浓厚的客观归责方法论进行价值评价，审查能否将某种结果规范地"算到"行为人头上。在责任判断方面，故意、过失是基础，但对于在此之外的规范意义上的超法规责任阻却事由也必须重视。

2. 司法实务中如何按照阶层理论进行操作

刑事司法工作者发现和证明犯罪，需要进行逻辑推演，需要科学方法论的指导。四要件说不太关注方法论，而阶层理论具有显著的方法论优势，自然成为应当选择的理论。在司法实务中，如果采用"先客观要件后主观要件，先要件判断后价值评价，先原则思考后例外思考"的逻辑方法，就是坚持了阶层的犯罪论体系。只要这一点得到理解和认同，阶层式犯罪论体系的司法品性就得到确立。这种实务逻辑和犯罪论体系中的阶层理论可以说是异曲同工。这样说来，肯定阶层式犯罪论体系，要求司法实务中坚持违法与责任分开，确保客观优先、事实判断和价值评价适度分离，这样，一个合理的、能够沟通理论和实务的犯罪成立理论体系就可以形成，至于是否采用三阶层的术语，并非关键。合理的犯罪论体系的重要性并不体现在形式和技术意义上，也根本不需要苛求在刑事判决书中出现构成要件该当性、违法性和有责性的概念。按照阶层式犯罪论体系处理案件，其逻辑脉络简洁、清晰，而且能够确保思维的缜密。

（1）阶层理论的司法运作：范例。

在此结合三个例子分别按照四要件说和阶层理论进行分析，以说明阶层理论的检验并不复杂（但其结论远比四要件说的结论合理），在司法实务中接受起来并无根本性障碍。

案例1：黄某来到一家超市自助存包柜旁，见钟某正在存包，便暗中记下其所存放财物的特征。在钟某进入超市购物后，黄某利用一张作废的密码条，找到在自助存包柜台值班的超市保安张某，谎称其自助寄存柜打不开，要求张某将（事实上是钟某存包柜的）柜门打开。黄某准确说出柜内存放物品的种类及特征，张某用钥匙打开自助存包柜的柜门进行物品核对，发现与黄某所述一致便离开。黄某于是取走钟某存放在该柜内的物品（价值1万余元）。对黄某的行为如何定罪？

对该案如果按照四要件说讨论定罪问题，很容易得出黄某的行为构成诈骗罪的结论，司法实务中也大多按照这种罪名处理。虽然对于类似案件，采用四要件说还是三阶层论在定罪结论上原本不应该有差别，但四要件说无法保证客观判断和违法评价优先，很容易使主观判断优先。在"调包"类案件以及该案中，论行为人主观上都有骗人的意思，这种欺骗在司法实务中就极易被评价为诈骗罪的主观构成要件，由这一判断出发，极易得出行为人之行为成立诈骗罪的结论。司法实务中对该案最终就定了诈骗罪，其主要理由是黄某有诈骗故意。由此可见，按照四要件说的定罪思路，犯罪客观要件在案件处理时的意义被大大降低，甚至被忽略了。

按照阶层理论处理该案，在方法论上必须从犯罪客观要件切入，且精细区分盗窃罪和诈骗罪的构成要件行为。这样就会得出结论：被害人在受欺骗以后没有处分财物的，不可能成立诈骗罪。从客观上看，该案中的保安张某似乎有管理权限,其被欺骗后开柜检查、核对,然后让黄某拿走财物的行为类似于"处分"财物。然而,张某不可能类似于诉讼诈骗中的法官,其不处于处分财物的地位,无处分权限,因此,对黄某的行为无法按照"三角诈骗"来处理,对其宜定盗窃罪(间接正犯)。在将其构成要件和违法性都定位于盗窃之后,其主观故意中是否有骗人的成分,在规范判断上就不再重要,只要其不法取得他人财物的意思可以确定即可。这样说来,在分析该案时,如果准确理解了诈骗罪的行为构造,优先判断客观构成要件和违法性,对诈骗罪和盗窃罪的实行行为进行区分以奠定思考方向,就是贯彻了阶层式犯罪论体系的进路,因为一旦从客观要件层面"单刀直入",将盗窃罪和诈骗罪在实行行为上的界限厘清,违法性自然得到确定,后续的故意以及有责性的确定都是顺理成章的。

案例2:胡某驾驶车辆在经过某高速路隧道时,没有遵守限速标志及进入隧道需开大灯的警示,在进入隧道后,发现有一位老人迎面走在路中间,胡某因避让不及将老人撞飞。他停下车后,只是查看了一下车辆,没有对被撞老人实施救助,也没有报警,而是驾车逃离现场。被撞老人倒在路上,被随后过往的多辆车碾轧致死。检察机关认为,行人进入高速公路自身有一定责任,但胡某没有救助被撞老人而是驾车逃离现场,也要承担刑事责任,遂以交通肇事罪将胡某批准逮捕。检察机关对该案的处理是否合适?

按照四要件说,判断思路相对简单,对该案得出有罪结论也就比较容易,因为:被害人死亡是事实,犯罪客体存在;被告人有违法行为,其驾驶车辆时没有遵守限速标志及进入隧道需开大灯的警示,且事后逃逸,犯罪客观要件似乎具备;犯罪主体和其主观上的过失更不在话下。四要件组合一旦完成,关于犯罪成立与否的整体性、全体性判断即告完成。

按照阶层论处理该案,结论可能相反。阶层论强调客观构成要件及违法判断优先,不仅需要先考察行为所造成的纯粹事实意义上的结果,还要从规范判断的角度分析将这一结果算到行为人头上是否合适。如果客观上难以将这一结果评价为行为人的"杰作",就不能认为行为人造成了不法的事态。在该案中,如果按照阶层论之下的客观归责论,被害人死亡的结果在客观上、规范判断上很难归属于胡某。理由如下:1)高速公路绝对禁止行人进入,行人在高速公路上不可能有"路权",被害人的行为属于自陷风险,应该由其自行对结果负责。2)从规范保护目的来看,在高速公路上行驶遵守限速标志及进入隧道开大灯,是为了防止在高速公路上汽车高速行驶时"撞车",而不是为了避免"撞人"。3)从避免可能性来看,由于行人走上高速路是极其罕见的事情,即便胡某遵守限速标志及进入隧道开大灯,被害人死亡的结果也难以避免。4)从规范评价的角度看,不能认为胡某的逃逸行为增加了法益风险

（不作为的故意杀人或遗弃罪也就不能成立）。因为在高速公路的隧道口停车救人，客观上会增加救人者自身以及其他车辆驾驶人的危险，其结局很可能是胡某被他人撞死，或者胡某紧急刹车引发连环交通事故造成死伤。因此，在该案中，不能认为胡某制造了不被允许的风险。风险是不是被允许的判断，属于对客观不法要素的讨论。在客观上造成的结果不能算作行为人的"杰作"的场合，犯罪客观要件不齐备，主观责任要素无须讨论。因此，该案中对胡某定罪的结论并不能令人信服。

案例3：甲（30周岁）邀请乙（15周岁）一同去盗窃丙的财物，乙爽快答应。乙在按照甲的安排到丙家别墅外踩点时，意外发现丙竟是与自家失去联系多年的远亲，便将甲安排自己来物色财物的实情告知丙。对甲恨之入骨的丙要乙不动声色，按照甲的原计划行事，以便将甲绳之以法。第二天晚上，甲、乙按原计划前往丙家，狡猾的甲不自己进屋去偷东西，让乙翻墙进入丙家窃取财物，自己在院外接应。乙入室后按照丙的指令，将装有5块砖头的行李箱从围墙内扔出。在甲刚接到这个箱子时，预先接到丙报警并埋伏在周围的警察便将甲抓获。对甲应如何处理？

如果按照四要件说，司法实务中就可能简单地去寻找要件，然后分别考虑甲和乙是否符合犯罪客体、犯罪客观方面、犯罪主体、犯罪主观方面要件，从而相对容易地得出结论。因为四要件说坚持整体性、全体性判断，而乙在参与犯罪时不满16周岁，无法对盗窃罪承担刑事责任，不符合犯罪主体要求，因此其行为不符合四个要件，不能成立犯罪。由此一来，甲、乙二人就不可能成立共同犯罪。甲的行为则符合这四个构成要件，可以构成盗窃罪（但可能成立犯罪未遂）：从犯罪客体来看，甲的行为使丙的财产权陷入危险；从犯罪客观方面看，甲有指使、参与盗窃的一系列行为；从犯罪主体来看，甲是达到刑事责任年龄、具有刑事责任能力的人；从犯罪主观方面看，甲明显具有犯罪故意。然而，这一定罪结论是不合适的，因为能够直接取得被害人财物的行为只能是入室者乙的行为，甲的行为不能支配犯罪进程，不能认为其成立盗窃罪的间接正犯；接应行为和盗窃罪中定型化的窃取行为并不相当。在该案中，如果不考虑未成年人乙的行为，就无法认定具有从属性的甲的行为符合盗窃罪的客观构成要件。不难看出，四要件说在处理案件时，不能确保从客观出发，不能始终保持实行行为概念的一致性，不能将违法和责任清楚地分开，不能一体地解决共犯等问题。总而言之，从四要件说出发讨论问题，总是给人以针对性不强、重点不突出、无法直击要害、绕着难题走的感觉。

按照阶层论处理该案，需要优先考虑甲、乙的行为在客观上与刑法分则所规定的盗窃罪的客观要件是否符合，在确定客观要件并解决违法性判断之后，再考虑主观构成要件以及责任问题。甲到现场以后仅仅负责接应，客观上无法支配犯罪进程（如果乙不递出箱子，甲是不可能取得任何财物的，就证明了这一点），所以，甲在盗窃犯罪中仅起帮助作用。在认定甲之行为的违法性时，按照刑法客观主义的逻辑，就不能不考虑共犯的违法性与正犯的违法性之间的连带关系，承认共犯的从属性，而正犯乙已经没有盗窃故意，只是在得到被害人丙的同意后，按照丙的指令将箱子递出，即乙并未实施符合盗窃罪构成要件的窃取行为，其扔出财物的动作也因被害人承诺而未侵害法益，没有违法性。正犯行为排除违法性的效果要连带延展至共犯，从属于乙的接应者甲的行为也并不具有违法性，警察的蹲守也使其行为没有造成法益侵害的可能，从而可以得出甲无罪的结论。如此一来，在客观违法性被否定的场合，甲的盗窃故意即便存在，也在犯罪评价上没有意义；乙是否达到责任年龄也并不在违法性及共犯是否成立的判断视野之内。虽然甲、乙均无罪，但阶层论认为二者无罪的理由并不相同：甲因为没有"窃取"的不法性而无罪；乙因为缺乏责任而无罪。可见，按照阶层式犯罪论体系讨论定罪问题，针对性强、重点突出、直击要害，而且贯彻了体系思考的方法论。

（2）阶层论的司法运作：步骤。

将阶层式犯罪论体系转换为司法逻辑，在讨论案件时需要遵守一定的步骤。

步骤一，找准分则法条。司法实务中，公诉人能否按照起诉内容准确指控罪犯，法官能否毫无疑问地判断，首先就要初步确定案件事实与行为人所触犯的法条是否具有符合性、一致性，从而解决行为人"该当何罪"的构成要件该当性问题。而行为人所触犯的法条就是刑法分则规定了具体罪名的相应条款，因此，寻找与行为人的行为最为对应的法条，确定可能适用的罪名，就是确定构成要件该当性、符合性，等于完成了阶层论的第一层次判断，否则，此后的违法评价和罪责评价都无从谈起。司法实务中从"找法"开始，沿着先事实判断后规范评价的思路进行定罪作业，就与阶层论的思路暗合。

步骤二，从客观到主观描述案件事实。将行为人的行为事实和刑法分则规定的构成要件进行比对，以具体罪名的构成要件要求作为准绳，来论证特定案件中客观构成要件、主观构成要件是否充足，这是司法实务中需要考虑的第二步。司法人员在实务中按照阶层论的逻辑汇报或讨论案件时，一定不能从主观要件切入，其首要任务是客观地、不带感情色彩地叙述犯罪事实经过，然后分析行为人对客观事实的主观认知状况，以做到主、客观相对应、相一致，同时确保用相应的证据来证明客观构成要件、主观构成要件的齐备。

步骤三，从规范判断的角度论证定罪（或无罪）理由。对特定案件进行起诉、辩护或裁判时，价值判断、规范评价的观念不可或缺，因此，在司法实务中，司法人员应当在论证客观要件和主观要件时，重视从有别于事实判断的评价角度分析：符合客观构成要件的行为，从评价角度看，是否制造了法所反对的危险，结果是否能够归属于行为，以及行为是否实质上具有法益侵害性，行为人是否可以例外地主张阻却违法，以及行为虽然客观上、实质上对社会有害，但对行为人而言是否可以例外地进行责任减免。这一判断过程，其实就是对违法性（违法阻却事由）、有责性（责任阻却事由）的评价问题，而非对纯粹事实性的客观层面及主观层面的认定。这一部分的内容，在有关的起诉书、辩护词或判决书中，实际上表现为三方面：其一，对行为人的行为是否实质地符合、该当刑法分则特定法条规定的客观构成要件作出价值层面、规范层面的评价，透过现象看本质，确定行为人的行为与特定法条规定的构成要件所要求的实行行为、特定对象、危害结果、因果关系及客观归责、违法身份、作为违法要素的非法占有目的等要素相一致，从而确定客观违法性存在与否。其二，对行为人是否可以被归责进行评价。这种评价以存在主观构成要件要素为基础，但有时也超越这种主观要素（例如，对期待可能性、违法性认识可能性的评价，与行为人主观上对事实的认知无关，但属于责任评价的内容）。其三，对行为之违法性、行为人罪责的大小进行程度上的判断和评价。[1]

---

[1] 以上关于阶层体系的司法运作的论述，参加周光权. 犯罪构成要件理论的论争及其长远影响. 政治与法律，2017（3）：29～34.

第三章 客观构成要件

第一节 行为主体

知识背景

行为主体是指刑法规定的实施犯罪行为的主体。行为主体包括自然人和单位。由于我国刑法对单位犯罪专章规定，所以在此只讨论自然人。作为客观违法要件的行为主体，只要求是一个自然人即可，不要求该自然人具备责任年龄和责任能力。因为未达责任年龄或不具有责任能力的人同样可以实施侵害法益的行为，其行为在客观上同样具有法益侵害性，而责任年龄和责任能力只是影响其承担责任的因素，对违法性没有影响；况且，我国刑法对责任年龄和责任能力有专门规定，所以在此不讨论责任年龄和责任能力。

就自然人这种行为主体而言，主要问题是其特殊身份。特殊身份，是指行为人在身份上的特殊资格、地位或状态。拥有特殊身份的行为主体就是身份犯。

（一）分类

1. 真正身份犯与不真正身份犯

根据特殊身份在定罪量刑中的作用，身份犯分为真正身份犯和不真正身份犯。真正身份犯，是指只有行为人具备某种特殊身份，相应的行为才能构成犯罪。这种特殊身份也被称为定罪身份或构成身份，例如，刑讯逼供罪的主体必须是司法工作人员，贪污罪的主体必须是国家工作人员。不真正身份犯，是指行为人是否具有某种特殊身份，不影响犯罪的成立，但是影响量刑。这种特殊身份也被称为量刑身份或加减身份。例如，诬告陷害罪的主体是一般主体，但是国家机关工作人员犯该罪就要从重处罚，所以诬告陷害罪就是不真正身份犯，国家机关工作人员就是量刑身份。

2. 积极身份犯与消极身份犯

根据特殊身份的有无对构成要件的影响，身份犯分为积极身份犯和消极身份犯。积极身份犯，是指具有特殊身份才成立犯罪的情形。一般的身份犯都属于积极身份犯。消极身份犯，是指不具有特殊身份才成立犯罪的情形。例如，非法行医罪要求行为主体是不具有医生执业资格的人。这种规定，旨在禁止不具有特定身份的人实施特定行为、从事特定职业。

（二）特征

对于身份犯主要讨论的是真正身份犯。真正身份犯中的特殊身份具有如下特征。

第一，特殊身份必须在开始犯罪时就具有。如果是在犯罪过程中形成的身份，则不属于特殊身份。例如，组织、领导、参加黑社会性质组织罪的组织者，不属于特殊身份，故该罪不是真正身份犯，因为这种身份是在犯罪过程中形成的。又如，犯罪集团中的首要分子，也不是特殊身份。

第二，特殊身份必须与具体犯罪行为相联系，具有相对性。例如，国籍是一种特殊身份，但这是就叛逃罪等罪名而言的；就盗窃罪、抢劫罪等罪名而言，国籍就不是一种特殊身份。

第三，特殊身份应具有一定的持续性和客观性。因此，特定犯罪目的或动机等心理状态不宜归入特殊身份。虽然这些因素与特殊身份具有某些共同特征，但仅可以在为目的犯等概念下讨论。

第四，特殊身份只是针对实行犯来说的。不具有特殊身份的人可以作为共犯（帮助犯、教唆犯），与具有特殊身份者构成共同犯罪。例如，丈夫是国家工作人员，妻子即使没有国家工作人员的身份，也可以构成丈夫之贪污罪的共犯。应注意的是，这里的实行犯包括间接实行犯（间接正犯）。如果没有特殊身份，就不能构成该真正身份犯的间接正犯。例如，妻子不能构成贪污罪的直接实行犯，也不能构成贪污罪的间接正犯。

（三）功能

特殊身份作为构成要件要素，是一种违法要素，会对行为的违法性（法益侵害性）产生影响。具体阐述如下。

第一，只有具有某种特殊身份才有可能侵害某种法益。例如，徇私枉法罪保护的法益是刑事追诉活动的正当性。只有司法工作人员才有可能侵害刑事追诉活动的正当性。

第二，只有具有某种特殊身份，才可能使法益侵害达到值得科处刑罚的程度。例如，就非法剥夺公民宗教信仰自由而言，一般人可以实施，但是只有国家机关工作人员实施，该行为侵害法益的程度才达到值得科处刑罚的程度。因此，非法剥夺公民宗教信仰自由罪的行为主体要求是国家机关工作人员。

第三，只有具有某种特殊身份，才有必要将达到值得科处刑罚程度的法益侵害行为规定为独立的犯罪类型。例如，同样是盗窃行为，一般人盗窃构成盗窃罪，而公司、企业、其他单位的人员利用职务便利盗窃构成职务侵占罪，国家工作人员利用职务便利盗窃构成贪污罪。

规范依据

根据刑法分则的规定，特殊身份主要包括以下几类。

（1）以特定职务为内容的特殊身份。主要有国家工作人员（涉及现行《刑法》第382条规定的贪污罪，第384条规定的挪用公款罪，第385条规定的受贿罪，第395条规定的巨额财产来源不明罪、隐瞒境外存款罪等），国家机关工作人员［涉及《刑法》第254条规定的报复陷害罪，第397条规定的滥用职权罪、玩忽职守罪，第398条规定的故意泄露国家秘密罪、过失泄露国家秘密罪，第403条规定的滥用管理公司、证券职权罪，第406条规定的国家机关工作人员签订、履行合同失职被骗罪，第408条规定的环境监管失职罪，第408条之一规定的食品监管渎职罪，第410条规定的非法批准征收、征用、占用土地罪、非法低价出让国有土地使用权罪，第414条规定的放纵制售伪劣商品犯罪行为罪，第415条规定的办理偷越国（边）境人员出入境证件罪、放行偷越国（边）境人员罪，第416条规定的不解救被拐卖、绑架妇女、儿童罪，第417条规定的帮助犯罪分子逃避处罚罪，第418条规定的招收公务员、学生徇私舞弊罪，第419条规定的失职造成珍贵文物损毁、流失罪等］，司法工作人员（涉及《刑法》第247条规定的刑讯逼供罪、暴力取证罪，第399条规定的徇私枉法罪，民事、行政枉法裁判罪，执行判决、裁定失职罪，执行判决、裁定滥用职权罪，第400条规定的私放在押人员罪、失职致使在押人员脱逃罪，第401条规定的徇私舞弊减刑、假释、暂予监外执行罪等），邮政工作人员（涉及《刑法》第253条规定的私自开拆、隐匿、毁弃邮件、电报罪，第304条规定的故意延误投递邮件罪），监狱、拘留所、看守所等监管机构的监管人员（涉及《刑法》第248条规定的虐待被监管人罪），行政执法人员（涉及《刑法》第402条规定的徇私舞弊不移交刑事案件罪），税务机关的工作人员（涉及《刑法》第404条规定的徇私舞弊不征、少征税款罪，第405条规定的徇私舞弊发售发票、抵扣税款、出口退税罪，违法提供出口退税凭证罪等），从事传染病防治的政府卫生行政部门的工作人员（涉及《刑法》第409条规定的传染病防治失职罪），海关工作人员（涉及《刑法》第411条规定的放纵走私罪），国家商检部门、商检机构的工作人员（涉及《刑法》第412条规定的商检徇私舞弊罪），动植物检疫机关的检疫人员（涉及《刑法》第413条规定的动植物检疫徇私舞弊罪），国有公司、企业的董事、经理（涉及《刑法》第165条规定的非法经营同类营业罪），国有公司、企业、事业单位的工作人员（涉及《刑法》第166条规定的为亲友非法牟利罪等），国有公司、企业、事业单位直接负责的主管人员（涉及《刑法》第167条规定的签订、履行合同失职被骗罪等），国有公司、企业或者其上级主管部门直接负责的主管人员（涉及《刑法》第169条规定的徇私舞弊低价折股、出售国有资产罪），等等。

（2）以特定职业为内容的特殊身份。主要有航空人员（涉及《刑法》第131条规定的重大飞行事故罪），铁路职工（涉及《刑法》第132条规定的铁路运营安全事故罪），公司、企业或者其他单位的工作人员（涉及《刑法》第163条规定的非国家工作人员受贿罪等），银行或者其他金融机构的工作人员（涉及《刑法》第171条第2款规定的金融机构工作人员购买假币、以假币换取货币罪等），证券交易所、期货交易所、证券公司、期货经纪公司的从业人员，证券业协会、期货业协会或者证券期货管理部门的工作人员（涉及《刑法》第181条第2款规定的诱骗投资者买卖证券、期货合约罪），保险公司的工作人员（涉及《刑法》第183条规定的职务侵占罪、贪污罪），承担资产评估、验资、验证、会计、审计、法律服务等职责的中介组织的人员（涉及《刑法》第229条规定的提供虚假证明文件罪、出具证明文件重大失实罪），从事实验、保藏、携带、运输传染病菌种、毒种的人员（涉及《刑法》第331条规定的传染病菌种、毒种扩散罪），医务人员（涉及《刑法》第335条规定的医疗事故罪），依法从事生产、运输、管理、使用国家管制的麻醉药品、精神药品的人员（涉及《刑法》第355条规定的非法提供麻醉药品、精神药品罪，贩卖毒品罪），等等。

（3）以特定法律义务为内容的特殊身份。主要有纳税人、扣缴义务人（涉及《刑法》第201条规定的逃税罪），对于没有独立生活能力的人负有扶养义务的人（涉及《刑法》第261条规定的遗弃罪），等等。

（4）以特定法律地位为内容的特殊身份。主要有证人、鉴定人、记录人、翻译人（涉及《刑法》第305条规定的伪证罪），辩护人、诉讼代理人（涉及《刑法》第306条规定的辩护人、诉讼代理人毁灭证据、伪造证据、妨害作证罪），依法被关押的罪犯（涉及《刑法》第315条规定的破坏监管秩序罪），依法被关押的罪犯、被告人、犯罪嫌疑人（涉及《刑法》第316条规定的脱逃罪），等等。

（5）以持有特定物品为内容的特殊身份，如依法配备公务用枪的人员、依法配置枪支的人员（涉及《刑法》第128条规定的非法出租、出借枪支罪，第129条规定的丢失枪支不报罪）。

（6）以患有特定疾病为内容的特殊身份，如严重性病患者（涉及《刑法》第360条规定的传播性病罪）。

(7) 以居住地和特定组织成员为内容的特殊身份,如境外的黑社会组织的人员(涉及《刑法》第294条第2款规定的入境发展黑社会组织罪)。

(8) 以不具有特定资格为内容的特殊身份,如未取得医生执业资格的人(涉及《刑法》第336条规定的非法行医罪、非法进行节育手术罪)。

案例评价

[案例3-1] 刘某挪用公款案①("国家工作人员"的认定)

1. 基本案情

刘某(农民)于1999年被某市烟草公司(国有独资企业)聘任为分公司副经理,并全面主持该分公司工作。1999年至2001年间,刘某利用职务便利,采取每月压款的手段拖欠烟款(用后一月烟款交前一月烟款),将销售香烟得款用于归还个人欠款等,共拖欠该公司烟款60余万元。在市烟草公司的催要下,刘某出具了欠条,承认上述欠款,并保证在2002年1月19日还清,但其到时未归还。3月1日,市烟草公司免去刘某的副经理职务,将他调回市烟草公司让他负责追款。刘某向公司写出还款计划,称4月15日前全部还清,但到期未能归还。

一审法院经审理,依照《中华人民共和国刑法》(2001年第二次修正)第384条第1款、第64条之规定,判决如下:(1)被告人刘某犯挪用公款罪,判处有期徒刑12年。(2)继续向被告人刘某追缴人民币602 630元,发还某市烟草公司。

宣判后,刘某没有上诉,人民检察院提出抗诉,认为刘某的行为构成贪污罪。

二审法院依照《中华人民共和国刑事诉讼法》(1996年)第189条第1项之规定,裁定驳回抗诉、维持原判。

2. 涉案问题

本案中刘某的身份是否属于国家工作人员?

3. 裁判理由

二审法院经审理认为:原审被告人刘某属于《中华人民共和国刑法》(2001年第二次修正)第93条第2款规定的国有公司中从事公务的人员。刘某受国有公司长期聘用,在管理、经营国有财产过程中,利用职务上的便利,挪用国有资金归个人使用,且数额巨大不退还,其行为已构成挪用公款罪。一审法院根据刘某犯罪的事实、犯罪的性质、情节和对社会的危害程度依法

---

① 最高人民法院刑事审判第一、二、三、四、五庭.中国刑事审判指导案例:贪污贿赂罪·渎职罪·危害国防利益罪·军人违反职责罪.北京:法律出版社,2017:163.

作出的判决，定罪及适用法律正确，量刑适当，审判程序合法，应予维持。

4. 评析意见

本案检察机关的抗诉意见是刘某的行为构成贪污罪而非挪用公款罪，但不管认定刘某的行为是构成挪用公款罪还是构成贪污罪，其先决条件是刘某是否可以被认定为国家工作人员。根据《刑法》的规定，挪用公款罪只能由《刑法》（2001年修正）第93条规定的国家工作人员构成，而受委托管理、经营国有财产的人员挪用本单位资金只能构成挪用资金罪。因此，刘某的身份问题，即刘某是在国有公司中从事公务的人员还是受国有公司委托管理、经营国有财产的人员，就成为案件定性的一个关键性因素。

我们认为，国有公司长期聘用的管理人员属于《刑法》（2001年第二次修正）第93条规定的国有公司中从事公务的人员，其利用职务便利挪用本单位资金归个人使用，构成犯罪的，应当以挪用公款罪定罪处罚。

根据《刑法》（2001年第二次修正）第93条第2款的规定，国有公司中从事公务的人员应当同时具备两个特征：一是行为人系国有公司的工作人员，二是从事公务。对于从事公务，2003年《全国法院审理经济犯罪案件工作座谈会纪要》（以下简称2003年《纪要》）中明确："从事公务，是指代表国家机关、国有公司、企业、事业单位、人民团体等履行组织、领导、监督、管理等职责。公务主要表现为与职权相联系的公共事务以及监督、管理国有财产的职务活动。如国家机关工作人员依法履行职责，国有公司的董事、经理、监事、会计、出纳人员等管理、监督国有财产等活动，属于从事公务。"2003年《纪要》同时指出，"那些不具备职权内容的劳务活动、技术服务工作，如售货员、售票员等所从事的工作，一般不认为是公务"。本案中，某市烟草公司通过履行正常的聘任手续，正式聘请刘某担任下属分公司的副经理，让刘某全面负责该分公司的工作。刘某享有对该分公司的全面领导、管理、经营的权力，负有监督、管理国有财产并使之保值增值的职责。由此可见，其工作内容和职责显然不属于简单的劳务活动，应当被认定为"从事公务"。

在刘某系从事公务的情况下，区分刘某是国有公司中从事公务的人员还是受国有公司委托管理、经营国有财产的人员，关键就在于对《刑法》（2001年第二次修正）第382条第2款规定的受"国有公司……委托管理、经营国有财产的人员"中的"委托"一词当如何理解。对此2003年《纪要》规定，"受委托经营、管理国有财产"是指因承包、租赁、临时聘用等管理、经营国有财产。可见，承包、租赁、聘用是"受委托"的主要方式。但需要注意的是，2003年《纪要》将这里的聘用限制在"临时聘用"。因为长期受聘用的人员与所在单位已经形成了较为固定的劳动关系，尤其是在受聘担任较高职务的情况下，受聘人员享有的权利、义务与正式在编人员没有大的差别，将其直接视为国家工作人员符合当前国有单位工作人员构成来源变化的特点，所以应认定其为国家工作人员。而临时聘用人员尚未与国有单位形成固定的劳动关系，难以被定为国家工作人员。将临时聘用人员纳入《刑法》（2001年第二次修正）第382条第2款规定的受委托人员范畴，符合立法精神和国有资产保护的实际。因此，本案中刘某被国有公司长期聘用，担任分公司的领导职务，管理、经营国有财产，故其应属于国有公司中的工作人员，而非受国有公司委托管理、经营国有财产的人员。

[案例3-2] 周某钧非法行医案①（消极身份的认定）

1. 基本案情

周某钧于1953年获中央人民政府卫生部*颁发的医师证书，1969年至1979年在某省靖县人民医院当医师，于1979年退休。1998年年底，周兆钧在家里为街道居民看病，不收取挂号费，只收取药品费用。2000年3月1日7时许，王某（女，65岁）因咳嗽多日，自带青霉素针剂来到周某钧家。周某钧为王某做完皮试后，按操作规程为其注射了自带的青霉素针剂。十几分钟后，周某钧发现王某有青霉素过敏反应特征，立即注射了抗过敏药物、抗休克药物，并通知王某的女儿杨某来到周家。9时15分，王某被送医院抢救，9时32分死亡。法医鉴定：王某因注射青霉素引起过敏性休克而急性死亡。

某省甲市天心区人民法院经审理，依照《中华人民共和国刑法》（1999年修正）第336条第1款、第36条的规定，判决如下：（1）被告人周某钧犯非法行医罪，判处其有期徒刑10年，并处罚金1 000元；（2）被告人周某钧赔偿附带民事诉讼原告人经济损失46 450元。

一审判决后，周某钧不服，以其行为不构成犯罪为由上诉至某省甲市中级人民法院。

某省甲市中级人民法院依照《中华人民共和国刑事诉讼法》（1996年）第189条第2项和《中华人民共和国刑法》（1999年修正）第336条第1款、第63条第2款之规定，判决如下：（1）维持某省甲市天心区人民法院（2001）天刑初字第55号刑事附带民事判决中对上诉人周某钧的定罪部分及民事判决部分。（2）撤销某省甲市天心区人民法院（2001）天刑初字第55号刑事附带民事判决中对上诉人周某钧的量刑部分。（3）上诉人周某钧犯非法行医罪，判处有期徒刑2年，宣告缓刑3年，并处罚金1 000元。根据《中华人民共和国刑法》（1999年修正）第63条第2款的规定层报最高人民法院核准。

某省高级人民法院经审查认为：二审法院对周某钧在法定刑以下判处刑

---

① 最高人民法院刑事审判第一、二、三、四、五庭. 中国刑事审判指导案例：妨害社会管理秩序罪. 北京：法律出版社，2017：278.

* 现为中华人民共和国国家卫生健康委员会。——编辑注罚，量刑适当，同意报请最高人民法院核准。

最高人民法院经审理认为：一、二审判决定性不准，适用法律不当。遂依照《中华人民共和国刑法》（1999年修正）第16条的规定，判决如下：（1）撤销某省甲市中级人民法院（2001）×中刑终字第100号和某省甲市天心区人民法院（2001）天刑初字第55号刑事附带民事判决。（2）宣告被告人周某钧无罪。

2. 涉案问题

对非法行医罪的行为主体有什么身份要求？对于该罪中关于行为主体的规定，应如何审查判断？

3. 裁判理由

某省甲市中级人民法院二审审理认为：关于周某钧所提其行为不构成犯罪的上诉理由，经查，周某钧虽然从事医师工作三十余年，获得医师资格证书，并曾于1987年至1993年期间合法行医，但自1998年年底至案发日，上诉人周某钧在未取得"医疗机构执业许可证"的情况下擅自行医，是非法行医行为，故对其上诉理由不予采纳。但考虑到周某钧为被害人王某注射青霉素针剂，没有违反医疗操作规程，王某因注射青霉素过敏而死亡，其死亡具有一定的特殊性，综合考虑本案的具体情节及社会危害性，对周某钧可在法定刑以下判处刑罚。原审定罪准确、审判程序合法，但对上诉人周某钧判处10年有期徒刑，量刑过重。

某省高级人民法院经审查，同意二审法院的处理意见。

最高人民法院经审理认为：周某钧于1953年获中央人民政府卫生部[*]颁发的医师证书，已具备了医师从业资格，并多年从事医疗活动，具有一定的医学知识和医疗技术。周某钧自某省靖县人民医院退休后，从1998年10月起从事医疗活动，虽未经注册，未取得"医疗机构执业许可证"，但不属于《刑法》（1999年修正）第336条规定的未取得医生执业资格的人。周某钧给被害人王某注射青霉素针，没有违反技术操作规范，王某因青霉素过敏而死亡系意外事件，周某钧不应承担刑事责任。

4. 评析意见

根据《刑法》（1999年修正）第336条的规定，非法行医罪是指未取得医生执业资格的人非法行医，情节严重的行为。因此，非法行医罪的犯罪主体就是"未取得医生执业资格的人"。目前实践中对于如何理解"医生执业资格"的含义有四种不同观点：第一种观点认为，"医生执业资格"就是《执业医师法》[**]中的"执业医师资格"，只要具有执业医师资格行医的，就不属于

---

[*] 现为中华人民共和国国家卫生健康委员会。——编辑注
[**] 该法律现已被《中华人民共和国医师法》废止。——编辑注

非法行医罪。第二种观点认为，仅取得"执业医师资格"还不够，如果没有到卫生行政部门注册，未取得卫生行政部门颁发的"医师执业证书"而从事诊疗活动，就属于刑法所规定的非法行医。第三种观点认为，"医生执业资格"不仅要求行医人员必须具有卫生行政部门颁发的"医师执业证书"，而且其执业的医疗机构还必须具有"医疗机构执业许可证"，缺任何一个要件，都属于非法行医。第四种观点除同意上述第二、三种观点外，还认为，医务人员在正常的工作之外，擅自从事医疗活动，如医务人员擅自离开其所在的医疗机构进行非法手术，或者超越执业许可证规定的业务范围进行诊疗活动，也属于非法行医。

有时，刑法规定的内容或由于语言文字的多义性或由于社会发展变迁，会引发不同理解。在这种情况下如何审查判断，对于确定行为人是否构成犯罪、对行为人能否罚当其罪，都有着非常重要的意义。我们认为，要正确把握非法行医罪的主体要件，首先应了解刑法增设非法行医罪的立法本意。非法行医罪是1997年《刑法》修订时新增加的一个罪，主要是针对社会上一些根本不具有医学专门知识，在社会上打着治病救人的幌子，骗取钱财，危害人民生命、健康的行为。由于这种行为首先危害的是社会上不特定多数患者的生命、健康，而不是单纯违反医疗管理秩序，因此，刑法把它归入危害公共卫生犯罪。社会上一些没有医疗常识的人，打着所谓"名医""神医""专治某病"的旗号，或走街串巷，或私设诊所，利用一些地方缺医少药，以及一些病人愚昧、贪图便宜、病急乱投医等心理，开展所谓诊疗活动，骗取钱财，致使不少病人受骗上当，耽误了最佳治疗时间，病情加重，甚至无法救治而死亡，或者留下终身残疾。对于这些不懂医术却到处行医，危害群众身体健康的行为，由于1979年《刑法》没有作出明确规定，司法机关在认定性质以及处罚上比较混乱。其中，对于无医疗常识，纯粹以骗取钱财为目的的，多以诈骗罪论处；对于非法行医造成就诊人死亡或者重伤的，多按过失杀人罪、过失重伤罪追究刑事责任。鉴于非法行医的严重危害性，为适应司法实践需要，1997年修订《刑法》时增设了非法行医罪。非法行医罪所关注的主要不在于如何行医，而在于谁在行医。

本案中，周某钧在1953年就获中央人民政府卫生部颁发的医师证书，从事医疗工作几十年，退休后获卫生部门颁发的个体行医执照。虽然1993年由于房屋拆迁及年老原因向某市医疗管理委员会申请个体诊所停业，并上交了行医执照，但周某钧具有国家承认的执业医师资格，即周某钧具有国家承认的从事诊疗工作应当具备的医学知识、技术和能力，该种医学知识、技术和能力并没有因为上交了行医执照而消失或者被取消。这就如同目前我国已经推行的律师、会计师、资产评估师资格准入制度一样，凡是通过相应的国家资格考试的人，都表明国家承认其具有从事相关专业工作的学识和技能，不论其目前是否从事或打算从事该项工作，都不影响其资格的取得。他想从事相关专业工作，只要履行相关手续即可。因此，周某钧是具有医师执业资格的人，他不属于《刑法》（1999 年修正）第 336 条规定的非法行医罪的犯罪主体。最高人民法院的判决是正确的，符合立法原意。

［案例 3-3］胡某霞交通肇事案[①]（交通肇事罪的主体）

1. 基本案情

2017 年 5 月 27 日 20 时许，胡某霞步行至××市火炬开发区中山六路上坡头对开路段，未按交通信号灯指示而穿越马路，并在穿越马路时使用手机，在这一过程中，其与在机动车道内正常行驶的普通二轮摩托车发生碰撞，致使摩托车乘客受伤，后经送医抢救无效死亡。法医鉴定该乘客属于钝性暴力作用于头面部致重型颅脑损伤而死亡。胡某霞亦受伤被送医救治。经公安交管部门现场勘查和调查取证认定，胡某霞系本次事故主要过错方，承担主要责任。法院认定胡某霞犯交通肇事罪，综合自首、赔偿取得谅解等情节对其判处有期徒刑 10 个月，缓刑 1 年。

2. 涉案问题[②]

对交通肇事罪的主体有无特殊要求？行人是否可以成为交通肇事罪的主体？

3. 裁判理由

一审法院认为：被告人胡某霞违反交通运输管理法规，因而发生重大事故，致一人死亡，负事故的主要责任，其行为已构成交通肇事罪。胡某霞有自首情节，且已向被害人家属进行了赔偿并取得谅解，对其依法可以从轻处罚。最终以交通肇事罪对其判处有期徒刑 10 个月，缓刑 1 年。

一审宣判后，胡某霞及其辩护人提起上诉，请求二审改判胡某霞无罪。其主要理由集中在本案事故责任认定部分，包括：交警部门出具的道路交通事故认定书及道路交通事故认定复核结论不能作为本案的证据；"工伤认定决定书"认定胡某霞为工伤，其不应对事故承担主要责任；摩托车驾驶人与乘客应承担事故主要责任。

二审法院认为胡某霞的行为已构成交通肇事罪。针对上诉理由，二审法

[①] 最高人民法院刑事审判第一、二、三、四、五庭. 刑事审判参考：总第 120 集. 北京：法律出版社，2020：1.

[②] 本案裁判过程中亦有其他争议焦点，在此只讨论行为主体问题，相应地，下文亦只对行为主体问题进行评析。

院指出：第一，胡某霞完全无视交通法规关于行人穿越马路所应当遵守的规范而乱穿马路，原判认定其行为是引发此次交通事故的直接原因并无不当。第二，道路交通事故认定书是公安交管部门经过对事故现场的勘查、技术分析，依照法定程序作出的对于交通事故的基本事实、成因及当事人责任划分的认定意见，且交管部门在收到复核申请后，已依照法定程序作出复核结论。该两份意见均经一审庭审质证，依法可以作为本案证据使用，而"工伤认定决定书"并非对此次交通事故的事实、成因及当事人责任划分的认定意见。第三，道路交通事故认定书基于客观证据已认定司机应承担次要责任，且无证据证实司机在事故发生时超速行驶，故上诉人方提出司机应承担事故的主要责任的意见依据不足。综上，裁定驳回上诉，维持原判。

4. 评析意见

由于被告人及其辩护人未提出对于行为主体的异议，本案法律文书中未见关于行为主体的讨论。不过在本案审理过程中，对行人能否成为交通肇事罪的主体确实存有意见的分歧。一种意见认为，行人在道路交通中处于弱势地位，若是行人的过错造成交通事故，可以相应减轻机动车驾驶人的责任，但是没有必要也不应当将行人作为交通肇事罪的主体来追究刑事责任；另一种意见认为，根据相关法律条文与司法解释，行人也可以成为交通肇事罪的主体。[①]

在立法上，交通肇事罪的行为主体有一个演变过程。起初，1979年《刑法》第113条对交通肇事罪的规定有两款，第1款将主体限定为"从事交通运输的人员"，第2款则规定"非交通运输人员犯前款罪的，依照前款规定处罚"。可见当时交通肇事罪的主体主要是从事交通运输的人员。这与当时社会背景下的现实交通情况有关。1997年《刑法》第133条则取消了对该罪的行为主体的限定，至少可以在一定程度上显现出行为主体范围的扩大。对现行条文进行文义解释，只要是"违反交通运输管理法规"并因而发生重大事故造成特定后果的人即可成为该罪主体。就道路交通而言，根据《道交法》第2条的规定，"中华人民共和国境内的车辆驾驶人、行人、乘车人以及与道路交通活动有关的单位和个人，都应当遵守本法"，则相应地，上述主体都可能违反交通运输管理法规。尽管该法第119条规定"交通事故"系指"车辆在道路上因过错或者意外造成的人身伤亡或者财产损失的事件"，从而行人与行人间的事故不属于交通事故，但是显然行人自身过错可以导致交通事故的发生，在造成特定后果时行人便都可以成为该罪主体。《最高人民法院关于审理交通肇事刑事案件具体应用法律若干问题的解释》第1条亦表明，"从事交通运输

---

① 最高人民法院刑事审判第一、二、三、四、五庭. 刑事审判参考：总第120集. 北京：法律出版社，2020：3.

人员或者非交通运输人员"均可以成为该罪主体。因此，从文义解释的角度审视法律规定，该罪不属于身份犯，除航空人员、铁路人员造成重大飞行事故、铁路运营事故时成立重大飞行事故罪、铁路运营安全事故罪外，从事交通运输的人员及其他虽不从事交通运输但参与交通活动的人员均可以成为该罪主体。

另外，从保护法益来看，该罪保护的法益是公共交通安全，成为该罪主体不在于行为人有无特殊身份或资格，关键在于行为人的行为能否侵害公共交通安全。[1]《最高人民法院关于审理交通肇事刑事案件具体应用法律若干问题的解释》第7条规定"单位主管人员、机动车辆所有人或者机动车辆承包人指使、强令他人违章驾驶造成重大交通事故"在法定情形下也可成立交通肇事罪，就是因为这些人员的行为侵害了公共交通安全。尽管车辆驾驶人违反交通运输管理法规侵害公共交通安全的概率更大，但这不代表行人违规就对公共交通安全没有威胁，相反，诸多现实案例表明，行人违规不仅会对公共安全造成威胁，甚至会导致严重后果。的确，行人相比于机动车来说处于弱势地位，但是应当注意，该罪是结果犯，只有造成重大交通事故时才能构成该罪，而行人之行为既然已经造成重大交通事故，就没有理由将其排除在该罪行为主体之外。

综上，行人可以成为交通肇事罪主体，不仅如此，乘车人及与交通活动有关的其他人员，亦可以成为该罪主体。

深度研究

（一）身份犯的本质

在理解特定身份的种类、功能之后，往往会追问身份犯的本质。只有正确认识身份犯的本质，才能正确处理身份犯的其他重要问题，例如共犯与身份的问题。我国学界开始研究义务犯的概念，当前有种有力的观点认为，所有的身份犯在本质上都是义务犯，甚至可以取消身份犯的概念。对这种观点需要仔细分析。

大致而言，义务犯是指这样一种情形：某些正犯只能由一些违反了构成要件之前的、刑法之外的特别义务的人构成。例如，刑讯逼供罪只能由负有特别义务（保障司法程序的正当性）的司法工作人员构成。义务犯是相对于支配犯而言的。支配犯是指这样一种情形：行为人基于某些支配要素能够支配犯罪实行行为的因果流程，并因此成为正犯。例如，利用他人的不知情而支配他人去犯罪，就是通过意思支配构成的间接正犯。[2] 当然，只要是犯罪行

---

[1] 姜敏，刘文飞. 对交通肇事罪主体问题从应然到实然之分析. 甘肃政法学院学报，2010（11）：124.

[2] 何庆仁. 义务犯研究. 北京：中国人民大学出版社，2010：11.

为,都违反了刑法的禁止性义务。义务犯与支配犯的区别在于,前者违反的是与他人共同建设生活共同体的积极义务,这是一种团结义务;后者违反的是不得侵犯他人领域及权益的消极义务。例如:父母遗弃婴儿时,就违反了积极义务。张三杀死仇人李四时,就违反了消极义务。

义务犯与身份犯的关系如何?义务犯是不是身份犯的上位概念?能否用义务犯替代身份犯的概念?答案可能是否定的。有些义务犯并不一定是身份犯,例如,遗弃罪是义务犯,但并不是身份犯。遗弃罪的行为主体是负有扶养义务的人,而扶养义务既可能来自亲属法(如父母),也可能来自业务(如孤儿院院长),还可能来自自愿接受行为(如将弃婴捡拾回家的人),因此,遗弃罪不是真正身份犯。相反,有些身份犯并不一定是义务犯。例如,脱逃罪的行为主体是依法被关押的犯罪嫌疑人或罪犯,故它是身份犯。而根据义务犯的概念,脱逃罪不是义务犯,因为其中不存在一种建设生活共同体的积极义务。虽然脱逃罪中存在禁止脱逃的义务,但这是刑法规范的禁止性义务,是任何罪刑规范都会规定的义务,不属于义务犯中的特别义务。由此可以看出,义务犯与身份犯是两个内涵有交错的概念,不存在上位与下位关系或同一关系。之所以如此,是因为二者的认定标准和角度不同。

关于身份犯的本质,特殊义务违反论认为,身份犯在本质上是对法律规范所规定的某种特别义务的违反,身份犯都是义务犯;法益侵害论认为,身份犯的本质在于保护法益的特殊性,这种特殊性表现为,只有某种利益集团才可能侵犯该法益;现象形态论认为,身份犯是主体具有特别的不法构成要件和特殊的可罚性的一种犯罪现象形态。[①]

特殊义务违反论将身份犯与义务犯等同,存在问题。例如,传播性病罪是身份犯,主体是患有性病的人。可以认为,这里有项义务——禁止患有性病的人卖淫或嫖娼,但这种义务不是义务犯中的特别义务,而是一种普遍性的罪刑规范中的禁止义务。又如,入境发展黑社会组织罪是身份犯,主体是境外的黑社会组织的人员。其中也有项义务——禁止境外的黑社会组织的人员进入我国境内发展黑社会组织。但这是一种罪刑规范中的禁止义务,而不是义务犯中的特别义务。因此,用义务犯中的特别义务来说明身份犯,只能解释一部分身份犯的本质,例如渎职犯罪等,但无法解释其他身份犯的本质。法益侵害论虽然回答了身份犯保护法益的特殊性,但是没有回答为何只有某些特定身份的人才能侵犯特殊法益。现象形态论的观点只是一种自然意义上的描述,并没有解释身份犯的本质。

就真正身份犯而言,只有具有特殊身份才能构成犯罪。这里的特殊身份

---

① 杨辉忠. 身份犯实质之探讨. 南京大学法律评论,2004年春季号:26~29.

属于构成要件要素。由于构成要件是刑法规定的违法类型，特殊身份就属于一种违法要素，表示行为的法益侵害性，决定行为的法益侵害性的有无，或者影响行为法益侵害性的大小。特殊身份有如此功能，其实并不特殊，因为影响行为之法益侵害性的因素很多。从行为主体、行为样态到行为对象、结果，在这一侵害法益的因果流程上，任何一个环节的特别因素都可以影响法益侵害的效果，立法者根据这些效果的不同来设立罪名、规定构成要件要素。例如，就非法捕捞水产品而言，时间、地点、捕捞手段会影响法益侵害的效果，立法者便将"禁渔区""禁渔期""禁止使用的工具、方法"规定为非法捕捞水产品罪的构成要件要素。就猎捕动物而言，动物的种类会影响法益侵害的效果，立法者便将"国家重点保护的珍贵、濒危野生动物"规定为非法猎捕珍贵野生动物罪的构成要件要素。又如，就取得型财产犯罪而言，手段不同会影响法益侵害的效果，因此立法者将对物平和的手段规定为盗窃罪，将对物暴力的手段规定为抢夺罪，将对人暴力的手段规定为抢劫罪。

因此，就影响法益侵害的效果而言，特殊身份与其他构成要件要素没有区别，都是一种违法要素；仅有的区别在于，其他违法要素依附于实行行为，而特殊身份依附于行为主体。因为依附于行为主体，所以在实行行为前特殊身份便已经具备。只要某种身份能够决定或影响刑法规定的法益，相应的犯罪就是一种身份犯，至于该身份是否包含义务犯中的特殊义务，在所不问。关于特殊身份与法益的关系，如果追问为何只有特殊身份的人才能侵犯刑法规定的法益，可能的回答是因为刑法规定的这种法益只有这种身份的人才能侵犯。但要追问为何刑法会规定这种特殊法益，可能的回答是这是刑法为这种身份的人量身定做的。问题的焦点是先有特殊身份还是先有特殊法益。可以看出，这种问题如同"先有鸡还是先有蛋"，是个循环论证的伪问题。因此，不需要在意特殊身份与特殊法益的先后关系，只需要明确特殊身份是类型化的影响法益的违法要素即可。

（二）关于国家工作人员的认定

关于国家工作人员，《刑法》（2020年修正）第93条和全国人大常委会《关于〈中华人民共和国刑法〉第九十三条第二款的解释》（2009年修正）有较明确的规定。但是，随着社会经济、政治形势的不断发展，新情况、新问题不断出现，国家工作人员的认定是这些年一直困扰刑事审判，尤其是经济犯罪审判的一个突出问题。

《刑法》（2020年修正）第93条规定：本法所称国家工作人员是指国家机关中从事公务的人员。国有公司、企业、事业单位、人民团体中从事公务的人员和国家机关、国有公司、企业、事业单位委派到非国有公司、企业、事业单位、社会团体从事公务的人员，以及其他依照法律从事公务的人员，以国家工作人员论。

1. 关于国家机关工作人员的认定

关于国家机关工作人员，过去在刑法中有明确规定。如1982年全国人大常委会《关于严惩严重破坏经济的罪犯的决定》（已失效）规定，本决定所称国家工作人员，包括在国家各级权力机关、各级行政机关、各级司法机关、军队、国营企业、国家事业机构中工作的人员，以及其他各种依照法律从事公务的人员。根据上述规定，国家机关主要包括四大类：一是国家权力机关，即人民代表大会；二是行政机关，即国务院、各级政府等；三是司法机关，包括法院、检察院等；四是军队，即各级军事机关。上述规定和《宪法》关于国家机关的规定是一致的。1997年《刑法》修改后，对国家机关工作人员一直没有明确。2002年全国人大常委会专门制定了《关于〈中华人民共和国刑法〉第九章渎职罪主体适用问题的解释》。实际上这是关于国家机关工作人员的解释。根据刑法规定和解释精神，国家机关工作人员除了上述四类人员，还包括以下五种情况：第一，在依照法律、法规规定行使国家行政管理职权的组织中从事公务的人员。如中国证监会、中国银保监会，不属于国家机关，但依照证券法和保险法的规定行使国家行政管理职能。在此类依法行使国家行政管理职权的组织中从事公务的人员，应当被视为国家机关工作人员。第二，在受国家机关委托代表国家机关行使职权的组织中从事公务的人员。第三，虽未被列入国家机关人员编制但在国家机关中从事公务的人员。第四，在乡镇以上共产党机关中从事公务的人员。第五，在人民政协机关中从事公务的人员。

综上，国家机关工作人员有三个特点：一是认定国家机关工作人员不能完全看身份，不能看他是不是过去所说的干部，也不能看他所在的单位是行政编制还是事业单位；既不能看个人身份，也不能看单位身份。二是实质上行使国家行政管理职能。三是依照法律规定，或者受国家机关委托，代表国家机关行使管理职能。

2. 关于受委派从事公务的人员的认定

认定受委派从事公务的人员，在实践中应特别注意以下两个问题：第一，不管其过去的身份如何，委派的形式也可能多种多样，只要是受国家机关、国有公司、企业、事业单位的委派，代表这些单位在非国有单位从事了组织、领导、监督、管理工作，就可以被认定为受委派从事公务的人员。第二，国有控股公司或国有参股公司不能完全等同于国有公司，国有控股公司或国有参股公司的管理人员不能都被视为国家工作人员，只能被认定为受委派从事公务的人员。也就是说，在国有控股公司或国有参股公司中只有受国有公司委派到这些公司行使管理职权的人才能算国家工作人员，其他的人员都不能算。

3. 关于其他依照法律从事公务的人员的认定

《刑法》（2020年修正）第93条第2款规定的"其他依照法律从事公务的人员"具有两个特征：第一个特征是，他在特定的条件下行使国家管理职能。如人民陪审员，他只在陪审期间行使管理国家的职能，平时不是国家工作人员。第二个特征是，他行使国家管理职能有法律依据，是依照法律、法规的规定从事公务。这个特征可以防止这类主体的扩大化。实践中也遇到过类似情况，如一个单位的出纳去银行领工资，其让司机去领，结果司机领钱后跑了。我们认为，司机不能算是"其他依照法律从事公务的人员"。司法实践中较为常见的"其他依照法律从事公务的人员"主要有以下四种情况：第一，依法履行职责的各级人民代表大会代表。第二，依法履行审判职责的人民陪审员。第三，协助乡镇政府、街道办事处从事行政管理工作的村民委员会、居民委员会等农村或城市的基层组织人员，包括村党支部、居委会党支部的组成人员。第四，其他依照法律授权从事公务的人员，如中国足协的裁判员。

4. 关于"从事公务"的理解

关于国家工作人员的认定，存在身份论与职能论之争。身份论认为，国家工作人员应是指经组织人事部门审批，具有国家干部编制，填写过干部履历表的国家干部。据此，"案例3-1"中的被告人刘某便不是国家工作人员。而职能论认为，行为主体是否属于国家工作人员，不在于其是不是具有正式的国家干部身份，关键在于其是否从事公务。由《刑法》（2020年修正）第93条的规定可以看出，立法上采取的是职能论，认定是否属于国家工作人员关键看是否从事公务。

从事公务，是指代表国家机关、国有公司、企业、事业单位、人民团体等履行组织、领导、管理、监督等职责。认定一项事务是否属于公务，主要考虑因素有：其一，事务的公共性。这是指事务关系多数人或不特定人的利益。仅与个别人或少数人相关的事务，不是公务。其二，事务的行政职权性。这是指事务属于行政职务，并承担行政责任。国家机关中的公务一般容易判断。难以判断的公务主要是国有公司、企业、事业单位、人民团体中的公务，这些公务主要包括监督、管理国有资产等活动，主要表现为行使管理职权；这些公务的主体包括在国有公司、企业中担负组织、领导、监督和管理职责的人员，如厂长、经理、董事、监事等，或者具体负责某项工作、具有管理职责，对国有财产有一定的使用、保值、增职的管理、支配权限的人员，如国有公司、企业的会计、出纳、保管员、采购员等。临时经手、保管一定的公共财物，但主要不是体现为一种管理职责的，就不能说是在监督、管理国有资产。例如，公立大学财务处的处长属于国家工作人员，财务处的会计也属于国家工作人员，这些人如果侵占公立大学的财物，构成贪污罪，而非职务侵占罪。然而大学的授课教师不属于国家工作人员，因为授课活动不具有公共性和行政管理性。

需要注意的是公务与劳务的关系。劳务是体力性、机械性的劳动，不具有裁量性、判断性。但是，体力性、机械性的劳动只要具备了公共性和行政职权性就属于公务。例如，国有银行的金库管理员所从事的工作就属于公务，公立医院财务处出纳员的工作就属于公务。因此，劳务也可以成为公务。那种将劳务和公务对立起来的看法可能并不妥当。这种看法的误解之处是，认为公务都必须具有裁量性和判断性。其实，裁量性和判断性不是公务的必要条件。例如，技术劳动具有技术性、裁量性、判断性，但是只要不具有公共性和行政职权性，就不属于公务。例如，公立医院的主治医师的医治工作就不属于公务，医生在手术前收受红包，是行业不正之风，但他所从事的工作主要是一种技术性的工作，不是管理活动，故对这种情况不宜按照受贿罪来处理。

第二节 行 为

一、实行行为

知识背景

（一）行为的概念和特征

犯罪是行为，无行为则无犯罪。这是近代刑法确立的一项基本原则。通常认为行为概念具有三大机能：一是作为基础要素的机能。这是指行为概念为作为、不作为、故意行为、过失行为等多种行为样态提供了一个上位概念。这种机能也称为分类机能。二是作为结合要素的机能。这是指行为作为中立概念为构成要件该当性、违法性、有责性提供了评价的事实基础，由此将三者沟通结合起来。这种机能也称为沟通机能。三是作为界限要素的机能。这是指行为概念能将在刑法意义上不具有重要性质的举动，例如梦游、反射性举动、动物侵害等，排除在刑法的讨论范围之外。

大致上可以认为，刑法上的行为是指基于人的意思实施的侵害法益的身体举止。行为具有有体性、有意性、有害性三个特征。

1. 有体性（体素）

行为是人的身体活动，包括积极举动和消极静止。这是行为的体素，也即客观要素。根据行为的这一特征，思想被排除在行为之外，随之被排除在犯罪之外。行为是客观的、外在的现象，思想是主观的、内在的东西。

2. 有意性（心素）

行为是基于人的意思而实施的，是人的意志的外在表现。这是行为的心素，也即意思要素。行为的意思要素是指意思决定与意思活动。行为人基于意思决定而开始实施行为，并继而经由意思活动，持续不断地支配而持续地行为，终致完成犯罪。① 根据行为的这一特征，梦游、身体反射性举动被排除在行为之外。

需要说明的问题是：这里的意思要素与故意、过失有何区别？行为的意思要素是指行为人在意思自由条件下支配意思活动的可能性。而故意、过失是意思支配活动的具体表现。接下来的问题是：这种意思支配的可能性与责任能力有何区别？从事实与价值的区分来看，前者是一种自然意义上的思维能力，而后者是一种规范意义上的资格。意思支配可能性的主旨在于确认行为人有无支配行为的可能。责任能力的主旨在于确认行为人是否具有非难可能性。责任能力的基础虽然是辨认、控制能力，但是这种能力不仅仅是心理学上的辨认、控制能力，还包括对行为的社会意义及是非善恶的判断能力。对这种能力的认定不仅仅由医学来鉴定，还需由法学来判断。

意思支配可能性涉及意思自由的问题。② 人类的意识具有信息过滤功能、信息储存功能和计划执行功能。③ 前两种功能的基础是意思活动自由，后一种功能的基础是意思决定自由。根据自由的层次划分，意思自由分为意思活动自由和意思决定自由。④ 前者是指意思控制身体的自由，如果具有这种自由，就具有身体活动自由。后者是指意思选择决策的自由，如果具有这种自由，就具有了控制身体作出何种活动的自由。这两种自由是不同层级的自由：意思活动自由是前提基础，意思决定自由是具体表现。如果失去意思活动自由，就失去了意思决定自由；虽然失去了意思决定自由，但不意味着失去意思活动自由。对这两种自由的侵害会产生不同的法律后果。例如，日本刑法规定了胁迫罪和强要罪（或强制罪），胁迫罪的保护法益是个人的意思决定自由，强要罪的保护法益是个人的意思活动自由及意思决定自由。⑤

应注意的是，行为的意思支配可能性仅指意思活动自由，而不要求同时

---

① 林山田.刑法通论：上册.增订6版.台北：元照出版有限公司，1999：101.

② 需要指出的是，这里的意志自由不是指哲学上决定论、非决定论讨论的"意志自由"，而是指心理学上的一种心理事实。

③ 理查德·格里格，菲利普·津巴多.心理学与生活.王垒，王甦，译.北京：人民邮电出版社，2003：139.

④ 西田典之.日本刑法各论：第3版.刘明祥，王昭武，译.北京：中国人民大学出版社，2007：56.

⑤ 大谷实.刑法讲义总论：第2版.黎宏，译.北京：中国人民大学出版社，2008：77.

具备意思活动自由和意思决定自由。这是因为，具有意思活动自由而不具有意思决定自由时，行为人只是失去了意思选择决策自由，并没有失去身体活动自由。既然行为人可以支配自己的身体，那么其行为就具备了有意性，其身体动静就是刑法上的行为。也即刑法上的行为，只要求是身体活动自由的表现，不要求是在身体活动自由的基础上自己具体意愿的表现。例如，甲用枪抵着王某的头部，要求其开车运输毒品，王某被迫照办。王某虽然失去意思决定自由，但具有意思活动自由，其行为属于刑法上的行为。又如，乙用迷药将锅炉工王某迷晕，致使其无法按时灭火，导致锅炉爆炸。王某既失去意思活动自由，又失去意思决定自由，其不作为不属于刑法上的行为。

3. 有害性（质素）

行为必须在客观上侵害法益，具有法益侵害性。这是行为的质素，也即实质要素。不具有任何法益侵害性的行为不是刑法上的行为。例如，甲用给小人身上插针的方法欲杀害乙。这种行为因为不具有任何法益侵害的可能，所以不是刑法上的行为。

（二）实行行为的机能

传统理论在讲刑法上的行为时常常使用危害行为的概念。但是危害行为的称谓在表现形式上过于宽泛，容易忽视构成要件的定型机能；在内容指涉上过于笼统，不易准确确定所侵害的具体法益。理论上比较成熟、严谨的称谓是实行行为，是指刑法分则所规定的符合构成要件的行为。

实行行为具有以下机能：（1）罪刑法定原则保障机能。刑法将侵害法益的行为类型化后通过构成要件的形式明确规定下来，实行行为是定型化的违法行为。重视实行行为的判断，就会重视罪刑法定原则的贯彻。（2）因果关系的限定机能。生活中的因果关系是指行为与结果之间引起与被引起的关系，而刑法上的因果关系要求是实行行为与结果之间引起与被引起的关系。例如，甲意图致乙死亡，将乙推上列车，心想如果列车发生车祸就会导致乙死亡。不料列车竟出车祸，导致乙死亡。甲的行为不是杀人的实行行为，在刑法上甲的行为与乙的死亡没有因果关系。（3）犯罪未遂的判断机能。[1] 犯罪未遂与犯罪预备的区分在于行为属于预备行为还是实行行为。例如，甲欲盗窃，在翻墙时被抓。由于甲的盗窃行为尚未着手，属于预备行为，故构成犯罪预备。（4）共犯与正犯的界限机能。共犯包括教唆犯、帮助犯，正犯是指实行犯。实施实行行为的人就是正犯，实施教唆行为、帮助行为的人就是共犯。（5）罪数的区分机能。罪数的区分标准很多，但实行行为的数量是一个很重要的区分标准。例如，倘若只有一个行为，即使侵害了数个法益，也只能以一罪论

---

[1] 金光旭. 日本刑法中的实行行为. 中外刑法，2008.

处，这属于想象竞合犯。

从形式上看，实行行为就是符合构成要件的行为。但是符合构成要件的行为并不都是实行行为。我国刑法规定处罚预备行为，预备行为也符合构成要件，不过符合的是修正的、非典型的构成要件。构成要件是以实行行为为基准来规定的，换言之，实行行为是符合基准的、典型的构成要件的行为。预备行为与实行行为的区分仅在于侵犯法益的程度不同。预备行为对法益仅仅有一定的侵犯，而实行行为对法益的侵犯达到了现实、紧迫、直接的程度。判断行为对法益侵犯的程度时，应站在客观的立场，考察行为时的因素，从整体、发展、辩证的眼光去判断。

规范依据

《刑法》（2020 年修正）第 13 条："一切危害国家主权、领土完整和安全，分裂国家、颠覆人民民主专政的政权和推翻社会主义制度，破坏社会秩序和经济秩序，侵犯国有财产或者劳动群众集体所有的财产，侵犯公民私人所有的财产，侵犯公民的人身权利、民主权利和其他权利，以及其他危害社会的行为，依照法律应当受刑罚处罚的，都是犯罪，但是情节显著轻微危害不大的，不认为是犯罪。"

案例评价

[案例 3-4] 宋某、陈某强迫交易案[①]（实行行为的认定）

1. 基本案情

2003 年 4 月 5 日晚，宋某在甲市武宁路的一停车场内，让人将 12 箱西兰花放在彭某的汽车上，欲以每箱 60 元的价格强行卖给购买蔬菜的彭某。在遭到彭某拒绝后，宋某打电话叫来陈某。陈某首先上前朝彭某胸部猛踢一脚，随后宋某、陈某和"二旦"（在逃）三人用拳殴打彭某。当彭某逃到自己货车旁时，三人再次追上，宋某上前用手抓住彭某并将其拖至两车过道中，继续向其索要以上货物的货款。彭某再次拒绝后，陈某又拳打彭某，彭用拳还击，陈某随即掏出水果刀朝彭的腹部、左肩背部、左臀部连刺 4 刀。之后，三人逃离现场。经鉴定，彭某降结肠破裂、腹壁下动脉破裂、腹腔积血，构成重伤。

甲市某区人民法院依照《中华人民共和国刑法》（2002 年修正）第 234 条第 2 款、第 226 条、第 25 条第 1 款之规定，判决如下：（1）被告人宋某犯强

[①] 最高人民法院刑事审判第一、二、三、四、五庭. 中国刑事审判指导案例：破坏社会主义市场经济秩序罪. 北京：法律出版社，2017：571.

迫交易罪，判处有期徒刑1年6个月，并处罚金人民币1 000元。(2)被告人陈某犯故意伤害罪，判处有期徒刑4年。

一审宣判后，被告人宋某、陈某没有上诉。判决已发生法律效力。

2. 涉案问题

被告人宋某的行为属于强迫交易罪的实行行为，是否同时属于抢劫罪的实行行为？强迫交易罪的实行行为与抢劫罪的实行行为是何关系、有何区别？

3. 裁判理由

被告人宋某及其辩护人辩称：宋某将彭某拖至两车过道中后，未再对彭某进行殴打，也没有其他伤害行为，彭某的重伤不是宋某所造成的。陈某持刀伤害彭某的行为系其个人行为，完全出乎宋某的意料，宋某的行为不构成故意伤害罪，且其认罪态度较好，要求对其从轻、减轻处罚。

甲市某区人民法院经审理后认为：被告人宋某采用暴力、威胁的方法强迫他人购买其商品，情节严重，其行为已构成强迫交易罪，依法应予处罚。被告人陈某在参与强迫交易活动的过程中用刀刺伤彭某，并造成彭某重伤的后果，其行为已构成故意伤害罪。

4. 评析意见

首先需要明确的是，宋某与陈某、"二旦"三人具有共同故意和行为，构成共同犯罪。根据"部分实行、全部责任"的原则，宋某对彭某的重伤结果也应负责，陈某对强迫交易的危害结果也应负责。因此，对二人不能割裂进行定罪。

有观点认为，宋某等人的行为属于强迫交易罪的实行行为，应以强迫交易罪论处。另有观点认为，宋某等人的行为属于抢劫罪的实行行为，应以抢劫罪论处。

可以肯定的是，宋某等人的行为属于强迫交易罪的实行行为。关于这一点，应无多大争议。问题是：宋某等人的行为是否属于抢劫罪的实行行为？抢劫罪的行为结构是，以非法占有为目的，实施暴力、胁迫及其他强制手段，压制他人反抗，以此来劫取他人财物。行为人劫取他人财物完全违背了他人意愿。换言之，只要违背他人意愿，采取暴力等强制手段劫取他人财物就构成抢劫罪。本案中，宋某等人虽然给彭某的车上放了20箱蔬菜，然后向彭某索要货款，但这是彭某不同意的交易。彭某没有义务向宋某支付货款，此时宋某强行向彭某索要货款便完全违背了彭某的意愿。在违背彭某意愿的情况下，宋某等人竟采取足以压制人反抗的严重暴力迫使彭某交付"货款"，就已经属于抢劫罪的实行行为。不过，宋某等人由于没有获取"货款"，所以构成抢劫罪未遂。

然而，传统理论认为，强迫交易罪与抢劫罪有所不同，区分标准是案件的发生是否有市场交易背景。如果在市场交易背景下发生,则属于强迫交易罪;如果没有市场交易背景,则属于抢劫罪。①

然而,强迫交易罪与抢劫罪的实行行为并不是对立排斥关系。对二者是根据两个标准或角度划分的:对前者是根据扰乱市场秩序这一法益来划分的,对后者是根据侵害财产法益来划分的,因此,二者不会是对立排斥关系,而是交叉重合关系。也即,行为人在实施强迫交易罪的同时有可能触犯抢劫罪,在实施抢劫罪的同时也有可能触犯强迫交易罪。具体到本案,宋某等人的行为既触犯了强迫交易罪,又触犯了抢劫罪(未遂),属于想象竞合犯,择一重罪论处。

传统理论与实务之所以对强迫交易罪与抢劫罪的关系出现这种认识偏差,主要原因在于其对构成要件与实行行为的关系存在一定误解。对同一个基础行为,刑法为了保护不同的法益,可以从不同角度增加一些要素,塑造出不同的构成要件,形成不同犯罪的实行行为。例如,对于违背他人意愿、强取他人财物的行为,刑法从保护财产法益的角度出发,将这种行为规定为抢劫罪;此外,刑法从保护市场交易秩序的角度出发,认为这种行为如果发生在市场交易领域,会扰乱市场秩序,便规定为强迫交易罪。可以看出,强迫交易罪与抢劫罪的实行行为是存在交叉重合的,二者不是截然对立的。

认定犯罪的过程,是将案件行为与构成要件进行符合性判断的过程。其中需要把握三点:一是对构成要件的解释;二是对案件行为的认定;三是对案件行为与构成要件的符合性的判断,看案件行为符合哪个罪名的构成要件,是哪个罪名的实行行为。在判断一个案件行为是否符合某些犯罪的构成要件时,为了防止出现不应有的漏洞,法官应首先判断案件行为是否符合其中最重的犯罪的构成要件,如得出肯定结论,而且案件行为只有一个,则不再作其他判断;如果得出否定结论,则继续判断案件行为是否符合较轻犯罪的构成要件。这样多次往返于轻罪与重罪之间作出判断,不仅可以防止将轻罪的实行行为判断为重罪的实行行为或者将重罪的实行行为判断为轻罪的实行行为或无罪,从而使案件得到合理的处理,还有利于防止形成不应有的漏洞。②

深度研究

前述实行行为是就故意犯而言的,其实过失犯也存在实行行为,只是我国传统理论对此不予重视。这大致是出于两方面的原因:一是刑法以处罚故意犯为原则,以处罚过失犯为例外,因此理论研究以故意犯为中心。二是认

---

① 阮齐林.刑法学.2版.北京:中国政法大学出版社,2010:532.
② 张明楷.犯罪之间的界限与竞合.中国法学,2008(4).

识上的误解，认为过失犯的问题主要是主观罪过，而且以造成实害结果为处罚条件，没有犯罪未完成形态，因此容易忽视过失犯的实行行为。

这种偏颇认识容易导致对过失犯实行行为之认定的简单化和宽泛化。例如，将交通肇事罪的实行行为仅仅描述为"违反交通法规的行为"，将重大责任事故罪的实行行为仅仅描述为"违反有关安全管理规定的行为"。这种做法容易不当扩大过失犯的处罚范围，不利于妥当处理比较疑难的过失犯罪案件。因此，有必要对过失犯的实行行为进行深入分析。

不可否认的是，过失犯不像故意犯有个比较明确的犯意的起点，而且往往是造成了实害结果才回头追究过失行为的责任，因此过失犯的实行行为的定型特征没有故意犯的实行行为的定型特征那么明确。但是不能因此否认实行行为也是过失犯的构成要件要素。例如，村支书张某号召村民冒着雷雨抢收庄稼，村民王某在抢收时遭雷击身亡。即使张某对结果有预见可能性，其行为也不构成过失致人死亡罪，因为张某的行为不是过失犯的实行行为。

（一）概念

实行行为是指符合构成要件的对法益具有实质、紧迫危险的行为。基于此，大致可以认为，过失犯的实行行为，也是指符合构成要件的对法益具有实质、紧迫危险的行为。不过，由于故意犯的实行行为的危险是行为人有意创设的，过失犯的实行行为的危险不是行为人有意创设的，因此需要对过失犯的实行行为的危险进行限定，否则会严重限制国民的正常生活。这就要求合理地界定何为"允许的危险"。

一是广义的理解，将允许的危险理解为日常生活中的一般危险。这些危险之所以存在，是因为它是我们日常生活所必需的。例如，驾驶汽车的行为尽管很危险，但是由于汽车是都市人工作生活的必需品，所以该危险属于被允许的危险。二是狭义的理解，将允许的危险理解为实质的危险，认为这种行为具有引起危害结果的实质危险，本应被禁止，但是，为了救济其他利益，而不得已允许其存在。例如，闯红灯或超速驾驶是危险行为，但为了抢救病人允许救护车闯红灯或超速行驶。传统理论往往从广义上理解过失犯的实行行为，但是这会不当扩大过失犯的实行行为的认定范围。认定过失犯的实行行为，应当在构成要件范围内进行，以保护法益为指导，因此，应当在狭义上去理解允许的危险。

应注意的是，过失犯的实行行为与不作为有所区别，不能将二者等同视之。一方面，过失犯的实行行为包括作为和不作为。例如，甲违反交通法规，闯红灯，不慎撞死一人。这种过失犯的实行行为是作为方式。又如，父亲下车后，将孩子遗忘在车里，孩子因车内气温过高、窒息而死亡，这种过失犯的实行行为是不作为的方式。另一方面，不作为包括故意犯的实行行为和过失犯的实行行为。概言之,过失犯的实行行为是指对法益产生现实、紧迫、直接危险的行为,不作为是指不履行作为义务的行为。二者可以竞合,但又有所不同。

(二)认定

认定过失犯的实行行为的困难在于：在过失犯的场合,引起结果的行为往往不止一个,该选择哪个行为为过失犯的实行行为？例如,甲酒后驾车,因疏忽大意没有注意到前方有人,发生交通事故,致一人死亡。这里就有酒后驾车和疏忽大意没注意到前方有人两个行为,将哪个认定为过失犯的实行行为？对此,有过失并存说和过失单独说两种观点。

过失并存说认为：凡是与结果的发生具有因果关系的行为,都是过失犯的实行行为。过失犯的数个实行行为可以同时存在。酒后驾车行为对结果的发生起到一定作用,没有注意到前方有人对结果的发生也起到一定作用,因此二者都是过失犯的实行行为。问题是,酒后驾车行为与结果的发生不具有"无A则无B"的条件关系,也即即使没有酒后驾车,甲也有可能因疏忽大意没注意到前方而轧死人,或者即使酒后驾车,甲也不一定就会疏忽大意,没注意到前方而轧死人。可见,过失并存说的观点没有严格遵守因果关系的判断规律。

过失单独说又称过失阶段说,认为只有和发生结果最接近的阶段上的行为才是过失犯的实行行为。首先将结果作为起点,沿着因果关系的链条向上追溯,确定最近的对结果的发生具有决定意义的实行行为。基于此,只能将没有注意到前方有人作为过失犯的实行行为。问题是,只将过失犯的实行行为限定为最近的一个行为,在客观归责上有时会不充分。例如,如果先前的行为对结果的发生危险性很大,后面的行为对结果的发生危险性很小,只将后面的行为视为实行行为,不符合实际情况。而且,如果两个行为没有先后顺序,而是同时发生,就会出现选择障碍。例如,甲如果既超速行驶又不注意前方是否有人,发生车祸,轧死人,应将哪个行为视为过失犯的实行行为便有了疑问。①

过失并存说与过失单独说的问题在于,都狭隘地根据时间先后来认定实行行为。认定过失犯的实行行为,在本质上是一个因果关系的判断问题或客观归责问题,也即实害结果发生了,看是哪个行为造成的、能归责于哪个行为。

结合因果关系理论和客观归责理论,在筛选过失犯的实行行为时,需要具备三项条件：第一,发生的实害结果处在构成要件保护范围或保护目的之

---

① 黎宏. 刑法总论问题思考. 北京：中国人民大学出版社,2007：272.

内。第二，某个行为制造了不被允许的危险。第三，该结果是该行为制造的危险的相当性的实现。所谓相当性的实现，是指行为制造的危险演变为实害结果具有很高程度的盖然性，并且该因果流程没有被异常的介入因素中断。如果符合这些条件，那么该行为与该结果之间具有因果关系，该结果应归责于该行为，该行为便属于造成该结果的实行行为。至于该行为是先前的行为还是后面的行为，无关宏旨。例如，甲在装货时很马虎，不遵守装货要求，在高速公路上又野蛮驾驶，不时地超速或超车，导致货物掉落，造成后面车辆出现事故，司机死亡。马虎装货这种行为本身蕴含在高速驾驶时货物掉落的危险，货物掉落是该危险的现实化结果。同样，野蛮驾驶本身也隐藏货物掉落的危险，货物掉落也是该危险的现实化结果。在这些因果流程中，没有介入异常的因素，都属于危险相当程度的实现。所以，前后两个行为都是过失犯的实行行为。又如，甲酒后驾车，因疏忽大意没有注意到前方有人，发生交通事故，致一人死亡。酒后驾车和没注意到前方有人，都会制造不被允许的危险，而且都相当性地实现为实害结果，因此都是过失犯的实行行为。再如，甲既超速行驶又不注意前方是否有人，发生车祸，轧死人。这两种行为都会制造不被允许的危险，而且都相当性地实现为实害结果，因此，都是过失犯的实行行为。

二、不作为

知识背景

行为的表现形式多种多样，可以分为两种基本形式：作为与不作为。一般来说，作为是指实施特定行为。从表现形式看，作为是积极的身体举动。从刑法规范角度看，作为直接违反了禁止性罪刑规范。例如，使用暴力抢劫行人的财物，是通过积极的身体举动违反了禁止抢劫他人财物的罪刑规范。

不作为，是指不实施特定行为。从表现形式看，不作为是消极的身体活动。从刑法规范角度看，不作为违反了义务性（或命令性）规范。换言之，行为人在能够履行作为义务的情形下不履行作为义务。例如，母亲负有喂养婴儿的义务，故意不喂养，将婴儿饿死，属于不作为犯罪。应注意的是，消极的身体活动不是指没有任何身体动静，而是指没有实施法所期待的行为。例如，母亲出门跟邻居打麻将，不喂养婴儿。打麻将的行为固然是一种身体活动，但不是不作为的内容，不影响不作为犯的成立。换言之，并非任何积极的身体举动都属于作为，例如，不能因为母亲打麻将就认为母亲构成作为犯。

不作为犯分为真正不作为犯和不真正不作为犯。前者是指构成要件规定只能以不作为方式实施的犯罪，例如，不解救被拐卖、绑架妇女、儿童罪，拒绝提供间谍犯罪、恐怖主义犯罪、极端主义犯罪证据罪等。后者是指以作为方式设立构成要件，但以不作为方式也能实施的犯罪。例如，故意杀人罪是以作为方式为基准设立的犯罪，但是行为人可以不作为方式实施。

真正不作为犯由刑法分则明确规定，其成立条件是明确的，因此，处罚真正不作为犯不存在违反罪刑法定原则的问题。然而，不真正不作为犯没有刑法分则的明确规定，而是借用作为犯的构成要件，因此会出现是否违反罪刑法定原则的问题，其成立条件也有待明确。

理论上主流观点认为，处罚不真正不作为犯不违反罪刑法定原则。其主要理由是：第一，虽然刑法分则中的罪刑规范在性质上是禁止性规范，但是禁止性规范与命令性规范不是绝对的，是可以相互转换的。例如，禁止杀人可以转换为必须不能杀人。也正因如此，不真正不作为犯适用作为犯的构成要件，并没有超出文义解释的范围，不属于类推适用。[1] 第二，作为与不作为具有共同基础，也即对构成要件禁止的类型化的实质危险都具有支配力和阻止义务。二者都属于构成要件行为的表现形式，没有本质区别。第三，作为与不作为对法益的侵害效果完全一样。在法益侵害性上，二者具有等价值性。为了防止过分干涉个人的行动自由，刑法不处罚所有的不作为，而仅仅处罚与作为在价值上相等的不作为。

不过，刑法分则毕竟是以作为犯的特征来描述罪状的，因此，对不真正不作为犯的成立条件应当予以明确。理论上主流观点认为，不真正不作为犯的成立条件有四项。

1. 行为人负有作为义务（应为）

负有作为义务是不真正不作为犯的首要成立条件。负有作为义务的人在理论上被称为保证人。至于作为义务的来源或根据，下文详述。

2. 行为人具有履行能力（能为）

虽然行为人负有作为义务，但法律只是在行为人能够履行作为义务的情形下要求行为人去履行作为义务。只有行为人负有作为义务并有履行能力或履行的可能性却不履行作为义务时，法律才可以对其进行谴责或非难。如果在当时情形下，行为人没有作为可能性，则法律不能强人所难。例如，大叔带邻居小孩游泳，小孩落水，大叔没有救助。如果大叔没有救助是因为他不会游泳，则大叔的行为不构成不作为犯。对履行能力的判断，应参考行为人的自身能力和客观条件两方面。

3. 行为人没有履行作为义务，造成或可能造成危害结果

在此有项前提条件，就是客观上要有结果避免的可能性。如果行为人再

---

[1] 周光权. 刑法总论. 2版. 北京：中国人民大学出版社，2011：85.

怎么尽力作为，危害结果仍不可避免发生，那么行为人的行为不构成不作为犯罪。这便要求危害结果的发生和不履行义务之间具有因果关系。如果危害结果的发生不是不履行义务导致的，那么行为人的行为不构成不作为犯罪。例如，大叔带邻居小孩游泳，小孩落水，大叔会游泳，但是小孩掉进湍流漩涡，大叔根本无法救助，漩涡吞没了小孩的，大叔的行为不构成不作为犯。又如，交通肇事罪中有个法定刑升格条件"因逃逸致人死亡"，如果受伤者被撞成头盖骨破裂，濒临死亡，即使立即被送到最近的医院抢救也无法获救，则在这种情况下肇事者不属于"因逃逸致人死亡"，只属于"肇事后逃逸"。

需要说明的是，不作为犯也可能出现未遂犯。如果不作为对结果造成危险，但是没有造成实害结果，行为人因为意志以外的原因而被迫放弃，则构成犯罪未遂。例如，母亲不给婴儿喂养，欲饿死婴儿，在婴儿濒临死亡时，邻居发现并予以抢救。母亲的行为仍构成不作为的故意杀人罪，不过是未遂而已。

4. 不作为与作为具有等价值性

这是指一个行为在性质上虽然属于不作为，但是在程度上还应达到与对应的作为能够被相同评价的程度。不作为只有与对应的作为具有等价值性，才能被评价为犯罪。例如，不作为的杀人只有与用刀杀人、开枪杀人能够相同评价，才能被视为犯罪。由此可以看出，等价值性并不是不作为犯的具体要件，而是整体性要件。

这就要求在判断不作为犯时，不能仅仅根据上述不作为犯的共同条件来判断，还应落实到具体罪名的构成要件中，进行具体判断。对此，主要是评价不作为在法益侵害性（违法性）和非难可能性（有责性）上是否达到对应的作为的程度。例如，警察乙在大街上巡逻，看到歹徒在用刀砍杀王某。围观人很多，乙也围观、不解救，王某被杀死。无疑，乙的不作为构成不作为犯罪，但构成的是不作为的滥用职权罪还是不作为的故意杀人罪？由于乙的不作为与作为的故意杀人不具有等价值性，只与作为的滥用职权具有等价值性，所以对乙以不作为的滥用职权罪论处。又如，警察丙在自己家里看到歹徒用刀砍杀妻子，故意不解救，导致自己的妻子被杀死。在该案例中：首先，丙的不作为构成犯罪。其次，丙的不作为有没有达到作为的故意杀人的程度？从客观危害和主观恶性来看，其不作为与作为的杀死妻子没有本质区别，具有等价值性，因为：第一，丙此时的作为义务有两份，一是身为丈夫有救助妻子的法律义务，二是身为警察有救助公民的义务。第二，案发现场不是在人很多的大街上，而是在自己家里，没人能救，只有丙能够救，而且丙也有能力抢救。可以说，此时妻子是死是活，掌控在丙手里。丙的行为同时触犯不作为的滥用职权罪和不作为的故意杀人罪，想象竞合，择一重罪论处，应定不作为的故意杀人罪。

规范依据

《刑法》(2020年修正) 第13条: "一切危害国家主权、领土完整和安全, 分裂国家、颠覆人民民主专政的政权和推翻社会主义制度, 破坏社会秩序和经济秩序, 侵犯国有财产或者劳动群众集体所有的财产, 侵犯公民私人所有的财产, 侵犯公民的人身权利、民主权利和其他权利, 以及其他危害社会的行为, 依照法律应当受刑罚处罚的, 都是犯罪, 但是情节显著轻微危害不大的, 不认为是犯罪。"

案例评价

[案例3-5] 颜某等故意杀人案① (作为义务的认定)

1. 基本案情

2007年5月25日11时许, 颜某、廖某、韩某、何某 (另案处理) 在甲市某区Z镇方丈港村发现周某有盗窃自行车的嫌疑, 遂尾随追赶其至Z镇的安达码头。廖某和何某用拳头打周某, 颜某和韩某分别手持石块、扳手击打周某的头部等, 致使周某头皮裂创流血。周某挣脱后, 颜某、廖某、韩某分头继续追赶周某。周某逃到鲁济宁0747货船时, 廖某、颜某紧追至该货船, 将周某围堵在船尾。周某被迫跳入河中。韩某听到廖某喊"小偷跳河了", 随即也赶到货船上。三人在船上看着周某向前游了数米后又往回游, 但因体力不支而逐渐沉入水中。三人均未对周某实施任何救助行为, 看着周某在河中挣扎后沉下水去。直到看不见周某的身影, 三人才下船离去。接到报警的公安人员将周某打捞上来时, 周某已溺水死亡。

甲市某区人民法院依照《中华人民共和国刑法》(2006年修正) 第232条、第25条第1款、第72条第1款、第73条第2款、第3款的规定, 判决如下: (1) 被告人颜某犯故意杀人罪, 判处有期徒刑3年9个月。(2) 被告人廖某犯故意杀人罪, 判处有期徒刑3年3个月。(3) 被告人韩某犯故意杀人罪, 判处有期徒刑3年, 缓刑4年。

一审宣判后, 三被告人在法定期限内没有上诉, 检察机关亦未抗诉, 判决发生法律效力。

2. 涉案问题

被告人颜某等有无刑法上的作为义务? "见死不救"是否构成不作为的故

---

① 最高人民法院刑事审判第一、二庭. 刑事审判参考: 总第60集. 北京: 法律出版社, 2008: 34.

意杀人罪?

3. 裁判理由

甲市某区人民法院认为：被告人颜某、廖某、韩某因周某"偷窃"自行车而殴打、追赶周某，从而迫使周某逃上货船并跳入河中。三被告人目睹周某在水中挣扎，明知此时周某有生命危险，却不采取救助措施，最终发生了周某溺水死亡的结果。其行为均已构成故意杀人罪，公诉机关指控的罪名成立，依法应予惩处。鉴于三被告人对周某死亡结果的发生持放任态度，而非积极追求该结果的发生，且周某系自己跳入河中，又会游泳，结合本案犯罪起因，三被告人犯罪的主观恶性较小，属情节较轻。被告人颜某、廖某、韩某归案后能如实交代自己的犯罪事实，在庭审中自愿认罪，分别予以酌情从轻处罚。被告人韩某又能赔偿周某家属的经济损失，取得周某家属的谅解，对被告人韩某可适用缓刑。

4. 评析意见

关于本案的处理，有两种意见。第一种意见认为，颜某等人追赶小偷属于见义勇为的行为。周某是自己跳下河，颜某等人没有救助义务，不构成不作为犯罪，最多在道德上受到谴责。第二种意见认为，颜某等人对周某实施殴打、追赶等行为不属于正当、合法行为，由此导致周某处于危险境地，负有法律上的救助义务。三人不予救助，放任周某的死亡，构成不作为的故意杀人罪。

颜某等人的行为是否构成不作为的故意杀人罪，需要解决四个问题：第一，他们有无救助义务？第二，他们有无救助的能力？第三，他们没有救助与周某的死亡有无因果关系？第四，他们的不作为与作为的故意杀人是否具有等价值性？

(1) 颜某等人有无救助义务？

作为义务的来源之一为有先行行为，颜某等人的先行行为是否产生作为义务？有观点认为，颜某等人是在追小偷，这是一种正当行为，因为公民有权利制止违法犯罪行为、扭送犯罪分子，这样的行为不能成为先行行为，从而产生作为义务。这种观点对先行行为的理解不够准确。先行行为能否成为作为义务的来源，关键在于其是否对法益产生了刑法所禁止的危险，因而能否要求行为人对其加以防止。如果其没有产生超出行为性质的不合理的危险，该先行行为当然不能成为作为义务的来源。但是如果该行为产生的结果属于刑法禁止的行为人必须加以防止的危险结果，则该先行行为就可能成为作为义务的来源。本案中，颜某等人一开始的行为的确是追赶犯罪嫌疑人周某的行为，此时属于正当行为，但是后来颜某等人殴打周某，用拳头、石块、扳手将其殴打致头皮裂创流血，这种结果显然超出了正当行为的范围，属于违法行为。再后来颜某等人围追堵截周某至船上，周某为了避免被围攻而跳下河，有了生命危险。这种危险显然是颜某等人的围攻、殴打行为引起的，否则周某不会被迫跳河。颜某等人的围攻、殴打行为对他人的生命法益已经产生了刑法所禁止的紧迫危险，此时颜某等人便负有消除危险的作为义务。这属于典型的先行行为引起的作为义务。

（2）颜某等人有无救助能力？

当周某跳入河中，在河中挣扎时，颜某等人就在船上，距离很近，而且颜某等人也会游泳。距离很近、会游泳、人数多，这些因素表明颜某等人具有救助周某的能力。

（3）颜某等人没有救助与周某的死亡之间有无因果关系？

对此，首先要考察周某有无被救活的可能。如果再怎么努力救助，周某必死无疑，那么不救助行为与其死亡之间便没有因果关系。本案中，周某是跳进河里，并非跳进万丈深渊，河水虽然不浅，但不会立马致人死亡。周某在水里时而浮起时而沉下的挣扎过程，表明只要颜某等人抓紧时间救助，周某有获救的可能。但是，颜某等人看到周某在水里挣扎时，一直在船上袖手旁观。从条件关系上看，只要颜某等人施救，周某很有可能获救，所以颜某等人不施救与周某的死亡之间具有因果关系。可以认为，颜某等人的不作为造成了周某的死亡。

（4）颜某等人的不作为与作为的故意杀人是否具有等价值性？

颜某等人的不作为只有与作为的故意杀人具有等价值性，能够被相同评价，才能被评价为故意杀人罪。这就要考察其法益侵害性和非难可能性的程度。从客观上看，颜某等人在船上看着周某在水里挣扎，周围没有其他人，他们对周某的生命危险具有排他的支配力。在这一点上颜某等人的行为与作为方式的杀人没有本质区别。从主观上看，颜某等人的主观恶性很严重。有观点认为，颜某等人看着周某在水中挣扎，属于放任周某的死亡，属于间接故意杀人。这种观点混淆了间接故意与直接故意的区分。直接故意是明知必然发生或可能发生危害结果，并且希望结果发生。间接故意是明知可能发生危害结果，并且放任结果发生。所谓放任结果发生，是指发生也可以，不发生也可以。也即，放任结果发生的前提是有两种可能性。如果明知必然发生结果，那么就不存在"放任"结果发生的问题。例如，甲想杀死乙，看到乙和丙坐在华山缆车上，一边想"乙，你死定了"，一边想"丙，我真不想让你死"，仍砍断缆绳，乙、丙死亡。甲对乙的死亡是直接故意。甲对丙的死亡，貌似"放任"而非直接追求，但是因为甲明知砍断缆绳，丙必然死亡，所以也构成直接故意。本案中，颜某等人站在船上，看着周某在水里挣扎着死去，意识到持续下去周某必死无疑。这属于明知周某必然会死亡。在此前提下，就不是貌似"放任"结果发生，而属于希望结果发生，因此属于直接故意。

就此而言，颜某等人的主观恶性很大，达到了可以和作为方式杀人相同评价的程度。概言之，从整体上看，颜某等人的不作为与作为的故意杀人具有等价值性，可以被评价为故意杀人。

[案例 3-6] 杨某某故意伤害案① （作为义务的认定）

1. 基本案情

杨某某（女）与张某某谈恋爱，后产生矛盾，张某某提出分手，杨某某心怀恼恨，后购买了两瓶硫酸倒入喝水的杯中，随身携带至其就读的甲市第一中学。2004年10月23日21时许，杨某某在该校操场遇到张某某，两人因恋爱之事再次发生激烈争执，杨某某手拿装有硫酸的水杯对张某某说"真想泼到你脸上"，并欲拧开水杯盖子，但未能打开。张某某误以为水杯中系清水，为稳定双方情绪，接过水杯，打开杯盖，将水杯中的硫酸倒在自己头上，致使其头、面、颈、躯干及四肢等部位被硫酸烧伤。经法医鉴定，张某某的伤情属于重伤，伤残程度为一级。

某省甲市某区人民法院依照《中华人民共和国刑法》（2002年修正）第234条第2款、第17条第3款、第36条第1款及《中华人民共和国民法通则》第119条、第131条、第133条的规定，判决如下：（1）被告人杨某某犯故意伤害罪，判处有期徒刑10年。（2）被告人杨某某给附带民事诉讼原告人张某某造成经济损失259 471.58元，扣除其已支付的16 650元和甲市第一中学支付的35 000元，余款207 821.58元由杨某某于10日内付清。

一审宣判后，杨某某不服，提起上诉。其上诉理由是：（1）自己主观上只想拿硫酸吓唬张某某，无伤害故意；（2）张某某受伤后，自己还追着让他赶紧去医院；（3）本案起因是中学生早恋，张某某在案件起因上有过错；（4）自己系未成年人，原判量刑过重。请求二审法院减轻处罚。

某省甲市中级人民法院依照《中华人民共和国刑事诉讼法》（1996年）第189条第1项之规定，裁定驳回上诉、维持原判。

2. 涉案问题

杨某某是否具有消除危险的作为义务？其行为是否构成不作为的故意伤害罪？

3. 裁判理由

某省甲市某区人民法院认为：被告人杨某某明知自己的行为会造成他人身体伤害，仍放任伤害结果的发生，致他人严重残疾。其行为已构成故意伤害罪。其辩护人提出杨某某犯罪时未满18岁，犯罪后其亲属能赔偿被害人的

---

① 最高人民法院刑事审判第一、二庭.刑事审判参考：总第55集.北京：法律出版社，2007：7.

部分经济损失的辩护理由成立，依法应当从轻处罚。其辩护人提出被害人张某某在案件起因上有重大过错的辩护理由不能成立。由于本案伤害后果极其严重，社会危害性极大，辩护人提出要对杨某某减轻处罚的辩护意见不予采纳。杨某某因其犯罪行为给附带民事诉讼原告人造成的经济损失，应由其法定代理人代为赔偿。甲市第一中学在本案中有一定过错，应承担相应的赔偿责任。鉴于双方已达成和解协议，附带民事诉讼原告人申请撤回对该校的附带民事诉讼，予以准许。附带民事诉讼原告人的合法诉讼请求，应予支持。

某省甲市中级人民法院经审理认为：上诉人杨某某在谈恋爱的过程中，因被害人提出分手而心怀恼恨，后购买了危险品硫酸随身携带。当二人为恋爱发生争执，被害人误将上诉人预备的硫酸倒向本人身上时，上诉人明知该行为会造成被害人的人身伤害，仍放任伤害结果的发生，致被害人重伤并造成严重残疾。其行为已构成故意伤害罪，且后果严重。原审法院鉴于上诉人犯罪时未满18周岁，其行为系间接故意犯罪，主观恶性相对较小，又系初犯、偶犯，其亲属能赔偿附带民事诉讼原告人的部分经济损失等情节，对其从轻判处有期徒刑10年并无不当。原判认定事实和适用法律正确，量刑适当，审判程序合法。上诉人杨某某提出减轻处罚的上诉意见，不予采纳。

4. 评析意见

关于本案的处理，有两种意见。一种意见认为，被害人张某某从杨某某手中拿过装有硫酸的杯子，自己将杯中硫酸倒向自己身上，属于自我行为，而杨某某没有实施伤害行为，所以不构成犯罪。另一种意见认为，杨某某没有告诉张某某杯中是硫酸，也没有采取阻止措施，对张某某的伤害结果持放任态度，因此构成故意伤害罪，在方式上属于不作为，在主观上属于间接故意。

杨某某之行为是否构成不作为的故意伤害罪，需要论证四个问题。第一，她有无消除危险的作为义务？第二，她有无履行作为义务的能力？第三，她的不作为与张某某的伤害结果之间有无因果关系？第四，她的不作为与作为的故意伤害行为能否被同等评价？

（1）杨某某有无消除危险的作为义务？

有观点从形式的四分说出发，认为杨某某手持装有硫酸的水杯这一先行行为产生了作为义务。这种观点貌似合理，但经不起推敲。虽然杨某某手持装有硫酸的水杯，但是这一行为并不会直接导致张某某受伤，也不会对张某某的身体产生危险，因为当时杨某某未能打开瓶盖。只有瓶盖打开，才可能有危险，而打开瓶盖的人正是被害人张某某自己。先行行为之所以能成为作为义务的来源、根据，是因为其对刑法所保护的法益产生了实质危险，先行行为者便负有消除危险的义务。因此，先行行为不仅仅是个时间上的先前行为,还应具有一个实质条件,即对法益创设了实质的、具体的危险。人们经常举例,大叔带邻居小孩去游泳,大叔的这种先行行为便产生了作为义务。这种举例容易让人误以为,带领小孩外出这种行为本身就是先行行为,会产生刑法上的作为义务。实际上,带领小孩外出这种行为由于尚未产生实质危险,并不能成为先行行为,产生作为义务。直到小孩在游泳中出现危险时,岸边的大叔才有作为义务。本案中,杨某某手持装有硫酸的水杯站在张某某面前,这种举动尚未给张某某造成实质的、具体的危险,因此,它不是产生作为义务的先行行为。

可以看出,根据形式的四分说很难论证杨某某负有作为义务的来源。而从实质的义务根据说出发,论证作为义务的来源相对比较容易。

无论是作为还是不作为,都是实行行为的表现形式,而实行行为是指对刑法所保护的法益产生实质危险的行为。在不作为犯中,危险的发生大多来自其他因素,但行为人对此负有消除义务,行为人却通过消极的身体活动支配危险的发展。例如,在"某个危险源产生了危险→危险增大→危险现实化为危害结果"这个链条中,危险源本身就是导致结果发生的原因,行为人处于控制危险源的地位,因而支配了导致结果发生的原因。此时行为人如果对危险源具有监督管理义务,那么就具有了刑法上的作为义务。危险源有许多种,有自身先行行为,有被监护人的行为,也有自己负责监管的危险物。这里的危险物包括危险动物、危险物品、危险设施等,例如,道路设施、电力设施、矿井、广告牌等的负责人对这些设施、设备负有管理义务。

本案中,杨某某手持的装有硫酸的水杯就是一个危险品,对人体具有严重危险。当张某某不知情而拿过来时,该危险品对张某某已经产生了现实危险。当张某某拧开杯盖时,这种危险已经达到紧迫程度。此时杨某某基于对危险品的安全保管义务,须立即告知张某某真相并赶紧制止张某某的举动,迅速消除这份危险。这种作为义务便是基于杨某某对危险品的安全保管义务所产生的。

(2)杨某某有无履行义务的能力和机会?

当张某某接过装有硫酸的水杯时,杨某某就应该立马告知真相,但是直到张某某拧开杯盖并泼向自己时,杨某某都未告知真相,也未及时制止。可以说,杨某某完全具有履行义务的能力和机会,很容易履行作为义务。

(3)杨某某的不作为与张某某受伤害之间有无因果关系?

有观点认为,是张某某自己将自己弄伤的,是自残自虐行为。这种观点实际上是认为,只有作为的方式才会引起危害结果,不作为的方式不会引起危害结果,因为不能"无中生有"。这种观点忽视了不作为中也存在因果关系问题。根据条件关系,就作为犯而言,如果无A则无B,那么A就是B的原因；就不作为犯而言，如果有 A 则无 B，那么无 A 就是 B 的原因。本案中，如果杨某某及时履行作为义务，告知真相并制止张某某，张某某就不会受到伤害。很明显，杨某某的不作为与张某某的伤害结果之间存在因果关系。

杨某某的不作为给张某某造成严重毁容的后果，而且仅仅因恋爱纠纷就意图拿硫酸泼张某某，从客观危害和主观恶性上看，其不作为与作为的故意伤害行为能够被相同评价，构成不作为的故意伤害罪。

深度研究

传统理论对作为义务的来源采形式的四分说：（1）法律规定的义务，例如婚姻法规定夫妻之间有相互扶养的义务。（2）职务、业务上要求的义务，例如，值班医生有抢救危重病人的义务，执勤消防队员有消除火灾的义务。（3）法律行为引起的义务。这里主要是指合同行为产生的义务，例如，受雇为他人照顾小孩的保姆负有看护小孩的义务。（4）先行行为引起的义务。例如：成年人带小孩游泳，负有保护小孩安全的义务；交通肇事撞伤人时有将受伤者送医院救治的义务。[①]

形式的四分说一方面没有说明作为义务的实质根据，另一方面也难以自圆其说，例如：为何婚姻法上的义务能够成为刑法上的义务？不履行婚姻法的义务就构成犯罪？为何有些非刑事法律上的义务又不能成为刑法上的义务？《消防法》规定，任何人发现火灾都有报警的义务。如果甲路过某大楼发现火灾，没有报警，为何不以犯罪论处？又如：为何合同上的义务能够成为刑法上的义务？不履行合同义务就构成犯罪？为何不按照违约来处理？可以看出，形式的四分说只是列举式地提出作为义务都有哪些来源，但是并没有从法益保护的角度深入探析作为义务的实质根据。这会造成在实务中认定作为义务的不确定和论证不充分，严重影响国民对自己行为之法效果的预测可能性，有损刑法的自由保障机能。

当前理论上寻找并确立作为义务的实质根据已成为主流方向。从法益保护的角度看，实行行为是指对刑法所保护的法益产生实质危险的行为，侵害法益的发生流程一般是：行为制造危险→危险增大→危险现实化为危害结果。对作为实行行为的表现形式的作为与不作为也应如此理解。二者具有共同基础：对指向结果的为构成要件所禁止的危险具有支配力。二者的差异主要表现在第一步：在作为犯中，行为人自己创设指向结果的为构成要件所禁止的危险，并且通过积极的身体活动来支配危险的发展；在不作为犯中，危险大多来自其他因素，但行为人对危险负有消除义务，行为人却通过消极的身体

[①] 高铭暄，马克昌．刑法学．4 版．北京：北京大学出版社，高等教育出版社，2010：75.

活动支配危险的发展。

为何在不作为中，行为人对危险负有消除义务，原因大致有两种。一是行为人对产生危险的危险源负有安全监管义务，于是对危险源产生的危险便负有消除义务。二是行为人与法益的享有者之间存在特殊的结合关系、连带关系、保护关系等依存关系，该法益的保护责任被委托给了行为人。当法益的享有者处于脆弱、无助状态或面临危险时，行为人便负有保护义务。

（一）安全监管义务

这是指，某个危险源制造了危险，而行为人对危险源负有监督、管理义务。大致流程是：某个危险源产生了危险→危险增大→危险现实化为危害结果。危险源本身就是导致结果发生的原因，行为人处于控制危险源的地位，因而支配了导致结果发生的原因。但是，单纯的事实上的对危险源的控制还不能成为作为义务的发生根据，还要求行为人对危险源具有监督管理义务。

（1）对危险物的管理义务。这里的危险物包括危险动物、危险物品、危险设施等。例如，主人对饲养的凶狗负有监督义务，动物园的管理人对饲养的动物有管理义务。当动物咬人时，其饲养人负有阻止义务。又如，道路设施、电力设施、矿井、广告牌等的负责人对这些设施、设备负有管理义务。再如，机动车的所有人对机动车的使用负有管理义务，如果无驾照者、醉酒者、小孩等欲驾驶，则其负有阻止义务。

（2）对他人之危险行为的监督义务。这里的他人与行为人之间一般具有监护、监管关系。例如，父母对年幼子女的危险行为负有监督义务，如果年幼子女伤害别人，那么父母有阻止和救助义务。又如，家属对患狂躁症的家庭成员的危险行为负有监督义务，如果该狂躁症患者伤害别人，那么家属有阻止和救助义务。再如，军官对士兵的危险行为有监控义务，幼儿园老师对小朋友的危险"恶作剧"负有监督义务。当然，成年兄妹之间、夫妻之间没有监护关系，妻子对丈夫（如税务局局长）的滥用职权、贪污受贿等行为没有阻止的义务，如果不阻止，不构成这些罪的不作为的帮助犯。

（3）先行行为产生的作为义务。这是指，行为人自己的先行行为对他人的法益创设了危险，那么行为人就有消除危险的义务，此时行为人就具有保证人的地位。先行行为并不仅仅是时间上的先前行为，其成立是有实质条件的，也即对法益创设了危险。先行行为只是作为义务的来源，不能将先行行为视为不作为犯罪行为的一部分，进而认为不作为犯罪是作为与不作为的结合。例如，当某饭店的食物导致客人中毒时，饭店管理人对客人有救助义务。又如，甲在黑夜里将车停在高速路上，不采取措施防止后面车辆"追尾"，导致车辆相撞时，甲对受伤司机有救助义务。再如，男朋友向女朋友提出分手，女朋友声称如分手就跳楼。男朋友不制止，女朋友跳楼自杀。由于提出分手不会给女朋友的生命创设危险，所以男朋友没有救助义务。当然，在道德、情感上男朋友有救助义务，但这种道德、情感上的救助义务在此不能上升为刑法上的义务。

一般认为，先行行为是作为义务最重要的来源，但却存在许多问题需要深入分析。

1) 先行行为能否成为作为义务的来源根据？

传统的形式的四分说认为，先行行为很显然是作为义务的来源、根据。实质的义务根据说一般也持相同观点。但是，实质的义务根据说中出现了一种有力观点，认为先行行为不能成为作为义务的根据。其主要理由有：第一，在结果加重犯中，基本行为后只要行为人对加重结果的发生具有故意，就成立故意的不作为犯。这显然扩大了处罚范围。第二，将先行行为视为作为义务的根据，是对先行行为作双重评价。例如，行为人在交通肇事致人重伤后逃逸，除了构成交通肇事罪，还成立不作为的故意杀人罪。这种双重评价是不合适的。如果这样处理，那么所有的作为的故意犯、过失犯全部都能转化为故意的不作为犯。[①]

实际上，将先行行为视为作为义务的来源、根据并不会扩大处罚范围，理由在于：其一，如何处罚，属于一罪与数罪领域的问题，可以通过吸收犯理论来解决，不会造成数罪并罚的结局。其二，对先行行为作双重评价没有违反禁止双重评价原则。如果将一个先行行为评价为两次犯罪并且并罚，则违反了禁止双重评价原则。但是在对先行行为的双重评价中，一次评价是犯罪，另一次评价只是将其作为义务的来源，而且不会数罪并罚。其三，先行行为之后的不作为是否构成犯罪，还要看是否具备等价值性要件，如果没有达到作为犯的程度，则不应作犯罪处理。

目前又有一种理论认为先行行为不应被视为作为义务的来源：实质的义务根据说是从对危险源的监管义务角度来论证先行行为的，认为行为人对先行行为产生的危险具有支配力，所以先行行为可以成为作为义务的来源。但是，在先行行为产生危险后，很难说行为人能够支配导致结果的原因。比如说，在驾车时眼看要撞到人时就要求行为人对方向盘、刹车器等进行适当的操作（对危险源的支配），可是一旦事故发生，导致他人负伤时，就伤口的恶化来说是不存在原因的支配的。[②]

这种观点对危险的支配力存有误解。不作为本身具有对导致结果发生的原因（或危险）的支配力，但是这一点具有两个机能：一是在判断不作为犯

---

① 西田典之. 日本刑法总论. 刘明祥，王昭武，译. 北京：中国人民大学出版社，2007：94.
② 山口厚. 刑法总论：第2版. 付立庆，译. 北京：中国人民大学出版社，2011：92.

的作为可能性及因果关系时,需要考察不作为本身对导致结果的危险是否具有支配力。在这一点上不作为犯与作为犯是相同的。二是将其作为判断作为义务有无的因素,但这是就法益保护型的实质根据而言的,不是针对危险源监管型的实质根据而言的。法益保护型的实质根据是指,基于特定关系,对某项法益的保护依赖行为人,当该法益处于脆弱的危险境地时,行为人负有保护义务。但是,只有当行为人对危险源具有支配力时才能将保护义务委托给行为人。例如,在危险发生在特定领域后,只有当该领域的管理者对危险源具有排他的支配力时,才能将保护义务委托给该领域的管理者。

至于危险源监管型的实质根据,并不要求监管者对危险源具有支配力并因此将作为义务赋予他。例如,在甲遛狗时,狗咬伤了人。不管甲对伤者所受伤害的危险状态有无控制力,甲对伤者都负有救助义务。不管甲有无救助的能力、伤者有无获救的可能,甲对伤者都负有救助义务。由此可以看出,对危险源的监管义务不是不作为犯的作为义务,而是作为义务的来源、根据,因为危险源是产生危险的原因,而监管者对危险源是有监管义务的。至于监管者对危险源是否有支配力、控制力,不影响作为义务的产生。同理,任何意志自由的人都对自己的行为负有管理、控制义务,所实施的先行行为产生了刑法禁止的危险的,那么他就负有消除危险的义务。至于行为人对危险源有无支配力或控制力、有无能力消除这份危险、有无消除危险的可能,不影响作为义务的有无,只会影响不作为犯的成立。

2) 先行行为的违法性。

先行行为是否包括合法行为或正当行为,是理论上有争议的问题。对此需要对先行行为在阶段上进行限定,否则会无限扩大先行行为的范围。例如,买一条恶犬的行为、电力部门架设好电线的行为、建筑工人在工地上安装好一台危险设备的行为,这些行为虽然可能会产生危险,但不能被视为先行行为。先行行为产生的危险应是一种现实、紧迫、直接的危险,不宜包括潜在的、缓和的、间接的危险。

至于先行行为产生的危险的性质,应是对刑法保护的法益的危险,是刑法所禁止的危险。根据客观的违法性论,制造了法益侵害的危险的行为就具有违法性,就属于违法行为。就此而言,先行行为应具有违法性,应属于违法行为。至于行为人是否有责任,在所不问。

不过,对违法的认定,需要结合行为是否违反规范(行为无价值)和结果是否有法益侵害性(结果无价值)来判断。行为所侵犯的法益必须处在规范的保护范围内。一方面,行为违反了保护相关法益的规范;另一方面,行为对该法益产生了刑法禁止的危险。换言之,先行行为必须具有违反义务性,没有违反义务性的行为,不能被评价为先行行为。① 但是具体到正当化事由中,需要仔细分析。

就正当防卫而言,因为没有创设刑法所禁止的对法益的危险,所以不会成为先行行为而产生作为义务。例如,甲抢劫乙,用刀砍乙,乙反击,致甲重伤倒地。甲请求乙救助,乙不予救助。一方面,在这里不存在刑法要保护的法益;另一方面,乙的行为没有违反规范和义务,属于正当行为。虽然此时甲的生命面临危险,但是这份危险说到底是由甲自己的犯罪行为引起的,不是由乙的行为引起的。

但是,就紧急避险而言,需要具体分析。从规范违反上看,紧急避险也是正当行为,但是这种正当化的根据是法益衡量。紧急避险是为了保护较大法益不得已而损害较小法益,属于正对正,也即被损害的法益也是值得保护的,只是在经过法益衡量后,不得已选择了保护较大法益。但是,在事实上紧急避险行为对较小法益的确创设了危险或产生了实害,因此,在紧急避险完毕后,避险者就有义务消除对较小法益的危险,这种义务就是一种作为义务。例如,甲骑着摩托车载着女友,看到迎面来的车辆已经失控,要撞向自己。紧急情况下甲将摩托车向旁边开去,撞伤路边行人乙。甲对乙的受伤负有救助义务。紧急避险虽然没有违反规范和义务,属于正当行为,但是毕竟对另一较小法益创设了危险,而该法益在紧急避险之后也是受刑法保护的,因此,避险者对该危险负有阻止发展的义务。

就正当业务行为而言,其产生的危险属于允许的危险,而不是刑法禁止的危险,所以不会产生不作为犯意义上的作为义务。但是如果是不正当的业务行为,并因此产生刑法禁止的危险,则会产生作为义务。例如,医生给心脏病患者动手术,打开胸腔后,发现患者是自己的仇人,便放下手术刀,停止手术。此时停止手术的举动已经不属于正当业务行为,对患者的生命所产生的危险也是刑法禁止的危险,因此,医生此时有义务消除这份危险。又如,执法人员在检查过往车辆的货物时,司机王某因装载了假烟便冲击关卡,执法人员依照规定追赶王某,王某因为慌张将车辆开向路边并发生碰撞,自己晕迷。执法人员的行为只要是正当职务行为,就不会产生刑法禁止的危险,也不会产生作为义务。王某的生命危险是自己创设的,因此,执法人员没有刑法上要求的救助义务。当然,如果在当时的场合只有执法人员,而且其对危险的发展具有排他的支配力,则执法人员负有救助义务。但这已经不是先行行为产生的作为义务,而是在特定领域产生的法益保护义务。

关于犯罪行为能否成为先行行为而产生作为义务,在理论上存在争议。

---

① 陈兴良,周光权. 刑法学的现代展开. 北京:中国人民大学出版社,2006:122.

实际上，既然一般违法行为都能成为先行行为产生作为义务，那么比一般违法行为性质更严重的犯罪行为没有理由不能成为先行行为。犯罪行为对法益产生危险，行为人就有义务消除危险，不消除危险就构成不作为犯。需要解决的问题仅仅是罪数问题：行为人之行为构成不作为犯后，与原犯罪行为在罪数上该如何协调处理？对此需要具体分析。

第一，如果原犯罪行为与后不作为犯侵害了不同的两个法益，一般应数罪并罚。例如，甲盗伐林木，树木倒下，砸晕乙，甲不救助而离去，后乙死。甲的行为构成盗伐林木罪和不作为故意杀人罪，由于侵害的法益不同，应数罪并罚。

第二，如果原犯罪行为与后不作为犯侵害的是同种法益，一般应以一罪论处，不过具体理由有所不同。其一，根据吸收犯原理，重行为吸收轻行为。例如，甲过失致乙重伤，又故意不予救助，导致乙死亡。由于身体健康权与生命权属于同一性质的法益，故用不作为的故意杀人罪吸收过失致人重伤罪。其二，两个行为构成一个实行终了的犯罪行为。例如，甲开枪欲打死乙，乙躲闪，掉进河里，甲不抢救，看到乙被淹死后离去。对甲后一个故意的不作为不需要独立评价，该不作为和前一个作为构成一个实行终了的杀人行为，而且因为具有因果关系，构成故意杀人罪既遂。其三，按照结果加重犯处理。例如，甲强奸妇女，导致妇女昏迷，后甲因有急事便匆忙离去。妇女因为身体裸露被冻死。甲对妇女有救助义务，属于过失的不作为，构成不作为的过失致人死亡。因为强奸罪中规定了致人死亡的结果加重犯，所以应对甲以强奸罪（致人死亡）论处。又如，甲为教训乙，将乙拘禁起来，然后外出会友，准备晚上回来释放乙。不料甲在会友时竟忘掉拘禁乙之事，三天后才想起此事，赶回后发现乙已经被饿死。甲的后一个行为构成过失的不作为。因为非法拘禁罪规定了致人死亡的结果加重犯，所以应对甲以非法拘禁罪（致人死亡）论处。

（二）委托保护义务

这是指，基于特定关系对某项法益的保护依赖行为人，当该法益处于脆弱的危险境地时，行为人负有保护义务。大致流程是：某种因素导致法益处于危险之中→危险增大→危险现实化为危害结果。法益处于危险境地的情形经常发生，此时对法益的保护依赖可能保护的人。但并非任何可以保护的人都负有保护义务，只有当法规范、职务、业务、制度等将法益保护的任务委托给特定关系人时，才会产生保护义务。例如，小孩落水，虽然路人可以相救，但只有其父母才有救助义务。

（1）基于法规范产生的保护义务。如果法规范将对某项法益的保护设定给特定行为人，该特定行为人就负有保护义务。例如，母亲对婴儿在法律上负有抚养义务，子女对老人、夫妻之间，在法律上都负有扶养义务。

(2) 基于职务、业务、制度规定产生的保护义务。例如，警察对犯罪行为中的被害人、消防队员对火灾中的被害人、医生对病人、游泳场所的救生员对游泳者，都负有保护义务。当然，警察、消防队员的这种职务也由法律规定，因此也属于基于法规范产生的保护义务。

(3) 基于合同契约产生的保护义务。例如，签订了保管合同的仓管员对仓库货物有保护义务，签订了照管合同的保姆对婴儿有保护义务。

(4) 基于自愿接受行为产生的保护义务。这是指某项法益处于危险境地时，行为人自愿承担保护义务，使对法益的保护依赖于行为人时，行为人就有继续保护的义务。例如，行为人将路边弃婴捡回家，就有继续救助的义务。又如，数人组成登山队，只要没有特别约定，就意味着大家相互照顾，自愿接受了保护他人的义务，形成了危险共同体。

(5) 发生领域的管理义务。这是指，某个危险发生了，行为人如果对危险的发生领域具有排他的支配力，那么对危险的发展便负有阻止义务。[①] 如果法益的危险发生在行为人管理的领域，那么行为人便负有救助义务。但是对此应作出一定限制，否则会给特定领域的管理者造成沉重负担，不符合公平原则。只有特定领域的管理者对危险的发展具有排他的支配力时，才使其承担作为义务。例如，出租车司机看到车上男乘客在强奸女乘客时便负有阻止义务。司机如果不阻止，就构成强奸罪的不作为形式的帮助犯。又如，肇事者拦住出租车后，将受伤者搬入出租车内准备送往医院，途中肇事者借故下车逃离。受伤者处在出租车司机独立支配的车内时，司机便负有救助义务。当然，这并不意味着要求司机对受伤者负完全责任，只是要求此时不将受伤者遗弃。再如，卖淫女在嫖客家里与嫖客发生关系，嫖客突发心肌梗死，卖淫女没有救助义务。如果事情发生在卖淫女的住宅内，则卖淫女有救助义务。

需要说明的是，作为义务的实质根据理论并没有完全否定形式的四分说，而是对其进行了实质说明和论证。二者不是排斥关系，而是相辅相成关系。如此才能防止对作为义务的随意认定，才能维护罪刑法定原则的自由保障机能。

第三节　结　　果

知识背景

结果，是指行为对刑法所保护的法益造成的现实侵害事实。刑法上的结

[①] 山口厚. 刑法总论：第2版. 付立庆，译. 北京：中国人民大学出版社，2011：90.

果具有以下特征：(1) 法益侵害性。刑法上的结果一定是侵害法益所造成的结果。如果某种事实现象并不能反映出法益侵害性，那么就不属于刑法上的结果。正因如此，刑法上的结果也称为危害结果。(2) 客观现实性。结果属于客观要件，是否产生结果，不受行为人主观认识错误的影响。例如，甲误以为给人静脉注射空气没有危险，便给乙的静脉注射空气，导致乙死亡。甲虽然认识错误，但是不影响危害结果的存在。(3) 因果性。结果必须是行为人的行为造成的，结果与行为之间要有刑法上的因果关系。(4) 法定性。行为造成的结果多种多样，但是刑法上的结果必须是刑法分则条文明确规定的结果。

（一）种类

1. 实害与危险

实害，是指行为对法益造成的实际侵害事实。例如，死亡是故意杀人罪的实害结果。

危险，是指行为对法益造成的现实危险状态。例如，以杀人的故意重伤他人后被抓，重伤就是故意杀人罪的危险结果，因为重伤对生命造成了现实危险。将危险视为一种结果，这是对结果的广义理解。如果狭义地理解结果，则结果只能包括实害结果。由于危险也是行为对法益侵害的主要事实之一，在这一点上危险与实害没有区别，因此，将危险纳入结果范畴有利于周全地考察行为对法益的侵害性。

2. 物质性结果与非物质性结果

物质性结果，是指样态表现为物质性变化的结果。它往往是有形的，可以被具体认定和测量。例如，致人死亡、毁坏财物等都是物质性结果。

非物质性结果，是指样态表现为非物质性变化的结果。它往往是无形的，难以被具体测量，常常依靠拟制或推定来认定。例如，侮辱罪中毁损他人名誉的结果就是非物质性结果。

（二）地位

结果在定罪和量刑整个过程中都有其作用和地位，对此需要具体分析。

1. 作为犯罪成立条件的结果

犯罪成立条件是刑法处罚行为的最低要求和根据。行为对法益的侵害包括危险和实害。行为成立犯罪，至少要求行为对法益产生危险。如果行为对法益没有造成任何危险，那么该行为就不属于刑法上的危害行为。从这个意义讲，危险结果是所有犯罪的成立条件。例如，甲意图杀乙，购买一把刀后被人发现并被捕。甲的行为已成立故意杀人罪，因为其购买刀的行为对乙的生命已经产生了一定的危险，属于杀人的预备行为，故甲的行为构成故意杀人罪（犯罪预备）。

但是，有些犯罪的成立，不仅要求行为对法益产生危险，而且要求行为对法益造成实害,例如:《刑法》(2020年修正)第342条规定,"造成耕地、林地等农用地大量毁坏",才成立非法占用农用地罪;第343条第2款规定,"造成矿产资源严重破坏",才成立破坏性采矿罪;第407条规定了"致使森林遭受严重破坏的",才成立违法发放林木采伐许可证罪。

2. 作为犯罪既遂条件的结果

犯罪成立与犯罪既遂是两个阶段的不同形态。犯罪成立条件是刑法处罚犯罪的最低条件,犯罪成立之后有可能呈现未完成形态,如犯罪预备、中止、未遂等。犯罪既遂条件是犯罪的完成形态,意味着行为人的犯罪行为已得逞,行为对法益产生了实害结果。

一般而言,作为犯罪既遂条件的结果是指实害结果,除非刑法分则有特别的拟制性规定。例如,故意杀人罪的成立条件是行为对被害人的生命产生危险,例如购买杀人的刀,而既遂条件是行为对法益造成实害结果,行为人杀死了被害人,剥夺了其生命。

3. 作为法定刑升格条件的结果

结果是反映法益侵害性的事实,也有程度高低的区分。根据对法益侵害的程度不同,结果可以影响量刑。有些严重后果就被刑法分则规定为法定刑升格条件。例如,《刑法》(2020年修正)第234条将致人重伤、死亡规定为故意伤害罪的法定刑升格条件。当结果,例如,故意伤害致人死亡、强奸致人死亡、非法拘禁致人死亡等,作为法定刑升格条件时,这种犯罪样态被称为结果加重犯。

(三)危险犯

结果可以分为危险结果和实害结果,据此犯罪也可以分为危险犯和实害犯。危险犯是指将发生法益侵犯危险作为处罚根据的犯罪。实害犯是指将发生实际法益侵害作为处罚根据的犯罪。需要说明的是,危险犯与实害犯不是就罪名而言的,而是就犯罪的具体状态而言的。例如,故意杀人罪,如果杀人既遂就是实害犯,如果杀人未遂就是危险犯。

根据危险的程度不同,危险犯分为具体危险犯和抽象危险犯。对于具体危险犯中的危险,在司法实践中以行为时的具体情况为根据,认定行为具有侵害法益的现实、紧迫的危险。例如,《刑法》(2020年修正)第143条关于生产、销售不符合卫生标准的食品罪规定:生产、销售不符合卫生标准的食品,足以造成严重食物中毒事故或者其他严重食源性疾病的,处3年以下有期徒刑或者拘役,并处罚金……又如,破坏交通工具罪要求具有足以发生交通工具倾覆的危险,这就需要根据汽车所处的状态、破坏的部位、破坏的程度等得出判断结论。

至于抽象危险犯中的危险,不需要在司法实践中作具体判断,只需要以一般的社会生活经验为根据，认定行为具有侵害法益的危险即可。抽象的危险包括多种情形①：（1）刑法分则条文类型化的紧迫危险。例如，《刑法》（2020年修正）第144条关于生产、销售有毒、有害食品罪规定：在生产、销售的食品中掺入有毒、有害的非食品原料的，或者销售明知掺有有毒、有害的非食品原料的食品的，处五年以下有期徒刑或者拘役，并处罚金……这种抽象的危险实际上也是紧迫的危险，只不过不需要在司法实践中作具体判断，只需要以一般的社会生活经验为根据予以判断。又如，在道路上醉酒驾驶机动车的行为，根据一般的社会生活经验，会被认为对道路公共安全具有危险。刑法将其规定为犯罪，就是将这种危险规定为抽象的危险犯。（2）刑法分则条文拟制的危险。这种抽象的危险既可能是紧迫的危险，也可能是比较缓和的危险，但由于难以预测，刑法对其同等看待。例如，盗窃、抢夺枪支、弹药罪属于抽象的公共危险犯，该危险既可能是紧迫的，也可能是比较缓和的，但《刑法》（2020年修正）第127条将任何情形下的盗窃、抢夺枪支、弹药的行为都拟制为具有公共危险的行为。（3）预备犯的危险，也可称为抽象的危险。这种危险是比较缓和的危险。例如，为了杀人而购买毒药的行为是预备行为，对他人的生命是有危险的，但这种危险没有达到现实、紧迫的程度。应注意的是，虽然抽象的危险不需要司法人员具体去判断，但这也不是绝对的，如果具体案件中的特别情况导致行为根本不具有任何危险，则不能认定其为抽象的危险犯。例如，危险驾驶罪一般而言是抽象危险犯，只要醉酒驾车就认为对公共安全有抽象危险，但是如果行为人醉酒后深夜在空旷的、没有车辆、行人可能出现的道路上短暂开车，不可能造成任何危险，则不应认定构成危险驾驶罪。

（四）结果加重犯

结果加重犯，是指基本犯罪行为引起了严重结果，刑法分则条文为此规定了加重的法定刑的情形。故意伤害致人死亡就是典型的结果加重犯。可以看出，结果加重犯也就是将加重结果作为法定刑升格条件的情形。

结果加重犯具有以下特征。

1. 法定性

并非任何基本犯罪行为造成加重结果时都属于结果加重犯，只有刑法分则条文对加重结果规定了加重法定刑才属于结果加重犯。例如，虐待罪［《刑法》（2020年修正）第260条］规定了对致人重伤、死亡要加重处罚，而遗弃罪［《刑法》（2020年修正）第261条］没有规定对致人重伤、死亡要加重处罚，所以虐待罪是结果加重犯，而遗弃罪不是结果加重犯。同理，侮辱罪也不是结果加重犯。

---

① 张明楷. 刑法学. 5版. 北京：法律出版社，2016：167.

2. 因果性

结果加重犯的基本犯罪行为与加重结果之间需具有直接的因果关系。所谓直接的因果关系，是指加重结果应是基本犯罪行为直接导致的，二者的因果关系不能被介入因素切断。① 例如，故意伤害后，被害人在被送往医院途中遇车祸而死亡。由于车祸很异常并且对死亡的发生作用很大，所以死亡结果是车祸造成的，与车祸这个介入因素有因果关系，与之前的伤害行为没有因果关系，因此，该情形不属于故意伤害致人死亡。同理，强奸后被害人自杀，不属于强奸致人死亡。拐卖妇女中，妇女自杀，不属于拐卖妇女致人死亡。绑架时，犯罪人扔烟头不小心，引起火灾，烧死被害人，不属于绑架致人死亡。

3. 预见可能性

结果加重犯要求行为人对加重结果的发生具有预见可能性。这是责任主义的要求。如果行为人对加重结果没有预见可能性，则加重结果的发生属于意外事件，行为人对此不应负刑事责任，不能将该加重结果作为法定刑升格条件。换言之，行为人对加重结果至少要有过失。其一，行为人对加重结果持过失态度。例如，甲将乙绑在柱子上，第二天来看时竟发现乙死亡。原来绳子绑得太紧，乙窒息死亡。甲对乙的死亡持过失态度，构成非法拘禁（过失）致人死亡。其二，行为人对加重结果持故意态度。例如，甲抢劫乙的财物，乙激烈反抗，甲便将乙杀死并拿走财物。甲对乙的死亡持故意态度，构成抢劫（故意）致人死亡，不再数罪并罚。

规范依据

《刑法》（2020年修正）第13条："一切危害国家主权、领土完整和安全，分裂国家、颠覆人民民主专政的政权和推翻社会主义制度，破坏社会秩序和经济秩序，侵犯国有财产或者劳动群众集体所有的财产，侵犯公民私人所有的财产，侵犯公民的人身权利、民主权利和其他权利，以及其他危害社会的行为，依照法律应当受刑罚处罚的，都是犯罪，但是情节显著轻微危害不大的，不认为是犯罪。"

案例评价

[案例3-7] 陆某强奸案② （结果加重犯的认定）

1. 基本案情

陆某要求林甲（同案被告人，已判刑）介绍女子与其发生性关系。2005

---

① 张明楷. 严格限制结果加重犯的范围与刑罚. 法学研究，2005（1）.
② 最高人民法院刑事审判第一、二、三、四、五庭. 中国刑事审判指导案例：侵犯公民人身权利、民主权利罪. 北京：法律出版社，2009：423.

年 3 月 19 日晚，林乙（同案被告人，已判刑）、林甲以吃烧烤为由将林甲的同学袁某某（女，殁年 16 周岁）骗至林乙家中，并用玩"扑克牌"赌喝酒的方法，意图灌醉袁某某后与其发生性关系。至晚上 11 时许，二人意图不能得逞，又以送袁某某回市区为由，驾驶摩托车将袁某某骗至 S 市大沙镇大旺桥底。途中，林乙打电话通知了陆某。陆某驾驶摩托车来到桥底后，即上前搂抱袁某某并将其按倒在地，袁某某不从、反抗并喊"救命"。陆某即对袁某某殴打，林乙亦上前帮助按住袁某某的双手，陆某脱去袁某某的裤子，强行将袁某某奸污。在此期间，袁某某挣扎反抗，将陆某面部抓伤、手指咬伤。事毕，陆某因手指被咬伤很恼火，将爬到河边的袁某某一脚踢落水中。后三人驾驶摩托车逃离现场。袁某某溺水身亡。

某省甲市中级人民法院依照《中华人民共和国刑法》（2005 年修正）第 232 条、第 236 条、第 26 条、第 57 条第 1 款、第 64 条、第 69 条的规定，判决如下：被告人陆某犯故意杀人罪，判处死刑，剥夺政治权利终身；犯强奸罪，判处有期徒刑 10 年；数罪并罚，决定执行死刑，剥夺政治权利终身。

一审宣判后，陆某提起上诉，理由如下：其因被害人反抗，强奸没有完成，属于强奸未遂；其没有将被害人踢下水，被害人之死存在自杀、醉酒的可能。原判认定其犯故意杀人罪的事实不清，证据不足，请求发回重新审理。

某省高级人民法院依照《中华人民共和国刑事诉讼法》（1996 年）第 189 条第 1 项的规定，裁定驳回上诉、维持原判，并依法报送最高人民法院核准。

最高人民法院依照《中华人民共和国刑事诉讼法》（1996 年）第 189 条和《最高人民法院关于复核死刑案件若干问题的规定》[*]第 2 条第 2 款的规定，判决如下：（1）撤销某省高级人民法院（2006）×高法刑一终字第 145 号刑事裁定和某省甲市中级人民法院（2005）×刑初字第 44 号刑事附带民事判决中对被告人陆某关于故意杀人罪的定罪量刑和强奸罪的量刑部分。（2）被告人陆某犯强奸罪，判处死刑，剥夺政治权利终身。

2. 涉案问题

被告人陆某的行为虽然不构成强奸罪和故意杀人罪，但是否构成强奸罪（致人死亡）这个结果加重犯？

3. 裁判理由

甲市中级人民法院认为：被告人陆某违背妇女意志，以暴力手段强行与妇女发生性行为，其行为已构成强奸罪。陆某为发泄在强奸过程中造成的伤痛，故意将被害人踢落河水中，致被害人溺水死亡，其行为又构成故意杀人

---

[*] 该规定已于 2015 年被废止。——编辑注

罪，依法应数罪并罚。在强奸共同犯罪中，陆某直接实施暴力强奸，起主要作用，是主犯。

某省高级人民法院经审理认为：上诉人陆某违背妇女意志，以暴力手段强行与妇女发生性行为的行为已构成强奸罪；其为泄愤故意将被害人踢入河中，致被害人溺水死亡的行为又构成故意杀人罪，依法应数罪并罚。原判认定事实和适用法律正确、量刑适当、审判程序合法。

最高人民法院认为：被告人陆某不顾未成年女学生袁某某的反抗，采用暴力手段，强行与其发生性关系的行为已构成强奸罪，且造成被害人溺水死亡的严重后果，情节极其恶劣，应依法惩处。第一审判决、第二审裁定认定的事实清楚，证据确实、充分，审判程序合法。但定罪不准，以故意杀人罪判处被告人陆某死刑，剥夺政治权利终身；以强奸罪判处有期徒刑10年，量刑不当，应予纠正。

4. 评析意见

《刑法》（2005年修正）第236条第3款第5项规定，犯强奸罪，"致使被害人重伤、死亡或者造成其他严重后果的"，处10年以上有期徒刑、无期徒刑或者死刑。

关于本案的审理，有两种观点。第一种观点认为，被告人陆某的行为不构成强奸罪（致人死亡），因为陆某当时已经离开现场，袁某某的死亡不是陆某导致的，二者之间没有直接的因果关系。但是，毕竟袁某某死亡了，这与陆某的强奸行为具有间接的因果关系，所以可以认定为《刑法》（2005年修正）第236条第3款第5项规定的"造成其他严重后果"，因此可以适用死刑。第二种观点认为，被告人陆某的行为构成强奸罪（致人死亡），陆某的强奸行为与袁某某的死亡之间存在直接的因果关系。

需要明确的是：对于《刑法》（2005年修正）第236条第3款第5项规定的"造成其他严重后果"，是否要求与强奸行为具有直接的因果关系？由于《刑法》将"造成其他严重后果"作为"致被害人重伤、死亡"的兜底情形，所以二者的属性是相同的，都是法定刑升格条件，也即"处十年以上有期徒刑、无期徒刑或者死刑"的量刑条件。既然"致被害人重伤、死亡"是强奸罪的结果加重犯，那么"造成其他严重后果"也是强奸罪的结果加重犯。结果加重犯要求加重结果必须是基本犯罪行为直接导致的，二者之间要有直接的因果关系，否则该加重结果就不是该罪的法定刑升格条件。因此，"造成其他严重后果"也应与强奸行为具有直接的因果关系。

因此，问题的关键是被害人袁某某的死亡与被告人陆某的强奸行为有无直接的因果关系。对此，主要考察加重结果是不是基本犯罪行为所制造的危险的相当程度的实现，如果是，则可以将加重结果归责于行为人的基本犯罪行为。在具体判断时主要考虑以下三个因素：第一，基本犯罪行为导致加重结果发生的可能性大小。如果很大，则表明加重结果是基本犯罪行为所制造的危险相当程度的实现，二者之间便有因果关系。第二，介入因素的异常性大小。如果很异常，则表明基本犯罪行为与加重结果之间不具有相当性联系，二者之间便没有因果关系。第三，介入因素本身对加重结果发生的作用大小。如果很大，则表明导致加重结果发生的主要原因力是介入因素，而非基本犯罪行为。对上述三个因素，应当综合起来考虑，根据多数意见得出最终结论。例如，甲以伤害意图轻伤乙，然后后悔，又送乙去医院。由于医生重大过失，乙死亡。对此案例，可考虑：第一，轻伤导致死亡结果发生的可能性较小；第二，医生的重大过失很异常；第三，医生的重大过失对死亡的发生作用很大。综合考虑，甲的轻伤行为与乙的死亡没有因果关系，甲的行为仅构成故意伤害罪，而不构成故意伤害罪（致人死亡）。

本案中，基本犯罪行为是强奸行为，并且包括强奸过程中的暴力伤害行为；介入因素是被害人自身的行为，也即自己跌入河中；结果是被害人死亡。对此，可分析如下：第一，被告人陆某等人对袁某某的强奸行为及暴力殴打行为对袁某某的身体健康已经造成重大伤害，而且将醉酒、意志不是很清醒并且受到强奸及暴力殴打的袁某某遗弃至河边，对其生命产生明显威胁。因此，被告人的犯罪行为与被害人的死亡结果之间有因果关系。第二，袁某某自己跌入河中的行为并不异常。袁某某因为受到强奸、暴力殴打，并且醉酒，所以意识不是很清醒，当时身体就趴在河边。在这一情形下，袁某某很有可能跌入河中。因此，该介入因素并不异常，没有阻断先前犯罪行为与被害人死亡结果之间的因果关系。第三，袁某某跌入河中对其死亡结果的发生作用很大，因为事后证明，袁某某是溺水身亡。就此而言，被告人的犯罪行为与被害人的死亡结果之间没有因果关系。综合考察上述三项因素，由两个因素得出肯定结论，由一个因素得出否定结论，最终的结论便是被告人的犯罪行为与被害人的死亡结果之间存在因果关系。

因此，被告人陆泉某的行为构成强奸罪（致人死亡）这一结果加重犯，可以适用"处十年以上有期徒刑、无期徒刑或者死刑"的加重法定刑。

深度研究

我国刑法分则中存在大量的数额、情节等规定，这些数额、情节具有犯罪成立条件、法定刑升格条件的作用，与结果具有相似地位，而且是实务中经常面对的问题，因此也需要仔细分析。[①]

---

① 陈兴良. 刑法总论精释. 北京：人民法院出版社，2010：199.

(一) 数额

1. 行为的次数

刑法有些罪名例如，盗窃罪、聚众淫乱罪、敲诈勒索罪等，将"多次"实施规定为犯罪成立条件。这些行为多次实施，严重程度便达到了值得科处刑罚的程度。

2. 行为的报酬数额

行为的报酬数额主要是指违法所得数额。例如，《刑法》（2020年修正）第175条规定高利转贷罪的成立要求违法所得数额较大，第217条规定侵犯著作权罪的成立要求违法所得数额较大，第218条规定销售侵权复制品罪的成立要求违法所得数额巨大。应注意的是，违法所得属于行为人的获利结果，不能直接反映行为的违法程度。在这一点上，违法所得数额与盗窃罪所获得的财物数额、逃税罪的逃税数额不同。虽然后者也可谓是一种违法所得数额，但是这是损害结果本身的数额，直接体现了行为对法益的侵害程度。

3. 行为的交易数额

行为的交易数额主要是指销售金额，例如生产、销售伪劣产品罪，要求销售金额达到5万元才成立犯罪。销售金额不是损害结果的数额，不直接体现法益受侵害的程度。在这一点上，销售金额与盗窃罪所获得的财物数额、逃税罪的逃税数额不同。后者是损害后果本身的数额，直接体现行为对法益的侵害程度。但是，与违法所得数额相比，销售金额是实行行为的交易数额，能直接体现实行行为的交换价值，而违法所得数额是实行行为的报酬数额，由销售金额扣除成本所得，而且实施了实行行为并不必然获取违法所得，所以违法所得数额不能直接体现行为的经济价值。例如，行为人投入巨大成本生产、销售伪劣产品，销售金额很大，结果获利不多，甚至亏损，违法所得很少。在这种情况下，平等竞争的市场秩序及消费者权益仍受到了侵害。一般而论，销售金额越大，法益侵害越重，销售金额越小，法益侵害越轻，二者在某种程度上成正比。违法所得数额越大，法益侵害越重，但是这并不意味着，违法所得数额越小，法益侵害越轻，二者不存在必然的正比关系。就此而言，销售金额比违法所得数额更能体现行为的违法程度。

实际上，销售金额与法益侵害也没有直接的必然联系。销售金额越大，无疑法益侵害越重，但是销售金额很小并不意味着法益侵害很轻。例如，行为人投入巨大成本生产了数量较大的伪劣产品，仅出售了一部分，就被查获，库存的伪劣产品全部没收。虽然行为人的销售金额很小，但是法益侵害并不轻。当然，如果将法益侵害仅仅理解为实害结果，则法益侵害较轻，但是法益侵害还包括危险结果，从对法益的危险来看，虽然伪劣产品没有被销售出去，但对法益的威胁并不小。

4. 行为整体的经济数额

有些实行行为虽具有商业行为的特征，但是其违法程度既无法用销售金额来体现，也不方便用违法所得数额来体现，只能整体观察、概括统计，用该行为所积累的经济价值数额来衡量，常见的就是非法经营数额。例如，《立案追诉标准规定（一）》规定，侵犯他人著作权，非法经营数额5万元以上的，应予立案追诉；并指出，本条规定的"非法经营数额"，是指行为人在实施侵犯知识产权过程中，制造、运输、销售侵权产品的价值。已销售的侵权产品的价值，按照实际销售的价格计算。根据上述规定，非法经营数额是根据侵权产品的价值计算的。但是这只是计算非法经营数额的一种方法，有些犯罪行为没有产品可言，属于"服务"，就只能通过营业额等来计算。例如，2000年5月12日《最高人民法院关于审理扰乱电信市场管理秩序案件具体应用法律若干问题的解释》规定，非法经营电信业务，"经营去话业务数额在一百万元以上的"，属于"情节严重"。这里的电信业务就属于一种服务，只能用营业额来计算。

需要探讨的是：非法经营数额、销售金额及违法所得数额含义是否相同？非法经营数额是一个笼统的、概括的统计数额，凡是能够反映经营行为的经济价值的数额均可被视为非法经营数额，因此，它既包括销售产品的金额，也包括提供服务的报酬数额，甚至包括逃税数额。销售金额只是针对产品类销售活动而言所进行的统计数额，但不等于销售收入数额。销售收入数额应是销售金额扣除成本后的数额。违法所得数额，是违法犯罪行为的报酬数额。如果犯罪行为表现为产品销售行为，则违法所得数额应是指销售金额扣除成本后的销售收入数额。如果犯罪行为表现为服务行为，则违法所得数额应是指服务报酬。由此可见，非法经营数额、销售金额、违法所得数额三者的含义各不相同，并非单纯的包含与被包含关系，而是交叉、重合关系。

5. 行为组成之物的数额

有些实行行为需要借助一些特定的物品才能实施，这些物品的价值大小也能反映该行为的违法程度。例如，行贿、受贿行为的实施离不开贿赂，贿赂就是行贿、受贿行为的组成之物，贿赂数额大小会影响贿赂犯罪的成立。又如，赌博行为的实施离不开赌资，赌资就是赌博行为的组成之物，赌资数额大小也会影响赌博罪的成立。根据对构成要件的实质解释，可以肯定，虽然行贿罪没有规定贿赂数额，但是行贿一元钱不可能构成犯罪。虽然赌博罪没有规定赌资数额，但是赌博一元钱不可能构成犯罪。正因如此，司法解释对这些罪的成立规定了定量因素。2005年5月11日《最高人民法院、最高人民检察院关于办理赌博刑事案件具体应用法律若干问题的解释》规定，组织3

人以上赌博，赌资数额累计达到5万元以上的，构成犯罪。1999年9月16日《最高人民检察院关于人民检察院直接受理立案侦查案件立案标准的规定（试行）》规定，行贿数额在1万元以上的，应予立案。

6. 行为孳生之物的数额

有些实行行为会孳生一些物品，例如，伪造货币罪中的假币，制造毒品罪中的毒品，这些物品的价值数额也会体现行为的违法程度。虽然刑法对伪造货币罪的成立没有规定数量要求，但是伪造一元钱的行为肯定不值得科处刑罚，因此根据实质解释论的立场，伪造货币只有达到一定严重程度才构成犯罪。2010年5月7日《最高人民检察院、公安部关于公安机关管辖的刑事案件立案追诉标准的规定（二）》[以下简称《立案追诉标准规定（二）》]第19条中规定：伪造货币，总面额在2 000元以上或者币量在200张（枚）以上的，应予立案追诉。

7. 财产犯罪的对象数额

行为对象直接或间接地体现刑法所保护的法益。对法益的侵害往往表现为对行为对象的侵害。例如，在财产犯罪中行为对象是财物，那么财物的价值数额便直接体现行为的违法程度。就取得型财产犯罪而言，盗窃罪、诈骗罪等要求窃取、骗取的财物数额较大，才成立犯罪。就毁坏型财产犯罪而言，故意毁坏财物罪、破坏生产经营罪等，根据《立案追诉标准规定（一）》的规定，毁坏财物数额达到5 000元以上才立案起诉。

需要说明的是，盗窃罪窃取数额较大的财物，也可谓是一种违法犯罪所得，但是与前文作为行为报酬数额的违法犯罪所得不同。于前者实行行为的目标就是行为对象本身，也即数额较大的财物，目的是非法占有行为对象。而于后者实行行为的目标并不是行为对象本身，而是通过行为对象获取一定的报酬。例如，销售侵权复制品罪的目标不是侵权复制品，而是通过销售侵权复制品获取经济利益。前者是行为对象本身的价值，后者是行为对象的交换价值。

（二）情节

情节包括作为犯罪成立条件的"情节严重""情节恶劣"等情节，也包括作为法定刑升格条件的"情节特别严重"或"情节特别恶劣"等情节。在性质上，情节属于罪量要素，表示违法的程度。

虽然刑法分则只概括规定情节，但许多司法解释对具体罪名的情节作了详细规定。

（1）情节表现为违法所得数额。例如，《刑法》（2020年修正）第226条规定强迫交易行为"情节严重"的才成立犯罪。《立案追诉标准规定（一）》对此规定，"违法所得数额二千元以上的"属于情节严重。

（2）情节表现为交易数额。例如，《立案追诉标准规定（一）》将"交易数额一万元以上"规定为强迫交易罪中的"情节严重"。又如，《立案追诉标准规定（二）》将"证券交易成交额累计在五十万元以上""期货交易占用保证金数额累计在三十万元以上"规定为内幕交易、泄露内幕信息罪的"情节严重"。

（3）情节表现为经营数额。例如，《刑法》（2020年修正）第225条规定非法经营行为只有"情节严重"才成立犯罪。1998年12月17日公布的《最高人民法院关于审理非法出版物刑事案件具体应用法律若干问题的解释》规定，个人非法经营非法出版物，"经营数额在五万元至十万元以上的"，属于"情节严重"。2000年5月12日发布的《最高人民法院关于审理扰乱电信市场管理秩序案件具体应用法律若干问题的解释》规定，非法经营电信业务，"经营去话业务数额在一百万元以上的"，属于"情节严重"。

（4）情节表现为行为次数。例如，《立案追诉标准规定（一）》对非法行医罪的"情节严重"的规定之一是非法行医被卫生行政部门行政处罚两次以后，再次非法行医的。又如，该司法解释对强迫交易罪的"情节严重"的规定之一是强迫交易三次以上。

（5）情节表现为行为对象的数量。行为对象包括人和物，是法益的承载体，直接或间接体现刑法所保护的法益。不同的行为对象会体现不同的法益，或者体现不同程度的法益。例如，《立案追诉标准规定（一）》将"强迫三人以上交易"规定为强迫交易罪中的"情节严重"。

（6）情节表现为直接经济损失。例如，《刑法》（2020年修正）第223条规定串通投标情节严重的才成立犯罪。2001年4月18日《最高人民检察院、公安部关于经济犯罪案件追诉标准的规定》*对"情节严重"的规定之一是损害招标人、投标人或者国家、集体、公民的合法利益，造成的直接经济损失数额在50万元以上的。

（7）情节表现为间接危害结果。例如，《刑法》（2020年修正）第281条规定非法生产、买卖警用装备罪的成立要求"情节严重"。《立案追诉标准规定（一）》规定，情节严重之一是"被他人利用进行违法犯罪活动"。行为人的构成要件行为只是生产、买卖警用装备，对于购买人是否利用警用装备进行违法犯罪活动没有实际控制力。

刑法分则条文规定的"情节严重"，主要有以下情形。

（1）仅从基本罪状的描述来看，行为尚未达到值得科处刑罚的程度，需要设置定量因素，但是无法设置诸如"数额较大""多次"等具体的定量因

---

* 该规定已失效。——编辑注

素，只好设置一个综合性的"情节严重"。例如《刑法》（2020年修正）第376条在规定战时拒绝、逃避征召、军事训练罪时，不可能将所有的战时拒绝、逃避征召、军事训练行为都以犯罪论处，但是又无法提炼出一个具体的、合适的、具有可操作性的定量标准。有人可能认为可以根据次数来设置，例如拒绝多次、逃避多次，但是该标准不具有可操作性。

（2）仅从基本罪状的描述来看，行为尚未达到值得科处刑罚的程度，需要设置定量因素。虽然也设置了诸如"数额较大""多次"等具体的定量因素，但是无法涵盖所有的严重情形。为了周延地表示定量因素，再设置一个兜底性质的"情节严重"。例如《刑法》（2020年修正）第275条在规定故意毁坏财物罪时，在设置"数额较大"之外还设置了"有其他严重情节"。

（3）该类行为在《治安管理处罚法》中有规定，为了与后者相对应，有必要设置"情节严重"。例如，《治安管理处罚法》第48条规定："冒领、隐匿、毁弃、私自开拆或者非法检查他人邮件的，处五日以下拘留或者五百元以下罚款。"为了与之形成程度上的阶层，《刑法》（2020年修正）第252条在规定侵犯通信自由罪时便设置了"情节严重"。又如，《治安管理处罚法》第26条规定了"追逐、拦截他人""强拿硬要或者任意损毁、占用公私财物"等寻衅滋事行为，《刑法》（2020年修正）第293条在规定寻衅滋事罪时便规定"追逐、拦截、辱骂、恐吓他人，情节恶劣的""强拿硬要或者任意损毁、占用公私财物，情节严重的"，构成犯罪。

在性质上，"情节严重"是对整体构成要件行为的评价要素。首先需要分析的是："情节严重"中的"情节"仅仅是对前面构成要件行为的一种整体概括，还是在此之外补充的新的构成要件要素？从刑法条文的规定可以看出，这两种情形都有。例如，《刑法》（2020年修正）第260条规定，"虐待家庭成员，情节恶劣的"，构成虐待罪。其中的"情节"就是对虐待行为的整体概括，不是在虐待行为之外的新的构成要件要素。又如，《刑法》（2020年修正）第336条规定，"未取得医生执业资格的人非法行医，情节严重的"，构成非法行医罪。《立案追诉标准规定（一）》将其中的"情节严重"解释为以下情形：造成就诊人轻度残疾、器官组织损伤导致一般功能障碍，或者中度以上残疾、器官组织损伤导致严重功能障碍，或者死亡的；造成甲类传染病传播、流行或者有传播、流行危险的；使用假药、劣药或不符合国家规定标准的卫生材料、医疗器械，足以严重危害人体健康的；非法行医被卫生行政部门行政处罚两次以后，再次非法行医的；其他情节严重的情形。很显然，这些严重情节已经不是非法行医行为本身的内容，而是新的构成要件要素。

"情节严重""情节恶劣"中的"严重""恶劣"是对上述两种"情节"的一种评价，本身没有为违法增加新的根据。这种评价也不是对行为之违法性质的评价，因为即使没有"严重""恶劣"，构成要件行为或情节本身仍然具有违法性。所以，"严重""恶劣"是对整体构成要件行为或情节的违法性的程度评价。评价的结论是达到了立法者认为严重的程度或一般人认为恶劣的程度，也即达到了需要科处刑罚的程度。这种对整体构成要件行为或情节的违法程度的评价要素，由于没有为违法提供新的根据，所以不是真正的构成要件要素本身，而是构成要件行为或情节之外的一种评价要素。

第四节　因果关系

因果关系是事物之间引起与被引起的关系，其中的"引起"者是原因，"被引起"者是结果。刑法中的因果关系是指实行行为与危害结果之间引起与被引起的关系。

通常认为，刑法上的因果关系不是犯罪构成的要件要素，但在一个具体案件中，对因果关系的研究是十分必要的。在司法实践中，需要在两个方面解决因果关系问题：一是某种危害结果已经发生，但不知道由谁的行为所引起；二是已经实施的危害行为，是否造成了危害结果以及造成了哪些危害结果。当危害结果已经发生时，司法机关必须先考察一般因果关系，确定谁的行为造成了危害结果，再判定该行为是否符合犯罪构成，从而得出是否成立犯罪的结论。因此，判断行为与结果是否具有因果关系是认定犯罪是否成立的前提条件。同时，认定因果关系又是贯彻罪责自负原则的要求。因果关系理论的意义还在于任何人都必须对自己的行为所导致的后果负责，但又要排除不当的株连。在司法实践中，要将所发生的危害结果归咎于行为人，就必须证明行为人的实行行为与危害结果之间具有因果关系。例如，故意犯罪的既遂、过失犯罪的成立、结果加重犯的成立等，均需要证明行为与结果之间具有因果关系。

关于刑法上的因果关系，需要解决两个问题：一是认识论上的认识问题，二是方法论上的认定问题。

从认识论上看，因果关系具有以下特征：（1）客观性。这是指因果关系是事物之间的客观联系，不以任何人的主观意志为转移。因此，因果关系的判断是一种客观范畴的判断。也正因如此，对因果关系的认定工作，应放在客观阶层进行。（2）顺序性。这是指在因果关系的发生过程中原因在前、结果在后，有因才有果。因此，司法机关只能在结果发生之前的行为中寻找原因。（3）必然性和偶然性。因果关系的必然性是指一个行为如果是结果发生的原因，那么其中必然包含着结果发生的根据，也即结果发生的实在可能性。

因果关系的偶然性是指某个行为虽然不包含结果发生的根据，但是偶然介入其他因素，由介入因素导致结果发生，此时该行为与该结果之间便存在一种偶然的因果关系。[1] 长期以来，我国传统理论将因果关系在哲学认识上的必然性与偶然性特征，直接照搬为认定因果关系的具体方法。[2] 这种做法混淆了因果关系认识论与方法论的关系。虽然从哲学角度看，因果关系的确具有必然性与偶然性特征，但是这种认识难以成为司法实践中的具体操作方法。例如，从哲学上看，因果关系的必然性与偶然性是有机统一的，必然性是由事物的内因决定的，偶然性是由事物的外因决定的。这些观点都是正确的，但是与司法实践中的办案需要仍有一定距离。符合实际的做法是，在这些认识结论的指导下，总结出具有可操作性的认定因果关系的具体方法。

从方法论上看，认定刑法中的因果关系与认定自然界的因果关系存在区别。在自然科学领域，认定因果关系时需严格遵循自然规律中的因果法则。这种认定工作，属于实在论范畴的工作。而认定刑法中的因果关系，是在遵循因果法则的基础上，实现对行为的归责。这不可避免地带有规范评价的特征。因此，认定刑法中的因果关系是实在论与规范论的结合。认定的主旨不在于发现那神秘而无穷的"原因力"，而是寻求一种解释性，而且是刑法范畴内可归责的解释性。

刑法理论中，认定因果关系比较成熟的方法是大陆法系中的条件说和相当因果关系说。这两种认定方法已基本为我国刑法学界所熟悉和接受[3]，同时也逐渐为司法人员所借鉴和应用[4]，已显现出其工具价值的优越性，因此，对这两种认定方法需要仔细理解和掌握。

一、条件说

知识背景

条件说认为，行为与结果之间如果存在"无 A 则无 B"的条件关系，则二者具有刑法上的因果关系。很显然，这里的条件关系属于必要条件。与必要条件相对应的是充分条件，也即"有 A 则有 B"。从逻辑上看，只有证实

---

[1] 高铭暄，马克昌. 刑法学. 4 版. 北京：北京大学出版社，高等教育出版社，2010：87.
[2] 阮齐林. 刑法学. 2 版. 北京：中国政法大学出版社，2010：125.
[3] 陈兴良. 规范刑法学. 2 版. 北京：中国人民大学出版社，2008：130. 张明楷. 刑法学. 3 版. 北京：法律出版社，2007：167. 周光权. 刑法总论. 北京：中国人民大学出版社，2007：143. 曲新久. 刑法学. 2 版. 北京：中国政法大学出版社，2008：101.
[4] 最高人民法院刑事审判第一、二庭. 刑事审判参考：总第 36 集. 北京：法律出版社，2004：1~10. 最高人民法院刑事审判第一、二、三、四、五庭. 中国刑事审判指导案例：贪污贿赂罪、渎职罪、军人违反职责罪. 北京：法律出版社，2009：554.

"有 A 则有 B"，才能认为 A 是 B 的原因。然而，法律是一门社会实践科学，无法像自然科学如数学、物理、化学那样，轻易证实事物之间存在充分条件关系，只能退而求其次，用必要条件来认定因果关系。用必要条件来认定因果关系，实际上是一种"反面排除法"的认定思维，也即如果"无 A 则无 B"，那么 A 是 B 的必要条件，可以成为 B 的原因；如果"无 A 仍有 B"，那么 A 不是 B 的必要条件，便不可能是 B 的原因。

条件说采用必要条件来认定因果关系，而必要条件存在因果链条会无限追溯的问题，因此，需要对条件关系进行必要的限定。例如，甲用刀杀死了乙。根据条件关系，只要能够证实，如果甲不用刀杀乙，乙当时就不会死亡，那么甲用刀刺乙的行为就是乙死亡的原因。但是，如果对必要条件不加限定，就会出现这样的认定：如果甲的母亲不生育甲的话，就不会有甲的存在，也就不会有甲用刀刺乙的行为，因此，甲的母亲生育甲的行为也是乙死亡的原因。这种结论显然是荒谬的。对条件关系的限定可以从行为和结果两方面展开。

从行为方面限定，因果关系中的行为是指实行行为。某个非实行行为即使偶尔产生了危害结果，二者之间也不存在刑法上的因果关系。例如，甲意图致乙死亡，便劝乙到大街上晨跑，期待乙在晨跑中遇到车祸死亡，乙果真遇到车祸死亡。虽然甲具有杀人的故意，但是因果关系的判断属于客观判断。在客观上，甲的劝说行为对乙的生命不构成任何威胁，不属于杀人的实行行为，因此，甲的劝说行为与乙的死亡不具有刑法上的因果关系。同理，母亲生育孩子的行为不可能是杀人的实行行为，因此不会成为被害人死亡的原因。

从结果方面限定，因果关系中的结果是指现实发生的危害结果，而非假设的结果。例如，甲意图杀死女友乙，得知乙晚上 8 点必经 A 地，便在 A 地设一陷阱，如果乙掉落陷阱，必死无疑。然而，在晚上 7 点当乙尚未赶到 A 地点时，泥石流爆发，致乙死亡。虽然甲设置陷阱的行为必然会致乙死亡，但是该死亡结果属于假设的结果。假设的结果不是刑法关注的结果，刑法关注的是现实发生的结果。也即，司法机关需要查明的是，晚 7 点钟乙的死亡是由什么原因导致的。很显然，该结果是由泥石流导致的，而非甲设置陷阱的行为导致的，所以甲的行为与乙的死亡没有刑法上的因果关系。

规范依据

《刑法》（2020 年修正）第 13 条："一切危害国家主权、领土完整和安全，分裂国家、颠覆人民民主专政的政权和推翻社会主义制度，破坏社会秩序和经济秩序，侵犯国有财产或者劳动群众集体所有的财产，侵犯公民私人所有的财产，侵犯公民的人身权利、民主权利和其他权利，以及其他危害社会的行为，依照法律应当受刑罚处罚的，都是犯罪，但是情节显著轻微危害不大的，不认为是犯罪。"

案例评价

[案例 3-8] 罗某故意伤害案① (条件说的应用)

1. 基本案情

2002年2月12日（正月初一）晚7时许，罗某与他人在某市某镇马山果场同乡莫某家聚会饮酒。晚9时许，罗某又与他人一同到果场办公楼顶层客厅内打麻将，莫某站在旁边观看。由于罗某在打麻将过程中讲粗话，莫某便对罗某进行劝止，二人为此发生争吵。争吵过程中莫某推了一下罗某，罗某即用右手朝莫某的左面部打了一拳，接着又用左手掌推莫某右肩，致使莫某在踉跄后退时后脑部碰撞到门框。在场的他人见状，分别将莫某和罗某抱住。莫某被抱住后挣脱出来，前行两步后突然向前跌倒，两三分钟后即死亡。经法医鉴定，莫某后枕部头皮下血肿属钝器伤，系后枕部与钝性物体碰撞所致，血肿位置为受力部位。莫某的死因是生前后枕部与钝性物体碰撞及撞后倒地导致脑挫伤、蛛网膜下腔出血，其口唇、下颌部及额下损伤系伤后倒地形成。

某市人民法院认为：被告人罗某的行为构成故意伤害（致死）罪。鉴于被告人犯罪后自首并积极赔偿死者家属的部分经济损失，可对其减轻处罚。遂判决：被告人罗某犯故意伤害罪，判处有期徒刑6年。

宣判后，在法定期限内被告人没有上诉，检察机关没有抗诉，判决已发生法律效力。

2. 涉案问题

（1）本案被告人的掌推行为与被害人的死亡结果之间是否具有刑法上的因果关系？

（2）如何判定被告人应承担的刑事责任？

3. 裁判理由

某市人民法院经审理后认为：（1）被告人实施了故意伤害行为，并由此直接导致被害人头后枕部与门框碰撞，进而倒地，形成脑挫伤、蛛网膜下腔出血，发生死亡。被告人的掌推行为与被害人的死亡结果之间具有刑法上的因果关系。（2）故意伤害致人死亡可以表现为复杂的罪过形式，即伤害他人的故意和致人死亡的过失两种罪过形式的叠加。被告人在对被害人作出拳击、掌推的行为时，主观上完全能够认识到其行为可能会伤害被害人的身体健康，

---

① 最高人民法院刑事审判第一、二、三、四、五庭.中国刑事审判指导案例：侵犯公民人身权利、民主权利罪.北京：法律出版社，2009：285~288.

但仍故意实施了掌推的伤害行为。被告人在实施故意伤害行为时，主观上虽不希望或者放任被害人死亡结果的发生，但对被害人的死亡具备应当预见而没有预见的过失心理态度。被告人的行为符合故意伤害（致死）罪的构成要件，应以故意伤害（致死）罪追究其刑事责任。

4. 评析意见

（1）运用条件说的理论，可以判定罗某的行为与被害人的死亡之间存在因果关系。

根据条件说的原理，判断罗某的掌推行为与莫某的死亡之间有无因果关系，主要是看二者是否存在"无前者则无后者"的条件关系，如果存在，则二者具有因果关系。根据法医鉴定，莫某的死亡是生前后枕部与钝性物体碰撞及撞后倒地导致脑挫伤、蛛网膜下腔出血所致。这表明，如果没有罗某的掌推行为，则莫某的后枕部不会与钝性物体发生碰撞，也不会出现莫某倒地及脑挫伤的结果，符合"无前者则无后者"的条件关系。因此，罗某的掌推行为与莫某的死亡具有刑法上的因果关系。

（2）因果关系在刑事责任判定中的地位。

如果行为与结果之间没有因果关系，则行为人不需负刑事责任。但是，行为与结果具有因果关系，并不必然意味着行为人需负刑事责任。认定因果关系与追究刑事责任是两个阶段的不同问题。

由于刑法惩罚的对象是行为人的危害行为，而不是纯粹的罪恶思想，因此，判断行为是否构成犯罪、行为人是否应当承担刑事责任，应坚持从客观到主观的路径。具体到故意伤害罪的判断，首先判断行为人的行为是不是符合故意伤害罪构成要件的行为。如果是，则接下来判断该行为与危害结果之间有无因果关系。如果有，则接下来判断行为人对其行为和结果在主观上是否持有犯罪故意。如果有，则可以得出行为人之行为构成故意伤害罪的结论。

关于行为人的行为，按照我国刑法的规定，对于没有产生轻伤以上后果的一般殴打行为，不能以故意伤害罪论处。本案中罗某的掌推行为在正常情况下不能直接使被害人的损伤达到轻伤以上，但故意伤害罪是结果犯，不以行为人的手段是否能使被害人受到轻伤以上的后果作为认定标准。轻微殴打行为在特定的条件下能够造成被害人轻伤以上后果的，行为人仍应承担故意伤害罪的刑事责任。

关于本案中的因果关系，我们经过判断认为，罗某的行为与莫某的死亡之间存在因果关系。

关于行为人的主观方面，故意伤害致死可以表现为复杂罪过形式，即行为人具有伤害的故意和致人死亡的过失两种罪过形式。虽然刑法并没有明确规定故意伤害（致死）罪中的致人死亡可以是过失，但基于故意伤害（致死）

罪与故意杀人罪在犯罪构成上的区别是很容易得出这一结论的。两者区别的关键是故意杀人罪希望或者放任死亡结果发生,故意伤害(致死)罪只希望或放任伤害他人身体健康的结果发生。如果故意伤害(致死)罪中的致人死亡是故意的,那么它将转化为故意杀人罪,而不能以故意伤害罪定性。本案中罗某实施了拳击、掌推伤害行为,对危害后果并非故意,但具有应当预见而没有预见的过失,因此,对罗某应以故意伤害(致死)罪定罪量刑。

[案例3-9] 洪某故意伤害案①(被害人存在特殊体质的情形)

1. 基本案情

洪某与曾某在某公园内经营茶摊,二人因地界发生过矛盾。2004年7月18日17时许,洪某的同居女友刘某酒后故意将曾某茶摊的茶壶摔坏,曾某的同居女友方某便与之发生争执。在曾某茶摊喝茶的陈某(男,48岁)上前劝阻。刘某认为陈某有意偏袒方某,遂辱骂陈某,并与之扭打。洪某闻讯赶到,挥拳连击陈某的胸部和头部。陈某被打后追撵洪某,追出二三步后倒地死亡。经鉴定,陈某系在原有冠心病的基础上受吵架时情绪激动、胸部被打、剧烈运动及饮酒等多种因素影响,诱发冠心病发作,冠状动脉痉挛致心搏骤停而猝死。

另查明,洪某曾因犯罪被判刑,刑满释放后5年内又犯应判处有期徒刑以上刑罚之罪,构成累犯。

乙省甲市中级人民法院判决如下:被告人洪某犯故意伤害罪,判处有期徒刑10年零6个月。

宣判后,被告人洪某不服,提起上诉,称:其只是一般的殴打行为,原判定罪不准;被害人死亡与其只打二三拳没有关系,不应负刑事责任,请求二审给予公正裁判。

乙省高级人民法院撤销乙省甲市中级人民法院刑事判决中对洪某的量刑部分,以洪某犯故意伤害罪,在法定刑以下判处有期徒刑5年,并依法报送最高人民法院核准。

最高人民法院裁定核准乙省高级人民法院以故意伤害罪,在法定刑以下判处洪某有期徒刑5年的刑事判决。

2. 涉案问题

被告人的伤害行为与被害人的死亡有无刑法上的因果关系?这种情形在定罪量刑时应如何考量?

---

① 最高人民法院刑事审判第一、二庭. 刑事审判参考:总第49集. 北京:法律出版社,2006:26~31.

3. 裁判理由

乙省甲市中级人民法院认为：被告人洪某故意伤害他人身体，致被害人死亡，其行为已构成故意伤害罪。被告人洪某在刑满释放后5年内再犯应当判处有期徒刑以上刑罚之罪，系累犯，应从重处罚。鉴于洪某归案后能坦白认罪，且考虑被害人原先患有冠心病及心肌梗死的病史，其死亡属多因一果等情节，可以从轻处罚。

甲省高级人民法院经审理认为：上诉人洪某故意伤害他人身体致人死亡的行为，已构成故意伤害罪。洪某关于原判对其定罪量刑错误的上诉理由，经查：首先，上诉人的拳击行为发生在被害人与其女友刘某争执扭打时，洪某对被害人头部、胸部分别连击数拳，其主观上能够认识到其行为可能会伤害被害人的身体健康，客观上连击数拳，是被害人死亡的因素之一，因此，对上诉人应当按照其所实施的行为性质以故意伤害定罪。虽然死亡后果超出其本人主观意愿，但这恰好符合故意伤害致人死亡的构成要件。故原判定罪准确，洪某关于定罪不准确的上诉理由不能成立。其次，上诉人的拳击行为与被害人死亡结果之间具有刑法上的因果关系。上诉人对被害人胸部拳击数下的行为一般情况下不会产生被害人死亡的结果，但其拳击行为的危害性为，与被害人情绪激动、剧烈运动及饮酒等多种因素介入"诱发冠心病发作"导致了死亡结果的发生。被害人身患冠心病上诉人事先并不知情，是一偶然因素，其先前的拳击行为与被害人死亡结果之间存在偶然因果关系，这是上诉人应负刑事责任的必要条件。因此，上诉人的行为与被害人死亡的结果具有刑法上的因果关系，洪某关于对被害人死亡不负刑事责任的上诉理由不能成立。原判认定事实清楚，证据确实、充分，定罪准确。审判程序合法。上诉人洪某系累犯，依法应从重处罚。鉴于本案的特殊情况，原判对洪某的量刑过重，与其罪责明显不相适应，可在法定刑以下予以减轻处罚。据此，撤销乙省甲市中级人民法院刑事判决中对上诉人洪某的量刑部分，以洪某犯故意伤害罪，在法定刑以下判处有期徒刑5年，并依法报送最高人民法院核准。

最高人民法院经复核后认为：洪某殴打他人并致人死亡的行为，已构成故意伤害罪。洪某曾因犯罪被判刑，刑满释放后5年内又犯罪，应依法从重处罚。但被害人患有严重心脏疾病，洪某的伤害行为只是导致被害人心脏病发作的诱因之一。根据本案的特殊情况，对洪某可以在法定刑以下判处刑罚。一、二审判决认定的事实清楚，证据确实、充分，定罪准确，审判程序合法。二审判决量刑适当。

4. 评析意见

在被害人存在特殊体质的场合，如何认定因果关系，是需要特别讨论的问题。认定被告人的行为与被害人的死亡有无因果关系，通常有以下四种不同观点。

第一种观点认为，被告人的行为与被害人的死亡不具有因果关系。理由是：在被害人存在特殊体质的场合，导致被害人死亡的原因是多方面的，被告人的行为仅是被害人死亡的诱因。诱因和直接原因不同，不能确认被告人的行为与被害人的死亡结果之间具有刑法上的因果关系，被告人的行为不构成犯罪。

第二种观点认为，被告人的行为与被害人的死亡之间存在因果关系，但被告人主观上无法预见被害人存在特殊体质，也无法预见自己的行为会导致被害人发病死亡。该死亡结果是由不能预见的原因引起的，应定性为意外事件，被告人不应承担刑事责任。

第三种观点认为，被告人的行为与被害人的死亡之间存在因果关系，被告人的行为构成故意伤害罪。理由是：被告人对被害人实施轻度的伤害行为时，其应该能够认识到该行为可能对被害人的身体健康造成伤害。虽然被害人的死亡结果超出其本人的主观意愿，但符合故意伤害（致人死亡）罪的构成要件。

第四种观点认为，被告人的行为与被害人的死亡之间存在因果关系，被告人的行为构成过失致人死亡罪。理由是，被告人既没有伤害的故意，也没有杀人的故意，只是由于应该预见而没有预见，才造成被害人死亡结果的发生，因此，被告人的行为应被定性为过失致人死亡罪。

可以看出，在被害人存在特殊体质的场合，大部分观点肯定被告人的轻伤害行为与被害人的死亡结果之间有因果关系。我们认为，本案中，鉴定结论证明被害人的死亡是洪某的伤害行为（轻伤、轻微伤）与被害人的特殊体质及其他因素共同作用而导致的。根据条件关系，如果没有洪某的伤害行为，就没有被害人的死亡结果，二者之间存在条件关系。虽然，在一般情况下，洪某对被害人胸部拳击数下的行为不会产生被害人死亡的结果，洪某的拳击行为对致人死亡这一结果来说是一个偶然现象。但被害人身患冠心病，在情绪激动、剧烈运动及饮酒等多种因素下，对其胸、头部击打就有可能致其死亡。被害人身患冠心病，洪某事先并不知情，但这仅是一种表面、偶然的现象，表面、偶然的背后，蕴含着本质、必然。洪某的拳击行为，其本质是一种故意伤害的行为，其必然后果是对被害人造成一定的伤害，至于是死亡、重伤、轻伤还是轻微伤，则是偶然的。总之，如果洪某不对被害人进行击打，就不会诱发被害人冠心病发作，猝死的结果也就不会发生。基于此，可以认定二者之间存在刑法上的因果关系。

但是，从这个案例可以看出，确认了行为与结果的因果关系之后，关于定罪和量刑仍存在严重分歧。也就是说，洪某在主观上对于自己行为所导致后果的认识程度，以及洪某的行为在导致被害人死亡的全部因素中所占的比重，对案件的定罪、量刑均有影响。

在定罪方面，在司法实践中，故意伤害致人死亡与过失致人死亡容易产生混淆，也多有争议，因为它们在客观方面都造成了被害人死亡的结果，在主观方面都没有杀人的动机和目的，也不希望或者放任死亡结果的发生，在致人死亡这个后果上均属于过失。但它们之间的根本区别在于，故意伤害致死虽然无杀人的故意，但有伤害的故意，而过失致人死亡既无杀人的故意，也无伤害的故意。从本案来看，洪某主观上具有伤害他人身体的故意，客观上实施了伤害他人的行为，虽然致人死亡的后果超出其本人的主观意愿，但符合故意伤害致人死亡的构成要件。

在量刑方面，根据《刑法》（2020年修正）第234条第2款的规定，故意伤害他人致人死亡的，应在10年以上有期徒刑、无期徒刑或者死刑的法定幅度内量刑。本案中洪某故意伤害致他人死亡，虽然不具有法定减轻处罚的情节，而且还有累犯这一法定从重处罚情节，但是，被害人的死亡，系一果多因，其死亡的直接原因是冠心病发作，洪某的伤害行为只是导致被害人心脏病发作的诱因之一。被害人心脏病发作的诱因众多，将这些诱因共同产生的死亡结果之责任都归由洪某承担，与其罪责不相适应。二审法院考虑到即使依法定最低刑量刑仍属过重，故在法定刑以下对洪某改判，并报最高人民法院核准。

深度研究

通过对上述案例的分析可以看出，采条件说能够基本处理刑法中的因果关系问题。但是，这是就一般情形而言的。在一些特殊情形下，条件关系的适用可能会存在障碍，对这些情形需要深入探析，以便全面地理解和运用条件关系。

（一）假定的因果关系

这是指虽然某个行为导致结果发生，但即使没有该行为，其他因素也会引起同样的结果。例如，精神病患者甲住在精神病院，其家属乙由于难以承受治疗费用，意图杀死甲。某晚上乙来到甲的房间，在给甲灌毒药时发现甲已经死亡。原来在十分钟前，精神病院医生丙为了发泄甲无故殴打自己的愤恨，竟用毒药杀死了甲。丙的行为与甲的死亡有无因果关系？否定意见认为，二者之间没有因果关系，因为不存在"无前者则无后者"的条件关系，即使没有丙的杀人行为，甲也会被乙杀死。但是肯定意见认为：条件关系中讨论现实发生的结果，而不讨论假定发生的结果。本案中，需要讨论的是甲在十分钟前的死亡，而非甲在十分钟后的死亡，前者是现实发生的结果，后者是假定发生的结果。就现实发生的甲的死亡而言，如果没有丙的杀人行为，就不会出现甲的死亡，所以，丙的行为与甲的死亡存在因果关系。肯定意见是目前的主流意见。

与假定的因果关系类似的一种情形是合义务的择一的举动。这是指虽然行为人实施了违法行为，造成了结果，但即使其遵守义务规范，也不能避免该结果的情形。例如，甲在一条笔直的 6 米宽的道路上驾驶汽车，右侧的乙朝着相同方向骑着自行车。按规则，汽车应当与行人保持 1.5 米距离，但甲只保持了 0.75 米的距离。而乙由于饮酒醉倒在车下，被汽车后轮轧死。① 甲的驾车行为与乙的死亡有无因果关系？否定说认为，二者之间没有条件关系，因为即使甲遵守了规则，发生同样事故的盖然性仍然很高。但是，刑法中的因果关系讨论的是现实发生的危害结果，而非假设的结果。所谓的即使甲遵守了规则也可能发生的危害结果，属于假设的结果。就现实发生的结果而言，乙的死亡与甲的驾车行为之间存在条件关系，没有甲的驾车行为就没有乙的死亡。当然，二者之间具有因果关系并不意味着甲便需负刑事责任。甲是否负刑事责任，还要考察甲对乙的死亡有无故意或过失。

（二）重叠的因果关系

这是指两个以上相互独立的行为，虽然都有导致结果发生的危险，但各自单独不能导致结果的发生，在没有意思联络的情况下，合并在一起，导致了结果发生。例如，甲、乙没有意思联络，分别向丙的水杯投放了毒药，丙喝了这杯水后中毒死亡。事后查明，甲、乙各自投放的剂量只是致死量的 50%。甲、乙的行为与丙的死亡有无因果关系？否定意见认为，单独看甲或乙的行为，都不能导致结果发生，也即"即使有前者，也不一定有后者"，所以，甲、乙的行为与丙的死亡都没有因果关系。肯定意见认为，判断刑法上的因果关系使用的不是"有 A 则有 B"的充分条件，而是"无 A 则无 B"的必要条件。本案中，没有甲的行为，则丙不会死亡；没有乙的行为，则丙也不会死亡，所以甲、乙的行为与丙的死亡都有因果关系。肯定意见是目前的主流意见。

（三）二重的因果关系

这种因果关系也称为择一的竞合，是指两个以上相互独立的行为单独都能导致结果的发生，在没有意思联络的情况下，竞合在一起，导致了结果发生。例如，甲、乙没有意思联络，分别向丙的水杯投放了毒药，丙喝了这杯水后中毒死亡。事后查明，甲、乙各自投放的剂量都达到了致死量。甲、乙的行为与丙的死亡有无因果关系？否定意见认为：单独看甲或乙的行为，都

---

① 张明楷. 刑法原理. 北京：商务印书馆，2011：173.

不符合"无前者则无后者"的条件关系，也即即使没有甲的行为，丙也会被乙的毒药毒死；即使没有乙的行为，丙也会被甲的毒药毒死，所以甲、乙的行为与丙的死亡都没有因果关系。但是如此一来，就只能对甲、乙分别以故意杀人罪未遂论处。这种结论显然是不妥当的。肯定意见认为，在存在多项条件的情形时，不应对这些条件单独考察，而应对这些条件作整体考察，虽然除去一个条件，结果仍会发生，但如果除去全部条件，则结果不会发生，因此所有条件与结果都具有因果关系。基于此，本案中甲、乙的行为与丙的死亡都有因果关系。肯定意见是目前的主流意见。

二、相当因果关系说

知识背景

虽然条件说基本上是妥当的，能够处理大多数案件中的因果关系问题，但是遇到因果历程中出现介入因素的案件时，适用起来便存在障碍。例如，甲意图伤害乙，将乙的一颗牙齿打落后，又心生悔意，便开车送乙去医院，途中遭遇车祸，致乙死亡。甲的伤害行为与乙的死亡有无因果关系？根据条件说，没有甲的伤害行为，就没有送乙去医院的事情，就不会出现乙的死亡，因此，甲的伤害行为与乙的死亡之间有因果关系。若如此认定，甲便要对伤害行为后的所有介入因素导致的死亡结果都负责，例如，医生因重大过失致乙死亡，或者因医院发生火灾乙被烧死了，甲的先前行为与乙的死亡之间都有因果关系。这种结论显然不妥。为此，刑法理论提出了相当因果关系说。

相当因果关系说认为，在有一个先前行为，然后又出现一个介入因素，最终产生危害结果的场合，先前行为是不是危害结果的发生原因，应根据社会生活的一般规律，考察危害结果的发生是不是先前行为所制造的危险的相当程度的实现，如果是，则二者具有相当的因果关系。例如，在上述案例中，甲仅仅将乙的一颗牙齿打落，这种伤害程度不会有致乙死亡的危险，即使乙死亡，也不是甲的伤害行为的危险相当程度的实现，二者之间不具有相当性的因果关系。

在因果关系的判断根据上，相当因果关系说内部存在三种观点。主观说主张以行为人认识到或可能认识到的事实为基础来判断因果关系。客观说主张以行为时的客观事实作为基础来判断因果关系。折中说主张以社会一般人能认识到的以及行为人特别认识到的事实为基础来判断因果关系。[①] 主观说与折中说将因果关系的有无建立在行为人或社会一般人的主观认识上，与因果关系的客观性相矛盾，受到批评，因而客观说成为主流观点。

---

① 山中敬一. 刑法总论：第 2 版. 东京：成文堂，2008：266，267.

在因果关系的判断方法上，对相当性的判断主要是一种经验判断，考察行为与结果之间是否具有经验法则上的通常性、类型性或高度盖然性、可能性。例如，在一般情况下，将人打得嘴角流血通常不会致命，往人的食物投放 10 克砒霜通常会致命。这些情形中的相当性都容易判断。

相当性难以判断的场合主要是出现了介入因素的场合。实践中，介入因素主要包括三种。（1）自然事件。例如，甲意欲伤害乙，将乙打成轻伤，又后悔，便送乙去医院，途中遇到地震，大树倒下，压死了乙。（2）第三人的行为。例如，甲意欲伤害乙，将乙打成轻伤，又后悔，便送乙去医院，医生因为重大过失致乙死亡。（3）被害人自身的行为。例如，甲意欲伤害乙，将乙打成轻伤，又后悔，便送乙去医院。由于伤口感染破伤风，医生要求截肢，否则有生命危险，但乙拒绝截肢。由于耽误了时间，乙感染破伤风而死亡。

在出现这些介入因素的场合，判断先前行为与危害结果之间是否存在相当的因果关系，主要考虑三个因素。[1]

第一，先前的实行行为导致结果发生的可能性大小。如果很大，则表明危害结果是先前行为的危险相当程度的实现，二者之间便有因果关系。例如，就伤害行为而言，轻伤导致死亡的可能性较小，而重伤导致死亡的可能性较大。这种判断是基于经验法则的盖然性判断，主要考察实行行为对法益的现实危险性大小。

第二，介入因素的异常性大小。所谓介入因素的异常性，是指先前的实行行为与介入因素的关系是否异常。亦即，在先前的实行行为所制造的危险向现实结果发展的过程中出现某一因素，该因素的出现在整体因果历程中是否异常。这种判断是基于经验法则的通常性判断。先前的实行行为与介入因素的关系一般包括以下情形：（1）有先前的实行行为就必然出现介入因素；（2）有先前的实行行为通常伴随介入因素；（3）有先前的实行行为很少导致介入因素的出现；（4）先前的实行行为与介入因素没有丝毫关系。在后两种情况下，介入因素的出现可谓异常。同时应注意，由于介入因素的异常性是在先前的实行行为与结果的因果历程中体现的，所以对介入因素异常性的判断，不能孤立地、片面地、静止地进行，而应整体地、全面地、具体地进行。例如，就车祸而言，孤立地看车祸本身很异常，但是如果在以下场合，则车祸的出现不算异常：甲持刀追杀乙，紧追不舍，乙拼命逃跑，不顾红绿灯和来往车辆而穿越大街，被车辆撞死。如果介入因素很异常，则表明先前行为与结果之间不具有相当性联系，二者之间便没有因果关系。

第三，介入因素本身对结果发生的作用大小。如果介入因素对结果的发

---

[1] 前田雅英. 刑法总论讲义：第 4 版. 东京：东京大学出版会，2006：185.

生只起到催化作用，不具有独立的重要作用，则表明导致结果发生的主要原因是先前的实行行为。如果介入因素对结果的发生起到独立的重要作用，则表明导致结果发生的主要原因是介入因素，而非先前行为。

对上述三个因素，应当综合起来考虑，根据多数意见得出最终结论。例如甲轻伤乙，送乙去医院途中遇到地震，大树倒下，压死了乙。其中，先前的实行行为是甲的轻伤害行为，介入因素是地震，危害结果是乙的死亡。第一，轻伤导致死亡发生的可能性较小，二者之间没有因果关系。第二，地震的出现异常，表明先前行为与乙的死亡之间没有因果关系。第三，地震对乙的死亡起到很大作用，表明先前行为与乙的死亡之间没有因果关系。综合判断，依据三个因素都认为先前行为与乙的死亡之间没有因果关系，那么最终结论便是甲的伤害行为与乙的死亡之间没有因果关系。

规范依据

《刑法》（2020年修正）第13条："一切危害国家主权、领土完整和安全，分裂国家、颠覆人民民主专政的政权和推翻社会主义制度，破坏社会秩序和经济秩序，侵犯国有财产或者劳动群众集体所有的财产，侵犯公民私人所有的财产，侵犯公民的人身权利、民主权利和其他权利，以及其他危害社会的行为，依照法律应当受刑罚处罚的，都是犯罪，但是情节显著轻微危害不大的，不认为是犯罪。"

案例评价

[案例3-10]　陈某投放危险物质案[①]（介入第三人因素的场合）

1. 基本案情

2002年7月下旬，陈某与陆某因修路及其他琐事多次发生口角，陈某怀恨在心，决意报复。2002年7月25日晚9时许，陈某找来一支一次性注射器，从家中甲胺磷农药瓶中抽取半针筒甲胺磷农药后，潜行至陆某家门前丝瓜棚处，将农药打入瓜藤上所结的多条丝瓜中。次日晚，陆某及其外孙女黄某食用了被注射有甲胺磷农药的丝瓜后，出现上吐下泻等中毒症状。黄某经抢救后脱险。陆某在当地镇医院抢救时，医生没有发现陆某因甲胺磷农药中毒引发糖尿病高渗性昏迷低钾血症，诊断不当，仅以糖尿病和高血压症进行救治。陆某因抢救无效于次日早晨死亡。

陈某承认上述犯罪事实，但辩称被害人在犯罪的起因上有过错。其辩护

---

① 最高人民法院刑事审判第一、二庭. 刑事审判参考：总第36集. 北京：法律出版社，2004：1~10.

人认为：陈某在受到被害人污辱及谩骂的情况下，才起报复之念，且被害人自身有病，医院又救治不当，陈某投放甲胺磷农药并不能必然导致被害人死亡结果发生，请求法院酌情从轻处罚。

江苏省南通市中级人民法院判决：（1）被告人陈某犯投放危险物质罪，判处死刑，缓期2年执行，剥夺政治权利终身；（2）被告人陈某赔偿附带民事诉讼原告人黄某医药费及交通费人民币269.2元，被害人陆某抢救费及交通费人民币1535.2元、丧葬费人民币3000元，合计人民币4804.4元。（3）驳回附带民事诉讼原告人的其他诉讼请求。

一审判决宣告后，被告人陈某及附带民事诉讼原告人未提起上诉，检察机关未提出抗诉。江苏省南通市中级人民法院依法将本案报送江苏省高级人民法院对被告人陈某核准。

江苏省高级人民法院裁定核准以投放危险物质罪判处被告人陈某死刑，缓期2年执行，剥夺政治权利终身。

2. 涉案问题

本案的焦点是：在介入了医生诊断不当这一因素的场合，陈某的投毒行为与陆某的死亡结果之间有无因果关系？

3. 裁判理由

江苏省南通市中级人民法院经审理认为：被告人陈某故意在被害人所种植的丝瓜中投放甲胺磷农药，危害公共安全，造成二人中毒、其中一人死亡的严重后果，构成投放危险物质罪。被告人陈某归案后，认罪态度较好，可酌情从轻处罚。被告人陈某对其犯罪行为给附带民事诉讼原告人造成的经济损失合理的部分应予赔偿。对于所谓被害人死亡并非被告人陈某投放甲胺磷农药必然导致的辩解理由，经庭审已查明，被害人系因有机磷中毒诱发高渗性昏迷，在两种因素共同作用下死亡，没有被告人陈某的投毒行为在前，就不会有被害人死亡结果的发生，故对该辩护理由也不予采纳。

江苏省高级人民法院经复核认为：被告人陈某与被害人陆某因修路等邻里琐事发生口角而心怀不满，故意在被害人所种植的丝瓜中投放甲胺磷农药，危害公共安全，其行为已构成投放危险物质罪。江苏省南通市中级人民法院对被告人陈某的定罪量刑正确，审判程序合法。

4. 评析意见

关于对本案的审理，有两种意见。第一种意见认为：二者之间没有因果关系，因为陆某的死亡主要是医生诊断不当所致。如果医生诊断正确，抢救及时，陆某便不会死亡。第二种意见认为：二者之间存在因果关系。理由是，陆某系因有机磷中毒诱发糖尿病高渗性昏迷低钾血症，在两种因素共同作用下死亡。没有陈某的投毒行为在前，就不会有被害人死亡结果的发生，故二者之间具有因果关系。

我们认为：第一种意见仅以医生治疗行为为原因，忽视陈某之前的投毒行为，是人为地割裂因果链条。第二种意见根据条件说"无 A 则无 B"来判断因果关系。由于本案存在医生的治疗行为这一介入因素，仅以条件说来判断并不合适。

由于本案存在医生的治疗行为这一介入因素，因此应当用相当因果关系说来判断。先前行为是陈某的投毒行为，介入因素是医生的诊断不当，危害结果是陆某的死亡。对此应考虑三个因素：第一，陈某的投毒行为引起陆某糖尿病高渗性昏迷低钾血症，这种状况对陆某的生命有重大威胁。依此，陈某的投毒行为与陆某的死亡结果有因果关系。第二，医生的诊断不当不属于很异常的因素。因为医院是当地的镇医院，医疗条件有限，医疗水平不高，面对糖尿病高渗性昏迷低钾血症这种难以诊断的病情，没有及时诊断出来，医生并没有严重过失。基于此，陈某的投毒行为与陆某的死亡结果之间的相当性联系并未因此而中断，也即二者之间仍保持相当的因果关系。第三，医生的诊断不当对陆某的死亡也起到较大作用，就此而言，陈某的投毒行为与陆某的死亡结果没有因果关系。对上述三个因素应当综合考虑，根据多数因素得出最终结论。由于依前两种因素均认为陈某的投毒行为与陆某的死亡结果有因果关系，那么综合考虑，最终的结论便是二者之间存在相当性的因果关系。

[案例 3-11] 王某强奸案[①]（介入被害人自身因素的场合）

1. 基本案情

2005 年 5 月 13 日凌晨 3 时许，王某钻窗潜入某小区三层楼的一户人家，从客厅的皮包中窃得 100 元现金和一部手机。王某随后进入大卧室，看到熟睡中的李某（女），遂将李某唤醒，对李某进行威胁并撕破李某的吊带背心，捆住其双手，使用暴力强行奸淫了李某。李某逃至阳台，踩在阳台外墙下的矮柜呼救，因双手被捆，难以保持身体平衡而坠楼身亡（其余盗窃犯罪事实略）。

某中级人民法院对被告人王某以强奸罪判处死刑，缓期 2 年执行，剥夺政治权利终身；以盗窃罪判处有期徒刑 11 年，剥夺政治权利 2 年，并处罚金 11 000 元，决定执行死刑、缓期 2 年执行，剥夺政治权利终身，并处罚金 11 000 元。

某高级人民法院经审理，撤销原审强奸罪部分的判决，以强奸罪对王某判处无期徒刑，剥夺政治权利终身；以盗窃罪判处有期徒刑 11 年，剥夺政治权利 2 年，并处罚金 11 000 元，决定执行无期徒刑，剥夺政治权利终身，并

[①] 国家法官学院，中国人民大学法学院．中国审判案例要览：2007 年刑事审判案例卷．北京：人民法院出版社，中国人民大学出版社，2008：29~34．

处罚金人民币 11 000 元。

2. 涉案问题

本案的焦点是王某的强奸行为与李某的死亡是否存在因果关系。

3. 裁判理由

王某的辩护人提出：被害人李某坠楼身亡存在偶然因素，被告人王某归案后能够坦白交代犯罪事实、认罪态度好，请求法院对被告人王某从轻处罚。

某中级人民法院经审理认为：被告人王某违背妇女意志，使用暴力、胁迫手段强行与妇女发生性关系，其行为已构成强奸罪，且造成被害人在呼救时坠楼身亡的严重后果，王某刑满释放后5年内又犯应当判处有期徒刑以上刑罚之罪，系累犯，依法应予从重处罚。关于被告人王某提出的被害人李某坠楼死亡与己无关以及辩护人提出的被害人李某坠楼身亡存在偶然因素，请求法院从轻处罚的辩护意见，经查，李某到阳台呼救是其在凌晨时分遭受王某入室强奸，孤立无援，精神处于高度惊恐状态下的必然所为，不排除其坠楼身亡存在偶然因素，但其双手被王某捆绑是其在呼救中身体不稳定导致坠楼身亡的主要原因，辩护人所提"偶然因素"不能成为减轻王某的刑事责任的理由，故对王某及其辩护人的此项辩护意见，不予采纳。被告人王某所犯强奸罪性质恶劣，情节、后果严重，依法应当判处死刑，但鉴于本案的具体情况，可不必立即执行。

王某上诉提出：被害人的死亡不是其造成的，是坠楼身亡，与其无关，请求从轻处罚。王某的辩护人提出，被害人的死亡与王某的行为不存在直接、必然的因果关系，王某不应对被害人的死亡承担刑事责任，请求对王某依法改判。

某高级人民法院经审理认为：王某的强奸行为造成被害人呼救时因双手被捆绑而坠楼身亡的严重后果，其行为与被害人的死亡存在因果关系。但考虑本案的具体情节，对王某所犯强奸罪量刑不当，应予改判。

4. 评析意见

对于王某的行为与被害人李某的死亡之间是否存在因果关系的问题，裁判过程中出现两种意见。第一种意见认为，二者不存在因果关系。理由是：李某死亡的主要原因是其在阳台上身体未保持平衡，李某的死亡不是王某的强奸行为直接导致的，二者之间没有直接的、必然的因果关系。第二种意见认为，二者存在因果关系。理由是：王某采取捆绑等暴力手段，在高层建筑内对被害人实施强奸。这是一种对他人生命有危险的行为。李某因被捆绑而失去平衡，并因此坠楼身亡，这是王某的暴力行为的延续结果。而且，如果没有王某的暴力强奸行为，就不会有李某的逃跑呼救，也就不会出现李某的死亡结果，所以二者之间存在条件关系。

第一种意见使用偶然因果关系来分析案情,一旦出现偶然因素,就一概否定先前行为与危害结果的因果关系。这显然是不妥当的。第二种意见使用条件说来论证本案的因果关系,也存在问题。因为本案存在一个介入因素,即被害人的自身行为。在存在介入因素的场合,使用条件说便会得出先前行为与危害结果必然有因果关系的结论。这显然也是不妥当的。合理的做法是使用相当因果关系说来分析本案的因果关系问题。

本案中,先前的犯罪行为是王某的强奸行为,包含捆绑手段等;介入因素是被害人李某在阳台呼救时身体失去平衡;危害结果是李某坠楼身亡。在判断先前行为与危害结果之间有无因果关系时,应考虑三个因素。第一,王某凌晨在高层建筑的卧室使用暴力强奸妇女,卧室距离露天阳台较近,而且又捆绑了妇女的双手,这样的行为对妇女的生命具有较大威胁。可以认为王某的行为已经具有导致妇女死亡的很大可能,二者之间存在相当的因果关系。第二,妇女挣脱,跑向阳台呼救的行为属于正常的反应。双手被捆绑导致身体失去平衡,这样的状况也并不异常。也即妇女的这种自身行为并没有阻断王某的先前暴力行为与妇女死亡结果之间的相当联系。应注意的是,对介入因素异常性的判断应当是具体的、情景化的判断,而非孤立的、恒定的判断。例如,如果单纯描述"某人失足坠楼",可能很异常,但是如果考察具体的案件情形,则应具体分析。在本案中,虽然王某强奸既遂,但是被害妇女认为自己仍处在暴力威胁之中,出于本能而跑向阳台呼救的行为属于正常反应。由于双手被捆绑而身体失去平衡,也不是很异常的现象。第三,妇女呼救时因身体失去平衡而坠楼,该因素对死亡结果起到很大作用。从这个角度看,王某的先前行为与妇女的死亡结果没有因果关系。但是,综合考虑,依前两个因素均可认为王某的先前行为与妇女的死亡结果存在因果关系,最终的结论便是二者之间存在因果关系,妇女的死亡结果是王某的先前暴力行为所制造的危险的相当程度的实现,二者之间具有相当的因果关系。

通过与国外判例比较,也可以得出上述分析结论。日本最高裁判所有这样一个判例:被告人在深夜的公园中,在将近2小时10分钟的时间内针对被害人反复实施了不间断的极为严重的暴行,接着在公寓的居室之内,在约45分钟的时间之内又断续地实施了同样的暴行。后被害人瞅准空隙,从公寓的居室逃走。由于对被告人的极度恐惧,为了逃脱追赶,被害人逃到距离上述公寓约763米至810米的高速公路上,被急速行驶的汽车撞倒,并被随后而来的汽车碾过轧死。日本最高裁判所认为,被害人承受了被告人长时间的严重、恶劣暴行,带着极度恐惧,力图逃离必死之地,刹那之中选择了那样的行为,不能说是显著的不自然、不相当。被害人的死亡起因于被告人的暴行,二者之间存在因果关系。山口厚教授也认为,被告人的严重暴行制造的危险以被害人的逃跑行为为媒介现实化为死亡结果，能够肯定二者之间的因果关系。①

[案例3-12] 龚某玩忽职守案②（不作为犯的因果关系）

1. 基本案情

1998年12月，蒋某持有的机动车驾驶证有效期届满后，向某县公安局交警大队申请换证。1999年3月22日，在某车辆管理所负责驾驶员体检工作的龚某收到蒋某的"机动车驾驶证申请表"后，在既未对蒋某进行体检，也未要求蒋某到指定医院体检的情况下，违反规定，自行在其"机动车驾驶证申请表"之"视力"栏中填上"5.2"，在"有无妨碍驾驶疾病及生理缺陷"栏中填写"无"，致使在1995年左眼视力即已失明的蒋某换领了准驾B型车辆的驾驶证。此后，在2000年、2001年及2002年的年度审验中，蒋某都通过了交警大队的年度审验。2002年8月20日，蒋某驾驶的一辆中型客车途中翻覆，造成乘客26人死亡，蒋某本人也在事故中死亡。交警大队认定，蒋某违反了《道路交通管理条例》*中"在患有妨碍安全行车的疾病或过度疲劳时，不得驾驶车辆"的规定。

某省某市某区人民法院依照《中华人民共和国刑事诉讼法》（1996年）第162条第3项之规定，判决被告人龚某无罪。

一审宣判后，某区人民检察院以判决认定被告人龚某的失职行为与蒋某所驾车辆发生的交通事故之间没有刑法上的因果关系错误，被告人龚某的行为构成玩忽职守罪，向某市第四中级人民法院提出抗诉。

某省某市第四中级人民法院依照《中华人民共和国刑事诉讼法》（1996年）第189条第1项的规定，裁定驳回抗诉、维持原判。

2. 涉案问题

被告人龚某的失职行为与交通事故这一严重后果有无刑法上的因果关系？

3. 裁判理由

某省某市某区人民法院经审理认为：被告人龚某在蒋某申请换证时，未能正确履行职责，致使蒋某的驾驶证换证手续得到办理。但其效力仅及于当年，此后年审均在彭水县交警大队办理，且现有证据不能确定发生车祸的具体原因，被告人龚某的行为不构成玩忽职守罪。

---

* 该条例已于2004年被《道路交通安全法实施条例》废止，后者于2017年被《国务院关于修改部分行政法规的决定（2017）》废止。——编辑注

① 山口厚. 从新判例看刑法：第2版. 北京：中国人民大学出版社，2009：3，4，12.

② 最高人民法院刑事审判第一、二庭. 刑事审判参考：总第37集. 北京：法律出版社，2004：78～83.

某省某市第四中级人民法院经审理认为：根据《中华人民共和国机动车驾驶证管理办法》*（1996年）的规定，在对驾驶员审验时及驾驶员申请换领驾驶证时，某区车辆管理所均负有对驾驶员进行体检的义务。驾驶员蒋某在申请换证时，原审被告人龚某未履行对其身体进行检查的职责，其玩忽职守行为客观存在，但其失职行为与"8·20"特大交通事故之间不存在刑法上的因果关系，因此，不能认定原审被告人龚某的玩忽职守行为已致使公共财产、国家和人民利益遭受重大损失，进而，不能认定其行为已构成玩忽职守罪。

4. 评析意见

如果从自然主义角度考察，不作为犯没有任何身体举动，无中不能生有，不作为犯似乎不存在因果关系。但是，不作为犯并不是单纯的"无"，而是没有实施法律所期待的行为。有没有实施法律所期待的行为就是一种规范判断。因果关系的判断不仅仅是自然意义的判断，还包含规范意义的判断。从规范的角度看，不作为犯中存在因果关系。此外，不作为犯具有实行行为性，在实害结果发生的场合，不承认不作为与结果之间的因果关系，就无法将该结果归责于行为人。

问题是：如何判断不作为犯中的因果关系？这需要结合适用条件说和相当因果关系说。

第一步，根据条件说，作为犯中的条件关系是：若无A则无B，则A是B的原因。反之，不作为犯中的条件关系是：若有A则无B，则无A是B的原因，也即如果行为人有所作为，则不会发生危害结果，那么不作为便是结果发生的原因。当然，符合这一条件关系的因素可能会很多，对此应当有所限定。例如，小孩落水，无人施救而死。站在岸边的父亲和其他人的不救助行为，都是小孩死亡的原因，但是，刑法中讨论不作为犯的因果关系是在明确了不作为的实行行为后才进行的。① 要确定不作为的实行行为就要确定作为义务，由此便可以锁定站在岸边的父亲而非其他人的不救助才是刑法讨论的不作为的实行行为。

第二步，根据相当因果关系说，判断不作为与结果的发生是否具有相当性。也即如果行为人履行了作为义务，会在多大程度上避免结果的发生。在此应注意的是，不作为犯中对法益的危险有些是行为人创设的，有些则与行为人无关。例如，秘书瞌睡碰倒蜡烛，点燃纸张，就创设了火灾的危险，秘书因这个先行行为而负有救火义务。而在小孩落水的案件中，该危险不是其

---

* 该办法已被《机动车驾驶证申领和使用规定》（2004年）废止。——编辑注

① 大谷实. 刑法讲义总论：新版第2版. 黎宏，译. 北京：中国人民大学出版社，2008：211.

父亲创设的,但其父亲因为身份而负有救助义务。因此,在不作为犯中,不能适用作为犯中的"行为制造的危险是否相当程度地现实化为结果"的判断,而应适用"如果有所作为则能否相当程度地避免危险现实化为结果"的判断。

在裁判本案过程中,第一种意见认为,二者之间存在因果关系,因为如果龚某正确履行职责,则蒋某便不会申领到驾驶证,就不会出现此后的交通事故;第二种意见认为,二者之间不存在因果关系,因为根据相当因果关系中的三个因素来判断,二者之间不具有相当性的因果关系。

第一种意见的问题是错误地运用了条件说,因为即使龚某正确履行了职责,其效力也仅有一年,不能确保蒋某此后不会申领到驾驶证。事后也证明,此后的三年中,其他工作人员的失职行为导致蒋某继续持有驾驶证。第二种意见的问题是,对不作为犯的因果关系的判断应以条件说为基础,在此基础之上才能进行相当性的判断。

根据条件关系,如果龚某正确履行了职责,则蒋某不会申领到驾驶证。但是,龚某为蒋某出具的体检结论的效力只有一年。换言之,这种条件关系的效力也只有一年。如果超出这一年的期限,这种条件关系便不成立。本案中,交通事故发生在2002年,而2000年、2001年、2002年蒋某都通过了交警大队的年度审验,这表明这三年间有其他国家工作人员存在失职行为。由此表明,龚某即使正确履行了职责,也只能确保蒋某在1999年度不能拥有驾驶证,但是不能确保此后不会申领到驾驶证。因此,龚某1999年的失职行为与蒋某2002年造成的交通事故之间不存在条件关系。

[案例3-13] 王某抢劫案[①](基本行为与加重结果的因果关系)

1. 基本案情

2005年3月19日17时许,王某将张某(女)骗至某公路与机场高速公路交叉桥的东南角的公共绿地。王某将随身携带的三唑仑片(镇静剂)放入娃哈哈AD钙奶中,骗张某饮用。张某服用后神志不清,王某趁机抢走张某的200余元现金。王某在强行摘取张某的耳环时,遭张某反抗。王某对其面、胸、腹部进行殴打,并用双手掐其脖子,抢走一对黄金耳环。次日上午10时许,张某的尸体在该绿地旁边的水沟里被发现。经鉴定,张某系被他人扼颈后溺水窒息而死。没有证据证明是王某将张某推入水沟或其他人将张某抛入水沟,有可能是张某因神志不清而自己跌入水沟。

某省某市中级人民法院依照《中华人民共和国刑法》(2005年)第263条第4、5项,第25条第1款,第26条第1、4款,第36条、第64条、第57

---

① 最高人民法院刑事审判第一、二、三、四、五庭.中国刑事审判指导案例:危害国家安全罪、危害公共安全罪、侵犯财产罪、危害国防利益罪.北京:法律出版社,2009:457~460.

条第1款之规定，判决被告人王某犯抢劫罪，判处死刑，剥夺政治权利终身，并处没收个人全部财产。

一审宣判后，王某不服，提起上诉。

某省高级人民法院依照《中华人民共和国刑事诉讼法》（1996年）第189条第1项之规定，裁定驳回上诉、维持原判。

最高人民法院依照《中华人民共和国刑事诉讼法》（1996年）第199条和《最高人民法院关于复核死刑案件若干问题的规定》第2条第1款之规定，裁定如下：核准某省高级人民法院维持第一审以抢劫罪判处被告人王某死刑，剥夺政治权利终身，并没收个人全部财产。

2. 涉案问题

本案中，被告人王某的行为无疑构成抢劫罪，问题是是否构成抢劫罪（致人死亡）这一结果加重犯。这便需要判断王某的抢劫行为与被害人张某的死亡有无因果关系。

3. 裁判理由

某省某市中级人民法院经审理认为：检察机关指控王某犯抢劫罪的事实清楚，证据确实、充分，应予以支持。被告人王某以非法占有为目的，单独或伙同同案人利用麻醉药物致使他人丧失反抗能力，多次强行劫取他人财物。其行为构成抢劫罪，抢劫财物数额巨大，且致一人死亡，对其应判处死刑，立即执行。

某省高级人民法院经审理认为：上诉人王某以非法占有为目的，单独或与同案人结伙，采取暴力或者投放镇静药物等手段，抢劫他人财物，其行为已构成抢劫罪，应依法惩处；且上诉人王某具有多次抢劫、抢劫致人死亡等严重情节，所犯罪行极其严重，社会危害性极大，依法应予严惩。原审判决认定事实清楚，适用法律正确，定罪准确，量刑适当，审判程序合法。

最高人民法院复核后认为：原审被告人王某以非法占有为目的，单独或伙同同案人，采取暴力或者利用麻醉药物致使他人丧失反抗能力的手段，多次强行劫取他人财物，其行为构成抢劫罪。且其具有抢劫致人死亡、多次抢劫、抢劫数额巨大等严重情节，主观恶性大，犯罪后果特别严重，实属罪行极其严重。虽王某有坦白同种余罪、如实交代同案人罪行的情形，但不足以对其从轻处罚。第一审判决、第二审裁定认定的事实清楚，证据确实、充分，定罪准确，量刑适当。审判程序合法。

4. 评析意见

结果加重犯，是指法律规定了一个基本犯罪行为，由于发生了加重后果而加重法定刑的情况。抢劫致人死亡就是典型的结果加重犯。关于什么情况下可以认定抢劫致人死亡，在理论界有不同的认识。有观点认为死亡结果只能由作为抢劫手段的暴力、胁迫行为直接产生；也有观点认为只要是在抢劫的过程中引起死亡结果即可，不需作任何限制。我们认为，既不能要求死亡结果局限于由作为抢劫手段的暴力、胁迫行为直接引起，又不能不作任何限制，在抢劫行为与抢劫对象的死亡结果有刑法上的因果关系的情况下，才能认定抢劫致人死亡成立。在这种情况下，如何判断基本犯罪行为与加重结果之间的因果关系，需要深入研究。

有观点认为只需根据条件说就可以解决问题。但是，如果根据"无A则无B"的条件关系来判断，就会得出基本犯罪行为与加重结果之间一概都有因果关系的结论。这显然是不妥当的。例如，甲以伤害意图轻伤乙，然后后悔，又送乙去医院，由于途中遭遇车祸致乙死亡，或医生有重大过失致乙死亡，或医院发生火灾致乙死亡。依据条件关系，没有甲的伤害行为，乙就不会被送往医院，就不会发生后来的事情而导致死亡，所以甲的伤害行为与乙的死亡之间都有因果关系。这种结论忽视了介入因素的不同影响，是不妥当的。

在没有介入因素的场合，结果加重犯的因果关系是比较容易判断的。例如，甲在野外强奸妇女乙后离去，乙昏迷，因无人救助休克而死。甲的强奸行为与乙的死亡之间具有因果关系，甲的行为构成强奸（致人死亡）罪。

在有介入因素的场合，对于结果加重犯的因果关系，需要根据相当因果关系说来判断。对此，主要考察加重结果是不是基本犯罪行为所制造的危险的相当程度的实现，如果是，则可以将加重结果归责于行为人的基本犯罪行为，就可以认为二者之间具有相当性的因果关系。在具体判断时应主要考虑以下三个因素：第一，基本犯罪行为导致加重结果发生的可能性大小。如果很大，则表明加重结果是基本犯罪行为所制造的危险的相当程度的实现，二者之间便有因果关系。第二，介入因素的异常性大小。如果很异常，则表明基本犯罪行为与加重结果之间便不具有相当性联系，二者之间便没有因果关系。第三，介入因素本身对加重结果发生的作用大小。如果很大，则表明导致加重结果发生的主要原因是介入因素，而非基本犯罪行为。对上述三个因素，应当综合起来考虑，根据多数意见得出最终结论。

具体到本案中对因果关系的判断：第一，王某先前的基本犯罪行为导致张某死亡的可能性大小。孤立地看，王某使张某神志不清不具有致命性，但是王某对张某的面、胸、腹部进行殴打，并用双手掐其脖子，并且当时案发现场是较深的水沟旁边，这些因素综合起来对张某的生命产生了较明显的威胁。第二，介入因素是被害人张某自己跌入水沟。由于无法证实是王某或其他人将张某推入水沟，所以可以合理推定是张某自己失足跌入水沟。孤立地看，一个人失足跌入水沟是很异常的，但是考虑到被害人张某当时神志不清并且遭受了殴打、扼颈,在这种情况下跌跌撞撞掉入水沟,应当说不算很异常。这表明,王某先前的犯罪行为与张某死亡结果之间的相当性联系并未被阻断。第三,张某跌入水沟,对张某的死亡起到较大作用,因为鉴定表明张某是窒息死亡。综合考虑上述三个因素,依前两个因素均可认为王某的先前行为与张某的死亡之间具有因果关系,那么综合考虑,最终的结论是二者之间具有相当性的因果关系。

深度研究

虽然根据条件说和相当因果关系说能够基本解决刑法中的因果关系问题,但是在认识论上,这两种学说仍存在一定局限性。

因果关系讨论的结果是实害结果,也即对刑法所保护的法益造成现实侵害的结果。但是,并非所有的侵害法益的结果都是刑法中的实害结果,只有符合构成要件的侵害法益的结果才是刑法中的实害结果。可以看出,因果关系理论的主旨在于寻找并确定符合构成要件的侵害法益的结果,也即构成要件结果。

构成要件结果具有两个属性:一是自然现象属性。从自然主义角度看,行为人扔一块石头砸死了他人,死亡结果是由行为人的扔石头行为造成的。这是一种实在论的考察。二是规范评价属性。一个危害结果必须符合两个条件才能成为刑法中的构成要件结果:其一,符合刑法分则条文规定的构成要件;其二,侵害了刑法保护的法益。然而,对这两个条件的判断必然是一种规范的判断,因此,构成要件结果便具有规范评价的属性。

基于此,确定构成要件结果需要完成两个步骤。第一,在自然事实范畴内筛选出实在意义上的结果。第二,在规范评价范畴内筛选出符合构成要件的侵害法益结果。第一步的工作可谓是归因,第二步的工作可谓是归责,也即将该结果视为行为人的作品,归责于他。

问题是,条件说具有明显的自然主义特征,可以完成第一步,但难以完成第二步。相当因果关系说提出相当性标准,这种判断实际上已经跳出了自然意义结果的范畴,具有规范判断的特征。但是,它并没有系统地揭示规范性判断的本质,在性质上仍属于事实层面的判断,只是在判断依据方面采用了经验论。基于这种状况,德国刑法理论提出了在体系上构建从归因到归责的认定方法,也即客观归责理论。

客观归责理论认为,在筛选出自然意义上的实害结果后,只有符合以下三个条件,该结果才属于构成要件结果,才能归责于行为人。[①]

---

① 克劳斯·罗克辛. 德国刑法总论:第1卷. 北京:法律出版社,2005:247~273.

1. 行为制造了不被允许的危险

现代社会是一个危险的社会,许多危险行为对社会发展具有重要意义,因而得到允许。只有制造了不被允许的危险,才可能将结果归责于行为人。

(1) 如果行为减少了对被害人已经存在的危险,就排除客观归责。例如,甲看到一块石头快要落到乙的头上,便推了乙一把,使石块落到乙的肩膀上。尽管乙的肩膀受到伤害,但即使甲希望乙的肩膀受到伤害,也不能将伤害结果归责于甲。如果行为人不是减少了对被害人已经存在的危险,而是以另一种危险予以替代,并且使被害人所受的损害轻于原来的损害时,则虽然不排除客观归责,但可以通过紧急避险、基于推定的承诺等排除行为的违法性。例如,看到房间着火,屋内的小孩快要被烧死,便赶紧将小孩扔出窗外,导致小孩受伤。

(2) 如果行为没有减少法益受损害的危险,但也没有以法律上的重要方式提高法益受损害的危险时,也不能将结果归责于行为人。例如,甲意图杀害乙,心想:如果劝说乙坐飞机,如果飞机坠毁,则乙必死无疑。甲便劝说乙坐飞机。乙接受劝说便去坐飞机,不料飞机竟失事坠毁,乙被摔死。因为甲的劝说行为并不属于刑法上的杀人的实行行为,并没有给乙的生命创设危险,所以不能将乙的死亡结果归责于甲。又如,行为人向快要决堤的河里倒了一盆水,由于不能肯定一盆水增加了决堤的危险,故不能将决堤的结果归责于行为人。

(3) 如果虽然行为制造了危险,但是危险是被允许的,则排除客观归责。例如,在道路上驾驶机动车虽然会制造危险,但只要遵守交通归责,那么这种危险是被允许的。在此情形下致人死亡的,不能将死亡结果归责于驾驶者。

2. 行为相当性地实现了不被允许的危险

实现客观归责的前提是结果中实现了由行为人所制造的不被允许的危险。因此,下列情形下排除客观归责。

(1) 未实现危险。

虽然行为制造了法律所不允许的危险,但结果的发生并不是由该危险所导致的,而是偶然与危险同时发生时,排除客观归责。例如,甲伤害了乙,乙被送往医院治疗,医院发生火灾,乙被烧死了。虽然甲的伤害行为对乙的生命制造了危险,但是乙的死亡结果不是甲所制造的危险的相当程度的实现,而是其他异常因素导致的。因此,该死亡结果不能归责于甲。

(2) 未实现不被允许的危险。

即使实现了危险,但如果这种危险是法律所允许的,则排除客观归责。例如,德国著名的山羊毛案:一家画笔厂的厂长没有遵照规定事先消毒,就给了他的女工们一些山羊毛进行加工。四名女工因此被感染上炭疽杆菌而死亡。事后调查表明，即便使用所规定的消毒剂消毒，仍无法杀死在当时欧洲不曾有过的炭疽杆菌病毒。因为行为人应尽的义务是无效的义务，所以虽然违反义务而制造了危险，但不能将结果归责于他。如果人们把结果归责于他，那么他就要为违反一项即使履行了也没有用的义务而受到刑事惩罚。这是违反公正原则的。因此，一个人不能因违反了一项即使履行了也无法避免危险发生的义务而受到刑事惩罚，便成为一项客观归责原则。换言之，只有当行为人对结果具有可操纵性，结果具有可回避性时，才可能实现客观归责。

(3) 行为没有引起注意规范的保护目的所包含的结果。

这是指，行为人虽然违反了注意规范，但所造成的结果并不是违反注意规范所造成的结果时，排除客观归责。例如，甲酒后在封闭的高速公路上驾驶机动车，撞死了突然横穿公路的乙。禁止酒后驾驶机动车的规范，是为了防止行为人因丧失或者减轻控制车辆的能力而造成伤亡结果，所以不能将乙的死亡结果归责于甲。依传统理论分析该案例时往往从主观责任上分析，认为这属于意外事件，因此排除主观责任。但是依客观归责理论在客观阶段便排除了行为人的责任。

3. 结果没有超出构成要件的保护范围

在通常情况下，只要行为人制造并实现了不被允许的危险，就可以进行客观归责。但是，具体犯罪的构成要件有特定的保护范围或目的时，如果所发生的结果不包括在构成要件的保护范围或目的之内，就不能将结果归责于行为人。

(1) 行为人参与他人故意的自损行为时，不能将他人的自损结果归责于行为人。例如，乙是吸毒者，甲将毒品交付给乙，乙注射毒品后死亡。在这种情况下，如果乙知道注射毒品的危险，就不能将其死亡结果归责于甲。应注意的是，这种结论的前提是刑法并不处罚教唆、帮助自杀的行为。在处罚教唆、帮助自杀行为的国家，这一举例中的归责结论并不成立。

(2) 在结果的发生属于他人的责任领域时，该结果不属于行为人的行为所符合的构成要件的保护目的之内的结果的，不能将该结果归责于行为人。例如，甲在夜间驾驶没有尾灯的货车，警察发现后将警车开到货车前面拦截该货车。为了保障后面车辆的安全，警察将打开的手电筒放在甲的货车后。警察令甲将货车开到下一个加油站，准备开车跟随货车行驶，以保护该货车的行驶安全。在甲开车之前，警察将手电筒拿走。恰在此时，乙的货车撞上甲的货车，乙遭受重伤。德国法院认定甲的行为成立过失致伤罪，但德国刑法理论认为，本案中，防止结果发生属于警察的责任领域，不能将乙受伤害的结果归责于甲。又如，我国刑法规定，丢失枪支不报罪的成立要求造成严重后果。警察甲丢失枪支不报告，被乙捡到，乙拿着枪站在自家阳台把玩时，枪不慎掉落,砸到楼下行人,致其重伤。由于丢失枪支不报罪所防止的结果是枪被不法分子捡到用来实施犯罪,因为这样会危及公共安全,而并非防止捡拾者因为意外而造成危害结果,所以本案中的甲对乙所造成的危害结果不用负责,甲的行为不构成丢失枪支不报罪。

可以看出,客观归责理论实际上就是实质化的因果关系理论。在机能方面,二者并不矛盾,都是为了在自然事实范畴内筛选出构成要件结果。二者可以相辅相成。只要在实际判断中秉持先自然事实判断后规范实质判断,在此前提下,既可以将因果关系理论改造为加入更多规范判断的理论,也可以将客观归责理论修正为减少过多规范判断的理论。至于采何种称谓,无关宏旨。

第四章 主观构成要件

第一节 构成要件故意

一、构成要件故意与故意犯罪

我国《刑法》（2020年修正）第14条第1款规定："明知自己的行为会发生危害社会的结果，并且希望或者放任这种结果发生，因而构成犯罪的，是故意犯罪。"根据这个规定可知：所谓故意犯罪，是指基于故意这种罪过而实施的犯罪。而作为一种责任形式的故意是指明知自己的行为会发生危害社会的结果，并且希望或者放任这种结果发生的心理态度。

在我国关于犯罪故意的定义中，可以具体区分出认识因素和意志因素。认识因素是"明知自己的行为会发生危害社会的结果"，意志因素则是"希望或者放任危害结果的发生"。认识因素与意志因素的有机结合，构成了故意这一责任形式的基本内容。也就是说，任何犯罪故意都必须同时具备认识因素和意志因素，并且意志因素以认识因素为前提。《刑法》（2020年修正）第14条第2款规定，"故意犯罪，应当负刑事责任"。这表明，故意是基本的罪过形式。其与后述的过失这种罪过形式的差异首先表现在，故意是罪过形式的基本和主要的表现方式，而过失则是次要的、辅助的表现形式（故而刑法规定"过失犯罪，法律有规定的，才负刑事责任"）。故意与过失这两种罪过形式的区分，也是基于认识因素与意志因素的不同：在认识因素上，要看行为人对于自己的行为造成危害结果有无现实的认识以及认识的具体程度如何；在意志因素上，则要看行为人对于危害结果持何种态度。

在本书所采纳的犯罪论体系中，作为主观构成要件的构成要件故意，是指对客观的构成要件该当事实的认识，即"明知自己的行为会发生危害社会的结果"。同时，在第三阶层"有责性"部分，着重探讨对于实施了符合构成要件且违法的行为的具体行为人的谴责问题，即在具备了构成要件故意的场合，着重探讨能否对行为人进行故意责任的谴责，即判断其是否存在责任故意。责任故意的内容与犯罪故意中的"意志因素"有一定的重合之处，不过鉴于本书的第三阶层主要讲"责任阻却事由"，在本章"主观构成要件"之中，出于行文便利的考虑，一并探讨故意的意志因素等问题。

二、故意的种类与认定

在刑法理论上，可以对故意这一罪过形式进行不同的分类。比如，根据故意的认识内容的确定程度，可以将故意分为确定故意与不确定故意；根据故意形成的时间，可以将其划分为临时（或者突发）故意与预谋故意；根据故意是否附加条件，可以将其划分为有条件故意和无条件故意；根据所认识和希望、放任的结果形态，可以将故意分为侵害故意与危险故意。① 这些分类有助于深化对犯罪故意的认识。而根据我国《刑法》第 14 条，学界一般将故意分为直接故意和间接故意。这可谓是犯罪故意的法定分类。对故意的这一分类加以研究，具有更为现实的意义。

（一）直接故意

知识背景

直接故意，是指明知自己的行为会发生危害社会的结果，并且希望这种结果发生的心理态度。直接故意是认识因素和意志因素的统一。

1. 认识因素

直接故意的认识因素是行为人明知自己的行为会发生危害社会的结果。具体而言，"明知"的范围包括：

（1）对行为本身的内容等具有认识。行为人对自己行为的认识，除了包括对行为的物理性质的认识，也包括对行为的社会意义的认识。这实际上是对刑法所欲禁止的实体的认识。

（2）明知自己的行为会发生危害社会的结果。这里的危害结果，既包括现实的侵害结果，也包括现实的危险（危险结果）。在直接故意的认识因素中，对危害结果的认识包括认识到危害结果必然发生与认识到危害结果可能发生两种。比如甲用手枪顶着乙的太阳穴开枪，应该认为其对于自己的行为必然会造成乙的死亡具有认识；而如果甲在距离乙近百米处朝乙开枪又自知枪法一般，则应该认为其对于自己的行为可能会造成乙死亡的结果具有认识。无论以上何种情况，都应该认为甲明知自己的行为会发生危害社会的结果。

---

① 关于以上分类的较详细的分析，可参见张明楷. 刑法学. 5 版. 北京：法律出版社，2016：255～257.

（3）在要求行为人对于自己的行为与危害结果具有认识之外，是否要求行为人对于行为与结果之间的因果关系有认识，在刑法理论上尚有争论。应该认为，因果关系作为行为、结果之外的独立的客观的构成要件要素，也应该在故意的认识范围之内。当然，对因果关系的认识发生错误是否阻却故意，还需要具体的分析。

（4）此外，某些犯罪的成立要求行为人认识到刑法所规定的特定事实，如行为对象，特定的时间、地点、方法，特定的主体身份等。比如，贩卖毒品罪要求行为人必须认识到行为对象是毒品并加以贩卖，如果行为人以为自己所贩卖的是其他物品并以较低价格贩卖（事实上是毒品）的，则应该认为行为人不具有贩卖毒品的故意。又如，非法捕捞水产品罪要求行为人必须明知是禁渔区、禁渔期或者明知使用的是禁用的工具或方法，否则，属于欠缺本罪的认识因素。

（5）有些客观事实，属于不需要认识的内容。这主要包括两种情况：第一，结果加重犯中的加重结果，属于不需要认识的内容，即不需要行为人已经认识到结果加重犯的加重结果，但需要行为人对于加重结果的发生具有预见可能性（就加重结果而言，行为人持过失心态，如不具有预见可能性，则欠缺就加重结果追究行为人责任的主观基础）。第二，客观构成要件之中，可能存在所谓的"客观的超过要素"，其属于不需要认识的内容。比如《刑法》（2020年修正）第129条规定："依法配备公务用枪的人员，丢失枪支不及时报告，造成严重后果的，处……"丢失枪支不报罪以"造成严重后果"为客观要件，但这里的"造成严重后果"并不属于该罪故意的认识内容。行为人只要明知枪支丢失且故意隐瞒不报，就具备了本罪的故意，而不需要明知行为会"造成严重后果"。也就是说，"造成严重后果"虽是该罪的客观构成要件要素，却不需要存在与之相对应的故意内容。该客观要素因为超出了故意的认识因素范围，所以属于"客观的超过要素"。类似的情形比如成立盗窃罪时的"多次盗窃"，也不需要行为人具有认识。这些"客观的超过要素"是法律为缩小惩罚范围而设置的特别的客观要件。这些特殊的构成要件事实被置于构成要件故意的认识范围之外，属于客观的构成要件要素的规制故意机能的一个例外。①

---

① "客观的超过要素"是张明楷教授在与"主观的超过要素"相对应的意义上提出的一个概念，旨在解决现行刑法所规定的若干犯罪的责任形式。具体内容参见张明楷．"客观的超过要素"概念之提倡．法学研究，1999（3）。张明楷教授同时指出，不得随意扩大"客观的超过要素"的范围，否则会违反责任主义。

案例评价

[案例4-1] 柳某等人生产、销售有毒、有害食品，生产、销售伪劣产品案[①]

1. 基本案情

自2003年始，柳某在山东省平阴县K镇经营油脂加工厂，后更名为Z脂肪酸甲酯厂，并转向餐厨废弃油（俗称"地沟油"）回收再加工。2009年3月、2010年6月，柳某先后注册成立了B公司、G公司，扩大生产，进一步将地沟油加工提炼成劣质油脂。自2007年12月起，柳某从四川、江苏、浙江等地收购地沟油加工提炼成劣质油脂，在明知他人将向其所购的劣质成品油冒充正常豆油等食用油进行销售的情况下，仍将上述劣质油脂销售给他人，从中赚取利润。柳某先后将所加工提炼的劣质油脂销售给经营食用油生意的山东聊城Q粮油实业公司、河南郑州H粮油商行等（均另案处理）。前述粮油公司等明知从柳某处购买的劣质油脂系地沟油加工而成，仍然直接或经勾兑后作为食用油销售给个体粮油店、饮食店、食品加工厂以及学校食堂，或冒充豆油等油脂销售给饲料、药品加工等企业。截至2011年7月案发，柳某等人的行为最终导致金额为926万余元的此类劣质油脂流向食用油市场供人食用，金额为9065万余元的劣质油脂流入非食用油加工市场。

其间，经柳某招募，鲁某负责G公司的筹建、管理；李某负责地沟油采购并曾在G公司分提车间工作；柳甲从事后勤工作；于某负责G公司机器设备维护及管理水解车间；刘某作为驾驶员运输成品油脂；王某作为驾驶员运输半成品和厂内污水，并提供个人账户供柳某收付货款。上述众人均在明知柳某用地沟油加工劣质油脂并对外销售的情况下，仍予以帮助。

2013年4月11日，浙江省宁波市中级人民法院一审判决被告人柳某犯生产、销售有毒、有害食品罪和生产、销售伪劣产品罪，数罪并罚，判处无期徒刑，剥夺政治权利终身，并处没收个人全部财产；判处其余各被告人轻重不一的刑罚。

浙江省高级人民法院二审认为：柳某利用餐厨废弃油加工劣质食用油脂，销往粮油食品经营户，并致劣质油脂流入食堂、居民家庭等，供人食用，其行为已构成生产、销售有毒、有害食品罪。柳某还明知下家购买其用餐厨废弃油加工的劣质油脂冒充合格豆油等，仍予以生产、销售，流入饲料、药品加工等企业，其行为又构成生产、销售伪劣产品罪，应予二罪并罚。柳某生产、销售有毒、有害食品的犯罪行为持续时间长，波及范围广，严重危害食品安全，严重危及人民群众的身体健康，情节特别严重，应依法严惩。鲁某、李某、柳甲、于某、刘某、王某明知柳某利用餐厨废弃油加工劣质油脂并予

[①] 最高人民检察院指导案例第12号．

销售，仍积极参与，其行为分别构成生产、销售有毒、有害食品罪和生产、销售伪劣产品罪，亦应并罚。

2. 涉案问题

怎样把握生产、销售有毒、有害食品罪的故意？

3. 裁判理由

作为指导案例提炼出的裁判要旨是：明知对方是食用油经销者，仍将用餐厨废弃油加工而成的劣质油脂销售给对方，导致劣质油脂流入食用油市场供人食用的，构成生产、销售有毒、有害食品罪；明知油脂经销者向饲料生产企业和药品生产企业等单位销售豆油等食用油，仍将用餐厨废弃油加工而成的劣质油脂销售给对方，导致劣质油脂流向饲料生产企业和药品生产企业等单位的，构成生产、销售伪劣产品罪。

4. 评析意见

这里涉及对生产、销售有毒、有害食品罪的故意的认定问题。成立本罪在客观上要求"在生产、销售的食品中掺入有毒、有害的非食品原料……或者销售明知掺有有毒、有害的非食品原料的食品……"，而主观的构成要件要求对此具有故意。在生产的场合，在食品中掺入非食品原料时，要求对于所掺入的非食品原料"有毒、有害"这一点具有认识；在销售的场合，不但要求对所销售的食品中掺有非食品原料具有认识，还要求对所掺入的非食品原料"有毒、有害"这一点是"明知"的。问题是，是否属于"非食品原料"属于事实判断，存在一个较为明确的标准，而是否"有毒、有害"就需要进行价值判断了，可谓是"规范的构成要件要素"。是否"明知"有毒、有害，对于本罪故意的判断至为关键，而这个对"明知"的判断，就需要结合行业标准、社会经验、自身能力等具体把握了。对此，在徐某等人生产、销售有害食品案（检察指导案例第 13 号）中，提炼出的裁判要旨指出：在食品加工过程中，使用有毒、有害的非食品原料加工食品并出售的，应当认定为生产、销售有毒、有害食品罪；明知是他人使用有毒、有害的非食品原料加工出的食品仍然购买并出售的，应当认定为销售有毒、有害食品罪。再者，在孙某等人生产、销售有毒、有害食品案（检察指导案例第 14 号）中，作为指导案例提炼出的裁判要旨指出：明知盐酸克伦特罗（俗称"瘦肉精"）是国家禁止在饲料和动物饮用水中使用的药品，而用以养殖供人食用的动物并出售的，应当认定为生产、销售有毒、有害食品罪。明知盐酸克伦特罗是国家禁止在饲料和动物饮用水中使用的药品，而买卖和代买盐酸克伦特罗，供他人用以养殖供人食用的动物的，应当认定为生产、销售有毒、有害食品罪的共犯。

在本案中，其裁判要旨提出，"明知对方是食用油经销者，仍将用餐厨废弃油……加工而成的劣质油脂销售给对方，导致劣质油脂流入食用油市场供人食用的，构成生产、销售有毒、有害食品罪；明知油脂经销者向饲料生产企业和药品生产企业等单位销售豆油等食用油，仍将用餐厨废弃油加工而成的劣质油脂销售给对方，导致劣质油脂流向饲料生产企业和药品生产企业等单位的，构成生产、销售伪劣产品罪。"这实际上表明，将用餐厨废弃油加工而成的劣质油脂销售给对方时，如果"明知对方是食用油经销者"而销售，就具有销售有毒、有害食品罪的故意；而如果明知油脂经销者向"饲料生产企业和药品生产企业等单位"销售豆油等食用油，则不是有销售有毒、有害食品罪的故意，而具有生产、销售伪劣产品罪的故意。

* * * * * *

2. 意志因素

直接故意的意志因素就是行为人希望危害结果的发生。所谓希望危害结果发生，表现为行为人对这种结果的积极追求，采取积极的行动，为达到这个目的而努力。在通常的情况下，故意的意志因素都是由希望构成的，希望是比较具体的、比较能动的、比较具有攻击性的，反映了人的主观能动性。只不过，"希望"虽然都追求结果的发生，但也有程度上的差异，有强烈的、迫切的希望和不很强烈、不太迫切的希望，不能将不太强烈的希望等同于后述的放任。

规范依据

2013年10月23日《最高人民法院、最高人民检察院、公安部、司法部关于依法惩治性侵害未成年人犯罪的意见》（法发〔2013〕12号）第19条："知道或者应当知道对方是不满十四周岁的幼女，而实施奸淫等性侵害行为的，应当认定行为人'明知'对方是幼女。""对于不满十二周岁的被害人实施奸淫等性侵害行为的，应当认定行为人'明知'对方是幼女。""对于已满十二周岁不满十四周岁的被害人，从其身体发育状况、言谈举止、衣着特征、生活作息规律等观察可能是幼女，而实施奸淫等性侵害行为的，应当认定行为人'明知'对方是幼女。"

案例评价

[案例4-2] 吕某案和疯女人案

1. 基本案情

吕某案[①]

2000年年初，时为辽宁省辽阳市H工业制版公司董事长的吕某与湖南人

---

① 两个月强奸7名幼女 辽阳一董事长强奸幼女案开审. 辽沈晚报：2002-12-11.

刘某在辽阳结识，刘某请求吕某帮助其在辽阳市揽活，吕某即提出让刘某"介绍处女"。2000年8月某天，刘某将年仅13岁的范某介绍给41岁的吕某，后二人在辽阳某宾馆发生性关系。事后，吕某付给范某人民币2 000元。刘某也收到了吕某支付的介绍费。被玩弄之后的范某摇身一变，竟成为吕某的帮凶，伙同另两名女子金某、顾某等人，多次采取强制、诱骗等手段，将7名沈阳幼女送至吕某的居所，供其满足淫欲。2000年10月11日16时许，吕某在强奸年仅14岁的被害人李某时被沈阳市大东公安分局抓获（后吕某收买办案人员，将其违法释放）。2002年9月的一天，金某伙同范某、顾某等人窜至沈阳市某中学门前，强行将12岁的女孩葛某带至该市某五星酒店吕某的客房内。吕某强行脱去葛某的外衣逼其洗澡后，将其强奸。同月，葛某又被范某强行带到辽阳，再次遭到吕某的强奸。同月，金某伙同范某以威胁、打骂、诱骗等手段将15岁的女孩孙某、13岁的女孩朱某由沈阳带至辽阳，该二女先后被吕某强奸。2002年12月25日，吕某被辽宁省鞍山市中级人民法院一审判处死刑。吕某上诉后，二审法院维持原判。后吕某被执行死刑。

疯女人案[①]

辽宁省鞍山市一女孩甲出生于1989年5月××日。甲4岁时，父母离异，从此她一直跟奶奶生活。案发时，甲不满13周岁。甲长发、大眼睛，身高1.65米，体形微胖。她爱上网，取了个网名叫"疯女人"。2002年除夕之夜，甲在网上遇到了一个网名叫"百密一疏"的男孩，两人聊了整个晚上。第二天即大年初一晚上，甲打电话给"百密一疏"，说自己不想回家，想找个地方住。当晚两人发生了性关系。这是甲即"疯女人"的第一次。第二天，甲在网上又遇到一个叫"热血燃烧"的网友，见面后也发生了性关系。

2月18日晚，流连于网络的"疯女人"在网上认识了17岁的乙，他们的话题很快转到性方面，"疯女人"主动提出要与乙见面。当晚10时多。乙和两个表兄在鞍山市超级饭店见到"疯女人"。几人酒足饭饱后，来到乙父亲的办公室，两个表兄和乙先后与"疯女人"发生性关系。后来，甲遇到鞍山市某高校学生陈某，在陈某的宿舍住了10天后被学校发现。接到举报后，公安机关毫不费力地抓获了在45天之内与"疯女人"发生性关系的8人中的6人，其余的2人正是陈某与"百密一疏"。陈某被学校开除后不知去向，而"疯女人"根本就不知道"百密一疏"的真实姓名。

2. 涉案问题

本案涉及的问题是：客观上和未满14周岁的幼女发生性关系，是否一律构成强奸罪？在奸淫幼女型的强奸罪中，是否要求明知对方是不满14周

[①] 高法"强奸犯罪"司法解释源自辽宁一件离奇案例. 扬子晚报, 2003-03-11.

岁的幼女？

3. 评析意见

尽管有观点基于对幼女特殊保护、绝对保护的出发点，认为只要是具有奸淫的故意，客观上和不满14周岁的幼女发生了性关系，就一律按照强奸罪处理，但这样的主张并未得到刑法学界的认可，因为，这样的主张可能会不当地侵犯行为人的基本权利，导致上述"疯女人案"中的行为也被作为犯罪处理。针对此案，2003年1月23日，最高人民法院发布了题为《关于行为人不明知是不满十四周岁的幼女，双方自愿发生性关系是否构成强奸罪问题的批复》[*]，指出："行为人明知是不满十四周岁的幼女而与其发生性关系，不论幼女是否自愿，均应依照刑法第二百三十六条第二款的规定，以强奸罪定罪处罚；行为人确实不知对方是不满十四周岁的幼女，双方自愿发生性关系，未造成严重后果，情节显著轻微的，不认为是犯罪。"根据上述司法解释，法院认定吕某构成奸淫幼女型的强奸罪，认定"疯女人案"中的几名被告人不构成犯罪，是值得肯定的。

深度研究

需要指出，如果刑法分则条文对具体犯罪故意的认识范围和程度有特定要求，自然应当按照规定具体把握。例如《刑法》（2020年修正）第214条规定的"销售明知是假冒注册商标的商品"，第258条规定的"明知他人有配偶"，第259条规定的"明知是现役军人的配偶"，第312条规定的"明知是犯罪所得及其产生的收益"，第399条规定的"明知是无罪的人""明知是有罪的人"，第360条规定的"明知自己患有梅毒、淋病等严重性病"，第363条规定的"明知他人用于出版淫秽书刊"，等等，都要求主体对特定的事项有明确的认识。至于什么情况、何种程度属于"明知"，需要根据各个条文规定的具体内容和审判实践经验来确定。例如，对于掩饰、隐瞒犯罪所得罪中赃物的"明知"，根据司法经验，是指行为人知道或者应当知道是犯罪所得的赃物。特别需要强调的是，即便刑法分则条文没有明确规定对某些事项要有认识，但对该事项的认识涉及对行为的社会内容以及行为的危害结果的认识时，也应该认为行为人必须对该客观事项具有认识。比如，《刑法》（2020年修正）第236条规定，奸淫幼女的，以强奸罪定罪处罚。奸淫幼女型强奸罪的成立，不要求行为人使用暴力、胁迫或者其他手段，也不问幼女是否同意（推定幼女不具有性承诺能力），但是要求行为人认识到和自己发生性行为的对象是或者可能是幼女，也即在奸淫幼女成立强奸罪的场合，必须有与幼女发生性行

---

[*] 该批复已失效。——编辑注

为的认识。这种类型的强奸罪并非实行所谓的严格责任（并非只要客观上与幼女发生性关系就构成该罪），而是必须要求行为人对行为对象的属性具有认识，否则就是对行为人人权的侵害。

确实，幼女属于犯罪对象，是犯罪构成的客观要素，行为人对此一定要有认识。明知对方是幼女，或明知对方可能是幼女，或不管对方是否为幼女，都属于这里的"明知"。行为人不论对方是否为幼女而径直与其发生性关系的，实际上是对自己的行为可能侵害幼女的身心健康持放任的心态，在事实上对方为幼女而行为人又具有这种认识的可能时，就属于间接故意，可构成强奸罪。要求行为人对对方可能是幼女具有认识，是从对行为人的人权予以保障的角度出发，立足于责任主义所作的要求，但这是否会导致对幼女这一特殊弱势群体的保护不力？本书认为，对幼女这一弱势群体的特殊保护首先体现于刑法规范之内，而强调在与幼女发生性关系时的"明知"，在兼顾行为人的基本利益和起码人权的同时，能够实现对幼女这一弱势群体的保护。这一保护具体体现于：第一，普通的强奸行为要求具有暴力性，强调"强"，而在对奸淫幼女行为的犯罪处理中，刑法减少了成立强奸罪（奸淫幼女的行为以强奸论罪）的构成要件，不把暴力、强迫等强制手段作为成立犯罪的要件，只要行为人客观上与不满14周岁的幼女发生了性关系，并且主观上知道或者可能知道对方为幼女，就成立犯罪。第二，在对奸淫幼女行为作出判断的时候，幼女本身的主观状态和主观体验其实并不重要——这里对于构成犯罪起决定性作用的，不是来自幼女的"自愿"或者"违背自己意志"的意思表示，而是来自行为人的"明知"或者"确实不知"的心理认知。这里，通过对奸淫幼女成立犯罪的要件的进一步减少，更加集中地体现了对幼女的保护。第三，我国刑法对奸淫幼女行为的定罪量刑也体现了对幼女这一弱势群体的特殊保护。奸淫幼女者以强奸罪论处，而我国刑法对于强奸罪已经规定了刑罚很重的法定刑，对于奸淫幼女者在强奸罪的法定刑框架之内从重处罚，也体现了对幼女身心健康的体恤和对于保护幼女之公共政策的尊重。第四，对于嫖宿幼女的行为，我国刑法专门规定为犯罪，并且配置了比较严厉的刑罚后果；而对于一般的嫖娼行为，仅作为违反《治安管理处罚法》的行为给予行政处罚。对于同样的行为，仅因为行为对象的不同而设置相差悬殊的法律后果，无疑也体现了对幼女身心健康的特殊保护。由以上分析可看出，刑法对幼女这一弱势群体的特殊保护还是十分充分的。

值得注意的是，2013年2月26日最高人民法院发布《关于废止1997年7月1日至2011年12月31日期间发布的部分司法解释和司法解释性质文件（第十批）的决定》，废止的文件中包括2003年1月《最高人民法院关于行为人不明知是不满十四周岁的幼女双方自愿发生性关系是否构成强奸罪问题的批复》，废止理由是"与刑法的规定相冲突"。在笔者看来，这里的"冲突"，并不在于该批复事实上对于成立奸淫幼女型强奸罪要求"明知",而是在于以下的内容:这一司法解释的前半段为"行为人明知是不满十四周岁的幼女而与其发生性关系,不论幼女是否自愿,均应依照刑法第二百三十六条第二款的规定,以强奸罪定罪处罚"。这样的一种表述方式实际上将所有的明知是幼女而与之发生性关系的行为无一例外地规定为强奸罪。这体现了对幼女更严格、更大力度的保护。在2000年的司法解释中,通过"情节轻微、尚未造成严重后果的,不认为是犯罪"的规定,把一部分14周岁到16周岁男子实施的相应行为排除在犯罪圈之外。再者,此司法解释的后半部分有这样的表述:行为人确实不知对方是不满14周岁的幼女,双方自愿发生性关系,未造成严重后果,情节显著轻微的,不认为是犯罪。也即在将确实不知道是幼女、双方自愿发生性关系的行为予以出罪时还附加了"未造成严重后果,情节显著轻微"的条件。对此应该怎样看?如果确实不知是幼女而双方又自愿,最后造成幼女重伤或者死亡的严重后果,显然不属于"未造成严重后果,情节显著轻微",是否仍然可以定奸淫幼女的"强奸罪"呢?实际上,这就等于在行为人确实不知对方为幼女时,仍然以"强奸罪"予以从重处罚,这就等于为严格责任留了空间,过错责任在此并未得到彻底的贯彻,显然不妥。对于不明知为幼女、双方自愿发生性关系,造成幼女重伤或者死亡的,完全可以以过失致人死亡罪或者过失致人重伤罪治罪,这样,既可以避免对行为人不定罪所导致的实质不公,又可以把罪过原则贯彻到底。

在2013年10月23日,最高人民法院、最高人民检察院、公安部、司法部联合发布了《关于依法惩治性侵害未成年人犯罪的意见》,其中其第19条规定:"知道或者应当知道对方是不满十四周岁的幼女,而实施奸淫等性侵害行为的,应当认定行为人'明知'对方是幼女。"(第1款)"对于不满十二周岁的被害人实施奸淫等性侵害行为的,应当认定行为人'明知'对方是幼女。"(第2款)"对于已满十二周岁不满十四周岁的被害人,从其身体发育状况、言谈举止、衣着特征、生活作息规律等观察可能是幼女,而实施奸淫等性侵害行为的,应当认定行为人'明知'对方是幼女。"(第3款)这一司法解释实际上是在肯定成立奸淫幼女型强奸罪需要对幼女年龄的"明知"之后,对于"明知"的具体判断采取了"分年龄段采不同标准"的方式。对此,最高人民法院刑一庭时任副庭长薛淑兰解读认为:经过对大量审结案例进行统计分析,发现12周岁以下幼女基本上都处在接受小学教育阶段,社会关系简单,外在幼女特征相对较为明显;即使极个别幼女身体发育早于同龄人,但一般人从其言谈举止、生活作息规律等其他方面通常也足以观察其可能是幼女。而对于已满12周岁不满14周岁的幼女,其身心发育特点与已满14周岁的未成年少女较为接近,从其身体发育状况、言谈举止、衣着特征、生活作息规律等观察可能是幼女,而实施奸淫等性侵害行为的,应当认定行为人

"明知"对方是幼女。① 但是,这一司法解释的第19条第2款规定在幼女未满12周岁的场合一概"认定行为人'明知'对方是幼女",这实际上是采纳了严格责任的原则。即便是在该场合,如果有足够证据证明不仅行为人,而且社会一般人也无法判断出对方不满12周岁时,仍然应该否定"明知",进而否定奸淫幼女的故意。

刑法立法中有一些特殊规定,如"数额较大"等,对这些内容是否需要认识?对此的研究既有理论意义,也具有实践价值。

规范依据

《刑法》(2020年修正)第264条:"盗窃公私财物,数额较大的,或者多次盗窃、入户盗窃、携带凶器盗窃、扒窃的,处三年以下有期徒刑、拘役或者管制,并处或者单处罚金;数额巨大或者有其他严重情节的,处三年以上十年以下有期徒刑,并处罚金;数额特别巨大或者有其他特别严重情节的,处十年以上有期徒刑或者无期徒刑,并处罚金或者没收财产。"

[案例4-3] 沈某某盗窃案(对财物数额的认识)

1. 基本案情

2002年12月2日晚12时许,沈某某在广东省佛山市高明区"皇家银海大酒店"3614房与潘某某实施完卖淫嫖娼行为准备离开时,乘潘某某不备,顺手将潘某某放在床头柜上的嫖资及一只伯爵牌18K黄金石圈满天星G2链带男装手表拿走,后藏匿于其租住的某区××街90号二楼的灶台内。次日上午,潘某某醒后发现自己的手表不见,怀疑系沈某某所为,便通过他人约见了沈某某。潘某某询问沈某某是否拿了他的手表,并对其称:该表不值什么钱,但对自己的意义很大,如果沈某某退还,自己愿意送2 000元给沈某某。沈某某坚决否认自己拿走了该表。潘某某报案后,公安机关遂将已收拾好行李(手表仍在灶台内,沈某某未予携带或藏入行李中)准备离开某市的沈某某羁押。沈某某在被羁押期间供述了自己拿走潘某某手表的事实及该手表的藏匿地点,公安人员据此起获了此手表,并返还给潘某某。另查明,在讯问中,沈某某一直不能准确说出所盗手表的牌号、型号等具体特征,并认为该表只值六七百元;拿走潘某某的手表是因为性交易中潘某某行为粗暴,自己为了发泄不满。经某市某区价格认证中心鉴定:涉案手表价值人民币123 879.84元。②

---

① 袁定波. 最高法司法解释明确性侵未成年人犯罪构罪关键点 降低绝对保护年龄至12岁系误读. 法制日报,2014-01-03.
② 沈某某盗窃案——对所盗物品的价值有重大认识错误的应如何处罚. 最高人民法院刑事审判第一、二庭. 刑事审判参考:总第40集. 北京:法律出版社,2005:15~16.

2. 涉案问题

本案的特性是，行为人认识到了财物的属性（"手表"），却未认识到物品的价值（"很值钱的手表"），其所提出的问题是：财物数额是否属于财产犯罪的认识对象？对于数额认识错误该如何处理。

3. 裁判理由

常用来与本案相提并论的是，在认识到财物的属性但并未认识到该财物的特殊性，尤其是特殊用途的场合，如认识到所盗窃的是葡萄或豆角，却不知是用于科研试验的葡萄、豆角（所谓"天价葡萄案""天价豆角案"）。不过，后者的场合"与其说是一个盗窃数额的认识错误问题，不如说是一个对财物性质的认识问题。但问题在于：如果行为人明知葡萄、豆角是科研试验品，那么对其行为就不是定盗窃罪而是定破坏生产经营罪。如果行为人不知是科研试验品，能否将科研投入计算到财物价值当中去，这是一个财物价值的评判问题，而不是数额认识错误问题。"① 所以，只有在本案这样的场合，才存在严格意义上的数额认识错误问题，才更明确地凸显财物数额是否属于认识对象的问题。

对于本案，一审法院明确采纳了财物数额是认识对象、不能将财物数额作为单纯量刑情节（入罪条件或法定刑升格条件）的观点。

一审法院经审理后认为：被告人沈某某秘密窃取他人数额较大以上的财物，其行为已构成盗窃罪……被告人顺手拿走他人手表的行为，主观上虽有非法占有他人财物的目的，但被告人当时没有认识到其所盗手表的实际价值，其认识到的价值只是"数额较大"，而非"数额特别巨大"。也就是说，被告人主观上只有非法占有他人"数额较大"的财物的故意，而无非法占有"数额特别巨大"的财物的故意。由于被告人对所盗物品价值存在重大误解（或者认识错误），其所认识的数额远远低于实际数额，根据主客观相统一的刑法原则，故不能让其对所不能认识的价值数额承担相应的刑事责任，而应按其盗窃时所能认识到的价值数额为量刑标准。鉴于被告人犯罪后主动坦白其盗窃事实，且所盗手表已被追缴并退还失主，属于犯罪情节轻微，依照《中华人民共和国刑法》第 264 条、第 37 条的规定，作出如下判决：被告人沈某某犯盗窃罪，免予刑事处罚。

一审宣判后，某市某区人民检察院以被告人沈某某犯盗窃罪数额特别巨大、原判量刑畸轻为由，向某市中级人民法院提出抗诉。由于被告人下落不明，二审中该案依法中止审理。②

---

① 陈兴良. 判例刑法学：上卷. 2 版. 北京：中国人民大学出版社，2017：290.

② 沈某某盗窃案——对所盗物品的价值有重大认识错误的应如何处罚//最高人民法院刑事审判第一、二庭. 刑事审判参考：总第 40 集. 北京：法律出版社，2005：16～17.

4. 评析意见

在研究财物数额是不是盗窃罪等财产犯罪的认识对象时，一般的分析路径是，以（客观）构成要件的故意规制机能为理论前提，进而判断财物数额是否属于构成要件要素。否定说认为犯罪数额不是犯罪故意的认识范围，它实际上是认为数额与该罪的违法性无关。可是，在将构成要件理解为（可罚的）违法类型的场合，犯罪数额与行为的违法性密切相关，属于构成要件要素，从而，需要对其具有认识。

（1）（客观）构成要件的故意规制机能。

《刑法》（2020年修正）第14条规定："明知自己的行为会发生危害社会的结果，并且希望或者放任这种结果发生，因而构成犯罪的，是故意犯罪。"其中的"明知自己的行为会发生危害社会的结果"，表面上意味着要求对"行为""危害社会结果"以及两者之间因果关系的认识，不过，由于"危害社会的结果"究竟是一种什么样的结果仍不明确，所以需要对此进行进一步的理论说明。从罪刑法定原则的角度讲，只有在这种危害社会的结果被刑法分则"明文规定为犯罪"的场合，对此的认识才对犯罪故意的认定具有决定意义。因而，这里的"危害社会的结果"就应被理解为刑法上的犯罪结果，在阶层理论看来，就是"构成要件的结果"。这样说来，故意的认识因素需要与客观的构成要件关联起来，这也就是（客观）构成要件的故意规制机能。

（2）"数额较大"是客观的构成要件要素。

立法者在刑法分则中所设置的犯罪类型，是一种当罚性（应受刑罚惩罚性）的判断，这虽然也可能和责任要素有一定关系（比如在目的犯的场合），但主要是和违法要素相关，从而，构成要件也就应该被理解为违法类型，且是可罚的违法类型。对这种可罚的违法类型产生影响的客观要素，就是客观的构成要件要素。"肯定存在故意所要求的'认识'，就是对于立法者为显示值得处罚行为的内情所着眼的某种属性的认识。为了认定故意，就必须认识到这样的立法者着眼的属性。"[1]

对于要求数量要素的犯罪（数额犯）来说，应该要求行为人对犯罪对象有认识。比如盗窃罪的成立，要求行为人对所窃取的是"数额较大的财物"具有认识，《刑法》（2020年修正）第264条规定的盗窃罪的罪状"盗窃公私财物，数额较大"，应该被理解为"明知是数额较大的公私财物而盗窃"，而不应该被理解为"明知是公私财物而盗窃，数额较大"。这是因为，在盗窃罪中，数额较大是财物的价值特征，与财物本身不可分离，财物的价值数额大小直接

---

[1] 山口厚. 刑法. 3版. 东京：有斐阁，2016：206.

体现盗窃行为侵害法益的程度。① 由于财产犯罪的数额对行为的违法性及其程度会产生实质影响，因而数额是客观的构成要件要素的内容，是需要认识的因素。这也是贯彻责任主义，杜绝简单的计赃论罪、计赃量刑的必然结论。

在对盗窃数额的认识问题上，涉及"数额较大"与"多次盗窃"的体系地位问题。我们认为，"多次盗窃"属于行为手段方面的要求，在结果无价值论看来，这种特殊要求对于法益侵害本身不产生影响，所以，不属于作为违法类型的构成要件的客观范畴。也就是说，"盗窃罪中的'多次'主要考虑的是行为人的主观恶性和人身危险性已经比较大，以及由此产生的处罚必要性也比较大，或者说'多次'是衡量判断行为人主观有责性大小的事实依据，并不是凸显盗窃罪法益侵害大小的依据"，这种规定"更多（的）是指向司法人员的裁判规范，而不是指向行为人的评价规范（行为规范），当然也就不需要行为人主观上有所认识了"②。

与之不同的是，盗窃罪中的"数额较大"，实际上是盗窃罪法益侵害结果的体现，是"（构成要件）结果"的具体内容，从而也就成了盗窃罪客观的构成要件要素。如周光权教授认为，"在我国的财产犯罪和经济犯罪中，数额是客观的构成要件要素"③；有学者进一步主张，数额较大是规范的构成要件要素和整体的评价要素。④ 数额较大的财物被盗，是成立盗窃罪必不可少的条件，没有引起这一结果，就不能说行为符合了盗窃罪的犯罪构成。⑤ 也就是说，在采纳三阶层犯罪论体系的场合，构成要件需要被理解为可罚的违法类型。而盗窃未达到"数额较大"标准的财物的，就并未符合这样的可罚的违法类型，从而不构成犯罪。反过来说，只有盗窃了数额较大的财物（或者符合其他的法定构成要件），才能说符合了盗窃罪的构成要件，满足了盗窃罪认定三阶层体系中的第一阶层。将"数额较大"等理解为客观的构成要件要素，"能够较好地适应犯罪构成理论，保证定罪量刑的过程尽可能地规范可控，毕竟刑法理论只有在安全的、可预见的方式下运行，才能避免非理性、随意性的结果出现而最终回溯到罪刑法定的基本原则"⑥。

事实上，主张财物数额是故意犯罪的认识内容的观点，早已有之，即便在平面四要件体系的框架之下，也应得出同样的结论。如董玉庭教授认为，行为人主观上必须预见到所盗窃财物的数额达到了较大。根据犯罪构成必须

---

① 柏浪涛.构成要件符合性与客观处罚条件的判断.法学研究，2012（6）.
② 吴情树.客观处罚条件研究——构成要件抑或处罚条件.北京：社会科学文献出版社，2015：225～226.
③ 周光权.论内在的客观处罚条件，法学研究，2010（6）：125.
④ 郭晓红.规范构成要件要素视野下的"数额较大".政治与法律，2011（9）：46～47.
⑤ 黎宏.刑法学总论.2版.北京：法律出版社，2016：183.
⑥ 简爱.论盗窃罪中的数额认识错误.法律科学，2015（6）：100.

主、客观相一致的原理，当盗窃数额较大是盗窃罪客观方面的要件时，行为人在主观方面也必须预见到所窃取的财物达到了数额较大，这样才能主、客观相统一。如果行为人根本就没有预见到所窃取财物的数额达到了较大，则很难说行为人对盗窃犯罪结果具有认识。因此，行为人只有预见到所盗窃公私财物的数额达到较大，才可能形成盗窃罪故意。①

深度研究

在侵财型犯罪中，行为人虽有取财故意，但可能对财物的价值存在重大误解。本案即是如此。在存在这种认识错误的场合，若坚持财物数额（财物价值）属于构成要件的内容，进而需要认识，则确实不存在这种认识就可能阻却故意，进而否定犯罪成立；相反，若认为财物数额只是客观处罚条件而非构成要件要素，不需要行为人对财物数额具有认识，则即便存在对财物价值的认识错误，也不影响故意的认定。在德国和日本，其刑法中关于财产犯罪的规定并没有数额要求，司法上对于犯罪数额较小的通过各种途径分流，属于"立法定性司法定量"。在此语境下，数额、价值并非财产犯罪的构成要件要素，当然也就不存在盗窃（或其他侵财行为）物品价值在阶层体系中的地位及是否需要认识的问题。财物数额是具有中国特色的立法规定，而关于是否需要行为人对此具有认识，也是具有中国特色的问题。

1. 否定说的基本主张

关于财产犯的数额是否属于故意的认识因素，在刑法理论上存在争议，其中否定说有重要影响。比如，在阶层犯罪论的语境下，陈兴良教授主张犯罪数额是客观处罚条件，认为，"犯罪的数量要素虽然是构成要件行为的附随结果，但它并不决定构成要件行为的性质，如果把构成要件作为决定行为性质的要件，则将犯罪的数量要素纳入构成要件范畴并不妥当。而且，构成要件具有故意规制机能，但将犯罪的数量要素作为故意的认识要素，会对故意的认定带来较大的困难。"② 在陈兴良教授自身采纳的"罪体－罪责－罪量"犯罪论体系中，犯罪的数量要素是罪量要素，"罪量要素之所以不能归入罪体，除在罪量要素中不单纯是客观性要素而且还包括主观性要素之外，还有一个重要的理由：罪体要素是行为人认识的对象，因而对于判断犯罪故意或者犯罪过失具有重要意义。如果将罪量要素当作罪体要素，在行为人对此没有认识的情况下，就不能成立犯罪故意而属于犯罪过失，因此会使责任形式的判断产生混乱。"③ 无论是将犯罪数额理解为客观处罚条件还是罪量，其

---

① 董玉庭．盗窃罪研究．北京：中国检察出版社，2002：67.
②③ 陈兴良．规范刑法学：上册．4版．北京：中国人民大学出版社，2017：196～197.

实质效果都是认为财产数额不是故意的认识对象。以盗窃罪为例,这种观点认为,盗窃罪的故意,是"明知是秘密窃取行为而有意实施的主观心理状态"①。

可是,根据客观处罚条件说或罪量说,在认识到的财物数额与实际的财物数额存在巨大差距的场合,不得不按照实际数额定罪并选择法定刑,这会造成明显的罪刑失衡,在合理性上存在疑问。不仅如此,否定说主张还存在着更重要的问题。

2. 客观处罚条件说或罪量说的问题所在

(1) 不应认可"客观处罚条件"概念本身。

认为盗窃罪等侵财犯罪中的"数额较大"属于客观处罚条件,实际上是认为,在不具备该条件的时候可以成立犯罪,但是,不应受到刑罚处罚。这里所说的客观处罚条件,是大陆法系刑法理论中的概念。其认为,原则上,行为成立犯罪就会导致法律后果,及相应刑罚;但例外地,就某些犯罪而言,除具备构成要件符合性、违法性、有责性之外,还要具备其他事由时方能处罚,这种事由就是客观处罚条件。比如,日本刑法第197条第2款规定的事前受贿罪中的"事后成为公务员",即是此种处罚条件。处罚条件是基于一定政策理由所设,和犯罪的成立与否无关。因此,处罚条件存在与否,不影响行为的不法,处罚条件本身也不是故意的认识内容。

客观处罚条件说较好地保持了理论的一致性,将数额认识错误转换为量刑问题,并结合程序处理和实体处理两个方面对定罪量刑进行调整,具有处理问题的高效性。但是,将"刑罚"的要件从"犯罪"概念之中剥离的做法,会违反"所谓犯罪是能够科处刑罚的行为"这一定义。不仅如此,将这样的要件放逐到犯罪论之外,还会导致这样的结果:丧失针对这些要件的解释论上的指导原理。有学者比如中野次雄、高桥则夫等主张,在"构成要件-违法性-责任"之后,应导入"可罚性"这一犯罪要素,将客观的处罚条件等定位于"可罚性"之内。这样确实可以维持与犯罪定义之间的整合性。但是,"可罚性"并不具有违法性、责任那样的统一内容,也不具备有助于解决犯罪论上的问题的"含义集合"。这种犯罪论上的"杂物堆积处",也无助于实现犯罪论本应具有的论理性、机能性。对于客观处罚条件等,应在与违法性、责任相关联的意义上加以检讨。比如,事前受贿罪中的"就任公务员",作为将针对公务之公正性的危险提升到可罚程度的情况,应该属于违法构成要件。而且,这种为可罚的违法性奠定基础的情况,只要不将其理解为日本刑法第38条第1款但书的"特别的规定"(该特别规定的宗旨为只要存在过失即可),

---

① 陈兴良. 规范刑法学: 下册. 4版. 北京: 中国人民大学出版社, 2017: 879.

就应该包括在故意的认识对象之中。① 对客观处罚条件应该在犯罪的实体要件（违法与责任）之中加以理解，事前受贿罪中的"事后成为公务员"应该被理解为与违法性有关的构成要件要素；而且，所谓客观处罚条件这样的事情，除非有刑法的专门规定，否则就应该被理解为故意的认识对象。

在我国，否定客观处罚条件概念的学者也大有人在。比如张明楷教授认为，"法律后果的实现以行为符合犯罪构成为前提，换言之，只要行为符合犯罪构成，就可以将法条规定的法律后果变为现实……符合犯罪构成就导致法律后果，其间不存在其他条件"②。黎宏教授也认为，"认为在犯罪构成之外还存在决定行为是不是要受到刑罚处罚的所谓客观处罚条件，将成立犯罪和是否要受到刑罚处罚割裂开来，无视犯罪就是应当受到刑罚处罚的违法行为的基本定义，直接违反了我国犯罪构成的基本理论"③。还有学者认为，客观处罚条件本身是对定罪的责任主义的突破，在此基础上把握的量刑势必也动摇了量刑的责任主义，在一定程度上所得结论已经偏离了理论的原始构架，研究者只能竭力缩小偏离值而无法消除偏离。④ 这样看来，只要想维持"犯罪构成是认定犯罪的唯一标准（唯一依据）"这一结论，就难以承认客观处罚条件这个概念。

（2）罪量说同样存在上述问题。

一种行为在已经充足了罪体要件和罪责要件的情况下，因为不满足罪量要素而不成立犯罪，这或可理解为源于中国刑法的特色规定。但问题在于，将犯罪概念中的定量因素作为与"罪体－罪责"并列的犯罪成立的第三个要件，这本身是否妥当。比如，一个饥寒交迫的人，偷了某乞丐的破棉袄用来御寒，结果发现破棉袄之中有乞丐毕生的积蓄 3 000 元。按照"罪体—罪责—罪量"的体系，对罪量是在罪责（从而也就是故意）之后讨论，从而罪量也就不在故意的认识范围之内。这样，行为具备了罪体的构成要件（有盗窃行为）且没有罪体排除事由，具备了罪责的构成要件（故意盗窃）且不具备罪责排除事由，具备了罪量要素（满足了盗窃罪成立的数量要求），因此，应该被作为盗窃罪处理，即便是及时将 3 000 元还给乞丐，也不过是盗窃既遂之后返还财物的量刑情节而已。但是，这样的处理结论无疑违反了一般公民心中的朴素正义观念和人们的常情、常理、常识。这也显示出将罪量作为一个独立的犯罪构成要素的缺陷。

应该认为，罪量要素与罪体、罪责并不是处于同一层次的可并列要素，

---

① 松原芳博. 刑法总论. 2 版. 东京：成文堂，2017：59~60，232.
② 张明楷. 刑法学. 5 版. 北京：法律出版社，2016：500.
③ 黎宏. 刑法学总论. 2 版. 北京：法律出版社，2016：183.
④ 简爱. 论盗窃罪中的数额认识错误. 法律科学，2015（6）：100.

罪量要素欠缺与"罪体—罪责"并列，成为犯罪构成的第三要素的资格。这是因为，如果将罪量作为犯罪构成的要件之一，会使一些刑法上并未要求情节、后果的犯罪也必须考虑定量因素，这是不符合刑法规定的。即便将罪量作为选择性构成要件，其也应该被作为客观的构成要件要素（从而也就是故意的认识对象）加以理解。将罪量与罪体、罪责相并列，作为犯罪构成第三要素，会导致罪体和罪责要件在犯罪成立中的作用被贬低。正如周光权教授所指出的那样，"罪量可能是客观的构成要件要素，其功能是决定行为的法益侵害性大小。在数额、数量犯中，罪量要素没有得到满足的，构成要件要素不齐备，不能认为具有刑事违法性。所以，在罪体、罪责之外增加罪量要素，可能是不当地拔高了其地位。"①

3. 数额认识错误的处理

在否定说支持者看来，数额认识错误属于同一构成要件内的认识错误，根据法定符合说，不影响故意存在。② 但是，除特殊类型盗窃的场合之外，"数额不大的财物"与"数额较大的财物"从规范判断上来看并非一回事，刑法中盗窃罪等侵财犯罪的构成要件保护的是"数额较大"的财物，而非数额不大的财物。因此，在数额认识错误的场合，不能一般性认为其属于具体事实认识错误（同一构成要件内的事实认识错误），而应该加以实质判断。

（1）数额未达到"较大"标准的财物（"数额不大的财物"或者"数额较小的财物"，甚至"数额微小的财物"）并非盗窃罪的保护对象，因此，在涉及"数额未达到'较大'标准的财物"的场合，无论是主观上认为达到"数额较大"标准而客观上未达到（一般称为"积极的认识错误"），还是主观上认为未达到"数额较大"标准而客观上已经达到（一般称为"消极的认识误"），还是因为自始不符合盗窃罪的客观构成要件，抑或因为欠缺盗窃罪的故意，而不构成盗窃罪。

（2）在已经达到"数额较大"标准并且超出的场合，比如以为是"数额较大"的财物但其实是"数额巨大"或者"数额特别巨大"财物的场合，实际上对于是"数额巨大""数额特别巨大"的财物这一点缺乏认识而仅具备了对"数额较大"的财物的认识，仍然不能就加重的数额追究刑事责任，否则既违反责任主义中的"量刑上的责任主义"，也和中国传统理论所理解的主客观相统一原则产生背离。此时只能按照盗窃"数额较大"处理。前文的沈某某盗窃案就属于这种情况，对该案司法机关肯定了沈某某对"数额较大"的财物的认识而否定了对"数额巨大"财物的认识，给出了罪责刑相适应的量

---

① 周光权. 犯罪论体系的改造. 北京：中国法制出版社，2009：256.
② 陈兴良. 判例刑法学：上卷. 2版. 北京：中国人民大学出版社，2017：295.

刑结论。

(3) 在以为是"数额巨大"（或者"特别巨大"）的财物，但其实只是"数额较大"的场合，由于"巨大""特别巨大"的评价规范性地包含着"较大"，所以也就属于对"数额较大"这一点具有认识，根据责任主义或者主客观相统一原则，按照盗窃"数额较大"处理即可。

(4) 只有在客观上达到了"数额巨大""数额特别巨大"的标准，主观上也认识到财物可能"数额巨大""数额特别巨大"的场合，才能够按照加重的法定刑追究责任。这种主张实际上强调"数额巨大""数额特别巨大"的特殊性和相对独立性："基本数额和加重数额之间不仅是量的区别，还有质的差异，因此基本数额和加重数额不处于同一犯罪构成，此时的数额认识错误在构造上更接近抽象的对象认识错误。"[1]

当然，这里所说的认识到财物价值"数额巨大""数额特别巨大"，也只是一种盖然性的认识而非确定性的认识，就像在要求"明知是不满14周岁的幼女"的场合不要求确切知道幼女的年龄一样，在数额犯的场合，只要具备了相应财物"挺值钱"、"能值个几万块钱"或者"特别值钱"、"少说也要值几十万"这样的认识就足够了。就是说，这种对财物数额的认识"只能是大致的认识，并不要求行为人有一个非常清楚确定的认识，不要求行为人认识到所盗窃的财物价值达到司法解释确定的数额较大的标准，只要行为人认识到所盗窃的不是价值微薄的财物，或者说认识到所盗财物在社会意义上是数额较大的财物即可，即只要求行为人认识到自己盗窃财物的数额可能是较大的就可以了。"[2]

(二) 间接故意

知识背景

间接故意是指明知自己的行为会发生危害社会的结果，并且放任这种危害结果发生的心理态度。

1. 认识因素

间接故意的成立也要求行为人认识到自己的行为的社会性质、行为会发生危害社会的结果、行为与结果之间具有因果关系以及刑法所规定的特定事项等。在这些认识的内容方面，间接故意与直接故意并无不同。但是，在认识的程度上，间接故意与直接故意存在着差别。与直接故意是认识到危害结

---

[1] 简爱. 论盗窃罪中的数额认识错误. 法律科学，2015 (6): 96～97.

[2] 吴情树. 客观处罚条件研究——构成要件抑或处罚条件. 北京: 社会科学文献出版社，2015: 223.

果必然或者可能发生不同，间接故意只能是认识到危害结果的可能发生。如果行为人认识到危害结果必然发生而决意为之，则不能认为行为人对结果持放任的态度，从而也就无从认定行为人对结果持间接故意。可见，在间接故意的场合，其认识的结果发生的概率是要小于在直接故意的场合。只是，在行为人自认为危害结果可能发生并加以放任，而客观上这种危害结果必然发生时，由于能够认定放任心态，所以并不妨碍仅成立间接故意。这也充分说明了认识因素与意志因素的对立统一关系：认识因素是意志因素的前提，同时意志因素又对认识因素的认定产生重要影响。

2. 意志因素

间接故意的意志因素是指放任危害结果的发生。所谓放任，就是听其自然、听之任之，纵容危害结果的发生。换言之，就是对危害结果的发生虽然不积极追求，但也不设法避免。只要行为人并非希望结果不发生，而是在心理上能够接受结果的发生，就属于放任。

直接故意与间接故意作为故意责任形式的具体体现，既有联系，又有区别。就联系来说，两者都属于认识到了危害结果的发生，并且结果的发生都不违背行为人的本意。这也使故意的这两种具体表现形式区别于过失。两者的主要区别在于：（1）从认识因素来说，虽然都是"明知自己的行为会发生危害社会的结果"，但是在直接故意的情况下，行为人认识到危害结果发生的可能性或者必然性，而在间接故意的情况下，行为人只认识到危害结果发生的可能性。（2）从意志因素上说，直接故意的意志因素是希望这种危害社会结果的发生，间接故意的意志因素则是放任这种危害社会结果的发生。就对于危害结果的发生而言，如果说直接故意投了赞成票，则间接故意投了弃权票。需要说明的是，直接故意与间接故意的区别，虽然不影响定罪（比如无论是直接故意的杀人，还是间接故意的杀人，其罪名都是故意杀人罪），但却可能影响量刑。这是因为，直接故意是希望并积极追求危害结果的发生，所以表现出了行为人更大的人身危险性，因而其非难可能性也就大于间接故意。在司法实践之中，出于间接故意的故意杀人罪通常不被判处死刑，就表明了这两种不同的故意责任形式对量刑的直观影响。

间接故意通常发生在以下场合：（1）为实现某个犯罪意图，而放任另一犯罪结果发生。例如，甲在其妻子乙的饮料中投毒欲杀害乙，而对于其儿子丙可能喝掉乙的饮料而死亡这种危害结果采取放任的态度，结果毒死了丙。这是为了追求某种危害结果而对于可能给另一对象造成危害结果持放任态度。也可能是为了追求某种危害结果而对于对同一对象可能造成的另一危害结果持放任态度。如在抢劫过程中，为了劫取他人财物而使用暴力，对于暴力致被害人死亡持放任态度。（2）为了实现某个非犯罪的意图而放任危害结果的发生。比如，行为人在狩猎过程中为了击中目标，而对于可能击中旁边割草的小孩持放任的态度，结果把小孩打死。(3) 在突发的情绪冲动之下，不计后果地实施危害行为，放任危害结果发生。比如对于因偶然口角便拔刀乱捅的俗称"捅刀子"的事例，司法实践中一般认定行为人对实际发生的结果具有间接故意，如果造成对方死亡，即定故意杀人罪；如果仅造成对方伤害（轻伤以上），则构成故意伤害罪。其理由是：对这类案件，虽然不能断定行为人对死亡结果持希望的态度，但是可以断定行为人认识到自己的行为可能造成死亡（或伤害）结果，并且不考虑或者不顾及该行为的结果。

规范依据

《刑法》（2020 年修正）第 14 条："明知自己的行为会发生危害社会的结果，并且希望或者放任这种结果发生，因而构成犯罪的，是故意犯罪。""故意犯罪，应当负刑事责任。"

案例评价

[案例 4-4] 金某故意杀人案[①]（相约自杀与故意的认定）

1. 基本案情

金某因其父金乙时常打骂她，且在 1998 年 1 月初又与其父为嫁妆等事发生争吵，遂萌生自杀之念，但又感到恐惧，于是想到一年多以前曾与其有过短期恋爱关系的刘某能否与其同死。1998 年 1 月中上旬，金某先后写信及打电话给嵊州市绿溪乡某村的刘某，询问刘某在其困难时能否为其付出一切等，刘某误以为金某欲与其恢复恋爱关系而来试探他，就表示愿意。随后，金某约刘于同月 21 日上午在嵊州市丁丝厂门口会面，并到本村"老蛋"店里买来圆筒形奶油蛋糕，到博济街上的地摊买来老鼠药，将老鼠药撒在蛋糕的奶油中。同月 21 日上午 8 时左右，金某用黑色塑料袋携带准备好的放有老鼠药的蛋糕等物品赶到丁丝厂门口，与已应邀而至的刘某一起乘车前往嵊州市某水库交谈。下午约 2 时，金某再次问刘某，在听到其愿意同死的表示后，便取出放有老鼠药的蛋糕与刘某同吃。不久，刘某出现中毒症状，金某才讲明蛋糕中有毒，并叫人送医院抢救。刘某经抢救无效于当日下午死亡，金某经抢救脱险。经法医鉴定，刘某系"毒鼠强"中毒死亡。此外，法院委托医院对金某进行精神疾病司法鉴定，经鉴定认为，金某案发前无精神病，案发后有毒药所致精神障碍，但无意识障碍，目前无精神病，有受审、诉讼能力。

[①] 国家法官学院，中国人民大学法学院．中国审判案例要览：2000 年刑事审判案例卷．北京：中国人民大学出版社，2002：171～176．

2. 涉案问题

在相约自杀中，能否认定率先提出自杀要求的一方具有杀人的故意？

3. 裁判理由

一审法院认为：被告人金某因故萌生自杀之念后，在没有讲清事情原委及真实想法，致使被害人刘某产生误解的情况下，让刘某陪其同死，属故意非法剥夺他人生命，其行为已构成故意杀人罪。由于被告人金某的犯罪行为而造成的被害人的损失，根据本案实际情况及被告人金某的赔偿能力，应酌情由被告人金某承担民事赔偿责任。遂依照《中华人民共和国刑法》（1997年）第 232 条、第 54 条、第 55 条第 1 款、第 56 条第 1 款、第 36 条第 1 款，《中华人民共和国刑事诉讼法》（1996 年）第 77 条第 1 款，《中华人民共和国民法通则》第 119 条以及最高人民法院《关于贯彻执行〈中华人民共和国民法通则〉若干问题的意见（试行）》第 147 条之规定，判决：（1）被告人金某犯故意杀人罪，判处有期徒刑 15 年，剥夺政治权利 5 年。（2）被告人金某赔偿附带民事诉讼原告人刘甲、刘乙（刘某的家属）经济损失人民币 12 430 元。

一审判决宣告后，金某辩称是刘某买了蛋糕让她吃的，并非她要毒死刘某，自己无罪。附带民事诉讼原告人刘甲、刘乙认为原判赔偿数额过低，双方均提起上诉。

二审法院认为：本案虽无其他直接证据证明上诉人金某故意杀人犯罪的事实，但金某在公安、检察机关多次供认其因与父亲争吵而联想到结婚后张某（金某的未婚夫）也会这样粗暴地对待她，继而产生轻生念头。随后约了刘某，准备了有毒蛋糕，一同到达水库，在探知刘某愿与其同死后，取出蛋糕与刘某分食，在刘某中毒发作后，才告知蛋糕有毒的作案全过程。上述供述关于犯罪的起因、动机、手段、工具等多方面均有多名证人证言和其写给刘某的信件等证据印证，特别是证人钱某、陈某的证言证实是金某带了黑色塑料袋而非刘某，证人张某及钱某的证言，印证了金某带蛋糕的客观性。且其所作有罪供述思路清楚，符合常理，与其精神障碍无因果关系，这一点已被精神疾病司法鉴定结论所肯定。其辩解称系刘某买了蛋糕让她吃的事实不仅与其自己的多次供述相矛盾，也与证人钱某、陈某的证言证明的情况相矛盾，更与现场只有一只黑色塑料袋的事实不符。故本案基本事实清楚，证据确实。上诉人金某及其辩护人对本案事实提出的异议，不能成立。

二审法院认为：上诉人金某因家庭纠纷萌生轻生之念，在自杀过程中，未告知真实情况而让刘某陪其同死，用在食物中投毒的方法，非法剥夺他人生命，致人死亡，其行为已构成故意杀人罪，应负刑事责任并应承担由其犯罪行为造成的附带民事诉讼原告人的经济损失。原判定罪及适用法律正确、量刑适当；判令赔偿经济损失合理，审判程序合法。上诉人金某及其辩护人和附带民事诉讼原告人刘甲、刘乙要求二审改判的理由均不能成立。遂依照《中华人民共和国刑事诉讼法》（1996年）第189条第1项之规定，裁定：驳回上诉，维持原判。

4. 评析意见

在本案中，刘某对于死亡的发生持何种态度（愿意陪同金某一起自杀，还是误以为只是金某对他的一个考验）已经无从查证，而不管怎样，金某的行为都属于故意非法剥夺他人生命的故意杀人行为。即便在存在被害人同意的情况下（比如安乐死），由于生命法益的重大性，剥夺他人生命的行为仍旧无法阻却行为的违法性。在本案之中，如果刘某确实愿意陪同金某一起去死，那两人就属于相约自杀。在这种情况下，如果两人各自动手而最终一人死亡、一人未死的，由于死亡者实际上是自己结束了自己生命的自杀行为，未死者对于他人的死亡欠缺原因力，所以不能按照故意杀人罪处理（实际上在构成要件该当性的阶段即排除了此种情况成立故意杀人罪）；如果生还者准备了工具，帮助另一方自杀，或者是先杀死对方而后自杀未成的，由于行为客观上与被害人的死亡之间具有直接的因果关系，行为人主观上具有希望对方死亡的愿望，所以能够按照故意杀人罪处理。假如刘某仅仅误以为对方是在考验自己，则金某在相约自杀这一点上就存在着认识错误，但这种对事实的认识错误并不能阻却犯罪故意。金某仅仅根据对方作出的同意自杀的意思表示，在未告知对方真相的情况下，就让对方吃了有毒的食物而亡，金某实际上在主观上认识到了自己的行为肯定会导致他人死亡的结果，并且希望（无从放任）这种结果的发生，所以应该属于直接故意类型的故意杀人罪。不过，就量刑而言，鉴于案件的特殊情况反映出了金某相对较轻的人身危险性和非难可能性，对金某判处相对较轻的刑罚（15年有期徒刑），是符合罪刑均衡原则的。

[案例4-5] 张某犯故意杀人罪[①]（防卫过当与故意的认定）

1. 基本案情

张某经他人介绍与李某相识后恋爱，于1998年5月非法同居。同年7月中旬，李某与好友要某共同吃晚饭，晚饭后要某提出去歌舞厅找"小姐"，被李某拒绝。李某将此事告诉了张某，张某因前夫有外遇而与之离婚，故也怀疑李某有外遇。为此二人发生争吵，争吵中李某提出针对此事可向要某了解情况。7月22日上午张某给要某家里打电话，要求当面核实此事，要某应邀前往。因李某外出购物，张某走出家门等候要某，并与要某商定待李某在家

[①] 国家法官学院，中国人民大学法学院. 中国审判案例要览：2000年刑事审判案例卷. 北京：中国人民大学出版社，2002：57～60.

时再谈此事。当日下午 1 时左右，李某去河北省卢龙县接张某的女儿。下午 2 时许，要某来到李某家中，当得知李某外出时，遂对张某进行调戏，张某表示反对，要某仍继续纠缠，张某借故脱身，去另一房间取出一把小宝剑（金属制工艺品），藏在身后回到原房间。当要某再次无礼时，张某手持小宝剑朝要某的胸部猛刺。在要某反抗过程中，张某又朝其腹部、背部等处连捅数下，要某因心脏被刺破当场死亡。张某行凶后，委托李某之嫂报警。

2. 涉案问题

在防卫的过程中致对方死亡的，能否构成故意杀人？

3. 裁判理由

天津市第一中级人民法院认为：被告人张某与被害人要某并无矛盾或积怨，因被告人怀疑与其同居的男友有外遇，为澄清真相，而找被害人了解情况，但被害人借机对其进行调戏，被告人在遭到不法侵害后，持械致被害人死亡，其行为属于防卫过当，已构成故意杀人罪。其犯罪后委托他人代为投案，应视为自首，依法减轻处罚。被告人的行为虽给被害人亲属造成经济损失，但根据本案的具体事实，可酌情予以赔偿，对刑事附带民事诉讼原告人的部分请求不予支持。据此，依照《中华人民共和国刑法》（1997 年修订）第 232 条、第 20 条第 2 款、第 67 条、第 36 条第 1 款，《中华人民共和国刑事诉讼法》（1996 年）第 77 条第 1 款及《中华人民共和国民法通则》第 119 条、《中华人民共和国民事诉讼法》（1991 年）第 91 条之规定，判决（1）被告人张某犯故意杀人罪判处有期徒刑 4 年。（2）被告人张某赔偿刑事附带民事诉讼原告人丧葬费 1 000 元。

一审宣判后，天津市人民检察院第一分院向天津市高级人民法院提出抗诉，刑事附带民事诉讼原告人要甲、房某向天津市高级人民法院提出上诉。

天津市高级人民法院认为：被害人要某趁被告人张某独自在家，对被告人进行侮辱，被告人在遭到不法侵害时，持械反抗属于防卫性质，但被告人手持利器对徒手的被害人的要害部位连续捅刺二十余次，致被害人当场死亡，其防卫行为明显超过了必要限度，属于防卫过当，构成故意杀人罪。检察机关认为被告人行为不属防卫过当的抗诉意见，不予支持。被告人在对不法侵害行为的防卫中，造成被害人当场死亡的严重后果，一审法院判决被告人有期徒刑 4 年的量刑偏轻，应予改判。被告人供认本案的被害人对其进行语言调戏及强行亲吻、搂抱、拉拽等行为供述，已被相关证据印证。被告人的行为给被害人家属造成的经济损失，应予赔偿。依据本案具体事实情节及被告人的赔偿能力，一审法院的附带民事判决并无不当，附带民事诉讼上诉人提出赔偿人民币 8 万元的请求，不予支持。遂依照《中华人民共和国刑事诉讼法》（1996 年）第 189 条第 1、2 项之规定，判决：（1）撤销天津市第一中级人民法院（1998）一中刑初字第 132 号判决主文第一项中对被告人张某量刑部分。(2) 被告人张某犯故意杀人罪，判处有期徒刑 8 年。(3) 维持天津市第一中级人民法院（1998）一中刑初字第 132 号判决主文第二项。

4. 评析意见

张某的行为是否成立故意杀人罪，取决于其行为能否被评价为正当防卫，而这又取决于要某之行为的性质。如果要某针对张某实施了强奸行为，则即便张某在反抗、自卫过程之中将要某杀死，张某也不负刑事责任。这已经为我国刑法所明文规定。可是，在案证据只能证明要某对于张某实施了亲吻、搂抱、拉拖等侮辱、调戏行为，而不能证明其实施了强奸行为。由此，张某虽然由于面临着正在发生的紧迫的不法侵害而具备实施正当防卫的前提条件，但其防卫行为必须受到一定的限制。这就存在着过当与否的问题。在本案之中，正如二审判决所指出的那样，张某在遭到不法侵害时，持械反抗属于防卫性质，"但被告人手持利器对徒手的被害人要害部位连续捅刺二十余次，致被害人当场死亡，其防卫行为明显超过了必要限度，属于防卫过当"。因为防卫过当承担刑事责任时，根据具体的结果或者承担故意责任或者承担过失责任，而在本案之中，张某对于不法侵害人（本案被害人要某）的死亡结果显然是持一种放任的态度，这可以由其使用的防卫器械的性质、刺杀被害人的部位与次数等表明，所以，认定张某的行为属于防卫过当性质的故意杀人罪，在定性上是准确的。

[案例 4-6] 徐某故意杀人案[①]（间接故意的认定）

1. 基本案情

2000 年 6 月 29 日，云南省玉溪市中级人民法院在江川县[*]人民法院对谭某诉徐某等名誉侵权一案进行宣判后，徐某及其亲属对判决不满，在法庭内和法院门口哄闹，辱骂审判人员及原告人谭某。审判长俞某等合议庭人员乘车离开后，徐某及其部分亲属仍不听劝阻，继续在法院门口吵闹、辱骂，法院便采取了强制措施并于当日作出决定，对其中 4 人拘留 15 天，并交付县行政拘留所执行拘留。6 月 30 日，徐某到云南省玉溪市中级人民法院请求放人，法院当天解除了对徐某的嫂子王某的拘留。2000 年 7 月 4 日，徐某在江川县江城镇农贸市场购买了 1 把 20 厘米长的匕首，并请人将匕首磨锋利后，携带该凶器到云南省玉溪市中级人民法院民庭找到俞某，问其案子上诉后能否改判，并要求释放仍被拘留着的 3 名亲属。俞某向其说明了有关法律规定，拒

---

[*] 2015 年江川县被撤销，设立江川区。——编辑注

[①] 国家法官学院、中国人民大学法学院. 中国审判案例要览：2003 年刑事审判案例卷. 北京：人民法院出版社，中国人民大学出版社，2004：19~23.

绝了其要求。徐某拿出事先准备的匕首朝俞某的颈、胸、肩等处连刺数刀，法院干警王某文、陈某见状急忙冲出，奋力制止徐某的行凶行为并将其制服。在此过程中，王、陈二人也被刺伤。经法医鉴定，俞某的伤情为重伤，王某文、陈某系轻微伤。

2. 涉案问题

间接故意的认定以及其与有认识过失的区别。

3. 裁判理由

云南省昆明市中级人民法院认为：被告人徐某为报复而持刀行凶杀人，其行为已触犯国家法律，构成故意杀人罪。被告人徐某公然蔑视法律，对司法人员行凶，致一人重伤、两人轻微伤，其犯罪情节特别严重，社会影响极为恶劣，应从严惩处。对于徐某提出"没有杀人故意"的辩解，法院认为，综观全案，被告人徐某在持刀行凶的过程中，主观上对被害人死亡的后果持明显放任的态度，因被及时制止，未酿成人员死亡的特别严重后果，故对其辩解不予采纳。据此，综合被告人的犯罪性质、情节、后果、对社会的危害程度及认罪悔罪态度，依照《刑法》第232条、第57条第1款、第23条之规定，判决：被告人徐某犯故意杀人罪，判处死刑，缓期2年执行，剥夺政治权利终身。

一审判决宣判后，徐某以"没有杀人故意"为由，不服判决，提起上诉。

云南省高级人民法院认为：上诉人徐某因对法院审理其名誉权侵权纠纷民事诉讼一案所作的一审判决结果和拘留决定不满，持凶器到人民法院要求放人不成，便持刀对主办案件的审判人员行凶。徐某在作案前准备了锋利的凶器匕首，刺杀时针对人体的要害部位，所实施的行为表明徐某对于是否剥夺被害人的生命具有明显的放任态度，无论其主观心态还是客观行为，都符合我国刑法规定的故意杀人罪的构成要件，虽然由于他人对犯罪行为的奋力制止及对被害人的及时抢救避免了致人死亡的后果，但并不能因此改变徐某犯罪行为的性质。徐某的上述行为已构成故意杀人罪。其上诉理由不能成立。本案系在民事诉讼过程中发生的刑事案件，且该名誉权侵权纠纷一案经云南省高级人民法院审理，已于2002年2月25日作出民事判决书，确定徐某在名誉侵权纠纷中不构成名誉侵权。根据徐某犯罪的事实、性质、相关情节和社会危害程度，综合考虑案件发生的前因和实际造成的危害后果，一审判决定罪准确，但处刑失重。遂依照《中华人民共和国刑事诉讼法》（1996年）第189条第2项、《刑法》第232条、第23条之规定，判决：上诉人徐某犯故意杀人罪，判处有期徒刑15年。

4. 评析意见

本案争议的焦点在于，徐某是否有杀人的主观故意。徐某自己辩称"没有想杀害被害人，带刀只是为威胁被害人释放自己的亲属"，而公诉机关认为，"被告人对犯罪实施事前准备，持刀刺杀的是被害人的要害部位，其报复杀人行为情节恶劣。"审判机关（二审法院、一审法院持一样的理由）认为，"徐某在作案前准备了锋利的凶器匕首，刺杀时针对人体的要害部位，所实施的行为表明被告人对于是否剥夺被害人的生命具有明显的放任态度，无论其主观心态还是客观行为，都符合我国刑法规定的故意杀人罪的构成要件"，从而认可了徐某具备杀人的间接故意。着眼于徐某事前的准备、凶器的性质、刺杀的部位等来判断徐某故意的内容，是值得肯定的。而二审法院"根据徐某犯罪的事实、性质、相关情节和社会危害程度，综合考虑案件发生的前因和实际造成的危害后果"，认为"一审判决定罪准确，但处刑失重"，并最终改判有期徒刑15年。应该说这样的处理也是更符合罪刑均衡原则的。

[案例 4-7] 张某故意杀人案[①]

1. 案情介绍

张某与张某敏均在浙江省慈溪市务工，二人共同租住于慈溪市Z镇城中村××弄××号××室。2012年8月13日1时许，张某在用手机上网时发现一条"用绳子勒脖子会让人产生快感"的信息，决定与张某敏尝试一下，并准备了裙带作为勒颈工具。随后，张某与张某敏面对面躺在床上，张某将裙带缠系在张某敏的颈部，用双手牵拉裙带的两端勒颈。其间，张某敏挣扎、呼救。两人的亲友、邻居等人闻声而至，在外敲窗询问，张某答称张某敏在说梦话。后张某发现张某敏已窒息死亡，遂割腕自杀，未果。当日8时许，张某苏醒后报警求救，经民警询问，其交代了自己的犯罪事实。案发后双方家属达成赔偿和解协议。

2. 涉案问题

在玩"危险游戏"致人死亡的案件中，行为人对于所造成的被害人死亡结果的主观心态是什么？故意、过失还是意外？

3. 裁判理由

浙江省宁波市中级人民法院认为：被告人张某与被害人张某敏相约做"用绳子勒脖子产生快感"的游戏，张某用裙带勒张某敏的颈部，且在张某敏呼救时依然勒颈，放任张某敏死亡结果的发生，其行为构成故意杀人罪。张某作为成年人，理应对勒颈可以致人死亡的常识有所认识，且当被害人被勒颈产生激烈反应，伴有脚踢床板、喊叫救命等行为时，张某更应明知其行为

[①] 最高人民法院刑事审判第一、二、三、四、五庭. 刑事审判参考：总第101集. 北京：法律出版社，2015：80～83.

可能会产生致人死亡的结果,但仍放任被害人死亡结果的发生,其行为符合故意杀人罪的特征。鉴于张某案发后主动报警,如实供认自己的犯罪事实,构成自首,并积极向被害人的亲属赔偿经济损失且获得谅解,依法可以减轻处罚。据此,依照《中华人民共和国刑法》(2011年第二次修正)第232条、第67条第1款之规定,以被告人张某犯故意杀人罪,判处有期徒刑7年。

一审宣判后,张某以"定性不当,自己没有杀死被害人的故意,因而仅构成过失致人死亡罪"为由,向浙江省高级人民法院提起上诉。

浙江省高级人民法院经公开审理认为,原判认定的事实清楚,证据确实、充分,定罪和适用法律正确,量刑适当,审判程序合法,遂裁定驳回上诉、维持原判。

4. 评析意见

当前,随着网络信息的高速发展,在一些不健康、不理性信息的暗示和刺激下,一些人为追求刺激,利用网络获得的信息尝试所谓"危险游戏",如勒颈、上吊之类,试图让参与者通过窒息造成的死亡临界状态而体验某种快感。但此类"游戏"实际上已脱离了游戏本身娱乐、放松的属性,具有相当的危险性,对参与者的生命安全构成了现实威胁。因"危险游戏"当事人多为自愿参与,所以在危险后果发生后对行为人主观心态的认定存在一定困难和争议。本案就是一起因玩"危险游戏"致人死亡的案件,对于行为人张某的主观心态和行为性质的认定,存在两种不同意见。一种意见认为,张某的行为仅构成过失致人死亡罪。理由主要有三点:(1)从张某犯罪的动机、目的角度分析,可以完全排除其杀人的直接故意,其动机是帮助被害人追求快感,该行为本身不具有违法性,且对死亡的结果没有追求,故可以排除直接故意的犯罪心态。(2)张某也没有杀人的间接故意。张某在被害人挣扎、呼救时以为被害人得到了快感,其为了让被害人体验快感的时间更久些,没有即时停止游戏。当其发现被害人死亡后一直处于恐惧、后悔之中,甚至选择自杀,由此可见,被害人的死亡超出了张某的预判,是违背其意愿的。(3)张某在进行危险游戏前,预见到自己的行为可能会造成被害人受伤或者发生其他结果,但其轻信能够避免。在此心态下,张某的行为客观上造成了死亡的后果,故其行为更符合过失致人死亡罪的特征。另一种意见认为,张某作为成年人,理应对勒颈可致人死亡有所认识,且当被害人被勒颈时反应激烈,伴有脚踢床板、喊叫救命等行为时,其更应明知其行为可能会产生致人死亡的结果,但其仍放任被害人死亡结果的发生,故其行为符合故意杀人罪的特征,应当以(间接)故意杀人罪对其定罪处罚。

最终,司法机关采纳了后一种意见,并认为,本案中对于张某主观心态的认定,应结合在案证据、游戏本身的危险程度、日常生活经验等综合分析判断:

其一，在游戏进行前，张某对其行为所面临的高度危险是明知的。张某和被害人相约进行勒颈游戏，虽出于追求刺激、快感的本意，但用绳索、衣带勒颈具有高度的危险性，可致人死亡，是人所共知的常识。张某作为一个正常的成年人，不存在对此种情况认识上的障碍，而理应对此有充分认识。这是认定其对被害人死亡后果所持主观心态的基础。

其二，游戏进行时，张某对其行为的现实危险性是明知的。张某供述，在勒之前被害人与其约定，如果受不了的话就喊一下"救命"，如果被害人喊"救命"，张某就不再用力了。当游戏进行了一分钟左右，被害人就有反抗和挣扎行为，且被害人喊了张某的名字，还叫了一声"救命"，双手也在乱抓张某。根据二人事先的约定，此时张某应当明知自己的勒颈行为已经给被害人带来了无法承受的痛苦和生命危险。况且，被害人当时的痛苦反应是异常激烈的，在隔壁居住的证人都听到了被害人的呼救声以及脚踢床板的声音。如此强烈的挣扎、如此大力度的反抗是完全可以为张某所感知的，也足以促使张某作出理性判断。因此，在游戏进行中，张某对于勒颈行为已现实威胁到被害人的生命安全也应当是明知的。

其三，张某放任了危害结果的发生。根据上述分析，张某无论是游戏前对勒颈行为可能面临的危险，还是游戏中对勒颈的现实危险性，都是明知的。在此情况下，张某是否放弃继续勒颈，表明了其对危害结果发生的主观心态。而在被害人已经出现挣扎、呼救等激烈的异常反应的情况下，张某以所谓使被害人体验快感的时间更久些为由，不但没有松手解开缠在被害人颈部的裙带，而且持续用力使被害人较长时间处于呼吸不畅的状态，最终导致被害人机械性窒息死亡。由此可见，张某在追求让被害人产生"快感"的同时，放任了被害人死亡结果的发生，其主观上更符合间接故意犯罪的特征。

综上，本案中张某原本出于玩乐、追求刺激的心态与被害人相约进行具有一定人身危险性的游戏，但在游戏过程中不顾被害人激烈挣扎、呼救等异常反应，仍继续进行游戏，放任被害人死亡结果的发生，其行为构成（间接）故意杀人罪。鉴于本案的杀人情节与一般的严重暴力犯罪相比具有一定的特殊性，同时，张某具有自首情节，并积极向被害人的亲属赔偿经济损失且获得谅解，法院依法对其减轻处罚是适当的。

[案例4-8] 乐某故意杀人案[①]

1. 基本案情

乐某系非婚生子女，自幼由其祖父母抚养，16岁左右离家独自生活，有

[①] 最高人民法院刑事审判第一、二、三、四、五庭. 刑事审判参考：总第98集. 北京：法律出版社，2014：85~88.

多年吸毒史,曾因吸毒被行政处罚。2011年1月乐某生育一女李甲(殁年2岁,生父不详)后,与李某同居。2012年3月乐某再生育一女李乙(殁年1岁)。在李某于2013年2月27日因犯罪被羁押后,乐某依靠社区发放的救助和亲友、邻居的帮扶,抚养两个女儿。乐某因沉溺于毒品,疏于照料女儿。2013年4月17日,乐某离家数日,李甲由于饥饿独自跑出家门,社区干部及邻居发现后将两幼女送往医院救治,后乐某于当日将两女儿接回。2013年4月底的一天下午,乐某将两幼女置于其住所的主卧室内,留下少量食物、饮水,用布条反复缠裹窗户锁扣并用尿不湿夹紧主卧室房门以防止小孩跑出之后即离家不归。乐某离家后曾多次向当地有关部门索要救助金,领取后即用于在外吸食毒品、玩乐,直至案发仍未曾回家。2013年6月21日,社区民警至乐某家探望时,通过锁匠打开房门后发现李甲、李乙已死于主卧室内。经法医鉴定,两被害人无机械性损伤和常见毒物中毒致死的依据,不排除其因脱水、饥饿、疾病等因素衰竭死亡。当日14时许,公安机关将乐某抓获归案。经司法鉴定,乐某系精神活性物质(毒品)所致精神障碍,作案时有完全刑事责任能力。

2. 涉案问题

具有抚养义务的人因防止婴幼儿外出而将婴幼儿留置在与外界完全隔绝的房间,为了满足其他欲求而放任婴幼儿死亡的,能否肯定故意杀人罪?

3. 裁判理由

江苏省南京市中级人民法院认为:被告人乐某身为被害人李甲、李乙的生母,对被害人负有法定的抚养义务。乐某明知将两名年幼的孩子留置在封闭房间内,在缺乏食物和饮水且无外援的情况下会饿死,仍离家一个多月,不回家照料女儿。其主观上具有放任两女儿死亡的故意,客观上也实施了不抚养、不照料的行为并断绝二被害人获取外援的可能性,最终致使二人死亡,其行为构成故意杀人罪。乐某多次放弃抚养义务,多次置被害人于危险境地,并屡教不改,其犯罪情节特别恶劣,犯罪后果特别严重。鉴于乐某审判时已怀孕,归案后认罪态度较好,依照《中华人民共和国刑法》第232条,第14条第1款、第2款,第49条第1款,第57条第1款之规定,江苏省南京市中级人民法院以被告人乐某犯故意杀人罪,判处无期徒刑,剥夺政治权利终身。

一审宣判后,被告人乐某未提起上诉,检察机关亦未抗诉,该判决已发生法律效力。

4. 评析意见

在本案审理过程中,对乐某的不作为行为构成何罪,存在四种不同意见:第一种意见认为,乐某具有杀人的主观故意,其通过不作为放任危害结果的发生,构成故意杀人罪;第二种意见认为,乐某的行为属于遗弃家庭成员,并造成严重后果，应认定为遗弃罪；第三种意见认为，被害人系乐某的亲生女儿，乐某并无杀人故意，其少给被害人食物、饮水，造成严重后果，系虐待行为，应构成虐待罪；第四种意见认为，乐某作为两被害人的生母，虽有抚养义务，但主观上并无杀害被害人的故意，其行为属于过失犯罪，应认定为过失致人死亡罪。

最终司法机关认同了第一种意见，其认为，应当准确区分不作为故意杀人与虐待、遗弃等这几类"形同实异"的犯罪行为。遗弃罪是指对于年老、年幼、患病或者其他没有独立生活能力的人，负有抚养义务而拒绝抚养，情节恶劣的行为；而故意杀人是非法剥夺他人生命的行为。遗弃罪侵犯的是没有独立生活能力的被害人依法受扶助、照顾的权利，故意杀人罪侵犯的是被害人的生命权。在行为人对被害人具有特定抚养、照顾义务的情况下，应当作为而不作为，情节恶劣的，属于遗弃，但不会使被害人陷入生命危险境地，而应当作为而不作为，可能使被害人生命被剥夺的，属于不作为型的故意杀人罪。实施遗弃行为的行为人主观上并无追求或放任被害人死亡的故意。正是因为这两种行为的客观危害不同、侵害的法益不同、行为人之主观故意内容不同，刑法为遗弃罪和故意杀人罪配置了轻重差别十分明显的刑罚种类。

在遗弃没有独立生活能力之婴幼儿的情形下，遗弃罪与故意杀人罪的区别主要在于：在特定的时空条件下，被害人之生命安危是否依赖于对其负有特定抚养义务的行为人，如果存在这种支配依赖关系，而行为人不仅自己不履行抚养义务，还切断、排除了其他人对被害人进行救助的可能，主观上对被害人死亡结果持放任态度，那么行为人之行为就构成故意杀人罪；相反，抚养义务的不履行如果不会给被害人的生命带来必然的、紧迫的现实危险，客观上仍存在其他人介入、履行抚养义务的可能，行为人主观上既不希望也不放任死亡结果的发生，那么行为人之行为就属于遗弃罪。例如，将婴儿扔在有人经常路过的地方，婴儿有可能被人施救，生命面临的危险尚不紧迫，行为人有合理依据相信婴儿无生命危险的，就属于遗弃行为；反之，如果将婴儿扔在偏僻处所，婴儿难以被人施救，生命面临必然、紧迫的现实危险，行为人对可能造成的婴儿死亡后果持无所谓的放任态度的，就应当认定为故意杀人。本案中乐某将两名年幼子女放在家里后独自离家，仅留下少量食物和饮水，外出一个多月不归，必然使两名年幼子女面临紧迫的生命危险，并且将门、窗封死，也排除了孩子外出、获得他人实施救助的可能，所以，乐某的行为不构成遗弃罪。

虐待罪是指对共同生活的家庭成员，经常以打骂、冻饿、禁闭、有病不给治疗或者强迫从事过度劳动等各种手段，从肉体上和精神上进行摧残迫害，情节恶劣。虐待罪既可能以积极行为实施，如经常肉体折磨、精神摧残，也可能以不作为方式实施，如有病不给医治。根据《刑法》（2020年修正）第260条第1款的规定，虐待家庭成员，情节恶劣的，处2年以下有期徒刑、拘役或者管制。可见，虐待罪是一种相对较轻的罪行，不会侵犯被害人的生命权利，一般表现为经常或者连续折磨、摧残家庭成员身心的行为。在本案中，乐某曾经离家数日，致两名幼女因饥饿被送往医院治疗，并于最后一次离家外出达一个多月，致使独自在家的两名幼女被活活饿死，其行为已非折磨、摧残幼女的身心，而是使幼女的生命面临被剥夺的严重危险，已超出虐待罪所能调整的范畴。

三、故意认定中的两个问题

（一）推定与故意的认定

犯罪故意终归是犯罪人的主观心理状态，无论法官还是其他司法人员，不过是依据常理和客观事实来推断故意这一主观心态的有无。通过司法实践中的经验总结，逐渐形成依据一定的客观事实推定犯罪人的主观心理的规则，在认定犯罪故意的过程中具有重要的意义。这就是故意的推定问题。以这种司法推定方式认定故意在实践中的例证逐渐增多，比如，最高人民法院、最高人民检察院、海关总署于2002年颁布的《关于办理走私刑事案件适用法律若干问题的意见》规定：行为人明知自己的行为违反国家法律法规，逃避海关监管，偷逃进出境货物、物品的应缴税额，或者逃避国家有关进出境的禁止性管理，并且希望或者放任危害结果发生的，应认定为具有走私的主观故意。走私主观故意中的"明知"是指行为人知道或者应当知道所从事的行为是走私行为。具有下列情形之一的，可以认定为"明知"，但有证据证明确属被蒙骗的除外：（1）逃避海关监管，运输、携带、邮寄国家禁止进出境的货物、物品的；（2）用特制的设备或者运输工具走私货物、物品的；（3）未经海关同意，在非设关的码头、海（河）岸、陆路边境等地点，运输（驳载）、收购或者贩卖非法进出境货物、物品的；（4）提供虚假的合同、发票、证明等商业单证委托他人办理通关手续的；（5）以明显低于货物正常进（出）口的应缴税额委托他人代理进（出）口业务的；（6）曾因同一种走私行为受过刑事处罚或者行政处罚的；（7）其他有证据证明的情形。

其他大量的司法解释在认定"明知"，从而认定犯罪的故意时，也都采取了司法推定的方法。这为故意的认定提供了简便的方法。只是，就司法推定来说，特别需要强调的是，司法推定并非客观事实，其不过是从基础事实到待证事实的一种推断，这就要求从基础事实到待证事实的链条应该尽量牢固、可靠。而且，既然是推定，就可能存在错误，所以，推定必须允许被反驳。

如果有相反的证据足以证明行为人确实欠缺相应的主观方面，则可推翻这种推定。

案例评价

[案例4-9] 阿勒日吾运输毒品案

1. 基本案情

2010年10月31日12时许，阿勒日吾乘客车从普洱市区前往宁洱县城，当行至距离前方民警定点查缉毒品的勐海田检查站两公里的宁洱县太达村神舟加油站时，其提前下车，欲步行前往宁洱县城。恰逢众民警在附近就餐后欲返回检查站，见其形迹可疑遂上前盘查，阿勒日吾否认携带毒品，民警当场从阿勒日吾所背包内查出毒品海洛因12 570.9克，经鉴定平均含量为56.51%。

2. 涉案问题

如何推定运输毒品罪对主观故意中所要求的"明知"？

3. 裁判理由

云南省昆明市中级人民法院于2011年11月10日以（2011）昆刑三初字第247号刑事判决，认定被告人阿勒日吾犯运输毒品罪，判处死刑，剥夺政治权利终身，并处没收个人全部财产。宣判后，阿勒日吾以系他人出资委托其携带一个包，但其不明知包内装有毒品为理由提起上诉。云南省高级人民法院经依法开庭审理，于2012年7月2日以（2012）云高刑终字第330号刑事裁定，驳回上诉，维持原判。一、二审法院作出上述裁判的理由是：阿勒日吾来自毒品犯罪高发区，有逃避检查的行为，主观上对于携带毒品是明知的；本案运输毒品数量巨大，且属于在周围无人监视的情况下一个人独立完成整个运输过程，情节严重。

4. 评析意见

两审法院认定阿勒日吾对于其所携带的包中藏有毒品的事实"明知"的裁判是正确的，理由有六点：（1）阿勒日吾犯罪时26周岁，心智健全，具备一般社会公众的认识水平；（2）阿勒日吾来自毒品犯罪高发的四川凉山地区，应该知道除运输毒品之外，不可能有人会出巨资委托人携带一个背包；（3）阿勒日吾对来普洱的目的、行程及身上的毒品不能作出合理解释；（4）所运毒品约12.5千克，体积及重量明显，易于感知，且背包并没有锁住，可任意打开；（5）在快到公安定点检查站时，阿勒日吾提前下车绕行，逃避检查的用意明显；（6）公安盘查时，阿勒日吾先矢口否认带有毒品，待公安打开包时又称带有"洋烟"（土语，指鸦片等毒品）。因此，依照前述《纪要》的规定，可推定阿勒日吾主观上明知包内携带有毒品。

* * * * * *

（二）犯意转化与另起犯意

犯意转化包括两种情况。一是以此犯意实施犯罪的预备行为，却以彼犯意实施犯罪的实行行为。如在预备阶段具有抢劫的故意，为抢劫准备了工具，但进入现场后，发现财物的所有人、保管人等均不在场，于是实施了盗窃行为。在这种情况下，通常应以实行行为吸收预备行为。二是在实施犯罪的过程中犯意改变，导致此罪与彼罪的转化。如在伤害他人的过程中，改变犯意，意图杀死他人。对此，有观点认为应作如下处理：犯意升高者，从新意（变更后的意思）；犯意降低者，从旧意（变更前的意思）。[1] 但我们认为，在犯意转化的情况之下，应该根据新的犯意确定行为人的刑事责任。

另起犯意不同于犯意转化，后者是由此罪转化为彼罪，因而仍然是一罪，而前者是在一个犯罪已经既遂、未遂或者中止后，另起犯意实施另一犯罪行为，因而成立数罪。比如入室盗窃得手后，发现女主人仍在熟睡中，遂产生了奸淫的故意，实施了强奸行为，这就是另起犯意。

第二节 过　　失

一、过失责任形式概说

（一）过失的概念与构成特征

我国《刑法》（2020年修正）第15条规定：应当预见自己的行为可能发生危害社会的结果，因为疏忽大意而没有预见，或者已经预见而轻信能够避免，以致发生这种结果的，是过失犯罪。这是关于过失犯罪的法定含义，据此，可以归纳出犯罪过失的概念。所谓犯罪过失，是指这样一种责任形式，它体现为行为人应当预见自己的行为可能发生危害社会的结果，因为疏忽大意而没有预见或者已经预见而轻信能够避免的主观心理态度。一种主观心理态度要符合犯罪过失的概念，至少需要具备以下特征：第一，作为一种责任形式，必须对于危害结果的发生具有预见可能性和回避可能性，否则构成无罪过事件。第二，并非明知自己的行为会发生危害结果，同时对于危害结果的发生持一种反对、排斥的态度。这也是犯罪过失这一责任形式与犯罪故意这一责任形式的区别所在。具体而言，行为人对于危害结果发生的可能性应

---

[1] 郑健才．刑法总论．修订再版．台北：三民书局，1982：93．

当具有认识或者已然具有认识,并且对危害结果的发生既不具有希望的态度也不具有放任的态度。如果具有犯罪故意,则成立故意犯罪,排斥成立过失犯罪。第三,过失的本质是注意义务的违反。犯罪过失的本质在于行为人违反了注意义务,而不在于造成了危害社会的结果。虽然造成了危害社会的结果,但该结果并非因行为人未履行注意义务而引起的,就不能认为行为人具备了过失的责任形式,也不能借此追究行为人的过失责任。这里的注意义务,包括结果预见义务和结果回避义务。就我国刑法中的两类过失而言,疏忽大意的过失本质上是对结果预见义务的违反,而过于自信的过失本质上是对结果回避义务的违反。

(二) 过失责任

犯罪过失为一种罪过责任形式,在一定的条件之下行为人需要承担相应的刑事责任。与故意这种"明知故犯"的责任形式相比,过失属于"不意误犯"。因为两者在人身危险性和可谴责性上存在本质的差别,因而过失责任与故意责任也存在明显不同。结合刑法的规定,过失责任与故意责任的区别主要体现在以下几点。

(1) 过失犯罪,法律有规定的才负刑事责任。我国《刑法》(2020年修正)第15条第2款明确规定,"过失犯罪,法律有规定的才负刑事责任"。这意味着刑法分则各条只有明确规定某一犯罪可以由过失构成时,才构成过失犯罪,行为人才负过失责任。刑法分则对过失犯罪的规定中通常直接出现"过失"的语词〔例如《刑法》(2020年修正)第233条关于过失致人死亡罪的规定〕,也可能是条文之中虽没有直接规定"过失",但却可以通过分则对罪状的描述解构出该罪只能由过失构成(比如出现了"肇事""事故"等语词时,常为过失犯罪)。与此同时,刑法分则各条所规定的犯罪,如没有特别的标志性语词,通常只能认为其责任形式为故意,不能理解为当然包括过失。刑法之所以明确要求"过失犯罪,法律有规定的才负刑事责任",是为了体现过失责任与故意责任的区别,也是为了限制过失犯罪的成立范围。这一规定形象地说明,刑法以惩罚过失犯罪为例外,而以惩罚故意犯罪为原则。

(2) 只有过失行为造成严重后果的,行为人才可能承担刑事责任。根据《刑法》第15条关于过失犯罪的规定,可以合乎逻辑地认为,只有在过失行为"以致发生这种结果"即造成了危害结果的时候行为人才可能负刑事责任。此外,这种危害社会的结果必须是严重的危害社会的结果,并且这种严重的危害结果必须经过刑法分则有关条文的确认,才能就此追究行为人的刑事责任。新近的刑法理论研究中有观点认为"过失危险犯"的概念应该得到承认。这种主张将危险状态本身理解为一种结果,但危险状态恰恰是结果的对称,将危险状态理解为结果有扩大过失犯罪的成立范围之嫌。这样的主张与我国刑法所体现出的限制过失犯罪的成立范围的初衷以及《刑法》第15条的文字表述之间，不能说没有矛盾。因此，本书不承认过失危险犯的概念，主张成立过失犯罪、承担过失责任所要求的结果，是客观的现实损害结果，而不包括危险状态本身。同时，虽然行为人的过失行为造成了危害结果，比如过失造成了他人轻伤的结果，但是这种危害结果并未达到严重的程度（因此也就未被刑法分则条文规定为构成要件的结果）时，就不能追究行为人过失的刑事责任（当然，民事责任的追究是完全可能的）。在所有的过失犯罪都明确规定了以严重后果作为构成要件要素的情况下，刑法规定的过失犯罪只有既遂形态并且只处罚既遂形态。这与刑法不仅处罚故意犯罪的既遂形态，也处罚其预备、未遂、中止等未完成形态明显不同。

（3）过失责任在程度上明显轻于故意责任。由于这两种责任形式在主观恶性和可谴责性上存在明显不同，因此不仅两者的成立范围不同，而且过失责任在程度上也明显轻于故意责任，这表现在过失犯罪的法定刑明显轻于相应故意犯罪的法定刑。例如，同是致人死亡，《刑法》（2020年修正）第232条规定的故意杀人罪的法定最高刑是死刑，而第233条规定的过失致人死亡罪的法定最高刑是7年有期徒刑。再如，同是造成火灾，《刑法》（2020年修正）第115条规定的放火罪的法定刑是"十年以上有期徒刑、无期徒刑或者死刑"，而第115条第2款规定的失火罪的法定刑是"三年以上七年以下有期徒刑；情节较轻的，处三年以下有期徒刑或者拘役"。在"过失责任在程度上明显轻于故意责任"这一前提之下，对我国刑法分则之中的一些看似相悖的规定，在司法实践中也应作正确的理解和适用。

二、过失的种类：疏忽大意的过失

结合我国《刑法》（2020年修正）第15条的规定，刑法理论一般将过失这一责任形式具体细分为疏忽大意的过失和过于自信的过失。尽管在理论上还可以有其他常见分类，比如根据是否违反业务上的注意义务，可以将过失分为普通过失与业务过失；根据疏忽或者轻率的程度，可以将过失分为轻过失与重过失；等等，但是疏忽大意的过失与过于自信的过失是关于过失的最基础的分类，并且有较为明确的法律依据。以下将围绕这一分类加以展开。

知识背景

疏忽大意的过失是指行为人应当预见自己的行为可能发生危害社会的结果，由于疏忽大意而没有预见，以致发生这种结果的心理态度。构成疏忽大意的过失需要具备如下几个要素。

（1）行为人应当预见自己的行为可能发生危害社会的结果。这里的"应当预见",是预见义务和预见能力的结合。

（2）行为人没有预见自己的行为可能发生危害结果。虽然从规范和应然的角度而言，行为人应该预见到危害结果的发生，但是从事实和实然的角度而言，行为人并没有预见和认识到危害结果的发生。也正是在这一意义上，这种类型的过失也被称为"无认识过失"。

（3）行为人没有预见到危害结果的原因是疏忽大意。行为人之所以没有预见到危害结果的发生，不是因为行为人没有能力认识到危害结果的发生，也不是因为任何其他的原因，而是因为行为人自身疏忽大意。所谓疏忽大意，就是马马虎虎、粗心大意。它表明行为人违背了社会共同生活规则要求的注意义务。例如，护士甲在给病人输液时，仅凭印象随手从床头拿起一瓶液体就给病人使用，她把针管扎进病人的静脉之后，便离去。不久，病人就死亡了。原因是护士甲错拿了盐水瓶旁边的煤油瓶，结果给病人实际输入的是煤油。又因为她当即离去，以致未能及时发现并补救失误。显然，甲应当预见到自己可能错拿药品而造成危害结果，但因为疏忽大意而没有预见，以致造成严重后果。甲犯罪时的这种心理状态就是疏忽大意的过失。①

需要注意的是，诚如我国学者张明楷教授所指出的，判断行为人是否属于疏忽大意的过失，并非先判断行为人是否疏忽大意，而是先判断行为人是否应当预见自己的行为可能会发生危害社会的结果，如果应当预见而没有预见，就说明行为人疏忽大意了。"在应当预见的前提下，行为人并没有疏忽大意，但又确实没有预见的情况，应当是不存在的。"② 这样看来，疏忽大意是无认识过失的一个表现特征，其本身在认定此种过失的过程之中并不具有独立的意义。认定无认识过失，关键还在于应当预见（预见义务和预见能力的统一）的前提和没有预见的事实，只要具备这两者，也就足以认定为无认识过失即疏忽大意的过失了。

规范依据

《刑法》（2020年修正）第15条："应当预见自己的行为可能发生危害社会的结果，因为疏忽大意而没有预见……以致发生这种结果的，是过失责任。""过失犯罪，法律有规定的才负刑事责任。"

《刑法》（2020年修正）第16条："行为在客观上虽然造成了损害结果，但是不是出于故意或者过失，而是由于不能抗拒或者不能预见的原因所引起的，不是犯罪。"

---

① 曲新久. 刑法学. 北京：中国政法大学出版社，2008：118.
② 张明楷. 刑法学. 3版. 北京：法律出版社，2007：237.

案例评价

[案例 4-10] 王某过失致人重伤案[①]

1. 基本案情

2001年1月5日7时许，王某在为其同学石某结婚充当伴娘时，因害怕被闹新房的人"打夯"（"打夯"是山东农村闹洞房的一种习俗，即四个人分别抓住伴娘的两条胳膊和两条腿一起落地摔），于是躲到了新郎薛某家的卫生间里，并手持一把锥子从门缝伸出，口中大喊："不要过来，谁过来我就捅谁。"崔某在欲找其"打夯"时，被身后面的人往前推，致使王某手中的锥子刺入其前胸，造成外伤性心脏损坏。经法医鉴定其伤情构成重伤，属九级伤残。

2. 涉案问题

疏忽大意的过失致人死亡和意外事件的区别该如何把握？

3. 裁判理由

法院认为：被告人王某应当预见自己的行为可能发生致他人伤害的结果，但没有预见，以致发生崔某被刺伤的结果。其主观上对致人重伤的结果有过失，其行为已构成过失致人重伤罪，并非意外事件。但在案发后，被告人王某认罪态度较好，且确有悔罪表现，可以酌情从轻处罚。由于被告人王某的行为给附带民事诉讼原告人崔某造成的经济损失，应予赔偿。遂依照《中华人民共和国刑法》（1999年修正）第235条，第61条，第72条第1款，第73条第2、3款，第64条，《中华人民共和国民法通则》第119条之规定，判决如下：（1）被告人王某犯过失致人重伤罪，判处有期徒刑1年，缓刑1年。（2）被告人王某赔偿附带民事诉讼原告人崔某医疗费、误工费、住院伙食补助费、护理费、残疾者生活补助费、交通费、鉴定费等共计 26 028.69 元。（3）驳回附带民事诉讼原告人崔某请求赔偿精神损害费及其他费用的请求。（4）作案工具小锥子1枚，予以没收。

4. 评析意见

对王某的行为如何定性有四种意见，即：故意伤害罪、过失致人重伤罪、意外事件、正当防卫。审判机关采纳了第二种意见，判决王某的行为构成了过失致人重伤罪。这一判决是正确的，理由在于：首先，结合本案的时间情况考虑，对于当地的这种闹洞房的陋习，伴娘王某事先已经知道会对自己造成某种人身侵犯，所以手持锥子进行防卫。王某的叫喊声"谁过来我就捅谁"

[①] 国家法官学院，中国人民大学法学院．中国审判案例要览：2002年刑事审判案例卷．北京：中国人民大学出版社，2003：46~50.

说明王某主观上存在对侵犯自己的人进行伤害的故意,但是王某的叫喊声"不要过来"说明王某不希望有人过来,不希望危害结果的发生,也即王某主观上虽然已预见危害结果的发生,但对这种危害结果抱有的是一种不希望发生、反对其发生的态度。这就不符合间接故意的意志因素,因为间接故意的意志因素要求的是行为人对于危害结果的发生抱有的是放任的态度,既不主动追求危害结果的发生,也不阻止危害结果的发生,所以本案不能定性为间接故意犯罪。其次,本案的发生虽然是崔某在没有防备的情况下被推过来,正好撞在来不及反应的王某手中所持的锥子,看似是意外事件,但并非如此。本案中,虽然王某不会预见到有人突然闯过来正好撞在锥子上,但是王某对于崔某重伤的发生却是有过失的,因为不管崔某是不是别人推过来的,只要过来,王某就有可能对其进行伤害。虽然王某没有主动地用锥子对崔某进行"捅"的行为,但是,由于过失,王某没有预见到有可能突然有人过来撞在锥子上也会造成伤害,所以王某对崔某的重伤不是没有预见的可能,而是应该预见而没有预见,所以本案不能定性为意外事件。最后,本案也不能定性为正当防卫,因为闹洞房"打夯"的行为虽然是陋习,却并不是一种违法行为,只要其未对"伴娘"造成人身或精神伤害,就不违法,而构成正当防卫必须是不法侵害正在发生且正在进行过程中,但是本案中崔某在没有预备的情况下突然被别人推过来,还没有来得及进行玩闹的准备和行为,根本谈不上对王某实施人身伤害,所以王某对崔某的重伤构成正当防卫的前提就不成立。综上所述,本案定性为疏忽大意的过失犯罪是正确的。①

[案例 4-11] 陈某过失投毒案②

1. 基本案情

陈某在某中学读书期间,与同校学生许某、蔡某、张某一同租住在同安区×镇 Z 路 90 号楼。1999 年 9 月 21 日中午,陈某在清理旅行袋时发现 1 包其于同年 7 月间注入灭鼠药液(内含氟乙酰胺毒素)准备用于灭鼠的美味牌即溶营养麦片,但因疏忽将该包麦片放置于租住宿舍的桌上。同年 9 月 23 日下午 5 时 30 分左右,与其同住的许某、蔡某、张某放学后返回住处,在蔡某的提议下,3 人将仍放置于桌上的该包麦片冲泡饮用。饮完后,3 人一同上街吃饭。途中,许某、蔡某因麦片所含毒性发作而先后倒地,张某见状即与他人一起将许某、蔡某二人送往新×镇卫生院抢救。到达医院后,张某亦因出

---

① 国家法官学院,中国人民大学法学院. 中国审判案例要览:2002 年刑事审判案例卷. 北京:中国人民大学出版社,2003:50;解说(观点有所不同).

② 国家法官学院,中国人民大学法学院. 中国审判案例要览:2001 年刑事审判案例卷. 北京:中国人民大学出版社,2002:18~21.

现同样中毒症状而瘫倒在地。当日下午6时许,许某经抢救无效死亡。经法医鉴定:许某系服食含氟乙酰胺的食物引起中毒而死亡;蔡某、张某均系氟乙酰胺重度中毒,损伤程度均为重伤。案发后,陈某的家属暂交纳赔偿款人民币3 000元。蔡某中毒后住院治疗13天,共支付医疗费人民币8 503.7元。张某中毒后住院治疗8天,共支付医疗费人民币2 775.7元。

2. 涉案问题

本案除涉及疏忽大意的过失与意外事件的界限问题外,还涉及此罪与彼罪的区分。

3. 裁判理由

福建省厦门市同安区人民法院认为:被告人陈某无视公共安全,因疏忽大意而对有毒食物管理不当,致3人误食,造成1人死亡、2人重伤的结果,其行为已构成过失投毒罪。公诉机关指控的罪名成立。鉴于被告人陈某归案后认罪态度较好,依法可以从轻处罚。但关于自首的辩解及辩护意见,无证据证实,不予采纳。遂根据《中华人民共和国刑法》(1998年修正)第115条第2款、第36条第2款、第64条以及《中华人民共和国民法通则》第119条之规定,判决:(1)陈某犯过失投毒罪,判处有期徒刑3年。(2)责令陈某赔偿附带民事诉讼原告人许甲、郑某因许某死亡造成的经济损失人民币5.514万元;赔偿附带民事诉讼原告人蔡某经济损失人民币9 553.7元;赔偿附带民事诉讼原告人张某经济损失人民币3 339.7元。款项限本判决生效之日起10日内付清。(3)随案移送的物证灭鼠药9瓶、注射针筒3支、麦片1包予以没收。

一审宣判后,陈某不服,提起上诉。其上诉理由是:(1)有自首情节;(2)其仅将麦片放在宿舍的桌上,非置于公共场所,并曾告诉蔡某麦片可能变质,不可食用。因此,其犯罪情节较轻,且有悔罪表现,请求宣告缓刑。

福建省厦门市中级人民法院经二审审理认为:公安机关在案发后已掌握本案犯罪事实,并于1999年9月26日对上诉人进行传讯,上诉人并没有主动到公安机关或向有关组织投案,其有自首情节的上诉理由不能成立。另查,蔡某证实案发前三四天曾看到该包麦片,并询问能否让他泡喝,陈某说"要泡你去泡,那包是上学期留下来的",并未明确告知该包麦片有毒或变质不能食用,更未采取防范措施。故其第二个上诉理由也不成立。本案所造成的后果十分严重,不能认为犯罪情节轻微。原判定性准确,量刑适当,民事判决赔偿数额合理,审判程序合法。遂根据《中华人民共和国刑事诉讼法》(1996年)第189条第1项之规定,裁定:驳回上诉,维持原判。

4. 评析意见

正确认定本案首先要确定,本案究竟属于过失犯罪还是纯粹是意外事件。

意外事件中的行为人在主观上没有故意或者过失，具有一种无罪过的心理状态，损害结果是由不能预见的原因引起的。如前文所述，区分无认识过失与意外事件的关键在于行为人对于结果的发生是否有预见的能力（预见可能性）：前者是能够预见，也应当预见（只是由于疏忽大意而没有预见，本质上是对结果预见义务的违反）；而后者是不能预见、不应当预见。在本案中，陈某完全能够而且应当预见到注入灭鼠药液的有毒麦片被食用后会造成严重损害结果，因而不属于不能预见。据此，本案不属于意外事件，陈某的行为已经构成犯罪。

正确认定本案，还需要划清此罪与彼罪的界限。在认可了陈某对本案危害结果（一死两重伤）的发生具有疏忽大意的过失之后，随之而来的问题是：本案究竟应该定为过失致人死亡和过失致人重伤罪（想象竞合，按照前罪处理）还是应该定为过失投毒罪［在2001年的《刑法修正案（三）》之后，该罪罪名变更为过失投放危险物质罪］？在主观方面，这些犯罪都出于过失；在客观方面这些犯罪都存在投毒行为，并且造成致人死亡或者重伤的结果。但区别在于犯罪所侵害的法益不同。过失致人死亡罪、过失致人重伤罪侵犯的是公民的生命权、身体权，过失投毒罪（过失投放危险物质罪）侵害的则是公共安全。本案中陈某将注入灭鼠药液的麦片放在共同租住的宿舍的桌上，危害的是不特定的多数人的身体健康和生命安全，理由在于：第一，共同租住的宿舍属于合租人的公共空间，宿舍的桌子归合租人共同使用，不是其中任何一个成员的私人领域；第二，合租人虽同住一室，但他们之间是一种非常松散的临时组合关系，每个人都是高度独立的个体，对他人的活动并不知悉；第三，存在合租人的亲友、同学来访的可能性，具有相对的人员流动性。因此，陈某的投毒行为危害的是不特定的多数人的公共安全，构成过失投毒罪。本案一、二审法院对陈某之行为的定性是正确的。①

[案例4-12] 王甲、王乙危险物品肇事案②

1. 基本案情

王甲系皖F060××货车的实际车主，该车并无危险化学品运输资质。2008年1月，王甲与包头市鸿运运输信息中介部签订了运输合同，约定将包头新源化工有限公司的16.98吨废电石（碳化钙）粉从包头市运往无锡市。2008年1月17日，在王甲的安排下，王乙和"淮北"（另案处理，二人均为

---

① 国家法官学院，中国人民大学法学院．中国审判案例要览：2001年刑事审判案例卷．北京：中国人民大学出版社，2002：21：解说．

② 最高人民法院中国应用法学研究所．人民法院案例选：刑事卷．北京：人民法院出版社，2017：51～54．

王甲雇用的驾驶员）驾驶皖F060××货车，至包头新源化工有限公司装载了16.98吨废电石粉。后王乙和"淮北"又至包头成基电子有限公司，按照王甲与该公司签订的长期运输合同，装载了18吨化成箔，在未采取必要、完备的防护及隔离措施的情况下，从包头市开往无锡市。2008年1月19日晚，王乙和"淮北"将该车货物运至无锡市锡山区东北塘镇锡通停车场内，在露天处停车过夜。因连续多天阴雨，后该车起火燃烧，致使车内的货物及货车的挂车被烧毁，毁损物品价值6 366 345.75元。经无锡市公安局锡山分局火灾认定：火灾原因为牌号为皖F060××的货车车厢内运载的电石粉遇雨水后发生自燃。

2. 涉案问题

本案涉及的问题是：如何把握疏忽大意的过失中"应当预见"的必备条件？

3. 裁判理由

江苏省无锡市锡山区人民法院认为：被告人王甲、王乙违反易燃性物品的管理规定，在没有危险化学品运输资质的情况下运输电石粉，在运输过程中发生火灾，造成严重后果。王甲、王乙作为承运人，理应明确承运物品的特性及运输要求，但因疏忽大意而未尽安全运输的义务。二被告人的行为与火灾事故的发生具有刑法上的直接的因果关系，其行为均已构成危险物品肇事罪。遂依照《中华人民共和国刑法》（2006年修正）第136条、第67条第1款之规定，判决被告人王甲犯危险物品肇事罪，判处有期徒刑10个月，被告人王乙犯危险物品肇事罪，判处有期徒刑6个月15天。

一审宣判后，王甲、王乙均未上诉，检察机关未抗诉，一审判决已经发生法律效力。

4. 评析意见

本案的争议焦点主要在于，行为人对于所造成的损害结果是否具有过失。

王甲的辩护人提出：货主未明确告知王甲货物的特性，因此，王甲对废电石粉的化学特性缺乏了解，故而要求从轻处理。同时，王乙的辩护人提出：王乙亦不知所运货物的易燃性，主观上没有犯罪恶性。两辩护人之辩护意见的核心在于两行为人不知电石粉为危险品，进而不构成过失。本案主审法官认为，两行为人的行为构成疏忽大意的过失犯罪，理由在于有以下几点。

（1）王甲与王乙具有预见义务。预见义务，既包括法律设定的义务，还应包括一般人实施行为时所应遵守的注意义务，也即一般的社会生活经验。如果行为人实施的是职业与业务行为，其要求又高于一般社会经验。王甲作为车主，王乙作为驾驶员，都是运输行业的从业人员，而了解所运货物属性、避免因所运货物不当造成损失或危及公共安全，是运输行业人员之注意义务的基本要求和必要内涵。因此，两行为人对于运输可能产生的危害结果是具有应当预见的义务的,但两人明知自己承运的物品为电石粉,却没有主动了解电石粉的物理特性、运输要求,进而在没有资质的情况下进行了运输,没有尽到合理范围内的注意义务。

(2)两名行为人也具有预见能力。一个普通成年人,即使对电石粉的性能不熟悉,也可以通过相关手段了解其主要性能。何况王甲与王乙为多年从事运输工作的人员,从经验角度或从获取信息角度,他们都应对电石粉的属性、运输要求及处理不当可能产生的危害后果具有较高的预见能力,但他们未充分运用自己的认识能力和控制能力去防止危害结果的发生,依法应该承担责任。

(3)货主及相关中介在签订运输协议及装载过程中,是否蓄意隐瞒了相关事实或没有尽到告知义务,并没有证据证实。即便有证据表明存在这样的情况,也绝不能由此否认两行为人的过失行为与危害结果的因果关系。两行为人具有业务上高度注意的义务,托运人的过错行为不能排除王甲与王乙之行为与本案结果间的直接因果关系,因此托运人是否有过错,不影响对本案过失犯罪的认定。

深度研究

我国刑法上的"过失"包含疏忽大意的过失和过于自信的过失,其中,疏忽大意的过失是指行为人应当预见到自己的行为可能发生危害社会的后果,因为疏忽大意而没有遇见,以致发生这种结果的心理态度。应当预见是一种预见的义务,而预见义务的前提是能够预见。因此,预见义务、预见能力就成为疏忽大意的过失犯罪中"应当预见"所必备的条件。如何判断行为人是否应当预见自己的行为可能会发生危害社会的结果?

首先,行为人必须有预见的义务。如果行为人并不存在这种预见义务,则不管造成何种危害结果,都不能追究行为人的过失责任。预见义务既可能来自法律、法令,也可能来自职务、业务方面的各种规章制度,还可能来自约定俗成的生活习惯。

其次,行为人当时具有预见能力。这是因为,刑法只是要求有能力履行义务的人履行义务,而不会强求不可能履行义务的人履行义务。因此,应当履行义务以能够履行义务为前提。如果行为人虽然具有预见义务,但在当时的情况下根本不可能预见到危害结果的发生,同样不存在成立过失的可能。至于行为人是否具有预见能力,要根据当时行为人的主、客观条件综合判断。也即根据行为人本人的身心状况、知识经验、水平和能力等主观条件和当时当地的气候、地理、环境等客观条件,综合作出判断。同时,有些行为人,按其本身的知能水平,能够预见危险程度高的行为可能发生危害社会的结果但不能预见危险程度低的行为可能发生结果，所以判断行为人是否具有预见能力还必须结合行为本身的危险程度。这里还存在一个结果预见可能性的判断基准问题。判断行为人是否有预见结果发生的能力，是采取行为人标准还是采取一般人标准？这在刑法理论上存在争议。应该认为，过失作为责任形式的一种，是对行为人进行非难和谴责的主观基础。对行为人进行非难，不应超出其注意能力的范围。在一般人能够预见而行为人确实不能预见的时候，不应该追究行为人的过失责任。由此可见，纯粹的一般人标准是不可取的。相反，如果一般人不能预见，但行为人的认知水平高于一般人的话，则可能认定行为人具有预见的可能。但问题是，在采取行为人标准来判断预见能力的时候，还必须考虑：以什么作为资料来判断行为人本人是否具有预见的能力？这固然要考察行为人的各种主、客观情况，但也不可能完全脱离一般人标准。所以，要先考察像行为人那样的一般人（比如都是农民，都是医生等）是否能够预见到危害结果的发生，再考察行为人的认识水平是等同于还是不同于（高于或者低于）一般人的，从而来判断行为人是否具有预见的可能性。概括说来，判断行为人是否具有预见的可能性，应该以客观说（一般人标准）为参考、以主观说（行为人标准）为标准。

由以上可知，只有预见义务和预见能力两者同时具备，才能认定行为人"应当预见"。

最后，应当预见的内容是危害社会的结果，并且，由于过失犯罪只有法律有规定的才负刑事责任，所以，应当预见的内容实际上是法定的危害结果，即刑法分则对过失犯罪所规定的具体的犯罪结果。比如我国《刑法》（2020年修正）第235条是关于过失致人重伤罪的规定，则在客观上造成他人重伤的结果时，行为人所预见到的必须是自己的行为可能导致他人重伤这一法定的具体结果。同样，我国《刑法》（2020年修正）第233条是关于过失致人死亡罪的规定，则在客观上造成他人死亡的结果时，行为人所预见到的也必须是自己的行为可能导致他人死亡这一法定的具体结果。

三、过失的种类：过于自信的过失

知识背景

过于自信的过失是指行为人已经预见到自己的行为可能发生危害社会的结果，但轻信能够避免，以致发生这种结果的心理态度。构成过于自信的过失需要有以下两个要素。

（1）行为人已经预见到可能发生危害社会的结果。这是这种过失的认识因素。正是因为这一点，这种过失形式也被称为有认识过失。对危害结果的预见包括两个方面，即预见到危害结果发生的可能性，以及预见到可能产生什么样的危害结果。这里，虽行为人对危害结果有一定的认识，但这种认识往往比较含糊，也就是说，行为人往往认为危害结果虽有发生的可能性，但不会现实化。

（2）行为人轻信自己能够避免危害结果的发生。所谓轻信能够避免，是指行为人相信能够避免危害结果的发生，但是没有确实可靠的根据。没有确实可靠的根据而轻率相信能够避免结果的发生，既可能是依据一定的客观条件作出此种"相信"但是所依据的条件并不可靠，也可能是行为人主观上过高估计自己、过低估计困难。例如，在开春时节，司机甲开车载两名水文测量员行驶于松花江冰面上，其中一位提醒说，"听说江面开始化冻，前几日有车掉入江中"。甲闻言停车，下车对冰面的坚固程度查看了一番，然后说："没有问题，我每年这个时候都要开车过来，从未出过事；我把车开慢一点，大家再给看着点。"说罢继续前进。结果没行驶多远，就遇上冰面塌陷，车掉入江中，致两名水文测量员死亡。① 本案中甲已经预见到车子可能掉入江中，但是以为根据自己的经验、判断和能力，不会发生，实际上恰恰发生了。这说明甲过于自信或者草率。

规范依据

《刑法》（2020年修正）第15条："应当预见自己的行为可能发生危害社会的结果……已经预见而轻信能够避免，以致发生这种结果的，是过失犯罪。""过失犯罪，法律有规定的才负刑事责任。"

案例评价

[案例4-13] 李某等过失致人死亡案②

1. 基本案情

1999年3月26日晚李某、王某与吐逊江（本案审理时在逃）在阿克苏市一歌舞厅饮酒时，阎某进入李、王的包间与之攀谈，其间阎某提出与李某、王某合伙挣钱，李某等人再三追问如何挣钱，阎某称准备绑架一市长的儿子。后李某、王某乘坐吐逊江驾驶的白色奥拓车将阎某拉至阿克苏市团结路一茶园处，李某、王某等人追问绑架何人，阎某不说，李某、王某等遂对阎某拳打脚踢。其间，与阎某相识的一出租车司机上前劝阻，李某、王某等人停止了殴打并乘车离开，阎某乘机躲进该茶园地下室通道处。后李某、王某又返

---

① 曲新久. 刑法学. 北京：中国政法大学出版社，2008：119.
② 最高人民法院刑事审判第一、二庭. 刑事审判参考：总第47集. 北京：法律出版社，2006：12及以下.

回茶园处，找到阎某，并将其强行拉上车带至西湖后湖堤处。李某、王某等人将阎某拉下车，拳打脚踢，逼问其欲绑架的具体对象，并以此敲诈其钱财。后阎某为摆脱李某、王某等人的殴打，趁其不注意跳入西湖中。李某、王某等劝其上岸，并调转车头用车灯照射水面。见阎某仍蹚水前行不肯返回，王某让李某下水拉阎某一把，李称其水性也不好。三人为消除阎某之顾虑促其上岸，遂开车离开湖堤。后阎某的尸体在西湖后湖堤附近被发现。法医的尸体检验报告证实，阎某肺气肿、肺水肿，全身体表无明显损伤，结论为溺水死亡，排除暴力致死。

2. 涉案问题

本案涉及的主要问题是，过于自信的过失（有认识过失）与间接故意的界限。

3. 裁判理由

新疆阿克苏地区中级人民法院认为：二被告人殴打被害人，迫使其跳湖逃生，以致溺水死亡。其二人的行为构成（间接）故意杀人罪，且均系本案主犯。公诉机关指控二被告人犯寻衅滋事罪不当，不予支持；被告人李某在服刑期间不能如实坦白自己的余罪，故对其从重处罚。遂依照《中华人民共和国刑法》(1999年修正）第232条、第25条第1款、第26条第1款、第69条、第70条、第57条第1款、第36条和《中华人民共和国民法通则》第119条之规定，于2003年7月31日判决如下：(1) 被告人李某犯故意杀人罪，判处无期徒刑，剥夺政治权利终身，与2000年9月因犯抢劫罪所判有期徒刑4年（已执行完毕）并罚，决定执行无期徒刑，剥夺政治权利终身；(2) 被告人王某犯故意杀人罪，判处有期徒刑15年，剥夺政治权利5年；(3) 被告人李某、王某共同赔偿附带民事诉讼原告人童某抚养费、交通费、丧葬费、尸体检验费等共计10 047.50元。

一审宣判后，李某、王某均不服，向新疆维吾尔自治区高级人民法院提起上诉。李某上诉称：原判认定在西湖发现的尸体是其3月26日晚殴打之人，缺乏合法有效的证据证明，该尸体未让其及证人辨认，且证人也未能证明当晚殴打阎某的是其和王某；原判定性不当，适用法律错误，被害人阎某溺水而亡的后果超出正常人的预想之外，本人不存在主观上的故意和过失，认定其为累犯与刑法规定相悖，应宣告其无罪。王某上诉称：原判认定事实错误，确定的作案时间无任何根据，现场勘查笔录也未能证实死者的死亡时间；其与李某殴打之人与死者阎某是否为同一人，未经辨认程序，也无其他人指认；原判定性错误，其不符合杀人罪的主观要件，也未实施杀人行为，认定其承担赔偿责任不妥。

新疆维吾尔自治区高级人民法院经审理认为：原判认定事实清楚，证据确实、充分，但定性不准确。上诉人李某、王某出于猎奇和敲诈财物的心理殴打被害人，致使被害人为摆脱殴打和纠缠而跳入湖水中，二上诉人预见到其行为可能产生的后果，却自以为是地认为在其离开后被害人会返回上岸，最终导致被害人溺水死亡。其二人的行为构成过失致人死亡罪。二上诉人对确认被害人身份及作案时间问题提出的上诉理由，无事实依据和证据支持，予以驳回；但其提出的定性不当、适用法律错误的上诉有理，予以采纳；且原判对上诉人李某适用数罪并罚条款不当，予以纠正。遂依照《中华人民共和国刑事诉讼法》（1996年）第189条第2项和《中华人民共和国刑法》（1999年修正）第233条、第36条第1款之规定，于2004年1月6日判决如下：（1）维持阿克苏地区中级人民法院刑事附带民事判决中的民事部分；（2）撤销阿克苏地区中级人民法院刑事附带民事判决中对上诉人李某、王某的定罪量刑部分；（3）上诉人李某犯过失致人死亡罪，判处有期徒刑7年；上诉人王某犯过失致人死亡罪，判处有期徒刑5年。

4. 评析意见

本案的关键是对李某、王某的行为之性质如何认定，即究竟是定过失致人死亡罪，还是定故意杀人罪。对照前文关于故意责任形式与过失责任形式的区别（特别是间接故意与过于自信的过失的区别），应该认为，本案行为人对于被害人死亡，应该是出于一种过于自信的过失的主观心态，二审法院纠正一审法院判决，判处两行为人过失致人死亡罪是恰当的。具体说来，本案中，李某、王某殴打被害人阎某，致使其跳水逃走以摆脱李某、王某二人的殴打和纠缠。李某、王某在阎某跳水之后，未进一步实施加害行为，而是调转车头用车灯照射水面，劝被害人上岸。见被害人仍蹚水前行不肯返回时，王某还曾让李某下水拉阎某一把，李某因水性也不好，不敢下水。后二人为消除阎某的顾虑促使其上岸，遂开车离开湖堤。由此可见，李某、王某二人既不希望也不放任被害人死亡结果的发生。李某、王某二人离开现场的目的是让被害人消除顾虑，尽快脱离危险之地，并非置被害人于水中而不顾。李某、王某二人对于被害人可能会出现的后果是有所预见的，但轻信被害人在其离开后会返回岸上。因此，李某、王某二人对于被害人可能出现的死亡后果是持一种过于自信的过失心态。同时，从本案来看，被害人跳水虽是李某、王某二人之侵害行为所致，但被害人作为成年人，有完全的判断和认知能力，能够控制自己的行为和意识。其选择跳水逃走，说明其具备一定的自我救助条件和能力；而且，从本案现有的证据来看，李某、王某二人并不具备对被害人施救的能力。故李某、王某二人不具备行为人负有某种特定义务并能够履行的不作为犯罪的前提，其行为不属于不作为的间接故意犯罪。

[案例 4-14] 杨某过失致人死亡案[①]

1. 基本案情

2008年12月4日14时许,杨某驾驶牌号为苏B306××的轻型货车至无锡市滨湖区××东苑20—11号车库吴某经营的杂货店送桶装净水,杨某将水卸在吴某店门口,吴某要求杨某将桶装水搬入店内,遭杨某拒绝。随后杨某驾驶车辆欲离开,吴某遂用右手抓住汽车的副驾驶室车门、左手抓住车厢挡板,阻止杨某离开。杨某见状仍驾车向前低速行驶数米并右转弯,致吴某跌地后遭汽车右后轮碾轧,吴某因腹部遭重力碾轧造成左肾破裂、多发骨折致失血性休克,经送医院抢救无效于当日死亡。

2. 涉案问题

行为人对被害人是否具有伤害的故意?其对于被害人的死亡是否有过失?进而,如何区分过失致人死亡罪与故意伤害罪(致死)?

3. 裁判理由

江苏省无锡市滨湖区人民法院认为,被告人杨某因琐事与被害人吴某争吵后,为摆脱吴某的纠缠,欲驾车离开现场。在低速行驶中,杨某从驾驶室窗口处看到吴某抓在车上,已经预见到自己继续驾驶的行为可能发生危害社会的结果,但因过于自信认为吴某会自动撒手,不会发生危害结果,最终导致汽车缓行转弯时,被害人吴某掉地,并遭汽车后轮碾轧致死。其行为构成过失致人死亡罪。遂依照《中华人民共和国刑法》(2006年修正)第233条之规定,以被告人杨某犯过失致人死亡罪,判处有期徒刑4年。

一审宣判后,杨某未提起上诉。江苏省无锡市滨湖区人民检察院抗诉称:被告人杨某的行为构成故意伤害罪,理由如下:杨某主观上具有伤害的间接故意;杨某客观上实施了伤害他人身体的行为,最终产生致人死亡的结果;一审判决认定杨某过于自信的过失没有事实依据。

江苏省无锡市中级人民法院经审理认为:原审被告人杨某明知被害人吴某悬吊在其右侧车窗外,已经预见到其低速行驶可能致使吴某掉地受伤,但轻信吴某会自动放手而避免严重后果的发生,最终造成吴某死亡的严重后果,其行为构成过失致人死亡罪。杨某与吴某虽因琐事发生口角,但无明显的争执与怨恨;杨某关于案发当时急于脱身,且驾车低速行驶,认为吴某会自己松手,不可能造成严重后果以及未能及时意识到吴某倒地后可能会被右转过程中的车后轮碾轧的辩解符合情理;综合法医鉴定以及杨某在事发后能积极协助抢救被害人等行为,应当认定被害人吴某的死亡并非杨某的主观意愿,

---

[①] 最高人民法院刑事审判第一、二、三、四、五庭. 刑事审判参考:总第75集. 北京:法律出版社,2011:31及以下.

杨某主观上不具有伤害的故意，因此，对抗诉机关的抗诉理由和意见不予采纳。遂根据《中华人民共和国刑事诉讼法》（1996年）第189条第1项之规定，裁定驳回抗诉、维持原判。

4. 评析意见

在本案审理中形成故意伤害（致死）和过失致人死亡两种不同意见。前者认为杨某对于造成被害人身体伤害的结果持放任心态，而对于导致被害人死亡则系出于过失；后者则认为，杨某虽应该预见到自己的驾车行驶可能致使被害人掉地受伤，但轻信被害人在车开动后会自动放手而避免危害后果的发生，对于被害人的死亡结果构成过失致人死亡罪。两者在杨某对被害人的死亡结果具有过失这一点上存在共识，分歧主要在于：杨某是否具有伤害被害人的（间接）故意？就本案而言，判断杨某是过于自信的过失还是伤害的故意（间接故意），关键在于判断杨某是不希望发生伤害的危害后果，还是根本不在乎伤害这样的危害后果是否发生，危害后果发生与不发生均不违背其意志？应该认为，杨某主观上不具有伤害的间接故意，而是一种过于自信的过失。

首先，杨某没有放任伤害后果发生的现实动因。判断杨某对危害后果持怎样的态度，首先应当考察案件的起因，从加害、被害双方的关系，双方之间冲突的程度等方面进行判断。本案中，杨某与被害人吴某初次相识，二人不存在积怨；吴某要求杨某将卸在店门口的桶装水搬入店内，杨某明确表示拒绝，为此吴某产生不满，但二人之间并没有发生明显的争执，双方不曾恶言相向或实施过激行为；杨某为避免被害人纠缠，卸完水后随即离开，二人接触的时间很短，从见面到案发的时间间隔也较短，彼此不至于产生过大的仇恨。综合上述情况，杨某驾车离开应该是急于脱身，试图逃避被害人要求的加重的劳动负担，而缺乏放任被害人身体造成伤害的现实动因。其次，杨某具有"轻信"危害后果不会发生的现实条件。案发时，杨某刚刚发车，车速较慢，加上车身不高，被害人完全能够双脚着地。这些情况充分表明杨某是在试图摆脱被害人的纠缠，希望在自己稳速慢行的过程中被害人能自动放手。基于社会一般人的认识标准，被害人应当知道行驶中的车辆严禁攀爬、悬吊及此行为可能导致的后果。杨某据此认为：被害人会主动放弃这种违反交通法规、妨碍交通安全的行为，采取适当措施避免自己遭受伤害；并估计汽车在缓慢行驶过程中被害人放手着地不会造成什么伤害后果。综合这些情况，应当认为，杨某认识到了行为时能够避免危害结果发生的一些条件，这些条件也确实客观存在，因此杨某在主观上不具备间接故意的特征，其主观罪过应是过于自信的过失。最后，从对行为结果的事后态度考察，杨某具有避免危害结果发生的意愿。被害人被碾轧时汽车仅驶出数米，杨某发现后车轮有不正常跳动后随即下车查看，事发后留在现场积极协助抢救被害人直至被抓获，并支付了即时发生的抢救费用。其采取的上述补救措施表明其内心懊悔，被害人死亡的结果完全违背其主观愿望。①

综上，一、二审法院以过失致人死亡罪追究杨某的刑事责任，而不认定杨某的行为构成故意伤害罪（致死）是正确的。

[案例4-15] 程某过失致人死亡案②

1. 基本案情

程某于2006年12月4日3时30分许，驾驶出租车（京BF76××）行驶至朝内小街时拉载了乘客张某（男，殁年48岁，北京市人），张某说不清乘车目的地。当车行驶至北京市朝阳区东大桥路口时，张某所乘坐的出租车副驾驶位置起火，程某随即下车后用中控锁将车门锁住以防止张某逃跑，然后拨打"110"报警（3时41分）并等待警察处理。在出租车内火势增大以后，程某拨打"119"报警（3时43分），但仍未施救。后张某自行打开副驾驶车门，倒在车门旁死亡。其间，另一出租车司机见状先后持自己的车载灭火器和程某车上的灭火器灭火，一群众拨打"110"报警（3时47分）。程某在现场归案。

2. 涉案问题

乘客被火烧死而出租车司机只是打电话报警（包括火警）而未直接施救的，是间接故意、过于自信的过失还是意外事件？

3. 裁判理由

北京市朝阳区人民法院经审理认为：被告人程某在发现乘客张某处着火后即自行下车并用中控锁锁住车门，其行为增加了张某打开车门逃生的难度。在火势增大以后，被告人程某既未给张某开启车门帮助其逃生，也未积极灭火，而是在拨打、接听报警电话，其处置方式显然不当。被告人程某作为出租车司机，在车辆起火的紧急情况下，本应积极救助遇险乘客，而其为了保护财产利益却忽视了乘客的生命安全，导致了乘客张某被火烧死的严重后果。故被告人程某对乘客张某的死亡存在重大过失，构成了过失致人死亡罪，依法应予惩处。鉴于本案不是程某及车辆自身原因引起火灾，被告人程某能够如实供述犯罪事实并自愿认罪，故对其所犯罪行酌予从轻处罚。被告人程某提出被害人点火造成火灾的辩解，其辩护人提出被害人张某负有责任，进而建议对其减轻处罚的辩护意见，经查，本案只能查明最初的起火位置而不能

---

① 以上三点理由参见最高人民法院刑事审判第一、二、三、四、五庭. 刑事审判参考：总第75集. 北京：法律出版社，2011：34～36.

② 国家法官学院，中国人民大学法学院. 中国审判案例要览：2010年刑事审判案例卷. 北京：中国人民大学出版社，2012：8及以下.

查明起火原因，被告人程某的过失行为与被害人的死亡结果之间具有直接的因果关系，故对被告人及其辩护人的辩护意见，不予采纳。遂依照《中华人民共和国刑法》（2006年修正）第233条、第61条之规定，判决被告人程某犯过失致人死亡罪，判处有期徒刑5年6个月。

4. 评析意见

在本案审理过程中主要有两种不同意见：有人认为其构成间接故意形式的故意杀人罪，有人认为其构成过失致人死亡罪，属于过于自信的过失。本书支持后者，具体而言：

（1）程某属于不作为犯罪。不但其作为出租车司机的业务行为导致其具有救助危难中的乘客的义务，而且，其用中控锁锁住车门的行为增加了乘客被火烧伤乃至烧死的危险，这样的先前行为导致其需要通过积极的救助行为来避免危害结果的发生。此外，其自身并没有处在这种危险之中，且在火势不大时，也完全可以通过车载灭火器等将火扑灭，即其具有作为可能性。如果及时灭火的话，被害人也就不会被火烧死，即其具有避免结果发生的可能性。

（2）程某已经预见到自己的行为会发生导致他人死亡的危害结果而轻信能够避免。作为一名职业的出租车司机，程某已经预见到自己将乘客锁在着火的车中不去救助，可能会导致乘客被烧伤，甚至烧死在出租车的封闭、狭小空间内，但他轻信能够避免乘客死亡的结果发生。一方面，开始着火时火势不大，被害乘客自己有将火扑灭的可能；另一方面，程某自己也在短暂的时间之内打了火警电话，可以认为，其自信被害人不会被火烧死。

（3）程某对于被害人的死亡并不具有间接故意。首先，从认识因素上讲，因为火势不大，程某认为危害结果发生即被害人被火烧死的可能性是较少的，因此，可以认为其"已经预见到"危害结果可能发生，但并非"明知"危害结果发生。其次，从意志因素上讲，程某与被害人之间素不相识，仅因乘坐出租车才偶然地发生了联系，行为人欠缺"放任"被害人死亡的动因，可以认为被害人的死亡完全违背程某的本意。最后，程某虽未直接地积极施救，但仍为避免结果的发生采取了一定的措施，包括拨打"110""119"电话报警等，这些也都说明，他只是轻信被害人能够自行逃生，或者是在警察赶到之前不会被烧死，换言之，其只是低估了火势蔓延的速度和杀伤力，而并非对被害人的死亡漠不关心。

（4）程某的行为属于过失致人死亡，且不属于"情节较轻"。《刑法》（2006年修正）第233条规定，过失致人死亡的，处3年以上7年以下有期徒刑；情节较轻的，处3年以下有期徒刑。本书认为，"情节较轻"的过失致人死亡，只限于因疏忽大意的过失而致人死亡，因为：疏忽大意的过失与意外事件之间具有一定的相似性，都是未能预见到结果的发生；而在过于自信的过失的场合，虽已经预见到结果的发生仍造成结果之最终发生，因而具有更强的可谴责性。本案中，程某属于过于自信的过失致人死亡，其和间接故意的故意杀人罪之间联系更为紧密，也更容易混淆，因此不属于"情节较轻"。法院最终以过失致人死亡罪判处程某有期徒刑 5 年 6 个月，属于定罪准确、量刑适当。

深度研究

过于自信的过失与疏忽大意的过失都是过失这种责任形式的具体体现，两者的共通之处是：在客观上都造成了危害结果，主观上都反对结果的发生。两者的主要区别在于：疏忽大意的过失作为无认识过失，事先对危害结果的发生没有预见（虽然应当预见），所以可以说，这种过失的本质是对结果预见义务的违反；而过于自信的过失作为有认识过失，事先对危害结果的发生有所预见（尽管认识的程度并不高），而只是未能避免结果的发生，这种过失的本质是对结果回避义务的违反。

疏忽大意的过失与意外事件之间更容易混淆，而与此相对，过于自信的过失与间接故意之间的界限更难于把握。过于自信的过失与间接故意在认识因素上都预见到危害结果可能发生，在意志因素上都不希望危害结果发生，因此两者确实有一定的相似性。在理论上，一般将过于自信的过失与间接故意的区别归结为以下三点：（1）在认识因素上，两者虽都认识到危害结果可能发生，但对危害结果发生的认识程度不同。根据《刑法》（2020 年修正）第 15 条的规定，过于自信的过失是已经预见自己的行为可能发生危害社会的结果；而根据《刑法》（2020 年修正）第 14 条，间接故意是明知自己的行为会发生危害社会的结果。虽然在间接故意的场合所明知的也仅仅是发生危害结果的可能性（如前所述，明知自己的行为必然发生危害社会的结果的，则无所谓放任，从而没有成立间接故意的余地），但是刑法上已经通过"预见到"和"明知"区分出了两种罪过在认识程度上的差异：间接故意的认识程度高于有认识过失的认识程度。也就是说，在间接故意的场合，行为人往往认识到结果发生的可能性是很高的（由此才可称得上"明知"），而在有认识过失的场合，行为人认为危害结果虽然可能发生，但这种可能性不大、比较模糊、不能确定（由此才称不上"明知"而只是"认识到"）。比如在前述杨某过失致人死亡案中，杨某看到被害人扒住车门之后仍缓慢开车，是因为其以为被害人会就此松手，所以应该认为其认识到自己继续开车会造成被害人伤害乃至死亡的可能性是比较低的。（2）对危害结果所持的态度不同。于过于自信的过失的场合，行为人对危害结果的发生持否定态度，危害结果的发生是违背行为人的意愿的。可以说，就危害结果的发生而言，过于自信的过失之行为人无疑投了反对票。而间接故意的行为人对危害结果的发生则持放任态度，对于其所明知可能发生的危害结果而言，无论该危害结果是否发生，行为人都不在乎、无所谓，甚至纵容危害结果发生。因此，行为人对危害结果的发生是投了弃权票。这种对待危害结果的主观态度是过于自信的过失（有认识过失）和间接故意的更为重要的区别。（3）由于危害结果的发生违背过于自信的过失之行为人的本意，所以行为人往往对避免危害结果采取积极的态度，其或者具有避免危害结果的客观根据，或者直接为避免危害结果的发生采取一定的措施（所采取措施未能奏效）。而间接故意的行为人由于对结果的发生采取听之任之的放任心态，所以不会采取避免危害结果的措施。进一步来说，间接故意的行为人不反对、不排斥危害结果的发生，是因为如果阻止其发生，将直接影响行为人所追求的结果的实现。所以，间接故意的行为人不仅没有防止危害结果发生的打算，对有利于避免危害结果发生的因素也不予理睬。过于自信的过失的行为人已经预见到危害结果发生的可能性，还要坚持实施既定行为，是因为行为人根据一定条件相信自己可以避免危害结果的发生。行为人的这种自信并非毫无根据，而是具有一定的现实有利条件的，如果行为当时根本就不具备避免危害结果发生的客观条件，或者行为人没有认识到这些条件，或者行为人不想利用这些条件避免危害结果，则更容易说明行为人对危害结果的发生持放任的态度。间接故意的行为人不反对、不排斥危害结果的发生，不会凭借条件或采取措施来避免危害结果的发生，而过于自信的过失的核心在于避免危害结果的发生，行为人综合考虑到了能够避免危害结果发生的有利因素，甚至往往能采取一定措施，或调整自己的行为方式或采取一定的预防措施，设法避免危害结果发生。在危害结果发生后，行为人事后的态度也在一定程度上反映出行为时其心理态度：过于自信的过失的行为人不希望危害结果发生，所以，一旦发生危害结果，行为人非常懊悔，往往采取各种补救措施，如防止危害的扩大、尽量减少损害等，而间接故意的行为人对危害结果的发生往往无动于衷，一般不采取任何补救措施。可以这样说，如果行为人没有为避免结果发生采取任何措施的，则既可能是间接故意，也可能是过于自信的过失，但是如果行为人为避免结果的发生采取了一定的措施，则说明结果的发生违背行为人的本意，这就只可能是过于自信的过失，而不可能是间接故意了。

这里，特别需要强调如下几点。
（1）行为人的供述与主观罪过形式认定间的关系。

行为人的罪过不像客观行为那样容易证明。由于种种原因，行为人可能不会如实供述其实际想法，而仅仅依靠口供进行判断，难保不偏离事实。要认识行为人的主观内容，必须对客观事实和外在行为进行综合分析。具体来说，在判断行为人是否存在着主观罪过以及具体的罪过形式时，必须结合案发的原因，加害人和被害人的关系，行为条件、行为方式等行为时的客观情况，危害结果发生之后行为人的表现等，综合加以判断，这其中，前几个方面，特别是行为当时的客观情况，是最为重要的。不能仅凭双方在事前的关系，更不能仅凭行为人事后的表现来判断行为人的罪过形式。

（2）信赖原则与被害人的自我答责。

行为人的行为虽发生了危害结果，但却可能伴随着被害人的不适当的行为。此时，如果行为人能够信赖被害人通过自身的恰当行为来避免结果发生，而行为人自身的行为又符合正常的行为准则时，就可能否定行为人的相应注意义务，从而否定相应的罪过，此时，就应该认为，危害结果是具有正常行为能力的被害人自身的过错所致，就应该由其自身来承担责任。当然，这要结合行为人本身的行为是否恰当、被害人的过错程度、行为人是否可能成立不作为犯罪等因素综合加以判断。在前述的杨某过失致人死亡案中，尽管被害人有一定的不恰当行为，但并不能否定杨某之结果回避义务的存在；而在程某过失致人死亡案之中，程某出租车司机的特定身份以及其锁住车门的行为，都要求其具备特定的注意义务。此时，不能简单地套用信赖原则或者被害人自我答责理论。

（3）事实的清楚与模糊。

要认定犯罪，必须"事实清楚，证据确实、充分"，但是在实际案件中，不可能所有的事实都做到"事实清楚"，这时，要注意区分，模糊的事实是否属于构成要件的事实。在程某过失致人死亡案中，尽管可以排除火灾系出租车司机程某所致，但具体的着火原因是不清楚的，而这"属于非构成要件事实模糊，可以不予认定，此举并不会对案件的审理造成实质性影响"[1]。

（4）间接故意与有认识过失的区分。

间接故意和有认识过失的分界问题，是刑法学上最困难也最有争议的问题之一，它主要难在意欲是一种原始的、内在的心理现象，无法从其他感性或者理性的心理流程中探索出来，人们只能尽量去描述它，而无法准确对其进行定义。[2] 前文所概括的过于自信的过失（有认识过失）和间接故意的三点区别，更多的是从理论上总结出来的，在实践之中操作起来往往相当复杂，甚至相当困难。比如，间接故意行为人比有认识过失行为人对结果发生的认识程度高，高到什么程度？当然难以有一个具体的标准。又如，认为对于结果的发生而言，有认识过失行为人持反对态度而间接故意行为人持放任态度，这样的说法固然正确，但却属于对两者区别的一种事后的描述，对于认定一

---

[1] 国家法官学院，中国人民大学法学院. 中国审判案例要览：2010 年刑事审判案例卷. 北京：中国人民大学出版社，2012：11～12.

[2] 周光权. 刑法总论. 3 版. 北京：中国人民大学出版社，2016：172.

种主观心态究竟属于过于自信的过失还是间接故意没有太多实际作用。至于以上所述的两者的第三点区别，在行为人并未主动为防止结果发生采取任何措施的情况下，从外观上仍很难区分这两种主观心态。正因为间接故意和有认识过失在区分上的困难，英美法传统历来注重淡化两者的界限，而主张以轻率（recklessness）来涵盖间接故意与有认识过失，德国也有 Hallh 和 Weigend 等学者主张以轻率来代替间接故意和有认识过失的"统一说"。应该承认，将间接故意和有认识过失（过于自信的过失）两者以轻率的概念加以统摄，确实可以减少在司法实践之中辨明行为人之具体罪过形式的困难，在理论上是可行的。但是，采纳轻率的概念，将责任形式区分为直接故意、轻率、无认识过失（疏忽）可能违背我国《刑法》（2020 年修正）第 14 条和第 15 条的规定［这意味着将《刑法》（2020 年修正）第 14 条的一部分和第 15 条的一部分分别抽出来，合并为一个概念］，或者说，在《刑法》（2020 年修正）的规定面前，没有承认轻率概念的空间。承认轻率的概念，需要对刑法关于责任形式的具体规定进行重构。这样看来，现行的"故意（直接故意＋间接故意）＋过失（过于自信的过失＋疏忽大意的过失）"的责任形式结构还有其存在的正当性，过于自信的过失与间接故意的区别问题还不能仰仗一个轻率的概念而一笔勾销。在两者的区别上，一方面要始终围绕前述的三点区别，另一方面又要结合案件的具体情况具体分析。如果实在不能明确区分究竟属于间接故意还是过于自信的过失，按照存疑时有利于被告人的原则，只能按照过于自信的过失处理。

四、监督过失与管理过失

知识背景

过失责任的本质是注意义务（结果预见义务或者结果回避义务）的违反。这里所说的注意义务的违反，一般情况下是指行为人本人对自己违反注意义务的行为承担责任，但是在特殊的场合，并不排斥行为人对他人的行为承担注意义务的可能性，这就是监督过失和管理过失的场合。发生了工厂灾害、药品公害、集体医疗事故、火灾等事故之时，除了追究直接行为人的过失责任，是否也能够追究相应的管理者、监督者的过失责任？这是值得探讨的问题。这种责任分为两种形式：违反通过指挥、命令、训练、监督直接行为人而防止事故之义务的监督过失（间接防止型），违反处于管理者的地位为了预防事故于未然而应准备物资设备、人员体制之义务的管理过失（直接介入型）。[①] 我国的司法实践一直追究监督过失和管理过失的责任，许多的玩忽职守型的犯罪也都存在监督过失或者管理过失。以下对这两类过失分别予以简单介绍。

---

① 西田典之. 刑法总论. 东京：弘文堂，2006：256～257.

(一) 监督过失

在被监督者的一般过失行为直接造成损害的场合，监督者由于对被监督者的行为负有监督义务而应当承担监督责任。具体来说，所谓监督过失，是指在现场作业人员因失误而引发事故之时，监督者本应为了不出现这种过错而加以指导、训练、监督，并且，如果履行此监督义务本可以避免结果的发生或结果的扩大。这属于为了防止事故的安全体制确立义务之违反。需要注意的是，监督过失中的监督者的过失取决于监督者对于现场工作人员的过失是否具有预见可能性，同时，也必须充分考察通过履行监督义务避免结果的可能性。只有具备此预见可能性和结果回避可能性，才具备过失责任的本质要素，才能够对监督者追究过失责任。

(二) 管理过失

管理过失是指在具有事故的预见可能性的场合，违反了为了将此事故的发生防患于未然，或者即便发生了结果，为了防止受害程度的扩大而准备物资设备与确定人员体制这种安全体制确立义务。不确立此体制即属于过失，因而管理过失是过失不作为犯。[①] 因此，该注意义务属于作为义务，此义务存在于对于安全体制的确立实质性地具有决定、命令之权限的权限人，对于并未向权限人进言确立此安全体制的部下不能认定存在注意义务。

在监督过失和管理过失的场合，有两点特别需要强调：第一，在监督过失（管理过失）的场合，危害结果是被监督者（被管理者）的一般过失和监督者（管理者）的监督过失（管理过失）所共同造成的，但是这并不意味着监督者与被监督者之间或者管理者与被管理者之间成立共同犯罪，因共同犯罪只能是二人以上的共同故意犯罪。在监督过失或者管理过失的场合，监督者（管理者）与被监督者（被管理者）之间形成过失的竞合，其分别按照自己的行为承担过失责任。第二，无论是监督过失还是管理过失，都并非独立于疏忽大意的过失与过于自信的过失之外的一种单独的过失形式，而是具有刑法规定的过失的基本特征。或者说，监督过失与管理过失要么是因为疏于监督或管理而形成的疏忽大意的过失，要么属于因过于高估自己的能力等而形成的过于自信的过失。

规范依据

《刑法》（2020年修正）第15条："应当预见自己的行为可能发生危害社会的结果……已经预见而轻信能够避免，以致发生这种结果的，是过失犯罪。""过失犯罪，法律有规定的才负刑事责任。"

[①] 西田典之. 刑法总论. 东京：弘文堂，2006：258.

案例评价

[案例 4-16] 任某重大劳动安全事故案①（管理过失的认定）

1. 基本案情

1996年10月，任某将其家坐落于辽宁省瓦房店市××中学东北侧的两间瓦房及一排平房进行改造，准备成立静园浴池。装修之时，任某在本市劳务市场找来流动打工人员，未曾查验其是否具有电工操作证，就擅自决定由其承担用电安装任务。装修完毕，任某未经供电部门检查验收，即于次年7月正式开始营业。此后，当地公安机关先后8次对该浴池进行安全检查时均提出过乱接电线的安全隐患问题，并下达了限期整改通知书，但任某始终没有采取任何有效措施。1998年12月3日17时许，附近居民贾某前往该浴池，在大池中沐浴，因顶棚电线漏电，通过水管导入池中而触电身亡。经鉴定，确认贾某心肌坏死、肌纤维广泛断裂，间质充血、水肿，其他脏器如肺、喉头、大、小脑、脾、肾、垂体等呈急性淤血、水肿，其死因为电击死，死亡机制为电流通过心脏，致房室纤颤，因急性心功能衰竭死亡。贾某的亲属提起附带民事诉讼，要求赔偿丧葬费、死亡补偿费、贾某女儿贾某婷的抚养费、贾某母亲韩某的赡养费、丧葬误工费、尸体冷藏费、交通费，共计195 892元。

2. 涉案问题

如何理解和认定管理过失？

3. 裁判理由

辽宁省瓦房店市人民法院认为：被告人任某经营的浴池违章用电，经有关部门多次安全检查并督促整改后，对事故隐患仍不采取有效改进措施，因而发生重大事故，造成一人死亡的严重后果。其行为触犯了《中华人民共和国刑法》（1997年）第135条，已构成重大劳动安全事故罪。因其犯罪行为给被害人造成的经济损失亦应由其全部赔偿。对附带民事诉讼原告人滕某（贾某的家属）诉讼请求的合理部分应予支持，但其要求赔偿195 892元的数额过高，援引法律不当，应根据《中华人民共和国民法通则》第119条规定，适当判令被告人赔偿。遂根据《中华人民共和国刑法》（1997年）第135条、第36条第1款，《中华人民共和国刑事诉讼法》（1996年）第77条第1款及《中华人民共和国民法通则》第119条之规定，判决：（1）被告人任某犯重大劳动安全事故罪，判处有期徒刑1年。（2）被告人任某赔偿附带民事诉讼原告人滕某各项经济损失104 248元。

---

① 国家法官学院、中国人民大学法学院．中国审判案例要览：2000年刑事审判案例卷．北京：中国人民大学出版社，2002：104~108．

一审宣判后，附带民事诉讼原告人滕某提起上诉，称：一审判决所确定的数额明显偏低，违反了有关法律规定，明显损害了消费者的合法权益。而且静园浴池的经营业主实际上还有任某的丈夫马某，本案遗漏了被告人，应予追诉。二审法院应撤销一审判决，责令被告人任某及其丈夫马某赔偿19万元。

辽宁省大连市中级人民法院经过审理后认为：原审被告人任某在经营静园浴池的用电方面不符合规定，有关部门提出后，对事故隐患仍不采取措施，因而发生致1人死亡的事故，其行为构成重大劳动安全事故罪，应予刑罚处罚并应赔偿上诉人滕某的合理经济损失。原审定罪准确、量刑适当。一审宣判后，被告人任某没有上诉，公诉机关亦未抗诉，刑事部分已发生法律效力。原审法院根据本案事实及情节依法判处赔偿并无不当，亦不存在遗漏被告人之问题。上诉人的上诉理由失当，本院不予采纳。遂根据《中华人民共和国刑事诉讼法》(1996年)第189条第1项之规定，裁定：驳回上诉，维持原判。

4. 评析意见

本案中，对于被害人的死亡行为人是否承担刑事责任，这取决于行为人对其死亡是否具有罪过，以及罪过的具体形式。本案中，并非行为人在其装修浴池时乱接电线的行为导致危害结果，而是在公安机关指出其所经营的浴池因乱接电线存在安全隐患的情况下，其明知存在安全隐患而不采取整改措施的不作为行为导致了他人死亡的危害结果。也即乱接电线的行为客观上产生了使前来洗澡的客人伤亡的危险，行为人作为浴池的直接管理人在主观上已经预见到了这种危险，却轻信能够避免，因而未对电线存在的安全隐患进行任何整改，没有采取有效措施避免结果的发生，属于对结果回避义务的违反，具备过于自信的过失的罪过形式。同时，行为人任某作为浴池的直接管理人员，在预见到了结果发生的可能性的前提之下，未能及时确立安全体制，具有管理过失。这一方面可以说明管理过失并非独立于有认识过失和无认识过失之外的单独的过失类型（其或者表现为有认识过失，或者表现为无认识过失，在本案中表现为前者），另一方面回答了为什么行为人任某的丈夫马某不负刑事责任及民事责任（经查，行为人任某一手掌管浴池经营，并包揽了装修事宜，故本案只能由她自己承担责任。如果行为人任某与其丈夫共同管理、共同负责装修，则应同样追究其丈夫的刑事责任及民事责任）。

五、过失向故意的转化

知识背景

在过失的认定中，要注意过失向故意的转化。这主要包括以下三种情况：(1) 过失行为向故意行为的转化；(2) 过失犯罪向不作为的故意犯罪的转化；(3) 过失行为或者过失犯罪向作为性质的故意犯罪的转化。第一种情况是指，行为人的过失行为导致对某种法益产生了危险，行为人本可以消除危险但故意不予以消除，希望或者放任结果发生。例如，行为人不慎将烟头扔在仓库里，具有发生火灾的危险，行为人原本可以及时消除危险，但想造成火灾陷害仓库保管员，因此故意不消除危险，最终导致火灾发生。这属于一般过失转化为犯罪故意，应认定为放火罪而非失火罪。第二种情况是指，过失行为虽然已经造成了基本结果，从而已经构成了基本的过失犯，但在原本能够防止发生加重结果的情况下，行为人具有防止加重结果发生的义务却故意不防止的，则就加重结果而言，应该追究行为人的故意责任。例如，行为人因为酒后驾车，将三名行人撞成重伤，由于地处偏僻，人烟稀少，行为人明知自己不马上将伤者送往医院救治很可能使被害人死亡，但是担心被追究责任而逃走，导致三名伤者因为得不到救治而死亡。这里，行为人的先前行为已经构成了交通肇事罪，其逃跑的行为实际上是对被害人的死亡持一种放任的态度。在行为人已经对被害人的生命具有排他的支配地位，同时被害人的生命又具有救治的可能性时，行为人的行为在过失的交通肇事罪之外，另外成立不作为的故意杀人罪［而不构成《刑法》（2020年修正）第133条"交通肇事罪"中的"因逃逸致人死亡"］。这就是过失责任向故意责任的转化。第三种情况是指，在过失行为已经造成某种危险或者某种侵害（未必达到犯罪的程度）之后，出于某种动机转而实施故意犯罪。比如2010年10月20日23时许，药某驾驶红色雪佛兰小轿车从西安外国语学院长安校区返回西安，当行驶至西北大学长安校区西围墙外时，撞上前方同向骑电动车的张某，后药某下车查看，发现张某倒地呻吟，因怕张某看到其车牌号，以后找麻烦，便产生杀人灭口之恶念，遂从随身背包中取出一把尖刀，上前对倒地的被害人张某连捅数刀，致张某当场死亡。杀人后，药某驾车逃离现场，当车行至翰林路郭南村口时再次将两行人撞伤，后交警大队郭杜中队将肇事车辆暂扣待处理。2010年10月23日，药某在其父母陪同下到公安机关投案。经法医鉴定：死者张某系胸部锐器刺创致主动脉、上腔静脉破裂大出血而死亡。这就是明显的因过失所致的交通事故（其本身未必构成交通肇事罪）而转化成积极、作为性质的故意杀人的案件。

案例评价

［案例4-17］肖某故意杀人案[①]（交通肇事后又驾车逃跑）

1. 基本案情

1994年2月13日晚19时40分许，肖某（男，38岁）酒后驾驶无牌照的

[①] 最高人民法院中国应用法学研究所. 人民法院案例选：刑事卷·上：1992—1999年合订本. 北京：中国法制出版社，2000：366.

韩国产"空克特"牌小轿车,载着张某(女,17岁)、唐某(女,18岁),从唐山市新华西道新火车站向东行驶。在渤海机械配件经销处前的马路上超车时,将在机动车车道上系鞋带的妇女郑某(29岁)及其子李某(2岁)撞倒,并将郑某带挂于车下(李某当即死亡)。此时肖某将车暂时停了一下。张某、唐某发现撞人后有人前来追车,便对肖某说:"有人追来了,快跑。"肖某在明知车下有人的情况下,又驾车逃跑,将郑某拖拉五百余米,致郑某因颅底骨折、广泛性脑挫裂伤、胸腹重度复合伤、急性创伤性休克而死亡。事后,张某曾两次对唐某说:"撞人的事,千万不要告诉别人。"当公安人员第一次讯问张某时,张某说当时不知道撞人的事,是到唐某家门口时才知道的。但是在当天下午再次讯问张某时,张某即供述了全案的基本事实。河北省唐山市人民检察院以肖某犯交通肇事罪和故意杀人罪、张某犯包庇罪、唐某犯窝藏罪,向河北省唐山市中级人民法院提起公诉。

2. 涉案问题

本案涉及的主要问题是:(1)过失犯罪(交通肇事罪)向故意犯罪(故意杀人罪)的转化问题,以及此间的罪数问题。(2)对窝藏罪、包庇罪等的理解。

3. 裁判理由

河北省唐山市中级人民法院经公开审理认为:被告人肖某违反交通管理法规,酒后驾驶无牌照的汽车在马路上行驶,造成汽车撞死行人的严重后果,情节恶劣,其行为已构成交通肇事罪。被告人肖某在明知他人被撞倒,带挂于车底的情况下,为逃避法律制裁,不顾他人死活,继续驾车前行,将被害人郑某拖拉五百余米,致郑某死亡,其行为又构成故意杀人罪,且手段残忍,情节特别严重。被告人肖某辩称:"撞人后不知道车底下拖着人。"经查,肖某驾车拖着郑某的事实,不仅有证人李某等的证言可以证实,而且肖某本人也曾供认:"相撞后我觉得车下很深,是人挂在了车底下。我继续向前开出四分钟左右,感觉车底一轻,知道是人掉了下去,我又开车跑了。"足见肖某是明知车底挂人而继续开车。被告人张某在案发后供述了案件的基本事实,并未作虚假证明;被告人唐某未给肖某提供藏匿处所,也未帮助他逃匿,两被告人的行为均属知情不举,尚不构成犯罪。据此,依法判决如下:(1)被告人肖某犯交通肇事罪,判处有期徒刑6年;犯故意杀人罪,判处死刑,剥夺政治权利终身。决定执行死刑,剥夺政治权利终身。(2)被告人张某无罪。(3)被告人唐某无罪。

宣判后,被告人肖某以"不是故意杀人,量刑重"为理由,提起上诉;河北省唐山市人民检察院以"张某构成包庇罪,唐某构成窝藏罪,应追究责任"为理由提出抗诉。

河北省高级人民法院经过二审审理认为：原审判决认定的事实清楚，证据确定、充分。因此，判决维持河北省唐山市中级人民法院对本案判决的第一项的前一部分和第二、三两项，即维持以交通肇事罪判处肖某有期徒刑6年，宣告张某、唐某无罪的部分；撤销河北省唐山市中级人民法院对本案判决的第一项的后一部分，即撤销对肖某犯故意杀人罪的量刑部分。改判上诉人（原审被告人）肖某犯故意杀人罪，判处死刑，缓期2年执行，剥夺政治权利终身；犯交通肇事罪，判处有期徒刑6年；决定执行死刑，缓期2年执行，剥夺政治权利终身。

4. 评析意见

本案中，肖某酒后驾车当场撞死李某的行为已经构成交通肇事罪；而且，其在明知因自己的交通肇事而在车下挂有伤者的情况下仍继续驾车，将被害人郑某拖拉五百余米，而后又开车逃逸，其行为已然不是"交通肇事后逃逸致人死亡"的行为，而应该属于放任对方死亡的故意杀人行为，认定其行为构成故意杀人罪不存在刑法上的障碍。问题在于：行为人肖某的行为构成的是交通肇事罪一罪还是交通肇事罪、故意杀人罪二罪？由于本案中的法益主体为两人（李某、郑某），实行行为为两个（先前的肇事行为和之后的拖行被害人逃逸行为），两者不存在牵连犯等关系，为实质上的数罪，按照交通肇事罪和故意杀人罪数罪并罚是恰当的。此外，一审法院以肖某犯故意杀人罪判处死刑；二审法院改判死刑，缓期2年执行，这一点值得注意。鉴于本案有间接故意等特殊情况，我们认为本案肖某因故意杀人罪即便被判处死刑也"不是必须立即执行"，对其适用"死缓"，是比较适当的。

至于对本案中张某、唐某的行为的定性，问题首先在于：张某在发现所乘车辆的司机肇事撞人后有人前来追车时，即对司机肖某说："有人追来了，快跑。"据此事实能否认定张某构成共犯？答案应该是否定的。（1）张、唐二人不构成交通肇事罪的共犯。2000年11月10日《最高人民法院关于审理交通肇事刑事案件具体应用法律若干问题的解释》第5条第2款规定，"交通肇事后，单位主管人员、机动车辆所有人、承包人或者乘车人指使肇事人逃逸，致使被害人因得不到救助而死亡的，以交通肇事罪的共犯论处"。但不能就此认为张、唐二人构成交通肇事罪的共犯。即便不考虑司法解释的施行时间与本案发生和审理时间上的先后顺序（司法解释作为对法律本身含义的进一步明确，自然可以溯及至其颁布之前），从规范的意义上，本案中的张、唐二人的行为能否被评价为"致使"肇事者逃逸存在争议；更重要的是，本案中交通肇事的被害人李某并非"因得不到救助而死亡"，而是在肇事之后当场死亡。除此之外，从更上位的角度来讲，交通肇事罪作为过失犯罪，原本即无成立共同犯罪的空间。（2）张某、唐某二人也不构成故意杀人罪的共犯，法院对此也采取了否定态度。原因在于，要肯定二人构成故意杀人罪的教唆犯或者帮助犯，至少要求二人对于肖某的继续开车行为可能导致拖拽被害人郑某死亡这一点具有认识，可是现有的证据表明此二人并不清楚车下挂着人，仅在客观上促使逃匿，可以说二人并无杀人、伤害的故意。张某、唐某发现撞人后有人前来追车，便对肖某说："有人追来了，快跑。"这是否属于机动车辆乘车人指使肇事者逃逸呢？结合这两个十七八岁的女孩与38岁肇事司机在交往中的地位、关系来看，结论也是否定的。应该说，法院就此认定二人也不构成杀人罪的共犯的结论是值得肯定的。

接下来的问题就成了：张某、唐某二人的行为是否构成窝藏罪、包庇罪等连累犯？对此检察机关持肯定态度，而法院予以了否定。本案中，张某对唐某说："撞人的事，千万不要告诉别人。"但仅此尚且不能说明张某的行为属于"明知是犯罪的人而为其提供隐藏处所、财物，帮助其逃匿"。当公安人员第一次讯问张某时，张某说：当时不知道撞人的事，是到唐某家门口时才知道的。但是在当天下午公安人员再次讯问张某时，张某即供述了全案的基本事实，所以，其也非"作假证明包庇"。对于唐某而言，其既未给肖某提供藏匿处所，也未帮助他逃匿。法院认定此二人的行为属于知情不举，不构成犯罪，应该说是正确的判断。

第三节 刑法上的认识错误

刑法上的认识错误是指行为人的主观认识与客观实际不相符合。当产生这种认识错误的时候，还能否认定行为人对于自己的行为以及危害结果具有认识（进而具有故意责任）？比如，甲原本想杀害乙，实际上将丙当成了乙而杀害。甲对丙的死亡是否具备故意责任？进一步说，在发生主观认识与客观事实不一致的情形下，犯罪故意的成立是否受影响？

犯罪故意的认识内容可以分为两部分：一是对自己的行为及其结果的明知，即明知自己所实施的行为的社会内容并且会产生危害结果；二是对于自己的行为及其结果具有危害性（实质违法性）或被法律禁止（形式违法性）有认识，也就是有违法性的意识。与此相对应，刑法上的认识错误可以具体区分为：（1）事实认识错误，即行为人对于自己的行为的性质或者危害结果等事实内容发生了认识错误，或者说行为人主观上所认识到的内容和客观上现实发生的事实产生了偏差。事实认识错误又可以具体细分为具体的事实认识错误和抽象的事实认识错误。（2）法律认识错误，即行为人对于自己的行为是否具有违法性发生了错误的认识。以下对这几种认识错误分别予以阐释说明。

一、事实认识错误之一：具体的事实认识错误

知识背景

所谓具体的事实认识错误，简称具体的事实错误，是指虽然行为人所认识到的事实与客观上发生的事实并不一致，但并未超出同一犯罪构成的范围，亦即行为人不过是在某一个犯罪构成的范围内发生了错误认识，因此其也被称为同一犯罪构成内的错误。具体的事实认识错误又具体分为对象错误、打击错误和因果关系的错误。关于具体的事实认识错误，存在具体的符合说和法定的符合说的对立。具体的符合说认为，只有在行为人所认识的事实与客观上所发生的事实具体地一致时，才成立故意的既遂犯；法定的符合说认为，即便行为人所认识到的事实与客观上的事实并不具体地一致，但只要是在某个犯罪构成要件的范围内是一致的，就可以成立故意犯的既遂。具体的符合说着眼于对具体的法益主体的个别保护，而法定的符合说着眼于犯罪构成要件的定型性以及实质处罚的合理性，两者各有短长。在我国，法定符合说处在更为有力的位置。

案例评价

[案例4-18] 吴甲故意杀人案[①]（欲杀其叔而误杀其父）

1. 基本案情

吴甲的岳母家卖给吴甲叔父吴乙一匹骡子，吴乙少给了200元。1992年3月13日下午6时许，吴甲酒后到吴乙家索要欠款，与吴乙发生口角。吴甲即到其父吴丙家的院内拿了一根木棒（长140厘米，直径5厘米），回来后见其叔吴乙与其父吴丙站在路上说话（两人相距约一米），便手持木棒向吴乙奔去。吴甲之弟吴丁见状过去阻拦，吴甲抛出木棒，吴乙当即躲闪，吴丙刚回头欲制止吴甲的行为时，被木棒打中左颞部而倒地。吴甲见其父被打倒，又去追打其叔吴乙，没有追上，便将吴乙家三间房屋的玻璃全部砸碎。吴丙在被送往医院抢救的途中死亡。经法医鉴定，吴丙死于颅骨骨折，脑挫伤。案发后，吴甲到村委会投案自首，认罪态度较好；吴甲的母亲、兄弟及叔父吴乙等人联名要求法院对吴甲从轻判处。

2. 涉案问题

打死了自己原本不想打死的对象的，对于该对象是否具有杀害的故意？

[①] 最高人民法院中国应用法学研究所．人民法院案例选：刑事卷·上：1992—1999年合订本．北京：中国法制出版社，2000：360.

3. 裁判理由

吉林省白城地区中级人民法院*经公开审理认为：被告人吴甲因琐事与其叔父吴乙发生口角，用木棒抛打其叔父时，误将其父吴丙打死，其行为已构成过失杀人罪（本案发生在1979年《刑法》有效时期）。考虑到本案的具体情节，案发后被告人能主动到村委会投案自首，认罪的态度较好，依法可以从轻处罚。该院依照《中华人民共和国刑法》（1979年）第130条、第67条第1款的规定，于1992年8月5日判决如下：被告人吴甲犯过失杀人罪，判处有期徒刑3年，缓刑4年。

一审宣判后，吉林省人民检察院白城分院**认为该判决定罪不准、量刑不当，向吉林省高级人民法院提出抗诉，理由是：（1）对被告人的行为应定故意伤害罪，不应定过失杀人罪；（2）对被告人判处有期徒刑3年，缓刑4年，量刑畸轻。吉林省人民检察院在审查白城分院报送的本案抗诉书之后则认为，被告人的行为构成故意杀人罪，且情节恶劣、后果严重，一审法院以过失杀人罪判处其有期徒刑3年，缓刑4年，实属定性不准、适用法律错误、量刑不当。该院以此为理由支持抗诉。

吉林省高级人民法院经过二审审理查明，原审判决认定被告人吴甲抛出木棒欲打其叔而误伤其父的情况与事实不符。据现场目击者吴某、王某等四人证实，当时吴甲拿着木棒奔向其叔父吴乙，其弟吴丁见状过去阻拦未成，吴甲不是抛出木棒掷打吴乙，而是双手举起木棒向吴乙的头部打去。吴乙在其女儿吴戊的提示下急忙闪身躲开，木棒便打在刚回头欲制止吴甲行凶的吴丙的左颞部，造成吴丙死亡。被告人吴甲也曾多次供认，他是想要打死吴乙，结果却打在吴丙的头上。这些事实已有确实充分的证据可以证实。吉林省高级人民法院认为，被告人吴甲手持木棒照着其叔吴乙的头部打去，欲将吴乙打死，由于吴乙躲闪，未能打中，却将其父吴丙打死，其行为已构成故意杀人罪。吴甲既有杀人的故意，又有杀人的行为和将人杀死的后果，虽然没有达到其犯罪的目的，但不影响故意杀人罪的成立。原审判决认定吴甲犯过失杀人罪系适用法律不当，吉林省人民检察院在这方面支持抗诉有理，应予采纳。吴甲故意杀人的犯罪情节严重，本应严惩，鉴于他在案发后能主动投案自首，考虑到本案的具体情况，可以减轻处罚。遂依照《中华人民共和国刑事诉讼法》（1979年）第136条第2项、第137条和《刑法》（1979年）第132条、第63条、第59条第2款的规定，经审判委员会讨论决定，于1993年3月16日判决如下：（1）撤销吉林省白城地区中级人民法院对本案的刑事

---

* 1993年8月，改称为吉林省白城市中级人民法院。——编辑注
** 现为吉林省白城市人民检察院。——编辑注

判决；（2）吴甲犯故意杀人罪，判处有期徒刑 5 年。

4. 评析意见

本案中吴甲意图用木棒打死其叔父，由于其叔父见机躲闪，没有打中，却将站在其叔父身边的父亲打死。这属于典型的行为差误，即打击错误。在本案中，吉林省高级人民法院的判决明确指出，吴甲既有杀人的故意，又有杀人的行为和将人杀死的后果，虽然没有达到其犯罪的目的，但不影响故意杀人罪的成立。这虽然没有使用法定符合说这样的理论语言，却渗透着这样的思想。本案中吴甲出于杀人的故意，实施了杀人的行为，结果将其父杀死，这完全具备故意杀人罪的全部构成要件，应负故意杀人既遂的刑事责任。虽然他意图杀害的对象与实际杀害的对象、预想发生的结果与实际发生的结果不一致，但这不应该影响他承担故意杀人罪既遂的刑事责任。对于故意杀人罪来说，无论吴甲是杀死其叔还是杀死其父，都是故意非法地剥夺了他人生命的行为，对此应以故意杀人罪既遂论处。至于本案的量刑，本案中吴甲有自首的情节、案件发生在亲属之间、因琐事而起，这些都应该对具体的量刑产生影响。吉林省高级人民法院据此判处吴甲 5 年有期徒刑，是妥当的。

[案例 4-19] 汤某故意杀人案
（欲杀"第三者"而误杀"第三者"的工友）

1. 基本案情

2009 年 7 月，汤某与妻子马某（被害人，殁年 37 岁）由贵州省到江西省东乡县*江西日久电源科技有限公司打工。同年 10 月，马某与同车间工人何某（被害人，时年 45 岁）同居，并向汤某提出离婚。汤某经再三劝阻无效后，于 12 月辞工回到贵州省贵阳市，与女儿汤小雨一起生活。其间，汤某多次打电话劝说马某回心转意回家过日子，均遭马某的拒绝。在打电话的过程中，汤某还与何某在电话里发生过争吵。汤某渐生杀死马某、何某二人之念。2010 年 6 月 1 日晨，汤某携带事先购买的水果刀，从贵阳市乘坐火车来到江西省东乡县，先到何某的住处寻找何某、马某未果，便于当日 7 时许来到江西日久电源科技有限公司分片车间，找到正在工作的马某，要求马某跟其回家。站在马某身边的何某与汤某发生言语冲突，汤某掏出水果刀，朝何某的头部砍了两刀，致何某头部受轻伤。何某被砍伤后，与马某分别向车间的东、西方向逃去。汤某持刀追撵马某，并朝马某头部、颈部、背部、腹部等处捅刺，致马某因肝、胃破裂急性失血性休克而死亡。与马某同车间工作的工人王某、毛某（被害人，殁年 52 岁）见状，为阻止汤某行凶，先后用拖把棍、

---

* 2016 年东乡县被撤销，东乡区设立。——编辑注

铁板击打汤的头部，汤某又持刀追杀毛某，并在车间西门旁朝已摔倒在地的毛某的胸部、腹部、背部连捅四刀，致毛某因肝脏破裂、腹主动脉破裂急性失血性休克而死亡。汤某在车间其他工人的追赶下逃离现场。

2. 涉案问题

汤某在作案过程中确实不认识"第三者"何某，误以为毛某是何某，将其误杀。对这一行为应如何定性？

3. 裁判理由

江西省抚州市中级人民法院于2010年11月29日作出（2010）抚刑一初字第30号刑事附带民事判决，认定被告人汤某犯故意杀人罪，判处死刑，剥夺政治权利终身。宣判后，汤某提起上诉。江西省高级人民法院经依法开庭审理，于2011年4月14日以（2011）赣刑三终字第2号刑事裁定，驳回上诉，维持原判。一、二审法院作出上述裁判的理由是：汤某因家庭婚姻矛盾未能解决，遂起报复杀人之念，持刀故意杀死被害人马某、杀伤被害人何某，并致其轻伤甲级。当被害人毛某制止汤某的暴力杀人行为时，汤某又持刀将毛某杀死，其行为已构成故意杀人罪，且情节特别恶劣，后果特别严重，应予严惩。关于汤某上诉及其指定辩护人辩护所提其在作案过程中确实不认识被害人何某，误以为毛某是何某，实属误杀的上诉理由，二审法院认为，结合案发前汤某、何某有过正面接触的经历，案发现场概貌，何某、毛某的身高、长相均不同，以及打斗的连续性等方面综合来看，不存在误杀。

4. 评析意见

关于汤某是否误以为毛某是何某而将其误杀以及如何处理的问题，根据在案证据材料，案发前，汤某为马某一事到何某住处找过何某，二人有过一次面对面接触。后来汤某供述二人通过电话联系过。案发时，正值上班时间，被害人均按照公司要求着装。依据现场勘查笔录、尸检报告、现场照片综合可见，马某双手戴白色橡胶手套，上身穿黑色T恤衫，胸穿棕色围裙，下身穿深蓝色牛仔裤，脚穿绿色雨鞋，不远处有一个沾有血迹的白口罩。毛某上身穿天蓝色、标有"日久"字样短袖衬衫，胸穿蓝色围裙，下穿绿色长裤，脚穿一双棕色矮雨鞋，脖颈处有一个白色口罩。何某戴口罩、着工作服。何某身高为163cm，毛某身高为159cm，均属矮小身材。另外从汤某在公安机关所作的四次笔录以及一、二审庭审笔录来看，汤某一直交代就是想杀死马某、何某。案发时，汤某供述是被那人打痛之后，他才去追的。他看到有个人倒地，在尚未看清是谁的情况下，就认为那人是何某，因为只有何某与他有仇，也只有何某肯帮马某打自己，于是持刀追上去刺死那人。但从现场目击证人看来，毛某见汤某当场行凶，就拿铁板猛击汤某头部一下，汤某被打痛后就停止砍杀马某，转而去追杀毛某，并将他当场杀死。因此，结合公司上班制度、现场情况，何某、毛某的穿戴以及身高等方面综合来看，从汤某的个人认知角度来说，情急之下，存在把毛某误认为何某的可能。关于误杀毛某如何定性和处理的问题，汤某既有杀人的故意，又有杀人的行为和将人杀死的后果，虽然没有达到其杀死"第三者"何某的目的，但这完全具备故意杀人罪的全部构成要件，不影响故意杀人罪的成立，汤某应负故意杀人既遂的刑事责任。虽然汤某意图杀害的对象与实际杀害的对象、预想发生的结果与实际发生的结果不一致，但这不应该影响汤某承担故意杀人罪既遂的刑事责任，在量刑上也不能成为酌定从轻处罚的理由。虽然一、二审法院否认汤某对毛某的杀害属于认识错误不妥，但是在认定故意杀人罪的定性以及判处死刑的量刑方面是正确的。

深度研究

结合以上案例，对于具体的事实认识错误作出如下的归纳与总结。

1. 具体的事实认识错误中的对象错误

具体的认识错误中的对象错误，是指行为人预想侵犯的对象与实际侵犯的对象虽不一致，但都属于同一法定构成要件范围内的对象，可简称为"同类对象错误"。例如，甲欲杀 A，却误认 B 为 A 而杀死了 B。按照法定符合说的观点，A 和 B 都是《刑法》第 232 条"故意杀人罪"中的"人"，既然行为人甲主观上想杀人，客观上也杀了人，那么他的行为就是非法剥夺他人的生命的行为，其行为的主观方面与客观事实在法律所规定的故意杀人罪的构成要件之中相符合，所以成立故意杀人罪的既遂。在这种对象错误的场合，按照具体符合说的本来主张，由于行为人主观上想杀的人（A）与客观上杀害的人（B）具体来看并不一致，所以不能成立故意杀人的既遂，而只能成立故意杀人的未遂（针对 A）和过失致人死亡（针对 B）。由于只有一个杀人的行为，不能成立数罪，所以本来具体符合说主张此时应该按照想象竞合犯来处理。可是，有杀人的故意，客观上也杀死了人，却要按照想象竞合犯作为故意杀人罪未遂处理，这无疑是不合理的（按照过失致人死亡一罪处理同样不合适）。所以，持具体符合说的学者也看到了该学说在对象错误场合可能会导致不合理结论的问题，于是对自己的主张采取了变通的处理，认为行为人主观上想杀的是"那个人"，客观上杀害的也是"那个人"，所以行为人的主观与客观具体在"那个人"的意义上符合了，因此，即使坚持具体符合说，在对象错误的场合认定为故意犯的既遂也是说得通的。所以，法定符合说和变通之后的具体符合说对待对象错误，虽然论证路径不同，但结论一致，都肯定了故意犯既遂的成立。

2. 具体的事实认识错误中的打击错误

所谓具体的事实认识错误中的打击错误，是指行为人对对象的辨认无误，但是在实施侵害行为时,行为出现误差以致实际侵害的对象与预想侵害的对象不一致,但是这种不一致并未超出同一犯罪构成。例如,行为人本欲射杀甲并且举枪向甲射击,结果由于枪法不准,击中了甲旁边的乙。打击错误又称行为误差或者目标打击错误,其与对象错误的相同点是实际侵害的对象与预想侵害的对象不一致,而不同之处在于前者产生于行为误差,后者产生于辨认误差。打击错误实际上是行为本身的差误所致,行为人的主观认识并未出现差错,但是由于也涉及是否就已然发生的危害结果阻却犯罪故意的问题,通常也一并予以讨论。对于打击错误,具体符合说认为,由于客观事实与行为人的主观认识没有发生具体的符合,所以在本欲杀甲却误杀甲旁边的乙的场合,行为人对甲承担杀人未遂的责任,对乙则承担过失致人死亡的责任;由于只有一个行为,所以按照想象竞合犯的处理原则,按以故意杀人未遂处理。但是,这同样面临着具有杀人故意、实施了杀人行为,也导致了别人死亡,却要被认定为未遂的问题,恐怕有违社会的一般观念。我国学说上和司法实践中对于这种打击错误通常也适用法定符合说予以评价。按照法定符合说的观点,行为人主观上具有杀人故意,客观上的行为也导致他人死亡,二者在刑法所规定的故意杀人罪的构成要件之中已经符合了,因而成立故意杀人既遂。

3. 因果关系的认识错误

这是指侵害的对象虽然没有发生错误,最终也造成了犯罪结果,但是导致犯罪结果的实际过程与行为人所预想的进程不一致,以及侵害结果推后或者提早发生的情况。由此,因果关系错误主要包括狭义的因果关系错误、结果的推迟发生(事前的故意)与结果的提前实现共三种情况。

(1) 狭义的因果关系错误。这是指结果的发生不是按照行为人对因果关系的发展所预见的进程来实现的情况。例如,甲为了使乙溺死而将其推入井中,但井中无水,乙摔死在井中。既然行为人具有实现相应结果的故意,客观上也实现了该结果,而且在此过程中也并未介入独立的需要单独评价的因素,并且行为人对于自己的行为具有导致他人死亡的高度危险这一点无疑具有认识,那么可以说没有阻却故意的理由。可以说,狭义的因果关系错误不影响故意的成立。

(2) 结果的推迟发生。这是指行为人误认为第一个行为已经造成结果,出于另外的原因实施第二个行为,而实际上是第二个行为才导致预期的结果。例如甲以杀人的故意猛掐乙的脖子致乙昏迷,甲以为乙已经死亡,为隐匿"尸体",将乙沉入河底,事后证明乙是被淹死的。甲以为乙是被掐死的,实际上乙是被淹死的。在此情况下,行为人希望被害人死亡,客观上也造成了被害人死亡,并且行为人对于自己的行为具有导致结果发生的高度危险这一点具有认识,所以当然不应该否定故意犯既遂的成立。

（3）结果的提前实现。这是指行为人原本希望通过第二个行为导致结果的发生，可事实上为第二个行为做准备的第一个行为已经导致了结果的发生。例如，甲准备让乙吃安眠药熟睡后用铁棍将其打死，但在甲用铁棍打乙之前，乙由于服用过量安眠药而死亡。在这种场合，由于甲的第一个行为已经具有导致乙死亡的相应的危险性并且甲对此具有认识，所以，不应该否定故意犯既遂的成立。

概括来说，作为故意的认识因素的内容，行为人需要对行为与结果之间的因果关系有认识，但这应该限于对因果关系的基本部分具有认识。详言之，只要行为人对于行为本身的危险性以及行为具有导致结果发生的高度可能性具有认识，就应该认为行为人对于行为与结果之间的因果关系具有认识，而不应该要求行为人对于因果关系发展的具体进程有认识。行为人对于因果关系具体发展进程的认识错误，不能阻却故意责任。

二、事实认识错误之二：抽象的事实认识错误

知识背景

在事实认识错误中，除了同一构成要件之间的错误这种具体的事实认识错误，还存在一种抽象的事实认识错误：行为人主观上所认识到的事实和客观上所发生的事实不但不一致，而且这种不一致跨越了不同的构成要件。这样的事实认识错误也被称为不同构成要件间的错误。抽象的事实认识错误具体包括对象错误和打击错误两种。

案例评价

[案例 4-20] 李某玉等非法买卖、运输核材料案[①]（犯罪对象的认识错误）

1. 基本案情

1999 年 3 月间，李某玉为牟利，携带金属锂从原籍至上海市后，伙同李某姬、金某共谋寻找买主。后通过林某介绍认识了买主金某昌，并向金某昌称此锂可用于军事，能制造核武器等。双方约定以每克 1 200 美元的价格成交。同年 6 月 30 日，李某玉、金某、李某姬等人携带金属锂至上海锦江饭店南楼 373 房，与金某昌非法交易时，被公安人员当场抓获。查获的金属锂经中国科学院上海原子能研究所鉴定：属天然金属锂，锂-6 的含量为 7.69%，总重量为 252.6 克。

[①] 国家法官学院，中国人民大学法学院．中国审判案例要览：2001 年刑事审判案例卷．北京：中国人民大学出版社，2002：124～126．

2. 涉案问题

将天然金属锂认作国家管制的核材料而予以非法运输，是否具有非法买卖、运输核材料罪的故意？如何具体认定犯罪形态？

3. 裁判理由

上海市卢湾区人民法院认为：被告人李某玉将天然金属锂认作国家管制的核材料而予以非法运输，并伙同被告人金某、李某姬予以非法买卖，被告人李某玉主观上具有非法买卖、运输核材料的故意，被告人金某、李某姬主观上也具有非法买卖核材料的故意，客观上三名被告人都实施了该行为，但因对事实的认识错误，犯罪行为不可能得逞，三名被告人的行为均已触犯刑律，俱应以犯罪未遂论处，其中被告人李某玉构成非法买卖、运输核材料罪，且系缓刑考验期内重新犯罪，应依法撤销缓刑，二罪并罚；被告人金某、李某姬均构成非法买卖核材料罪，依法应予惩处。公诉机关指控罪名成立应予支持，但指控三名被告人犯罪情节严重，缺乏事实和法律依据，不予支持。鉴于三名被告人均系犯罪未遂，依法可比照既遂犯从轻或减轻处罚。遂依照《中华人民共和国刑法》（1998年修正）第125条第1款、第2款，第25条第1款，第23条，第69条，第77条第1款之规定，判决：（1）李某玉犯非法买卖、运输核材料罪，判处有期徒刑3年，撤销原判走私毒品罪所宣告的缓刑，连同原判有期徒刑3年，决定执行有期徒刑5年。（2）金某犯非法买卖核材料罪，判处有期徒刑1年。（3）李某姬犯非法买卖核材料罪，判处有期徒刑1年。

宣判后，李某姬不服，提起上诉。在上海市第一中级人民法院审理过程中，上诉人李某姬申请撤回上诉。上海市第一中级人民法院认为：原审认定李某玉、金某、李某姬犯非法买卖、运输核材料罪的事实清楚，证据确实、充分，定性准确、量刑适当，且审判程序合法。遂依照最高人民法院《关于执行〈中华人民共和国刑事诉讼法〉若干问题的解释》（1996年）第239条的规定，裁定准予李某姬撤回上诉。

4. 评析意见

本案之中，犯罪人李某玉、金某、李某姬意图非法买卖、运输核材料，经检测、鉴定，其运输、买卖的物品虽也含锂-6成分，但鉴定结论为天然金属锂，而天然金属锂与锂-6是两种不同的物质概念，尽管天然金属锂中必然含有锂-6，但不能将含锂-6的物质统称为核材料。对于核材料，应依照我国加入的国际公约和1994年公安部、国际原子能机构发布的核材料清单来定性和执行。既然清单中没有将天然金属锂列入管制的核材料范畴，则本案犯罪人李某玉、金某、李某姬买卖的天然金属锂不能被定义为核材料。但是，犯罪人李某玉、金某、李某姬在运输、买卖天然金属锂的整个行为过程中，都把天然金属锂认作国家管制的核材料,并反复向买主吹嘘该锂可用于军事制造核武器等等,故犯罪人李某玉、金某、李某姬主观上分别具有非法运输、买卖核材料的故意,客观上也实施了该行为,只是因为对事实的认识错误,分辨不出天然金属锂与锂-6及含锂-6的制品和材料的区别,认为凡含有锂-6的即为核材料,而使犯罪行为不可能得逞,在刑法犯罪形态理论中属未遂形态。法院也采纳了这种意见,认为犯罪人李某玉之行为已构成非法买卖、运输核材料罪;而金某、李某姬之行为已构成非法买卖核材料罪;并以犯罪未遂对犯罪人李某玉、金某、李某姬分别作了从轻或减轻处罚。本案实际上涉及不同构成要件之间的对象错误问题。行为对象的客观属性为金属锂,而行为人主观上认为其是核材料,而这两者分属于不同的犯罪构成要件(金属锂可能成为其他犯罪的对象,而核材料是《刑法》第125条第2款的对象[①]),所以属于抽象的事实认识错误,法院据此否定了故意犯既遂的成立,是正确的。

深度研究

抽象的事实认识错误主要有对象错误和打击错误两种。

1. 抽象的事实认识错误中的对象错误

抽象的事实认识错误中的对象错误,即不同构成要件之间的对象错误,是指行为人预想侵犯的对象与实际侵犯的对象不同,并且分属于不同的犯罪构成要件。与具体的事实认识错误中的对象错误可以简称为"同类对象错误"相对应,抽象的事实认识错误中的对象错误可以简称为"异类对象错误"。例如,甲以"拎包"方式盗窃作案,目的在于窃取财物。甲窃取旅客一提包后匆匆回到住处,打开包后发现,里面并无财物,但有一支手枪。甲本欲窃取财物,但是包中的枪支属于《刑法》(2020年修正)第127条规定的盗窃枪支罪的对象。甲本无窃取枪支的故意,其盗窃时偶然窃得枪支不在盗窃罪的构成要件范围内,"枪支"与其本欲偷盗的"财物"属于不同构成要件的对象。就意外地窃取了"枪支"而言,甲的行为属于不同构成要件的对象错误。

2. 抽象的事实认识错误中的打击错误

抽象的事实认识错误中的打击错误,是指由于行为本身的差误,行为人本来想要攻击的对象和实际受害的对象发生了偏差,并且这种不一致超出了同一犯罪构成。比如,甲本想射杀一价值5元以上的宠物,却由于没有瞄准,而将宠物旁边的乙打死。这跨越了故意毁坏财物罪与故意杀人罪(抑或过失

[①] 1997年《刑法》第125条第2款规定,"非法买卖、运输核材料的,依照前款的规定处罚"。而2001年的《刑法修正案(三)》对此作出了修正:"非法制造、买卖、运输、储存毒害性、放射性、传染病病原体等物质,危害公共安全的,依照前款的规定处罚。"据此,非法买卖、运输核材料罪被取消了。

致人死亡罪）的构成要件，只是这并非由于行为人的认识错误，而是由于行为人自身的打击出现了误差。

按照法定符合说的观点，抽象的事实认识错误原则上阻却故意的成立或者仅成立故意犯罪未遂。例如在上述抽象的事实认识错误中的打击错误的例子中，行为人本想杀害宠物，事实上却导致他人死亡，按照法定符合说的观点，甲具有故意毁坏财物罪的故意，但对于人的死亡至多具有过失。故此种情况成立故意毁坏财物罪的未遂和过失致人死亡罪的想象竞合，应择一重处罚，由于实践中对故意毁坏财物罪的未遂通常不处罚，所以一般按照过失致人死亡罪处理。① 反之，如果是本欲杀人却只打中了人旁边的宠物，由于具有杀人的故意，客观上具有导致他人死亡的危险性，所以应该以故意杀人罪的未遂处罚（不处罚过失毁坏财物罪）。

以上按照法定符合说得出的结论，或者成立过失犯的既遂，或者仅成立故意犯罪的未遂，都否定了故意犯既遂的成立。但是，这都是在行为人主观上所认识到的构成要件和客观上实际发生的构成要件之间无任何重合的情况下所得出的结论。按照法定符合说的观点，即使构成要件不同，但如果不同的构成要件之间具有某种重合，那么在重合的限度内成立轻罪的既遂犯。比如出于盗窃财物（轻罪）的故意实际上盗窃了枪支（重罪）的场合，由于主观上没有盗窃枪支的故意，所以不能定盗窃枪支罪；但由于其具有盗窃的故意，实施了盗窃的行为，枪支本身也有价值，所以可以认为行为人的行为同时符合了盗窃罪的主观方面与客观方面，应该在盗窃罪与盗窃枪支罪的重合范围内，认定为盗窃罪的既遂，即肯定了故意犯既遂的成立。

此外，关于事实认识错误，有以下几点需要进一步说明。

（1）行为人误将非犯罪对象当作犯罪对象加以侵害（如本欲杀害甲，黑暗中误将一只有害野兽当作甲而杀死），或者行为人误将犯罪对象当作非犯罪对象加以侵害（如本欲杀死有害野兽，黑夜中误以为某人为野兽而开枪射击致其死亡），也都存在着行为人的主观认识和客观存在的事实之间的不一致，某种意义上也可谓存在着对象错误，但这主要应该作为未遂犯与不能犯的区分、过失与意外事件的区分的问题，在此不再详细展开。

（2）行为人在实施相应行为时，对自己所采取的手段或者使用的工具发生了认识错误，如在投毒杀人时误把白糖当作砒霜，在实施爆炸时误把食盐当作炸药等，也可谓行为人的主观认识与客观存在的事实之间出现了不一致，

---

① 但是，如果明确看到宠物的旁边有人，又自知自己的枪法不准，这时在基于杀死宠物的故意向宠物开枪，却打死了宠物旁边的人时，应该认为对人的死亡持放任的心态，属于间接故意形式的故意杀人。所以，以上适用法定符合说处理的抽象的事实认识错误中的打击错误的情形，应该排除这种情况。

可以称为行为手段的认识错误。我国刑法理论一般也是在未遂犯与不能犯的区分问题上对于行为手段的认识错误问题展开研究。和前面的情形类似，这主要涉及客观上不可能造成法益侵害的行为是否具有可罚性的问题：如果认为其具有可罚性，则属于犯罪未遂（某种意义上可能是基于行为无价值立场所得出的结论）；如果认为其不具有可罚性，则属于不能犯（某种意义上可能是基于结果无价值立场所得出的结论）。

（3）日常生活中的认识错误。本章中所讨论的事实认识错误问题，是指在意图故意犯罪的过程中因为发生了主观认识与客观事实之间的不一致而需要判断是否阻却故意犯罪的问题。在原本不存在犯罪意图的情况下，不需要讨论是否阻却犯罪故意的问题，而只需要考虑是否成立过失犯罪。这涉及日常生活中的认识错误的处理问题。如路遇便衣警察盘查，误以为对方抢劫，从而奋起"自卫"。行为人自以为行为的性质是正当防卫，实际是假想防卫。对这种认识错误，一般认为：行为人只有防卫的意识没有犯罪的意识，不成立故意犯罪。如果行为人有过失，则成立过失犯罪，无过失则不负刑事责任。再如，医务人员因为打错针、发错药致患者死亡的情况，也是如此。概括来说，事实认识错误通常只包括故意犯罪中发生的认识错误，而日常生活中所发生的认识错误，由于不存在犯罪的故意，只需判断行为人对于该认识错误所造成的危害结果是否存在过失：如不存在过失，则属于意外事件；如存在过失，再考虑是否符合过失犯罪的条件。

三、法律认识错误

法律认识错误，是指行为人对于自己的行为是否具有违法性发生了错误的认识，即行为人对自己行为的法律性质或意义发生了误解。通常认为，法律认识错误具体包括以下几种情况。

（1）假想有罪，即行为人将在法律上不属于犯罪的行为误认为是犯罪。例如，甲男和乙女通奸后被发现，以为自己的行为是刑法所禁止的犯罪行为，遂主动到公安机关自首。但事实上，通奸的行为在我国只是受到伦理道德谴责的行为，刑法并未将其规定为犯罪。这样的情况被称为幻觉犯。根据"法无明文规定不为罪"的罪刑法定原则的要求，这种行为人误以为有罪而事实上刑法并无相应规定的行为，当然不能作为犯罪处理。因此，行为人假想犯罪并不改变其行为的法律性质，不成立犯罪。

（2）行为人对自己行为的罪名、罪数以及刑罚轻重等方面有误解。行为人已经知道自己的行为是为法律所禁止的，即已经意识到自己的行为具有违法性，只是对于行为在刑法上具体属于何种犯罪以及应受多重的处罚，存在误解或者缺乏了解。例如：甲盗割正在使用的电线，自以为成立盗窃罪，而实际上成立的是构成破坏电力设备罪；甲自以为该罪没有死刑，而实际上其法定最高刑为死刑。又如，行为人误以为自己以造成被保险人伤残的方法骗取保险金的行为仅成立保险诈骗罪，而按照刑法的规定，这样的行为成立保险诈骗罪与故意伤害罪数罪。由于司法机关确定罪名、罪数以及具体刑罚时只能根据案件事实与刑法规定，而不是根据行为人的认识，所以，这种误认既不影响罪过的有无、大小，也不影响定罪判刑。

（3）将有罪行为误认为无罪行为（假想无罪）。行为人误认为自己的行为不是犯罪而实际上该行为是刑法所规定的犯罪行为，对此种情况该如何处理？这涉及违法性认识是否是故意的认识因素的问题，更进一步，涉及违法性认识（及其可能性）在罪责中的体系地位问题。在我国，假想无罪通常并不影响定罪量刑。这与英美刑法一贯坚持的"不知法律也不能免责"的原则是一致的，就是说，在作为主观的犯罪成立要件的犯意中，不要求认识到自己行为的违法性。这样做的最简单的原因就是，司法机关往往很难查明行为人是否不知道自己的行为有罪，如果被告人主张不知道自己的行为有罪就免责，刑法就难以有效实施。

第四节 犯罪的目的和动机

一、犯罪目的

犯罪目的是指犯罪人希望通过实施某种犯罪行为实现某种犯罪结果的心理态度，也就是以观念形态预先存在于犯罪人头脑中的犯罪行为所预期的结果。而犯罪的成立除了要求故意，还要求特定犯罪目的的犯罪，在刑法理论上称为目的犯。目的犯有两种最主要的分类形式，一是直接目的犯和间接目的犯，二是法定目的犯和非法定目的犯。对之加以研究，有助于我们对相关问题的理解。

（一）直接目的犯与间接目的犯

> 知识背景

一般认为，从目的与实行行为的关系来看，目的犯可以分为两类。一类是行为人实施了实行行为就可以实现目的的犯罪（如在盗窃罪中，只要将窃取公私财物的行为实行终了，就可以实现不法所有的目的）；另一类是行为人实施实行行为后，还需要行为人或者第三者实施其他行为才能实现目的的犯罪（如在走私淫秽物品罪中，出于牟利或者传播的目的仅仅实施走私行为还不能实现，只有在走私之后加以贩卖或者传播，才能实现）。大陆法系刑法理论一般将前者称为直接目的犯（亦称断绝的结果犯），将后者称为间接目的犯（亦称短缩的二行为犯，或者不完全的二行为犯）。直接目的犯的特点表现为：行为人特定的犯罪目的作为行为本身或作为附带现象，由实行行为来实现，不需要其他新的行为。而间接目的犯的基本特点是，"完整"的犯罪行为原本由两个行为组成，但刑法规定，只要行为人以实施第二个行为为目的实施了第一个行为（短缩的二行为犯的实行行为），就以犯罪既遂论处，而不要求行为人实施第二个行为；与此同时，如果行为人不以实施第二个行为为目的，即使客观上实施了第一个行为，也不成立犯罪或者仅成立其他犯罪。①

在直接目的犯的场合，只要实施了符合构成要件的行为就通常可以实现该目的，这种目的实际上相当于直接故意的意志因素，而非独立于犯罪故意的单独的主观要素。比如贷款诈骗罪，只要行为人实施了诈骗银行或者其他金融机构的贷款诈骗行为，就可以实现非法占有贷款的目的，而不需要另外实施其他的新的行为。不光是贷款诈骗罪，刑法分则第三章第五节所规定的所有的金融诈骗罪，其他的诈骗犯罪（比如作为普通法条的诈骗罪以及合同诈骗罪等），刑法分则第五章"侵犯财产罪中"中的多数犯罪（除去故意毁坏财物罪和破坏生产经营罪），也都要求非法占有目的，并且这种非法占有目的也都可以理解为直接故意的意志因素，其实现不需要构成要件行为之外的其他的新的行为。除了上述犯罪，《刑法》（2020年修正）第218条规定的销售侵权复制品罪（以营利为目的）和第228条规定的非法转让、倒卖土地使用权罪（以牟利为目的），也都属于直接目的犯。(1) 第217条规定，构成侵犯著作权罪须以营利为目的。在该罪之中，营利是目的，侵犯他人著作权的行为是实现营利目的的手段。如果是出于教学、研究等非营利目的复制他人作品并向多人提供一定数量的复制品的，就不属于侵犯著作权的行为。该罪中的目的属于不同于故意的超过的主观要素，该罪属于间接目的犯。与第217条不同，第218条规定的销售侵权复制品罪虽然也要求以营利为目的，但是该罪中的以营利为目的是销售侵权复制品罪的结果，从而所谓的以营利为目的也没有超出该罪的故意的范围。换言之，只要明知是侵权复制品而销售的，就可以构成该罪，从而该罪属于直接目的犯。(2) 第228条规定非法转让、

---

① 断绝的结果犯和短缩的二行为犯是德国学者的分类。日本学者大塚仁教授将之分别称为直接目的犯和间接目的犯。相对而言，在日本的刑法文献中，在此分类标准之下更为常见的对目的犯的分类表述是"将结果作为目的的犯罪"与"将后行为作为目的的犯罪"。绝大多数日本刑法学者的论著在展开分析时都是以这样一对概念范畴为分析框架的，并且在"将结果作为目的的犯罪"相当于断绝的结果犯、直接目的犯，"将后行为作为目的的犯罪"相当于短缩的二行为犯、间接目的犯的对应关系上使用这样一组概念。

倒卖土地使用权罪要求以牟利为目的。这里，牟利目的也属于违反土地管理法规，非法转让、倒卖土地使用权的行为之结果，即只要具备了这样的行为，并且这样的行为是出于故意，那么就等于以牟利为目的了，故该罪也属于将结果作为目的的犯罪。

在间接目的犯的场合，除了实施构成要件的行为，还需要行为人或者第三人实施新的行为才能实现相应的目的。这种目的已经超出了直接故意的意志因素，而属于故意之外的独立的主观要素（主观的超过要素）。在本书看来，就《刑法》（2020年修正）所明文规定的目的犯而言，间接目的犯除了前面所举的第152条规定的走私淫秽物品罪，还包括第126条规定的违规制造、销售枪支罪（以非法销售为目的）、第175条规定的高利转贷罪（以转贷牟利为目的）、第217条规定的侵犯著作权罪（以营利为目的）、第239条规定的绑架罪（以勒索财物为目的或者为具有其他个人目的）、第240条规定的拐卖妇女、儿童罪（以出卖为目的）、第265条规定的盗接他人通信线路、复制他人电信码号或者明知是盗接、复制的电信设备、设施而使用所构成的盗窃罪（以牟利为目的）、第276条规定的破坏生产经营罪（出于泄愤报复或者其他个人目的）、第326条规定的倒卖文物罪（以牟利为目的）、第363条第1款规定的制作、复制、出版、贩卖、传播淫秽物品牟利罪（以牟利为目的）等。

案例评价

［案例4-21］廖某万涉嫌合同诈骗被宣告无罪案①（非法占有目的的认定）

1. 基本案情

1997年6月18日，廖某万与光明公司深圳分公司总经理冼某雄签订了一份铅精矿购销合同，由于市场行情变化，该合同未能履行。同年7月4日，双方又签订了一份铅精矿购销补充合同。廖某万依照合同约定，在湖南省郴州市苏仙区农业银行金穗卡部透支2万元，作为部分履行合同的押金款交给了光明公司总经理冼某雄。同年7月17日，双方针对第二份合同在深圳华通大酒店再次签订了一份铅精矿购销补充合同，光明公司总经理冼某雄给付廖某万现金15万元。廖某万携款回郴州后，除留下1万元现金外，余款14万元全部存入自己在苏仙区农业银行金穗卡部设立的、已透支12万余元的金穗卡账户上。该部将廖某万已透支的124 870.7元全部扣还，故廖某万无法履行合同。1997年7月19日，廖某万在受需方委托的陈某芬多次催促、要求履行合同的情况下，迫于无奈，与陈某芬一起到河南省汝阳县组织货源。因廖某

---

① 国家法官学院，中国人民大学法学院．中国审判案例要览：2000年刑事审判案例卷．北京：中国人民大学出版社，2002；164～170.

万无资金，且进货价高于需方定价，陈某芬认为廖某万设置了骗局，即电话告知冼某雄。同月25日，廖某万与陈某芬赶赴深圳，冼某雄要求廖某万退出预付货款13万元（冲减原交押金2万元），后同意增加预付款。廖某万由于无法退款，便于7月27日中午逃离深圳。

2. 涉案问题

如何认定主观上的非法占有目的？

3. 裁判理由

湖南省郴州市北湖区人民法院认为：被告人廖某万明知自己无履行合同的能力，却与他人签订铅精矿购销合同，然后利用自己在苏仙区农业银行金穗卡部设立的金穗卡户头，从中透支少量保证金用于履行部分合约，取得对方信用后，再欲骗取他人数额巨大的货款据为己有，用以归还原已大量透支的款目。其行为已构成了合同诈骗罪。在本案诉讼过程中，光明公司提起附带民事诉讼，要求赔偿经济损失的理由成立，本院应予支持。遂根据《中华人民共和国刑事诉讼法》（1996年）第162条第1项、第77条、第78条，《中华人民共和国刑法》（1997年修订）第12条、第224条之规定，判决：（1）被告人廖某万犯合同诈骗罪，判处有期徒刑8年。（2）被告人廖某万应赔偿附带民事诉讼的原告光明公司被骗款94 414.1元、利息5 926.75元，两项合计人民币100 340.85元（利息按月息7.2％计算，从1997年8月15日算至1998年5月8日止）。

一审法院宣判后，廖某万以主观上没有非法占有他人财物的目的，其行为不构成合同诈骗罪为由提起上诉。

湖南省郴州市中级人民法院经审理认为：上诉人廖某万担任郴州市国利炉料有限公司经理期间，与原审附带民事诉讼原告人光明公司签订了供应铅精矿产品购销合同。随即，上诉人廖某万到河南联系货源。当上诉人廖某万按约先付给附带民事诉讼原告2万元作为货款利息后，附带民事诉讼原告人没有向上诉人廖某万提供所需的全部资金，而只付给了部分货款（15万元）。上诉人廖某万得到此款后再次到河南联系并组织货源。经检验，其货源质量符合合同规定的标准。在合同的签订和履行过程中，上诉人廖某万没有非法占有他人货款的故意，也没有虚构和隐瞒事实真相的行为，而是积极地想办法去联系并组织货源。只是由于其他客观原因没有履行合同，故其行为不构成犯罪。上诉人廖某万以该案不是合同诈骗而是经济合同纠纷为由上诉理由充分，应予采信。因于该案是因双方当事人签订的经济合同所引起的纠纷，故上诉人廖某万的行为不构成合同诈骗罪。原审判决认定上诉人廖某万犯合同诈骗罪，属定性错误，应予撤销。遂依照《中华人民共和国刑事诉讼法》（1996年）第162条第2项、第189条第3项之规定作出判决：（1）撤销湖南省郴州市北湖区人民法院（1998）郴北刑初字第 24 号刑事附带民事判决。
（2）宣告廖某万无罪。

4. 评析意见

　　合同诈骗罪是 1997 年《刑法》根据市场经济体制下出现的新特点而规定的新罪名。法律规定，构成该罪的必须是以非法占有为目的，在签订、履行合同过程中，骗取对方当事人财物，且数额较大的行为。本案争议的焦点是罪与非罪，即是合同诈骗还是经济合同纠纷的问题。其中，正确把握行为人是否"以非法占有为目的"，是区分罪与非罪的标准，也是区别合同诈骗罪与经济合同纠纷的关键。在审判实践中，应当注意先综合合同签订时行为人的实际履约能力、合同标的物和货款的用途与去向、行为人是否有过积极履行合同的行为等情况进行分析，再来判断行为人是否具有通过合同行为非法占有他人财物的目的。如果行为人在签订合同时就没有履行能力，或者履行能力不足，但又未积极采用其他措施履行合同，或者将标的物低价贱卖，将货款挥霍使用的，就可以认定行为人是以非法占有他人财物为目的而签订该合同的，合同行为只是行为人占有他人财物的手段而已。具有这种情况的，就可以认定相应的行为构成了合同诈骗罪。如果行为人虽然签订合同时履行能力不足，但在合同成立后积极履行合同，即使未能履行合同或者未能完全履行合同，也不能认定其具有非法占有他人财物的目的，因而相应的行为也就不构成合同诈骗罪。本案不应定性为合同诈骗罪，而应定性为经济合同纠纷。本案被告人廖某万在担任郴州市国利炉料有限公司经理期间，与光明公司签订了供应铅精矿产品购销合同。随即，廖某万到河南联系货源。当廖某万按约先付给光明公司 2 万元作货款利息后，光明公司没有向廖某万提供所需的全部货款，而是只付了部分货款（15 万元）。廖某万得到此款后再次与他人到河南联系并组织货源。经检验，其货源质量符合合同规定的标准。廖某万在合同签订和履行的过程中，主观上没有非法占有光明公司货款的故意，客观上没有虚构和隐瞒事实真相，骗取光明公司签订、履行合同的行为。廖某万本人还具有积极履行合同的行为，只是由于其他一些客观原因而使该合同未能履行。故本案属经济合同纠纷，廖某万的行为不构成合同诈骗罪。本案二审法院经审判委员会讨论并经湖南省高级人民法院审判委员会讨论批复，对廖某万宣告无罪，其结论是正确的。[①]

深度研究

　　虽然可以将目的犯分为断绝的结果犯和短缩的二行为犯，但是，完全可

---

① 国家法官学院，中国人民大学法学院．中国审判案例要览：2000 刑事审判案例卷．北京：中国人民大学出版社，2002：168～170；解说．

能出现这样的情况：同一目的犯中既包括直接目的犯，又包括间接目的犯。换言之，由于一个犯罪可能包含多种行为，所以可能同一目的相对于此行为而言，属于直接目的；相对于彼行为而言，成为间接目的。比如赌博罪：赌博罪必须以营利为目的，而其行为包括聚众赌博、开设赌场和以赌博为业。虽然赌博行为可以直接营利，但聚众赌博与开设赌场的行为并不能够直接营利。所以，以营利为目的，相对于不同的行为而言，具有不同的意义：相对于以赌博为业的行为，是指直接通过赌博行为赢得他人财物的意图；相对于聚众赌博和开设赌场而言，是指以服务费、手续费等名义，在赌博场所从赌博者处获取作为赌场开张的代价的不法财产利益的意思，但又不需要行为人实际上取得了利益。因此，"在赌博罪中，以赌博为业的行为属于断绝的结果犯，聚众赌博或者开设赌场的行为属于短缩的二行为犯"[①]。关于此等同一目的犯中两类目的犯并列存在的现象，在笔者所阅读的日文文献中未见有专门讨论，可以说，我国学者关于赌博罪的上述分析是立足于我国赌博罪的立法规定和司法实践的，也符合两种目的犯的构成特征。这样的分析笔者是可以接受的。当然，对于这个问题，从立法论和解释论的角度来说，可能有更进一步研究的余地。这里需要稍作说明的是：2006年9月29日公布、施行的《刑法修正案（六）》对赌博罪作了修正，将《刑法》（2005年修正）第303条由原来的"以营利为目的，聚众赌博、开设赌场或者以赌博为业的，处三年以下有期徒刑、拘役或者管制，并处罚金。"修改为："以营利为目的，聚众赌博或者以赌博为业的，处三年以下有期徒刑、拘役或者管制，并处罚金。""开设赌场的，处三年以下有期徒刑、拘役或者管制，并处罚金；情节严重的，处三年以上十年以下有期徒刑，并处罚金。"根据刑法原来的表述，无论是聚众赌博、开设赌场还是以赌博为业，都明确要求"以营利为目的"，而按照修正案的表述，只是在"聚众赌博或者以赌博为业"时要求"以营利为目的"，而对于"开设赌场的"，没有明文要求"以营利为目的"。那么，这是否意味着修正案在"开设赌场"这一"开设赌场罪"[②] 的情况下，不再要求"以营利为目的"呢？答案应该是否定的。实际上，修正案对赌博罪的修改，应该说只是将开设赌场的情况区别于"聚众赌博或者以赌博为业"的情况，为其设置了"情节严重"情况下的加重构成，从而指明了开设赌场行为的特殊性，体现了对这一行为的严厉谴责。对于开设赌场的行为，应该理解为仍然要求其"以营利为目的"（以服务费、手续费等名义，在赌博场所从赌博者处获取作为赌场开张的代价的不法财产利益的目的）。虽然开设赌场，但是并非

[①] 张明楷.论短缩的二行为犯.中国法学，2004（3）：148.
[②] 最高人民法院、最高人民检察院关于执行《中华人民共和国刑法》确定罪名的补充规定（三）（2007年10月25日公布、2007年11月6日施行）将第303条的第2款确定为"开设赌场罪"。

为了通过赌场获利而是为了以赌场为阵地达到其他目的（比如开设赌场是为了以此为阵地网罗一批社会闲散人员从事其他违法犯罪活动），不应该论以本罪。也就是说，修正案只是将赌博罪这一"典型的法定目的犯"在规定方式上加以分解：在聚众赌博和以赌博为业的场合（罪名仍为"赌博罪"），维持了"典型的法定目的犯"的方式，而在"开设赌场"（罪名被确定为"开设赌场罪"）的情况下，为了简洁改为了"非法定目的犯"。

[案例4-22] 周某集资诈骗案[①]

1. 基本案情

2011年2月，周某注册成立中宝投资公司，担任法定代表人。公司上线运营"中宝投资"网络平台，借款人（发标人）在网络平台注册、缴纳会费后，可发布各种招标信息，吸引投资人投资。投资人在网络平台注册成为会员后可参与投标，通过银行汇款、支付宝、财付通等方式将投资款汇至周某公布在网站上的8个其个人账户或第三方支付平台账户。借款人可直接从周某处取得所融资金。项目完成后，借款人返还资金，周某将收益给予投标人。

运行前期，周某通过网络平台为13个借款人提供总金额约170万元的融资服务，因部分借款人未能还清借款造成公司亏损。此后，周某除用本人真实身份信息在公司网络平台注册2个会员外，自2011年5月至2013年12月陆续虚构34个借款人，并利用上述虚假身份自行发布大量虚假抵押标、宝石标等，以支付投资人约20%的年化收益率及额外奖励等为诱饵，向社会不特定公众募集资金。所募资金未进入公司账户，全部由周某个人掌控和支配。除部分用于归还投资人到期的本金及收益外，其余主要用于购买房产、高档车辆、首饰等。这些资产绝大部分登记在周某名下或供周某个人使用。2011年5月至案发，周某通过"中宝投资"网络平台累计向全国1586名不特定对象非法集资共计10.3亿余元，除支付本金及收益回报6.91亿余元外，尚有3.56亿余元无法归还。案发后，公安机关从周某控制的银行账户内扣押现金1.80亿余元。

2. 涉案问题

网络借贷信息中介机构或其控制人，利用网络借贷平台发布虚假信息，非法建立资金池募集资金，所得资金大部分未用于生产经营活动，主要用于借新还旧和个人挥霍，无法归还所募资金数额巨大，能否被认定为具有非法占有目的。

3. 裁判理由

对于本案，辩护人提出：周某一直在偿还集资款，主观上不具有非法占有集资款的故意，周某利用互联网从事"P2P"借贷融资，不构成集资诈骗

[①] 最高人民检察院指导案例第40号．

罪，而构成非法吸收公众存款罪。

法院经审理后认为：非法吸收公众存款罪与集资诈骗罪的区别，关键在于行为人对吸收的资金是否具有非法占有的目的。利用网络平台发布虚假高利借款标书募集资金，采取借新还旧的手段，短期内募集大量资金，不用于生产经营活动的资金，或者用于生产经营活动的资金与筹集资金规模明显不成比例，致使集资款不能返还的，是典型的利用网络中介平台实施集资诈骗行为。本案中，周某本人主观上认识到资金不足，少量投资赚取的收益不足以支付许诺的高额回报，没有将集资款用于生产经营活动，而是采用编造虚假借款人、虚假投标项目等欺骗手段集资，大量集资款被其个人肆意挥霍，具有明显的非法占有目的，其行为构成集资诈骗罪。遂以集资诈骗罪判处周某有期徒刑15年，并处罚金人民币50万元。继续追缴违法所得，返还各集资参与人。

4. 评析意见

要正确认识本案作为检察指导案例的指导意义。指导案例制作者总结的"指导意义"包括如下内容：是否具有非法占有目的，是正确区分非法吸收公众存款罪和集资诈骗罪的关键。对非法占有目的的认定，应当围绕融资项目的真实性、资金去向、归还能力等事实、证据进行综合判断。行为人将所吸收资金大部分未用于生产经营活动，或名义上投入生产经营，但又通过各种方式抽逃、转移资金，或供其个人肆意挥霍，归还本息主要通过借新还旧来实现，造成数额巨大的募集资金无法归还的，可以认定具有非法占有的目的。

[案例 4-23] 郑某武非法拘禁案[①]

1. 基本案情

2014年6月1日17时许，郑某武吸食甲基苯丙胺（冰毒）后，出现被警察追捕的幻觉，便闯入广州市越秀区瑶池大街20巷7号首层10号白氏化妆品有限公司的仓库，手持一把西瓜刀劫持了仓库管理员被害人李某珍，将仓库卷闸门锁上，企图"躲避警察追捕"，并恐吓李某珍不要报警。群众发现上述情况后，将李某珍被劫持的消息通知该公司负责人白某。白某到场后询问郑某武有无需求。郑某武提出让白某开车护送其与李某珍到广州市海珠区的要求，遭到白某拒绝。当日22时，民警接到白某报警后到达现场与郑某武谈判，一直用刀劫持、殴打李某珍的郑某武与民警陷入对峙。次日1时30分许，白某寻机将卷帘门打开，民警立即冲入仓库将郑某武制服并抓获归案，缴获其西瓜刀，解救出李某珍。案发后经法医鉴定，郑某武案发时患"精神

---

① 最高人民法院刑事审判第一、二、三、四、五庭. 刑事审判参考：总第108集. 北京：法律出版社，2017：54~58.

活性物质（甲基苯丙胺）所致精神障碍"。

2. 涉案问题

行为人吸毒致幻，产生精神障碍，在幻觉下挟持他人意图逃避"警察抓捕"，能否肯定其具有真实的绑架犯罪目的，认定其"绑架他人作为人质"，从而构成绑架罪？

3. 裁判理由

法院经审理认为：郑某武因吸毒患"精神活性物质（甲基苯丙胺）所致精神障碍"，作案时无辨认能力并产生幻觉，其持刀挟持李某珍的绑架犯罪目的不具有客观真实性，故郑某武的行为不构成绑架罪，依法只构成非法拘禁罪。辩护人所提的郑某武只构成非法拘禁罪的辩护意见成立，法院予以采纳。郑某武非法拘禁他人，依法应当对其适用"三年以下有期徒刑、拘役、管制或者剥夺政治权利"的量刑幅度予以处罚。郑某武曾因故意犯罪被判处有期徒刑，刑罚执行完毕后 5 年内再犯罪，是累犯，依法应当从重处罚。郑某武在非法拘禁被害人李某珍过程中，殴打李某珍，依法应予从重处罚。遂综合考虑郑某武作案的具体事实、性质、情节、对社会的危害程度及认罪态度等因素，根据前述法定刑幅度、法定的量刑情节，依照《中华人民共和国刑法》（2011 年修正）第 238 条第 1 款、第 65 条第 1 款之规定，判决被告人郑某武犯非法拘禁罪，判处有期徒刑 2 年 6 个月。

一审宣判后，郑某武没有提起上诉，检察机关亦未抗诉，判决已发生法律效力。

4. 评析意见

在本案中，郑某武因吸毒患"精神活性物质（甲基苯丙胺）所致精神障碍"。在作案时郑某武并无辨认能力，且产生了与现实情况不相符的"被警察追捕"的幻觉。郑某武在幻觉的影响下，为"躲避警察追捕"而进入案发地仓库，持刀挟持李某珍，并试图向他人"索车逃离现场"。对于郑某武吸毒致幻后实施的上述行为如何处理，在司法实践中存在不同观点。观点一认为，郑某武作案时因吸毒患"精神活性物质所致精神障碍"，其所实施的行为完全系幻觉所致，郑某武并无辨认能力，故不应承担刑事责任。观点二认为，郑某武在客观上已经实施了挟持他人作为人质的绑架行为，理应构成绑架罪，吸毒致幻并不影响对该罪的认定。观点三认为，郑某武因吸毒致幻实施的挟持他人的行为，并不具有实施绑架犯罪的真实目的，故不构成绑架罪而构成非法拘禁罪。

对此，司法机关采纳了第三种观点，相关司法人员撰写的评析意见认为：吸毒致幻实施犯罪的行为人应承担刑事责任，这可以类比原因自由行为理论。但是，根据《刑法》（2011 年修正）第 239 条第 1 款的规定，成立绑架罪要求行为人主观上具有出于勒索财物或者满足其他不法要求的目的而扣押他人为人质的故意,即不仅要求行为人主观上要有侵害他人人身安全与行动自由的犯罪故意,还需要特定的犯罪目的,即"勒索财物"或"以人质安全为挟,谋取财物之外利益"之犯罪目的。这种目的是主观的构成要件要素。在本案中,郑某武为了躲避警察追捕,进入案发仓库,持刀挟持被害人李某珍,意图通过绑架被害人作为人质来向他人索要车辆,从而驾驶车辆逃避追捕。其主观方面形式上,似乎符合绑架罪所要求的"以人质安全为挟,谋取财物之外利益"的特定犯罪目的。但由于不存在客观上的警察追捕状况,郑某武本人并不具有"躲避警察追捕"的客观事实依据,事实上也就不可能存在"躲避追捕"的真实的目的。评析意见进而认为,郑某武所实施的挟持他人并将他人囚禁、控制在仓库中的行为符合《刑法》(2011年修正)第238条关于"非法拘禁他人或者以其他方法非法剥夺他人人身自由"的规定。其主观上虽然是为了"躲避警察追捕"而持刀挟持人质,欲"索车逃离现场",但该主观故意中包含非法拘禁罪的故意内容,即郑某武具备非法剥夺他人人身自由的故意,符合非法拘禁罪的构成要件,构成非法拘禁罪。

* * * * * *

以上案例涉及一个重要的问题:主观目的的客观存在。无论是客观构成要件要素还是主观构成要件要素,都应该是客观存在的。也就是,主观目的必须是真实存在、客观具备的。具体到绑架罪而言,"绑架他人作为人质,谋取财物之外利益"应为真实、明确的目的,而非虚构之目的。郑某武因吸毒产生精神障碍,作案时产生了与现实情况不相符的幻觉。其被警察追捕的状态是不真实、非客观存在的,仅存在于他自己的幻觉中,故由此引起的为了"躲避警察追捕"而进入案发仓库、持刀挟持李某珍欲"逃避追捕"并向他人"索车逃离现场"的所谓犯罪目的并不具有客观真实性,即郑某武事实上并不具备绑架李某珍作为人质以满足其不法要求的目的。因此,其事实上欠缺绑架罪成立所需的犯罪目的,认定其行为不构成绑架罪而构成非法拘禁罪是恰当的。

(二)法定目的犯与非法定目的犯

按照法律对于目的犯的特定目的是否有明文规定,可以将目的犯分为法定目的犯与非法定目的犯。法定目的犯要求刑事法律明文将行为人主观上具有某种特定目的规定为构成要件要素,此类犯罪占目的犯的大多数。非法定目的犯是指虽无刑事法律明文规定,但将行为人主观上具有某种特定目的作为构成要件的犯罪。此类犯罪目的没有明显外在的法律用语形式标志,相对而言,难以发掘和认识。准确理解目的犯的此种分类方法,对于我们理解和认定目的犯,尤其是非法定目的犯,具有重要的价值。

1. 法定目的犯的细分：非典型的法定目的犯

在我国刑法中，部分刑法条文之中明确规定了"以……为目的"，这些犯罪是典型的法定目的犯，还有部分条文尽管没有明确地将相应"目的"规定为罪状表述的一部分，但却有类似的规定，比如"意图"、一些法条中的"为……"等。这样的罪状描述，由于没有明确地规定相应的特定目的，从而自然有别于典型的法定目的犯。但是在这样的犯罪中，从罪状的表述上仍然可以直接读出立法者所要求的不直接等同于犯罪故意的主观要素，这样的主观要素，实际上也就是犯罪的相应目的。因而，此种场合的犯罪不但属于目的犯，而且属于法定的目的犯。区分于法条上直接要求特定目的的犯罪，可以称为"非典型的法定目的犯"。这种非典型的法定目的犯主要包括以下几种类型或规定方式。

（1）意图犯。

《刑法》（2020年修正）第243条规定：捏造事实诬告陷害他人，"意图使他人受刑事追究"，情节严重的，处3年以下有期徒刑、拘役或者管制；造成严重后果的，处3年以上10年以下有期徒刑；国家机关工作人员犯前款罪的，从重处罚。不是有意诬陷，而是错告，或者检举失实的，不适用前两款的规定。第305条规定，在刑事诉讼中，证人、鉴定人、记录人、翻译人对与案件有重要关系的情节，故意作虚假证明、鉴定、记录、翻译，"意图陷害他人或者隐匿罪证"的，处3年以下有期徒刑或者拘役；情节严重的，处3年以上7年以下有期徒刑。以上两罪的规定中都使用了"意图"的用语表述，可以称之为"意图犯"。这里的"意图"属于犯罪故意之外的主观要素，其不要求存在客观上的相应要素与之对应，与间接目的犯的实质性质相同。比照法定目的犯的形式要求，称这里的意图犯为"非典型的法定目的犯"当无问题。

（2）"为他人谋取利益"。

《刑法》（2020年修正）第385条规定，"国家工作人员利用职务上的便利，索取他人财物的，或者非法收受他人财物，为他人谋取利益的，是受贿罪"。这里，法条表述之中的"……的，"表明该条文对一种罪状（或具体犯罪的一种情形）的表述已经完结；如果"……的，"后面还有其他表述，则是对另一罪状（或具体犯罪的另一种情形）的表述，而不是对前一罪状的补充或递进说明。[1] 这样看来，该条所规定的"索取他人财物"后使用了"的，"这一表示罪状已经表述完结的标示，故索取他人财物构成受贿的，不要求"为他人谋取利益"。应该说，这样的理解不仅符合对罪状的表述之解读的基

---

[1] 张明楷. 刑法分则的解释原理. 北京：中国人民大学出版社，2004：63.

本法理，也符合我国现行的司法解释①，是不存在争议的。问题是：在非法收受他人财物的情况下，"为他人谋取利益"到底是犯罪构成的主观要件还是客观要件？对此，在刑法理论上存在争论。实际上，也正是刑法规定本身的不明确造成了刑法理论上对"为他人谋取利益"在属性归类上的争论。在本书看来，受贿罪是权钱交易型犯罪，受贿罪所侵害的法益是国家工作人员之职务行为的不可收买性。在实践中，某些人收了财物，不想为他人办事；或者收了财物，因各种原因，无法为他人办事；也有部分人搞"感情投资"，送财物前后一个时期内不提谋取利益之事，相信有所求时自然会受到"关照"。而"为他人谋取利益"的规定，不管被理解为主观要件还是客观要件，都存在着使收受财物"不为他人谋取利益"的人不能受到刑事追究的问题②，从而不利于对于这样一些同样侵害了国家工作人员之职务行为不可收买性之行为的查处。可以说，从立法论的角度讲，取消受贿罪之"为他人谋取利益"的构成要件，截短受贿罪的犯罪构成，具有相当程度上的合理性。然而，从解释论的角度讲，"为他人谋取利益"应该属于主观要件。从法益侵害的角度而言，只要收受了他人的财物，并且意图为他人谋取利益的，本罪所保护的法益——国家工作人员之职务行为的不可收买性（职务行为与财物的不可交换性）这一法益就已经受到了完整的侵犯，就应该属于本罪的既遂。所以，"为他人谋取利益"应当理解为意图为他人谋取利益，承诺、实施和实现都是这一意图的客观表现。对于构成受贿罪来说，只要具有为他人谋取利益的意图即可。因此，"为他人谋取利益"是受贿罪的主观要件，受贿罪应当被理解为目的犯。③ 并且，受贿罪属于目的犯中的短缩的二行为犯（间接目的犯）。这里的二行为，一是指受贿行为，二是指为他人谋取利益的行为。为他人谋取利益并不能由受贿行为本身实现，而有赖于将这一意图付诸实施。但为他人谋取利益这一行为又不是受贿罪本身的构成要件之行为，因而称该罪为短缩的二行为犯。

（3）"为谋取不正当利益"。

《刑法》（2020年修正）第164、389、391、393条规定的各类行贿罪中都有"为谋取不正当利益"的规定，这些规定究竟属于对各罪的主观要素的规定还是客观要素的规定？对此，应该认为，这里的"为谋取不正当利益"就

---

① 根据1999年9月16日《最高人民检察院关于人民检察院直接受理立案侦查案件立案标准的规定（试行）》，索取他人财物的，不论是否"为他人谋取利益"，均可构成受贿罪。

② 戴玉忠. 我国贿赂犯罪刑法规范的演变与思考. 检察日报，2007-04-19（3）.

③ 陈兴良. 受贿罪研究//陈兴良. 刑事法判解：第3卷. 北京：法律出版社，2001：40~41. 与此相对，学界主张受贿罪中的"为他人谋取利益"属于受贿罪的客观要件的也大有人在，其中有代表性的观点比如高铭暄，马克昌. 刑法学：下篇. 北京：中国法制出版社，1999：1141. 最近的相应论断，可见阎二鹏. 目的犯立法研究. 哈尔滨工业大学学报（社会科学版），2005（3）：109.

是指意图谋取不正当利益，从而属于主观的要素，并且当然是不同于故意的主观要素，从而相应各罪也就属于目的犯，并且是本书意义上的非典型的法定目的犯（当然，刑法并没有将"为谋取不正当利益"限定为为自己谋取不正当利益，所以"为谋取不正当利益"当然包括为自己谋取不正当利益与为他人谋取不正当利益）。①

（4）"为……"。

此外，虽然不能一一展开，本书认为，《刑法》（2020年修正）第191条中的为掩饰、隐瞒其来源和性质②、第238条第3款中的"为索取债务非法扣押、拘禁他人"、第269条中的"为窝藏赃物、抗拒抓捕或者毁灭罪证"、第319条中的"为组织他人偷越国（边）境使用"等，也都属于各罪的主观要素，从而相应地各罪也都属于非典型的法定目的犯。③

2. 非法定目的犯的厘定

不论是法条中明文要求"以……为目的"的典型的法定目的犯，还是法条中明文要求特定的意图或者一些场合中的"为……"（非典型的法定目的犯），在其成立犯罪要求特定的主观目的有明确的法律依据这一点上，是一样的。而非法定目的犯则不同，虽然其也属于目的犯，但是相应的犯罪目的并非法律明文要求的，而是在刑法理论上和司法实践中总结而来的。因此，一个很重要的问题是：凭什么说某种犯罪的成立需要或者不需要某种特定的目的？其依据何在？这涉及非法定目的犯的厘定问题。本书以《刑法》（2020年修正）第170条规定的伪造货币罪为例，简要阐明在此问题上的基本观点。

（1）伪造货币罪是否要求特定目的的辨析。

日本刑法第148条第1项规定，"以行使为目的，伪造或者变造通用的货币、纸币或者银行券的，处无期或者三年以上惩役"。据此，伪造货币罪须以行使为目的不存在任何争议。④但我国刑法规定的伪造货币罪，并未规定以行使为目的而只是规定"伪造货币的，处……"。在这样的立法规定下，伪造货币罪是否需要以行使为目的就是存有争议的。无疑，承认此罪为目的犯，则

---

① 明确将"为谋取不正当利益"作为目的犯的一种的，可见曲新久. 刑法学. 北京：中国政法大学出版社，2008：115。

② 支持洗钱罪属于目的犯的观点，可见王作富. 刑法分则实务研究：上. 北京：中国方正出版社，2007：586。

③ 自然，并非所有的法条中规定"为……"的，都属于该罪的主观要素，"为……"也有属于客观要素的情况。对此不能一概而论，而要仔细分别。对此，可参见张明楷. 刑法分则的解释原理. 北京：中国人民大学出版社，2004：164及以下。

④ 此外，德国刑法第146条中"以供流通或者可能流通为目的"、瑞士刑法第240条中"意图将其作为真币流通"等，也都要求成立伪造货币罪要具有相应的目的。

本罪属于非法定目的犯；若不承认本罪为目的犯，则本罪只属于一般的故意犯罪。对于本罪是否属于（非法定）目的犯，在我国刑法学者之间主要存在着否定说和肯定说两种观点。

这里，伪造货币罪是否以行使为目的，表面上看来是一个刑法解释论上的问题，实际上却涉及非法定目的犯的甄别问题。而这里的甄别标准，又首先与伪造货币罪所保护的法益相关。如果伪造货币罪侵犯的法益是货币制造或者发行权，则只要制作了假币就应构成伪造货币罪；而如果伪造货币罪侵犯的法益是货币的公共信用，则没有行使目的就难以说是侵犯了货币的公共信用，从而也就不应定罪处罚。伪造货币罪规定在1997年修订的《刑法》的分则第三章第四节"破坏金融管理秩序罪"中，但是，无论是旧刑法时代的教材还是新刑法时代的教材，对伪造货币罪保护的法益（犯罪侵害的"客体"）的理解主要包括"国家的货币制度""国家的货币管理制度和国家货币的正常流通""国家的金融管理秩序"等等，大都仍旧理解得含糊笼统。这样理解的法益内容也就丧失了对构成要件的解释机能。

对于伪造货币罪究竟是否为目的犯的不同理解，不是单纯的学理上的探讨，它直接决定了没有行使目的的伪造行为能否被处罚的问题。实际上，如果纠缠于伪造货币罪保护的法益究竟是公共信用还是货币发行权还是二者择一的话，就会使问题因为判断标准的不确定化而变得混乱。所以，就伪造货币罪来说，本书认为，如果将不具有行使目的的伪造行为予以出罪的原因定位于出于刑事政策上收缩法网的考虑的话，可能会使问题变得简单和明晰。在这个意义上，笔者赞同陈兴良教授的如下论断："刑法没有规定伪造货币罪须以行使为目的，但从刑事政策出发对此作出限制解释，将没有行使目的的伪造货币行为从犯罪中排除出去，在刑法解释上也是可以成立的。"[①]

（2）非法定目的犯的甄别标准：法益标准说（原则）＋刑事政策说（例外）。

法益侵害说是在与规范违法说的对应意义上被解释和展开的，立足于传

[①] 陈兴良．目的犯的法理探究．法学研究，2004（3）：74．就伪造货币罪而言，赋予其非法定目的犯的地位之后，还存在着一个目的内容的问题。在1997年《刑法》颁布之初有观点认为，本罪应有营利或谋取非法利益的目的（苏惠渔．刑法学．北京：中国政法大学出版社，1997：506），但是，正如刘艳红博士所批评的那样，"营利"是指谋求利润，"牟利"是指牟取非法利润，而"获取非法利益"实质与"营利"或"牟利"相同。本罪的行为并非一定将伪造、变造的货币转手卖给他人获取经济上的利益，也可能是供本人使用或者赠送给亲友使用，不属于"营利"或"牟利"，但这样的行为仍然应该构成犯罪。所以将本罪的目的理解为"营利或谋取非法利益的目的"是不妥当的。[刘艳红．货币犯罪若干问题研究．法商研究，1997（3）：69] 本书认为，本罪的目的应该表述为"以行使为目的"，因为该犯罪的危害在于伪币的泛滥和流通将严重影响币的信用，危害交易安全。实际上，我国《刑法》只要是像日本刑法那样，在第170条法文上加上"以行使为目的"6个字，就可以避免那么多的争论（尽管这些讨论反过来也多少促进了理论发展），真是应该好好地在立法的科学性上思量思量。

统的客观违法性论的基本立场,必然将法益侵害及其危险理解为违法性的本质。在对非法定目的犯进行甄别的时候,法益侵害说也是必须首先予以考虑的。根据法益侵害说的观念,"某种目的、内心倾向等是否(为)主观的超过要素,应取决于它是否说明行为对法益的侵犯及其程度。如果某种目的、内心倾向对决定法益的侵犯及其程度具有重要作用,即使在刑法没有明文规定的情况下,也可能将其解释为主观要件的内容;如果某种目的、内心倾向对决定法益的侵犯及其程度不具有重要作用,甚至没有任何作用,则不应该随意将其解释为主观要件的内容"[①]。可以说,法益侵害说有理由作为甄别非法定目的犯的首要标准,是必须首先考虑确定的原则。

然而,法益本身是客观的、确定的,并不等于我们总是能够清楚地、准确地界定出法律所保护的该当犯罪的法益。从法益侵害的角度来界定是否为目的犯必定依赖于对于该当犯罪所保护的法益的理解。一种犯罪所保护的法益究竟为何常常缺乏判断的客观标准,常常没有任何的"立法原意"可循,见仁见智的结果可能是任意出入人罪。所以,本书尽管原则上愿意接受法益的构成要件解释机能,从而承认其非法定目的犯的甄别机能,但是同时又主张必须面对在确定法益时的不确定性,从而也主张在以法益侵害说为原则来甄别非法定目的犯的时候可能需要借助其他的标准来弥补法益侵害说身后的空档。这里所说的"其他的标准",就是作为例外的刑事政策说。

本书主张,就非法定目的犯的甄别来说,虽然法益侵害说是首要的标准,但是在立法上无法准确读出该当犯罪的法益而理论上又无法对该罪的法益取得有效共识的情况下,无论是进行理论研究时是否将某种犯罪确定为目的犯,还是在进行司法认定时对于相应不具目的的、形式上该当条文的行为(比如不具有行使目的的"伪造货币"行为)的处理,都应该作为例外考虑刑事政策的需要,亦可称之为考虑实质上的处罚必要性。实际上,这里所说的刑事政策标准,也就是大陆法系学者广泛研究的与"需罚性"相对应的"可罚性""应罚性"的问题。从解释论的角度而言,一种犯罪被认为是目的犯(较之不被认为是目的犯扩张了构成要件,从而缩小了处罚范围)的条件是,只有附加上此种目的的行为才是具有予以处罚的现实必要性和实质合理性的,才是符合刑事政策的目标的,而从文义解释的角度理解的单纯的法条中的行为不具有处罚的实质合理性,不符合刑事政策的理性预期。在这种情况下,应该将此种条文上没有要求"目的"的犯罪限制解释为目的犯,此种情况即为非法定目的犯,而在此时,刑事政策的考量则作为在法益侵害说缺位的情况下甄别非法定目的犯的标准。

[①] 张明楷. 刑法分则的解释原理. 北京:中国人民大学出版社,2004:191.

二、犯罪动机

知识背景

犯罪动机是指推动犯罪人实施犯罪行为的内心起因。同一犯罪行为可能出于各种不同的犯罪动机,比如同样是杀人的行为,可能出于图财、仇恨、奸情、激愤等不同的动机。虽然犯罪动机一般不是犯罪构成的责任要素,但它对于征表犯罪人的人身危险性具有重要的意义,从而对量刑具有重要的意义。比如甲、乙二人共谋盗窃丙的1万元,如果甲的动机在于以此作为赌博的本金,而乙的动机在于为病重的母亲筹集医药费,则尽管两人都是故意实施盗窃,由于动机的差异,其可谴责性的程度便不相同,这种差异就应该体现在量刑上。犯罪动机对量刑的意义除了体现在可由法官自由裁量,还可能体现在立法之中。比如《刑法》(2020年修正)第397条第2款规定,"国家机关工作人员徇私舞弊,犯前款罪(滥用职权、玩忽职守——引者注)的,处……";又如《刑法》(2020年修正)第168条第3款规定,"国有公司、企业、事业单位的工作人员,徇私舞弊,犯前两款罪(国有公司、企业、事业单位人员失职罪和国有公司、企业事业单位人员滥用职权罪——引者注)的,依照第一款的规定从重处罚"。这两处的"徇私舞弊"实际上都可以理解为犯罪动机,是否具有徇私舞弊的动机决定了对法定刑的选择或者在同一法定刑之内的量刑。这就属于立法对于动机影响量刑的明确规定。

一般来说,犯罪动机只影响量刑,不影响定罪,但在特殊的情况下,犯罪动机也对定罪具有重要的意义,此时,犯罪动机也成了主观的责任要素。比如,《刑法》(2020年修正)第399条规定,"司法工作人员徇私枉法、徇情枉法,对……",具备"徇私、徇情"动机显然是构成徇私枉法罪的要件,并且罪名中也通过"徇私"反映了出来。其他法定以"徇私"作为要件的犯罪有:第401条规定的徇私舞弊减刑、假释、暂予监外执行罪;第402条规定的徇私舞弊不移交刑事案件罪;第403条规定的滥用管理公司、证券职权罪;第404条规定的徇私舞弊不征、少征税款罪;第405条规定的徇私舞弊发售发票、抵扣税款、出口退税罪和违法提供出口退税凭证罪;第410条规定的非法批准征收、征用、占用土地罪和非法低价出让国有土地使用权罪;第411条规定的放纵走私罪;第412条规定的商检徇私舞弊罪;第413条规定的动植物检疫徇私舞弊罪;第414条规定的放纵制售伪劣商品犯罪行为罪;第418条规定的招收公务员、学生徇私舞弊罪;第169条规定的徇私舞弊低价折股、出售国有资产罪。①

---

① 曲新久. 刑法学. 北京:中国政法大学出版社,2008:116.

案例评价

[案例 4-24] 农某锋等强制猥亵妇女案[①]（犯罪动机与定罪）

1. 基本案情

1998年11月20日下午，农某锋、甘某勇、刘某汉、刘某柳、刘某贤和何某荣、何某华、谭某洪、谭某朗（均负案在逃）、甘某贵、刘某坚、农某智、甘某滨（均不追究刑事责任）等人应本村谭某生入新居的邀请，到F县城东区荣和酒家四楼饮酒。席间，根据他们的要求，老板安排黄甲、黄乙和罗某三个女子到四楼的"芙蓉"包厢去为他们斟酒。黄乙和罗某见他们动作粗野而借故离开该包厢。黄甲因被何某华、何某荣搂住身体而不能离开。晚上7时许，谭某洪说：隔衣服摸她不过瘾，脱光她衣服。农某锋和何某荣、谭某洪、谭某朗等人强行剥光黄甲的衣裤，并摸弄其乳房和阴部。甘某勇在黄甲反抗和哭喊时用手捂其嘴巴。之后，甘某勇、刘某汉、刘某柳、刘某贤和甘某贵、何某华、农某智、刘某坚、甘某滨等人对黄甲进行抠摸。这时，何某荣说："你们出去，等我搞她（指奸淫）。"何某荣见同伙退出包厢后，即把门关上并反锁。当何某荣逼近黄甲欲奸淫时，黄甲不堪凌辱，越窗跳楼，当即摔伤，昏迷不醒，被送医院抢救治疗。案发后，甘某贵、农某智到县公安局投案自首。黄甲提起附带民事诉讼，请求赔偿医药费、护理费、住院伙食补助费。

2. 涉案问题

（1）强制猥亵妇女罪是否需要在主观上具有满足性欲刺激的动机？（2）酒楼包厢是否属于公共场所？

3. 裁判理由

法院认为：被告人农某锋、甘某勇、刘某汉、刘某柳、刘某贤在主观上具有满足性欲刺激的目的，在客观上实施了对黄甲抠摸、搂抱、手淫等淫秽下流的行为，符合强制猥亵妇女罪的犯罪构成，公诉机关对被告人指控的罪名成立。在共同犯罪中，被告人农某锋起主要作用，是本案的主犯。被告人甘某勇、刘某汉、刘某柳、刘某贤起次要作用，是从犯，依法可以从轻处罚。唯被告人农某锋等一伙人是在酒楼特定的包厢内实施犯罪行为。酒楼就整体来说应属于公共场所，而酒楼内的包厢是封闭式的，与公众顾客隔绝。在酒楼的某一包厢由顾客定时使用期间，其他顾客是不能随便进入的，因而包厢就不属于公共场所。故本案数被告人的犯罪行为不应属于在公共场所当众所

[①] 国家法官学院，中国人民大学法学院．中国审判案例要览：2000年刑事审判案例卷．北京：中国人民大学出版社，2002：70~74．

实施。附带民事诉讼原告人请求被告人给予经济赔偿和精神损害补偿有法律依据，应予支持。但根据本案的具体情况和各被告人的经济赔偿能力，酌情适当补偿。遂依照《中华人民共和国刑法》（1997年修订）第237条第1款、第26条第1款、第27条和《中华人民共和国民法通则》第119条的规定，作出判决：（1）农某锋犯强制猥亵妇女罪，判处有期徒刑3年6个月。（2）甘某勇犯强制猥亵妇女罪，判处有期徒刑1年6个月。（3）刘某汉犯强制猥亵妇女罪，判处有期徒刑1年。（4）刘某柳犯强制猥亵妇女罪，判处有期徒刑1年。（5）刘某贤犯强制猥亵妇女罪，免予刑事处罚。（6）民事赔偿部分，由农某锋赔偿3 000元；由甘某勇、刘某汉、刘某柳、刘某贤、农某智、甘某贵、刘某坚、甘某滨各赔偿2 500元。

4. 评析意见

本案是一起共同犯罪形式的强制猥亵案件，除共同犯罪和附带民事赔偿等部分具有一定的特殊性之外，本案还涉及对犯罪动机的理解以及具体处罚所应适用的条款等。就强制猥亵妇女罪而言，其属于故意犯罪自是当然，同时其主观上是否要求刺激或者满足性欲的目的则需要讨论。自然，在多数的强制猥亵妇女的案件中行为人主观上是为了满足、刺激自己的性欲，但是这并非构成本罪所必需的主观的目的，本罪也不是所谓的目的犯。满足、刺激自己的性欲不过是促使行为人实施猥亵行为的内心起因，不过是本罪的动机。即便主观上不是为了满足、刺激自己的性欲而是出于其他动机（比如为了报复妇女，当众强行扒光妇女的衣裤），只要客观上实施了侵害妇女的性的羞耻心的行为，也应该认定为强制猥亵妇女罪。可以认为本罪是动机不影响定罪的一个例证。此外，本罪究竟是否属于《刑法》（1997年修订）第237条所说的"聚众或者在公共场所当众"强制猥亵妇女，直接关系到对被告人的量刑。对此，判决结合案件的具体情况给出了否定的回答，判决所依据的理由及其结论是值得肯定的。

第五节　无罪过事件

知识背景

一、无罪过事件的体系地位及意义

《刑法》（2020年修正）第16条规定："行为在客观上虽然造成了损害结果，但是不是出于故意或者过失，而是由于不能抗拒或者不能预见的原因所引起的，不是犯罪。"这就是刑法上的无罪过事件。与责任阻却事由（责任无能力、期待不可能和欠缺违法性认识可能性）是在行为人已经具备故意或者过失这样的责任形式的前提之下由于欠缺规范意义上的谴责可能性而"阻却"责任，从而不构成犯罪不同，无罪过事件是因为虽然行为在客观上造成了损害结果，但是行为人在主观上却不具备故意或者过失这样的责任形式，从而就损害结果而言根本不具备谴责行为人的主观基础。这是无罪过事件与责任阻却事由在性质上的不同，是必须明确的。

由此，就体系地位而言，无罪过事件不属于责任阻却事由，故而应该在故意和过失这两种罪过形式之后，将之作为罪过形式的例外而加以讨论。刑法规定，如果无罪过（故意和过失），即使造成损害也不认为是犯罪。这意味着我国刑法确定了罪过责任原则，摒弃了结果责任制度，禁止客观归罪。所谓结果责任，是指只要造成损害结果，无论行为人有无罪过，都必须追究刑事责任。结果责任仅根据客观损害就能够定罪处罚，不考虑罪过的有无，往往会作出不合情理的处罚，故已经被现代刑法发展的潮流取代。从《刑法》第16条的规定中亦可看出我国刑法中并不存在所谓严格责任，认为我国刑法中的个别犯罪是严格责任的观点与《刑法》第16条的规定是矛盾的。

以往的刑法理论常常笼统地将《刑法》第16条的规定概括为意外事件，现在则一般将之细分为意外事件和不可抗力。

二、意外事件

意外事件是指行为在客观上虽然造成了损害结果，但不是出于行为人的故意或者过失，而是由不能预见的原因所引起的，不是犯罪。意外事件由三个要素构成：（1）行为在客观上造成了损害结果；（2）对所造成的结果，行为人既无故意也无过失；（3）损害结果是由行为人不能预见的原因引起的。所谓不能预见，是指不但行为人没有预见，而且根据当时的客观情况和行为人的主观认识能力，行为人也不可能预见。意外事件与疏忽大意的过失的相同点在于行为人对危害结果的发生都没有预见，两者的区别在于行为人对危害结果的发生是否有预见的可能性。在意外事件中，行为人对损害结果的发生是不可能预见的，而在疏忽大意的过失中，行为人对危害结果的发生是应当预见并且能够预见的，之所以事实上的没有预见，只是由于行为人疏忽大意。所以在疏忽大意的过失的场合，存在对行为人予以非难的主观基础，疏忽大意造成损害结果的，可能要构成犯罪。考察行为人是否具有预见的能力，要结合行为人自身的主、客观情况。例如，在新中国成立初期在东北某地农村，电影放映员甲和车夫乙从县城取来电影胶片后，一同将胶片搬进屋内，顺手放在火炉边，把胶片当凳子坐着烤火。不久，二人都离去。后来，胶片被炉火烤燃，发生火灾。在本案中，电影放映员知道胶片具有易燃性，因此应当认识到把胶片放在火炉边可能引起火灾,但是他没有注意到这个问题,以致胶片被烤燃,引起火灾,这说明他具有过失。而车夫没有胶片易燃性方面的知识,因此不可能认识到把胶片放在炉边的危险性,也不应当要求他具有这种知识,故车夫对发生火灾没有过失,对他而言,这是意外事件,不构成犯罪。① 就意外事件和疏忽大意的过失的区分而言,应该特别注意,不能因为结果严重就一概断定行为人能够预见、应当预见。"只要结果严重就千方百计以犯罪论处的做法,是结果责任的残余,违反责任主义。"②

案例评价

[案例 4-25] 朱某平过失致人死亡案③

1. 基本案情

朱某平为了拆迁,从拆迁市场购买回来旧砖头、旧钢筋、旧楼板,交给无建筑资质的于某门建两层楼房,并吩咐于某门为其节省资金。2004 年 5 月中旬的一天,于某门带领王某玉、王某宝、王某喜、王某莲等人进行施工,在施工过程中,未采取安全防范措施。2004 年 5 月 28 日下午 2 时许,在朱某平经于某门同意将两桶烂泥浆调到二楼廊檐顶部后不久,在楼板自重和施工操作等负荷的作用下,挑梁断落,致使王某玉被砸,当场死亡;王某宝被砸伤后经抢救无效死亡;王某喜、王某莲被砸成轻微伤。经鉴定,该房建造标准很低,泥浆强度为 0,主要承重构件的构造连接和整体性很差,挑梁不符合现行建筑结构设计规范的有关要求。

2. 涉案问题

如何区分疏忽大意的过失和意外事件?

3. 裁判理由

法院认为:被告人朱某平建设两层楼房,购买的是旧材料,为了拆迁,吩咐于某门尽量节省。其由于疏忽大意没有预见到后果发生的可能性,并且亲自用吊车将两大桶烂泥浆吊到二楼,最终导致楼房崩塌,进而两死两伤的后果。被告人主观上具有疏忽大意的过失,客观上其行为与两死两伤的后果有因果关系,其行为符合过失致人死亡罪的法律特征。考虑到被告人朱某平在整个事故中起次要作用,其犯罪情节轻微,不需要判处刑罚,可以免除刑事处罚。遂依照《中华人民共和国刑法》(2002 年修正)第 233 条、第 37 条

---

① 曲新久. 刑法学. 北京:中国政法大学出版社,2008:120~121.
② 张明楷. 刑法学. 5 版. 北京:法律出版社,2016:290.
③ 最高人民法院刑事审判第一、二庭. 刑事审判参考:总第 44 集. 北京:法律出版社,2006:49~52.

之规定，判决被告人朱某平犯过失致人死亡罪，免予刑事处罚。

一审宣判后，朱某平未上诉，检察机关也未抗诉，一审判决发生法律效力。

4. 评析意见

在案件审理之中，被告人朱某平及其辩护人均提出：朱某平主观上无过失，无法预见到死伤后果，系意外事件。但法院经审理认为，被告人朱某平应当预见到自己的行为可能造成他人死亡，然而没有预见，导致两人死亡、两人轻微伤的结果发生，其行为构成过失致人死亡罪。

这里涉及意外事件与疏忽大意的过失（无认识过失）的区分问题。

意外事件与疏忽大意的过失有相似之处，表现在行为人事实上都没有预见到自己行为的危害结果，客观上又都发生了危害结果。但是，在意外事件中，行为人是不应当预见、不能够预见危害结果的发生，而在疏忽大意的过失场合行为人应当预见、能够预见危害结果的发生，只是由于疏忽大意才没有预见。因此，二者区分的关键是看行为人是否应当预见、能够预见。在疏忽大意过失的场合，行为人没有预见到自己的行为可能发生危害社会的结果，没有预见并非行为人不能预见危害结果，而是在应当预见的前提下由于疏忽大意才没有预见，如果行为人小心谨慎、认真负责，那么就会预见到危害结果的发生。因此，有注意能力未尽注意业务是有疏忽大意的过失的行为人承担刑事责任的根据。

预见能力因人而异，有高低大小之分，需要进行具体的判断。在本案中，朱某平为了拆迁而建房，购买的是旧的建筑材料，委托的是无建房资质的人员，这明显违反了房屋建设一般活动所应遵循的义务。而且，朱某平还嘱咐于某门尽量少用水泥以节省资金，同时，其在施工过程中没有采取任何安全防范措施，因此，朱某平的建房行为是一种容易导致施工人员伤亡的危险行为。对此，普通人能够加以认识。就朱某平而言，一方面，他具有完全刑事责任能力，其智商水平不低于普通人；另一方面，由于他平时用自家的吊车帮别人上下楼板，他对于建房安全性的认知应高于普通人的，所以对自己的行为可能导致施工人员伤亡的危险性是完全能够认识的。在客观上，尽管是楼板自重和施工操作等负荷的作用直接导致挑梁断落，进而发生4人伤亡的危害后果，但是朱某平在建房时违反房屋建设所必需的安全要求，使房屋安全性极差，这是导致挑梁断落的根本原因。因此，案件中两人死亡、两人轻微伤的后果与朱某平的建房行为存在因果关系。

综上，在肯定了朱某平主观上有注意义务、预见能力的前提下，行为客观上导致被害人伤亡后果的，就不是意外事件，而是应该肯定其过失。人民法院认定朱某平之行为构成过失致人死亡罪是正确的。

[案例 4-26] 廖某朋致人死亡案[①]

1. 基本案情

2001年5月4日上午9时许，廖某朋在L镇龙山市场卖鱼给赖某棠时，因短斤少两问题双方发生争吵，并互相向对方推打了一拳。接着，赖某棠打电话叫其妻兄等人来帮忙。廖某朋见状也打电话叫李某珠来帮忙。后廖某朋见赖某棠叫来了五六个人，且李某珠未到，便拨打"110"报警。后经群众劝解赖某棠及其亲友向市场外离去。此时，李某珠带着一男子（另案处理）赶到，并问廖某朋与谁争吵，廖某朋即指着赖某棠，并与李某珠及其带来的男子一起追赶赖某棠。廖某朋的妻子梅某芳见状即上前抱住廖某朋，叫廖某朋不要再打，但廖某朋挣脱了，带着李某珠等人追上赖某棠。李某珠及其带来的男子追上赖某棠后，即分别用拳头向赖的头、胸部打了多拳。稍后，接报警而赶到的公安人员将廖某朋和赖某棠等人带回龙山派出所调查处理，后赖某棠在问话结束后即昏迷倒地，经送医院抢救无效而死亡。经法医鉴定，赖某棠符合在冠心病、陈旧性心肌梗死、慢性心包炎的基础上，在外部诱因（如外伤）作用下致心性猝死。

2. 涉案问题

本案涉及无罪过事件的无罪认定问题，同时与对疏忽大意的过失的理解也密切相关。

3. 裁判理由

广东省佛山市顺德区人民法院经审理认为：被告人廖某朋、李某珠殴打受害人赖某棠，受害人赖某棠在外部诱因（如外伤）作用下致心性猝死的事实，证据充分，本院予以认定。被告人李某珠提出是劝架、没有伤害过赖某棠的辩解，经查，被告人廖某朋及多名证人均证实其有殴打受害人赖某棠，故对该辩解本院不予采纳。自诉人起诉的事实清楚，但指控两被告人的行为构成犯罪的理由不够充分。被告人廖某朋、李某珠的行为不构成犯罪。主观上，被告人廖某朋、李某珠没有故意或者过失的心理态度，即没有刑法上的罪过。受害人及其家人不知道受害人有如此严重的疾病，被告人更不可能知道。其次，被告人与受害人素不相识，对一般的殴打会造成死亡的后果无法预见，也不可能预见。客观上，法医鉴定结论证实受害人所受损害未达致死程度，但没有对其损害程度作出鉴定。从受害人在派出所的问话中看出，受害人没有什么大碍，在正常情况下，被告人的殴打行为，不会造成轻伤以上的伤害。行为虽然在客观上造成了损害结果，但是不是出于故意或者过失，

[①] 国家法官学院，中国人民大学法学院. 中国审判案例要览：2004年刑事审判案例卷. 北京：人民法院出版社，中国人民大学出版社，2004：41~45.

而是由不能预见的原因所引起的，不构成犯罪。两被告人虽有殴打受害人的情节，但其伤害程度未达到需受到刑事处罚、承担刑事责任的起点。两被告人殴打受害人的行为与受害人的死亡结果有因果关系，但根据犯罪构成去衡量，两被告人不应承担刑事责任。由于两被告人实施了侵害行为，有一定过错，具备民事侵权行为的构成要件，两被告人应承担民事赔偿责任。但由于本案中认定两被告人不构成犯罪，故自诉人请求赔偿由于被告人的犯罪行为而遭受的物质损失的诉讼请求，应予驳回，民事赔偿可另行提起民事诉讼。遂依照《中华人民共和国刑法》（1999年修正）第16条，《中华人民共和国刑事诉讼法》（1996年）第77条第1款，最高人民法院《关于执行〈中华人民共和国刑事诉讼法〉若干问题的解释》第176条第3项、第205条的规定，判决如下：（1）被告人廖某朋无罪。（2）被告人李某珠无罪。（3）驳回附带民事诉讼原告人梅某、赖某和、赖某贤、赖某旋、左某秋的民事赔偿的诉讼请求。

一审判决后梅某等提起上诉，要求撤销一审判决，依法追究被上诉人的过失致人死亡的刑事责任。

广东省佛山市中级人民法院经审认为，两被上诉人对被害人死亡的结果在主观上无过失，依据《中华人民共和国刑法》（1999年修正）第16条的规定，两被上诉人廖某朋、李某珠的行为不构成犯罪。原审认定被上诉人廖某朋、李某珠无罪的事实清楚，证据确实充分，审判程序合法。但对附带民事部分的裁判，适用法律不当，依法应当纠正。遂依照相关法律和司法解释，判决如下：（1）维持广东省佛山市顺德区人民法院（2003）顺刑初字第692号刑事附带民事判决第一、二项，即被告人廖某朋无罪、被告人李某珠无罪。（2）撤销广东省佛山市顺德区人民法院（2003）顺刑初字第692号刑事附带民事判决第三项，即"驳回附带民事诉讼原告人梅某、赖某和、赖某贤、赖某旋、左某秋的民事赔偿的诉讼请求"。（3）两被上诉人廖某朋、李某珠共同赔偿上诉人梅某、赖某和、赖某贤、赖某旋、左某秋人民币76 039.28元。

4. 评析意见

对本案的审理，涉及意外事件的认定以及其与过失（特别是疏忽大意的过失）犯罪之间的界限问题。在此，法院的判决中虽没有明确提到意外事件这个概念，但定案结论援引了《刑法》（1999年修正）第16条，并且在判决理由中明确指出行为虽然在客观上造成了损害结果，但不是出于故意或者过失，而是由不能预见的原因引起的，不构成犯罪，以此作为廖某朋等无罪的法理根据。可以说，本案是根据意外事件作出无罪判决的一个案例。意外事件是由不能预见的原因引起的，其中的不能预见是指没有预见，并且不可能预见。没有预见是结果，不可能预见是原因。"因此，在一个具体案件中应当首先查明是否预见，如果已经预见到危害结果的发生，那就可能构成故意或者过于自信的过失，而不可能是意外事件。在确认没有预见的基础上，进一步追问是否能够预见，如果确实不能预见，就构成意外事件。如果能够预见，则构成疏忽大意的过失。"① 在本案中，法院的判决肯定了客观上两被告人殴打受害人的行为与受害人的死亡结果之间存在因果关系（本案属于被害人具有特殊体质的情形，法院实际上是根据条件说承认因果关系的），但又认为"被告人不知道受害人有如此严重的疾病"，"被害人不可能预见一般的殴打会造成死亡的结果"，从而认为被告人没有预见也不可能预见自己的行为会发生危害社会的结果，故而排除了其主观罪过。这一判决结论反映了司法实践中对因果关系把握的标准和通过罪过原则限定犯罪成立范围的实际努力，总体上是值得肯定的。②

[案例 4-27] 穆某祥被控过失致人死亡案③

1. 基本案情

1999 年 9 月 6 日 10 时许，穆某祥驾驶其苏 GM27×× 号金蛙农用三轮车，载客自灌南县盂兴庄驶往县城新安镇。车行至苏 306 线灌南县硕湖乡乔庄村境内路段时，穆某祥见前方有灌南县交通局工作人员正在检查过往车辆。因自己的农用车有关费用欠缴，穆某祥担心被查到受罚，遂驾车左拐，驶离 306 线，并在乔庄村 3 组李某华家住宅附近停车让乘客下车。因车顶碰触村民李某明从李某华家所接电线接头的裸露处，车身带电。先下车的几名乘客，因分别跳下车，未发生意外，也未发现车身导电。后下车的乘客张某森由于在下车时手抓挂在车尾的自行车车梁而触电身亡。张某森触电后，同车乘客用木棍将三轮车所接触的电线击断。

现场勘验表明：穆某祥的苏 GM27×× 号金蛙农用三轮车出厂技术规格外形尺寸为长 368 厘米、宽 140 厘米、高 147 厘米。穆某祥在车顶上焊接有角铁行李架，致使该车实际外形尺寸为高 235 厘米。按有关交通管理法规的规定，该种车型最大高度应为 200 厘米。李某明套户接李某华家电表，套户零线、火线距地面垂直高度分别为 253 厘米、228 厘米，且该线接头处裸露。按有关电力法规的规定，安全用电套户线对地距离最小高度应为 250 厘米，故李某明所接的火线对地距离不符合安全标准。

---

① 陈兴良. 判例刑法学：上. 2 版. 北京：中国人民大学出版社，2017：301.
② 关于本案的详细的分析，包括对判决结论本身的认同和对得出无罪结论的论证过程的质疑，可参见陈兴良. 判例刑法学：上. 2 版. 北京：中国人民大学出版社，2017：318~320.
③ 最高人民法院刑事审判第一、二、三、四、五庭. 中国刑事审判指导案例：侵犯公民人身权利、民主权利罪. 北京：法律出版社，2012：253~255.

2. 涉案问题

穆某祥对于张某森触电死亡的后果在主观上是否具有过失？

3. 裁判理由

法院经审理认为：被告人穆某祥的行为虽然造成了他人死亡的结果，但既不是出于故意也不存在过失，而是由不能预见的原因引起的，属意外事件，不构成犯罪。公诉机关指控被告人穆某祥犯过失致人死亡罪的定性不当，指控的罪名不能成立，不予支持。遂依照《中华人民共和国刑事诉讼法》（1996年）第 162 条第 2 项、《最高人民法院关于执行〈中华人民共和国刑事诉讼法〉若干问题的解释》（1998 年）第 176 条第 3 项和《中华人民共和国刑法》（1997 年修订）第 16 条的规定，判决被告人穆某祥无罪。

4. 评析意见

对于本案，主要存在着无认识过失和意外事件两种观点的对立。前一种观点认为，穆某祥违章改装车辆，使车辆高度超过交通管理法规规定的高度，其在行车过程中应当预见到可能会发生一定的危害结果，理应采取必要的防范措施，但因疏于观察周围环境，没有预见到本应预见的可能发生的危害结果，主观上具有过失，客观上造成了张某森死亡的严重后果，应当负刑事责任。公诉机关根据这种观点对穆某祥提起了公诉。法院则根据后一种观点认定穆某祥无罪。虽然理论上也有学者对法院的判决提出了质疑[①]，但法院的立场还是值得肯定的，且本案为最高人民法院所编撰的《中国刑事审判指导案例》所收录，这也间接地表明了最高司法机关实际上对该案的处理予以了认可。本书也认为，穆某祥对危害结果的发生欠缺罪过，法院根据《刑法》（1997 年修订）第 16 条判决穆某祥无罪是恰当的。

具体说来，意外事件和无认识过失在认识因素上都未能预见到自己的行为会发生危害社会的结果，在意志因素上都反对危害结果的发生，两者的主要区别在于，行为人是否应当预见到自己的行为可能会发生危害社会的结果，而这又进一步演变为其是否有预见的能力：根据各种主、客观因素，在无认识过失的场合，行为人虽未能预见但有能力预见（之所以未能预见是因为疏忽大意），而在意外事件的场合，行为人未能预见是因为根本就无法预见。在本案中，穆某祥的违章改装行为虽和张某森的死亡之间具有一定的关系，但其对于这种严重后果的发生缺乏预见的能力。对此，一审法院法官的论述正确地指出："穆某祥虽私自在车顶焊接角铁行李架致车身违规超高（235 厘米），但对李某明所接照明电线不符合安全用电高度要求（火线对地距离仅为

[①] 韩啸. 意外事件与过失之界分——试析穆志祥被控过失致人死亡案. 中国刑事法杂志, 2010 (12): 108 及以下.

228厘米），且接头处裸露，不具备预见的可能。李某明家所接套户线路仅低于规定 22 厘米（法定最低高度应为 250 厘米），即使电力设施专业维护人员未经测量也未必能够预见。作为一个普通人，穆某祥在将三轮车停在李某华家住宅附近时，没有义务也不可能预见李某明所接李某华的套户线不符合安全用电对地距离的要求，更不可能预见李某明所接电线接头处裸露。"[①] 由此，一审法院的法官就清楚地说明了穆某祥在主观上因为欠缺注意能力而不具有疏忽大意的过失的罪过形式。

深度研究

廖某鹏案有一点值得注意：一审法院虽然认为两名被告人的行为不构成刑事犯罪，但却肯定了其仍属于民事侵权行为，并由此肯定了廖某鹏等向被害人家属的赔偿责任。二审法院直接判决两名侵权责任人（被上诉人）赔偿上诉人的经济损失，而不是让各上诉人另行提起民事诉讼，符合相关司法解释的规定，节约了司法资源，提高了司法效率，及时安抚了各上诉人，社会效果也好。这一做法是正确的，值得提倡。这也说明了刑事犯罪和民事侵权之间不同的成立要件，以及刑法上构成犯罪需要的罪过（故意或过失）的特征和意义所在。

在穆某祥案中，法官还进一步分析认为，穆某祥没能预见可能导致张某森等乘客触电死亡的结果，不是因其自身的疏忽大意："根据普通人的知识经验，在正常低压照明线路下停车，不会发生车身带电的意外情况。穆某祥没有违章在过往车辆频繁的公路上停车下客，而是拐入其认为较为安全的村民住宅附近下客，其对车上乘客的人身安全已尽了必要的安全防范义务，并没有疏忽。"[②] 这实际上是认为，在疏忽大意的过失中未能预见到结果发生系出于疏忽大意，即将行为人是否因疏忽大意而未能预见到结果的发生作为一个构成无认识过失的独立的条件了，这样就使法院的判决的法律逻辑更加严密；不过从另一个角度讲，在没有预见到结果发生而且也没有能力预见到结果发生时，就已经不可能是过失责任了；而如果论证了具有预见义务、预见能力而在客观上又没有预见时，那未能预见的原因就一定是疏忽大意而不可能是其他原因。在这个意义上，"是否出于疏忽大意"是验证无认识过失的一个要素，其本身并不足以成为判断无认识过失与意外事件的一个独立的条件。

在认定疏忽大意的过失（无认识的过失）这一主观心态（罪过形式）时，

[①] 最高人民法院刑事审判第一、二、三、四、五庭. 中国刑事审判指导案例：侵犯公民人身权利、民主权利罪. 北京：法律出版社，2012：254.

[②] 最高人民法院刑事审判第一、二、三、四、五庭. 中国刑事审判指导案例：侵犯公民人身权利、民主权利罪. 北京：法律出版社，2012：254.

既要明确将其与故意（特别是间接故意）心态加以区分，避免将犯罪过失误认为是犯罪故意或者相反，同时也要注意将疏忽大意的过失与意外事件明确区分，避免将疏忽大意的过失误认为意外事件而认定为无罪，还要避免将真正的意外事件误认为疏忽大意的过失而扩大犯罪的成立犯罪。正确的做法应该是，结合前述构成疏忽大意过失所需具备的几个要素综合地加以判断。

三、不可抗力

不可抗力是指行为虽然在客观上造成了损害结果，但不是出于行为人的故意或者过失，而是由不能抗拒的原因所引起的，不是犯罪。不可抗力也是由三个要素构成：（1）行为在客观上造成了损害结果；（2）对所造成的结果，行为人既无故意也无过失；（3）损害结果的发生是由行为人不能抗拒的原因引起的。可见，不可抗力与意外事件的区别在于损害结果发生的原因不同：后者是由不能预见的原因所造成的，而于前者行为人虽认识到自己的行为会发生损害结果，但却是不能抗拒的原因导致结果发生。所谓不能抗拒，是指由于主、客观条件的限制，行为人不可能排除或者防止结果的发生。不可抗力的来源是多方面的：可以来自大自然，如地震、火山爆发、洪水泛滥、江河决堤等；可以来自他人，如遇到土匪袭击等；也可以来自牲畜，如惊马冲撞等；还可以来自行为人本人的生理或心理障碍，如心脏病发作，或幻听、幻觉，出现精神失常等。

案例评价

[案例 4-28] 姜某祥被控玩忽职守宣告无罪案[①]（无罪过事件）

1. 基本案情

（1）1992 年，原达县地委、行署决定把原达县地区冶金煤炭工业局作为试点改革单位，转为经济实体。为此，达县地区冶金煤炭工业局成立了达县地区冶金工业总公司和煤炭工业总公司。同年 8 月，达县地区冶金煤炭工业局领导与地经委、地煤炭工业局等部门有关人员到海南省海口市、三亚市进行了实地考察，认为海口、三亚房地产前景很好，决定在三亚市成立一个公司搞房地产开发。1993 年 2 月，经达县地区冶金煤炭工业局党委决定，成立了三亚天星实业公司（以下简称天星公司）及达县天星分公司，并任命该局党委副书记姜某祥为天星公司总经理，该局原财务科副科长邱某祥为副总经理兼会计。同时明确该公司为全民所有制企业，具有独立的法人资格，自主

---

① 国家法官学院，中国人民大学法学院. 中国审判案例要览：2001 年刑事审判案例卷. 北京：中国人民大学出版社，2002：22~30.

经营，自负盈亏，注册资本为100万元，经营钢材、水泥兼营工民用建筑等项目，承包上缴年利润资金。1993年3月22日，姜某祥带领该公司工作人员、划拨资金和5台中巴车赴海南三亚组建天星公司，并在三亚市工商行政管理局进行了企业法人及注册资本登记，办理了营业执照，确定经营性质、经营方式和范围，但工民用建筑项目未得到核准。天星公司在海南三亚先后经营中巴车出租和机场土石方运输项目，后因效益较差，停止经营。为使该公司发展，姜某祥和副总经理邱某祥找到当时达县地委、行署驻海南三亚办事处主任刘某忠汇报天星公司的组建情况和业务开展及资金近况，希望得到指导。刘某忠提出在海南三亚做房地产开发还可以，并将自己已经经营且有效益的房地产开发项目给姜某祥及邱某祥作了介绍，并提出联建。姜某祥将天星公司在三亚开展工作及与刘某忠联建房屋的情况，通过电话向达县地区冶金煤炭工业局党委书记李某育作了汇报。1993年4月6日姜某祥、邱某祥和刘某忠与该地居民唐某秋签订了房屋转让协议书，以71万元购买了唐某秋的212平方米的房屋。姜某祥与刘某忠二人也签订联建房屋协议书，约定购房款71万元，由天星公司与刘某忠各付30.5万元。1993年4月14日，姜某祥和刘某忠又与当地村民邢某诒、邢某安签订了联营建房合同，将二邢的401.19平方米住房拆建。尔后不久，姜某祥返回达县，在1993年4月26日局党委会上，将天星公司同刘某忠在三亚建房开发的情况作了汇报，得到了局党委的认可。1993年5月5日，邱某祥请示姜某祥同意后，又与当地村民林某照签订联建房屋合同书，约定购宅基地209.55平方米。在联建房屋开发中，天星公司副总经理邱某祥和刘某忠为少花钱多办事，对外以私人的名义建房，而没有以天星公司名义去国土、城建等有关部门办理过户、报建等手续。1993年5月20日，邱某祥、刘某忠、邢某诒、邢某安和林某照为甲方，与为乙方的福建省第五建筑公司三亚第四工程处签订了建筑工程施工合同书，并于同月28日动工修建A栋楼，于同年6月14日动工修建B栋楼。1993年7月29日，邱某祥返回冶金煤炭工业局，再次将在三亚的房地产开发进展的情况向局领导作了汇报，得到局党委的大力支持。天星公司通过达川地区冶金煤炭工业局先后在达川地区农行、达川市工行、达县城市信用社和本局下属其他公司贷款、借款共计410余万元投入了三亚房地产开发项目。1993年10月因中央压缩房地产开发投资，紧缩银根，冻结银行贷款，达川地区冶金煤炭工业局贷不到款，三亚房地产开发于1993年12月被迫停工。达川地区冶金煤炭工业局党委就天星公司三亚房地产开发贷不到款而停工所造成的损失问题作过多次研究。1994年3月3日达川地区冶金煤炭工业局党委书记李某育提出："三亚房产还是要办下去。"1995年3月16日局办公会议指出："三亚房产开发是集体决定的，要积极采取措施，想办法解决这个问题，党委

第四章　主观构成要件 · 343 ·

要承担责任。"1995年6月25日福建省第五建筑工程公司三亚第四工程处以房建停工给施工单位造成经济损失为由，向海南省三亚市中级人民法院起诉，法院于1995年12月1日判决天星公司赔偿该建筑工程公司经济损失62万元。1998年2月25日三亚市村民邢某诒、邢某安起诉天星公司联建违约，法院判决天星公司赔偿费用60万元。在审理中，海南省三亚市城郊人民法院于1997年9月19日委托三亚市会计师事务所对A、B两栋未完工楼房进行评估，A栋楼评估价为79万元，B栋楼评估价为229万元。

（2）1993年5月，达县地区冶金煤炭工业局科技副科长蒋某琼将开江县老乡邱某业（农民，另案处理）介绍给姜某祥，说邱某业在广东承包工程需租汽车去运输。邱某业当即将广东有工程需车20台的信件给姜某祥看，并说他们已到万源市台源公司联系了车，但租车要担保，要求姜某祥为其担保、从中分利。姜某祥对邱某业在广东汽车运输获利的情况了解后认为可以经营，并同意租几辆车转租给邱某业去广东经营并上缴利润。同时派公司的王某聪去万源市台源公司考察是否有车出租，王考察汇报有3台车。随后，台源公司速派人找到姜某祥草签了租车合同。台源公司因没有车，从达县地区万福钢铁厂车队租来5台自卸翻斗车交与天星公司。1993年6月20日，天星公司对5台车验收，预付租金6.2万元给台源公司，并签订了租车合同。姜某祥将这5台车转租给邱某业、陈某民去广东经营，并与邱某业签订了年交利润14万元给天星公司的租车合同。邱某业、陈某民在广东东莞市工程老板文某权处运土石方不到一个月，因车况较差、管理不善，驾驶员与邱某业发生矛盾而罢工。姜某祥得知后速派天星公司包某权与台源公司王某刚、万福钢铁厂车队李队长三人前往广东处理此事。经过双方协商，又恢复了正常运输。后姜某祥又派包某权前往广东邱某业处收取承包金无果，将车停运，开回达县，邱某业在返回途中逃跑。

2. 涉案问题

本案所涉及的问题是：何种情形能够被认定为无罪过事件？

3. 裁判理由

四川省达州市中级人民法院认为：（1）天星公司在海南省三亚市投资建房是达县地区冶金煤炭工业局集体决定的投资开发项目，因所建B栋房尚未完全处理，其经济损失究竟是多少不能确定。根据国务院办公厅1999年7月14日转发海南省人民政府、建设部等有关部门处置海南省积压房地产试点方案的通知，以及四川省人民政府办公厅、达川地区行署办公室对于处置海南省积压房地产发出的紧急通知精神，说明海南省房地产问题是当时具有普遍性的问题。因此造成的损失，是政策调整，紧缩银根、贷不到款等客观原因造成的。被告人姜某祥对此无法预料，也无力挽救。其责任不应由姜某祥个人来承担，其行为不构成玩忽职守罪。（2）天星公司转租车辆给他人经营，造成11万余元的经济损失，实属经营不当造成。为此，被告人姜某祥发现问题，积极采取了一系列的补救措施，并无不负责任的玩忽职守行为。遂根据《中华人民共和国刑事诉讼法》（1996年）第162条第2项和《中华人民共和国刑法》（1997年修订）第16条之规定，作出判决：姜某祥无罪。

一审宣判后，公诉机关四川省达州市人民检察院提出抗诉。在四川省高级人民法院审理过程中，四川省人民检察院认为抗诉不当，向四川省高级人民法院撤回抗诉。

四川省高级人民法院认为，四川省人民检察院撤回抗诉的要求，符合法律规定。遂依照《中华人民共和国刑事诉讼法》（1996年）第185条第2款和最高人民法院《关于执行〈中华人民共和国刑事诉讼法〉若干问题的解释》（1998年）第241条、第244条之规定，裁定：准许四川省人民检察院撤回抗诉。四川省达州市中级人民法院（1999）达刑初字第31号刑事判决书自本裁定送达之日起发生法律效力。

4. 评析意见

任何犯罪的成立都要求具有罪过，即在最低限度内要具有对于发生危害结果的预测可能性。这是罪过原则的必然要求。虽然造成了危害结果，但是不具有罪过的，不能认定为犯罪，否则就是单纯的结果责任。在本案中，姜某祥的行为虽然在客观上导致了重大的损失，但是该损失是因政策调整，紧缩银根、贷不到款等客观原因造成的。姜某祥对此无法预料，也不能克服。应该认为，该案件兼具意外事件和不可抗力的双重属性，认定为无罪是正确的。

第五章 违法阻却事由

第一节 正当防卫

一、正当防卫的构成

知识背景

正当防卫是公民依法享有的权利，行使正当防卫权利的诸条件的统一就是正当防卫的构成。根据《刑法》（2020年修正）第20条第1款关于正当防卫的规定，正当防卫的构成是主观条件和客观条件的统一。值得注意的是，2020年8月28日最高人民法院、最高人民检察院、公安部颁布了《关于依法适用正当防卫制度的指导意见》[以下简称《指导意见》]，对于正确理解和认定正当防卫的成立条件具有重要指导意义。

（一）防卫意图

正当防卫是公民和正在进行的不法侵害作斗争的行为，因此，防卫人主观上必然具有某种防卫意图，这就是正当防卫构成的主观条件。所谓防卫意图，是指防卫人意识到不法侵害正在进行，为了保护国家、公共利益、本人或者他人的人身、财产等合法权益，而决意制止正在进行的不法侵害的心理状态。因此，防卫意图可以包括两个方面的内容：（1）对于正在进行的不法侵害的认识。此即正当防卫的认识因素。这里所谓对不法侵害的认识，是指防卫人意识到国家、公共利益、本人或者他人的人身、财产等合法权益受到正在进行的不法侵害。因此认识内容包括防卫起因、防卫人产生正当防卫意志的主观基础，是对客观存在的不法侵害的正确反映。没有正当防卫的认识，就不可能产生正当防卫的意志，也就没有防卫意图可言。（2）制止正在进行的不法侵害的决意。此即正当防卫的意志因素。正当防卫意志体现在防卫人对防卫行为的自觉支配或者调节作用，推动防卫人实施防卫行为，并且积极地追求保护国家、公共利益和其他合法权利的正当防卫的目的。因此，防卫意图是正当防卫的认识因素和意志因素的统一。根据《指导意见》，对于故意以语言、行为等挑动对方侵害自己再予以反击的防卫挑拨，不应认定为防卫行为。因为在这种情况下，缺乏防卫意图条件。

（二）防卫起因

不法侵害是正当防卫的起因，没有不法侵害就谈不上正当防卫，因此，防卫起因是正当防卫构成的客观条件之一。作为防卫起因的不法侵害，必须具备两个基本特征：（1）法益侵害性。这里的所谓法益侵害性，是指某一行为直接侵害国家、公共利益、防卫人本人或者他人的人身、财产等合法权益，具有不法的性质。（2）侵害紧迫性。这里的所谓侵害紧迫性，一般来说是指那些带有暴力性和破坏性的不法行为，对我国刑法所保护的国家、公共利益和其他合法权益造成的侵害具有一定的紧迫性。只有同时具备以上两个特征的，才能成为正当防卫的起因。行为的法益侵害性，是正当防卫起因的质的特征。没有法益侵害性，就不存在正当防卫的现实基础，因此不发生侵害紧迫性的问题。侵害紧迫性是正当防卫起因的量的特征，它排除了那些没有紧迫性的不法侵害成为防卫起因的可能性，从而使正当防卫的起因限于为实现正当防卫的目的所允许的范围。总之，作为正当防卫起因的不法侵害，是具有法益侵害性的不法侵害，确切地说，是危害国家、公共利益和其他合法权利，并且达到了一定的紧迫程度的不法侵害。根据《指导意见》，作为防卫起因的不法侵害既包括侵犯生命、健康权利的行为，也包括侵犯人身自由、公私财产等权利的行为；既包括犯罪行为，也包括违法行为。不应将不法侵害不当限缩为暴力侵害或者犯罪行为。对于非法限制他人人身自由、非法侵入他人住宅等不法侵害，可以实行防卫。不法侵害既包括针对本人的不法侵害，也包括危害国家、公共利益或者针对他人的不法侵害。对于正在进行的拉拽方向盘、殴打司机等妨害安全驾驶、危害公共安全的违法犯罪行为，可以实行防卫。成年人对于未成年人正在实施的针对其他未成年人的不法侵害，应当劝阻、制止；劝阻、制止无效的，可以实行防卫。

（三）防卫客体

正当防卫是通过对不法侵害人造成一定损害的方法，使国家、公共利益、防卫人本人或者他人的人身、财产等合法权益免受正在进行的不法侵害的行为。正当防卫的性质决定了它只能通过对不法侵害人的人身或者财产造成一定损害的方法来实现防卫意图。因此，防卫客体的确定对于正当防卫的认定具有重要意义。笔者认为，防卫客体主要是不法侵害人的人身，因为不法侵害是人的积极作为，它通过人的一定的外部身体动作来实现其侵害意图，为了制止这种正在进行的不法侵害，必须对其人身采取强制性、暴力性的防卫手段。应当指出，被不法侵害人利用的物也可以成为防卫客体。根据《指导意见》，在认定防卫客体条件的时候，对于多人共同实施不法侵害的，既可以针对直接实施不法侵害的人进行防卫，也可以针对在现场共同实施不法侵害的人进行防卫。明知侵害人是无刑事责任能力人或者限制刑事责任能力人的，应当尽量使用其他方式避免或者制止侵害；没有其他方式可以避免、制止不法侵害，或者不法侵害严重危及人身安全的，可以进行反击。

(四) 防卫时间

正当防卫的时间是正当防卫的客观条件之一，它所要解决的是在什么时候可以进行正当防卫的问题。正当防卫是为制止不法侵害而采取的还击行为，必须面临着正在进行的不法侵害才能实行。所谓不法侵害之正在进行，是指侵害处于实行阶段。这个实行阶段可以表述为已经发生并且尚未结束。因此，对防卫时间可以从以下两个方面进行认定：(1) 开始时间。这里的关键是要正确地认定不法侵害行为的着手。笔者认为，在确定不法侵害的着手，从而判断正当防卫的开始时间的时候，不能苛求防卫人，而是应该根据当时的主观和客观的因素全面分析。例如，对于入室犯罪来说，只要已经开始入室，未及实施其他侵害行为，也应当视为已经开始不法侵害。在个别情况下，虽然不法侵害还没有进入实行阶段，但其实施已逼近，侵害在即，形势十分紧迫，不实行正当防卫不足以保护国家、公共利益和其他合法权益的，可以实行正当防卫。(2) 终止时间。在不法侵害终止以后，正当防卫的前提条件已经不复存在，因此，一般不再发生防卫的问题。所以，必须正确地确定不法侵害的终止，以便确定正当防卫权利的消失时间。笔者认为，我国刑法规定正当防卫的目的是使国家、公共利益、防卫人本人或者他人的人身、财产等合法权益免受正在进行的不法侵害，因此，不法侵害的终止应以不法侵害的危险是否排除为其客观标准。在以下三种情况下，应当认为不法侵害已经终止，不得再实行正当防卫：第一，不法行为已经结束；第二，不法侵害行为确已自动中止；第三，不法侵害人已经被制服或者已经丧失侵害能力。在以上三种情况下，正当防卫人之所以必须停止防卫行为，是因为客观上已经不存在危险，或者不需通过正当防卫排除其危险。根据防卫时间条件，正当防卫必须针对不法侵害人进行。对于多人共同实施不法侵害的，既可以针对直接实施不法侵害的人进行防卫，也可以针对在现场共同实施不法侵害的人进行防卫。明知侵害人是无刑事责任能力人或者限制刑事责任能力人的，应当尽量使用其他方式避免或者制止侵害；没有其他方式可以避免、制止不法侵害，或者不法侵害严重危及人身安全的，可以进行反击。根据《指导意见》，对于不法侵害已经形成现实、紧迫危险的，应当认定为不法侵害已经开始；对于不法侵害虽然暂时中断或者被暂时制止，但不法侵害人仍有继续实施侵害的现实可能性的，应当认定为不法侵害仍在进行；在财产犯罪中，不法侵害人虽已取得财物，但通过追赶、阻击等措施能够追回财物的，可以视为不法侵害仍在进行；对于不法侵害人确已失去侵害能力或者确已放弃侵害的，应当认定为不法侵害已经结束。对于不法侵害是否已经开始或者结束，应当立足于防卫人在防卫时所处情境，按照社会公众的一般认知，依法作出合乎情理的判断，不能苛求防卫人。对于防卫人因为恐慌、紧张等心理，对不法侵害是否已经开始或者结束产生错误认识的，应当根据主客观相统一原则，依法作出妥当处理。

(五) 防卫限度

正当防卫的必要限度是它和防卫过当相区别的一个法律界限。关于如何理解正当防卫的必要限度，在刑法理论上主要存在以下三种观点：(1) 基本适应说，认为防卫行为不能超过必要的限度，也就是说，防卫行为和侵害行为必须基本相适应。怎样才算基本相适应？这由侵害行为的性质和强度以及防卫利益的性质等来决定。(2) 客观需要说，认为防卫行为只要是为制止不法侵害所需要的，就是没有超过限度，因此，只要防卫在客观上有需要，防卫强度既可以大于，也可以小于，还可以相当于侵害的强度。(3) 基本适应和客观需要统一说，认为考察正当防卫行为是否超过必要限度，关键是要看是否为有效制止不法侵害行为所必需，必要限度也就是必需限度。但是，如何认定必需与不必需，脱离不了对侵害行为的强度、防卫行为所保卫权益的性质以及防卫行为的强度作综合的分析研究。笔者基本上同意上述第三种观点，正当防卫必要限度实际上可以分为两个互相联系而又互相区别的问题：一是何为正当防卫的必要限度，二是如何确定正当防卫的必要限度。关于前者，显然应当以有效地制止正在进行的不法侵害所必需为限度。这是我们考察必要限度的出发点，是确定必要限度的基本原则。对于后者，应当采取一个综合的标准，从以下三个方面进行考察：(1) 不法侵害的强度。在确定必要限度时，首先需要考察不法侵害的强度。所谓不法侵害的强度，是指行为的性质、行为对客体已经造成的损害结果的轻重以及造成这种损害结果的手段、工具的性质和打击部位等因素的统一。对不法侵害实行正当防卫，如果用轻于或相当于不法侵害的强度的防卫强度不足以有效地制止不法侵害的，可以采取大于不法侵害的强度的防卫强度。当然，如果大于不法侵害的强度的防卫强度不是为制止不法侵害所必需，那就是超过了正当防卫的必要限度。(2) 不法侵害的缓急。不法侵害的强度虽然是考察正当防卫是否超过必要限度的重要因素，但我们不能把不法侵害的强度在考察必要限度方面的作用绝对化，甚至认为它是唯一的因素。在某些情况下，不法侵害已经着手，形成了侵害的紧迫性，但侵害强度尚未达到，因此无法以侵害强度为标准，只能以侵害的紧迫性为标准，确定是否超过了正当防卫的必要限度。所谓不法侵害的缓急是指侵害的紧迫性，即不法侵害所形成的对国家、公共利益、防卫人本人或者他人的人身、财产等合法权利的危险程度。不法侵害的缓急对于认定防卫限度具有重要意义，在防卫强度大于侵害强度的情况下，考察该大于侵害强度的防卫强度是否为制止不法侵害所必需，更应以不法侵害的缓急等因素为标准。(3) 不法侵害的权益。不法侵害的权益，就是正当防卫保护的权益，它是决定必要限度的因素之一。为保护重大的权益而将不法侵害人杀死，可以认为是为制止不法侵害所必需，因而没有超过正当防卫的必要限度。而为了保护轻微的权益，即使是非此不能保护，造成了不法侵害人重大伤亡的，就可以认为超过了必要限度。

根据《刑法》（2020年修正）第20条第2款的规定，认定防卫过当应当同时具备"明显超过必要限度"和"造成重大损害"两个条件，缺一不可。因此，防卫过当是防卫行为过当与防卫结果过当的统一。对于防卫行为过当，根据《指导意见》，防卫是否"明显超过必要限度"，应当综合不法侵害的性质、手段、强度、危害程度和防卫的时机、手段、强度、损害后果等情节，考虑双方力量对比，立足于防卫人防卫时所处情境，结合社会公众的一般认知作出判断。在判断不法侵害的危害程度时，不仅要考虑已经造成的损害，还要考虑造成进一步损害的紧迫危险性和现实可能性。不应当苛求防卫人采取与不法侵害基本相当的反击方式和强度。通过综合考量，对于防卫行为与不法侵害相差悬殊、明显过激的，应当认定防卫明显超过必要限度。对于防卫结果过当，主要涉及对造成重大损害的理解。根据《指导意见》，"造成重大损害"是指造成不法侵害人重伤、死亡。造成轻伤及以下损害的，不属于重大损害。防卫行为虽然明显超过必要限度但没有造成重大损害的，不应认定为防卫过当。

规范依据

《刑法》（2020年修正）第20条："为了使国家、公共利益、本人或者他人的人身、财产和其他权利免受正在进行的不法侵害，而采取的制止不法侵害的行为，对不法侵害人造成损害的，属于正当防卫，不负刑事责任。""正当防卫明显超过必要限度造成重大损害的，应当负刑事责任，但是应当减轻或者免除处罚。"

最高人民法院、最高人民检察院、公安部《关于依法适用正当防卫制度的指导意见》

案例评价

[案例5-1] 刘某胜故意伤害案①（防卫起因）

1. 基本案情

刘某胜与黄甲非婚生育四名子女。2016年10月1日晚9时许，刘某胜与黄甲因家庭、情感问题发生争吵，刘某胜打了黄甲两耳光。黄甲来到其兄长黄乙的水果店，告知黄乙其被刘某胜打了两耳光，让黄乙出面调处其与刘某胜分手、孩子抚养等问题。黄乙于是叫上在水果店聊天的李某某、毛某某、陈某某，由黄甲带领，于当晚10时许来到刘某胜的租住处。黄乙质问刘某胜，双方发生争吵。黄乙、李某某各打了坐在床上的刘某胜一耳光，刘某胜随即从被子下拿出一把菜刀砍伤黄乙的头部，黄乙逃离现场。李某某见状欲跑，刘某胜拽住李某某，持菜刀向李某某的头部连砍三刀。毛某某、陈某某、黄甲随即上前劝阻刘某胜，毛某某、陈某某抱住刘某胜并夺下菜刀后紧随李某某跑下楼报警。经鉴定，黄乙的伤情属于轻伤一级，李某某的伤情属于轻伤二级。

法院判决认为：正当防卫以存在现实的不法侵害为前提，对轻微不法侵害直接施以暴力予以反击，能否认定为正当防卫，应当结合具体案情评判。黄乙、李某某各打被告人刘某胜一耳光的行为，显属发生在一般争吵中的轻微暴力。在此种情况下，刘某胜径直手持菜刀连砍他人头部，不应认定为防卫行为。遂综合案件具体情况，以故意伤害罪判处刘某胜有期徒刑1年。

该判决已发生法律效力。

2. 涉案问题

对于情节轻微的不法侵害能否行使防卫权？

3. 裁判理由

本案的"典型意义"指出："根据刑法第二十条第一款的规定，正当防卫是针对正在进行的不法侵害，而采取的对不法侵害人造成损害的制止行为。司法适用中，既要依法维护公民的正当防卫权利，也要注意把握界限，防止滥用防卫权，特别是对于针对轻微不法侵害实施致人死伤的还击行为，要根据案件具体情况，准确认定是正当防卫、防卫过当还是一般违法犯罪行为。"

第一，注意把握界限，防止权利滥用。本案中，黄乙、李某某打刘某胜耳光的行为，显属发生在一般争吵中的轻微暴力，有别于以给他人身体造成伤害为目的的攻击性不法侵害行为。因此，刘某胜因家庭、婚姻情感问题矛

---

① 2020年9月3日在最高人民法院、最高人民检察院、公安部颁布《关于依法适用正当防卫制度的指导意见》同时颁布的七个典型案例之五。

盾激化被打了两耳光便径直手持菜刀连砍他人头部，致人轻伤的行为，没有防卫意图，属于泄愤行为，不应当被认定为防卫行为。

第二，注重查明前因后果，分清是非曲直。办理涉正当防卫案件，要根据整体案情，结合社会公众的一般认知，做到依法准确认定。要坚持法、理、情统一，确保案件的定性处理于法有据、于理应当、于情相容，符合人民群众的公平正义观念。对于由恋爱、婚姻、家庭、邻里纠纷等民间矛盾激化或者由劳动纠纷、管理失当等原因引发的不法侵害，特别是发生在亲友之间的，要求优先选择其他制止手段，而非径直选择致人死伤的还击行为，符合人民群众的公平正义观念，契合我国文化传统。对于相关案件，在认定是否属于正当防卫以及防卫过当时，要综合案件具体情况，特别是被害人有无过错以及过错大小进行判断。本案中，刘某胜与黄甲因家庭、情感问题发生争吵，刘某胜打了黄甲两耳光。这是引发后续黄乙、李某某等实施上门质问争吵行为的直接原因。换言之，本案由家庭琐事引发，且刘某胜具有重大过错。据此，法院对刘某胜致人轻伤的行为，以故意伤害罪判处其有期徒刑1年，契合人民群众公平正义观念，实现了法律效果与社会效果的有机统一。

4. 评析意见

在本案中，事件发生的经过可以分为两个阶段：第一阶段，刘某胜与黄甲夫妻之间发生争吵，刘某胜打了黄甲两耳光。第二阶段，黄甲去请其哥哥黄乙前来调停其与丈夫之间的纠纷。此时，黄乙叫上李某某、毛某某、陈某某，由黄甲带领，于当晚10时许来到刘某胜的租住处，双方发生争吵。黄乙、李某某各打了坐在床上的刘某胜一耳光。在这种情况下，刘某胜拿出菜刀砍伤黄乙和李某某，造成二人轻伤。从第二阶段的案情来看，黄乙带来三人，加上其本人共计四人。本案发生的场所是被告人刘某胜的家里，时间是晚上10时许，而且在发生争执以后，黄乙和李某某各打了刘某胜一耳光。在这种情况下，刘某胜将黄乙和李某某砍伤。在本案中，黄乙等四人来到刘金胜的家里，就不是单纯来进行调解的，具有一定的兴师问罪的性质。而且，在发生争吵以后，黄乙和李某某先动手打了刘某胜。这是一种不法侵害，这是没有问题的。对于这种不法侵害刘某胜虽然使用了凶器进行反击，但并没有造成严重后果，而只是造成黄乙和李某某轻伤。根据以上情况，刘某胜的行为是否能被认定为正当防卫还是存在商榷的余地。

关于对轻微不法侵害行为不能进行正当防卫，这是具有共识的。对此，《指导意见》指出："防止将滥用防卫权的行为认定为防卫行为。对于显著轻微的不法侵害，行为人在可以辨识的情况下，直接使用足以致人重伤或者死亡的方式进行制止的，不应认定为防卫行为。"根据上述论述，本案中能否适用"对轻微不法侵害滥用防卫权的行为不能认定为防卫行为"规则，是值得研究的。例如，对方只是将他人推倒在地或者只是辱骂，对此当然可以理解为轻微不法侵害。在某些情况下，虽然存在不法侵害，但这种不法侵害不具有对他人人身或者财产权利侵害的紧迫性，对此也不能实施正当防卫。结合本案的情况，如果仅仅因为发生家庭纠纷，防卫人被打了两个耳光，其就持刀进行伤害，似乎具有滥用防卫权的性质。然而，在本案中，黄乙在晚上10时许带了三个人到刘某胜的家里，并且打了刘某胜两个耳光。在这种情况下，刘某胜在自己家中，面对四个人，而且是在深夜，其所感受到的不法侵害显然不能被认为是轻微的。我们认为，在这种情况下，刘某胜对黄乙和李某某的反击行为应当被认定为正当防卫，在没有造成重大损害结果的情况下，不构成防卫过当。虽然从被打耳光而使用菜刀进行反击的表面现象看，其防卫行为是过当的，但只是造成轻伤害的结果，因而防卫并不过当。对此，《指导意见》明确指出："造成重大损害"是指造成不法侵害人重伤、死亡。造成轻伤及以下损害的，不属于重大损害。防卫行为虽然明显超过必要限度但没有造成重大损害的，不应被认定为防卫过当。而且，根据《指导意见》的规定，对轻微不法侵害进行反击，只有在造成不法侵害人重伤、死亡等重大损害的情况下，才不能被认定为防卫行为。而本案中刘某胜的防卫行为只是造成轻伤结果，因此其行为仍然可以成立正当防卫。

[案例5-2] 王某友过失致人死亡案[①]（假想防卫）

1. 基本案情

1999年4月16日晚，王某友一家三口入睡后，忽然听见有人在其家屋外喊叫王某友与其妻佟某的名字。王某友便到外屋查看，见一人已将外屋窗户的塑料布扯掉一角，正从玻璃缺口处伸进手开门闩。王某友即用拳头打那人的手一下，该人急抽回手并跑走。王某友出屋追赶未及，亦未认出是何人，即回屋带上一把自制的木柄尖刀，与其妻一道，锁上门后（此时其10岁的儿子仍在屋里睡觉），同去村支书吴某家告知此事，随后又到村委会向大林镇派出所电话报警。王某友与其妻报警后急忙返回自家院内时，发现自家窗前处有俩人影。此二人系同村村民何某、齐某，来王家串门，见房门上锁正欲离去。王某友未能认出何某、齐某二人，而误以为是刚才欲非法侵入其住宅之人，又见二人向其走来，疑为要袭击他，随即用手中的尖刀刺向走在前面的齐某的胸部，致齐某因气血胸，失血性休克，当场死亡。何某见状上前抱住王，并说"我是何某"。王某友闻声停住，方知出错。

内蒙古自治区通辽市中级人民法院依照《中华人民共和国刑法》（1997年

[①] 最高人民法院刑事审判第一、二庭.刑事审判参考：总第20集.北京：法律出版社，2001：9～13.

修订）第233条、第64条的规定，于1999年11月15日判决如下：被告人王某友犯过失致人死亡罪，判处有期徒刑7年，没收其作案工具尖刀一把。

一审宣判后，被告人王某友未上诉。内蒙古自治区通辽市人民检察院以"被告人的行为是故意伤害犯罪，原判定罪量刑不当"为由，向内蒙古自治区高级人民法院提出抗诉。内蒙古自治区高级人民法院依照《中华人民共和国刑事诉讼法》（1996年）第189条第1项，于2000年1月23日裁定驳回抗诉、维持原判。

2. 涉案问题

对于假想防卫如何认定与处理？

3. 裁判理由

被告人王某友因夜晚发现有人欲非法侵入其住宅即向当地村干部和公安机关报警，当其返回自家院内时，看见齐某等人在窗外，即误认为系不法侵害者，又见二人向其走来，疑为要袭击他，疑惧中即实施了"防卫"行为，致他人死亡。这属于在对事实认识错误的情况下实施的假想防卫，其行为具有一定社会危害性，因此，其应对假想防卫所造成的危害结果依法承担过失犯罪的刑事责任，其行为已构成过失致人死亡罪。

4. 评析意见

本案涉及假想防卫的认定及处理问题。在刑法理论上，假想防卫是指基于主观上的认识错误，实际上并不存在不法侵害却误认为存在，因而对臆想中的不法侵害实行了所谓正当防卫，造成他人无辜损害的情形。因此，假想防卫存在以下四个特征：一是作为防卫客体的不法侵害实际上并不存在。二是主观上产生认识错误，误认为存在不法侵害。三是客观上对臆想中的不法侵害实施了所谓防卫。四是对未实施不法侵害的他人造成了无辜损害。

在判断是否属于假想防卫的时候，需要注意其与正当防卫和一般犯罪加以正确区分：首先，应当正确判断客观上是否存在不法侵害。这是假想防卫与正当防卫的根本区分之所在。如果确实存在不法侵害，则行为人的反击行为就是对不法侵害的一种正当防卫。只有在根本不存在不法侵害的情况下，基于主观上的认识错误而对臆想中的不法侵害实施所谓防卫，才能被认定为假想防卫。在本案中，村民齐某等二人是到王某友家来串门，该二人并非先前窥视王某友家的人，根本没有实施不法侵害，因此，不存在不法侵害，王某友的行为不能被认定为正当防卫。其次，应当正确判断行为人主观上是否存在认识错误，即误认为存在不法侵害。这是假想防卫与一般犯罪的根本区分之所在。如果并没有发生认识错误而是以侵害故意对他人实施伤害或者杀害行为，则属于一般犯罪，不得被认定为假想防卫。只有在行为人存在认识错误的情况下，行为人基于假想中的防卫意图，对他人实施了所谓的防卫，才能被认定为假想防卫。在本案中，王某友家的位置较为偏僻，由于夜间确有人欲非法侵入其住宅，故王某友是在极其恐惧的心态下携刀在身，以防不测。因此，当王某友返家，看见齐某等人在自家院内窗前时，基于前因带来的惊恐、对室内孩子安危的担心，加之案发当晚夜色浓、风沙大，无法认人，王某友即误认为齐某等人系不法侵害人，又见二人向其走来，疑为要袭击他，因而产生存在不法侵害的认识错误，基于这种认识错误对臆想中的不法侵害人实施了所谓防卫。因此，本案存在认识错误。基于以上两个方面，本案王某友的行为被认定为假想防卫是完全正确的。

在认定王某友的行为属于假想防卫的基础上，还需要正确处理假想防卫。对此，检察机关和法院之间存在争议。检察机关以故意伤害罪对王某友起诉，而一审法院基于假想防卫将王某友的行为认定为过失致人死亡罪。一审宣判以后，检察机关以"被告人的行为是故意伤害犯罪，原判定罪量刑不当"为由，提出了抗诉。但二审法院驳回了检察机关的抗诉，维持了一审判决。对于检察机关认定王某友的行为是故意伤害罪的理由，本案的案情介绍中没有论及。我们推测，存在两种可能：一是检察机关根本就没有认定王某友的行为属于假想防卫，而认为是一般的犯罪。在这种情况下，王某友的行为当然就会被认定为故意伤害罪。二是检察机关也认为王某友的行为属于假想防卫，但主张在假想防卫的情况下，王某友的行为应当被认定为故意犯罪。我们姑且按照以上第二种情况加以分析，即对于假想防卫究竟应当如何定罪。在刑法理论上，一般认为，对于假想防卫应当按照对事实认识错误的原理解决其刑事责任问题，具体可以归纳为以下三个原则：一是假想防卫不可能构成故意犯罪。二是在假想防卫的情况下，如果行为人主观上存在过失，应以过失犯罪论处。三是在假想防卫的情况下，如果行为人主观上没有罪过，其危害行为是由不能预见的原因引起的，那就是意外事件，行为人不负刑事责任。[1]本案中检察机关之所以将假想防卫误认为是故意犯罪，主要原因是把犯罪故意与心理学上的故意混为一谈了。假想防卫虽然是故意的行为，但这种故意是建立在对客观事实认识错误的基础上的，自以为是在对不法侵害实行正当防卫。行为人不仅没有认识到其行为会发生危害社会的后果，而且认为自己的行为是合法、正当的。而犯罪故意则是以行为人明知自己的行为会发生危害社会的后果为前提的。因此，假想防卫的故意只有心理学上的意义，而不是刑法上的犯罪故意。也就是说，假想防卫的行为人在主观上是为了保护自己的合法权益免遭侵害，没有犯罪故意，其行为在客观上造成的危害是认识错误所致，因此，假想防卫中不可能存在故意犯罪。本案中王某友基于对客

---

[1] 陈兴良．正当防卫论．2版．北京：中国人民大学出版社，2006：150～152．

观事实的认识错误,实际上并不存在不法侵害,却误认为存在不法侵害,自以为是为了保护本人之人身或者财产的合法权益而实施所谓防卫的,其主观上根本不存在明知其行为会造成危害社会结果的问题,故王某友主观上既不存在直接故意,也不存在间接故意。王某友的假想防卫行为虽然造成了他人无辜死亡的后果,在客观上具有一定的社会危害性,但不能以故意杀人罪论处。当然,在本案中,王某友对于造成齐某的死亡具有过失,因此对其以过失致人死亡罪论处,是完全正确的,我们赞同一、二审判决。

[案例 5-3] 李某仔故意伤害案(假想防卫过当)

1. 基本案情

2017年4月5日11时许,李某仔的父亲李某国发现李某裕在本村土背山用柴刀砍伐苦栗树枝条,遂上前制止,双方发生争执。李某仔听到争吵声来到现场,见李某裕手握柴刀与李某国争执,便上前夺刀。在夺刀过程中李某仔将李某裕推倒在地,并顺势压在其身上,双方进行打斗。其间,李某仔双膝跪在李某裕的腹部,朝其身上打了两拳,用膝盖朝其胸部顶了两下。李某裕手中的柴刀被他人拿走后,李某仔起身后又朝李某裕的胸、腹部踹了两脚。经鉴定,李某裕的胸部左右两侧共十一根肋骨骨折,胸腔积液,腹腔积血,回肠破裂,损伤程度为重伤二级。

法院认为:李某仔故意伤害他人身体,致人重伤二级,构成故意伤害罪。由于李某仔主动投案并如实供述罪行,构成自首,可以从轻处罚;赔偿了被害人李某裕的经济损失并取得谅解,可以从轻处罚。针对李某仔提出其构成正当防卫但防卫过当的意见,法院认为,被害人李某裕案发前正在使用柴刀砍树枝,发生争执时虽然一直将柴刀拿在手上,但并无使用柴刀砍伤李某仔父亲的侵害故意及行为,并未将柴刀作为犯罪工具使用,当时并无正在进行的不法侵害。李某仔以被害人李某裕会持刀伤害其父亲为由,上前夺刀并发生打斗,不构成正当防卫。且在被害人李某裕手中的柴刀被他人拿走后,李某仔仍朝躺在地上的被害人李某裕的胸、腹部踹了两脚,具有明显的伤害故意,故对其构成正当防卫但防卫过当的意见不予采纳。据此,依法对被告人李某仔判处有期徒刑3年,缓刑4年。

2. 涉案问题

假想防卫是否存在过当以及假想防卫过当的责任形式如何确定?

3. 裁判理由

法院以为:正当防卫以客观存在的、正在发生的不法侵害为前提。若本不存在不法侵害,行为人误以为存在并实施"防卫",则属于假想防卫;但是,即使其所误认的不法侵害真的存在,其"防卫"行为明显超过必要限度,造成重大损害时，属于假想防卫过当（德日刑法中叫"误想防卫过剩"），不是正当防卫，构成犯罪。在本案中，李某仔误以为李某裕持刀是要伤害其父，但李某裕并不具备持刀故意伤害他人的主观意图；当李某裕躺在地上已经失去反抗能力时，尤其是李某裕的刀被他人拿走后，李某仔仍多次击打其胸、腹等要害部位，致其重伤二级。这属于即使李某裕的不法侵害真实存在，上述行为也超过了必要限度，造成了严重损害的情形。李某仔具有伤害他人身体的故意，其行为构成故意伤害罪。

4. 评析意见

假想防卫是在不存在正在进行的不法侵害的情况下，误认为存在不法侵害，而对根本就不存在的不法侵害实施了所谓防卫，因此，假想防卫的行为人主观上对不法侵害发生了错误认识。对此不能认定为正当防卫。对于假想防卫所造成的侵害后果，行为人应当承担刑事责任。这是没有疑问的。在通常情况下，只有正当防卫才存在是否超过必要限度的问题，即所谓防卫过当。而假想防卫不是正当防卫，当然也就不存在过当的问题。然而，在德日刑法教义学中，存在假想防卫过当的概念。例如，日本学者大塚仁教授认为，假想防卫过当是假想防卫和防卫过当的竞合。① 从逻辑上说，在假想防卫的情况下，可以分为过当和不过当这两种情形。所谓假想防卫的过当，是指即使在存在真实的不法侵害的情况下，实施的所谓防卫手段也是超过必要限度的，因此，属于假想防卫和防卫过当的竞合。与之相反，假想防卫的不过当，是指如果不法侵害是真实的，则行为人所采用的防卫没有超过必要限度。由此可见，对不过当的假想防卫只要按照假想防卫的一般原理处理，在行为人对不法侵害存在可以避免的认识错误的情况下，应当以过失犯论处。而过当的假想防卫较为复杂，首先需要正确判断假想防卫是否过当，这一点和防卫过当的判断标准是相同的，只是假想防卫是否过当的判断根据具有一定的假设性，因而判断起来更为困难。在本案中，李某仔在夺过柴刀以后，又朝李某裕的胸、腹部踹了两脚，致使李某裕重伤。考虑到本案中，在李某仔介入之前，并没有发生行凶伤害的事实，李某仔只是误以为李某裕手持柴刀会对其父亲实施伤害而实施了夺刀行为，夺刀以后又与李某裕打斗，并且在打斗过程中对李某裕踢踹致其重伤。该重伤结果确实是过当的。对此，认定为假想防卫过当是没有问题的。现在的问题是：对于假想防卫过当构成犯罪的，是认定为故意犯罪还是过失犯罪？如前所述，对于假想防卫，即使构成犯罪也是构成过失犯罪。但假想防卫过当构成犯罪的认定比较复杂。大塚仁教授指出，假想防卫过当可以分为两种情形：第一种是明知是过当而实施了假想防

---

① 大塚仁. 刑法概说（总论）：第3版. 冯军，译. 北京：中国人民大学出版社，2003：389.

卫，即对假想防卫的过当是故意的。对此，大塚仁教授认为应当以故意犯论处。第二种是在假想防卫中想要实施适当的防卫行为而过失地造成过当结果，即对假想防卫的过当是过失的。对此，应当准用《日本刑法典》第36条第2款关于防卫过当的规定。笔者对此理解为以过失犯论处。我国学者黎宏教授主张对假想防卫过当的责任形式采用二分说，即这种学说将假想防卫和过当防卫并重，认为在行为人既对不法侵害有误认，又对防卫的必要限度有误认的场合，排除故意，可以成立过失犯；但在行为人只是对不法侵害有误认，而对超过防卫限度这一点没有误认的场合，可以按故意犯处理。[1] 笔者赞同黎宏教授的观点。在此，首先需要讨论的是防卫过当的责任形式是故意还是过失的判断标准问题。对此，存在两种观点：第一种观点是以对过当的结果的心理状态为标准，例如在防卫过当致人死亡的情况下，根据对死亡的心理状态进行判断。当然，在伤害行为明显出于故意的情况下，一般认定为故意伤害致人死亡罪。第二种观点是以对超过必要限度的心理状态为标准而不以对过当结果的心理状态为标准。例如，在防卫过当致人死亡的情况下，对死亡结果是持故意还是过失不影响防卫过当的责任形式，而是根据对过当的心理状态来确定是故意或者过失。笔者赞同上述第二种观点，从黎宏教授的论述来看，他也是主张这种观点的。在本案中，法院判决认为李某仔对于假想防卫的过当具有主观故意，因而认定其行为构成故意犯。

[案例5-4] 苏某才故意伤害案[2]（防卫与互殴）

1. 基本案情

1997年12月间，福建省泉州市卫生学校97级学生平某在泉州市刺桐饭店歌舞厅跳舞时，先后认识了苏某才和张某，并与二人同时交往。交往中，张某感觉平某对其即若即离，即怀疑是苏与其争女友所致，遂心怀不满。1998年7月11日晚，张某以"去找一个女的"为由，叫了其弟张某秋和同乡尤某、谢某、邱某一起来到鲤城区米仓巷5号××大学租用的宿舍，将苏某才叫出，责问其与平某的关系，双方发生争执。争执中，双方互用手指指着对方。尤某见状，冲向前去踢了苏某才一脚，欲出手时，被张某拦住，张某言明事情没有搞清楚不要打。随后，苏某才返回宿舍。张某等人站在门外。苏某才回到宿舍向同学苏某要了一把多功能折叠式水果刀，并张开刀刃插在后裤袋里，叫平某与其一起出去。在门口不远处，苏某才与张某再次发生争执，互不相让，并用中指比画责骂对方。当张某威胁："真的要打架吗？"苏

---

[1] 黎宏. 论假想防卫过当. 中国法学，2014（2）.
[2] 最高人民法院刑事审判第一、二庭. 刑事审判参考：总第21集. 北京：法律出版社，2001：18~21.

某才即言："打就打！"张某即出拳打苏某才，苏某才亦还手，二人互殴。张某秋见其兄与苏某才对打，亦上前帮助其兄。苏某才边打边退，尤某、谢某等人见状围追苏某才。苏某才即拔出张开刀刃的水果刀朝冲在最前面的张某秋猛刺一刀，致其倒地，后被送往医院经抢救无效死亡。

福建省泉州市中级人民法院根据《中华人民共和国刑法》（1997年修订）第234条第2款、第56条第1款、第36条第1款及《中华人民共和国民法通则》第119条的规定，于1999年10月26日判决如下：被告人苏某才犯故意伤害罪，判处有期徒刑14年，剥夺政治权利3年。

宣判后，苏某才不服，以其是在受到正在进行的不法行为侵害而防卫刺中被害人，主观上并无互殴的故意，应认定为防卫过当，且系初犯、偶犯为由，向福建省高级人民法院书面提起上诉。

福建省高级人民法院于2000年5月10日裁定驳回上诉、维持原判。

2. 涉案问题

正当防卫与互相斗殴如何区分？

3. 裁判理由

福建省泉州市中级人民法院经审理认为：被告人苏某才因琐事与张某秋的胞兄张某争吵、斗殴，并持刀将被害人张某秋刺伤致死，其行为已构成故意伤害罪，且后果严重。苏某才第一次被张某叫出门时，虽然被张某的同伙尤某踢了一脚，但被张某制止，张某并言明"事情没搞清楚不要打"，可见当时尤某的行为还是克制的。事后苏某才不能冷静处置，回至宿舍向同学要了一把折叠式水果刀，并张开刀刃藏于后裤袋内后出门，说明此时苏某才主观上已产生斗殴的犯意。在张某的言语挑衅下，苏某才扬言"打就打"，并在斗殴中持刀刺死帮助其兄斗殴的被害人张某秋。上述事实表明，苏某才无论在主观方面还是客观方面都具有对对方不法侵害的故意和行为。因此，苏某才的行为不符合正当防卫中防卫过当的本质特征。

4. 评析意见

本案涉及正当防卫与互相斗殴的区分问题。本案中，苏某才虽然提出的是防卫过当的辩解，但防卫过当是以正当防卫为其前提的，如果被告人苏某才不具备正当防卫的前提，也就不可能构成防卫过当。因此，本案需要解决的还是如何区分正当防卫与互相斗殴。在互相斗殴的情况下，行为人主观上没有防卫意图，因此，其行为不能被认定为正当防卫。这里的互相斗殴，是指参与者在其主观上的不法侵害故意的支配下，客观上所实施的连续的互相侵害行为。① 在我国刑法中，互相斗殴是一种违法犯罪行为。按照互相斗殴之

---

① 陈兴良．正当防卫论．2版．北京：中国人民大学出版社，2006：54．

性质的严重程度，其可以分为以下两种情形：一是结伙斗殴，属于扰乱公共秩序的违反治安管理行为，是一种违法行为。二聚众斗殴，属于我国刑法所规定的犯罪行为。无论是结伙斗殴还是聚众斗殴，双方都具有侵害对方的故意和行为。对于互相斗殴，把每个人的行为隔离开来看，似乎具备正当防卫的客观条件。但是，互相斗殴的双方主观上都没有防卫意图，因此不能成立正当防卫。

在司法实践中互殴致人死亡的案件中，被告人往往以正当防卫或者防卫过当进行辩解。那么，如何区分正当防卫与互相斗殴呢？笔者认为，正当防卫与互相斗殴的区分主要表现在以下两个方面：一是在客观上，正当防卫是一种防卫行为，而互相斗殴是一种斗殴行为。二是在主观上，正当防卫具有防卫意图，而互相斗殴具有侵害意图。综合以上两点，正当防卫和互相斗殴之间存在性质上的区分。在本案中，苏某才第一次被张某叫出门时，与张某发生争执，被张某的同伙尤某踢了一脚。事后苏某才不能冷静处置而心怀不满，回至宿舍向同学要了一把折叠式水果刀，并张开刀刃藏于后裤袋后出门。这说明此时苏某才主观上已产生斗殴的故意。在张某的言语挑衅下，苏某才扬言"打就打"，并在斗殴中持刀刺死帮助其兄斗殴的张某秋。苏某才无论在主观方面还是客观方面，都具有对对方进行不法侵害的故意与行为。也就是说，苏某才并非不愿斗殴、退避不予还手，在无路可退的情况下被迫进行自卫还击，且对方手中并未持有任何凶器。显然，苏某才的行为是为了逞能，目的在于显示自己不惧怕对方，甚至故意侵害他人的人身权利，故而是一种有目的的直接故意犯罪行为，且苏某才主观上具有犯罪目的，不具有防卫意图与防卫行为，因此，其行为不可能构成防卫过当。

[案例5-5] 周某友故意杀人案[①]（事前防卫）

1. 基本案情

2004年7月27日晚，周某友之妹周某某为家庭琐事与其夫李某发生争吵，周某某之母赵某出面劝解时被李某用板凳殴打。周某某回家得知此事后，即邀约安某一起到李家找李某。因李某不在家，周某友即打电话质问李某，并叫李某回家把事情说清楚。为此，两人在电话里发生争执，均扬言要砍杀对方。之后，周某友打电话给派出所，派出所民警到周某友家劝解，周某友表示只要李某前来认错、道歉及医治，就不再与李某发生争执。随后派出所民警离开。次日凌晨1时30分许，李某邀约任某、杨某、吴某等人乘坐出租车来到周某友家。周某友听到汽车声后，从厨房拿一把尖刀从后门绕到房屋

[①] 最高人民法院刑事审判第一、二庭. 刑事审判参考：总第46集. 北京：法律出版社，2006：30~40.

左侧，被李某等人发现。周某友与李某均扬言要砍死对方，然后周某友与李某持刀打斗，杨某、任某等人用石头掷打周某友。打斗中，周某友将李某的右侧胸肺、左侧腋、右侧颈部等处刺伤，致李某急性失血性休克，呼吸、循环衰竭死亡；李某持砍刀将周某友的头顶部、左胸侧等处砍伤，将周某友的左手腕砍断。经法医鉴定周某友的损伤程度属于重伤。

重庆市第三中级人民法院依照《中华人民共和国刑法》（2002年修正）第232条、第67条第1款和《中华人民共和国民法通则》第119条、第131条的规定，于2005年1月3日判决如下：被告人周某友犯故意杀人罪，判处有期徒刑8年。

一审宣判后，周某友不服，向重庆市高级人民法院提起上诉，称：自己没有非法剥夺李某生命的主观意图和故意行为，其行为属正当防卫，不应承担刑事与民事责任。其辩护人认为：原判认定事实不清，证据不足；周某友是在自身安危已构成严重威胁之时的正当防卫行为，不应承担刑事与民事责任，请求宣告周某友无罪。

重庆市高级人民法院于2005年5月16日作出判决：驳回上诉，维持原判。

2. 涉案问题

事前防卫如何认定与处理？

3. 裁判理由

重庆市第三中级人民法院认为：被告人周某友在其母亲被被害人殴打后欲报复被害人，持刀与被害人打斗，打斗中不计后果，持刀猛刺被害人胸部等要害部位，致被害人死亡。其行为已构成故意杀人罪。本案的双方均有侵害对方的非法意图，双方于案发前不仅互相挑衅，而且均准备了作案工具。周某友在对方意图尚未显现，且还未发生危及人身安全的情况下，即持刀冲上前砍杀对方，这事实上属于一种事先防卫的行为。由此可见，周某友的行为不符合正当防卫的条件，不能认定为正当防卫。综上所述，被告人周某友主观上具有剥夺他人生命的故意，客观上实施了与他人斗殴的行为，并且造成他人死亡的危害后果，依法应当承担故意杀人罪的刑事责任。

4. 评析意见

在本案审理过程中，关于对周某友的行为如何定性，存在三种意见：第一种意见认为周某友的行为构成故意杀人罪；第二种意见认为周某友的行为属于正当防卫；第三种意见认为周某友的行为属于防卫过当，其行为构成故意伤害罪。在对本案定罪时，首先应该正确认定是否属于正当防卫，如果是正当防卫，再考虑是否属于防卫过当。如果根本就不是正当防卫，也就没有防卫过当可言。根据我国刑法的规定，正当防卫是行为人在受到正在进行的不法侵害的情况下，为使合法权益免受不法侵害而实施的一种防卫行为。存在正在进行的不法侵害是构成正当防卫的前提条件。只有当这种不法侵害具有紧迫性时，才允许行为人对不法侵害实行防卫。在本案中，认定是否存在正在进行的不法侵害的关键是如何认识死者李某深夜带领众人前去周某友家的行为，即：这是否是一种正在进行的不法侵害？对此存在观点分歧。一种观点认为：周某友于案发前向派出所打电话是想求助，寻求保护，而且周某友是在被追杀的情况下予以反击的，由此可以看出周某友一直是处于躲避、退让、寻求合法保护的状态，周某友为保护自己的合法权益，在不得已的情况下实施了正当防卫行为。至于对正在进行的不法侵害的理解，只要形势紧迫行为人即可进行防卫，并不苛求已经着手。本案被害人在凌晨1时许邀约多人前往周某友家即可认为不法侵害正在进行。另一种观点认为：双方都有伤害对方的故意，但不能说明李某邀约多人就是要来杀人，还有可能是来打人或毁坏财物等，所以在被害人动手之前不能认为"不法侵害正在进行"。周某友看见被害人后主动迎上去并扬言砍死被害人，说明周某友亦有加害被害人的故意。[①] 由此可见，周某友的行为能否被认定为正当防卫或者防卫过当，关键在于如何认定不法侵害正在进行。尤其是，不法侵害正在进行是否要求不法侵害已经着手实施。

正当防卫之时间条件"不法侵害正在进行"，涉及不法侵害的开始时间和结束时间。在刑法理论上一般认为，所谓正在进行的不法侵害，是指着手以后的行为，即犯罪的实行行为，而着手以前的犯罪预备行为，不能被认为是正在进行的不法侵害。根据我国刑法的规定，犯罪预备是为犯罪准备工具、制造条件的行为。犯罪预备的实质在于为进一步实行犯罪创造各种条件。犯罪预备尚未造成直接危害，因此不能对其实行正当防卫。例如，甲得知乙正在磨刀要杀害自己，甲就不能以正当防卫为由提前动手将乙杀死。只有在不法侵害着手以后，对他人的人身权利或者其他合法权益造成了现实的威胁，才能对其实行正当防卫。刑法理论认为，在以下情况下应当视为不法侵害已经着手，可以对不法侵害人实行正当防卫：（1）在不法侵害是手段行为与结果行为的统一的情况下，手段行为之着手就是不法侵害之着手，可以对其实行正当防卫。（2）在不法侵害已经逼近，例如杀人犯携带凶器接近防卫人，或者举刀正要下手行凶之际，应该认为不法侵害已经着手，可以对其实行正当防卫。（3）在不法侵害十分紧迫，防卫人的人身权利受到严重威胁的情况下，可以实行正当防卫。（4）在不法侵害实行的过程中，只要不法侵害在继

---

① 最高人民法院刑事审判第一、二庭.刑事审判参考：总第46集.北京：法律出版社，2006：35.

续，可以对其实行正当防卫。（5）在不法侵害实行的过程中，不法侵害因故停止，但仍然存在着对本人人身的严重威胁的，可以实行正当防卫。[①] 不法侵害的正在进行是成立正当防卫的时间条件，凡是违反正当防卫的时间条件的所谓防卫行为，在刑法理论上被称为防卫不适时。防卫不适时可以分为事前防卫与事后防卫者两种情形，其中，事前防卫是指在不法侵害尚未发生的时候所采取的所谓防卫行为。由于在这种情况下不法侵害没有现实地发生，因此，该行为不得被视为正当防卫。

在本案中，周某友的行为能否被认定为正当防卫或者防卫过当，关键就在于是否存在正在进行的不法侵害。不可否认，在案发前周某友确实曾经给派出所打电话报警，派出所民警也来到周家劝解。但在死者李某凌晨带人来到周家时，周某友并没有冷静处理，而是携带尖刀从后门出去绕至房屋左侧，主动迎战。从李某的行为来看，李某是在周某友的电话催促下才在深夜带人来到周家的。因为周某友在电话里说要打李某，李某才多带了一些人来到周家。这说明当时李某等人并没有着手实施不法侵害。在这种情况下，周某友持刀冲上前砍杀对方，形成互相斗殴，并将李某砍伤致死的行为不能被认定为正当防卫，因而也就不存在防卫过当的问题。

[案例5-6] 李某故意伤害案[②]（事后防卫）

1. 基本案情

2002年9月17日凌晨，李某与其同事王某、张某（另案处理）、孙某等人在北京市海淀区双泉堡环球迪厅娱乐时，遇到本单位女服务员王某晓等人及其朋友王某宗（另案处理）等人。王某宗对李某等人与王某晓等人跳舞感到不满，遂故意撞了李某一下，李某对王某宗说："刚才你撞到我了。"王某宗说："喝多了，对不起。"两人未发生进一步争执。李某感觉对方怀有敌意，为防身，遂返回其住处取尖刀一把再次来到环球迪厅。其间王某宗打电话叫来张某艳（男，时年20岁）、董某等三人（另案处理）帮其报复对方。三人赶到环球迪厅时李某已离去，张某艳等人即离开迪厅。李某取刀返回迪厅后，王某宗即打电话叫张某艳等人返回迪厅，向张某艳指认了李某，并指使张某艳等人在北沙滩桥附近的过街天桥下伺机报复李某。当日凌晨1时许，李某、王某、张某、孙某等人返回单位，当途经京昌高速公路辅路北沙滩桥附近的过街天桥时，张某艳、董某等人即持棍对李某等人进行殴打。孙某先被打倒，李某、王某、张某进行反击，李某持尖刀刺中张某艳的胸部、腿部数刀。张

[①] 陈兴良. 正当防卫论. 2版. 北京：中国人民大学出版社，2006：98～101.
[②] 最高人民法院刑事审判第一、二庭. 刑事审判参考：总第55集. 北京：法律出版社，2007：13～20.

某艳因胸部被刺，伤及肺脏、心脏致失血性休克死亡。孙某所受损伤经鉴定为轻伤。

北京市第一中级人民法院依照《中华人民共和国刑法》（2001年修正）第234条第2款、第56条、第61条之规定，于2003年5月13日判决如下：被告人李某犯故意伤害罪，判处有期徒刑15年，剥夺政治权利3年。

一审宣判后，李某不服，提起上诉。李某上诉称：其在遭到不法侵害时实施防卫，造成被害人死亡的结果属于正当防卫，原判对其量刑过重，请求从轻处罚。其辩护人认为：李某的行为属于正当防卫过当，原审判决认定事实错误，对李某量刑过重，请求二审法院依法改判。

北京市高级人民法院经审理认为：原审人民法院认定李某犯故意伤害罪正确且审判程序合法，但对本案部分情节的认定有误，适用法律不当，对李某量刑过重，依法予以改判。据此，依照《中华人民共和国刑事诉讼法》（1996年）第189条第2项及《中华人民共和国刑法》（2001年修正）第234条第2款、第20条第2款、第61条之规定，于2003年8月5日判决如下：上诉人李某犯故意伤害罪，判处有期徒刑5年。

2. 涉案问题

事后防卫如何认定与处理？

3. 裁判理由

一审法院认为：被告人李某故意伤害他人身体，致人死亡，其行为已构成故意伤害罪，犯罪后果特别严重，依法应予惩处。鉴于被害人对本案的发生负有重大过错，故依法对李某予以从轻处罚。对于李某的辩护人提出的李某的行为本身是正当防卫，只是由于没有积极救治被害人导致李某承担间接故意伤害的法律后果的辩护意见，经查：正当防卫成立的要件之一即防卫行为的直接目的是制止不法侵害，不法侵害被制止后不能继续实施防卫行为，而李某持刀连续刺扎被害人张某艳要害部位胸部数刀，在被害人倒地后还对其进行殴打，故李某具有明显伤害他人的故意，其行为符合故意伤害罪的犯罪构成，辩护人的此项辩护意见不能成立，不予采纳。

二审法院认为：上诉人李某为制止正在进行的不法侵害而故意伤害不法侵害者的身体，其行为属于正当防卫，但其防卫明显超过必要限度，造成被害人死亡的重大损害后果，其行为构成故意伤害罪，依法应予减轻处罚。李某及其辩护人所提李某的行为属于防卫过当，原判对其量刑过重的上诉理由和辩护意见成立，予以采纳。

4. 评析意见

对于本案，一审法院与二审法院作出了不同的判决：一审法院认定李某的行为不属于防卫过当，二审法院则认定李某的行为属于防卫过当。这两者的区别在很大程度上取决于对于李某对被害人张某艳的不法侵害终止时间的认定,因而涉及李某的行为是否属于事后防卫的问题。

在不法侵害终止以后,正当防卫的时间条件已经不复存在,因此一般不再发生正当防卫的问题。在刑法理论上,把不法侵害终止以后对不法侵害者所实施的所谓防卫行为,称为事后防卫。事后防卫的行为人主观上不存在防卫意图,而是具有报复的心理;在客观上对先前的不法侵害者实施了报复侵害行为,造成了他人的损害,因此,事后防卫不是正当防卫,而是一种具有报复性质的犯罪行为。事后防卫可以分为以下情形:(1)故意的事后防卫,其中又可以分为两种形式:第一种是没有正当防卫前提的事后防卫。这种事后防卫的特点是事前存在不法侵害,但在不法侵害正在进行时,行为人没有对不法侵害实行正当防卫,而是在不法侵害过去以后,才对不法侵害实行所谓的防卫。这是一种出于行为人的报复之心的事后补偿行为。第二种是具有正当防卫前提的事后防卫。在实行正当防卫的过程中,不法侵害人已经丧失了侵害能力或者中止了不法侵害,或者已经被制服,但防卫人仍不罢手,继续加害于不法侵害人。在这种情况下,正当防卫和事后防卫并存于同一个案件,因此更为复杂。(2)因对事实认识错误而导致的事后防卫。在这种情况下,不法侵害已经过去,但防卫人由于对事实发生了错误的认识,以为不法侵害依然存在,而实行了所谓防卫。[①]

在本案中,李某在与他人发生争执后,为防止对方报复,返回住所并携带刀具防身。这是一种预防行为,是为了防范自己的合法权益遭受不法侵害,在侵害发生之前做的防范准备。尽管携带管制刀具是违反的,但如果此后确有不法侵害发生,李某使用它反击不法侵害,其行为及结果均表明其携带的刀具是为了抵御不法侵害,则就不能因为其携带管制刀具是违法的,而否认其行为的防卫性质。所以,本案中李某为预防不法侵害的发生携带刀具,不能阻却其在遭遇不法侵害时运用该刀具实施的防卫行为成立正当防卫。就本案而言,李某在与王某发生冲突后,返回单位住处取刀并再次回到迪厅,但未主动伤害王某,可见其取刀的主观目的确实是防范此后可能发生的不法侵害。张某艳等人在王某的预谋和指使下,预先埋伏在李某返回住处的途中,对李某等人进行殴打,当即将孙某打倒在地,又殴打李某等人。张某艳等人的行为属于对公民身体健康所实施的不法侵害。对此不法侵害,李某当然有权实行正当防卫。对此,一审法院也没有否认。但一审法院又认为,防卫行为的直接目的是制止不法侵害,不法侵害被制止后不能继续实施防卫行为,而李某持刀连续刺扎张某艳的要害部位胸部数刀,在张某艳倒地后还对其进

[①] 陈兴良.正当防卫论.2版.北京:中国人民大学出版社,2006:160~163.

行殴打，因此不能成立防卫过当。从一审判决的这一裁判理由来看，其是把李某的行为认定为事后防卫，即在不法侵害终止以后的所谓防卫行为。这里涉及李某对被害人张某艳的不法侵害的终止时间的认定问题。1983年最高人民法院、最高人民检察院、公安部、国家安全部、司法部《关于人民警察执行职务中实行正当防卫的具体规定》第3条规定，遇有下列情形之一时，应当停止防卫行为：(1) 不法侵害行为已经结束；(2) 不法侵害行为确已自动中止；(3) 不法侵害人已经被制服，或者已经丧失侵害能力。这一规定对于判断不法侵害是否终止、区分正当防卫与事后防卫具有参考意义。在本案中，不存在不法侵害已经终止的情形，因为：不法侵害已经终止是指在防卫之前存在不法侵害，但当防卫行为开始实施时，已经不存在不法侵害。本案中在防卫行为开始时，不法侵害仍然存在。此外，本案中也不存在不法侵害行为确已自动中止的情形，因为：不法侵害确已自动中止，是指不法侵害人自动停止了侵害行为，因而构成犯罪中止。这里的中止应当发生在防卫行为实施之前，因而不存在正当防卫的前提。对于本案来说，关键是是否存在不法侵害者已经被制服或者已经丧失侵害能力的情形。我们应该看到，本案是一个有多个不法侵害人和数个正当防卫人的复杂案件，对于不法侵害人是否已经被制服或者已经丧失侵害能力应当全案分析，而不是一对一地简单判断。本案中在李某对被害人张某艳实行防卫时，张某艳正在对其实施不法侵害行为，且张某艳的另外两名同伙分别在殴打李某的同事张某和王某，不法侵害正在进行，张某艳所受致命伤为刀伤，形成于李某进行防卫的过程中。因此，不存在不法侵害者被制服或者已经丧失侵害能力的情形。当然，张某艳在对李某实施不法侵害时，并没有持凶器，而是徒手进行，李某却持刀对张某艳连刺数刀，并在张某艳停止侵害且身受重伤的情况下，继续追赶并踢打张某艳。对于这一事实，一审判决视为认定本案属于事后防卫的事实根据，二审判决则认为致命刀伤形成于前，事后的追赶并踢打张某艳只是认定防卫过当的事实根据。对此认定，笔者认为是实事求是的。李某受到张某艳的不法侵害，进行追赶也是其义愤所致。当然，如果致命伤发生在不法侵害人落败逃跑以后，则其行为不能被认定为正当防卫及防卫过当，而是一种事后防卫。

[案例5-7] 于某故意伤害案[①]（防卫过当）

1. 基本案情

于某的母亲苏某在山东省G县工业园区经营山东源大工贸有限公司（以下简称源大公司），于某系该公司员工。2014年7月28日，苏某及其丈夫于

[①] 最高人民法院指导案例第93号.

某1向吴某、赵某1借款100万元,双方口头约定月息10%。至2015年10月20日,苏某共计还款154万元。其间,吴某、赵某1因苏某还款不及时,曾指使郭某1等人采取在源大公司车棚内驻扎、在办公楼前支锅做饭等方式催债。2015年11月1日,苏某、于某1再向吴某、赵某1借款35万元。其中10万元,双方口头约定月息10%;另外25万元,通过签订房屋买卖合同,用于某1名下的一套住房作为抵押,双方约定如逾期还款,则将该住房过户给赵某1。2015年11月2日至2016年1月6日,苏某共计向赵某1还款29.8万元。吴某、赵某1认为该29.8万元属于偿还第一笔100万元借款的利息,而苏某夫妇认为是用于偿还第二笔借款。吴某、赵某1多次催促苏某夫妇继续还款或办理住房过户手续,但苏某夫妇未再还款,也未办理住房过户。

2016年4月1日,赵某1与杜某2、郭某1等人将于某1的上述住房的门锁更换并强行入住,苏某报警。赵某1出示房屋买卖合同,民警调解后离去。同月13日上午,吴某、赵某1与杜某2、郭某1、杜某7等人将上述住房内的物品搬出,苏某报警。民警出警时,吴某称系房屋买卖纠纷,民警告知双方协商或通过诉讼解决。民警离开后,吴某责骂苏某,并将苏某的头部按入座便器接近水面的位置。当日下午,赵某1等人将上述住房内的物品搬至源大公司门口。其间,苏某、于某1多次拨打市长热线求助。当晚,于某1通过他人调解,与吴某达成口头协议,约定次日将住房过户给赵某1,此后再付30万元,借款本金及利息即全部结清。

4月14日,于某1、苏某未去办理住房过户手续。当日16时许,赵某1纠集郭某2、郭某1、苗某、张某3到源大公司讨债。为找到于某1、苏某,郭某1报警称源大公司私刻财务章。民警到达源大公司后,苏某与赵某1等人因还款纠纷发生争吵。民警告知双方协商解决或到法院起诉后离开。李某3接赵某1电话后,伙同么某、张某2和严某、程某到达源大公司。赵某1等人先后在办公楼前呼喊,在财务室内、餐厅外盯守,在办公楼门厅外烧烤、饮酒,催促苏某还款。其间,赵某1、苗某离开。20时许,杜某2、杜某7赶到源大公司,与李某3等人一起饮酒。20时48分,苏某按郭某1的要求到办公楼一楼接待室,于某及公司员工张某1、马某陪同。21时53分,杜某2等人进入接待室讨债,将苏某、于某的手机收走放在办公桌上。杜某2用污秽言语辱骂苏某、于某及其家人,将烟头弹到苏某的胸前衣服上,将裤子褪至大腿处裸露下体,朝坐在沙发上的苏某等人左右转动身体。在马某、李某3劝阻下,杜某2穿好裤子,又脱下于某的鞋让苏某闻,被苏某打掉。杜某2还用手拍打于某的面颊,其他讨债人员实施了揪抓于某头发或按压于某肩部不准其起身等行为。22时07分,公司员工刘某打电话报警。22时17分,民警朱某带领辅警宋某、郭某3到达源大公司接待室了解情况,苏某和于某指认杜某2殴打于某，杜某2等人否认并称系讨债。22时22分，朱某警告双方不能打架，然后带领辅警到院内寻找报警人，并给值班民警徐某打电话通报警情。于某、苏某想随民警离开接待室，杜某2等人阻拦，并强迫于某坐下，于某拒绝。杜某2等人卡住于某颈部，将于某推搡至接待室东南角。于某持刃长15.3厘米的单刃尖刀，警告杜某2等人不要靠近。杜某2出言挑衅并逼近于某，于某遂捅刺杜某2腹部一刀，又捅刺围逼在其身边的程某胸部、严某腹部、郭某1背部各一刀。22时26分，辅警闻声返回接待室。经辅警连续责令，于某交出尖刀。杜某2等四人受伤后，被杜某7等人驾车送至G县人民医院救治。次日2时18分，杜某2经抢救无效，因腹部损伤造成肝固有动脉裂伤及肝右叶创伤导致失血性休克死亡。严某、郭某1的损伤均构成重伤二级，程某的损伤构成轻伤二级。

山东省聊城市中级人民法院于2017年2月17日作出（2016）鲁15刑初33号刑事附带民事判决，认定被告人于某犯故意伤害罪，判处无期徒刑，剥夺政治权利终身，并赔偿附带民事原告人经济损失。

宣判后，于某及部分原审附带民事诉讼原告人不服，分别提起上诉。

山东省高级人民法院经审理于2017年6月23日作出（2017）鲁刑终151号刑事附带民事判决：驳回附带民事上诉，维持原判附带民事部分；撤销原判刑事部分，以故意伤害罪改判于某有期徒刑5年。

2. 涉案问题

正当防卫的必要限度应当如何认定？

3. 裁判理由

山东省高级人民法院认为，本案在法律适用方面的争议焦点主要有两个方面：一是于某的捅刺行为的性质，即是否具有防卫性、是否属于特殊防卫、是否属于防卫过当；二是如何定罪处罚。

（1）关于于某的捅刺行为的性质。

《刑法》（2015年修正）第20条第1款规定：为了使国家、公共利益、本人或者他人的人身、财产和其他权利免受正在进行的不法侵害，而采取的制止不法侵害的行为，对不法侵害人造成损害的，属于正当防卫，不负刑事责任。由此可见，成立正当防卫必须同时具备以下五项条件：一是防卫起因，不法侵害现实存在。不法侵害是指违背法律的侵袭和损害，既包括犯罪行为，又包括一般违法行为；既包括侵害人身权利的行为，又包括侵犯财产及其他权利的行为。二是防卫时间，不法侵害正在进行。正在进行是指不法侵害已经开始并且尚未结束的这段时期。对于尚未开始或已经结束的不法侵害，不能进行防卫，否则即是防卫不适时。三是防卫对象，即针对不法侵害者本人。正当防卫的对象只能是不法侵害人本人，不能对不法侵害人之外的人实施防卫行为。在共同实施不法侵害的场合，共同侵害具有整体性，可对每一个共同侵害人进行正当防卫。四是防卫意图，出于制止不法侵害的目的，有防卫认识和意志。五是防卫限度，尚未明显超过必要限度造成重大损害。这就是说正当防卫的成立条件包括客观条件、主观条件和限度条件。客观条件和主观条件是定性条件，确定了正当防卫"正"的性质和前提条件，不符合这些条件的不是正当防卫；限度条件是定量条件，确定了正当防卫"当"的要求和合理限度，不符合该条件的虽然仍有防卫性质，但不是正当防卫，属于防卫过当。防卫过当行为具有防卫的前提条件和制止不法侵害的目的，只是在制止不法侵害过程中，没有合理控制防卫行为的强度，明显超过正当防卫必要限度，并造成不应有的重大损害后果，从而转化为有害于社会的违法犯罪行为。根据本案认定的事实、证据和我国刑法有关规定，于某的捅刺行为虽然具有防卫性，但属于防卫过当。

首先，于某的捅刺行为具有防卫性。案发当时杜某2等人对于某、苏某持续实施着限制人身自由的非法拘禁行为，并伴有侮辱人格和对于某的推搡、拍打等行为；民警到达现场后，于某和苏某想随民警走出接待室时，杜某2等人阻止二人离开，并对某实施推搡、围堵等行为，在于某持刀警告时仍出言挑衅并逼近，实施正当防卫所要求的不法侵害客观存在并正在进行；于某是在人身自由受到违法侵害、人身安全面临现实威胁的情况下持刀捅刺，且捅刺的对象都是在其警告后仍向其靠近围逼的人。因此，可以认定其是为了使本人和其母亲的人身权利免受正在进行的不法侵害，而采取的制止不法侵害的行为，具备正当防卫的客观和主观条件，具有防卫性质。

其次，于某的捅刺行为不属于特殊防卫。《刑法》(2015年修正) 第20条第3款规定：对正在进行行凶、杀人、抢劫、强奸、绑架以及其他严重危及人身安全的暴力犯罪，采取防卫行为，造成不法侵害人伤亡的，不属于防卫过当，不负刑事责任。根据这一规定，特殊防卫适用的前提条件是存在严重危及本人或他人人身安全的暴力犯罪。本案中，虽然杜某2等人对于某母子实施了非法限制人身自由、侮辱、轻微殴打等人身侵害行为，但这些不法侵害不是严重危及人身安全的暴力犯罪。其一，杜某2等人实施的非法限制人身自由、侮辱等不法侵害行为，虽然侵犯了于某母子的人身自由、人格尊严等合法权益，但并不具有严重危及于某母子人身安全的性质；其二，杜某2等人的按肩膀、推搡等强制或者殴打行为，虽然让于某母子的人身安全、身体健康权遭受了侵害，但这种不法侵害只是轻微的暴力侵犯，既不是针对生命权的不法侵害，又不是严重侵害于某母子身体健康权的情形，因而不属于严重危及人身安全的暴力犯罪。其三，苏某、于某1系主动通过他人协调、担保，向吴某借贷，自愿接受吴某所提10%的月息。既不存在苏某、于某1

被强迫向吴某高息借贷的事实,又不存在吴某强迫苏某、于某1借贷的事实,与司法解释关于以借贷为名采用暴力、胁迫手段获取他人财物的以抢劫罪论处的规定明显不符。可见,杜某2等人实施的多种不法侵害行为,符合可以实施一般防卫行为的前提条件,但不具备实施特殊防卫的前提条件,故于某的捅刺行为不属于特殊防卫。

最后,于某的捅刺行为属于防卫过当。《刑法》(2015年修正)第20条第2款规定:正当防卫明显超过必要限度造成重大损害的,应当负刑事责任,但是应当减轻或者免除处罚。由此可见,防卫过当是在具备正当防卫客观和主观条件的前提下,防卫反击明显超越必要限度,并造成致人重伤或死亡的过当结果。认定防卫是否"明显超过必要限度",应当从不法侵害的性质、手段、强度、危害程度,以及防卫行为的性质、时机、手段、强度、所处环境和损害后果等方面综合分析判定。本案中,杜某2一方虽然人数较多,但其实施不法侵害的意图是给苏某夫妇施加压力以催讨债务,在催债过程中未携带、使用任何器械;在民警朱某等进入接待室前,杜某2一方对于某母子实施的是非法限制人身自由、侮辱和对于某拍打面颊、揪抓头发等行为,其目的仍是逼迫苏某夫妇尽快还款;在民警进入接待室时,双方没有发生激烈对峙和肢体冲突,当民警警告不能打架后,杜某2一方并无打架的言行;在民警走出接待室寻找报警人期间,于某和讨债人员均可透过接待室的窗玻璃清晰看见停在院内的警车警灯在闪烁,应当知道民警并未离开;在于某持刀警告不要逼过来时,杜某2等人虽有出言挑衅并向于某围逼的行为,但并未实施强烈的攻击行为。因此,于某面临的不法侵害并不紧迫和严重,而其却持刃长15.3厘米的单刃尖刀连续捅刺四人,致一人死亡、二人重伤、一人轻伤,且其中一人系被背后捅伤,故应当认定于某的防卫行为明显超过必要限度造成重大损害,属于防卫过当。

(2)关于定罪量刑。

首先,关于定罪。本案中,于某连续捅刺四人,但捅刺对象都是当时围逼在其身边的人,未对离其较远的其他不法侵害人进行捅刺,对不法侵害人每人捅刺一刀,未对同一不法侵害人连续捅刺。可见,于某的目的在于制止不法侵害并离开接待室,在案证据不能证实其具有追求或放任致人死亡危害结果发生的故意,故于某的行为不构成故意杀人罪,但他为了追求防卫效果的实现,对致多人伤亡的过当结果的发生持听之任之的态度,已构成防卫过当情形下的故意伤害罪。认定于某的行为构成故意伤害罪,既是严格司法的要求,又符合人民群众的公平正义观念。

其次,关于量刑。《刑法》(2015年修正)第20条第2款规定:正当防卫明显超过必要限度造成重大损害的,应当负刑事责任,但是应当减轻或者免除处罚。综合考虑本案防卫权益的性质、防卫方法、防卫强度、防卫起因、损害后果、过当程度、所处环境等情节，对于某应当减轻处罚。

被害方对引发本案具有严重过错。本案案发前，吴某、赵某1指使杜某2等人实施过侮辱苏某、干扰源大公司生产经营等逼债行为，苏某多次报警，吴某等人的不法逼债行为并未收敛。案发当日，杜某2等人对于某、苏某实施非法限制人身自由、侮辱及对于某间有推搡、拍打、卡颈部等行为，于某及其母亲苏某连日来多次遭受催逼、骚扰、侮辱，这导致于某实施防卫行为时难免带有恐惧、愤怒等因素。尤其是杜某2裸露下体侮辱苏某，对引发本案有重大过错。案发当日，杜某2当着于某之面公然以裸露下体的方式侮辱其母亲苏某。虽然距于某实施防卫行为已间隔约二十分钟，但于某捅刺杜某2等人时难免带有报复杜某2辱母的情绪，故杜某2裸露下体侮辱苏某的行为是引发本案的重要因素，在刑罚裁量上应当作为对于某有利的情节重点考虑。

杜某2的辱母行为严重违法、亵渎人伦，应当受到惩罚和谴责，但于某在民警尚在现场调查、警车仍在现场闪烁警灯的情形下，为离开接待室摆脱围堵而持刀连续捅刺四人，致一人死亡、二人重伤、一人轻伤，且其中一重伤者系于某从背部捅刺，损害后果严重，且除杜某2以外，其他三人并未实施侮辱于某母亲的行为，其防卫行为造成的损害远远大于所保护的合法权益，防卫明显过当。于某及其母亲的人身自由和人格尊严应当受到法律保护，但于某的防卫行为明显超过必要限度并造成多人伤亡严重后果，超出法律所容许的限度，依法也应当承担刑事责任。

根据我国刑法规定，故意伤害致人死亡的，处10年以上有期徒刑、无期徒刑或者死刑；防卫过当的，应当减轻或者免除处罚。如上所述，于某的防卫行为明显超过必要限度造成重大伤亡后果，要减轻处罚依法应当在3至10年有期徒刑的法定刑幅度内量刑。鉴于于某归案后如实供述主要罪行，且被害方有以恶劣手段侮辱于某之母的严重过错等可以从轻处罚情节，综合考虑于某犯罪的事实、性质、情节和危害后果，判处于某有期徒刑5年。

4. 评析意见

在于某故意伤害案一审审理期间，关于对案件的定性，在控、辩、审三方之间就存在较大的分歧。辩方认为，被告人于某的行为系防卫过当，被害人对本案的发生具有严重过错。但控方只认可被害人一方对本案的发生具有过错，可以从轻处罚，并且提出了判处无期徒刑以上刑罚的量刑建议。一审法院认为：被告人于某持尖刀捅刺多名被害人腹背部，虽然当时其人身自由权利受到限制，也遭到对方辱骂和侮辱，但对方未有人使用工具，在派出所已经出警的情况下，被告人于某和其母亲的生命健康权利被侵犯的现实危险性较小，不存在防卫的紧迫性，所以于某持尖刀捅刺被害人不存在正当防卫意义上的不法侵害前提,辩护人认为于某的行为系防卫过当,以此要求减轻处罚的意见本院不予采纳。因此,一审法院不仅没有认定于某的行为是正当防卫,即使是对防卫过当也未予以认定,而是认为本案被告人于某的行为根本就不具有防卫性质。在一审判决宣判以后,媒体报道了于某故意伤害案,该案因死者具有辱母情节而引发社会的广泛关注。随着最高人民检察院和最高人民法院的介入,于某的命运发生了巨大的变化。二审判决认定于某的行为具有防卫情节,但属于防卫过当,因而改判于某有期徒刑5年。在二审判决生效以后,于某故意伤害案被最高人民法院以指导案例93号的名义公布,对于此后司法机关正确认定正当防卫和防卫过当具有重要指导意义。

那么,在本案中,于某捅刀子的行为是否构成正当防卫呢?对于这个问题,指导性案例的意见认为,于某的行为具有防卫性质,但其防卫行为超过了必要限度,因而构成防卫过当。笔者认为,于某的行为具有防卫性质,这是没有疑问的,但其防卫行为是否超过必要限度构成防卫过当,也值得进一步商榷。因此,笔者从以下四个方面对于某故意伤害案进行评析。

(1)本案是否存在不法侵害?

正当防卫是对不法侵害的反击行为,因此,不法侵害是正当防卫的起因。如果没有不法侵害,当然也就不存在对不法侵害的正当防卫。判断本案中于某的行为是构成正当防卫还是防卫过当,首先需要考察在本案中是否存在不法侵害。

本案起因于讨债,这是没有问题的。如果是单纯的讨债,即使是讨要非法债务,则当然不能视之为不法侵害,也不存在正当防卫问题。关键是讨债人在讨债过程中采取的手段是否属于不法侵害,如果属于不法侵害,则完全可以进行正当防卫。一审判决认为:"虽然当时其人身自由权利受到限制,也遭到对方辱骂和侮辱,但对方均未有人使用工具,在派出所已经出警的情况下,被告人于某和其母亲的生命健康权利被侵犯的现实危险性较小,不存在防卫的紧迫性,所以于某持尖刀捅刺被害人不存在正当防卫意义的不法侵害前提。"这一裁判结论否定了在本案中存在不法侵害,因而否定了于某的行为具有防卫性质。一审判决一方面肯定了在讨债过程中存在侮辱言行和限制人身自由的现象,另一方面又认为人身受到侵害的现实危险性较小,不存在防卫的紧迫性。

如前所述,在讨债过程中,讨债人对于某母子进行了极其下流的辱骂。更为出格的是,死者杜某2脱下裤子,在近处将下体对着于某母子。该行为明显属于侮辱行为,性质极为恶劣。当然,在杜某2实施上述侮辱言行的时候,于某并没有当场进行防卫。因此,侮辱言行并不是本案的防卫起因,只是为此后的防卫提供了心理动因。在本案中最为明显的不法侵害还是非法拘禁行为。值得注意的是，一审判决并没有将讨债人的扣押行为认定为非法拘禁，而是界定为限制人身自由权利的行为。这里存在对我国刑法中的非法拘禁罪的理解问题。根据《刑法》（2015年修正）第238条的规定，非法拘禁罪是指非法拘禁他人或者以其他方法非法剥夺他人人身自由的行为。因此，非法拘禁罪的本质特征是非法剥夺他人人身自由，至于采取何种方法并无限制。显然，非法剥夺人身自由与非法限制人身自由在性质上是不同的。《刑法》（2015年修正）第241条第3款规定，在收买被拐卖的妇女、儿童的情况下，限制其人身自由就可以构成非法拘禁罪。这是一个特别规定。在通常情况下，只有剥夺人身自由才构成非法拘禁罪，限制人身自由则不能构成非法拘禁罪。问题在于：本案中讨债人的行为是构成对于某母子人身自由的限制还是剥夺？本案中的讨债从案发当天下午4点开始一直延续到晚上10点，并且，从证言描述来看，讨债人是将于某母子扣押在一个特定场所，不让外出，于某母子吃饭也有人跟着，尤其是晚上8点杜某2来到现场以后，其将于某母子拘禁在接待室长达两个小时。其间，其对于某母子进行辱骂和殴打。《刑法》（2015年修正）第238条第3款专门规定了索债型非法拘禁罪[①]，指出："为索取债务非法扣押、拘禁他人的，依照前两款规定处罚。"对照本案中讨债人的行为，难道讨债人不正是对债务人实施了扣押和拘禁行为吗？根据最高人民检察院于2006年7月26日发布的《关于渎职侵权犯罪案件立案标准的规定》，非法剥夺他人人身自由，实施殴打、侮辱行为的，构成非法拘禁罪。因此，本案中讨债人的行为已经构成非法拘禁罪，这是一种十分明显的不法侵害。

  缺乏紧迫性是一审判决否定于某的行为具有防卫性质的一个主要理由。那么，什么是这里的紧迫性呢？笔者认为，作为防卫起因的紧迫性是指正在面对不法侵害，需要通过防卫来消除不法侵害。在这个意义上说，防卫的紧迫性也就是防卫的必要性，即不防卫无以排除侵犯。在本案中，面对的不法侵害主要是非法拘禁行为。那么，对非法拘禁行为是否可以进行正当防卫呢？对此，在刑法理论上存在争议。第一种观点认为，非法拘禁罪所侵害的犯罪客体是公民的人身自由，而被害人实行正当防卫也是为了解除拘禁，保护本人的人身自由。因此，对于非法拘禁行为可以实行正当防卫。第二种观点认为，在非法拘禁的情况下，尽管现实的不法侵害尚未结束，但行为人的人身权益并没有处在现实、紧迫的威胁中，在该过程中进行正当防卫是不合适的。这种观点认为非法拘禁行为不具有即时性和迫切性，因此不能对其进行防卫。

---

  ① 关于索债型非法拘禁罪的具体论述，参见陈山. 非法拘禁罪研究. 北京：中国社会科学出版社，2009：84及以下。

笔者认为，这是对正当防卫之性质的错误理解。事实上，只要存在客观现实的不法侵害，为了避免这种侵害，公民都可以对不法侵害人实行防卫，而没有忍受不法侵害的义务，除非侵害结果已经发生，不能通过防卫予以排除。非法拘禁具有对人身自由的侵害性，这是没有问题的。而且，非法拘禁罪属于继续犯，将他人予以扣押以后，他人的人身自由被剥夺的整个期间都属于犯罪行为进行的时间，被害人完全可以通过防卫解除非法拘禁的状态。至于是否过当，这是另外一个需要考察的问题。在本案中，非法拘禁持续时间长达六个多小时，在此期间不法侵害人未间断地对于某母子进行辱骂、殴打和精神折磨，使于某处于极度的心理紧张状态。在民警来到现场以后，于某要求出去。这里的"出去"，应当被理解为解除非法拘禁状态。但讨债人仍然对此加以阻止，并且使用暴力殴打。在这种情况下，于某使用从办公桌上拾起的水果刀捅刺杜某2等讨债人，不能否定存在侵害的紧迫性。因此，在非法拘禁案件中，为解除对自己的非法拘禁，对拘禁人采取适当的暴力措施，应当被认为具有防卫的性质。从整个案件看，于某确实是针对不法侵害采取了防卫措施，存在防卫起因。

（2）本案的不法侵害是否正在进行？

不法侵害正在进行是正当防卫的时间要件，只有对正在进行的不法侵害才能实行正当防卫。在针对非法拘禁行为进行防卫的情况下，因为非法拘禁罪具有继续犯的性质，因此，在非法拘禁持续的时间内，都应当认为不法侵害正在进行，可以实行正当防卫。从本案的案情来看，从下午4点到晚上10点都属于非法拘禁行为持续的时间。问题在于：经过报警以后，民警来到拘禁现场，此时是否消除了非法拘禁？一审判决在裁判理由中也强调在派出所已经出警的情况下，被告人于某和其母亲的生命健康权利被侵犯的现实危险性较小，不存在防卫的紧迫性。这里涉及对民警出警效果的判断，值得深入分析。其实，民警到场以后并没有意识到讨债人在对于某母子进行非法拘禁，因此并没有制止讨债人的不法侵害，而只是说"讨债可以，但是不能打人"，说完就要离开。民警出警，应当被视为公权力的介入。于某母子在受到讨债人的非法拘禁的情况下，通过报警获得公权力的救济，是法律赋予的权利。可惜的是，出警的两位民警并没有及时解救于某母子，这就使于某绝望，也成为压垮骆驼的最后一根稻草。假设没有民警到场，这场讨债活动也许还会持续下去，如何收场当然无从得知。反倒是民警来而又去，刺激了于某。于某在也要走出拘禁场所而又遭受杜某2等人暴力制止的情况下，正好发现办公桌上有一把水果刀。事态由此直转急下，血案瞬间酿成。综观全案，在本案中不法侵害处于长时间的持续之中，于某持刀捅刺之时，不仅针对非法拘禁行为，而且针对暴力阻止行为，存在防卫时间。

(3) 本案是适用《刑法》（2015 年修正）第 20 条第 2 款还是第 3 款？

这主要涉及对《刑法》（2015 年修正）第 20 条关于正当防卫三款规定的理解。《刑法》（2015 年修正）第 20 条第 1 款对正当防卫的概念作了规定，第 2 款对防卫过当作了规定，第 3 款对无过当防卫作了规定。因此，这三款分别涉及正当防卫、防卫过当和无过当防卫这三种情形。关于这三款规定之间的逻辑关系，笔者认为：第 2 款以第 1 款为前提，而第 3 款是第 2 款的例外，即：在一般情况下，正当防卫超过必要限度构成防卫过当，而防卫过当应当被追究刑事责任。但在符合第 3 款规定的情况下，就不存在过当问题。这里应当注意：根据第 3 款，只有当不法侵害严重危害人身安全且具有暴力犯罪性质时才能适用该条款。如果这样认定，本案就要考虑是否存在暴力犯罪以及暴力犯罪是否达到了严重危害人身安全的程度。根据笔者的理解，《刑法》（2015 年修正）第 20 条第 3 款规定的严重危害人身安全的暴力犯罪，除强奸和绑架以外，其他情形应当要达到致人死亡或者致人重伤的严重程度。从本案的情况来看，其可能还没有达到这一程度。因为对方是来讨债的，其目的是为债权人实现债权，且在讨债过程中虽然存在拘禁、殴打和辱骂等不法侵害行为，但这是为了对债务人施加精神压力，以便达到还债的效果。从这个意义上说，本案中的讨债人并没有导致于某母子人身伤亡的目的和行为。因此，本案中于某的行为不具备《刑法》（2015 年修正）第 20 条第 3 款无过当防卫的适用条件。

(4) 若本案适用《刑法》（2015 年修正）第 20 条第 2 款，那么防卫是否超过必要限度？

在承认本案中于某的行为构成正当防卫的情况下，于某捅死一人、捅伤三人的防卫行为是否超过正当防卫的必要限度构成防卫过当？这是一个在主张本案存在防卫前提的情况下，仍然存在争论的核心问题。应当指出，《刑法》（2015 年修正）第 20 条第 2 款规定，防卫过当是指防卫明显超过必要限度。也就是说，即使超过必要限度，也不一定就构成防卫过当，而是还要考察是否明显超过必要限度。

在本案中考察于某的防卫行为是否过当的时候，需要考虑以下因素。一是人数对比：对方人高马大，有 11 人，能够控制局面，于某母子 2 人，处在弱势局面。二是存在严重侮辱行为。虽然侮辱行为在前，但明显会引发于某的激愤情绪，对于后来于某采取的反击措施在心理上有刺激作用。三是侵害的时间长达 6 个小时，不是一般的拘禁，而是在持续的殴打和侮辱中长时间拘禁。四是警察出警之后不能有效解除不法侵害，这使于某感到绝望。私力救济是在不能得到公力救济的特殊情况下，为维护自己的人身、财产安全而采取的措施。在本案中以民警出警为代表的公力救济虽然到场，但未能有效制止不法侵害。此时，于某才寻求私力救济。五是于某母子要出门时，对方暴力阻止，存在殴打行为，从而刺激了于某。六是作案工具不是刻意准备的，而是随手从桌上拿的。这说明具有随机性。如果当时没有这把水果刀，于某就不会实施捅刀子的防卫行为。所以，就地取材拿刀防卫具有一定的合理性。七是将多人捅伤是在对方围上来阻拦于某出去并在遭受讨债人殴打情况下的应激反应，具有一定的消极被动性。基于以上因素，不能简单地以死伤结果论，认为捅死捅伤人了就是过当。笔者认为，于某的防卫行为没有明显超过正当防卫必要限度不构成防卫过当，即使根据《刑法》（2015年修正）第20条第2款的规定，也不能认为是防卫过当。因为对方采取了长时间地侮辱和殴打等非常过分的侵害手段，于某是在公权力介入不能及时解除不法侵害的情况下实施的防卫行为，不应认为超出了正当防卫的必要性。在考虑正当防卫的必要性时，不仅仅应当从客观上的暴力程度、力量对比来考察，还要考察行为人受到长时间折磨产生的压力和激怒，这些主观因素是免责的事由。虽然我国没有明确规定，但在考察是否超过必要限度、是否需要承担刑事责任时，还是应当考虑这些主、客观因素，综合进行分析。

值得注意的是，对于本案，二审判决认定于某的行为具有防卫性，但同时认定防卫行为构成防卫过当。二审判决指出："评判防卫是否过当，应当从不法侵害的性质、手段、紧迫程度和严重程度，防卫的条件、方式、强迫和后果等情节综合判定。根据本案查明的事实及在案证据，杜某2一方虽然人数较多，但其实施不法侵害的意图是给苏某夫妇施加压力以催讨债务，在催债过程中未携带、使用任何器械；在民警朱某等进入接待室前，杜某2一方对于某母子实施的是非法拘禁、侮辱和对于某实施的是拍打面颊、揪抓头发等行为，其目的仍是逼迫苏某夫妇尽快还款；在民警进入接待室时，双方没有发生激烈对峙和肢体冲突，当民警警告不能打架后，杜某2一方并无打架的言行；在民警走出接待室寻找报警人期间，于某和讨债人员均可透过接待室的玻璃清晰看见停在院内的警车警灯在闪烁，其应当知道民警并未离开；在于某持刀警告不要逼过来时，杜某2等人虽有出言挑衅并向于某围逼的行为，但并未实施强烈的攻击行为。即使四人被于某捅刺后，杜某2一方也没有人对于某实施暴力还击行为。因此，于某面临的不法侵害并不紧迫和严重，而其却持利刃连续捅刺四人，致一人死亡、二人重伤、一人轻伤，且其中一人即郭某1系被背后捅伤，应当认定于某的防卫行为明显超过必要限度造成重大损害。"

在以上对防卫过当的认定中，二审判决强调了以下因素：第一，不法侵害人在催债过程中未携带、使用任何器械。第二，不法侵害行为表现为非法拘禁、侮辱和对于某的拍打面颊、揪抓头发等行为。第三，在于某实行防卫时，民警并未离开而且不法侵害人只是对于某围逼，没有强烈的攻击行为。第四，不法侵害人之一郭某1系被背后捅伤。第五，造成了一人死亡、二人重伤、一人轻伤的严重后果。如果对于某面对的不法侵害孤立或者分散地进行分析，确实会得出防卫过当的结论；而且在当前司法实践中大量防卫行为被认定为普通犯罪的情况下，二审判决将于某的行为认定为防卫过当，已经是一种进步。然而，关于于某的行为是否超过正当防卫的必要限度，笔者认为还是存在探讨空间。应当承认，本案中的不法侵害是具有特殊性的，这就是前述的持续性和复合性。因此，在判断是否超过正当防卫的必要限度的时候，同样应当考虑到不法侵害的特殊性，从整体的视角进行分析。例如，二审判决强调对方没有使用器械而于某动刀，由此得出武器不对等。但于某只是母子二人，而对方有11人之多。这种人数上的严重不对等，在是否过当的判断中却没有受到重视。二审判决强调不法侵害并不严重，只是非法拘禁和侮辱、殴打等，没有造成伤害后果。但死者杜某2的辱母情节没有得到强调。当然，辱母情节可以包含在侮辱行为之中。但辱母并不是通常的贬低人格，而是性质十分恶劣的性羞辱，并且是当着于某对其母进行侮辱。虽然在辱母的当时于某并未进行防卫，而是在辱母以后二十多分钟才发生捅刀子事件，但不可否认，辱母以及整天的殴打和拘禁、辱骂累积的情绪，对于此后爆发捅刀子事件，起到了重要的作用。因此，对于于某的防卫是否过当，不能仅将面对围逼此时此刻的暴力程度作为判断基准，而是要结合前后一天内不法侵害人的所作所为进行综合判断，只有这样才不至于得出于某面临的不法侵害并不紧迫、并不严重的结论。至于一人死亡、二人重伤、一人轻伤的后果，从表面来看是严重的，但于某对这四个围逼自己的不法侵害人只是刺了每人一刀，就此而言，其还是有节制的。而且，于某并没有追赶不法侵害人。二审判决中提及的郭某1系被背后捅伤，是于某出手以后郭某1见状转身逃跑所致，而不是郭某1逃跑以后，于某从背后刺中。总之，在肯定于某的行为构成正当防卫的前提下，其防卫行为很难说是明显过当。防卫过当的认定未能充分考量本案不法侵害的特殊性，不能说是平衡正与不正双方之利益的结果。这是令人遗憾的。

本案是作为控方的检察机关以故意伤害罪起诉的，而没有认定防卫情节。这里涉及检察机关在正当防卫或者防卫过当认定中的作用问题。检察机关是公诉机关，对于公安机关移送的刑事案件，具有审查的职责。在审查起诉环节，检察机关如果认为犯罪嫌疑人的行为属于正当防卫，可以决定不起诉；如果认为犯罪嫌疑人的行为属于防卫过当，可以决定不起诉，也可以决定起诉。根据笔者所掌握的数据，全国范围内在2014年至2016年三年期间，检察机关在审查起诉过程中，因正当防卫或防卫过当而决定不起诉的案件共计

91 起。其中，因正当防卫而决定不起诉的 76 起，因防卫过当而决定不起诉的 15 起，平均每年 30 起。由此可见，这个数量是极少的。对于大量应当被认定为正当防卫或者防卫过当的案件，检察机关并没有作出正确认定，而是以普通犯罪起诉到法院。本案就是十分典型的例子。虽然检察机关的职责是指控犯罪，推进刑事司法程序，但检察机关在刑事诉讼过程中，同样具有保障犯罪嫌疑人的合法权利的职责。而在对公安机关移送的案件审查起诉的过程中，根据事实和法律正确认定是否具有正当防卫或者防卫过当的性质，就是检察机关的重要职责。然而，检察机关在审查起诉的时候，更多考虑的是打击犯罪，而未时刻铭记保护人民的根本宗旨。这是十分令人遗憾的。

当案件被起诉到法院以后，如何正确认定正当防卫或者防卫过当，这对于法院来说，也是一个考验。在本案中，一审法院没有正确认定正当防卫或防卫过当，而是简单地以检察机关建议的无期徒刑对于某判刑。如果不是在全国具有重大影响力的媒体《南方周末》在 2017 年 3 月 23 日刊载了《刺死辱母者》一文，对本案进行了较为真实的报道，由此引发全国民众的关注，同时也引起最高人民检察院和最高人民法院的关注，本案也会像其他案件一样悄无声息地消失在刑事案件的汪洋大海之中。要知道，全国每年审理的刑事案件在 130 万件左右。

[案例 5-8] 朱某山故意伤害案[①]（防卫过当）

1. 基本案情

朱某山之女朱某与齐某系夫妻，朱某于 2016 年 1 月提起离婚诉讼并与齐某分居，朱某带女儿与朱某山夫妇同住。齐某不同意离婚，为此经常到朱某山家吵闹。4 月 4 日，齐某在吵闹过程中，将朱某山家的门窗玻璃和朱某的汽车的玻璃砸坏。朱某山为防止齐某再进入院子，将院子一侧的小门锁上并焊上铁窗。5 月 8 日 22 时许，齐某酒后驾车到朱某山家，欲从小门进入院子，未得逞后在大门外叫骂。朱某不在家中，仅朱某山夫妇带外孙女在家。朱某山将情况告知齐某，齐某不肯作罢。朱某山又分别给邻居和齐某的哥哥打电话，请他们将齐某劝离。在邻居的劝说下，齐某驾车离开。23 时许，齐某驾车返回，站在汽车引擎盖上摇晃、攀爬院子大门，欲强行进入，朱某山持铁叉阻拦后报警。齐某爬上院墙，在墙上用瓦片掷砸朱某山。朱某山躲到一边，并从屋内拿出宰羊刀防备。随后齐某跳入院内，徒手与朱某山撕扯，朱某山刺中齐某胸部一刀。朱某山见齐某受伤，把大门打开，民警随后到达。齐某因主动脉、右心房及肺脏被刺破致急性大失血死亡。

---

① 最高人民检察院指导性案例第 46 号.

一审判决认定，根据朱某山与齐某的关系及具体案情，齐某的违法行为尚未达到朱某山必须通过持刀刺扎进行防卫制止的程度，朱某山的行为不具有防卫性质，不属于防卫过当；朱某山自动投案后如实供述主要犯罪事实，系自首，依法从轻处罚。朱某山犯故意伤害罪，判处有期徒刑15年，剥夺政治权利5年。

朱某山以防卫过当为由提起上诉。

河北省人民检察院二审出庭认为：根据查明的事实，依据《刑法》（2015年修正）第20条第2款的规定，朱某山的行为属于防卫过当，应当负刑事责任，但是应当减轻或者免除处罚，朱某山的上诉理由成立。

河北省高级人民法院认定：朱某山持刀致死被害人，属防卫过当，应当依法减轻处罚，对河北省人民检察院的出庭意见予以支持。遂判决撤销一审判决的量刑部分，改判朱某山有期徒刑7年。

2. 涉案问题

如何认定民间矛盾引发的正当防卫的必要限度？

3. 裁判理由

河北省高级人民法院认为：《刑法》（2015年修正）第20条第2款规定，正当防卫明显超过必要限度造成重大损害的，应当负刑事责任，但是应当减轻或者免除处罚。司法实践通常称本款规定的情况为"防卫过当"。

在防卫过当中，"重大损害"是指造成不法侵害人死亡、重伤的后果。造成轻伤及以下损伤的不属于重大损害。"明显超过必要限度"是指，根据所保护的权利性质、不法侵害的强度和紧迫程度等综合衡量，防卫措施缺乏必要性，防卫强度与侵害程度对比也相差悬殊。司法实践中，重大损害的认定比较好把握，但明显超过必要限度的认定相对复杂。对此应当根据不法侵害的性质、手段、强度和危害程度，以及防卫行为的性质、手段、强度、时机和所处环境等因素，进行综合判断。本案中，朱某山为保护住宅安宁和免受可能的一定人身侵害，而致侵害人丧失生命，就防卫与侵害的性质、手段、强度和结果等因素的对比来看，既不必要也相差悬殊，属于明显超过必要限度造成重大损害。

民间矛盾引发的案件极其复杂，涉及防卫行为之性质的争议时，应当坚持依法、审慎的原则，准确作出判断和认定，从而引导公民理性、平和解决争端，避免在纠纷中不必要地使用武力。针对实践当中的常见情形，可注意把握以下几点：一是应作整体判断，即分清前因后果和是非曲直，根据查明的事实，当事人的行为具有防卫性质的，应当依法作出认定，不能唯结果论，也不能因矛盾暂时没有化解等因素而不去认定或不敢认定；二是对于近亲属之间发生的不法侵害，对防卫强度必须结合具体案情作出更为严格的限制；

三是对于被害人有无过错与不法侵害是否正在进行，应当通过细节的审查、补查，作出准确的区分和认定。

4. 评析意见

民间矛盾激化就会产生一定的暴力侵害，对于这种暴力侵害，只要符合刑法关于正当防卫的条件的规定，就应当允许被侵害人行使正当防卫权利。与此同时，对于民间矛盾引发的正当防卫，在防卫限度上又应当有所节制。这是从本案的处理结果所得出的结论。根据本案的案情，本案的不法侵害人齐某原系朱某山的女婿，但因为夫妻性格不合朱某闹离婚。齐某不愿意离婚，为此经常到朱某山家吵闹。如果说，这种吵闹还属于婚姻纠纷的范畴，那么，后来这种吵闹升级为暴力，例如砸坏门窗玻璃和汽车玻璃，甚至强行侵入朱某山住宅，这已经超出了民事纠纷范畴，已经构成对朱某山及其家人的不法侵害。对于这种不法侵害，朱某山具有防卫权。因此，本案中将朱某山的行为认定为防卫行为，是完全正确的。当然，在齐某徒手跳进朱某山家的院子的时候，朱某山使用刀具将齐某刺死，该行为明显超过了正当防卫的必要限度。在此需要指出：面对齐某入侵住宅的行为，朱某山使用刀具进行防卫，是没有问题的。只是在进行这种防卫的时候，应当把握其限度。因此，在本案中将朱某山的行为认定为防卫过当是正确的。

[案例 5-9] 赵某过失致人死亡案[①]（防卫限度）

1. 基本案情

2018 年 12 月 26 日晚 23 时许，李某与邹某滤酒后一同乘车达到邹某滤位于福州市晋安区 F 镇××公寓 4 楼 C118 的暂住处。二人在邹某滤暂住处发生争吵，李某被邹某滤关在门外，便酒后滋事，用力踢踹邹某滤暂住处的防盗门，强行进入房间，与邹某滤发生肢体冲突，引来邻居围观。此时，暂住在该楼 5 楼 C219 单元的赵某，听到叫喊声，下楼查看，见李某把邹某滤摁在墙上并殴打其头部。为制止李某的伤害行为，赵某从背后拉拽李某，两人一同摔倒在地。起身后，李某挥拳打了赵某两拳，赵某随即将李某推倒在地，并朝倒地的李某的腹部踹了一脚。后赵某拿起房间内的凳子欲砸向李某，被邹某滤拦下，随后赵某被其女友劝离现场。李某被踢中腹部后横结肠破裂。经法医鉴定，李某的伤情属于重伤二级。邹某滤的伤情属于轻微伤。

2019 年 2 月 20 日，福州市公安局晋安分局以赵某涉嫌过失致人重伤罪向晋安区人民检察院移送起诉。

2019 年 2 月 21 日，福州市晋安区人民检察院以防卫过当作出相对不起诉

[①] 2020 年 9 月 3 日最高人民法院、最高人民检察院、公安部颁布《关于依法适用正当防卫制度的指导意见》同时颁布的七个典型案例之六。

决定。

2019年3月1日,在最高人民检察院指导下,福建省人民检察院指令福州市人民检察院对该案进行了审查。福州市人民检察院经审查认为,赵某的行为属于正当防卫,不应当被追究刑事责任,原不起诉决定书认定防卫过当属适用法律错误。遂依据《中华人民共和国刑事诉讼法》(2018年修正)第177条第1款的规定,并参照最高人民检察院2018年12月发布的第十二批指导性案例,对赵某作出无罪的不起诉决定。

2. 涉案问题

防卫限度如何正确把握?

3. 裁判理由

福建省福州市人民检察院的检察意见认为:(1)赵某的行为符合正当防卫的要件。《刑法》(2015年修正)第20条第1款规定,"为了使国家、公共利益、本人或者他人的人身、财产和其他权利免受正在进行的不法侵害,而采取的制止不法侵害的行为,对不法侵害人造成损害的,属于正当防卫,不负刑事责任。"本案中,李某强行踹门进入他人住宅,将邹某滤摁在墙上并用手机击打邹某滤的头部,其行为属于"正在对他人的人身进行不法侵害"的情形。赵某在这种情况下,上前制止李某殴打他人,其目的是阻止李某继续殴打邹某滤。其行为具有正当性、防卫性,属于"为了使他人的人身免受正在进行的不法侵害"的情形。

(2)赵某的防卫行为没有明显超过必要限度。《刑法》(2015年修正)第20条第2款规定,"正当防卫明显超过必要限度造成重大损害的,应当负刑事责任"。本案不应适用这一规定,理由在于:首先,从防卫行为上看,赵某在制止李某正在进行的不法侵害行为过程中始终是赤手空拳与李某扭打,其实施的具体行为仅是阻止、拉拽李某致李某倒地,情急之下踩了李某一脚,虽然这造成了李某重伤二级的后果,但是,从赵某防卫的手段、打击李某的身体部位、在李某言语威胁下踩一脚等具体情节来看,不应认定为"明显超过必要限度"。其次,从行为目的上看,赵某在制止李某殴打他人的过程中,与李某发生的扭打是一个完整、连续的过程,整个过程均以制止不法侵害为目的。李某在自己倒地后仍然用言语威胁,邹某滤仍然面临再次遭李某殴打的现实危险,赵某在当时环境下踩李某一脚的行为,应当被认定为在"必要的限度"内。

4. 评析意见

《刑法》(2015年修正)第20条规定的正当防卫,根据防卫目的的不同,可以区分为保护本人的正当防卫和保护他人的正当防卫。在司法实践中,大部分正当防卫都属于保护本人的正当防卫,少数属于保护他人的正当防卫。

在保护他人的正当防卫中，又有些属于保护亲属的正当防卫，只有个别是保护与自己完全没有关系的他人的正当防卫，这种正当防卫具有见义勇为的性质。对于这种见义勇为的正当防卫案件，司法机关在处理的时候应当充分考虑案件的特殊性以及社会影响，追求法律效果和社会效果的统一。

从本案的处理来看，公安机关将该案作为普通犯罪案件处理，没有认定本案具有防卫性质；检察机关虽然认定本案具有防卫性质，但同时认定赵某的防卫行为超过了正当防卫的必要限度。由此，引申出在正当防卫案件处理中的三个问题。

（1）防卫性质的认定。

防卫性质的认定是指在一个案件中，虽然行为造成了他人的人身或者财产的重大损害，但这种重大损害是否基于正当防卫的需要而使行为具有防卫性质？对此需要认定。根据阶层犯罪论，在认定犯罪的时候，首先要进行构成要件该当性的判断，在具备构成要件的基础上，还要进行违法性的判断。在本案中，赵某对李某踢踹的行为造成了李某重伤的结果。从刑法理论上分析，赵某对于踢踹李某的行为是故意的，但对于重伤后果具有过失。踢踹行为本身还不是故意伤害行为，因此对此不能认定为故意伤害，而是应当认定为过失重伤。就此而言，公安机关将赵某的行为认定为过失致人重伤是正确的。因此，在构成要件该当性这个阶层，根据案件情况，可以认定赵某的行为具备过失致人重伤罪的构成要件。这是没有疑问的。但如果要最终认定赵某构成过失致人重伤罪，还要进一步进行违法性的判断，在违法性阶层要排除违法阻却事由，我国刑法规定了正当防卫和紧急避险这两种违法阻却事由。如果赵某的行为符合正当防卫的构成条件，则其虽然实施了过失致人重伤行为，但也因为正当防卫而不负刑事责任。当然，如果正当防卫超过的必要限度，则属于防卫过当，行为人仍然应当承担过失致人重伤的刑事责任，只是依照《刑法》（2015年修正）第20条第2款的规定，应当减轻或者免除处罚。问题在于，公安机关并没有认定赵某的行为具有防卫的性质，因而直接以赵某涉嫌过失致人重伤罪向检察机关移送起诉。当然，公安机关是根本就没有进行行为是否具有防卫性质的判断，还是经过判断认为赵某的行为不具有正当防卫性质，我们无从得知。姑且假定公安机关经过判断认为赵某的行为不具有防卫性质，这里就涉及对是否具有防卫性质的判断问题，因而应当引起重视。

《刑法》（2015年修正）第20条第1款对正当防卫的构成条件作了明文规定，我国刑法理论将正当防卫的构成条件概括为五个，分别是：1）防卫目的；2）防卫起因；3）防卫客体；4）防卫时间；5）防卫限度。在以上五个条件中，第五个条件是区分正当防卫和防卫过当的条件。因此，只要具备前四个条件就应当认定行为具有防卫性质。在本案中，需要讨论的是李某对邹某滤是否存在不法侵害。从公安机关认定的案情来看，李某实施了以下行为：1）酒后滋事；2）用力踢踹邹某滤暂住处的防盗门，强行进入房间；3）殴打邹某滤致其轻微伤。这些行为具有侵犯公民权利和扰乱社会秩序的性质。当然，这些行为是否构成犯罪，还是存在疑问的。对于行为人来说，并不是只有对构成犯罪的行为才能进行防卫，我国刑法中并不要求不法侵害构成犯罪。而且，从逻辑上说，正是防卫行为起到了制止不法侵害的作用，才使不法侵害没有发展到犯罪程度。因此，要求防卫起因达到犯罪程度，这本身就是一种错误观念。更为重要的是，行为人面对正在进行的不法侵害时，根本就没有时间即时判断不法侵害是否构成犯罪。判断一个行为是否构成犯罪是具有专业性的一项业务，只有在案件发生以后，经过大量的调查研究，最后才能得出结论。如果要求行为人在实施防卫行为之前，对不法侵害人的行为是否构成犯罪作出准确判断，这岂非强人所难？这里还涉及防卫人的主观认识问题。就本案而言，赵某并没有全程在场，其是在听到踹门声和吵闹声以后，下楼查看的时候看到李某正在殴打邹某滤，才上前去解救邹某滤，因而发生与李某的缠斗。对于赵某来说，其行为明显具有见义勇为的性质，而且具有制止李某的不法侵害的目的，否则的话，赵某完全可以束手旁观，充当看客。由此可以得出结论：赵某介入本案，是为了制止李某的不法侵害。如果李某就此罢手，也就不会有此后案情的进一步发展。赵某将李某拉拽，致使李某倒地以后，李某起身，转而对赵某殴打。此时，赵某为邹某滤解围，但却受到李某对本人的不法侵害。赵某当然没有束手挨打的义务，因而他将李某推倒在地，并朝李某的腹部踹了一脚。正是这一脚导致李某的腹部横结肠破裂，由此造成重伤后果。总之，赵某在本案中的行为可以分为两个阶段。其中，第一阶段的行为明显具有制止李某对邹某滤的不法侵害的防卫性质，对此没有争议。对第二阶段的行为如何认定，容易产生分歧，主要争议在于：在制止了李某对邹某滤的不法侵害以后，赵某和李某发生扭打，此种不法侵害是否还正在进行？就对邹某滤的不法侵害而言，该不法侵害因为赵某的及时制止已经结束。但李某又对赵某进行殴打，形成对赵某的正在进行的不法侵害，赵某的行为就转化为制止李某对本人的不法侵害，同样具有防卫性质。因此，公安机关没有认定赵某的行为具有防卫性质，是对本案的定性错误。

正是公安机关否定赵某的行为具有防卫性质，将该行为认定为普通犯罪，才导致见义勇为者反被刑拘的现象，因而激起舆论的哗然。目前，在我国司法实践中，存在只看结果、不分是非的唯结果论，因而导致对案件的处理失当。就本案而言，如果不考虑前因，则赵某的行为过失造成李某重伤的后果，当然应当以犯罪论处。但这一处理结论，完全没有将赵某系见义勇为这个因素考虑进去，因而对赵某是极为不公的，对于社会风气会产生消极示范作用。如果我们进一步分析，可以发现这种唯后果论的做法所反映的是只有入罪而没有出罪的片面定罪思维。定罪过程包含了入罪和出罪这两个相反的操作步骤：根据阶层犯罪论，构成要件该当性作为定罪的第一个环节，只是解决行为是否符合刑法分则规定的犯罪成立条件问题，从而为入罪奠定事实基础。但并不能由此认为，只要具备构成要件该当性就一定构成犯罪。作为一个完整的定罪过程，还需要经过违法性和有责性这两个环节的考察。在违法性阶层，通过对违法阻却事由的判断，将那些虽然具备构成要件该当性但不具备违法性的行为排除在犯罪范围之外。在有责性阶层，通过对责任阻却事由的判断，将那些虽然具备构成要件该当性和违法性，但不具备有责性的行为排除在犯罪范围之外。因此，对于已经具备构成要件该当性的行为来说，违法性和有责性的判断主要是一个出罪的过程。只有经过以上三个阶层的判断，才能最终得出定罪的正确结论。而目前在我国司法实践中，多注重对构成要件该当性的判断，而少见对违法性和有责性的判断，因而有时不能准确区分罪与非罪。这在正当防卫案件中表现得十分明显，本案就是一个生动的例子。

(2) 防卫限度的判断。

在认定行为人的行为具有防卫性质的基础上，还要进行防卫限度的判断。如果虽然属于正当防卫但超过正当防卫的必要限度，则仍然构成犯罪。这就是正当防卫和防卫过当的区分。在我国刑法中防卫过当是一个量刑情节。对于防卫过当来说，虽然具有防卫性质，但超过了正当防卫的必要限度，对于过当行为造成的重大后果，应当按照过当行为所触犯的罪名承担刑事责任，只是应当减轻或者免除处罚。就本案而言，如果赵某的行为属于防卫过当，则构成过失致人重伤罪，只不过在处理的时候，应当减轻或者免除处罚。福建省福州市晋安区人民检察院在审查本案以后，认为赵某的行为虽然具有防卫性质，但赵某在实施制止不法侵害行为的过程中防卫过当，已经构成犯罪，只是犯罪情节轻微，社会危害性不大，不需要判处刑罚，故而作出相对不起诉的处理。应该说，福建省福州市晋安区人民检察院对赵某之行为具有防卫性质的认定是正确的，但将赵某的行为认定为防卫过当则值得商榷。

正当防卫必须受到一定限度的制约，不能超过必要限度。这是我国刑法的明确规定，即使是见义勇为的正当防卫行为，也不能超过必要限度。这主要是考虑到正当防卫是采用造成不法侵害人人身伤亡的手段来制止不法侵害，具有以暴制暴的性质。如果对防卫强度不加以节制，放任防卫人对不法侵害人采取极端的防卫手段，显然违反公正原则。因此，《刑法》（2015 年修正）规定，除第 20 条第 3 款规定的无过当防卫以外，普通防卫行为只能在必要限度范围内实施，否则就属于防卫过当。那么，如何判断正当防卫行为是否超过必要限度呢？对此，在刑法理论上存在一定的争论。一般认为，防卫行为只要是为制止不法侵害所必需的，就不能认为超过了必要限度。只有实施了明显不是为制止不法侵害所必需的防卫行为，才能认为超过了必要限度。在具体案件中，对于防卫行为是否超过必要限度的判断是十分复杂的，应当结合具体案情进行客观的分析。值得注意的是，《刑法》（2015年修正）第20条第2款规定，正当防卫明显超过必要限度造成重大损害的，才构成防卫过当。在此，立法机关设定的防卫过当条件有二：一是强调超过必要限度的明显性。这里的明显就不是一般地超过而是显著地超过，这种超过是一目了然、没有争议的。这显然是一种对防卫人有利的限度规定。对于见义勇为的正当防卫更应当从有利于防卫人出发判断是否超过必要限度。二是造成重大损害。这里的重大损害就不是一般损害，而是指损害结果显然不是制止不法侵害所必需的。对于以上两个方面，刑法理论上归纳为行为过当和结果过当，并且只有在两者同时具备的情况下，才能认定为防卫过当。从本案情况来看，在面对李某殴打的情况下，赵某将李某拽倒在地并踹其一脚，这个行为本身不能被认定是明显超过正当防卫必要限度的，因此不存在行为过当。而就该行为造成的重伤结果而言，确实具有一定的严重性。在李某没有明显要重伤邹某滤的情况下，这个重伤结果是超过必要限度的。但这个重伤结果并不是赵某主观上故意追求的，而是过失造成的。在李某进行不法侵害而受到赵某防卫的情况下，这一结果属于李某应当承受的不利后果。综上，笔者认为赵某的行为不构成防卫过当，赵某不应当承担过失致人重伤罪的刑事责任。

防卫过当者应当承担刑事责任的立法精神是完全正确的，即使是在见义勇为的正当防卫中，防卫人也应当合理地掌握防卫强度，不能认为只要是见义勇为，就可以任意对不法侵害人实施严重的暴力行为，造成重大损害结果。这是因为法律不仅要保护防卫人，同时也要在合理的限度内保护不法侵害人。只有这样，才能实现法律正义。但在作防卫限度判断的时候，还是应当考虑到防卫人在遭受突如其来的不法侵害时，其在精神上和身体上处于一种紧张的状态，在慌乱和惊恐的情况下实施防卫，不可能对防卫限度具有理智的把握。因此，对防卫限度的考察不能将防卫人假定为一个理性人，从事后诸葛亮的意义上对防卫限度进行判断。这显然是对防卫人的苛求，不是司法正义的应有之义。

（3）正当防卫的认定程序。

是否构成正当防卫是在刑事诉讼过程中进行判断的。对于辩护人来说，正当防卫或者防卫过当是一个辩护理由。在公、检、法三机关没有认定正当防卫或者防卫过当的情况下，辩护人在刑事诉讼的各个阶段都可以将正当防卫或者防卫过当作为辩护理由。当然，基于刑事辩护的一般原理，辩护人应当对正当防卫或者防卫过当的辩护提出事实和法律根据，并进行论证。在此，笔者主要讨论公、检、法三机关对正当防卫认定的程序性问题。

公安机关是侦查机关，它负责对刑事案件的侦查，在完成侦查以后，将案件移送检察机关审查起诉。在公安机关对刑事案件进行侦查的过程中，就涉及对正当防卫的认定。如果公安机关认定犯罪嫌疑人的行为属于正当防卫，公安机关是否有权直接决定犯罪嫌疑人不构成犯罪而做撤案处理？笔者认为，根据《刑事诉讼法》（2018年修正）的规定，这是完全可以的。因为根据我国刑事诉讼法的规定，公安机关在侦查终结以后，只将构成犯罪的案件移送检察机关审查起诉。《刑事诉讼法》（2018年修正）第163条规定："在侦查过程中，发现不应对犯罪嫌疑人追究刑事责任的，应当撤销案件……"因此，公安机关的撤案权虽然是一种程序性权力，但涉及实体性的处分。由此可见，对于公安机关认定构成正当防卫的案件，在侦查终结以后，公安机关可以作撤案处理，不再追究防卫人刑事责任。例如，在江苏昆山于某明正当防卫案中，公安机关在查明案情、侦查终结以后宣告：于某明的行为属于正当防卫，不负刑事责任，公安机关依法撤销于某明案件。

检察机关是公诉机关，它负责对公安机关移送审查起诉的案件进行审查：如果认为犯罪嫌疑人的行为构成犯罪，则向法院提起公诉；如果认为犯罪嫌疑人的行为不构成犯罪，则作出不起诉的决定。这里的不起诉可以分为绝对不起诉和相对不起诉。根据《刑事诉讼法》（2018年修正）第177条第1款的规定，绝对不起诉是指犯罪嫌疑人没有犯罪事实，或者有该法第16条规定的情形之一的，人民检察院作出的不起诉决定。相对不起诉是指对于犯罪情节轻微，依照刑法规定不需要判处刑罚或者免除刑罚的，人民检察院作出的不起诉决定。不起诉决定，无论是绝对不起诉还是相对不起诉，都具有终结案件审理的功能。在检察机关审查起诉期间，如果检察机关认定犯罪嫌疑人的行为构成正当防卫的，应当作出绝对不起诉的决定，不再追究刑事责任。如果检察机关认定犯罪嫌疑人的行为构成防卫过当，则既可以提起公诉，也可以作出相对不起诉的决定。在本案中，福建省福州市晋安区人民检察院认为赵某的行为构成防卫过当，因此作出相对不起诉的决定。这在刑事诉讼程序上是没有问题的。

法院是审判机关，它负责对检察机关提起公诉的刑事案件进行审判。法院在对案件审理过程中，如果认定被告人的行为构成正当防卫，可以作出无罪判决；如果认定被告人的行为构成防卫过当，则可以减轻或者免除处罚。由此可见，法院对正当防卫或者防卫过当的案件，具有最终认定权。

以上公、检、法三机关的刑事程序设计，对于正当防卫案件来说，犹如三道防线，经过这三个环节的审查，有利于正确认定正当防卫。当然，对于正当防卫或者防卫过当的认定来说，更为重要的还是对实体要件的把握。只有正确地把握了正当防卫或者防卫过当的构成条件，才能准确地认定正当防卫或者防卫过当。

深度研究

（一）正当防卫的体系性地位

关于正当防卫在犯罪论体系中的地位，是一个涉及对正当防卫的性质正确理解的重要问题。在四要件的犯罪论体系中，对正当防卫不是在犯罪论体系中而是在犯罪论体系外进行研究的，它被称为是一种排除社会危害性的行为或者排除犯罪性的行为。对于这种四要件的犯罪论体系与排除社会危害性的行为之间的逻辑关系，我国学者认为：它将使四要件的犯罪论体系只有形式的特征，犯罪构成只是犯罪存在的形式，只是犯罪在法律上的表现，它们只能"反映"行为的社会危害性，而不能最终"决定"行为的社会危害性。这种犯罪构成只是犯罪成立的必要条件，而不是充分条件，更不是充要条件。不具备犯罪构成要件的行为必然不成立犯罪，具备了犯罪构成要件的行为并不必然地成立犯罪。成立犯罪，除了应具备积极条件——犯罪构成，还应具备消极条件——符合犯罪构成的行为不是正当行为。[1] 根据这一观点，四要件的犯罪构成不能等同于犯罪成立条件，它只是犯罪成立的积极条件，而未能包括犯罪成立的消极条件。显然，这种观点是以犯罪构成应该是犯罪成立的积极条件与消极条件的统一作为逻辑出发点的，其关于四要件的犯罪论体系在处理犯罪构成与排除社会危害性的行为的关系上存在瑕疵的批评具有一定的合理性。

在三阶层的犯罪论体系中，构成要件、违法性和有责性这三个要件之间形成一种递进式关系：在构成要件中，先判断是否存在刑法分则所规定的犯罪成立条件，主要是客观条件。在此基础上再进行违法性的判断。在具备违法性的基础上再进行有责性的判断。日本学者山口厚指出：在肯定了构成要件该当性的场合，由于已经引起形成相应犯罪的违法性之实质的结果（法益侵害或者其危险），所以只要不存在特别的理由导致将这样的结果予以所谓中性化，则当然就会认定为违法。就构成要件该当行为而言，这些导致刑法上的禁止被解除、违法性丧失（这称为违法性阻却）的特别的理由、根据，称为违法阻却事由。[2] 正当防卫就是这样一种具备构成要件而缺乏违法性的情形，其在性质上属于违法阻却事由。由此可见，正当防卫也是在违法性这一

---

[1] 王政勋. 正当行为论. 北京：法律出版社，2000：40.
[2] 山口厚. 刑法总论：第2版. 付立庆，译. 北京：中国人民大学出版社，2011：103.

要件中予以出罪的情形。在三阶层的犯罪论体系中，正当防卫等违法阻却事由是在犯罪论体系内加以认定的。只有在不具备违法阻却事由的情况下，才能进一步进行有责性的判断。当构成要件、违法性和有责性这三个要件同时具备的时候，犯罪就成立。由此可见，三阶层的犯罪论体系在处理正当防卫等违法阻却事由问题上，具有合理性，可供我们借鉴。

在我国司法实践对正当防卫及防卫过当案件的认定中，由于四要件的犯罪论体系与排除社会危害性的行为这两者之间是互相分离的，因此在否认存在正当防卫或者防卫过当的时候，往往不是认为某行为不符合正当防卫的要件，而是否认其符合犯罪构成要件。例如在前述"案例5-6"李某故意伤害案中，一审法院否认李某的行为属于防卫过当，二审法院则认定李某的行为属于防卫过当。本来判断是否属于防卫过当主要应当围绕不法侵害是否正在进行展开，但我们看到，一审判决对李某的行为是这样论证的："正当防卫成立的要件之一即防卫行为的直接目的是制止不法侵害，不法侵害被制止后不能继续实施防卫行为，而被告人李某持刀连续刺扎被害人张某要害部位胸部数刀，在被害人倒地后还对其进行殴打，故李某具有明显伤害他人的故意，其行为符合故意伤害罪的犯罪构成，辩护人的此项辩护意见不能成立，不予采纳。"在以上论述中，前半段叙述李某的行为是一种不法侵害被制止以后的所谓防卫行为，因而其不属于正当防卫或者防卫过当。这是合乎逻辑的论证。但在后半段叙述李某具有明显伤害他人的故意，其行为符合故意伤害罪的犯罪构成，则存在问题。如果按照三阶层的犯罪论体系，李某具有伤害行为属于构成要件的内容，并不能由此得出否认防卫行为的性质的结论，因为这两者并不是对立的。正是在李某具备了伤害行为的基础上，才需要考察其行为是否构成正当防卫而阻却违法性。至于伤害故意，因其为责任要素，应当在排除违法性以后，在有责性要件中予以考察。即使把故意作为构成要件要素，也是应该在构成要件该当性中予以判断的，而与正当防卫或者防卫过当的判断无关。因此，由于正当防卫在犯罪论体系中的地位不同，所以采用不同的犯罪论体系，会对于正确认定正当防卫及防卫过当都会产生影响。对此必须加以注意。

（二）正当防卫的司法理念

目前在我国司法实践中，司法人员对正当防卫存在各种错误观念。如果不对这些错误观念进行反思和检讨，我国正当防卫制度将仍然会被束之高阁，正当防卫的规定也就会沦为僵尸条款。

1. 只能对暴力侵害防卫，对非暴力侵害不能防卫

防卫行为必然表现为暴力，这是法律赋予公民的权利，因此，防卫是一种合法的暴力。基于这种认知，一般把防卫客体限于暴力，只有对暴力侵害

才能进行正当防卫。由此，正当防卫就具有以暴制暴的性质。在这种情况下，对非暴力侵害就不能进行防卫。笔者认为，这种理解是偏颇的。对于严重危及人身安全的暴力侵害，《刑法》（2020年修正）第20条第3款专门规定了无过当防卫；第2款规定的防卫过当，其防卫客体包括两种情形：第一种是没有达到严重程度的暴力犯罪。因为没有达到严重程度，因此虽然是暴力犯罪，但不能适用第3款进行无过当防卫，而属于第2款的防卫客体。如果正当防卫超过必要限度，则构成防卫过当。第二种是非暴力犯罪，例如非法拘禁、非法侵入住宅、入室盗窃以及其他侵害人身权利或者财产权利的不法侵害。在日本刑法理论中，关于对防卫客体的不法侵害在理解上是极为宽泛的。例如，日本学者大塚仁教授指出："所谓侵害，就是对他人的权利造成实害或者危险，不问是故意行为还是过失行为，是基于作为还是不作为。而且，也不要求是相对于犯罪的行为。"① 大塚仁教授还具体论述了对侵入住宅不退出的人采取措施拉到屋外的行为，属于对基于不作为的侵害的正当防卫。

在我国司法实践中，也存在对非法侵入住宅行为的防卫案例。例如，赵某故意伤害案就是对非法侵入他人住宅行为实行防卫的案例。该案的一审判决认定构成防卫过当，二审判决改判成立正当防卫不负刑事责任。当然，非暴力侵害对人身权利的侵害程度较轻，因此不能采取过于激烈的暴力进行防卫，否则就会构成防卫过当。由此可见，那种认为只有对暴力侵害才能进行正当防卫、对非暴力侵害不能进行防卫的认识是不能成立的。

在大量案件中，暴力侵害与非暴力侵害是夹杂在一起的，于某故意伤害案即是如此。如果是单纯的非法拘禁行为，可以说是非暴力的侵害，但在扣押被害人的时候，会采取暴力手段。而且，在非法拘禁过程中，也伴随着辱骂和殴打。就非法拘禁罪而言，在客观上其与绑架罪表现无异。只不过，非法拘禁罪是不以勒索财物为目的的绑架罪，反之，绑架罪是以勒索财物为目的的非法拘禁罪，因为，根据《刑法》（2020年修正）第238条第3款的规定，以索要债务为目的非法扣押、拘禁他人，应当以非法拘禁罪论处。可以想见，于某故意伤害案中如果对方的主观目的不是索要债务而是勒索财物，那么，在于某的行为被认定为正当防卫就不会引起争议。因此，不能认为对非暴力侵害不能进行防卫。至于是否超过必要限度，那是一个防卫程度的判断问题，不应与防卫性质的判断相混淆。

2. 只有暴力侵害发生的一刹那，才能实行防卫

刑法规定只有对正在进行的不法侵害才能实行正当防卫。如何理解不法侵害的正在进行？这是在认定不法侵害的时候特别容易发生错误理解的问题。

---

① 大塚仁. 刑法概说（总论）：第3版. 冯军, 译. 北京：中国人民大学出版社, 2003：375.

最容易发生的错误理解，就是把不法侵害仅仅视为侵害的一刹那，例如，用刀杀人就是举刀砍下来的时刻，用枪杀人就是扣动扳机的时刻。如果这样理解，则几乎就没有给防卫留下必要的时间。一般人都不可能如此精准地掌握防卫时间，因此，无论防卫迟早，防卫人都会论之以罪、绳之以法，对防卫人实在没有公正可言。笔者认为，对不法侵害应当整体进行考察，从侵害开始到侵害结束期间都可以对它予以防卫，并不是只有侵害发生的那一刹那才能实行防卫。就不法侵害的起始而言，只要发现对方具有侵害的现实可能性，就可以对之实行防卫。例如，对持枪的不法侵害，只要发现对方有举枪射击的迹象就可以实行防卫；对持刀的不法侵害，只要发现对方逼近自己就可以实行防卫。就不法侵害的结束而言，不能认为侵害人的侵害举动完成就不能再实行防卫，而是要看是否存在再次侵害的可能性，只要侵害的危险没有被排除，就可以实行防卫。除非侵害结束以后，侵害人已经脱离现场。在这种情况下，再次侵害的危险已经被排除，被侵害人的人身安全已经得到保障，就不能再以防卫为名对侵害人进行报复。

就防卫时间而言，于某故意伤害案的情况较为复杂。法院之所以没有认定于某的行为具有防卫性质，主要理由之一是在派出所已经出警的情况下，于某和其母亲的生命健康权利被侵犯的现实危险性较小，不存在防卫的紧迫性。事实上，民警来到事发现场以后，并没有制止非法拘禁行为，因此不能认为民警的到来使于某母子的人身安全获得了保障。更为重要的是，在于某往外走的时候，讨债人对其进行了殴打、阻止。在这种情况下，除非于某忍受非法拘禁，否则不使用暴力防卫手段就难以解除非法拘禁状态。可以说，于某是对正在进行的不法侵害所实行的防卫。而且，从对于某母子的整个不法侵害过程来看，时间从下午4点持续到晚上10点，在此过程中的辱骂殴打都对于某形成了强烈的心理刺激，这与此后于某采取激烈的防卫措施具有密切关系。只有把前因后果结合起来进行分析，才能认识到于某实行防卫的合理性与必要性。

周光权教授对于某故意伤害案中存在的持续侵害作了论述："在持续侵害中，不法行为的成立和既遂往往都相对较早，但犯罪行为在较长时期内并未结束，在犯罪人彻底放弃犯罪行为之前，违法状态也一直持续，犯罪并未终了，在此过程中，防卫人理应都可以防卫。"[①] 周光权教授关于对持续侵害的防卫所作的论述是完全正确的，对于于某故意伤害案中于某的行为是否具有防卫性的认定具有重要参考价值。除了侵害的持续性，笔者认为，在于某故意伤害案中，侵害还具有复合性。复合性是相对于单一性而言的，大多数防

[①] 周光权. 论持续侵害与正当防卫的关系. 法学，2017（4）.

卫都是针对单一的不法侵害，但也存在对复合的不法侵害所实行的防卫。所谓复合性的侵害是指各种不同的侵害行为掺杂在一起或者前后相续，形成对他人的不同法益的侵害。例如在于某故意伤害案中，既有以索债为目的的非法拘禁，又有对于某母子的言语侮辱和殴打等行为。复合性的不法侵害具有弥散性的特征，于对防卫的认定也会带来一定的影响。

3. 只要双方打斗就是互殴，就不是防卫

在正当防卫或者防卫过当未被认定的案件中，将正当防卫或者防卫过当与互殴相混淆，是我国司法实践中较为常见的情形。在对方已经实施侵害的情况下，被侵害人对侵害行为的反击，在客观上呈现出来的就是双方互相打斗，因此具有互殴的外观。如果不能明确地区分防卫与互殴，则正当防卫制度就会被拖拽在互殴的污泥潭中而不能自拔。将防卫与互殴区分就如同去除连泥拔出的莲藕身上的污泥，还其洁白的本色。

虽然防卫与互殴具有相似的外观，但两者存在根本的区分，这就是事先是否具有殴斗的合意。只有事先双方经过约定，具有互相殴斗的合意，此后的相互打斗行为才能被认定为互殴，双方的行为都不具有防卫的性质。如果一方首先对另一方进行侵害，则另一方的反击行为不能被认定为斗殴，而应被认定为防卫。确实，在防卫与互殴这两种情形中，都存在双方之间的互相侵害。笔者在《防卫与互殴的界限》一文中，对于区分防卫与互殴主要提出了两个区分的关键点：（1）基于斗殴意图的反击行为，不能被认定为防卫。（2）对不法侵害即时进行的反击行为，不能被认定为互殴。[①] 因此，只有在事先具有互相殴打的约定的情形，才能被认定为互殴。如果没有这种约定，在一方首先对他人进行侵害的情况下，只要是为了制止他人侵害所作出的行为，都应当被认定为具有防卫性质。

问题的关键是：在一方的侵害行为已经完成以后，被侵害人在何种情况下的反击行为应该被认定为防卫？从防卫这个用语的本来含义而言，其具有防止侵害的意思。因此，在不法侵害开始之前或者之时实行防卫，避免不法侵害的意味更加明显，更容易被认定为具有防卫性质。但在侵害完成以后，似乎不存在防卫的前提，因而容易将反击行为认定为报复性殴打，进而认定为互殴。笔者认为，不能简单地说侵害完成就没有防卫的余地，因为在许多情况下，侵害不是一次性的，而是具有连续性，第一次侵害结束不等于全部侵害完成。在还不能排除后续侵害到来的情况下，被侵害人完全有权进行防卫。这种防卫与互殴在性质上有所区别：防卫是正与不正之关系，互殴则是不正与不正之关系。将具有防卫性质的反击行为认定为互殴，这是混淆了正

[①] 陈兴良. 防卫与互殴的界限. 法学，2015（6）：137.

与不正之关系，殊不可取。只有在侵害结束以后，侵害人不再具有再次侵害的现实可能性，被侵害人在其人身安全已经得到保障的情况下，仍然采取暴力进行报复，被侵害人的行为才不具有防卫性质。

防卫与互殴的区分，主要在于对起因之性质的判断。在互殴的情况下，挑起事端的一方属于不法，其应当具有对招致的反击行为的忍受义务。反之，面对他人的无端侵害，被侵害人则没有忍受的义务而有防卫的权利。在目前司法实践中发生的将防卫混淆为互殴的案件中，司法机关将事态的起因往往轻描淡写地描述为"因琐事引起纠纷"或者"因某事产生冲突"。这种判断似乎具有中立性，但完全是不分是非，为此后的错误判断埋下了伏笔。例如，在于某故意伤害案中，判决认定，"被告人于某面对众多讨债人的长时间纠缠，不能正确处理冲突"。该判词一方面把讨债人对于某母子的长时间非法拘禁认定为只是互相的"冲突"，另一方面还指责于某"不能正确处理冲突"。这样的司法判断完全背离了常识，而且也与刑法规定相抵触，因此引发民意的爆发。

4. 只要发生死伤结果，就是防卫过当

虽然防卫是正当的，但任何事物都有其界限，正如真理向前迈进一步就是谬误，正义向前迈进一步就是不义。《刑法》（2020年修正）第20条第3款规定的无过当防卫，似乎取消了必要限度这一限制。但实际上，面对严重的暴力犯罪进行防卫，即使造成侵害人伤亡，也不会超过必要限度。因此，立法者直接将其认定为正当防卫，取代了司法机关对于是否超过必要限度的判断权。该条第2款保留了防卫过当的规定，由此需要对于这种普通正当防卫是否超过必要限度进行司法判断。在是否超过正当防卫必要限度的判断中，存在一个最大的认识误区就是：只要发生死伤结果就是防卫过当。如前所述，我国有学者甚至认为《刑法》（2020年修正）第20条第2款的防卫后果根本就不包括重伤和死亡。换言之，只要防卫行为造成重伤或者死亡就是防卫过当。对于这种在司法实务中和刑法理论上存在的做法和说法，笔者殊不以为然。在日本刑法理论中，存在行为相当性和结果相当性之分，这种只要发生死伤的结果就是防卫过当的观点，类似于结果相当性说。其实，任何防卫行为都会造成不法侵害人一定的伤亡结果，问题只是在于：这种伤亡结果是否为制止不法侵害所必要？是否与侵害行为相适应？在此，应该在行为具有防卫性的基础上，再考察行为强度和结果避免的可能性。只有在推定在当时的时空环境中可以并且完全能够采取强度较轻的反击行为进行防卫的情况下，防卫人没有控制反击强度，采取了明显超过必要限度的防卫行为，才能被认定为防卫过当。反之，如果在当时的情况下，只能采取一定强度的反击措施，即使造成了一定的伤亡结果，也不能认为超过了正当防卫的必要限度，因为在这种情况下，死伤的防卫结果具有难以避免性。对防卫过当的判断，不应苛求防卫人，应当设身处地地考虑，尤其是，我国刑法规定防卫不需要迫不得已，只有紧急避险才需要迫不得已。关于正当防卫是否超过必要限度的判断，应当是对行为时的判断，而不是对行为后的判断。在进行这种判断的时候，不仅要考虑防卫行为与侵害行为在客观上是否具有相当性，而且要考虑侵害行为是否对防卫人的心理造成恐慌、激愤，由此带来认识能力和控制能力的减弱，因而防卫人不能十分准确地把握防卫限度。在于某故意伤害案中，于某的刀具是随手从办公桌上取得的，如果其不是使用执刀乱捅的方法进行防卫，可能就不会发生伤亡结果。但在当时只有刀具可以作为防卫工具的情况下，我们还要求于某放弃使用刀具而设法寻找其他防卫工具，既不合理也不合法。

综上所述，笔者认为，对于正当防卫应当达成如下共识：降低正当防卫包括防卫过当的认定标准，就是提高不法侵害人的违法成本；提高正当防卫包括防卫过当的认定标准，就是增加被侵害人的维权成本。反思应当认定而没有认定正当防卫的司法偏差，主要还是观念问题。虽然打击犯罪是司法机关的不可推卸的职责，但司法机关在履行这一职责的时候，首先应当区分罪与非罪，以便准确地打击犯罪，而不能误将防卫认定为犯罪，唯此才能获得司法正义。

（三）正当防卫的司法偏差

正当防卫是我国刑法规定的重要制度，在行为符合刑法分则规定的构成要件的情况下，如果认定该行为属于正当防卫，则对行为人不追究刑事责任。因此，在刑法理论上，将正当防卫称为违法阻却事由。在司法实践中，如果公、检、法机关在审理案件过程中，认为犯罪嫌疑人或者被告人的行为构成正当防卫的，就应当以公安机关撤案、检察机关法定不起诉、人民法院作无罪判决的方式结案。与此同时，辩护人也往往将正当防卫作为重要的辩护理由提出，以此维护犯罪嫌疑人或者被告人的合法权益。然而，目前在我国司法实践中，正当防卫制度未能得到有效的实施，防卫人的合法权益得不到有力的保护。这种现象，可以被称为正当防卫的司法偏差。因此，需要对正当防卫案件处理中存在的现象进行深入探究，揭示问题的症结，提出解决的措施。

1. 正当防卫司法偏差现象

我国刑法对正当防卫作了具体的规定，该规定为司法机关正确适用正当防卫提供了规范根据。值得注意的是，我国1997年《刑法》修订，对正当防卫作了重大修改，修改的目的是扩大公民的防卫权，并且设立无过当的防卫制度，解除公民在正当防卫时的后顾之忧。立法的修改主要反映在以下两点：

第一，将防卫过当的规定从1979年《刑法》的"正当防卫超过必要限度造成不应有的危害的"修改为"明显超过正当防卫必要限度造成重大损害"。这就放宽了正当防卫的限度。第二，增设了无过当防卫，对于严重侵害人身权利的暴力犯罪进行正当防卫的，即使造成重伤、死亡的后果，也不属于防卫过当，不负刑事责任。这就使公民可以放心大胆地进行防卫，不会受到刑事追究。然而，虽然立法作了修改，但司法实践对正当防卫的认定依然如故，对正当防卫案件的处理仍然束手束脚，鼓励公民正当防卫的立法初衷没有得到落实。

在正当防卫的司法认定上，笔者认为存在以下三种偏差。

第一，将正当防卫混同于犯罪。这种现象还较为严重。正当防卫是刑法规定的不构成犯罪的情形。不仅如此，在正当防卫中，除了保护本人权益的防卫，还包括某些为保护他人权益而实施的正当防卫，这种正当防卫具有见义勇为的性质。把这些见义勇为的行为认定为犯罪，明显挫伤了公民见义勇为的积极性，并且混淆了罪与非罪的界限。在司法实践中，许多正当防卫案件都会引发争议，通过正常的司法程序不能得到依法处理。只有在舆论等外在介入因素的推动下，才能得到一定程度的合理解决。例如武汉杨某伟、杨某平兄弟正当防卫案件：因杨某平摸了彭某所牵的狗，双方发生口角。彭某扬言找人报复，杨某伟返回住所将一把单刃尖刀、一把折叠刀藏于身上。彭某邀约另外三名男子，手持工地上常用的洋镐把，返回找杨氏兄弟报复。彭某率先冲到杨某伟家门口，与其发生打斗，杨某伟用单刃尖刀朝彭某胸腹部猛刺。彭某邀来的三名男子也冲上来，用洋镐把对杨某伟进行围打。不远处的杨某平见弟弟被围打，便从家中取来一把双刃尖刀，朝彭某的胸部猛刺。彭某受伤后离开现场，因失血过多经抢救无效身亡。经法医鉴定，彭某身上有七处刀伤，因急性失血性休克而死亡。本案起因于琐事，彭某带领多人携带凶器前来报复，杨氏兄弟的反击明显具有防卫性质；但湖北省武汉市武昌区人民法院作出一审判决，认定杨某伟、杨某平二人故意伤害他人身体，致人死亡，其行为构成故意伤害罪，分别判处有期徒刑15年和11年，并赔偿彭某经济损失56万元。杨某伟、杨某平不服，提起上诉。该案被湖北省武汉市中级人民法院发回重审，杨某伟、杨某平的量刑结果被改判为有期徒刑9年和13年。杨某伟、杨某平仍不服，提起上诉。最终，湖北省武汉市中级人民法院作出二审判决：撤销一审法院的刑事判决；杨某伟防卫过当，构成故意伤害罪，判处有期徒刑4年；杨某平无罪。这是一起将正当防卫混同于普通犯罪的典型案例，即使是二审判决，其还是认定杨某伟防卫过当、构成犯罪。面对彭某等多人使用凶器实施的暴力犯罪，杨某伟为保护自身的人身权利进行反击，这一行为完全符合《刑法》（2015年修正）第20条第3款规定的无过当防卫的构成条件，但该款并没有被依法适用。由此可见，正确处理一起正当防卫案件，即使是在舆论的外在压力之下，仍然步履维艰。

第二，将正当防卫认定为防卫过当。根据我国刑法的规定，正当防卫明显超过必要限度，造成重大损害的，属于防卫过当；防卫过当构成犯罪，但应当减轻或免除处罚。在司法实践中，正当防卫被认定为防卫过当的案例也是较多的，这致使某些本来不应作为犯罪人受到处罚的防卫人受到刑罚处罚。例如，在赵某过失致人死亡案中，公安机关将赵某见义勇为的行为认定为普通犯罪，否定赵某的行为具有防卫性质。而该案被移送至检察机关以后，基层检察院经上级检察院审核，以防卫过当作出相对不起诉的决定。只是在最高人民检察院介入以后，福州市人民检察院才以之正当防卫作出绝对不起诉的决定。由此可见，如果不是自媒体予以披露，引起最高人民检察院的关注，将赵某的正当防卫行为误认为防卫过当的处理结果就不能得到纠正。

第三，将防卫过当认定为普通犯罪。防卫过当虽然构成犯罪，但依法应当减轻或者免除处罚，因而处罚较轻。但如果将其作为普通犯罪处理，防卫人就会受到严厉处罚，显失公平。例如对于于某故意伤害案，在一审期间，虽然辩护人进行了正当防卫的辩护，但当地公、检、法机关并未采纳，都认为于某的行为构成普通犯罪，因而于某被判处无期徒刑。在媒体报道以后，社会公众予以高度关注，最高人民检察院介入，该案才引起司法机关的重视，山东省高级人民法院最终以防卫过当判处于某有期徒刑5年。即使是防卫过当的认定，在宪法学界也还是引发争议的，不少宪法学者认为于某的行为属于正当防卫，没有超过必要限度。在现实生活中，这种防卫过当被以普通犯罪论处的案例为数较多。

综上所述，在目前我国的司法实践中，对正当防卫制度的适用没有遵循立法精神，对正当防卫和防卫过当未能严格依法认定。当个别案例经过媒体曝光以后，社会舆论普遍同情防卫人。因为正当防卫案件涉及伦理道德和是非观念，因而基于心同此理的公众意见，对此类案件的认知具有正当性和合理性，值得司法机关高度重视。虽然司法机关回应公众关注，对这些案件作了改判，在一定程度上满足了社会公正观念，但与此同时，每一次改判都是对司法公信力的销蚀。

2. 正当防卫司法偏差的产生原因

正当防卫司法偏差的存在，在很大程度上影响了司法的公平性，也不利于鼓励公民利用正当防卫的法律武器维护本人或者他人的权益，因此需要被认真对待。

笔者认为，正当防卫司法偏差之所以存在，主要有以下三个原因。

第一，维稳思维的影响。在目前我国的司法实践中，维稳思维具有较大影响，维稳被认为是考察司法活动社会效果的重要指标。当维稳被当作司法活动的指挥棒的时候，司法公正就会受到贬损。在正当防卫案件中，不法侵害人因为正当防卫而发生重伤或者死亡的后果而成为被害人。如果司法机关将造成其重伤或者死亡的行为认定为正当防卫，则被害人一方就会到司法机关纠缠，甚至缠讼、上访，采取非法律手段向办案人员和司法机关施加压力。在这种情况下，如果司法机关认定防卫行为构成正当防卫就会面临来自司法机关内部、地方党委和政府等各方面的维稳压力。为此，司法机关根据重伤或者死亡后果将防卫行为认定为犯罪是最为简单的结案方式。长此以往，司法机关基于维稳思维处理正当防卫案件，在司法活动中对各方当事人不分是非，只是根据重伤或死亡结果将防卫行为认定为犯罪的做法，将致使正当防卫的规定成为僵尸条款，正当防卫制度形同虚设。

第二，案件考评机制的作用。案件管理的一项重要内容，就是根据办案结果对办案人员进行优劣评价，以此作为奖励和升迁的重要参考指标。但在具体操作中，简单地将对案件改变定性或者改变量刑设定为负面指标，会对办案人员带来不利后果。这就扭曲了公、检、法三机关之间的关系。例如，公安机关的处理结果如果被检察机关改变，就会影响公安机关办案人员的考评绩效。同样，检察机关的处理结果如果被法院改变，就会影响检察机关办案人员的考评绩效。而在法院内部，如果下级法院的处理结果被上级法院改变，就会影响下级法院办案人员的考评绩效。在这种机制的激励下，公、检、法三机关在处理案件时，为了不给他人带来不利后果，就会互相迁就。因此，对于公安机关移送起诉的案件，检察机关作不起诉决定难；对于检察机关起诉的案件，法院作无罪判决难；而对于下级法院判决的案件，上级法院改判难。在这种情况下，各司法部门职能的正常发挥就极大地受影响。这反映在对正当防卫案件的处理上就是：除非公安机关直接认定为正当防卫而撤案，否则凡是公安机关移送起诉的，检察机关认定为正当防卫会受到阻力，因为如果检察机关认定为正当防卫，就是公安机关办了错案，相关办案人员就会受到差评。在这种情况下，检察机关也就不认定为正当防卫，即使认定，也只是认定为防卫过当。在检察机关和法院之间，对正当防卫案件的处理也是如此。可见，目前我国司法机关的考评机制不利于正确认定正当防卫。

第三，法律适用的复杂性。毋庸讳言，对正当防卫构成条件的把握，以及对正当防卫和防卫过当的区分，是刑法理论上和司法实务中的难题。刑法本身对正当防卫条件的规定较为抽象，类似必要限度这样的授权性规定，要求司法机关根据案件具体情况行使裁量权，尤其是正当防卫和互殴如何区分，尤为困难。对正当防卫案件的正确处理，对于司法人员来说，不仅需要其具备较高的法律素养，而且要求具备较高的政策水平。再者，对于司法人员来说，正当防卫案件并不是常见案件，因此，对正当防卫案件的法律界限的把握较为生疏。在这种情况下，对正当防卫案件的处理结果不能达到法律和社会的期待，确实具有一定的客观原因。

3. 纠正正当防卫司法偏差的建言

对正当防卫案件的正确处理，是司法公正的重要一环，也是司法机关建立公信力的重要途径。在目前自媒体日益发达的社会环境中，由于先前正当防卫案件的示范效应，只要正当防卫案件不能得到司法机关的公正处理，相关当事人就会通过媒体曝光的方式寻求社会舆论的声援，由此对司法机关造成外在压力。司法机关应当正确化解社会舆论的影响，变被动为主动，依法、合理、公正地办理正当防卫案件。

对此，笔者提出以下三点建言。

第一，刑法理念的更新。《刑法》（2020年修正）第1条明确将"惩罚犯罪，保护人民"作为刑法的立法目的。其实，"惩罚犯罪，保护人民"不仅是刑法的立法目的，而且也是刑法的司法目的，对司法活动具有重要的指导意义。惩罚犯罪和保护人民是不可分离的两部分内容，刑法的目的在于：在采用刑罚手段惩罚犯罪的同时，还要有效地保护人民。因此，在司法活动中，不能片面地强调惩罚犯罪，还要时刻铭记保护人民的根本宗旨。正确地认定正当防卫，就是刑法保护人民的生动体现。在对正当防卫案件的处理中，司法机关实际上是在保护刑法赋予公民的防卫权。如果把正当防卫混同于犯罪，就是侵犯了公民的防卫权。只有在这样一个高度看待正当防卫制度，才能在司法活动中妥善处理正当防卫案件。此外，在正当防卫问题上还涉及正确对待暴力的国家垄断问题。暴力可以分为非法暴力和合法暴力。在任何一个法治社会，只有国家权力机关才能依法实施暴力，这是一种合法暴力。而非法律授权的私人暴力是违法的，为法律所禁止。因此，国家具有对暴力的垄断权。但任何原则都存在例外，正当防卫就是国家暴力垄断的例外。在公民受到正在进行的不法侵害的情况下，法律赋予公民防卫权，这种防卫权就是一种合法暴力，它是对国家暴力的必要补充。我国司法人员存在一种担忧的心理，认为如果允许公民实行正当防卫，尤其是无过当的防卫，就会导致随意使用暴力的社会后果，形成对公共秩序的破坏。笔者认为，这种担心是完全没有必要的，也是没有根据的。事实上，每个公民并不愿意受到不法侵害，因而行使防卫权，只是在迫不得已的紧急状态下，才进行正当防卫。因此，正当防卫并不是公民主动选择的，而是面对不法侵害时被动实施的。所以鼓励公民采用正当防卫保护本人的权益并不会导致暴力泛滥。至于保护他人权益的正当防卫，具有见义勇为的性质，更是法治社会应当鼓励的。如果将见义勇为的正当防卫认定为犯罪，将极大地损害社会公正，从而放纵不法侵害人,这才是对法治的破坏。在我国目前犯罪案件高发,公权力对公民合法权利的保护还不能做到及时、有效的情况下,更有必要放宽公民的防卫权,而不是严格限缩公民的防卫权。我国1997年《刑法》关于正当防卫的立法已经体现了这一点,但司法机关对正当防卫案件的处理明显滞后。因此,司法机关应当转变对正当防卫的认识,只有这样,才能为处理正当防卫案件提供正确理念。

第二,考评机制的完善。司法机关的考评机制对司法业务活动具有导向功能,对于依法办案具有保障作用。目前司法机关的考评机制在指标设置上存在一些值得商榷之处,对于司法人员依法办案,包括正确处理正当防卫案件会产生消极后果。司法机关的办案活动包括两项主要内容:其一是查清事实,其二是适用法律。在这二者当中,查清事实是前提,只有查清事实才能为正确适用法律奠定基础。相对来说,事实本身具有客观性,因而查清事实的标准相对明确。而法律适用分为两种情形:第一种是简单案件,这种案件的法律标准明确,法律适用相对简单;第二种是复杂案件,这种案件往往存在较大争议,法律标准较为模糊。笔者认为,基层司法机关主要应对案件事实负责。如果因为主观原因没有查清案件事实,则其在考评上应当受到消极评价,承担不利后果。但关于法律适用,尤其是关于复杂案件的法律适用,不同司法人员和不同司法机关之间存在不同看法,这是十分正常的。在这种情况下,就不能因为法律适用结果的改变而对司法人员和司法机关的考评产生不利后果。对于争议案件,应当按照司法程序推进,以有权的司法机关的判断为最终标准,但被改变处理结果的司法人员和司法机关不能因为处理结果的改变而承受不利后果,更不能将这种处理结果的改变误认为是错案。对正当防卫案件也是如此。以赵某过失致人死亡案为例:福建省福州市晋安区公安分局认为赵某的行为构成犯罪,移送检察机关起诉。福建省福州市晋安区人民检察院认为赵某的行为属于防卫过当,作出相对不起诉的决定。最后,由于最高人民检察院介入,福建省福州市人民检察院指令晋安区人民检察院重新审查,最后认定赵某的行为属于正当防卫,福建省福州市人民检察院作出绝对不起诉的决定。在这个案件的处理过程中,公安机关在查清事实以后,以赵某犯过失致人死亡罪移送检察机关起诉以后,公安机关对赵某的处理只是一种起诉意见,最终有权决定是否起诉和以何种罪名起诉的是检察机关,因此,即使检察机关改变处理结果,也不能认为公安机关办了错案。依此类推,由于上级检察机关的介入,福建省福州市人民检察院将相对不起诉改变为绝对不起诉,也不能由此认为晋安区人民检察院办了错案,因为根据法律规定,上级检察机关对下级检察机关有案件指导的权限。假如检察机关将该案起诉到法院,法院认定为正当防卫,作出无罪判决,也不能认为检察机关办了错案,因为在刑事诉讼程序中,法院具有独立的审判权,包括对案件判决有罪或者无罪的权力。公安、司法机关只要在自身权力范围内,依法对案件作出处理,即使随着诉讼程序的推进,案件处理结果被其他机关改变,也不能认为被改变处理结果的公安、司法机关对案件的处理结果是错误的。更何况,我国刑事诉讼法还设置了公安、司法机关之间的制约程序,例如公安机关对检察机关处理结果的复议、复核权,检察机关对法院判决的抗诉权等。如果要求下一个程序的机关必须维持上一个程序的机关的处理结果,那么,公、检、法三机关之间只有协同一致的互相配合而没有互相制约,这就会扭曲公、检、法三机关之间的关系,这也正是目前冤假错案存在的原因之一。在正当防卫案件的处理上,也要纠正这种扭曲的公、检、法三机关的关系,只有这样,才能为正当防卫案件的正确处理提供顺畅的司法程序。

第三,加强对正当防卫案件的司法指导。正当防卫是司法人员较生疏的一个业务类型,而我国刑法对正当防卫的规定又具有一定的抽象性。在这种情况下,为了指导司法机关正确办理正当防卫案件,首先应当加强案例指导。我国已经建立案例指导制度,它能够为司法活动提供更为细致、具有可操作性的规则,对疑难案件的处理尤其具有其他规范性司法解释无法替代的指导功能。值得肯定的是,最高人民检察院和最高人民法院已经发布的指导性案例中都已经包含了正当防卫案件。例如于某故意伤害案、于某明涉嫌故意杀人案等曾经引起社会广泛关注的案例都以指导案例的形式公布,这对于处理同类正当防卫和防卫过当案件具有重要的指导作用。此后,我国还应当结合指导案例,进一步出台指导性司法文件,总结正当防卫和防卫过当的认定规则,从而明确正当防卫和防卫过当的法律界限。这对于正确处理正当防卫案件必将起到积极作用。

二、无过当防卫

知识背景

我国1979年《刑法》第17条规定了正当防卫,然而从1983年开始我国实行"严打"刑事政策,因而正当防卫制度在司法实践中的适用遭遇强大的阻力。虽然立法上对正当防卫的规定是十分明确的,但在司法实践中往往将正当防卫认定为防卫过当,而将防卫过当认定为普通犯罪,因而正当防卫制度未能发挥其法律效果。1997年《刑法》修订,对正当防卫作了较大的修改,尤其是引人注目地增设了无过当防卫(也称为特殊防卫)制度。《刑法》关于正当防卫的规定共分三款,其中第1款是关于正当防卫的规定,第2款是关于防卫过当的规定,第3款是关于无过当防卫的规定。从逻辑关系来说,第3款是第2款的例外规定。也就是说,我国刑法中的正当防卫,在一般情况下存在防卫过当，但在符合第 3 款规定的情况下，则不存在防卫过当问题。

无过当之防卫是针对特定犯罪适用的，这些犯罪是指行凶、杀人、抢劫、强奸、绑架以及其他严重危及人身安全的暴力犯罪。立法机关之所以作出无过当防卫的规定，主要是基于以下两点考虑：一是考虑了当时社会治安的实际状况。当时，各种暴力犯罪猖獗，不仅严重破坏社会治安秩序，也严重威胁公民的人身安全。对上述严重的暴力犯罪采取防卫行为作出特殊规定，对于鼓励群众勇于同犯罪作斗争，维护社会治安秩序，具有重要意义。二是考虑了上述暴力犯罪的特点。这些犯罪都是严重威胁人身安全的，被侵害人面临正在进行的暴力侵害时，很难辨认侵害人的目的和侵害的程度，也很难掌握实行防卫行为的强度。如果对此规定得太严，就会束缚被侵害人的手脚，挫伤其与犯罪作斗争的勇气，不利于公民运用法律武器保护自己的合法权益。因此，1997 年修订《刑法》时，对一些严重破坏社会秩序、危及公民人身安全的暴力犯罪，作了不存在防卫过当的特殊规定。[①] 立法机关的这一考虑当然有其合理性，尤其是在此前的司法实践中对正当防卫案件的认定出现严重偏差的背景下。

在司法实践中，认定无过当防卫的时候，应当注意以下三个问题。

(1) 准确认定和把握"行凶"。关于行凶一词的含义在我国刑法中此前并无规定，因此，如何正确认定行凶对于无过当防卫的判断具有重要意义。从字面来看，行凶是具有造成伤害或者死亡等人身侵害结果的危险性的行为。根据《指导意见》的规定，下列行为应当被认定为"行凶"：1) 使用致命性凶器，严重危及他人人身安全的；2) 未使用凶器或者未使用致命性凶器，但是根据不法侵害的人数、打击部位和力度等情况，确已严重危及他人人身安全的。虽然尚未造成实际损害，但已对人身安全造成严重、紧迫危险的，可以被认定为"行凶"。因此，对行凶的认定应当区分使用凶器与否，根据案件的具体情况进行判断。

(2) 准确理解和把握"杀人、抢劫、强奸、绑架"。在我国刑法中，杀人、抢劫、强奸和绑架都是罪名。那么，作为无过当防卫的客体，能否将这里的杀人、抢劫、强奸和绑架仅仅理解为罪名呢？对此，《指导意见》指出，《刑法》第 20 条第 3 款规定的"杀人、抢劫、强奸、绑架"是指具体犯罪行为而不是具体罪名。在实施不法侵害过程中存在杀人、抢劫、强奸、绑架等严重危及人身安全的暴力犯罪行为，如以暴力手段抢劫枪支、弹药、爆炸物或者以绑架手段拐卖妇女、儿童的，可以实行特殊防卫。有关行为没有严重危及人身安全的，应当适用一般防卫的法律规定。

---

① 胡康生，李福成. 中华人民共和国刑法释义. 北京：法律出版社，1997：28～29.

(3) 准确理解和把握"其他严重危及人身安全的暴力犯罪"。《刑法》第20条第3款除对无过当防卫的客体进行明文列举以外，还作了兜底式的规定，即"其他严重危及人身安全的暴力犯罪"。那么，如何理解这里的"其他严重危及人身安全的暴力犯罪"呢？《指导意见》规定，《刑法》第20条第3款规定的"其他严重危及人身安全的暴力犯罪"，应当是与杀人、抢劫、强奸、绑架行为相当，并具有致人重伤或者死亡的紧迫危险和现实可能的暴力犯罪。因此，对于"其他严重危及人身安全的暴力犯罪"应当从暴力性与严重性这两个方面进行把握。暴力性是性质特征，而严重性是数量特征。据此，只有暴力犯罪才能成为无过当防卫的客体，由此可以排除非暴力犯罪成为无过当防卫客体的可能性。不仅如此，暴力犯罪还必须达到严重程度，轻微的暴力犯罪仍然不能成为无过当防卫的客体。但根据《指导意见》，对于不符合特殊防卫起因条件的防卫行为致不法侵害人伤亡的，如果没有明显超过必要限度，也应当认定为正当防卫，防卫人不负刑事责任。

规范依据

《刑法》（2020年修正）第20条第3款："对正在进行行凶、杀人、抢劫、强奸、绑架以及其他严重危及人身安全的暴力犯罪，采取防卫行为，造成不法侵害人伤亡的，不属于防卫过当，不负刑事责任。"

案例评价

［案例5-10］叶某朝故意杀人案[①]（严重危及人身安全的暴力犯罪）

1. 基本案情

1997年1月上旬，王某等人在叶某朝开设的饭店吃饭后未付钱。数天后，王某等人路过叶的饭店时，叶向其催讨，王某认为有损其声誉，于同月20日晚纠集郑某等人到该店滋事，叶某朝持刀反抗，王某等人即逃离。次日晚6时许，王某、郑某纠集了王甲、卢某、柯某等人又到叶某朝的饭店滋事，以言语威胁，要叶请客了事。叶不从，王某即从郑某处取过东洋刀往叶某朝的左臂及头部各砍一刀。叶某朝拔出自备的尖刀还击，在店门口刺中王某胸部一刀后，冲出门外侧身将王抱住，两人互相扭打砍刺。在旁的郑某见状即拿起旁边的一张方凳砸向叶某朝的头部，叶某朝转身还击一刀，刺中郑某的胸部后又继续与王某扭打，将王某压在地上并夺下王手中的东洋刀。王某和郑某经送医院抢救无效死亡，叶某朝也多处受伤。经法医鉴定，王某全身八处

[①] 最高人民法院刑事审判第一、二庭．刑事审判参考：总第6集．北京：法律出版社，2000：6~10.

刀伤，左肺裂引起血气胸、失血性休克死亡；郑某系锐器刺戳前胸致右肺贯穿伤、右心耳创裂，引起心包填塞、血气胸而死亡；叶某朝全身多处伤，其损伤程度属轻伤。

浙江省台州市路桥区人民法院经审理认为：被告人叶某朝在分别遭到王某持刀砍、郑某用凳砸等不法暴力侵害时，持尖刀还击，刺死王某、郑某两人，其行为属正当防卫，不负刑事责任。遂依照《中华人民共和国刑法》（1997年修订）第12条第1款、第3款，第20条第1款的规定，于1997年10月14日判决如下：被告人叶某朝无罪。

一审宣判后，浙江省台州市路桥区人民检察院向浙江省台州市中级人民法院提起抗诉，其主要理由是：叶某朝主观上存在斗殴的故意，客观上有斗殴的准备，其实施行为时持放任的态度，其行为造成二人死亡的严重后果。叶某朝的犯罪行为在起因、时机、主观、限度等条件上，均不符合《刑法》第20条第3款的规定。

浙江省台州市中级人民法院经审理认为：叶某朝在遭他人刀砍、凳砸等严重危及自身安全的不法侵害时，奋力自卫还击，虽造成两人死亡，但其行为仍属正当防卫，依法不负刑事责任。遂依照《中华人民共和国刑事诉讼法》（1996年）第189条第1项的规定，于1998年9月29日裁定如下：驳回抗诉，维持原判。

2. 涉案问题

《刑法》（1997年修订）第20条第3款所规定的"严重危及人身安全的暴力犯罪"如何认定？

3. 裁判理由

浙江省台州市中级人民法院认为：被告人叶某朝在防卫行为开始前和开始防卫后，身受犯罪分子的伤害致轻伤，应当认定王某等人的行为系"严重危及人身安全的暴力犯罪"。首先，法律并未规定特殊防卫的行为人必须身受重伤、已被抢劫、强奸既遂等才可以进行防卫。因此，叶某朝身受轻伤，足以表明对方侵害的严重暴力性质。其次，防卫的目的恰恰是使行凶、杀人、抢劫、强奸、绑架等暴力犯罪不能得逞。因此，即使防卫人根本没有受到实际伤害，也不应当影响特殊防卫的成立。最后，实施严重暴力犯罪侵犯防卫人的行为客观存在。本案中王某等人手持东洋刀，且已砍在防卫人身上，如不对其进行更为严重的反击，如何制止其犯罪行为？因此，行为人放任，甚至希望将对方刺伤、刺死，在适用《刑法》（1997年修订）第20条第3款的规定时，不应成为障碍。因为叶某朝在受到严重人身侵害的情况下防卫，是法律允许的，具有正义性，虽造成两人死亡的严重后果，但仍符合《刑法》（1997年修订）第20条第3款的规定，故不负刑事责任。

4. 评析意见

在本案中，死者系滋事方，并且是持刀在叶某朝的饭店行凶，在这种情况下被叶某朝杀死。我们认为，即使没有《刑法》（1997年修订）第20条第3款关于无过当防卫的规定，也应认定叶某朝的行为为正当防卫。我们关注的不是对这样的案件法院为什么判决无罪，而是关注对这样一件正当防卫的案件检察机关为什么作为防卫过当起诉到法院。对于本案，检察机关在起诉时认为：叶某朝对不法侵害进行防卫，使用凶器致二人死亡，其行为虽属正当防卫，但已超过必要限度，构成故意杀人罪。但在抗诉时，检察机关又认为，叶某朝有斗殴的故意，有斗殴的准备，对死亡结果持放任态度，造成严重后果，明显超过必要限度。① 应该说，检察机关对无过当之防卫的理解是存在错误的，主要在于对行为性质的混淆。叶某朝是在受到正在进行的不法侵害时才采取防卫行为的，但检察机关却认为这是斗殴。如何区分正当防卫与互相斗殴？这是我国司法实践中一直没有得到很好解决的问题。从形式上看，正当防卫与斗殴确实十分相似，两者区分的关键在于起因。如果是一方的不法侵害引起他方的防卫，则防卫方的行为就不能被认为是斗殴，在符合正当防卫条件的情况下应当被认定为正当防卫。当然，由于本案发生在1997年《刑法》修订前，而一审判决是在1997年《刑法》生效后，公诉机关对刑法关于无过当防卫的规定不熟悉，这是一个可能的理由。无论如何，即使《刑法》（1997年修订）第20条第3款规定了无过当之防卫，如果司法机关的思想观念不转变，其前景仍然不容乐观。当然，在本案中，法院还是正确地适用了《刑法》关于无过当防卫的规定。

根据《刑法》（1997年修订）第20条第3款的规定，只有对侵害人身安全的暴力犯罪，才能实行无过当防卫。由此可见，我国刑法中的无过当防卫，主要是为使人身安全不受暴力侵害而设置的一种特殊防卫制度。因此，在认定"严重危及人身安全的暴力犯罪"的时候，应当注意暴力犯罪具有对人身安全的侵害性。《刑法》（1997年修订）第20条第3款对于严重危及人身安全的暴力犯罪作了列举，包括行凶、杀人、抢劫、强奸、绑架。在这些犯罪中，杀人、强奸、绑架都属于我国刑法所规定的侵犯人身权利的犯罪，因而具有人身安全侵害性，这是没有问题的。抢劫在我国刑法中属于侵犯财产罪，但我国刑法学界通常认为，抢劫罪具有侵犯财产权利与侵犯人身权利的双重属性，因为抢劫罪的手段行为具有暴力性，它严重侵害了财产所有人或保管人的人身权利，以此达到将他人财物非法据为己有的目的。如果是单纯地侵犯财产权利的犯罪，例如盗窃、抢夺和诈骗等犯罪，因这些犯罪不具有人身安

---

① 王幼璋. 刑事判案评述. 北京：人民法院出版社，2002：26.

全侵害性，因而对之不能实行无过当防卫。当然，在实施上述犯罪的过程中，为窝藏赃物、抗拒抓捕或者毁灭罪证而当场使用暴力或者以暴力相威胁的，根据《刑法》(1997年修订)第269条的规定，转化为抢劫罪，对之可以实行无过当防卫。值得注意的是，本案的裁判理由指出："对杀人、抢劫、强奸、绑架应作广义的理解，它不仅仅指这四种犯罪行为，也包括以此种暴力性行为为手段，而触犯其他罪名的犯罪行为，如以抢劫为手段的抢劫枪支、弹药、爆炸物行为，以绑架为手段的拐卖妇女、儿童行为。此外，针对人的生命、健康采取放火、爆炸、决水等其他暴力方法实施侵害，也是具有暴力性的侵害行为。"我们认为，以上理解是完全正确的，它为认定"严重危及人身安全的暴力犯罪"确定了范围，具有参考价值。应当指出，刑法所规定的"严重危及人身安全的暴力犯罪"，在某些情况下是指已经造成他人的人身侵害后果，例如致人伤亡等。但并非只有已经造成人身伤亡后果，才属于"严重危及人身安全的暴力犯罪"。在某些情况下，即使不法侵害行为没有造成人身侵害后果，但具有造成人身侵害后果的危险性的，同样可以被认定为"严重危及人身安全的暴力犯罪"。值得注意的是，《刑法》(1997年修订)第20条第3款采用的是"危及"一词，该词本身具有已经存在现实危险的含义。在本案中，不法侵害人王某等人已经造成了叶某朝轻伤。在这种情况下，已经完全具备了"严重危及人身安全的暴力犯罪"要件。除此以外，还应当注意，《刑法》所规定的"严重危及人身安全的暴力犯罪"明确地标示了这种危及人身安全的暴力犯罪必须达到严重程度。如果虽然存在危及人身安全的暴力犯罪，但尚未达到严重程度的，仍然不属于"严重危及人身安全的暴力犯罪"，因而不能对之实行无过当防卫。那么，在司法实践中如何认定危及人身安全的暴力犯罪的严重程度，以便确定是否可以对之实行无过当防卫？我们认为，主要应当综合双方人数多寡、对方是否携带凶器、发生的时间与地点等各种情况加以考察。在本案中，王某吃饭后不但不还欠款，在被合理追索欠款后，还纠集多人，携带凶器到叶某朝开设的饭店寻衅滋事，并持刀将叶某朝砍伤。这一暴力犯罪已经对叶某朝的人身安全造成严重侵害，因而叶某朝实行的防卫属于无过当防卫，即使造成不法侵害人二人死亡的后果，其也不负防卫过当的刑事责任。

[案例5-11] 李某龙等故意伤害案[①]（"行凶"）

1. 基本案情

2000年8月13日晚21时许，河南省淮阳县春蕾杂技团在甘肃省武威市下双乡文化广场进行商业演出。该乡村民徐某、王某、王甲等人不仅自己不

[①] 最高人民法院刑事审判第一、二庭. 刑事审判参考：总第34集. 北京：法律出版社，2004：13~23。

买票欲强行入场，还强拉他人入场看表演，被在门口检票的李某阻拦。徐某不满，挥拳击打李某头部，致李某倒地，王某亦持石块击打李某。李某龙闻讯赶来，扯开徐某、王甲，双方发生厮打。其后，徐某、王某分别从其他地方找来木棒、钢筋，与手拿鼓架子的靳某、李甲对打。当王某手持菜刀再次冲进现场时，赶来的李某龙见状，即持"T"型钢管座腿，朝王某头部猛击一下，致其倒地。王某因伤势过重被送往医院抢救无效死亡。经法医鉴定，王某系外伤性颅脑损伤，硬脑膜外出血死亡。徐某在厮打中被致轻伤。

甘肃省武威地区中级人民法院经审理后认为：被告人李某龙等人在遭被害人方滋扰引起厮打后，其行为不克制，持械故意伤害他人，致人死亡，后果严重。其行为均已构成故意伤害罪。公诉机关指控罪名成立。李某龙在共同犯罪中，行为积极主动，持械殴打致人死亡，系本案主犯，应从严惩处。考虑被害人方在本案中应负相当的过错责任，对各被告人可减轻处罚。遂根据《中华人民共和国刑法》（1999年修正）第234条第2款、第25条第1款、第26条第1款、第27条之规定，于2001年6月22日判决如下：（1）被告人李某龙犯故意伤害罪，判处有期徒刑14年。（2）其他被告人分别判处有期徒刑9年、7年、4年。

一审宣判后，李某龙等均以其行为属于正当防卫、不应负刑事责任及民事责任为由，提起上诉。

甘肃省高级人民法院经审理后依照《中华人民共和国刑事诉讼法》（1996年）第189条第2项、第197条及《中华人民共和国刑法》（1999年修正）第20条第1、3款之规定，于2002年11月14日判决如下：对上诉人李某龙等五上诉人宣告无罪。

2. 涉案问题

《刑法》（1999年修正）第20条第3款所规定的"行凶"如何认定？

3. 裁判理由

甘肃省高级人民法院经审理认为：在本案中，上诉人一方是经政府部门批准的合法演出单位。被害人一方既不买票，又强拉他人入场看表演。上诉人李某见状要求被害人等人在原来票价一半的基础上购票观看演出，又遭拒绝，并首先遭到徐某的击打，引发事端。双方在互殴中，被害人持木棒、钢筋等物殴打上诉人。当王某持菜刀冲进现场行凶时，被李某龙用钢管座腿击打到头部，致其倒地。此后，李某龙等人对王某再未施加伤害行为。王某的死亡，系李某龙的正当防卫行为所致。徐某的轻伤系双方互殴中所致。本案中，被害人一方首先挑起事端，在实施不法侵害行为时，使用了凶器木棒、钢筋、菜刀等物，其所实施的不法侵害行为无论是强度还是情节都甚为严重；并且在整个发案过程中，被害人一方始终未停止过不法侵害行为，五上诉人也始终处于被动、防御的地位。根据《刑法》（1999年修正）第20条的规定，为了使国家、公共利益、本人或者他人的人身、财产和其他权利免受正在进行的不法侵害，而采取的制止不法侵害的行为，对不法侵害人造成损害的，属于正当防卫，不负刑事责任。同时，该条第3款规定了无过当防卫，即：对正在进行行凶、杀人、抢劫、强奸、绑架以及其他严重危及人身安全的暴力犯罪，采取防卫行为，造成不法侵害人伤亡的，不属于防卫过当，不负刑事责任。其目的就是鼓励公民同违法犯罪行为作斗争，保护国家、公共利益，本人或者他人的人身、财产和其他合法权利不受侵害。五上诉人的行为符合上述规定，其主张正当防卫的上诉理由成立，予以采纳。

4. 评析意见

在本案中，一审法院与二审法院作出了有罪与无罪两种截然相反的判决。一审法院虽然认定对方滋扰引起厮打、过错在先，但又认为李某龙等人行为不克制，持械故意伤害他人，致人死亡，因而构成故意伤害罪。关键是：对方的滋扰是否属于《刑法》（1999年修正）第20条第3款所规定的"行凶"？如果属于"行凶"，则李某龙等人的行为是对"行凶"的无过当防卫，不能被认定为犯罪。显然，一审法院并不认为对方的滋扰属于"行凶"，因而认定李某龙等人的行为构成故意伤害罪。二审法院则认定对方持木棒、钢筋等物殴打李某龙等人，其中王某持菜刀冲进现场行凶，因而李某龙等人的行为构成无过当防卫。

对"行凶"的理解应当遵循关于特殊防卫条件的基本认识，即：首先，"行凶"必须是一种已着手的暴力侵害行为；其次，"行凶"必须足以严重危及他人的重大人身安全。故"行凶"不应该是一般的拳脚相加之类的暴力侵害，持械殴打也不一定都是可以实施特殊防卫的"行凶"。只有持那种足以严重危及他人的重大人身安全的凶器、器械伤人的行为，才可以被认定为"行凶"。在本案中，被害人一方仗势欺人、滋事生非，自己既不买票，还强拉他人入场看表演。当李某龙为息事宁人作出让步，要求被害人等人在原来票价一半的基础上购票看演出时，又首先遭到被害人方的不法侵害。在李某龙等人进行防卫反击时，被害人一方又找来木棒、钢筋、菜刀等足以严重危及他人重大人身安全的凶器，意欲进一步加害李某龙等人，使李某龙等人的重大人身安全处于现实的、急迫的、严重的危险之下，应当被认定为"行凶"。此时，李某龙为保护自己及他人的重大人身安全，用钢管座腿击打王的头部，符合特殊防卫的条件，虽致王某死亡，但依法不负刑事责任。本案其他被告人在防卫反击中，致徐某轻伤，防卫行为没有明显超过必要限度，且也未造成不法侵害人重大损害，故其他被告人同样不负刑事责任。

在刑法理论上说，"行凶"首先具有暴力侵害性。"行凶"属于暴力犯罪行为，具有暴力侵害性。这一点似乎没有疑问。"行凶"虽然未被归入某一个具体的侵犯人身权利罪的罪名，但其具有对他人人身安全的不法侵害性，属于暴力犯罪的范畴。对此，在对无过当防卫的认定中应当严格加以把握。因此，如果仅仅是一般的口头威胁、谩骂等，都不能认定为"行凶"。其次，"行凶"还具有着手实行性。"行凶"是一种行为，而且是一种已经着手实施的侵犯人身权利的暴力侵害行为，即应当强调其具有着手的性质，而不是着手以前的行为。深夜潜入他人住宅，这是一种非法侵入住宅的行为。如果事主发现，当然可以对之实行正当防卫，但这不属于无过当防卫。如果潜入他人住宅以后又对事主实行了暴力侵害，那就可以根据其暴力侵害的程度认定为"行凶"，事主对之可以实行无过当防卫。对一般非法侵入他人住宅的行为之所以不能认定为"行凶"，原因就在于行为人尚未着手实施暴力侵害行为。因此，"行凶"的不明确，主要是指造成死亡还是伤害结果不明确，而不是指行为本身是否具有暴力侵害性不明确。最后，"行凶"还必须具有程度严重性。"行凶"所具有的对人身安全的危险具有未然性，是一种现实危险性。因此，"行凶"是否达到严重危及人身安全的程度，确实不太容易掌握。在司法实践中应当把一般性的打架即拳打脚踢与"行凶"加以区分。我们认为，"行凶"是指使用凶器的暴力行凶，即对被害人进行暴力袭击，严重危及被害人的人身安全。① 因此，我们强调"行凶"以使用凶器为前提，对这里的凶器应作广义理解，包括使用枪支、爆炸物、管制刀具等凶器，也包括使用可以用于人身侵害的其他器械，例如棍棒、砖石等。如果没有动用凶器，只是拳脚相加的殴打，不能被认定为"行凶"。当然，也不能认为只要使用凶器就一定构成"行凶"，还要考虑是否达到对人身安全造成侵害的严重程度。因此，使用凶器是认定"行凶"的必要条件而非充分条件。根据以上三个方面的分析，在本案中，对方使用木棒、钢筋、菜刀等足以严重危及他人重大人身安全的凶器，意欲进一步加害李某龙等人，因此其行为属于"行凶"，故对李某龙等人的反击行为应当认定为无过当防卫。

在《刑法》（1999年修正）第20条第3款规定的无过当防卫的防卫客体中，杀人、抢劫、强奸、绑架都是刑法中正式的罪名，因而在司法实践中容易把握。但与上述四种罪名相并列的"行凶"，并不是刑法中正式的罪名，因而如何正确理解"行凶"，就存在问题。对于如何理解这里的"行凶"，本案的裁判理由中就曾经论及，认为"行凶"行为仅指严重危及人身安全的非法伤害行为，如使用凶器暴力行凶，有可能致人重伤的伤害行为。这一裁判理由，将"行凶"明确地界定为伤害。但为什么在法条中不直接表述为"伤害"，而是采用"行凶"这一措辞呢？对此，我国学者大多持一种批评态度。例如，有学者指出，现行

---

① 陈兴良. 规范刑法学：上册. 北京：中国人民大学出版社，2008：149.

刑法在特别防卫权的规定中使用"行凶"一词不妥，这是因为：首先，严格说来，行凶并不是一个法律术语，更不是一个独立的罪名，将其与"杀人、抢劫、强奸、绑架"等其他罪名并列在一起，不符合逻辑要求。其次，根据前所述及的"行凶"一词的本意，"行凶"一般是指故意伤害或者故意杀人的行为。而现行《刑法》第20条第3款将"行凶"与"杀人"并列，表明这里的"行凶"是不包括杀人行为在内的。那么，伤害行为、聚众斗殴等暴力犯罪行为是否包括在"行凶"之内呢？对此，法律没有明确的说明，这难免导致人们在理解上发生歧义。最后，从立法上规定特别防卫权的宗旨出发，"行凶"必须是程度严重的危及人身安全的暴力犯罪，否则，不能进行特别防卫。既然如此，"行凶"完全可以为后面的"其他严重危及人身安全的暴力犯罪"所包容。由此可见，现行刑法关于"行凶"的规定，未免多余，有重复规定之嫌。[1]

　　以上对立法关于"行凶"的规定的批评，不能说没有一点道理。当然，在刑法得到修改以前，我们还只能通过解释刑法来明确其含义，从而为司法机关正确适用无过当防卫提供法理根据。正因为刑法采用了"行凶"这样一种较为含混的用语，我国刑法学界对"行凶"的理解产生了重大的歧义。例如，有学者在界定"行凶"时，强调行凶者主观上犯意的不确定性，即行凶者具有实施刑法上的杀人罪或者伤害罪的不确定性——这种不确定性致防卫人难以识别行凶者的意图，就是行凶者自己在忙乱之中也未及确定自己的意图，即行凶者自己在实施行凶行为时，也存在着或死或伤他人的随机性。刑法学理上谓之"放任故意"。这种放任，正是"行凶"与单纯的杀人或单纯的伤害之区别所在。根据这种见解，刑法意义上的行凶是指对他人施以致命暴力，严重危及他人生命、健康权益的行为。[2] 这种观点将行凶定义为伤害与杀人之间界限不明确的一种暴力性犯罪，既非典型的伤害，也非典型的杀人。张明楷教授亦持这一观点，认为"行凶"包含了杀人界限不明，但有很大可能是造成他人严重的重伤或者死亡的行为。[3] 当然，也有学者不是这样认识的，而是在更为广泛的意义上理解行凶。例如，刘艳红教授认为，我国刑法中的"行凶"是指无法判断为某种具体的严重侵犯公民人身权利的暴力犯罪的严重暴力侵害行为。刘艳红教授揭示了"行凶"的以下四个特征：（1）行为内容的暴力性。（2）暴力的手段不限定性。（3）暴力程度的严重性。（4）暴力行为的无法具体罪名性。[4] 在以上

---

[1] 田宏杰. 刑法中的正当化行为. 北京：中国检察出版社，2004：257.
[2] 屈学武. 正在行凶与无过当防卫权——典型案例评析//陈兴良. 刑事法判解：第2卷. 北京：法律出版社，2000：413.
[3] 张明楷. 刑法学. 3版. 北京：法律出版社，2007：187.
[4] 刘艳红. 李植贵的行为是否正当防卫？——关于"行凶"的一次实证考察//陈兴良. 刑事法判解：第3卷. 北京：法律出版社，2001：590.

四个特征中，刘艳红教授更为强调的是无法具体罪名性，即未显示出完全符合某一个暴力犯罪罪名的构成要件。之所以出现这种情况，是因为"行凶"具有犯意上的不明确性与犯行上的不明确性。应当指出，在不明确性这一点上，学者的认识是共同的。但关于这种不明确的范围究竟如何确定，学者的观点存在一些差别。张明楷教授将"行凶"的不明确性限于伤害与杀人之间，刘艳红教授则作了较为广义的理解，在举例时指出：对于夜间以实施某种犯罪为目的而侵入他人住宅的行为，在不法侵害人开始实施进一步的犯罪行为之前，很难判断其行为的具体罪名。但是，对于依然安睡的住宅主人而言，该行为往往会造成极大的惊慌和恐惧，使他们可能会实施正当防卫并造成不法侵害人伤亡。[①] 但在上述深夜侵入他人住宅而又尚未进一步实施侵害行为的情况下，能否认定其为刑法中的"行凶"，是值得质疑的。若对"行凶"作如此广义的理解，有悖于立法意图。正因为我国刑法学界对"行凶"存在理解上的分歧，所以本案对于我们正确理解"行凶"具有指导意义。

[案例 5-12] 吴某艳故意伤害案[②]（"行凶"）

1. 基本案情

2003 年 9 月 10 日凌晨 3 时许，被害人李某（男，时年 19 岁）与孙某（男，时年 22 岁）、张某（男，时年 21 岁）到北京市海淀区阳台山庄饭店的女工宿舍外，叫服务员尹某（女，时年 24 岁）出来解决个人之间的纠纷。见尹某不予理睬，孙某等人即强行进入宿舍内。孙某与尹某发生争执，殴打尹某。同宿舍居住的吴某艳上前劝阻，孙某又与吴某艳相互撕扯。在撕扯过程中，孙某将吴某艳上衣的纽扣拽掉，吴某艳持水果刀将孙某的左上臂划伤。李某见此状况，用一铁挂锁击打吴某艳。吴某艳又持水果刀扎伤李某的左胸部，致其左胸部 2.7 厘米刺创口，因急性失血性休克而死亡。当日，吴某艳被公安机关抓获，作案工具亦起获。

北京市海淀区人民法院认为：被告人吴某艳于夜深人静之时和孤立无援之地遭受了殴打和欺辱，身心处于极大的屈辱和恐慌中。此时，李某又举起铁锁向其砸来。面对这种情况，吴某艳使用手中的刀子进行防卫，没有超过必要的限度。要求吴某艳慎重选择其他方式制止或避免当时的不法侵害的意见，没有充分考虑侵害发生的时间、地点和具体侵害的情节等客观因素，不予采纳。综上所述，被告人吴某艳及其辩护人关于是正当防卫，不负刑事责任，亦不承担民事赔偿责任的辩解理由和辩护意见，符合法律规定，应予采

[①] 刘艳红. 李植贵的行为是否正当防卫？——关于"行凶"的一次实证考察//陈兴良. 刑事法判解：第 3 卷. 北京：法律出版社，2001：591.

[②] 最高人民法院公报，2004（11）.

纳。起诉书指控吴某艳持刀致死李某的事实清楚，证据确实、充分，但指控的罪名不能成立。遂依照《中华人民共和国刑事诉讼法》（1996年）第162条第2项和《中华人民共和国民法通则》第128条的规定，于2004年7月29日判决：（1）被告人吴某艳无罪。（2）被告人吴某艳不承担民事赔偿责任。

2. 涉案问题

《刑法》（2002年修正）第20条第3款所规定的"行凶"如何举证？

3. 裁判理由

北京市海淀区人民法院认为：孙某等人在凌晨3时左右闯入女工宿舍后，动手殴打女服务员、撕扯女服务员的衣衫。这种行为足以使宿舍内的三名女服务员因感到孤立无援而产生极大的心理恐慌。在自己和他人的人身安全受到严重侵害的情况下，被告人吴某艳持顺手摸到的一把水果刀指向孙某，将孙某的左上臂划伤并逼退孙某。此时，防卫者是受到侵害的吴某艳，防卫对象是闯入宿舍并实施侵害的孙某，防卫时间是侵害行为正在实施时，该防卫行为显系正当防卫。

当孙某被被告人吴某艳持刀逼退后，李某又举起长11厘米、宽6.5厘米、重550克的铁锁欲砸吴某艳。对李某的行为，不应解释为是为了制止孙某与吴某艳之间的争斗。在进入女工宿舍后，李某虽然未对尹某、吴某艳实施揪扯、殴打，但李某是遵照事前的密谋，与孙某一起于夜深人静之时闯入女工宿舍的。李某既不是一名旁观者，更不是一名劝架人，而是参与不法侵害的共同侵害人。李某举起铁锁欲砸吴某艳，是对吴某艳的继续加害。吴某艳在面临李的继续加害威胁时，持刀刺向李某，其目的显然仍是避免遭受更为严重的暴力侵害。无论从防卫人、防卫目的还是从防卫对象、防卫时间看，吴某艳的防卫行为都是正当的。由于吴某艳是对严重危及人身安全的暴力行为实施防卫，故虽然造成李某死亡，也在《刑法》（2002年修正）第20条第3款法律许可的幅度内，不属于防卫过当，吴某艳依法不负刑事责任。

4. 评析意见

在本案中，控辩双方对案情的叙述并不完全相同。控方强调孙某殴打了尹某，在吴某艳劝阻时又与吴发生撕扯。在这种情况下，吴某艳持刀将孙某划伤。李某见此状况用铁挂锁欲击打吴某艳时，吴某艳又持刀扎伤李某，后不治身亡。而被告人吴某艳则陈述，孙某要强奸尹某，在劝阻中被孙某殴打，为防卫才拿刀扎孙某。当李某用铁锁砸来时又扎李某一刀。在以上叙述中，孙某殴打尹某可以确定。至于吴某艳前来劝阻时，是两人撕扯还是孙某殴打吴某艳，则各执一词。李某用铁锁砸吴某艳，这也是事实，但控方认为李某等人的行为没有达到严重危及人身安全的程度，其根据是没有后果产生。这一观点颇有唯结果论的意味。其实，行凶并不以发生实害结果为认定的必要条件。

　　法院判决对本案的认定，在总体上确认孙某、李某等人在凌晨闯入女工宿舍殴打女服务员本身就是一种违法行为。在这种情况下，被告人吴某艳对孙某的防卫系正当防卫。但判决未能明确这一防卫是《刑法》（2002年修正）第20条第1款规定的正当防卫还是第3款规定的无过当防卫。因为在此时，孙某并未携带凶器进行侵害，吴某艳持刀将孙扎伤，似应认定为普通正当防卫而非特殊正当防卫。因为只是将孙某划伤，因而其防卫行为没有超过正当防卫必要限度。此后，李某举起铁锁欲砸吴某艳，对这一行为如何认定，直接关系到本案的定性。控方认为李某拿锁击打吴某艳是为制止孙某与吴某艳之间的争斗，但法院判决则认为这是对吴某艳的继续加害，因而属于"行凶"。考虑到在夜深人静之时和孤立无援之地这样一种特殊的时间与地点受到不法侵害，法院判决认为李某的行凶已经达到严重危及人身安全的程度，因而认定吴某艳的行为构成无过当防卫，吴某艳不负刑事责任。我们认为，法院判决对本案的无过当防卫的认定是正确的。

　　无过当防卫在司法认定中首先涉及一个重大问题，这就是对"严重危及人身安全的暴力犯罪"这一防卫客体的举证问题。在刑事诉讼中，控方负有对被指控犯罪事实的举证责任，这是从无罪推定原则引申出来的结论。而且，根据刑事诉讼法的规定，控方负有客观收集证据义务，不仅应当收集足以证明犯罪嫌疑人、被告人有罪或者罪重的证据，也应当收集能够证明犯罪嫌疑人、被告人无罪或者罪轻的证据。因此，在侦查和审查起诉过程中，控方应当就是否存在防卫情节进行查证。如果查证属实，符合正当防卫条件的，就应当作出相应的处理。当然，如果未能查证属实的，则仍应依法提起公诉。在法院审理过程中，若被告人及其辩护人是按照无过当防卫进行辩护的，则对于是否存在无过当防卫的"严重危及人身安全的暴力犯罪"这一防卫客体，就应当按照"谁主张，谁举证"的原则，由被告人及其辩护人进行举证。对此，有学者指出："对于特别防卫案件，公安机关、司法机关为了查清案件的事实真相，当然要全面收集证据。但被告人对于自己所提出的特别防卫主张，同样也应当承担相应的证明责任。否则，被告人尽管提出自己的行为属于特别防卫，但被告人既没有证据予以证明，公安机关以及司法机关也没有发现有关特别防卫的事实材料的，就不能认定特别防卫的成立，防卫人就应当对自己所实施的造成他人伤亡的结果承担相应的法律责任。"[①] 我们认为，以上观点是正确的。当然，在法院审理过程中，对于被告人及其辩护人提出的无过当防卫的辩护理由如何进行甄别、采信，是一个十分重要的问题。在本案

---

① 田宏杰. 刑法中的正当化行为. 北京：中国检察出版社，2004：261.

中，围绕着"严重危及人身安全的暴力犯罪"的证据采信展开的讨论，具有现实意义。

[案例 5-13] 于某明涉嫌故意杀人案① （无过当防卫）

1. 基本案情

2018 年 8 月 27 日 21 时 30 分许，某酒店业务经理于某明骑自行车在江苏省 S 市震川路正常行驶，刘某醉酒驾驶小轿车（经检测，血液酒精含量为 87mg/100ml），向右强行闯入非机动车道，与于某明险些碰擦。刘某的一名同车人员下车与于某明争执，经同行人员劝解返回时，刘某突然下车，上前推搡、踢打于某明。虽经劝解，刘某仍持续追打，并从轿车内取出一把砍刀（系管制刀具），连续用刀面击打于某明的颈部、腰部、腿部。刘某在击打过程中将砍刀甩脱，于某明抢到砍刀，刘某上前争夺，在争夺中于某明捅刺刘某的腹部、臀部，砍击其右胸、左肩、左肘。刘某受伤后跑向轿车，于某明继续追砍 2 刀均未砍中，其中 1 刀砍中轿车。刘某跑离轿车，于某明返回轿车，将车内刘某的手机取出放入自己口袋。民警到达现场后，于某明将手机和砍刀交给处警民警（于某明称，拿走刘某的手机是为了防止对方打电话召集人员报复）。刘某逃离后，倒在附近绿化带内，后经送医抢救无效，因腹部大静脉等破裂致失血性休克于当日死亡。于某明经人身检查，见左颈部条形挫伤 1 处、左胸季肋部条形挫伤 1 处。

8 月 27 日当晚公安机关以"于某明故意伤害案"立案侦查，8 月 31 日公安机关查明了本案的全部事实。9 月 1 日，江苏省 S 市公安局根据侦查查明的事实，依据《刑法》（2017 年修正）第 20 条第 3 款的规定，认定于某明的行为属于正当防卫，不负刑事责任，决定依法撤销于某明故意伤害案。其间，公安机关依据相关规定，听取了检察机关的意见，江苏省 S 市人民检察院同意公安机关的撤销案件决定。

2. 涉案问题

无过当防卫中的暴力犯罪如何判断？

3. 裁判理由

检察机关的意见与公安机关的处理意见一致，具体论证情况和理由如下。

第一，关于刘某的行为是否属于"行凶"的问题。在论证过程中有意见提出，刘某仅使用刀面击打于某明，犯罪故意的具体内容不确定，不宜认定为行凶。论证后认为，对行凶的认定，应当遵循《刑法》（2017 年修正）第 20 条第 3 款的规定，以"严重危及人身安全的暴力犯罪"作为把握的标准。

---

① 最高人民检察院指导案例第 47 号．

刘某开始阶段的推搡、踢打行为不属于"行凶",但从持砍刀击打后,行为性质已经升级为暴力犯罪。刘某的攻击行为凶狠,所持凶器可轻易致人死伤,随着事态发展,接下来会造成什么样的损害后果难以预料,于某明的人身安全处于现实的、急迫的和严重的危险之下。刘某具体抱持杀人的故意还是伤害的故意不确定,这正是许多"行凶"行为的特征,而不存在认定的障碍。因此,刘某的行为符合"行凶"的认定标准,应当认定为"行凶"。

第二,关于刘某的侵害行为是否属于"正在进行"的问题。在论证过程中有意见提出,于某明抢到砍刀后,刘某的侵害行为已经结束,不属于正在进行。论证后认为,判断侵害行为是否已经结束,应看侵害人是否已经实质性脱离现场以及是否还有继续攻击或再次发动攻击的可能。于某明抢到砍刀后,刘某立刻上前争夺,侵害行为没有停止,刘某受伤后又立刻跑向之前藏匿砍刀的汽车,于某明此时作不间断的追击也符合防卫的需要。于某明追砍两刀均未砍中,刘某从汽车旁边跑开后,于某明也未再追击。可见,在于某明抢得砍刀顺势反击时,刘某既未放弃攻击行为也未实质性脱离现场,不能认为侵害行为已经停止。

第三,关于于某明的行为是否属于正当防卫的问题。在论证过程中有意见提出,于某明本人所受损伤较小,但防卫行为造成了刘某死亡的后果,二者对比不相适应,于某明的行为属于防卫过当。论证后认为,不法侵害行为既包括实害行为也包括危险行为,对于危险行为同样可以实施正当防卫。认为"于某明与刘某的伤情对比不相适应"的意见,只注意到了实害行为而忽视了危险行为。这种意见实际上是要求防卫人应等到暴力犯罪造成一定的伤害后果才能实施防卫,这不符合及时制止犯罪、让犯罪不能得逞的防卫需要,也不适当地缩小了正当防卫的依法成立范围,是不正确的。本案中,在刘某的行为因具有危险性而属于"行凶"的前提下,于某明采取防卫行为致其死亡,依法不属于防卫过当,不负刑事责任。于某明本人是否受伤或伤情轻重,对正当防卫的认定没有影响。公安机关认定于某明的行为系正当防卫,决定依法撤销案件的意见,完全正确。

4. 评析意见

本案发生以后,在社会上引起广泛关注。对于本案,在检察机关的指导下,公安机关对于某明作出了正当防卫的认定,并撤销案件。该案还以"于某明正当防卫案(检察指导案例第47号)"的名义,作为最高人民检察院的指导案例被颁布,对于正确处理正当防卫案件具有重大的指导意义。该指导案例的"指导意义"指出:

《刑法》第20条第3款规定,"对正在进行行凶、杀人、抢劫、强奸、绑架以及其他严重危及人身安全的暴力犯罪,采取防卫行为,造成不法侵害人伤亡的,不属于防卫过当,不负刑事责任"。司法实践通常称这种正当防卫为"特殊防卫"。

刑法作出特殊防卫的规定,目的在于进一步体现"法不能向不法让步"的秩序理念,同时肯定防卫人以对等或超过的强度予以反击,即使造成不法侵害人伤亡,也不必顾虑可能成立防卫过当,因而构成犯罪的问题。司法实践中,如果面对不法侵害人"行凶"性质的侵害行为,仍对防卫人限制过苛,不仅有违立法本意,也难以取得制止犯罪、保护公民人身权利不受侵害的效果。

适用本款规定,"行凶"是认定的难点。对此应当把握以下两点:一是必须是暴力犯罪,对于非暴力犯罪或一般暴力行为,不能认定为行凶;二是必须严重危及人身安全,即对人的生命、健康构成严重危险。在具体案件中,有些暴力行为的主观故意尚未通过客观行为明确表现出来,或者行为人本身就是持概括故意予以实施。这类行为的故意内容虽不确定,但已表现出多种故意的可能,其中只要有现实可能造成他人重伤或死亡的,均应当认定为"行凶"。

正当防卫以不法侵害正在进行为前提。所谓正在进行,是指不法侵害已经开始但尚未结束。不法侵害行为多种多样、性质各异,判断是否正在进行,应就具体行为和现场情境作具体分析。判断标准不能机械地对刑法上的着手与既遂作出理解、判断,因为着手与既遂侧重的是侵害人可罚性的行为阶段问题,而侵害行为正在进行,侧重的是防卫人的利益保护问题。所以,不能要求不法侵害行为已经加诸被害人身上,只要不法侵害的现实危险已经迫在眼前,或者已达既遂状态但侵害行为没有实施终了的,就应当认定为正在进行。

需要强调的是,特殊防卫不存在防卫过当的问题,因此不能作宽泛的认定。对于因民间矛盾引发、不法与合法对立不明显以及夹杂泄愤报复成分的案件,在认定特殊防卫时应当十分慎重。

以上"指导意见"针对本案的处理理由进一步提炼出相关规则,对于此后处理同类案件具有指导意义。其中,该"指导意见"强调了"法不能向不法让步"的秩序理念,这是具有特别意义的。一个法治社会应当具有良好的社会秩序。然而,不法侵害对社会秩序造成破坏,对公民的人身和财产权益造成侵害。对于这种不法侵害,主要通过国家的公权力进行惩罚。但这种惩罚具有一定的事后性。如果在场公民就可以采用正当防卫的方式保护人身和财产权益,那么就应当鼓励公民对正在进行的不法侵害实行正当防卫。如果公民的防卫权不能受到法律的有效保障,则意味着公民面对正在进行的不法侵害只能放弃抵抗,或者挨打或者逃跑。这就是法向不法让步,就会放纵不法侵害。因此，通过本案彰显正当防卫的法治价值，这是十分重要的。

[案例5-14] 赵某芝故意杀人案①（无过当防卫）

1. 基本案情

2018年1月，赵某芝之女王甲在北京某餐厅打工时与王乙相识，此后王乙多次要求与王甲进一步交往但遭到拒绝。同年5月至6月期间，王乙为逼迫王甲与其谈恋爱，多次到王甲的学校和位于涞源县某某村的家中对王甲及其家人进行骚扰、威胁。

2018年7月11日17时许，王乙到达涞源县城，购买了两把水果刀和霹雳手套，预约了一辆小轿车，并于当晚乘预约车到某某村王甲家。23时许，王乙携带两把水果刀、甩棍翻墙进入王甲家院中，引起护院的狗叫。王甲之父王某元在住房内见王乙持凶器进入院中，即让王甲报警，并拿铁锹冲出住房，与王乙打斗。王乙用水果刀（刀身长11cm、宽2.4cm）划伤王某元的手臂。随后，赵某芝持菜刀跑出住房加入打斗，王乙用甩棍（金属材质，全长51.4cm）击打赵某芝的头部、手部，赵某芝手中的菜刀被打掉。此时王甲也从住房内拿出菜刀跑到院中，王乙见到后冲向王甲，王甲转身往回跑，王乙在后追赶。王某元、赵某芝为保护王甲追打王乙，三人扭打在一起。王甲上前拉拽，被王乙划伤腹部。王乙用右臂勒住王甲脖子，王某元、赵某芝急忙冲上去，赵某芝上前拉拽王甲，王某元用铁锹从后面猛击王乙。王乙勒着王甲脖子躲闪并将王甲拉倒在地，王甲挣脱起身后回屋拿出菜刀，向王乙砍去。其间，王甲回屋用手机报警两次。王某元、赵某芝继续持木棍、菜刀与王乙对打，王乙倒地后两次欲起身。王某元、赵某芝担心其起身实施侵害，就连续先后用菜刀、木棍击打王乙，直至王乙不再动弹。事后，王某元、赵某芝、王甲三人在院中等待警察到来。

经鉴定，王乙的头面部、枕部、颈部、双肩及双臂多处受伤，符合颅脑损伤合并失血性休克死亡；王某元的胸部、双臂多处受刺伤、划伤，伤情属于轻伤二级；赵某芝的头部、手部受伤，王甲的腹部受伤，均属轻微伤。

河北省保定市涞源县人民检察院认为：赵某芝为使自己及家人的人身权利免受正在进行的暴力侵害，对深夜携凶器翻墙入宅行凶的王乙，采取制止暴力侵害的防卫行为，符合《中华人民共和国刑法》（2017年修正）第20条第3款之规定，属于正当防卫，不负刑事责任。遂依据《中华人民共和国刑事诉讼法》（2012年）第177条第1款的规定，对赵某芝作出不起诉决定。

2. 涉案问题

对无过当防卫中的丧失侵害能力如何判断？

---

① 河北省保定市涞源县人民检察院涞检公诉刑不诉（2019）2号不起诉决定书。

3. 裁判理由

检察机关认为，根据审查认定的事实并依据法律规定，本案中王某元、赵某芝、王甲的行为属于特殊正当防卫，对王乙的暴力侵害行为可以采取无限防卫，不负刑事责任。

第一，王乙携带凶器夜晚闯入他人住宅实施伤害的行为，属于刑法规定的暴力侵害行为。在王甲明确拒绝与其交往后，王乙仍多次纠缠、骚扰、威胁王甲及其家人，于深夜携凶器翻墙非法侵入王某元的住宅，使用水果刀、甩棍等足以严重危及人身安全的凶器，持续对王某元、赵某芝、王甲实施伤害行为，造成王某元轻伤二级、赵某芝和王甲轻微伤。以上情况足以证明王某元一家三人的人身和生命安全受到严重暴力威胁，处于现实的、紧迫的危险之下，王乙的行为属于严重危及人身安全的暴力犯罪。

第二，王某元、赵某芝、王甲三人的行为系防卫行为。王乙携带刀具、甩棍翻墙进入王某元住宅，用水果刀先后刺伤、划伤王某元、王甲，用甩棍打伤赵某芝，并用胳膊勒住王甲的脖子，应当认定王乙已着手实施暴力侵害行为。王某元一家三人为使自己的人身权利免受正在进行的严重暴力侵害，用铁锹、菜刀、木棍反击王乙的行为，具有防卫的正当性，不属于防卫过当。

第三，王乙倒地后，王某元、赵某芝继续刀砍棍击的行为仍属于防卫行为。王乙身材高大、年轻力壮，所持凶器足以严重危及人身安全。王乙虽然被打倒在地，还两次试图起身，王某元、赵某芝当时不能确定王乙是否已被制伏，担心其再次实施不法侵害行为，又继续用菜刀、木棍击打王乙，这与之前的防卫行为有紧密连续性，属于一体化的防卫行为。

第四，根据案发时现场环境，不能对王某元、赵某芝的防卫行为的强度过于苛求。王某元家在村边，周边住宅无人居住，案发时已是深夜，院内无灯光。王乙突然持凶器翻墙入宅实施暴力侵害，王某元、赵某芝受到惊吓，精神高度紧张，心理极度恐惧。在上述情境下，要求他们在无法判断王乙倒地后是否会继续实施侵害行为的情况下，即刻停止防卫行为不具有合理性和现实性。

4. 评析意见

本案是一起经媒体报道以后，受到公众广泛关注的案件。最终检察机关将赵某芝和王某元的行为认定为无过当犯罪，作出了绝对不起诉的决定。这是值得肯定的。本案的特殊性在于，死者王乙对赵某芝的女儿进行纠缠，并且手持凶器在深夜闯进赵某芝的住宅实施暴力侵害。虽然打斗发生在院子里，但院子也是住宅的重要组成部分。对于公民的住宅法律应当严加保护，对于进入住宅进行不法侵害的，行为人当然具有防卫权。在我国古代《唐律》中就有"诸无故入人家者主人登时杀之无罪"的规定，日本昭和5年（1930年）

制定的《盗犯等防止法》规定了正当防卫的特别规则：当想要防止盗犯或取回盗品时（第 1 条第 1 项第 1 号）；当想要防止携带凶器，或者偷越、损坏门户墙壁，或者打开门锁侵入他人的住居或者有人看守的宅邸、建筑物或船舶的侵入者之时（同项第 2 号）；为了抵制无故侵入他人住居或者有人看守的宅邸、建筑物或船舶的侵入者，或者经要求退出这些场所的人之时（同项第 3 号）。当出现以上情况时，为了排除正在进行的针对自己或他人的生命、身体或者贞操的危险，杀伤犯罪行为人就相当于《日本刑法典》第 36 条第 1 项规定的防卫行为。因此，如果满足该项规定的要件，那么可以认为肯定了无限制正当防卫的成立。但是，通说和判例（最决平成 6 年［1994 年］6 月 30 日，刑集第 48 卷第 4 号，第 21 页）认为，即使是该项规定的正当防卫，仅满足形式规定上的要件是不够的，虽然可以比刑法规定的正当防卫更为缓和，但是防卫手段的相当性还是必要的。① 由此可见，日本刑法对公民的住宅严格保护，赋予公民对侵入住宅的不法侵害更大的防卫权。

　　本案之所以引起争议，原因还在于涉及如何判断不法侵害已经结束的问题。在本案中，王乙被打倒在地以后，赵某芝和王某元因为看到王乙两次要起身，因而再次进行打击，致使王乙死亡。那么，王乙倒地以后，不法侵害是否结束？这里的关键是王乙是否丧失了侵害能力。在一般情况下，如果侵害人已经丧失侵害能力，就不能再实施防卫。对于不法侵害是否结束的判断，不仅要考虑客观上的事实，还要考虑防卫人主观上的认知。在面对不法侵害的情况下，防卫人是在慌乱、恐惧和惊吓的心理状态下实施防卫的，对于侵害人是否丧失侵害能力很难作出准确的判断。在这种情况下，就不能以案发以后，对案情的理性判断的结论为根据，对不法侵害的结束时间要求防卫人进行正确的判断。这是对防卫人的苛求。在本案中，死者王乙是一个年轻小伙，身强力壮，而且手持凶器，对赵某芝等人造成严重的威胁。在这种情况下，王乙虽已经倒地，但两次起身，因为害怕王乙没有丧失侵害能力而继续打击王乙，致其死亡的行为，不能被认为属于事后防卫。因此，将赵某芝、王某元的行为认定为无过当防卫、不负刑事责任，是完全正确的。

［案例 5-15］侯某秋正当防卫案②

1. 基本案情

　　侯某秋系葛某经营的养生会所员工。2015 年 6 月 4 日 22 时 40 分许，某足浴店股东沈某因怀疑葛某等人举报其店内有人卖淫嫖娼，遂纠集本店员工雷某、柴某等 4 人持棒球棍、匕首赶至葛某的养生会所。沈某先行进入会所，

---

① 桥爪隆. 日本正当防卫制度若干问题分析. 江溯，李世阳，译. 武陵学刊，2011（4）.
② 最高人民检察院指导案例第 48 号.

无故推翻大堂盆栽挑衅,与葛某等人扭打。雷某、柴某等人随后持棒球棍、匕首冲入会所,殴打店内人员,其中雷某持匕首两次刺中侯某秋的右大腿。其间,柴某所持棒球棍掉落,侯某秋捡起棒球棍挥打,击中雷某的头部,致其当场倒地。该会所员工报警,公安人员赶至现场,将沈某等人抓获,并将侯某秋、雷某送医救治。雷某经抢救无效,因严重颅脑损伤于6月24日死亡。侯某秋的损伤程度构成轻微伤。该会所另有2人被打致轻微伤。

公安机关以侯某秋涉嫌故意伤害罪,移送检察机关审查起诉。浙江省杭州市人民检察院根据审查认定的事实,依据《中华人民共和国刑法》(2011年修正)第20条第3款的规定,认为侯某秋的行为属于正当防卫,不负刑事责任,决定对侯某秋不起诉。

2. 涉案问题

对《刑法》(2011年修正)第20条第3款规定的"其他严重危及人身安全的暴力犯罪"如何理解?

3. 裁判理由

检察机关认为,本案中沈某、雷某等人的行为属于《刑法》第20条第3款规定的"其他严重危及人身安全的暴力犯罪",侯某秋对此采取防卫行为,造成不法侵害人之一雷某死亡,依法不属于防卫过当,侯某秋对此不负刑事责任。主要理由如下。

第一,沈某、雷某等人的行为属于"其他严重危及人身安全的暴力犯罪"。判断不法侵害行为是否属于《刑法》(2011年修正)第20条第3款规定的"其他"犯罪,应当以本款列举的杀人、抢劫、强奸、绑架为参照,通过比较暴力程度、危险程度和刑法给予惩罚的力度等综合作出判断。本案中沈某、雷某等人的行为,属于单方持械聚众斗殴,所构成犯罪的法定最低刑虽然不重,与一般伤害罪相同,但《刑法》(2011年修正)第292条同时规定,聚众斗殴,致人重伤、死亡的,依照《刑法》关于故意伤害致人重伤、故意杀人的规定定罪处罚。《刑法》作此规定表明,聚众斗殴行为常可造成他人重伤或者死亡,结合案件具体情况,可以判定聚众斗殴与故意致人伤亡的犯罪在暴力程度和危险程度上是一致的。在本案中,沈某、雷某等共5人聚众持棒球棍、匕首等杀伤力很大的工具进行斗殴,短时间内已经打伤3人,应当被认定为"其他严重危及人身安全的暴力犯罪"。

第二,侯某秋的行为具有防卫性质。侯某秋工作的养生会所与对方的足浴店,尽管存在生意竞争关系,但侯某秋一方没有斗殴的故意,本案打斗系对方挑起,打斗的地点也系在本方店内,所以双方攻击与防卫的关系清楚明了。沈某纠集雷某等人聚众斗殴属于正在进行的不法侵害,没有斗殴故意的侯某秋一方可以进行正当防卫,因此侯某秋的行为具有防卫性质。

第三，侯某秋的行为不属于防卫过当，侯某秋对此不负刑事责任。在本案中，沈某、雷某等人的共同侵害行为严重危及他人人身安全，侯某秋为保护自己和本店人员免受暴力侵害，而采取防卫行为，造成不法侵害人之一雷某死亡，依据《刑法》第 20 条第 3 款的规定，不属于防卫过当，侯某秋对此不负刑事责任。

4. 评析意见

《刑法》（2011 年修正）第 20 条第 3 款关于无过当防卫的规定，涉及对"其他严重危及人身安全的暴力犯罪"的正确理解问题。本案的要旨是：

单方聚众斗殴的，属于不法侵害，没有斗殴故意的一方可以进行正当防卫。单方持械聚众斗殴，对他人的人身安全造成严重危险的，应当被认定为《刑法》（2011 年修正）第 20 条第 3 款规定的"其他严重危及人身安全的暴力犯罪"。这一要旨，对于正确认定"其他严重危及人身安全的暴力犯罪"具有重要参考价值。

《刑法》（2011 年修正）第 20 条第 3 款关于无过当防卫的客体，采取了明文列举加兜底的规定方式。对于刑法明文列举的犯罪行为，在通常情况下不难理解。然而，对于"其他严重危及人身安全的暴力犯罪"这一兜底式规定如何理解，则容易产生意见分歧。本案中通过对单方聚众斗殴行为进行分析，表明对此可以适用无过当防卫。这为在司法实践中正确理解"其他严重危及人身安全的暴力犯罪"提供了参考。

《刑法》第 292 条规定了聚众斗殴罪，这里的聚众斗殴是指出于寻求精神刺激、填补精神空虚的流氓动机，聚集多人进行斗殴的行为。关于聚众斗殴的表现形式，在刑法理论上存在争议，主要反映在对双方聚众斗殴与单方聚众斗殴的争议。其中，主张双方聚众斗殴的观点认为，只有双方主观上均有斗殴故意并实施了互殴的行为，才可认定为聚众斗殴。而主张单方聚众斗殴的观点则认为：聚众斗殴并不要求斗殴双方同时构成犯罪，一方有斗殴故意并纠集三人以上进行斗殴的，就符合本罪的主、客观要件。即使对方没有互殴故意，对有斗殴故意的一方仍可以认定为聚众斗殴罪。我国司法实践采纳单方聚众斗殴的观点。例如，倪某刚等人聚众斗殴案的裁判理由就明确认为，单方有聚众斗殴故意的也可以构成聚众斗殴罪。[①]

本案就涉及对雷某、柴某等人的行为的定性问题。从案情来看，雷某、柴某等人纠集在一起，手持棒球棍、匕首赶至葛某的养生会所实施殴打等行为。该行为在某种意义上也可以说是一种"行凶"行为，但由于是纠集多人

---

① 陈兴良，张军，胡云腾主编．人民法院刑事指导案例裁判要旨通纂：下卷．2 版．北京：北京大学出版社，2013：1342．

实施这种聚众性的殴打行为，其已经不单纯是"行凶"，而具有聚众斗殴的性质。由于这种聚众斗殴是雷某、柴某等人单方实施的行为，侯某秋的反击行为具有防卫的性质，不能认为是与对方的斗殴行为。在这种情况下，侯某雨的行为是针对雷某、柴某等人的单方聚众斗殴行为的正当防卫。由于单方聚众斗殴是一种暴力犯罪，而《刑法》（2011年修正）第20条第3款并没有将这种暴力犯罪作为无过当防卫的客体加以明文列举，因而其属于"其他严重危及人身安全的暴力犯罪"。

深度研究

《刑法》（2020年修正）规定的无过当防卫，涉及无限防卫权的问题。在刑法理论上，关于防卫权是有限的还是无限的，存在争议。无限防卫权的思想曾经为启蒙学家所主张，其从个人权利神圣不可侵犯的理念出发，认为个人权利的行使只能以保证社会的其他成员享有同样权利为限制，除此以外，个人权利是无限的，任何人不得干预。这种理论导致了无限防卫权的思想，即对正当防卫的强度没有任何限制。而社会法学派以社会本位的法代替个人本位的法，反映在正当防卫的理论上，就是由过去以个人权利为基础阐发正当防卫的本质，发展到以社会利益为出发点阐发正当防卫的本质，主张立法上对正当防卫权实行一定的控制。我们认为，无限防卫权的思想片面强调个人权利，在逻辑上很难与私刑加以区分，并有将国家维护社会治安、保护公民自由的义务通过正当防卫转嫁给公民之嫌，在理论上殊不足取。正如有学者指出的："正当防卫本质上面临的问题是个人自卫权与法秩序国家垄断之间的矛盾。保护公民生活在一个安全的社会环境中，是国家的义务，也是用公民的税金维持一支往往是庞大的治安警察队伍的合理根据，国家的这一责任与义务不应该通过对正当防卫的道义化评价转嫁到每个公民自己的身上。"[1] 国家赋予公民以防卫权，是基于人的防卫本能，使刑法合乎情理。同时，防卫权之行使又能够制止犯罪，具有一定的社会功效。例如英国学者边沁甚至认为，公民在应该行使防卫权的时候，如果放弃行使，就会成为犯罪人的同谋。[2] 但如果过分强调个人防卫的社会功效，甚至将正当防卫当作维护社会秩序的一种手段，赋予公民以无限防卫权，就会导致因国家责任的放弃而滋生私刑。因此，防卫权不能是无限的，以免产生防卫权的滥用。正如任何权利都受一定的限制，防卫权也应当受到一定的限制。防卫权受限制的思想仍是基于以下两个理念：一是社会法益平衡，即在保护防卫人的个人权利的同时，

---

[1] 李海东. 刑法原理入门（犯罪论基础）. 北京：法律出版社，1998：80.
[2] 边沁. 立法理论——刑法典原理. 孙力，等译. 北京：中国人民公安大学出版社，1993：24.

还需考虑保护不法侵害人的合法权益，使两种法益得到平衡。唯有如此，才能维持社会秩序的稳定性。二是手段与目的相当，即防卫行为所构成之损害，不可超越正当防卫的必要限度，这一限度是制止不法侵害所必需的限度。

那么，如何看待《刑法》关于无过当防卫的立法规定呢？在《刑法》(2020年修正)规定了无过当防卫制度以后，有学者对此提出了批评，认为特别防卫权的立法化，不仅在立法上和司法中存在着弊端，而且因防卫权异化的不能完全避免，在一定程度上潜藏着破坏法治秩序的危险。[①] 这一批评不无道理。然而，无过当防卫的规定引起思考的还有另外一个问题，这就是立法与司法的分野，以及立法的限度问题。对于诸如正当防卫必要限度这样一些问题，在立法上只能作出盖然性规定，具体的裁量权由司法机关行使。在这个意义上说，在1997年《刑法》修订前，司法实践对于正当防卫案件在认定上出现偏差并非立法的责任，而是司法的问题，尤其与"严打"的刑事政策具有一定的关联性。但在1997年《刑法》修订时，立法机关试图通过立法解决这个问题。对此我国学者中亦有持肯定的观点者，认为无过当防卫之规定把原由司法机关自由裁量的问题，交由立法机关直接作出明确规定，显然对于公民大胆行使防卫权和司法机关处理案件都具有较强的可操作性，有利于贯彻正当防卫的立法主旨。[②] 这里其实涉及立法的限度问题。我们认为，立法总是针对一般情形的，因而具有抽象性；而司法是针对个别案件的，因而具有具体性。立法不应，也不能替代司法的判断。无过当之防卫的规定，虽然在强化公民防卫权方面有所得，但在防止防卫权滥用方面有所失。这里的得失平衡，不可能由立法来获得，而是应当通过司法活动来达致。

三、职务上的正当防卫

知识背景

职务上的正当防卫是指审判机关、检察机关、公安机关、国家安全机关和司法行政机关中依法执行职务的人员，在执行职务过程中实施的制止正在进行的不法侵害的行为。职务上的正当防卫并没有被规定在刑法中，而是被规定在最高人民法院、最高人民检察院、公安部、国家安全部、司法部1983年9月14日颁布的《关于人民警察执行职务中实行正当防卫的具体规定》(以下简称《具体规定》)之中。根据《具体规定》，职务上的正当防卫具有以下特征：

[①] 田宏杰. 刑法中的正当化行为. 北京：中国检察出版社，2004：264.
[②] 段立文. 对我国传统正当防卫观的反思——兼谈新刑法对正当防卫制度的修订完善. 法律科学，1998 (1).

（一）主体的特殊性

职务上的正当防卫区别于普通正当防卫的主要特征就在于主体：普通正当防卫对于防卫主体没有限制，所以公民都可以成为防卫主体。而职务上的正当防卫的主体限于审判机关、检察机关、公安机关、国家安全机关和司法行政机关中依法执行职务的人员。因此，职务上的正当防卫具有主体的特殊性。

（二）职务的关联性

职务上的正当防卫是一种与职务相关的正当防卫，因而是在履行职务的过程中实施的，并且与防卫人的职务具有密切关联性。审判机关、检察机关、公安机关、国家安全机关和司法行政机关中依法执行职务的人员如果不是在执行职务的过程中，而是在日常生活中面对正在进行的不法侵害，为保护本人、他人或者国家、公共利益，当然可以对不法侵害行为实施正当防卫，但这种正当防卫就不是职务上的正当防卫。因此。职务上的正当防卫具有职务的关联性。

（三）手段的专业性

职务上的正当防卫发生在执行职务的过程中，而人民警察等依法执行的职务具有专业特征，一般都涉及专门工具例如对枪支或者其他器械的使用。《人民警察法》和《人民警察使用武器和警械的规定》对于人民警察在执行职务中为制止正在进行的违法犯罪行为如何使用武器和其他警械作了专门规定，这些规定对于正确认定职务上的正当防卫具有重要指导意义。可见，职务上的正当防卫具有手段的专业性。

（四）起因的特定性

职务上的正当防卫是一种制止违法犯罪的职业行为，它所针对的是那些具有紧迫性的违法犯罪行为。对此，《具体规定》明确列举了下述七种情形：（1）暴力劫持或控制飞机、船舰、火车、电车、汽车等交通工具，危害公共安全时；（2）驾驶交通工具蓄意危害公共安全时；（3）正在实施纵火、爆炸、凶杀、抢劫以及其他严重危害公共安全、人身安全和财产安全的行为时；（4）人民警察保卫的特定对象、目标受到暴力侵袭或者有受到暴力侵袭的紧迫危险时；（5）执行收容、拘留、逮捕、审讯、押解人犯和追捕逃犯，遇有以暴力抗拒、抢夺武器、行凶等非常情况时；（6）聚众劫狱或看守所、拘役所、拘留所、监狱和劳改、劳教场所的被监管人员暴动、行凶、抢夺武器时；（7）人民警察遇到暴力侵袭，或佩戴的枪支、警械被抢夺时。可见，职务上的正当防卫具有起因的特定性。

规范依据

《刑法》（2020年修正）第20条第3款："对正在进行行凶、杀人、抢劫、强奸、绑架以及其他严重危及人身安全的暴力犯罪，采取防卫行为，造成不法侵害人伤亡的，不属于防卫过当，不负刑事责任。"

《具体规定》："《中华人民共和国刑法》第十七条关于对不法侵害采取正当防卫行为的规定，适用于全体公民。鉴于人民警察是武装性质的国家治安行政力量，在打击和制止犯罪、维护社会治安、保护公共利益和公民合法权益、保卫国家政权和社会主义现代化建设方面，负有特定责任，现对人民警察执行任务中实行正当防卫问题，作如下具体规定。""一、遇有下列情形之一，人民警察必须采取正当防卫行为，使正在进行不法侵害行为的人丧失侵害能力或者中止侵害行为：（一）暴力劫持或控制飞机、船舰、火车、电车、汽车等交通工具，危害公共安全时；（二）驾驶交通工具蓄意危害公共安全时；（三）正在实施纵火、爆炸、凶杀、抢劫以及其他严重危害公共安全、人身安全和财产安全的行为时；（四）人民警察保卫的特定对象、目标受到暴力侵袭或者有受到暴力侵袭的紧迫危险时；（五）执行收容、拘留、逮捕、审讯、押解人犯和追捕逃犯，遇有以暴力抗拒、抢夺武器、行凶等非常情况时；（六）聚众劫狱或看守所、拘役所、拘留所、监狱和劳改、劳教场所的被监管人员暴动、行凶、抢夺武器时；（七）人民警察遇到暴力侵袭，或佩带的枪支、警械被抢夺时。""二、人民警察执行职务中实行正当防卫，可以按照1980年7月5日国务院批准的《人民警察使用武器和警械的规定》，使用警械直至开枪射击。""三、遇有下列情形之一时，应当停止防卫行为：（一）不法侵害行为已经结束；（二）不法侵害行为确已自动中止；（三）不法侵害人已经被制服，或者已经丧失侵害能力。""四、人民警察在必须实行正当防卫行为的时候，放弃职守，致使公共财产、国家和人民利益遭受严重损失的，依法追究刑事责任；后果轻微的，由主管部门酌情给予行政处分。""五、人民警察采取的正当防卫行为，不负刑事责任。防卫超过必要限度造成不应有的危害的，应当负刑事责任，但是应当酌情减轻或者免除处罚。""六、人民警察在使用武器或其他警械实施防卫时，必须注意避免伤害其他人。""七、本规定也适用于国家审判机关、检察机关、公安机关、国家安全机关和司法行政机关其他依法执行职务的人员。"

案例评价

[案例 5-16] 张某故意杀人案（职务上的正当防卫）

1. 基本案情

2009 年 12 月，郭某华侄子郭某松托人携带礼品向女青年余某静求婚，被余某静拒绝。后经协商，由当时与余某静谈恋爱的代某的父母赔偿郭某松家 1 360 元。2010 年 1 月 12 日 16 时许，郭某华、郭某文酒后在关岭县坡贡镇街

第五章　违法阻却事由　　·423·

上与代某忠、代某良、代某相遇，双方因赔偿之事发生争执并抓打。16 时 15 分，坡贡镇派出所值班协警王某胜接到报警电话称，有人在坡贡镇粮管所门口打架，要求出警。王某胜遂向坡贡镇派出所主持工作的副所长张某报告。张某随即带领王某胜驾驶警车赶到现场，见郭某文、郭某华与代某忠、代某良正在抓打。张某、王某胜上前制止，郭某华、郭某文不听劝阻，反而过来抓打张某、王某胜。张某将郭某文推倒在地，郭某文捡起砖头准备击打张某，张某见状掏出佩带的六四式手枪进行警告，郭某文被迫扔掉砖头。此时，郭某华也被王某胜制服。随后张某、王某胜带着冲突双方郭某华、郭某文和代某忠、代某良准备回派出所调查处理。一行人走到坡贡镇政府岔路口时遇到醉酒的郭某志。郭某志得知与代家发生打斗的情况后欲上前殴打代某忠，被张某、王某胜阻止。郭某华和郭某志即上前抓打张某，将张某推到街道边沟里。张某从边沟里起来后，面对郭某志、郭某华的抓扯往后退让，同时掏出手枪朝天鸣枪示警。郭某志、郭某华继续向张某扑去，张某边退边再次朝天鸣枪示警。张某在郭某志上前抓扯的过程中击发第三枪，击中郭某志的右大腿。接着，张某挣脱郭某志继续抓扯时击发第四枪，击中郭某华左面部，郭某华倒地死亡。郭某志见状再次扑向张某，张某击发第五枪，击中郭某志的左额颞部，郭某志倒地死亡。经法医鉴定，死者郭某华、郭某志案发当日醉酒，二人均系枪弹伤致严重颅脑贯通伤死亡。

案发后，张某用手机分别向关岭县公安局、坡贡镇负责人报告此事，并在现场等候处理。公安机关调查期间张某如实供述了犯罪事实。在羁押期间，张某检举揭发同监室犯罪嫌疑人盗窃摩托车的犯罪事实，使公安机关得以侦破系列盗窃案。

法院经审理认为：在本案中，张某接警、出警是依法执行公务的行为。张某在执行公务过程中遭受郭某志、郭某华的不法侵害，在鸣枪示警后，郭某志、郭某华仍未停止对其实施侵害。郭某志、郭某华的行为属暴力袭警行为，张某为制止不法侵害开枪射击具有防卫性质。从本案具体案情看，张某前往现场处置的是一起普通治安案件，现场多名目击证人均证实张某是在被害人与其推搡、拉扯过程中开枪射击被害人头部的，没有听到二郭说过要缴张某的枪或看到二郭当时正在抢枪。现场勘查笔录、尸检报告所载及证人证言证实，被害人郭某华中枪倒地时右手还握着一只手套。从这一细节看，认定郭某华当时在抢张某手枪的行为难以成立。《中华人民共和国人民警察使用警械和武器条例》第 9 条规定，人民警察判明有"以暴力方法抗拒或者阻碍人民警察依法履行职责或暴力袭击人民警察，危及人民警察生命安全"的暴力犯罪行为，经警告无效，可以使用武器。《中华人民共和国刑法》（2009 年修正）第 20 条第 3 款规定，"对正在进行行凶、杀人、抢劫、强奸、绑架以及其他严重危及人身安全的暴力犯罪,采取防卫行为,造成不法侵害人伤亡的,不属于防卫过当,不负刑事责任"。但适用上列规定的前提必须是存在危及人民警察生命安全或严重危及公民人身安全的暴力犯罪。对"行凶"行为需要区分暴力侵害的严重程度,"行凶"不应该是一般的拳脚相加之类的暴力侵害,对一些充其量只能造成轻伤害的轻微暴力侵害,不能适用特殊防卫。故张某对于未危及其生命安全,赤手空拳与其推搡、抓扯的被害人,不能适用特殊防卫,其朝二郭头部开枪打死二郭属防卫过当。张某作为一个从警多年、受过多次警务培训的公安干警,对于持枪射击被害人头部的行为会造成严重后果应当明知,其主观心态既不属于疏忽大意的过失,也不属于过于自信的过失。其行为应被定性为防卫过当的故意杀人,应判处有期徒刑8年。

2. 涉案问题

如何认定人民警察在执行职务中的正当防卫以及防卫过当?

3. 裁判理由

本案的审理法院认为:被告人张某在依法出警过程中,遭到被害人郭某志、郭某华暴力阻挠和攻击时,经鸣枪示警无效后,予以开枪射击。其行为符合《具体规定》第1条第7项规定的"人民警察遭到暴力侵袭"的情形,具有防卫性质。但张某在二被害人对其徒手抓扯并未危及其生命安全的情况下,持枪近距离射击二被害人的要害部位,造成二被害人当场死亡的严重结果,其防卫明显超过必要限度,造成重大损害,系防卫过当。其行为构成故意杀人罪,其依法应当负刑事责任。对被告人张某及其辩护人所提张某系正当防卫、不应承担刑事责任的辩解及辩护意见,本院不予采纳。公诉机关指控罪名成立,本院予以确认。被告人张某犯故意杀人罪,应当依照《刑法》(2009年修正)第232条之规定:"故意杀人的,处死刑、无期徒刑或者十年以上有期徒刑;情节较轻的,处三年以上十年以下有期徒刑。"被告人张某系防卫过当,应当依照《刑法》(2009年修正)第20条第2款、第63条之规定:"正当防卫明显超过必要限度造成重大损害的,应当负刑事责任,但是应当减轻或者免除处罚","犯罪分子具有本法规定的减轻处罚情节的,应当在法定刑以下判处刑罚"。被告人张某系自首,应当依照《刑法》(2009年修正)第67条第1款中之规定:"对于自首的犯罪分子,可以从轻或者减轻处罚。"被告人张某具有立功表现,应当依照《刑法》(2009年修正)第68条第1款中之规定:"犯罪分子有揭发他人犯罪行为,查证属实的,或者提供重要线索,从而得以侦破其他案件等立功表现的,可以从轻或者减轻处罚。"据此,根据被告人张某犯罪的事实、犯罪的性质和情节、对社会的危害程度,依照《刑法》(2009年修正)第232条、第20条第2款、第63条、第67条第1款和第68条第1款之规定,判决被告人张某犯故意杀人罪,判处有期徒刑8年。

4. 评析意见

张某系一名警察，2010年1月12日在出警处置治安案件过程中，受到一个治安案件当事人与另外一个当事人的亲属的袭击，在鸣枪示警未能阻止的情况下，持枪将该二人击毙。本案发生以后，引起了公众的广泛关注，社会观感也反映不一：既有对民警当众持枪杀人表示愤慨，要求严惩凶手以儆效尤的，也有对袭警行为加以谴责，要求将袭警行为犯罪化以保障执法民警的人身安全的。如此等等，不一而足。确实，本案从一个侧面反映了当时我国警民关系的紧张，也提出了如何约束警察权的行使、避免警察权的滥用课题。当然，这些都是案外需要思考的问题。现在法院所面临的问题是：对本案在刑法上如何定罪处罚？应该说，本案不仅是一个具有政治敏感性的案件，而且是一个法律上的疑难案件。在对张某定罪量刑的过程中，涉及事实认定、法律定性和刑罚裁量这三个方面的问题。可以说，本案的一审判决以事实为根据，以法律为准绳，对以上问题都能够严格依法处理，使本案处理的法律效果与社会效果得到统一：既惩罚了违法使用枪支的民警，告慰了两名死者，又确认了本案所具有的职务正当防卫的前提，以防卫过当构成故意杀人罪对张某定罪处罚，做到了罚当其罪、罪刑相当。

（1）事实认定。

在本案的认定中，涉及的是事实认定问题，即：两名死者在被枪击之前，是否有袭警行为？这种袭警行为是否构成抢夺枪支？对上述两个事实问题的认定，直接关系到对本案的定性。如果在本案中根本就不存在袭警行为，被告人张某在没有任何使用枪支的事实前提的情况下将两名死者击毙，那么，被告人张某的行为就是一种枪杀无辜的行为。这将是一种十分严重的杀人犯罪行为，应当受到法律的严惩。反之，如果两名死者存在袭警行为，而且袭警行为构成了抢夺枪支，那么，被告人张某的行为属于依法使用枪支。击毙两名死者的行为不仅不构成犯罪，而且是职务上的正当防卫行为，应当受到表彰。由此可见，本案事实的认定对于被告人张某之行为的定性至关重要。一审判决根据在场群众的证人证言、被告人张某的供述、鉴定结论等证据，客观地还原了案发当时的场景，为本案的定性提供了事实根据。

根据一审判决的认定，在案发时确实存在死者的袭警行为："郭某华和郭某志即上前抓打张某，将张某推到街道边沟里。张某从边沟里起来后，面对郭某志、郭某华的抓扯往后退让，同时掏出手枪朝天鸣枪示警。郭某志、郭某华继续向张某扑去，张某边退边再次朝天鸣枪示警。"在以上两名死者中，郭某华系治安案件的当事人，在一开始就与另一治安案件当事人郭某文对张某及协警王某胜欲带他们到派出所处理的执法行为进行过反抗，被张某与王某胜制服。此后，在张某带他们到派出所的途中，遇见另一名死者郭某志，郭某志上前欲打对方当事人，在张某与王某胜予以制止时发生冲突，并对张某进行袭击。这一袭击行为具有袭警的性质，是对张某作为警察执行职务活动的非法干预。在这种情况下，张某鸣枪示警，完全是一种合法处置行为。因此，可以排除张某在没有任何使用枪支的事实前提的情况下将两名死者击毙的可能性。一审判决对于两名死者袭警行为的认定是具有事实根据的。

同时，一审判决也否定了两名死者的行为构成抢夺枪支，指出："从本案具体案情看，张某前往现场处置的是一起普通治安案件，现场多名目击证人均证实张某是在被害人与其推搡、拉扯过程中开枪射击被害人头部的，没有听到二郭说过要缴张某的枪或看到二郭当时正在抢枪。现场勘查笔录、尸检报告所载及证人证言证实，被害人郭某华中枪倒地时右手还握着一只手套。从这一细节看，认定郭某华当时在抢张某手枪的行为难以成立。"应该说，这一认定是具有事实根据的。在本案中，张某供述其是在两名死者抢枪的情况下开枪将两名死者击毙的。但一审判决并未听信这一供述，而是根据在场群众的证言和死者的状况，否定了两名死者抢枪的被告人张某供述，为本案的定性奠定了扎实的事实基础。

(2) 法律定性。

张某在出警过程中使用枪支，对其行为的法律评价涉及《中华人民共和国人民警察使用警械和武器条例》（以下简称《警察使用警械和武器条例》）的规定。根据《警察使用警械和武器条例》的规定，警察使用枪支的条件其实可以分为程序性条件与实体性条件。这里的程序性条件是指对于使用枪支在程序上的要求，例如《警察使用警械和武器条例》第9条对于使用武器就规定了警告程序，包括鸣枪示警。当然，《警察使用警械和武器条例》第9条也规定了另外的情形，即在来不及警告或者警告后可能导致更为严重危害后果的情况下，可以直接使用武器。在本案中，张某在对死者开枪之前进行了鸣枪示警，这是符合使用武器的程序要求的，应当予以确认。实体性条件是指对于使用枪支在实体上的要求。对此，《警察使用警械和武器条例》第9条规定了15种可以使用武器的情形，这是对使用武器的积极条件的规定。此外，《警察使用警械和武器条例》第10条还规定了两种不得使用武器的情形，这是对使用武器的消极条件的规定。从本案的情况来看，张某在出警当中面临袭警行为，属于《警察使用警械和武器条例》第9条第10项规定的"以暴力方法抗拒或者阻碍人民警察依法履行职责或者暴力袭击人民警察，危及人民警察生命安全"的情形，可以使用武器。因此，张某使用武器本身是具有正当性与合法性的。但是，《警察使用警械和武器条例》第4条还对使用武器的限度作了明文规定，即"人民警察使用警械和武器，应当以制止违法犯罪行为，尽量减少人员伤亡、财产损失为原则"。根据这一规定，即使是在符合使用武器的条件的情况下,也应当受到程度上的严格限制,避免武器的滥用。《警察使用警械和武器条例》第14条还对超过限度使用武器的法律后果作了规定:"人民警察违法使用警械、武器,造成不应有的人员伤亡、财产损失,构成犯罪的,依法追究刑事责任。"在本案中,张某虽然具备使用枪支的条件,但显然超过了限度,属于过度使用武器的情形。在张某所射击的五枪中,前两枪是鸣枪示警,第三枪击中郭某志的右大腿,尚符合限度条件;但第四枪近距离击中郭某华的左面部,第五枪击中郭某志的左额颞部,致使上述二人死亡,属于滥用枪支,造成了不应有的死亡,应当依法追究其刑事责任。

在对张某追究刑事责任的时候,首先应当确认张某存在防卫前提,因为《具体规定》规定,人民警察遇到暴力侵袭,可以对不法侵害人实行正当防卫。这种正当防卫就是职务正当防卫,它是一种较为特殊的正当防卫。但即使是职务正当防卫,也应当遵循不能超出必要限度的规定。值得注意的是,一审判决排除了本案属于无过当之防卫即特殊防卫的可能性。根据《刑法》(2009年修正)第20条第3款的规定,只有对正在进行的行凶、杀人、抢劫、强奸、绑架以及其他严重危及人身安全的暴力犯罪实行正当防卫,才不受防卫限度的限制。在本案中,张某面对的袭警行为,主要是推搡、抓扯等肢体性的轻微暴力,尚没有达到严重危及人身安全的程度,因此,一审判决认为不能适用特殊防卫。这是完全正确的。不法侵害的程度较为轻微,张某却对两名死者近距离开枪,击中要害部位致其死亡。该行为明显超过了正当防卫的必要限度,对张某按照正当防卫过当追究刑事责任是合乎法律规定的。

在对张某进行刑事责任追究的时候,还涉及如何认定罪名的问题。对此也是有争议的。第一种观点认为,张某的行为是一种滥用职权的行为,应以滥用职权罪定罪。第二种观点认为,张某的行为属于过失致人死亡,应当以过失致人死亡罪定罪。而第三种观点认为张某的行为属于故意杀人,应以故意杀人罪定罪。在以上三种观点中,滥用职权罪属于渎职罪,张某滥用枪支的行为当然具有滥用职权的性质,但并非对国家机关工作人员的滥用职权行为都定滥用职权罪,《刑法》(2009年修正)第397条第2款后半段明确规定:"本法另有规定的,依照规定。"也就是说,国家机关工作人员的滥用职权行为如果符合其他规定构成犯罪的,应当优先适用其他规定定罪。据此,可以排除滥用职权罪。那么,对张某的行为是定过失致人死亡罪还是定故意杀人罪呢?这两个罪名都属于杀人罪,只不过在主观上有过失与故意之分。就防卫过当构成犯罪的罪过形式而已,是根据实施过当行为的主观心理状态认定其罪过形式,还是根据对防卫限度的主观心理状态认定其罪过形式?对此,在刑法理论上存在争论。但在我国司法实践中,一般都是根据实施过当行为的主观心理状态认定罪过形式。本案的一审判决认定:"张某作为一个从警多年、受过多次警务培训的公安干警,对持枪射击被害人头部的行为会造成的严重后果应当明知,其主观心态既不属于疏忽大意的过失,也不属于过于自信的过失。其行为应被定性为防卫过当的故意杀人。"笔者认为,这一关于防卫过当的罪名认定是具有充分的事实根据与法律根据的,符合本案的实际情况。

(3) 刑罚裁量。

在对张某进行量刑的时候,应当同时考虑《刑法》(2009年修正)第232条关于故意杀人罪的法定刑和第20条第2款关于防卫过当的处罚原则。《刑法》(2009年修正)第232条规定,故意杀人的,处死刑、无期徒刑、10年以上有期徒刑;情节较轻的,处3年以上10年以下有期徒刑。就张某的故意杀人行为本身而言,杀死两人,显然不属于情节较轻的情形,应当在10年有期徒刑以上裁量刑罚。但根据《刑法》(2009年修正)第20条第2款的规定,对于防卫过当的,应当减轻处罚或者免除处罚。这里的应当,是指必须。这是一种强制性规定,司法机关在量刑时必须遵守这一规定。对于本案,考虑到张某杀死了二人,显然不能免除处罚,而是应当减轻处罚。这里的"减轻处罚",是指应当在3年以上10年以下这个法定刑幅度内量刑。最终,一审判决根据张某犯罪的起因、情节、后果以及犯罪后的自首及立功表现,判处张某有期徒刑8年。笔者认为是罚当其罪的。

随着一审判决宣判,本案的一审程序结束了。本案警示人民警察在执行职务中,即使遇到袭警等不法侵害,也应当冷静处置,依法履行职务,不得滥用武器,造成不应有的死亡后果,否则将承担刑事责任。本案的处理,反映了人民法院严格依法办案,既保护被害人的合法权益,也实事求是地对被告人定罪量刑,体现了司法公正,对于此后处理同类型案件具有重要的启示。

深度研究

职务上的正当防卫是指在执行职务过程中实施的正当防卫行为,在其他国家刑法理论中一般都将它界定为执行职务的行为而不是归之于正当防卫。这一点,是我国刑法和其他国家刑法的主要区别之所在。在其他国家,违法阻却事由可以分为法定的违法阻却事由和非法定的违法阻却事由这两类。正当防卫和紧急避险一般都是法定的违法阻却事由,而执行职务的行为在有些国家的刑法中有规定,因而也是法定的违法阻却事由;在有些国家的刑法中没有规定,属于非法定的违法阻却事由。例如,《日本刑法典》第35条规定:"基于法令或者正当业务的行为,不处罚。"这里的法令行为,是直接基于成文的法律、命令的规定,作为权利或者义务所实施的行为。[①] 而法令行为又可

---

① 大塚仁. 刑法概说(总论):第3版. 冯军,译. 北京:中国人民大学出版社,2003:401.

以进一步区分为以下三种：第一种是职权（职务）行为，第二种是从政策理由排除违法性的行为，第三种是由法令引人注意地明示了违法性的行为。上述第一种就是我们所称的执行职务的行为。因此，在日本，执行职务的行为属于法定的违法阻却事由。而《德国刑法典》对执行职务的行为并无规定，但在德国刑法教义学中，公务员的职权行为被合法化了。德国学者指出："在许多法律中，行使国家强制手段被作为执行不同公务行为的最后手段加以规定。国家机关基于这样的职权并在该职权范围内，满足刑法的构成要件的行为是合法的（例如，故意杀人、伤害、剥夺自由、强制、侵入他人住宅、拆开信笺、破坏财物）。"[①] 由此可见，在德国刑法中，执行职务的行为属于非法定的违法阻却事由。我国1979年《刑法》，对于执行职务的行为并没有规定。及至1983年以司法解释的形式颁布《具体规定》，为职务上的正当防卫认定提供了规范根据，但这不是刑法规定。在1997年《刑法》修订过程中，对于是否在刑法中规定职务上的正当防卫存在争议。在刑法修订时有观点认为，对于人民警察依法执行职务的行为，1983年9月最高人民法院等五单位联合发布的《具体规定》中有过类似规定，但其中所列必须采取正当防卫的情形，大多属于人民警察依法执行职务的行为，与正当防卫行为有所不同。为了加强对人民警察依法执行职务行为的保护力度，避免将这类行为与正当防卫行为混同，《刑法修订草案》曾两次设专条作了规定。八届全国人大五次会议经审议，认为，"人民警察依法执行职务，受法律保护"在"人民警察法"中有明确规定。对于人民警察在执行职务中，在什么情况下依法使用警械、武器不承担责任，违法使用警械、武器要承担责任，《人民警察法》和《人民警察使用警械和武器条例》也都已有规定，这个问题可以不在刑法中另作规定，因而删去了草案提出的这一条规定。[②] 由此可见，立法机关倾向于认为人民警察依法使用警械和武器制止正在进行的违法犯罪行为为执行职务的行为而不是正当防卫。但对此在《刑法》中没有规定，而《人民警察法》等的规定只是对职务行为的实体和程序的规定，并没有涉及对该行为的定性。并且，1983年颁布的《具体规定》没有废止，仍然有效。因此，我国《刑法》中的人民警察执行职务的行为仍然属于正当防卫的范畴。当然，考虑到职务上的正当防卫具有其特殊性，在具体认定的时候，还要参照其他的法律或者法规。例如，涉及使用枪支的正当防卫时，就需要参照有关人民警察使用枪支的相关规定，只有这样才能正确地认定职务上的正当防卫。

---

① 汉斯·海因里希·耶赛克，托马斯·魏根特．德国刑法教科书：上．徐久生，译．北京：中国法制出版社，2006：528.

② 周道鸾，等．刑法的修改与适用．北京：人民法院出版社，1997：80～81.

第二节　紧急避险

一、紧急避险的构成

知识背景

根据《刑法》(2020年修正)第21条第1款的规定,紧急避险是指在法律所保护的权益遇到危险而不可能采用其他措施加以避免时,不得已而采用的损害另一个较小的权益以保护较大的权益免遭损害的行为。《刑法》规定,紧急避险行为人不负刑事责任。紧急避险行为人之所以不负刑事责任,是因为:从主观上看,实行紧急避险,是为了使国家、公共利益、本人或者他人的人身、财产和其他权利免受正在发生的危险。从客观上看,它是在处于紧急危险的状态下,不得已采取的以损害较小的合法权益来保全较大的合法权益的行为。因此,紧急避险行为不具备犯罪构成,不负刑事责任。在我们社会主义国家,国家利益、公共利益和个人利益在根本上是一致的,因此,公民在法律所保护的权益遇到危险时,有权损害较小的权益以保护较大的权益,从而使合法权益可能遭受的损失减少至最低限度。所以,紧急避险对于保护国家利益、公共利益和其他合法权利具有重大的意义。

紧急避险是采用损害一种合法权益的方法来保全另一种合法权益,因此,必须符合法定条件,才能排除其社会危害性,使之真正成为对社会有利的行为。这些条件包括以下几项。

(一)避险意图

避险意图是紧急避险构成的主观条件,是指行为人实行紧急避险的目的在于使国家、公共利益、本人或者他人的人身、财产和其他权利免受正在发生的危险。因此,行为人实行紧急避险,必须是为了保护合法利益。为了保护非法利益,不允许实行紧急避险。例如,脱逃犯为了逃避公安人员的追捕而侵入他人的住宅,不能被认为是紧急避险,其仍应负非法侵入他人住宅的刑事责任。

(二)避险起因

避险起因是指只有存在着对国家、公共利益、本人或者他人的人身、财产和其他权利的危险,才能实行紧急避险。不存在一定的危险,也就无所谓避险。一般来说,造成危险的原因有以下这些:一是人的行为,而且必须是危害社会的违法行为。前面已经说过,对于合法行为,不能实行紧急避险。

二是自然界的力量，例如火灾、洪水、狂风、大浪、山崩、地震等等。三是动物的侵袭，例如牛马践踏、猛兽追扑等。在以上原因对国家、公共利益和其他合法权利造成危险的情况下，可以实行紧急避险。

如果实际并不存在着危险，由于对事实的认识错误，行为人善意地误认为存在这种危险，因而实行了所谓紧急避险的，在刑法理论上称为假想避险。假想避险的责任，适用对事实认识错误的解决原则。

（三）避险客体

紧急避险是采取损害一种合法权益的方法来保全另一种合法权益，因此，紧急避险所损害的客体是第三者的合法权益。明确这一点，对于区分紧急避险和正当防卫具有重大的意义。在行为人的不法侵害造成对国家、公共利益和其他合法权利的危险的情况下，如果通过损害不法侵害人的利益的方法来保护合法权益，那就是正当防卫；如果通过损害第三者的合法权益的方法来保护合法权益，那就是紧急避险。损害的对象不同，是紧急避险与正当防卫的重要区别之一。当然，在某些特殊情况下，危险来自他人，但非出自他人的行为或者其行为缺乏违法性，则存在所谓防御性紧急避险，其避险客体可以是产生危险的人。

（四）避险时间

紧急避险的时间条件，是指正在发生的危险必须是迫在眉睫的，对国家、公共利益和其他合法权利已直接构成了威胁。对于尚未到来或已经过去的危险，都不能实行紧急避险，否则就是避险不适时。例如，海上大风已过，已经不存在对航行的威胁，船长这时还命令把货物扔下海去，就是避险不适时。船长对于由此而造成的重大损害，应负刑事责任。

（五）避险可行性

紧急避险的可行性条件，是指只有在不得已即没有其他方法可以避免危险时，才允许实行紧急避险。这也是紧急避险和正当防卫的重要区别之一。因为紧急避险是通过损害一个合法权益来保全另一合法权益，所以对于紧急避险的可行性不能不加以严格限制。只有当紧急避险成为唯一可以免遭危险的方法时，才允许实行。

《刑法》（2020年修正）第21条第3款规定：第1款中关于避免本人危险的规定，不适用于职务上、业务上负有特定责任的人。这是因为在发生紧急危险的情况下，这些负有特定责任的人应积极参加抢险救灾，履行其特定义务，而不允许他们以紧急避险为由临阵脱逃、玩忽职守。

（六）避险限度

紧急避险的限度条件，是指紧急避险行为不能超过其必要限度，造成不应有的损害。那么，以什么标准来衡量紧急避险是否超过必要限度，造成不应有的损害呢？对此，法律没有明文规定。我们认为，其标准是：紧急避险行为所引起的损害应小于所避免的损害。紧急避险行为所引起的损害之所以应小于所避免的损害，原因就在于紧急避险所保护的权益同避险所损害的第三者的权益两者都是受法律保护的，只有在两利保其大、两弊取其小的场合，紧急避险才是对社会有利的合法行为。那么，在司法实践中如何衡量权益的大小呢？我们认为，在衡量权益的大小时，应该明确以下几点：首先，在一般情况下，人身权利大于财产权利，所以，通常不允许牺牲他人的生命来保全本人的财产，即使这种财产的价值再大。其次，在人身权利中，生命权是最高的权利，通常不容许为了保护一个人的健康而牺牲另一个人的生命，更不容许牺牲别人的生命来保全自己的生命。最后，在财产权益中，应该以财产的价格进行比较，通常不容许为了保护一个较小的财产权益而牺牲另一个较大的财产权益，尤其不允许牺牲较大的国家、公共利益以保全本人较小的财产权益。

现实生活中，往往存在紧急避险行为所引起的损害与所避免的损害相等的情形，例如，以牺牲他人生命的方式保全本人的生命。对于这种情形如何处理？在德国刑法中，紧急避险分为两种：一是阻却违法的紧急避险，二是阻却责任的紧急避险。其中，紧急避险行为所引起的损害小于所避免的损害的，属于阻却违法的紧急避险；紧急避险所引起的损害与所避免的损害相等的，属于阻却责任的紧急避险。我国刑法对此未作规定。我们认为，可以将紧急避险行为所引起的损害与所避免的损害相等的情形视为避险过当，如果属于犯罪情节显著轻微、危害不大的，可不以犯罪论处。

规范依据

《刑法》（2020年修正）第21条："为了使国家、公共利益、本人或者他人的人身、财产和其他权利免受正在发生的危险，不得已采取的紧急避险行为，造成损害的，不负刑事责任。""紧急避险超过必要限度造成不应有的损害的，应当负刑事责任，但是应当减轻或者免除处罚。""第一款中关于避免本人危险的规定，不适用于职务上、业务上负有特定责任的人。"

案例评价

[案例5-17] 王某兴破坏交通设施案①（紧急避险）

1. 基本案情

位于重庆市江北区五宝镇段长江红花碛水域的"红花碛2号"航标船，

---

① 最高人民法院刑事审判第一、二庭. 刑事审判参考：总第38集. 北京：法律出版社，2004：82~87.

标示出了该处的水下深度和暗礁的概貌及船只航行的侧面界限，系国家交通部门为保障过往船只安全而设置的交通设施。2003年7月28日16时许，王某兴驾驶机动渔船至该航标附近时，见本村渔民王某云等人从渔船上撒网致使"网爬子"（浮于水面的网上浮标）挂住了固定该航标船的钢缆绳，即驾船前往帮助摘取。当王某兴驾驶的渔船靠近航标船时，其渔船的螺旋桨被该航标船的钢缆绳缠住。王某兴为使渔船及本人摆脱困境，持刀砍钢缆绳未果，又登上该航标船将钢缆绳解开后驾船驶离现场，致使脱离钢缆绳的"红花碛2号"航标船顺江漂流至下游两公里的锦滩回水沱。17时许，重庆航道局木洞航标站接到群众报案后，巡查到漂流的航标船，并于当日18时许将航标船复位，造成直接经济损失人民币1 555.50元。

重庆市江北区人民法院经审理认为：被告人王某兴为自身利益，竟不顾公共航行安全，故意破坏交通设施航标船，致其漂离原定位置。其行为已构成破坏交通设施罪。公诉机关指控的罪名成立。鉴于被告人认罪态度较好，未造成严重后果，可从轻处罚。遂依照《中华人民共和国刑法》（2002年修正）第117条的规定，判决如下：被告人王某兴犯破坏交通设施罪，判处有期徒刑3年。

一审宣判后，被告人王某兴不服，以其行为属紧急避险、不负刑事责任为由，提起上诉。其辩护人亦提出相同的辩护意见。

重庆市第一中级人民法院经审理认为：原判认定事实清楚，审判程序合法。鉴于本案未发生严重后果，上诉人王某兴认罪态度较好，对其适用缓刑不致危害社会，可适用缓刑。遂依照《中华人民共和国刑事诉讼法》（1996年）第189条第1项和《中华人民共和国刑法》（2002年修正）第117条、第72条、第73条的规定，于2004年4月1日判决如下：上诉人王某兴犯破坏交通设施罪，判处有期徒刑3年，缓刑3年。

2. 涉案问题

紧急避险如何认定？

3. 裁判理由

重庆市第一中级人民法院认为：上诉人王某兴驾驶的机动渔船上除王某兴以外还有其妻子胡某及帮工王某仁，王某兴是在渔船存在翻沉危险的情况下，才解开航标船的钢缆绳。上诉人王某兴在其渔船存在翻沉的现实危险下，不得已解开航标船的钢缆绳来保护其与他人人身及渔船财产的行为，虽系紧急避险，但在危险消除后，明知航标船漂离会造成船舶发生倾覆、毁坏危险，应负有采取相应积极救济措施消除危险状态的义务，王某兴能够履行该义务而未履行，属不作为。其行为构成了破坏交通设施罪，应负刑事责任。

4. 评析意见

在本案中，对王某兴解开航标船钢缆绳的行为如何定性，首先涉及其行为是否构成紧急避险的问题。一审法院径直把王某兴解开航标船钢缆绳的行为定性为破坏交通设施的行为，二审法院则认为王某兴解开航标船钢缆绳的行为本身是一种紧急避险的行为。由此可见，上、下级法院之间对该行为的定性是有所不同的。关于王某兴解开航标船钢缆绳的行为是否属于紧急避险，我们还是应当根据紧急避险的要件加以把握：第一，在本案中是否存在正在发生的危险。从案情来看，这种危险是客观存在的。王某兴与其妻及帮工王某仁驾驶渔船前往帮助同村渔民王某云等人时，其渔船的螺旋桨被航标船的钢缆绳缠住，造成其渔船失去动力。这是一种现实的且正在发生的危险，对王某兴等人的生命、财产安全造成了重大的危险，因为当时正是长江流域的涨水季节，水流湍急，失去动力的渔船存在倾覆的危险。第二，是否具有避险的意图。在本案中，王某兴是在渔船存在翻沉的危险的情况下，为了保护渔船上的人身安全及渔船，而解开航标船钢缆绳，而不是恶意地破坏交通设施，因此，王某兴主观上存在避险意图。第三，解开航标船钢缆绳是否属于迫不得已。不得已也是紧急避险的一个重要条件，如果尽管存在现实发生的危险，但可以通过其他方法避免这种危险，那就不能采取紧急避险措施。但在本案中，王某兴渔船的螺旋桨被航标船的钢缆绳缠住，只有解开航标船钢缆绳才能避免渔船翻沉，具有不得已性。第四，是否符合紧急避险的限度要件。在一般情况下，紧急避险要求所保护的权益大于所牺牲的权益。在本案中，王某兴解开航标船钢缆绳的行为保护的是渔船上的人的人身安全和渔船本身的安全。但解开航标船钢缆绳后，若航标船流失，这会造成其他过往船舶在通过该航段流域时发生倾覆、触礁等，危及人身及财产安全，也可能使合法权益遭受重大的损害。但是，这两种危险在性质上是有所区别的：对于王某兴来说，这种危险是现实的、立即可能发生的，而其他船舶的危险只是一种可能性，将受损害的权益是期待权益不是现实权益。在本案中，从航标船流失至复位期间，未发生其他过往船舶在通过该流域时倾覆、触礁等严重后果，所损失的现实权益仅是为使航标船复位及正常工作所花费的1 500余元费用，这与王某兴等人的生命权益相比要小得多。因此，本案中王某兴解开航标船钢缆绳的行为完全符合紧急避险的要件，应以紧急避险论处。

深度研究

本案是一个较为复杂的案件，其中不仅涉及紧急避险的认定问题，而且涉及不作为犯的认定问题。在本案中，一审法院与二审法院都认定王某兴的行为构成了破坏交通设施罪，其结论是完全相同的，但各自的认定根据及理由却是根本不同的。一审法院直接将王某兴解开航标船钢缆绳的行为认定为破坏交通设施罪，而没有认识到这是一种紧急避险行为。二审法院则将王某兴解开航标船钢缆绳的行为认定为紧急避险，而是将王某兴不履行由紧急避险行为所引起的作为义务的不作为认定为破坏交通设施罪。

在本案二审过程中，虽然法官一致认定王某兴解开航标船钢缆绳的行为应当被认定为紧急避险，但因为紧急避险是一种合法行为，所以对于这种合法行为所引起的作为义务之不履行是否构成不作为犯罪，是存在争议的，主要存在以下这两种意见。第一种意见认为：王某兴解开航标船钢缆绳的先行行为属于紧急避险，但王某兴在其危险解除后，明知航标船流失会造成其他过往船舶在通过该流域时发生危险，其应负有立即向航道管理部门报告以防止危害结果发生的义务，王某兴未履行该义务。其不作为的行为构成了破坏交通设施罪，应负刑事责任。鉴于本案未发生严重后果，王某兴认罪态度较好，对其适用缓刑不致再危害社会，可适用缓刑。第二种意见认为：破坏交通设施罪是危险犯，是行为人采取了某种破坏手段的犯罪行为所造成的一种危险状态，王某兴所实施的"破坏"行为即解开航标船钢缆绳的行为已被确认为紧急避险行为，其本身是合法行为而非犯罪行为，而本案危险状态的发生是由合法行为引起的，而不是由不作为行为引起的，且本案亦没有危害后果发生，因此，王某兴的行为不构成犯罪，王某兴不应负刑事责任。[1] 以上两种意见的对立主要体现在合法行为能否引起作为义务这个问题上。

应该指出，在刑法理论上对于先行行为是否限于违法行为是存在争议的。通说认为，先行行为只要足以产生某种危险，就可以成为不作为的义务来源，而不必要求先行行为必须具有违法的性质，因此，无论是合法行为还是违法行为，都可以成为先行行为。[2] 我们赞成这一观点。因为先行行为只是为追究不作为犯罪提供客观前提，只要某种行为产生了作为义务，这种作为义务的不履行会造成法益侵害结果或者危险的，则这种行为就可以成为不作为的先行行为，而不管这种行为是合法行为还是违法行为。在本案中，王某兴解开航标船钢缆绳的行为属于紧急避险，是一种合法行为。但紧急避险存在各种不同的情形，就造成损害的紧急避险而言，在某些情况下，紧急避险造成的损害结果是无可挽回的，而在另外一些情况下，紧急避险造成的损害结果是可以挽回的。在前一种情况下，当然不可能再要求行为人挽回损失，但在后一种情况下，则可以要求行为人采取补救措施挽回损失或者避免其他损失。在本案中，王某兴解开航标船钢缆绳的行为在消除其自身危险的同时又造成了对交通安全设施的破坏，从而使其他船舶航行处于危险状态，因此，王某兴具有积极采取补救措施消除危险状态的作为义务。王某兴未能履行这一义

---

[1] 最高人民法院刑事审判第一、二庭. 刑事审判参考：总第 38 集. 北京：法律出版社，2004：84.

[2] 陈兴良. 刑法哲学. 3 版. 北京：中国政法大学出版社，2004：245.

务,以不作为的方式构成了破坏交通设施罪。应当指出,在本案中虽然王某兴的行为没有造成其他过往该水域的船舶倾覆的结果,但《刑法》(2002年修正)规定的破坏交通设施罪分为两种情形:一种是《刑法》(2002年修正)第117条规定的危险犯,即使没有发生严重后果,只要具有造成严重后果的危险性,就构成犯罪。另一种是《刑法》(2002年修正)第119条规定的破坏交通设施罪的实害犯,只有造成严重后果才构成犯罪。因此,王某兴的不作为的破坏交通设施行为,虽然没有造成严重后果,但完全符合《刑法》(2002年修正)第117条的规定,应当以破坏交通设施罪追究其刑事责任。

此外,还应当指出,实行紧急避险引起作为义务而不履行,构成不作为犯罪,与紧急避险过当还是有区别的。在本案中,王某兴解开航标船钢缆绳的行为没有造成其他过往船舶倾覆的结果,其行为属于紧急避险当然没有问题。那么,假如在本案中王某兴解开航标船钢缆绳的行为造成了其他过往船舶倾覆的结果,王某兴的行为是否就构成了紧急避险过当呢?如果单纯从后果来考虑,似乎会得出王某兴的行为构成紧急避险过当的结论,因为王某兴本身的损失只是涉及个人安全,但解开航标船钢缆绳的行为会影响公共安全。为避免个人安全而损害公共安全,确有损害法益大于保护法益之嫌。但是,如果考虑到王某兴解开航标船钢缆绳的行为已经消除了其自身的危险,在这种情况下,其既有义务也有能力采取补救措施避免航标船流失,但王某兴没有履行作为义务,该结果并不是紧急避险的结果,而是其不履行紧急避险引起的作为义务的结果。在这种情况下,不能认定王某兴的不作为为紧急避险过当,而应当认定为紧急避险行为引起的另外一个不作为犯罪。

二、紧急避险的认定

知识背景

紧急避险和正当防卫都是一种正当化的事由,但是紧急避险和正当防卫还是有区别的,这种区别主要体现在:正当防卫是一种正与不正之关系,防卫一方是正当的,而被防卫的一方是不法的,两者之间是一种正当和不法的关系,因此,正当防卫是针对正在进行的不法侵害而实施的防卫行为。紧急避险则与之不同。紧急避险是在十分紧迫的情况下所采取的一种避险措施,紧急避险的特征就在于:某种合法权益可能受到损害,在这种情况下,为了保护一个较重要的合法权益,而牺牲一个较小的合法权益。因此,紧急避险是正与正的关系,而不是像正当防卫那样是正与不正的关系。也就是说,在紧急避险的情况下,通过紧急避险所要保护的法益是正当的,在紧急避险当中被牺牲掉的法益也是正当的。这种法益之所以在紧急避险当中被牺牲,主要是为了保护更大的法益。例如,在航海当中遇到了大风暴,船上载有很重的货物,如果不把一部分货物扔到海里面,船就会被风暴给颠覆。在这种情况下,为了保护船的安全,把一部分货物扔到海里面。这样一种行为就是一种典型的紧急避险。这种紧急避险行为从客观外表来看,是损害了一部分合法权益:船上装载的货物都是受法律保护的,是他人的合法财产,把它们扔到海里面他人便受到了损害。但损害这部分财产是为了保护一个更大的利益。所以,紧急避险是在两害相权取其轻的情况下的一种考虑,因为如果不牺牲较小的合法权益就会使较大的合法权益受到损害。这里面有一个法益权衡的问题。

规范依据

《刑法》(2020年修正)第20条第1款:"为了使国家、公共利益、本人或者他人的人身、财产和其他权利免受正在进行的不法侵害,而采取的制止不法侵害的行为,对不法侵害人造成损害的,属于正当防卫,不负刑事责任。"

《刑法》(2020年修正)第21条第1款:"为了使国家、公共利益、本人或者他人的人身、财产和其他权利免受正在发生的危险,不得已采取的紧急避险行为,造成损害的,不负刑事责任。"

案例评价

[案例5-18] 范某秀故意伤害案[①](紧急避险与正当防卫的区分)

1. 基本案情

范某秀与范某尚系同胞兄弟。范某尚患精神病近十年,因不能辨认和控制自己的行为,经常无故殴打他人。2003年9月5日上午8时许,范某尚先追打其侄女范某莹,又手持木棒、砖头在公路上追撵其兄范某秀。范某秀跑了几圈之后,因无力跑动,便停了下来,转身抓住范某尚的头发将其按倒在地,并夺下木棒,朝持砖欲起身的范某尚头部打了两棒,致范某尚当即倒在地上。后范某秀把木棒、砖头捡回家。约一小时后,范某秀见范某尚未回家,即到打架现场用板车将范某尚拉到范某尚的住处。范某尚于上午11时许死亡。下午3时许,范某秀向村治保主任唐某投案。

湖北省襄樊市[*]中级人民法院依照《中华人民共和国刑法》(2002年修正)第234条第2款、第20条第2款、第72条之规定,于2003年12月27

---

[*] 2010年,襄樊市更名为襄阳市。——编辑注

[①] 最高人民法院刑事审判第一、二庭.刑事审判参考:总第45集.北京:法律出版社,2006:10~14.

日判决如下：被告人范某秀犯故意伤害罪，判处有期徒刑3年，缓刑3年。

一审宣判后，被告人范某秀服判，检察机关不抗诉，一审判决发生法律效力。

2. 涉案问题

对于无责任能力的行为人，能否实行正当防卫，以及紧急避险与正当防卫如何区分？

3. 裁判理由

湖北省襄樊市中级人民法院经审理认为：被告人范某秀为了使自己的人身权利免遭正在进行的不法侵害，而持械伤害他人身体，造成他人死亡的后果，属明显超过必要限度造成他人损害。其行为已构成故意伤害罪。公诉机关指控的罪名成立。被告人作案后投案自首，依法应从轻处罚。被告人范某秀辩解称其用木棒致死被害人不是故意的，是不得已而为之的自卫行为的理由，与庭审查明的事实相符，依法应当减轻处罚。

4. 评析意见

本案首先涉及对于无责任能力的行为人能否实行正当防卫的问题，但在这一问题的背后其实还隐藏着另外一个问题，即紧急避险与正当防卫之间如何加以区分。以下分别对这两个问题加以分析。

关于对无责任能力的行为人能否实行正当防卫的问题，在刑法理论上也是存在争议的，主要存在肯定说与否定说这两种观点。肯定说认为正当防卫仅有客观的不法足矣，不以主观有责为必要。否定说认为，正当防卫的客体不仅客观上是不法的，而且主观上是有责的，因此，对于无责任能力之行为人只能紧急避险，或者准正当防卫。即使是在肯定说中，也还存在根据是否明知对方无责任能力来区分是否可以进行正当防卫的不同观点。对于不知对方无责任能力的，一般认为可以对其实行正当防卫。但在明知对方无责任能力的情况下，能否实行正当防卫？对比存在两种观点：第一种观点认为，在明知对方无责任能力的情况下，不能对其实行正当防卫，而只能实行紧急避险。第二种观点认为，在明知对方无责任能力的情况下，只有在迫不得已的时候，可以实行正当防卫。[①] 由此可见，关于对无责任能力的行为人能否实行正当防卫，在刑法理论上是存在较大争议的。在司法实践中，关于对无责任能力的行为人能否实行正当防卫，也同样存在不同意见。例如，在本案的处理过程中，关于范某秀行为的性质，曾经先后出现过以下四种意见。第一种意见认为：不能辨认或者不能控制自己行为的精神病人属于无责任能力的人，根据《刑法》（2002年修正）第18条第1款的规定，即使其造成危害结果的，

[①] 陈兴良. 正当防卫论. 2版. 北京：中国人民大学出版社，2006：79～80.

也不负刑事责任,因此,精神病人实施的侵害行为不属于《刑法》(2002年修正)第20条第1款规定的"不法侵害",制止精神病人实施的侵害行为不构成正当防卫。范某秀从范某尚手中夺下木棒后,虽然范某尚当时手持砖头又欲起身,但由于范某尚是精神病人,不符合正当防卫的对象条件,且又未当场击打范某秀,而范某秀对被害人头部连续击打两棒致其死亡。可见,范某秀的行为存在明显的伤害故意,构成故意伤害罪。第二种意见认为:精神病人实施的侵害行为不属于不法侵害,不能成为正当防卫的抗辩事由,但范某尚持木棒追打范某秀的行为,已对范某秀的人身权利造成了现实的紧迫危险,范某秀是为了防止发生危险状况而采取避险行为的,只是超过了必要限度,属紧急避险过当的行为,本案定故意伤害罪符合实际。第三种意见认为:精神病人的侵害行为也是不法侵害,可以对其进行防卫。范某秀为使自己免受正在进行的不法人身侵害而实施自卫行为,夺下范某尚手中的木棒并朝其头部击打两下,是防卫行为,但因造成范某尚死亡的后果,故属防卫过当,应定故意伤害罪。第四种意见认为:范某秀用木棒击打范某尚的行为属防卫行为,其主观上是为了防止范某尚继续实施不法侵害,并无伤害故意,对死亡后果的发生具有过失,所以应当定过失致人死亡罪。① 在以上四种意见中,第一种意见和第二种意见是否定说,都认为对无责任能力的行为人不能实行正当防卫,只不过第二种意见明确了虽然不能实行正当防卫但可以实行紧急避险;而第三种意见和第四种意见是肯定说,这两种意见都认为对无责任能力的行为人可以实行正当防卫,并且都认为本案属于防卫过当,只不过在如何定罪问题上存在意见分歧。我们认为,对无责任能力的行为人能否实行正当防卫,关键是如何理解正当防卫的客体即不法侵害的不法?如果将这里的不法理解为客观上的不法,则无责任能力的行为人的侵害也是不法侵害,可以对其实行正当防卫。如果在主、客观相统一的意义上理解这里的不法,则无责任能力的行为人的侵害不是不法侵害,不能对其实行正当防卫。我们认为,应当将不法与责任加以区分。在一般情况下,不法是客观的,而责任是主观的。无责任能力的行为人缺乏刑事责任能力,因此对其行为不负刑事责任,但并不能由此而否认无责任能力的行为人在客观上也可能实施不法侵害。

应当指出,否定说认为对无责任能力的行为人不能实行正当防卫,但可以实行紧急避险的观点,我们认为是难以成立的。因为紧急避险是采取损害第三者的合法权益的方法来保护较大的合法权益免受正在发生的危险,由此可见紧急避险的客体是第三者的合法权益。而正当防卫是对不法侵害者本人

---

① 最高人民法院刑事审判第一、二庭. 刑事审判参考:总第45集. 北京:法律出版社,2006:11~12.

实行的防卫行为，因此在刑法理论上，往往将紧急避险称为正与正之关系，而将正当防卫称为正与不正之关系。在本案中，范某尚持木棒追打被告范某秀，即正在对范某秀的人身权利实施侵害，范某秀为了保护本人的人身权利免受范某尚的侵害而将范某尚按倒在地、夺下其木棒并棒击范某尚头部，致其死亡。因此，范某秀的行为不符合紧急避险的构成要件，不属于紧急避险。如上所述，无责任能力的行为人的侵害行为属于不法侵害，因此可以成为正当防卫的客体，由此必然得出对无责任能力的行为人可以实行正当防卫的结论。但这是一种非此则彼的论证方法，直接从非此中得出则彼的结论。为此，还需要进一步从紧急避险的要件进行论证。从紧急避险的角度来说，问题在于能否把无责任能力的行为人所造成的危险等同于动物或者其他可能引起紧急避险的危险。在刑法理论上一般认为，对动物造成的危险，可以直接实行紧急避险。如果这种动物是有主的动物，则视为在紧急情况下对他人财物的毁坏，可以依法免除行为人故意毁坏财物罪的刑事责任。而如果这种动物是珍贵的野生动物，则视为在紧急情况下对野生动物的杀害，可以依法免除杀害野生动物罪的刑事责任。如果这种动物既非有主的动物亦非珍贵的野生动物，则在紧急情况下将其杀死的行为人不承担任何法律责任。但无责任能力的行为人与动物在法律地位上是不同的，其受法律保护的程度也有所不同。虽然无责任能力的行为人对其侵害行为不负责任，但其行为仍然会给他人造成人身和财产权益的损害。在这种情况下，为保护本人或者他人的人身和财产权利，对无责任能力的行为人的侵害行为进行反击的行为，就是一种直接的正当防卫，而不是紧急避险。

深度研究

关于对无责任能力的行为人不能实行紧急避险但可以实行正当防卫的观点，在我国刑法学界属于通说。但也有我国学者采用防御性紧急避险和攻击性紧急避险的分类，论证对无责任能力的行为人也可以实行紧急避险。[①] 防御性紧急避险和攻击性紧急避险的分类来自《德国民法典》，它是根据避险行为所针对的客体来区分的。防御性紧急避险，是指为避免正在发生的危险，避险人对危险源实施了避险行为。而攻击性紧急避险，是指为避免正在发生的危险，避险人对与危险源无关的第三人实施了避险行为。前者是针对危险源的，因此其具有防御性。而后者是针对与危险源无关的第三人的，因此其具有攻击性。《德国民法典》第228条规定了防御性紧急避险，第904条规定了攻击性紧急避险。作如是区分的法律意义在于：防御性紧急避险是针对危险

---

① 谢雄伟. 紧急避险基本问题研究. 北京：中国人民公安大学出版社，2008：154及以下.

源的,因此在其避险限度上采必要性原则,可以比照正当防卫,并不严格强调避险行为保护的权益大于其所牺牲的权益。但攻击性紧急避险是针对与危险源无关的第三人的,因此严格限制其限度,避险行为保护的权益必须大于其所牺牲的权益。应当指出,《德国刑法典》并无关于防御性紧急避险和攻击性紧急避险的规定,而只有违法阻却的紧急避险和责任阻却的紧急避险的规定。但在德国刑法理论上,往往比照《德国民法典》而将刑法上的紧急避险区分为防御性紧急避险和攻击性紧急避险。例如,有德国学者指出:"防御性紧急状态(Defensivntstand)中的防卫行为,只是对造成危险者(von dem die Gefahr ausgeht)的法益范围形成侵害的,侵犯性(必要时甚至可以对危险者造成身体上的伤害)在质量和数量上可比在攻击性紧急状态中的要大;后者是要牵连无参与行为的第三者(unbeteiligter Dritte)法益的紧急状态。这样处理,所依据的是《民法典》第228条的基本思想。该条所一般性规范的是法制基本原则,对它要超越其所制定的对物防卫上的实体规定,依意义地适用到对《刑法典》第34条的利益权衡中。"① 根据《德国民法典》第228条的规定,防御性紧急避险本来是针对物而言的,所以又称为对物防卫。但德国学者将这一规定引入刑法中的紧急避险,产生了所谓因人的行为所引起的防御性紧急避险,即:其危险虽然来自人的侵害行为,对于该危险不能够行使正当防卫的,同样可以实施紧急避险。那么,到底对哪些人的行为可以实行防御性的紧急避险呢?对此,德国著名刑法学家罗克辛指出了以下四种情形:(1)通过不行为(Nicht-Handlung)进行的威胁。(2)通过一种谨慎的,因而不是违法的行为所产生的危险。(3)母亲生产时,医生为避免母亲生命危险或重大健康伤害之必要,牺牲其子女。(4)预防性之正当防卫,即行为人因事后之防卫极困难或不可能,事先以预防性措施,防备他人以准备之攻击。② 以上四种情况之所以不能被认定为正当防卫,是因为或者缺乏行为性(第一种情形),或者缺乏违法性(第二种情形),或者缺乏侵害性(第三种情形),或者缺乏侵害的正在进行(第四种情形)。论及无责任能力的行为人的,只是在以上第四种情形。例如,有德国学者指出:尽管危险不是正在发生的,但却属于通常意义上的持续存在的危险,同样应当遵循《德国刑法典》第34条的规定进行评价(将处于兴奋状态的患精神病的母亲临时禁闭)。③ 在这种情况下,精神病人并没有正在实施侵害行为,这是为了预防其

---

① 约翰内斯·韦塞尔斯.德国刑法总论.李昌珂,译.北京:法律出版社,2008:173.
② 克劳斯·罗克辛.德国刑法学总论.王世洲,译.北京:法律出版社,2004:489.谢雄伟.紧急避险基本问题研究.北京:中国人民公安大学出版社,2008:154.
③ 汉斯·海因里斯·耶塞克,托马斯·魏根特.德国刑法教科书.徐久生,译.北京:中国法制出版社,2001:441.

精神病发作而实施侵害行为所进行的预防性拘禁。因为精神病人没有实施侵害，因而对于该行为当然不能认定为正当防卫。但能否由此引申出对于精神病人正在实施的侵害行为也不能实施正当防卫。将这种正当防卫归之于防御性的紧急避险，我们认为是值得商榷的。我国学者指出：当由"人"引发的危险不能被评价为一个基于行为人的罪过心理产生的不法行为，也不存在对义务的违反时，这种危险实际上和自然产生的危险没有太大差异。因此，对于这种由"人"引发的危险不能实施正当防卫。但这并不意味着被害人只能忍受侵害，相反，其可以通过实施针对危险源本身的反击这种防御性紧急避险来制止侵袭，从而保护自己的合法权益。[①] 这一规定要求正当防卫的客体必须是基于行为人的罪过心理而产生的不法行为。显然，这对正当防卫的客体作了过于严格的限制，我们认为有所不妥。对于无责任能力的行为人所实施的侵害行为，只有采客观不法说，其方完全符合《刑法》所规定的"不法侵害"这一正当防卫的客体要件，而没有必要将其归入防御性紧急避险的范畴。当然，如果侵害的危险源虽然来自人，但并非人的行为造成的，或者人的行为没有不法的性质，则行为人可以对产生危险源的人实施防御性紧急避险。在这个意义上，防御性紧急避险这个概念还是具有一定意义的。因此，关于紧急避险与正当防卫的区分，不能简单地认为紧急避险只能对侵害人以外的第三人实施，只有正当防卫才能对侵害人实施。在防御性紧急避险的情况下，也可以对产生危险源的人实施避险行为。

[①] 谢雄伟. 紧急避险基本问题研究. 北京：中国人民公安大学出版社，2008：157.

案例索引

[案例1-1] 魏某、王某故意杀人、抢劫、脱逃、窝藏案
（罪刑法定原则与文义解释）……………………… 2
[案例1-2] 李某盗伐林木案（罪刑法定原则与文义解释）……… 5
[案例1-3] 凌某、刘某贩卖、制造毒品案（罪刑法定原则与文义解释）…… 7
[案例1-4] 徐某、郑某帮助伪造证据案（罪刑法定原则与文义解释）…… 8
[案例1-5] 王益某等遗弃案（罪刑法定原则与历史解释）……………… 10
[案例1-6] 陈某故意杀人案（罪刑法定原则与历史解释）……………… 14
[案例1-7] 李某盗伐林木案（罪刑法定原则与历史解释）……………… 16
[案例1-8] 洪某等非法持有毒品案（罪刑法定原则与体系解释）…… 18
[案例1-9] 王某绑架案（罪刑法定原则与体系解释）……………… 21
[案例1-10] 廖某危险驾驶案（罪刑法定原则与体系解释）………… 24
[案例1-11] 戴某走私弹药、非法持有枪支案
（罪刑法定原则与体系解释）……………………… 26
[案例1-12] 李某、曹某某掩饰、隐瞒犯罪所得案
（罪刑法定原则与体系解释）……………………… 28
[案例1-13] 陆某等抢劫案（罪刑法定原则与目的解释）…………… 30
[案例1-14] 马某、杨某拒不执行判决、裁定案
（罪刑法定原则与目的解释）……………………… 34
[案例1-15] 刘某露交通肇事案（罪刑法定原则与目的解释）……… 37
[案例1-16] 胡某故意杀人案（罪刑法定原则与目的解释）………… 39
[案例1-17] 法兰克·巴沙勒·米伦等重婚案
（罪刑法定原则与目的解释）……………………… 41
[案例1-18] 李某组织卖淫案（罪刑法定原则与客观解释）………… 50
[案例1-19] 董某组织淫秽表演案（罪刑法定原则与客观解释）…… 53
[案例1-20] 白某强奸案（罪刑法定原则与法秩序的统一）………… 55
[案例1-21] 朱某虐待案（罪刑法定原则与法秩序的统一）………… 58
[案例1-22] 杨某投放虚假危险物质案（罪刑法定原则与形式解释）…… 60

［案例 1-23］严某故意毁坏财物案（罪刑法定原则与实质解释）………… 62
［案例 1-24］尚某盗窃案（罪刑法定原则与实质解释）…………………… 64
［案例 1-25］李某东过失致人死亡案（罪刑法定原则与禁止类推）……… 75
［案例 1-26］赵某生刑讯逼供案（罪刑法定原则与禁止类推）…………… 79
［案例 1-27］李某龙、高某聚众斗殴案（罪刑法定原则与禁止类推）…… 82
［案例 1-28］林某渊贪污案（事实认定与罪疑唯轻）……………………… 84
［案例 1-29］褚某健等贪污案（事实认定与罪疑唯轻）…………………… 86
［案例 1-30］严某收购赃物案（罪疑唯轻与选择确定）…………………… 88
［案例 1-31］乔某诈骗案（罪疑唯轻与选择确定）………………………… 90
［案例 1-32］陈某聚众扰乱社会秩序案（属人管辖）……………………… 101
［案例 1-33］罗某传播淫秽物品牟利、黄某等传播淫秽物品案
（网络犯罪的管辖原则）……………………………………… 104
［案例 1-34］BUSAMBU TEMBELE MAYETA 盗窃案
（综合管辖的新发展）………………………………………… 106
［案例 1-35］张某刚等运送他人偷越国境案
（属地管辖与外国法院判决）………………………………… 108
［案例 1-36］王某、石某伪造国家机关证件案（刑法的时间效力）…… 110
［案例 1-37］张某良、方某强非法买卖枪支案（刑法的时间效力）…… 112
［案例 2-1］文某盗窃案（出罪事由的认定）……………………………… 125
［案例 2-2］蒲某、王某故意杀人案（安乐死的认定）…………………… 127
［案例 2-3］张某伪造居民身份证案（"但书"规定的适用）……………… 130
［案例 2-4］田某飞等抢劫案（构成要件该当性的认定）………………… 145
［案例 2-5］李某某网络"刷单炒信"案（构成要件该当性的认定）…… 146
［案例 2-6］谢某军等开设赌场案（构成要件该当性的认定）…………… 148
［案例 2-7］张某等寻衅滋事案（构成要件的关系）……………………… 152
［案例 3-1］刘某挪用公款案（"国家工作人员"的认定）………………… 168
［案例 3-2］周某钧非法行医案（消极身份的认定）……………………… 170
［案例 3-3］胡某霞交通肇事案（交通肇事罪的主体）…………………… 173
［案例 3-4］宋某、陈某强迫交易案（实行行为的认定）………………… 183
［案例 3-5］颜某等故意杀人案（作为义务的认定）……………………… 191
［案例 3-6］杨某某故意伤害案（作为义务的认定）……………………… 194
［案例 3-7］陆某强奸案（结果加重犯的认定）…………………………… 207
［案例 3-8］罗某故意伤害案（条件说的应用）…………………………… 219
［案例 3-9］洪某故意伤害案（被害人存在特殊体质的情形）…………… 221
［案例 3-10］陈某投放危险物质案（介入第三人因素的场合）………… 228

[案例3-11] 王某强奸案（介入被害人自身因素的场合） ……… 230
[案例3-12] 龚某玩忽职守案（不作为犯的因果关系） ………… 233
[案例3-13] 王某抢劫案（基本行为与加重结果的因果关系） … 235
[案例4-1] 柳某等人生产、销售有毒、有害食品，生产、销售伪劣
产品案 ……………………………………………………… 245
[案例4-2] 吕某案和疯女人案 …………………………………… 247
[案例4-3] 沈某某盗窃案（对财物数额的认识） ……………… 252
[案例4-4] 金某故意杀人案（相约自杀与故意的认定） ……… 262
[案例4-5] 张某犯故意杀人罪（防卫过当与故意的认定） …… 264
[案例4-6] 徐某故意杀人案（间接故意的认定） ……………… 266
[案例4-7] 张某故意杀人案 ……………………………………… 268
[案例4-8] 乐某故意杀人案 ……………………………………… 270
[案例4-9] 阿勒日吾运输毒品案 ………………………………… 274
[案例4-10] 王某过失致人重伤案 ………………………………… 279
[案例4-11] 陈某过失投毒案 ……………………………………… 280
[案例4-12] 王甲、王乙危险物品肇事案 ………………………… 282
[案例4-13] 李某等过失致人死亡案 ……………………………… 286
[案例4-14] 杨某过失致人死亡案 ………………………………… 289
[案例4-15] 程某过失致人死亡案 ………………………………… 291
[案例4-16] 任某重大劳动安全事故案（管理过失的认定） …… 298
[案例4-17] 肖某故意杀人案（交通肇事后又驾车逃跑） ……… 300
[案例4-18] 吴甲故意杀人案（欲杀其叔而误杀其父） ………… 304
[案例4-19] 汤某故意杀人案
（欲杀"第三者"而误杀"第三者"的工友） ……… 306
[案例4-20] 李某玉等非法买卖、运输核材料案
（犯罪对象的认识错误） ………………………………… 310
[案例4-21] 廖某万涉嫌合同诈骗被宣告无罪案
（非法占有目的的认定） ………………………………… 317
[案例4-22] 周某集资诈骗案 ……………………………………… 321
[案例4-23] 郑某武非法拘禁案 …………………………………… 322
[案例4-24] 农某锋等强制猥亵妇女案（犯罪动机与定罪） …… 331
[案例4-25] 朱某平过失致人死亡案 ……………………………… 334
[案例4-26] 廖某朋致人死亡案 …………………………………… 336
[案例4-27] 穆某祥被控过失致人死亡案 ………………………… 338
[案例4-28] 姜某祥被控玩忽职守宣告无罪案（无罪过事件） … 341

[案例 5-1] 刘某胜故意伤害案（防卫起因） ………………………… 350
[案例 5-2] 王某友过失致人死亡案（假想防卫） …………………… 352
[案例 5-3] 李某仔故意伤害案（假想防卫过当） …………………… 355
[案例 5-4] 苏某才故意伤害案（防卫与互殴） ……………………… 357
[案例 5-5] 周某友故意杀人案（事前防卫） ………………………… 359
[案例 5-6] 李某故意伤害案（事后防卫） …………………………… 362
[案例 5-7] 于某故意伤害案（防卫过当） …………………………… 365
[案例 5-8] 朱某山故意伤害案（防卫过当） ………………………… 377
[案例 5-9] 赵某过失致人死亡案（防卫限度） ……………………… 379
[案例 5-10] 叶某朝故意杀人案（严重危及人身安全的暴力犯罪） … 400
[案例 5-11] 李某龙等故意伤害案（"行凶"） ……………………… 403
[案例 5-12] 吴某艳故意伤害案（"行凶"） ………………………… 408
[案例 5-13] 于某明涉嫌故意杀人案（无过当防卫） ……………… 411
[案例 5-14] 赵某芝故意杀人案（无过当防卫） …………………… 414
[案例 5-15] 侯某秋正当防卫案 ……………………………………… 416
[案例 5-16] 张某故意杀人案（职务上的正当防卫） ……………… 422
[案例 5-17] 王某兴破坏交通设施案（紧急避险） ………………… 432
[案例 5-18] 范某秀故意伤害案（紧急避险与正当防卫的区分） … 437

图书在版编目（CIP）数据

案例刑法研究：总论．上卷／陈兴良主编．--2版．--北京：中国人民大学出版社，2022.5
（中国刑法司法适用疑难问题研究丛书／陈兴良，周光权总主编）
ISBN 978-7-300-30554-7

Ⅰ.①案… Ⅱ.①陈… Ⅲ.①刑法—案例—中国 Ⅳ.①D924.05

中国版本图书馆CIP数据核字（2022）第062715号

中国刑法司法适用疑难问题研究丛书
总主编　陈兴良　周光权

案例刑法研究（总论）（上卷）（第二版）
主　编　陈兴良
副主编　周光权
Anli Xingfa Yanjiu（Zonglun）

出版发行	中国人民大学出版社		
社　　址	北京中关村大街31号	邮政编码	100080
电　　话	010-62511242（总编室）		010-62511770（质管部）
	010-82501766（邮购部）		010-62514148（门市部）
	010-62515195（发行公司）		010-62515275（盗版举报）
网　　址	http://www.crup.com.cn		
经　　销	新华书店		
印　　刷	涿州市星河印刷有限公司		
开　　本	720 mm×1000 mm　1/16	版　次	2020年10月第1版 2022年5月第2版
印　　张	29　插页1	印　次	2024年11月第3次印刷
字　　数	531 000	定　价	258.00元（上、下卷）

版权所有　侵权必究　印装差错　负责调换

案例刑法研究（总论）
（下卷）（第二版）

中国刑法司法适用疑难问题研究丛书

总主编 陈兴良 周光权

主　编　陈兴良
副主编　周光权
下卷撰稿人（以撰写章节先后为序）
王沛　林维　周光权
沈琪　劳东燕　方鹏

中国人民大学出版社
·北京·

下卷目录

第六章 责任阻却事由 ··· 1
 第一节 责任阻却事由概述 ································· 1
 第二节 刑事责任年龄问题 ································· 3
 第三节 精神病人犯罪的责任阻却 ····················· 19
 第四节 又聋又哑的人或盲人的责任能力问题 ····· 30
 第五节 醉酒的人、吸毒者的责任能力问题 ········ 33
 第六节 违法性认识可能性的欠缺 ····················· 45
 第七节 期待可能性的欠缺 ······························· 48

第七章 未完成形态 ··· 56
 第一节 犯罪未完成形态概述 ···························· 56
 第二节 预备犯 ··· 70
 第三节 未遂犯 ··· 82
 第四节 中止犯 ··· 123

第八章 共同犯罪 ·· 159
 第一节 共同犯罪的成立条件 ···························· 160
 第二节 正　犯 ··· 173
 第三节 共　犯 ··· 191
 第四节 共犯论的特殊问题 ······························· 205
 第五节 共同犯罪的量刑 ·································· 236

第九章 单位犯罪 ·· 280
 第一节 单位犯罪的主体 ·································· 280
 第二节 单位犯罪的行为 ·································· 289
 第三节 单位犯罪的直接责任人员 ····················· 303

第十章　罪数与竞合 ………………………………………… 313
第一节　行为个数的判断 ………………………………… 314
第二节　法条竞合与想象竞合 …………………………… 331
第三节　行为复数时的一罪与数罪 ……………………… 344

第十一章　刑罚的适用 ……………………………………… 367
第一节　量刑情节 ………………………………………… 367
第二节　累　犯 …………………………………………… 381
第三节　自　首 …………………………………………… 385
第四节　立　功 …………………………………………… 398
第五节　数罪并罚 ………………………………………… 412
第六节　缓刑、减刑、假释 ……………………………… 426
第七节　追诉时效 ………………………………………… 442

案例索引 ……………………………………………………… 447

后　记 ………………………………………………………… 451

第六章 责任阻却事由

第一节 责任阻却事由概述

责任阻却事由即阻碍责任成立的事由。根据三阶层犯罪论体系，犯罪的构成需要满足三个条件，即构成要件该当性、违法性和有责性。本章主要探讨三个条件中的"有责性"，即犯罪嫌疑人是否具有承担责任的能力、是否应该为自己的行为负责任的问题。某一行为虽然具备了构成要件的该当性和违法性，但如果存在责任阻却事由，则不具有"有责性"而不能承担刑事责任。相比较传统的四要件说，三阶层犯罪论更符合刑法客观主义的精神、更符合保障人权的宗旨，能够确保首先对行为的违法进行客观判断，避免了四要件说先进行主观判断的倾向与危险。责任阻却事由包括责任无能力、违法性认识可能性的欠缺和期待可能性的欠缺，本节首先探讨责任阻却事由的责任无能力问题。

一、责任能力与刑事责任能力

责任能力是指对自己实施的该当构成要件、违法的行为承担责任的能力。那么，责任无能力即对自己实施的该当构成要件、违法行为不具有承担责任的能力。不具有承担责任的能力，或者说责任无能力则构成了责任阻却事由，不符合三阶层犯罪体系中的"有责性"之要求。三阶层犯罪论体系对行为有责性的考量以及对责任阻却事由的探讨，客观反映了行为的该当性和违法性，这一点是四要件说不具备的优点。按照三阶层犯罪论体系可以很清晰地判断出行为人行为的性质，例如：一名不满12周岁的未成年人杀人，其行为满足该当性和违法性，但不满足有责性，原因就是具备了责任阻却事由使得其"责任无能力"，无法承担责任；而如果一人行使了特殊防卫权而杀人，行为人本身的行为未侵害法益、不具备该当性和违法性，因而无罪。因此，虽然通过两种学说得出的结论无异，但四要件说的先天不足在于无法区分被告人无罪时，是因为行为本身未侵害法益而无罪，还是因为行为人本身的行为是违法的，只是产生了责任阻却事由而无罪。

刑事责任能力是行为人能够正确辨认自己行为的性质和后果，并能够选择和控制自己的行为，从而对自己所实施的刑法所禁止的危害行为承担刑事责任的能力。刑事责任能力分为完全刑事责任能力、限制刑事责任能力和无刑事责任能力三种情况。完全刑事责任能力是指行为人能够辨认自己行为和控制自己的行为，从而对自己所实施的刑法所禁止的危害行为承担全部刑事责任的能力；限制刑事责任能力是指行为人辨认自己行为和控制自己行为的能力有欠缺，使其只能承担一部分刑事责任的能力；无刑事责任能力是指不能辨认和控制自己的行为，不具有承担刑事责任的能力。

二、责任无能力的情况

作为刑事责任阻却事由的责任无能力指的是因欠缺辨认和控制自己行为的能力而无法承担责任的情况。造成责任无能力的原因主要有未成年和精神病，因此我国刑法中的责任无能力包括以下情况。

第一，未满12周岁的未成年人实施的所有危害行为。在《刑法修正案（十一）》颁布之前，根据我国《刑法》第17条的规定，未满14周岁的人犯任何罪行都不承担刑事责任。因此，传统理论界将未满14周岁的人称为"绝对未成年人"，将已满14周岁不满16周岁的人称为"相对未成年人"。"绝对未成年人"即完全无刑事责任能力的人，对任何行为都不承担刑事责任。2020年12月26日《刑法修正案（十一）》获得通过并于2021年3月1日起施行，其中包含了有关刑事责任的修改，我们也应对传统的刑事责任年龄有新的诠释和划分。《刑法修正案（十一）》增加了《刑法》第17条第3款："已满十二周岁不满十四周岁的人，犯故意杀人、故意伤害罪，致人死亡或者以特别残忍手段致人重伤造成严重残疾，情节恶劣，经最高人民检察院核准追诉的，应当负刑事责任。"可见，这次立法将刑事责任年龄进行了下调。下调之后，绝对未成年人的年龄限制被下调为未满12周岁的人，属于绝对的责任无能力人，犯任何罪行都不承担刑事责任。

第二，年满12周岁不满14周岁的未成年人实施的非特定行为。如根据上述《刑法修正案（十一）》的新增规定，我国将特定行为的刑事责任年龄从年满14周岁下调到了年满12周岁，对社会民众热点问题作出了回应。根据该条立法，年满12周岁不满14周岁的未成年人只有犯故意杀人罪或故意伤害罪，致人死亡或者以特别残忍手段致人重伤造成严重残疾、情节恶劣的才负刑事责任。同时，该条设定了严格的特别程序，要求经最高人民检察院核准追诉后才可以。实体和程序的双重规定说明立法者的出发点还是对未成年人的教育和挽救，督促全社会和家庭加强对未成年人的监管。经过此次刑事责任年龄下调，年满12周岁不满14周岁的未成年人实施特定行为以外的行为的，不负刑事责任，属于责任无能力情况。

第三，已满14周岁不满16周岁的未成年人实施的八种危害行为以外的行为。《刑法》第17条第2款规定："已满十四周岁不满十六周岁的人，犯故意杀人、故意伤害致人重伤或者死亡、强奸、抢劫、贩卖毒品、放火、爆炸、投放危险物质罪的，应当负刑事责任。"因此，已满14周岁不满16周岁的人只有实施上述八种危害行为才承担责任，实施这八种行为以外的其他任何行为，都阻却责任，属于责任无能力的情况。

第四，完全的精神病人所实施的任何危害行为。《刑法》第18条规定："精神病人在不能辨认或者不能控制自己行为的时候造成危害结果，经法定程序鉴定确认的，不负刑事责任，但是应当责令他的家属或者监护人严加看管和医疗；在必要的时候，由政府强制医疗。"精神病人由于彻底丧失辨认和控制自己行为的能力，因而阻却责任，是责任无能力人。

可见，绝对未成年人实施所有危害行为、相对未成年人实施法律规定的行为之外的行为和完全的精神病人实施所有危害行为属于责任无能力的情形。除此之外，年龄和精神疾病还会影响责任的大小。需要指出的是，刑法规定的因欠缺辨认和控制能力而责任无能力的因素，只有年龄和精神疾病。虽然我国刑法还规定了醉酒与生理功能的丧失和刑事责任的关系，但严格来说，醉酒和生理功能的丧失只能影响刑事责任的大小，而不能影响刑事责任的有无，所以两者不属于责任阻却事由的责任无能力的情况，只是为了论述方便，本书在本章中一并论述。

第二节　刑事责任年龄问题

知识背景

刑事责任能力的认定受行为人的年龄、精神状况、生理状况等因素的影响，本节首先阐述刑法关于刑事责任年龄的规定。刑事责任年龄，指法律规定的行为人对自己的犯罪行为负刑事责任所必须达到的年龄。通常情况下，犯罪是在人的主观意识支配下的行为。而人的主观意识与年龄密切相关，在成年以前，年龄越大，人的意识越成熟，辨别和控制自己行为的能力就越强。各国因经济、社会、政治、文化和法律制度的差异，关于未成年人犯罪概念的界定不尽相同。根据我国法律的相关规定，未成年人犯罪指已满12周岁不满18周岁的人实施的严重危害社会、触犯法律、依法应当受到刑罚处罚的行为。12周岁至18周岁是身体、心理、智力等人体各种指标迅猛发育变化的阶段，实际上12周岁的人与快满18周岁的人虽然同属于未成年人，但二者在心理、智力、社会经验等方面差异较大，从而导致其辨认与控制自身行为的能力也存在差别。因此，立法对不同年龄的未成年人分阶段规定了不同的刑事责任。我国刑法根据不同年龄的人辨认和控制自己行为能力的不同，把刑事责任年龄分为完全刑事责任年龄、相对刑事责任年龄、减轻刑事责任年龄、完全无刑事责任年龄。现具体介绍如下。

（一）完全刑事责任年龄

《刑法》第17条第1款规定："已满十六周岁的人犯罪，应当负刑事责任。"根据该款规定，已满16周岁是完全刑事责任年龄，已满16周岁的人应对其实施的一切犯罪行为承担刑事责任。按照我国的教育模式来分析，已满16周岁的人大多数正处于高中学习阶段，少数已经走出学校、步入社会且能够自食其力。他们的身体机能和智力已比较成熟，并具备了一定的社会知识，已形成基本的是非观念和价值观，对于什么行为是犯罪、什么行为不是犯罪都有比较明确的认识，一般已能够根据国家法律和社会道德规范的要求来约束自己，具备了辨认自己行为的能力和控制自己行为的能力。因此，已满16周岁的人是具有完全刑事责任能力的人。

（二）相对刑事责任年龄

1. 已满14周岁不满16周岁的人实施八种危害行为

《刑法》第17条第2款规定："已满十四周岁不满十六周岁的人，犯故意杀人、故意伤害致人重伤或者死亡、强奸、抢劫、贩卖毒品、放火、爆炸、投毒罪的，应当负刑事责任。"因此，已满14周岁不满16周岁是相对刑事责任年龄阶段。已满14周岁不满16周岁的人，已经具备了一定的辨认和控制自己重大行为的能力，以及辨认某些严重危害社会的行为的能力，因此法律要求他们对自己实施的某些严重危害社会的行为负刑事责任。将相对刑事责任年龄人的犯罪行为限定于上述八种，并不是说其他罪行的社会危害性不大，而是该八种罪行不仅具有严重的社会危害性且具有社会常发性，而且这个年龄段的人完全能够认识到这些恶劣行为的违法性和社会危害性。实践中，已满14周岁不满16周岁的人参与的严重犯罪行为通常以上述八种犯罪行为为主。分裂国家罪，武装叛乱、暴乱罪，走私、制造、运输毒品罪等，虽然也是性质严重、危害很大的犯罪，但已满14周岁不满16周岁的人对这些犯罪的认知与成年人相比还有很大差距，实践中其很少参与或实施这些犯罪，所以立法者只将这八种常发性犯罪行为列入相对刑事责任年龄人应负的刑事责任范围之内。

1997年刑法发布后相当一段时间内，刑法学界存在关于相对刑事责任年龄人承担刑事责任的"罪名说"与"行为说"两种学说的争议。罪名说认为，《刑法》第17条第2款规定的是八种罪名，已满14周岁不满16周岁的人如果实施了规定的八种犯罪，则应当承担刑事责任；行为说认为，《刑法》第17条第2款规定的应当是八种行为而不单纯是八个罪名，处于这个年龄阶段的未成年人只要实施了该款规定的八种犯罪行为之一，不论是否构成此八个罪名，均应承担刑事责任。随着2002年7月24日全国人大常委会法制工作委员会《关于已满十四周岁不满十六周岁的人承担刑事责任范围问题的答复意见》（以下简称《意见》）的出台，争议逐步得到了平息。《意见》中指出："刑法第十七条第二款规定的八种犯罪，是指具体犯罪行为而不是具体罪名。对于刑法第十七条中规定的'犯故意杀人、故意伤害致人重伤或者死亡'，是指只要故意实施了杀人、伤害行为并且造成了致人重伤、死亡后果的，都应负刑事责任。而不是指只有犯故意杀人罪、故意伤害罪的，才负刑事责任，绑架撕票的，不负刑事责任。对司法实践中出现的已满十四周岁不满十六周岁的人绑架人质后杀害被绑架人、拐卖妇女、儿童而故意造成被拐卖妇女、儿童重伤或死亡的行为，依据刑法是应当追究其刑事责任的。"《意见》的发布平息了学界关于罪名说和犯罪行为说的争议。继而，为了解决理论界的争议及便于司法实践的操作，2006年1月施行的最高人民法院《关于审理未成年人刑事案件具体应用法律若干问题的解释》对犯罪行为的定罪问题又进一步明确规定："已满十四周岁不满十六周岁的人实施刑法第十七条第二款规定以外的行为，如果同时触犯了刑法第十七条第二款规定的，应当依照刑法第十七条第二款的规定确定罪名，定罪处罚。"[①] 如此规定是合理的，不仅基于未成年人心理成熟水平和辨别是非的能力，同时也符合刑法的谦抑性原则。

2. 已满12周岁不满14周岁的人实施特定行为

《刑法修正案（十一）》对《刑法》第17条进行了调整，增加了已满12周岁不满14周岁人的刑事责任的相关规定。调整后的《刑法》第17条第3款为："已满十二周岁不满十四周岁的人，犯故意杀人、故意伤害罪，致人死亡或者以特别残忍手段致人重伤造成严重残疾，情节恶劣，经最高人民检察院核准追诉的，应当负刑事责任。"该条规定改变了原未满14周岁的人犯罪一概不负刑事责任的规定，明确在特定情形下，经特别程序，对法定最低刑

[①] 最高人民法院《关于审理未成年人刑事案件具体应用法律若干问题的解释》（法释〔2006〕1号）第5条。

事责任年龄作个别下调，从已满14周岁调整为已满12周岁。根据《刑法修正案（十一）》，已满12周岁不满14周岁也属于相对刑事责任年龄范畴。从该条规定的表述我们可以看出，刑事责任年龄的下调是有限下调而不是全面下调，对于已满12周岁不满14周岁的未成年人追究刑事责任，要符合几个条件：一是所犯罪行极其严重，包括故意杀人、故意伤害罪；二是行为的结果极其严重，仅限于致人死亡或者以特别残忍手段致人重伤造成严重残疾；三是行为的主客观方面，经综合评价为情节恶劣；四是要经过特定的程序，即经最高人民检察院核准追诉，最后由人民法院依法追究刑事责任。

（三）减轻刑事责任年龄

《刑法》第17条第4款规定："对依照前三款规定追究刑事责任的不满十八周岁的人，应当从轻或者减轻处罚。"这是我国刑法对减轻刑事责任年龄阶段的规定。未成年人相对于成年人而言，辨认能力和控制能力都相对较弱，在犯罪性质和犯罪情节基本相同的情况下，对未成年人犯罪的处罚要比对成年人犯罪的处罚更轻，包括从轻或减轻处罚。该规定基于未成年人刑事责任能力不完备的特点，体现了对未成年人从宽处罚的立法精神，反映了罪责刑相适应的原则和对未成年人"教育为主，惩罚为辅"的政策要求。另外，根据《刑法修正案（八）》新增的《刑法》第17条之一规定："已满七十五周岁的人故意犯罪的，可以从轻或者减轻处罚；过失犯罪的，应当从轻或者减轻处罚。"因此，已满75周岁的人无论故意犯罪还是过失犯罪，都有从轻或减轻处罚的机会。根据《刑法修正案（八）》，"已满七十五周岁"也是减轻刑事责任年龄。

我国刑法对不满18周岁和已满75周岁的犯罪行为人从轻或减轻处罚，是出于刑罚人道主义的考虑，也体现了宽严相济的基本刑事政策。另外，根据《刑法》第49条，犯罪时不满18周岁的人不适用死刑。这一规定既符合了"少杀慎杀"的死刑适用政策，又反映了我国罪责刑相适应的原则，从未成年人刑事责任能力不完备的角度考虑，与对未成年人"教育为主，惩罚为辅"的精神高度契合。再有，根据《刑法修正案（八）》新增的《刑法》第49条第2款规定："审判的时候已满七十五周岁的人，不适用死刑，但以特别残忍的手段致人死亡的除外。"对已满75周岁的人尽可能不适用死刑，与《刑法修正案（八）》中关于75周岁为减轻刑事责任年龄的规定相呼应。因此，我国刑法对减轻刑事责任年龄的规定，充分体现了尊老恤幼的优良文化传统。

（四）完全无刑事责任年龄

《刑法修正案（十一）》对刑事责任年龄进行有限下调之后，不满12周岁是完全不负刑事责任年龄的阶段。不满12周岁的人尚处于人生的幼年阶段，身体和心智的发育极不成熟，对自己行为的性质、后果与意义不能有明确的认识，同时又很难有效控制自己的行为。因此不满12周岁的未成年人尚未达到能够辨认或控制自己行为的阶段，不具备刑事责任能力。法律对不满12周岁的人所实施的任何危害社会的行为都不认为是犯罪，概不追究刑事责任。

规范依据

（一）《刑法》

第17条 已满十六周岁的人犯罪，应当负刑事责任。

已满十四周岁不满十六周岁的人，犯故意杀人、故意伤害致人重伤或者死亡、强奸、抢劫、贩卖毒品、放火、爆炸、投毒罪的，应当负刑事责任。

已满十二周岁不满十四周岁的人，犯故意杀人、故意伤害罪，致人死亡或者以特别残忍手段致人重伤造成严重残疾，情节恶劣，经最高人民检察院核准追诉的，应当负刑事责任。

对依照前三款规定追究刑事责任的不满十八周岁的人，应当从轻或者减轻处罚。

因不满十六周岁不予刑事处罚的，责令其父母或者其他监护人加以管教；在必要的时候，依法进行专门矫治教育。

第17条之一 已满七十五周岁的人故意犯罪的，可以从轻或者减轻处罚；过失犯罪的，应当从轻或者减轻处罚。

第49条第2款 审判的时候已满七十五周岁的人，不适用死刑，但以特别残忍手段致人死亡的除外。

（二）最高人民法院《关于审理未成年人刑事案件具体应用法律若干问题的解释》

案例评介

［案例6-1］姜某抢劫案[①]（已满14周岁不满16周岁的未成年人能否成为转化型抢劫罪的主体的问题）

1. 基本案情

2002年3月13日晚7时许，被告人姜某（男，1986年6月30日生）在某市荣光村阳光路西大门附近，趁被害人李某不备，抓住被害人李某的左手腕，抢夺被害人李某手中的移动电话一部（价值4 000余元）。之后，姜某乘出租车逃跑，被害人李某乘出租车紧追其后。至一路口时，被告人姜某下车继续逃跑，并用路旁的水泥块砸向协助抓捕的出租车驾驶员陈某头面部，致

[①] 最高人民法院刑事审判第一、二庭. 刑事审判参考：2002年第5辑. 北京：法律出版社，2003：47.

陈某头面部多处软组织挫伤、鼻骨骨折，经鉴定属轻伤。

某市某区人民法院经开庭审判，以被告人姜某犯抢劫罪，判处其有期徒刑1年6个月，并处罚金人民币500元。

2. 涉案问题

已满14周岁不满16周岁的人盗窃、诈骗、抢夺他人财物，为窝藏赃物、抗拒抓捕或者毁灭罪证，当场使用暴力并致人轻伤的或者仅实施以暴力相威胁的后续行为，能否构成转化型抢劫罪？也就是说，已满14周岁不满16周岁的人能否成为《刑法》第269条所规定的转化型抢劫罪的主体？

3. 裁判理由

被告人姜某以非法占有为目的，乘人不备，公然夺取他人财物（价值4 000余元），数额较大；被告人姜某在逃跑途中，为抗拒抓捕而实施暴力，将协助抓捕人员砸成轻伤，其行为已构成抢劫罪，依法应予处罚。鉴于被告人姜某犯罪时不满16周岁，系初犯，案发后认罪态度较好，依法予以减轻处罚。

4. 评析意见

2006年最高人民法院《关于审理未成年人刑事案件具体应用法律若干问题的解释》第10条规定："已满十四周岁不满十六周岁的人盗窃、诈骗、抢夺他人财物，为窝藏赃物、抗拒抓捕或者毁灭罪证，当场使用暴力，故意伤害致人重伤或者死亡，或者故意杀人的，应当分别以故意伤害罪或者故意杀人罪定罪处罚。已满十六周岁不满十八周岁的人犯盗窃、诈骗、抢夺罪，为窝藏赃物、抗拒抓捕或者毁灭罪证而当场使用暴力或者以暴力相威胁的，应当依照刑法第二百六十九条的规定定罪处罚；情节轻微的，可不以抢劫罪定罪处罚。"该解释明确规定了已满14周岁不满16周岁的未成年人实施《刑法》第269条规定的行为致人重伤或死亡时，以故意伤害罪或者故意杀人罪定罪处罚，但对于致人轻伤的情况是否以转化型抢劫罪定罪没有明确规定。

我国《刑法》第269条规定："犯盗窃、诈骗、抢夺罪，为窝藏赃物、抗拒抓捕或者毁灭罪证而当场使用暴力或者以暴力相威胁的，依照本法第二百六十三条的规定定罪处罚。"该条被称为转化型抢劫罪。转化型抢劫罪与一般抢劫罪在性质和危害程度上并无二致，应一体评价。因此，《刑法》第269条是一个完全的准用性条款，其本身并不构成独立的罪名，应依照被准用条款即抢劫罪该条规定的犯罪主体要件进行限定，故而适用《刑法》第269条转化型抢劫罪定罪处罚时，犯罪主体承担刑事责任的年龄应为14周岁。已满14周岁不满16周岁的人实施抢夺行为之后，为抗拒抓捕而使用暴力致人轻伤的，已经符合了抢劫罪的主体资格，对其应当以转化型抢劫罪定罪处罚。

该案例的关键在于如何理解《刑法》第17条第2款规定的抢劫罪的范围。有人认为，这里规定的抢劫罪不包括实施盗窃或抢夺后，在被抓捕过程中使用暴力致人轻伤转化为抢劫的行为。持这种观点的理由是，这种转化型的抢劫是由盗窃或者抢夺加上一个轻伤害的行为构成的，而已满14周岁不满16周岁的人单独实施这两个行为都不构成犯罪，进而推断出已满14周岁不满16周岁的人实施这种转化型的抢劫的，不应承担刑事责任。本书认为，《刑法》第17条第2款规定的抢劫罪不仅包括《刑法》第263条规定的抢劫罪，也包括《刑法》第269条规定的转化型抢劫罪。理由是：第一，无论是当场使用暴力的抢劫罪，还是在逃跑过程中抗拒抓捕使用暴力转化的抢劫罪，都是严重侵犯他人人身安全及财产安全的行为，社会危害程度难分伯仲；第二，刑法及立法解释对《刑法》第17条第2款并没有另外的解释，也就是说，刑法规定了已满14周岁不满16周岁的人犯有抢劫罪就应当负刑事责任，而不论是否为转化型的。因此，法院对姜某以抢劫罪定罪，并鉴于其犯罪时不满16周岁予以减轻处罚的判决是适当的。

[案例6-2] 关于对未成年人适用无期徒刑的问题

1. 基本案情

案例一 陈某等抢劫案[①]

陈某、刘某、张某、李某四人预谋抢劫财物，其中刘某、张某、李某为已满14周岁未满16周岁的未成年人。2000年9月23日15时许，陈某安排李某到被害人翁某的住房周围观察情况，自己伙同刘某、张某潜入翁某的住处。在听到李某按约定发出附近无人的信号后，陈某又让刘某将李某也叫进屋里。陈某随即按原定计划从背后用手勒住翁某的脖子，张某则持事先准备好的石块击打翁某的额部、脸部，后二人又共同将翁某摁倒在床上，使其不能反抗。其间，刘某、李某则在屋里四处搜寻财物，并从一军用挎包中找到1把匕首、1条领带及若干现金。翁某此时开始大声喊救，陈某用匕首架在翁某的脖颈处进行威胁，但翁某仍高声呼救，陈某用匕首朝翁某的颈部、胸部、腹部等处连捅7刀致其死亡。经法医鉴定，被害人翁某系被他人用单刃锐器刺击躯干部致失血性休克死亡。在杀死被害人后，四被告人用被子、大衣覆盖在尸身上，将匕首及被害人的身份证等物品扔入附近的厕所或藏匿在墙缝中，锁上房门以后，携带从被害人处劫取的现金8 700元逃离现场。同年10月9日，公安人员将潜逃至外地的四被告人全部抓获归案，并查获部分赃款3 233.50元及用赃款购买的赃物。

某市中级人民法院经审理作出一审判决，被告人陈某、刘某、张某犯抢劫罪，系共同犯罪中的主犯，判处无期徒刑，剥夺政治权利终身，并处罚

---

① 最高人民法院刑事审判第一、二庭．刑事审判参考：第4卷上．北京：法律出版社，2004：139.

金3 000元;被告人李某犯抢劫罪,在共同犯罪中起辅助作用,系本案从犯,判处有期徒刑4年,并处罚金1 000元;追缴的赃款人民币3 233.50元依法退还被害人亲属,作案工具依法予以没收。一审宣判后,被告人张某以其在共同犯罪中仅起辅助作用,应为从犯,且犯罪时未成年,归案后认罪态度好,依法应从轻、减轻处罚,原判对其判处无期徒刑量刑畸重为由,向某省高级人民法院提出上诉。

某省高级人民法院经审理维持原判决对原审被告人陈某、李某的定罪量刑和追缴赃款、没收犯罪工具部分;撤销原判决对上诉人张某及原审被告人刘某的无期徒刑的部分,改判张某、刘某有期徒刑15年,并处罚金3 000元。

案例二 田某等抢劫案[①]

田某、侯某、常某均为已满14周岁未满16周岁的未成年人。某日,三人预谋抢劫出租汽车,并购买两节棍、铁锤、匕首各一把。三被告人携带事先准备好的作案凶器租用被害人杨某驾驶的红色出租车。乘车途中,被告人侯某用两节棍猛勒杨某的颈部,被告人常某持铁锤砸杨的头部,被告人田某持匕首朝杨某的胸部连刺数刀,致杨某心脏破裂而死亡。三被告人将尸体抛于一桥下,抢走汽车1辆和手机1部,共计价值32 100元。案发后,车辆和手机被追回并归还被害人亲属。三被告人的犯罪行为给被害人亲属造成应予赔偿的经济损失有以下三项:被害人丧葬费3 270元,寻找被害人花费3 650元,被害人之母医疗费10 069元。被告人田某的法定代理人自愿先予赔偿经济损失18 000元,被告人侯某的法定代理人自愿赔偿经济损失20 000元。

某市中级人民法院经审理判决:被告人田某犯抢劫罪,判处有期徒刑15年,并处罚金1万元;被告人侯某犯抢劫罪,判处有期徒刑15年,并处罚金1万元;被告人常某犯抢劫罪,判处有期徒刑15年,并处罚金1万元。被告人田某、侯某、常某的法定代理人共同赔偿附带民事诉讼原告人经济损失共38 000元,三被告人互负连带赔偿责任。

一审判决作出后,三被告人及其法定代理人服判,不上诉,公诉机关也未抗诉。

2. 涉案问题

对未成年人是否可以适用无期徒刑?

3. 裁判理由

案例一中,二审法院的裁判理由为:上诉人张某以及原审被告人陈某、刘某、李某以非法占有为目的,实施暴力当场劫取他人钱财的行为,均已构

[①] 最高人民法院中国应用法学研究所. 人民法院案例选:2004年刑事专辑总第47辑. 北京:人民法院出版社,2004.

成抢劫罪，且抢劫数额巨大，又具有入户抢劫和抢劫致人死亡的情形，陈某、刘某、张某均系本案主犯，李某系从犯，依法均应惩处。但鉴于上诉人张某及原审被告人刘某的作用较陈某的要小，量刑上应有所区别。而且上诉人张某为未成年人，从有益于未成年人发展及充分保障未成年人权益的角度来看，上诉理由中关于原判量刑过重的意见成立予以采纳。原判认定的事实清楚，证据确实、充分，定罪准确，对原审被告人陈某、李某量刑适当、审判程序合法，但对上诉人张某及原审被告人刘某的量刑不当，应予纠正。

案例二中法院的裁判理由为：被告人田某、侯某、常某以非法占有为目的，采用杀人的手段抢劫他人财物，数额巨大，其行为均已构成抢劫罪，且情节严重。三被告人在共同犯罪的过程中，积极主动，相互配合，各人的暴力行为都足以致人死亡，均系主犯，但鉴于三被告人作案时不满16周岁且已查证属实，应从轻处罚。

4. 评析意见

对未成年犯罪人从宽处罚的原则，体现在《刑法》第17条第4款的规定："对依照前三款规定追究刑事责任的不满十八周岁的人，应当从轻或者减轻处罚"，以及第49条的规定："犯罪的时候不满十八周岁的人……不适用死刑"。因此，对未成年犯罪人是不能适用死刑的，既不能判处死刑立即执行，也不能判处死刑缓期二年执行。那么，对未成年被告人是否可以适用无期徒刑？当未成年被告人所犯罪行的法定最高刑为无期徒刑时，这个问题比较容易分析。根据《刑法》第17条第4款以及《刑法修正案（十一）》的相关规定，对于已满12周岁不满18周岁的人犯罪，应当从轻或者减轻处罚。无论是"从轻处罚"还是"减轻处罚"，都不能判处法定最高刑，否则便既不是从轻处罚，也不是减轻处罚。因此，当未成年被告人所犯罪行的法定最高刑为无期徒刑时，是不能判处无期徒刑的。那么，当未成年被告人所犯罪行的法定最高刑为死刑时，根据《刑法》第49条"犯罪的时候不满十八周岁的人……不适用死刑"的规定，不能对该未成年人适用死刑，那么能否对其适用无期徒刑呢？

《刑法》第263条规定："以暴力、胁迫或者其他方法抢劫公私财物的，处三年以上十年以下有期徒刑，并处罚金；有下列情形之一的，处十年以上有期徒刑、无期徒刑或者死刑，并处罚金或者没收财产：（一）入户抢劫的；……（四）多次抢劫或者抢劫数额巨大的；（五）抢劫致人重伤、死亡的；……"因此，凡符合上述情形之一就应以抢劫罪定罪处罚，并且依法应当在10年以上有期徒刑、无期徒刑或死刑的法定幅度内量刑。案例一中，三名未成年被告人与被告人陈某共同预谋入室抢劫，并且在抢劫实施过程中，为阻止被害人高声呼救、避免罪行败露，多次殴打并故意杀害被害人，犯罪手段残忍、情节特别恶劣。案例二中，三名被告人以非法占有为目的、采用杀人的手段抢劫他人财物致被害人死亡,情节特别恶劣,后果特别严重,数额巨大。然而,案例一以及案例二中的未成年被告人,纵使其行为极其恶劣,依照《刑法》第49条的规定,也不能适用死刑(包括死缓),对其的量刑只能在10年以上有期徒刑或者无期徒刑的量刑幅度内选择。而《刑法》第17条第4款又规定:"对依照前三款规定追究刑事责任的不满十八周岁的人,应当从轻或者减轻处罚。"《刑法》在这里规定的是"应当"而不是"可以","应当"是命令性规定,不同于是授权性规定的"可以",没有自由斟酌的余地。在未成年人犯罪应当从轻的情况下,为体现从轻精神,在两种刑种中就只能选择有期徒刑。这是因为无期徒刑是无法体现"从轻"的,只有在法定刑种中选择较轻的刑种才能体现从轻精神。否则,如果对未成年犯罪人适用了无期徒刑,就等于否认了《刑法》第17条第4款对未成年人犯罪应当从轻处罚的精神。

就立法精神而言,除另有法定或酌情从重的情节外,对罪行极其严重的未成年犯罪人不判处无期徒刑是较为适宜的,因为无期徒刑对未成年犯罪人及其家属所造成的心理压力较大,不利于未成年犯罪人的改造和教育。无期徒刑是仅次于死刑的严厉刑种,具有剥夺犯罪人终身自由的性质,并且依照现行刑法,无期徒刑必定附带着剥夺政治权利终身的内容。对未成年犯罪人不加限制地适用无期徒刑,势必会给未成年犯罪人带来无法挽回的后果和伤害,往往会使其产生绝望和"破罐破摔"的心理,因此对未成年犯罪人适用无期徒刑应当严格限制、尽量少适用。但是,这并不表示对未成年犯罪人一律不能适用无期徒刑。首先,从立法角度来看,刑法仅规定对未成年犯罪人不适用死刑,也就是说对未成年犯罪人所处的最高刑为无期徒刑,因此立法原意是允许对未成年犯罪人适用无期徒刑的。其次,从司法实践来看,对于那些罪行极其严重,同时又具有一个或多个法定从重处罚情节的未成年犯罪人,法官仍可以根据案件的具体情况,酌情决定是否适用无期徒刑。在同时具有法定应当从重和法定应当从轻相反量刑情节的情况下,一方面要从有利于被告人的角度出发,另一方面也要考虑罪责刑相适应的原则,做到有严有宽、严中有宽、宽严相济,正确地贯彻我国刑法对待未成年人犯罪的刑事政策和法律原则。总之,对未成年人适用刑罚,要注意与成年人犯罪适用刑罚区别开来,必须统筹考虑多重因素,不能一概而论。

从联合国少年刑事司法准则追求的价值取向来看,鉴于未成年人的心理和生理特征,国际社会开始反思对未成年犯罪人适用传统刑罚的副作用,以非刑罚化处理替代刑罚的呼声日益高涨。目前,世界很多国家刑法中规定对未成年犯罪人不适用无期徒刑,而且顺应对未成年人"以教育为主"的立法思想的导向,有些国家明文规定对未成年人不得适用超过10年的有期徒刑。作为仅次于死刑的重刑,无期徒刑对犯罪人的惩罚性是很重的,应适用于罪行及人身危险性都特别严重的犯罪分子。2006年最高人民法院《关于审理未成年人刑事案件具体应用法律若干问题的解释》第13条规定："未成年人犯罪只有罪行极其严重的，才可以适用无期徒刑。对已满十四周岁不满十六周岁的人犯罪一般不判处无期徒刑。"该条解释在肯定可以对未成年人适用无期徒刑的同时，也提出了对未成年人一般不适用无期徒刑的原则。不提倡对未成年人适用无期徒刑，主要是因为未成年人的可塑性较强，应当给其时间和机会进行改造以成为对社会有益的人。因此，除有从重情节的以外，对未成年人犯罪一般不判处无期徒刑。

[案例6-3] 引发"刑事责任年龄是否应该下调"争议的案例

1. 基本案情

2019年10月20日，某市发生了一起凶杀案，被害人王某是一位刚满10周岁的小女孩，身中7刀，脖子上有掐痕，被害后尸体被扔在了所住小区的绿化带中。市公安局接警后于当日23时许在走访中发现王某邻居家的孩子蔡某具有重大作案嫌疑。蔡某，男，2006年1月出生，案发时年仅13周岁。调查中蔡某如实供述自己于2019年10月20日下午3时许，以玩游戏为名将王某骗至家中后欲强行与其发生性关系，遭到王某激烈反抗后用家中水果刀将其杀害，并抛尸至小区绿化带中。

因案发时蔡某未满14周岁，某市公安局于2019年10月24日作出"收容教养决定书"，认定被告蔡某实施故意杀人行为致王某死亡，决定对蔡某收容教养3年。

2. 涉案问题

此案为已满12周岁未满14周岁的未成年人犯故意杀人罪，应如何惩处才能有效震慑未成年人恶性犯罪？

3. 裁判理由

因案发时行为人蔡某未满14周岁，根据《刑法修正案（十一）》实施前的《刑法》相关规定，蔡某为完全无刑事责任年龄，不能追究其刑事责任，只能由政府强制收容教养。但是，被害人王某的父母可以向法院提出民事赔偿的诉讼请求。2020年8月10日该案的民事诉讼案宣判，法院认为，公民的生命权依法受法律保护。被告蔡某实施故意杀人行为造成被害人王某死亡的事实，已经公安机关认定和处理，被告蔡某侵害王某生命权的侵权事实成立。根据《民法典》第1188条的规定，无民事行为能力人、限制民事行为能力人造成他人损害的，由监护人承担侵权责任。监护人责任属于替代责任，责任主体与行为主体分离。该条第2款关于"有财产的无民事行为能力人、限制民事行为能力人造成他人损害的，从本人财产中支付赔偿费用；不足部分，由监护人赔偿"的规定,不是关于责任主体的规定,而是基于公平原则对赔偿费用支付方式的规定。本案被告蔡某实施侵权行为时未满 14 周岁,其造成的损害后果应由其监护人承担。

法院还认为:被告蔡某的父母是被告蔡某的法定监护人,应当悉心教导被告蔡某,关注其身心健康和行为习惯,培养其具备健康的人格、守法的认知和良好的品行。但被告的父母对蔡某的性格发展及行为表现缺乏关注,疏于引导和教育,以致其无视法律,漠视生命,故意实施杀人行为,被告蔡某的父母未尽到监护责任,应对被告蔡某侵权行为造成的损害后果承担侵权责任。

综上,某市某区人民法院判处被告蔡某的父母于判决生效之日起 10 日内在该省省级平面媒体上向原告王某的父母及家人公开赔礼道歉(道歉内容需经法院审核),此外民事赔偿部分,判处被告等于判决生效之日起 10 日内赔偿原告合计 1 286 024 元。

4. 评析意见

本案在社会上引起强烈反响,未成年人恶性犯罪的低龄化现象再一次引发社会热议。本案中蔡某杀害王某的手段极其残忍,不仅刺杀 7 刀而且手掐脖颈直至其死亡。更让人发指的是,在蔡某杀害王某、处理好现场并抛尸后,竟然还与其他群众围观并在微信群里与同学们热议,其间还亲自跑去问被害人王某的父母"你女儿找到没有",所有细节表明蔡某有着与其年龄不相符的凶残心。但因蔡某实施犯罪行为时未满 14 周岁,属于修正前刑法规定的完全无刑事责任年龄人,犯任何罪行都不负刑事责任。依据《刑法修正案(十一)》实施前的《刑法》第 17 条,只能责令蔡某父母或监护人加以管教,或由政府收容教养,被害人家属亦只能通过民事诉讼对其索赔。

深度研究

(一)对《刑法修正案(十一)》实施后《刑法》第 17 条的综合分析

《刑法修正案(十一)》通过后,《刑法》第 17 条关于刑事责任年龄的规定共包括四款,第 1 款规定:"已满十六周岁的人犯罪,应当负刑事责任。"这是刑法关于刑事责任年龄最基本的划分范围,也是确定其他刑事责任年龄的基础,明确了 16 周岁为完全刑事责任能力的起点,自然人自 16 周岁起就应当对自己的犯罪行为负责任了。

该条第 2 款规定:"已满十四周岁不满十六周岁的人,犯故意杀人、故意伤害致人重伤或者死亡、强奸、抢劫、贩卖毒品、放火、爆炸、投放危险物质罪的,应当负刑事责任。"该款是第 1 款的例外。对于已满 14 周岁不满 16 周岁的人犯八种严重危害社会的犯罪应当予以惩罚,以平衡社会利益,保护社会秩序。但是与1979年《刑法》相比较，1997年《刑法》大大缩小了追究未成年人犯罪的范围。1979年《刑法》是开放式的规定：凡是犯杀人、重伤、抢劫、放火、惯窃罪或者其他严重破坏社会秩序罪的，都要负刑事责任；现行《刑法》采取的是封闭式规定：对于已满14周岁不满16周岁的人犯罪的情况，以列举的方式明确了八种未成年人承担刑事责任的犯罪行为，限制了未成年人承担刑事责任的范围。后者的规定既考虑到未成年人身心均未发育成熟，为了更好地保护未成年人，给予其更加宽大的刑事政策对待，又考虑到平衡社会利益。

该条第3款规定："已满十二周岁不满十四周岁的人，犯故意杀人、故意伤害罪，致人死亡或者以特别残忍手段致人重伤造成严重残疾，情节恶劣，经最高人民检察院核准追诉的，应当负刑事责任。"该款是《刑法修正案（十一）》最引人注目的亮点，也是对低龄未成年人恶性犯罪所引发的社会广泛关注的回应。1997年《刑法》规定未满14周岁的人不承担刑事责任，是根据当时的社会背景和司法实践中未成年人犯罪的数据作出的科学研判；《刑法修正案（十一）》有限下调刑事责任年龄，则是立法者在充分解析了近些年未成年人犯罪的数据之后，对未成年人恶性犯罪低龄化趋势采取的及时有效应对措施。

该条第4款规定："对依照前三款规定追究刑事责任的不满十八周岁的人，应当从轻或者减轻处罚。"这是对未成年犯罪人的处罚原则的规定，反映了我国对未成年犯罪人从轻处罚的刑事政策。因为未成年人身心不成熟，走上犯罪道路的原因也是多方面的，家庭、学校、社会都有责任，所以对未成年犯罪人从轻处罚符合社会的利益。

通观修正之后的《刑法》第17条，其规定了三个年龄阶段，即：16周岁至18周岁为完全刑事责任年龄，但尚属未成年人；12周岁至未满16周岁均属于相对刑事责任年龄，但又细分为两种情况——14周岁至未满16周岁对八种严重危害社会的犯罪行为负刑事责任，12周岁至未满14周岁经特殊程序核准后只对特定的恶性犯罪行为负刑事责任；不满12周岁为完全不负刑事责任年龄。12周岁至18周岁是人智力、生理、心理各方面成长、成熟的重要阶段，又是人发育最为迅速的阶段。如果对12、13周岁的人与接近18周岁的人处以相同的刑罚，不但不符合立法精神，而且违背了人成长的生理规律及心理科学。因此，我国刑法将16周岁作为划分刑事责任年龄的分水岭并就12周岁至16周岁再作出细致的区分，从保护未成年人合法利益和遏制未成年人低龄恶性犯罪双重角度来看，是非常科学、合理的。

（二）刑事责任年龄下调的合理性和必要性

近些年，我国在保护未成年人利益方面有了长足的进步，做了很多细致的工作，尤其是对特殊群体予以关注，如制止校园霸凌现象、加强对留守儿童的保护等。立法者充分考虑到既要保护未成年人利益又要遏制未成年人犯罪，从"教育为主、惩罚为辅"的宗旨出发，力求达到保护孩子和惩罚犯罪二者的平衡。2018年和2019年《中国法治发展报告》的相关数据显示，我国未成年人犯罪案件数量整体上呈现下降趋势，这是我国坚持司法改革和"温情司法"的重要成果，但近几年发生的极端事件又显示出未成年人犯罪的低龄化和暴力化趋势，引发了全社会对低龄未成年人恶性故意犯罪的热议。

《刑法修正案（十一）》对刑事责任年龄的有限下调，是对这一社会热点问题的回应，体现了法律修改与时俱进的特征。对于这几种特定的恶性犯罪，未成年人不能再以"我还是个孩子"作为脱罪的借口，有效避免了犯罪低龄化和暴力化的负面示范效应，打破了部分低龄未成年人把有的"未成年人犯罪不会坐牢"的侥幸心理。必须指出的是，这次刑事责任年龄下调有严格的规定，是在特定情形下、采取特殊措施、经特定程序的个别下调，而不是普遍性降低刑事责任年龄。对已满12周岁未满14周岁的未成年人追究刑事责任，要符合几个条件：一是有限性，即仅就年满12周岁未满14周岁的未成年人犯故意杀人、故意伤害罪追究刑事责任，其他罪行并不在追究范围之内。这说明了立法者的审慎态度：不能"一抓了之"，更不能"一刀切"，而是具体分析、甄别对待。二是恶劣性，即仅对行为手段恶劣、结果严重的才追究刑事责任，比如致人死亡或者以特别残忍手段致人重伤造成严重残疾。从这一规定可以看出，对低龄未成年人追责要着重考虑犯罪行为的后果，以是否对受害人造成了重大伤害为标准，如果是轻伤或未造成严重残疾，不会对受害人未来的生活造成严重影响的，则不追究刑事责任。三是综合性，即要对未成年人犯罪时的主观和客观方面综合研判，尤其要分析行为人主观上是否有杀人和故意伤害的恶意，以此来评价情节是否恶劣。四是严格性，即对低龄未成年人追究刑事责任要经过特定的程序，由最高人民检察院核准追诉后人民法院依法追究刑事责任。

此外，《刑法修正案（十一）》将原《刑法》第17条第3款"因不满十六周岁不予刑事处罚的，责令他的家长或者监护人加以管教；在必要的时候，也可以由政府收容教养"，改为同条第4款"因不满十六周岁不予刑事处罚的，责令其父母或者其他监护人加以管教；在必要的时候，依法进行专门矫治教育"，体现出立法者坚持实行教育、感化、挽救的方针，坚持贯彻"教育为主、惩罚为辅"的原则，对未成年犯罪人不仅要惩罚，而且要让其接受专门教育，使其将来能够重回正轨融入社会。两款规定的内容一宽一严，从两方面入手解决低龄未成年人犯罪问题，体现宽严相济的刑事政策。因此，降低刑事责任年龄并不是解决未成年人违法犯罪问题一劳永逸的方法，不能寄希望于通过单纯降低刑事责任年龄来杜绝未成年人犯罪，预防未成年人犯罪不仅是法律问题,更是社会问题,是一个系统性工程,需要全社会各层面共同努力。

(三)《关于审理未成年人刑事案件具体应用法律若干问题的解释》中的要点问题

2005年12月12日最高人民法院审判委员会第1373次会议通过了《关于审理未成年人刑事案件具体应用法律若干问题的解释》(以下简称《解释》),为司法实践中审理未成年人案件提供了更多可操作性标准。《解释》共20条,有以下三部分内容。

(1) 确定年龄认定标准。《解释》第2条规定"刑法第十七条规定的'周岁',按照公历的年、月、日计算,从周岁生日的第二天起算",严格统一了年龄的计算方式。在我国广大的农村,至今还有以农历生日或虚岁计算年龄的传统,该解释将年龄的计算方式统一起来,更有利于保护未成年人的权益。《解释》第4条规定:"对于没有充分证据证明被告人实施被指控的犯罪时已经达到法定刑事责任年龄且确实无法查明的,应当推定其没有达到相应法定刑事责任年龄。相关证据足以证明被告人实施被指控的犯罪时已经达到法定刑事责任年龄,但是无法准确查明被告人具体出生日期的,应当认定其达到相应法定刑事责任年龄。"按照该条的规定,被告人达到法定责任年龄的事实的证明标准必须是事实清楚,证据确实、充分,当没有充分证据证明被告人已达到法定刑事责任年龄时,从有利于被告人的角度出发,推定其未达到法定刑事责任年龄,这充分体现了刑法的谦抑性原则;同样,当有相关证据证明被告人实施犯罪行为时已达到法定刑事责任年龄,虽不知道或无法知道被告人的具体出生日期,也应当认定其达到了法定的刑事责任年龄,这一点又充分体现了实事求是的原则。

(2) 罪与非罪的区分。由于刑事处罚对一个人的一生影响巨大,因此对于罪与非罪的区分应当特别重视、认真对待,对未成年人更应如此,应当以"教育为主、惩罚为辅"作为出发点,注意区分罪与非罪的界限。对于未成年人实施的情节轻微、未造成严重后果的行为,可以不认为是犯罪。《解释》第6条规定:"已满十四周岁不满十六周岁的人偶尔与幼女发生性行为,情节轻微、未造成严重后果的,不认为是犯罪。"第7条规定:"已满十四周岁不满十六周岁的人使用轻微暴力或者威胁,强行索要其他未成年人随身携带的生活、学习用品或者钱财数量不大,且未造成被害人轻微伤以上或者不敢正常到校学习、生活等危害后果的,不认为是犯罪。已满十六周岁不满十八周岁的人具有前款规定情形的,一般也不认为是犯罪。"第9条规定:"已满十六周岁不满十八周岁的人实施盗窃行为未超过三次,盗窃数额虽已达到'数额较大'标准,但案发后能如实供述全部盗窃事实并积极退赃,且具有下列情形之一的,可以认定为'情节显著轻微危害不大',不认为是犯罪:(一)系又聋又哑的人或者盲人;(二)在共同盗窃中起次要或者辅助作用,或者被胁迫;(三)具有其他轻微情节的。已满十六周岁不满十八周岁的人盗窃未遂或者中止的,可不认为是犯罪。已满十六周岁不满十八周岁的人盗窃自己家庭或者近亲属财物,或者盗窃其他亲属财物但其他亲属不予追究的,可不按犯罪处理。"上述条文列举式地明确规定了未成年人实施情节轻微、危害后果不大的行为,不认定为犯罪,这使司法实践中的操作更加方便简洁,也给稍有越轨行为的未成年人以改正错误的机会,有利于教育他们及时洗心革面、回到正常的学习生活中去,比起动辄施以刑罚处罚更有利于未成年人的成长和教育。

(3)此罪与彼罪的区分。《解释》第8条规定:"已满十六周岁不满十八周岁的人出于以大欺小、以强凌弱或者寻求精神刺激,随意殴打其他未成年人、多次对其他未成年人强拿硬要或者任意损毁公私财物,扰乱学校及其他公共场所秩序,情节严重的,以寻衅滋事罪定罪处罚。"这是从未成年人所生活的环境特点、行为特点出发,未成年人的年龄特点使他们犯罪时主观上明显带有争强逞能、以强凌弱的动机,虽他们客观上实施了强行劫取财物的行为,但一般只是轻微的暴力,尚未达到严重侵犯他人人身权利的程度,行为符合《刑法》第293条第3款寻衅滋事罪的规定。寻衅滋事罪与抢劫罪在强抢财物方面有一定的相似之处,寻衅滋事罪客观方面有时也表现为随意殴打他人、强拿别人财物的行为,与抢劫罪使用暴力手段强行劫取他人财物的客观方面表现类似。而寻衅滋事罪构成主体要求为年满16周岁具有刑事责任能力的自然人,抢劫罪要求主体年满14周岁即可。一般认为,已满14周岁不满16周岁的未成年人的强抢行为,只要没有给被害人造成严重后果,应以教育感化为主,不宜作为犯罪处理。对于年满16周岁不满18周岁的未成年人的强抢行为,情节较轻的,不以犯罪论处;情节较重的,按寻衅滋事罪论处。本着"教育为主,惩罚为辅"的原则,对未成年人实施的强拿硬要或者任意损毁公私财物的行为,以寻衅滋事定罪量刑更符合法律规定和刑事政策的要求。

未成年人处于生理、心理的发育阶段,各方面都很不成熟,思想幼稚单纯,缺乏辨别是非的能力,法律意识淡薄,自我控制能力差,易感性冲动,往往为一时的情绪波动所左右而丧失理智,为满足一时之私欲而不惜以身试法。同时,未成年人较成年人,可塑性更强,他们比成年人更易接受教育和改造。总之,未成年人正处于身心发育尚未完全成熟的阶段,具有与成年人不同的特点,因此对未成年人犯罪应采用不同于成年人犯罪的刑事责任追究制度。在司法实践中,对未成年人犯罪应当坚持"教育、感化、挽救"的方针，积极探索矫治未成年被告人的犯罪心理和犯罪行为的方法。应根据犯罪事实，参考未成年被告人的日常表现、结合未成年被告人的悔罪态度，依法作出适当的刑事处罚。只有这样，才能体现对未成年人犯罪处理上宽严相济的刑事政策之精神。

第三节 精神病人犯罪的责任阻却

知识背景

一般而言，判断一个达到刑法规定的刑事责任年龄的行为主体是否具有行为能力或具有何种程度的行为能力，应当从两个方面去考虑：辨认能力和控制能力。一个人如果具有正常的辨认能力与控制能力，则有责任能力；如辨认能力与控制能力受损，则责任能力受损；如无辨认能力与控制能力，则发生责任阻却而无责任能力。辨认能力，是指对事物性质的辨别能力，即行为人存在认识能力。控制能力是指对自己行为的支配能力，即行为人存在意志能力。关于辨认能力与控制能力的关系，辨认能力是前提，只有能够正确地对事物性质，尤其是事物的法律性质作出判断，才能有效地控制自己的行为，使之合乎法律规定。[①] 在刑法中，辨认能力是指行为人对自己行为的是非对错和是否危害社会能够正确分辨或识别的能力。精神正常者一般都可以认识自己行为和行为可能造成的结果，但对一些精神障碍者来说，由于其存在感知、意识、智能等方面的障碍，不能认识或者不能正确认识行为和行为可能造成的结果，从而其辨认能力不完整或者完全丧失。由于控制能力与辨认能力密切相关，因此精神障碍者由于辨认能力的缺陷，其控制能力也有瑕疵。

现代刑法所调整的对象，是行为人在自我意识和自我意志支配下所实施的行为，如果行为人存在精神障碍从而不能辨认自己行为的内容、意义或者不能控制自己的行为，其刑事责任能力也会受到影响。精神障碍或某些严重生理性缺陷可以使行为人责任能力减弱或者欠缺，从而使其实施危害行为后应当承担的刑事责任受到一定的影响。根据我国《刑法》第 18 条关于精神病人犯罪、间歇性精神病人犯罪的规定，精神病人是否负刑事责任或负何种刑事责任应当分以下几种情况讨论。

1. 完全不负刑事责任的精神病人

我国《刑法》第 18 条第 1 款规定："精神病人在不能辨认或者不能控制

[①] 陈兴良.责任能力研究.浙江社会科学，1999（6）：67.

自己行为的时候造成危害结果，经法定程序鉴定确认的，不负刑事责任，但是应当责令他的家属或者监护人严加看管和医疗；在必要的时候，由政府强制医疗。"该条是确认精神病人有无刑事责任能力的法律依据。这里的"精神病人"应作狭义解释，即指精神病性精神障碍人，而不包括非精神病性精神障碍人。一般来讲，严重的精神病性障碍如精神分裂症、情感性精神障碍、中度以上的智力障碍、各种严重的意识障碍，其辨认或控制能力基本丧失，通常将其评定为无自知力而无法辨认或控制自己的行为。而非精神病性精神障碍如各种神经官能症或人格障碍，只是心理异常而自知力完整，应当认为具有辨认和控制自己行为的能力。根据该条规定，对于行为人是否精神病人、是否具有完整的自知力，应当由有资质的医疗机构经法定程序依照医学标准予以确认。

2. 负完全刑事责任的精神障碍人

间歇性精神病人在精神正常时实施犯罪行为，以及大多数非精神病性精神障碍人实施犯罪行为是要负刑事责任的，他们应被视为责任能力完备而应负完全刑事责任。

（1）精神正常时的间歇性精神病人。《刑法》第18条第2款规定："间歇性精神病人在精神正常的时候犯罪，应当负刑事责任。"这里所谓的间歇性精神病人，是指具有间歇发作特点的精神病，包括精神分裂症、躁狂症、抑郁症、癫痫性精神病、周期精神病、分裂情感性精神病等。间歇性精神病人，并不是总处在发病状态，其在精神正常的时候具有辨认和控制自己行为的能力，不符合无责任能力和限制责任能力所要求的法学标准，应当被视为具有完全刑事责任能力人，因而法律要求行为人对其危害行为依法负完全的刑事责任。

（2）大多数非精神病性的精神障碍人。按照我国司法精神病学，非精神病性精神障碍人的主要类型有：1）各种类型的神经官能症，包括癔症、神经衰弱、焦虑症、疑病症、强迫症等，但癔症性精神错乱除外；2）各种人格障碍式变态人格；3）性变态，包括露阴癖、恋物癖等；4）情绪反应；5）未达到精神病程度的成瘾药物中毒和戒断反应；6）轻躁狂与轻度抑郁症；7）脑震荡后遗症、癫痫症心境恶劣以及其他未达到精神病程度的精神疾患；8）轻微精神发育不全；9）生理性醉酒和单纯慢性酒精中毒，以及吸食毒品后产生的短暂精神亢奋或精神恍惚。由于第9）种情况比较常见，本书专门将在本章第五节中单独介绍。虽然非精神病性的精神障碍人具有不同于正常人的精神方面的障碍，但此精神障碍并没有使他们必然丧失或减弱辨认或者控制自己行为的能力，他们应当被视为具有完全的刑事责任能力，因而原则上对其危害行为应依法负完全的刑事责任。但是，在少数情况下，非精神病性的精神障碍人受到强烈的刺激或外因诱惑,其非精神病性精神障碍也许会发生质性病变成为精神病性精神障碍,从而使其成为限制刑事责任能力人甚至无刑事责任能力人而不负刑事责任。

3. 限制刑事责任的精神障碍人

限制刑事责任的精神障碍人,亦称减轻或部分刑事责任的精神障碍人,是介于完全不负刑事责任的精神病人与负完全刑事责任的精神障碍人的中间状态的精神障碍人。《刑法》第18条第3款规定:"尚未完全丧失辨认或者控制自己行为能力的精神病人犯罪的,应当负刑事责任,但是可以从轻或者减轻处罚。"尚未完全丧失辨认或者控制自己行为能力的精神病人,一般包括两种:一是处于早期或部分缓解期的精神病患者,由于精神病理机制的作用,其辨认和控制自己行为的能力有所减弱;二是某些非精神病性精神障碍人,包括轻度至中度的精神发育迟滞者,脑部器质性病变或精神病后遗症所引起的人格变态者等。限制刑事责任的精神障碍人犯罪的,可以从轻或减轻处罚,而不是必须从轻或减轻处罚。

规范依据

《刑法》

第18条 精神病人在不能辨认或者不能控制自己行为的时候造成危害结果,经法定程序鉴定确认的,不负刑事责任,但是应当责令他的家属或者监护人严加看管和医疗;在必要的时候,由政府强制医疗。

间歇性的精神病人在精神正常的时候犯罪,应当负刑事责任。

尚未完全丧失辨认或者控制自己行为能力的精神病人犯罪的,应当负刑事责任,但是可以从轻或者减轻处罚。

案例评介

[案例6-4] 李某故意杀人案[①](精神病人刑事责任的认定)

1. 基本案情

2002年10月16日上午8时许,被告人李某携带刀1把,来到某市火车站绿化带广场,乘被害人宁某不备,持刀朝其胸部猛刺一刀,并在宁某躲避时继续追刺,用刀连刺其背部及胸部、腹部数下,致其倒地死亡。李某行凶后即被闻讯赶来的公安干警现场抓获。2002年10月16日,被告人李某因本案被刑事拘留,同年11月28日被逮捕。

---

① 最高人民法院中国应用法学研究所. 人民法院案例选:2005年第3辑. 北京:人民法院出版社;2006.

某市人民检察院认为：李某的行为已构成故意杀人罪，向某市中级人民法院提起公诉。辩护人提出，被告人李某患有精神分裂症，在实施危害行为时丧失实质性辨认能力，无刑事责任能力，其行为不构成故意杀人罪。某市精神病医院、某市精神病司法鉴定组作出的司法鉴定书证实：被告人李某患有精神分裂症，作案时丧失实质性辨认能力、无刑事责任能力，建议监护治疗。某省精神卫生研究所精神病司法鉴定技术组作出的法医精神病学鉴定书证实：被告人李某患有精神分裂症，对其在2002年10月16日所实施的危害行为丧失了实质性辨认能力，无刑事责任能力。司法部司法鉴定中心作出鉴定书证实：被告人李某患有精神分裂症，案发时及目前均为发病期，建议对其强制性监护治疗。被告人李某对本案无刑事责任能力。

某市中级人民法院根据上述事实和证据，判决被告人李某不负刑事责任。

被害人家属不服判决，上诉至某省高级人民法院。

省高级人民法院根据事实和证据认为：原审被告人李某经多次精神病医学鉴定，证实无刑事责任能力，依法应认定其不负刑事责任。

2. 涉案问题

如何认定精神病人发病时的刑事责任？

3. 裁判理由

被告人李某持刀非法剥夺他人生命，致人死亡，其行为已造成危害结果。但经法定程序鉴定确认，被告人李某实施故意杀人行为时不能辨认与控制自己的行为，依法不负刑事责任，应由政府强制医疗。依照《刑法》第18条第1款，李某的行为属在不能辨认或者不能控制自己行为的时候造成危害结果的情形，李某不负刑事责任。

4. 评析意见

现代刑法在评价一个人的行为是否应当承担刑事责任的时候，并不是简单奉行"有危害即有责任"的原则，而要综合考虑多重因素，包括行为人的意识能力、意志能力的有无或缺损，以及其对自己行为的辨认能力和控制能力，因此现代刑法的调整对象是行为人在自我意识和自我意志支配下所实施的行为。分析精神障碍者的刑事责任能力，关键之处在于其精神病理的症状与作案行为的关联度，以及精神疾病对其辨认能力和控制能力的影响程度，也就是说精神疾病是否阻却了行为人承担责任。如果危害行为与其精神障碍无关，行为人虽患有精神疾病但属于间歇性发作，行为人实施危害行为时并非处于发病时期，或者说行为人有完全的意识能力并能够控制自己的行为，则精神障碍就没有造成责任阻却、不能成为减免刑事责任的理由，此时行为人应被视为完全行为能力人。如果行为人实施危害社会行为时处于精神疾病发作时期，在病理的作用下行为人根本无法意识到其行为的危害性，亦无法如正常人一样控制自己的行为，或者说从行为人主观上讲，他本身对该危害行为是绝对抵制的，但是由于精神疾病的发作导致了危害行为的发生，则精神疾病就是行为人的责任阻却事由。经法定程序鉴定确认后，该行为人应被视为无行为能力人，对其实施的危害行为不负刑事责任。但是，为了维护社会和谐平稳发展，以及使精神病人身心恢复健康，应当由家属严加监管或将其送到医疗机构进行强制治疗。确认不能辨认或不能控制自己行为的精神病人为无行为能力人，是现代刑事司法理念的极大进步，显示了现代刑法既肩负惩罚犯罪、维护稳定的职责，又兼顾彰显公平、保障人权的使命。本案中李某杀害宁某，但经多次精神病医学鉴定后证实其无刑事责任能力，法院顶住社会压力、依法认定其不负刑事责任的判决，体现了现代刑事司法的理念和精神。

[案例6-5] 阿某故意杀人案[1]（限制责任能力精神病人的刑事责任）

1. 基本案情

2009年10月29日下午4时20分许，被告人阿某在自己家中见被害人冯某到其对面邻居乌某家敲门，因无人开门冯某返身下楼。阿某遂乘乌某家无人之机，用事先配制的钥匙打开房门，进入室内翻找现金。阿某行窃时在乌某家阳台上看到冯某骑摩托车返回，便虚开房门持擀面杖藏在门后。当冯某进入乌家时，阿某持擀面杖朝冯头部猛击两下，冯因戴头盔未被打倒，阿某便逃回自己家中。后阿某准备外出时，在楼道内听到冯某正在乌某家打电话，误认为冯已认出自己，即返回家拿了一把杀牛单刃弯刀进入乌某家，持刀将冯某逼到卧室，朝冯腰、腹、头部连捅数刀，将冯刺倒在地，随后又朝冯颈部连捅数刀，致冯某气管、双侧颈动脉被割断，因失血性休克而死亡。案发后，阿某被抓获归案。

某市中级人民法院认为，被告人阿某私自配制他人家门钥匙行窃，并为灭口杀害他人，其行为已构成故意杀人罪。鉴于阿某认罪态度较好有悔罪表现，其亲属能积极赔偿被害人经济损失，从轻处罚，判决被告人阿某犯故意杀人罪，判处死刑缓期二年执行，剥夺政治权利终身。一审宣判后，被告人阿某服判，不上诉。某市人民检察院以被告人阿某犯罪情节特别恶劣、手段极其残忍、一审判决量刑畸轻为由，向某省高级人民法院提出抗诉。

某省高级人民法院经审理认为，原审被告人阿某私自配制他人家门钥匙行窃，为掩盖罪行持刀杀害他人，其行为已构成故意杀人罪。犯罪情节恶劣、手段残忍，罪行极其严重。原审判决定罪准确，审判程序合法。对于被告人

---

[1] 最高人民法院刑事审判第一、二庭. 刑事审判参考：2002年第1辑. 北京：法律出版社，2002：12.

及其辩护人提出的阿某精神不正常，阿某犯罪之后认罪态度好，其亲属积极赔偿给被害人造成的经济损失的辩解和辩护意见，法院不予采纳。检察机关提出的抗诉理由成立，应予采纳。故法院判决维持一审判决中对被告人阿某的定罪部分；撤销一审判决中对被告人阿某的量刑部分；被告人阿某犯故意杀人罪，判处死刑，剥夺政治权利终身。

某省高级人民法院依法将此案报送最高人民法院核准。

最高人民法院复核期间，委托某市精神疾病司法鉴定委员会鉴定，结论为被告人阿某患有分裂型人格障碍，为限制责任能力人。法院经审理后认为，被告人阿某持刀杀死被害人冯某的行为，已构成故意杀人罪。犯罪情节恶劣，后果严重，应依法惩处。鉴于被告人阿某患有分裂型人格障碍，系限制责任能力人，依法可从轻处罚，一、二审判决认定的事实清楚，证据确实、充分，定罪准确，审判程序合法，但量刑不当。依照《刑事诉讼法》（1996年）第199条和最高人民法院《关于执行〈中华人民共和国刑事诉讼法〉若干问题的解释》（1998年）第285条第3项、《刑法》第232条、第18条第3款、第57条第1款的规定，判决如下：撤销某省高级人民法院（2010）×刑终字第×号刑事判决和某市中级人民法院（2009）×刑初字第×号刑事判决中对被告人阿某的量刑部分；被告人阿某犯故意杀人罪，判处无期徒刑，剥夺政治权利终身。

2. 涉案问题

限制责任能力的精神病人犯罪的，应当如何适用刑罚？

3. 裁判理由

被告人阿某的行为构成故意杀人罪，应受刑事追诉。被告人的行为是否构成犯罪，不仅要看被告人是否在客观上实施了危害社会的行为，而且要看行为人主观有无罪过。被告人因怀疑冯某认出自己持刀将其杀死，客观上实施了非法剥夺他人生命的行为，具有严重的社会危害性；在主观方面，故意杀害他人具有主观恶性，应对其所犯故意杀人罪承担相应的刑事责任。但是，阿某患有分裂型人格障碍，认识能力和控制能力有所削弱，经某市精神疾病司法鉴定委员会鉴定，被告人阿某患分裂型人格障碍，为限制责任能力人，依法可从轻处罚。

4. 评析意见

本案中阿某经某市精神疾病司法鉴定委员会鉴定为分裂型人格障碍，并不等同于完全的精神病人。患有分裂型人格障碍的人并不完全丧失辨认能力和控制能力，对自己的杀人行为的性质和将造成被害人死亡的后果是有认识的，并且积极追求这种危害结果的发生，因此被告人在主观上是有罪过的。我国《刑法》第18条第3款规定："尚未完全丧失辨认或者控制自己行为能力的精神病人犯罪的,应当负刑事责任"。因此,被告人辩解其有精神病不构成犯罪没有证据支持,本案司法机关追究被告人阿某故意杀人罪的刑事责任是正确的。然而,法院委托某市精神疾病司法鉴定委员会鉴定结果表明,阿某患分裂型人格障碍,应属限制责任能力人,依照法律规定,可以从轻处罚。本案经最高人民法院复核而改判无期徒刑,充分体现了法律的人道主义精神,以及"保留死刑,慎重适用死刑"的刑事政策,是值得提倡的。

[案例6-6] 梅某抢劫案① (精神病人刑事责任能力的判断)

1. 基本案情

2015年3月16日18时50分许,被告人梅某携带仿真手枪、约束带等作案工具,到某市某区某表店,使用仿真手枪胁迫店员肖某,劫取手表11只(价值人民币319.5万元),并用约束带将肖某双手捆绑后逃离表店。在逃离过程中,梅某欲劫取一辆客车作为逃跑工具未果,但将5只被抢手表遗落在该车上,后梅某丢弃掉作案时的衣服及作案工具,乘坐出租车继续逃跑。当日19时30分,梅某被在某市东二环辅路设卡的民警查获归案,当场起获被抢手表6只。

辩护人提出被告人可能患有"急性短暂性精神障碍"。某市中级人民法院经过审理后认为,被告人梅某以暴力、胁迫方法抢劫财物,其行为已经构成抢劫罪,驳回辩护人提出的被告人患有"急性短暂性精神障碍"的理由。依照《刑法》第6条第1款、第263条第4项、第67条第2款、第52条、第53条、第61条、第64条,最高人民法院《关于审理抢劫案件具体应用法律若干问题的解释》第4条及最高人民法院、最高人民检察院《关于办理盗窃刑事案件适用法律若干问题的解释》第1条第1款、第2款的规定,判决梅某犯抢劫罪,判处有期徒刑12年,并处罚金人民币24 000元。梅某不服一审判决提出上诉,某高级人民法院经审理后裁定:驳回上诉,维持原判。

2. 涉案问题

如何判定梅某是否患有"急性短暂性精神障碍"?

3. 裁判理由

某市中级人民法院经审理认为,认定梅某具有刑事责任能力的鉴定意见程序合法、论证合理、结果客观准确,予以采纳,具体理由如下:(1)司法鉴定机构及参与本次鉴定的三名鉴定人员均具备法定资质,鉴定项目及鉴定专业包含法医精神病鉴定;鉴定意见书形式要件完备;鉴定意见明确。(2)在案

---

① 国家法官学院案例开发研究中心.中国法院2018年度案例:刑事案例一.北京:中国法制出版社,2018:37-39.

证据证明，梅某提前准备犯罪工具，作案前先行确定表店情况后再次返回作案，作案过程中戴口罩以遮掩容貌，并言语威胁店员，逃跑过程中丢弃作案时所穿的衣服，这些均反映出梅某在作案时具有清晰地辨认、判断自己行为的能力，对自己实施的行为能够自由控制。2015年3月16日，梅某被抓获后多次向办案民警询问其可能会承担的法律后果，表明梅某明知其行为具有危害社会的性质。（3）梅某接受讯问的录音录像均不能证明梅某的行为明显异于常人。故辩护人所提出的梅某行为异常，可能患有"急性短暂性精神障碍"的意见没有合法依据。

4. 评析意见

本案中，合议庭经慎重研究，认为鉴定机构、人员资质、鉴定过程等均符合相关规定，辩护人所提交的材料均被鉴定机构所考虑，在证据上足以认定行为人有责任能力。为提高判决书的说理性和司法公信力，合议庭针对辩护人所提出的异常表现，结合其他证据，分析阐述了行为人作案全过程中所表现出的对自己行为的辨认和控制能力，以及案发后在被讯问过程中表现出的对自己行为法律后果的担心，提高了判决书对一般民众的说服力。

深度研究

从心理学角度来讲，人的精神活动是一个复杂的过程，是认识活动（由感觉、知觉、注意、记忆和思维等组成）、情感活动及意志活动等相互联系、紧密协调的统一整体。在普通民众理念中，"精神病"与"精神疾病""精神障碍"几个概念很难区别、极易混淆，甚至是通用的。日常生活中一般能够被人们直观地判断出来的精神疾病都是已经达到了比较严重程度的精神障碍，人们很自然地形成这样的观念：凡是精神病人，必然丧失了正常人的辨认能力或控制能力，反过来只要没有完全丧失辨认能力和控制能力的就不是精神病人。这是一个普遍存在但并不科学的观念，在现代医学和司法精神病学中，"精神病"与"精神疾病"或"精神障碍"是不同的概念。"精神疾病"或"精神障碍"为属概念，指在各种生物学、心理学以及社会环境因素影响下，大脑功能失调导致的认知、情感、意志和行为等精神活动上的不同程度障碍，是各种以大脑功能失调为主要表现的一类疾病的总称。按其性质和程度，精神疾病总体上可以归纳为三组疾病：（1）精神病（包括器质性精神病和其他精神病）；（2）神经症性障碍、人格障碍及其他非精神病性精神障碍；（3）精神发育不全。而"精神病"为种概念，为精神疾病中的一组疾病，即具有特定的病理基础，精神活动异常达到相当严重的程度并且持续达一定时间的精神障碍。

（一）精神障碍人刑事责任能力的认定标准

行为人是否患有精神病对正确评定其刑事责任能力具有重大意义，因此确定精神病的标准就应当格外谨慎。法律规定，精神障碍人是否患有精神病的认定应当由医学专门机构的鉴定专家进行，因此对刑法中"精神病"一词的含义和范围的界定，就应当尽量与精神病学或司法精神病学上的理论统一。我国目前1997年《刑法》关于精神病人刑事责任的规定，在保留和完善1979年《刑法》第15条第1款规定的同时，增设了"尚未完全丧失辨认或者控制自己行为能力的精神病人犯罪"的刑事责任的规定。

我国《刑法》有关精神异常导致犯罪的刑事责任认定，见于第18条关于精神病人犯罪、间歇性精神病人犯罪以及醉酒人犯罪的规定，我们可据此将精神异常犯罪分为两类：一类是精神病性精神障碍犯罪，另一类是非精神病性精神障碍犯罪。非精神病性精神障碍包括外因如醉酒、麻醉药品或兴奋剂性物品过量导致的精神异常，以及由行为人内因导致的精神障碍，即精神异常虽未达到精神病的程度，但影响了其正常的精神活动，如人格障碍、智力缺陷等。本章第五节将着重介绍非精神病性精神障碍人的责任能力，本节先讨论精神病性障碍人的责任能力的认定问题。

关于精神障碍人责任能力的认定标准，我国刑法采取的是医学标准和心理学标准相结合的方法。前者由精神病医学专家鉴定，他们根据生理学标准对行为人的作为进行鉴定，作出其是否具有精神病以及精神病种类与程度轻重的结论；后者由司法人员判断，在精神病医学专家的鉴定基础上进一步判断行为人是否具有辨认和控制自己行为的能力。

1. 生物学标准

这也叫医学标准，指以行为人是否具有刑法所规定的精神障碍作为判定其是否具有刑事责任能力的标准，也就是说，从医学上看，行为人是基于精神病理的作用而实施特定危害社会行为的精神病人。其基本含义为：首先，行为人必须是精神病人；其次，精神病人必须实施了刑法所禁止的危害社会的行为；最后，精神病人实施刑法所禁止的危害行为必须是基于精神病理的作用，这意味着行为人的精神病理与特定危害行为的实施之间具有直接的因果关系。

在精神病学临床研究上，常把有无"自知力"作为判断是否为精神病的重要指标。"自知力"又称"领悟力"或"内省力"，指患者对自己精神疾病的认识和判断能力，自知力标准的实质是判断行为人主观世界与客观世界是否统一。能正确认识自己的病态并愿意接受治疗的称为"有自知力"；否认自己的病态并拒绝接受治疗的称为"无自知力"；介于两者之间的称为"有部分自知力"或"自知力不全"。"无自知力"或"自知力不全"是行为人对自身状态的反应错误，或自我认知统一性的丧失。

2. 心理学标准

这也叫法学标准，是以达到刑法所规定的心理状态或心理状态导致的结果作为判定行为人是否具有刑事责任能力的标准，也就是说从心理学、法学的角度看，患有精神病的行为人的危害行为，不但是由精神病理机制直接引起的，而且是精神病理的作用使其行为时丧失了辨认或控制自己危害社会的行为的能力。所谓"丧失辨认能力"是指行为人由于精神病理的作用，在行为时不能正确了解自己行为危害社会的性质及危害后果；"丧失控制能力"是指行为人由于精神病理的作用，不能根据自己的意志自主地选择实施或者不实施危害行为。

精神障碍人刑事责任能力的判断，不像未成年人的标准那么明了、易查，实际操作中往往不易判断或者会因判断标准不同而结果迥异。在鉴定精神障碍人是否具有刑事责任能力或者具有何种刑事责任能力时，必须坚持医学标准和心理学标准统一，才能正确判断行为人是否具有精神病性精神障碍，判断其是否应对自己的行为负刑事责任。首先，医学标准是首要标准，是第一位的。要坚持以医学标准作为评判精神障碍人责任能力的客观基础。对行为人心理状态的判断，自然不能完全离开生物学根据。人在很多情况下是非理性的，生理性激情下的冲动导致行为人情绪失控的行为，与患精神病性障碍下所为的行为有很多相似之处，但是行为人的刑事责任有天壤之别。生理性激情的冲动之下，行为人的辨认或控制能力也存在受损的情形，但由于行为人不是医学标准下的精神病人，缺乏不负刑事责任的医学基础，因而其刑事责任能力是完整的。只有经过科学的医学标准衡量，行为人确实患有医学上的精神病性障碍，使得其不能正确辨认或者控制自己的行为，才能确认其缺乏承担刑事责任的基础。其次，生物学标准判断较为宽泛，而精神疾患本身十分复杂，因此仅有生物学标准来判断行为人的刑事责任是不够的。在通过医学标准确定某人患有某种特定的精神病性障碍后，也不能直接断定其"有病无罪"，而应该结合法学标准，即根据行为当时的精神障碍对行为人辨认与控制能力影响的程度来综合判定其刑事责任能力。不能将医学标准与法学标准分离，孤立地看待与处理，更不能根据单一的医学或法学标准来评定刑事责任能力等级，混合标准是当今世界大多数国家判断精神病人刑事责任能力的标准。行为人不仅必须具有刑法所规定的精神障碍，而且其所患精神疾病必须引起法定的心理状态或心理结果，方可被判定为无刑事责任能力人或限制刑事责任能力人。[①] 混合标准与纯粹的生物学标准相比，可以针对行为人精神障碍的程度及行为人的特征进行轻重判断；与纯粹的心理学标准相比，因其具有稳定的医学基础及生理基础而更加客观可信。

---

① 黄京平．限制刑事责任能力研究．北京．中国政法大学出版社，1998：7．

（二）间歇性精神病人的责任能力

我国《刑法》第 18 条第 2 款规定："间歇性的精神病人在精神正常的时候犯罪，应当负刑事责任。"间歇性精神病人是一个法律概念而非精神医学概念，是指精神活动并非一直处于错乱状态而完全丧失辨认或控制自己行为能力的精神病人。间歇性精神病人与精神病人以及限制刑事责任的精神障碍人均有所不同，其精神特点表现为时而正常、时而混乱。在精神正常的情况下，其与正常人并无区别，具有完全的辨认或者控制自己行为的能力。但在精神病发病时期，其就丧失了辨认是非和控制自己行为的能力，即其精神病是处于间断性发作的状态。确定行为人是否属于间歇性精神病人、判定其在实施危害社会行为的时候是处于精神正常状态还是处于精神病发病状态的时候，也必须按照法定程序进行鉴定，以确定行为人的刑事责任能力状况。如果行为人被鉴定为无刑事责任能力人，依据《刑法》第 18 条第 2 款的规定，不追究其刑事责任；如果行为人被鉴定为限制刑事责任能力人，依据《刑法》第 18 条第 3 款的规定，对其可以从轻或者减轻处罚；如果行为人被鉴定为完全刑事责任能力人，依据《刑法》第 18 条第 2 款的规定，其就应当承担完全的刑事责任，而不能仅仅因其患有精神病就对其从宽处罚。

（三）限制刑事责任的精神障碍人的责任能力

我国《刑法》第 18 条第 3 款规定："尚未完全丧失辨认或者控制自己行为能力的精神病人犯罪的，应当负刑事责任，但是可以从轻或者减轻处罚。"这是关于限制刑事责任的精神障碍人责任能力的规定。限制刑事责任的精神障碍人，亦称减轻或部分刑事责任的精神障碍人，是介于完全不负刑事责任的精神病人与负完全刑事责任的精神障碍人的中间状态的精神障碍人，既不同于有完全刑事责任能力的犯罪人，又不同于完全没有刑事责任能力的精神病人。前者由于具有正常的认识能力和控制能力，应对其危害社会的行为和后果承担全部刑事责任，故应根据其所犯罪行和犯罪情节、手段、后果等决定应当判处的刑罚；后者由于完全丧失辨认自己行为的性质或者控制自己行为的能力，主观上没有罪过，尽管行为造成了客观的危害结果，但依法不承担刑事责任。

限制责任能力的精神障碍人，因患有精神方面的疾病而不能拥有完全正常的精神活动，辨认或控制自己行为能力较正常人均有所削弱。他们在实施危害社会行为时，对自己行为的辨认或者控制能力只有部分缺损而并未完全丧失，因此其所实施的危害行为有一部分是在其控制下实施的；同时，由于其辨认或控制自己行为能力有所缺损，其危害社会的行为也有病理性精神障碍使然的成分。应该说，危害行为是在两个因素——部分正常的辨认或控制能力与病理性精神障碍——共同作用下的结果。因此，这部分人既不是无责任能力人,也不是完全责任能力人,而是限制(部分)责任能力人。限制责任能力的精神病人,其主观上有一定的罪过,因此应承担刑事责任。但由于其认识能力和控制能力的缺损使其主观恶性有所减轻,根据罪责刑相适应原则,其承担的刑事责任也应相对消减,具体消减的程度要依据行为人精神障碍的程度和案件的具体情况分析。

第四节　又聋又哑的人或盲人的责任能力问题

知识背景

《刑法》第19条规定:"又聋又哑的人或者盲人犯罪,可以从轻、减轻或者免除处罚。"这里规定的是"可以"而非"应当",是授权式而非命令式规范,由法官根据具体的情况进行分析,自由裁量决定是否从轻、减轻或免除其处罚。刑法的规定体现了法律对又聋又哑的人或盲人等弱势群体的体恤之情。众所周知,眼睛、耳朵、嘴巴是人感受外界环境、与外界进行沟通的重要器官。对于眼睛有严重残疾而无法有视觉感官的人,或者耳患严重残疾没有听力的人(听力缺陷的人一般因发音困难而成为又聋又哑的人)来说,身体上的严重缺陷可能导致其正确识别自己行为的能力下降。控制能力与辨认能力是既有联系又有区别的,辨认能力有缺陷直接影响到其控制能力。又聋又哑的人或盲人,由于生理缺陷的严重性与特殊性,一般不能同正常人一样感知和辨认自己行为,这又进一步使他们的控制能力受到不同程度的削弱。因此,一方面,又聋又哑的人或盲人是具有辨认能力和控制能力的,但无论是辨认能力还是控制能力均可能存在缺陷。另一方面,又聋又哑的人或盲人与精神病人不同,其生理上严重残疾并未影响其自知力的完整性。因此又聋又哑的人或盲人的辨认或控制能力并不必然比正常人的低,甚至实践中有些又聋又哑的人或盲人经过专业科学的训练后,其识别能力与生理健康的人并无二致,生理的缺陷并没有影响其辨认能力或控制能力。这也是法律没有以命令式规范规定从轻、减轻或者免除又聋又哑的人或盲人的刑事责任的原因所在,是否从轻、减轻或者免除其刑事责任还需要具体情况具体分析。

规范依据

《刑法》

第19条　又聋又哑的人或者盲人犯罪,可以从轻、减轻或者免除处罚。

案例评介

[案例6-7] 苏某、王某敲诈勒索案①（盲人刑事责任的认定）

1. 基本案情

被告人苏某和被告人王某经预谋，决定向宾馆、酒店发送具有恐吓内容的电子邮件，以勒索财物。苏某提供了其冒用"尹跃才"的身份在某市两家银行办理的两张银行卡用于接收敲诈所得钱款。王某则使用电脑注册了户名为"boomhello@163.com"的电子邮箱，并于2006年6月9日和15日先后通过该邮箱向某市樱花宾馆和某市城市酒店发送电子邮件，威胁两家酒店将人民币20万元汇至苏某所开账户，否则就会炸毁酒店。樱花宾馆和城市酒店接到恐吓电子邮件后立即向公安机关报案，二被告人于2006年6月23日被抓获归案。

某市某区人民法院经公开审理后认为：被告人苏某、王某采用威胁、恐吓的方式向他人勒索数额巨大的财物，均已构成敲诈勒索罪，依法应予惩处。鉴于二被告人犯罪未遂，依法予以从轻处罚。依照《刑法》相关规定判决被告人苏某犯敲诈勒索罪，判处有期徒刑3年6个月；被告人王某犯敲诈勒索罪，判处有期徒刑3年6个月。

一审宣判后，被告人苏某、王某不服，向某市中级人民法院提出上诉。苏某上诉称，原判认定事实不清，量刑过重。其双眼矫正视力分别为0.06和0.08，并持有某市某区人民政府残疾人联合会颁发的视力残疾证书，可以证明其属于"盲人"，依法可以从轻、减轻或者免除处罚。王某上诉称，原判认定事实不清，其没有预谋敲诈勒索。

某市中级人民法院经审理认为，一审判决认定事实清楚，证据确实、充分，定罪准确，量刑适当，审判程序合法，应予维持。故裁定驳回上诉，维持原判。

2. 涉案问题

如何确定盲人的刑事责任以及"盲人"的认定标准为何？

3. 裁判理由

上诉人苏某、王某通过互联网发送以爆炸相威胁的恐吓电子邮件，向他人勒索数额巨大的财物，均已构成敲诈勒索罪，依法应予惩处。苏某在共同犯罪中，与王某共同策划、共同通过互联网发送以爆炸相威胁的恐吓电子邮件，并要求对方交出数额巨大的钱款，因此二人在共同诈骗犯罪中所起作用

---

① 最高人民法院刑事审判第一、二、三、四、五庭. 刑事审判参考：2007年第6集. 北京：法律出版社，2008.

相当、不分主从。对于苏某是否为盲人的问题，苏某所持的残疾人证书可证明其视力为二级低视力，根据相关标准尚不能认定其为盲人，不能适用《刑法》第19条的规定对其从轻、减轻或者免除处罚。

4. 评析意见

《刑法》第19条"又聋又哑的人或者盲人犯罪，可以从轻、减轻或者免除处罚"的规定，是出于对特殊残疾群体的人道主义保护，但是其适用必须根据具体案情具体分析。本案中，苏某所持的残疾人证书只能证明其视力为二级低视力，并不能证明其完全丧失视力，根据相关标准尚不能认定其为盲人，不能适用《刑法》第19条之规定。再者，苏某、王某通过互联网发送以爆炸相威胁的恐吓电子邮件，向他人勒索20万元人民币，数额巨大、手段恶劣，对社会稳定造成极大的影响，应当予以严惩。因此，法院的判决是适当的。

深度研究

从立法精神而言，我国《刑法》第19条"又聋又哑的人或者盲人犯罪，可以从轻、减轻或者免除处罚"的规定，是根据又聋又哑的人和盲人的身心特点制定的，出发点是保护特殊残疾人作为弱势群体的权益。听力、语言表达能力以及视力是人能够与外界沟通的最基本的生理基础，一旦缺少了这些能力，人适应社会的生存能力必将大打折扣。就该三种能力而言，听力与语言表达能力又经常密切联系在一起。从医学角度而言，人出生以后学习语言的过程，是不断接受外界声音刺激、不断纠正自己发音的过程，只有听到外界各种各样的声音才能知道如何正确地发音。反之，无法听到外界声音的孩子，也就不知如何去使用和掌握人的发声功能了。又聋又哑的人一般都是出生时或幼儿时期听力意外丧失，导致语言表达能力受损。而单纯的"聋"或者"哑"通常是后天的疾病或意外事故造成的单个功能的损失。因此，"又聋又哑的人"比单纯的"聋人"或者单纯的"哑人"适应社会的能力要差得多，其行为能力也会不同程度受到损伤。同样道理，视觉对人的重要意义是不言而喻的，从某种意义上而言，盲人面临的生存考验比又聋又哑的人面临的还要严峻。刑法专门制定一款条文针对"又聋又哑的人"或"盲人"犯罪，规定对他们可以从轻、减轻或免除处罚，充分说明了法律保护弱势群体的人道主义精神。但是，不管是聋哑人还是盲人，都必须经过法律程序鉴定后方可确认，其如果经权威机构检查后不能被确认为完全的聋哑或者完全的视盲，而是有一定的听力、能够说话或者有一定的视力，则不能适用该条款。另外，就人的生理结构而言，某种能力的丧失往往会刺激其他能力的超常发展，比如有些盲人虽然视力完全丧失，但其嗅觉惊人地灵敏，这种情况下的残疾人从某种意义上说就不是简单的弱势群体了。所以，法律在规定该条款时，考虑到不能硬性规定所有的聋哑人或盲人犯罪都必然从轻、减轻或免除处罚，而是使用了"可以"一词，如此便赋予了法官一定的自由裁量权。法官在裁定该类案件时，是否适用从轻、减轻或免除处罚的规定，还应当根据案情的具体情况具体分析，而不能一概而论。

第五节 醉酒的人、吸毒者的责任能力问题

知识背景

在日常生活中，由于醉酒而精神错乱实施危害社会的行为的情况并不鲜见。"醉酒的人犯罪，应当负刑事责任"，这是我国《刑法》第18条第4款所确立的醉酒人应对其触犯刑律的危害行为负刑事责任的原则。结合司法精神病学的理论，行为人饮酒或使用毒品及其他药物而造成的精神活动异常，属于非精神病性精神障碍。非精神病性精神障碍是精神障碍的一种表现形式。与精神病性精神障碍不同，醉酒的人或吸毒者所表现的精神错乱并不是由于脑器质性病变和躯体疾病所致的精神疾病，而是行为人过量使用某些能够影响人正常精神活动的化学物质所致的精神异常。人体对酒精、毒品、麻醉剂等过量摄入，可以导致行为人在精神上出现一定程度的暂时性或永久性障碍，使其在不能或不能完全辨认、控制自己行为的情况下实施某些具有严重社会危害性的行为。行为人饮酒或使用毒品及其他药物而造成的精神障碍，其刑事责任和精神病人的刑事责任不同，对于在酒精、毒品、麻醉等非精神疾病原因下实施的危害社会的行为应当追究刑事责任。

虽然刑法中并未明确规定吸毒者刑事责任能力的认定原则，但从医学原理上讲，毒品以及一些麻醉性药物与酒精对人体精神活动的影响是一样的，酒精、毒品、麻醉剂与某些镇定药剂的使用超过一定的剂量，会对人脑的神经中枢产生强烈的刺激或麻痹作用，导致行为人出现感知障碍、思维障碍和意识障碍，影响行为人正常的辨认和控制自己行为的能力。与醉酒刑事责任评定相似，吸毒者刑事责任评定时亦应该同时考察多方面因素，不仅要分析吸毒者实施危害行为时的责任能力和犯罪主观要件，还要考虑行为人吸毒前的责任能力状况和对犯罪行为及其结果的主观心理态度，以及吸毒者吸毒是否为自陷行为。如果行为人已有较长吸毒史、很清楚吸毒后自己的意识会出现短暂的极度亢奋或幻觉状态，并深知在这种极度亢奋状态下自己的控制能力会明显减弱，但为了单纯追求毒品带来的刺激和兴奋或已经成瘾而不能自拔，故意追求或放纵自己去吸毒，那么这表明吸毒者明知吸毒后有可能发生

严重后果仍故意放纵自己，有较强的主观故意性，在刑事责任能力评定上应评定其为完全责任能力人，遵循从严原则而决不能姑息，可参考《刑法》第18条第4款醉酒人的刑事责任适用。如果有证据证明行为人在不知情、被诱骗、被强迫情况下误服毒品而急性中毒，或行为人在医生处方下出于医疗目的使用毒品，并在毒品造成的亢奋、幻觉、妄想等精神病理性症状下实施了危害行为，行为人当时确实由于不能抗拒或者不能预见，丧失了实质性辨认能力或控制能力，那么可考虑评定行为人为限定刑事责任能力人或无责任能力人。但如若此种行为人以后主动吸毒，表明吸毒者明知吸食毒品的危害后果而故意放纵自己的行为，仍应将其评定为完全刑事责任能力人。

规范依据

《刑法》

第18条第4款　醉酒的人犯罪，应当负刑事责任。

案例评介

（一）醉酒者犯罪案例

[案例6-8] 房某故意杀人案①**（醉酒状态犯罪的量刑问题）**

1. 基本案情

2006年11月30日，被告人房某在某县城关镇北关村被害人白某的邻居金某家帮忙修塑料大棚。白某携带白酒来到塑料大棚，叫金某喝酒，金某推脱不喝，白某就让房某和他一起喝。当日16时许，二人喝完两瓶白酒后，白某又将房某带到自己家中喝酒。喝酒时白某同房某发生争吵、厮打，在厮打中房某用白某家的菜刀朝白某头部、颈部连砍数刀，致白某当场死亡。

被告人房某对起诉书指控的犯罪事实不持异议，但辩称自己喝醉了，干了什么都不知道。其辩护人的辩护意见为：被告人和被害人无冤无仇，无纠纷，不是仇杀，也不是图财杀人；被告人在实施杀人以前没有杀人动机，也没有杀人目的，犯意不明确；被告人杀人时失去了理智，头脑不清醒；被告人没有前科，据此建议在量刑时予以考虑。

某市中级人民法院认为，被告人房某与被害人白某酒后发生争吵、厮打，遂持刀将被害人当场砍死，其行为已构成故意杀人罪。公诉机关指控罪名成立。房某犯罪手段残忍，后果严重，依法应予严惩。依照《刑法》第232条、第57条第1款之规定，判决被告人房某犯故意杀人罪，判处死刑，剥夺政治

---

① 最高人民法院刑事审判第一、二、三、四、五庭．刑事审判参考：2009年第3集．北京：法律出版社，2009：1.

权利终身。一审宣判后,房某不服,提出上诉。其上诉理由为:其行为是酒后过失杀人;被害人先将其打伤;量刑过重。其辩护人认为被害人有过错,且房某无前科,认罪态度好,建议对其慎用死刑。

某省高级人民法院二审认为,原判认定的事实清楚,证据确实、充分,定罪准确,量刑适当,审判程序合法。依照《刑事诉讼法》(1996年,下同)第189条第1项之规定,裁定驳回上诉,维持原判。并依法报请最高人民法院复核。

最高人民法院依照《刑事诉讼法》第199条和最高人民法院《关于复核死刑案件若干问题的规定》第4条之规定,裁定不核准并撤销××省高级人民法院(2007)×法刑二终字第×××号维持第一审以故意杀人罪判处被告人房某死刑,剥夺政治权利终身的刑事裁定,发回某省高级人民法院重新审判。

2. 涉案问题

醉酒状态下实施犯罪,量刑时可否酌情考虑导致行为人醉酒的原因?

3. 裁判理由

最高人民法院经复核认为,醉酒状态下实施的犯罪适用刑罚,量刑时应酌情考虑导致行为人醉酒的原因,不应"一刀切"式地作出判决,而是应当综合考虑所有因素。被告人房某因口角持刀砍击被害人白某的要害部位,致被害人死亡,其行为构成故意杀人罪。但是考虑到白某主动邀请房某饮酒,二人素无积怨,只是在共同饮用大量白酒后发生争吵和厮打,在厮打中,房某杀害白某。其行为属酒后激情犯罪,且房某犯罪后认罪、悔罪,其主观恶性不大、人身危险性和社会危害性相对较小。因此,对房某判处死刑,可不立即执行。第一审判决、第二审裁定认定的事实清楚,证据确实、充分,定罪准确,审判程序合法,但量刑不当。

4. 评析意见

被告人房某与被害人白某平素没有矛盾。房某系受白某的邀请而大量饮酒,导致醉酒,并在醉酒状态下实施杀人犯罪。犯罪后房某认罪、悔罪,因此综合全案情况对房某量刑时可以酌情从轻处罚。

(1) 对于醉酒后犯罪,审判实践中应适当考虑醉酒犯罪的原因及状态。

对于醉酒后犯罪,我国刑法仅作了笼统的规定,即《刑法》第18条第4款规定的"醉酒的人犯罪,应当负刑事责任"。如此规定,主要是因为:第一,行为人喝酒之前就应当明知醉酒后对自己的行为的控制会有所减弱,仍然饮酒过量形成醉酒,其对醉酒状态本身具有一定的故意或过失;第二,醉酒后行为人一般只是控制能力下降而并非完全丧失辨认和控制能力,为了惩戒醉酒人,保护公众利益,刑法严格规定不论醉酒实际对辨认和控制能力有无影响，都追究刑事责任。这避免了极少数犯罪分子有意识地借此规避法律，在实施有预谋的犯罪之前大量饮酒，或者借酒实施犯罪行为。

《刑法》第18条规定的醉酒的人仅指生理性醉酒的人，就是因酒精过量而醉酒的人，而不包括病理性醉酒的人（病理性醉酒的情况以后会论及）。当然，虽然生理性醉酒的人要负刑事责任，但如果在量刑时不加区别地将所有生理性醉酒下的犯罪行为一概而论，必然会产生过于绝对的问题，从而量刑失当。如对于因被强迫等被动原因醉酒的，以及陷入所谓"共济失调期"或"昏睡期"（醉酒人的辨认或控制能力完全丧失）的醉酒状态的行为人实施的犯罪等情况，行为人在犯罪的主观方面与未醉酒的正常人存在较大区别，其主观可责性相对较低，在量刑时亦应予以适当考虑，这是贯彻罪责刑相适应原则的必然要求。

（2）结合被告人房某犯罪时的精神状态，酌情考虑导致其在醉酒原因上的过错程度，对其可不判处死刑立即执行。

醉酒有可能是行为人故意、过失所造成，也可能是某些不能预见、不可抗拒的因素所造成。而根据主客观相一致原则，在造成同样后果的醉酒犯罪行为中，明知自己会"酒后乱性"而过量饮酒等故意醉酒行为的主观恶性最为严重；自认为能够控制自己饮酒的多少，结果过量饮酒而醉酒的过失醉酒者次之；因被强迫等原因醉酒者最轻。因此，在醉酒人犯罪的案件中，应当适当考察其醉酒的原因，对确有特殊情况的应当在量刑时予以酌情考虑，以实现罪责刑的均衡。有些国家的刑法已对此作出明确规定，如在英国刑法中有明确的"自愿醉酒"与"非自愿醉酒"的区分，其各自承担的刑事责任也有很大不同。

结合本案具体情况，被害人白某、被告人房某二人先后共喝下近三瓶白酒，均进入生理性醉酒状态，出现易激动、言语增多、辨认能力低下等表现。在此状态下二人发生争执、厮打，被告人房某实施了杀人行为。房某对自己的醉酒存在主观过错，应当为其醉酒状态下的杀人行为承担刑事责任。但是，考虑到房某在醉酒原因上的过错程度以及他犯罪时的精神状态，对其可以酌情从轻处罚：首先，房某与被害人白某二人素不相识，相互之间没有积怨，不存在房某借酒对白某进行报复，即在醉酒前存在犯罪预谋、故意醉酒后杀害白某的可能。其次，被害人白某仅为找人陪饮而主动邀请并不相识的房某饮酒，二人共同将白某带的两瓶白酒喝完，之后白某又主动将房某带到自家继续饮酒，致使房某严重醉酒。白某的积极邀请饮酒行为对于促成房某醉酒有一定责任，降低了房某对于自己醉酒原因的过错程度。本案属于典型的酒后激情杀人，二人在事前没有任何矛盾的情况下突然发生争吵、厮打，而这一切如果在正常状态下根本不会发生。最后，虽然不能确认房某当时已醉到丧失意志的状态，但其作案后还穿着沾有大量血迹的衣服在街上乱转，可见其辨认、控制能力已经明显下降；这种情况下与被害人发生争执而杀人，同在头脑清醒状态下的预谋杀人以及激情杀人相比，行为人的主观恶性、人身危险性和社会危害性均相对较小。此外，醉酒人的控制能力与一般人正常状态下的具有不同，这一点有社会共识：醉酒后故意杀人与正常状态下预谋杀人、激情杀人相比，所造成的社会负面影响具有差别，公众一般对正常状态下的故意杀人行为具有较为一致的评价倾向，而对不判处醉酒后杀人者死刑存在一定的理解和接受心理。

综上，最高人民法院从本案的具体情节出发，作出不核准房某死刑的裁定，无论从法律效果还是社会效果方面考察，均是适当的，符合我国慎重适用死刑的基本政策。

(二) 吸毒者犯罪案例

[案例6-9] 彭某故意杀人案① (吸食毒品的刑事责任认定)

1. 基本案情

2005年5月5日凌晨，被告人彭某因服食摇头丸药性发作，在其暂住处某市某区北江里新村B座102室内，持刀朝同室居住的被害人阮某胸部捅刺，致阮某抢救无效死亡。当晚9时许，被告人彭某到某省某市公安局投案自首。经精神病医学司法鉴定，彭某系吸食摇头丸和K粉后出现精神病症状，在精神病状态下作案，评定为限定刑事责任能力人。

2005年5月6日，彭某因涉嫌犯故意杀人罪被刑事拘留，同年6月10日被逮捕。某省某市人民检察院以被告人彭某犯故意杀人罪向某省某市中级人民法院提起公诉。被告人彭某及其辩护人提出，被告人彭某是在一种病理性动机的支配下作案，其对自身的辨认和控制能力已丧失，属于无刑事责任能力人，不应负刑事责任。

某市中级人民法院经审理后认为，被告人彭某故意非法剥夺他人生命，并致人死亡，其行为已构成故意杀人罪。被告人彭某作案后能主动投案，并如实供述自己的罪行，可认定为自首，可以从轻处罚。法院判决被告人彭某犯故意杀人罪，判处无期徒刑，剥夺政治权利终身。

一审宣判后，被告人彭某不服，向某省高级人民法院提出上诉。其上诉理由和辩护人的辩护意见为：(1) 上诉人彭某作案时的辨认能力和控制能力已丧失，属无刑事责任能力人，不应负刑事责任。(2) 即使认定彭某的行为构成犯罪，也不构成故意杀人罪，只能认定构成过失致人死亡罪。且上诉人具有投案自首情节，应从轻、减轻处罚。

某省高级人民法院经审理认为，原判认定事实清楚，证据充分，定罪准

---

① 最高人民法院刑事审判第一、二、三、四、五庭. 刑事审判参考：2007年第2集. 北京：法律出版社，2007：1.

确,量刑适当,审判程序合法,裁定驳回上诉,维持原判。

2. 涉案问题

被告人吸食毒品后,因药性发作影响其控制、辨别能力而实施杀人行为,应否承担刑事责任?

3. 裁判理由

上诉人彭某吸食毒品后持刀捅刺他人,致一人死亡,其行为已构成故意杀人罪。上诉人作案后能主动投案,如实供述自己的罪行,具有自首情节,可以从轻处罚。上诉人在以前已因吸毒产生过幻觉的情况下,再次吸毒而引发本案,其吸毒、杀人在主观上均属故意,应对自己吸毒后的危害行为依法承担刑事责任,其吸毒后的责任能力问题不需要作司法精神病鉴定。因此,上诉人及其辩护人认为上诉人作案时是无刑事责任能力人,要求重新进行司法精神病鉴定,以及认为上诉人仅构成过失致人死亡罪的辩解不能成立,辩护意见不予采纳。

4. 评析意见

首先,本案中,上诉人彭某在服食摇头丸药性发作后实施杀人行为,导致被害人阮某死亡,其行为具有严重的社会危害性。

其次,上诉人彭某服食摇头丸后产生的短暂神志异常,与醉酒后的短暂神志异常在本质上是相同的。我国《刑法》第18条规定,醉酒的人犯罪,应当负刑事责任。吸毒后出现短暂神志异常与醉酒后出现短暂神志异常均属非精神病性障碍,行为人不属于精神病性限制刑事责任能力人,均应当负刑事责任。

最后,彭某明知服食包括摇头丸在内的毒品是违法行为仍然服食。彭某曾多次服食摇头丸出现过幻想症状,对此彭某自己完全清楚。案发当晚,作为一个具有正常行为能力的人,在明知自己吸食毒品后会产生短暂神志异常的情况下,彭某仍然自愿服食摇头丸,最终导致神志异常而实施杀人行为。正是彭某的自愿吸毒行为,使其陷于神志异常状态,并在此状态下实施犯罪行为,造成严重的危害后果。故彭某应当对自己的行为承担刑事责任。

[案例6-10] 傅某以危险方法危害公共安全案[①]
(吸毒后驾车肇事的刑事责任)

1. 基本案情

2010年5月26日20时30分许,被告人傅某驾驶一辆红色奔腾轿车从住

[①] 最高人民法院召开2010年以来人民法院审理毒品犯罪案件有关情况新闻发布会.(2011-07-08). http://www.scio.gov.cn/ztk/xwfb/jjfry/24/wqfbh/Document/1458034/1458034.htm.

处外出接朋友。途中，傅某停车并在车内吸食随车携带的毒品氯胺酮，后继续驾车前行。当车行至一超市附近时，傅某出现轻微头晕、亢奋等反应，但仍继续驾车前行。20时50分许，傅某停车后（未熄火），出现严重意识模糊、严重头晕等反应，并产生幻觉。随后，傅某踩油门驾车前行，连续与两辆三轮车发生轻微碰撞。稍作停顿后，傅某又踩油门驾车前行，与一辆行驶的三轮车迎面相撞，将三轮车主及多名行人撞倒在地，并将三轮车压于轿车左下方。停顿约5分钟后，傅某又猛踩油门驾车顶着三轮车前行，在撞翻路边多家摊位、撞倒多名摊主和行人后，因车轮被台阶卡住而被迫停下。傅某的驾车冲撞行为共造成20人受伤，其中1人重伤、4人轻伤、15人轻微伤，并造成共计1.6万余元的财产损失。傅某被抓获后，公安人员从其所驾轿车内查获氯胺酮2.33克。

案发后，被告人傅某认罪、悔罪，其家属与25名被害人达成谅解协议。

法院经审理后以以危险方法危害公共安全罪判处被告人傅某有期徒刑5年。

2. 涉案问题

如何确定吸食毒品后驾车肇事者的刑事责任？

3. 裁判理由

被告人傅某吸食毒品产生幻觉后，驾驶机动车在人群密集路段肇事，后又继续驾车冲撞，致多人受伤，并造成他人财产受损，其行为已构成以危险方法危害公共安全罪，应依法惩处。鉴于傅某归案后认罪态度较好，取得了被害人的谅解，被害人的经济损失依法得到赔偿，对傅某可酌情从轻处罚。

4. 评析意见

驾驶员驾车时应当时刻保持谨慎与安全意识，否则不仅会危害自身的健康与安全，也会对他人的人身或财产安全造成威胁。吸食毒品之后，人在精神活性物质的刺激下会陷入精神极度亢奋、出现幻觉等状态，此时进行驾驶会影响其判断能力和操作能力，甚至会造成视线模糊、无法正确判断交通标志信号或者无法正常控制车辆等状况进而引发交通事故，因此吸毒后驾车行为为法律所禁止。本案中，傅某驾驶轿车外出，在驾车途中停车并在车内吸食随车携带的毒品氯胺酮。傅某之前多次吸毒，明知吸食毒品后会出现亢奋反应，依然吸毒后继续驾车前行，最终在毒品的作用下造成20人受伤及其他损失，法院应当以以危险方法危害公共安全罪予以处罚。鉴于傅某悔罪态度较好，并能积极赔偿被害人的经济损失，争取了被害人的谅解，法院判处其有期徒刑5年的从轻处罚是适当的。

[案例 6-11] 李某故意杀人案① (吸食毒品后杀人的刑事责任)

1. 案情介绍

2009年7月7日晚,被告人李某吸食毒品后驾车时行为异常。当晚,李的朋友唐某(被害人,男,殁年31岁)等人驾车前来将李某接走。次日凌晨1时30分许,车辆在行驶途中冲上绿化带撞树停下,李某下车殴打唐某,并从车上拿出单刃刀砍刺、切割唐某头部、胸腹部、腰部等部位数十刀,致唐某颅脑损伤合并失血性休克死亡。随后,李某持刀拦截一辆轿车,驾车逃走,后撞上绿化带翻车,当其欲再次逃跑时被抓获。

2. 涉案问题

因吸食毒品杀人的刑事责任如何确定?

3. 裁判理由

法院认为,被告人李某故意非法剥夺他人生命,其行为已构成故意杀人罪。李某吸食毒品后持刀行凶,杀死一人,后为逃离现场又持刀拦截车辆,犯罪手段残忍,情节恶劣,社会危害大,罪行极其严重,应依法惩处。据此,以故意杀人罪判处并核准被告人李某死刑。

4. 评析意见

本案中李某在自觉、自愿、自控的情况下吸食毒品,明知吸毒后会造成兴奋、失控等后果,但纯粹为了追求感觉上的刺激仍放纵自己的行为,故李某在吸食毒品前直至吸食毒品之时具有完全的刑事责任能力。如果法院放纵吸食毒品后出现精神障碍而致行为失控扰乱社会的行为,必定会产生不良示范效应,并有损于社会公平公正。本案中李某吸食毒品后杀害唐某,手段极其残忍,并且杀人后拦截另一轿车逃逸,对社会造成了严重的危险和不良影响,法院判处李某死刑是适当的。

[案例 6-12] 黄某故意杀人案② (吸食毒品后杀人的量刑情节问题)

1. 基本案情

2009年8月1日下午,被告人黄某吞服一颗毒品"麻古"后,出现呕吐及神志不清等反应,被朋友安排至一招待所的房间内休息。次日凌晨1时许,黄某将怀有身孕的妻子何某(被害人,殁年24岁)带到该房间休息时,产生杀妻念头,即用双手猛掐何某的颈部,后又掏出随身携带的匕首朝何某的颈部、背部等部位割、刺二十余刀,致何某当场死亡。黄某携刀欲逃离现场时,

---

① 最高人民法院召开2010年以来人民法院审理毒品犯罪案件有关情况新闻发布会. (2011-07-08). http://www.scio.gov.cn/ztk/xwfb/jjfry/24/wqfbh/Document/1458034/1458034.htm.

② 同①.

在招待所大厅内被群众当场抓获。

案发后，被告人黄某认罪、悔罪，并积极对被害人亲属进行经济赔偿。被害人亲属对黄某表示谅解并请求对其从轻处罚。法院以故意杀人罪判处被告人黄某死刑，缓期二年执行。

2. 涉案问题

如何考察吸食毒品后杀人的量刑情节？

3. 裁判理由

法院认为，被告人黄某故意非法剥夺他人生命，其行为已构成故意杀人罪。黄某吸食毒品后，故意杀死怀有身孕的妻子，犯罪手段残忍，罪行严重，论罪应当判处死刑。鉴于本案发生在家庭内部，与发生在社会上的严重危害社会治安的故意杀人犯罪有所不同，且黄某归案后认罪态度较好，取得被害人亲属的谅解，被害人亲属的经济损失依法得到赔偿，故法院对其判处死刑，可不立即执行。

4. 评析意见

黄某自主故意吸毒，在精神活性物质所致的精神恍惚下残忍将自己怀孕的妻子杀死，犯罪手段极其残忍、性质极其恶劣。但是，黄某能坦白认罪并积极赔偿被害人亲属，取得被害人亲属谅解，应当看到黄某有认错悔改的态度。另外，本案中黄某杀害自己的妻子，其社会影响区别于发生在社会上的恶性事件，对其判处死刑缓期二年执行，也可以给黄某改过自新的机会，在刑罚上体现了少杀、慎杀、宽严相济的刑事政策。

深度研究

醉酒是由酒精引发的非精神病性精神障碍，是人体的急性酒精中毒状态。我国司法精神病学界采用瑞士学者宾德的"三分法"，将急性醉酒又分为生理性醉酒（普通醉酒）、病理性醉酒和复杂醉酒三种。病理性醉酒是指由酒精中毒引起人突然出现的短暂、严重的意识障碍的醉酒状态，其引发人精神异常的表现与精神病人犯病时的情况相似，在精神医学上属于精神病性精神障碍，因此病理性醉酒不是本节所要讨论的问题。复杂醉酒是介于生理性醉酒与病理性醉酒之间的中间状态，兼有生理性醉酒与病理性醉酒的特征，研究醉酒人的刑事责任能力问题时，应当将复杂醉酒归入生理性醉酒一类。生理性醉酒，是一般人在大量饮酒后都可能出现的对酒精的反应，是日常生活中最为常见的醉酒形式。在行为人一次性大量饮酒之后，或者不胜酒力、对酒精耐受力较差的人饮酒之后，都可能会发生生理性醉酒的情形。由于个体对酒精耐受力不同或人体血液对酒精的吸收程度不同，因而每个人形成生理性醉酒的情况可能不同。虽然不同个人生理性醉酒后的表现各异，但酒精对人体的作用主要是使中枢神经处于异常亢奋的状态，这种亢奋症状强烈时可使行为人产生轻度的意识障碍，从而使行为人的自我控制能力有一定程度的减弱，但这种意识障碍并不使行为人完全丧失辨识能力，因此生理性醉酒不会使人出现精神病性症状。

从古至今，醉酒犯罪均被视为刑法规范的对象，各国刑法上对醉酒后犯罪都有不同的规定，我国《刑法》第18条第4款规定了醉酒者的刑事责任能力原则，确认"醉酒的人犯罪，应当负刑事责任"，这是由醉酒人犯罪的特征所决定的。首先，醉酒者没有醉酒之前本身是精神正常的人，具有正常人应当拥有的辨认能力和控制能力，其精神障碍与精神病人由病而致的精神错乱在根本上是不同的，其只是因酒精对人神经系统的刺激性作用而产生了暂时性的精神异常。并且，人如果醉酒达到"烂醉如泥"的状态，是不能够自主活动的，那么就不能进行危害社会的行为。一般情况下人醉酒之后还能够进行一些活动，就说明其并没有完全丧失辨认和控制自己行为的能力，而只是酒精的作用致使其辨认能力和控制能力在某种程度上有所削弱。其次，醉酒系醉酒者自己饮酒造成的，对于其醉酒后的行为可能造成危害社会的结果，醉酒者是明知的。行为人在醉酒以前，一般都清楚自己对酒精的耐受能力，知道自己饮多少酒后会影响自己的辨认能力或控制能力，并且应当预见或认识到自己在醉酒以后是否会有可能实施某种危害行为。因此，虽同样是精神异常状态下实施了危害社会的行为，但醉酒人的犯罪不同于精神疾病状态下人的犯罪，一个人患有精神疾病不是自己选择的结果，而饮酒是否到醉酒状态却是自己可以控制的。

在确定醉酒者应负刑事责任原则后，在对醉酒犯罪量刑时应考虑多方面因素。从司法实践分析，普通醉酒总体上社会危害较小，大多数案例为酒后斗殴、交通肇事等，极少有重大犯罪案件。醉酒后的重大犯罪往往与醉酒者的异常人格特征有关，如日常生活中的待人处事比较极端、比较偏执、易被激怒等，甚至一些重大案件表明醉酒者饮酒前已有犯罪意图或者犯罪倾向，醉酒只是起催化剂的促进作用。因此量刑时有必要分析醉酒的原因、醉酒前行为人的责任能力状况和对犯罪行为及其结果的主观心理态度。在醉酒的原因上，应当区分行为人是自愿醉酒还是非自愿醉酒。一般人都应当知道自己的大致酒量是多少，也应当知道过量饮酒会使自己产生意识障碍，甚至已经预见或应当预见到自己在醉酒后必然或可能实施危害行为，依旧不加节制饮酒而醉酒，表明他们对醉酒后的危害行为心存故意或者过失的态度。具体而言，行为人有可能是希望或放任自己在醉酒状态下实施危害行为；或者，虽预料到自己在醉酒状态下有可能实施危害行为但轻信自己不会这样做，或因疏忽大意而没有预见到自己可能会实施危害行为。这就说明了行为人存在着犯罪故意或过失的心理态度,应当承担刑事责任。非自愿醉酒也称为无过错醉酒、被动醉酒,是指不可抗力、不可预见的原因而造成的无故意、过失的醉酒。对非自愿醉酒后犯罪的,要根据行为时行为人辨认和控制自己行为能力的程度把握其应当承担的刑事责任,对丧失辨认和控制能力的,视为不具有刑事责任能力;对辨认和控制能力减弱的,可视为限制刑事责任能力。非自愿醉酒在英美法系的刑法中是阻却责任的原因之一,非自愿醉酒大致可以由五种情形所引起:被迫、受骗、遵照医嘱、无辜的错误、病理性的原因。[①]绝对的非自愿性饮酒在日常生活中是很少见的,因为除非是在极端的情况下,生活中醉酒的人在醉酒前完全有能力、有自由控制自己的饮酒行为和饮酒程度,生活较为常见的情形是旁人的一味劝酒而导致的醉酒。对被一味劝酒而醉酒后实施犯罪行为的情形,由于喝酒有被动的成分,量刑时应当与其他自愿性醉酒的有所区分。因此,衡量醉酒人刑事责任时,不仅要考察危害行为的性质、危害结果的恶劣程度等因素,还要考察醉酒人在醉酒前的状况及醉酒的原因,才能对醉酒人的责任能力作出一个较为客观、全面的分析。

近些年,由于吸毒后产生精神障碍状况下的违法犯罪案件屡见不鲜。我国刑法没有对吸毒者的刑事责任进行明确规制,但并不代表吸毒者犯罪不负刑事责任。那种认为刑法中没有规定吸毒后出现精神障碍犯罪应负刑事责任、就不应对因吸毒造成精神障碍后的犯罪追究刑事责任的看法是完全错误的,是对"法无明文不为罪原则"的曲解和偷换概念,逻辑上是行不通的。吸毒是我国法律严厉禁止和打击的行为,我国刑法对醉酒后犯罪追究刑事责任,对吸毒后产生精神障碍情况下犯罪更要严惩不贷。我国刑法理论界对吸毒者刑事责任的认定主要形成了三种观点。第一种观点着重从医学要件考虑吸毒者的精神障碍状态,认为行为人吸食毒品后因精神活性物质作用而呈现病理性妄想而实施危害行为,其行为时失去了辨认和控制自己行为的能力,主张将吸毒者评定为无责任能力人;第二种观点截然相反,认为吸毒对人身体有害无益,吸食毒品成瘾是自陷性行为,行为人明知吸食毒品后会导致精神异常并行为失控,仍然不思悔改且继续主动吸食毒品,在选择吸食毒品时具有完全的辨认能力和控制能力,并且凭吸毒的经验能预见到辨认能力及控制能力受损,因此对吸毒者应采取严格标准,主张将其评定为完全刑事责任能力人;第三种观点采取折中办法,结合行为人吸毒后心理态度、辨认和控制能力受损状态,主张将自愿吸毒者评定为限定刑事责任能力人,对非自愿吸毒者评定为无刑事责任能力人。

---

① 刘白驹. 精神障碍与犯罪:下. 北京:社会科学出版社,2000:765-766.

这三种观点的出发点各有不同，其合理性有待进一步分析。第一种观点单纯因吸毒后出现的精神障碍与精神病状态形似，即将吸毒者的刑事责任能力与精神病人的刑事责任相同对待，显然是不正确的。虽然行为人吸毒后也出现类似于精神病人的精神障碍，但毒品药物滥用所致的精神障碍与精神病的精神障碍有质的区别。首先，原因不同。吸毒者精神障碍的产生是由于毒品药物的滥用，并且通常是吸毒者自由自愿下的自由行为或自陷行为，是吸毒者意志自由选择下的外因所致。而精神病人精神障碍的产生是由于生理上患有疾病，是个人在疾病控制下不受自我支配的非自主行为，并非患者本人意志自由的选择且为持续性的内因所致。其次，心理态度不同。自主吸毒者在吸食毒品之前对于吸毒产生的后果是清楚的，其吸食毒品时的心理状态较为复杂，存在一定的故意或过失。试想，假如某毒品药物滥用者企图借用吸毒后所形成的幻觉状态去实施犯罪行为，那么他心理上对犯罪行为是有预见的预谋和追求的。而精神疾病患者在疾病的作用下不具有是非辨认能力，心理上也就不存在犯罪的故意或过失。

我们赞同第二种观点，主张参照《刑法》第18条第4款的规定衡量吸毒者的刑事责任。吸毒者犯罪与醉酒犯罪同属在非精神病性精神障碍后犯罪的行为。根据《中国精神障碍分类与诊断标准》第三版，"毒品"主要包括鸦片、大麻、中枢兴奋剂、致幻剂等精神活性物质。当这些精神活性物质药物剂量过大时，药物的毒性或药物代谢产物可以直接影响人的血液循环，导致神经系统暂时性的障碍而引起人的意识障碍，一般的症状表现为知觉、注意、思考、判断及动作均不能正常进行，直接影响到吸毒者的辨认和控制能力。从本质上讲，酒精也是药物的一种，醉酒也是药源性精神障碍，药物和毒品的过量使用所导致的精神障碍与酒精的作用所导致的精神障碍具有极大的相似之处，毒品的滥用同样易激起行为人的胆量而引发具有攻击性的危害行为。虽然我国刑法没有具体规定吸毒后行为人的刑事责任能力的条款，但是可以肯定的一点是，饮酒是合法行为而吸毒是法律所严禁的行为，刑法规定醉酒后犯罪应当追究行为人的刑事责任，那么对吸毒所致的危害行为更应严惩。对吸毒后丧失辨认能力和控制能力者的刑事责任，应该根据具体情况认真分析，妥善找出适宜的量刑标准。

第三种观点的合理之处在于考虑了非自愿吸毒的情况。非自愿吸毒者有以下几种情况：本人误食，被诱骗、强迫、暗算等服下毒品，因治疗疾病服用精神活性药物而产生的副作用等。应认真分析非自愿吸毒者精神障碍下的辨认和控制能力，非自愿吸毒者如果尚具有一定的辨认和控制自己行为能力，则应当被认定为限制刑事责任能力人；非自愿吸毒者如果辨认和控制能力已完全丧失，则应被认定为无刑事责任能力人。

第六节 违法性认识可能性的欠缺

知识背景

违法性认识又称为"不法认识",是指行为人在实施行为的时候是否认识到自己行为的违法性,是否清楚地明白自己的行为是被法律所禁止或者不允许的。违法性认识的可能性,是指行为人在对其实施的危害行为及其后果这些事实有认识的情况下,应该可以认识到自己的行为是违法的。那么,行为人在对危害行为及其后果这些事实有认识的情况下,如果不知道自己的行为不被法律所允许,或者对法律的效力有错误认识,也就是说行为人不具有违法性认识的可能或者对其行为的违法性认识错误,应当如何处理,这在中外刑法学上一直都是有争议的问题。

关于违法性认识可能性和违法性认识错误,我国刑法典没有作出明文规定,但立法上的沉默并没有湮灭理论的研究和争论,特别是刑法责任主义理论的引入更是激发了对违法性认识的必要性与体系性地位等问题的热议。一直以来,我国刑法学的通说赞成违法性认识不要说,近年来随着"四要件"和"三阶层"的争论,越来越多的学者倾向于违法性认识必要说。[1]

在三阶层体系中违法性认识的地位处于责任阶层之内,是责任要素,因此违法性认识影响到行为人的责任进而影响到犯罪是否成立。没有违法性认识的可能性,就没有非难可能性,也就没有责任。非难可能性深深植根于国民的规范性意识中,对非难可能性有无的判断,要以期待可能性、责任年龄、责任能力、故意、过失等为素材。[2] 缺乏违法性认识的可能性,意味着没有责任,因此也成为责任阻却事由。违法性认识问题的关键是判断何种情况下就应当认定行为人不具有违法性认识的可能性,因而不具有非难性而不予追究行为人的刑事责任。

案例评介

[案例6-13] 赵某华非法持有枪支案[3]

1. 基本案情

2016年8月至10月12日间,赵某华在某市某区某大街摆设射击游戏摊

---

[1] 陈兴良. 违法性认识研究. 中国法学. 2005(4): 131-141.
[2] 周光权. 违法性认识可能性不是故意的要素. 中国法学, 2006(1): 106.
[3] 天津市河北区人民法院刑事判决书(2016)津0105刑初442号;天津市第一中级人民法院刑事判决书(2017)津01刑终41号.

位进行营利活动。2016年10月12日晚，某市某区公安机关在赵某华的射击游戏摊位当场查获枪形物9支及相关枪支配件、塑料弹。经某市公安局物证鉴定中心鉴定，涉案9支枪形物中的6支为可以正常发射的以压缩气体为动力的枪支。2016年12月17日某市某区人民法院一审判决认为，赵某华违反国家对枪支的管理制度，非法持有枪支，情节严重，已构成非法持有枪支罪。赵某华当庭自愿认罪，可以酌情从轻处罚；辩护人所提赵某华具有坦白情节、系初犯、认罪态度较好的辩护意见，法院予以酌情采纳。依照《刑法》第128条第1款及最高人民法院《关于审理非法制造、买卖、运输枪支、弹药、爆炸物等刑事案件具体应用法律若干问题的解释》第5条第2款第2项之规定，某市某区法院一审以赵某华犯非法持有枪支罪，判处其有期徒刑3年6个月。

一审宣判后，赵某华提出上诉，以其不知道持有的是枪支，没有犯罪故意，行为不具有社会危害性且原判量刑过重为由提出上诉。某市第一中级人民法院二审认为，赵某华用于摆摊经营的枪形物属于2001年最高人民法院发布的《关于审理非法制造、买卖、运输枪支、弹药、爆炸物等刑事案件具体应用法律若干问题的解释》中规定的"以压缩气体等为动力的其他非军用枪支"，具有一定致伤力和危险性，且已达到2010年公安部《公安机关涉案枪支弹药性能鉴定工作规定》中规定的"所发射弹丸的枪口比动能大于等于1.8焦耳/平方厘米"的枪支认定标准。赵某华明知该枪支无法通过正常途径购买获得而擅自持有，具有主观故意。其非法持有的枪支为5支以上，按照上述司法解释属情节严重，应判处3年以上7年以下有期徒刑。2017年1月26日，某市第一中级人民法院作出二审判决，上诉人赵某华非法持有枪支罪且属情节严重，应处3年以上7年以下有期徒刑。综合考虑赵某华非法持有的枪支刚刚达到认定标准、犯罪行为的社会危害相对较小、有悔罪表现等情节，可酌情予以从宽处罚并适用缓刑。上诉人赵某华犯非法持有枪支罪，判处有期徒刑3年，缓刑3年，在缓刑考验期限内，依法实行社区矫正。

2. 涉案问题

二审中上诉人赵某华所提不知自己所持有的是枪支的上诉理由，以及其辩护人所提出赵某华认为自己持有的是玩具枪而非真枪，其对行为存在认识错误，不具备非法持有枪支犯罪的主观故意的辩护意见，是否成立？

3. 裁判理由

对于该辩护理由，二审法院认为，涉案枪支外形与制式枪支高度相似，以压缩气体为动力、能正常发射、具有一定致伤力和危险性，且不能通过正常渠道购买获得，上诉人赵某华对此明知，其在此情况下擅自持有，即具备犯罪故意。至于枪形物致伤力的具体程度，不影响主观故意的成立。对上诉人提出的上诉理由和辩护人的辩护意见，法院均不予采纳。

4. 评析意见

赵某华非法持有枪支案掀起了学界对"违法性认识可能性"这一理论的探讨，虽然法院没有采纳辩护人的"赵某华认为自己持有的是玩具枪而非真枪，其对行为存在认识错误，不具备非法持有枪支犯罪的主观故意"的意见，但亦有相当多的学者认为赵某华案中存在对枪支的两种认识错误：第一，赵某华小摊上所用的道具是否属于枪支的认识错误，这是一种事实认识错误；第二，赵某华小摊上持有枪支是否违法的认识错误，这是一种违法性的认识错误。在我国刑法语境中，违法性认识也可以说是社会危害性认识，因此所谓缺乏违法性认识是指没有认识到自己的行为具有社会危害性，因而排除犯罪故意。① 在此，我们仅评析本案二审法院未采纳认识错误的审判理由：首先，赵某华自2016年8月接手摊位至2016年10月被抓，其间的两个月时间，作为摊主，很难说她没有经历和目睹顾客在射击游戏过程中使用道具的杀伤力，因此二审法院认为上诉人对射击道具的杀伤性具有认识。其次，赵某华在接管摊位的时候，如果对道具的杀伤力把握不大，作为摊主她本身具有一定的注意义务，在对道具杀伤力是否违法无法作出判断的时候，可以向公权力机关求证和核实，可是本案中赵某华并没有这么做。因行为人没有履行注意义务，故不能以缺乏违法评价认识可能性为由阻却责任。

深度研究

违法性认识的可能性学说充分考虑了行为人是否具有责任非难性的依据，行为人有认识到自己行为违法的可能性，就应当在行为上采取制止自己行为的反向措施，实施合法行为。也就是说，行为人认识到犯罪事实并具有违法性认识的可能性，就具有责任非难性而应当负相应的刑事责任；相反，如果行为人不具有违法性认识的可能性就不具有责任非难性，因具有责任阻却事由而应免除相应的刑事责任。因此，违法性认识可能性的判断是对行为人是否具有责任非难可能性和惩罚适应性的判断，对具有违法性认识可能性的行为谋求刑法适用上的具体妥当性的过程。

关于违法性认识是故意的要素还是与故意有区别的其他要素，学界中曾有过激烈的讨论，也就是"限制故意说"与"责任说"的对立。限制故意说认为，现实的违法性认识可能性是故意的要素，包含于故意的内容之中。没有违法性认识，就没有故意。责任说主张，违法性认识可能性是一种规范性要素，它抑制实施违法行为的意思决定。违法性认识可能性是与故意有区别的其他责任要素，也是故意行为、过失行为共同的责任要素。周光权教授

---

① 陈兴良. 赵春华非法持有枪支案的教义学分析. 华东师范大学学报, 2017 (6): 6.

指出，将违法性认识作为故意要素来理解有逻辑上根本的谬误。首先，故意与过失都需要有违法性认识的存在。违法性认识的本质是行为人对法律有蔑视心理，而故意和过失均包含对法律的蔑视：只不过故意是对法律的强烈蔑视，行为人具有非常明确具体的违法性认识；而过失行为人对法律的蔑视较轻，对违法性的认识也比故意犯的较弱。故意犯和过失犯均具有违法性认识，只是责任非难的程度不同。其次，故意与违法性认识分属不同的层次。故意是对事实的认识，而违法性认识是对法规范的态度。二者分属不同的层次，无互相种属关系。对故意和违法性认识的判断，必须分层次进行，先进行故意的评判，如果故意不存在则不需要进行违法性认识的评判；只有在故意存在的情况下，才有必要进一步判断违法性认识的有无。最后，要深入理解规范责任论的含义。根据规范责任论，在进行责任判断时，确定责任能力、故意和过失，属于事实判断的内容，对违法性认识、期待可能性的分析，属于规范判断的内容。规范判断是在确立故意、过失存在之后，分析责任有无时需要加以确定的情况，期待可能性、违法性认识因此都不是故意、过失范畴中的一部分。[1]

在一般情况下，行为人只要具备了故意或过失的责任形式，就可以推定为具有违法性认识的可能性。在一些例外或特殊情况下，违法性认识可能性是不存在的，主要包括：（1）由于通信不发达、所处地区过于偏僻等，行为人不知道法律的存在；（2）由于国家相关法律宣传、相关行政管理部门的懈怠，行为人对自己的行为是否违反特定领域的行政、经济法规完全没有意识；（3）刑罚法规突然改变；（4）法律规范完全不同的外国人进入中国时间较短，对自己可能违反的法规一无所知；（5）知道刑罚规范的存在，但由于法规之间有抵触，错误解释刑法，误以为自己的行为合法；（6）从值得信赖的权威机构获得信息，认为自己的行为合法；（7）行为人知道，他人以前曾经实施类似行为，并没有得到刑法的否定性评价，从而坚信自己的行为合法。[2] 以上情况下，行为人缺乏违法性认识的可能性，具有责任阻却事由而责任要素不齐备，因此不成立犯罪。

第七节　期待可能性的欠缺

期待可能性理论是最早发源于德国的刑法学说。期待可能性是指当行为

---

[1] 周光权. 刑法总论. 北京：中国人民大学出版社，2007：252-253.
[2] 陈兴良，周光权，车浩. 刑法总论精释. 北京：人民法院出版社，2016：412.

人为一定行为时，他人可以期待行为人作出不违反法律的行为，并作出符合法律规定的行为。如果要求在所有情况下行为人都能作出适法行为是苛刻的，在一些特殊情况下是不应该对行为人提出适法行为要求的，期待可能性理论考虑了难以期待行为人作出适法行为的特殊情况。因此，如果存在期待可能性，责任非难即属可能；如果期待可能性欠缺，责任非难即不可能。所以，期待可能性的欠缺亦属于责任阻却事由之一。

  期待可能性理论来源于1897年德意志帝国法院第四刑事部所作的"癖马"案判决。被告驾驭的马车配有两匹马，其中一匹名为Leinenfaenger的马患有一般的马不容易得的癖病，这种病不定期发作，发作时马喜欢用尾巴绕住缰绳并用力压低马车，导致车身不稳定而翻车。车夫及其雇主都知道这匹马的毛病，车夫多次要求雇主换掉马匹以免出事，但是雇主没有答应他的要求。1896年6月19日，在车夫驾驭配有该匹马的马车行驶期间，这匹马突然犯病、一直用尾巴夹紧缰绳并使劲压低车身，当车夫屡次尝试拉出缰绳时，这匹马突然变得狂躁起来，车夫虽采取了相应的紧急措施但仍完全失去了对它的控制，马在狂奔疾驰中冲向在路边行走的一铁匠，铁匠被撞翻在地并陷于马车下而受伤骨折。检察官以上述之事实，对被告以过失伤害罪提起公诉。一审法院宣告被告无罪，检察官以判决不当为由向德意志帝国法院提出上诉，但德意志帝国法院审理后认为上诉无理、维持原判。法院判决车夫无罪的理由是，确定车夫责任不能仅从行为人是否具有故意或过失去判断，还需要判断行为人在当时的情况下是否具有适法行为的期待可能性，如果具有期待可能性则具有非难性，如果不具有期待可能性则不具有非难性，而本案中不能期待车夫冒着失去工作的风险顶撞自己的老板而不去驾驭该马匹，因此不具有期待可能性则行为人不具有非难性，故本案被告不能承担过失伤害行为的责任，为无罪。

  德国法学家弗兰克于1907年在其《论责任概念的构造》中率先挑战刑事犯罪中"故意和过失就是可谴责性"这一命题，创造性地提出：所谓责任不只是"故意、过失等单纯的主观心理状态，而是在此基础上的客观附随情况可否期待行为人实施合法行为的一种规范判断"。期待可能性是在综合考量法律与人性的基础上，针对人性的弱点而给予法的救济，充分彰显了对异常情势下人性弱点的关怀和包容，体现了"法不强人所难"这一古朴的法谚精神。期待可能性理论的形成，也就是心理责任论向规范责任论转变的历史过程。①

---

① 陈兴良. 期待可能性研究. 法律科学, 2006 (3): 72.

案例评介

[案例 6-14] 石某伟绑架人质强迫杀人案
（受胁迫参与犯罪行为的受害人是否构成犯罪）

1. 基本案情

2008年6月，石某伟先后纠集与其在同一监狱服过刑的狱友李某伟、陈某勤、郭某杰、刘某林及曲某伟等人多次预谋、策划、制订绑架方案，准备面罩、绳子、胶带等作案工具，进行具体分工，寻找绑架对象，并租赁房屋用于关押人质。为获取绑架人质所用车辆，由石某伟提供汽车钥匙，李某伟、陈某勤、刘某林三人于2008年9月30日晚到某市某镇某村，盗窃一辆黑色帕萨特轿车。2008年10月14日20时30分左右，李某伟、陈某勤、郭某杰、刘某林、曲某伟等人驾驶所盗窃的汽车，按照石某伟提供的绑架对象的线索，到该某市某宾馆后院，将下班返家的夏某挟持到车上，带至他们事先租赁的房内，捆绑并套上面罩后交由郭某杰看管。当日23时许，陈某勤等又驾车将另一被害人王某（女）挟持到拘禁被害人夏某的租赁房内。为迫使夏某交纳500万元赎金，陈某勤、郭某杰、曲某伟、刘某林对夏某进行殴打，并强行让夏某与王某发生性关系，因夏某不从而未得逞。四人又威逼夏某使用绳子勒死王某，遭夏某拒绝。后四人将一根尼龙绳强行套在王某的颈部，绳子两端缠在夏某的手臂上，又用另一根尼龙绳套在夏某的颈部，陈某勤向前推王某的上身，刘某林、郭某杰往后拉套在夏某颈部的绳子，致夏某脸色变紫、王某昏迷。

之后，石某伟等将夏某送到郊外，让其回家筹集赎金。陈某勤、郭某杰见王某尚有呼吸，再次用铁丝勒王某的颈部，致其死亡。次日凌晨6时许，陈某勤、郭某杰等人驾车至某县，将王某尸体抛弃到一废弃矿井内。

2. 涉案问题

本案中另一受害人夏某，因受到胁迫对被害人王某实施强奸与杀害的行为，是否构成犯罪？

3. 裁判结果

根据案件基本事实，某市中级人民法院认为石某伟、陈某勤、郭某杰、李某伟、刘某林、曲某伟等以勒索财物为目的绑架他人，其行为均已构成绑架罪；石某伟、李某伟、陈某勤、刘某林为实施绑架而盗窃机动车辆，价值特别巨大，其行为构成盗窃罪；刘某林、曲某伟等在绑架过程中，以胁迫等方法强制猥亵妇女，其行为已构成强制猥亵妇女罪。

根据本案的犯罪事实、情节和社会危害程度及个人在共同犯罪中的地位和作用，该法院以绑架罪判处石某伟死刑，剥夺政治权利终身，并处没收个人全部财产；以盗窃罪判处有期徒刑 14 年，并处罚金人民币 13 万元；数罪并罚，决定执行死刑，剥夺政治权利终身，并处没收个人全部财产。对陈某勤也以绑架罪、盗窃罪并罚，判处死刑，剥夺政治权利终身，并处没收个人全部财产。对郭某杰以绑架罪判处死刑，剥夺政治权利终身，并处没收个人全部财产。

另外，李某伟、刘某林、曲某伟等也分别被判处死刑，缓期二年执行、无期徒刑和有期徒刑。一审宣判后，石某伟等提出上诉。

省人民法院二审经审理认为，原审判决定罪准确，量刑适当，审判程序合法。裁定驳回上诉，维持原判。核准某市中级人民法院对李某伟、刘某林判处死刑，缓期二年执行，剥夺政治权利终身，并处没收个人全部财产的刑事判决；并对石某伟、陈某勤、郭某杰的死刑判决依法报请最高人民法院核准。

经最高人民法院复核，依法核准石某伟、陈某勤、郭某杰三人的死刑。2010 年 9 月 29 日，石某伟、陈某勤、郭某杰三人被执行死刑。

4. 评析意见

从案件裁判结果可见，本案中另一位受害人夏某的行为不构成犯罪。从目前我国刑法通说的角度来看，夏某的行为是受到暴力胁迫、出于不能抗拒的原因实施的，他当时已经丧失意志自由，行为并非出自个人意愿，故不应对其强奸、杀人行为承担刑事责任。很多学者更倾向于从期待可能性理论的角度进行分析，即本案中需要考察的是，在当时特定的环境下，夏某是否具有实施其他适法行为的可能性？本案中，夏某受几位犯罪嫌疑人的暴力强制，在双手被束缚的情况下，与王某被同一根绳索勒住脖子，可见夏某自己的生命也处于极其危险的境地。在这种完全丧失了人身自由和意志自由的情况下，如果不服从多名犯罪嫌疑人的命令，夏某也会被殴打、虐待甚至杀害。在这种特殊境遇下很难要求夏某作出适法行为，期待夏某为了保护王某而不去服从多名犯罪嫌疑人的胁迫是不现实的。夏某不具有作出适法行为的期待可能性，责任阻却事由产生，因此夏某不应该承担刑事责任。

深度研究

陈兴良教授在《刑法哲学》中指出："期待可能性是指在行为当时的具体情况下，能期待行为人作出合法行为的可能性。"[①] 根据期待可能性理论，在极其特殊的、非同寻常的情形下，按照常识的推断和一般人的理解，期待行为人必须作出适法行为是不现实的、苛刻的要求，那么就应当视为发生了责

---

① 陈兴良. 刑法哲学. 北京：中国政法大学出版社，1992：52.

任阻却而不能进行刑法的非难。可见,将期待可能性的欠缺作为责任阻却事由体现了司法的人性关怀,是法律对处于极特殊情况下的刑事违法者适当地减免责任,日本学者大塚仁教授在评价期待可能性理论时曾指出:"期待可能性正是想对在强有力的国家法规范面前喘息不已的国民的脆弱人性倾注刑法的同情之泪的理论。"① 20世纪90年代以后,期待可能性这一新兴理论极大地引发了刑法界的兴趣,研究期待可能性的文章骤增,从争论的焦点来看,植入期待可能性理论遇到的最大问题是无法在四要件结构中保持期待可能性理论的原貌。

目前,我国《刑法》既无关于期待可能性的明文规定,也无期待可能性理念的直接表达,但一些法定的刑事责任减免事由可以理解为与欠缺期待可能性同出一源,或者说,可以用期待可能性的理论和精神加以诠释。例如,《刑法》第16条"行为在客观上虽然造成了损害结果,但是不是出于故意或者过失,而是由于不能抗拒或者不能预见的原因所引起的,不是犯罪"是关于不可抗力作为刑事免责事由的相关规定。从期待可能性理论去考察,在不能预见、不能克服或不能避免的极端情况下,我们不能要求行为人必然作出适法行为,因此特殊情势造成的期待不可能构成了责任阻却事由。但不可抗力和期待可能性的欠缺本质上是不同的,不可抗力下的行为不具备犯罪客观方面的必要要件,属于违法阻却事由;而期待可能性的欠缺属于责任阻却事由,行为人的行为具备该当性和违法性,只是由于欠缺期待可能性而发生了责任阻却。再如,《刑法》第28条关于胁从犯的规定——"对于被胁迫参加犯罪的,应当按照他的犯罪情节减轻处罚或者免除处罚",如果行为人是受到暴力相逼迫而不得已参加了犯罪,是在反抗必然会危及自己生命安全的极端情形下,则不能期待行为人牺牲自己的生命去作出适法的行为。因此,对于胁从犯来说,也是期待可能性的欠缺导致责任阻却,应按照具体犯罪情节予以减轻或免除处罚。

虽然司法实践中不能直接将期待可能性的欠缺作为减免刑事责任的法定理由,但在刑事办案中广泛存在可将期待可能性的欠缺作为责任阻却事由的案例。基于此,本书认为有必要对司法实践中可以将期待可能性的欠缺作为责任阻却事由的情形进行归纳分析。

1. 为了自救下的期待不可能

人的生命是平等、不可度量且无法比较的,不能因年龄、性别、所属地域、从事职业等的差别而有高低贵贱的不同,我们不能说年轻人的生命比老年人的生命宝贵,也不能说城市人的生命比农村人的生命有价值,因此法律

---

① 陈兴良.赵春华非法持有枪支案的教义学分析.华东政法大学学报,2017(6):12.

不能期待一个人牺牲自己的生命去保全他人的生命。陈兴良教授曾在《期待可能性问题研究》[①] 一文中讲过这么一个案例：王某（女，30岁）带邻居家的孩子李某（男，5岁）去河边散步，李某不听从王某的管教和制止，甩开王某的手在河边嬉闹蹦跳并不慎跌入河中。但王某并不会游泳、无法跳入河中施救，其只能大声呼喊希望旁人能来营救，致李某因错过营救时间而溺亡。本案中王某不会游泳，法律不能期待，更不能强迫不会游泳的人下水救人。

在生活中为了自救而伤害别人生命的案例亦不少见，很多人选择用紧急避险进行解释，但我国刑法认定紧急避险的标准是行为所造成的损害应小于所避免的损害，那么当紧急避险行为所造成的损害与其所避免的损害相当，如为了自救而伤害他人的生命，该如何认定呢？在本书上卷第五章"违法阻却事由"中也提到，德国刑法将紧急避险分为两种：一是阻却违法的紧急避险，二是阻却责任的紧急避险。其中，紧急避险行为所造成的损害小于所避免的损害的，属于阻却违法的紧急避险；紧急避险的行为所造成的损害与所避免的损害相当的，属于阻却责任的紧急避险。我国刑法对此未作说明，我们可以将上述第二种情况视为避险过当，也可以用期待可能性的欠缺来进行解释。以发生在2014年12月31日的上海踩踏事故为例，当时上海外滩有数以万计的游客准备参加跨年夜的狂欢集会，黄浦区外滩陈毅广场上进入和退出广场的人流发生对冲，致使很多人在冲撞中被挤倒，造成36人被踩踏身亡的严重事故。那么由于受到人群的拥挤、为了逃命而对他人进行踩踏作为，是否应负刑事责任？按刑法通论中紧急避险的"法益平衡说"来看，逃避拥挤的行为人所引发的伤害与所避免的伤害是相当的，造成他人死亡的后果只能视为避险过当。从期待可能性理论去分析，在"违法能生存、守法会死亡"的极端情形下，行为人为了让自己活命而不得已踩踏受害人造成其伤亡，虽然其行为具有行为的该当性、违法性，但因在当时极特殊的情况下不能期待行为人牺牲自己的生命去作出适法行为，故期待可能性的欠缺引发责任阻却，行为人不具有有责性而在一定程度上不需要承担刑事责任。

2. 遭受突然袭击下的期待不可能

在不法侵害开始或进行过程中的防卫，其性质比较容易确定。在不法侵害结束之后，或在侵害人已经不再继续侵害的情况下，被害人仍然采取暴力而互殴的情况通常被认定为防卫过当。如甲在正常行走过程中，乙误将甲认成昔日仇人丙，遂冲上前来不由分说用板砖将甲头部拍伤后跑开，甲盛怒之下追上前去踹了乙一脚，造成乙腿部轻微擦伤。此种情形下，乙跑开后不具有再次侵害的现实可能，甲仍然采取暴力进行报复，严格来讲不具有防卫性

---

① 陈兴良．期待可能性问题研究．法律科学，2006（3）：80．

质，属于防卫过当行为。但从期待可能性理论来看，一个正常人平白无故突遭陌生人的无端打骂，不能期待他保持绝对克制而无动于衷，因为这样的要求实在有点过于苛刻。甲对乙造成的轻微伤害，因发生期待可能性的欠缺而阻却责任，因此甲不应承担刑事责任。可见，以期待可能性来解决防卫过当的问题，凸显了法律更加体恤人情，符合"温情司法"的办案理念。

3. 极度惊恐下的期待不可能

外国刑法典中很多把极度惊慌、恐惧下实施的防卫过当行为作为责任阻却事由，如《德国刑法典》第33条规定："防卫人由于慌乱、恐惧、惊吓而防卫过当的，不负刑事责任。"《瑞士刑法典》第33条第2项规定："正当防卫人由于可原谅的慌乱或惊慌失措而防卫过当的，不处罚。"可见，行为人在慌乱、恐惧情形下的防卫过当行为在很多国家是免责的。人在受到恐吓极度慌乱害怕的情形下会丧失正常人的部分控制能力，往往会作出并非出自本意的过激行为，追究刑事责任时应当充分考虑到行为人所处的极端恶劣环境和情势背景。所谓"法不强人所难"，即法律不能强迫人去做他不可能做到的事情，期待可能性的欠缺正体现了这一理念。

曾引发学界热议的2016年"于欢案"为该情形下的典型案例。因于欢的母亲苏某欠款未还，以杜某为首的11名讨债人员长时间将于欢母子非法拘禁，对于欢不停地辱骂、殴打，并当着于欢的面对于欢母亲苏某进行侮辱猥亵，其间苏某公司员工打电话报警，警察到了之后于欢及母亲想随警察离开但遭杜某等的阻拦，于欢遂持尖刀捅刺多人，最后导致杜某死亡。从违法性上判断，于欢具有不法意识，于欢的行为属于防卫过当，但从有责性上判断，于欢的行为并不具有期待可能性。因为，作为一个正常的男性，在长时间被非法拘禁并目睹自己的母亲被几个男子侮辱之后，情绪已经到了极其恐惧、愤怒的地步，再加上警察到了以后也未能及时制止暴行，更进一步将于欢的情绪刺激到了极点。我们不能期待一个正常的人在这种极端的情况下依然适度适法行事，于欢处于一种深度恐惧与绝望之中，因此丧失了期待可能性。

我国学界对于期待可能性理论有两种完全不同的态度，持第一种态度的学者完全排斥期待可能性理论，明确反对引入期待可能性理论。他们认为期待可能性理论与四要件架构是完全冲突、没有契合点的，无法在保持四要件架构的前提下引入期待可能性理论，强行引入期待可能性理论是忽视了我国和大陆法系刑法理论及犯罪构成体系的重大差别的一个误区。[1] 还有学者认为，四要件说中已经包含了与期待可能性功能相当的很多理念，实在没有必

---

[1] 姜涛. 期待可能性理论：引进还是拒绝. 江苏大学学报，2005 (4)：41.

要再重新引入一个完全陌生的概念。

相反，持第二种态度的学者主张更换我国现行的四要件体系，在重新整合后的新体系中引入期待可能性理论。如陈兴良教授在"罪体—罪责"犯罪论体系中将期待可能性理论作为一种罪责排除事由，他认为应该"从期待可能性的体系性地位出发，对我国犯罪构成体系中的责任要件进行重构"[1]。周光权教授构建了犯罪客观要件、犯罪主观要件和犯罪排除要件的体系，将缺乏期待可能性作为一种责任排除事由。[2]

期待可能性理论在中国刑法界的发展轨迹，具有极强的"法律移植"的代表性。当把期待可能性这个原产于三阶层体系中的概念引入我国现行四要件架构时，高概率地会造成这个概念与四要件架构之间的内在冲突。[3] 其实，这是所有法律理论在进行移植的时候都会遇到的问题，因为任何法学理论的产生、发展和适用，都离不开特定的文化背景、传统背景和时代背景。如何在保持原有法律体系不变的前提下，将一个根植于其他不同体系中的概念移植过来，且不与其他概念产生排斥反应，并根据时代要求和国家结构的特点，使其萌芽、培育、发展和壮大起来？在我国学界和实务界，有关期待可能性的研究和探讨还会持续下去。

---

[1] 陈兴良. 本体刑法学. 北京：商务印书馆，2001：331.
[2] 周光权. 刑法总论. 北京：中国人民大学出版社，2011：67.
[3] 车浩. 责任理论的中国蜕变——一个学术史视角的考察. 政法论坛，2018（5）：67.

第七章 未完成形态

第一节 犯罪未完成形态概述

一、犯罪未完成形态概述

一般而言，刑法理论在论述犯罪构成，尤其是分则具体犯罪的构成要件时，都需要完整地讨论其构成要件，因此当然地假想所有犯罪都最终得以完成。但是每起犯罪总是需要一定的发生、发展过程，并非任何犯罪均能够顺利地完成，也并非任何犯罪人均能够实现其故意或犯罪目的。换言之，通常的讨论都是以犯罪行为的既遂为模式展开的，犯罪既遂即属于犯罪的完成形态。相对犯罪既遂而言，在犯罪行为过程之中且在行为既遂之前而停止的形态，被统称为犯罪未完成形态或未完成罪。以犯罪行为在客观上处于何种阶段为标准，同时考虑到犯罪行为可能在其发展的任一阶段停止，而其停止的原因可能出于犯罪人的主动，也可能出于犯罪人的被动，犯罪未完成形态分为预备犯、未遂犯和中止犯。

通常的观点认为，刑法分则的犯罪构成规定是以犯罪的既遂为模式的，因而在理论上未完成罪就被认为属于修正的犯罪构成的一种，但是既然犯罪构成是犯罪认定的唯一标准，未完成罪就应当符合犯罪构成，而不能被视为"在不同程度上缺少犯罪构成要件中的一部分"[1]。更深层次地讲，未完成罪的构成要件特征可以被认为是对既遂犯的构成特征的修正，但是不能被认为是对犯罪构成本身的修正。

我国《刑法》第 22 条至第 24 条规定了犯罪预备、犯罪未遂、犯罪中止，刑法分则并没有就犯罪未完成形态的处罚再作明确规定。这样的规定一方面意味着，对绝大部分的故意犯罪，并不存在所谓只能处罚既遂犯而不能处罚预备犯、未遂犯的问题，在解释论上不应人为地限制刑法规范的处罚范围；

---

[1] 曲新久. 刑法学. 北京：中国政法大学出版社，2008：145.

另一方面，这并不意味着对任何犯罪的未完成形态都可以进行处罚，仍然需要对未完成形态的处罚必要性、可罚程度进行实质的、整体的判定。实际上，很多犯罪的既遂犯的危害性就较为一般，其未完成形态的违法性并没有达到需要处罚的程度，因而不需要进行刑罚处罚；或者特定的未完成形态本身其整体可罚性欠缺，就不必予以刑罚处罚。例如，2013年最高人民法院、最高人民检察院《关于办理盗窃刑事案件适用法律若干问题的解释》第12条即规定，盗窃未遂，具有下列情形之一的，应当依法追究刑事责任：（1）以数额巨大的财物为盗窃目标的；（2）以珍贵文物为盗窃目标的；（3）其他情节严重的情形。换言之，情节不严重的盗窃未遂一般就不应处罚；又或者在特定情形下，刑法分则所规定的构成要件本身只能被认为是犯罪成立的要件而不是犯罪既遂的要件，因而不具备某些特定要件就不能成立犯罪，而不仅仅是不成立既遂犯的问题。

二、犯罪未完成形态与故意犯罪的阶段

故意犯罪行为呈现出一个相互连接的过程，因此可以将其划分为若干不同的阶段。犯罪人往往在故意犯罪之前有一个犯意的形成过程，但是这仅仅是犯罪的决意并非犯罪过程的内容，无论意念如何卑劣，刑法均不处罚单纯的主观意思，因而它并不是犯罪的阶段。犯罪人在决意犯罪之后，为实现其犯罪故意而进行犯罪的准备行为，以便积极创造条件或者排除障碍，这构成犯罪的预备阶段；之后，行为人开始着手其犯罪行为而进入实行阶段，直至其行为终了。着手与终了仅仅是行为人实行犯罪开始和结束的时点，本身并非一个独立的犯罪阶段，但它们是实行阶段最为重要的界限时点。部分犯罪在实行终了之后，可能仍未全部完备其构成要件，需要经过一段时间才能发生构成要件结果而达致既遂。对于是否需要将这一阶段设定为一个独立的犯罪阶段即"实行后阶段"存在肯定和否定的观点。我们认为，通常而言，实行行为已经结束，但在结果尚未发生，犯罪尚未既遂之时，行为人虽然仍可以进行犯罪加功，或者可以认为其仅仅处于消极等待结果实现的阶段，在此意义上似乎将这一阶段归属于实行阶段亦无不可，但是实行终了的停止形态和实行未终了的停止形态，在可罚程度上仍然具有一定差异，无论在理论上还是在实践中都有区别的必要，尤其是在中止犯场合。因此，将其区分为两个既相联系又相对独立的阶段，仍然有其合理性。

因此，故意犯罪的阶段可以分为预备阶段、实行阶段和实行后阶段。当然，并非所有犯罪都必定经历上述三个阶段。故意犯罪的阶段的划分主要是为了甄别行为究竟是否可罚及可罚程度如何，尤其是犯罪阶段同犯罪的完成形态和未完成形态之间具有紧密关联，两者相互依赖。但是与故意犯罪阶段

不同的是，未完成罪是终结性的、静态的，并不存在前后连续性，即对一个具体犯罪而言不可能存在两个不同的犯罪未完成形态，也不可能先出现预备犯然后又出现未遂犯或者中止犯等（不过，在基本犯与加重犯或者结合犯之间，可能出现构成基本犯既遂但同时构成加重犯或者结合犯的未遂或者中止的情形。例如，行为人可能构成《刑法》第117条破坏交通设施罪危险犯的既遂，但之后又构成第119条破坏交通设施罪实害犯的中止[1]；又如，作为基本犯的绑架罪既遂，但是作为结合犯的绑架杀人行为可能未遂[2]）。而犯罪阶段则是在动态的意义上对前后连续性过程的划分，实际中可能只经历一个阶段，但也完全可能经历其中两个阶段或者完整的全部三阶段。尤其是，在未完成罪中，可能出现不同的未完成罪形态交错的现象，如在预备阶段和实行阶段都可能出现中止犯，但是对犯罪阶段而言，必定具有前后接续性，不可能出现实行阶段在预备阶段之前的情形。另外，同一犯罪阶段可能存在不同的未完成罪形态，如在实行阶段既可能出现中止犯也可能出现未遂犯，而同一未完成罪形态可能出现于不同的犯罪阶段，例如前述中止犯的情形，因此未完成罪形态和犯罪阶段之间并非严格地一一对应。

三、犯罪未完成形态的范围

知识背景

未完成罪必须是在犯罪过程之中发生的停止形态，因此在进入可罚的预备行为之前，犯意的产生乃至消灭均不是犯罪未完成形态所关注的内容。同样，在犯罪既遂之后行为人恢复原状或者补偿损失的行为，也不是未完成罪所要讨论的问题（作为酌定的量刑情节加以考虑，当然是另外的问题）。

未完成罪只能存在于故意犯罪之中。过失犯罪不可能存在意图犯罪而进行准备的预备行为，加上过失犯罪只有发生了构成要件预定的实害或者危险才能成立犯罪，因此过失犯罪均不可能出现犯罪未完成形态。进一步说，既然过失犯罪不存在犯罪未完成形态，讨论与其相对的犯罪完成形态即犯罪既遂也就没有任何意义，因此过失犯罪只有成立与否的问题，而没有既遂未遂的问题。

存在争议的是间接故意以及数额犯等是否存在未完成罪的问题。

---

[1] 例如，行为人意图使火车越轨而将一块石头放置于火车铁轨上然后离开，但在火车通过前又将石头搬离铁轨的行为。

[2] 不过这一案例可能存在争议，即这一条文中的"杀害"是仅指杀人既遂还是也包括杀人未遂。考虑到法定刑的缓和变化，尤其考虑到故意杀人未遂在主观上重于故意伤害，而客观上也可能造成被绑架人重伤的结果，"杀害"应当包括杀人未遂。如此一来，即使认定其成立未遂，在量刑中似乎也不必作特别的从宽考虑。

规范依据

（一）最高人民法院、最高人民检察院《关于办理生产、销售伪劣商品刑事案件具体应用法律若干问题的解释》

第2条第2款　伪劣产品尚未销售，货值金额达到刑法第一百四十条规定的销售金额三倍以上的，以生产、销售伪劣产品罪（未遂）定罪处罚。

（二）最高人民法院《关于审理骗取出口退税刑事案件具体应用法律若干问题的解释》

第7条　实施骗取国家出口退税行为，没有实际取得出口退税款的，可以比照既遂犯从轻或者减轻处罚。

（三）最高人民法院《关于审理抢劫、抢夺刑事案件适用法律若干问题的意见》

第10条　抢劫罪侵犯的是复杂客体，既侵犯财产权利又侵犯人身权利，具备劫取财物或者造成他人轻伤以上后果两者之一的，均属抢劫既遂；既未劫取财物，又未造成他人人身伤害后果的，属抢劫未遂。据此，刑法第二百六十三条规定的八种处罚情节中除"抢劫致人重伤、死亡的"这一结果加重情节以外，其余七种处罚情节同样存在既遂、未遂问题，其中属抢劫未遂的，应当根据刑法关于加重情节的法定刑规定，结合未遂犯的处理原则量刑。

（四）最高人民法院《关于审理未成年人刑事案件具体应用法律若干问题的解释》

第9条第2款　已满十六周岁不满十八周岁的人盗窃未遂或者中止的，可不认为是犯罪。

（五）最高人民法院、最高人民检察院《关于办理盗窃油气、破坏油气设备等刑事案件具体应用法律若干问题的解释》

第3条第2款　盗窃油气，数额巨大但尚未运离现场的，以盗窃未遂定罪处罚。

（六）最高人民法院、最高人民检察院《关于办理诈骗刑事案件具体应用法律若干问题的解释》

第5条　诈骗未遂，以数额巨大的财物为诈骗目标的，或者具有其他严重情节的，应当定罪处罚。

利用发送短信、拨打电话、互联网等电信技术手段对不特定多数人实施诈骗，诈骗数额难以查证，但具有下列情形之一的，应当认定为刑法第二百六十六条规定的"其他严重情节"，以诈骗罪（未遂）定罪处罚：

（一）发送诈骗信息五千条以上的；

（二）拨打诈骗电话五百人次以上的；

（三）诈骗手段恶劣、危害严重的。

实施前款规定行为，数量达到前款第（一）、（二）项规定标准十倍以上的，或者诈骗手段特别恶劣、危害特别严重的，应当认定为刑法第二百六十六条规定的"其他特别严重情节"，以诈骗罪（未遂）定罪处罚。

（七）最高人民法院、最高人民检察院《关于办理盗窃刑事案件适用法律若干问题的解释》

第12条　盗窃未遂，具有下列情形之一的，应当依法追究刑事责任：

（一）以数额巨大的财物为盗窃目标的；

（二）以珍贵文物为盗窃目标的；

（三）其他情节严重的情形。

（八）最高人民法院、最高人民检察院、公安部《关于办理电信网络诈骗等刑事案件适用法律若干问题的意见》

第二部分第4条　诈骗数额难以查证，但具有下列情形之一的，应当认定为刑法第二百六十六条规定的"其他严重情节"，以诈骗罪（未遂）定罪处罚：

1. 发送诈骗信息五千条以上的，或者拨打诈骗电话五百人次以上的；

2. 在互联网上发布诈骗信息，页面浏览量累计五千次以上的。

具有上述情形，数量达到相应标准十倍以上的，应当认定为《刑法》第二百六十六条规定的"其他特别严重情节"，以诈骗罪（未遂）定罪处罚。

案例评价

[案例7-1] 曹某故意杀人案[①]

1. 基本案情

被告人曹某与熊某原有恋爱关系。2000年4月，两人分手后，曹某两次找熊某要求其回江西，熊某不愿意。2000年11月12日，曹某携带单管猎枪及四发子弹再次找熊某要求熊某和其回家，熊某仍不肯。后熊某约其朋友郑某、高某、王某等人一起在一台球室与曹某见面，并表示不愿随曹某回江西。当日傍晚，熊某与郑某等人离开，曹某尾随其后，熊某等人拦乘出租车欲离去，曹某阻拦不成，遂掏出猎枪威逼熊某等人下车，郑某下车后乘曹某不备，扑上抢夺曹某的猎枪，曹某匆忙中对郑某小腿内侧的地面扣动扳机，子弹打破郑某长裤，并在其左膝内侧留下表皮擦伤。检察机关指控曹某构成故意杀人罪（未遂），其辩护人认为曹某的行为应认定为故意伤害罪。

2. 涉案问题

间接故意犯罪是否存在未遂形态？

[①] 最高人民法院刑事审判第一、二庭. 刑事审判参考: 2001年第10辑. 北京: 法律出版社, 2001: 13-17.

3. 裁判理由

某区人民法院及某市中级人民法院一、二审认定，曹某构成非法持有枪支、弹药罪。其主要理由为：从案件起因看，曹某与郑某等人没有利害关系，事先不存在非法剥夺其生命或者造成其伤害的直接故意，现有证据只能证明其掏枪是为了吓唬郑某等人，不能证实是为了实施故意杀人或者伤害行为；在争夺枪支过程中，曹某突然对郑某开枪，此行为具有突发性，是一种不计后果的行为，应认定为一种间接故意，即对于其行为可能造成他人伤亡或者无任何物质性损害结果，都是行为人放任心理所包含的内容，行为人并非单纯地希望发生危害结果。正因为在间接故意中，行为人对危害结果的发生与否是持一种放任态度，所以当法律上的危害结果发生时，则犯罪既遂，如造成被害人死亡的，应以故意杀人罪定罪处罚；造成被害人受伤（轻伤以上）的，应以故意伤害罪定罪处罚。而没有造成人员伤亡的，也为行为人这种放任心理所包容，而不是什么意志以外的原因所致，无所谓"得逞"与否，犯罪未遂也就无从谈起了。对本案中曹某的行为，不能以故意杀人罪（未遂）或者故意伤害罪（未遂）追究刑事责任。

4. 评析意见

在本案中，曹某对着被害人小腿内侧的地面扣动扳机这一事实，在欠缺其他证据佐证的情况下，不能充分地证明曹某具有杀人的直接故意，因为其动作显然无法表征其具有"希望"死亡结果出现的心态，如果曹某具有希望死亡结果出现的直接故意，曹某就不会采取此种显然不太可能射中对象目标的动作。因此，基于突发性的故意，曹某对其所采取的这一危险行为所可能导致的各种后果，均存在放任的间接故意，这其中包括对死亡的放任，也包括对各种程度的伤害的放任。但必须指出的是，这种放任的心态同样包括行为人对不出现任何物理的侵害结果，如仅仅产生心理上的惊吓这种结果的包容。换言之，侵害结果是否出现以及出现任何结果，均在其心理承受范围之内。在此情形下，由于没有明确指向的法益侵害结果，因而只能以实际出现的结果来确定其符合何种犯罪的构成要件，而不能简单地以其心理中所包含的任何结果的未遂来认定。这也是本案既没有认定故意杀人罪（未遂），也没有认定故意伤害罪（未遂）的根本原因。

[案例7-2] 周某票据诈骗（未遂）案[①]

1. 基本案情

2003年4月9日，被告人周某翻墙跳进原打工单位某食品厂院内，钻窗

[①] 最高人民法院刑事审判第一、二庭. 刑事审判参考：2004年第1辑. 北京：法律出版社，2004：11-16.

潜入会计室意欲行窃,但未发现现金和可偷的财物。在翻找过程中,他发现一本尚未填写金额和加盖印章的空白现金支票,遂从中撕下一张。次日上午,周某来到某刻章处,私自刻制厂长、会计姓名的印章两枚,加盖于所盗支票上,并用圆珠笔填写 35 000 元金额,然后到信用社提款,但因被发现有诈而被抓获。

2. 涉案问题

在本案中,涉及对于盗窃空白现金支票伪造后予以使用的应如何定性的问题,其中也涉及诸如数额犯,如诈骗未遂、盗窃未遂行为是否需要定罪处罚的问题。

3. 裁判理由

一审法院经审理认为,被告人周某以非法占有为目的,利用所窃取的空白现金支票进行伪造,假冒出票人的名义签发票据着手骗取金融机构财物,数额较大,其行为已构成票据诈骗罪。在实施票据诈骗过程中,其由于意志以外原因未能得逞,系犯罪未遂。

4. 评析意见

相关评论认为:对周某的行为应以伪造金融票证罪和盗窃罪(未遂)两罪来评价。其理由为:被告人所实施的盗窃行为同后续的伪造金融票证等服务于票据诈骗目的的行为并不具有犯罪目的上的同一性,因而不应将盗窃行为视为票据诈骗行为的牵连行为。而伪造企业印章、伪造金融票证、实施票据诈骗未遂三者具有牵连关系,成立牵连犯,应择一重罪。伪造金融票证罪行为已经既遂,而票据诈骗行为系未遂,考虑到未遂影响处断刑,故伪造金融票证罪应为重罪。因此,应当以伪造金融票证罪和盗窃罪(未遂)两罪来评价。不过,对盗窃未遂行为是否必须定罪处罚,应当依据 2013 年最高人民法院、最高人民检察院《关于办理盗窃刑事案件适用法律若干问题的解释》第 12 条规定,盗窃未遂,具有以数额巨大的财物或者珍贵文物为盗窃目标等情节严重的情形的,应当定罪处罚。考虑到本案中被告人盗窃所指向目标不太可能涉及数额巨大的财物,且其盗窃财物未遂行为与窃取空白支票之间具有自然的连续性,对其盗窃未遂行为不予定罪处罚是可以的。

在本案中,相关评论实际上均认定,无论是票据诈骗罪还是盗窃罪,均有构成犯罪未遂之可能,如果根据个案情节,其可罚程度达到处罚必要,均应予以定罪处罚。这是实务乃至学说的共同立场。

[案例 7-3] 曾某、黄某保险诈骗、故意伤害案[①]

1. 基本案情

2003 年 4 月,被告人曾某因无力偿还炒股时向被告人黄某所借 10 万元,

---

① 最高人民法院刑事审判第一、二、三、四、五庭.中国刑事审判指导案例:破坏社会主义市场经济秩序罪.北京:法律出版社,2009:223-228.

遂产生保险诈骗念头，并于 4 月 18 日—22 日在三家保险公司以自己为被保险人和受益人，投保了保险金额为 41.8 万元的意外伤害保险。为达到诈骗上述保险金及平安保险公司为本单位职工投保的 30 万元人身意外伤害保险金目的，曾某找到黄某，劝说黄某砍掉其双腿用以向保险公司诈骗，并承诺将其中 16 万元用于偿还黄某的 10 万元本金及红利。黄某在曾某多次劝说下答应与其一起实施保险诈骗。6 月 17 日，黄某将曾某双下肢膝盖以下脚踝以上部位砍断，事后曾某向公安机关、保险公司谎称自己是被三名陌生男子抢劫时砍去双脚，以期获得保险赔偿。8 月 11 日，曾某的妻子廖某经曾某同意向平安保险公司提出 30 万元团体人身险理赔申请，后因公安机关侦破此案而未能得逞。经鉴定，曾某的伤情程度为重伤（伤残三级）。

2. 涉案问题

保险诈骗罪是否存在未完成形态？

3. 裁判理由

一审法院认为，被告人曾某作为投保人、被保险人和受益人，伙同他人故意造成自己伤残，企图骗取数额特别巨大的保险金，其行为构成保险诈骗罪，被告人黄某构成故意伤害罪。公诉机关认定被告人曾某为实施保险诈骗制造条件系犯罪预备的指控不当，因被告人曾某通过其妻子廖某于 2003 年 8 月 11 日已向平安保险公司申请金额为 30 万元的人身意外伤害团体险理赔，从开始申请理赔之日起，其就着手实施了保险诈骗的行为，由于其意志以外的原因而未能骗得保险金，该案犯罪形态属犯罪未遂而非犯罪预备。被告人上诉后，对保险诈骗罪未遂这一问题，二审法院认为，根据最高人民法院《关于审理诈骗案件具体应用法律的若干问题的解释》（已失效）第 1 条第 6 款"诈骗未遂，情节严重的，也应当定罪并依法处罚"的规定[1]，上诉人曾某虽然诈骗未遂，但数额特别巨大，情节严重，应予定罪处罚。故二审法院驳回上诉，维持原判。

4. 评析意见

在审理过程中，起诉书原认定曾某、黄某行为构成保险诈骗罪，并系犯罪预备，其原因在于：检察机关认为，2003 年 8 月 13 日与 15 日，曾某、黄某尚未向保险公司提出理赔申请即先后被公安机关抓获。而一审过程中曾某及其辩护人则认为，其行为没有骗到保险金，其行为不构成保险诈骗罪。上诉时，曾某及其辩护人提出，保险诈骗罪只有既遂才构成，上诉人未领到保

---

[1] 对此，2011 年最高人民法院、最高人民检察院《关于办理诈骗刑事案件具体应用法律若干问题的解释》第 5 条第 1 款遵循了相同的逻辑。该条规定：诈骗未遂，以数额巨大的财物为诈骗目标的，或者具有其他严重情节的，应当定罪处罚。

险金，且对与其共同实施保险诈骗行为的黄某，原判也未认定构成保险诈骗罪，因而曾某也不应被定罪。显然，犯罪预备的认定主要是因为检察机关忽略了曾某的妻子在曾某同意下已经提出理赔申请这一事实，但是检察机关立场与法院立场相同，即认为保险诈骗罪当然具有未完成形态。相关评论认为，《刑法》第 198 条第 1 款所列举的五种骗取保险金数额较大的情况，均为既遂行为，构成保险诈骗罪，但对于保险诈骗未得逞即未遂是否需要被定罪处罚，刑法和相关司法解释并未作出明确规定。在本案审理过程中，对曾某是否构成保险诈骗罪，有两种分歧意见：一种意见认为保险诈骗犯罪是结果犯，行为人必须实际骗取了保险金，如果行为人的保险诈骗行为被及时揭穿，行为人没有实际取得保险金，则其行为性质属于保险违法行为，只有实际取得保险金的行为才能被追究刑事责任，保险诈骗未遂不构成保险诈骗罪。另一种意见认为保险诈骗未遂可以构成保险诈骗罪而予以定罪处罚。一、二审法院均主张第二种意见，这是正确的立场。

需要指出的是，《刑法》第 198 条中的"骗取保险金的"这一措辞应当被理解为犯罪既遂要件，而不应被认为是犯罪成立要件。在涉及包括盗窃罪、诈骗犯罪等类似数额犯的这一问题上，最高人民法院的司法解释的立场是一以贯之的。对于本案的这一问题，1998 年 11 月 27 日最高人民检察院法律政策研究室《关于保险诈骗未遂能否按照犯罪处理问题的答复》也指出，行为人已经着手实施保险诈骗行为，但由于其意志以外的原因未能获得保险赔偿的，是诈骗未遂，情节严重的，应依法追究刑事责任。两者的立场是一致的。

[案例 7-4] 朱某销售假冒注册商标的商品案[①]

1. 基本案情

2002 年 1 月，被告人朱某向他人购进大量假冒中华牌卷烟，分别藏匿于某市其住处及邻居家中，伺机销售。同年 1 月 4 日，烟草专卖稽查人员至上述地点缴获假冒中华牌卷烟 1 328 条，货值金额 39 万余元。经某市烟草质量监督检测站鉴定，上述卷烟均系假冒商品。

2. 涉案问题

以销售为目的购进假冒注册商标的商品，尚未销售就被查获的，能否以销售假冒注册商标的商品罪（未遂）定罪处罚？

3. 裁判理由

某区人民法院认为，被告人朱某以销售为目的购进明知是假冒注册商标

---

① 最高人民法院刑事审判第一、二、三、四、五庭．中国刑事审判指导案例：破坏社会主义市场经济秩序罪．北京：法律出版社，2009：332-337．

的商品,拟销售的金额数额巨大,其行为已经构成销售假冒注册商标的商品罪(未遂)。相关评论指出,从行为人购进货值金额巨大的假冒注册商标的商品的目的来看,如无证据证明行为人有其他意图,其目的显然只能是销售。以销售为目的购买假冒注册商标商品与以销售为目的购买伪劣产品一样,都是具有社会危害性的行为,其危害性达到情节严重的程度的,就构成犯罪。如果因购买假冒注册商标的商品但还未售出而对其不依法追究刑事责任,就很难有效遏制犯罪,对购买伪劣产品尚未售出的行为和购买假冒注册商标商品尚未售出的行为,在适用法律上也难以平衡。这显然不是刑法设置销售假冒注册商标的商品罪的本意。从销售假冒注册商标的商品行为过程来看,其销售过程应当包括购进和销售该商品两个阶段,行为人无论是实施了全部两个阶段的行为,还是仅实施了其中一个阶段的行为,其性质都是已经着手实行犯罪。行为人以销售为目的购进货值金额巨大的假冒注册商标的商品,还未销售就被查获的,应当构成该罪未遂。

4. 评析意见

在该案处理之际,对上述行为虽然没有相关的司法解释直接作出回答,不过 2001 年 4 月 9 日最高人民法院、最高人民检察院发布的《关于办理生产、销售伪劣商品刑事案件具体应用法律若干问题的解释》第 2 条第 2 款就已经规定,伪劣产品尚未销售,货值金额达到《刑法》第 140 条规定的销售金额 3 倍以上的,以生产、销售伪劣产品罪(未遂)定罪处罚;其第 10 条规定,实施生产、销售伪劣商品犯罪,同时构成侵犯知识产权、非法经营等其他犯罪的,依照处罚较重的规定定罪处罚。显然,按照这一规定,对本案中类似行为采取同样的原则加以处理并无不妥。2003 年最高人民法院、最高人民检察院、公安部、国家烟草专卖局《关于办理假冒伪劣烟草制品等刑事案件适用法律问题座谈会纪要》第 1 条、第 6 条作了相同规定。

2010 年最高人民法院、最高人民检察院《关于办理非法生产、销售烟草专卖品等刑事案件具体应用法律若干问题的解释》第 2 条第 1 款、第 5 条亦持与前述司法文件相同的立场。前述文件往往明确规定生产、销售伪劣产品罪(未遂)的标准,不过 2011 年 1 月 10 日最高人民法院、最高人民检察院、公安部《关于办理侵犯知识产权刑事案件适用法律若干问题的意见》第 8 条则进一步对此明确规定,销售明知是假冒注册商标的商品,假冒注册商标的商品尚未销售的,货值金额在 15 万元以上的,以销售假冒注册商标的商品罪(未遂)定罪处罚。参考 2004 年 12 月 8 日最高人民法院、最高人民检察院《关于办理侵犯知识产权刑事案件具体应用法律若干问题的解释》第 2 条规定,销售假冒注册商标的商品罪中销售金额"数额较大"以 5 万元为标准,显然,2011 年的上述解释秉承的同样是未遂的货值金额标准以既遂金额标准的3倍计算这一原则。总之，按照上述解释，本案处理并无疑问。这一判决结果同样说明，即便像"销售金额数额较大"此类极易被认定为属于犯罪成立要件而非犯罪完成要件的措辞，实务上仍然具有未遂的可能。

但是针对上述解释的精神，在讨论生产、销售伪劣产品罪时，否定说认为，仅生产或者购入伪劣产品的行为并未破坏市场竞争秩序，也未损害消费者合法权益，况且销售金额的规定是为了限制处罚范围，不足这一数额意味着法益侵害性并不值得科处刑罚；同时，销售金额5万元的规定属于生产、销售伪劣产品罪的成立要件，不能以未遂论处，而且购入并储存伪劣产品行为并非构成要件中的销售行为，将此类行为认定成立该罪的未遂犯，将造成明显的处罚不均衡。总之，只有销售金额达到5万元的，才可能构成本罪；销售金额没有达到5万元的，不应以本罪论处。①

显然，未遂的肯定说和否定说的焦点问题主要在于如何理解"销售金额"在上述犯罪中构成要件中的地位。不过，就上述类型的案件而言，首先需要反思的技术问题是：为了销售而储存的行为是否构成销售的着手实行？按照前述相关评论，"从销售假冒注册商标的商品行为过程来看，其销售过程应当包括购进和销售该商品两个阶段，行为人无论是实施了全部两个阶段的行为，还是仅实施了其中一个阶段的行为，其性质都是已经着手实行犯罪"。这也是前引解释的隐含立场。就像前述相关评论所指出的那样，既然"购进"行为属于已经着手实行"销售"行为，其即属于销售行为的前一阶段或者说行为人已经开始了销售行为。但是，上述解释对这一行为所采取的措辞均为"尚未销售"，这意味着其行为并非"销售尚未完成"，而是行为人尚未开始销售，即意味着其行为尚未进入着手，仍然处于销售的准备阶段。虽然为销售而储存可以认为是为了实现销售目的而实施的完整销售行为不可或缺的一部分，因此构成了完整的销售过程的一部分，但是它并不是作为构成要件的销售行为的一部分，也并不是销售行为的必经阶段，例如行为人可能通过其他手段（盗窃甚至捡拾）而占有假冒注册商标产品，然后在了解这一货物的假冒注册商标性质后产生销售的故意并加以储存，如果认为此行为同样构成销售行为的未遂，则完全曲解了销售的含义。因此，为了销售而购买的行为应当认定为销售行为的预备，对上述类型的案件原则上按照相应销售犯罪的预备行为论处而非犯罪未遂论处似乎更为合适。

深度研究

通常的观点均认为，间接故意没有未完成罪，因为间接故意犯罪只有成

---

① 张明楷. 刑法学. 北京：法律出版社，2011：647-648.

立与否的问题,在结果犯中,只有出现结果才成立犯罪,没有出现结果就不认为构成犯罪,而不是认定为未遂。同时,间接故意既然没有对结果的希望,就没有为实现该结果而进行准备的行为,因此也就没有预备犯的成立余地。但是肯定的观点认为,司法实践中确实存在行为人放任结果发生,虽然结果没有发生但仍值得科处刑罚的情况;从规范意义上讲,间接故意犯罪与直接故意犯罪没有本质区别,没有理由仅处罚直接故意犯罪而不处罚间接故意犯罪,而且在直接故意犯罪人和间接故意犯罪人成立共同犯罪场合,在共同犯罪未遂的情况下,没有理由只处罚直接故意犯罪人而不处罚间接故意犯罪人。至于在间接故意犯罪未遂的情况下,由于没有发生结果,难以认定行为人是否放任结果的发生,这是证据认定问题,而不是否认间接故意存在犯罪未遂与中止的理由。[①]

但是就间接故意犯罪而言,如果是为了实现某种非犯罪意图而放任危害结果的发生,在结果未发生的情形下,完全欠缺可罚的必要性;如果是为了实现某种犯罪意图而放任另一危害结果发生,在后者没有发生的情形下,单独处罚为实现前一意图所实施的行为就已足够。由于间接故意的另一面同样包含对放任的结果不发生的容忍,因而在没有造成任何侵害的场合处罚其未遂,显然也同结果无价值论立场相违背。另外,在间接故意和直接故意混合的共同犯罪中,在未遂场合,对间接故意犯罪人并非不予处罚,但是对其处罚的原因并不在于其具有间接故意,而在于同直接故意相混合而构成共同犯罪,间接故意犯罪人需要对包含直接故意的共犯故意内的犯罪承担责任。不过,在均为间接故意的共犯之中,如果结果未发生,则仍然应坚持间接故意没有未遂的观点而均不予处罚。实际上,如果坚持肯定的观点,同时又认为由于犯罪预备以确定的犯意为前提,因而间接故意原则上没有犯罪预备形态,则是自相矛盾的立场,因为在间接故意和直接故意已经构成共同犯罪场合,间接故意的共犯人仍然需要为直接故意的共犯人在其共同故意范围内的预备行为承担责任。更何况,既然直接故意和间接故意没有本质区别,那么区分犯罪预备和犯罪未遂而讨论间接故意是否成立未完成罪,就显然仅仅是一种人为的刻意区分了。总之,对间接故意的所谓未遂不予处罚并不会影响刑法的公正性,也符合间接故意本身的构造。[②]

在实践中同样存在疑问的还有数额犯、情节犯是否存在未完成罪的问题,对此存在肯定说、否定说以及折中的观点。更为深入的讨论涉及如何看待刑法分则构成要件性质的问题。主张肯定说的学者指出,刑法分则规定的各种

[①] 张明楷. 刑法学. 北京:法律出版社,2011:309.

[②] 不过,考虑到对死亡的间接故意中包含了对伤害的间接故意,在上述案件中,被告人行为造成他人轻伤以上后果的,仍然可能被认定为构成故意伤害罪。

犯罪构成及其刑事责任,都是以犯罪既遂为标准的①;或者认为,刑法分则条文规定的犯罪既遂形态是犯罪构成的典型形态。无论是刑事立法对各种犯罪的犯罪构成的规定,还是刑法理论对犯罪构成的分析,一般都是以这种犯罪构成的典型形态为基础的。② 如此一来,如果认为刑法分则规定的犯罪构成以既遂为模式,那么刑法总则规定原则上处罚未遂犯,势必就意味着要肯定所有的故意犯罪均有未遂犯并且应当予以处罚。实务上也经常有人认为,从刑法理论上讲,除了过失犯罪,所有故意犯罪均存在未遂的状态。③

司法解释大体采取了肯定说的立场,但是采取了限制性的立场。以前述案例为例,可以看出它仍然建立在肯定所有犯罪都可能存在未遂的基础之上只不过出于限制处罚的立场,仍然主张对情节一般的则不应按照犯罪处理。在沿革上,最高人民法院若干司法解释基本肯定数额犯存在未遂犯。例如1996年12月16日最高人民法院发布的《关于审理诈骗案件具体应用法律的若干问题的解释》(已失效)规定,已经着手实行诈骗行为,只是由于行为人意志以外的原因而未获取财物的,是诈骗未遂。诈骗未遂,情节严重的,也应当定罪并依法处罚。又如1997年11月4日最高人民法院通过的《关于审理盗窃案件具体应用法律若干问题的解释》(已失效)第1条第2项规定,盗窃未遂,情节严重的,如以数额巨大的财物或者国家珍贵文物等为盗窃目标的,应当定罪处罚。再如1998年11月27日最高人民检察院法律政策研究室发布的《关于保险诈骗未遂能否按犯罪处理问题的答复》规定,行为人已经着手实施保险诈骗行为,但由于其意志以外的原因未能获得保险赔偿的,是诈骗未遂,情节严重的,应依法追究刑事责任。还如2001年4月9日最高人民法院、最高人民检察院《关于办理生产、销售伪劣商品刑事案件具体应用法律若干问题的解释》第2条第2款规定,伪劣产品尚未销售,货值金额达到《刑法》第140条规定的销售金额3倍以上的,以生产、销售伪劣产品罪(未遂)定罪处罚。上述解释显然均强调了情节严重在确定此类数额犯的未完成形态是否可以追究刑事责任问题上的重要性。不过必须注意的是,上述解释尤其是关于诈骗犯罪的解释均强调未获取财物或者未能获得保险赔偿,但在实践中数额犯的行为人既可能是分文未得,也可能是获得了一定数额但未达到犯罪成立所要求的数额较大,在此情形下,同样要通过考察其情节是否严重来决定是否处罚其未完成罪,不能是因数额不满足较大标准不认定其构成犯罪,分文未得的情况却反而可能构成犯罪未遂。对此,2003年12月

---

① 高铭暄.刑法学.北京:法律出版社,1984:172.
② 何秉松.刑法教科书:上卷.北京:中国法制出版社,2000:419.
③ 最高人民法院刑事审判第一、二、三、四、五庭.中国刑事审判指导案例:危害国家安全罪·危害公共安全罪·侵犯财产罪·危害国防利益罪.北京:法律出版社,2009:438.

23日最高人民法院、最高人民检察院、公安部、国家烟草专卖局发布的《关于办理假冒伪劣烟草制品等刑事案件适用法律问题座谈会纪要》第1条规定,伪劣烟草制品的销售金额不满5万元,但与尚未销售的伪劣烟草制品的货值金额合计达到15万元以上的,以生产、销售伪劣产品罪(未遂)定罪处罚。2011年1月10日最高人民法院、最高人民检察院、公安部发布的《关于办理侵犯知识产权刑事案件适用法律若干问题的意见》也作了类似规定,以避免这一漏洞。

反之,否定说认为刑法分则所规定的构成要件是犯罪的成立条件,而不是犯罪的既遂条件;符合犯罪构成要件的,表明犯罪成立,否则不成立犯罪。① 按照这样的观点,大量故意犯罪,例如数额犯,可能就无法被认定存在未遂情形。而折中的观点认为,有的构成要件显然并非既遂要件而是犯罪成立要件,在此情形下,如果欠缺这一要件要素就不应认定为成立犯罪,不能认定为构成犯罪未遂。因此,应当区分特定要件的地位究竟属于犯罪成立要件还是犯罪既遂要件,以此决定某一犯罪是否具备未完成形态。

显然,在理论上正确的预设应当是:有的构成要件是犯罪成立要件,有的则是既遂要件,只有在某一构成要件属于既遂要件的场合,缺乏这一要素的,才有认定成立未遂(或者其他未完成形态)的余地;而在某一构成要件属于成立要件的场合,如果欠缺该要素,则不以犯罪论处。

对此,应当通过考察行为本身的法益侵害程度来考察未完成情形的处罚必要性。如果行为本身对法益存在侵害,属于即使在未完成情形也仍然具有较重情节的,就存在追究未完成罪的可能;但如果行为本身法益侵害程度很浅,数额的意义就在于衡量某行为是否具有达到一定程度的法益侵害性,以决定该行为是否成立犯罪,数额成为犯罪成立的条件甚至在一定意义上成为限制处罚的条件,在未完成情形下即没有处罚的必要。因而不应一律认为数额犯不存在未完成罪,区别对待、具体分析的做法才更为合适。

基于同样的道理,情节犯虽然本身就是以情节是否严重来决定犯罪成立与否,但是即便在未完成情形,也需要考察其他情节是否严重,从而综合地判断未完成形态是否能够构成犯罪,因此不能绝对地排除情节犯中的未完成罪。不过,必须指出的是,对数额犯乃至情节犯等犯罪的未完成形态不能作不合理的扩张。从立法体例上讲,我国刑法采取的并不是在分则中例外地规定对预备犯和未遂犯的处罚,因此似乎可以认为对预备犯、未遂犯等采纳了原则上可罚的观念。但是一方面,在构成要件的设置上,对某些犯罪,数额、情节甚至结果都显然属于犯罪成立要件而非犯罪既遂要件;另一方面,并不

---

① 张明楷. 犯罪论原理. 武汉:武汉大学出版社, 1991: 462.

是所有预备乃至未遂行为的法益侵害均达到了需要应用刑罚予以处置的地步。因此，仍然应当认为对预备犯、未遂犯的处罚要采取限制的态度。尤其对预备犯而言，其距离现实的侵害结果发生尚有更遥远的距离，因此认定其是否构成犯罪尤需谨慎。

令人苦恼的是，犯罪成立要件和犯罪既遂要件的区分有时仅仅具有抽象的可能，对某一要件的设置，虽然在限制处罚的立场上，类似的措辞例如有关数额、结果的规定，可能都被理解为属于犯罪成立要件，但是在扩张处罚的理念支配下，实务上可能认为任何犯罪都存在未遂（未完成）罪的可能，是否处罚则取决于其情节是否严重。以数额犯为例，认为生产、销售伪劣产品罪中销售金额系犯罪成立要件，而诈骗罪中的数额较大则系犯罪既遂要件，这样的区分更多地带有人为认定的性质。

因此，归根结底，对某一犯罪是否认定其为未完成形态，取决于司法人员的基本立场。从限制处罚的角度，大体上而言：（1）罪质严重的未完成形态一般应当认定为构成犯罪，例如抢劫罪、故意杀人罪的未遂或者预备。（2）本身罪质一般的犯罪，只有未完成形态情节较为严重的，才能构成犯罪的未遂，例如前述盗窃、诈骗行为的未遂，只有情节严重的，才构成犯罪；而对预备的认定则应更为限缩，例如盗窃的预备行为原则上不应认定为犯罪，除非结合其他情节，例如行为人以金融机构或者国家珍贵文物为指向目标，才有认定为犯罪并加以处罚的必要。（3）罪质较轻的犯罪，其本身构成就需要情节严重等限定要件的，即便行为人行为属于未遂，也不应认定为构成犯罪。罪质的轻重，在根本上依赖于规范所保护法益的重要程度，而在形式上，法定刑越轻，其未完成行为的处罚必要性就越小。

第二节　预备犯

知识背景

《刑法》第22条第1款规定："为了犯罪，准备工具、制造条件的，是犯罪预备。"以上是刑法对犯罪预备阶段的认定，但是《刑法》第22条第2款明确将犯罪预备阶段和预备犯相区分。因此，预备犯是指为了实行犯罪，准备工具、制造条件，但由于行为人意志以外的原因而未能着手实行犯罪的停止形态。显然，预备行为、预备阶段以及预备犯三个概念之间既密切联系，又相互区别。预备行为是一种犯罪行为，是相对于实行行为而言的；预备阶段是一种犯罪发展阶段，是相对于实行阶段而言的；预备犯是一种犯罪未完成形态，是相对于未遂犯而言的。

规范依据

《刑法》

第 22 条　为了犯罪，准备工具、制造条件的，是犯罪预备。

对于预备犯，可以比照既遂犯从轻、减轻处罚或者免除处罚。

一、预备犯的构成

案例评价

[案例 7-5] 张甲等抢劫案[①]

1. 基本案情

2006 年 11 月初，被告人张甲、张乙因经济紧张，预谋到偏僻地段对单身女性行人实施抢劫，并购买了尖刀、透明胶等作案工具。11 月 6 日至 9 日，两被告人每天晚上携带尖刀和透明胶窜至某工业园区附近，寻找作案目标，均因未找到合适的作案对象而未果。11 月 9 日晚，两被告人在伺机作案时提出如果遇到漂亮女性，就先抢劫后强奸。11 月 11 日，两被告人纠集被告人徐某参与抢劫作案，徐某同意参与抢劫，但表示不参与之后的强奸犯罪。三人商定，发现作案目标后，由张甲、徐某各持尖刀将被害人逼至路边，由张乙用透明胶将被害人捆绑后实施抢劫。但当晚三人仍未寻找到作案目标。12 日晚，在寻找目标时，三人被抓获。

2. 涉案问题

如何区分犯罪预备和犯意表示？

3. 裁判理由

法院审判认定，三被告人行为均已构成抢劫罪（预备）；对公诉机关指控的强奸罪（预备），则认为虽张甲、张乙在抢劫预备时产生在可能条件下实施强奸犯罪的故意，但此仅仅是强奸的犯意表示，徐某明确表示不参与强奸，无强奸的主观故意，三人没有强奸的具体行为，故强奸罪（预备）指控不能成立。

4. 评析意见

本案中，三被告人以非法占有为目的，经事先预谋并准备工具、制造条件，预备采用暴力手段劫取他人财物，其行为均已经构成抢劫罪（犯罪预备）。成为问题的是，本案中，虽然徐某明确表示不参与强奸，因而缺乏强奸

[①] 最高人民法院刑事审判第一、二、三、四、五庭．中国刑事审判指导案例：危害国家安全罪·危害公共安全罪·侵犯财产罪·危害国防利益罪．北京：法律出版社，2009：446-448．

故意不构成强奸罪（预备），但张甲、张乙两被告人相互约定强奸计划并且确定强奸顺序的行为，究竟应当认定为犯罪预备还是犯意表示。一审法院认为，虽张甲、张乙在抢劫预备时产生在可能条件下实施强奸犯罪的故意，但这仅仅是强奸的犯意表示；三人没有强奸的具体行为，故强奸罪（预备）指控不能成立。换言之，一审法院认为上述被告人的行为仅仅属于犯意表示而非犯罪预备。

相关的评论虽然同意最终仍应判处上述被告人抢劫罪（预备），但是得出这一结论的理由是：基于禁止重复评价原则，如果同一行为既为抢劫犯罪的预备行为，又为强奸犯罪的预备行为，不能被抢劫、强奸的犯罪构成同时评价，也就是说不能同时成立抢劫罪（预备）和强奸罪（预备）。上述被告人先后购买并携带尖刀等作案工具到相关地点附近潜伏，伺机等候作案目标出现的行为，应视为刑法意义上的一个行为。三被告人的犯罪预备行为既可以理解成为抢劫犯罪准备工具，也可视为为强奸犯罪准备工具，即被认定为强奸罪的预备，应按照择一重罪的原则定罪处罚。① 这一评论意见的核心与前述判决理由完全不同，其认为上述行为人的行为已经构成犯罪预备，因此才可能涉及禁止重复评价，乃至按照择一重罪定罪处罚的问题。否则，其一行为仅仅构成抢劫罪（预备）一罪，无论是观念的竞合还是吸收等，均不涉及轻罪和重罪的选择适用。

在本案中，就行为人所实施的所谓寻找作案目标、等候作案对象行为而言，抢劫罪的预备和强奸的预备行为本为一体，应当认定为一行为在观念上的竞合。但是就强奸行为而言，虽然其故意属于附条件的故意，但两被告人之间就行为实施已经形成约定，甚至已经确定行为实施的先后顺序，因此应当认定这一行为已经超出了犯意表示的范畴，形成了约定共犯人的共谋式预备行为，并且这一预备行为独立于前述寻找作案目标、等候作案对象的预备行为，形成了两个预备行为。当然，考虑到强奸罪的预备行为仍然发生于整体的抢劫预备行为过程中，在本案中两者紧密相连，前者附属于或者被包括于后者的过程之中，而无法独立于这一完整过程，强奸的预备行为为抢劫的预备行为所吸收，不必另行定罪处罚。

［案例 7-6］蒲某抢劫（预备）案②

1. 基本案情

1991 年 1 月 31 日晚，蒲某想到"快过年了，没钱花，抢点钱"，便从家

---

① 最高人民法院刑事审判第一、二、三、四、五庭. 中国刑事审判指导案例：危害国家安全罪·危害公共安全罪·侵犯财产罪·危害国防利益罪. 北京：法律出版社，2009：448.

② 最高人民法院中国应用法学研究所. 人民法院案例选（刑事卷）：上. 北京：中国法制出版社，2000：647.

中出来在某楼处转悠伺机作案。此时该楼三单元五楼的妇女方某因与丈夫发生口角，下楼准备散步去朋友家。方某行至楼西头，发现蒲某跟在身后，感觉可疑，便转身返回上楼，蒲某也尾随上楼，方某走到自家门口，进屋后准备关门，蒲某误认为方某家无人，强行挤入房内，并随手锁上房门，方某被吓得惊叫一声，其丈夫王某闻声起床，见蒲某站在门口，便问：你是干什么的？蒲某答：我找水喝。王某质问其为什么到五楼。后在邻居的协助下，王某将蒲某扭送到派出所。蒲某被抓捕后，承认到方家的目的是抢钱。

2. 涉案问题

尾随行为是否构成犯罪的预备行为？

3. 裁判理由

某区人民法院审理认为，被告人尾随妇女，夜闯民宅，虽有作案动机，但没有明确的犯罪目的，也没有实施具体的犯罪行为，因此被告人的行为不构成抢劫罪。该区人民检察院认为，蒲某主观上有抢劫的故意，客观上实施了尾随、跟踪、闯入室内的行为，其行为已构成抢劫（未遂），因而提出抗诉。某市中级人民法院审理认为，蒲某没有以暴力、胁迫或其他方法强行劫取财物，其行为不符合抢劫罪的特征，不构成抢劫罪。某省人民检察院以其行为构成抢劫（未遂）为由按照审判监督程序提出抗诉。该省高级人民法院审理认为，蒲某有抢劫故意，尾随妇女强行入室，因被及时制止而抢劫未得逞，构成抢劫（未遂），但情节轻微，社会危害性较小，可免予刑事处分。

4. 评析意见

本案中，蒲某的行为是尾随妇女，强行入室，尚不属于抢劫罪的实行行为，仍然属于预备行为，他虽然进入现场，逼近被害对象，但因受到他人制止，而没有对犯罪对象实施暴力、胁迫或其他方法劫取其财物。只有实施了上述构成要件行为的才能被认为开始着手，才可能构成未遂。而本案中，被告人尚未实施暴力、胁迫行为，仅仅是跟随被害人入室，准备抢劫。而被尾随的妇女受到惊吓，是被告人的预备行为造成的，并非其实行行为所致，因此其行为应当构成抢劫预备而非未遂。本书认为，该省高级人民法院对此案的定性值得商榷。在认定预备犯中，尤其需要特别强调预备行为与实行行为的区分。

[案例 7-7] 黄某等抢劫（预备）案[①]

1. 基本案情

1998 年 3 月，被告人黄某等邀被告人舒某去外地抢劫，并一同精心策划，

---

① 最高人民法院刑事审判第一、二庭．刑事审判参考：2001 年第 11 辑．北京：法律出版社，2001：10-15.

准备了绳子、杀猪刀、地图册等作案工具，流窜到贵州省铜仁市伺机作案，并在该地购买了准备作案用的手套两双。同年3月20日晚，黄某、舒某以100元骗租了一辆出租车，准备在僻静处抢劫该出租车，当车行至新晃县时，两人仍感到没有机会下手，又以50元价钱要求继续前行至新晃县波洲镇，当车行至波洲镇时，司机夫妇警觉，向波洲镇政府报案，两人抢劫未能着手实行。某县人民法院认为，被告人黄某、舒某以非法占有为目的，企图以暴力手段抢劫他人出租车，并为此而准备工具、制造条件，其行为已经构成抢劫罪。在准备实施抢劫行为时，其由于意志以外原因而未得逞，属于犯罪预备。

2. 涉案问题

犯罪预备如何认定？犯罪预备与预备阶段的犯罪中止有何区别？

3. 裁判理由

一审法院认为，行为人黄某等人的行为属于为抢劫而准备工具、制造条件，其行为构成抢劫罪。在准备实施抢劫行为时，其由于意志以外原因而未能着手，属于犯罪预备。而被告人在上诉中提出，自己的行为是犯罪中止。二审法院审理后认为，被告人准备工具、制造条件后，在欲实施犯罪时由于意志以外的原因而未能着手，属于犯罪预备，因而驳回上诉，维持原判。

4. 评析意见

判断预备行为是构成预备犯还是预备阶段的中止犯，根本在于确认未着手实行犯罪是否出于行为人意志以外的原因。预备阶段的中止犯是指在预备过程中，行为人自动放弃犯罪预备行为或者在可以着手实行犯罪的情况下，自动放弃着手犯罪。行为人必须出于主观上的自愿而主动放弃犯罪，而不能是因外部原因而被迫放弃或者停止行为的继续实施。在本案中，行为人是基于自身感觉时机不够成熟的原因，而一直没有实行抢劫，在主观上并没有放弃犯罪意图，而是一直抱持伺机而动的念头，只是在继续寻机作案的过程中，因出租车司机的警觉与报案，而使犯罪行为未能继续进入实行阶段。因此，法院关于其行为构成预备犯的判决是正确的。

深度研究

（一）行为人实施了犯罪预备行为

所谓预备行为是指为犯罪的实行创造便利条件，以便犯罪顺利完成的行为。通常而言，预备行为是整个犯罪行为的最初阶段，为犯罪的完成奠定基础，行为如果能够顺利地按照犯罪人的意图而得以实施，就会进入犯罪实行阶段，进而达到犯罪既遂。显然，就法益侵害而言，预备行为已经对法益构成危险，因而具有处罚的必要性和可能性。

因此，首先，必须将犯罪预备行为与单纯的犯意表示相区别。

所谓犯意表示是指行为人通过书面、口头或者象征性的行为来将其真实犯罪意图单纯地流露。有学者认为犯意表示和犯罪预备一样属于故意犯罪的阶段之一，是犯罪行为发展的最初阶段。① 但现在通常的观念认为它是单纯犯罪意思的简单反映，本质上仍然属于思想的范畴，因此并不属于犯罪过程的独立阶段，不应受处罚。仅仅是犯意表示不能成立犯罪预备。实践中，必须注意的是，虽然犯意表示往往仅是犯罪意图的主观再现，本身并不具备刑法意义，但是犯意表示往往通过文字、口头表述的方式来体现，在此过程中行为人当然需要实施一定的行为来表露，而这样的文字描述或者口头表述行为有时确实对实行行为提供了帮助，例如表示犯意同时又口头地邀约其他共犯，表示犯意同时又同共犯商议实行犯罪的计划、进行犯意的联络等，包括张甲等抢劫案的情形。此时，虽然同样是使用文字、口头表述的方式，但是当文字书写、口头表述为犯罪行为的实行提供了便利时，就不应当简单地认定为还属于犯意表示，而应该认定为构成犯罪预备行为。

其次，预备行为仅仅为实行行为创造便利条件。按照刑法规定，预备行为分为两类，即准备工具和制造条件。实际上，准备工具仍然属于制造条件的一种，只不过准备工具是最为常见的预备行为，因而刑法将其独立规定。不过必须认识到，由于预备行为在手段、方法上没有限制，因此可以说预备行为是无限的、无定型的。② 所谓准备工具，即准备实行犯罪的工具，具体表现为：购买、租赁、借用特定物品作为犯罪工具；制作、改装犯罪工具；使用非法手段获得特定物品作为犯罪工具；等等。所谓制造条件，是指除准备工具以外的一切为犯罪实行提供便利条件，消除障碍的行为，具体表现为：制造实行犯罪的客观条件，例如调查犯罪场所，了解被害人行踪，出发前往犯罪场所，在现场等候被害人的到来，诱骗被害人前往犯罪场所、排除犯罪障碍；制造实行犯罪的主观条件，例如商量犯罪的实行计划，邀约共犯共谋等。

需要指出的是，理论上还存在有形预备和无形预备的区分。所谓有形预备是指预备行为具有外在情状，例如购买凶器；无形预备是指预备行为没有外在情状，例如考察犯罪现场。③

再次，预备行为必须是在客观上为实施实行行为而准备的行为，因而同实行行为具有密接性。《刑法》第22条的表述为"为了犯罪"，应当认为这一表述实际上要说明的是预备行为是"为了犯罪的实行"。如果同犯罪的实行无关，那么预备行为的意义就荡然无存。预备行为是为了实行行为的便利而进

---

① 张尚鷟. 中华人民共和国刑法概论（总则部分）. 北京：法律出版社，1983：158.
② 李在祥. 韩国刑法总论. 韩相敦，译. 北京：中国人民大学出版社，2005：361.
③ 陈兴良. 规范刑法学：上. 北京：中国人民大学出版社，2008：208.

行的，预备行为应当是和实行行为紧密相连的那些行为，预备行为的可罚性也正是因为它与实行行为之间在时间、场所、手段、效果上存在密接性、前后连续发展性，具有高度的危险实现的可能。基于这一原因，为了实施预备行为而准备的行为就不能认定为构成犯罪预备。显然，预备行为的处罚阶段应当有所限缩而不能无限制地提前或滞后，否则容易造成处罚的泛滥。"预备行为人一旦着手实行基本犯罪，预备罪就会被本罪的未遂或者既遂所吸收，因此，预备行为至少应该是着手实行基本犯罪之前的行为……"[1] 例如为了实行杀人而购买匕首的行为，可以理解为犯罪的预备，但是为了购买匕首而去外出务工的行为，则不能成立犯罪的预备；反之，所实施的准备行为如果并非为了实行行为的展开，甚至同实行行为完全无关，例如为了能够在故意杀人之后顺利脱逃而伪造身份证件，则不应被认定为故意杀人罪的预备行为。

最后，阴谋行为同样属于预备行为。对此有必要详细探讨。实际上，这一区别涉及所谓预备行为分类中的物质性准备行为和精神性准备行为的区分。所谓阴谋是指两人以上为实施一定犯罪达成合意。当然，如果两人以上的行为人并未达成合意而是单纯表明或者交换犯罪意思，则仍仅仅属于犯意表示。对阴谋的性质，在韩国大致的观点有：其一，主张预谋（即阴谋，下同）是先行于预备的犯罪发展的一个阶段；其二，认为预谋是心理准备行为，而预备是预谋以外的准备行为或者物质性准备行为，两者并没有时间上的前后关系；其三，认为预谋是预备的一种[2]；其四，认为物的准备行为是预备，而人的准备行为是阴谋。[3] 上述第一种观点是张甲等抢劫案所采取的观点，不过通说采取了第二种观点。因此，在预备行为的分类上，韩国就存在所谓物质性准备行为和精神性准备行为的区分，有的观点认为预备仅限于物质性准备行为；有的学者则认为，虽然预备不是单纯的心理事实而要求具有超过心理事实的外在准备行为，但是外在准备行为并非仅限于物质性准备行为，只要在客观上明确是为了实施犯罪的准备行为，就不必再问是物质性的还是精神性的准备行为，除了具有心理性质的准备行为，即使是精神性准备行为，也可以成为预备行为。[4] 而日本刑法对预备和阴谋都未在总则里作一般性规定，而是就重大犯罪设置了例外性的个别性处罚规定，因此通常的观念认为不应该把阴谋理解为预备行为的一种形式，而应该考虑它是先于预备行为的实施犯罪的一个阶段。因此，阴谋是先于预备行为的心理准备行为，而预备行为则

---

[1] 金日秀，徐辅鹤. 韩国刑法总论. 郑军男，译. 武汉：武汉大学出版社，2008：529.
[2] 李在祥. 韩国刑法总论. 韩相敦，译. 北京：中国人民大学出版社，2005：357.
[3] 同[1]526.
[4] 同[2]362.

是指广义的行为者在犯行计划上为实现犯罪而进行必要而充分的物质准备行为。①

实际上，上述观点虽然相异，但所依据的均是本国的立法例。无论韩国的还是日本的刑法均在用语上明确地将预备和阴谋加以区分，例如韩国《刑法》第 28 条规定："犯行的阴谋或者预备行为未达实行之着手时，不予处罚。但法律有特别规定的，不在此限。"日本《刑法》例如第 78 条规定："预备或者阴谋内乱的，处 1 年以上 10 年以下监禁。"不过，韩国刑法分则在处罚预备罪的情况下，同时也规定了处罚阴谋罪，但是除《偷渡管制法》第 3 条第 3. 项仅规定了预备罪的处罚，因此两者在该条罪行中具有区分意义以外，在现行刑法的其余场合均没有区别两者的必要。而日本处罚预备罪的条文有 8 个，但是只有内乱阴谋罪（第 78 条）、外患阴谋罪（第 88 条）和私战阴谋罪（第 93 条）3 个条文同时处罚阴谋，因而具有区分的必要。正如宫本英修所言："阴谋本质上说常常是预备的一种，然后刑法区别预备的类型与阴谋的类型，所以阴谋应当解释为仅仅限于实行一定犯罪的单纯的合意，如果更精心谋议，确定准备或实行的具体方法，就应当说已经达到预备的程度。"② 不过，就我国刑法而言，其并未在用语上区分预备和阴谋。阴谋行为已经超越两人以上单纯的犯意流露，形成合谋，目的在于为实行犯罪而勾结同伙或者商量对策，从而为实行犯罪创造便利条件，因此阴谋行为即属于预备行为。当然，如果仅仅是向对方单方面地表示、传达犯罪意思，相互间虽然存在犯罪意思的交换，但并没有达成合意，则是单纯的犯意表示，并非阴谋，也不是预备行为。

（二）行为人主观上是为了实行犯罪

行为人主观上是为了实行犯罪而实施了预备行为。实施预备行为就是为实行行为创造条件。从规范用语上看，虽然所谓"为了犯罪"的字面意义包含了为了预备犯罪和为了实行犯罪，但是为预备行为而实施的准备行为，由于同实行行为之间并不具有密接性，因而不应认定为预备行为，因此所谓"为了犯罪"实际上指的是"为了实行犯罪"。"为了犯罪"实际上就相当于预备行为的目的，在此意义上，预备犯也是一种特殊的目的犯。

在此，需要讨论的问题如下。

首先，预备犯的主观是否包括为他人预备，即所谓的预备犯的正犯适格问题。所谓自己预备是指自己或与他人共同以实行行为为目的而实施预备行为的情形，所谓他人预备是指为他人的实行行为而实施预备行为的情形。肯定说认为预备不仅包括自己预备，也包括他人预备，其理由主要在于他人预

---

① 野村稔. 刑法总论. 全理其，何力，译. 北京：法律出版社，2001：371.
② 邢志仁. 犯罪预备研究. 北京：中国检察出版社，2001：114.

备行为也间接地侵害了法益，在此意义上同自己的预备没有本质的区别。否定说认为他人预备行为在法益侵害上同自己预备行为无法同等评价，预备行为人的目的必须是自己去实现基本构成要件的目的，而不包含他人实现该构成要件的目的，即不认为预备行为包含了为了他人的实行行为而实施的所谓他人预备行为；而且在正犯已经或未着手实行的不同场合，他人预备行为便一会儿是预备行为，一会儿又可能是帮助的共犯行为。在我国刑法中，所谓的"为了犯罪"应当认为既包含"为了自己的犯罪"而实施预备行为，也包含"为了他人的犯罪"而实施预备行为，因为在使基本的犯罪的实行更为容易这一点上，两者并无区别。当然，在为了他人的犯罪而预备的场合，预备行为本身可能就是帮助的共犯行为，但是这种竞合并不妨碍他人预备的成立，只不过在他人实行的场合，他人预备行为所产生的问题自然要复杂一些，例如在他人实行未遂的情形，他人预备行为的行为人就要承担共同犯罪的未遂责任，而不仅仅是预备犯的责任。

其次，预备犯的故意内容究竟如何。对此存在实行故意说和预备故意说的争论。实行故意说认为预备、未遂、既遂是有联系的行为发展阶段，因而其故意的内容应该相同，而且认为不考虑基本犯罪的准备行为的认识是没有意义的。但是预备故意说则认为预备的故意是对准备行为的故意，预备行为与基本犯罪行为之间具有质的差别，只有具有对预备本身的故意才能让行为乃至预备行为的人承担责任。不过，预备的故意和实行的故意实际上无法被完全地割裂、区分。如果行为人并不具有为了实行的故意，预备的故意则毫无意义；反之，如果行为人对预备本身没有故意，预备犯的归责就欠缺了主观基础。因此，预备犯罪的故意内容包括：行为人明知道自己的预备行为为实行行为创造了便利，明知预备行为对结果的发生可能起到积极的促进作用，也明知实行行为可能造成危害社会的后果。

（三）行为人未能着手实行犯罪

预备行为只有在着手实行前即告终止，才能成立预备犯。如果预备行为继续顺利发展而进入着手阶段，就没有成立预备犯的余地。未能进入着手包括两种情况：首先，行为人未能将预备行为实施终了，也不可能去着手实行。其次，预备行为已经实施终了，但由于种种原因而未能着手实行。在蒲某抢劫案和黄某等抢劫案之中，之所以行为人应当都被认定为预备犯，是因为行为人的行为均未达到实行的程度，无论是尾随被害人的行为还是租乘被害人的车辆等待时机作案的行为，均属于预备行为而非实行行为，因而只能被认定为构成犯罪预备。

（四）未能着手实行犯罪是由于行为人意志以外的原因

行为人既然实施了预备行为，当然希望进入着手阶段而实行，只有在预备行为停止于预备阶段而未能着手实行的原因是行为人意志以外的原因时，即在行为人客观上不能继续实施预备行为，或者虽然结束预备行为但无法继续着手实行时，才能成立预备犯。行为人如果自动放弃犯罪预备行为，或者自动不着手实行犯罪，则成立中止犯。

二、预备犯的处罚

与其他国家刑法关于预备犯例外处罚的立法例不同的是，我国刑法规定了预备犯原则上具有可罚性，但是一般认为，处罚预备犯仍然需要实质性地考察其必要性，因此在实务上并不是对所有的预备行为都进行处罚，仍然要承认预备犯在事实上的处罚例外性，警惕预备犯处罚范围的过度扩张。其原因主要在于：虽然预备行为为了犯罪而实施，但预备行为的法益侵害性同所预定的犯罪的法益侵害性存在很大差别，预备行为并不具有直接产生法益侵害的紧迫性。尤其是预备行为有时往往表现为日常的生活行为，例如为了盗窃而购买绳索，为了伤害而准备木棍等，就其本身而言确实缺乏可罚的必要性，如果原则上均予以处罚，可能带来刑罚的多余。应当综合地考虑预备犯本身的危险性和所预定的实行行为的危险性，限定地判断对某一预备行为是否作为犯罪处理。通常而言，如果预备行为所联系的实行行为具有严重的法益侵害性和危险性，预备行为本身具有较大的违法性和危险性，甚至本身就构成严重违法行为乃至独立的犯罪行为，预备行为与实行行为的联系极其紧密，其主观故意及行为定向极其确定等，则应加以处罚。反之，如果预备行为所联系的实行行为本身就是情节较为轻微的犯罪，预备行为和日常生活行为非常相似，预备行为本身就被打断而距离实行行为过于遥远，因而危险性较弱等，经过综合判断，认为不处罚并不违背实质正义的，则自然没有必要加以处罚。

《刑法》第22条第2款规定："对于预备犯，可以比照既遂犯从轻、减轻处罚或者免除处罚。"这一规定明显地说明了对预备犯的可罚性尤其可罚程度的判断很大程度上依赖于对实行行为尤其既遂犯的可罚性及可罚程度的判断。一方面，预备犯应受刑罚处罚；另一方面，毕竟预备犯的法益侵害程度明显地小于既遂犯，因此对预备犯可以比照既遂犯从轻、减轻或者免除处罚。所谓"可以"，首先表明对预备犯从宽处罚的原则立场，当然，究竟是从轻、减轻还是免除处罚，则取决于对预备犯的案件的整体、综合判断，主要应当考察：预备行为是否已经实施终了、预备行为和实行行为的紧密程度、预定的实行行为的严重程度、预备行为本身的违法程度、预备行为或行为人的危险性等。其次，"可以"也说明在特定情况下，例如实行行为属于特别严重的犯罪、手段特别恶劣的预备行为等，可以不予从轻、减轻或者免除处罚。

在预备犯的处罚中，尚需注意以下问题。

首先，理论上，可以将预备犯分为形式预备犯和实质预备犯。所谓形式预备犯即通常所指的预备犯，而实质预备犯是指立法者将某些本来是预备的行为独立规定为某一犯罪，使其分离出来成为一种独立的犯罪类型。例如组织黑社会性质组织罪、入境发展黑社会组织罪、非法买卖制毒物品罪等，甚至包括在特定情况下的持有类犯罪以及伪造类犯罪，例如持有、使用假币罪中的持有假币罪、伪造金融票证罪、伪造身份证件罪等。这一类行为虽然不一定属于其他犯罪行为的预备犯，但在实务上，一般而言其实施是为了进一步实施其他犯罪行为而做准备，因而同其他犯罪行为之间具有高度盖然性和紧密相关性。考虑到上述行为的高度定型化、独立的法益侵害性，有时甚至考虑到在诉讼中证明其为某一具体犯罪的预备行为的取证困难，刑法将此类行为独立规定为某一犯罪，上述预备行为实际上已经转变为实行行为，此即行为性质的升格。

由于实质预备犯属于实行行为，因而为其准备的行为仍然得以构成其本身的预备犯。成为问题的主要是：实质预备犯的行为确系为实施某一特定犯罪而做准备，但并未至该特定犯罪的着手实行的，例如为了出售假币而持有相应假币，但未及着手出售的，或者为了实施诈骗而伪造居民身份证（可能既遂，也可能未遂）但未着手诈骗的，是否按照后罪的预备犯和实质预备犯的既遂犯或未遂犯的想象竞合而从一重罪处断（例如按照伪造身份证件罪的既遂犯或未遂犯和诈骗罪的预备犯的想象竞合从一重罪处断）？立法规定实质预备犯，通常预想到其可能连结犯罪，立法既然将其独立规定，而且往往规定了较之预备犯更重的法定刑，在上述情形就意味着不再认定构成该特定犯罪的预备犯，直接按照该实质的预备犯加以认定即可。不过在所预定的特定犯罪已然实行的场合，实质的预备犯行为就为后者所吸收（例如持有假币后加以出售的①），或者构成实质的预备犯和后者的未遂或既遂的牵连犯，对此，法院应采取相应的原则处理。

考虑到实质预备犯的特殊性，上述解决方案同行为人为了实施某一特定犯罪而准备，该准备行为构成某一并非实质预备犯的行为的情形，虽然都是预备行为本身成立实行行为的场合，但仍有不同，例如为了实施保险诈骗而故意伤害，但未至保险诈骗的着手的，仍应按照故意伤害罪的既遂或者未遂和保险诈骗罪的预备犯的想象竞合论处。

---

① 例如按照2001年最高人民法院《全国法院审理金融犯罪案件工作座谈会纪要》规定，如果有证据证明其持有的假币已构成其他假币犯罪的，应当以其他假币犯罪定罪处罚。但在确系意图出售而持有且并未着手出售场合，按照出售假币罪的预备犯认定，实际上反而较之按照持有假币罪认定为轻，因而没有必要也不应该按照出售假币罪认定。

其次，对共同犯罪中的预备犯如何处罚？两人以上共同为实行犯罪而做预备的，当然构成共同犯罪的预备犯或者预备犯的共犯，应予处罚，在此不必像有的国家那样讨论是否可以构成预备犯的共同正犯的问题。

在教唆犯的预备犯场合，即为教唆他人犯罪而进行预备但未能开始实施教唆的情况，例如物色教唆对象、选择教唆方式、准备教唆用具等，但未能开始实施教唆的，是否需要处罚教唆人？虽然从共犯独立性的角度自然有其处罚的必要性，但是本来就同法益侵害仅存在间接关系的教唆行为的预备，其危险性并未达到处罚必要的程度，其行为对法益的危险性极其稀薄，因此从这一角度考虑，似乎没有处罚教唆犯的预备犯的必要性。但对教唆他人实行犯罪，而被教唆人构成预备犯的，即所谓预备犯的教唆犯，应如何处罚？由于对教唆的实行行为性存在不同见解，外国刑法理论对此问题大致存在三种观点：不可罚说认为只有被教唆人着手实行犯罪的才成立教唆犯，因此对预备犯的教唆犯没有必要加以惩罚；可罚说认为预备罪同样具有实行行为性，因此预备犯的教唆犯具有可罚性；折中说则认为独立的预备罪的教唆犯具有可罚性，从属的预备罪的教唆犯不具有可罚性。对此，从共犯独立性说的角度，按照《刑法》第29条第1款规定，教唆他人犯罪的，应当按照他在共同犯罪中所起的作用处罚。预备犯的行为既然是犯罪，对其加以教唆的当然应当定罪，更何况按照《刑法》第29条第2款规定，即使被教唆的人没有犯被教唆的罪，教唆者也仍然构成教唆犯，需要受处罚，而预备犯的教唆犯更具有处罚必要性。问题仅仅在于究竟是按照预备犯认定还是按照未遂犯认定。通常的观点认为应当按照未遂犯认定，但是所谓未遂犯必须是在着手实行之后，即使认为教唆犯具有独立性，着手行为也当然是指分则具体犯罪中定型化的实行行为，不应认为教唆行为或者预备行为具有独立的实行行为内涵，显然在没有实行行为的场合，对预备的教唆本质上也仅仅是预备本身，因此对预备犯的教唆犯仍然只能按照预备犯加以论处。

最后，对于为了实行加重犯而做预备，由于意志以外的原因而未着手实行犯罪的，应当通过区分加重犯的类型来选择究竟是按照基本犯的法定刑来从宽处罚，还是按照加重犯的法定刑来从宽处罚。有的加重要素只有在该要素存在的情况下，才成立该加重犯，例如数额巨大等结果加重要素，即便行为人为抢劫数额巨大的财物而做准备，其预备犯也只能按照基本犯的法定刑幅度受从宽处罚。而在某特定的加重要素，例如行为、对象等构成要件要素的特殊性导致行为类型发生变化后，因增加行为的违法性而加重法定刑的，就为实施此类加重行为而实施的预备行为成立预备犯，例如抢劫金融机构的预备犯，则可以按照抢劫金融机构的加重法定刑幅度予以从宽处罚。

第三节 未遂犯

知识背景

《刑法》第23条第1款规定:"已经着手实行犯罪,由于犯罪分子意志以外的原因而未得逞的,是犯罪未遂。"因此,所谓未遂犯就是指,已经着手实行犯罪,由于犯罪分子意志以外的原因而未得逞的一种停止形态。

规范依据

《刑法》

第23条 已经着手实行犯罪,由于犯罪分子意志以外的原因而未得逞的,是犯罪未遂。

对于未遂犯,可以比照既遂犯从轻或者减轻处罚。

深度研究

一、未遂犯的处罚根据

未遂犯的概念是以实行的着手为概念要素的近代法律范畴的概念,因此,在罗马法以及古代日耳曼法中均不存在未遂概念。未遂犯处罚的兴起,意味着刑罚处罚范围的扩张,因此首先就有必要弄清未遂犯处罚的正当化根据及其必要性,以便能够更为明确地适用刑法有关未遂犯的规定。

客观的未遂论主张未遂犯的处罚根据在于其对构成要件所保护的法益的危险性,预备、未遂和既遂在所有行为阶段中主观故意都是相同的,因而只能从客观的一面考察其中的区别。处罚未遂犯的根据并非行为人的意思,而在于即刻能够实现法益侵害的危险性。在这个意义上,未遂犯都是危险犯。换言之,未遂犯是因为发生不法结果的高概率性而被处罚的。刑法的目的是保护法益,行为人如果仅仅存在着犯罪的意思,但是现实中并不存在法益侵害的客观危险,就没有必要将此类行为作为未遂犯处罚。而正是因为未遂犯没有发生危害结果,所以相对于既遂对其具有减轻刑罚的必要。

客观的未遂论又可以分为形式的客观说和实质的客观说。前者是指未遂犯的处罚根据是存在发生构成要件结果的现实危险,但是是否具有这样的现实危险,则应当以刑法规定的客观构成要件为基准进行形式的判断,因为发生构成要件结果的现实危险同样也是一种定型化的危险,应当通过构成要件进行判断和考察。实质的客观说同样主张对法益侵害的危险性是未遂犯的处罚依据,但是这种危险性的判断应当从实质上进行判断考察。围绕法益侵害的危险性,有的学者把它理解为一个结果,应该从事后的客观观点对其加以判断;也有学者把它作为行为的属性,认为应该从事前的一般的观点加以判断。

主观的未遂论认为未遂犯的处罚根据在于其表现为危险或者不法状态的法敌对意思,即认为未遂的处罚根据不是由行为所引起的对法益的实际侵害危险,而是由犯罪人的犯意或其性格危险性所产生的行为无价值。因此,即使行为人的行为对法益保护没有造成任何危险,也由于行为人是出于法敌对意思去侵害法律的稳定性而应受处罚。

主观的未遂论的问题在于它把行为人的意思作为处罚根据,片面地强调了主观要素的价值,很有可能扩大未遂犯处罚范围,很容易导致刑法成为"心情刑法"。而且,按照主观的未遂论所认为的那样,由于未遂犯的意思和既遂犯的意思没有本质差异,因而未遂犯甚至预备犯的处罚就应当和既遂犯的处罚同等。客观的未遂论则对未遂犯的成立采取了一种谦抑的态度,重视国民自由的保障,这一点是值得肯定的。但是,必须注意的是,犯罪固然是对法益的侵害,其对法律规范同样采取了一种蔑视的态度,行为人意图实施犯罪的内在观念有时比具体的法益侵害或其危险更为重要,并且应当在特定情形下于刑法评价上有所体现;并且,既然不存在法益的侵害,就应该在量刑时对所有未遂犯作统一的考量,而不应具有任意裁量的余地。

当然也存在以主观未遂论为基础的折中说,该说认为未遂犯的处罚根据在于其违背行为规范及其所表现的意思,只有当公众对法律秩序有效性的信赖受到动摇,对法安定性的情感受到影响时,犯罪行为的可罚性才能被肯定。

《刑法》第 23 条第 2 款规定:"对于未遂犯,可以比照既遂犯从轻或者减轻处罚。"虽然理论上任何一种故意犯罪均有成立未遂的可能,但从实践的角度看,并非所有的未遂行为都必须受到刑罚的处罚,因而在理论上必须承认立法对未遂犯的成立范围同样秉持着限缩的态度,客观未遂论的法益侵害的危险性范畴应当成为未遂犯的处罚根据。同时必须注意到,刑法对未遂犯的处罚并非必须从宽的而是可以任意裁量的,虽然原则上刑法倾向于对未遂犯从宽处罚,但这也意味着未遂犯可以和既遂犯同等处罚,而这显然并非客观未遂论的典型立场,因此不能绝对地认为我国刑法采取的就是客观的未遂论;尤其联系到《刑法》第 29 条第 2 款有关教唆未遂的规定,毋宁认为可以将刑法有关未遂犯的立场理解为以客观未遂论为基础,但同样适当地考虑到了主观未遂论的影响。

二、未遂犯的特征

根据《刑法》第 23 条第 1 款的规定,未遂犯必须具备以下特征。

（一）已经着手实行犯罪

知识背景

着手是区分犯罪预备和犯罪实行的关键点，它标志着预备阶段的结束、实行阶段的开始，但不能认为着手是预备行为的终点，因为它并不属于预备阶段。对未遂犯而言，正确地界定着手，对认定实行行为的开始、正确地划定犯罪未遂的范围、区分预备犯和未遂犯具有决定性意义。

案例评价

[案例 7-8] 白某、肖某绑架案[①]

1. 基本案情

被告人白某于 2004 年 9 月意图绑架陈某敲诈勒索财物，并于当月自制爆炸装置 3 枚。同年 10 月，白某与肖某进行绑架预谋，购买了伪造的机动车车牌 1 副、警服 1 套、弹簧刀 1 把、仿真枪 1 支，并窃取了另一副机动车牌，伪造了姓名为"金某某""王某"的身份证 2 张并于犯罪后潜逃。二被告人又用肖某的照片伪造了姓名为"赵某某"的警官证 1 本。同年 12 月 1 日，二被告人以租车名义在某社区门口将被害人白某某骗至大兴区亦庄附近，采用暴力手段强行劫走白某某驾驶的轿车 1 辆，告诉白某某借用该车一天，用后返还，让白某某留下了联系方式。12 月 2 日，二被告人用捡来的姓名为"李某某"的身份证办理了手机卡 1 张，然后更换车牌驾车携带作案工具至某博物馆附近，冒充某市公安局领导与陈某电话联系，谎称其子涉嫌刑事案件需向其调查，欲将陈某骗上车后予以绑架勒索财物，后因误认为陈某已产生怀疑而逃离现场，并通知白某某在指定地点将轿车取回。二被告人于同年 12 月 10 日被查获归案。

2. 涉案问题

被告人所实施的行为究竟属于着手还是预备？

3. 裁判理由

某区人民法院认为，二被告人为绑架他人勒索财物而准备工具、制造条件，其行为均已构成绑架罪。鉴于二被告人为实施绑架犯罪而准备犯罪工具，并设骗局意图接近被害人的犯罪行为，系犯罪预备；而被告人归案后均能如实供述犯罪事实，有认罪悔罪表现，故而对被告人依法减轻处罚。

[①] 最高人民法院刑事审判第一、二、三、四、五庭. 刑事审判参考：2009 年第 4 集. 北京：法律出版社，2009：48-56.

4. 评析意见

本案中，二被告人为了实施绑架犯罪，准备了犯罪工具，并且与被害人电话联系，试图骗出被害人，后因认识错误而停止犯罪，对于其行为是犯罪预备还是犯罪未遂，在审理中存在较大分歧。一审法院认定其构成犯罪预备，无疑是认为其行为尚处于预备阶段。

相关评论认为：正确区分犯罪预备和犯罪未遂，关键在于犯罪停止的阶段，即停止在犯罪实行前阶段还是犯罪实行阶段。是否着手实施犯罪，是区分犯罪实行前阶段和犯罪实行阶段的标准。尚未着手实施犯罪，只是为了犯罪而准备工具，制造条件，由于意志以外的原因而停止的，属于犯罪预备；已经着手实施犯罪，由于意志以外的原因而停止的，属于犯罪未遂。一般认为，已经着手实行犯罪，是指被告人已经开始实施刑法分则规定的具体犯罪构成要件中的犯罪行为，这种行为不再具有为犯罪的实行创造便利条件的性质，而已经使刑法所保护的具体法益初步受到危害或者面临实际的威胁。据此，准确认定犯罪行为的着手，必须结合具体个罪，根据刑法分则条文的规定，考察其犯罪构成要件的客观方面。凡是实施了分则规定的某一犯罪客观构成要件方面的行为的，属于已经着手；凡是尚未实施上述行为的，只是为上述行为的实行和犯罪的完成创造便利条件的，属于未着手，符合条件的，可以认定为犯罪预备。具体到本案而言，正确认定二被告人是否着手实施绑架行为，必须正确界定绑架罪的客观行为，绑架罪是指被告人以勒索财物为目的绑架他人，或者绑架他人作为人质的行为。根据这一规定，只要实施了劫持人质行为，就属于犯罪已经着手。劫持的方式，一般表现为使用暴力、胁迫以及其他剥夺自由的手段。凡是为以暴力、胁迫等手段剥夺被害人人身自由行为服务、创造条件的行为，均属于绑架罪的预备行为，而不应认定为实行行为。行为人采用欺骗手段将被害人骗至或者骗离某一地点进行挟持的，尚不属于劫持行为，因为这种行为尚未真正侵害到被害人的人身自由，只有对被害人进行扣押或者关押，限制或者剥夺人身自由的，才属于劫持行为。从劫持的时间角度看，被告人只有实施了暴力、胁迫等剥夺被害人人身自由的行为，才能认定为开始实施劫持行为。在此之前的行为，不论复杂简单、时间长短、内容多少、危害大小，均属于劫持开始前为劫持行为服务的行为，不应认定为劫持行为本身，也就不能认定为着手实施绑架犯罪。

尤其是相关评论进一步指出：考虑到绑架罪的法定刑较重，在解释认定绑架罪的构成要件时，一方面要符合着手的一般理论，另一方面要顾及绑架罪的特殊性，确定其着手的时间不宜过早，避免对较轻的行为科以过重的刑罚。具体而言，绑架罪的着手应该解释为实施了直接侵犯人质人身权利的行为。相应地，在劫持人质之前的行为，只具有抽象的危险性，尚未对人质造成现实的危害，不足以解释为绑架的实行行为，否则会造成罪刑不均衡。本案中，二被告人准备用于扣押被害人的车辆和用于胁迫被害人的爆炸装置，均属于准备犯罪工具的范畴。至于被告人设骗局与被害人电话联系意图让被害人"自动地"来到车辆上，这是否属于绑架罪的着手存在争议。从社会生活领域或者从被告人的主观意思的角度，有学者可能会认为，行为人经过了数月的筹划，准备了所需的全部工具，到了案发当天，时机成熟了，行为人认为可以着手实施了，便打了电话与被害人联系，这一行为属于绑架罪的着手。但是根据上述有关绑架罪着手认定标准，只有被告人实施的扣押被害人剥夺其人身自由的行为，才属于绑架的实行行为。而案中被告人的这些行为是给实施绑架行为提供便利，创造条件，使绑架行为得以实施的行为，应当属于犯罪预备行为而非实行行为。

根据上述评论，显然评论者所持的是形式的客观说。但是这一观点又隐约地借鉴了实质客观说中的危险认定。总体上，裁判结论乃至相关评论是妥当的，但是正是因为相关立场的不同，其间有一些含混的地方。例如上述评论认为被告人只有实施了暴力、胁迫等剥夺被害人人身自由的行为，才能认定为开始实施劫持行为，并进而认为只有被告人实施的扣押被害人剥夺其人身自由的行为，才属于绑架的实行行为。但是，暴力、胁迫等行为仅仅属于手段行为，距离真正扣押或者说剥夺被害人人身自由，仍可能距离遥远，甚至行为人可能在实施暴力、胁迫过程中，因为意志以外原因而被迫停止，并未控制被害人，按照实质危险说的观点，应当构成未遂；而按照评论者所持的形式客观说的上述观点，虽然结合了行为所具有的危险的判定，但仍然不得不认为构成预备。实际上，行为人实施了扣押被害人剥夺其人身自由的行为，在绑架罪中可能认定为既遂更为适宜。上述形式客观说的立场在本案中的结论并无差错，不过在其他案件中可能造成既遂行为的过于延迟。

[案例7-9] 杨某销售假冒注册商标的商品案[①]

1. 基本案情

2005年10月，被告人杨某租赁某住处用于销售各类假冒注册商标的高尔夫用品。2006年2月22日下午，上海市工商行政管理局长宁分局在该地点进行执法检查时，查获待销售的假冒注册商标的各类高尔夫球杆1 755根等物品，经估价鉴定，上述高尔夫用品市场价值为471万余元。

2. 涉案问题

（1）如何区分销售假冒注册商标的商品罪中的犯罪预备和犯罪未遂？

---

① 最高人民法院刑事审判第一、二、三、四、五庭. 刑事审判参考：2007年第5集. 北京：法律出版社，2008：48-56.

（2）销售假冒注册商标的商品未遂的，是否构成犯罪？

（3）销售假冒注册商标的商品未遂的，应如何计算犯罪数额？

3. 裁判理由

某区人民法院审理认为，杨某已经着手实行犯罪，假冒注册商标的商品处于待销售过程中，由于其意志以外的原因而未得逞，系犯罪未遂。其辩护人关于其行为系犯罪预备的意见，法院不予采纳。对于被告人杨某的辩护人关于犯罪数额应以假冒注册商标的商品可能销售的金额计算的意见，由于本案中假冒注册商标的商品没有标价，也无法查清其实际销售价格，辩护人的相关辩护意见没有法律依据，法院不予采纳。被告人杨某在庭审中能够自愿认罪，酌情从轻处罚。故判处其有期徒刑1年6个月，并处罚金3万元。

4. 评析意见

如前所述，销售假冒注册商标的商品未遂，货值金额达到一定标准的，应当定罪处罚。另外，销售假冒注册商标的商品未遂的，如果假冒注册商标的商品没有标价，也无法查明其实际销售价格，应当按照被侵权产品的市场中间价格计算。

在此主要讨论销售假冒注册商标的商品罪中的犯罪预备和犯罪未遂问题。本案与前引案例7-4朱某销售假冒注册商标的商品案有同样的结论，虽然本案的裁判理由和相关评论并未展开，但是可以认为，认定该行为系未遂的理由就在于，同相关解释的规定一致，法院认为行为人以销售为目的购进货值金额巨大的假冒注册商标的商品，构成作为本罪实行行为的销售行为的一部分。如前所述，由于对着手标准的掌握不一，因而人们对未遂的认定有所区别。但是既然"购进"行为属于已经着手实行"销售"行为，它就应该像前述评论所指出的那样，属于销售行为的前一阶段或者说是行为人已经开始了销售行为。但是，相关解释对这一行为所采取的措辞均为"尚未销售"，这一措辞意味着其行为并非"销售尚未完成"，而是行为人尚未开始销售，即意味着其行为尚未进入着手，仍然处于销售的准备阶段。即使认为为销售而储存是为了实现销售目的而实施的完整销售行为的一部分，储存也并非销售行为本身，因此，为了销售而购买的行为应当认定为销售行为的预备，上述类型的案件原则上按照相应销售犯罪的预备而非犯罪未遂论处似乎更为合适。

深度研究

1. 着手的认定

着手认定的标准，主要存在主观说、客观说和折中说等不同的观点。

主观说认为，既然犯罪是犯罪意思的表征，那么着手就应当由犯意的遂行性与确实性认定；虽然着手是客观外在的行为，但是行为人的意思的危险性被发现时就是实行行为的着手。主观说的缺陷在于：首先，其认为犯罪是犯意的表现，但是预备行为中同样存在犯意的表现问题，其无法将预备和实行加以正确区分，甚至可能将未遂犯扩张至预备阶段；其次，在标准的确定上，其认为着手的时间在于犯意的飞跃，这一标准的设定过于含糊；最后，其所认定的着手时间点往往较为提前，因为犯罪意思的表征往往会在较早时间得到体现，因此会产生扩大未遂犯的成立范围的问题。

客观说则主张根据客观标准决定实行行为的着手，认为既然刑法处罚的是规定于构成要件的行为，判断的标准就应当是客观的。客观说大体上分为形式的客观说和实质的客观说，前者是指只有当行为人实施了属于严格意义上的构成要件的行为或者在理论上被认为属于构成要件的一部分行为时，才是着手。不过，形式的客观说在逻辑上存在着循环论证的问题，并没有为着手的认定提供更为明确的标准。后者则或者主张具有与构成要件的行为有必要结合的行为的就可以认定为着手，认为在行为虽然不满足构成要件，但是已经接近构成要件并且不需要行为人的其他动作就可以实现构成要件的情况下，该行为同构成要件之间的必然联系就可以使其成为构成要件的行为，这样的观点显然也不能成为明确的标准；或者更多地主张实行的着手就是实施了具有发生结果的现实危险的行为，认为具有对保护法益的直接危险或者接近于法益侵害的行为就是着手。对客观说的批判主要是认为其不顾刑法上的行为是由主观意思和客观表现构成的事实，离开行为人的犯罪计划而仅以第三者的角度客观地确定着手。

折中说认为，对着手实施的认定客观说过于严格，但主观说又过于扩张，因而采取折中的立场。就其所采取的基本立场的不同，折中说也区分为主观性客观说和个别性客观说，前者认为应当以行为人的整体的计划为基础，在对构成要件的保护法益造成直接危险的行为明确反映出行为人的犯罪意思时，就是着手。后者的基础当然仍然认为着手的本质标准是造成受到保护的法益的侵害的直接危险，但是判断直接危险是否出现的标准不应依照客观标准，而应当按照主观标准，即由个别的行为计划决定。从行为者的计划整体来看行为具有侵害法益的紧迫的危险性的话，就可以以该行为为标准来确定实行的着手。

批评者认为如果让犯罪故意决定法益侵害的危险，甚至犯罪的具体计划也要决定法益侵害的危险性，就意味着只有完全地查清行为人的犯罪计划才可能认定着手，而一旦计划无法查明，就不能确认行为人的着手。不过从其结论上看，虽然其声称着手的认定需要根据犯罪意思来确定，但事实上其几乎所有的结论同客观说的结论并没有太大差别。而且实际上，既然是故意犯罪的着手行为，客观说在其本质上也并非完全不考虑行为人的主观是故意还是过失，否则就无法确认行为是故意犯的构成要件行为还是过失犯的构成要件行为。折中说虽然强调故意在确定着手时的意义，但是其核心仍然是客观说。例如其认为尽管构成要件行为尚未开始，但具有以直接实现构成要件为目的的行为，就可以视为着手，这种直接性应当与构成要件行为在时间、地点上接近，否则为了实现构成要件还要求行为人实施另外的行为的，就不能称为直接实现构成要件的行为。在这一结论上，无非是折中说企图回避危险的概念，而其结论在实践中的认定同客观说的毫无区别。当然，折中说强调主观故意在认定着手中的作用并非没有道理，例如同样是举起手枪的行为，在打算对人射击的场合对生命构成了危险，但是在仅仅是做做样子开玩笑的场合，就没有危险。

因此总体上，在客观说认定的着手标准下坚持主观故意所具有的对责任判断的一般性指导作用，这样的立场是值得肯定的。过去我国的刑法理论普遍认为所谓着手就是开始实行刑法分则所规定的某一犯罪构成客观要件的行为，实际上就是坚持了形式的客观说。这一观点的内在逻辑就是：着手是实行行为的开始，但是当我们追问实行行为是什么时，通常的回答是实行行为就是刑法分则规定的构成要件行为，而构成要件行为的标志就是着手以后的行为，这就变成了用着手来定义着手的循环论证的困境。这一理论完全无法告诉我们构成要件的本质是什么，以及某一具体的行为为什么能够成为构成要件行为，某一具体时点的行为为什么能够成为实行行为的开始时点。

因此，应当从法益侵害的角度出发考察着手的时点，将未遂犯理解为实质的具体危险犯。凡是实行行为都应当是侵害法益而具有紧迫危险的行为，因此对未遂犯的处罚要求其对法益具有紧迫的危险，只有法益面临逼近的危险，如继续进一步发展就可能实现法益的侵害，此一行为的时点才是实行行为的着手的时点，才可能构成未遂。在上述白某、肖某绑架案中，法院即认为被告人的行为仅仅是为了绑架而准备工具、制造条件，均属于绑架罪的预备行为而非实行行为，即使行为人采用欺骗手段将被害人骗至或者骗离某一地点再进行挟持的，也不属于劫持行为，因为这种行为尚未真正侵害到被害人的人身自由。而在相应的销售假货类型案件中，销售行为的实施应当与行为人最终将货物销售出去这一结果紧密相连，如此才能对所要保护的法益具有直接的侵害危险，例如其为实现销售结果而刊登广告、报价、寻找买家等，而购买行为对法益的侵害并未达到紧急的地步，因而认定构成未遂似乎稍早。①

---

① 在刑法中规定有买卖均构成犯罪的行为，例如买卖枪支、弹药、爆炸物罪等，在这样的犯罪中，买和卖是能够相对区分的；另外，即使在购买行为不定罪、仅处罚销售行为的罪名，例如贩卖淫秽物品牟利罪中，将为卖而买的行为均作为贩卖的实行行为的一部分，也仍然有待商榷。因此，在上述案件中，对于如何理解法益侵害的紧迫危险性，仍然需要慎重考虑。

当然，法益面临逼近的危险只是一个抽象的标准，对具体案件中的未遂犯的认定，还需要根据不同犯罪、不同案件的具体情况综合认定，例如考察行为人与犯罪对象的接近程度、行为人的行为是否实质地脱离了准备阶段而对保护对象造成紧迫危险等。即使是同一罪名的不同案件或者相同类型的案件，也可能会因为具体情形的变化，而产生不同的未遂犯情形。例如同样是盗窃财物，可能因为所处位置、盗窃物品的不同等，具有不同的具体认定标准。

2. 特殊类型的犯罪的着手

通常场合下，无论采取前述何种观点，所得出的结论都差不多，因为构成要件在设定时，实际上已经类型化地考虑到了究竟在实践中何种行为可能引起法益侵害的危险。如果在形式上能够认定某一行为确实属于刑法规范所预想的构成要件行为，大体上这一行为就属于客观说中具有现实危险的着手后的实行行为。不过，在某些特殊的场合，不同的立场可能会得出不同的结论。

（1）隔离犯的着手。隔离犯是指实行行为与犯罪结果之间具有时间、空间间隔，并且很多场合中往往有被害人或者不知情的第三者介入犯罪。前者例如甲在乙常用的茶杯中投毒，对该行为的着手，大致有两种观点：其一认为，甲在投毒时就构成着手，即使乙未饮用，甲也构成未遂；其二认为，虽然甲投毒后其自然的、物理的行为已经终了，但是乙只有在将要喝含有毒药的茶时，才面临死亡的紧迫危险，因此，在此之前的行为都仅仅是预备行为。本书的观点认为，甲投毒时的行为就应当被认为是实行的着手。既然刑法处罚的就是投放毒药的行为，如果将其作为预备行为对待，就意味着作为被处罚对象的构成要件行为仅仅是预备行为而非实行行为，而这显然是矛盾的；同样，由于在乙喝茶之时，甲的行为已经结束，因而如果认为此时才开始有实行行为，就意味着必须将甲的实行行为理解为一种不作为，而这显然没有必要。后者又如以杀人故意邮寄爆炸物，对此行为的着手的认定存在寄送主义和到达主义的区分：寄送主义认为只要行为人向邮局交付有毒物品等就已经是杀人行为的着手；而到达主义认为行为人将有毒物品提交邮局时并非着手，只有当有毒物品到达对方时，才是实行的着手。此外，也存在更为实质性判断的观点，认为如果该爆炸物可能随时爆炸，就应当认定寄送就是实行行为的着手，否则仍一般地按照到达主义认定。但是与上述案例相同，无论是否介入被害人或第三人，在寄送或者投毒时，行为人的行为已经实施完毕，如果认为其行为尚未开始，显然无论如何都与一般人的理解相悖；而且此后邮寄的过程和被害人饮用的过程，如果没有其他因素干扰，就属于其之前行为的自然延续或延伸，行为对法益的危险性在其投放毒物或者邮寄爆炸物当时就已经产生，因此投毒和邮寄之时就应当认定为着手。

(2) 不作为犯的着手。不作为犯是以违反作为义务为内容的，因此必须联系作为义务来讨论不作为犯的着手。第一种观点认为，行为人即保证人具有作为可能性的最初阶段就认定为着手，只要是行为人的违反作为义务的不作为，就属于不作为的实行行为。因此母亲为了使婴儿饿死而首次不喂奶，就是着手。第二种观点认为，开始可以防止结果发生的最后阶段是着手，因为只需要保证人在最后阶段实施作为防止结果发生即可。上述观点或者使实行行为过于提前，或者使实行行为过于延迟。第三种观点认为，行为人不履行作为义务，只有在给被害人造成直接危险或者使原来的危险增加时，才构成着手，可能成立未遂。因此，只有当母亲不哺乳婴儿的行为使婴儿陷入生命危险状态时，才构成着手。这是将发生结果的具体危险作为未遂犯处罚依据的客观说的当然结论。本书同样认为，不作为犯的着手应当以对被害人的紧迫危险产生时刻为准，虽然这也有赖于在不同案件中对具体不作为的情形的判断。例如在把家中老人在严冬之夜送到人迹罕至的深山，扔下不管的场合，欺骗老人把他从家里领出的先行行为并不构成实行行为，而是在将其带到深山对其构成严重生命威胁的时刻成立着手。

(3) 间接正犯的着手。间接正犯通常是指利用不成立共犯的其他人实施犯罪的情形。对其行为的着手，大致有下述观点：利用者说认为利用者开始实施利用行为时是着手，因为此时行为人就表征出其危险性格，已经可以确立其犯意的成立。例如在甲命令不满14岁的未成年人进行盗窃的场合，当甲对该未成年人进行命令时，就是盗窃罪的着手。被利用者说则认为被利用者开始实施具体行为是着手，因为只有被利用者实施的行为才具有导致结果发生的具体危险或者迫切危险。实行的着手意味着结果发生的具体危险，并不一定要与自然的行为的存在时期相同。个别化说则主张应当根据被利用者的情况或者利用行为与被利用行为之间的关系来确定，在某些情况下以利用者行为的开始时点为着手，在另一些情况下以被利用者开始实施犯罪行为时为着手，例如利用有故意的工具的场合。本书认为，间接实行者在利用他人犯罪的故意支配下开始实施的诱致他人犯罪行为的行为，如果包含法益侵害危险，就是实行的着手。原则上应当以利用者诱致危险行为的着手为标准，因为被利用者的行为无非是利用行为的自然延伸，利用者的利用行为本身也已经包含危险发生的可能。但是如果在特别的情形中，法益侵害的危险应当认定为在被利用者的行为实施时才产生，这并不妨碍将被利用者的行为产生危险的时点作为着手时点。因此，个别化说的观点是正确的。

(4) 原因自由行为的着手。原因自由行为是指行为人故意或者过失使自己陷入无责任能力的状态，然后在无责任能力的状态下实施犯罪的情况。原因行为说认为开始实施原因行为时即行为人实施使自己陷入无责任能力状态的行为时是着手，因为根据责任和行为同时存在的原则，只能在开始实施的原因行为中寻找实行行为性。结果行为说认为应该以开始实施结果行为时为着手，因为在行为人开始实施原因行为时还不具有导致结果发生的现实危险，只有在行为人开始实施结果行为即可能直接导致结果发生的行为时，才是原因自由行为的着手。而二分说则主张：当原因自由行为本身具有发生结果的现实危险性时，原因自由行为的开始就是着手，当原因自由行为不具有此种危险性时，结果行为的开始就是着手。从客观危险性的角度出发，确实需要考虑到原因自由行为的不同类型，考察原因行为和结果行为所具有的不同特点，在原因行为确实具有直接引起法益侵害的危险性场合，认定原因行为的开始就是着手；而在原因行为不具有这种危险性场合，以结果行为的开始为其着手可能更为合适，因为通常情况下只有结果行为才能够直接引起法益侵害。

(二) 犯罪未得逞

知识背景

所谓犯罪未得逞就是指故意犯罪未能既遂。关于犯罪未得逞或者说犯罪未达既遂，有多种理解：结果发生说将犯罪未得逞理解为没有发生法律所规定的结果；目的实现说认为犯罪未得逞是指没有达到犯罪人主观上所追求的、受法律制约的犯罪结果。由于刑法对不同犯罪所设定的构成要件类型不同，因此既遂的具体标准在具体犯罪中有所不同。不过，从构成要件的角度看，既遂犯一般可以理解为完全满足了分则具体规范构成要件的全部客观要素。因此，理解未遂首先需要理解既遂，明确了既遂的标准，意味着一旦行为人没有实现上述标准，就可能构成未遂；而一旦对既遂的标准产生争议，也就意味着对未遂犯的成立可能产生争议。

案例评价

[案例 7-10] 朱某等制造、贩卖毒品案[①]

1. 基本案情

2006年6、7月，被告人朱某纠集倪某等人商议制造氯胺酮（K粉）以牟取暴利。朱某花1万元从小李处购得制造K粉的原材料氯胺酮碱（以下简称"碱"）500克，并安排倪某等人购买制造K粉的其他工具和物品，之后四人多次制造K粉，均以失败告终。2006年8月，朱某等四人用剩余的碱制造出K粉150克许，因质量不好，有50余克被丢弃，其余大部分供自己或者送给

---

① 最高人民法院刑事审判第一、二、三、四、五庭. 刑事审判参考：2008年第2集. 北京：法律出版社，2008：51-57.

他人吸食。2006年10月25日，朱某花费8 000元从小李处购得碱500克交给倪某，后者在其指导下制造出K粉100余克，除10克贩卖给他人外，其余部分因质量不好被丢弃。2006年10月26日，朱某和倪某利用剩余的碱制造出K粉80余克，除部分贩卖给他人外，其余供自己或送他人吸食。2006年11月，朱某通过周某等人从王某处取得碱50克后交给倪某，后者用此制造出K粉20余克，其中六七克被周某带走，其余供倪某自己吸食。2006年11月下旬，朱某通过周某以14 000元购得碱1 000克，交给倪某，后者用此制造出K粉280余克，由周某等人贩卖或吸食。2006年12月初，朱某通过周某购得碱1 000克，并交给倪某，后者用此先后制造出K粉300余克，其中的112克K粉由朱某贩卖，其余部分供自己或他人吸食。2006年12月20日左右，朱某购得500克碱交给倪某，倪某用此制造出K粉200余克。2006年12月28日，倪某被当场抓获，公安机关查获可疑物品、制毒器材若干，从被告人石某身上查获白色粉末5包，从周某处查获白色粉末1包。经鉴定，上述可疑物品及白色粉末等均检出氯胺酮成分。

2. 涉案问题

制造毒品失败的行为能否被认定为犯罪未遂？

3. 裁判理由

某县人民法院认为，朱某、倪某、石某等人以营利为目的，制造、贩卖毒品氯胺酮，共计制造1 130余克；周某明知朱某等人制造毒品，仍为其提供制毒原材料并将制造成功的部分毒品用于吸食和贩卖，共参与制造毒品600余克，上述被告人的行为均已经构成制造、贩卖毒品罪。关于被告人周某等人提出的"丢弃的140克不应计入毒品数量"的辩解，经查，被告人朱某等人以制造毒品为目的，实施了制造毒品的行为，已构成制造毒品罪，其制造的K粉不论是否成功或是否经过检验，其数量均应计入毒品数量，并据此定罪量刑。但现有证据因未提取到制毒原材料实物和未对制成的K粉进行毒品鉴定，不足以证明从小李处购进的制毒原材料的真假，从有利于被告人角度，依法对该部分制造毒品事实认定为犯罪未遂。①

4. 评析意见

相关评论指出，传统刑法理论将犯罪既遂的表现形态分为行为犯和结果犯，对制造毒品罪的既遂认定标准，学界和司法实务界有不同认识：一种观点认为，制造毒品罪是行为犯，行为人只要实施了制造毒品的行为即构成犯罪既遂，该罪并不存在犯罪未遂；另一种观点认为，制造毒品罪是结果犯，行为人制造出刑法规定的毒品才能构成犯罪既遂，因行为人意志以外的原因

---

① 不过，在有关法条援引上，该案判决并未援引《刑法》第23条关于未遂的规定。

未能制造出毒品的，构成犯罪未遂。评论人认为，根据《刑法》第 347 条第 1 款规定，制造毒品无论数量多少均应追究刑事责任，而第 2、3、4 款则按照所制造毒品的不同数量规定了相应的法定刑。"无论数量多少"都应当追究刑事责任的前提是要有数量，因此只有制造出具有一定数量的毒品，才能构成制造毒品罪的既遂。如果制造毒品失败，即行为人已购入制毒原材料并已经开始制造但没有制造出成品的，因缺乏毒品数量要素，制造行为没有产生法定的犯罪结果，就应当被认定为犯罪未遂。

就法益侵害而言，制造毒品罪这一规范所要做的是阻止毒品进入社会流通和使用，因此只有制造出毒品才能对法益造成实际的损害。虽然在规范用语的表述上，该罪并未表现出对结果的描述，但是从构成要件要素具备的角度看，应当理解为其制造行为的完成包含结果的产生。如果行为人意图制造毒品而根本不可能制造出毒品或者因为客观原因所制造物品并不符合毒品标准，其制造行为对法益欠缺实际损害，虽然应当予以惩罚，但是应当按照未遂认定。

[案例 7-11] 农某组织他人偷越国（边）境案[①]

1. 基本案情

被告人农某为获取廉价劳动力，图谋雇请越南人越境为其务工。2012 年 7 月 16 日，农某电话联系越南人农甲请其帮忙找一些越南人到其家里拔草，并承诺相应吃住及费用条件。当日下午，农甲把此事分别告诉了 13 名越南人，并与之约定前往中国境内集结做工的时间地点。当日晚，农某与农甲商定由农甲负责组织越南人从中越边境 591 号界碑附近便道入境，农某负责在中国境内等候接应。次日凌晨，农某等人驾驶车辆在约定地点等候，19 时许，农甲带领 13 名越南人从 591 号界碑附近便道进入中国境内，随后登上农某驾驶的车辆前往云南省富宁县。20 时许，农某驾驶的车辆遇上正在巡逻的公安民警，上述人员被当场抓获。

2. 涉案问题

被组织者偷越国边境后尚在偷越过程中被抓获的，能否认定组织者组织他人偷越过境犯罪未遂？

3. 裁判理由

一审法院认定，农某组织 14 名越南人涉案人员进入我国境内前往其指定地址途中被抓获，属于在偷越国境过程中被查获，其行为属于犯罪未遂，故

[①] 最高人民法院刑事审判第一、二、三、四、五庭. 刑事审判参考：2013 年第 4 集. 北京：法律出版社，2014：72-76.

判处其有期徒刑 3 年，缓刑 3 年。对此，检察机关认为这一认定系适用法律错误，农某没有减轻情节，应当判处 7 年以上有期徒刑。二审法院认定，涉案人员从中越边境 591 号界碑附近便道入境，进入中国境内，农某在驾车搭载入境的越南人前往云南富宁途中被民警查获，其组织他人偷越国边境的行为仍处于持续过程中，属于在组织他人偷越国境过程中被查获，应当认定为犯罪未遂。

4. 评析意见

相关评论指出，2002 年 1 月 30 日最高人民法院出台《关于审理组织、运送他人偷越国（边）境等刑事案件适用法律若干问题的解释》（已失效）未对组织他人偷越国（边）境的未遂情节进行明确规定，不过起草人在相关理解和适用一文中提出了这一行为一经实施就应当认定为既遂的观点，此后十年间的司法实践基本按照这一原则把握。不过，2012 年最高人民法院、最高人民检察院《关于办理妨害国（边）境管理刑事案件应用法律若干问题的解释》第 1 条第 3 款规定，以组织他人偷越国（边）境为目的，招募、拉拢、引诱、介绍、培训偷越国（边）境人员，策划、安排偷越国（边）境行为，在他人偷越国（边）境之前或者偷越国（边）境过程中被查获的，应当以该罪的未遂论处。对后者即"偷越国（边）境过程中"，一种意见认为是指被组织者在尚未跨越国（边）境线的过程中，另一种意见认为是指他人已经偷越国（边）境线但尚未完成偷越行为的，依然在偷越过程中。评论者认为后者的"偷越国（边）境过程中"在时间上具有持续性，在空间上具有区域性，即虽以界划线，但还设置了一个整体管理的区域。本案中，被组织者越境，然后到界碑附近上车，最后在车开到边境巡逻道路段时被查获，被组织者仍然处于边境管理区域内，属于"偷越国（边）境过程中"。同时考虑到中越两国边民往来频繁，越境短期务工现象较多，如果对当地农村招募越南人务工的村民处以重刑，则社会效果不好。因此本案以未遂论，体现了罪责刑相适应原则。

过去通常认为偷越国（边）境的既遂标准就是是否跨越国（边）境线，不过如此一来，前述解释中"偷越国（边）境过程中"就几乎没有了适用的余地。以本案为例，虽然偷越国（边）境已然完成，但是整体的偷越行为并未实际结束，上述人员仍然处于管控的国（边）境区域内，因此认定为未遂更切合实际。显然，就本罪而言，尤其考虑到上述司法解释的规定，在认定既遂未遂时，应当结合具体犯罪的构成要件考察法益侵害的实质化、现实化，而不是过度地拘泥于构成要件的形式性符合。

不过，如果进一步单纯地考虑组织行为的未遂问题，上述案例与最高人民法院所认可的下述王某等组织出卖人体器官案存在迥然不同之处，其相关结论的不同殊可玩味。

[案例 7-12] 王某等组织出卖人体器官案[①]

1. 基本案情

2011年9月至2012年2月，被告人王某纠集刘某、孙某、李某至江苏泰兴等地，组织他人出卖活体肾脏。刘某、孙某主要利用互联网发布收购肾源广告以招揽供体，李某主要负责收取供体的手机和身份证、管理供体、为供体提供食宿、安排供体体检及抽取配型血样等；王某主要负责联系将肾脏卖出。四名被告人先后组织朱某、徐某、钟某、杨某等多名供体出卖活体肾脏，其中朱某由被告人刘某招揽至泰兴黄桥镇，后朱某离开，被告人王某又向朱某提供了介绍去医院作肾脏移植手术人员的电话，朱某于2011年12月在石家庄一家医院实施了肾脏移植手术。徐某在被告人孙某招揽及被告人王某安排下，于2011年12月在印尼一家医院实施了肾脏移植手术。被告人王某从中得款3.8万元，并将此款用于钟某、杨某等供体的食宿支出。案发时，钟某、杨某尚未实施肾脏移植手术。

2. 涉案问题

组织出卖人体器官罪是否以人体器官的实际摘取作为认定既遂、未遂的标准？

3. 裁判理由

本案中，审理法院并未对这一问题进行说理，其量刑所考虑的各种情节均未包含未遂，其所援引法条也并不包括《刑法》第23条内容，因此意味着法院并不认可未遂的结论。在审理过程中，法院对四被告人构成组织出卖人体器官罪没有异议，但对具体犯罪停止形态存在不同认识。一种观点认为，本罪应当以损害结果的发生即以实际摘除出卖者的身体器官作为认定既遂的标准。本案中四名被告人先后组织多名供体出卖活体肾脏，其中部分供体被实际摘除并进行了器官移植，应认定为既遂；另有部分供体尚在血型配对中或因配对不成而离开，此部分犯罪应当认定为未遂，并在具体量刑中予以体现。另一种观点认为，组织出卖人体器官罪是行为犯，行为人只要实施了组织他人出卖人体器官的行为即可构成本罪，不应以损害结果的发生作为认定既遂的标准。本案中被告人的行为均应被认定成立既遂。

4. 评析意见

对本案，相关评论认为：包括组织出卖人体器官罪在内的组织型犯罪属于典型的行为犯，不以犯罪结果发生为既遂要件，一般不要求危害结果必然实现，只要危害行为实施完毕即构成犯罪既遂。其既、未遂的认定是以行为

[①] 最高人民法院刑事审判第一、二、三、四、五庭. 刑事审判参考：2013年第6集. 北京：法律出版社，2014：80-85.

人的组织、策划或指挥行为是否实施完成作为界定标准的。具体到本罪，只要行为人基于出卖人体器官的目的，实施了指挥、策划、招揽、控制自愿出卖自身器官的人的行为，即成立本罪的既遂，而不需要出现器官被实际摘取等特定后果。尤其是本罪客体是复杂客体，包括公民的人身权利和国家医疗秩序，行为只要侵犯其一即可认定为既遂。组织者的组织出卖行为实施完毕，即使出卖者未被实际摘取器官，国家器官移植医疗管理秩序也受到了严重侵害，组织行为即构成既遂。同时，以实际摘取器官与否作为本罪的既、未遂认定标准，与预防惩治犯罪的立法意图相悖。

  本案评论最有意思的地方在于，其所采取的立场与前述农某组织他人偷越国（边）境案裁判的立场完全不同。就组织犯的法条规范结构而言，一般理解为其包含了组织行为和特定违法行为要素，因此属于复合的行为要素结构。农某组织他人偷越国（边）境案的立场就是如此理解特定违法行为要素的，该立场要求组织犯的成立必须两种行为均具备，并一般性地将特定违法行为要素作为构成要件的实行行为，因此组织犯的既遂应当以实施了组织行为并且特定违法行为既遂为标准。而王某等组织出卖人体器官案，则推翻了组织犯的前述复合行为要素结构，认为组织犯是为了某种特定行为的实施而实行组织行为，组织犯是单一行为要素的结构，因此特定行为的实施成为主观要素，行为人只要基于实施某种特定行为的目的而实施了指挥、策划等组织行为，即成立组织犯的既遂。在对比的意义上，《刑事审判参考》中前后出现的上述两种类型的判决立场，即单一组织行为结构论以及组织和被组织双重行为结构论，成为两个完全相反的立场。

  简要地讲，考虑到组织犯中被组织行为类型的多样化，有的本身就属于犯罪行为，有的本身并不成立犯罪，仅对组织行为处罚；各个组织犯的法定刑亦差异甚大，如果将被组织行为仅仅作为组织犯的主观要素而不与组织犯是否既遂发生任何关联，就很难解释组织犯类型的多元化和法定刑的差别化。仅仅将被组织行为作为组织犯的主观要素而不是客观要素，就意味着刑罚的确定依据过于主观性，并因此缺乏正当性。组织犯的法益侵害程度及应受惩罚的程度应该和被组织行为的法益侵害程度相关联，并必然要和被组织行为的实行相关联。因此，组织犯的单一组织行为结构论将组织行为本身是否既遂作为区别组织犯整体的既遂、未遂标准，实际上意味着忽略了被组织行为在组织犯的性质判断中的重要作用。

  不过，组织和被组织行为双重行为结构论将被组织行为的既遂作为组织犯的既遂标准，进而认定只有被组织行为既遂的，组织行为才能被认定既遂，似乎又过分强调了被组织行为既遂对组织犯的意义，而忽略了组织犯本身的独立性。学者对这一问题的见解有时也呈现含糊之处。例如有学者认为组织越狱罪的实行行为是组织行为,因此行为人开始实行的组织越狱行为是本罪的着手,但并不认为既遂止步于组织行为本身的结束,而认为组织越狱行为使被组织的全部人员或者部分人员摆脱了监管机关的实力支配的,才是本罪的既遂①,这仍然属于双重行为结构论的立场。对此,限于篇幅,本书简要地陈述观点如下:应当将被组织行为区分为违法行为和犯罪行为。对违法行为而言,组织行为的法益侵害性应当建立在相应违法行为的实行基础之上,被组织行为一旦实行,组织行为即应当成立既遂。而对犯罪行为而言,组织行为的法益侵害性源于实质上属于被组织行为的预备行为、帮助行为的行为性质的升格,因此在刑法上可以脱离被组织行为的实行而进行独立评价,因此只实施了组织行为并实际完成的,即使被组织行为尚未实行,仍然成立组织犯的既遂。组织行为本身在其实施过程中当然也有成立未遂的空间。

[案例 7-13] 张某贩卖淫秽物品牟利案②

1. 基本案情

被告人张某之妻伍某自 2013 年 4 月开始贩卖淫秽光盘牟利。同年 5 月 14 日,张某使用名为"杨某"的身份证,在北京市某物流有限公司领取由伍某联系购买,并从广州发往北京的 2 996 张光盘,被当场抓获归案。

2. 涉案问题

意图贩卖淫秽物品牟利而进行购买,尚未取得货物而被当场抓获的,是否属于贩卖淫秽物品牟利罪的未遂?

3. 裁判理由

某区人民法院认为,被告人张某以牟利为目的,伙同他人贩卖淫秽物品,情节特别严重,其行为已经构成贩卖淫秽物品牟利罪。但其着手实行犯罪后,由于意志意外的原因而未得逞,系犯罪未遂,故对其减轻处罚。

4. 评析意见

对于上述案情中的行为是成立既遂还是未遂存在不同意见。一种意见认为,张某只要购进淫秽光盘即为犯罪既遂;另一种意见认为,被告人购进淫秽光盘后欲出售牟利,但该犯罪行为由于被告人被当场抓获这一意志以外的原因未能得逞,应当认定成立犯罪未遂。评论者认为:贩卖淫秽物品牟利罪属于行为犯而非结果犯,但是行为犯中的犯罪行为并非一着手实行即告完成,有的行为犯的犯罪行为需要有一个实行过程,通常要达到一定阶段或者程度才能视为行为完成。贩卖淫秽物品牟利罪中的贩卖通常是指出于牟利目的以

---

① 张明楷. 刑法学. 5 版. 北京:法律出版社,2016:1110.
② 最高人民法院刑事审判第一、二、三、四、五庭. 刑事审判参考:总第 103 集. 北京:法律出版社,2016:81-83.

低价购进淫秽物品再以高价卖出的行为，对不同类型的贩卖行为是否认定既遂，应当考察行为所处的阶段或者程度。为了牟利而购买淫秽物品的行为妨害了社会管理秩序，但不能认定只要购买就成立犯罪既遂，通常还要求行为人实际取得所购买的淫秽物品。本案中有购买、付款、取货的行为，但行为人尚未取到货物和验货，且公安机关已经掌握被告人的犯罪线索，进行蹲点守候，被告人的犯罪行为已经处于公安机关控制之下，不可能得逞。因此本案应当认定为未遂。

[案例 7-14] 花某盗窃案[①]

1. 基本案情

某区人民法院认定，2013 年 12 月 7 日，被告人花某见独居老人陈某家中二楼窗户未关，即踩凳翻窗进入陈某家中。陈某邻居尹某碰巧看见，遂马上打电话报警，并与另一位邻居郭某一起守候在陈某家门口。花某窃得财物后，从陈某家房门走出来后被尹某和郭某抓获，两人从花某的上衣口袋中搜出一把匕首。随后，民警赶到现场从花某身上查获相应财物，并将花某带至派出所。

2. 涉案问题

如何认定入户盗窃既未遂的形态？盗窃过程中群众在户外监视是否意味着被害人未失去对财物的控制？

3. 裁判理由

某区人民法院认为，花某携带凶器入户盗窃他人财物，其行为构成盗窃罪，花某已经着手实施犯罪，由于意志以外的原因而未得逞，系犯罪未遂。该区人民检察院认为原判认定事实正确，但适用法律错误，量刑不当，提出抗诉。抗诉理由之一是：花某携带凶器入户窃得被害人财物后走出房门，其盗窃行为已经实施完毕，系犯罪既遂。原判认为花某犯罪后即被守候群众扭获，系犯罪未遂，属于适用法律错误。某市第二中级人民法院经审理认为，花某以非法占有为目的，携带凶器入户秘密窃取他人财物，其行为成立盗窃罪。花某非法进入被害人家中窃得体积较小的现金和香烟放于口袋内，走出房门时已经取得了对被窃财物的控制，而被害人则失去了对被窃财物的控制。花某不仅实施了入户盗窃行为，且已实际窃得财物并离开被害人住所，其行为系入户盗窃既遂。

4. 评析意见

相关评论指出，关于入户盗窃的既未遂状态，一种意见认为，入户盗窃

[①] 最高人民法院刑事审判第一、二、三、四、五庭. 刑事审判参考：2014 年第 6 集. 北京：法律出版社，2014：90-95.

即使未窃得财物,也应认定为犯罪既遂,其既遂与未遂的区分根据不在于是否取得财物,而在于是否完成入户行为。另一种意见与之相反,认为盗窃罪是侵财犯罪,无论是普通盗窃还是入户盗窃,既未遂的区分应当坚持以侵犯财产结果为标准。仅有入户盗窃行为但未窃得财物的,仍成立盗窃未遂。评论者认为,犯罪构成要件齐备是认定既遂的标准,立法中盗窃罪构罪标准的变化,并未改变盗窃罪的既遂未遂标准。盗窃罪是财产犯罪,是结果犯,只有实际窃得财物的才能认定为既遂。本案中,被告人花某进入被害人家中,窃得体积较小的现金和香烟放于口袋内,走出房门时就已经取得对被窃财物的控制,被害人则已经失去对财物的控制,财产所有权已受到实质侵害。虽然花某在实施盗窃行为时已经被周围群众发现并处于监控中,但是群众在户外的监视不等于被害人对财物的控制;最终被告人被人赃俱获,也不影响之前他已经取得财物的控制。

深度研究

针对不同的犯罪类型,既遂标准大致可以分为以下几种:对行为犯而言,只要完成行为即构成既遂;对危险犯而言,需要现实地产生法定的危险;对结果犯而言,则需要现实地产生法定的结果。显然,目的实现说和结果发生说均无法完全地说明我国刑法中的既遂类型,因为有大量的犯罪并不需要结果的实现,同样,在很多犯罪中,目的也仅仅是一个主观的超过要素,并不需要现实地实现才能认为完全满足构成要件。不过,必须指出,讨论到具体犯罪的既遂标准,很多场合都有不同的观点,因此,所谓未遂就是未得逞,即指未达既遂,在很大程度上并没有提供一个独立而明确的标准。显然,对未遂犯的研究而言,讨论不同的规范究竟属于何种类型的规范,是结果犯类型还是行为犯类型或者危险犯类型,以及讨论不同犯罪的既遂标准,远比讨论"未得逞"的含义要重要且有意义得多。总之,犯罪在着手之后,如果不能被认定为中止,又不能被认定为既遂,就属于未遂。

在认定既遂的标准从而进一步明确未得逞的特点时,需要注意的是:

(1)在结果犯中,未得逞当然是指没有发生构成要件所预想的法定结果,但并非指没有发生任何结果,在很多场合甚至可能已经发生了符合某个轻罪的法定结果,但结合行为人的故意仍然应当认定构成未遂。例如在故意杀人的场合,杀人未遂完全可能出现在行为人已经导致被害人重伤的场合。

(2)对行为犯而言,行为人完成行为可能需要一定的过程,因此在行为实施的过程中,均有可能发生未遂。

(3)在具体的危险犯场合,必须实质性考察危险是否形成从而认定其是否成立既遂。在已经着手实行之后,没有发生法定的现实危险的,就不构成既遂。在存在具体危险犯和结果加重犯的场合，法律对具体危险犯和实害的结果加重犯规定了不同的法定刑，因此理论上当行为人所实施的行为并没有造成严重的实害后果而仅仅造成具体危险时，例如行为人实施了放火行为，但并未引起火灾的，可以认为实际上行为人属于实害加重结果犯的未遂犯，因此在这样的情形中，危险犯实际上原本就是作为实害加重犯的未遂犯而存在的。但是危险犯本身是否就像有的学者认为的那样，并不存在自己的犯罪未遂问题？[①] 答案是否定的。该学者的结论并不妥当，即使危险犯本身就是实害犯的未遂犯，其也存在着自己的未遂犯。实际上，像放火罪等存在危险犯和实害犯的区分情形的罪名，通常都能够承认预备犯，如果不承认危险犯的未遂犯，就无法承认危险犯的预备犯，在承认预备犯的前提下，就只能按照实害犯的预备犯处理，而这样一来，其法定刑甚至可能超过对作为实害犯的未遂犯的危险犯规定的法定刑，这显然对预备犯完全不公平。

（三）犯罪未得逞是由于犯罪人意志以外的原因

犯罪人意志以外的原因，是指违背犯罪人意志的，客观上足以使犯罪不能既遂或者足以使犯罪人主观上认为不可能既遂从而被迫停止犯罪的原因。犯罪未遂必须违背犯罪人的意愿，行为没有发生行为人所希望的法定构成要件结果，并非因为行为人自动放弃，而是因为意志以外的原因使得法定结果的发生遇到了障碍。同中止行为相联系考察，可以认为只要不是行为人自动放弃犯罪或者自动有效地防止犯罪结果发生，就都属于犯罪人意志以外的原因。对这一原因的理解，需要掌握：违背犯罪人本意的原因必须达到一定的程度，足以阻碍犯罪人继续实行犯罪，如果仅仅是遇到一些轻微的阻碍因素，犯罪分子就自己中止了，应当认为构成自动中止而非犯罪未遂。

可以将犯罪人意志以外的原因分为：其一，犯罪分子本人的原因，包括因能力、力量、身体状况、常识、技巧等缺乏，无法完成犯罪；以及由于犯罪分子主观认识上的错误，而使犯罪未得逞，如误以为被害人在家而实施爆炸行为，实际上被害人并不在家的。其二，他人的原因，包括被害人发现、逃避、反抗等；第三者的出现、制止、将其抓获等；物质障碍，如工具不充分等；时间、地点、场合对完成犯罪的不利影响。

也可以将犯罪人意志以外的原因分为：其一，抑制犯罪意志的原因，即某一事实使得行为人认为客观上不能继续实施犯罪，被迫放弃犯罪，例如行为人误以为警察赶到来抓其因而逃离现场，虽然实际因没有警察到来，但因其主观上认为自己客观上已经没有机会继续实施犯罪，所以属于意志以外的原因。其二，抑制犯罪行为的原因，即该原因使得行为人客观上确实不能继

[①] 张明楷．刑法学．北京：法律出版社，2007：289．

续实施犯罪，例如被害人反抗而将犯罪人制服。其三，抑制犯罪结果发生的原因，例如行为人自认为杀人行为已经实行终了而离开现场，而第三人将被害人及时救走等。

同时符合上述三个特征的，就构成未遂犯。

三、未遂犯的类型

犯罪未遂的不同类型，具有不同的违法性程度，主要可以分为以下几种。

（一）实行终了的未遂和实行未终了的未遂

实行终了的未遂是指犯罪人自认为已经将其认为达到既遂所必需的全部行为实行终了，但由于意志以外的原因而未得逞。例如犯罪人将被害人砍倒，以为能够置其于死地而离开现场，但被害人被路人抢救脱险。实行未终了的未遂是指由于意志以外的原因，使犯罪人未能将他认为达到既遂所必需的全部行为实行终了。例如行为人意图将某人杀死，但在行凶过程中，刚行凶就被被害人制服。一般而言，在行为人的认识和客观事实相符合的情况下，此种分类能够在一定程度上反映出行为对法益侵害的程度，实行未终了的未遂与实行终了的未遂相比，前者离侵害结果的发生相对较远，后者离法益侵害的距离较近，因此实行终了的未遂显然其违法程度较高。不过，是否终了并非一个客观的判断，而是取决于行为人的主观认识的判断，因此完全可能出现行为人认为完成构成要件的全部行为已经实施完毕，而实际上其所实施的行为完全不足以产生其所希望的法益侵害的情况，此时，所谓实行终了的未遂的法益侵害程度就需要结合实际情况客观地进行判断，而不能机械地认为只要实行终了，就一定是违法程度较高的；反之亦然。

（二）未造成任何危害结果的未遂与造成了一定危害结果的未遂

此种分类能够在客观上更为准确地区分不同未遂类型的法益侵害程度和违法程度，从而能够为未遂犯的量刑提供更为合理的依据。未遂犯虽然是指没有产生其所希望的法定的法益侵害的情形，但是完全可能在此过程中产生了其他侵害，例如故意杀人虽未遂，但是造成了他人的重伤。这一分类区分不同的危害结果，有利于正确认识不同未遂的危害程度。

（三）能犯的未遂犯和不能犯的未遂犯

> **知识背景**

通常的分类往往根据犯罪行为是否能够完成，而将未遂犯区分为能犯的未遂和不能犯的未遂。所谓能犯的未遂是指犯罪人所实施的行为本身可能达到既遂，但犯罪人由于意志以外的原因而未得逞。所谓不能犯的未遂是指犯罪人所实施的行为本身就不可能既遂因而犯罪人未得逞。根据不能犯的原因，不能犯的未遂又通常分为对象的不能犯、手段的不能犯，有的学者也将主体的不能犯纳入不能犯中一起加以讨论。例如，误把面粉当作毒品加以运输的，属于对象的不能犯；意图使用砒霜但是错误地使用了砂糖的，属于手段的不能犯；非国家工作人员错误地认为自己是国家工作人员而接受贿赂的，属于主体的不能犯。另外也存在按照结果发生的可能程度将不能犯划分为绝对不能和相对不能的观点。前者是指所有的结果发生均不可能的场合，例如犯罪对象不存在，使用的犯罪工具或者手段完全没有效力；后者则例如犯罪对象存在，但不在行为人所认为的地点，或者行为人所使用的方法或手段不当如因毒药的剂量不足而不能产生效果。由于在未遂犯的角度讨论不能犯问题，因此通常的观点认为其实并不存在独立的不能犯的概念，而只有不能犯未遂的概念。不过，现在的观点越来越多地从不能犯不可罚的角度，将不能犯作为与未遂犯并列的犯罪类型，讨论其中的界限，在这一分类中就并不存在所谓的不能犯的未遂犯，某一行为一旦被判定为不能犯即为不可罚。这一理论上的争议直接涉及不同刑法学者的基本立场。基于实践中的通常做法，我们仍基本按照现行刑事立法和实践中的主观主义倾向而将未遂犯区分为能犯的未遂犯和不能犯的未遂犯。

案例评价

[案例7-15] 胡某、张甲等故意杀人、运输毒品案[①]

1. 基本案情

1997年11月初，被告人胡某因赌博、购房等原因欠下债务，遂起图财害命之念，先后准备了羊角铁锤、纸箱、编织袋、打包机等作案工具，以合作做黄鱼生意为名，骗取被害人韩某的信任。同年11月29日，被害人韩某携带装有19万元人民币的密码箱，按约来到被告人胡某住处，胡某趁给韩某倒茶之际在茶中放入五片安眠药，韩某喝后倒在客厅的沙发上昏睡，胡某见状即用事先准备好的铁锤对韩某的头部猛击数下，并用尖刀乱刺韩某的背部，致其死亡。

次日晨，胡某用铁锤和菜刀将韩某尸体分解，套上编织袋后分别装入两只印有"球形门锁"字样的纸箱中，再用其他编织袋套住并用打包机封住。之后，胡某以内装毒品为名，唆使被告人张甲和张乙帮其将两只包裹送往南京，被告人张甲和张乙按照胡某的旨意，于同年11月30日从余姚乘出租车驶抵南京，将两只包裹寄存于南京火车站小件寄存处，后因尸体腐烂，该案于1998年4月8日案发。

2. 涉案问题

(1) 误认尸体为毒品予以运输的，能否认定为运输毒品罪（未遂）?

[①] 最高人民法院刑事审判第一庭. 刑事审判参考: 1999年第5辑. 北京: 法律出版社, 1999: 34-39.

(2) 因对象不能犯而形成的犯罪未遂，是否可以从轻处罚？

3. 裁判理由

某铁路运输中级人民法院认为，被告人胡某为贪图钱财而谋杀被害人韩某，并肢解尸体，其行为构成故意杀人罪，且手段残忍，情节严重，依法应予严惩；被告人张甲、张乙明知是毒品仍帮助其运往异地，均已构成运输毒品罪，但二人因意志以外的原因而犯罪未得逞，系未遂，应依法受从轻处罚。

4. 评析意见

评论者认为，被告人张甲、张乙行为属于对象不能犯，对不能犯能否治罪，应当区分绝对不能犯和相对不能犯。所谓绝对不能犯是指行为人因极端迷信、愚昧无知而采取没有任何客观根据、在任何情况下都不可能产生实际危害结果的手段、方法，企图实现其犯罪意图的情况，如使用"烧香念咒""画符烧纸"等方法杀人。所谓相对不能犯是指行为人在对自己行为的性质及实现行为目的的方法、手段的性质没有发生错误认识的前提下，由于疏忽大意等心理状态造成了对实施犯罪的工具或手段的误认，以致选择了实际上不可能实现其犯罪意图的工作或手段的情况，如误把白糖当砒霜来毒人等。评论者进而认为绝对不能犯的特点在于使用的手段与目的之间的因果关系是建立在反科学、超自然的基础上的，因此，绝对不能犯不构成犯罪，相对不能犯则构成犯罪未遂。在此意义上，评论者所认为的所谓绝对不能犯其实就是迷信犯。

[案例 7-16] 张某拐卖妇女案[①]

1. 基本案情

1990 年 5 月 12 日，被告人张某伙同竹某，以外出旅游为名，邀约其女友李某，并通过李某邀约另一"女青年"王某一同外出。达到某县后，张某等人对王某谎称外出的钱已用完，叫王某到另一朋友家暂住几天，他们去其他地方找到钱后再来接王某，并由竹某通过其姐夫介绍，将王某卖给利辛县谭某为妻，获赃款 1 900 元，除去路费，张某分得赃款 380 元。谭某将王某带回家，当晚同居时发现王某有生理缺陷，遂将王某退回竹某姐夫家，后王某被送回居住地。

2. 涉案问题

拐卖以男性为主的两性人的行为能否构成拐卖妇女罪？

3. 裁判理由

某县人民法院认为，被告人张某以出卖为目的，采用欺骗的手段，将王某卖与他人为妻，其行为已构成拐卖妇女罪，虽事后经检查王某系两性人，

[①] 最高人民法院刑事审判第一庭. 刑事审判参考：2000 年第 6 辑. 北京：法律出版社，2000：10-15.

但被告人拐卖时并不知情，仍将其视作妇女拐卖，属对犯罪对象认识错误，并不影响其刑事责任。

4. 评析意见

评论者认为，拐卖妇女罪的犯罪对象必须是妇女，而两性人是指"由于胚胎的畸形发育而形成的具有男性和女性两种生殖器的人"。对于行为人明知是年满14周岁的两性人而加以拐卖的，根据罪刑法定原则不能以拐卖妇女罪定罪处罚。但对于行为人因对犯罪对象的认识错误，误将两性人视为妇女而拐卖的，属于刑法理论上的对象不能犯未遂，即因行为人的疏忽或者相关知识的欠缺，致使意欲实现的行为与其实际实施的行为形似而质异，所以未能发生行为人所希望的犯罪后果，但行为仍具有社会危害性，不影响拐卖妇女罪的成立，只对犯罪形态产生影响，法院应以拐卖妇女罪（未遂）确定刑事责任。同时考虑到本案中存在从旧兼从轻原则的适用问题，法院对其按照拐卖妇女罪定罪量刑。

深度研究

无论是不能犯的未遂还是能犯的未遂，实际上最终都表现为客观上未能既遂，因此其结果是一样的，其间的区别主要是未能既遂的原因。不能犯的未遂所牵涉到的问题，在理论上主要就是是否需要区分不能犯和未遂犯，或者说不能犯是否均应作为未遂犯而处罚。对此，主要的观点如下：客观危险说又称为旧客观说，以行为和行为后所判明的客观事情为判断基础，以裁判时为标准，从事后、客观的立场来判断行为的危险性，因此认为绝对的不能是不能犯，而相对的不能是未遂犯，或者主张方法的相对不能是未遂犯，而且不能犯均不能按照未遂犯受处罚。修正客观说以客观存在的所有事情为判断基础，主张在行为没有发生利益侵害的场合，从科学的一般人的立场出发，以假定事实在多大程度上能够存在为基准，在事后对危险性进行判断。主观说认为行为人只要将实现犯罪的意思表现为行为，不问该行为是否具有危险，都成立未遂犯，当然以杀人为目的而念咒之类的迷信犯，由于其没有真正的犯罪意思，只是单纯地表明希望而已，或者是由于行为人性格懦弱而不具有性格的危险性等，因此属于迷信犯而属于不可罚的不能犯。抽象危险说也称为主观危险说，它以行为人的犯罪意思的危险性为出发点，以行为人在行为时所认识的事实为基础，从客观的角度来判断有无危险性，认为在一般人的立场看，如果按照行为人的计划向前发展，会有发生结果的危险，就是未遂，如果没有该种危险，就是不可罚的不能犯。具体危险说以行为当时一般人所认识到的事实以及行为人所特别认识到的事实为基础，以行为时为标准，从一般人的立场出发，考虑在该种事实之下实施行为，通常是否能够实现构成要件，如果答案是肯定的，就会有发生结果的具体危险性，构成未遂，反之则为不可罚的不能犯。①

诚然按照客观危险说，行为的客观危险性是未遂犯的核心，因此在这一角度上，纯粹的主观说和抽象危险说是不能令人满意的，依据这两种观点未遂犯可能成为完全对单纯犯意的处罚，而正如对未遂犯的本质的理解不能完全地从客观危险说的角度去理解，对未遂犯的本质的理解也必须相应地考虑到行为人主观的一面。完全按照客观说的标准，将相应的不能犯均不作未遂犯处理，而一律按照不可罚的不能犯不罚，容易导致未遂犯处罚范围的不当缩小。现行立法的立场也并非像某些学者所主张的那样，是完全建立在客观主义的立场之上的，刑法同样考虑到了犯罪人的主观状态在犯罪成立上的重要影响，对已经具有在一般意义上的能够从规范违反的角度被认定具有客观危险的行为人，当然应当予以干预。这并不意味着刑法可能扩大甚至滥用处罚，而将仅仅具有反社会性格的行为人作为处罚对象，因为作为未遂犯而加以处罚的不能犯仍然必须具备行为着手的特征。

因此，应当以客观行为是否具有侵害法益的紧迫危险为基础来理解不能犯的可罚性，但是必须意识到，首先，行为人所实施的行为本身的危险性应当成为判断的对象，并且行为的危险性应当进行规范的判断。针对特定对象的法益侵害性当然是衡量行为危险性的标志，但是例如在对象不存在的场合，如行为人以为被害人在家中，向其住房内投放毒气，而其恰巧在国外度假的，不能因为对象不存在，就认为必然没有危险性。投放毒气行为的危害性即使在脱离被害人的场合，也可以被单独地判断为具有一定的危险性，否则，如果家中有人，排放毒气的行为因剂量不足未致人死亡而认定构成既遂，而家中无人，即使排放超大剂量的毒气行为也作为不可罚的不能犯，那么对法益的保护就具有偶然性，法益的保护和社会秩序的稳定都只能建立在幸运基础之上。因此，除不能犯的行为就一般的判断而言本身就是丝毫没有危险性可言以外，不能犯仍然需要按照未遂犯处罚。其次，不能认为原则上处罚不能犯就一定是主观主义的立场，实际上构成要件行为的定型化不能完全地排除主观的要素之所以在主观要素的界限内认定其行为是否属于定型化的构成要件行为，从而判定其是否具有危险性，进而产生的对不能犯的处罚，一方面是因为其所反映出来的主观的犯罪意思，另一方面是因为其行为本身就能够被一般地判定具有危险性。最后，有关主体不能的情形，同对象不能和手段不能的情形不同，主体的性质并不属于构成要件行为定型化的范围，对主体的认识错误无须放在未遂犯中加以讨论。因此，不能犯原则上仍然要按照未遂犯加以处罚。

---

① 大谷实. 刑法总论讲义. 黎宏，译. 北京：中国人民大学出版社，2008：340-342.

有的学者认为,应当对没有发生侵害结果的原因进行分析,考察具备何种要素时会发生侵害结果,以及在行为当时具备这种要素的可能性,并举例指出:甲拦路抢劫,但行人身无分文的,虽没有发生侵害结果的原因是行人没有随身携带财物,但行人随身携带财物的可能性非常大,故应认定甲的行为成立抢劫未遂而不能认定为不能犯。再如甲以杀人故意向人开枪,但射击的是早已死亡的尸体,甲的行为之所以没有发生死亡结果,是因为甲射击的是尸体。由于不存在尸体变为活人的可能性,故甲的行为成立不能犯。[①] 但是仅就这一类型的案件而言,从另一角度看,在实践中出现尸体的可能性极其微小,而现实存在活人的可能性却极高,不能认为行为没有客观的危险,因此我们对其仍然应当按照未遂犯处罚而不能作为不能犯不罚。必须指出的是,客观危险说论虽然注重具体的危险判断,但是在实际运用中,为了避免处罚范围的过分限缩,有时候在危险的判断上不得不存在随意的倾向,以便将通常具备处罚需要的案件纳入其中,即便其可能不得不偏离至主观主义的立场。例如,学者认为,行为虽然具有发生结果的危险,但危险性极小时,不能认定为未遂犯,并举例指出:假定通常1分钟内向他人静脉注射120ml空气就足以致人死亡,行为人以为注射3ml空气就能致人死亡,便只注射了3ml空气的,由于发生死亡的危险性几乎为零,故只能认定为不能犯;行为人将要注射120ml,但在注射过程中被他人阻止,仅注射了3ml的,则仍有较大的危险,应认定为故意杀人的未遂犯。[②] 但是站在行为时的立场,无论实行终了与否,如果不考虑行为人的主观意图,客观上3ml的注射量造成死亡的危险性都是相同的,因此上述结论的矛盾必然是因为考虑了行为人的犯罪意图和预想计划,而这显然同其所主张的纯粹客观危险说相矛盾。

四、未遂犯的认定

在直接故意犯罪中,原则上都能够成立未遂犯,但是特定的犯罪类型是否能够成立未遂犯,有时在理论和实践上都存有争议。

案例评价

[案例7-17]孙某等盗掘古墓葬罪[③]

1. 基本案情

(1) 2006年9月,被告人徐某、刘某、胡某伙同胡某甲等人在安吉县某

---

① 张明楷. 刑法学. 北京:法律出版社,2012:334-335.
② 同①335.
③ 最高人民法院刑事审判第一、二、三、四、五庭. 中国刑事审判指导案例:妨害社会管理秩序罪. 北京:法律出版社,2009:131-134.

工业园区内盗掘一座古墓，窃得文物共计59件，后经刘某联系，沈某在明知上述文物是盗掘所得的情况下，仍以27万元价格收购。经鉴定，该墓系春秋战国时期的木椁墓。

（2）2006年10月，被告人孙某、刘某、杨某、沈某等伙同他人在安吉县某村胡某乙自留地上盗掘一古墓，窃得青铜剑一把，后由刘某联系销赃给陈某。同年11月，杨某、孙某伙同他人对该墓再次盗掘，但未掘得物品。经鉴定，该墓属于具有重要历史、艺术、科学价值的古墓葬，系西汉初期的贵族墓。

（3）2006年9月，孙某、杨某、沈某、周某等人伙同他人在安吉县某林场的茶叶山上盗掘一古墓，但未掘得物品。经鉴定，该墓系先秦时代的土墩石室墓，属于古墓葬。

（4）2006年9月，孙某、杨某、盛某、周某伙同他人在安吉县一竹园内盗掘一古墓，但未掘得物品。经鉴定，该古墓葬具有一定历史、艺术、科学价值。

（5）2006年6、7月，孙某、严某等人伙同他人在安吉县某山上盗掘一墓，但未掘得物品。经鉴定，该墓系先秦时代的土墩石室墓，属于古墓葬。

2. 涉案问题

如何认识作为行为犯的盗掘古墓葬罪的既遂、未遂标准？

3. 裁判理由

一审过程中，多名被告人的辩护人提出未盗得文物的行为不能按既遂论，被告人有些盗掘古墓葬的行为属于未遂。一审判决认定上述被告人均构成盗掘古墓葬罪既遂。

4. 评析意见

评论者认为，盗掘古墓葬罪属于以完成一定的行为作为构成要件的行为犯，被告人只要有盗掘古墓葬的主观故意，客观上实施了一定的盗掘行为，就可认定为既遂，这是符合《刑法》第328条盗掘古墓葬罪的立法精神的。立法规定成立该罪并不以实际盗得文物为构成要件，仅要求主观上为故意，客观上实施了盗掘具有历史、艺术、科学价值的古文化遗址、古墓葬的行为。这是因为刑法设置该罪旨在保护在历史、艺术、科学等方面具有很高的文物价值的古墓葬及其内部文物，但以目前的科技水平，对多数文物最好的保护办法仍然是将其埋藏在地下，一旦挖掘出土，就可能对其造成不可逆转的破坏或毁坏，甚至迫使国家不得不对其进行抢救性的挖掘，其损失很可能是无法估量的。因此，刑法降低构成犯罪的门槛，将其规定为行为犯是符合国家严格保护文物政策的。盗掘古墓葬罪作为行为犯，其既遂是以一定行为的实施为标准的，但一般来说，盗掘古墓葬行为在实践中会有一个实行过程，我们不能认为已着手实施的即可构成犯罪，应当结合承担刑事责任所要求行为的社会危害程度进行具体分析,严格把握盗掘行为是否达到符合刑法规定的界限。盗掘行为刚刚开始,并未触及墓室或未对该墓葬的历史、艺术、科学价值造成一定影响的,可以不以犯罪论处。本案被告人连续多次对古墓葬进行盗掘,除在两处掘得文物外,在其他墓室均未掘得文物,但从被告人的行为看,其违反相关国家规定私自挖掘古墓葬,并且分别掘及墓室的主体或侧墓,其行为不仅已着手,而且已经对古墓造成了不可恢复的破坏结果,严重侵犯了国家文物管理秩序,应属既遂。

上述判决结果及相关评论的结论并无不当,不过,相关评论仍然存在模糊之处,例如认为行为犯的既遂以一定行为的实施为标准,但又认为如果盗掘行为刚刚开始,并未触及墓室,可以不以犯罪论处。如此一来,盗掘行为的未遂乃至预备存在的余地极小,这实际上是将盗掘行为的实行作为犯罪成立要件而非犯罪既遂要件。又如,其虽然认定该罪以实施一定行为为既遂标准,但又刻意强调特定结果的形成,致使作为行为犯的盗掘古墓葬罪的既遂标准过于含混。实际上,对该案而言,《刑法》第328条的规定并不要求出现任何实质性结果例如古墓葬实质受损或者触及墓室等,也并非盗掘行为一旦着手即认定为既遂,只要法院认为盗掘行为达到一定程度,对古墓葬构成实质的危险,即可认定属于既遂。如果尚未达到此程度,法院综合考察其情节,其仍然可能构成未遂。

[案例 7-18] 王某绑架案[①]

1. 基本案情

2001年1月6日,被告人王某到某村学校附近,找到其表弟高某,以找高某的叔叔为由将高某骗走,王某挟持高某乘车先后到河南、山西、河北等地。其间,王某用事先准备好的手机亲自或胁迫高某多次向高家打电话索要现金5万元。在索要未果的情况下,王某将高某挟持到涉县境内一火车隧道内,乘高不备,用石头砸击其头部,将高某击昏后放到下水道内,并用水泥板盖住后逃离现场。同年1月13日,高某被铁路工人发现,抢救后脱险,经鉴定,其受轻伤。

2. 涉案问题

杀害被绑架人未遂的是否属于《刑法》第239条第1款(现为第2款)规定的"杀害被绑架人的"情形?

3. 裁判理由

某市中级人民法院认为,被告人以勒索财物为目的,将被害人打昏后放

[①] 最高人民法院刑事审判第一、二、三、四、五庭. 中国刑事审判指导案例:侵犯财产罪. 北京:法律出版社,2012:478-480.

在下水道内意图杀害被绑架人,手段恶劣,情节严重,其虽未造成被害人死亡,但所犯罪行严重,不足以从轻处罚,依据《刑法》第239条第1款(现为第2款)、第57条第1款,以绑架罪判处被告人王某死刑,剥夺政治权利终身。一审宣判后,被告人以绑架未遂、量刑过重为由提出上诉。某省高级人民法院认为,虽被告人因意志以外的原因未造成被绑架儿童死亡,但其犯罪手段极其恶劣,应当判处死刑,裁定驳回上诉,维持原判。

[案例7-19] 吴某绑架案[①]

1. 基本案情

被告人吴某因生活琐事经常与妻子谭某争吵打架,谭某因此搬回娘家并提出离婚。吴某不同意并多次到谭家要谭某回家,均遭拒绝并遭其岳父驱逐。吴某遂意图报复其岳父。1998年11月2日,吴某携带空酒瓶及长布带,在某中学门口将其岳父的孙子谭小某绑架。后吴某给谭小某的堂姑打电话,让其转告其岳父和妻子,要其妻子谭某一人于当晚7时前带3 000元赎人,不许报警,否则杀死谭小某。家属报案后与公安干警于当晚7时许赶至吴某家,吴某见谭某未来,即用刀在谭小某的脖子上来回拉割,并提出要其岳父弄瞎眼睛、自残手足才肯放人。因其要求未得到满足,吴某便不断用刀在谭小某身上乱划至谭小某不断惨叫,后又用刀将谭某左手拇指割下一小截,其间,谭小某因失血过多多次昏迷。直至次日凌晨,公安干警才冲入室内将吴某抓获。谭小某伤情为重伤乙级。

2. 涉案问题

与未完成形态相关的问题包括:对犯绑架罪的被告人,法院在何种情况下才可判处死刑;绑架罪中"杀害被绑架人的"是否包括杀害未遂的情形?

3. 裁判理由

某地区中级人民法院认为,被告人吴某在绑架过程中伤害被绑架人致重伤,其行为构成绑架罪,按照《刑法》第239条构成绑架罪,判处死刑,剥夺政治权利终身。一审宣判后,吴某提出上诉,理由包括:本案没有造成被绑架人死亡后果,判处死刑不当。某省高级人民法院认为,吴某绑架并故意伤害被害人谭小某致重伤,其行为构成绑架罪,但根据刑法规定,绑架罪只有致被绑架人死亡或者杀害被绑架人的,才能判处死刑,而吴某在绑架中并未造成被害人死亡后果,因此改处其无期徒刑。

4. 评析意见

上述两案所涉及的是同一个问题,即绑架罪中"杀害被绑架人"是否包

[①] 最高人民法院刑事审判第一、二、三、四、五庭. 中国刑事审判指导案例:侵犯财产罪. 北京:法律出版社,2012:472-474.

括未遂情形在内。

必须首先指出的是，吴某绑架案中，一审判决错误地理解了《刑法》第239条的规定，该规定明确规定必须"致使被绑架人死亡或者杀害被绑架人的"，而在本案中，吴某并未因故意杀害或者故意伤害致被绑架人死亡，法院既然认定其行为亦仅仅构成故意伤害而非故意杀害被绑架人，那么无论如何均不可能适用该规定。相关评论涉及如何理解"杀害被绑架人的"这一问题。对这一问题，相关评论认为："杀害"不仅要有故意杀人的行为，还要有死亡的后果，不宜将"杀害"理解为仅有故意杀人的行为即可，更不能将其理解为既可包括故意杀人的行为，又包括故意伤害的行为。相关评论者批评了将"杀害被绑架人的"理解为情节加重犯，从而使其包括实施了杀害行为但尚未造成死亡的情形这一观点。原因在于：考虑到这一情形为单一刑种死刑，并无其他刑种可以选择使用，如果将这一规定理解为不仅包括杀害后果，也包括实施杀害行为但没有杀死，即只是造成轻伤、重伤、严重残疾的情形，也只能毫无选择地判处死刑，这显然不符合罪刑相适应原则，有违立法真实意图。同时，杀害作为日常用语的含义，更主要是强调出现"害"即"死"的结果。

与此结论针锋相对的是，王某绑架案的评论者认为，"杀害被绑架人"包括杀害被绑架人未遂的情形。其理由在于：该条规定系立法者对绑架罪不同寻常的否定评价，在故意伤害罪中，尽管没有造成被害人死亡，但是以特别残忍手段致人重伤造成严重残疾的，仍可能适用死刑。如果认为"杀害被绑架人"仅指杀人未遂，可能出现故意杀害被绑架人未遂但手段残忍造成被绑架人严重残疾的，量刑反而要比类似情形的故意伤害罪的更轻。

上述评论主要围绕"杀害"的解释，而均未从加重犯是否存在未遂的角度讨论。首先，关于"杀害"一词究竟是指杀人行为还是仅指死亡结果。实际上，"杀害"一词不仅出现在《刑法》第239条中，还出现在第318条第2款、第321条第3款等规定中，上述规定均明确"有……杀害……等犯罪行为"，而且将杀害与伤害、强奸、拐卖等犯罪行为相并列，并明确应当依照数罪并罚的规定。显然，在这些规定中，"杀害"确实仅强调其实行行为而并不限制于死亡结果，因此在后述条款中，"杀害"包括杀人未遂行为无疑。尤其是考虑到与其他典型的结果加重犯中对结果发生的主观过错一般为过失不同，"杀害"行为均为故意犯罪，当然存在未遂余地。其次，除绝对死刑的规定以外，没有特别的必要而将本条的"杀害"解释为区别于其他条款中的"杀害"的含义。虽然死刑当然要有特别的限制，但是这一限制并不完全地依赖对"杀害"的限制解释。最后，与其他结果加重犯的规定不同，后者往往强调对加重结果的明确规定，例如"致人死亡"等，而本条规定确实更具有强调实行行为的意蕴,具有一定的情节加重特点,因此在解释论上过分地强调死亡结果在适用上的决定性,未必恰当。

因此,就此本条规定而言:首先,所谓的"杀害"应当包括杀害导致死亡的情形,也应该包括杀害未遂乃至中止的行为,但它必须能够被认定属于杀害行为而非伤害行为,如果系伤害致死,应当适用"致使被绑架人死亡"的规定。其次,所谓杀害行为应当指杀害的实行行为,而不能包含杀害的预备行为,否则将导致其适用范围的不当扩大,违背即便是加重构成要件中规定的行为也应当是实行行为这一原则。最后,我们认为"杀害"包括杀人未遂,只是因为加重犯尤其是情节加重犯同未遂犯并不冲突,因此在适用该规定时,仍然可以适用未遂的有关从宽处罚的规定。王某绑架案的评论认为杀害被绑架人未遂并非绑架罪未遂,因此不能作为一个独立的法定从轻或减轻情节,而仅仅应被视为一个可以酌定从轻或者减轻处罚的情节,这是没有道理的。即便按照未遂犯从轻或者减轻处罚,其基准法定刑仍然是加重犯的法定刑,而非基本犯的法定刑。

[案例7-20] 弓某抢劫案[①]

1. 基本案情

2007年8月,被告人弓某到其曾经上班的某化工厂内,持壁纸刀向值班会计赵某索要人民币1万元,并将赵颈部划伤(经鉴定为轻伤),因赵某逃脱而未取得钱财。

2. 涉案问题

意图抢劫他人数额巨大财物的过程中致人轻伤,但未抢得财物的,是否应认定为"抢劫数额巨大"?

3. 裁判理由

一审法院认定其采用暴力手段强行劫取他人数额巨大的财物,致人轻伤,其行为已经构成抢劫罪,判处被告人有期徒刑10年,剥夺政治权利2年,并处罚金刑2万元。一审宣判后,被告人上诉,该市第二中级人民法院审理认为,被告人虽然使用暴力索要数额巨大的财物,但实际上并未抢得被害人财物,依法不应认定其抢劫数额巨大,一审判决认定其抢劫数额巨大不当,因此改判为有期徒刑6年,并处罚金刑12 000元。

4. 评析意见

二审法院的判决(尤其是其援引的规定并不包含《刑法》第23条)及相

[①] 最高人民法院刑事审判第一、二、三、四、五庭. 刑事审判参考: 2008年第2集. 北京: 法律出版社, 2008: 16-22.

关评论表明，他们主张抢劫数额巨大并不存在未遂、既遂问题，应以实际出现数额为认定标准，对于客观上未能出现的数额，不能认定。按照前述最高人民法院《关于审理抢劫、抢夺刑事案件适用法律若干问题的意见》第10条的规定，《刑法》第263条规定的八种处罚情节中除"抢劫致人重伤、死亡的"这一结果加重情节之外，其余七种处罚情节同样存在既遂、未遂问题。就上述解释的真实含义而言，虽然其否定了上述结果加重犯存在未遂的可能[①]，但是至少按照该意见的字面规定，似乎其主张数额巨大是有未遂的，因此上述判决同这一解释的表面结论之间存在一定矛盾。不过，在根本上，这一司法解释认为数额巨大只有成立与否的问题，而没有未遂的问题。

以往的司法解释对此问题的看法大致一致，并不承认数额加重犯的未遂：例如最高人民法院《关于审理诈骗案件具体应用法律的若干问题的解释》（已失效）第2条第2款规定，利用经济合同进行诈骗的，诈骗数额应当以行为人实际骗取的数额认定，合同标的数额可以作为量刑情节予以考虑。在数额犯的未遂问题上，例如最高人民法院1998年公布的《关于审理盗窃案件具体应用法律若干问题的解释》第1条第2项规定，盗窃未遂，情节严重，如以数额巨大的财物或者国家珍贵文物等为盗窃目标的，应当定罪处罚；以及最高人民法院、最高人民检察院2001年公布的《关于办理生产、销售伪劣商品刑事案件具体应用法律若干问题的解释》第2条第2款规定，伪劣产品尚未销售，货值金额达到《刑法》第140条规定的销售金额3倍以上的，以生产、销售伪劣产品罪（未遂）定罪处罚。显然，上述解释总的倾向就是：数额加重犯并不存在未遂问题，指向的加重数额在未实现的情况下仅仅作为基本罪未遂的定罪标准，而不是加重罪未遂的量刑标准。这一倾向是正确的。不过，2003年12月23日最高人民法院、最高人民检察院、公安部、国家烟草专卖局公布的《关于办理假冒伪劣烟草制品等刑事案件适用法律问题座谈会纪要》却持有了完全不同的立场。该纪要规定，伪劣烟草制品尚未销售，货值金额分别达到15万元以上不满20万元、20万元以上不满50万元、50万元以上不满200万元、200万元以上的，分别依照《刑法》第140条规定的各量刑档次定罪处罚。这一结论意味着数额加重犯存在未遂，而且按照指向的加重数

[①] 对此，评论的说明是：上述意见之所以如此认为，是因为一旦出现致人重伤、死亡的结果，犯罪肯定属于既遂状态，不存在进一步讨论既遂、未遂的余地，而行为人在具备其他七种处罚情节时，仍可能出现既未抢到财物，也没有造成被害人受伤的情形，故犯罪可能处于未遂状态，而行为人抢到数额巨大财物时，自然构成既遂，不可能再有区分既遂和未遂的余地。不过这一问题在学理上仍然存在讨论的意义。另外，不得不认为，上述意见使用"除……之外，同样……"的措辞，在用语的直接理解上容易给人误解为：上述意见的这一表述，一方面表明致人重伤、死亡的结果加重犯可能同样存在未遂情形，另一方面表明，其承认数额巨大是有既遂、未遂问题的。

额对应的加重法定刑确定量刑幅度，而不是按照基本犯的未遂的量刑幅度加以处罚。两类司法解释的立场显然存在分歧。

[案例 7-21] 穆某抢劫案①

1. 基本案情

2004 年 1 月 16 日，穆某在某列车车厢内，盗窃一位旅客的财物，因被该旅客的同行人发现而未得逞；而后穆某又盗窃另一名旅客的财物，刚将手伸进挎包内时就被周围旅客发现，列车上的旅客即对其进行抓捕。穆某为了逃跑便拔出随身携带的匕首威胁上前抓捕的旅客，当匕首被一名旅客夺走后，穆某又抽出一把弹簧刀继续威胁上前抓捕的旅客，并将旅客李某的右手指刺伤，李某伤势经鉴定为轻微伤。后众旅客将穆某抓获扭送乘警处理。

2. 涉案问题

在盗窃未遂转化为抢劫罪的场合，是否仍然需要考虑未遂情节？

3. 裁判理由

某铁路运输法院认定穆某行为构成抢劫罪，被告人穆某提出其第二次盗窃时被旅客发现就停止了盗窃行为，是盗窃未遂。某铁路运输中级人民法院二审认定，穆某的行为由盗窃犯罪转化为抢劫犯罪，应以抢劫罪论处，上诉人的上诉理由不能成立，不予采纳，依法裁定驳回上诉，维持原判。

4. 评析意见

本案中，被告人的行为由盗窃罪转化为抢劫罪，并无争议。被告人的盗窃行为本身就其情节考量即使并不构成犯罪，也仍然得以构成抢劫罪，在理论上和实践中，对此也并无异议，以往司法解释的结论也已经被广为接受。不过，本案存在的问题，是盗窃未遂后转化为抢劫行为，且抢劫仍未遂的，是否应当作为抢劫罪的未遂犯处理？一审法院的判决所援引的法律依据为：《刑法》第 269 条、第 263 条第 2 项、第 56 条第 1 款、第 55 条第 1 款、第 53 条、第 64 条，并没有援引《刑法》第 23 条关于未遂的规定，显然一审法院认为本案不应认定其未遂形态；而二审法院仍然没有对该问题加以裁决，也未援引有关未遂的规定，显然二审法院并不认为其行为应当被认定构成未遂。评论者虽然认为在转化型犯罪中，盗窃是否既遂不影响抢劫罪的成立，但并未指出，在盗窃未遂转化为抢劫后仍然未遂的情形下，是否应当认定构成抢劫罪的未遂。就此而言，本案的判决存在一定的问题。

---

① 最高人民法院刑事审判第一、二、三、四、五庭. 中国刑事审判指导案例：危害国家安全罪·危害公共安全罪·侵犯财产罪·危害国防利益罪. 北京：法律出版社，2009：377-379.

[案例 7-22] 谷某抢劫案[①]

1. 基本案情

2005 年 8 月 7 日，谷某在某建材城停车场内，用随身携带的改锥撬开车锁，盗窃自行车一辆（经鉴定该车价值为 80 元），在被保安员发现后，为抗拒抓捕，用改锥将保安员颈部划伤，该伤势经鉴定为轻微伤。

2. 涉案问题

转化型抢劫是否存在未遂状态？其区分的标准是什么？

3. 裁判理由

某区人民法院认为，谷某盗窃他人财物，被发现后，为抗拒抓捕而当场使用暴力，致一人轻微伤，其行为构成抢劫罪，判处其有期徒刑 4 年，并处罚金 8 000 元。谷某提出上诉后，某市第二中级人民法院经审理认为，鉴于谷某抢劫犯罪系未遂，依法可对其减轻处罚，改判为判处有期徒刑 1 年，并处罚金 1 000 元。

4. 评析意见

与前述穆某抢劫案的结论不同，谷某抢劫案中，其焦点问题仍在于：转化型抢劫是否存在未遂状态？二审法院对这一问题作了明确肯定的回答。其理由如下：转化型抢劫的罪质与一般抢劫的罪质均为抢劫罪，两者的犯罪构成要件没有本质差异，一般抢劫存在既遂未遂，转化型抢劫也存在既遂未遂，如果认为转化型抢劫只要造成他人轻微伤即可认定为既遂，将导致处罚过重，违背罪刑相适应原则。《刑法》第 269 条仅规定了转化为抢劫罪的条件，但并未规定只要转化就构成犯罪既遂，构成抢劫罪和构成抢劫罪既遂是两个完全不同的概念。因此，一方面，转化型抢劫同样存在未遂可能；另一方面，其既未遂的标准应当与一般抢劫既未遂的标准相同，即以是否抢得财物或造成他人轻伤以上伤害后果为准。显然，依据《刑法》第 269 条的内在逻辑，谷某抢劫案的结论更为适当。

[案例 7-23] 唐某、杨某强奸案[②]

1. 基本案情

2003 年 4 月 28 日凌晨，被告人唐某、杨某从某娱乐场所，将已经处于深度醉酒状态的女青年王某带至某浴室，在包间内趁王某酒醉无知觉、无反抗

[①] 最高人民法院刑事审判第一、二、三、四、五庭. 中国刑事审判指导案例：危害国家安全罪·危害公共安全罪·侵犯财产罪·危害国防利益罪. 北京：法律出版社，2009：437-441.

[②] 最高人民法院刑事审判第一、二庭. 刑事审判参考：2004 年第 1 辑. 北京：法律出版社，2004：32-36.

能力之机，先后对其实施奸淫。唐某在对王某实施奸淫的过程中，因其饮酒过多而未能得逞；杨某奸淫得逞。案发后，唐某协助公安人员抓获同案犯杨某。

2. 涉案问题

轮奸案件中一人强奸既遂、一人未遂的应如何处理？

3. 裁判理由

唐某辩称其与王某发生性关系时，由于自己饮酒过多，未能奸入。一审法院认为，被告人违背妇女意志，轮流奸淫妇女，其行为均已构成强奸罪，唐某协助公安机关抓获同案犯，有立功表现，同时考虑到其个人奸淫目的未得逞，可以对其减轻处罚。故一审法院依据《刑法》第236条第2款第4项、第25条第1款、第23条、第68条第1款之规定，判决被告人唐某犯强奸罪，判处有期徒刑7年；被告人杨某犯强奸罪，判处有期徒刑10年。一审宣判后，两被告人不服，上诉于某市中院，在二审审理过程中，两被告人申请撤诉，二审法院裁定准许，一审判决发生法律效力。

4. 评析意见

一审判决援引了《刑法》第23条有关未遂犯减轻处罚的规定，并认定唐某的行为中其个人奸淫目的未得逞。这意味着法院认定唐某的行为构成犯罪未遂。一审判决也确实对其量刑作了减轻处罚。有关的评论认为在本案中，由于唐某具有立功这一法定从宽情节，同时具有可酌定从轻处罚的情节，故减轻处罚也是可以的。这一评论观点是错误的，显然没有意识到原一审判决错误地认定唐某的行为成立未遂因而援引了《刑法》第23条的规定。在本案审理过程中，法院存在以下分歧：一种观点认为，由于两被告人有轮奸的共同故意，且轮流实施了奸淫行为，其中一人奸淫得逞，就应当将全案认定为强奸既遂，轮奸只是加重处罚情节，本身不存在既未遂问题；另一种意见认为，轮奸也又有既未遂问题，其中一人由于意志以外原因而未得逞的，就应认定为轮奸未遂。本案实际采取了第二种观点。但这一立场的最终结论是完全错误的。

本案存在两个需要解决的问题：其一为对加重处罚情节（例如轮奸）是否需要作独立的既遂或未遂的评价；其二为，在共同实行场合，一人得逞，一人未得逞的，未得逞的共犯人究竟应当承担共同犯罪的既遂责任还是未遂责任。这是两个相互独立的问题，不应混淆。有关的评论认为，轮奸属于加重处罚情节，因而没有独立的既未遂问题。这是不合逻辑的。在某种情形下，由于具备特定的加重处罚事由，仍然具有独立讨论既遂未遂的必要性。而对于第二个问题，在共同犯罪中，基于"共同行为、整体责任"的原则，共犯中有一人既遂，即视为全体既遂，不存在单独认定其未遂的问题。

[案例 7-24] 张甲、张乙强奸案[①]

1. 基本案情

被告人张甲、张乙共谋强奸被害人杨某，2010 年 6 月 28 日，张乙到杨某家中以有朋友打电话找她为名，将杨某骗至张甲、张乙暂住的出租屋后，张乙实施暴力欲强行与杨某发生性关系而未得逞。而后张甲强奸杨某得逞。

2. 涉案问题

共谋轮奸，一人得逞，未得逞的人是否构成强奸既遂？

3. 裁判理由

某区人民法院认为，被告人张甲、张乙共谋强奸被害人杨某，其行为均构成强奸罪，且具有轮奸情节；张乙在强奸妇女过程中，因意志以外的原因而未得逞，是犯罪未遂，依法可以减轻处罚，因此认定张甲犯强奸罪，判处有期徒刑 10 年，剥夺政治权利 1 年，认定张乙犯强奸罪，判处有期徒刑 5 年。宣判后两被告人均提出上诉。二审法院认定，上述被告人行为均构成强奸罪，但一审法院认定张乙在共同犯罪中构成犯罪未遂不当，应予纠正。不过二审法院因最终认定张乙系从犯，仍然依法可以受减轻处罚，故裁定驳回上诉，维持原判。

4. 评析意见

本案在审理过程中，法院对于上述被告人行为成立强奸罪没有异议，不过对于被告人是否构成轮奸、是否应当认定为犯罪既遂和从犯存在较大争议。就犯罪既遂问题而言，一种意见认为，对张甲、张乙应当分别认定为强奸罪既遂和强奸罪未遂；另一种意见认为，对两人均应认定为强奸罪既遂，但张乙强奸未得逞，可以认定为从犯。有关评论意见则认为，共同轮奸犯罪案件中，部分行为人强奸行为已得逞的，未得逞的行为人亦应认定为强奸犯罪既遂。轮奸并非独立的罪名，而是强奸罪的情节加重犯，该情节本身只有构成不构成的问题，而不涉及犯罪既遂或未遂的停止形态问题，根据共同犯罪"一人既遂、全体既遂"的基本原理，只要共同行为人中有一人的行为得逞，其他行为人的行为未得逞不影响犯罪既遂的认定，除非所有行为人的行为均未得逞。对强奸行为未得逞的行为人是否认定为共同犯罪的从犯，应当根据其在犯罪中的地位、作用等多方面因素综合认定，而不应仅仅从其是否完成自身的强奸行为的角度进行片面认定。值得注意的是，虽然本案最终结论的认定原则与前述唐某、杨某强奸案的原则相同，但是在加重情节犯是否具有讨论既遂未遂的必要性问题上，存在细微的差别，后者明确认为加重处罚情

[①] 最高人民法院刑事审判第一、二、三、四、五庭. 刑事审判参考: 2012 年第 4 集. 北京: 法律出版社, 2012: 14 - 20.

节仍然需要独立讨论既未遂问题，而本案则直接认为强奸罪的这一情节加重犯本身只有构成不构成的问题，不涉及犯罪既遂或未遂的停止形态问题。事实上，本案的评论已经说明，即使坚持"个别既遂、全体既遂"的立场，加重情节也具有独立讨论既遂未遂的必要性。

深度研究

（一）行为犯是否能够成立未遂犯

行为犯是指将刑法分则所规定的某种实行行为实行终了，即构成既遂的犯罪。行为人实施某种行为，自然有其目的或者预期的结果，但是立法并未将其目的的实现和预期结果的现实化作为构成要件的内容。这并不是说行为犯就没有法益的侵害或者侵害可能，而是说立法因重视防范某一行为对法益的侵害而将其处罚阶段提前，或者某一行为本身就已经侵害了某种特定法益，而使刑法可以直接对其加以处罚，无须等到现实的加重的实害实现。而行为犯中的行为都必定或长或短地拥有一段实行的过程，在这个过程中，完全可能因为意志以外的因素而被阻碍，被迫停止，因此行为犯当然可能具有未遂犯。

不过，行为犯应当和举动犯相区分。所谓举动犯是指只要行为人着手实施犯罪构成要件的行为，犯罪即告成立的犯罪，它并不要求已经造成某种现实结果。例如煽动民族仇恨、民族歧视罪，一经实施，即便未出现发生民族仇恨、民族歧视的结果，甚至其行为尚未完结，其行为对法益的侵害在价值判断上也与完成的煽动行为无异，因此其只要情节符合定罪要求，就应当按照犯罪既遂认定。

（二）危险犯是否有未遂

对此，理论上争议极大。通常的观念认为，在以法定的危险状态作为犯罪既遂标志的犯罪中，应当以危害行为在客观上是否达到了法定的危险程度，来区分犯罪的既遂和未遂。[①] 因此，其在行为没有造成法定的危险状态时，即为未遂。不过也有学者认为，认为危险犯是结果犯的观点是值得怀疑的，未遂犯本质上就是具有足以造成某种结果的现实危险才应受到处罚的犯罪，与危险犯存在矛盾，因此危险犯不应存在未遂犯。[②] 不过，既然认为在"侵害特别重要的法益例如国家安全、公共安全、生命、身体等的场合"，可以处罚预备犯[③]，就没有理由不处罚较之预备犯更为严重的未遂犯。对同一种行为所构

[①] 马克昌. 犯罪通论. 武汉：武汉大学出版社，1999：447.
[②] 黎宏. 刑法学. 北京：法律出版社，2012：240.
[③] 同②232.

成的犯罪，刑法同时设置了危险犯和实害犯的规定①，因此，在产生危险但未发生实际损害的场合，将这种实害犯的未遂犯作为危险犯直接加以处理即可，而在已经着手但危险尚未实现的场合，就应按照危险犯的未遂犯处理，不能将此种处理方式理解为属于未遂犯的未遂犯，而应当将危险犯和实害犯理解为刑法对同一犯罪不同阶段、不同后果的区别规定。危险犯和实害犯虽然都具有其既遂的形态，但既遂的含义完全不同，不能认为说"造成严重后果的是既遂犯，没有造成严重后果的也是既遂犯，因此两者自相矛盾"，而应当理解为"危险犯有危险犯的既遂，实害犯有实害犯的既遂"。

（三）不作为犯是否有未遂

不真正不作为犯存在未遂犯，例如以不作为方法杀人，当然可能未得逞，成立故意杀人罪的未遂。而既然无论不真正不作为还是真正不作为，其实行行为物理的一面都是一样的，同样需要一定过程加以完成，两者的区别并不在于实行的过程，而在于特定行为和分则规范的通常实现方式之间的关联不同，更何况很多真正不作为犯本身只有发生特定的法益侵害结果，才能认为符合完整的构成要件，那么就无法否认在真正不作为犯中，同样存在未遂犯。有的人认为真正不作为犯的作为义务产生与既遂成立是同时的，即何时产生作为义务，何时就成立犯罪既遂，如果不产生作为义务，就不成立不作为犯罪，因而真正不作为犯没有成立未遂犯的余地。但这一观点混淆了作为义务的存续期间、不作为的开始时间以及不作为犯实行行为的着手时间等概念，导致得出了错误的结论。

（四）结果加重犯是否有未遂

结果加重犯是否存在未遂，直接取决于对结果加重犯的理解以及刑法中结果加重犯的具体规定。结果加重犯的概念本身存在争议，而且刑法不仅仅有典型的故意的基本犯、过失的结果加重犯的类型。在行为人对加重结果仅具有过失的场合，由于加重结果的过失不成立既未遂，因此只涉及是否成立结果加重犯的问题。如果发生加重结果，就成立结果加重犯；如果没有发生加重结果，就不成立结果加重犯。

但是在行为人对加重结果持故意态度的场合，对于其是否有未遂则存在肯定说和否定说的区分。否定说认为加重结果仅仅是结果加重犯的成立要件，因此没有发生加重结果，即意味着不成立结果加重犯。肯定说则或者承认在故意的加重结果场合，存在加重犯的未遂；或者认为在加重结果出现而基本

---

① 由于刑法条文中往往使用"尚未造成严重后果"这样的措辞，所谓的危险犯条款既包含造成危险尚未造成任何后果的场合，也包括造成后果但后果尚不严重的情形，因此某种意义上使用危险犯概念未必是一个精确的做法，不过在区分的意义上，本书仍然使用这样的概念。

结果未出现的场合，构成未遂。不过后者在根本上涉及的是结果加重犯场合基本犯的未遂，因而在严格意义上并非加重犯本身的问题。

考虑到我国刑法中存在对加重结果为故意的情形，就不能否认一个故意的结果可能意外地停止，从而形成未遂。尤其在异质的故意加重结果犯中，一般而言存在三种类型的未遂犯：其一，行为人故意意图造成加重结果，但加重结果由于意志以外的原因而未发生，同时基本犯的侵害结果也未发生。其二，行为人故意造成加重结果，虽加重结果由于意志以外的原因而未发生，但基本犯已经既遂的。对此应当认定构成加重犯的未遂。例如行为人以非法占有为目的而将被害人杀死后立即取走财物，但其暴力行为实际并未致被害人死亡，没有发生法定的加重后果，应当认定构成抢劫罪的结果加重犯的未遂。其三，行为人故意造成了加重结果的发生，但是其基本犯罪行为并未得逞。此成立加重结果犯，但是必须承认基本犯的未遂。例如行为人造成了被害妇女的重伤，但是未能奸淫该被害妇女。对这三种情形，无论加重结果是否产生，均应认为构成犯罪的未遂，或者成立加重犯的未遂，直接援引结果加重犯的法定刑并考虑有关未遂犯的规定加以量刑；或者成立基本犯的未遂，但是仍然需要援引结果加重犯的法定刑，并考虑到基本犯的未遂情节，加以量刑。这主要是考虑到结果加重犯加重处罚的正当性的结构：基本行为本身在类型上具有引起加重结果的危险，并且在基本结果以外造成了加重结果，产生了双重的法益侵害。无论是基本的法益侵害还是加重的法益的侵害，任何一个欠缺都使这一行为的法益侵害有所减弱，因此在处罚上必须有所考虑。

按照2001年5月23日最高人民法院《关于抢劫过程中故意杀人案件如何定罪问题的批复》规定，行为人为劫取财物而预谋故意杀人，或者在劫取财物过程中，为制服被害人反抗而故意杀人的，以抢劫罪定罪处罚。在这一解释中，并未区分故意杀人的既遂和未遂问题，字面上意味着无论是既遂还是未遂均按照抢劫罪定罪，即抢劫的结果加重犯可能构成未遂犯。但是按照最高人民法院2005年6月8日《关于审理抢劫、抢夺刑事案件适用法律若干问题的意见》第10条的规定，抢劫罪侵犯的是复杂客体，既侵犯财产权利又侵犯人身权利，具备劫取财物或者造成他人轻伤以上后果之一的，均属抢劫既遂；既未劫取财物，又未造成他人人身伤害后果的，属抢劫未遂。据此，《刑法》第263条规定的八种处罚情节中除"抢劫致人重伤、死亡的"这一结果加重情节之外，其余七种处罚情节同样存在既遂或未遂问题。从逻辑上讲，这一解释似乎又否定了抢劫罪的结果加重犯有成立未遂犯的余地，此当然存在商榷的余地。

因此，目前按照最高人民法院的上述解释，对相关情形应当按照如下原则处理：(1) 当出现第一种未遂情形时，合乎解释的处理结论应当是：在未发生轻伤的场合，行为人行为构成故意杀人罪的未遂，同时构成抢劫罪的未遂，两者构成想象竞合，按照故意杀人罪（未遂）论处；而在发生轻伤后果时，则构成抢劫罪的既遂和故意杀人罪的未遂的想象竞合，仍然需要按照故意杀人罪未遂论处。（2）第二种情形则构成抢劫罪基本罪的既遂和故意杀人罪未遂的想象竞合，仍然按照后者论处。（3）第三种情形则构成抢劫罪加重犯的既遂。必须指出的是，由于故意杀人罪是刑法中处刑最重的罪名，因而其他同故意杀人罪相结合而产生的结果加重犯，在法定刑轻于故意杀人罪法定刑的场合，都可能存在类似前述的问题，并应按照类似的原则加以处理。不过，由于侵害的目的不同，仅仅因为加重结果出现，而忽略基本犯中作为独立法益的财产法益的存在，对全案都按照既遂论处，显然也不合适。因此，加重犯的未遂犯是一个现实存在的问题，必须客观地予以承认。否则，仍然以抢劫罪为例，仅仅因为是否未遂而区别地确定罪名，同样不符合定罪原则的一致性。

（五）数额加重犯是否存在未遂问题

刑法中存在大量的数额犯以及数额加重犯，其法定刑幅度按照犯罪所涉及的数额不同而确定，以抢劫罪为例，仅就数额而言，数额巨大的，应当判处10年以上有期徒刑、无期徒刑或者死刑，并处罚金或者没收财产，而未达到数额巨大的抢劫罪，应当判处3年以上10年以下有期徒刑。成为问题的是：以加重数额为犯罪目的而实施犯罪但没有既遂的，是否能够按照加重犯的未遂处罚？例如意图抢劫数额巨大的财物，但是没有得逞的，应当按照加重数额犯的未遂处理还是一般数额犯的未遂处理？前述司法解释呈现出不同的立场和结论，肯定说认为可以适用加重数额的法定刑幅度，不过同时应当适用总则有关未遂的规定；否定说则认为无论指向数额多么巨大，均只按照基本犯的未遂处罚。本书认为，在行为人所意图指向的数额具有客观性、针对性和明确性时，其未遂应当按照加重数额的未遂处理，对其援引加重犯的法定刑然后考虑未遂情节予以从宽处理。但是在行为人并不针对明确数额时，则一般不应按照加重犯的未遂认定，仍然应当按照基本犯的未遂处理。

（六）次数犯的规定是否存在未遂

《刑法》第264条规定，多次盗窃、入户盗窃的构成盗窃罪。成为问题的是：例如多次盗窃、入户盗窃等均为未遂的场合，是否需要考虑其未遂形态？实践中有的人认为，只要行为人实施了盗窃行为，无论既遂还是未遂，均构成犯罪，且不应考虑其未遂情节，因为刑法既然在数额较大之外规定了多次抢劫，就意味着不需要再符合数额较大的规定。不过，需要指出的是，犯罪成立的要件和既遂未遂的要件，存在差异，需要相互独立地加以讨论。在其他犯罪场合，"多次"经常被作为加重情节对待，例如"多次抢劫"等，而在上述加重情节中，并不排斥未遂犯的适用。虽然多次盗窃确实意味着数额标准有所放宽，但是犯罪成立的标准并不影响犯罪既遂标准的统一适用，在认定多次盗窃构成犯罪的场合，如果未遂，在量刑过程中仍需加以考虑。

（七）转化型犯罪的未遂

就转化犯的未遂问题，需要解决两个问题：首先，以转化型抢劫为例，是否需要考虑未遂的情形？对此，第一种观点认为，转化犯只存在是否转化的问题，而不存在未遂问题，只要转化，即为既遂。第二种观点认为，转化抢劫是否存在未遂状态，要根据具体的转化形式进行具体分析，单纯侵害财产的转化抢劫存在未遂状态，但造成他人伤害后果的转化抢劫则不存在未遂状态。第三种观点即为谷某抢劫案的二审结论，认为转化抢劫和一般抢劫均存在未遂状态。就抢劫罪等犯罪而言，所谓的转化性仅仅意味着犯罪性质的转化，在未加以特别规定的情况下，并不代表相关犯罪的既未遂标准等问题发生变化，从而需要做不同于转化后的犯罪的考虑。刑法有关转化的规定，均系关于犯罪性质的规定，而并不否认其认定中的有关既未遂、共犯的问题，需要特殊的处理。因此，在转化型抢劫罪中，虽然其原初的犯罪为盗窃罪、诈骗罪或者抢夺罪，但既然转化为抢劫罪，就同一般的抢劫罪一样存在既遂和未遂的判定，其既未遂的标准也应当同转化后的犯罪保持一致。在聚众斗殴行为转化为故意杀人或者故意伤害罪的案例中，也同样如此。

五、未遂犯的处罚

案例评价

［案例7-25］孙某、濮某等绑架、抢劫、故意杀人案①

1. 基本案情

被告人濮某、夏某经济拮据，濮某遂起意以毕某之子为绑架目标，向毕某勒索200万美元。濮某纠集了被告人孙某等人共同参与，并事先勘察毕某住处，准备了电击棍、塑料胶带等作案工具。2010年6月某天，濮某、夏某、孙某、吴某等人携带作案工具，由濮某驾车至毕家所住大楼地下车库接应，夏某、孙某望风，吴某等冒充物业人员以检查热水器为名进入毕某家欲绑架毕某之子，适逢毕家有成年男子在场而未能得逞。同年9月8日，濮某等人再次实施绑架行为，但因在毕家走廊遭他人盘问而未得逞。

2. 涉案问题

具体犯罪中的"情节较轻"是否包括未遂情节？

---

① 最高人民法院刑事审判第一、二、三、四、五庭．刑事审判参考：2014年第1集．北京：法律出版社，2014：56-65．

3. 裁判理由

一审、二审均对此不予认定。

4. 评析意见

2009 年《刑法修正案（七）》对绑架罪的法定刑增设了"情节较轻的，处五年以上十年以下有期徒刑，并处罚金"的规定，但由于对"情节较轻"的认定缺少明确的标准，故在实践中存在一定争议。相关评论认为，"情节较轻"与否的衡量应为当时司法者运用一定的价值标准对确定的事实基础进行综合判断得出结论的过程，刑法总则规定的犯罪预备、未遂、中止等从轻减轻情节基于刑事立法模式以及禁止重复评价原则，不应适用于绑架罪"情节较轻"条款。我国刑法分则罪状的立法模式以单独犯的完成形态为基准，任何罪质轻重的评价都建立在对犯罪完成形态的考察基础之上，刑法总则规定的法定量刑情节对犯罪的社会危害性程度会产生很大影响，但并不能成为影响罪质轻重的因素，如果将其作为"情节较轻"的判断基础，然后再作为量刑情节适用，则显然属于对同一情节的重复评价，违反了禁止重复评价的原则。

《刑法》第 23 条第 2 款规定："对于未遂犯，可以比照既遂犯从轻或者减轻处罚。"按照这一规定，刑法对未遂犯采取了必罚的态度，但是是否所有未遂行为均达到了可罚的程度，在特定案件中也需要慎重考量。考虑到未遂犯的违法性较之既遂犯的相应较轻，对未遂犯可以比照既遂犯从轻或者减轻。

第四节 中止犯

知识背景

一、犯罪中止的概念

《刑法》第 24 条第 1 款规定："在犯罪过程中，自动放弃犯罪或者自动有效地防止犯罪结果发生的，是犯罪中止。"据此，中止犯可以发生在预备阶段或者实行阶段乃至实行后阶段，因此可以将中止犯分为两种：其一是未实行终了的中止，即在预备阶段自动放弃预备行为或者不再继续着手实行，或者在实行行为阶段实行行为尚未终了的犯罪过程中自动放弃犯罪；其二是实行终了的中止，即在实行行为终了的情况下自动有效地防止犯罪结果发生。在此，需要明确的是，同预备犯发生在预备阶段不同，中止犯并不存在独立对应的犯罪阶段，它可以发生在犯罪的任何阶段。同预备犯中预备行为本身就是处罚根据不同,中止犯中的中止行为恰恰是对其予以特别从宽处罚的根据,而其处罚根据则是中止行为之前所实施的预备行为或者实行行为。

二、犯罪中止的法律性质

如何处罚中止犯,各国立法例有所不同,英美法系国家刑法不区分中止犯和障碍未遂而一律处罚;德国刑法、奥地利刑法、希腊刑法等并不处罚中止犯;与此相反,瑞士刑法区分着手未遂和实行未遂,规定对着手未遂的中止不予处罚而对实行未遂的中止可以减轻处罚;韩国刑法则折中地规定对中止犯应当减轻处罚或者免除处罚。我国《刑法》第24条第2款规定:"对于中止犯,没有造成损害的,应当免除处罚;造成损害的,应当减轻处罚。"同上述处罚的不同规定直接相关的,就是中止犯的法律性质问题。

(一) 刑事政策说

刑事政策说主要是从刑事政策的运用角度讨论中止犯的处罚问题,包括金桥理论、褒奖理论和刑罚目的说三种理论。

费尔巴哈的金桥理论认为,规定对中止犯不予处罚,是要鼓励行为人在既遂之前放弃犯罪,在必要情况下避免结果的发生,是为了给走上犯罪道路的行为人提供一座可以"回去的黄金桥"①。一般预防的刑事政策说和特殊预防的刑事政策说也都从各自的角度论证了对中止犯减免处罚的理由。但是,刑事政策说的前提是行为人必须知道对中止犯不予处罚的规定。而批判的观点认为,即使有不处罚的规定,在决定性的瞬间也并不能影响行为人的决意,更何况公民在很大程度上并不了解这一规定。而且实践证明,因考虑到能够免除处罚而中止犯罪的,并不普遍。仍然用费尔巴哈的话来说,立法者不是仅用行为人无论如何都将受处罚的态度,来截断行为人的退路的。而且,刑事政策说不能说明为什么要区分不同的情形而对中止犯减轻或者免除处罚,其区分的基准是含糊的。不过,在德国,最近影响越来越大的受害人保护思想,是以这种观点为基础的。②

褒奖理论则从刑罚的必要性角度出发,认为行为人的自动中止行为应当得到奖励,因为自动中止行为能够部分地消除其行为在社会中对法律的动摇。这一理论最早可以追溯到1794年普鲁士普通邦法所依据的恩典理论,也是现在德国理论的通说。不过无论是恩典理论还是褒奖理论都无法正面地论证立法者为什么要奖励中止者,为什么给予其这么优厚的奖励。

刑罚目的说则认为,无论从一般预防还是从特殊预防来说,由于行为人

---

① 耶赛克,魏根特. 德国刑法教科书. 徐久生,译. 北京:中国法制出版社,2001:644.
② 施特拉滕韦特,库伦. 刑法总论Ⅰ:犯罪论. 杨萌,译. 北京:法律出版社,2006:272.

中止犯行为，其行为当初的危险性得以本质性地减少，对于预防行为人将来犯罪、威慑他人或者回复侵害的法秩序而言，刑罚已经没有必要性。这是德国联邦最高法院的见解。

(二) 法律说

法律说注重探讨基于某种政策根据而设立的中止犯的规定，如何能够在刑法理论的角度得到认可。既然对中止行为最终不处罚或者减免处罚，就有必要证明存在相应的可罚性的消灭或者减少。对此，大致的观点包括以下几种。

违法性减少、消灭说认为，基于自己的意志而中止犯罪使违法性减少或者消灭。不过，违法性减少、消灭是在违法行为产生之后的事情，而违法性既然已产生，那么在事后评价其减少、消灭，是不可能的事情；更何况违法性消灭，就表明行为不具有违法性，就不能成立犯罪，也就不仅仅是刑罚减免的问题；另外，在共犯场合，责任是个别的，但是违法性是一体的，如果共犯中有一人中止，基于违法性减少、消灭说，对其他共犯人也必须予以统一的刑罚减免，而这显然同刑法理论和实践中中止的"一身专属效果"相矛盾。

责任减少、消灭说认为基于自己的意志而中止犯罪，其人格态度使其有责性减少或者消灭。对此批评的观点认为仅仅着眼于责任减少，不能完全说明对中止犯减免刑罚的理由，而且责任减少、消灭说在很多场合要求中止者必须基于悔悟的心态，而这就使中止犯的成立范围过于狭窄。

违法、责任的综合减少、消灭说则认为无论是违法性还是有责性均因中止行为而减少、消灭。但是显然这一观点同时继承了两者的缺陷，因而遭到更多的批评。

(三) 并合说

并合说认为上述政策说与法律说，都未能对中止犯的性质提供全面的论证理由，只有将刑事政策说和法律说进行综合的思考，才能全面地说明中止犯减免刑罚的理由。不过，并合说的观念同样存在以法律说还是刑事政策说为基础的问题，例如在说明对中止犯不进行处罚时，以刑事政策说为基础；而在说明对中止犯减免处罚时，则以法律说为基础。

本书赞同以法律说为基础的并合说。[①] 基于此观点，对中止犯减免处罚的根据主要是：首先，行为人放弃继续实施犯罪或者有效地防止结果发生，使犯罪结果没有发生，法益的进一步侵害从而得以避免，因而其违法程度较之既遂违法程度有相当的减轻；其次，行为人自动放弃甚至否定其原来的犯罪

---

① 张明楷. 刑法学. 北京：法律出版社，2007：303.

意图，表明行为人的责难可能性减少；最后，对中止犯规定减免处罚，也确实有利于鼓励犯罪人停止犯罪或者防止犯罪结果发生，从而避免法益侵害的现实化或者扩大化。① 实际上，政策的考虑不仅能够解说中止犯的刑法规定，也能够在其成立的认定上对行为人作出从宽的解释，尽可能地扩大中止犯的适用范围。

规范依据

《刑法》

第24条 在犯罪过程中，自动放弃犯罪或者自动有效地防止犯罪结果发生的，是犯罪中止。

对于中止犯，没有造成损害的，应当免除处罚；造成损害的，应当减轻处罚。

三、中止犯的成立条件

（一）中止的时间性

知识背景

中止必须发生在"犯罪过程中"，即在开始实施犯罪行为之后，在犯罪呈现停止状态之前，换言之，中止可以发生在犯罪过程中的任何一个阶段，即预备阶段、实行阶段和实行后阶段。只要犯罪未至某一停止形态，就有可能成立中止，这是在时间性上中止犯同预备犯和未遂犯之间最大的区别。当然，从实质的可罚性角度看，对预备阶段的中止，法院如果认为并没有处罚的必要，可以不予处罚。不过，"在犯罪过程中"意味着行为人中止前的行为已经构成犯罪，未能达到预备阶段而仅处于犯意形成或者表露时期，即放弃犯意的，不成立中止，因为其本身就不构成犯罪；反之，通常认为，犯罪在既遂之前，均有可能成立中止，这一结论虽然说明中止的时间过程可以发生在整个犯罪既遂之前，但是这并不意味着在行为虽未既遂但已经显然未遂的场合，由于犯罪已经呈现停止状态，因此也不能再成立中止。换言之，预备、未遂、中止乃至既遂均属于犯罪的停止形态，不可能在同一罪名范围内出现不同停止阶段的复合。一旦行为人的行为已成立预备或者未遂，犯罪就告停止，就没有成立中止的余地。因此在犯罪既遂之后，行为人试图恢复原状、返回财

---

① 之所以不以政策说为基础，是因为在很多情况下，行为人中止犯行，完全与减免处罚的政策对行为人的鼓励无关。例如行为人欲强奸行人，由于恰逢被打昏的行人不漂亮，因而不再继续实施奸淫行为，在此不可能认为行为人停止犯罪是因为意识到中止犯的从宽政策。

物等行为，均不能被认定成立中止犯。

案例评价

[案例 7-26] 刘某盗窃案[1]

1. 基本案情

1997 年 3 月，刘某在其工作单位某刨花板厂驻成都办事处 201 房间休息，以找同事吴某为由进入吴某所住的 204 房间，趁无人之机盗走吴某放于柜内的小箱子，内有公款 80 300 元，其将铁箱带至其亲友处藏放。当日下午，刘某返回办事处后得知公安人员正在就钱箱被盗展开调查，懊悔不已。次日下午，刘某趁无人在场又将钱箱放回吴某所住的 204 房间。当晚钱箱被发现，箱内分文未少。同年同月 27 日，刘某主动向单位坦白交代上述事实，并到公安机关投案自首。

2. 涉案问题

犯罪行为完成后是否可能构成犯罪中止？

3. 裁判理由

某区人民检察院以刘某犯盗窃罪向某区人民法院提起公诉，被告人认为其行为属于犯罪中止，且认罪态度好，应当免除处罚。法院认为，其行为构成盗窃罪，其行为属于犯罪中止的辩护理由与事实和法律不符，不予采纳，并判处其有期徒刑 3 年，缓刑 3 年。被告人未提出上诉，公诉机关未提出抗诉。

4. 评析意见

本案中，行为人已经将财物窃取到手，并将其置于自己非法占有的状态，足以成立盗窃罪的既遂，即使行为人此后有退赃行为，也不能被视为犯罪中止，该退赃行为只能作为对盗窃罪既遂行为量刑时的从宽情节被考虑。法院判决正是考虑到此点，认为被告人在盗窃后自动送回原物，且能自首，判处其缓刑。因此，必须对犯罪中止所能够形成的犯罪过程有一个正确的理解。

[案例 7-27] 俞某绑架案[2]

1. 基本案情

2007 年 3 月 29 日 7 时 30 分，俞某驾驶面包车途经某路口，看到被害人

---

[1] 最高人民法院中国应用法学研究所. 人民法院案例选（刑事卷）：下. 北京：中国法制出版社，2000：902.

[2] 最高人民法院刑事审判第一、二、三、四、五庭. 中国刑事审判指导案例：侵犯公民人身权利、民主权利罪. 北京：法律出版社，2009：481-484.

魏某（女，8岁）背着书包独自站在路边，因其无法偿还所欠他人债务顿生绑架勒索之念。俞某以驾车送魏某上学为由，将其诱骗上车，后驾车途经其他乡镇。其间，俞某以魏某在其处相要挟，通过电话向魏某的父亲以借为名索要5万元人民币，并要求将钱汇至自己用假身份证开设的银行卡上。当日10时许，俞某出于害怕，主动放弃继续犯罪，驾车将魏某送回原地，并出资雇三轮车将魏某安全送回所在学校。

2. 涉案问题

如何理解"犯罪过程中"的含义？如何认定绑架他人后自动放弃犯罪的行为？

3. 裁判理由

某市人民法院认为，被告人俞某以勒索财物为目的，采用拐骗等手段对人质进行控制，其行为已构成绑架罪，在其对魏某实际控制后，其犯罪行为即已既遂，其主动将被害人送回学校，放弃继续犯罪的行为不属于犯罪中止。俞某虽不具有法定减轻处罚情节，但其绑架属于临时起意，控制人质期间未对被害人实施暴力或威胁，后能及时醒悟，主动将被害人送回，未对被害人造成身心伤害，犯罪时间较短，犯罪手段、情节、危害后果较轻，因此法院对其酌情减轻处罚，判处其有期徒刑4年，并处罚金3万元。

4. 评析意见

对"犯罪过程中"的理解，大致可以分为两种：一种是按照犯罪的实际过程来确认其时点，犯罪行为只要仍在继续发生或者实施过程中，就应当被认为属于犯罪过程中，因此有可能成立中止；另一种是按照规范的意义理解"犯罪过程中"，将其限制性地解释为既遂之前的犯罪过程，而并不完全等同于实际的犯罪过程。两者的理解在大部分情况下均没有什么显著差异，但是在诸如绑架这样的犯罪中，既遂时点的认定不同，就可能导致犯罪已经既遂，而实际的犯罪构成仍在持续和发展，这尤其表现在犯罪目的作为客观超过要素的犯罪构成要件的犯罪中，例如本案中的绑架罪。行为人为了实现其既定目的，必须等到犯罪目的的实现才会停止犯罪实施，而在刑法上，其行为既遂的认定在此之前早就实现，法定构成要件的行为实际已经结束，因此对犯罪过程的不同理解导致了不同结论。

就本案所涉及的绑架罪的既遂标准，主要有三种观点：其一是目的既遂说，认为绑架罪的完成需要勒索目的的实现，只要在此之前自动放弃犯罪或者自动有效防止危害结果发生，即成立中止。其二是复合行为说，认为必须实施勒索财物或者其他目的的行为，才构成既遂。其三是单一行为说，认为只要行为人以勒索财物或者其他非法目的，实施了绑架并可能控制他人的行为，即属于犯罪既遂。无论是理论界还是实务界，基本均赞成单一行为说，因此行为人只要是以实力控制了他人的，即构成既遂，而无成立中止的可能。本案中，行为人已经采取实力控制了被害人，无论其是否提出勒索要求，也无论其是否实现了勒索目的，其行为均已既遂，其后所实施的行为均不可能改变这一性质。虽然其实际犯罪行为仍然处于继续实施过程之中，似乎仍然符合"犯罪过程中"的含义，但其送回人质的行为也只能被认为属于事后的补救行为，仅在量刑中具有酌情从宽处罚的意义。

深度研究

虽然犯罪中止只能发生在犯罪过程之中，但是需要特别注意如下问题：在存在危险基本犯和实害加重犯区分的场合，在作为基本犯的成立要件的危险已经发生之后，行为人自动消除危险，从而避免实害加重结果的发生的，究竟应当认定构成危险基本犯的既遂、中止还是应当认定构成加重结果犯的中止？[1] 这样的争议经常发生在放火罪、破坏交通设施罪等罪名中。[2] 由于通常认为按照《刑法》第117条破坏交通设施罪的既遂论处，对行为人过于苛刻，其将石头搬离因此消灭危险的行为也无法得到足够的评价，所以，有的学者认为应当按照基本危险犯的中止来处理。[3] 但是危险既然已经被造成，即使事后加以消灭，其效果也不能回溯行为所造成的危险。在刑法将具体的危险作为基本犯的构成要件要素前提下，不应否定该危险的现实存在及刑法意义，否则就无法解释在其他犯罪的构成要件中，即便恢复原状、消除危险也无法否定业已成立的停止形态。有的学者认为其将石头搬运至铁轨的行为，成立《刑法》第117条破坏交通设施罪的既遂，但之后在火车到来之前自动将石头搬开，则构成《刑法》第119条破坏交通设施罪的中止，两者成立竞合，而按照《刑法》第119条破坏交通设施罪的中止论处。但是既然成立《刑法》第117条的既遂，如前所述，不可能在同一罪名的范围内成立另一不同停止形态，即在理论上无法说明同时成立破坏交通设施罪（基本危险犯）的既遂和破坏交通设施罪（结果加重犯）的中止，况且在成立中止和既遂竞合的场合，也无法说明为什么必须按照结果加重犯的中止来论处。本书认为，对这样的情形可以直接认定为加重结果犯的中止，而无须按照竞合理论解决。由于刑法同时规定了基本危险犯和结果加重犯，在危险已经产生但是行为人

---

[1] 有的学者认为无论采取实害犯的中止还是采取危险犯的中止，最后的处理结果基本上是相同的，只不过是从理论上探讨用哪一种观点来解释更为合理。（程红．中止犯基本问题研究．北京：中国人民公安大学出版社，2007：144．）但是考虑到两者法定刑不同，在造成特定损失因而只能减轻处罚的情形，两者仍然存在巨大的差别。

[2] 例如，甲为了使火车倾覆、毁坏，将一块巨石搬运之火车铁轨上，但在火车到来之前，及时将石头搬走，防止了撞车结果发生。

[3] 张明楷．刑法学．北京：法律出版社，2007：289．

继续行为或者在等待加重的实害结果发生的过程中,犯罪行为仍在发展,不能认为犯罪因已经停止而处于某一停止形态,因此当然不必认为已经成立基本犯的既遂或者加重犯的未遂仍然可以认为是在"犯罪过程中",该行为能够直接成立中止犯,而无须按照基本犯的既遂犯和加重犯的中止犯的竞合来处理。

(二) 中止的自动性

知识背景

成立犯罪中止,要求行为人自动放弃犯罪或者自动有效地防止犯罪结果发生,因此要求行为人在主观上具有自动性,这是中止犯和预备犯、未遂犯之间的本质区别。

一方面,成立犯罪中止要求行为人主观上必须出于中止的意思而停止犯行,其应当放弃犯意,即其只有完全而终局地舍弃其整个犯罪计划的故意,才能被认定为具有中止之意。行为人如果并未完全舍弃其犯意而是仅仅将其行为的实施延后至另一更合适的时机,因而暂时停止或者一时地中断其犯罪行为,不能认定为具有中止的意思。

另一方面,该中止意思的作出应完全基于行为人的自动性。

案例评价

[案例 7-28] 王某、邵某抢劫、故意杀人案①

1. 基本案情

2002 年 6 月 6 日,被告人王某主谋并纠集被告人邵某预谋抢劫。当日,二人携带作案工具,骗租杨某驾驶的小客车,当车行至某路段时,经王某示意,邵某用橡胶锤猛击杨某头部数下,王某用手猛掐杨的颈部,致其昏迷。二人抢得汽车等财物,共计人民币 42 000 元。两被告人见杨某昏迷不醒,遂谋划用挖坑掩埋的方法将杨某杀人灭口。杨某佯装昏迷,趁王某寻找作案工具不在现场之际,哀求邵某放其逃走。邵某同意掩埋杨时挖浅坑、少埋土,并告知掩埋时将杨某脸朝下。王某返回后,邵某未将杨某已清醒的情况告诉王,之后,两人将杨某运至某处土水渠旁。邵某挖了一个浅坑,并向王某称其一人埋即可,便按与杨事先约定将杨掩埋。王某、邵某离开后,杨某爬出土坑获救。经鉴定,杨某受轻伤。

2. 涉案问题

犯罪中止中自动性的认定?

---

① 最高人民法院刑事审判第一、二庭. 刑事审判参考:2003 年第 4 辑. 北京:法律出版社,2003:24-28.

3. 裁判理由

某市第二中级人民法院认定：被告人王某、邵某均构成抢劫罪，二人在结伙抢劫致被害人受伤后，为灭口共同实施将被害人掩埋的行为，均已构成故意杀人罪。虽然二人杀人未遂，但王某所犯罪行情节严重，社会危害性极大，对其不足以从轻处罚。考虑到邵某在故意杀人过程中的具体作用等情节，对其所犯故意杀人罪酌予从轻处罚。二人均系累犯，应当从重处罚。故法院判决：王某犯故意杀人罪，判处死刑，剥夺政治权利终身；犯抢劫罪，判处无期徒刑，剥夺政治权利终身，并处没收个人全部财产；决定执行死刑，剥夺政治权利终身，并处没收个人全部财产。被告人邵某犯故意杀人罪，判处无期徒刑，剥夺政治权利终身；犯抢劫罪，判处有期徒刑15年，剥夺政治权利3年，并处罚金3万元；决定执行无期徒刑，剥夺政治权利终身，并处罚金3万元。一审宣判后，王某提出上诉。某市高级人民法院审理认为：邵某的行为构成故意杀人罪的犯罪中止，应当对其减轻处罚，故改判邵某犯故意杀人罪，判处有期徒刑7年，剥夺政治权利1年；犯抢劫罪，判处有期徒刑15年，剥夺政治权利3年，并处罚金3万元；决定执行有期徒刑20年，剥夺政治权利4年，并处罚金3万元。驳回王某的上诉，维持原判。

4. 评析意见

本案中，在当时的环境、条件下，邵某虽能够完成犯罪，但从其主观上自动、彻底地打消了原有的杀人灭口的犯罪意图，采取浅埋等方法给被害人制造逃脱的机会，客观上有效地防止了犯罪结果的发生，其行为属于自动有效地防止犯罪结果发生的犯罪中止。需要指出的是：在本案中，共犯人在共同犯罪中的犯罪形态是否必然是一致的？一审判决显然认为，共犯人的犯罪形态应当一致，因而忽略了在本案中，共犯人的主观心态存在完全的不同。在其中某一共犯人基于自动停止的心态，能够将自己原先所实施的共犯行为的效果，有效地予以消灭而防止结果的发生的情况下，法院应当对各共犯人的犯罪形态予以差异化的评价。在对邵某和王某的行为进行评价的过程中，虽然两者客观上均以犯罪结果尚未发生为前提，但最终区别认定的重要基础就在于其停止犯罪的自动性的有无。

[案例7-29] 白某、肖某绑架案[①]

1. 基本案情

被告人白某于2004年9月意图绑架陈某勒索财物，并自制爆炸装置3

[①] 最高人民法院刑事审判第一、二、三、四、五庭. 刑事审判参考：2009年第4集. 北京：法律出版社, 2009：48.

枚。同年10月，白某与肖某进行绑架预谋，购买了伪造的车牌、警服、弹簧刀、仿真枪，并窃取了另一副机动车牌作为犯罪工具，伪造了姓名为"金某某""王某"的身份证两张用于犯罪后潜逃，二被告人又用肖某的照片伪造了姓名为"赵某某"的警官证1本。根据白某制订的犯罪计划，二被告人于同年12月1日，以租车为名将被害人白某某骗至亦庄附近，采用暴力手段强行劫走白某某驾驶的轿车1辆，并告诉白某某借用该车一天，用后返还，让白某某留下了联系方式。次日早晨，二被告人用捡来的姓名为"李某某"的身份证办理了手机卡1张，然后将帕萨特轿车的车牌更换为事先准备的假车牌，并驾驶该车携带上述作案工具至某博物馆附近，冒充某市公安局领导与陈某通话，谎称其子涉嫌刑事案件需向其调查，欲将陈某骗上车后予以绑架勒索财物，后因误认陈某已产生怀疑而于当日中午逃离现场，并通知白某某在指定地点将轿车取回。二被告人于同年12月10日被查获归案。

2. 涉案问题

停止犯罪之自动性如何认定？

3. 裁判理由

白某的辩护人认为白某的行为不构成绑架罪，构成敲诈勒索罪，系犯罪中止。某区人民法院认为，被告人白某、肖某为绑架他人勒索财物而准备工具，制造条件，二被告人的行为构成绑架罪。被告人为实施绑架而准备犯罪工具，并设骗局意图接近被害人的犯罪行为，系犯罪预备。关于被告人的辩护人认为被告人白某系犯罪中止的辩护意见，经查，二被告人为了达到绑架人质勒索财物的目的，实施了一系列的行为，因为误以为骗局被识破而未敢接近被害人，没有将犯罪行为进行下去，该原因属于意志以外的原因，二被告人的行为不属于犯罪中止，因而法院不予采纳。

4. 评析意见

在本案中，存在争议的问题是：行为人误认为被察觉，因此认为犯罪行为不可继续，此种情况是否符合犯罪中止的自动性条件，能否构成犯罪中止？评论的意见认为，区分犯罪预备和犯罪中止，需要考察被告人放弃继续实施预备行为及实施犯罪行为是否因为遇到了不利于着手的因素，该因素不利程度如何，是否足以阻止被告人着手实施犯罪。如果答案是肯定的，则可能成立犯罪预备，否则可能成立犯罪中止。被告人因认识错误而认为存在继续进行犯罪的障碍，存在被当场抓获的现实危险，这种认识错误本身就是一个客观存在的障碍，且这种障碍是重大的，足以打破被告人的犯罪计划，使犯罪无法继续，因此正是意志以外的原因迫使被告人停止了犯罪，行为属于犯罪预备，而非犯罪中止。被告人如果当时没有发生认识错误，势必会按部就班地实施自己的犯罪计划，因此缺乏主动性的停止犯罪行为，不能构成犯罪中止。

基于认识错误而停止犯罪的,由于没有客观、现实、外在的障碍因素的存在,因而表面上也似乎符合自动性的条件,尤其是在行为人所预测的障碍实际上并不存在时,停止犯罪的继续实施的决定在形式上完全是基于行为人的自动性。但是,行为人正是基于其所认识的障碍而停止继续实施犯罪的,这一虚假的甚至虚构的障碍因素在其作出停止决定过程中起到了决定性的作用。显然,在认识错误的场合,仍然是行为人想要继续实施犯罪而自感不能,而非自感能够继续实施犯罪而不为。因此,上述法院的结论是正确的。

[案例 7-30] 李某抢劫、故意杀人案[①]

1. 基本案情

2008年6月,被告人李某因急需用钱而预谋对其认识的被害人潘某实施抢劫并杀人灭口。同年6月19日,李某租用小轿车携带作案工具绳子、锄头等,以一同去玩为由将潘某骗上车。李某驾车在公路上行驶,伺机寻找抢劫地点。同年6月20日凌晨,在某大桥附近,李某停车将潘某绑在座位上,抢走潘某提包内的现金130余元及手机1部、农业银行卡1张,并逼迫其说出卡的密码。当时4时许,李某用绳子猛勒潘某的脖子致其昏迷,并用绳子将潘某的手脚捆绑后扔到汽车后备厢。李某在回县城途中发觉潘某未死遂打开后备厢,先用石头砸潘某头部,后用随身携带的小剪刀刺潘某的喉部和手臂,致潘某再次昏迷。6时许,李某恐潘某未死,在一小卖部购买1把水果刀,并将车开到某汽车训练场准备杀害潘某。苏醒后的潘某挣脱绳索,乘李某上厕所之机,打开汽车后备厢逃至公路向行人曾某呼救,曾某用手机报警。李某见状即追赶潘某,并用水果刀捅刺潘某腹部,因潘某抵挡且衣服较厚致刀柄折断而未能得逞。李某以"你的命真大,这样做都弄不死你,我送你去医院"为由劝潘某上车。潘某上车后李某又殴打潘某。当车行驶到一公园门口时,李某开车往老公路方向行驶,潘某在一加油站旁从车上跳下向路人呼救。李某大声说"孩子没了不要紧,我们还年轻,我带你去医院"以搪塞路人,并再次将潘某劝上车。李某威胁潘某不能报警否则继续杀她,潘某答应后,李某遂送潘某去医院。途中,潘某要回了被抢的手机、银行卡等物,并打电话叫朋友赶到医院。当时8时许,李某将潘某送入医院治疗,并借钱支付了4 000元医疗费。经鉴定,潘某的伤情程度为轻伤。

2. 涉案问题

既具有自动性又具有被迫性的放弃重复侵害行为,能否认定为犯罪中止?

[①] 最高人民法院刑事审判第一、二、三、四、五庭. 刑事审判参考: 2010年第2集. 北京: 法律出版社, 2010: 17-24.

3. 裁判理由

本案在审理过程中，对如何认定被告人故意杀人犯罪行为的停止形态存在两种意见：其一认为应当构成犯罪未遂，认为被告人主观上并没有自动放弃杀人的故意，而是因为客观上处于白天，路上行人较多，被害人有反抗能力，被告人在担心路人已经报警、罪行已经暴露的心态下，被迫停止犯罪。因此被告人属于由于意志以外的原因而未达到犯罪目的，应构成犯罪未遂。其二认为应当属于犯罪中止。理由是虽然存在上述因素，但是被害人仍在被告人的掌控之中。被告人在完全可以继续实施和完成故意杀人的犯罪行为的情况下，却将被害人送到医院治疗，因此属于自动放弃犯罪。某县人民法院审理认为，被告人李某在实施故意杀人犯罪的过程中由于意志以外的原因而未得逞，属于犯罪未遂。原因在于：李某在主观上没有自动放弃杀人的故意，而是在客观上已是白天，路上行人多，潘某有反抗能力，李某在担心路人已经报警、罪行败露的情况下，被迫停止犯罪，属于犯罪未遂。鉴于其送潘某到医院治疗并交纳医疗费的行为，可以从轻处罚。

4. 评析意见

在本案中，认定行为人的放弃是否属于自动确实较为复杂疑难。客观而言，被告人最终放弃杀人的原因，既有被迫性，也有自动性。支持未遂结论的人认为，在本案中，当时的环境使得行为人继续实施杀人行为已经不太可能，特别是在条件更为有利时几次动手均无法杀死被害人的情况下，被告人就更加没有信心，因此在一定程度上被告人是被迫放弃犯罪的。而支持中止结论者则认为，被告人如果一意孤行，仍极有可能杀死被害人，因此被告人虽然是知难而退，但在一定程度上仍然是自动放弃犯罪。显然，在一个复杂的案件中，如果不是完全地自动放弃，而是既有自动性，又有被迫性，就需要考察其停止的本质原因，认定行为人究竟是在能为而不为的前提下停止犯罪，还是在欲为而不能为的情形下停止犯罪。考察本案情节，无论如何不能否认的是，虽然存在众多的不利因素，行为人也认识到继续实施杀人行为确实存在一定障碍，但是行为人最终仍然有可能在现场实施杀人行为，即虽然表面上行为人是因为考虑到了种种不利因素而停止，但作出停止决定仍然是其在当时情势之下的自动决定，这样的情形与警察在场强力阻止之下的停止犯罪完全不同。在后一情形之中，即便行为人一意孤行，执意实施，也必须在根本上冒被抓获的风险，因而使其犯罪实质上已经没有实施的可能。而在本案中，所谓抓获的风险在当时仅仅是一种抽象的风险，而非现场的必然结果。在政策上，仍然应当鼓励行为人自动停止犯罪行为，并对这样的行为予以"奖励"。因此，将其认定为犯罪未遂，未必恰当。

[案例 7-31] 郭某故意杀人案①

1. 基本案情

2012 年 12 月 19 日,郭某酒后在租住处因琐事与女友姚某发生争执后,强行将姚某从床上拖拉到地上,并从厨房取出 2 把菜刀,先用刀背敲击姚某头部及肩部 2 下,致姚某头部流血后,继而用刀刃朝姚某头部、面部猛砍数刀。后见姚某头面部大量流血,倒地后不再挣扎,即弃刀逃离现场。次日凌晨郭某在朋友陪同下投案并如实供述了上述事实。经鉴定,姚某的伤情构成重伤。

2. 涉案问题

如何认定故意杀人未遂情形下行为人的主观心态?

3. 裁判理由

被害人陈述、证人证言、被害人的受伤部位以及伤势程度等,足以证实郭某行凶时欲置被害人于死地的心态。因此郭某的行为反映出其主观上具有非法剥夺他人生命的故意,而非伤害他人身体的故意。郭某持刀砍杀被害人的行为一气呵成,直至被害人倒在血泊中不再挣扎后扬长而去,逃至其表妹张某处时也称自己杀了被害人,可见郭某故意杀人的犯罪行为已实施完毕,其误以为已经杀害被害人而逃离现场。由于他人报案,被害人及时被送往医院抢救,因而未造成死亡结果发生;并非郭某自动放弃犯罪,也非其自动有效地防止犯罪结果的发生。被害人未被杀死的结果系由于郭某意志以外的原因,郭某的行为符合故意杀人犯罪实行终了未遂的构成特征,应当以犯罪未遂论处。

4. 评析意见

相关评论认为,被告人在其追求的杀人结果发生前并未自动停止实施侵害行为,直到被害人头面部大量出血,倒地后不再挣扎,其误以为被害人已经死亡、不可能再被救活时才停止侵害行为,也即被告人停止本可以继续实施的加害行为并非出于其对犯罪故意的自动放弃。在行为实施完毕之后,被告人迅速逃离现场,对其行为可能导致的后果即被害人的死亡置之不顾,没有采取任何救助措施避免死亡结果发生,因而也不能认定其自动有效地防止犯罪结果的发生。被害人之所以未死亡是因为他人报警,及时被送往医院抢救。对此,被告人没有预见也不可能预见。

[案例 7-32] 夏某、张某抢劫案②

1. 基本案情

2007 年 1 月 28 日,被告人夏某伙同张某预谋抢劫出租车司机。当日 15

---

① 最高人民法院刑事审判第一、二、三、四、五庭.刑事审判参考:2014 年第 2 集.北京:法律出版社,2014:47-56.

② 最高人民法院刑事审判第一、二、三、四、五庭.刑事审判参考:2010 年第 5 集.北京:法律出版社,2011:1-10.

时许，二被告人携带卡簧刀在山河镇骗乘周某驾驶的出租车，要求周某将车开往某屯。行至杜家镇时，周某拒绝前行，要求二被告人下车。二被告人担心立即实施抢劫可能被人发觉，遂下车步行至杜家镇综合商店，在该店附近，二被告人骗乘被害人徐某驾驶的微型汽车返回山河镇。当驶至大河桥附近时，夏某让徐某停车，二被告人将徐某杀害。

2. 涉案问题

本案中涉及多个问题，与未完成形态相关的是，骗乘出租车欲到目的地抢劫，因唯恐被发觉而在中途放弃的，能否认定为抢劫预备阶段的犯罪中止？

3. 裁判理由

关于抢劫周某行为的停止形态，存在三种观点：第一种意见认为构成抢劫预备。周某拒绝驾车前往指定的偏僻地点，使二被告人因意志以外的原因未能着手实施抢劫，属于抢劫预备。第二种观点认为构成抢劫未遂。理由是以出租车为抢劫目标的犯罪，着手的认定时间应比一般类型的抢劫犯罪的提前，从犯罪人进入车内那刻起，被害人的人身和财产法益就已经陷入急迫的危险之中。此时就应当认定为开始着手实施抢劫，而后因被告人意志以外的原因未能抢劫得逞的，构成抢劫未遂。第三种意见认为构成抢劫中止。虽然周某拒绝驾车前往指定偏僻地点，但以一般人观点来看，该因素并不足以阻止二被告人持刀实施抢劫，因此二被告人系自动放弃犯罪，宜认定为抢劫中止。相关评论认为，将乘坐出租车的行为认定为着手抢劫有过早之嫌，此时行为人尚未采取任何暴力、胁迫手段，法益所面临危险的急迫性并不明显，因此这一阶段仍然属于确定抢劫目标并为抢劫创造条件的行为，属于犯罪预备。周某拒绝前往指定地点，二被告人就下车，无论采取中止的主观说还是客观说，二人都应构成抢劫预备阶段的中止。法院也认为二人构成预备阶段的中止。

4. 评析意见

单纯就抢劫周某这一行为而言，有关的评论认定成立预备阶段的中止，自无异议。不过，之后二被告人接着选定了另一目标而后实施了抢劫，犯罪目的得逞。最高人民法院《关于审理抢劫、抢夺刑事案件适用法律若干问题的意见》第3条规定，对于行为人基于一个犯意实施犯罪的，一般应认定为一次犯罪。本案中，虽然实施抢劫的几个地点之间存在一定的距离，并非严格意义上的同一地点，但二被告人的行为明显地属于临时变更行为目标，仍然是在同一犯意支配之下的行为，与后面所实施的抢劫并杀害徐某的行为应当认定成立一次犯罪。既然仅仅是在同一犯意支配下的行为目标变化，其抢劫的犯意从未消失，更谈不上自动性，也就不存在认定中止的可能。尤其是，既然认定两个行为成立一次犯罪，两个行为虽然在自然的形式上似乎是两次行为，但在法律的意义上已经并非需要独立评价的两个法律行为，而仅仅是一个犯罪行为过程中的不同行为阶段而已，那么在结果上不应再单独定罪量刑，也不应当独立讨论其停止形态。如果讨论并且认定其成立犯罪中止，就应当认定其已经停止，并且独立地成立一次犯罪行为，在犯罪的次数统计上等也都存在差异之处。相关的评论既认为上述行为应当属于一个犯罪行为，又独立地讨论抢劫周某的行为成立犯罪中止，两者的结论存在内在的相悖之处。

深度研究

1. 自动性的理解

何谓自动性或者任意性，在理论上存在不同的观点。

（1）主观说主张将外部的事态是否使行为人丧失中止余地的判断标准求之于行为人的主观方面，行为人放弃犯罪的动机是基于对外部障碍的认识的，就是未遂，否则就是中止。其核心就是弗兰克（Frank）公式：能为而不为的为中止，非不为实不能的为未遂。也有学者采取所谓自律的动机说，认为行为人在自律的动机支配下实施的中止就是任意的。所谓自律的动机就是指行为人的中止意思是自由选择的结果，如果行为人在他律的动机即在强制状态之下作出选择，就不是中止。因此行为人必须仅仅基于自己内心的深思熟虑而作出中止的决意。

（2）限定的主观说又称为规范的主观说，认为不能仅从心理学的角度而更应从规范的角度来判断任意性（自动性），因此只有基于悔悟、同情等对自己的行为给予否定的评价的规范意识、感情或者动机而放弃犯罪的才是自动中止，否则均属未遂。这一学说的缺陷在于，将自动的中止性和伦理性相混淆，过于缩小了中止犯的成立范围。

（3）客观说主张根据社会的一般观念对没有既遂的原因进行客观评价，即根据一般的社会经验判断促使行为人放弃犯罪行为的事项是否对行为人的意思形成了障碍而决定自动性的有无。根据社会的一般经验，如果认为事项对行为人的意思施加了强制性影响，即当时的情况是一般人会放弃犯罪，行为人也放弃的，就不具有任意性；反之，一般人处于该情况不会放弃犯罪，但行为人放弃的，即说明当时的情况没有对行为人产生强制性影响，行为人就成立中止犯。不过，成为客观说中自动性判断标准的一般生活经验是否存在、如何验证，在实践中均成为问题，其本身就不易认定，更何况讨论任意性是为了解决行为人个体的中止成立与否问题，如果将所谓的一般生活经验作为判断标准，就意味着将对自动性这一主观要素的主体性判断完全建立在一般判断基础之上，违背了对责任的判断应当是个别的、主体的判断这样的原则。

（4）客观的主观说，又称为折中说或者新客观说，这一观点以主观说为基础，对外部事实感知的结果即行为人感到是否能够实施，以及行为人的这一现实意识形成过程作客观的判断。如果行为人感到能够继续实施但停止下来，就是基于自己的意思的中止，即认定是否基于任意性必须考察行为人对外部事实的认识如何，再根据客观标准判断行为人的认识，探讨外部事实对行为人的意志是否产生了强制性的影响。如果外部事实没有产生强制性的影响，行为人就是中止犯。但是客观的主观说并没有提出明确的判断标准。

（5）不合理的决断说则主张行为人已经着手实行，根据意图实现的犯罪目的而统制自己的行为，如果行为人合理地放弃其目的的实现，那么可以认为目的追求所带来的不利，超过了目的追求所带来的利益，在此意义上，行为人受到了合理进行判断这一价值的约束，"任意"或者"自己的意思"就是脱离这种价值的不合理的决断。这一观点受到了德国犯罪者理性说的影响，后者认为犯罪人的理性不同于常人的理性，这是一种冷静地比较、考量、计算具体犯罪行动计划的得失的、狡猾的犯罪者的理性，如果犯罪人理性地放弃犯罪，就不具有自动性，反之，不合情理的、不理性的放弃就具有自动性。因此，例如行为人以为被发觉而停止犯罪，即使他认为在不被处罚的前提下继续完成犯罪的机会还很大，但还是放弃犯罪的，也被认为是不任意的中止，与此相对，在行为人感到不安而停止犯罪的场合，即使行为人无法客观评价这种不安的心理，也存在任意性，因为屈从于这种感情的人将犯罪计划的不利与利益相比较，是极度不合理行为的人。① 在判断放弃犯罪是否基于犯罪人理性时，犯罪人心理动机的强弱不是决定性因素。但是犯罪者的理性本来就是一个虚拟而无法加以正确判断的事物，对行为人放弃犯罪进行利益的计算或者讨论其是否合理更是一个极度困难的事情，因此上述理论可能导致任意性认定的随意性，导致越是冷酷的犯罪人越容易肯定其自动性。

对自动性，我国也有学者主张自动放弃必须是在没有任何外界因素影响情况下，自我主动放弃犯罪，因此在被害人的哀求、警告或者他人的规劝下停止犯罪活动的，都不能成立犯罪中止。但是这种绝对自动论并不符合司法实践，实际上，犯罪人停止正在进行的犯罪活动其原因极为复杂，完全地不考虑外界的因素几乎没有可能，行为人作出是否停止犯罪的决定也必然是在认真地考虑了内外的全部因素所作的理性决定。如果严格地按照自动放弃论，实践中几乎就不能认定中止犯的成立或者中止犯的成立范围极为狭窄。因此，有的学者又提出了所谓的内因决定论或者主要作用论，前者认为即使在客观

---

① 程红. 中止犯基本问题研究. 北京：中国人民公安大学出版社，2007：180-194.

上存在影响犯罪进行的不利因素，只要行为人确实事实上放弃了犯罪行为，也应当按照中止犯论。但是理论上讲，无论外部客观因素如何强烈，最终决定放弃犯罪当然是犯罪人的内心决定，中止犯中自动性的认定困难就是在于如何判断行为人是被迫停止还是自动停止，而无论何种停止都是行为人的内部决定，如此一来，中止犯的范围又被极端扩大，中止与未遂、预备之间几无界限。而后者认为在犯罪构成中，各种外界因素对犯罪人意志的影响不可能等同，只有查明外界因素在行为人主观意志中所占比重的大小，才能正确判断犯罪的形态。但是这样一种工作事实上难以展开，这一观点也并未为中止犯的认定提供一个明确的标准。

中止犯中的自动性是和未遂犯、预备犯中的"意志以外的原因"紧密关联的，两者相互依存、此消彼长，前者认定范围的扩大就意味着后者认定范围的缩小，反之亦然。也正是在这一个意义上，自动性恰恰可以被认为是"意志以外的原因"以外的原因。所谓意志以外的原因，是指违背犯罪人意志的，客观上使犯罪行为不可能着手或者既遂，或者使犯罪人认为客观上不能着手或者既遂的原因，因此，中止犯的自动性就可以理解为：行为人主观上认为其客观上能够继续实施犯罪或可能既遂，但自愿放弃原来的犯罪意图。因此本书赞同主观说的主张。在根本上，应当从不同的角度适当扩张地认定中止犯的成立范围，以便鼓励、促使中止犯的成立。

因此自动性的内容包括以下内容。首先，行为人认为自己在客观上可以继续实施犯罪或者可能既遂，因此行为人对行为的发展具有两种选择：一是继续实施犯罪，使犯罪既遂；二是停止继续实施犯罪，不使犯罪既遂。只有在存在选择余地的情况下，行为人决定不继续实施犯罪，不使犯罪既遂，才能说明行为人决定的自动性。如果行为人认为行为的发展本身就已经不存在选择，因而停止下来，显然其心理就不属于自动停止。在自动性的认定过程中，重要的是行为人是否在自己认为能够继续实施的情形下自动停止犯罪，至于自动停止的原因不应过多地考虑。

其次，行为人自愿放弃原来的犯罪意图，不是不再希望、放任犯罪结果发生，而是希望犯罪结果不发生，结果的发生显然违背其意志。仅仅在客观上停止继续实行，并不一定代表行为人具有放弃犯罪意图的意思。因此这一要素需要独立于前一要素作出肯定或者否定的判断，而不能认为自动停止就一定意味着自愿放弃犯罪意图，而应将两者合并思考。[①]

显然，上述弗兰克公式仍然能够间接明了地、合理地解决自动性的判断

[①] 例如，行为人意图杀死被害人致轻伤，并没有致死的危险，但行为人认为实行终了，因此消极停止继续实行而离开现场。如果不考虑是否放弃犯罪意图，就可能混淆未遂犯和中止犯。

问题，即能为而不为的为中止，非不为实不能的为未遂。究竟何为"能"则取决于行为人的认识，而不是以客观事实为判断标准，也不能折中结合主观认识和客观事实来进行判断，即使客观上不能既遂，但只要行为人主观认为可能既遂但予以停止，并且结果的未发生符合其意愿的，就应当认定构成中止而非未遂。反之，虽然行为人认为不能既遂，但实际上仍可能既遂，行为人因此停止且结果的不发生违背其意愿的，不能认为是中止而应当认定构成未遂。因此并不需要在主观说的背景下，采取客观说标准加以调整。在下述的三个案例中，主观说仍然能够简明地说明自己的结论。

例一：甲准备盗窃某博物馆，但该计划早已被警察所破获，并且警察在该博物馆周围布下圈套，而甲并不知情。某晚在甲着手实施盗窃后警察出现之前，甲因顾虑盗窃文物后不易出手，决定停止盗窃，转头离开博物馆的展室，在展室门口被警察抓获。

例二：甲已经近距离将枪对准乙的头部，正欲扣动扳机，警察在100米外喊"住手"，甲便逃走。实际上，甲在当时的情形下，完全可能在警察抓获自己之前将乙打死，他自己也意识到这一点，但因不想被警察当场抓获而逃走。

例三：甲在外打工期间，于黑夜中实施抢劫行为，抢劫过程中发现对方是自己的胞兄乙，于是停止了抢劫行为。

在例一中，显然从主观的判断，甲认为自己能够继续实施犯罪，虽然客观上已经不可能既遂，但仍成立中止。在例二中，甲的行为成立未遂，因为虽然按照主观说的标准，在此场合，就甲是否能够开枪射杀乙，孤立地来看似乎属于"能"，行为人也意识到这一点，但是综合判断当时的情形，显然甲放弃射杀乙，正是考虑到自己执意继续实施犯罪行为就有可能要冒着被抓获的风险，其实际上已经属于"不能"，而并不属于"能达目的而不欲"。另外，甲未能射杀乙，这一结果也违背了其意愿，因而属于由于意志以外的原因而停止。实际上，如果在这样的情形，都如此孤立地来看待行为人的"能"问题，那么大部分罪犯逃脱而未继续实施犯罪的场合，都可能被错误地认定为中止犯。而在例三中，甲完全可以继续实施抢劫行为，无论是出于什么原因，就犯罪行为能否继续而言，甲都能够意识到自己客观上是"能"实施下去的，因此其不为完全是自动的决定。就该案而言，乙未被抢劫的结果并不违背甲的意愿，因此，甲成立中止犯。

2. 自动性判断中的具体问题

当然，在司法实践中，仍然需要关注有关自动性判断的一些具体问题。

（1）中止犯是否必须具备对行为的悔悟？有的人认为，自动性必须以中止犯对自己的行为具有悔悟这样的伦理动机为必要，或者要求行为人对自己的行为持否定的评价，从而显示行为人规范意识的复苏与觉醒。但是这样的观点可能混淆了中止犯决定的自动性和决定的道德性问题，要求决定的伦理动机和对自己行为的否定评价，可能在很大程度上限制中止犯的成立，使其成立要求过于苛刻，这在政策上并不利于中止犯规定的实施。

例一：甲强奸乙，在知道乙刚刚失恋后出于同情停止了强奸。

例二：甲强奸乙，在实施恐吓时，见到附近的河中有个落水的小孩快被淹死，于是觉得小孩可怜，为帮助小孩而停止继续实施强奸。

例三：甲企图强奸乙而将乙的男友丙推开，丙趁甲不注意跳入河中试图游往对岸，但中途溺水，甲恐因丙死亡而承担更大责任，为了救助甲而放弃对乙的奸淫。

例四：甲原本想强奸乙，但发现其身上有巨额现金，认为与其强奸不如抢劫，进而使用暴力强行劫取财物。

在上述四个案例中，只有例一中存在行为人对自己行为的否定评价，后三例均无法表明行为人的伦理动机或者否定评价，甚至在例四中，更是犯罪产生了转化，完全没有任何可以值得肯定的动机。但是就其停止继续实施强奸犯罪的决定而言，以上四个案例中均是在能够继续实施犯罪的前提下作出的决定，要抢救落水的小孩或者丙甚至改而实施其他犯罪并未成为继续实施犯罪的障碍，因此上述事由均非"意志以外的原因"，即并非客观上使犯罪不可能既遂或者使犯罪人认为不可能既遂的原因或者障碍。如果优先考虑是否构成未遂，上述案例显然并不属于未遂犯，因此应当属于中止犯；但是如果先考虑其是否成立中止，并且人为地为中止犯的成立限定伦理动机或者要求对自己之前的行为具有否定评价，势必得出上述四例均不成立中止犯，而应成立未遂犯的结论。

（2）中止犯是否需要彻底放弃犯罪意图？通常认为，成立犯罪中止，要求行为人最终放弃犯意，但是最终放弃犯意并不意味着行为人要从此以后均放弃实施该特定犯罪，也不要求行为人当时甚至以后都完全放弃一切犯罪，仅仅指行为人完全放弃本次特定犯罪的犯意。因此，行为人仅仅是拖延犯罪时间，或者延迟实施，等到更佳时机继续实施犯罪的，不应认定成立中止犯。

（3）自动停止继续实施犯罪的原因是否存在限制？对此，仍然可以细致讨论如下。

其一，行为人因为极端迷信而停止犯罪行为的，是否可以认定具有自动性？例如行为人实施杀人时发现被害人患有白化病，但因极度迷信认为杀死白化病人将导致自己被"天谴"，而放弃杀害该被害人的，由于此时主观上放弃犯罪实施乃是认识错误所导致的障碍，因而并不具有自动性，不应认定成立中止犯。

其二，因缺乏期待利益或者目的物障碍而放弃罪行的，例如行为人的行为针对特定对象和目标，但在犯罪过程中，行为人发现特定目标并未出现，或者发现对象错误，或者在抢劫特定财物时，发现该特定财物并未出现，或者意图抢劫巨额现金，但发现对方只有少量现金的，均不成立中止犯。值得讨论的是，如果行为人的行为并不针对特定对象，例如在实施财产犯罪时，行为人只是想盗窃一般财物而没有特定数额限制，但发现被害人身上财物价值不高，能够盗窃而不窃取的，是否成立中止犯？有的学者认为对此可以认定其成立中止犯，但是这样的结论可能在下述情形中产生不合理之处：例如甲欲盗窃某保险柜中的财物，如果发现其中空无一物，即可认定构成未遂，但是如果在保险柜中仅有十块零钱，甲完全不想占有，就可能会被认为属于中止。显然，这样观点存在商榷之处，应当认为此时行为人放弃犯罪实施并非出于自愿，而是因为外部的障碍（数额过于微小），使得其继续实施也无法实现其原有目标。但是特殊的情形例如，甲意图盗窃一般财物，发现现实的财物超过了定罪数额，仍嫌太少而放弃占有的，则可以认定具有自动性。不过，在侵害对象为人的场合，虽然实行犯罪时没有特定限制，例如甲欲强奸过路行人，但是将某女性打昏后发现该女性长得并不漂亮，因而放弃实施，应认定具有自动性。

其三，发现对方是熟人而放弃犯罪的，是否具备自动性？例如甲意图强奸某女，但是发现对方是熟人，因而放弃实施强奸行为，应当认定成立中止犯，因为无论对方是否是熟人，并不妨碍行为人继续实施犯罪，行为人能够继续完成犯罪而作出停止决定，应当认为具有自动性。

其四，基于嫌恶、惊恐而放弃犯罪的，是否具备自动性？前者如甲意图强奸乙，但发现乙正处于月经期间并有出血，因而停止继续实施奸淫行为；后者例如甲想杀害乙，但是对乙进行砍劈后，看见乙大量流血，心生恐惧，因而停止继续实施犯罪。对此，一般均能够认定具有自动性而成立中止犯。上述情形中，只要行为人此时仍然有能力继续实施犯罪（但是行为人如果看见血泊因而头晕无力继续实施，则显然构成未遂），就意味着上述情形并未对行为人的犯罪继续进行产生障碍，仍然可以认定具有自动性。但是，行为人如果系因害怕他人发现等因素产生恐惧，主观上认为继续实施犯罪已不可能或者过于危险，因而停止继续实施犯罪，则不应认定具有自动性。

其五，因同情、怜悯而放弃犯罪的，是否成立自动性？对此，一般均无例外地承认该种情形应当认定成立中止犯。

其六，因被害人提供其他利益而放弃犯罪的，是否成立中止？在所提供的利益并不属于原来实施的犯罪的构成要件要素范围之内的前提下，例如甲意图强奸乙，乙愿意给甲1万元现金，希望甲停止强奸，甲同意；或者甲欲杀死乙，乙哀求并因最终给予甲 10 万元而使甲停止杀人行为。此情形应当认为成立强奸罪或者故意杀人罪的中止犯。至于获得财物的行为是否构成犯罪，则是另一问题。

其七，因产生犯罪动机的事由消灭或者具备合法替代途径而放弃犯罪的，是否成立中止？例如甲意图抢劫乙，但被乙发现是甲在抢劫，乙因原来就准备将财物转移给甲，所以在犯罪过程中真实地承诺财物的转移，甲即停止抢劫。在此情形，虽然行为人已经意识到不必再实施犯罪，最终犯罪的停止也是因为犯罪已无实施必要，但是已无实施必要的犯罪对行为人而言，仍然属于能够继续实施的犯罪，因此应当认为最终犯罪的停止仍然取决于行为人主观的自动性，行为人成立中止犯。

其八，因害怕被发觉而放弃犯罪的，是否成立中止？一般而言，对被发觉的恐惧分为两类：一是对被发现的抽象恐惧；二是对被发现的具体恐惧以及现实地被发现。通常认为，只有第一种情形才可能成立中止犯。但无论是何种恐惧，都要考察此种恐惧是否使行为人感觉到行为已经无法继续实施或者继续实施过于危险。如果行为人主观认为虽然恐惧，但是并不妨碍其当场完成犯罪，或者仍能够继续完成犯罪而并不危及自身安全，此时停止犯罪的应当认定具有自动性。如果最终行为无法继续实施，违背其意愿，则当然没有自动性可言。甚至在行为人被发现的现场，并非绝对不能成立中止犯。例如，甲到乙家中将门反锁意图杀死乙，在实行过程中，闻讯而来的特警将乙家团团围住，并要求甲放弃杀人，虽然甲此时逃脱无望，但在杀人行为的继续实施毫无问题的情形下，甲停止杀人，仍然能够成立中止犯。

（三）中止行为的充分有效性

通常的理论都将中止行为作为一个独立的中止犯成立要件进行思考，但是其独立性仅仅是相对的。在某种意义上，中止行为这一要件应当同有效性要件进行并合的考虑。① 通常所主张的实行未终了的中止仅需要消极停止，而实行终了的中止需要采取积极措施的观点，实际上同实行是否终了的判断标准之间，存在隐暗的背离。

1. 中止行为的表现

中止犯是对停止形态的称谓，成立中止犯重要的是其中必然存在中止行为，即中止应当表现为外在的客观行为，而不仅仅是一种自动停止犯罪的心态。本质上，所谓的中止行为当然并非指被停止的该犯罪行为，而是指使该

---

① 在这点上，有的学者简洁地主张中止犯的成立要件包含：中止犯的时间条件、主观条件、客观条件，将中止行为要件和有效性要件均包含在客观要件中，实际上就是将中止行为本身的认定与其有效性联系在一起考虑的结果。陈兴良．规范刑法学．北京：中国人民大学出版社，2008：216．

犯罪行为得以停止的行为。

中止行为一般表现为两种：其一，行为人真实地放弃犯罪行为的继续实施，不再进入着手实行阶段而在预备阶段停止下来，或者不再继续实施剩余的实行行为，即消极的中止行为。其二，行为人真实地放弃犯罪行为的继续实施，并且采取足以避免结果发生的积极措施，即积极的中止行为。在不作为犯中，与之相对，中止行为一般表现为积极履行自己原来应当履行的作为义务，或者同样也要采取积极措施，避免因为之前的不作为所招致的危险产生现实的损害。

无论是何种中止行为，都要求行为人真实地放弃实施犯罪，而不能将在存在实施障碍的场合行为人因等待时机而暂停犯罪行为的情形认定为中止。在存在多个对象的场合，如果在理论上认定实行行为根据特定对象的不同而成立数次行为，可以就不同一的数次行为分别讨论其中止犯的成立问题。例如甲意图同时或者先后杀害乙、丙，但是在杀乙之后，因怜悯而未杀丙，杀害乙和丙的行为可以被视为数个独立行为，因而可以并合地成立故意杀乙的既遂和杀丙的中止，至于两者以何种罪数形态决定是否以及如何进行并罚，则是另一问题。但是如果一个实行行为针对不特定可分的对象，例如盗窃多个财物，行为人认为盗窃数额已够或者因某种财物例如大件家电不易转移、变现而放弃对该物的窃取，则此时不应也没有必要认定行为人对该大件家电构成中止犯，而应径直认定其成立对其他财物的盗窃既遂。因为在单纯一罪的认定中，不能出现未遂犯、既遂犯和中止犯的重合。

在成立积极的中止行为场合，并不是简单地放弃继续实施犯罪行为即可，而是要求进一步地针对已经造成的危险采取减少、消灭危险的充分的、实质性的行为才可成立中止犯。如果在放弃继续实施行为之后，行为人没有另外地采取作为的方式积极地干预，以避免结果的发生，就不应认为其实施了中止行为。不过，对于是否要求必须具有防止结果发生的真诚努力，有不要说和必要说之争。本书认为，真诚要件的内容并不明确，中止行为的核心内容是该行为客观上是否积极有效，对行为人而言即是否实施了客观上可以期待的被认为充分足够的危险避免行为，其主观上是否真诚并不是考量中止行为效果的要件。换言之，所谓的真诚不应简单地理解为主观上是否努力，而更应当理解为客观上是否尽力。当然，行为人同其他第三人一起采取积极措施并不影响对其行为是否积极、充分、努力的判断。

例一：行为人放火后，对邻居喊叫"我放火了"，然后就逃走，其邻居将火扑灭。

例二：行为人用刀刺杀被害人后，心生悔悟之心，分别向110、119报警求助，并等候在现场，警察与医生及时赶到采取措施将被害人救活。

例三：行为人意图杀人，投放毒物致被害人昏迷，行为人心生悔悟，将被害人送至医院门口，放下后即偷偷离开，过一段时间医生发现该被害人，但医生无从判断其昏迷原因，花费大量时间才能弄清被害人昏迷原因，进而采取抢救措施才将被害人救活。

上述三例，行为人均实施了求救的行为。例一一般不被认为成立中止犯，其原因实际上并非通常所理解的行为人的努力主观上不够真诚或者真挚，而是因为对危险及其可能的后果而言，行为人所采取的中止行为在客观上并非有效，也并未采取一般期待的在此种场合行为人应当并且能够采取的充分避免措施，例如自己亲自参与救火。在例二中，行为人同样仅采取了求救措施，并未亲自参与抢救，但是考虑到在这样的场合，对于并无医疗救助知识与能力的行为人而言，其所采取的报警求助行为已经属于防止结果发生的充分行为，应当认为成立中止犯。反之，在例三中，行为人虽然同样采取了赴医院求助的行为，但是仍不应被认定构成中止犯，其原因是：在这样的场合，客观上期待行为人能够采取更为充分的积极措施以避免危险的实现，例如在第一时间告知医生存在被害人的事实，为医生救助提供足够的信息，其中止行为显然并不充分。

无论是何种中止行为，一般来讲都是合法的行为，不过为了防止结果的发生，行为人也可能采取违法甚至犯罪的行为来实现其中止行为的有效性。例如行为人为了将被害人紧急送往医院而盗窃他人的车辆，或者纵火犯为了灭火而破坏已着火的建筑物附近的建筑，上述中止行为在符合紧急避险的场合，原有的犯罪可成立中止犯，而其中止行为可以按紧急避险论处，但是也可能在成立中止犯场合，另外构成其他犯罪，而应当数罪并罚。

2. 中止行为不同类型的适用

确认了中止行为的类型，紧接着就需要考虑在何种情形下，分别需要实施什么样的中止行为。

一般而言，按照行为是否实行终了，中止犯可分为两种：实行未终了的中止犯和实行终了的中止犯。本书进一步地认为，实行终了或者未终了的中止犯的成立，其中止行为截然不同。例如在实行未终了的阶段，成立中止只需消极停止继续实行即可；但是在实行终了的阶段，需要采取积极措施有效防止犯罪结果的发生。正因如此，实行行为是否终了在界定中止犯的成立时，具有了较之在其他领域中更为重要的意义。

以放弃重复侵害行为的争议为例，如何认识其是否构成中止犯就涉及对实行行为终了的判断。例如，在行为人明知自己手枪中有多发子弹，开了一枪但未打中，后来基于己意而未继续射击的情形，主观说认为应以行为人的犯罪计划或者认识内容为标准确定实行行为终了时期，在上例中，如果行为人原计划只开一枪,其实行行为就已经终了,因而成立犯罪未遂;如果行为人原本打算继续开枪,其实行行为就尚未终了,因而成立中止犯。但显然,行为人即使原计划只开一枪,在明知还能开第二枪的前提下,认定仅构成未遂也显然不妥当。客观说则主张以行为的外部形态或结果发生的客观危险性为标准确定实行行为终了时期,开枪的行为在客观上已经产生了足以致死的危险,因此无论行为人主观上如何判断,杀人行为都已经终了。折中说则主张根据行为当时的客观情况和行为人的主观认识综合判断实行行为终了时期,在上例中,考虑到第一枪并未产生致人死亡的危险,而且有继续实施行为的可能性,实行行为尚未终了。遮断说主张以是否引起了"不遮断因果关系就发生结果"这种状态为标准区分是否实行终了,而这种状态的判断和行为人的主观认识、预定计划无关,只能根据客观事实进行判断。上例中,如果第一枪就射中,给被害人造成了倘若放任不管就死亡的重伤,就属于"不遮断因果关系就发生结果"的状态,故实行行为终了;但如果第一枪没有射中被害人,实行行为就没有终了,如果开第二枪仍未命中,实行行为也还是没有终了,如果第二枪造成了倘若放任不管就死亡的重伤,就属于"不遮断因果关系就发生结果"状态,故实行行为终了。[①]

如前所述,在未遂犯的类型划分中,同样存在实行终了的未遂和实行未终了的未遂的区分,通常以行为人的主观判断为标准进行区分。在未遂犯中,实行终了的未遂和实行未终了的未遂的区分,主要是要进行法益侵害程度的区分,因为即使是未遂,前者的侵害一般总是要重于后者的,因而在量刑时可以有所体现。即使如此,这样的区分按照主观说或者客观说也可能都存在类型划分不妥当的问题。在未遂犯中,由于实行终了的未遂和实行未终了的未遂,必然是在未遂之后的一种事后的第三者判断,并不影响对其是否未遂的判断,因此并不会产生过多的困扰。但是中止犯不同,实行终了的中止和实行未终了的中止这一划分,将决定行为人所必须采取的中止行为的类型,并进而决定行为人是否符合了中止行为的要件而是否可能成立中止犯。这样,行为是否实行终了的判定就成为一个关键问题。

显然,在未遂犯和中止犯中实行行为是否终了应当采取同一标准,但是必须注意实行终了和实行未终了的区分在未遂犯和中止犯中用以解决的问题不同,而且通过一种事后的第三者的客观判断(虽然判断标准可能被认为是行为人的主观理解)来决定行为当时行为人应当采取何种类型的中止行为,并以此决定其是否构成中止犯,在逻辑上就存在矛盾之处。因此,需要将中止行为不同类型的适用区分为两个问题。

[①] 张明楷. 未遂犯论. 北京:法律出版社,1997:368.

其一，在中止犯中，尤其需要将主观说作为判断实行行为是否终了的标准，而这一判断是行为人当时的判断。

例一：行为人意图杀死被害人并已致其重伤，按照客观判断被害人已经具有死亡的危险甚至必然死亡，但行为人主观上认为实行未终了，因此行为人仍然继续实行其所以为的剩余实行行为，并进而致其死亡。

例二：行为人意图杀死被害人致轻伤，并没有致死的危险，但行为人认为实行终了，因此消极停止继续实行而离开现场。

如果采取客观说，在例一中无法解释行为人实行终了后所采取的行为的性质，因为既然实行行为客观已经终了，其后的行为就属于多余，但是直接造成被害人死亡的可能就是行为人后面继续加功实施的所谓多余行为。同样，按照客观说，实行未终了场合，行为人仅需消极停止继续实行即可，在例二中，行为人已经消极停止，而且行为人主观上认为能够继续实行（因为不存在任何外界障碍因素强制其停止实行）而自愿停止，只是其认为不需要继续实行，并且其消极停止行为未产生死亡的后果，在客观上似乎符合中止犯的特征，此时就不易分清未遂犯和中止犯。

其二，在按照行为人的主观内容判定实行行为是否终了的前提下，按照事后的客观情形判断何种中止行为是必需的，这一客观判断的核心是采取积极措施以防止结果发生的必要性问题，即有效性问题。

例一：行为人意图杀死被害人并已致其重伤，但行为人主观上认为实行未终了，因此消极停止继续实行而离开现场，但被害人死亡。

例二：行为人意图杀死被害人并致其轻伤，没有致死的危险，但行为人认为实行终了，因此采取积极措施抢救，后被害人未死亡。

例三：行为人意图杀死被害人并致其轻伤，没有致死的危险，行为人亦认为实行未终了，因此消极停止继续实行而离开现场，被害人未死亡。

例四：行为人意图杀死被害人并已致其重伤，行为人主观上亦认为实行终了，因此采取积极措施抢救，后被害人未死亡。

上述四例中，例一行为人属于实行未终了，虽然实行未终了的场合只需要消极停止，但是该消极停止在客观上并不充分，因而未取得效果，属于中止行为的不足，自然不应按照中止犯论处。例二行为人属于实行终了，实行终了的场合需要采取积极措施，但客观上其中止行为过剩，当然应当按照中止犯论处。例三和例四则是典型的中止犯。无论是中止行为的不足还是过剩，抑或典型的中止犯中主客观相符合的恰当中止行为，被认定为合适的中止行为都是有效的中止行为。

显然，如上的细致分析可以表明，在具备自动性的前提下，中止行为的类型适用性，即应当采取何种中止行为才能成立中止犯，必须同有效性联系在一起。在此意义上,应当采取何种中止行为就是一个事后的判断,甚至在一定程度上,何种中止行为合适的问题就转化为何种中止行为有效的问题。因此,中止行为的选择及是否充分根本上同中止行为的有效性相连,而同实行是否终了并不具有必然的关联。显然,通常所认为的实行是否终了的判断标准是行为人当时的主观标准,而实行终了的中止和实行未终了的中止这一类型的划分,却是主观与客观相结合的事后判断,因此很难认为,这样的类型划分能够使中止行为要件完全独立于有效性要件。正是在这一角度,本书将通常所认为的中止行为要件改为中止行为的有效性要件。

3. 犯罪未至既遂

中止行为的有效性要求最终犯罪并未达到既遂的程度。按照《刑法》第24条的规定,需要自动放弃犯罪或者自动有效地防止犯罪结果发生的,才成立中止犯。后者当然必须具备有效性,即防止犯罪结果的发生,表现在结果犯中(广义的结果犯包含了危险犯和实害犯),就意味着不能发生危险或者法益的实际侵害,因此,对行为犯而言,实行终了即告既遂的,其实行终了之后就不可能成立中止犯。前者同样需要行为未至既遂,只不过在实行未终了或者尚不存在结果发生危险的场合,自动放弃就已经足以防止结果的发生。行为人及时自动放弃犯罪,或者自动采取积极措施防止结果的发生,但是如果仍然发生了构成要件的结果,则不能成立犯罪中止,仍然应当按照犯罪既遂论处,只不过其采取积极措施的行为可以作为量刑情节加以酌情考虑。

犯罪未至既遂而成立中止犯,并不意味着在犯罪过程中没有出现任何犯罪结果,行为人自动放弃犯罪或者自动有效防止结果的发生,但可能造成轻于构成要件的结果的侵害。例如在故意杀人罪的中止犯中可能产生伤害的结果,在强奸罪的犯罪中止中也可能产生伤害结果或者构成猥亵。此时,当然应该认定构成重罪的中止,而不应认定构成轻罪的既遂。

在特定的场合,实施中止行为过程中,原本足以防止结果发生的中止行为,但其他因素介入导致结果仍然发生,中止行为的充分有效性如何判定,在理论和实践中,均有争议。一种观点认为,只要结果发生,无论是因为中止行为本身的充分有效性存在问题,还是因为介入其他因素,行为都不成立中止犯,而应按照既遂犯处理。

例一:甲向乙的食物投毒,乙吃后呕吐不止,甲心生怜悯,开车将乙送往医院,但车速过快发生交通肇事致乙死亡。实际上乙在送医院后可能得到救治。

例二:甲意图投毒杀害乙,乙食后毒性发作,甲心生怜悯将乙送往医院抢救,但乙因为个人信仰拒绝服用西药,偷摸将解毒剂吐掉,导致死亡。

例三:甲意图刺杀乙,但看见乙大量流血,甲心生怜悯,于是报警由警察开车将乙送往医院，但警察丙车速过快发生交通肇事致乙死亡。实际上无此车祸，按照乙的伤情，其在送医院后可能得到救治。

例四：甲向乙的食物投毒，乙吃后呕吐不止，倒在路边。丙开车因未注意路面且车速过快，发生交通肇事致乙死亡。虽然投毒的行为确实包含死亡的风险，但乙在送医院后仍可能得到救治。

另一种观点指出，例一中中止行为独立地导致发生原犯罪的侵害结果，并具有可归责性，因此仍可成立故意杀人罪的中止犯和交通肇事罪。[1] 虽然结果是由中止行为独立引起的，但仍然是由甲的整体行为所引起的，并且其原本的犯罪行为本身内在地具有结果发生的危险，因此不成立中止犯而按照既遂犯处理仍具有一定合理性。不过对于这种案件，法院应该在量刑上酌情从宽。

与例一不同，例二、三更多地强调第三人的原因而非原犯罪行为本身和中止行为导致结果发生，因而在因果关系上不具有可归责性，使成立既遂犯的合理性更为减弱。对与例一、二、三相类似的案件，也有学者认为，如果经因果关系或客观归责的判断，可以认定原犯罪行为和具体结果之间并不具有因果关系或者客观可归责性，仍有成立中止犯的可能。[2] 通常的观点认为从现行刑法的规范看，成立中止犯，结果未发生是一个铁律，并且就规范而言，从现行中止犯中有效性的因果关系考察，强调的是中止行为和结果未发生之间的肯定关系，而并不是中止行为或原犯罪行为同结果发生之间的否定关系，因此例二、三成立既遂犯并无问题。不过，值得注意的是，如果将例二、三和例四相比较，从因果关系上考虑，一般认为例四的行为人不应对乙的死亡承担责任，因此构成故意杀人罪的未遂。从这一结论出发，例二、三的既遂犯结论显属不当，即便按照未遂认定，这一结论也同行为人采取中止行为的自动性相矛盾。因此，只要中止行为客观上能够充分有效地防止结果发生，而最终结果的发生又并非原犯罪行为所引起，就可成立中止犯；加上独立因果关系的介入使原犯罪行为和最终结果之间并不具有因果关联，按照既遂犯论处显然不妥当，中止犯的结论是更为公正的。

4. 中止行为与中止效果的因果性是否必要

以往的有效性要件实际上着重讨论的均为中止行为与中止效果的因果性问题，即要求在结果得以防止的前提下，中止行为同犯罪结果之间必须具有因果关系。因此通说所主张的必要说认为，虽然结果未发生，但是在并非因为中止行为本身所防止的场合，即便行为人作出了积极充分努力，仍然不能

---

[1] 张明楷. 刑法学. 北京：法律出版社，2007：310.
[2] 林山田. 刑法通论. 台北：台湾大学法学院，2001：393.

认定构成中止犯,而应按照未遂犯论处。

上述必要说的结论值得商榷。大体上,中止行为同结果防止之间不具有因果关系可以分为两种情形:其一,被害人或者第三人行为介入,例如甲企图杀害乙,但看见乙大量出血,心生怜悯,连忙去联系车辆准备将乙送往医院,但车到后,发现乙已经离开现场自行前往医院救治。其二,不能未遂的中止犯,即行为人所实施的行为本来就不具有产生结果的可能,但行为人并不知情,仍然积极采取措施抢救。上述场合,行为人均采取了积极充分的中止行为,而并非中止行为的不足,并且结果均未发生,其违法性和有责性均有所减少,而且将其认定为中止犯,有利于鼓励行为人中止犯罪。因此,在学说上提出了"准中止犯"的概念,以便解决这一问题。虽然我国《刑法》第24条规定"有效地防止结果发生",似乎表明中止行为与结果防止之间应当存在因果关系,但是同样可以理解为:在结果未发生的场合,只要行为人所采取的积极中止行为具有充分有效地防止结果发生的可能即可成立中止犯。因此,本书认为,在中止行为确实积极、充分且具有防止结果发生的可能,在结果得以防止的场合,并不要求该中止行为和结果防止之间具有因果关系。不过,行为人并未采取积极充分的中止行为,其消极停止或者虽采取一定措施,但上述中止行为在客观上并不具有充分、有效性,结果仅因被害人、第三人等而得以防止的,仍然不应成立中止犯,而应构成未遂犯。

四、共犯的中止问题

知识背景

在共同犯罪中,其中止犯的认定相对于单独犯罪而言具有一定的特殊性。在单独犯场合,行为人独立停止犯罪行为即可,但在共犯场合,不同共犯人是否停止、其停止行为的阶段、效果可能完全不同,因此,如何确定共犯行为的脱离,从而认定其可能构成中止,就远较单独犯的场合复杂。

案例评价

[案例7-33] 黄某等教唆故意伤害案[①]

1. 基本案情

2000年6月,刘某被免除某公司总经理职务及法人代表资格,由朱某担

---

① 最高人民法院刑事审判第一、二庭.刑事审判参考:2002年第5辑.北京:法律出版社,2003:16-24.

任。被告人黄某即找到刘某商量,提出找人利用女色教训朱某。随后,黄某找到被告人洪某,由洪某负责具体实施。洪某提出要报酬4万元。同年6月8日,刘某写出一份2万元的借据,黄某凭该借据到另一公司财务处开具现金支票,支付给洪某。洪某即寻觅女色引诱朱某但未成,于是建议黄某不如找人打朱某一顿,黄某表示同意。之后洪某找到林某去砍伤朱某。黄某因害怕打伤朱某可能会造成严重后果,于同年7月初两次致电洪某明确要求洪某取消殴打朱某的计划,同时商定已支付的2万元用来充抵黄某所欠洪某的债务,但洪某应承后并未及时通知林某停止伤人计划。同年7月24日,林某又召集其他人,将朱某砍成重伤。事后,洪某向黄某索要剩余2万元,同年7月25日,黄某通过刘某再次借出2万元交给洪某。

2. 涉案问题

基于教唆的共同犯罪中如何认定教唆犯的中止?

3. 裁判理由

黄某的辩护人认为其行为构成犯罪中止,但某区人民法院审理认为,黄某为帮人泄私愤,雇用被告人洪某组织实施伤害犯罪,虽然其最终已打消犯意,但未能采取有效手段阻止其他被告人实施犯罪,导致犯罪结果发生,考虑到其在共同犯罪中的教唆地位和作用,其单个人放弃犯意的行为不能认定为犯罪中止。

4. 评析意见

对本案中被告人的行为是否构成中止,法院存在两种意见:一种认为其主观上已经放弃了犯意,客观上已经两次通知被教唆人取消犯罪实施,犯罪的最终完成是因为被教唆人未能按照其意思采取有效措施,阻止他人继续实施犯罪,因此该行为后果不应由教唆者承担。另一种意见认为,虽然教唆者本人确已放弃犯罪意图,但其行为未能有效地阻止其他被告人继续实施犯罪,以致其教唆的犯罪结果发生,因此,不能仅从其单个人的行为的角度认定其构成中止,应考虑到其作为教唆犯的身份及其在案件发生、发展中的地位和作用。最终的判决结论支持了第二种观点,是正确的。教唆犯本人一般并不亲自实行犯罪,而是通过灌输他人犯罪意图来使他人决意实行某种犯罪,因此教唆犯成立中止行为,就其有效性的要件而言,不仅其本人要放弃犯罪意图,更要求其中止有效性的效果要及于被教唆人,要对被教唆人实施积极的补救行为,及时有效地说服、制止被教唆人停止犯罪行为的继续实施,并且阻止所教唆的犯罪的结果的发生,只有这样,才能视为其共犯行为的效果脱离,可能认定构成犯罪中止。

[案例7-34] 张某等强奸、强制猥亵妇女案①

1. 基本案情

2002年5月，冯某纠集张某、施某等人强行将被害人曹某带至某宾馆，使用暴力、威胁等手段，强迫曹某脱光衣服站在床铺上，对其进行猥亵。随后，张某对曹某实施了奸淫行为，在发现曹某有月经后停止奸淫，被告人施某见曹某有月经，未实施奸淫而强迫其采用其他方式使其发泄性欲。

2. 涉案问题

在共犯人已经成立既遂的场合，其他共同实行犯罪的人是否还能成立犯罪中止？

3. 裁判理由

某区人民法院审理认为，施某主观上具有奸淫故意，后自动放弃奸淫意图而未实施奸淫行为，是强奸犯罪中止。一审后，被告人提起上诉，检察机关也提起抗诉，认为施某实施了暴力、威胁等帮助张某奸淫的行为，其虽未实施奸淫行为，但并没有自动放弃奸淫意图，不应认定构成中止。某市第一中级人民法院审理认定，施某的行为不能认定为中止，应予改判。

4. 评析意见

本案中，需要指出的是细节是：被告人张某在对被害人实施奸淫过程中，发现自己下身沾有被害人的经血，遂停止奸淫，但此时其强奸行为按照生殖器插入标准在法律上已经成立既遂。在共犯人中已经至少有一人构成既遂的场合，其他共犯人是否还有可能成立中止？在有效性角度而言，共同犯罪中，犯罪中止的有效性所针对的并非某一个共犯人的行为的后果，而是整个共同犯罪行为的后果。在共同犯罪中，各犯罪人之间的行为相互联结、相互补充利用，形成一个有机整体，与所有共犯人共同造成或者某一共犯人在共犯故意支配下单独造成的犯罪结果之间，均具有整体上的因果关系。因此，共犯中有效性的实现较之单独犯中有效性的实现，就更为困难。在本案中，两人共同实施强奸行为，在一人已经既遂的场合，共同犯罪的整体无论如何都不可能实现有效性的要件。因此，即便是在诸如强奸罪这样通常认为带有较强"亲手"实施意味的犯罪，某一共犯人的犯罪停止行为也不能成立犯罪中止。

[案例7-35] 韩某等抢劫、强奸案②

1. 基本案情

2008年11月，被告人韩某与张甲、孙某共谋抢劫杀害被害人张乙。孙某

---

① 最高人民法院刑事审判第一、二庭．刑事审判参考：2001年第9辑．北京：法律出版社，2001：14-21．

② 最高人民法院刑事审判第一、二、三、四、五庭．刑事审判参考：2012年第1集．北京：法律出版社，2012：38-43．

将张乙的租住处指认给韩某、张甲后,三人多次携带尖刀、胶带等工具到张乙的租住处准备抢劫。因张乙未在家,抢劫未果。同年12月25日,韩某、张某携带尖刀、胶带再次来到张乙的租住处附近伺机作案。当晚张乙驾车回到院内停车时,张甲持刀将其逼回车内,并用胶带捆住张乙双手,韩某从张乙身上搜出家门钥匙,张甲进入张乙家劫得现金4000余元及银行卡、身份证、照相机等。韩某、张甲逼张乙说出银行卡密码后,驾驶张乙汽车将张乙挟持至银行,通过自动取款机取出现金3900元。后韩某、张甲将张乙挟持至某处,韩某在车上将张乙强奸,随后韩某、张甲用胶带缠住张乙头部,将张乙抛入矿井致其死亡。

2. 涉案问题

参与抢劫预谋,指认被害人住址并多次蹲守,但此后主动退出、未参与实施抢劫的,是否属于犯罪中止?

3. 裁判理由

本案中,孙某参与了犯罪预谋,提出将张乙作为抢劫对象,参与购买作案工具,提议杀死张乙,并带领韩某、张甲前去指认张乙的住处,还多次伙同韩某、张甲二人至张乙住处蹲守,因张乙未回家而未得逞。后当韩某、张甲准备再次抢劫张乙时,孙某因故未去。关于不去的原因,孙某称是其妻子邻近分娩,韩某供称是孙某通过其他非法途径获得了钱财而不想再抢劫张乙。不论出于何种原因,可以肯定的是孙某系主动放弃继续实施抢劫张乙的行为。

不过,一审法院认为,孙某明知其他被告人要实施共同预谋的犯罪行为而不予制止,未能有效防止共同犯罪结果的发生,其行为属于犯罪既遂。二审法院认为,孙某成立抢劫罪共犯,应当对共同犯罪承担刑事责任。

4. 评析意见

相关评论指出,孙某在抢劫张乙的共同犯罪中不属于实行犯,也不属于教唆犯,而是帮助犯。其提供的帮助包括物理帮助和心理帮助,包括提议抢劫、指认被害人住址、一起蹲守等,如果缺少此种帮助,韩某、张甲的抢劫就不可能实施成功。孙某虽然不是起意者,但参与了预谋并提出杀人灭口,从而强化共犯犯意,而韩某和张甲也正是按照最初的预谋去实施抢劫杀人的,即孙某虽未再继续参与作案,但显然没有消除其物理帮助和心理帮助的影响。孙某要构成犯罪中止,就必须消除其提供的帮助,使其帮助行为与犯罪结果之间断绝因果关系,例如他可以劝说另外两被告人放弃抢劫,或者提前通知被害人做好防范准备,或者及时报警使共犯人无法继续实施抢劫行为。但孙某仅仅是单纯放弃自己继续犯罪,而未采取措施防止共同犯罪结果的发生。其帮助行为与韩某、张甲后续的抢劫犯罪结果之间具有因果关系,应当认定构成犯罪既遂。

总体上，这一案件所采取的立场仍然是"部分实行、全部责任"的原则，这也是实务上普遍所持的观点，当然这并不妨碍在最终主从犯的认定上，考虑到行为人的撤出以及在整个共犯中所起的作用等因素，而将此类行为人认定为从犯。显然，共犯的中止要求行为效果的全部撤除或者反向地存在能够实质性阻止之前所实施的共犯行为效果现实化的行为，从而能够阻断之前已经实施的共犯行为（包括实行行为和非实行行为）与最终所发生的犯罪结果之间的因果关系。

[案例7-36] 刘某等抢劫案①

1. 基本案情

2011年9月24日，薛某从包头市回到乌拉山镇，与被告人刘某会合后，提出以杀人埋尸的手段抢劫的犯意，刘某表示同意。两人驾驶刘某的摩托车先后两次寻找埋尸的地点未果，遂将买来作案用的铁锹藏匿于某公园草丛内，之后又各自购买尖刀一把随身携带。第二日，薛某打电话给刘某提出共同实施抢劫的犯意，遭到刘某拒绝。第三日19时许，薛某来到街上，租用李某的轿车前往某处，欲途中实施抢劫未果。当日20时许，薛某租用被害人刘某某的轿车前往张楞社，当车行驶到三其社附近时，薛某找借口要求停车，并和刘某某一同下车，在刘某某准备上车时，薛某持随身携带的尖刀捅刺刘某某10刀致其死亡。薛某从刘某某处劫得现金100元、手机1部。

2. 涉案问题

在犯罪预备阶段单独停止犯罪，未积极阻止同案犯继续实施犯罪，也未有效防止共同犯罪结果发生的，能否成立犯罪中止？

3. 裁判理由

法院判决认为，刘某与薛某共同预谋抢劫杀人，共同准备犯罪工具、制造犯罪条件，其虽然在预备阶段停止实施犯罪行为，但未有效制止薛某的继续犯罪行为，未能避免危害结果的发生，应对全案抢劫杀人既遂后果承担法律责任。

4. 评析意见

本案审理过程中，对于在预备阶段放弃犯罪，但没有阻止他人继续实施犯罪行为，未能避免犯罪结果发生的，是否构成犯罪中止，存在两种不同意见：第一种意见认为，刘某伙同薛某预谋抢劫杀人，但刘某仅在预备阶段准备工具、制造条件，并未继续参与共同犯罪，且已经明确表示放弃共同犯罪的意思。同时，刘某在薛某实施抢劫时放弃犯罪，自行切断与共犯之间的联系，刘某与薛某之后的抢劫实行行为并无关联，与犯罪结果之间也不存在因

---

① 最高人民法院刑事审判第一、二、三、四、五庭．刑事审判参考：2014年第1集．北京：法律出版社，2014：74-79．

果关系，其行为构成犯罪中止。第二种意见认为，刘某伙同薛某预谋抢劫杀人，虽然中途放弃犯罪，未参与抢劫犯罪的实行过程，但并未制止薛某继续实施犯罪行为，更未能有效避免危害结果的发生，与薛某抢劫行为所致的危害后果未脱离因果关系，不能成立犯罪中止。相关评论认为，在分工复杂的共同犯罪中，各共同犯罪人实施犯罪行为的阶段并非都是自始至终的全部阶段，各共同犯罪人可以在不同犯罪阶段介入，也可以仅介入部分犯罪的实行过程。不管何时介入，各共同犯罪人的行为只要与其他共同犯罪人的行为结合成为一个统一体，各共同犯罪人就应当承担共同犯罪的刑事责任。刘某在预备阶段所做的努力，为薛某的实行行为创造了条件，也通过薛某的实行行为与危害结果建立因果关系。两个人的行为不是相互独立的，而是作为一个有机统一的整体而存在的。根据"部分实行、全部责任"的原则，刘某即便未参与犯罪全过程，也应当对共同犯罪行为所致的全部结果承担责任。共同犯罪中的中止，主要把握放弃犯罪者中止自身行为、对其他共犯是否成功施加影响或有效避免危害结果的发生等，如果放弃犯罪者未能有效劝服其他实行犯，或者未能采取合理、有效措施，避免危害结果发生，致使犯罪既遂，各共同犯罪人均应对危害结果承担刑事责任。

深度研究

在所有共犯人都中止犯罪的场合，成立中止犯当然较为容易认定。成为问题的是部分共犯人中途放弃犯意、脱离共犯关系，而其他共犯人仍然继续实施犯罪，成立未遂甚至既遂的场合。关于共犯的中止，大体存在以下学说：整体中止论认为基于共同犯罪人在一个共同故意的支配下实施共同的犯罪行为，而形成的共同犯罪的整体性要求，只要某一个共犯人的中止行为没有能够防止结果的出现，或为其结果的发生提供有效的阻断作用，且整体共同犯罪既遂，共犯人就不存在中止的可能。个别中止论则认为共犯的本质在于多个独立个体行为的总和，虽然共同犯罪行为之间相互影响，但各个行为主体仍然具备相对独立性，因此中止的成立应当单纯地围绕个体的共犯人本身是否具备中止条件而进行个别地考虑，此后共同犯罪行为的后续发展不影响某个共犯人中止的成立。切断因果关系论则认为共同犯罪中止的有效性依赖于共犯人是否彻底切断了此前实施的犯罪行为与最终犯罪结果之间的因果关系，如果共犯人成功地切断了两者之间的一切关系，则可以认定共犯人的中止。既遂原因力消除论则坚持成立中止犯需要共犯人的犯罪中止行为已经将其行为从共同犯罪的整体行为中解体出来，即从主观层面彻底切断了和共同犯罪中其他犯罪人的联系，客观上完全消除了特定共犯人已经实施的行为对共同犯罪所起的积极作用，进而消除了与最终犯罪结果之间的所有关联。

实务上一般认为，在共同正犯中成立中止犯，某一正犯仅仅自己停止犯罪行为还不够，还必须阻止其他共同正犯者继续实行犯罪，或者要积极采取措施防止其他共同正犯者的行为发生结果。因此采用"部分实行、全部责任"的原则，只要共同正犯中有一人犯罪既遂，全体正犯都应整体地负既遂之责，不能根据他们自己的行为分别构成既遂、未遂或者中止。在教唆犯中，同样存在类似的观点和适用原则。上述案例实际上也都采用了整体责任的观点，不过也有主张区别对待说的学者针对上述类似案例认为，对绝大多数的共同正犯而言，一人得逞，全体共同正犯均应按照既遂论处。但是在强奸、脱逃、偷越国（边）境等亲手犯中，由于在这些犯罪构成要件中，每个正犯的既遂和未遂、中止都表现出各自的独立性，一个共同正犯的既遂或者未遂、中止都无法替代其他正犯的既遂和未遂、中止。因此，即便共同犯罪构成轮奸，讨论既遂、未遂、中止问题也应当按照每个正犯所实施的行为个别地进行，对亲手行为中止、未遂者，应当按照其本人行为性质认定。而折中说的结论则更为复杂，以 A、B、C 轮奸他人为例，如果 A、B 均完成奸淫，而 C 中止自己的行为，对前两人的行为适用轮奸的法定刑，但是对 C 适用普通强奸的既遂①，即不承担轮奸的加重责任，但对共犯人所实施犯罪的结果仍需承担责任。

需要注意的是，在共同犯罪过程中，正犯之间具有相互利用、相互补充的关系，因此，共同犯罪的行为是作为一个整体被看待的，这也是上述两个案例的立场。在没有形成脱离的情形中，所谓的既遂或者未遂、中止就是指共同犯罪的既遂或未遂、中止，而不是其中组成行为的既遂或未遂、中止，更不是某一共犯人的既遂或未遂、中止，因此一旦一人既遂，共同犯罪即告既遂，共犯人就不可能承担中止的责任。尤其在前述黄某等教唆故意伤害案中，被告人黄某虽然明确提出取消犯罪计划，但未能采取充分有效的中止脱离行为，未能防止其之前的教唆行为所产生的共犯效果，对法益造成侵害，仍需按照既遂犯处理，不能认定构成中止犯。欲成立共同犯罪中的中止犯，必须形成了共犯关系的脱离，即脱离者必须表明放弃共同犯罪的意思，并让其他共犯人接受；必须实施积极充分的有效行为消除原来实施的共犯行为对发生结果的原因力。从这一角度而言，共犯中存在个别共犯人的中止余地，但是在未能够消除既遂力影响的情况下，所有共犯人都需要对共同犯罪行为整体承担既遂责任。

五、中止犯的处罚

知识背景

《刑法》第 24 条第 2 款规定："对于中止犯，没有造成任何损害的，应当

---

① 张明楷. 刑法学. 北京：法律出版社, 2007：657.

免除处罚;造成损害的,应当减轻处罚。"一般而言,"没有造成任何损害"是指没有造成任何侵害结果,"造成损害"是指造成了一定的损害结果,但没有造成构成犯罪既遂所要求的结果。

案例评价

[案例7-37] 朱某强奸、故意杀人案[①]

1. 基本案情

被告人朱某与被害人陈某系租房邻居,2005年8月2日深夜,朱某路过陈某住处,见陈某独自在房内睡觉,遂产生强奸念头,并准备了老虎钳子及袜子各一只。次日凌晨1时许,朱某从窗户进入室内,把袜子塞入陈某嘴内,又将陈某捆绑,并将陈某拖至隔壁自己住处内实施了奸淫。后朱某因害怕陈某报警,便用手掐、用毛巾勒其颈部,意图灭口,因发现陈某面部恐怖,心生恐惧,不忍心下手,遂解开被害人手脚上的绳子,逃离现场。

2. 涉案问题

如何认定中止犯罪中的"损害"?

3. 裁判理由

某市中级人民法院认定,朱某构成强奸罪,在其实施强奸后,又构成故意杀人罪,在实施故意杀人过程中,自动放弃犯罪,属于犯罪中止,结合其犯罪情节和危害程度,应当对其减轻处罚,故判处其犯强奸罪,判处有期徒刑6年,犯故意杀人罪,判处有期徒刑3年,数罪并罚决定执行有期徒刑8年。朱某提出上诉,认为其自动中止犯罪行为,故意杀人行为并没有给被害人造成损害,应依法对其免除处罚。某省高级人民法院二审认为,其故意杀人行为没有给被害人造成实际损害,应当对其故意杀人犯罪免除处罚。

4. 评析意见

对于被告人的行为是否造成了刑法意义上的损害,大致有两种意见:一种意见认为被告人行为造成了损害,《刑法》第24条所规定的损害是指任何危害后果,不仅包括物质损害,也包括精神损害,被告人的行为既对被害人身体造成了损伤,也给其精神造成了极大损伤,因此只能对其减轻处罚。另一种意见认为被告人的行为虽然造成了损伤,但尚未达到刑法意义上的损害。刑法意义上的损害是指具有严重社会危害性的危害后果,必须达到刑法评价的严重程度。被告人的行为虽然造成了轻微伤,但法律规定情节显著轻微危害不大的,不作为犯罪处理,因此应当免除处罚。本案的最终结论坚持了第

[①] 最高人民法院刑事审判第一、二、三、四、五庭. 刑事审判参考:2010年第1集. 北京:法律出版社,2010:32-37.

二种观点。事实上，本案中被告人所造成的损害确实过于轻微，因此不认为其造成了刑法意义上的损害，进而免除处罚，是妥当的。

深度研究

　　必须注意的是，在犯罪过程中，即使在中止犯中，没有产生任何意义的损害结果也是很难的，因此对损害的认定应当尽可能更为实质化。例如在强奸过程中，虽然行为人中止犯罪，但在之前的暴力行为中，致使被害人的衣服撕坏，相比于强奸罪的奸淫结果的法益侵害而言，这种极为微小的损害，没有必要作为处罚的事由，而仍然按照"没有造成损害"予以免除处罚，可能更为恰当。

　　在实践中，依据什么标准确定损害的范围，缺乏一个鉴定标准，确实存在困难，需要法官结合实际情形加以具体认定。但是需要指出的是，前述两种观点虽各有其道理，但均有偏颇。一方面，不能认为精神损害就不属于《刑法》第24条所指的"损害"，实际上，有时候精神损害情节、程度严重，理所当然应当属于损害范畴；反过来，固然需要对中止犯中的损害范围加以限制，以突出中止犯的宽大政策，但也不能认为在中止犯的场合，所谓的损害就应当来自能够被认定为犯罪的行为，那些情节显著轻微、危害不大的行为，不能认定为犯罪的，所造成的损害就不属于损害范畴。认为中止犯所造成的"损害"是建立在犯罪成立评价前提之下的观点，会人为地限制中止犯的处罚范围，因而过于机械。如果严格地依照这一标准，那么在故意杀人罪等严重侵害人身可能形成人身伤害的犯罪中，可能会出现虽然中止，但仍然造成了轻伤以上的后果，还能对中止犯进行减轻处罚的情况；而在很多诸如盗窃、诈骗等犯罪以及其他一些非直接侵害人身的犯罪中，由于造成轻伤以上的损害的情形极为少见，又不易成立其他犯罪，因而可能会对中止犯过于宽纵。认为在故意杀人中止的场合，如果未造成轻伤，则可能只给予减轻处罚，量刑在3年至10年之间，从而造成刑法对中止犯的评价比对既遂犯的评价还要严苛（因为故意轻伤害也只是在3年以下量刑），甚至认为如此认定中止犯的损害，使中止犯反而成为法律从严惩处的情节的观点，是一种完全缺乏逻辑的理解。因为尽管没有造成损害，但其行为仍然构成了故意杀人罪的中止，而不能无视其最初的犯意，简单地同故意伤害罪进行轻重的比较。重罪的中止在处罚上的政策宽大意义，更多的是同该重罪的未遂之间的比较结果，而不能盲目地将重罪的中止同轻罪的既遂相比较，要求重罪的中止的量刑无原则地轻于轻罪的既遂的量刑。

第八章 共同犯罪

多数犯罪由单独的个人（直接正犯）实施。但是，有很多罪犯意识到，单凭个人的力量，必然势单力薄，造成的后果也很有限；如果有多人参与犯罪，法益侵害结果更容易发生，犯罪目的更容易实现，因此，实践中，为数不少的犯罪由多人实施。共同犯罪的危害性、案件侦破难度都远远大于单独犯罪，所以，刑法总则对共同犯罪进行了特别规定。在二人以上参与犯罪的场合，如何区分各自的角色，确定其刑事责任大小，就是值得研究的问题。

刑法总则规定共同犯罪，旨在确定共同犯罪在违法上的连带性。评价犯罪的过程通常是，先确定行为人的行为是否造成法益侵害事实（违法的判断），然后判断就该违法事实能否谴责行为人（责任的判断）。对违法的判断是一般的判断，对责任的判断是个别的判断。在共同犯罪中，违法是连带的，责任是个别的。各参与人为了实现自己的犯罪而结合在一起，行为之间根据支配作用共同引起侵害法益的事实。侵害法益的事实与各参与人具有物理上、心理上的因果性，虽然这种因果性就各参与人而言并不完全等价，但是具有因果性这一点无法否认。这种引起法益侵害的连带因果性便决定了各参与人违法的连带性。因此，在判断共同犯罪的违法性时，无法对参与人进行单独个别的判断，而只能整体地、连带地判断。例如，甲、乙共谋杀丙，同时向丙开枪。甲的子弹没有击中丙，乙的子弹击中丙，导致丙死亡。即使不考察甲的行为，单独考察乙的行为，也能够认定乙的行为导致丙死亡。但是，如果不考察乙的行为，只单独考察甲的行为，则无法将丙的死亡归属于甲的行为。刑法规定共同犯罪，就是为了将丙的死亡也归属于甲的行为，因为甲、乙是共同犯罪，在造成法益侵害事实上，二者的行为具有连带性。

在判断完违法事实后，评价工作便转入责任阶层，对此应遵守责任主义。责任主义包含两个要素，一是主观责任主义，二是个人责任主义。主观责任主义要求行为人对违法事实有故意或过失。个人责任主义也称罪责自负原则，是指刑法只能就行为人实施的个人行为对行为人进行非难，一个人无须对与自己行为无关的结果负责。与此相对的是团体责任，是指行为人构成犯罪后，不仅追究其本人责任，还要追究与其有关的人的责任。古代刑法中的"连坐"

便是团体责任的体现。现代刑法必须坚持个人责任主义，这是法治国的基本要求。这一点，在单独犯罪中应得到坚持，在共同犯罪中也应得到坚持，不能因为是共同犯罪就要求参与人对与自己行为毫无关系的结果负责。共同犯罪虽然披上了"共同"的外衣，但是并不能因此抛弃个人责任主义。在判断共同犯罪的责任时，也应对参与人进行个别的判断，而不能株连无辜。

概言之，在共同犯罪中，违法是连带的，责任是个别的。由此可以看出，在实务中共同犯罪主要面临两个问题：一是定罪问题，主要是确定连带的违法事实；二是量刑问题，主要是追究各个共犯人的刑事责任。

第一节 共同犯罪的成立条件

知识背景

共犯，是指刑法分则所规定的构成要件，原定由单独的行为人予以实现，但事实上并非只有单独的行为人实施构成要件行为，而是由多数人实现犯罪的情形。"共犯"一词，在不同的语境下，其含义并不相同。

第一，最广义的共犯。最广义的共同犯罪，就是我国《刑法》第25条第1款所规定的"二人以上共同故意犯罪"的场合，包括任意共犯和必要共犯两种类型。任意共犯，是指法律上以单独犯的形式规定，但二人以上的行为人共同触犯该规定的场合。必要共犯，是指刑法分则特别规定必须有二人以上才能共同实施特定犯罪的场合。

第二，广义的共犯。任意共犯是根据刑法总则的规定将刑法分则加以扩张，其属于广义的共犯，包括共同正犯、教唆犯、帮助犯三种。正犯，是指实行自己的犯罪，实现分则罪状规定的人。换言之，对正犯而言，犯罪是他本人的"作品"。正犯中的实行，根据是否亲自实行，分为行为人亲自实行（直接正犯），以及行为人假借他人之手去实行（间接正犯）两种；以实行人数多寡，可以分为行为人单独去实行（单独正犯）和多人共同实施（共同正犯）。共同正犯，是指二人以上"共同实施"刑法分则所规定的犯罪，对犯罪具有直接支配性的情形，共同"实施"和共同"实行"在很多时候是重合的。但是，在特殊情况下，没有共同实行行为，也可能成立共同正犯。教唆犯、帮助犯都并不直接实行分则所规定的犯罪，对他人的实行没有支配性，而仅仅进行诱导或者提供帮助。

第三，狭义的共犯。教唆犯和帮助犯属于狭义的共犯。狭义的共犯只是参与他人犯罪的人。换言之，对（狭义的）共犯而言，犯罪是他人（正犯）的"作品"，但共犯为使该"作品"成为"杰作"而在事前或者事后作出了独特的"贡献"（使他人产生犯罪意思之后再去实行，或者为他人实行犯罪提供精神和物质帮助）。

《刑法》第 25 条第 1 款规定："共同犯罪是指二人以上共同故意犯罪。"据此，共同犯罪的条件有三项：一是主体要件，要求二人以上；二是客观要件，要求有共同行为；三是主观要件，要求有共同故意。

（一）主体要件：二人以上

共同犯罪的主体必须是"二人以上"。"二人"是最低要求，一人犯罪不可能成立共同犯罪；至于"以上"至多少人，则并无限制。这里的"二人"既包括自然人，也包括单位。自然人和自然人可以构成共同犯罪，自然人和单位、单位和单位也可以构成共同犯罪。实务上有的人认为，共同犯罪中的"二人以上"都应当具有责任能力。这是存在疑问的。按照因果共犯论的逻辑，共同犯罪是行为人共同惹起结果，因此，共同犯罪的成立不要求二人以上都达到刑事责任年龄。比如 15 岁的甲教唆 25 岁的乙盗窃财物。甲和乙是共同犯罪，只是因为甲年纪小，不处理他，但是两个人共同做一件违法的事，这是没问题的，所以刑法中所讲的共同犯罪，不是这两个人都要定罪，而是两个人共同去实施一件对社会有害的行为，至于这两个人是不是都要被定罪，倒不一定。换言之，共同犯罪主要解决的是共犯人违法事实上的连带性。违法是连带的，责任是个别的。由于责任年龄、责任能力属于责任要素，因此不需要每个共犯人都达到责任年龄、具有责任能力。如果要求共犯人必须达到责任年龄、具有责任能力，势必难以妥当处理一些实务案件。例如，甲（精神病患者）与乙共同用刀砍杀丙，致丙死亡，但无法查明是谁的行为导致丙死亡。如果认为甲、乙不构成共同犯罪，只能单独定罪，则由于无法认定乙的行为与丙的死亡存在因果关系，根据存疑有利于被告的原则，对乙只能认定为故意杀人罪未遂。这显然是不合适的。只有认为甲、乙构成客观违法意义上的共同"犯罪"，才能根据"部分实行、全部责任"的原则，对乙认定为故意杀人罪既遂。

（二）客观要件：共同行为

成立共同犯罪，要求共犯人具有共同行为。从行为分工上看，共同行为包括实行行为、教唆行为、帮助行为。实行行为者称为实行犯（简称正犯），教唆行为者称为教唆犯，帮助行为者称为帮助犯。教唆犯和帮助犯合称（狭义的）共犯，与正犯相对应。教唆犯、帮助犯、实行犯合称（广义的）共犯，也即共同犯罪人。从行为属性上看，共同行为，既包括产生物理作用的行为，也包括产生心理作用的行为。例如，甲与乙商议如何实施犯罪。这种共谋行为就是一种产生心理作用的行为。在行为的时间上，共同行为既可以同时实施，也可以先后实施，还可以中途参与。例如，甲、乙、丙共谋抢劫，甲事先准备刀，乙拿着刀实施抢劫，丙事后销赃。三人仍构成共同犯罪。注意，丙不构成掩饰、隐瞒犯罪所得罪。丙如果事前无通谋，事后帮助销赃，则构成掩饰、隐瞒犯罪所得罪。又如，甲抢劫王某，将其打倒，乙路过看到后参与进来，帮甲在王某身上取财，乙与甲构成共同犯罪。这种共同犯罪称为承继的共同犯罪。

(三) 主观要件：共同故意

成立共同犯罪，要求共犯人具有共同故意。具体而言：(1) 各个行为人主观上具备相同的犯罪认识因素和意志因素，而且，每个行为人都认识到，自己所实施行为的性质以及该行为所可能导致的后果，都是另外的行为人有所认识、有所期待的，即存在相互认识、相互期待的关系。这里的相同的犯罪故意，不必要完全一致，有重合即可，可以一方是直接故意，一方是间接故意，并不要求都是直接故意。此外，共同犯罪的意思，通常形成于共同犯罪之前。但是，在共同实行过程中，因为偶然原因产生共同意思，或者共同实行者改变犯罪意图的，该意思也属于共同故意。(2) 行为人之间的意思存在联络。这里的意思联络，明示的或者暗示的均可以。联络通常是直接的、数个共同正犯同时谋议的。但是，通过某人顺次传达的，甚至是"单线联系的"间接的意思联络，也属于共同意思的表达方式。例如，有杀人意思的A分别与B、C、D联系，邀请并指挥他们共同实施杀害仇人E的行为，B、C、D到达现场后同时举刀杀死E。B、C、D三人相互之间缺乏意思联络，但也成立共同正犯，而非同时犯。

与共同意思相关的，有以下三个问题值得研究。

1. 同时犯

偶然在同一场所、同一时间实行犯罪的人，是同时犯。同时犯缺乏意思联络，互不依赖，不是共同正犯，不能适用"部分实行、全部责任"原则，应当按照各自所犯的罪行进行处罚。例如，甲深夜骑车从某超市门口经过，见卷帘门被人打开，乙正在里面偷东西，甲也进去偷窃，二人成立同时犯。

2. 共同过失

刑法主观主义认为过失的共犯有存在余地，因为共同犯罪中的共同意思只是共同为自然行为的意思，而不要求行为人有追求构成要件结果或者规范意义上的结果的意思，所以不要求行为人之间有共同故意，那么过失共同犯罪的存在就是合理的，故意犯与过失犯的共同犯罪也可能是存在的。

刑法客观主义在犯罪共同说的基础上，否认过失的共犯的存在。因为共同犯罪是两人以上共同实施的特定犯罪，除了有共同的行为，意思联络也至关重要，各行为人对构成要件结果的发生必须有共同的故意，这样，共同犯罪就只能在故意的范围内成立。过失犯罪由于没有彼此的意思联络，所以不成立共同犯罪。① 应该说，站在犯罪共同说立场上的过失的共同正犯否定说更为符合我国现行刑法的规定。此外，如果承认犯罪支配说，也可能会得出否认共同过失的结论。

共同过失犯罪，没有相同的犯罪认识和意识因素，也不存在意思联络，不是共同正犯，但可能成立过失犯的同时犯。

3. 片面正犯

共同正犯之间有意思联络，该意思联络是否一定要求有意思的"交互"，没有共同实行的"交互"的意思联络，只有一方有与他人联络的意思的，是否成立共同正犯？例如，A知道B要杀害C，就将C捆绑起来，扔在不知情的B必经之路，B将C砍死，对A应当如何处理？这就是片面正犯问题。

对此，行为共同说认为，"共同"是指构成要件的行为共同，因此只要客观的实行行为相同或部分相同就可以成立共同正犯。因此，彼此之间是否有意思的联络并不是问题的实质，只有一方有联络的意思，他方并不知情的，也认为正犯有共同的意思。只要一方有利用或补充他方的行为，就可以成立共同正犯。而犯罪共同说认为，共同犯罪的成立，除了彼此之间必须有共同的实行行为外，行为人之间还必须有共同的意思联络，意思联络对违法性有影响。共同的意思联络，必须是"交互"的意思沟通。因此，片面正犯当然因为其没有彼此之间的意思的联络而不成立共同正犯，由此犯罪共同说否定片面正犯概念。

片面正犯否定说是有道理的。因为共同正犯的归责原则是"交互"归责（部分实行、全部责任），在共同犯罪过程中，正犯之间在心理上、物理上相互都有引起和被引起的关系，互为因果，所以，正犯甲要对正犯乙的行为及其所造成的后果负责；反过来，正犯乙要对正犯甲的行为及其后果负责。在片面正犯的条件下，不知情的一方不可能对单纯有正犯意思者的行为负责。所以，按照共同正犯的性质，行为者之间必须有共同犯罪的认识，有意思的交换，并有相互利用对方的行为以达到犯罪目的的意思。片面正犯难以符合共同正犯主观上的这些要求，所以不应该承认片面正犯概念。否认片面正犯概念，不等于放纵犯罪，对相关行为人可以按照间接正犯②、同时正犯或帮助

---

① 与此相关，刑法客观主义否认过失的教唆犯、从犯、帮助犯等概念的存在必要性，因为教唆是使他人产生实施犯罪的决意，教唆者必须对自己的教唆行为可能使他人产生特定的犯罪意图并实行犯罪有所认识。从犯要对他人的犯罪提供帮助，就必须对被帮助的正犯的实行行为性有所认识，而且要认识到正是自己的帮助使正犯的犯罪更容易得逞，所以，过失的教唆犯、帮助犯的出现可能性都难以想象。

② 为此，可能需要承认"正犯背后的正犯"理论（事实的行为支配）。

犯处理。①

规范依据

《刑法》

第 25 条　共同犯罪是指二人以上共同故意犯罪。

二人以上共同过失犯罪，不以共同犯罪论处；应当负刑事责任的，按照他们所犯的罪分别处罚。

案例评价

[案例 8-1] 李某强奸案②（共同犯罪的主体要件）

1. 基本案情

被告人李某，男，1985 年 7 月 4 日出生。因涉嫌犯奸淫幼女罪，于 2000 年 11 月 28 日被逮捕。

2000 年 7 月某日中午，被告人李某伙同未成年人申某某（1986 年 11 月 9 日出生，时龄 13 周岁）将幼女王某（1992 年 5 月 21 日出生）领到某村村民张某家的玉米地里，先后对王某实施轮流奸淫。2000 年 11 月 2 日，因被害人亲属报案，李某被抓获。

某区人民法院依照《刑法》第 236 条第 3 款第 4 项、第 17 条第 2 款、第 25 条第 1 款的规定，于 2001 年 5 月 8 日判决被告人李某犯奸淫幼女罪，判处有期徒刑 8 年。

一审宣判后，被告人李某的法定代理人不服，以原判量刑畸重为由，提出上诉。

甲市中级人民法院依照《刑事诉讼法》第 189 条第 2 项和《刑法》第 236 条第 3 款第 4 项、第 17 条第 2 款和最高人民法院《关于审理强奸案件有关问题的解释》中的有关规定，于 2001 年 7 月 27 日判决如下：（1）撤销甲市某区人民法院（2001）香刑初字第 98 号刑事判决书对被告人李某犯奸淫幼女

---

① 理论上讨论的个别片面共同正犯案件，实际上不是正犯而是帮助犯。例如，C 事前知道 A 将以盗窃目的侵入 B 的住宅，为了使 A 实现犯罪，C 事先侵入 B 住宅，对 B 施加了暴行、胁迫，限制了 B 的自由，不知情的 A 进入 B 家中实施了盗窃行为。有的日本学者认为，A 构成窃盗罪既遂的单独犯，C 构成强盗罪的片面共同正犯。大塚仁教授对此指出：C 对 B 使用暴力，目的是使 A 容易实施盗窃，"既然与 A 没有什么联络，就不过是 C 自身的单独犯。至于使 A 的窃盗容易实施，那最多只能认为是窃盗罪的片面从犯，毕竟不能解释为强盗罪的片面共同正犯"。大塚仁. 犯罪论的基本问题. 冯军，译. 北京：中国政法大学出版社，1993：265.

② 最高人民法院刑事审判第一、二、三、四、五庭. 中国刑事审判指导案例：危害国家安全罪·危害公共安全罪·侵犯公民人身权利·民主权利罪. 北京：法律出版社，2017：598.

罪，判处有期徒刑8年的定罪量刑部分；（2）原审被告人李某犯强奸罪，判处有期徒刑6年。

2. 涉案问题

与未满责任年龄的人轮流奸淫同一幼女是否成立轮奸？对行为人能否适用"轮奸"的法定刑？

3. 裁判理由

某区人民法院认为，被告人李某伙同他人轮奸幼女，其行为已构成奸淫幼女罪，且系轮奸。李某犯罪时不满16周岁，依法可予减轻处罚。

甲市中级人民法院认为，根据最高人民法院2000年2月13日通过的《关于审理强奸案件有关问题的解释》（已失效）中"对于已满14周岁不满16周岁的人，与幼女发生性关系构成犯罪的，依照刑法第十七条、第二百三十六条第二款的规定，以强奸罪定罪处罚"的规定，原审认定被告人李某犯奸淫幼女罪，适用罪名不当，应予改判；原判对被告人李某虽已依法予以减轻处罚，但根据本案情况，量刑仍然偏重，因此应当减轻处罚。

4. 评析意见

关于与不满14周岁的人轮流奸淫同一幼女的是否应认定为轮奸，一种意见认为，李某的行为不属于"轮奸"，不能适用《刑法》第236条第3款第4项的规定进行处罚。理由是："轮奸"属于共同犯罪中共同实行犯。既然是共同犯罪，那么，就必须具有两个以上犯罪主体基于共同犯罪故意实施了共同犯罪行为这一要件。由于本案的另一行为人不满14周岁被排除在犯罪主体之外，故不能将本案认定为共同犯罪，因而也就不能认定为轮奸。

另一种意见认为，李某的行为属于"轮奸"。理由是：刑法规定的"轮奸"只是强奸罪的一个具体的量刑情节。认定轮奸，只要行为人伙同他人在同一段时间内，对同一妇女或幼女，先后连续、轮流地实施了奸淫行为即可，并不要求各行为人之间必须构成强奸共同犯罪。换言之，认定是否属于"轮奸"，不应以二人以上的行为是否构成共同强奸犯罪为必要，而应看是否具有共同的奸淫行为。

从事实及被害人的角度看，与不满14周岁的人轮流奸淫同一幼女的行为当然属于轮奸。轮奸就是指二人以上共同强奸同一妇女或幼女，也即轮奸就是强奸罪的共同犯罪。遇到的问题是，不满14周岁的人实施强奸不负刑事责任，既然如此，他人与其实施轮奸行为似乎就无法成立共同犯罪。要排除该障碍，就需要重新认识共同犯罪的主体要件。

在实务中，大量共同犯罪的主体都达到了责任年龄，具有刑事责任能力。但是，共同犯罪是一种违法事态，是不同的人共同去实施一件对社会有害的"坏事"。因此，"共同犯罪"指的是违法的共同，行为符合客观违法要件、具有法益侵害性的，就是共同犯罪中的"犯罪"；行为符合客观违法要件，行为人又具有责任的，才是最终需要承担刑事责任意义上的、完整的"犯罪"概念。共同犯罪中的"犯罪"概念仅对共同违法有要求，而不苛求所有共犯人都达到刑事责任年龄、具有刑事责任能力。在这个意义上可以说，犯罪概念是具有相对性的。如果否定这种相对性，在任何情形下都要完整理解犯罪概念，很多案件就无法处理。例如，甲（10周岁）盗窃了一台电视机，让乙（20周岁）保管，乙答应保管。对乙该如何处理？掩饰、隐瞒犯罪所得、犯罪所得收益罪要求行为对象是"犯罪所得"。如果认为"犯罪"只有一个最终需负刑事责任的概念，那么由于甲未满16周岁，不构成犯罪，因而所窃的电视机便不属于犯罪所得。这样，对乙就不能认定为掩饰、隐瞒犯罪所得、犯罪所得收益罪。但这种结论显然不合理。甲的盗窃行为符合客观要件，具有客观法益侵害性，属于客观违法意义上的"犯罪"，电视机也属于"犯罪"所得；只是因为甲具有责任阻却事由（未达责任年龄），对甲最终不作犯罪处理，而乙构成掩饰、隐瞒犯罪所得罪。

共同犯罪主要解决的是共犯人违法事实上的连带性，违法是连带的，责任是个别的。由于责任年龄、责任能力属于责任要素，因此不需要每个共犯人都达到责任年龄、具有责任能力。如果要求共犯人都必须达到责任年龄、具有责任能力，就会给本案的处理带来困难：如果认为李某与申某某不构成共同犯罪，则李某不属于轮奸，对李某的强奸罪便不能适用关于轮奸的升格法定刑。这显然是不合理的，因为被害幼女事实上的确遭受了轮奸侵害。只有认为李某与申某某构成客观违法意义上的共同"犯罪"，才能认为李某构成强奸罪，适用轮奸的升格法定刑。而申某某由于未达责任年龄，最终不负刑事责任。当然，如果行为人未达责任年龄、不具有责任能力，并且不具有规范意识，其行为完全被他人支配利用，则与支配利用者不构成共同犯罪，支配利用者构成间接正犯。

[案例8-2] 陈某、金大某等盗窃案[1]（事前通谋的认定）

1. 基本案情

1997年10月，被告人金大某因经商负债而产生盗窃汽车出卖还债的歹念，并通过其兄被告人金小某向在外地的被告人陈某打探。得知陈某能卖车后，金大某勾结金小某和被告人王建某在甲市窃得大发牌汽车2辆，共价值人民币32 000元，开往沈阳交由陈某销赃。陈某销赃后未将赃款分给金氏兄弟。

1998年1月，被告人陈某的沈阳朋友得知陈某能弄到便宜汽车，便托其

---

[1] 最高人民法院刑事审判第一、二、三、四、五庭. 中国刑事审判指导案例：危害国家安全罪·危害公共安全罪·侵犯财产罪·危害国防利益罪. 北京：法律出版社，2009：503.

购买2辆黑色桑塔纳2000型轿车。陈某用电话与金小某联系，提出要2辆黑色桑塔纳轿车。因上次销赃之事，金氏兄弟对陈某产生不满，不愿与其合作。陈某便于当月下旬亲自到甲市找到金氏兄弟，提出要"买"车，金氏兄弟碍于朋友情面，决定按其要求在当月给陈某弄到车。为盗窃桑塔纳轿车，金大某先窃得1辆价值人民币26 000元的大发牌汽车作为作案工具，勾结金小某、王建某于1月22日晚在甲市体院北居民区窃得价值人民币147 200元的黑色桑塔纳高级轿车1辆。金氏兄弟让陈某验车，并欲告知此车来源，陈某阻止并言明"别告我车是怎么来的，我只是买车"。后陈某让王建某随到甲市提车的买主同往东北将卖车款带回，当王建某一行途经某省乙市时被当地交警查获。随后，公安机关于2月23日将金小某抓获，金大某、陈某得知消息后潜逃。

负案在逃的金大某认为，陈某仍有汽车销路，又分别于1998年2月23日窃得价值人民币26 000元的大发牌汽车1辆，2月26日窃得价值人民币110 000元的灰色桑塔纳轿车1辆，全交由陈某销赃。陈某将大发汽车卖掉，留下桑塔纳轿车自用。3月3日金大某窃得价值人民币30 000元的大发牌汽车1辆作为作案工具，在甲市和平区窃得黑色桑塔纳2000型轿车1辆，价值人民币164 000元，通过陈某联系到东北买主。金大某与买主将车开往东北，途经甲市宁河县时被交警查获。后公安机关于3月9日将陈某抓获归案。

综上，被告人金大某单独或纠集被告人金小某、王建某共同盗窃大发牌汽车5辆、桑塔纳轿车3辆，共计价值人民币535 200元；被告人金小某参与盗窃大发牌汽车2辆、桑塔纳轿车1辆，共计价值人民币179 200元；被告人王建某参与盗窃大发牌汽车1辆、桑塔纳轿车1辆，共计价值人民币173 200元；被告人陈某事先与金大某等人通谋，事后并代为销赃，参与盗窃桑塔纳轿车1辆，价值人民币147 200元，此外还代金大某等人将窃得的3辆大发牌汽车在辽宁省沈阳市销售，得赃款14 500元，占为己有。案发后，公安机关追缴大发牌汽车2辆、桑塔纳轿车3辆，均已发还失主。

甲市第二中级人民法院依照《刑法》第264条、第312条、第25条第1款、第26条、第27条、第69条、第64条的规定，于1998年9月4日作出判决如下：（1）被告人金大某犯盗窃罪，处有期徒刑15年，罚金2万元。（2）被告人金小某犯盗窃罪，处有期徒刑11年，罚金1万元。（3）被告人王建某犯盗窃罪，处有期徒刑10年，罚金1万元。（4）被告人陈某犯盗窃罪，处有期徒刑7年，罚金1万元；犯销赃罪，处有期徒刑2年6个月，罚金1万元，决定执行有期徒刑8年，罚金2万元。继续追缴被告人陈某犯罪所得人民币14 500元。缴获的改锥、钳子、点火器等作案工具，依法没收。

宣判后，被告人王建某、陈某提出上诉。甲市高级人民法院裁定：驳回上诉，维持原判。

2. 涉案问题

本案被告人金大某、金小某、王建某犯盗窃罪事实清楚，定性无异议，争议问题是，被告人陈某事先与金氏兄弟联系"购买"黑色桑塔纳轿车，事后为其销赃的行为是否构成盗窃罪的共犯？

3. 裁判理由

甲市第二中级人民法院认为，被告人金大某、金小某、王建某共同或单独盗窃作案多起，窃得桑塔纳轿车3辆、大发汽车5辆，共价值人民币535 200元，其行为均已构成盗窃罪，且盗窃数额特别巨大，情节严重，应依法惩处。金大某系本案主犯，金小某、王建某系从犯。考虑到金大某归案后尚能交代部分罪行，认罪态度较好，且被盗车辆大部分被追回，可酌情从轻处罚。被告人陈某销赃3辆大发牌汽车，赃款全部据为己有，其行为已构成销赃罪；另与本案其他被告人事先通谋，盗窃价值人民币147 200元的桑塔纳轿车1辆，数额特别巨大，其行为又构成盗窃罪。鉴于其在共同盗窃犯罪中起次要作用，是从犯，可依法减轻处罚。

宣判后，被告人陈某上诉辩称其向金小某联系买车不是事先通谋，没有参与盗窃，其行为不构成盗窃罪。被告人陈某的辩护人认为，认定陈某与他人事先通谋进行盗窃的证据不充分。

甲市高级人民法院经二审审理认为，被告人金大某、金小某、王建某勾结，秘密窃取机动车辆销售，其行为均构成盗窃罪；陈某事先与盗窃案犯通谋，应以盗窃共犯论处；另外陈某明知是盗窃的车辆仍予销售，其行为构成销赃罪。原审判决事实清楚，证据确实、充分，量刑适当，审判程序合法，上诉人及辩护人的上诉理由及辩护意见不予采纳。

4. 评析意见

关于被告人陈某与金大某、金小某、王建某是否构成盗窃罪的共犯，第一种意见认为，陈某是替人购买汽车，案件中并没有他与金氏兄弟预谋盗车的有关证据，金氏兄弟也未明确告诉过陈某是为他去偷车，陈某只是应知所购的是赃车，故应按销赃罪论处。第二种意见认为，陈某明知金氏兄弟不经营汽车交易，却要金氏兄弟为其提供2辆桑塔纳轿车的货源，并亲自来甲市"督办"；且此前陈某已替金氏兄弟销售2辆汽车，应知道金氏兄弟只能通过非法手段获取汽车。陈某提出要车时，金氏兄弟手中并无货源，实际上陈某是用暗示的方式让金氏兄弟去盗窃汽车，以便自己从销赃中获取巨利。陈某要车时与金氏兄弟已形成盗窃、销赃一条龙的犯罪形式，故对其应以盗窃罪的共犯论处。金大某潜逃后继续盗窃汽车交陈某销赃，是继续他们的事先通谋，故陈某在潜逃后为金大某所盗车辆的销赃行为，亦应按盗窃罪的共犯论处。第三种意见与第二种意见关于陈某向金氏兄弟"要车"，按事先通谋以盗窃罪共犯论处的观点相同,但对金大某在潜逃后的盗车行为,认为是金大某出于自己的犯意所为,然后找陈某销赃,陈某没有与金大某在潜逃后的几起盗车中形成犯罪的共同故意,故对陈某按盗窃罪共犯论处的,只有其事先通谋的那次盗窃1辆黑色桑塔纳高级轿车的行为。

根据通谋的时间先后,共同犯罪可以分为事前通谋的共同犯罪与事前无通谋的共同犯罪。在着手实行犯罪之前,各共犯人已经形成共同犯罪故意,就实行犯罪进行了策划和商议的,就是事前通谋的共同犯罪,各共犯人均应对共同犯罪行为及其结果承担责任。

所谓通谋,一般是指二人以上为了实行特定的犯罪,以将各自的意思付诸实现为内容而进行谋议。由于共犯人在着手实行犯罪的性质、目标、方法、时间、地点等方面进行了策划,故其犯罪易于得逞,危害程度严重。事前通谋的共同犯罪,其共同行为既可以同时实施,也可以先后实施。

本案中,金氏兄弟盗窃桑塔纳轿车的犯意系由陈某的要求所引起,而陈某的要求是在明知金氏兄弟不可能通过正当途径获得汽车的前提下提出的,而且该要求是在实施盗窃前提出的。尽管陈某在提车时不让金氏兄弟言明车的来源,但是事先通谋实际已经形成。因此,陈某与金氏兄弟构成盗窃罪的共同犯罪。就该犯罪事实而言,陈某不构成销售赃物罪[《刑法修正案(六)》已改称为掩饰、隐瞒犯罪所得罪]。窝藏、转移、收购、销售赃物罪,是指明知是犯罪所得的赃物而予以窝藏、转移、收购或者代为销售的行为。该罪主体是已满16周岁,具有辨认、控制能力的自然人,但是不包括本犯,即行为人自己窝藏、转移、销售自己犯罪所得的赃物的行为,不成立犯罪。这里的本犯,包括获取赃物的原犯罪的实行犯、教唆犯与帮助犯,而不仅限于实行犯。即教唆犯与帮助犯实施窝藏、转移、收购、代为销售赃物的行为的,也不成立本罪。例如,甲教唆乙实施盗窃行为,乙盗窃财物后,甲又窝藏、转移、收购或者代为销售乙所盗窃的财物的,甲只成立盗窃罪的教唆犯,即只成立盗窃罪,而不成立赃物犯罪。

深度研究

共同犯罪是二人以上共同故意犯罪。"二人以上共同"中的"共同"含义如何,在哪些方面"共同",决定了共犯的本质,也决定了共犯成立的范围大小,对案件的最终处理会产生重大影响。同时,目前中国的刑法学的通说认为,只有数人实施了完全一致的犯罪才能成立共同犯罪[①],这一主张是否合理,还需要仔细辨析。例一,A教唆B去盗窃,但B实施了抢劫,A、B是否

---

① 高铭暄,马克昌. 刑法学. 北京:中国法制出版社,1999:293.

构成正犯？例二，A、B共谋盗窃，到现场后A实行抢劫，B仍然盗窃的，A、B是否成立共犯？例三，A、B共谋报复C，但对如何具体实施报复行为并未明确。到现场后A杀害C，B对C的住宅放火，二人是否成立共犯？

（一）行为共同说

早期的行为共同说是刑法主观主义指导下的产物。刑法主观主义基于犯罪征表主义的立场，主张扩大共犯的成立范围，所以赞成行为共同说。行为共同说认为凡是能够征表反社会性格的行为都是犯罪，只要行为相同，即便行为人之间犯意不一样，行为所体现出的行为人的反社会人格也是一样的，而且行为人可以跨越数个构成要件而成立共同正犯。因此，共犯的成立无须以共同实行一个犯罪为必要，共犯是数人依共同行为而实现各自意图的犯罪，即众多主体共同实施各自的犯罪，各自以共同的行为表现自己的主观恶性、反社会性。共犯之"共同"乃行为的共同，而不是特定犯罪构成要件范围内的共同，各共犯之间犯罪意思可能不同，但只要各行为人共同实施"实行行为"，就成立共同犯罪，行为人反社会的状态可以通过行为表现出来。行为共同说认为多个共同犯罪人基于共同的行为而实现各自的犯罪，行为不需要完全符合同一构成要件。根据行为共同说，前述三个案例中的A、B均构成共同犯罪。

早期的行为共同说主张多数行为人依各自意思实施相应行为的，就是共犯，因此，承认有符合数个构成要件的共犯，这样就导致共犯与单独正犯没有区别，唯一的不同就是共犯利用他人的犯罪行为而实现自己的犯罪意图。如此一来，行为共同说有使刑法总则关于共犯的规定失去意义的危险。例四，甲本着诈骗的意思将冥币冒充假币，交给具有贩卖假币故意的乙出售，行为共同说就认为甲、乙成立共犯；这使得共犯的成立范围过于广泛。

现代的行为共同说则建立在客观主义的基础之上，认为根据罪刑法定原则，要贯彻构成要件的观念，讨论共犯的行为是否共同，就不能离开构成要件。成立犯罪首先要求行为具有构成要件的符合性；共同犯罪的成立必须受构成要件的制约并以构成要件为基础，不同的犯罪具有不同的构成要件，不同的犯罪有不同的实行行为。共犯中的共同行为，必须是符合构成要件的实行行为的相同，而不是实行以外的行为相同。①

（二）犯罪共同说

刑法客观主义重视构成要件抽象化、定型化的意义，坚持犯罪共同说，认为共犯是数人共同实行特定之犯罪，其所"共同"者，是犯罪的共同而非行为的共同，即各共犯人都共同触犯了特定之罪，而且都已经认识到特定之

---

① 陈家林.共同正犯研究.武汉：武汉大学出版社，2004：66.

罪的构成要件结果。依犯罪共同说，共犯成立的范围较窄。

犯罪共同说认为，共同犯罪是二人以上共犯一罪。是否共犯"一罪"，需要判断不同的行为人是否共同尽心，实施了符合某一犯罪的构成要件的行为。只有两人以上在构成要件上相同，才能成立共同犯罪。反之，如果两人以上的犯罪，其构成要件并不相同，就不是共同犯罪。正犯因其实行行为或者其他犯罪支配性行为而符合分则罪状的规定，教唆行为与帮助行为应当从属于实行行为，理应按照实行犯所犯之罪确定共同犯罪的罪名。因此，共同犯罪之共同性，是法律规定的构成要件之共同而非事实上行为之共同。对上述例四，根据犯罪共同说会得出甲、乙的犯罪故意和实行行为都不相同，构成要件没有相同的地方，所以不可能成立共同犯罪的结论。犯罪共同说有效限制了共犯成立范围，对于实现刑法的权利保障机能有现实意义，因而具有其合理性。

但是，对于共犯的构成要件究竟要相同到何种程度才能成立共犯，存在争议。

1. 完全犯罪共同说

该说主张，不同行为人的行为符合多个构成要件，在构成要件之间存在重合时，多人之间的行为成立重罪的共同正犯。但对于实施了轻罪的人，只处以轻罪的刑罚。根据完全的犯罪共同说，前述例一、例二的A、B均成立抢劫罪的共同正犯，但只有盗窃意思者仅承担盗窃罪的责任。例三的A、B之间在构成要件上完全不同，所以不成立共犯。

完全犯罪共同说的主要问题在于：明明是实施轻罪的人，却要承担重罪罪名；在最终处罚时，却又按照轻罪处罚。该说理论上飘摇不定，与生活事实相悖，也不符合思维规律，因此，难言妥当。

2. 部分犯罪共同说

此说认为，如果数个犯罪的构成要件之间存在重合部分，该部分本身是刑法所规定的一种犯罪时，就可以认为两人以上就重合的犯罪具有共同故意与共同行为，从而在重合的范围内成立共犯。但是，此时并不像完全犯罪共同说那样成立重罪的共犯，而仅仅成立轻罪的共犯。[①] 例五，甲以杀人的故意、乙以伤害的故意对丙使用暴力，并造成丙死亡，根据部分犯罪共同说就可以认为甲、乙在故意伤害（致人死亡）罪的范围内成立共同正犯，但甲在故意伤害之外，因其另有杀人的故意和行为而单独成立故意杀人罪的单独正犯。虽然从最终结局看，甲需要对故意杀人罪承担刑事责任，乙只承担故意伤害罪的责任，二人的罪名不同，但这并不妨碍其犯罪的部分构成要件相同，也不妨碍甲、乙二人成立共犯。

---

① 学者指出，构成要件的行为共同说与部分犯罪共同说最终得出的结论是一致的。张明楷．刑法的基本立场．北京：中国法制出版社，2002：272．

根据部分犯罪共同说，前述例一、例二的 A、B 均成立盗窃罪的共同正犯，但具有抢劫意思者需要单独承担抢劫罪的责任。例三的 A、B 之间在构成要件上没有重合的地方，所以不成立共犯。

目前的多数说认为，犯罪的"共同"不一定非得是同一构成要件的共同不可，而是符合一定的构成要件的实行行为的共同，两个行为的构成要件之间有较大范围的重合关系时，就可以判断实行行为具有共同性，共犯的成立就可以肯定。①

依据我国《刑法》第 25 条第 1 款的规定，共同犯罪是指二人以上共同故意犯罪。这里的"共同"故意犯罪，绝不意味着二人以上必须就故意的内容与行为方式完全相同时，才成立共同犯罪，因为不同行为人之间的行为在构成要件上部分相同的，也是"共同"。按照部分犯罪共同说，只要行为人就部分犯罪具有共同故意与共同行为，在不同的犯罪之间具有重合、交叉性质时，于"共同"的部分即在重合的范围与限度内，就可以成立共同犯罪。同时，由于犯罪毕竟有一部分并不"共同"，因而对共犯人存在分别定罪的可能性。如此理解，既符合共犯的一般理论，也不违背刑法规定。这样看来，我国刑法学通说要求共犯所犯罪名必须一致，如果行为的构成要件并不绝对相同就没有构成共同犯罪的可能，并无多少合理性，也难以解释实践中纷繁复杂的共犯现象。

根据部分犯罪共同说，在以下场合，可以认定犯罪之间存在交叉、重合关系，实施不同构成要件的行为人可能成立共犯：（1）行为人故意侵害的法益相同，但在实行行为的危害性程度、行为方式上存在差异的。例如，两个行为人分别实施盗窃和抢劫、抢夺和抢劫、杀人和伤害、非法拘禁和绑架的，由于前后两罪的保护法益基本相同，实行行为在很大程度上相同，构成要件具有重合、交叉关系，因而可以在重合部分成立共犯。（2）在法条竞合的场合，普通法条的构成要件可以包容特别法条的，行为人可以在普通法条范围内成立共同犯罪。例如，共谋后实施诈骗罪的甲和实施金融诈骗罪的乙、实施抢劫罪的 A 和实施抢劫枪支罪的 B 之间均可以成立共犯。（3）在想象竞合的情形下，不同行为人的犯罪故意和行为之间存在重合，可以成立共犯。例如，甲以杀害仇人丙的意思，乙以对丙所在的人群实施爆炸的意思，经过共谋后同时投掷爆炸物的，甲、乙可以成立共犯。（4）在转化犯中，如果 A 共犯实施了转化前的行为，B 共犯实施了转化行为，A 对此并不知情，A、B 仅在转化前的犯罪范围内成立共犯。（5）犯罪之间具有包容关系的，行为人可以在被包容的范围内成立共犯。比如甲隐瞒强迫丙卖淫的事实，教唆乙强奸

---

① 福田平. 刑法总论. 3 版增补. 东京：有斐阁，2001：261.

丙，以迫使丙最终卖淫，乙果然实施了强奸行为的，甲、乙可以在强奸罪的范围内成立共同犯罪，但甲最终成立强迫卖淫罪。

第二节 正 犯

知识背景

正犯的成立基础只能是刑法分则所规定的构成要件。直接或者通过他人实施构成要件所规定的行为的，就是正犯。

（一）共同正犯

共同正犯，是指以共同犯罪意思，各自分担犯罪的一部分，共同实现"自己的犯罪"的人。讨论共同正犯是否成立的意义在于：确定其在共同犯罪中的角色地位，以便于适用"部分实行、全部责任"原则（交叉归责原则）。

共同正犯要对自己的行为所导致的结果负责，同时要对其他正犯所导致的结果负责。因为其他正犯的犯罪，也是所有共犯人"自己的犯罪"，所以在共同正犯的场合，只要有一个行为人的行为既遂，所有的共犯都要承担既遂的责任，这就是共同正犯"部分实行、全部责任"的原则或者交叉归责原则。例如，A、B经共谋后，以杀人的意思同时对C开枪，C身上只有一颗子弹，如果查明该子弹为A所射击，B根本没有打中C，则A当然是故意杀人既遂，B也是故意杀人既遂；如果无法查清该子弹为谁发射，则A、B也都是故意杀人既遂。①

在共同正犯的处理上，坚持"部分实行、全部责任"原则，并不违反责任主义，不属于株连无辜，主要理由在于：（1）从犯罪支配说的角度看，在客观上，共同正犯之间相互利用，相互补充，自己的犯罪是他人的，他人的犯罪也是自己的，正所谓"我中有你，你中有我"，所以，个别正犯造成的后果，所有正犯都难脱干系。（2）在主观上，任何一个正犯的存在及行为对其他正犯在心理上有很大的影响力，正犯之间相互是对方的"精神支柱"。

共同正犯的行为着手实行之后，都没有达到既遂状态的，所有共犯都是未遂。例如，A、B经共谋后，以杀人的意思同时对C开枪，但A打中了C身旁价值高昂的观赏狗，B的子弹根本无法发射，A、B都只能成立故意杀人未遂。本案中出现的共同正犯的抽象事实认识错误，则适用单独犯的事实认识错误处理原则。

---

① 在同时犯的场合，如果无法查明子弹由谁所发射，因果关系的特定性无法证明，则A、B均只能承担故意杀人未遂的责任。

（二）间接正犯

间接正犯是与直接正犯相对而言的。直接正犯，是指亲手实施犯罪，实现了犯罪的主、客观构成要件，并应对此承担刑事责任的人。刑法分则关于具体犯罪的规定，都是对既遂的直接正犯的规定。例如，《刑法》第263条关于抢劫罪的规定，就是以单独的行为人实施暴力、胁迫或者其他方法强行劫取他人财物所达到的既遂状态为立法上的预设的，这就是刑法关于（单独）直接正犯的规定。本书前面对犯罪成立的主观要件、客观要件和排除要件的分析，都是以直接正犯为模本进行的。关于直接正犯，在认定上通常不会有太多的问题，此不赘述。

间接正犯，是指将他人作为犯罪工具，以实现自己犯罪目的的人。间接正犯的正犯性需要仔细论证。正犯是对构成要件该当事实的实现处于支配性地位的人。根据这一观点，间接正犯的正犯性，主要表现在处于优势地位的间接正犯对被利用者（行为媒介）的支配性，隐身于"幕后"的操纵者如果没有支配、控制和决定犯罪，就不具备正犯的起码条件。直接正犯通过自己的实行行为引起危害后果，其对犯罪的支配表现为直接的行为支配。间接正犯需要通过其他人的行为才能引起结果的发生，但其他人对自己被利用的事实是完全不知情的，属于利用者犯罪行为的"无辜代理人"。这里的不知情，可能是因年龄、责任能力的限制而不可能知情，也可能是因被欺骗、被蒙蔽而无法知情。处于"幕后"的利用者将被利用者的行为作为自己行为的一部分加以支配，这种支配是一种处于优势地位的意思支配。"处于优势地位的意思支配"表明利用者对犯罪在认识上要比被利用者清楚，在意志上追求、容任结果发生的要求更为迫切，所以，处于优势地位的意思支配包括"认识上的优势"和"意志上的优势"。离开利用者的处于优势地位支配和操纵，被利用者的行为随时可能停止，所以，利用者是控制犯罪因果进程的"灵魂人物"，是犯罪的决定性角色。处于间接正犯"掌心"之中的被利用者，和单独正犯在犯罪时所使用的刀枪棍棒、猛兽本质上毫无差别，所以，刑法将通过自己的意思支配整个犯罪的间接正犯（幕后操纵者）当作直接正犯处理，有充分的根据。归结起来讲，间接正犯的正犯性表现在：行为人以自己的意思对被利用者进行意思支配，从而左右了被利用者实施犯罪的因果进程。

关于间接正犯的类型，主要有以下几种。

1. 利用欠缺责任者的行为

利用无责任能力或者部分责任能力者实施犯罪的，可能成立间接正犯，其中，利用精神病人实施犯罪的，被利用者绝对属于被操纵的人，利用者成立间接正犯。但利用未达刑事责任年龄的人或者限制责任能力的精神病人实施犯罪的，根据共犯从属性说中的限制从属性原理，正犯不需要具有有责性，

第八章 共同犯罪

教唆犯也能够成立，所以，利用者可能成立间接正犯，也可能成立教唆犯。一般来说，利用者强制、操纵、说服、支配欠缺责任能力者犯罪的，被利用者对犯罪没有添加自己的理解，没有自己的意志，受利用者的决定性影响，而利用者将他人作为工具实现自己的犯罪，其就是间接正犯。相反，如果在一定程度上受到利用者控制的人，具有规范意识和意思能力，对犯罪有自己的认识和理解，具备有目的地实施犯罪的能力，犯罪时并没有受强制，则犯罪是该媒介自己的"作品"，其对犯罪具有支配力，利用者只是单纯地"支持"被利用者犯罪，而非基于处于优势地位的意思支配、控制其犯罪的，被利用者是共同正犯，利用者就是教唆犯，利用者并不像间接正犯那样认为犯罪是自己的"作品"。例如，A（25岁）指使差一天年满14周岁的B抢劫C的财物，A可以成立抢劫罪的教唆犯，B是抢劫罪的共同正犯，只是因为没有达到刑事责任年龄而依法不受刑事追究。

2. 利用他人缺乏故意的行为

被利用者实施了幕后操纵者自己想实施的行为，但在被利用者对案件事实完全不知情，缺乏犯罪故意时，利用者成立间接正犯。例如，A将毒品说成是药品，利用不知情的B运送毒品的，构成运输毒品罪的间接正犯。甲利用不知情的开锁匠乙开了丙家的门，然后雇搬家公司将丙的财物运到指定地点的，利用者甲具有明显处于优势的支配意思，构成盗窃罪的间接正犯。

3. 利用他人的合法行为

利用他人的合法行为实施犯罪，是指利用他人符合构成要件，但阻却违法性的行为达到幕后支配者的目的的情形。例如，甲事实上想杀害乙，却教唆乙去杀丙，同时甲告知丙有人想杀他，让后者做好正当防卫的准备。后来，当乙持刀来杀害丙时，丙果然通过正当防卫杀死了乙。甲就属于利用不知情的丙的合法行为达到了杀害乙的目的，支配了乙死亡的过程，因而构成故意杀人罪的间接正犯。①

---

① 对于本案按照间接正犯处理有一定争议。另一种分析思路是，如果按照共犯从属性说和共犯处罚根据论（混合引起说），都应该否定"没有正犯的共犯"，从而认定甲至多就其教唆乙杀害丙这一事实成立故意杀人罪（未遂）的教唆。因为丙直接杀死了乙，甲很难控制犯罪进程，缺乏犯罪支配，其行为的影响力只能停留在教唆层面。但由于丙对乙成立正当防卫，乙需要对自己的侵害行为自我答责；丙作为正犯的违法性被阻却，这就能得出具有从属性的教唆者甲对被害人死亡也不具有违法性的结论。但是，必须考虑的是，在有人死亡的场合，对事实上有教唆行为的甲做教唆未遂处理显然不符合国民的规范意识。因此，本书（暂且）倾向于认为，乙其实是被作为"幕后黑手"的甲所设计的圈套陷害至死的，就利用不知情的丙的行为达到杀害乙的目的而言，甲对乙死亡的因果流程起到了实质的支配作用，丙只是达到其犯罪目的的工具，将甲作为间接正犯处理似乎也可以接受。但是，这一结论是否又和犯罪支配说、客观归责论、共犯从属性理论以及共犯处罚根据论之间存在不一致，确实值得仔细研究。

4. 利用行为时承担责任的人

利用行为时承担责任的人实施犯罪的，利用者构成故意犯罪，被利用者可能成立过失犯或故意犯，此时，利用者和被利用者就特定被利用的犯罪而言是同时犯，但不是共同正犯。

(1) 利用他人的过失行为。

利用他人的过失行为实施犯罪的，被利用者和利用者缺乏共同故意，被利用者仍然属于被支配的犯罪工具。例如，具有杀人故意的医生 A 将某种注射液交给护士 B，令其注射给病人 C。该注射液与正常药品在颜色上有重大差异，B 稍加注意即可发现其有问题，但忙于下班的 B 因疏忽大意而给 C 注射了该针药，导致 C 死亡。被利用者 B 构成医疗事故罪，利用者对该结果承担故意杀人罪既遂的责任。

(2) 利用有故意但无目的或无身份的工具。

利用有故意但无目的或无身份的工具，是指利用具有刑事责任能力、有故意但缺乏目的或身份的人实施犯罪的情形。利用有故意但无目的的工具时，被利用者不知道利用者的真实意图，不具备构成要件所要求的"主观的超过要素"，而利用者却在幕后支配犯罪，使被利用者在不自觉中完成了利用者的目的行为，利用者构成间接实行。例如，A 有传播淫秽物品牟利的目的，但其隐瞒营利目的，说服 B 传播淫秽物品，直接传播者 B 因欠缺主观要素而不符合传播淫秽物品牟利罪的构成要件，只能成立传播淫秽物品罪，A 构成传播淫秽物品牟利罪的间接正犯。① 利用有故意但无身份的工具时，无身份者因为欠缺特定身份，其行为不是身份犯才能构成之罪的实行行为，不能构成正犯，利用者就不能成立教唆犯，只能成立间接正犯。

(3) 利用他人犯轻罪的故意。

利用者有犯重罪的故意，但隐瞒该故意，教唆他人实施轻罪的行为，被利用者出于犯轻罪的故意实施行为，同时导致了轻罪结果和重罪结果的，利用者成立轻罪的教唆犯和重罪的间接正犯。例如，A 出于杀害 B 的目的，知道 B 当时正处于某屏风后面，就指使 C 向该屏风开枪，不知情的 C 一枪打坏了屏风，同时也打死了 B。对此，学者认为，C 尽管有故意毁坏财物的故意，但没有杀人的意思。因此，仅就杀人而言，C 仍然只是工具而已，A 构成故意杀人罪的间接正犯。② 在利用他人的犯罪故意的场合，由于利用者优越的意思支配地位始终存在，利用者对犯罪有独立的支配，因而即便被利用者构成犯罪，成立（单独）直接正犯，利用者仍然可以成立间接正犯。因此，"正犯

---

① 如果 A 对 B 没有认识优越性和意志优越性，B 不处于被支配的地位，按照部分犯罪共同说，A、B 在传播淫秽物品罪的范围内成立共同正犯。

② 团藤重光. 刑法纲要总论. 3 版. 东京：创文社，1990：159.

背后的正犯"作为一种现象是存在的。

5. 利用被害人的行为

被害人本人自杀、自伤或者损毁本人财物的行为本身不是犯罪，教唆、帮助被害人自杀、自伤、毁损本人财物的，因为不存在具有符合构成要件、具有违法性的正犯行为，所以按照共犯从属性说，教唆、帮助行为就没有可罚性。但是，在利用、控制、操纵被害人使其实施自杀、自伤或者毁损本人财物的场合，利用者本人就是正犯，犯罪的结果就要算到利用者头上。例如，丈夫A和妻子B吵架后离家出走，有杀人故意的邻居C告诉B："你假装上吊，我马上打电话叫A回来看看，吓吓他，让他以后不敢和你争吵。"B听从C的意见，将搭在房梁上的绳子套在脖子上，很快吊死。C就属于利用被害人的行为达到其故意杀人目的的间接正犯。

有些情形是无法成立间接正犯的。第一，亲手犯。这是指行为人只有亲自实施刑法分则罪状所要求的实行行为，才能构成犯罪的情形。换言之，亲手犯必须是"亲力亲为"的犯罪，不能假借他人之手实施。典型的亲手犯如伪证罪、脱逃罪、重婚罪等。① 间接正犯是把他人作为工具，假借被利用者之手实施犯罪的。但是，亲手犯必须自己实施犯罪，所以，对亲手犯进行支配的，不能成立正犯，当然就更不能成立间接正犯，但可能成立教唆犯或者帮助犯。换言之，亲手犯是不能以间接正犯方式成立的犯罪。例如，虽然不具有证人身份的A和证人B多次进行谋议，但最终对司法机关作虚假陈述的是B，只有B是正犯，A只能成立教唆犯；证人C和证人D经共谋后，先后对司法人员作伪证，二人各自分别成立伪证罪的直接正犯，不是共同正犯；母亲甲发现儿媳妇丁不能生育，反复劝说儿子乙和女子丙重婚，但最终实施重婚行为的只能是乙，甲只能成立教唆犯，而非间接正犯。第二，真正身份犯。这是指具有特殊身份的人犯罪才能成立犯罪的情形。不具有特殊身份的人，即使从形式上看，其对犯罪具有支配、控制作用，是犯罪的核心角色，其行为也不是刑法分则针对身份犯所规定的实行行为，其不能成为正犯，自然也无法成为有身份者的间接正犯。即在刑法理论上，无身份者不能利用有身份者成为实行犯罪的人。② 例如，没有国家工作人员身份的妻子A指使担任国有公司财务经理职务的丈夫B做假账，非法占有公共财物，A只能构成贪污罪的教唆犯，不能构成间接正犯。

---

① 承认亲手犯概念在刑法上究竟有多大的意义，根据亲手犯概念限制间接正犯的成立范围，是否和法益保护的观念相抵触，是需要考虑的问题。

② 但有身份者可以成为直接正犯，也可以成为无身份者的间接正犯。例如，担任国有公司财务经理职务的丈夫B为非法占有公共财物，将单位账目拿回家，指使没有国家工作人员身份的妻子A作假账的，B成立贪污罪的间接正犯，妻子A成立帮助犯。

规范依据

《刑法》

第 25 条 共同犯罪是指二人以上共同故意犯罪。

二人以上共同过失犯罪，不以共同犯罪论处；应当负刑事责任的，按照他们所犯的罪分别处罚。

案例评价

[案例 8-3] 侯某等抢劫案[①]（承继的共同正犯）

1. 基本案情

甲市中级人民法院审理查明：2005 年 5 月被告人侯某向被告人匡某提议至甲市抢劫，同年同月 26 日侯某和匡某乘火车至甲市。6 月初，侯某、匡某为实施抢劫，以打工为名至甲市肉类交易市场 191 号摊位，经该摊位老板周敏某同意后与被告人何某一起在周敏某的租住处（甲市锡澄二村 22 号 303 室）食宿。其间，侯某、匡某多次与何某就抢劫进行预谋，并由侯某从周敏某摊位上取得剔骨刀一把，由匡某带回并藏匿于住处。

2005 年 6 月 9 日中午，侯某、匡某、何某随被害人俞彩某（周敏某之妻，39 岁）回到住处，三被告人经再次合谋后，侯某先至卫生间，以卫生间窗帘放不下为由，将被害人俞彩某骗至卫生间门口，随后跟出的匡某即持事先准备的剔骨刀从背后架在俞彩某脖子上说："不要动，把钱拿出来。"俞彩某遂大声呼救并反抗，侯某即捂住俞彩某的嘴，并将其扑翻在地，然后骑在俞彩某身上继续捂嘴并卡住其喉咙，匡某在用胶带纸捆绑俞彩某未果的情况下，即持剔骨刀对俞彩某胸腹部、背部等处刺戳数刀，侯某用被子捂住被害人的头部，将俞彩某当场杀死。何某随后将尸体拖拽并和侯某、匡某一起在俞彩某衣裤内及室内劫取人民币 1 000 余元等财物后逃离现场。2005 年 6 月 10 日，侯某、匡某、何某因形迹可疑被公安机关盘问，侯某、匡某如实供述了上述抢劫犯罪事实，后何某亦作了供述。

甲市中级人民法院认为，被告人侯某、匡某、何某以非法占有为目的，共同抢劫他人财物，并致一人死亡，其行为均已构成抢劫罪，依法应予严惩。被告人侯某、匡某在共同犯罪中起主要作用，系主犯；被告人何某在共同犯罪中起次要作用，系从犯，应当从轻处罚；被告人侯某、匡某因形迹可疑被司法机关盘问后，主动交代了抢劫犯罪事实，系自首，但两被告人多次进行

[①] 最高人民法院刑事审判第一、二、三、四、五庭. 中国刑事审判指导案例：刑法总则. 北京：法律出版社，2017：139.

抢劫预谋，其主观恶性、人身危险性极大，且作案手段残忍，情节恶劣，后果严重，依法不予从轻处罚。

一审宣判后，侯某不服，提出上诉。某省高级人民法院经公开审理查明：被告人侯某曾在甲市本案被害人家的个体卖肉摊（摊主周敏某）处打工。2005年5月，侯某碰到被告人匡某等人，在谈到如何出去搞钱时，侯某提出其在甲市打工时的老板有钱，可以带他们去。2005年5月下旬到甲市后，二人经商议决定由侯某带匡某一起到周敏某家肉摊上打工，以便利用打工期间与被害人一家同住一套房子的条件伺机动手。2005年5月底，经摊主周敏某同意，侯某、匡某二人住进了被害人租住的套房，并与其二人同住一室，早于侯某、匡某二人二十多天到周敏某肉摊上打工的被告人何某相识。其后，侯某、匡某在二人商议抢劫老板时，认为何某与其同住，最好拉何某入伙。后侯某、匡某二人分别对何某讲，老板对伙计很抠，每天有1万多元的营业额，平时流动资金有三四万元，不如把老板绑起来把钱抢走，每人能分到1万多元，要何某一起参加。何某说：如果每人能分到10万、8万的，还可以搏一搏，你们这样不值得。后侯某、匡某二人继续做何某的工作，何某表示：你们干的事与我无关，最多我不去报警。同年6月8日三被告人中午下班回到住处后，侯某、匡某二人认为老板这几日回安徽老家办事，时机已到，商量马上要对老板娘动手，何某听后即离开，直到晚上8点左右才回住处。侯某、匡某二人因老板娘当日下午出去有事而当日未及下手。次日中午侯某、匡某下班回到住处后，二人认为再不动手，待老板回来就来不及了。午饭后匡某在其住的房间内从床铺下抽出预先从打工摊位上拿回的剔骨刀，准备马上动手。侯某、匡某二人随即走出三人住的房间，侯某在卫生间以窗帘拉不下为由，诱使老板娘（俞彩某）走到卫生间门口，匡某乘机从身后持刀架在老板娘的脖子上，并说："不要动，把钱拿出来。"被害人见状大声呼救、反抗，侯某为阻止其呼救，捂住被害人的嘴，并将被害人扑翻在地，而后坐在被害人身上继续捂嘴并卡住被害人的喉咙，匡某冲进其住的房间拿出胶带纸捆绑被害人双腿却被挣脱，在被害人仍大声呼救反抗的情况下，匡某持剔骨刀对被害人胸腹部、背部等处刺戳数刀，同时侯某用被子捂住被害人的头部，致被害人俞彩某当场死亡。何某在房间内听到客厅中的打斗声渐小后走出房门，见状后何某问侯某、匡某二人：你们把老板娘搞死了？匡某随即叫何某一起到老板娘房间去找钱。三人在被害人家中共找出人民币1 000余元。后匡某叫何某和其一起将躺在卫生间门口的被害人的尸体拖拽了一下，三被告人分别将身上沾有血迹的衣服换掉后，携带以上赃款逃出被害人家。案发后经法医鉴定：被害人俞彩某面部、胸腹部、背部有多处创口，胸主动脉断裂，胸腹腔大量积血，系因遭锐器刺戳致失血性休克而死亡。2005年6月10日，被告人侯某、匡某、何某在逃至杭州南站后，因形迹可疑被公安机关盘问，被告人侯某、匡某首先如实供述了本案抢劫犯罪事实，后在当地公安机关基本掌握案件事实后，何某亦作了供述。

某省高级人民法院判决如下：（1）维持某省甲市中级人民法院刑事附带民事判决的第2项，即原审被告人匡某犯抢劫罪，判处死刑，剥夺政治权利终身，并处没收个人全部财产；（2）撤销某省甲市中级人民法院刑事附带民事判决的第1、3项，即对原审被告人侯某、何某的判决部分；（3）上诉人（原审被告人）侯某犯抢劫罪，判处死刑，缓期二年执行，剥夺政治权利终身，并处没收个人全部财产；（4）原审被告人何某犯抢劫罪，判处有期徒刑4年，并处罚金人民币1000元；（5）案发后侦查机关追缴三原审被告人的赃款发还被害人家属，不足部分继续予以追缴，发还被害人家属。

2. 涉案问题

被告人何某与被告人侯某、匡某事先无通谋，但明知后者在实施抢劫的情况下，于后者暴力致被害人死亡后参与共同搜取被害人财物，是否构成抢劫罪共犯？

3. 裁判理由

某省高级人民法院认为，根据现有证据，侯某、匡某二人为抢劫而以打工为名，到被害人家与何某同住一室而相识后，曾多次拉拢何某共同实施抢劫，何某一直未明确允诺，且有躲避侯某、匡某二人的行为；本案抢劫行为实施前，何某并未在侯某、匡某二人商量马上动手时有表态应允、接受分工的行为；在侯某、匡某二人以暴力行为致被害人死亡后，何某应匡某的要求参与了在被害人家翻找财物的行为。据此，原判认定作案前何某与侯某、匡某二人就抢劫多次进行预谋，并与侯某、匡某二人共同致被害人死亡的事实，证据不足。原审被告人何某在二审庭审中的辩解意见与事实基本相符，予以采纳。上诉人侯某、原审被告人匡某以非法占有为目的，共同预谋、携带凶器，当场实施暴力抢劫他人财物，并致一人死亡，已构成抢劫罪，且系共同犯罪，在犯罪过程中侯某、匡某二人均起主要作用，故均系主犯。其行为严重侵犯了公民的人身和财产权利，危及了社会公共秩序和公民的安全感，手段残忍，后果极其严重，主观恶性、人身危险性、社会危害性极大，应依法严惩。上诉人侯某在共同犯罪中提起犯意，提供作案对象，积极预谋，在抢劫过程中积极实施对被害人的暴力行为，对被害人死亡的后果负有重要责任。但鉴于其在抢劫犯罪中实施的暴力行为并非被害人死亡的直接原因；案发后有自首行为；具有部分酌定从轻情节；案发后有认罪、悔罪表现等，故对其判处死刑可不立即执行。故侯某的辩护人对侯某量刑情节及其量刑问题提出的意见成立，予以采纳。原审被告人匡某积极参与预谋，在抢劫犯罪过程中持剔骨刀对被害人捅刺多刀,致被害人死亡。其对本案被害人死亡的犯罪后果负有直接责任。其虽有犯罪后自首、检举同案犯共同犯罪事实的行为等从轻情节,但不足以对其从轻处罚。原判对其量刑并无不当。故匡某辩护人就匡某量刑情节提出的意见与事实相符,但就量刑问题提出的意见不予采纳。

原审被告人何某在明知侯某、匡某二人为抢劫而实施暴力并已致被害人死亡的情况下,应匡某的要求实施的与侯某、匡某二人共同非法占有被害人财物的行为,系在抢劫犯罪过程中的帮助行为,亦构成抢劫罪的共同犯罪,其在共同犯罪中起辅助作用,系从犯。其行为亦侵犯了公民的人身权利和财产权利,其应依法惩处。因其在被害人死亡前并无与侯某、匡某二人共同抢劫的主观故意和客观行为,故对其应适用《刑法》第263条一般抢劫罪的规定处罚。鉴于原审被告人何某在本案抢劫犯罪中的从犯作用,被动参与犯罪且未实施抢劫犯罪中的暴力行为,主观恶性、人身危险性、社会危害性相对较轻等情节,对其应在法定量刑幅度内从轻处罚。

4. 评析意见

法院对于被告人侯某、匡某共同预谋并实施抢劫行为构成抢劫罪的共犯没有争议,但对于对事中参与犯罪的被告人何某如何定罪存在一定分歧。有意见认为,抢劫罪侵犯的是复杂客体,表现为对他人人身和财产权利的侵犯。在他人以非法占有为目的,对被害人先施以暴力,使被害人失去反抗能力后,再取得被害人财物的情况下,行为人于侵犯他人人身权利行为实施完毕后,参与他人实施侵犯被害人财产权利行为的,其对被害人的伤亡事实并无主观故意和客观行为,故对该行为人的行为性质应与参与全部抢劫犯罪行为的他人的行为性质作出不同的评价。本案中,何某在侯某、匡某拉其入伙,要其参与抢劫犯罪时,并未表示同意。侯某、匡某二人为非法占有财物而对被害人实施暴力至被害人死亡前,何某亦无任何帮助的行为。在被害人死亡后,何某应侯某、匡某二人的要求参与了在被害人家中搜取财物。由于其事前无抢劫的主观故意,事中亦未参与侯某、匡某二人在抢劫过程中的暴力行为,其犯罪的主观故意内容及行为特征与侯某、匡某的不同,又因此时被害人已死亡,故其行为属秘密窃取之盗窃性质,应以盗窃罪定罪。

不过这种意见并不妥当。何某的行为应构成抢劫罪的共同正犯,这在理论上称为承继的共同正犯,是指先行为人已实施一部分实行行为,后行为人以共同犯罪的意思参与实行。后行为人就其参与后的行为与先行为人构成共同正犯。例如,甲已经非法拘禁丙三天,乙从第四天起与甲共同非法拘禁丙,甲与乙构成非法拘禁罪的共同正犯。又如,A已经向C实施了欺诈行为,使C产生了处分财产的认识错误,B得知真相后参与诈骗,从C处取得财物时,

B 与 A 构成诈骗罪的共同正犯。

按照承继的共同正犯的部分肯定说，就抢劫罪而言，后行为人明知先行为人实施了抢劫的暴力行为后，参与进来实施取得财物的行为，应构成抢劫罪的承继的共同犯罪。首先，抢劫罪在我国是一个独立的犯罪类型，由暴力、胁迫等强制行为与取财行为组成，这两种行为都是抢劫罪的实行行为。后行为人在了解先行为人抢劫的暴力行为后，基于利用的意图参与其中，利用暴力行为的持续效果实施取财行为，就属于抢劫罪的"强取"行为。就此而言，后行为人的取财行为不是孤立的、单纯的取财行为，与通常发生的盗窃行为有所不同。其次，如果将后行为人的取财行为认定为盗窃罪，是将其行为从共同犯罪中剥离出来进行单独评价，没有考虑行为人之间在现场就部分行为相互配合的问题，这显然是不合适的。最后，即使将后行为人的取财行为认定为抢劫罪，也并不意味着处罚会很重。因为这种行为在作用上属于从犯，法院会根据从犯的规定从宽处罚。

本案的复杂性在于，被告人侯某、匡某以抢劫的故意杀死俞彩某后，被告人何某在侯某、匡某的拉拢下才参与了取财行为。但是，即使是在这种情形下，何某仍然构成抢劫罪承继的共同正犯。抢劫罪的情形虽然一般是以非法占有的目的实施暴力，压制被害人的反抗，然后取走财物，但是，也包括以非法占有目的杀死被害人，然后取走财物。此时的取走财物行为依然属于抢劫罪的实行行为的一部分。在本案中，何某参与进来实施的取财行为与侯某、匡某的暴力行为紧密相连，没有明显的时空间隔，此时何某的行为仍然属于侯某、匡某暴力行为效果的延续。因此，对何某而言，其成立抢劫罪，并不是因为其行为与所有构成要件该当事实之间均存在因果关系，其在另外两个共犯的指使下所实施的取财行为，与这一抢劫罪构成要件结果的引起之间存在因果关系。如此认定，既坚持了因果共犯论，又适度缓和了共犯因果性的内容，弥补了处罚上的漏洞，因而具有合理性。

深度研究

（一）正犯与共犯的区分

如何区别正犯和狭义的共犯（教唆犯、帮助犯），是一个有争议的问题。对此，早期存在扩张的正犯概念和限制的正犯概念的争论，当下则表现为限制的正犯概念内部的主观说、客观说和犯罪支配说的对立。

扩张的正犯概念认为，凡是对犯罪的完成给予任何积极或者消极影响的人，都是正犯。换言之，正犯并不以亲自实施构成要件行为为限，因此，教唆犯、帮助犯是对构成要件事实的实现进行加功的人，对犯罪的完成有影响，与法益侵害结果的发生都存在因果关系，都是正犯。① 只是在刑罚处罚上，刑法总则对其给予了特殊限定（处罚缩小事由）。扩张的正犯概念，强调共犯之独立性，"认为共犯在本质上为正犯，势必破坏构成要件的认定"。因而，其"有害于人权保障，殊属不当"②。

限制的正犯概念认为，刑法分则各罪所确定的犯罪主体，只能是独自实施构成要件事实的人，因此，只有实施符合分则罪状行为者，才是正犯。虽然教唆犯、帮助犯对构成要件的实现具有原因力，但犯罪必须假借他人之手实施，教唆、帮助行为本身不是刑法分则所规定的实行行为，而只是犯罪加功行为，所以教唆犯、帮助犯都不应当成立正犯，不能成立刑法分则各罪的犯罪主体。因此，刑法总则才补充规定共犯，使其承担相应的刑事责任。③ 教唆犯、帮助犯如果没有刑法总则的特别规定，不得加以处罚。刑法总则关于教唆犯、帮助犯的特殊规定，实际上是将刑罚处罚范围扩张于正犯以外的人（处罚扩张事由），但在另外的层面，也限定了正犯的范围。如今限制正犯论是通说，本书也赞成这种观点。

根据限制正犯论区别正犯与共犯，确定哪些犯罪人是正犯，哪些是共犯，并不是一件很容易的事情。

在区别正犯和共犯的扩张的正犯概念和限制的正犯概念这两种一般性学说之下，产生了区分正犯和共犯的主观说和客观说；在客观说内部，又有形式客观说、实质客观说的争论。扩张的正犯概念将对犯罪的实现具有原因力的人都作为正犯，为主观说提供了理论依据。限制的正犯概念将立法者对刑法分则各罪所规定的犯罪主体作为正犯，主张以客观的实行行为作为判断正犯的标准，为客观说的出现奠定了基础。

1. 形式客观说

在限制的正犯概念指导下，形式客观说以刑法分则所规定的罪状概念为中心，认为实施符合构成要件规定的实行行为的人，无论其实施了全部行为还是部分行为，都是正犯。换言之，正犯限于实行行为的实施，正犯实行的是自己的犯罪；共犯实施的是构成要件以外的非实行行为，是参与他人的犯罪的行为，是单纯为实行分则行为进行准备或者提供帮助的行为，共犯正

---

① 这就是单一的正犯概念，其从因果关系的条件说出发，认为凡是对不法构成要件的实现有贡献的人都是正犯（扩张的正犯论），而不论其贡献的大小程度。单一的正犯概念标准过于粗疏，可能并不妥当。

② 蔡墩铭. 刑法精义: 2版. 台北: 台湾翰芦图书出版有限公司, 2005: 305.

③ 这就是区别正犯和共犯的限制共犯论之下的"区别的正犯概念"（犯罪的二元参与结构）。对犯罪参与人作如此划分，有两方面的意义：(1) 可以确定每个人的行为贡献大小、行为举止上的无价值性，从而影响定罪，而不是像单一正犯概念那样，对行为种类和贡献大小在量刑时才考虑这些因素。(2) 肯定共犯从属性，使多数人参与犯罪的处罚范围，要比单一正犯概念的情形下的要小一些。

和共犯就是性质迥异的两种人。

形式的客观说坚持实行行为的观念，对于坚守罪刑法定立场具有特殊意义，但略显僵化，其可能将间接正犯按教唆犯处理，将共谋共同正犯排除在正犯之外，按帮助犯处理，造成帮助犯和共谋共同正犯的区分困难，明显不妥当。

2. 实质客观说

实质客观说内部有不同的观点，其中，必要性理论认为，凡是对构成要件的实现具有不可或缺的加功的人，都是正犯；没有该加功行为，犯罪仍然能够实现的，该加功者则是共犯。同时性理论认为，在犯罪行为成立的当时对其进行加功的人，是共同正犯，在犯罪行为之前进行加功的，则是共犯。优势理论认为，共同正犯与帮助犯的区别，没有固定标准，应当根据各种不同的情况分别判断，对犯罪事实具有优势地位的人是正犯，对附属于犯罪构成事实的部分进行加功的，则是共犯。上述各种实质客观说都有其不足：必要性理论对于区分正犯和帮助犯有指导意义，但对于认定正犯、间接正犯以及教唆犯都没有太大价值。同时性理论对于认定共同正犯有帮助，但对于界定间接正犯，区分其他共犯形态并无实质意义。优势理论则存在判断标准不明确的问题。[1]

3. 主观说

由于仅仅从客观方面区分正犯和共犯存在很多困难，所以，从主观方面讨论相关问题的观点得以出现。按照扩张的正犯概念，主观说立足于因果关系理论中的条件说，认为所有条件对结果的发生而言都具有同等影响力，实行行为、教唆行为、帮助行为都是结果发生的原因，单纯从客观上难以区别正犯与共犯，此时，就必须根据行为人的主观意思、动机或者目的，确定其属于正犯还是共犯。

主观说内部有意思说和目的说的区别。意思说认为，以正犯的意思实施犯罪，认为自己是犯罪的"主角"，把犯罪当作自己的"作品"的人，是正犯；反之，以参与的意思实施犯罪，把犯罪当作他人的犯罪，而仅仅提供教唆或者帮助，甘当"配角"的人，是共犯。目的说认为，行为人如果是"为自己"的利益而实施犯罪，就是正犯；反之，如果是为了实现他人的利益而实施相关行为，就是共犯。

主观说存在标准不确定、难以有效检验的危险，在诉讼过程中，可能过分考虑行为人的口供，在极端的情况下，甚至可能将事实上着手实施杀人行为，但坚称自己只有帮助意思的人，或者为了他人的利益而着手实行的人认

---

[1] 柯耀程. 变动中的刑法思想. 北京：中国政法大学出版社，2003：160.

定为帮助犯，从而瓦解构成要件的观念，放纵犯罪，导致处罚不当。

4. 犯罪支配说

犯罪支配说以限制的正犯概念为基础，坚持构成要件的观念，主张确定谁是正犯、谁是共犯，需要考虑谁对犯罪进程具有功能性的支配。在判断犯罪支配时，需要考虑各个行为人客观行为贡献的方式和大小，主观上对犯罪的期待和操纵、主导、驾驭程度。凡是以故意的心理操纵、控制整个犯罪流程，决定性地支配犯罪的角色，就是正犯。正犯具有行为支配性，包括其客观上的行为与主观上的犯意均处于支配地位。[①] 换言之，正犯能够以自己的意思对其他犯罪人进行命令或者阻止，把犯罪进程、法益侵害范围掌握在自己手上，是犯罪实施过程中的"灵魂人物"。共犯虽然对犯罪的实现有加功行为，对法益侵害结果的发生有原因力，但是不能以自己的意志控制犯罪进程。无论从主观动机还是从客观的行为要素看，共犯的地位都与正犯的地位不相当。例如，甲、乙意图抢劫丙，经合谋让乙抱住丙，同时，由甲对丙进行暴力攻击，在丙重伤之后，甲将丙的财物拿走。在这种情形下，如果单纯地看乙的行为，似乎并非属于《刑法》第263条所规定的抢劫罪的实行行为；但就犯罪支配而言，乙的行为是抢劫罪的实行行为的一部分，而不能评价为帮助行为。又如，A、B共谋杀害C，在A拿着斧头冲入C的房间之后，B将房门紧锁，C最终被A砍死，B的行为是对杀人行为的分担，是对犯罪进行功能性支配的行为，而非帮助行为。

正犯支配犯罪的类型，包括：(1) 行为支配。这是直接正犯所具有的犯罪支配力。直接正犯根据自己的意思和行为，决定整个构成要件行为的实施以及危害结果的发生，处于绝对的支配地位。(2) 意思支配。这主要是指间接正犯作为幕后的优势支配者，将被利用者作为工具所实施的支配。基于这种支配，间接正犯与直接实施者在法律上可以等而视之，所以，间接正犯仍然是正犯。(3) 功能支配。这主要是指共同正犯的角色分担，例如共同犯罪中组织、策划、指挥者与现场实行者的分工合作。共同正犯之间，在主观上必须有犯意联络，在客观上有功能（行为）的分担，具有对等的横向参与关系。同时犯有功能的分担，但是欠缺意思联络，所以不是共同正犯。共谋共同正犯，有意思联络，表面上看似乎缺乏功能分担，但是，共谋共同正犯以他人的行为达到支配行为的目的，其他共同正犯的行为是共谋的一部分，是对共谋内容的实现，共谋共同正犯对其他已经着手实行者具有实现犯罪的功能性支配。

与正犯的犯罪支配地位不同，共犯是对正犯进行诱导、唆使，或者单纯

---

① 井田良. 刑法总论の理论构造. 东京：成文堂，2005：297.

听命于正犯，为正犯加功的人。共犯不能对被害法益直接产生影响，需要通过正犯的行为作用于被害人，所以，共犯并不能将犯罪进程牢牢掌握在自己手上，不能进行自己的犯罪支配，在犯罪流程中居于边缘地位，而非核心地位。凡是欠缺犯罪支配关系的犯罪参与者，都只能认定为共犯而非正犯。教唆犯仅对他人实现犯罪的意思决定施加影响，客观上缺乏功能支配；帮助犯仅对他人的行为支配提供帮助，既无意志支配又无功能支配。

应该说，犯罪支配说是一种折中的学说和实质判断的立场，它既不像形式客观说那样呆板地坚持实行行为的观念，也不至于像主观说那样走得太远，同时尽量克服了实质客观说的诸种弊端。犯罪支配说认为，犯罪本质上是由行为的主观与客观要素所共同组成的，在共同犯罪的场合，行为人如果以独立地实现犯罪的意思，而实质地支配犯罪行为和犯罪进程，处于主导、操纵犯罪的支配地位，就是正犯。而仅仅对他人的支配给予一定程度的影响的，则是共犯。犯罪支配说肯定，只有支配犯罪的核心角色、关键人物才是正犯。支配犯罪意味着行为人实施了构成要件所要求的实行行为，造成了法益侵害后果。共犯对犯罪不具有支配性，只是诱发或者促成犯罪的边缘角色，其可罚性附属于正犯。在这个意义上，犯罪支配说和共犯从属性说存在内在一致性。犯罪支配说由于同时考虑了共犯的主、客观要素，判断标准相对明确，也坚持了构成要件的观念，所以得到多数人的赞同。

需要指出：犯罪支配说将主观要素作为正犯违法性判断的依据之一，因而是行为无价值论的产物——正犯利用因果经过实现构成要件结果的意思，是故意。故意的有无是是否为正犯的决定基准。因果性相同，但发生结果的故意不同的，对犯罪支配性不同。支配是建立在故意基础上的，在过失犯中不存在犯罪支配。因此，犯罪支配说实质上强调：行为人基于故意，违反行为规范实施分则构成要件所规定的行为，进而侵害法益的行为，具有正犯的违法性。在这个意义上，可以说犯罪支配说是行为无价值论的共犯论。而在结果无价值一元论的理论背景下，能否承认犯罪支配说，还是一个值得研究的问题。

（二）正犯的特殊形式

1. 承继的共同正犯

在他人实行一部分犯罪之后，但犯罪行为尚未完全结束之际，行为人基于共犯的意思，加入该犯罪的实行的，是承继的共同犯罪。例如，丈夫A基于抢劫的意思深夜在某偏僻处将被害人B打成重伤，妻子C应A的要求持手电筒照明，A顺利将B散落在地的财物取走，C构成抢劫（致人重伤）罪还是盗窃罪？D将被害妇女E打伤，D的朋友F路过时将无力反抗的E强奸。事后发现E受重伤，但该后果是D还是F造成的难以查明，F是否对重伤结果负责？在 G 的抢劫暴力行为已经实施一段时间之后，H 赶到并从被害人 L 身上取走 1 万元，如何处理 H？

如何处理承继的共同正犯，理论上有三种立场：（1）完全肯定说。该说主张后参加者在前一行为人的行为尚未结束之际参加犯罪的，一律应当与前一行为人一起构成共同正犯，即便是前一行为人造成的后果，也需要承继的共同正犯负责。因此，上述案例中的 C 构成抢劫（致人重伤）罪，F 构成强奸（致人重伤）罪，H 构成抢劫罪。因为后一行为人认识到前一行为人所实施的行为并有利用的意思，与共谋具有相当性，值得重罚。但是，仅仅因为对前一行为人的行为有认识就在处罚上溯及他人之前的行为，失之过严，似乎不妥当。（2）完全否定说。该说认为，后参加者只需要对其参与的犯罪负责。在其参与之前，对他人所造成的后果，其即便有认识也不需要负责。因此，上述案例中的 C 构成盗窃罪，F 构成强奸罪，H 构成盗窃罪。因为按照因果共犯论，共犯对其与参与行为没有因果联系的情形，无须承担责任。但是，按照完全否定说，在前一行为人所实施的犯罪较轻时，后参与人的行为可能无罪，由此带来不合理的结论。例如，前一行为人恐吓他人，被害人被迫交付财物，后一行为人接受该财物的，后一行为人由于既不是盗窃也不是敲诈勒索，根据完全否定说只能作无罪处理。（3）部分肯定说。在后行者部分参与时，从先行者的角度看，后行者的行为较为重要的场合，可以肯定后行者对最终结果负责。但是，部分肯定说也有两个限制条件：先行者的行为效果延续至后行者并被后行者利用；后行者利用先行者的行为效果并扩大结果。按照这一观点，上述案例中的 C 构成抢劫（致人重伤）罪，F 构成强奸（致人重伤）罪，H 构成盗窃罪。

对于承继的共同犯罪如何处理，必须受到共犯处罚根据的因果共犯论的约束，即行为人仅就与自己的行为之间存在因果关系的事实承担共犯罪责。如果承认因果共犯论，全面肯定说就是无法被采纳的。如此一来，主要的争论就集中在部分肯定承继的"中间说"与全面否定承继的"消极说"之间的对立。

如果严格地坚守因果共犯论的立场，完全否定说就是最能够与因果共犯论的实质相一致的，因为后行者的参与和先行者已经造成的损害之间没有因果关系，其能够支配的只能是其参与之后的犯罪事实。因此，在他人使用暴力导致被害人重伤的场合，后行者仅参与取得财物的，仅构成盗窃罪正犯。国外的司法判决经历了从完全肯定说向限定承继说的过渡，新近的部分判决则有采纳完全否定说的趋势。[①] 不过，彻底地根据因果共犯论处理承继的共犯案件，对于后行者仅在他人实施虚构事实的诈骗行为之后参与取财的情形，

---

① 松原芳博. 刑法总论重要问题. 王昭武, 译. 北京：中国政法大学出版社, 2014：323 以下.

恐怕只能做无罪处理，其结论偏离生活经验，也可能形成处罚漏洞。为保持承继的共犯与共犯处罚根据的因果共犯论之间的一致性，需要对因果共犯论进行重新解读或者进行适度缓和。对此，山口厚教授提出了重新整合因果共犯论的主张。他认为，目前，"中间说"的理论根据并不充分，因此，应当采取的理论结构是，以肯定先行者存在作为义务为前提，认定通过共谋参与先行为人行为的后行者与先行者共有这种作为义务。为此，后行者成立抢劫罪、敲诈勒索罪或者诈骗罪的不作为犯，并与属于作为犯的先行者一起成立这些犯罪的共同正犯。这一结论是以后行者仅就共谋参与之后的事实承担罪责为前提的，不仅是妥当的，而且与因果共犯论之间具有整合性。① 对因果共犯论进行缓和的观点则由桥爪隆教授提出，他主张，为了既坚持因果共犯论，又同时弥补处罚上的漏洞，合理的做法是缓和共犯因果性的内容，不要求后行者的行为与所有构成要件该当事实之间均存在因果关系，而只要与构成要件结果的引起之间存在因果关系即可。这种对因果性的缓和，既适于狭义的共犯，也适于共同正犯。②

本书认为，无论部分肯定说赞成者的具体理由是什么，该学说与因果共犯论的实质基本上相一致，这一点是无法否认的，即后行者参与时，与先行者试图实现的结果相一致，且存在因果性（接近于桥爪隆教授的主张）。因此，本书赞成这一观点。如此一来，在他人盗窃之后为窝藏赃物而逃跑时，行为人帮助盗窃犯逃跑，对追赶的失主使用暴力的，是抢劫罪正犯。而在他人使用暴力导致被害人重伤的场合，后行者仅参与取得财物的，应当构成盗窃罪。

2. 共谋共同正犯

在通常情况下，共同正犯存在共同的犯罪决意，并往往由此形成较为详尽的犯罪计划。与这种犯罪心态相匹配，共同正犯形成功能上的分工、合作关系，各自分担了实现犯罪计划所必要的行为，对犯罪进程的推进作出了必要的"贡献"。共同正犯的共同行为，包括以下情形：（1）最典型的是参与实行分则构成要件所规定的构成要件行为。（2）在我国刑法中，犯罪集团的首要分子或者聚众犯罪中起组织、策划、指挥作用的人，即使不在现场，没有亲自实施刑法分则所规定的构成要件行为，按照犯罪的功能性支配说，也可以认定为共同正犯。因为处于组织、指挥、策划地位的人，始终会把整个犯罪作为自己的事情而非他人的事情，所以，在共同犯罪中处于核心地位，是犯罪的决定性人物，他人在现场的具体实行随时受制于组织、指挥、策划者，

---

① 山口厚. 承继的共犯理论之新发展. 王昭武，译. 法学，2017（3）.
② 桥爪隆. 论承继的共犯. 王昭武，译. 法律科学，2018（2）.

后者的功能远非具有边缘性的教唆犯的功能可比,将后者作为共同正犯应当是理所当然的。

今天的多数说认为,在特殊情况下,即便没有共同实行的事实,即没有分担分则构成要件所规定的行为,也可能成立共同正犯,这种很重要的类型是共谋共同正犯。

共谋共同正犯,是指二人以上共谋实施一定的犯罪,但实际上只有一部分共谋人实行了该犯罪,其他没有实行具体实行行为的人,也应当与实行行为人共同成立共同正犯的情形。例如,甲、乙共谋杀丙并制订了详细的犯罪计划,第二天甲诈称患病并未前往现场,乙独去将丙杀死,在甲、乙只有共谋行为,而无共同实行行为时,是否成立共同正犯?实践中,一般将共谋行为视为正犯行为,从而认定甲、乙为故意杀人既遂的共犯。

关于共谋共同正犯,持反对意见的学者认为:(1)单纯地参与事前共谋,但不参与实行的,难以对其他实行者发挥功能性支配的效果,该共谋者就不是决定犯罪进程的核心人物,其只能成立(精神)帮助犯或者教唆犯。不能仅仅因为其存在共谋关系就认定谋议参与者为共同正犯。(2)将谋议行为视作共同实行,是对被告人不利的类推解释。(3)参与谋议但无行为上的相互利用、相互补充的,与行为分担不同,将其评价为实行,使类型化的实行概念不需要。(4)共谋与教唆、心理帮助难以区分,将可能属于共犯行为的共谋作为正犯行为看待,与共犯从属性相悖。

但是,共谋共同正犯理论在日本也有为数不少的刑法学者赞同,只是这些学者在肯定共谋共同正犯的理由上存在差别,分别有共同意思主体说(日高义博)、间接正犯类似说(藤木英雄)、优越支配共同正犯说(大塚仁)。

我国法院在处理案件时,在事实上承认共谋共同正犯理论。例如,A、B密谋抢劫妇女Z,并伙同S商议作案计划,查看作案地点、购买水果刀、绳子、背包等作案工具。后S因害怕而中途退出。数日后,A、B来到Z住处,按照事先的部署,抢劫并杀害了Z。法院判决A、B构成抢劫罪,判处死刑,S也构成抢劫罪,判处有期徒刑4年。法院判决中虽然没有使用共谋共同正犯概念,但运用了相关法理。本书认为,参与共谋者S对事后实行者A、B是否存在功能性支配,能否将S的共谋评价为类似于共同实行的正犯行为,需要就案件的具体情况进行判断。如果结合案件的具体情况,可以认定共谋者作为"幕后黑手",参与策划,制订了较为详尽的犯罪计划,强化了其他正犯的犯罪心理,有引起危害结果发生的高度危险性,对犯罪的实现发挥了可以与实行的分担相匹配,或相当于实行的分担的作用,且他人着手实行犯罪完全是对先前的共谋意思的贯彻,共谋者也没有切断先前共谋与后续的他人实行之间的联系,就可以认为事先的共谋行为与实行行为实质上相当,可将共谋行为评价为正犯行为，从而承认复数的犯罪支配的竞合。对此，学者正确地指出，"当犯罪是有组织地进行的场合，对幕后策划犯罪或下达命令的首要分子，或者虽然未亲自实行行为但发挥重要作用的人，即使形式上没有实行行为，但仍应按共同正犯而不是按帮助犯加以处罚。共谋共同正犯论正是出于这种考虑，对未分担实行行为的人也肯定为共谋共同正犯"，或者"对实行行为的概念加以实质性理解，通过把支配他人行为的人解释为实行人（行为支配说），来肯定共谋共同正犯"[1]。当然，需要特别注意：在他人已经具备较为成熟的犯罪意图时，发表不具有重要影响的意见的，不是共谋人。

共谋共同正犯的成立条件是：(1)参与共谋的部分正犯事后着手实行了犯罪。(2)有能够以实行行为看待的共谋行为，共谋对犯罪的实行具有实质的功能性支配。(3)实行者实现了共谋的意思。

共谋共同正犯与教唆犯不同：共谋，是指已经具有犯罪意思的正犯者之间的相互讨论，反复沟通；共谋的人必须有对等、平等的关系。能否将共谋（包括顺次的共谋、现场的共谋、默示的共谋）评价为实行，需要考虑以下因素：共谋者与实行者的主从关系、谋议与准备阶段的实际作用、是否存在角色的可替换性、谋议的可操作性等，以仔细考察其是否达到发挥正犯的"支配"作用的程度。例如，甲、乙共谋杀害丙，甲说用刀杀丙，乙说用毒药最有效，这样的谋议是否属于共谋？甲、乙是在具有平等关系的前提下对犯罪实行进行谋议的，当然可以认定为共谋。但教唆是使没有犯罪意思的人产生犯罪故意，被教唆人事前并无犯罪故意，因此教唆不是共谋。单纯地执行他人的犯罪授意，不是实现共谋的内容，而是被教唆。又如，甲对乙说，如果你用刀杀了丙，我给你5万元钱，乙一言不发，去实施了杀害行为，则甲为教唆，乙不成立共谋。

共谋共同正犯在其他共谋人着手实行之前脱离的，需要讨论是否成立共谋共同犯罪问题。如果脱离共谋关系者将该信息在其他共谋者着手实施之前传达给其他共犯，并得到其他共谋者同意，最初的共谋关系和最后的实行行为之间的因果联系切断，共谋行为对其他事后实行者的心理支撑不再存在，此时，脱离者对其他共谋人造成的未遂或者既遂后果通常不必承担责任。换言之，如果脱离人仅仅为共谋人中的一般成员，则共同正犯关系在着手实行之前其表示脱离时即可解除；共谋人如果是共谋关系中的重要成员，对其他共谋人的实行可能产生巨大影响，则为了解除对实行产生的巨大影响必须付出巨大的努力[2]，努力不成的，仍要承担既遂或者未遂责任。

---

[1] 西田典之. 日本刑法中的共犯规定//西原春夫. 日本刑事法的重要问题：第2卷. 北京：法律出版社，2000：128.

[2] 李在祥. 韩国刑法总论. 李相敦，译. 北京：中国人民大学出版社，2005：422.

第三节　共　犯

> **知识背景**

这里的共犯是指狭义的共犯，即教唆犯与帮助犯的合称。

（一）教唆犯

教唆犯，是指引起他人的犯罪意思，使他人产生犯罪决意的人。成立教唆犯要求具有行为人教唆故意和教唆行为。

1. 教唆故意

教唆故意，是指诱发他人犯罪的故意。直接故意、间接故意均可成为教唆故意。在间接故意教唆他人的场合，被教唆人实施了行为人所教唆的犯罪的，教唆者才成立犯罪。行为人持间接故意教唆他人犯罪但他人没有犯被教唆之罪的，不成立教唆犯。① 教唆犯的故意，应当是双重意义上的故意，即教唆者对自己的行为是在引起他人的犯罪故意具有明确认识；同时，认为自己教唆的犯罪能够达到既遂状态。

教唆犯必须促使被教唆者决意实施犯罪。被教唆者完全没有犯罪的意思而对其进行诱导的，当然是教唆；被教唆者同时有犯 A、B 两罪的意思，正在举棋不定之际，教唆者帮助其选择并坚定其犯罪信心的，也是教唆。但是，如果被教唆者早就有了坚定的犯罪决意，则其不再属于教唆对象。如果教唆者仍然执着地对其进行教唆，由于谈不上诱发他人的犯罪故意，只能成立（心理）帮助犯或者未遂的教唆。例如，乙早有携带管制刀具抢劫的意思，善于察言观色的甲建议乙持枪抢劫，乙果然听从甲的建议，甲的劝说行为并非教唆，而只是使乙的抢劫行为更容易实施，所以甲应当成立抢劫罪的帮助犯。又如，A 在某日下午 4 点教唆 B 杀害 C，下午 4 点在 B 前往 C 家途中，D 以 5 万元重金相诱惑，要 B 杀 C，早有杀人意思的 B 点头应承并接受了 D 的现金，1 小时后，B 果然杀死了 C。由于在 D 实施教唆行为之前，A 的教唆行为已经实施完毕，B 已经具有坚定的杀害 C 的意思，按照因果关系的条件说，没有 D 的教唆行为，也会有 C 的死亡，因而，D 的教唆行为和 C 的死亡之间没有因果关系，D 不需要对 C 的死亡后果负责，D 的行为只能成立教唆未遂。②

---

① 马克昌. 犯罪通论. 武汉：武汉大学出版社，1999：560.

② 当然，能否将 D 的行为认为是强化犯意的心理帮助行为，也是值得研究的问题。如果认定 D 是对 B 提供心理帮助，因为有 D 的帮助，B 实施杀害行为时更从容、更顺利，则可以认为 D 的帮助行为在一定程度上加速了 C 的死亡，对 B 的行为提供了支持，这样危害结果就和 D 的心理帮助有关联，D 似乎就应该对死亡结果负责，成立故意杀人罪既遂的帮助犯。

由于只是抽象地叫他人"去犯罪"并不构成教唆，因而教唆的故意当中就应当包括教唆犯对犯罪内容的具体认识，即教唆犯对与正犯将要实施的犯罪有关的重要构成事实，应当具有相当程度的认识，知道自己是在教唆他人实施杀人、伤害、抢劫或者强奸等行为。当然，教唆犯需要认识所教唆犯罪的重要构成事实，并不要求其认识犯罪的所有细节。

教唆故意意味着：（1）行为人通过一定方式使他人产生犯罪的决意，然后实施犯罪行为。教唆故意不仅意味着教唆犯要以积极的行动去主动诱使对方产生犯罪决意，事实上还要求教唆的意思内容必须传达给对方，对方才能由此受到教唆犯的"心理影响"，形成现场实施犯罪的决意。（2）按照混合引起说的立场，教唆者在内心上要介意正犯如何行动。正犯的决意因教唆行为而产生，共犯的违法性才达到值得处罚的程度。（3）从行为无价值论的角度看，违法和意思有关，仅仅有教唆他人的意思，但和他人并无意思上的沟通、联络的，教唆的违法性要素不齐备。

因此，如果只有教唆犯一方具有教唆的意思，对方难以直接感受到这种意思的"片面教唆"，则不可能达到教唆犯的效果。所以，不能承认片面教唆概念。所谓的片面教唆行为，该行为如果可能使着手实行者犯罪更容易，可以认定为（心理）帮助行为。

2. 教唆行为

（1）教唆的方法。

教唆行为的实质是引起他人的犯罪故意，被教唆行为与教唆行为之间具有因果关系的，教唆人与实行行为人才成立共同犯罪。如果被教唆人已经决意从事某一个较轻的犯罪，但依照教唆人的意图实施了一个更为严重的犯罪，则教唆人应当成立更为严重犯罪的教唆犯。例如教唆有意抢夺者实施抢劫行为的，应当成立抢劫罪的教唆犯。但是，对已经具有犯重罪的故意者进行教唆，使其犯轻罪的，不成立教唆犯，而只能成立轻罪的（精神）帮助犯。[①]

至于教唆的具体方法，刑法并无限制，包括开导、说服、请求、挑拨、刺激、利诱、怂恿、嘱托、胁迫[②]、欺骗、授意等。教唆行为具有不同于正犯行为的特点，它不是由刑法分则规定的，而是由刑法总则规定的。如果某种教唆行为，已由刑法分则作了规定，那就不仅是教唆犯的教唆行为，而其本身就是正犯行为（共犯正犯化）。

在间接教唆（A教唆B，让其教唆C杀D）、连锁教唆（A教唆B，B教唆C，C教唆D，D将E杀害）的场合，只要教唆"他人"犯罪即可成立教唆

[①] 李在祥. 韩国刑法总论. 李相敦，译. 北京：中国人民大学出版社，2005：427.

[②] 胁迫超过一定的限度，胁迫者就不是教唆犯，而成为间接正犯。

犯，谁被教唆并不要求行为人认识，环节的存在也并不重要，并不妨碍教唆犯的成立。

(2) 被教唆人实行犯罪。

教唆犯是唆使他人，使其实行犯罪行为。在这一点上，教唆犯和间接正犯存在重大差别。在教唆场合，不是教唆者而是被教唆人对符合构成要件的事实的实现具有支配力；在间接正犯的场合，将他人作为工具加以使用的利用者对符合构成要件的事实的实现具有支配力。行为人成立教唆犯还是间接正犯，取决于利用他人的行为本身是否具有实行行为的定型性，或者说取决于行为人对符合构成要件的事实的实现是否具有支配力。利用行为具备构成要件的定型时，成立间接正犯；被利用者的行为是实行行为，利用行为不具备构成要件的定型时，成立教唆犯。

如果被教唆的人未着手实施被教唆的犯罪，则根据共犯从属性说，教唆犯不成立。对此，本书还会在教唆未遂中加以分析。

(3) 被教唆者的特殊性。

其一，被教唆者必须是原来没有犯罪意思的人。如果被教唆者有犯罪的部分打算，但是其犯意并未完全确定，经过教唆之后，犯意确定下来，则教唆者仍然成立教唆犯。当然，被教唆人如果有确定的犯罪意思，就不再有被教唆的余地。此时，行为人参与共谋或者坚定他人的犯罪意思的，可以按照共同正犯或者帮助犯处理。

其二，被教唆人必须是具有规范意识，可能形成反对动机的人，但不必是达到法定年龄具有完全辨认和控制能力的人。指使、利用没有规范意识的人实施犯罪的，教唆行为人不成立教唆犯，而只能是间接正犯。

其三，被教唆人必须是特定的人，即必须针对特定之人犯相对特定之罪进行教唆。如果教唆对象不明确，难以达到诱使他人犯罪的效果，则不能成立教唆犯，视刑法分则的规定可能构成"煽动型"犯罪。[①] 但是，被教唆人特定并非一定指被教唆的只是一个人，被教唆人完全可以是多人，但不可能是不确定的多数人。

(二) 帮助犯

帮助犯，是指故意对正犯提供辅助，使正犯的犯罪更容易得逞的情形。成立帮助犯要求行为人具有帮助故意和帮助行为。

1. 帮助故意

帮助故意是指明知自己是在帮助他人实行犯罪，希望或者放任其帮助行

[①] 煽动，可能是劝说完全没有犯罪意思的不特定多数人去犯罪，也可能是怂恿已经具有犯罪决意者犯罪，所以与教唆的含义并不相同。煽动型犯罪的成立，以煽动行为和他人实施之间存在因果关系为已足，但教唆犯的成立受共犯从属性的制约。

为为他人实行犯罪创造便利条件,以造成危害社会结果的形态。帮助故意包括直接故意和间接故意。在帮助故意中,明知他人将要实施犯罪是认识因素的重要内容。知道他人可能犯罪,但不具体了解他人具体实施的内容,仍积极予以帮助的,也构成帮助犯。帮助故意的内容必须指向既遂,帮助犯一开始就知道自己的帮助行为不可能导致正犯既遂的,例如应正犯要求,绘制一张绝对无法找到被害人家里重要财物所在地的图纸交给盗窃犯的,帮助故意欠缺,帮助犯无罪。帮助故意具有双重性,即一方面帮助犯必须知道他人在实行犯罪;另一方面,帮助犯知道自己的行为会给他人的实行提供便利或者心理支持,帮助者有使正犯行为更容易实施的故意。

值得讨论的是片面帮助问题。帮助犯必须具有故意,但帮助故意和共同正犯的"双向"意思联络并不相同,具有"单向性"。因为帮助犯并不是为了实现自己的犯罪,而是为了帮助他人。在提供物理或者心理帮助时,行为人只要对正犯的行为有所认识,并单方面具有帮助的意思,即使正犯对此没有认识,行为人与正犯没有意思联络,该帮助行为也可以达到使正犯行为更容易实施的效果,可以成立帮助犯。因此,应当肯定片面帮助的概念。主要理由是:(1)肯定片面帮助故意与共同犯罪要求有共同故意的实质特征之间并不矛盾。(2)如果否认片面帮助犯,则追究片面帮助人的刑事责任就失去了法律依据,只有把片面帮助人的帮助行为和被帮助人的实行行为有机联系起来,才能使片面帮助人受到应有的刑罚处罚。例如,即将辞职离开公司的甲在审查购货合同时,发现对合同设置很多陷阱的乙明显具有诈骗的意图。但对公司心怀不满的甲并未声张,乙顺利诈骗甲所在公司财物50万元。甲的行为使乙的诈骗变得更容易,甲以片面的意思对乙的诈骗提供了帮助,可以成立合同诈骗罪的片面帮助犯。

2. 帮助行为

帮助行为必须是实行行为以外的,使他人的实行行为容易实施的行为。帮助犯的实质是参与行为促进,使结果更容易发生。

(1)帮助的方法。

在司法实践中,帮助行为的表现方式各种各样。帮助行为从方式上,可以分为物质帮助与精神帮助。物质帮助是有形的帮助,是指为实施共同犯罪提供方便,创造有利条件、排除障碍等。提供凶器、寻找共犯、窥探被害人行踪、事先到犯罪现场踩点、提出犯罪时间和方法的建议等都是物质帮助。精神帮助是无形的帮助,是指心理上的帮助,为实行犯出主意、改进犯罪方案、撑腰打气、站脚助威、讲述被害人的生活习惯、提示逃跑路线、事前应允帮助窝藏共犯人以及窝赃、销赃等,都是精神帮助。从帮助的时间看,帮助行为可以分为事前帮助、事中帮助。事前帮助,主要是指事前为实行犯实施犯罪创造便利条件的行为。例如，甲为助乙杀害丙，而在乙杀害丙前去丙的家里观察丙的生活规律，就属于事前帮助。事中帮助，主要是指在实施犯罪活动的过程中进行帮助。在他人实行过程中，亲临犯罪现场者，可能成立帮助犯，也可能成立正犯，需要结合个案考察行为人对犯罪是否存在功能性支配。[1]

(2) 因果关系。

帮助犯的因果关系理论所要讨论的问题是，在帮助者的行为对于正犯的犯罪进程既无物理性的影响也无心理性的影响时，能否肯定帮助犯的成立。例如，自诩为能工巧匠的甲好心为乙（惯偷）制造了一把万能钥匙，但乙对甲的手艺嗤之以鼻，转身就将该钥匙扔到河里，然后用一根铁丝捅开了被害人的防盗门，窃取大量财物。甲是否成立盗窃罪的帮助犯？

根据共犯处罚根据的惹起说，帮助行为对于实行行为、既遂结果须具有物理或者心理的因果性影响，从而，帮助行为与正犯所造成的结果之间就应当有因果关系，即帮助犯对于正犯的实行行为及其所造成的结果具有一定程度的物质或者精神上的影响，无此因果"贡献"的，帮助犯应当难以成立。例如，甲、乙是关系很好的朋友，甲欲盗窃丙的财物，要乙事前为其在丙家的院墙外用石头砌好10级台阶。但甲到现场后，发觉丙家院墙有一段特别低矮，便直接由此翻入丙家窃得财物，并未使用乙所砌的台阶。乙是否构成帮助犯？本书认为，乙的帮助行为对于甲后来的盗窃无任何帮助，正犯甲在实行过程中，没有使用帮助者乙提供的物质条件，乙的行为也谈不上对甲提供了心理帮助，没有使得犯罪的实行更容易，所以乙不构成帮助犯。

这样说来，对于帮助犯因果关系的判断，可以采用"促进的因果关系说"。松原芳博教授认为，帮助行为和结果（未遂结果和既遂结果）之间必须存在因果关系，但只要存在促进的因果关系即可。所谓的"促进关系"，一是指因帮助行为可以扩大具体结果，或提早使得结果发生；二是指帮助行为的出现，使得结果发生可能性增大，并在此盖然性的基础上果真惹起了结果的发生。[2] 一般而言，只要能够认定帮助犯的行为对于正犯结果具有物理因果性或心理因果性，就能认定帮助犯与正犯构成要件结果之间具有"促进"意义上的因果关系。

因此，帮助犯对于犯罪的"贡献"是有限的，所起的只不过是"促进"作用，明显有别于正犯的"支配"。正犯实行行为的实施并不完全依托于帮助

---

[1] 有的学者承认事后帮助概念。事后帮助行为主要是事后的隐匿行为，但它以事前通谋为前提，否则就不构成帮助犯，而可能构成赃物犯罪或者窝藏、包庇罪。如此说来，事后帮助概念是否有存在价值，还值得讨论。

[2] 松原芳博. 刑法总论重要问题. 王昭武，译. 北京：中国政法大学出版社，2015：316.

犯，帮助犯只不过是为正犯的实行行为提供一定程度的"支持"而已，帮助犯对于犯罪的参与是"最低限度"的参与。帮助者的物理帮助作用虽然没有发挥，但是，该帮助对实行者所产生的心理影响仍然存在，使正犯在犯罪时心里更踏实，帮助行为和实行行为及其后果之间的因果联系仍然存在的，成立帮助犯。例如，A准备进入B家里盗窃，找C制作B家的房间分布图。但A到现场后，根本没有使用该图纸就顺利得手。A虽然没有使用C所绘制的图纸，但C的帮助行为使得A在盗窃时，心理上更为从容，故C的精神帮助仍然存在。又如，甲为盗窃乙的财物而委托丙望风，在甲入室之后的第五分钟，丙因心脏病发作陷入昏厥。不知情的甲在30分钟后盗窃既遂。丙虽然因为身体原因，事实上无法为甲望风，但其帮助行为对甲的心理影响仍然存在，盗窃既遂和其望风行为之间存在关联性，丙应当成立盗窃罪既遂的帮助犯。

（3）必须有被帮助者。

帮助犯的本质在于使正犯行为变得更容易，按照共犯从属性说，帮助犯的成立必须以被帮助者着手实行犯罪且具有违法性为前提。帮助犯在实施帮助行为时并不要求被帮助人（正犯）构成犯罪，但是，必须有正犯存在，才有帮助犯可言，正犯的存在是帮助犯存在的不可或缺的要件。按照限制从属性说，正犯本身是否具有有责性，对帮助犯的成立并无影响。

实务中难以把握的是日常生活行为与帮助犯的界限。某些行为对维持日常生活是必不可少的，但是，这些行为也可能与犯罪的帮助行为有关联。例如，王某在邻居成某提出"患感冒，需要借用医保卡买药"的要求之后，将自己的医保卡借给成某，成某用该医保卡骗取保险金数万元。出租车司机A在得知B、C将要到某地杀人时，仍然将B、C拉到指定地点。农资公司经理D将剧毒农药卖给农民E，E投毒杀死了F。甲研发一种能够获得他人上网账号、密码的软件，并将该软件挂在网上，乙、丙等数人利用该软件窃取他人上网账号、密码转手倒卖牟利。某快餐店的店主G明知H开设赌场，仍然按照H的要求每天为该赌场送盒饭。王某、A、D、甲、G是否构成帮助犯？

日常生活行为是否可能成立帮助犯，要考虑：（1）从客观上行为是否具有明显的法益侵害性，即日常生活行为对正犯行为的物理、心理因果性影响，行为本身给法益带来的危险是否达到可以作为"帮助"的程度。（2）从主观上看行为人是否对他人可能实行犯罪有明确认识，即是否存在帮助故意。（3）从共犯处罚根据看，行为对正犯违法性、因果流程的影响，是否达到足以被评价为帮助的程度。根据这三个条件，王某、A、甲对帮助行为可能给予正犯行为的物理性影响有直接或者间接故意，行为明显具有法益侵害性，或者使法益面临的危险明显增加，王某、A、甲应当分别成立诈骗罪、故意杀人罪、开设赌场罪的帮助犯。D对他人可能实行犯罪缺乏明确认识,因此,不成立帮助犯。G为赌场送饭的行为是社会观念上能够容忍的行为(因为死刑犯也有吃饭的权利,更何况只是参赌的人),不能因为其具有一定的法益侵害性,就认定其成立帮助犯。总而言之,对外观上合法的日常生活行为,不能仅仅因为行为人在个别情况下多少知道他人可能会利用其行为实施犯罪,就对其进行处罚。过分扩大帮助犯的范围,对维护法的安定性,对法治秩序的形成可能得不偿失。但是,在帮助行为超过了一般社会观念允许的程度,制造了难以被法律所容忍的风险时,以帮助犯论处该行为又是必要的。

规范依据

《刑法》

第29条 教唆他人犯罪的,应当按照他在共同犯罪中所起的作用处罚。教唆不满十八周岁的人犯罪的,应当从重处罚。

如果被教唆的人没有犯被教唆的罪,对于教唆犯,可以从轻或者减轻处罚。

案例评价

[案例8-4] 包某等故意伤害、抢劫案[①](教唆犯的成立)

1. 基本案情

被告人包某与其妻子陈女于1989年结婚,次年生育一女,夫妻感情一般。自1997年始,陈女就外出打工,每年只在春节期间回家。2000年1月26日,陈女从苏州打工回家后,表示要与被告人包某离婚。包某为了打消陈女的离婚念头,且使其不能外出打工,即于次日上午找到被告人程某(系包某义侄),唆使程某找人将陈女手指剁下两个或将陈女耳朵割下一个,并将陈女带回的值钱物品抢走,以制造假象,防止引起陈女的怀疑;同时许诺以抢走的钱物为程某等人的报酬。程某于当天找到被告人严某,告知详情。严某答应与其一同作案。当日晚,程某携带作案工具与严某一同前往包某家附近潜伏,并于次日凌晨1时许,在包某家院墙上挖开一洞,进入包某与陈女居住的卧室。严某按住陈女头部,程某向陈女要钱,陈女告知钱放在衣橱里。程某抢得陈女外出打工带回的人民币700元,以及手机1部和充电器1只,后又抢得陈女的金项链1条、金戒指1枚,价值人民币4 000余元。之后,程某又持其携带的杀猪刀将陈女左耳朵上部割下(经法医鉴定,构成重伤),随

---

① 最高人民法院刑事审判第一、二、三、四、五庭. 中国刑事审判指导案例:侵犯财产罪. 北京:法律出版社,2017:7.

即逃离现场。

甲县人民法院判决如下：（1）被告人包某犯故意伤害罪判处有期徒刑7年，剥夺政治权利1年；犯抢劫罪，判处有期徒刑10年，剥夺政治权利3年，并处罚金人民币2000元，决定执行有期徒刑16年，剥夺政治权利4年，并处罚金人民币2000元。（2）被告人程某犯故意伤害罪，判处有期徒刑7年，剥夺政治权利1年；犯抢劫罪，判处有期徒刑10年，剥夺政治权利3年，并处罚金人民币2000元，决定执行有期徒刑16年，剥夺政治权利4年，并处罚金人民币2000元。（3）被告人严某犯故意伤害罪，判处有期徒刑5年，剥夺政治权利1年；犯抢劫罪，判处有期徒刑8年，剥夺政治权利2年，并处罚金人民币1000元，决定执行有期徒刑12年，剥夺政治权利3年，并处罚金人民币1000元。

一审宣判后，被告人包某、严某均以自己的行为不构成抢劫罪为由，向某省某市中级人民法院提出上诉。

某市中级人民法院依照《刑事诉讼法》（1996年）第189条第1项的规定，于2000年6月21日裁定：驳回上诉，维持原判。

2. 涉案问题

被告人包某教唆他人抢劫自己与妻子的共同财产是否构成抢劫罪的教唆犯？

3. 裁判理由

甲县人民法院认为，被告人包某唆使他人故意非法损害他人身体健康、抢劫他人财物；被告人程某、严某受包某唆使，共同故意非法损害他人身体健康，致人重伤，并入户抢劫他人财物。三被告人的行为均已构成故意伤害罪、抢劫罪，应数罪并罚。在共同犯罪中，包某、程某系主犯；严某系从犯，可减轻处罚。检察机关指控三被告人犯故意伤害罪、抢劫罪的事实清楚，证据确实、充分。

某市中级人民法院经审理认为，包某主观上具有教唆原审被告人程某、严某伤害、抢劫陈女的故意，客观上实施了教唆行为；严某在程某的教唆下，主观上有伤害、抢劫之故意，客观上实施了伤害、抢劫行为。因此包某、严某的行为均已构成故意伤害罪、抢劫罪。其上诉理由不能成立，应当驳回。一审判决认定事实清楚，证据确实、充分，定罪准确，量刑适当，审判程序合法，应予维持。

4. 评析意见

关于被告人包某的行为能否构成抢劫罪的教唆犯，有种意见认为，虽然被告人包某明确指使被告人程某将陈女所带回的值钱物品抢走，但其主观上只是想通过以抢得的物品作为程某等人的报酬来促成程某等决意对其妻实施故意伤害行为，以达到其本人欲加害被害人的目的和不让被害人外出打工的恶劣动机，同时想以抢劫制造假象，防止引起陈女的怀疑，并无教唆他人抢劫的故意。因此，包某的行为只构成故意伤害罪的教唆犯，不构成抢劫罪的教唆犯。

然而，这种意见过于偏颇。可以明确的是，教唆他人抢劫自己实际控制的财物，不构成抢劫罪的教唆犯，因为自己承诺放弃财物，刑法没有必要保护其财产权，被教唆者不构成抢劫罪的实行犯，教唆者不构成抢劫罪的教唆犯。但是，如果抢劫所有权归自己，但实际控制权不归自己的财物，则另当别论。本案的特殊性在于，被告人包某教唆他人抢劫的不是单纯的自己的财产，而是自己与妻子的共同财产。这就要考察这种行为有无侵犯妻子的财产权。丈夫与妻子的共同财产属于共同占有的财产，实际控制权不在包某手中。数人对财物共同占有的场合，其中一人未经他人同意变共同占有为单独占有的，会侵犯其他占有人的占有，因为财物的占有属于共同占有人全体。例如，甲将其与乙共同经营的果园的水果全部偷摘卖掉，构成盗窃罪。虽然甲对财物有一部分占有权，但是其占有权不能对抗其他人的占有权。夫妻共同占有的财产的道理也是如此。虽然其中一方对财物具有部分占有权，但是一方行使占有权不能侵犯另一方的占有权。概言之，对夫妻共同占有的财物，刑法保护其中任意一方对财物的部分占有权。本案中，被告人包某教唆程某抢劫自己与妻子的共同所有但实际控制权在妻子处的财产，构成抢劫罪的教唆犯。

需要说明的是，最高人民法院《关于审理盗窃案件具体应用法律若干问题的解释》第1条第4项规定，"偷拿自己家的财物或者近亲属的财物，一般可不按犯罪处理"。基于此，是否可以认为，抢劫自己家庭的财物也不构成抢劫罪？有种观点认为，尽管上述规定仅针对盗窃案件所言，并未就抢劫家庭成员或者近亲属的财物作出一般不以犯罪论处的解释，但实践对"亲亲相抢"，一般也可以不按犯罪处理，如实践中对家庭成员之间因财产争议相互抢夺的案件就不按犯罪处理。这种观点过于片面。"一般可不按犯罪处理"，并不等于绝对不按犯罪论处，具体案件仍要具体分析。无暴力特征的"亲亲相盗"与有暴力特征的"亲亲相抢"有质的不同。本案中，被告人包某在妻子要与其离婚的特殊背景下，在教唆他人故意伤害自己妻子的同时，又明确指使他人抢走妻子带回的财物，教唆抢劫财物的范围特定，并其许诺以抢得的财物为被教唆人实施故意伤害行为的报酬，这已明显不同于夫妻关系正常稳定情况下的无明显暴力或仅有有限暴力但不想伤人的"亲亲相抢"，也不同于家庭成员之间因财产争议而相互抢夺，其法益侵害程度和主观恶性，都达到了应受刑罚处罚的程度。

[案例 8-5] 刘某等金融凭证诈骗案①（帮助犯故意的认定）

1. 基本案情

1996年9、10月，被告人刘某和王某合谋，由刘某以高额贴息为诱饵拉"存款"，刘某先将钱款存入某市信用社，王某后在开具存单时故意拉开字距，刘某再在存单第二联上添字变造成巨额存单交给储户，骗取钱财。

1996年9月11日，被告人刘某伙同被告人王某，以高额贴息引诱杨玉某介绍袁某携带30万元人民币到某市存款。被告人刘某、王某以上述添字方法，将3万元存单变造成30万元存单交给杨玉某、袁某。扣除14.53％的贴息及3万元存款，被告人刘某、王某实际骗得袁某人民币22.641万元。

1996年11月26日，被告人刘某伙同被告人庄某以高额贴息引诱谈浩某、谈满某携带120万元人民币到某市存款。被告人刘某、王某以上述添字方法，将120元存单变造成120万元存单交给谈浩某。后被告人庄某与被告人刘某合谋，改用抽出存单第二联，由刘某在该空白第二联上填写数字的方法变造存单。同年同月28日，刘某存入某市支行办事处3万元人民币，伙同庄某抽出3份存单的第二联，刘某在每份存单一、三联上填写1万元，将抽出的存单第二联其中1份变造成120万元存单，并以此换回用添字法变造的120万元存单。扣除17％贴息及1万元存款，被告人刘某、庄某实际骗得谈浩某、谈满某人民币98.6万元。

某市中级人民法院判决如下：(1) 被告人刘某犯金融凭证诈骗罪，判处无期徒刑，剥夺政治权利终身，并处罚金人民币30万元。(2) 被告人王某犯金融凭证诈骗罪，判处有期徒刑10年，剥夺政治权利2年，并处罚金人民币5万元。(3) 被告人庄某犯金融凭证诈骗罪，判处有期徒刑13年，剥夺政治权利2年，并处罚金人民币5万元；犯违法发放贷款罪，判处有期徒刑6年，并处罚金人民币2万元。决定执行有期徒刑18年，剥夺政治权利2年，并处罚金人民币7万元。

一审宣判后，被告人刘某、王某、庄某均服判，未提出上诉。

2. 涉案问题

本案诈骗所得的赃款全部由被告人刘某使用，被告人王某、庄某只是为刘某的诈骗行为创造机会、提供帮助，未分取诈骗所得赃款，主观上也不具有非法据为己有的目的。对这种情形能否作为共同犯罪处理，王某、庄某是否构成帮助犯？

---

① 最高人民法院刑事审判第一、二、三、四、五庭. 中国刑事审判指导案例：破坏社会主义市场经济秩序罪. 北京：法律出版社，2009：202.

3. 裁判理由

某市中级人民法院认为，被告人刘某、王某、庄某共同变造银行存单诈骗他人钱款，数额特别巨大，已构成金融凭证诈骗罪。其中被告人刘某在共同犯罪中系主犯，被告人王某、庄某系从犯，应予从轻处罚。被告人庄某身为某银行某市支行办事处主任，违反法律法规，向关系人以外的其他人发放贷款，造成特别重大损失，其行为已构成违法发放贷款罪。公诉机关起诉指控被告人刘某、王某、庄某犯金融凭证诈骗罪，被告人庄某犯违法发放贷款罪的定性正确，提请依法判处理由成立，应予采纳。

4. 评析意见

共同犯罪的成立要求存在共同行为和共同故意。本案中，被告人王某、庄某在开具存单时或者故意拉开字距，或者抽出存单第二联（储户联），为被告人刘某变造存单第二联提供实质性帮助，在客观上已具有共同犯罪行为。然而，金融凭证诈骗罪在主观上要求行为人具有非法占有的目的。被告人王某、庄某只是为刘某的诈骗行为创造机会、提供帮助，未分取诈骗所得赃款，主观上不具有非法据为己有的目的，对此，能否认为他们与刘某具有共同的犯罪故意？

共同犯罪的共同故意中的"共同"不仅有"相同"的含义，而且有"合意"的含义。共同故意包括两个内容：一是各共犯人均有相同的犯罪故意；二是各共犯人之间具有意思联络。共同故意要求各共犯人都明知共同犯罪行为的性质、危害社会的结果，并且希望或者放任危害结果的发生。所谓相同的犯罪故意，是指各共犯人均对同一罪或同几个罪持有故意，而且这种故意只要求在刑法规定的范围内相同，不要求故意的形式与具体内容完全相同。就故意形式而言，双方可均为直接故意，也可均为间接故意，还可以一方为直接故意，另一方为间接故意。就故意的具体内容来说，只要求各共犯人具有法定的认识因素与意志因素，即使故意的具体内容不完全相同，也可成立共同犯罪。例如，实行犯与教唆犯的故意，在具体内容上就有差异，但不影响共同犯罪的成立。而且，共同犯罪的成立只要求行为人有共同故意，不要求行为人在犯罪目的和动机上相同。

犯罪目的，是指犯罪人主观上通过犯罪行为所希望达到的结果，即犯罪人通过以观念形态预先存在于犯罪人大脑中的犯罪行为所预期达到的结果。犯罪目的不是指犯罪故意中的意志因素，而是指在故意犯罪中，行为人通过实现行为的直接危害结果后，所进一步追求的某种非法利益或结果，如刑法分则所规定的非法占有目的、牟利目的、营利目的等。这是一种更为复杂、深远的心理态度，其内容也不一定是观念上的危害结果。所以，犯罪目的是犯罪故意之外的主观要素。而刑法总则规定，成立共同犯罪只要求具有共同的犯罪故意，没有进一步要求具有共同的犯罪目的。因此，各共犯人的犯罪目的是否相同不影响共同犯罪的成立。例如，对帮助犯故意的认定，只要求证明帮助犯明知他人将要实行犯罪，并积极提供帮助、创造便利条件即可，至于有无特定的犯罪目的、犯罪结果是否其所积极追求的，均不影响帮助故意的认定。例如妇女帮助男子实施强奸行为，该妇女虽并不具有强奸目的，但仍能成立强奸罪共犯。

在本案中，被告人刘某变造存单、吸引存款并归个人使用具有明显的骗取他人存款的目的，符合金融凭证诈骗罪的主观构成。被告人王某、庄某虽然没有个人非法占有他人钱款的目的，但在为刘某开具小额存单时故意拉长"元"字的第二笔或"万"字的第一笔，为刘某变造存单留出添加字、数的空间，尤其是庄某在出具了第一笔添字存单后怕暴露，又和刘某合谋抽出存单第二联，为刘某变造存单提供方便。对于这种行为可以帮助刘某实现非法占有他人存款的后果，二人完全清楚，却仍然积极配合。这种行为本身说明，王某、庄某具有明显的帮助刘某实施骗取他人钱款的故意，因此与刘某构成共同犯罪，属于帮助犯。

深度研究

共犯（教唆犯、从犯）和正犯之间是何关系，历来有争议。例如，甲教唆乙杀人，乙回家后根本没有杀人的意思，外出打工1年后因盗窃事发，供认甲教唆的行为。被教唆的乙并没有着手实施杀人的实行行为，教唆者甲是否成立犯罪？这就是与共犯的独立性、从属性有关的问题。

1. 共犯独立性说

刑法主观主义出于行为共同说的考虑，主张共犯独立性说：行为者的危险性一旦通过一定的行为流露出来，即可认定为有实行行为，所以，教唆、帮助行为原本就是行为人自己犯意的遂行表现，教唆、帮助犯等共犯本身就有实行行为，这些实行行为就是独立的犯罪行为。共犯的犯罪性，为共犯所独有，由此决定了共犯本身具有独立的犯罪性和可罚性，共犯责任是共犯固有的责任，共犯是一种独立存在，与正犯成立与否无关，由此自然存在独立的未遂情形，而共犯是否成立不取决于正犯是否着手实行犯罪，即使没有正犯的行为，也可以对狭义共犯依照未遂的规定给予处罚。共犯独立性说瓦解了构成要件的观念，否认了犯罪行为的定型性，存在明显缺陷。

根据共犯独立性说，前例中甲的教唆行为独立构成犯罪，而不论乙是否真正实施。该说重在强调个人的行为动机和人格否定，看重反社会性质，认为不依赖乙的行为，甲构成故意杀人罪（教唆）未遂。

2. 共犯从属性说

刑法客观主义赞成共犯从属性说。基于犯罪共同说的立场，刑法客观主义将共同实施一定的犯罪作为共犯成立的前提，认为正犯的行为依构成要件理论是符合基本构成要件的实行行为，对构成要件结果的形成具有根本性影响，自然可以成立独立的犯罪。但是对犯罪的发生只有间接、轻微关系的狭义共犯（教唆犯、帮助犯）的行为，本身并不能成为独立的犯罪，共犯没有实施正犯意义上的实行行为，本身并无独立的犯罪性和可罚性，其犯罪性和可罚性都隶属于正犯，依赖于正犯的实行行为，无正犯即无可罚的共犯。只有单纯的教唆、帮助行为，并不构成犯罪；必须在被教唆、被帮助的人着手实施犯罪时，共犯才成立。共犯成立必须以正犯具有实行行为为前提。刑法分则中规定的每个罪的构成要件是以实行行为为模式设计的，教唆犯、帮助犯的犯罪性较低，所以必须从属于实行行为。共犯的未遂也仅存在于正犯已着手实行犯罪而未得逞的情形，共犯并无独立的未遂存在。根据共犯从属性说分析前例，可以得出甲不构成犯罪的结论。共犯从属性说以正犯的行为为中心，使共犯依附于正犯而成立，这就严格地限制了共犯的构成条件，在一定程度上正确地揭示了正犯与共犯的关系，因而具有合理性。

对共犯从属性和独立性这样的问题，我国刑法学理论上也存在折中说，即所谓的"共犯二重性"[①]。但是，问题是：（1）共犯从属性、独立性问题分属于不同学派，完全不可能折中；即便理论上硬性提出共犯"二重性说"，将从属性和独立性捏合在一起，这样的折中说也完全不能用来处理案件。因为根据共犯从属性说，正犯未着手实行，共犯就无罪。（2）根据共犯独立性说，正犯未着手实行，共犯也有罪。而根据所谓的"二重性说"，正犯未着手时究竟如何处理共犯，实在得不出结论。（3）共犯从属性说是采取"区别制"共犯概念的产物，和共犯本身是否具有独立的可罚性的共犯处罚根据问题是两回事，将两者混淆就容易脱离正犯讨论共犯独立性，从而得出"共犯二重性"的不当结论。例如，B准备入户抢劫C的财物，邀请A为其望风，A答应。但是，B翻墙入室以后，在着手实施暴力行为以前，突生悔意，不再抢劫，从一侧门悄悄离去。A在C家墙外苦苦等候了2个小时。如果承认共犯从属性，帮助犯A就应当宣告无罪；如果赞成共犯独立性说，A就构成抢劫罪。根据共犯二重性说，如何处理本案？事实上无法给出明确的答案。难道得出

[①] 首倡教唆犯既具有相对于正犯的从属性，又具有相对独立性（"二重性说"）观点的学者是伍柳村教授。伍柳村.试论教唆犯的二重性，法学研究，1982（1）.本书认为，共犯二重性的观点，在分析方法的采用上不具有一致性，在讨论共犯独立性时，是从现象的角度、从犯罪学的角度看问题；在讨论共犯从属性时，是从规范的角度、从刑法学的角度分析问题，由此得出共犯既具有独立性，又具有从属性的奇怪结论。

A既有罪又无罪的结论？

在共犯和正犯关系问题上，合理的学说应当是共犯从属性说。但共犯在何种程度上从属于正犯，则是有争议的问题。对此，有四种观点：（1）最小限度从属形式说。该说认为，只要正犯具有危害性（符合罪状），共犯就应当处罚，即使缺乏违法性及有责性，也无碍于共犯的成立。此说的问题是共犯的范围太广，使教唆或者帮助他人实施正当防卫、紧急避险、推定的被害人承诺等正当行为的人也成立共犯。（2）限制从属形式说。该说认为，正犯具备构成要件的该当性和违法性的，共犯才能成立，即使正犯缺乏有责性，该共犯的成立也不受影响。（3）极端从属形式说。这种观点认为，只有正犯具备危害性、违法性和责任，共犯才能成立。此说的问题是使共犯的范围过于狭窄，例如教唆15周岁的人盗窃，因为15周岁的人不需要对盗窃罪承担刑事责任，所以，教唆犯不成立。（4）最极端从属形式说。这种观点认为，只有正犯除具备构成要件该当性、违法性与有责性外，还具备客观处罚条件以及其他刑罚加重、减轻事由，共犯才能成立。

应该说，处于折中立场的学说即限制从属形式说是合理的，因为共犯的从属是行为的从属，而非行为人的从属，这样，采用极端从属形式或者最极端从属形式都是没有道理的。根据限制从属形式说，只要正犯具备损害性、违法性，共犯就成立。教唆或者帮助他人正当防卫的，正犯的罪状符合性具备，但违法性缺乏，教唆行为、帮助行为也不具有违法性，所以，共犯不成立；教唆无刑事责任能力的人实施分则实行行为的，因为正犯的罪状符合性、违法性都具备，所以共犯成立。当然，共犯中教唆犯的成立，不要求正犯有责任能力，但被教唆的人也不能是重度精神病患者或者12岁以下的儿童，否则，教唆者成立间接正犯。

由于限制从属形式说要求只有正犯行为符合构成要件且有危害性，共犯才能成立，而构成要件中最为重要的要素是实行行为，因而，限制从属性实际上也强调了共犯对正犯的实行从属性。

根据限制的共犯从属性说，教唆未达到刑事责任年龄的人实施危害行为的，也成立教唆犯。但是，前面曾经提到，利用无刑事责任能力的人实施犯罪的，可以成立间接正犯。在这里，就有一个如何区别间接正犯和教唆犯的问题。区别的关键在于：犯罪支配说认为，正犯是支配犯罪实施过程的核心角色，共犯对犯罪事实有影响，但不能支配犯罪事实。犯罪事实支配包括行为支配、意思支配、功能性支配。间接正犯是处于幕后的优势支配者，是通过其意思支配，进而控制犯罪进程的人，所以对其行为能够以直接正犯看待。教唆犯是使他人产生犯罪意思的人，是参与他人犯罪，对犯罪进程不能控制，对他人的犯罪不能进行实质上的行为支配、意思支配或者功能支配的人，在犯罪中的作用远远逊色于正犯的，不是共同犯罪的核心角色。[①] 在教唆未达到刑事责任能力的人犯罪的场合，被教唆犯必须具有规范意识，能够形成反对动机。所以，一般而言，指使、利诱很快可能承担刑事责任的未成年人犯罪的，应当成立教唆犯。利用距离承担刑事责任的年龄时间较长的未成年人犯罪的，则应当成立间接正犯。

例如，国家工作人员甲利用职务上的便利，在为丙谋取非法利益之后，利用知情的妻子乙（非国家工作人员），向丙索要并收受财物15万元。甲、乙之间是否能够成立共同犯罪？按照犯罪支配说，甲是支配犯罪实施过程的核心角色，乙接受这种支配，并具有犯罪故意，可以认定甲、乙成立共同犯罪。在这种"利用有故意的工具"的场合，至少有五种处理办法：一是甲成立（间接）正犯，乙成立帮助犯；二是甲成立受贿罪教唆犯，乙成立帮助犯；三是考虑乙的参与程度，甲、乙可能成立受贿罪的共同正犯；四是甲成立受贿罪的间接正犯和教唆犯的竞合，乙成立帮助犯；五是甲成立受贿罪的直接正犯，乙成立帮助犯。第一种观点似乎相对合理。

需要指出，在共犯认定问题上，共犯者引起违法结果这一标准如同汽车的发动机；按照共犯从属性原则，该当构成要件且违法的正犯行为的存在则是"刹车"，没有共犯从属性这一前提条件，共犯不能成立。仅仅在正犯该当构成要件，并具有违法性时，相应的共犯才能成立，这是共犯行为的类型性要求，也是对共犯处罚范围的限定。这一观点反过来证明：从新行为无价值论的立场看，同时肯定共犯不法和正犯不法的混合引起说是有道理的。

第四节　共犯论的特殊问题

一、共犯与身份

知识背景

身份是法律明文规定的对定罪量刑具有一定影响的主体资格、地位等要素。[②] 在真正身份犯中，身份的有无影响定罪的情形（构成身份）。例如，不

[①] 可能存在的不合理结局是：对指使、利诱他人犯罪者如果认定为教唆犯，就应当适用《刑法》第29条第1款的规定，对教唆犯从重处罚；但如果认定为与直接正犯具有同样大小危害的间接正犯，则只能适用分则规定之刑，不能从重处罚。由此导致对犯罪有支配的人的处罚往往要轻于对处于边缘角色的教唆犯的处罚。

[②] 陈兴良，周光权．刑法学的现代展开．北京：中国人民大学出版社，2005：331．

具有国家工作人员身份的 A（某建设局局长之妻）在丈夫完全不知情的情况下，向开发商索要 10 万元现金，A 缺乏受贿罪主体的特殊身份，不可能构成受贿罪。① 就共同正犯与身份的关系而论，问题比较复杂的是真正身份犯和共犯的关系。

（一）无身份者能否成为真正身份犯的共同正犯

在真正身份犯的共同犯罪中，直接实施行为的人必须是具有特定身份的人。欠缺这种身份的人不可能实施符合刑法分则罪状规定的行为，不能成为正犯，只能成立教唆犯或者帮助犯。主要理由在于：通常的共犯类型完全可以根据犯罪支配说区别正犯和共犯。但是，刑法对真正身份犯的构成要件本身，已经在条文上事先严格限定了犯罪主体的范围，只有具备身份者才能造成法益侵害，构成单独正犯，刑法根据身份角色对正犯归责。例如，刑法将贪污罪的主体限定为具有特定身份的人。即使不具有国家工作人员身份的人实施窃取行为，其行为也不是贪污罪的实行行为，只有符合主体资格要求的人才能成立真正身份犯的正犯。欠缺真正身份者最多只能成立教唆犯和帮助犯，而不能成立共同正犯。② 这就是说，共同正犯的成立，建立在犯罪成立要件的共同性之上，而真正身份犯的身份之有无，是决定构成要件共同性是否存在的重要因素。没有特殊身份，不能成立构成要件所规定的任何正犯（包括单独直接正犯、间接正犯），自然也不能成立共同正犯。如果认为欠缺身份者也可以成立真正身份犯的共同正犯，将使刑法理论上关于真正身份犯和不真正身份犯的区分没有意义，混淆定罪身份和加减身份的法律效果，否定构成要件的规范约束力。

强奸罪中犯罪主体的男子身份，是否属于身份犯的范畴，理论上有争论。但是，即便将男子身份看作类似于身份犯的身份，也应当承认：妇女甲和男子乙合谋强奸妇女丙，甲在丙经过其身边的时候，用木棒打昏丙，乙趁势强奸了丙，妇女甲即便实施了暴力行为，但其受身份的限制，也根本无法实施奸淫行为，不能对其他妇女的性自由权利构成侵害或威胁。"强奸罪的行为本身的违法性的内容不仅仅侵害性的自由，违法地满足性欲的侧面也应当考虑"③，因而不能将这种暴力认定为强奸罪的实行行为，妇女不可能成为强奸罪的共同正犯，而只能成立帮助犯。

（二）无身份者帮助、教唆有身份者的定罪

无身份者帮助、教唆有特定身份者共同实施犯罪行为的，司法实务上主

---

① 但能否视情况构成敲诈勒索罪或者诈骗罪，还值得研究。
② 类似的观点，请参见陈兴良. 共同犯罪论. 北京：中国社会科学出版社，1992：356。
③ 野村稔. 刑法总论. 全理其，等译. 北京：法律出版社，2001：116。

张按照主犯的性质定罪[①]；有的学者主张对有无身份者分别定罪，有的学者主张按照有身份者的行为定罪。按照主犯性质定罪的问题在于：无身份者教唆有身份者犯罪的，如果认定教唆犯在共同犯罪中起主要作用，教唆犯成为主犯，且按照教唆犯的性质定罪，就可能使身份犯最终成为非身份犯。分别定罪说将共犯当作单独犯看待，明显不合理。所以，无身份者帮助、教唆有特定身份者共同实施犯罪行为的，应当根据有身份者的犯罪定罪。例如，非国家工作人员与国家工作人员勾结，伙同贪污或者受贿的，应当成立贪污罪或者受贿罪的教唆犯或者帮助犯；普通公民教唆邮政工作人员隐匿邮件的，构成《刑法》第253条所规定的隐匿邮件罪的教唆犯，不构成第252条的侵犯通信自由罪，而无论该教唆犯是否属于主犯。

（三）真正身份者教唆无身份者犯罪

具有真正身份的人教唆无身份的人犯罪的，应当区别情况进行处理。

1. 教唆无身份者实施其能够构成的犯罪

真正身份犯教唆无身份者，刑法对被教唆者实施的行为规定了独立罪名的，教唆犯首先成立非身份犯之罪的教唆犯；同时，由于被教唆者不可能实施符合刑法分则罪状规定的真正身份犯才能构成的犯罪，教唆者对被教唆者的"幕后"优势支配存在，教唆者实现的是"自己的"犯罪，被教唆者属于被利用的人，因此，教唆者又成立身份犯之罪的间接正犯。此时，教唆犯和间接正犯之间属于想象竞合犯。例如，邮政工作人员甲教唆非邮政工作人员乙隐匿、毁弃他人邮件，邮政工作人员甲应当成立《刑法》第252条侵犯通信自由罪的教唆犯和《刑法》第253条隐匿、毁弃邮件罪的间接正犯，二者属于想象竞合关系，乙只构成侵犯通信自由罪，甲、乙在侵犯通信自由罪的范围内是共犯。又如，国家工作人员A教唆非国家工作人员B盗窃自己负责管理的金库，A成立盗窃罪（教唆犯）与贪污罪（间接正犯）的想象竞合犯。

2. 教唆无身份者实施其不能构成的犯罪

真正身份犯教唆无身份者，刑法对被教唆者实施的行为并未规定独立罪名的，属于有身份者利用无身份者实施身份犯"自己的"罪，有身份者构成有真正身份犯的间接正犯，无身份者构成该间接正犯的帮助犯。因为在这种情况下，被教唆的人虽然支配了犯罪，但是缺乏成立犯罪的必要身份，因而不可能成立正犯；虽然有身份者有教唆行为，但教唆犯具有从属性，在没有正犯时，教唆犯不能成立，此时只能将身份犯作为间接正犯处理。例如，国

[①] 最高人民法院《全国法院审理经济犯罪案件工作座谈会纪要》（2003年11月13日）指出，对于在公司、企业或者其他单位中，非国家工作人员与国家工作人员勾结，分别利用各自的职务便利，共同将本单位财物非法占有的，应当尽量区分主从犯，按照主犯的犯罪性质定罪，难以区分主从犯的，可以贪污罪定罪处罚。

家工作人员甲教唆失业在家的妻子乙向他人索取财物,刑法并未将对乙的行为单独规定为犯罪,甲就是利用无特定身份的人,实施只有国家工作人员才能构成的犯罪,因此,甲成立受贿罪的间接正犯,乙成立间接正犯的帮助犯。

(四) 身份竞合

身份竞合,是指所有的共犯都有身份的情形。共犯人都具有身份,但身份不相同,不同身份者各自利用其身份,共同实施了纯正身份犯的犯罪行为的,应当如何定罪?例如,对于非国有公司的工作人员甲与国有公司委派到该非国有公司从事公务的国家工作人员乙共同侵占本单位财物,司法实务主张按照主犯的性质定罪。但确定主犯是为了解决量刑问题,与定罪无关。有学者主张按照实行犯定罪。但如何处理二人以上均是实行犯的情况,并非不言自明。还有学者提出核心行为的概念以及核心角色说,即以核心行为为标准,确定谁是核心角色,从而确定共同犯罪的性质。核心角色的确立,必须综合主体身份、主观内容、客观行为以及主要的被害法益等方面来考察。[①] 按照这一逻辑,如果非国有公司的工作人员的行为属于核心行为,则上例构成职务侵占罪;如果是国有公司委派到该非国有公司从事公务的国家工作人员的行为属于核心行为,则上例构成贪污罪。本书认为,核心角色说实际上是区分正犯和犯罪的犯罪支配说换了一种说法,确定谁是核心角色,实际上等于确定谁是正犯。在一个共同犯罪中,具有不同身份者都是核心角色的情况并不鲜见,所以,核心角色说并不能提供解决问题的最终方案。

本书认为,在身份竞合的场合,应当按照"一般社会观念上"身份地位相对较高的人的行为定罪,主要理由是:虽然行为人都有身份,但在身份高低可以比较时,身份地位相对较低的,其身份相对于较高的身份,等于没有。此时,认定身份较低者"伙同"身份较高者犯罪,成立身份较高者的帮助犯和教唆犯,按照身份地位较高者定罪,就是合理的。《刑法》第382条第3款规定:"与前两款所列人员勾结,伙同贪污的,以共犯论处。"这里的"与前两款所列人员勾结",包括完全没有身份的一般人与前两款所列人员勾结,也包括具有公司、企业人员身份的人与前两款所列人员勾结。只要行为人的身份在刑法上以及一般社会观念上比国家工作人员的身份较低,就应认为是不具有国家工作人员身份的人和国家工作人员相勾结实施犯罪,从而按照国家工作人员所构成的犯罪定罪。《刑法》第382条第3款的规定属于注意性规定,不是法律拟制,并没有创制规范。身份较低者和身份较高者竞合的情形,完全可以参考该规定,身份较低者伙同身份较高者实施只有身份较高者才能构成的犯罪的,成立身份较高者所实行犯罪的教唆犯或帮助犯。

[①] 张明楷. 刑法的基本立场. 北京:中国法制出版社,2002:281,291.

当然，刑法上所讲的身份，是刑法所规定的主体特殊资格，和个别行为人的实际职位并不相同。身份高，并不是指行为人的实际职位高。个人的实际职位高，并不意味着其在刑法上和一般社会观念上的身份高。例如，某中外合资公司主管财务的副总经理 A（不具有国家工作人员身份）与国有公司委派到该合资公司的财务人员 B 共同勾结，各自利用职务便利，共同占有该合资公司财物，A 职位高，但是在刑法上以及一般社会观念上，B 的身份高，根据《刑法》第 382 条第 3 款的规定，A 仍然是伙同 B 贪污的共犯。

规范依据

最高人民法院《关于审理贪污、职务侵占案件如何认定共同犯罪几个问题的解释》

为依法审理贪污或者职务侵占犯罪案件，现就这类案件如何认定共同犯罪问题解释如下：

第 1 条　行为人与国家工作人员勾结，利用国家工作人员的职务便利，共同侵吞、窃取、骗取或者以其他手段非法占有公共财物的，以贪污罪共犯论处。

第 2 条　行为人与公司、企业或者其他单位的人员勾结，利用公司、企业或者其他单位人员的职务便利，共同将该单位财物非法占为己有，数额较大的，以职务侵占罪共犯论处。

第 3 条　公司、企业或者其他单位中，不具有国家工作人员身份的人与国家工作人员勾结，分别利用各自的职务便利，共同将本单位财物非法占为己有的，按照主犯的犯罪性质定罪。

案例评价

［案例 8-6］高某盗窃案[①]（无身份者与有身份者共同犯罪）

1. 基本案情

1998 年 7 月初，中国人民银行甲省乙市分行业务部出纳申某（在逃），多次找被告人高某商议盗窃申某与另一出纳共同管理的保险柜内的现金，高某未同意。后申某多次约高某吃饭、喝酒，做高某的工作，并把自己的作案计划、安排告诉高某，同时还几次让高某看自己掌管的钥匙。高某同意作案后，申某即向高某要了一把中号螺丝刀和一只蛇皮口袋放在自己的办公桌内，又用事先准备好的钢锯条，将业务部的钢筋护窗栏锯断，为作案后逃离现场做

---

① 最高人民法院刑事审判第一、二、三、四、五庭．中国刑事审判指导案例：危害国家安全罪·危害公共安全罪·侵犯财产罪·危害国防利益罪．北京：法律出版社，2009：496．

准备。同年7月23日上午10时许，申某将高某带至乙市分行业务部熟悉地形，并暗示了存放现金的保险柜和开启保险柜的另一把钥匙的存放地点。同年7月27日晚，申某找到被告人高某，告知其近日将提款40万元存放保险柜的情况，并详细告诉高某作案的时间、步骤、开启保险柜的方法及进出路线等。

同年7月30日上午7时，申某将被告人高某带进该行业务部套间，藏在自己保管的大壁柜内。其他工作人员上班后，申某与另一出纳员从金库提回现金40万元，放进保险柜内的顶层。10时许，乙市邮政部门财务科取走现金10万元。10时30分左右，申某进入套间向被告人高某指认了放款的保险柜，后与其他本行职员聊天。10时40分，申某乘其他工作人员外出吃饭离开办公室之际，打开壁柜将自己保管的保险柜钥匙交给高某，并告知人都走了，自己即离开业务部去吃饭。被告人高某撬开另一出纳员的办公桌抽屉，取出钥匙，打开保险柜将30万元人民币装入旅行袋里，又在办公室将申某等人的办公桌撬开，然后从后窗翻出办公室逃离现场。

同年8月1日晚，申某将作案经过告诉了其妻付某，让付某通知高某带款在本市青年旅社等候。8月2日中午，被告人付某找到了高某，讲了申某的要求。当日下午，高某依申某的要求到了青年旅社。8月3日晨见面后，二人一同来到高某家，高某拿出旅行袋说钱都在里面。申某要高某一起逃走，高某不同意，申某即给高某留下3万元，然后携带其余赃款潜逃。破案后，从被告人高某家中起获赃款3万元。

甲省乙市中级人民法院依照《刑法》第264条第1项、第310条第1款、第25条第1款、第26条第1款、第57条第1款、第72条第1款的规定，于1998年12月15日判决如下：（1）被告人高某犯盗窃罪，判处死刑，剥夺政治权利终身，并处没收财产人民币1 200元。（2）被告人付某犯窝藏罪，判处有期徒刑3年，缓刑4年。

一审宣判后，被告人高某以自己不是主犯，应按申某的身份定贪污罪，原判量刑过重等为由，向甲省高级人民法院提出上诉。乙市人民检察院亦以原判定性不当，提出抗诉。

二审期间，甲省人民检察院认为抗诉不当，撤回抗诉。甲省高级人民法院裁定准予撤回抗诉，并继续审理本案。

甲省高级人民法院依照《中华人民共和国刑事诉讼法》（1996年）第189条第1、2项及《刑法》第264条第1项、第25条第1款、第26条第1款、第48条第1款的规定，于1999年6月29日判决如下：（1）维持乙市中级人民法院刑事判决第2项，即被告人付某犯窝藏罪，判处有期徒刑3年，缓刑4年；（2）撤销乙市中级人民法院刑事判决第1项，即被告人高某犯盗窃罪，判处死刑，剥夺政治权利终身，并处没收财产人民币 1 200 元；（3）上诉人（原审被告人）高某犯盗窃罪，判处死刑，缓期二年执行，剥夺政治权利终身，并处没收财产人民币 1 200 元。

2. 涉案问题

本案的主要问题是共犯与身份的问题。被告人高某与银行工作人员申某相勾结盗窃银行现金的行为，该如何定罪？

3. 裁判理由

甲省乙市中级人民法院认为，被告人高某潜入金融机构盗窃，情节特别严重，数额特别巨大，其行为已构成盗窃罪，乙市人民检察院指控其犯罪的事实清楚、证据充分，但指控的罪名不当。被告人高某的辩护人辩称，高在本案中系从犯。经查，被告人高某积极实施盗窃犯罪，应系主犯，故其辩护理由不能成立；公诉机关指控被告人付某犯有窝藏罪的事实清楚，证据充分，罪名成立，鉴于其犯罪情节及悔罪表现，可酌情从轻处罚。

甲省高级人民法院认为，上诉人高某撬开另一出纳员的抽屉，窃取另一把保险柜钥匙，后用该钥匙和申某交给的钥匙打开保险柜，窃走柜内存放的现金 30 万元，这些行为都是高某单独实施的，也是造成 30 万元现金脱离存放地点、失去该款保管人控制的直接原因。申某虽为业务部出纳，也掌管另一把保险柜钥匙，作案前进行了周密的准备，将高带进业务部藏匿，将其他工作人员叫出去吃饭，利用职务之便为高某实施盗窃提供和创造条件，但是，仅利用其个人职务便利尚不足以与高共同侵吞这笔巨额公款，因而不能以申某的身份和其行为确定本案的性质。上诉人高某在窃取巨款的共同犯罪中起了主要作用，原判认定其为主犯正确。鉴于另一案犯申某在逃，高某归案后能如实坦白交代自己的罪行，认罪态度较好，有悔罪表现，故对其判处死刑，但不立即执行。

4. 评析意见

关于无身份者与有身份者共同犯罪，主要存在以下情形。

（1）无身份者是共犯（教唆犯、帮助犯），有身份者是正犯（实行犯）。

根据共犯从属性原理，共犯（教唆犯、帮助犯）成立犯罪需以正犯（实行犯）成立犯罪为前提。正犯不仅决定了共同犯罪是否成立，而且决定了共同犯罪所触犯的罪名。因此，共犯成立犯罪的罪名也以正犯触犯的罪名为准。简言之，在这种情形下，应按照正犯所触犯的罪名来认定共同犯罪的罪名。由于有身份者是正犯，所以按照真正身份犯的罪名来认定共同犯罪的罪名。《刑法》第 382 条第 3 款规定的"与前两款所列人员勾结，伙同贪污的，以共犯论处"，表达的正是这种认定思路。例如，妻子帮助丈夫（国家工作人员）贪污公共财物的，丈夫是正犯（实行犯），二者构成贪污罪的共同犯罪，妻子是贪污罪的共犯（帮助犯）。

（2）无身份者是正犯（实行犯），有身份者是共犯（教唆犯、帮助犯）。

根据共犯从属性原理，在这种情形下，应按照正犯所触犯的罪名来认定共同犯罪的罪名。由于无身份者是正犯，所以按照无身份者触犯的罪名来认定共同犯罪的罪名。例如，甲、乙开车来到某国有公司，欲盗窃公司仓库里的财物，对公司的保安经理王某（国家工作人员）说："只要你放行，弄到值钱的，有你一份。"王某答应。甲、乙盗窃了公司财物，王某放行。甲、乙是盗窃罪的正犯（实行犯），甲、乙和王某构成盗窃罪的共同犯罪，王某是共犯（帮助犯）。此时王某不能认定为贪污罪，如果认定王某为贪污罪，其只能是贪污罪的共犯（帮助犯），但是此时并不存在贪污罪的正犯（实行犯）。所以，只能认定王某为盗窃罪的共犯（帮助犯）。

（3）无身份者是正犯（实行犯），有身份者也是正犯（实行犯）。

在这种情况下，由于构成身份对构成要件具有定型作用，因此，有身份者应当按照其身份构成真正身份犯。而无身份者一方面触犯了无身份要求的普通犯罪（实行犯），另一方面触犯了真正身份犯（共犯），属于想象竞合犯，应择一重罪论处。如果对无身份者绝对地以真正身份犯（共犯）论处，假如普通犯罪（实行犯）处罚比真正身份犯（共犯）处罚重，则会不当地轻纵无身份者。例如，警察甲将乙（普通公民）约到拘留所，共同虐待被监管人丙，拳打脚踢，导致丙轻伤。甲、乙构成共同犯罪，甲以虐待被监管人罪论处；乙触犯了虐待被监管人罪的共犯（帮助犯）和故意伤害罪（实行犯），应择一重罪论处。

本案中需要先明确申某的行为性质。申某构成贪污罪的间接正犯。贪污罪是指国家工作人员利用职务便利，侵吞、窃取、骗取公共财物的行为。首先，申某作为国有银行工作人员，其身份是国家工作人员。其次，申某利用了职务便利。例如，申某告知高某近日将提款40万元存放保险柜的情况，向高某指认了放款的保险柜，并详细告诉高某作案的时间、步骤、开启保险柜的方法及进出路线等，打开壁柜将自己保管的保险柜钥匙交给高某。这些行为属于实质地利用了职务上的便利，而非简单地利用其熟悉环境等便利。最后，申某虽然利用了职务便利，但是没有直接实施窃取公共财物的行为，而是指使被告人高某实施窃取公共财物的行为。这种方式属于利用有故意但无身份的工具，属于间接正犯的一种。申某虽然不能随心所欲地支配利用高某，但是对犯罪过程的发展具有支配作用，可以决定高某犯罪的成败，因此属于幕后操纵的角色，符合间接正犯的要求。

被告人高某与申某的共同犯罪，就贪污罪而言，申某是间接正犯，高某是帮助犯。高某不具备国家工作人员身份，不能构成贪污罪的正犯（实行犯）。虽然如此，但是高某完全可以构成贪污罪的共犯，因为特殊身份是针对真正身份犯的实行犯而言的，共犯不要求具有特殊身份。我国《刑法》第382条第3款也规定："与前两款所列人员勾结，伙同贪污的，以共犯论处。"可能有人认为，申某是贪污罪间接正犯，那么与被利用者高某就不能构成共同犯罪。其实这种看法过于狭隘。间接正犯与被利用者能否构成共同犯罪，不能一概而论，需要视具体情形而定。成年人甲如果利用8岁小孩去盗窃，则与小孩不构成共同犯罪。但是，本案的申某与高某完全可以构成共同犯罪。

被告人高某与申某也构成盗窃罪的共同犯罪，高某是实行犯，申某是教唆犯及帮助犯。一方面，高某实施的盗窃银行财物的行为，符合盗窃罪的构成要件。另一方面，高某的盗窃行为是申某教唆的结果，并且申某为高某的盗窃行为提供了实际的帮助作用。

概括而言，高某与申某的共同犯罪中，申某的行为既构成贪污罪的间接正犯，又构成盗窃罪的教唆犯及帮助犯，一个行为触犯两个罪名，属于想象竞合犯，应择一重罪论处，以盗窃罪论处。高某的行为既构成贪污罪的帮助犯（从犯），又构成盗窃罪的实行犯，一个行为触犯两个罪名，属于想象竞合犯，应择一重罪论处，对此便需要根据高某的具体犯罪情节，比较贪污罪的从犯与盗窃罪的实行犯，考察哪个处罚得更重。需要特别说明的是：根据当时的刑法规定，盗窃金融机构的量刑无论是定罪起点还是整体罪质要求，都比贪污罪的重。《刑法修正案（八）》取消了盗窃罪的死刑规定，另当别论。本案的量刑在该案一、二审判决作出时，符合当时的刑法规定，因而是合理的。

深度研究

共同犯罪除了会与真正身份犯产生定罪问题，还会与不真正身份犯、消极身份犯产生定罪问题，对此需要仔细分析。

（一）共犯与不真正身份犯

（1）无身份者与有身份者共同实施不真正身份犯。

无身份者与有身份者共同实施不真正身份犯的，二者构成不真正身份犯的共同正犯。这是因为，二者都可以构成不真正身份犯的实行犯。但在量刑时，应对无身份者处以通常之刑，而对有身份者根据法律从重或从轻处罚。

（2）无身份者教唆或帮助有身份者实施不真正身份犯。

例如，普通公民甲教唆国家机关工作人员乙利用职权非法拘禁丙。甲、乙共同构成非法拘禁罪，甲成立教唆犯，乙成立实行犯。在量刑上，对甲只能处以通常之刑，对乙根据法律规定从重处罚。但应注意对教唆犯的处罚。我国《刑法》第29条规定："教唆他人犯罪的，应当按照他在共同犯罪中所起的作用处罚。"这表明，教唆犯如果在共同犯罪中起主要作用，就以主犯论处；如果起次要作用，则以从犯论处；教唆犯在个别特殊情况下，也可能是胁从犯，应以胁从犯论处。因此，对上例中的普通公民甲，处以通常之刑，只是量刑的第一步。甲如果构成从犯，则应以从犯论处，此时，若对甲从轻、减轻处罚，应以第一步所确定的通常之刑为基准。

（3）无身份者利用无责任能力（或无故意）的有身份者实施不真正身份犯。

这分为两种情况：第一，被利用者无责任能力。此时，无身份者构成不真正身份犯，处通常之刑，有身份者无罪。例如，非国家机关工作人员甲利用处于间歇性神经病期间的国家机关工作人员乙，非法拘禁丙，甲构成非法拘禁罪，处通常之刑，乙无罪。第二，被利用者无故意。此时，无身份者亦构成不真正身份犯，处通常之刑，有身份者无罪。例如，非国家机关工作人员甲利用不知情的国家机关工作人员乙，诬告陷害丙，一般甲构成诬告陷害罪，处通常之刑，乙无罪。但仍可能存在几种不同情形：其一，如果乙在中途察觉，但仍实施，则乙也构成诬告陷害罪，并从重处罚。其二，如果乙在中途察觉，并拒绝，则乙无罪，甲构成教唆未遂，根据《刑法》第29条第2款的规定，甲可以从轻或减轻处罚。其三，如果乙没有实施诬告陷害罪，而实施了其他犯罪，则应根据部分犯罪共同说，判断所犯之罪在规范意义上是否包含了所教唆之罪；如果答案肯定，则甲、乙在两罪性质重合的部分成立共同犯罪，对甲不能适用《刑法》第29条第2款。

（4）有身份者教唆或帮助无身份者实施不真正身份犯。

例如，国家机关工作人员甲教唆普通公民乙诬告陷害丙。甲、乙共同构成诬告陷害罪，甲成立教唆犯，乙成立实行犯。在量刑上，对乙处以通常之刑，对甲根据法律规定从重处罚。但有的犯罪，刑法规定有身份者须利用职务便利才从重处罚，应注意有身份者是否利用身份或职务便利。如果有身份者并未利用其身份或职务便利，则表明有身份者的这一加减身份对量刑并无意义，因此，对有身份者也应处以通常之刑。例如，根据《刑法》第238条第4款规定，只有国家机关工作人员利用职权犯非法拘禁罪的，才从重处罚。某国家机关工作人员甲教唆或帮助普通公民乙对丙非法拘禁，如果甲在教唆或帮助时并未利用其职权，则在量刑时，对甲不能从重处罚，而应处通常之刑。

（二）共犯与消极身份犯

消极身份指以不具有特定资格为内容的特殊身份，如未取得医生执业资格。刑法规定消极的身份犯，是为了禁止不具有特定身份的人实施特定行为、从事特定职业，具有特定身份的人则可以实施特定行为、从事特定职业。例如，《刑法》第 336 条规定的非法行医罪，就是为了禁止未取得医生执业资格的人行医。在伪证罪、窝藏、包庇罪中，行为主体不包括诉讼中的被告人、被窝藏、包庇的犯罪人，这是因为他们不具有期待可能性。在这些犯罪中，行为人如果具有这种缺乏期待可能性的身份，则不构成犯罪；在这个意义上，他们这种缺乏期待可能性的身份，也是一种消极身份，只有缺乏这种身份的人，才可能构成上述犯罪。对此需要分析以下两种情形。

(1) 甲教唆犯罪分子乙自行窝藏，乙照办。

对此，乙由于自行窝藏不具有期待可能性，因而不构成窝藏犯罪。根据共犯从属性原理，实行者不构成窝藏犯罪，那么教唆者甲也应无罪。

(2) 犯罪分子甲教唆乙窝藏自己，乙窝藏了甲。

对此，肯定说认为，犯罪人本身的窝藏行为因缺乏期待可能性而不可罚，但是教唆他人犯窝藏罪的行为，则使他人陷入了犯罪，并不缺乏期待可能性，因此可罚。可以看出，肯定说在共犯处罚根据上持责任共犯论的立场。也即，教唆犯因制造出了正犯这个犯罪人而受罚。责任共犯论将共犯的处罚根据依托于正犯的违法性和有责性。这便导致正犯的有责性成为处罚共犯的根据，违反了个人责任主义。否定说认为，犯罪人既然自己实施窝藏罪的实行行为都没有期待可能性，那么实施更轻的教唆行为，更没有期待可能性。不过这样的推断过于简单，这种纯形式的逻辑推演所显示的是"直觉的正义"，至于为何教唆他人窝藏自己的教唆行为与自行窝藏的实行行为可以比较，则毫无交代。因此这样的结论略带"想当然耳"的味道。①

在共犯中应坚持违法的连带性和责任的个别性，对违法和责任应分阶层判断。违法阶层的判断基准是共犯的具有连带性的违法。一方面，乙的实行行为符合了窝藏罪的构成要件，这便为甲成立教唆犯提供了违法阶层的根据。另一方面，甲、乙构成违法阶层意义上的"共同犯罪"。这种"共同"只是符合窝藏罪构成要件的行为的共同，而非完整意义上的窝藏罪的共同。

进入责任阶层，判断基准是各参与人的个别责任，基于此对甲、乙的责任应分别判断。乙对窝藏甲存在故意，具备有责性，最终构成完整意义上的窝藏罪的实行犯。但责任不具有连带性，乙具有责任并不意味着甲便具有责任，甲的责任应单独判断。甲的教唆行为是否具备有责性，主要是看甲作出这样的行为是否具有期待可能性。首先，能否用甲的实行行为（自行窝藏）的期待可能性来比较甲的教唆行为的期待可能性？如果责任具有连带性，也即甲的教唆行为的责任从属于乙的实行行为（实施窝藏甲的行为）的责任，那么就只能用乙的实行行为的期待可能性与甲的教唆行为的期待可能性来比

---

① 许玉秀. 当代刑法思潮. 北京：中国民主法制出版社，2005：602.

较，而不能借用甲的实行行为的期待可能性来比较，因为所谓甲的实行行为是假设的、孤立的情形。然而，责任是个别的，甲的责任可以独立判断。因此，甲的教唆行为的期待可能性可以借用甲的实行行为的期待可能性来比较。其次，适用"举重以明轻，举轻以明重"的当然解释方法的前提是两种事物应具有同一性质[①]，否则就成了"想当然"的解释。甲的教唆行为与甲的实行行为存在相同性质，都是法益侵害的方法类型，区别仅仅在于侵害的程度不同而已，因此对二者可以采用当然解释的方法来比较。最后，在法益侵害的程度上，与甲的教唆行为相比，甲的实行行为具有更直接、更紧迫的特点。既然甲的实行行为（自行窝藏）不具有期待可能性，那么甲的教唆行为（教唆他人窝藏自己）更不具有期待可能性。因此，在责任阶层，甲不具备有责性，最终甲应无罪。

二、共犯与认识错误

知识背景

由于刑法分则罪状所规定的实行行为由正犯实施，共犯将犯罪交由正犯实行，自己对因果过程并不具有支配力，所以，共犯认识的事实和正犯实现的事实之间很有可能出现差异。

（一）具体的事实认识错误

1. 正犯的客体错误

根据法定符合说，正犯实现的事实和共犯教唆、帮助的事实之间存在不一致，客体上出现错误的，只要二者属于同一构成要件内的错误，正犯的错误对教唆犯、帮助犯的既遂没有影响。换言之，正犯的客体错误，对教唆犯而言，也是客体错误。例如，A教唆B杀害C，但在B下手之时，误将D看作C杀害，A仍然是故意杀人罪的教唆既遂。又如，甲帮助乙盗窃丙价值很高的项链，但乙误把丙的手链当作项链加以窃取，甲仍然成立盗窃罪的帮助既遂。

2. 正犯的打击错误

在正犯出现打击错误的场合，根据法定符合说，正犯成立故意犯罪既遂，教唆犯、帮助犯也成立故意犯罪的既遂。例如，A教唆B开枪杀害C，但在B开枪之后，子弹射向D并导致其死亡，A成立故意杀人罪的教唆既遂。

3. 正犯的实行过剩

正犯超过共谋故意范围或者他人的教唆内容，基于自己的独立意思实施

[①] 张明楷.刑法分则的解释原理.北京：中国人民大学出版社，2004：26.

犯罪，实际实施的犯罪和共谋或者教唆的犯罪虽不完全符合，但仍然属于同一构成要件时，是正犯的实行过剩，属于"共犯过剩"的一种表现形式。

例如，A教唆B开枪杀害仇人C，但B认为打死A的另外一个仇人D，A可能更高兴，就将D杀害，而未杀C。又如，甲教唆乙盗窃丙价值很高的项链，乙将丙的项链偷走，同时顺手牵羊拿走丙的手链。对此如何处理？法定符合说认为B的行为并未违背A杀害仇人的概括故意，A想杀害仇人，也确实借助B的行为杀了人，虽然具体的死者出现差异，但无碍于A成立故意杀人罪的教唆既遂。同样，乙盗窃的财物和甲的教唆之间存在一定差异，但是法益具有同一性，认定甲构成盗窃罪的教唆既遂并无不妥。

值得研究的问题是，共犯行为和正犯行为之间缺乏心理因果性的，正犯行为和教唆、帮助无关，即使按照法定符合说，共犯也不能对正犯所造成的结果负责。例如，A教唆B伤害C，但B去C家打探被害人的行踪时，与C的邻居D发生激烈争吵，于是将D打成重伤。虽然B实施了故意伤害行为，但与A的教唆之间没有联系，A只能构成故意伤害罪的教唆未遂。

（二）抽象的事实认识错误

正犯超过共谋故意范围或者他人的教唆内容实施犯罪，且实际实施的犯罪和共谋或者教唆的犯罪属于不同构成要件时，就是共犯的抽象事实认识错误。共犯对抽象事实的认识错误，也是"共犯过剩"的一种表现形式。教唆犯只有在正犯的实行行为与其教唆之间存在紧密关联时，才对实行犯的既遂负责。对实行犯所造成的过剩结果，教唆犯并不负责。"共犯过剩"包括质的过剩和量的过剩。质的过剩，是指被教唆人所实行的犯罪完全不同于被教唆的犯罪的情形。因为质的过剩，教唆人不承担被教唆者所犯之罪的责任，根据《刑法》第29条第2款的规定，只承担教唆未遂的责任。例如，甲教唆乙抢劫，乙实施了强奸行为，甲只承担抢劫罪的教唆未遂责任。量的过剩，是指被教唆人所实行的犯罪与被教唆罪并不完全一致，但存在重合部分。例如，被教唆盗窃的人，实施了抢劫行为；被教唆伤害他人的人，实施了杀人行为，由于盗窃罪与抢劫罪之间、故意伤害罪与故意杀人罪之间具有一定的重合关系，因而在教唆犯认识的事实与被教唆者实现的事实相互重合的范围内，可以认定教唆犯成立盗窃既遂、故意伤害（致人死亡）罪的教唆犯。在共谋共同正犯关系中出现量的过剩时，也应当如此处理。例如，A、B共谋故意伤害C，但在实行过程中，B实施杀人行为，A、B在故意伤害（致人死亡）罪的范围内成立共同正犯，A对过剩的故意杀人行为负责。

规范依据

《刑法》

第25条 共同犯罪是指二人以上共同故意犯罪。

二人以上共同过失犯罪，不以共同犯罪论处；应当负刑事责任的，按照他们所犯的罪分别处罚。

案例评价

[案例8-7] 王某等故意伤害案① （实行过限的认定）

1. 基本案情

2003年，被告人王某与被害人逄某各自承包了本村沙地售沙。被告人王某因逄某卖沙价格较低影响自己沙地的经营，即预谋找人教训逄某。2003年10月8日16时许，被告人王某得知逄某与妻子在地里干活，即纠集了被告人韩某、王永某及崔某、肖某、冯某等人。在地头树林内，被告人王某将准备好的4根铁管分给被告人王永某等人，并指认了被害人逄某。被告人韩某、王永某与崔某、肖某、冯某等人即冲入田地殴打被害人逄某。其间，被告人韩某掏出随身携带的尖刀捅刺被害人逄某腿部数刀，致其双下肢多处锐器创伤，失血性休克而死亡。被告人王永某看到韩某捅刺被害人并未制止，后与韩某等人一起逃离现场。

被告人韩某对指控事实无异议。被告人王某及其辩护人辩称，被告人王某只是想教训逄某，没有对被害人造成重伤、致残或者剥夺生命的故意。被告人韩某持刀捅伤被害人致其死亡，完全超出了被告人王某的故意范围，属于实行过限，应由韩某个人负责。被告人王永某亦辩称致人死亡的后果应由被告人韩某一人承担。

某市中级人民法院判决如下：（1）被告人王某犯故意伤害罪，判处有期徒刑10年，剥夺政治权利3年。（2）被告人韩某犯故意伤害罪，判处有期徒刑12年。（3）被告人王永某犯故意伤害罪，判处有期徒刑3年，缓刑4年。一审宣判后，公诉机关未抗诉，各被告人亦未上诉，判决已发生法律效力。

2. 涉案问题

被告人韩某的行为致人死亡，该结果是否超出共同犯罪的范围，属于实行过限的结果？被告人王某、王永某对该结果是否负刑事责任？

3. 裁判理由

某市中级人民法院认为，被告人王某因行业竞争，雇用纠集人员伤害他人；被告人韩某、王永某积极实施伤害行为，致被害人死亡，其行为均构成故意伤害罪。虽有证据证实，被告人韩某持刀捅刺的行为是导致被害人逄某死亡的主要原因，但证据同时证实，被告人王某事先未向参与实施伤害者明

---

① 最高人民法院刑事审判第一、二、三、四、五庭．中国刑事审判指导案例：侵犯公民人身权利、民主权利罪．北京：法律出版社，2009：347．

示不得使用尖刀等锐器，被告人王永某实施伤害行为时，发现被告人韩某持刀捅刺被害人也未制止，故被告人韩某的持刀捅刺行为并非实行过限的个人行为，被告人王某、韩某、王永某应共同对被害人逄某的死亡后果负责。被告人王某、韩某在犯罪中起主要作用，系主犯。被告人王永某在犯罪中起次要作用，系从犯，依法予以减轻处罚。被告人王某有立功表现且积极赔偿被害人的经济损失，依法予以从轻处罚；被告人韩某犯罪时不满18周岁且有自首情节，依法予以从轻处罚。

4. 评析意见

本案主要涉及共同犯罪的过剩问题。这是指共同犯罪中部分正犯的行为超出了共同犯罪的范围。因为只有正犯（实行犯）才可能超出共同犯罪范围，所以共同犯罪过剩又称为实行过剩（或实行过限）。例如，甲、乙共同入室盗窃，乙入室盗窃后还实施了强奸。又如，甲教唆乙入室盗窃，乙入室后转化为抢劫。需要解决的问题是：未超出者对超出者的超出部分是否要承担责任？对此需要考虑两项因素：第一，客观条件，共同部分与超出部分有无物理或心理上的类型化的因果关系。第二，主观条件，未超出者对超出者的超出部分有无过失。

（1）不具备客观条件的情形。

这是指共同部分与超出部分没有物理或心理上的类型化的因果关系。此时，未超出者对超出部分不负责任。例如，甲、乙共谋入室盗窃，甲在外望风，乙入室盗窃。乙在盗窃后还实施了强奸。甲、乙的共同部分是盗窃行为，乙的超出部分是强奸行为。盗窃行为与强奸行为没有类型化的因果关系，也即在一般情况下，盗窃行为的实施不会导致强奸行为的发生。所以，乙的强奸行为与甲、乙的盗窃行为无关，甲对乙的强奸行为不负责任。

（2）具备客观条件的情形。

这是指共同部分与超出部分具有物理或心理上的类型化的因果关系。在此种情形下，需要进一步考察未超出者对超出部分的主观心态。

第一，故意。这是指未超出者对超出部分有认识，并且希望或者放任。如果是这样，就意味着实行者的行为没有超出共同犯罪的范围，不存在过剩问题。例如，甲教唆乙入室盗窃，并对乙说："万一被人发现，就来硬的。"乙入室后被主人发现，便对主人实施暴力，取得财物。乙从盗窃升级为抢劫。首先，共同盗窃行为与抢劫行为具有类型化的因果关系，抢劫就是由盗窃升级的。其次，甲对乙的抢劫持放任态度。因此，甲、乙构成抢劫罪的共同犯罪，甲是教唆犯，乙是实行犯。这种情形实际上不存在实行过剩的问题。

第二，过失。这是指未超出者对超出部分有过失。对此，未超出者对超出部分就要负责任，但不会负故意犯罪的责任，因为对超出部分没有故意。

例如，甲教唆乙入室盗窃，乙入室后窃得财物，被主人发现，为了抗拒抓捕，使用暴力，转化成抢劫。首先，甲、乙共同盗窃行为与乙的转化抢劫具有类型化的因果关系，即抢劫行为是由盗窃行为直接转化来的。其次，甲对乙可能会转化抢劫有认识的可能性。因此，甲对乙的超出部分要负责任，但不需负抢劫罪的责任，只需对抢劫的结果负责任，因为甲没有抢劫罪的故意，也即乙构成抢劫既遂，甲构成盗窃罪教唆犯的既遂。

第三，意外事件。这是指未超出者对超出部分没有认识或预见可能性。此时，未超出者对超出部分便不需负刑事责任。

本案中，被告人王某、韩某、王永某构成故意伤害罪的共同犯罪，而韩某行为属于故意伤害致人死亡。判断被告人王某、王永某对该死亡结果是否负责任，其行为是否也属于故意伤害致人死亡，需要考察两个因素。一是在客观上王某、王永某的行为与该死亡结果是否具有物理上或心理上的因果关系。二是在主观上王某、王永某对该死亡结果有无过失。如果得出肯定答案，则王某、王永某对该死亡结果应负过失责任。

具体而言，王某预谋找人教训一下被害人，至于怎么教训，教训到什么程度，并没有特别明确的正面要求，同时，王某事前也没有明确禁止韩某、王永某等人用什么手段、禁止他们教训被害人达到什么程度的反面要求。所以，从被告人王某的教唆内容看该教唆属于盖然性教唆。在这种情形下，虽然王某仅向实行犯韩某、王永某等提供了铁管，韩某系用自己所持的尖刀捅刺的被害人，且被害人的死亡在一定程度上也确实超乎王某等人意料，但因其对韩某的这种行为事前没有明确禁止，所以仍不能判定韩某这种行为属于实行过限行为，教唆者王某仍应对被害人的死亡承担刑事责任。对共同实行犯王永某而言，虽然被告人韩某持刀捅刺被害人系犯罪中韩某个人的临时起意，但因为被告人王永某看到了韩某的这一行为并未予以及时和有效地制止，所以，对于王永某而言，也不能判定韩某的行为属于实行过限，王永某应对被害人的死亡结果负责。因此，被告人王某、王永某也构成故意伤害罪（致人死亡）。

[案例8-8] 郭某抢劫案[①]（共犯与加重结果）

1. 基本案情

2001年6月3日晚，被告人郭某、王某、李某和陈某在一家招待所内合谋，欲行抢劫，其中王某、李某各携带一把尖刀，陈某提出，其认识一名住在光林旅馆的中年男子赵某，身边带有1000多元现金，可对其抢劫，其余三

[①] 最高人民法院刑事审判第一、二、三、四、五庭．中国刑事审判指导案例：刑法总则．北京：法律出版社，2017：115．

人均表示赞成。四名被告人于当晚商定，用陈某的一张假身份证另租旅馆，然后由陈某以同乡想见赵某叙谈为幌子，将赵某诱至旅馆，采用尼龙绳捆绑、封箱胶带封嘴的手段对其实施抢劫。次日上午，郭某、王某、李某和陈某到位于光林旅馆附近的长城旅馆开了一间房，购买了作案工具尼龙绳和封箱胶带，陈某按预谋前去找赵某，其余三人留在房间内等候。稍后，赵某随陈某来到长城旅馆房间，王某即掏出尖刀威胁赵某，不许赵某反抗，李某、郭某分别对赵某捆绑、封嘴，从赵身上劫得人民币50元和一块光林旅馆财物寄存牌。接着，李某和陈某持该寄存牌前往光林旅馆取财，郭某、王某则留在现场负责看管赵某。李某、陈某离开后，赵某挣脱了捆绑欲逃跑，被郭某、王某发觉，郭某立即抱住赵某，王某则取出尖刀朝赵某的胸部等处连刺数刀，继而郭某接过王某的尖刀也刺赵某数刀。赵某被制服并再次被捆绑住。李某、陈某因没有赵某的身份证而取财不成返回长城旅馆，得知了赵某被害的情况，随即拿了赵某的身份证，再次前去光林旅馆取财，但仍未得逞。四名被告人遂一起逃逸。赵某因大失血而死亡。此外，被告人郭某、王某和李某还结伙流窜持刀抢劫4次，劫得人民币2 000余元和手机、照相机、传真机等财物。

某市第二中级人民法院判决如下：（1）被告人郭某犯抢劫罪，判处死刑，剥夺政治权利终身，并处没收财产人民币5万元。（2）被告人王某犯抢劫罪，判处死刑，剥夺政治权利终身，并处没收财产人民币5万元。（3）被告人李某犯抢劫罪，判处有期徒刑15年，剥夺政治权利4年，并处罚金人民币2万元。（4）被告人陈某犯抢劫罪，判处有期徒刑11年，剥夺政治权利3年，并处罚金人民币1万元。（5）犯罪工具单刃折叠尖刀2把及尼龙绳等予以没收，违法所得予以追缴。

一审宣判后，被告人郭某、王某不服，向某市高级人民法院提出上诉。被告人陈某、李某服判，未上诉。被告人郭某上诉称其未持刀加害被害人；王某上诉称其有自首和立功的情节。

某市高级人民法院经审理认为，郭某持刀对被害人行凶的事实，得到其余三名被告人供述的印证，故郭某的上诉理由不能成立。王某因形迹可疑被公安机关盘问，如实供述了公安机关尚未发觉的杀人抢劫事实。但王某在一审当庭陈述时，否认其有持刀加害被害人的行为，即否认了其抢劫犯罪中极为严重和主要的犯罪事实，依照最高人民法院《关于处理自首和立功具体应用法律若干问题的解释》第1条第2项"犯罪嫌疑人自动投案并如实供述自己的罪行后又翻供的，不能认定为自首"的规定，王某不能认定为自首。王某到案后揭发了同案犯与其共同犯罪的事实，依照最高人民法院《关于处理自首和立功具体应用法律若干问题的解释》的规定，不构成立功，故王某的上诉理由也不能成立。综上，原判认定被告人郭某、王某、李某、陈某抢劫犯罪事实清楚，证据确实、充分，定罪量刑均无不当，审判程序合法。依照《刑事诉讼法》（1996年）第189条第1项的规定，裁定驳回上诉，维持原判。

2. 涉案问题

在本起共同抢劫案中，郭某、王某杀死了被害人，其他共犯人李某、陈某对该死亡结果是否承担责任？

3. 裁判理由

某市中级人民法院认为，被告人郭某、王某、李某和陈某分别结伙采用持刀行凶、绳索捆绑和胶带封嘴等手段，多次强行劫取财物，并致1人死亡，其行为均构成抢劫罪。被告人郭某、王某持刀加害被害人的事实，有郭某、王某两人的相互指证，还有陈某、李某的间接印证，王某也曾多次供认自己实施了加害行为，故应认定郭某、王某两人共同对被害人实施了加害行为。郭某在被公安机关第一次盘问时，未如实供述抢劫事实，在同案犯已经供述之后，郭某仍未供认其持刀行凶的事实，故不符合自首条件。王某在抢劫过程中持刀加害被害人的事实，是杀人抢劫的主要事实，王某对此当庭否认，依法不能认定为自首。李某、陈某对郭某、王某两人为制止被害人反抗、脱逃而持刀行凶应有预见，故应承担抢劫致人死亡的罪责。陈某因形迹可疑被公安机关盘问后，即如实供述了罪行，可认定为自首。

4. 评析意见

本案是关于共同正犯与加重结果的问题。共同正犯实施各自的行为，其中个别正犯导致的加重结果，是否需要其他正犯承担？例如，A、B共谋抢劫，A堵住一个死胡同的路口，B对误入该胡同的C进行抢劫，在C反抗时，B故意杀死了C。B属于抢劫致人死亡，需要对C的死亡结果负责。问题是A是否也需要对抢劫致人死亡的加重结果承担责任？

结果加重犯存在基本犯是故意、加重结果是过失，基本犯是故意、加重结果是故意，基本犯是过失、加重结果是过失三种类型。由于我国刑法并不承认过失的共同正犯，所以，基本犯是过失、加重结果是过失的情况，不需要在共同正犯中讨论。

在基本犯是故意、加重结果是故意的情形中，其他共犯人如果对加重结果有概括故意，则需要对加重结果负责。在上述案例中，A、B共谋实施的抢劫罪是重罪，共同正犯对于其他人在犯类似于抢劫的重罪过程中可能杀害被害人并不是难以认识，B故意杀害C，C死亡的结果是A能够接受的，所以，A需要对C的死亡结果负责。这种处理结论符合"部分实行、全部责任"的共同正犯处理原则。

在基本犯是故意、加重结果是过失的场合，各个行为人因为对加重结果缺乏故意，缺乏意思联络，对此部分，不能成立共同正犯，所以不能按照

"部分实行、全部责任"的原则处理。合理的处理原则是考虑各个共同正犯的行为是否符合结果加重犯的条件，即需要特别考察各个行为人对加重结果的发生是否有（具体的）预见可能性。A、B共同绑架C，B在事后看管C时，将C捆绑太紧，导致其窒息死亡。B属于绑架致使被害人死亡，A在与B实施法定刑起点为10年的绑架罪时，对于他人可能在绑架过程中杀害被害人或者过失导致被害人死亡客观上有所预见，所以A需要对C的死亡结果负责。由此看来，对加重结果，是否要求所有的共同正犯负责，是分别判断的。换言之，在出现加重结果的场合，基本的处理原则是：对基本犯而言，成立共同正犯；对加重结果而言，成立"同时犯"，由各行为人各自对结果负责。而各行为人是否对加重结果负责，不可一概而论，是否对加重结果有预见可能性是问题的关键。当然，在结果加重犯的共犯的场合，由于各个共犯对结果的预见可能性通常是存在的，因此，其一般要对加重结果负责。

  本案中，被告人李某、陈某虽未实施持刀杀害行为，但其他共同犯罪人所致使的被害人死亡后果并未超出其主观认识范围，二人仍应承担致人死亡后果的刑事责任。郭某、王某、李某和陈某四被告虽然事先预谋约定的是采用尼龙绳捆绑和胶带封嘴的暴力手段进行抢劫，但不能据此排除李某、陈某二被告对郭某、王某二被告持刀行凶造成的被害人死亡后果所应承担的刑事责任。李某、陈某二被告对郭某、王某二被告抢劫过程中可能使用的持刀伤害被害人的行为在主观上是有认识并予以认可的。此从以下三个方面的事实可以得到充分证明：其一，李某、陈某二被告对被告人郭某、王某在实施抢劫之前身上携有尖刀是明知的；其二，在抢劫实施的过程中，在对被害人用绳子捆绑、胶条封嘴之后，王某拿出尖刀对被害人进行威胁，李某、陈某二被告当时是在场的；其三，李某、陈某二被告第一次取财不成返回现场后，已知悉了被害人因逃跑、反抗而遭郭某、王某加害，既未采取救助措施，也没有放弃继续犯罪的意思表示，而是拿了被害人的身份证再去取财，积极追求犯罪目的的实现，说明其对郭某、王某的加害行为是认可的。

深度研究

  共同犯罪与认识错误问题，除了同一共犯形式内的认识错误，还包括不同共犯形式之间的认识错误，也需要仔细讨论。这种情况下，虽然共犯形式不同，但是共犯触犯的罪名相同，所以不存在不同犯罪构成之间的认识错误。不同共犯形式之间的认识错误，根据主客观相统一的原理，应成立较轻的共犯形式。

  （一）正犯与帮助犯之间的错误

  例如，甲以共同正犯的意思实施犯罪行为，实际上只起到帮助作用，以帮助犯论处。又如，甲以帮助犯的意思提供帮助，实际上起到共同正犯的作用，以帮助犯论处。

（二）教唆犯与帮助犯之间的错误

例如，甲以帮助犯的故意实施心理的帮助，实际上起到了教唆的效果，以帮助犯论处。又如，甲以教唆犯的故意实施教唆，实际上对方已经产生了犯罪决意，甲的教唆只起到心理帮助的作用，以帮助犯论处。

（三）教唆犯与间接正犯之间的错误

教唆犯与间接正犯的相同点在于，二者都指使他人去实行犯罪；区别在于，教唆犯对实行者没有支配作用，间接正犯对实行者有支配作用。可以看出，间接正犯具备了教唆犯的所有要件，并且比教唆犯多了一个要件：对实行者具有支配作用。间接正犯是比教唆犯程度更严重的犯罪形式。从包容评价的思维看，间接正犯的行为能够包容评价为教唆犯的行为，间接正犯的故意能够包容评价为教唆犯的故意。例如，甲唆使10岁小孩去实施盗窃。首先，甲具有教唆他人犯罪的故意和行为；其次，由于小孩没有责任能力，甲对小孩具有支配作用，所以甲在教唆犯的基础上又符合了间接正犯的要件。

教唆犯与间接正犯之间的认识错误，有以下情形。

(1) 以间接正犯的意思，利用他人犯罪，但产生了教唆的结果。

例如，甲误以为乙是没有责任能力的精神病患者，便引诱乙杀人，但乙具有责任能力，听从甲的唆使杀了人。首先，从客观上看，乙有责任能力，甲对乙没有支配作用，对乙只起到教唆作用。其次，从主观上看，甲有间接正犯的故意，而具有间接正犯的故意就说明至少具有教唆犯的故意。所以，甲在教唆犯的范围内实现了主客观相统一，既具有教唆行为也具有教唆故意，以故意杀人罪的教唆犯论处。

(2) 以教唆犯的意思，实施教唆行为，但产生了间接正犯的结果。

例如，甲误以为乙具有责任能力，教唆乙杀人，实际上乙患有精神病，在没有责任能力的状态下杀了人。首先，从客观上看，乙没有责任能力，甲对乙有支配作用，对乙起到了间接正犯的效果，而间接正犯的效果至少能评价为教唆犯的效果。其次，从主观上看，甲具有教唆犯的故意。所以，甲在教唆犯的范围内实现了主客观相统一，以故意杀人罪的教唆犯论处。有人可能会问：那实行犯在哪里？实行犯就是乙。有人又会说：乙是精神病患者，不负刑事责任。实际上，根据阶层式的犯罪构成体系，对犯罪概念可以作层次化、相对化的理解。符合违法阶层的行为就是一种暂时的"犯罪"行为。乙就属于符合违法阶层的"实行犯"，只是乙因在责任阶层没有责任能力而不负刑事责任，但不能因此否认其客观行为的法益侵害性。

三、共犯与中止

> **知识背景**

犯罪中止的规定,并不仅仅是为单独犯规定的。但是,在共犯的场合,要适用中止犯的规定,需要满足某些特殊条件。

(一)预备阶段的中止

1. 共谋共同正犯的中止

个别共谋共同正犯在着手之前基于自己的意思放弃犯罪的,可能成立中止犯。例如,甲、乙共谋伤害丙,着手实施前,乙因害怕而脱离共犯关系,甲独自去将丙打成重伤。在本案中,如果乙未将中止的意思告诉对方,没有得到对方同意,只是在前往犯罪现场的途中偷偷逃离,则在甲故意伤害致人重伤时,乙也需要对重伤结果负责,即中止脱离未被对方接受的,成立共谋共同正犯的既遂而非中止。

所以,在共谋共同正犯着手实行前要成立预备阶段的中止,一般来说,需要满足两个条件:第一,有脱离共犯关系的意思,并向对方明确表示。第二,中止意思被对方所接受。如果行为符合上述条件,就可以认为实行者作出他人可以脱离共谋共同正犯关系的承诺,这意味着脱离者和实行者的行为及其结果之间的(心理和物理的)因果关系已经切断,实行者已经明确认识到自己是在"单打独斗",实行者已然成为单独正犯。只要中止者已经切断实行者的行为及其后果之间的因果性,即使实行者既遂,对中止者也只能按照《刑法》第24条第2款所规定的"没有造成损害的"中止犯免除处罚。例如,M与Q二人在堤边散步,偶遇往日同伙前往堤边准备抢劫作案,同伙邀其加入,M、Q先是答应,后同伙中有一人提出堤边只有一作案对象,参加的人太多则分赃太少,M与Q遂自动提出不参与。其他同伙往前一路段抢劫作案后,重回原地,用摩托车载着M与Q二人离开堤边,后M与Q也没有分得赃款物。M与Q在预备阶段中止犯罪,并被其他同伙所接受,成立抢劫罪中止,应当免除处罚。

特别需要注意的是:共谋实施重罪的正犯,以及共谋共同正犯中的主要犯罪提议者要成立中止形态,仅仅传达中止意思给对方并得到对方认可,还不足够,还必须在此之外采取告知被害人、撤回许诺、报告警方等措施,以有效阻止其他共谋共同正犯停止犯罪。

2. 教唆犯的中止

教唆犯实施教唆之后,在他人着手之前产生中止的意思,并将该意思传递给被教唆者的,原则上可以成立预备阶段的中止。但是,如果教唆的是重罪，或者教唆犯给予对方一旦事情成功即会获得报酬的承诺，则要成立犯罪中止，仅仅传达中止犯罪的意思给被教唆者，甚至得到被教唆者的承诺，对成立中止可能都不足够，还必须在此之外采取告知被害人、撤回许诺、报告警方等措施来阻止被教唆人停止犯罪。在这一点上，教唆犯中止成立条件与前面所讲的共谋实施重罪的正犯，或者行为人属于共谋共同正犯中的主要犯罪提议者的中止成立条件基本相同。

例如，甲承诺给乙10万元让乙杀丙，并先给了乙5万元。在距乙杀人还有3小时之际，甲突然产生后悔的意思，并打电话告诉乙不要杀丙。乙在电话里说了一声："知道了"，就挂断了电话。3小时后，乙仍然杀死了丙，并要甲支付另外5万元。如何处理甲？甲教唆乙实施重罪，同时，给予对方一旦事情成功即会获得总数10万元的报酬，其要成立犯罪中止，除告知对方不着手犯罪之外，还应当采取追回已经给付的5万元，撤回另外5万元的承诺，告知被害人躲避，请求警方控制被教唆者等措施来阻止乙杀害丙。而甲并未实施相应行为，所以，应当成立犯罪既遂。

3. 帮助犯的中止

在着手实行之前为他人的犯罪准备工具或者制造条件的人如果要成立中止，就需要告知对方自己要脱离共犯关系，能够消除自己对未来的实行行为的积极影响，使他人的着手实行遇到困难，同时使放弃犯罪的意思得到对方同意。例如，A为在第二天盗窃C的汽车而邀请开锁匠B前往现场用铁丝捅车门。B在同意之后很快反悔，并表示自己不敢去。A无可奈何只得同意。第二天，A自己带着铁丝捅开C的车门将汽车开走。B告知对方自己的脱离意思并得到对方同意，消除了自己对A的实行行为的影响，A自己带着铁丝捅开C的车门成立盗窃既遂，B可以成立犯罪中止。

但是，仅仅有脱离共犯关系的意思，但并未消除对实行的积极影响，他人的着手因帮助犯在预备阶段的行为而更容易，帮助行为的加功效果并未消除，即使放弃犯罪的意思被对方接受，行为人也不能成立中止。例如，电工甲在被害人乙家里安装空调时，按照盗窃犯丙事前的安排观察并绘制了乙家别墅的房间分布图、标明财物的所在位置，然后将图纸交给丙。在丙着手盗窃之前，甲后悔，并试图索回图纸。但在丙谎称已经撕毁图纸时，甲便不再深究。事后，丙凭借该图纸盗窃了乙的财物。甲由于并未切断帮助行为和危害结果之间的物理性因果联系，因而仍然成立盗窃罪既遂。

（二）实行阶段的中止

关于实行阶段的中止，可能出现以下情形。

（1）共同正犯中的所有犯罪人都决定停止犯罪，并有效防止结果发生的，都成立犯罪中止。

（2）共同正犯中的一人自动停止实行，并有效制止其他正犯继续实施犯罪，且危害结果最终被防止的，停止犯罪者成立中止，其他被制止者成立未遂。

（3）共同正犯中的一人自动停止实行，但并未有效制止其他正犯继续实施犯罪，停止犯罪者不能成立中止。至于其成立既遂还是未遂，取决于其他正犯的行为是停留于既遂还是未遂形态。例如，共谋共同正犯在其他共谋人着手实行之后脱离的，如果其他共谋人已经使犯罪既遂，则脱离者仍然应当按照犯罪既遂处理，并不成立犯罪中止。例如，甲、乙经共谋后到现场共同对丙实施伤害行为，甲见丙流血不止，十分可怜，就偷偷离开现场。乙继续实施伤害，致丙死亡。甲在着手后，有中止犯罪的意思，但没有积极的措施防止乙继续实行犯罪，需对乙造成的死亡结果承担责任，成立故意伤害（致人死亡）罪，而不成立中止犯。

帮助犯在正犯着手之后自动停止实行，且得到正犯承诺，但并未制止正犯继续实施犯罪的，帮助犯不能成立中止。如果正犯既遂，则帮助犯仍然既遂。例如，A、B多次共同盗窃。2007年3月初的深夜，A和B又一起相约去某别墅区盗窃，但未事先商量盗窃种类，A仍然是在外望风。B入室盗窃，过一会儿出来对A说："没偷到什么东西，但偷到一个汽车钥匙，要去把车开走。"A很害怕，说："你偷你的，汽车我不敢偷。"B说："你不偷，那你就等我一会儿。"A于是仍然站在别墅门口，B独自去开车库门。B在弄车时，不小心把喇叭弄响了一下，但没人发现。B将车开了出来，叫A上车。A说："我走回去。"B说："我开车送你回去。"A说："你偷你的车，反正与我无关。"于是，A就上了B偷的汽车，坐车回家。B将A送回家后之后，独自将车开走，并以低价卖出，对卖车款，A未分得分文。经查，被B盗窃的汽车价值48万元。就B盗窃汽车一事，应当如何处理A？对本案，本书认为，就盗窃汽车一事，A、B成立共犯，B是正犯，是主犯；A是帮助犯，是从犯。因为从客观上看，A在别墅外望风的行为，使B盗窃车钥匙变得更为容易。B取得车钥匙，使其后面盗窃汽车的行为变得很容易。所以，A需要对B盗窃汽车的结果负责。从主观上看，A和B有盗窃他人财物的故意，汽车属于他人财物，B取得他人财物，在A的共同犯罪故意之内；虽然A表示不偷汽车，但是，其留在现场且没有阻止B的盗窃行为，不能成立共犯中止，且事实上对他人的盗窃还存在精神上的帮助。帮助犯的成立，不要求其本人有非法占有目的，只要其有帮助的意思和行为就可以。此外，帮助犯不参与分赃，并不影响对其定罪。当然，虽然A要对B盗窃的汽车承担刑事责任，但是考虑到 A 是从犯，对其可以判处特别轻的刑罚。

规范依据

《刑法》

第 25 条　共同犯罪是指二人以上共同故意犯罪。

二人以上共同过失犯罪，不以共同犯罪论处；应当负刑事责任的，按照他们所犯的罪分别处罚。

案例评价

[案例 8-9] 黄某等故意伤害案[①]（教唆犯中止的认定）

1. 基本案情

2000 年 6 月初，刘汉某（另案处理）被免去甲市建安集团总经理职务及法人代表资格后，由甲市兴城控股有限公司董事长朱环某兼任某市建安集团公司总经理。同年 6 月上旬，被告人黄某找到刘汉某商量，提出找人，利用女色教训朱环某。随后，黄某找到被告人洪某，商定由洪某负责具体实施。洪某提出要人民币 4 万元的报酬，先收人民币 2 万元，事成后再收人民币 2 万元。黄某与刘汉某商量后，决定由刘汉某利用其任建源公司董事长的职务便利，先从公司挪用这笔钱。同年 6 月 8 日，刘汉某写了一张人民币 2 万元的借据。次日，黄某凭该借据到建源公司财务开具了现金支票，并到某银行甲市支行康宁分理处支取了人民币 2 万元，分两次支付给了洪某。洪某收钱后，即着手寻觅机会利用女色来引诱朱环某，但未能成功。于是，洪某打电话给黄某，提出不如改为找人打朱环某一顿，黄某表示同意。之后，洪某以人民币 1 万元的价值雇用被告人林明某去砍伤朱环某。后黄某因害怕打伤朱环某可能会造成的法律后果，又于同年 7 月初，两次打电话给洪某，明确要求洪某取消殴打朱环某的计划，同时商定先期支付的 2 万元冲抵黄某欠洪某所开饭店的餐费。但洪某应承后并未及时通知林明某停止伤人计划。林明某在找来被告人谢某、庞某、林宁某后，准备了两把菜刀，于 7 月 24 日晚，四人一起潜入朱环某住处楼下，等候朱环某开车回家。当日晚上 9 点 50 分左右，朱环某驾车回来，谢某趁朱环某在住宅楼下开信箱之机，持菜刀朝朱环某的背部连砍 2 刀、臀部砍了 1 刀，庞某则用菜刀往朱环某的前额面部砍了 1 刀，将朱环某砍致重伤。事后，洪某向黄某索要未付的人民币 2 万元。同年 7 月 25 日，黄某通过刘汉某从建源公司再次借出人民币 2 万元交给洪某。洪某

[①]　最高人民法院刑事审判第一、二、三、四、五庭. 中国刑事审判指导案例：侵犯公民人身权利、民主权利罪. 北京：法律出版社，2009：258.

将其中的 1 万元交给林明某作报酬，林明某分给谢某、庞某、林宁某共 4 500 元，余款自己占有。

某区人民法院依照《刑法》第 234 条第 2 款、第 272 条第 1 款、第 65 条、第 69 条、第 36 条、《民法通则》第 119 条的规定，判决如下：（1）被告人黄某犯故意伤害罪，判处有期徒刑 3 年。（2）被告人洪某犯故意伤害罪，判处有期徒刑 5 年。（3）被告人林明某犯故意伤害罪，判处有期徒刑 4 年。（4）被告人谢某犯故意伤害罪，判处有期徒刑 4 年。（5）被告人庞某犯故意伤害罪，判处有期徒刑 4 年。（6）被告人林宁某犯故意伤害罪，判处有期徒刑 3 年。（7）被告人黄某、洪某、林明某、谢某、庞某、林宁某应赔偿附带民事诉讼原告人朱环某医疗费人民币 87 502.76 元、护理费 11 600 元、营养费 9 000 元、误工费 29 400 元、残疾者生活补助费 45 106.56 元，共计人民币 182 609.32 元。被告人黄某承担 90 000 元；被告人洪某承担 22 609.32 元；被告人林明某、谢某、庞某各自承担 20 000 元；被告人林宁某承担 10 000 元。上述各被告人对上述债务承担连带赔偿责任。

一审宣判后，上述各被告人均未提出上诉，公诉机关亦未抗诉。判决刑事部分已发生法律效力。附带民事诉讼原告人就民事部分提出上诉，二审法院已裁定维持原判。

2. 涉案问题

本起共同伤害案件中，教唆犯黄某已经明确告知实行犯放弃伤害行为，但实行犯依然实施伤害行为，教唆犯黄某能否构成犯罪中止？

3. 裁判理由

某区人民法院经审理后认为：被告人黄某、洪某、林明某、谢某、庞某、林宁某共同故意伤害他人身体，致人重伤，其行为均已构成故意伤害罪。公诉机关指控被告人黄某、洪某、林明某、谢某、庞某、林宁某犯故意伤害罪，事实清楚，证据确实充分，应予支持。被告人黄某为帮人泄私愤，雇用被告人洪某组织实施伤害犯罪，其虽然最终已打消犯意，但未能采取有效手段阻止其他被告人实施犯罪，导致犯罪结果发生。考虑到其在共同犯罪中的教唆地位和作用，其单个人放弃犯意的行为不能认定为犯罪中止。故对其辩解及其辩护人的辩护意见不予采纳。被告人洪某在共同故意犯罪中掌握着佣金的收取和分配，负责组织他人实施犯罪，起承上启下的纽带作用，并非一般的联系环节。因此，对其辩解及其辩护人的辩护意见亦不予采纳。

4. 评析意见

本案中，关于被告人黄某的行为是否应认定为犯罪中止，有一种意见认为，被告人黄某行为符合刑法有关犯罪中止的规定，主观上已自动放弃了犯罪故意，客观上已两次通知洪某取消实施伤害计划，并已就先期支付的费用作出了处分。被告人洪某在接到黄某取消伤害计划通知后，未能按黄某的意思采取有效措施，阻止他人继续实施犯罪，致伤害结果发生。该行为后果不应由被告人黄某承担。

然而，根据《刑法》第24条规定，犯罪中止是指在犯罪过程中，自动放弃犯罪或者自动有效地防止犯罪结果发生。犯罪中止包括预备阶段的中止和实行阶段的中止两种情况。预备阶段的犯罪中止，就是指条文中"自动放弃犯罪"的情形。行为人在犯罪预备阶段，只要主观上放弃了犯罪意图，客观上自动停止了犯罪的继续实施，就可以成立犯罪中止。实行阶段的中止，是指行为人在已经着手实施犯罪行为以后的中止。实行阶段的中止，如不足以产生危害结果，只要自动停止实行行为即可成立中止；如足以产生危害结果，就必须以"自动有效地防止犯罪结果发生"为成立中止的必要。但是这些规定是针对单独犯罪而言的。

在共同犯罪中，各共犯人基于共同意思而实施共同犯罪行为，形成一个相互联系、相互作用的整体，在违法性上具有连带作用，因此犯罪中止的成立具有特别条件。

就教唆犯而言，被教唆者的犯罪决意是由教唆犯引起的，在违法事实的发生上，教唆行为与实行行为具有引起与被引起的因果关系。所以教唆犯欲成立犯罪中止，需消除自己教唆行为的违法性影响，即不能仅仅传达中止犯罪的意思给被教唆者，还要求采取措施阻止被教唆者实行犯罪，防止危害结果的发生。但是在特殊情形下，教唆者传达了中止犯罪的意思，也采取了可能的阻止实行犯犯罪的措施，例如，告知被害人请其做好防备，报告警方请其阻止犯罪，自己也亲自阻止犯罪，但是实行犯竟然一意孤行，突破障碍并实施了犯罪，造成了法益侵害结果。在这种情形下，教唆犯可以成立犯罪中止。如果因危害结果的发生而对教唆犯不认定为犯罪中止，则过于苛责和强人所难。因此，在这种情形下，实行犯的犯罪行为在违法性上已经与教唆犯脱离了引起与被引起的因果关系，而是其个人新的独立意志的表现。

本案中，被告人黄某不是自己亲自去实行犯罪，而是以金钱为交换雇用、利诱、唆使被告人洪某去组织实施伤害他人的犯罪，以实现自己的犯罪目的，因此是共同犯罪中的教唆犯。此后，被告人黄某主观上因害怕打人的法律后果而决定放弃伤害计划，客观上也两次电话通知洪某放弃伤人行动，并已就先期支付的"犯罪佣金"作出了"清欠债务"的处分。从表面上看，黄某对其直接雇用、教唆的人，已实施了积极的补救措施，似可成立犯罪中止。伤害行为和结果最终的实际发生，似乎只是洪某的怠于通知所造成。但本案黄某是第一雇用、教唆人，对其洪某的再雇用情况也是知情的，因此，其对其他被雇用、教唆人亦负有积极采取相应补救措施的责任，至少其要确保中间人洪某能及时、有效地通知、说服、制止其他被雇用、教唆人彻底放弃犯罪意图,停止犯罪并有效地防止犯罪结果的发生。显然,黄某未能做到这一点,导致犯罪行为和结果的实际发生。对此,黄某有相应的责任,故不能认定构成犯罪中止。

[案例8-10] 张某等强奸、强制猥亵妇女案[①](共同正犯的中止)

1. 基本案情

2000年5月16日下午,冯某(在逃)纠集张某、施某及"新新"(绰号,在逃)等人强行将被害人曹某(女,21岁)带至某宾馆,进入以施某名义租用的客房。冯某、张某、施某等人使用暴力、威胁等手段,强迫曹某脱光衣服站在床铺上,并令其当众小便和洗澡。嗣后,被告人张某对曹某实施了奸淫行为,在发现曹某有月经后停止奸淫;被告人施某见曹某有月经在身,未实施奸淫,而强迫曹某采用其他方式使其发泄性欲。之后,冯某接到一电话即带被告人施某及"新新"外出,由张某继续看管曹某。约一小时后,冯某及施某返回客房,张某和施某等人又对曹某进行猥亵,直至发泄完性欲。2000年5月24日,施某在父母的规劝下到公安机关投案。

某区人民法院依照《刑法》第236条第1款、第237条第2款、第24条、第56条、第55条第1款、第25条第1款、第26条第1款和第4款、第27条、第67条第1款、第69条和最高人民法院《关于处理自首和立功具体应用法律若干问题的解释》第1条的规定,于2000年12月21日判决如下:(1) 被告人张某犯强奸罪,判处有期徒刑9年,剥夺政治权利2年;犯强制猥亵妇女罪,判处有期徒刑6年6个月;数罪并罚决定执行有期徒刑15年,剥夺政治权利2年。(2) 被告人施某犯强奸罪,判处有期徒刑1年6个月;犯强制猥亵妇女罪,判处有期徒刑6年;数罪并罚决定执行有期徒刑7年。

一审宣判后,被告人张某和施某均不服,向某市第一中级人民法院提出上诉。张某上诉提出在强奸过程中,必然会有猥亵行为,故其行为不构成强制猥亵妇女罪。施某则提出,猥亵行为已包含在强奸犯罪的过程中,因而,一审认定其犯强制猥亵妇女罪不当。检察机关亦提起抗诉,理由是被告人张某和施某主观上都具有奸淫被害人的故意。在共同强奸犯罪过程中,被告人张某对被害人实施了奸淫,被告人施某实施了暴力、威胁等帮助张某奸淫的行为。被告人施某虽未实施奸淫行为,但并没有自动放弃奸淫意图。原判认定被告人施某属强奸犯罪中止,违背了法律有关犯罪中止的规定,适用法律不当,影响了对被告人的量刑。

---

① 最高人民法院刑事审判第一、二、三、四、五庭. 中国刑事审判指导案例:侵犯公民人身权利、民主权利罪. 北京:法律出版社,2009:379.

某市第一中级人民法院经审理查明：2000年5月16日下午，上诉人张某、施某伙同冯某等人，将被害人曹某强行带至某宾馆客房，其中张某对曹某实施了奸淫和猥亵行为，施某帮助张某实施强奸并且实施了猥亵曹某的行为。

某市第一中级人民法院判决如下：(1) 驳回上诉人（原审被告人）张某、施某之上诉。(2) 维持某市某区人民法院判决的第1项，即被告人张某犯强奸罪判处有期徒刑9年，剥夺政治权利2年；犯强制猥亵妇女罪判处有期徒刑6年6个月；数罪并罚决定执行有期徒刑15年，剥夺政治权利2年。(3) 撤销某市某区人民法院判决第2项，即被告人施某犯强奸罪判处有期徒刑1年6个月；犯强制猥亵妇女罪判处有期徒刑6年；数罪并罚决定执行有期徒刑7年。(4) 上诉人（原审被告人）施某犯强奸罪，判处有期徒刑4年；犯强制猥亵妇女罪，判处有期徒刑6年；数罪并罚决定执行有期徒刑9年。

2. 涉案问题

在本起共同强奸案中，被告人张某构成犯罪既遂，那么作为共同正犯之一的施某是否构成犯罪中止？

3. 裁判理由

某区人民法院认为：被告人张某、施某伙同他人，违背妇女意志，以暴力、胁迫的手段，强行与被害人发生性关系，其行为均已构成强奸罪；被告人张某、施某又伙同他人，以暴力、威胁等方法强制猥亵妇女，其行为均已构成强制猥亵妇女罪，依法应予两罪并罚。被告人张某在强奸共同犯罪中起主要作用，系主犯。被告人施某在被告人张某实施强奸的过程中，先用语言威逼，后站在一旁，对被害人有精神上的强制作用，系强奸共同犯罪中的从犯；其本人主观上具有奸淫的故意，后自动放弃奸淫意图而未实施奸淫行为，是强奸犯罪中止；其经父母规劝后向公安机关投案，如实供述自己的罪行，应当认定为自首。

某市第一中级人民法院认为，上诉人张某和施某伙同他人，违背妇女意志，以暴力、胁迫等手段强行与被害人发生性关系并强制猥亵被害人，其行为均分别构成强奸罪和强制猥亵妇女罪，依法均应予两罪并罚。上诉人张某在强奸共同犯罪过程中起主要作用，系主犯。上诉人施某在强奸共同犯罪中起次要作用，系从犯；上诉人施某有自首情节，依法可以从轻处罚。施某的行为不能认定为犯罪中止，其行为具有严重的社会危害性，原判对施某适用减轻处罚不当，依法应予以改判。检察机关抗诉意见正确，上诉人张某和施某的上诉理由均不能成立。

4. 评析意见

共同正犯要对自己的行为所导致的结果负责，同时要对其他正犯所导致的结果负责，因为其他正犯的犯罪，是所有共犯人"自己的犯罪"。所以，在共同正犯的场合，只要有一个行为人的行为既遂，所有的共犯都要承担既遂的责任，这就是共同正犯"部分实行、全部责任"的原则或者交叉归责原则。

然而就共同强奸而言，"部分实行、全部责任"的原则是否存在例外，存在争议。二人以上轮奸的场合，一人既遂，其他人未遂或者中止的，是否一律都成立强奸既遂？

否定说认为，对参与轮奸的共犯，应按照强奸得逞与否划分强奸既遂与未遂，不应把在轮奸中没有得逞的共犯与在轮奸中已得逞的共犯相提并论。(1) 轮奸共犯既遂与一般犯罪共犯既遂有区别。强奸罪既遂必须是行为人与妇女发生性行为，行为人如果没有与妇女发生性行为，就不构成强奸既遂。而一般犯罪既遂的犯罪构成只强调主观故意。如故意杀人罪的共同正犯，只要有共同杀人的故意，在共犯中，尽管不是每一个共犯均实施杀人的行为，但只要有人导致死亡结果，所有共犯就均成立杀人既遂。(2) 强奸既遂具有不可替代性。强奸既遂要求每一个行为人必须实施与妇女性交的行为，这种性交行为是针对单一个人的行为，并非包括其他共犯。共犯中有的在轮奸中已得逞，但不能替代在轮奸中未得逞的共犯。

肯定说主张，对参与轮奸的共犯，只要其中有人强奸得逞，其余共犯无论强奸是否得逞，一律以强奸既遂论处。在轮奸共同犯罪中，只要其中一人既遂，所有共犯都应对既遂结果负责，不能对行为未能得逞的共犯以未遂论处。这种处理并不违反责任主义，不属于株连无辜。(1) 从犯罪支配说的角度看，在客观上，共同正犯之间相互利用，相互补充，自己的犯罪是他人的，他人的犯罪也是自己的，正所谓"我中有你，你中有我"，所以，个别正犯造成的后果，所有正犯都难脱干系。(2) 在主观上，任何一个正犯的存在及行为对其他正犯在心理上有很大的影响力，正犯之间相互是对方的"精神支柱"。(3) 否定说的理由之一是，强奸罪具有特殊性，属于亲手犯，因此未将没有既遂的共犯人认定为犯罪既遂，违背亲手犯的要求。然而，强奸罪是否属于亲手犯，存在争议。亲手犯，是指必须由正犯者自己直接实行的犯罪。亲手犯不可能存在间接正犯。有观点认为，强奸罪的实行行为包括暴力等强制行为和奸淫行为，妇女可以成为强奸罪的间接正犯和共同正犯，因此强奸罪并不是亲手犯。退一步讲，强奸罪即使属于亲手犯，也不能因此排斥"部分实行、全部责任"原则的适用。亲手犯只是排除了构成间接正犯的可能性，并不能排除共同正犯违法的连带性。亲手犯的特殊之处仅在于只能由正犯者自己直接实行该犯罪，但只要构成共同正犯，就应遵守"部分实行、全部责任"的原则。

本案中，被告人施某与张某属于强奸罪的共同正犯，张某构成犯罪既遂，施某也应构成犯罪既遂。一审法院认为被告人施某构成犯罪中止。公诉机关为此提出抗诉,二审法院认为施某不构成犯罪中止。可以说,公诉机关和二审法院较好地贯彻了"部分实行、全部责任"原则。当然,虽然施某不构成犯罪中止,但其放弃犯罪的举动应属于酌定从宽处罚情节。

深度研究

　　共犯与中止讨论的问题是部分共犯人基于自己的意思自动放弃犯罪的,能否成立犯罪中止。但是有个比共犯与中止更具有基础意义的问题也即共犯关系的脱离,需要仔细分析。共犯关系的脱离比共犯与中止多讨论以下两个问题。第一,共犯与中止只讨论共犯人基于自动性(任意性)而放弃犯罪时能否成立犯罪中止,而共犯关系的脱离还讨论共犯人没有自动性而被迫放弃犯罪时能否成立犯罪未遂。第二,共犯与中止中,部分共犯人欲成立犯罪中止,一般其必须阻止其他共犯人的行为引起危害结果,也即要具有有效性要件。而共犯关系的脱离还讨论,部分共犯人基于自动性放弃犯罪,并且作出了真挚努力的阻止措施,但是由于其他因素的出现仍没有防止危害结果的,此时该如何妥当处理这部分共犯人。概括而言,共犯关系的脱离讨论的问题是,部分共犯人没有与其他共犯人一样将犯罪进行到底,而是中途停止(自动性或遇到障碍)的,符合哪些条件,就能认为这部分共犯人脱离了共犯关系,由此可以认定为犯罪中止或犯罪未遂,即使其他共犯人的行为引起了危害结果。可以看出,共犯关系的脱离是比共犯与中止更具有基础意义的问题。

　　共同犯罪是一种特殊的违法形态,各共犯人在违法上具有连带性。这种违法的连带性体现在犯罪既遂结果上,只要正犯构成犯罪既遂,那么其他共同正犯、教唆犯、帮助犯也要对既遂结果负责。其他共同正犯、教唆犯、帮助犯如果不想对既遂结果负责,就需要切断与既遂的正犯在违法上的连带性。

　　共犯的处罚根据是行为人通过介入正犯的行为引起了法益侵害结果,共犯行为与法益侵害结果之间具有因果性(因果共犯论)。基于此,共犯人欲切断与既遂的正犯在违法上的连带性,就需要消除其共犯行为与法益侵害结果之间的因果性,包括物理上的因果性和心理上的因果性。

　　就教唆犯而言,教唆行为与正犯的行为结果之间是一种心理上的因果性。教唆者引起他人的犯罪决意后,基于自动性或遇到障碍而打算放弃犯罪的,只有消除教唆行为与正犯行为结果之间的心理上的因果性,才能脱离共犯关系,才能成立犯罪中止或未遂。所谓消除教唆行为所产生的心理上的因果性,是指教唆者使被教唆者放弃犯意并阻止危害结果的发生。例如,甲唆使乙杀害丙，乙答应并去实施，甲又后悔欲放弃犯罪，其只有打消乙的犯意并阻止危害结果发生，才能成立犯罪中止。

就帮助犯而言，帮助行为与正犯的行为结果之间既包括物理上的因果性，也包括心理上的因果性。帮助者在实施帮助行为后，基于自动性或遇到障碍而打算放弃犯罪，只有消除帮助行为与正犯行为结果之间的物理上、心理上的因果性，才能承认脱离了共犯关系，才能成立犯罪中止或未遂。所谓消除帮助行为所产生的物理上、心理上的因果性，是指消除帮助行为对正犯行为所起的物理上、心理上的促进作用。例如，甲帮助乙杀害丙，给乙提供了毒药，甲又后悔欲放弃犯罪，只有索回毒药并阻止危害结果发生，才能成立犯罪中止。又如，甲为乙入室盗窃而望风，被警察发现，被迫逃离现场，但是并没有将此情况告知入室的乙。甲并没有脱离共犯关系，如果乙盗窃既遂，则甲也构成盗窃罪的帮助犯既遂。

就共同正犯而言，部分共同正犯与其他共同正犯的行为结果之间既包括物理上的因果性，也包括心理上的因果性。部分共同正犯基于自动性或遇到障碍而打算放弃犯罪，需要消除其与其他共同正犯之间物理上、心理上的因果性，才能承认脱离了共犯关系，才能成立犯罪中止或未遂。如果其他共同正犯已经进入实行阶段，则部分共同正犯还需要阻止危害结果的发生，才能承认脱离了共犯关系。

需要讨论的问题是，如果共犯人已经真挚努力地采取了消除与正犯在物理上、心理上因果性的措施，但是其他因素导致正犯者仍然犯罪既遂，此时该如何处理欲脱离共犯关系的共犯者？例如，甲唆使乙杀害丙，乙答应并去实施。甲又后悔打算放弃犯罪，便明确告知乙放弃犯罪，但是乙仍然执意继续实施，甲便一方面告知丙，请求其做好防卫准备，另一方面向警方报案，请求警方赶紧制止乙犯罪，并且自己也亲自前往阻止乙。但是丙并没有将甲的忠告当真，没有做好防范措施，同时警察也玩忽职守没有出动，甲自己在阻止乙时，被乙打成重伤昏迷。最终乙仍然杀害了丙。在这种情形下，虽然甲没有有效阻止危害结果的发生，但甲仍然可以成立犯罪中止，对丙的死亡结果不负责。第一，犯罪中止的有效性要件原本就存在例外。例如，甲欲杀害乙，致乙重伤后，又后悔便开车送乙去医院。途中遭遇第三人过失引起的车祸，导致乙死亡。由于车祸这种介入因素很异常，并且对死亡结果的发生起到很大作用，所以甲的伤害行为与乙的死亡结果之间不具有相当的因果关系，乙的死亡应视为第三人的行为引起的结果。因此，甲不构成故意杀人罪既遂，但是由于已经着手实行，会构成犯罪未遂或中止。甲由于放弃犯罪的行为具有自动性，因而成立犯罪中止。第二，在上述共犯的情形中，甲已经真挚努力地采取了防止措施，表明甲已消除了与乙的行为结果之间的因果性，乙的行为是在其自身意志下进行的。甲与乙在违法上已经不具有连带性，甲对乙的行为造成的危害结果不需负责。

第五节 共同犯罪的量刑

我国刑法以作用分类法为主、以分工分类法为辅，将共同犯罪人分为主犯、从犯、胁从犯、教唆犯四种，并明确规定了相应的处罚原则。

需要指出，以作用分类法为主，对共犯进行区分，对于解决共同正犯的量刑问题，有特殊意义。但是，作用分类法排斥正犯、帮助犯、教唆犯的概念，明显有其局限；在解决定罪问题上，作用分类法的功能更是捉襟见肘。作用分类法将主犯定义为在共同犯罪中起主要作用的人，将从犯定义为在共同犯罪中起次要作用的人。而共同犯罪之"罪"，按照部分犯罪共同说，必须是刑法分则罪状所明确规定的犯罪，刑法分则以正犯为原型进行规定，刑法总则并不对各罪的构成要件进行规定。所以，对共犯在共同犯罪中是起主要作用还是次要作用的确定，必须回到起点——刑法分则对各罪构成要件的规定。换言之，任何一个主犯和从犯都必须是与刑法分则所规定的正犯有关联的主犯与从犯，脱离刑法分则的构成要件规定，单纯刑法总则的主犯和从犯的规定毫无适用的可能性。事实上，对任何一个共犯案件的处理，都必须定罪在前，量刑在后。不根据分工分类法解决定罪问题（确定谁的行为符合分则具体罪名和构成要件的规定，谁的行为依附于正犯），要准确确定共犯的作用大小，解决量刑问题，就是无源之水、无本之木。所以，在讨论完正犯与共犯后，才可以根据作用分类来讨论主犯、从犯等量刑问题。

一、主犯

知识背景

（一）种类

根据《刑法》第 26 条第 1 款的规定，组织、领导犯罪集团进行犯罪活动的或者在共同犯罪中起主要作用的，是主犯。

1. 犯罪集团的首要分子

犯罪集团的首要分子，是指在集团犯罪中起组织、策划、指挥作用的人。犯罪集团的首要分子都是主犯，他们的犯罪活动包括建立犯罪集团、领导犯罪集团、制订犯罪活动计划、组织实施犯罪计划、策划于幕后、指挥于现场等。这些活动在犯罪集团的形成、发展过程中起主要作用，因而其实施者是主犯。

2. 聚众犯罪的首要分子

聚众犯罪的首要分子,在聚众犯罪中起组织、策划、指挥作用,在刑法同时处罚聚众者和积极参加者以及其他参加者时,是聚众犯罪中的主犯。

聚众犯罪的首要分子并不都是共同犯罪的主犯。我国刑法分则中所规定的聚众犯罪分为两种:一种是属于共同犯罪的聚众犯罪,即聚集三人以上进行共同犯罪(例如聚众劫狱罪),刑法同时处罚首要分子和其他参加者的,这种聚众犯罪中的首要分子当然是主犯。刑法规定这种聚众犯罪的首要分子的意义在于对构成犯罪的人区别对待,以实现罪刑均衡原则。另一种是不属于共同犯罪的聚众犯罪,即虽然是聚集三人以上进行犯罪(例如聚众扰乱社会秩序罪),但刑法并不处罚首要分子以外的其他参与者。由于首要分子构成单独正犯,自然就谈不上主犯的问题。刑法规定这种聚众犯罪的意义在于缩小打击面,将危害较小的参与者排除在刑法惩办的范围以外。

3. 其他主犯

除首要分子之外,在集团犯罪、聚众犯罪中起主要作用的人,以及在一般共同犯罪中起主要作用的人,都是主犯。在犯罪集团和聚众犯罪中的"其他"主犯虽然不是首要分子,但是犯罪的积极参加者,或者是主要实施者,在共同犯罪中起主要作用。

在一般共同犯罪中起主要作用的人,包括以下犯罪分子:(1)正犯。一般共同犯罪中的主犯,多数都是正犯。但是,并不是所有正犯都是主犯,正犯在共同犯罪中所起的作用较小,是次要实行犯的,仍然可以成立从犯。正犯是否成立主犯,需要综合考虑犯意由谁发起,正犯纠集共犯的积极性、参与实行的主动性、是否充当指挥者角色,共犯人各自导致危害后果的大小等因素。(2)教唆犯。教唆犯在共同犯罪中起主要作用的,是主犯。(3)胁从犯转化为主犯的。在特殊情况下,最初是被胁迫参加犯罪的人,但是在着手实行之后,在共同犯罪中起重要作用的,也可以成为主犯。

(二) 处罚

根据《刑法》第26条第3款的规定,对组织、领导犯罪集团的首要分子,按照集团所犯的全部罪行处罚。"按照集团所犯的全部罪行处罚"意味着只要最终的危害结果是在犯罪集团概括的犯罪意思支配之下形成的,首要分子即使对犯罪集团其他共犯的某次犯罪事实并不明确知道,也需要对所有犯罪负责。按照犯罪的功能性支配理论,犯罪集团的首要分子事实上就是共同正犯,要求其对集团所犯的全部罪行负责,就是对共同正犯适用"部分实行、全部责任"原则。

《刑法》第26条第4款的规定:对于第3款规定以外的主犯,应当按照其所参与的或者组织、指挥的全部犯罪处罚。这意味着对聚众犯罪的首要分子,在集团犯罪、聚众犯罪中起主要作用的人,以及在一般共同犯罪中起主要作用的人,都应当按照其所参与的或者组织、指挥的全部犯罪处罚。因为共犯之间存在相互利用的特殊情节,共犯人之间的行为不能割裂开来看,所以,法律规定"按照其所参与的或者组织、指挥的全部犯罪处罚"。这显然不是按照罪犯个人所造成的具体危害结果进行处罚,共同正犯成立主犯的,"部分实行、全部责任"原则必须适用。在共同实施财产犯罪、贪污贿赂犯罪的场合,主犯需要对其所参与的全部犯罪负责,绝不能根据罪犯个人最后分得赃物的多少"计赃论罪"。

规范依据

(一)《刑法》

第26条 组织、领导犯罪集团进行犯罪活动的或者在共同犯罪中起主要作用的,是主犯。

三人以上为共同实施犯罪而组成的较为固定的犯罪组织,是犯罪集团。

对组织、领导犯罪集团的首要分子,按照集团所犯的全部罪行处罚。

对于第三款规定以外的主犯,应当按照其所参与的或者组织、指挥的全部犯罪处罚。

(二)最高人民法院《关于贯彻宽严相济刑事政策的若干意见》

对于一般共同犯罪案件,应当充分考虑各被告人在共同犯罪中的地位和作用,以及在主观恶性和人身危险性方面的不同,根据事实和证据能分清主从犯的,都应当认定主从犯。有多名主犯的,应在主犯中进一步区分出罪行最为严重者。对于多名被告人共同致死一名被害人的案件,要进一步分清各被告人的作用,准确确定各被告人的罪责,以做到区别对待;不能以分不清主次为由,简单地一律判处重刑。

案例评价

[案例8-11] 王建某、王强某等故意杀人、抢劫案[①]
(对多名主犯如何区别量刑)

1. 基本案情

被告人王建某、王强某、祁明某、牛龙某、尹宝某、王宝某、赵宝某自2000年10月起至2003年1月止,分别结伙或单独故意杀人、抢劫他人财物、强奸妇女、故意伤害他人,作案四起,具体如下。

[①] 最高人民法院刑事审判第一、二、三、四、五庭.中国刑事审判指导案例:刑法总则.北京:法律出版社,2017:125.

2001年1月，被告人王建某因不满"迷迪"迪厅员工张由某刻录迪厅光盘，且怀疑张由某偷了祁明某的手机，遂告诉祁明某、王强某、王宝某、牛龙某、尹宝某等人，在迪厅散场后，由祁明某"请吃"夜宵。次日凌晨1时许，王建某、祁明某"邀"张由某去吃饭，后伙同牛龙某、尹宝某、王强某、王宝某一同来到梦圆饭店。席间，王强某故意劝酒，并持酒杯砸了张由某的头部。在王建某授意下，牛龙某拿走张由某的背包，后由尹宝某将背包交给王建某，迫使张由某一同与其离开梦圆饭店。上述各被告人将张由某带至"迷迪"迪厅附近对其进行殴打，致张由某昏迷。王建某唯恐事发，指使王强某、王宝某、牛龙某、祁明某将张由某抬进迪厅，又指使在迪厅值班的赵宝某将迪厅内外的血迹擦掉，后王建某从张由某的背包中翻出人民币2 000余元，分给上述各被告人。张由某醒后，王建某又令牛龙某、王强某、赵宝某等继续殴打张由某，王强某在唆使赵宝某殴打张由某的同时也伙同王宝某、牛龙某、尹宝某、祁明某、赵宝某等人对张由某进行殴打，并用啤酒瓶砸张由某的头部。王建某让牛龙某、尹宝某用绳子将张由某手脚捆住。王建某等人唯恐罪行败露，商议如何处置张由某，祁明某、王宝某、王强某等人提议将张由某烧掉或埋掉或扔到河里。后王建某决定将张由某抬到迪厅后院的小屋里，并打着手电指挥其余六被告人将小屋内20余袋各重约50千克的盐袋全部压在张由某身上，致张由某窒息死亡。次日凌晨，王建某在与其他被告人密谋后，驾驶汽车，伙同被告人王强某、王宝某、牛龙某、尹宝某将张由某尸体拉至乙区大黄堡乡小石庄大桥东侧的排污河，凿开冰面，抛入河后逃离现场。案发后，上述王建某等七被告人先后被公安机关抓获归案。王宝某、王强某归案后，分别协助公安机关将被告人王建某、尹宝某抓获归案。

2001年2月14日晚9时许，被告人王建某之妻马霞某在"迷迪"迪厅内与客人孙贵某发生争执，王建某遂纠集王宝某等4人殴打孙贵某及同伴刘庆某，致刘庆某轻微伤（偏重），后抢走刘庆某人民币3 100元及价值人民币6 746元的手机等物品。

2000年10月、11月，王建某在"迷迪"迪厅，以谈工作为名，以暴力相威胁等手段，两次将领舞女青年张晓某强奸。

2003年1月12日16时许，被告人祁明某因制止同室在押犯周喜某在监室内吸烟而发生口角。祁明某即朝周喜某右面部踢了一脚，致周喜某轻伤（偏重）。

被告人祁明某在被羁押期间还揭发了王建某强奸犯罪事实。

甲市第一中级人民法院判决如下：

（1）被告人王建某犯故意杀人罪，判处死刑，剥夺政治权利终身；犯抢劫罪，判处有期徒刑9年，并处罚金人民币1万元；犯强奸罪，判处有期徒刑3年。数罪并罚决定执行死刑，剥夺政治权利终身，并处罚金人民币1万元。

(2) 被告人王强某犯故意杀人罪，判处死刑缓期二年执行，剥夺政治权利终身。

(3) 被告人祁明某犯故意杀人罪，判处死刑缓期二年执行，剥夺政治权利终身；犯抢劫罪，判处有期徒刑8年，并处罚金人民币1万元；犯故意伤害罪，判处有期徒刑2年6个月。数罪并罚决定执行死刑缓期二年执行，剥夺政治权利终身，并处罚金人民币1万元。

(4) 被告人牛龙某犯故意杀人罪，判处死刑缓期二年执行，剥夺政治权利终身。

(5) 被告人尹宝某犯故意杀人罪，判处死刑缓期二年执行，剥夺政治权利终身；犯抢劫罪，判处有期徒刑8年，并处罚金人民币1万元。数罪并罚决定执行死刑缓期二年执行，剥夺政治权利终身，并处罚金人民币1万元。

(6) 被告人王宝某犯故意杀人罪，判处无期徒刑，剥夺政治权利终身；犯抢劫罪，判处有期徒刑8年，并处罚金人民币1万元。数罪并罚决定执行无期徒刑，剥夺政治权利终身，并处罚金人民币1万元。

(7) 被告人赵宝某犯故意杀人罪，判处有期徒刑15年，剥夺政治权利3年。

(8) 犯罪工具绿色三厢夏利汽车1辆依法予以没收。

宣判后，王建某、王强某、牛龙某不服，以原判量刑过重等为由，向甲市高级人民法院提出上诉。

在二审开庭审理中，甲市人民检察院认为，原审判决认定上诉人王建某犯强奸罪的事实不清，证据不足，王建某所犯强奸罪不能成立；原审被告人祁明某揭发王建某犯有强奸罪的行为，不应当认定为立功表现。

甲市高级人民法院依照《刑事诉讼法》(1996年)第189条第1、3项的规定，于2004年12月20日判决如下：

(1) 维持甲市第一中级人民法院刑事判决中对被告人王强某、牛龙某、祁明某、尹宝某、王宝某、赵宝某的定罪量刑部分和没收犯罪工具部分。

(2) 撤销甲市第一中级人民法院刑事判决中对被告人王建某的定罪量刑。

(3) 上诉人王建某犯故意杀人罪，判处死刑，剥夺政治权利终身；犯抢劫罪，判处有期徒刑9年，并处罚金人民币1万元。数罪并罚决定执行死刑，剥夺政治权利终身，并处罚金人民币1万元。

2. 涉案问题

对于共同犯罪中的多名主犯如何区别量刑，特别是如何适用死刑？

3. 裁判理由

甲市第一中级人民法院认为，被告人王建某、王强某、祁明某、牛龙某、尹宝某、王宝某、赵宝某纠合在一起，在被告人王建某的指使下，行凶杀人，抛尸匿迹，其行为均构成故意杀人罪；被告人王建某、祁明某、尹宝某、王宝某施以暴力，劫取他人财物据为己有，其行为均构成抢劫罪；被告人王建某以暴力等手段强奸妇女，其行为构成强奸罪；被告人祁明某在羁押期间故意殴打他人，致他人轻伤（偏重），其行为构成故意伤害罪。被告人王建某、祁明某、尹宝某、王宝某均犯数罪，应实行数罪并罚。被告人王建某、王强某、祁明某、牛龙某、尹宝某、王宝某在共同犯罪中系主犯，赵宝某系从犯。被告人祁明某、牛龙某、尹宝某所犯罪行特别严重，但在共同犯罪中不同程度受他人指使。被告人王强某、王宝某归案后协助公安机关抓捕同案犯，具有重大立功表现，应当从轻处罚。被告人祁明某揭发他人犯罪经查属实，有立功表现，可以从轻处罚。被告人王建某所提没有指使他人犯罪，亦未起组织指挥作用的辩解，与庭审查明的事实不符，不予采纳。

甲市高级人民法院认为，原审判决认定上诉人王建某、王强某、牛龙某及原审被告人祁明某、尹宝某、王宝某、赵宝某犯故意杀人罪，上诉人王建某及原审被告人祁明某、尹宝某、王宝某犯抢劫罪，原审被告人祁明某犯故意伤害罪的事实清楚，证据确实、充分，定罪量刑适当，应当予以维持；认定上诉人王建某强奸犯罪的事实不清，证据不足，应予改判；一审判决认定原审被告人祁明某揭发王建某犯有强奸罪的行为，不属于立功表现。

4. 评析意见

在共同暴力致人死亡的犯罪中，对依法应当判处被告人死刑的，一般只对主犯适用死刑立即执行，对从犯，根据其作案参与的情节，应当从宽处罚。一案中有多名主犯的，还要在主犯中进一步区分出罪责更为严重者或最严重者，原则上只判处地位、作用最突出、罪责最严重的被告人死刑立即执行，以做到区别对待。不能以"分不清主次""难以分清主次"为由，简单地一律判处多名主犯死刑立即执行或死刑缓期执行。在司法实践中，对共同犯罪中罪行极其严重的犯罪分子是否判处死刑立即执行，应当考虑案件是否符合以下情形：多个主犯中罪行最严重的主犯已经判处死刑立即执行，共同犯罪人为其他地位、作用相对次要的主犯；共同犯罪人作用、地位相当，责任相对分散的；共同犯罪人责任不清的；同案人在逃，有证据证明被告人起次要作用的；对在案的被告人适用死刑立即执行可能影响对在逃的同案人定罪量刑的；等等。对符合上列情形的，一般不适用死刑立即执行。在特殊情况下，认为确实应当判处两名以上被告人死刑立即执行的，必须具有绝对充分的理由。例如，被告人罪行极其严重，各被告人地位、作用相当，罪责相对分散，或者罪责确实难以区分，且根据案件的具体情节，反映出各被告人均主观恶性极深、人身危险性极大，或者都有法定从重情节的，也可判处两人以上死刑立即执行。[①] 对于被告人之间是近亲

---

① 项谷，高帆，张菁. 严重暴力犯罪死刑适用的酌定标准. 法学，2009（11）：150.

属的共同犯罪案件,也应区分主犯与从犯,只应将罪行最严重的主犯判处死刑,不宜将所有的主犯全部判处死刑。

本案中,被害人的死亡是由指挥、抬人和压盐包三种行为共同导致的结果。积极实施上述三种行为的参与者均属共同犯罪中的主犯,应对被害人的死亡承担全部刑事责任。但这并不意味着对所有主犯都要处以死刑。被告人王建某组织、指挥多人,以特别残忍的手段杀人灭口,抛尸灭迹,且在故意杀人犯罪前后聚众殴打多人,并抢劫财物,作案动机十分卑劣、手段极其残忍、情节特别恶劣、造成的后果极其严重,且主观恶性极深,人身危险性极大,实属罪行极其严重。作为决策者、组织指挥者,王建某应当对故意杀人犯罪负全部责任,一、二审法院以故意杀人罪判处其死刑立即执行,可谓罚当其罪。被告人祁明某、王强某、牛龙某、尹宝某积极参与殴打被害人,之后又共同预谋杀人灭口,且共同将数袋重达50千克的盐包压在被害人身上,是杀人犯罪的积极参与者和主要实施者,其罪责相对于王建某罪责要小一些,其虽然罪行极其严重,但尚未达到非杀不可的程度。同时,多个主犯中罪行最严重的主犯已经判处死刑立即执行,其他地位、作用相对次要的主犯不宜被判处死刑立即执行。因此,对上述四名被告人可以不判处死刑立即执行。这种处理符合少杀慎杀、宽严相济、罪刑相适应的量刑原则及刑事政策。

[案例8-12] 宋某运输毒品案[①](主犯与死刑适用)

1. 基本案情

被告人宋某与同案被告人叶某(已被判处死刑,缓期二年执行)、杨某(在逃)事先预谋运送毒品到福建省。2005年1月20日,三人携带一内藏有4包海洛因的深蓝色长方形行李包(由宋某随身携带),乘坐客车从四川省出发,于同年1月23日22时许,抵达福建省石狮市。宋某与叶某、杨某转乘杨某某驾驶的出租车欲将毒品运往福州,途经泉州市城东出城登记站接受例行检查时,宋某和叶某被公安人员抓获,当场查获海洛因998克。杨某逃脱。

某市中级人民法院依照《刑法》第347条、第25条第1款、第48条第1款、第57条第1款、第65条第1款的规定,判决:被告人宋某犯运输毒品罪,判处死刑,剥夺政治权利终身,并处没收个人全部财产。

宣判后,宋某不服,提出上诉,称其对所携带的行李包内藏有毒品不明知。其辩护人提出,本案主犯是负案在逃的杨某。被告人宋某既非毒品的所有者,也不是犯罪的指挥者,他是在杨某设下圈套引诱之下犯罪的,根本不知道是谁于何时将毒品藏于他的行李包中。其犯罪主观恶性相对较小,在共

---

① 最高人民法院刑事审判第一、二、三、四、五庭.中国刑事审判指导案例:妨害社会管理秩序罪.北京:法律出版社,2009:259.

同犯罪中所起的作用较小，属于从犯，依法应当从轻、减轻处罚，并且该毒品也没有流入社会，未造成严重后果。

某省高级人民法院依照《刑事诉讼法》（1996年）第189条第1项规定，裁定驳回上诉，维持原判，并依法报请最高人民法院核准。

最高人民法院依照《刑事诉讼法》（1996年）第199条、最高人民法院《关于执行〈中华人民共和国刑事诉讼法〉若干问题的解释》第285条第3项、《刑法》第347条第2款、第48条第1款、第57条第1款、第59条、第25条第1款、第65条第1款的规定，判决如下：（1）撤销某省高级人民法院刑事裁定和某市中级人民法院刑事判决中对被告人宋某的量刑部分；（2）被告人宋某犯运输毒品罪，判处死刑，缓期二年执行，剥夺政治权利终身，并处没收个人全部财产。

2. 涉案问题

被告人宋某和杨某均为运输毒品罪的主犯，因同案犯杨某在逃致被告人宋某在共同犯罪中地位、作用不明，对此应如何适用刑罚，能否适用死刑？

3. 裁判理由

某市中级人民法院认为，被告人宋某违反国家法律，非法运输毒品海洛因998克，其行为已构成运输毒品罪，且数量大。被告人宋某曾因犯罪被判处有期徒刑，刑满释放5年内再犯本案之罪，系累犯，应从重处罚。被告人宋某与同案被告人叶某在共同犯罪中，没有明显的主次之别，不宜区分主从犯，故被告人宋某的辩护人提出被告人宋某是从犯的理由，不予采纳。

某省高级人民法院经审理后认为，被告人宋某运输毒品海洛因998克，其行为已构成运输毒品罪，运输毒品数量大。宋某曾因犯罪被判处有期徒刑，刑满释放后5年内再犯罪，系累犯，依法应从重处罚。关于宋某及其辩护人提出其不知所携带的行李包内藏有海洛因的理由，经查，宋某、叶某在公安机关侦查阶段均供述宋某行李包内藏有海洛因；公安人员例行检查时宋某、叶某及杨某即弃包逃离，故其诉辩对于行李包内藏有海洛因不明知的理由不能成立，不予采纳。原判认定事实清楚，证据确凿，定罪准确，量刑适当；审判程序合法。宋某要求从轻理由不能成立，不予采纳。

最高人民法院经复核后认为，被告人宋某明知是海洛因而非法予以运输，其行为已构成运输毒品罪，且其运输毒品数量大，又系累犯，应依法惩处。一审判决和二审裁定认定的事实清楚，证据确实、充分，定罪准确；审判程序合法。但根据现有证据，不能证明被告人宋某在共同犯罪中的作用大于同案犯叶某的作用，对被告人宋某判处死刑，可不立即执行。

4. 评析意见

被告人宋某、叶某、杨某均明知行李包内藏有毒品海洛而实施运输行为。

但是，在运输毒品行为中，宋某、叶某及杨某的地位、作用如何，是本案量刑的关键问题。叶某供述杨某是毒品的所有人，其与宋某均受雇于杨某。由于杨某在逃，三人在共同运输毒品中的地位和作用，难以查清。宋某虽是携毒者，但不能因为毒品在谁包里就推定谁的地位更重要、作用更大。判断共犯所处的地位和作用，必须全面分析。据叶某供述，叶某是受杨某指令监视宋某的。从监视与被监视的关系看，叶某的地位有可能高于宋某。而且，叶某和宋某是受雇于杨某的，那么杨某在共同犯罪中的地位和作用应更大。但这方面的证据不足，仅有叶某一人的供述。因此，宋某、叶某在共同犯罪中的地位与作用，根据现有证据尚不足以认定。在叶某已被判处死缓且裁判已经生效的情况下，一、二审法院对被告人宋某判处死刑立即执行，在两被告人之间会出现量刑失衡问题。宋某虽系累犯，但因其所犯前罪为犯罪未遂，且不属毒品再犯，根据本案的具体情节，对宋某判处死刑，可不立即执行。据此，最高人民法院改判宋某死缓，既与本案事实、证据相符合，也与叶某的量刑相平衡。

[案例8-13] 廉明某等贩卖毒品案[①]（犯罪集团的认定）

1. 基本案情

2004年3月至10月，被告人廉明某先后纠集了被告人吴冰某、廉伟某、刘宏某、苏文某和杨明某、邢报某、强涂某及陈民某（在逃）等人，组成了集购买、运输、储藏、贩卖于一体的贩毒网络。廉明某在丙市负责联系购买毒品海洛因，并安排人员运送至乙市进行出售；廉伟某在丙市受廉明某的指示取回廉明某购买的海洛因，并负责将海洛因交给廉明某安排的人员逐批运送，同时购买并提供从丙市至乙市的火车票；刘宏某和杨明某、强涂某、陈民某相继在廉明某的安排下负责运输海洛因；吴冰某在廉明某的安排下，在乙市负责接收和出售海洛因，并将同伙的赃款通过异地存储或委托运送毒品人员返程时带回等方式交给廉明某；苏文某受吴冰某的指使在乙市负责接收和出售海洛因；邢报某在廉明某、吴冰某的安排下，在乙市的租住处储藏、中转海洛因。具体事实如下：

（1）2004年3月，廉明某与刘绍某（在逃）联系后，指使廉伟某在丙市某区天心桥车站附近从刘绍某处取回购得的海洛因1 500克。后廉伟某根据廉明某的安排，在该区妇幼保健站附近将海洛因连同火车票交给杨明某，由杨明某乘火车运送至乙市，转交给吴冰某贩卖。

（2）2004年4月，廉明某与刘绍某联系后，指使廉伟某在丙市某区某车

[①] 最高人民法院刑事审判第一、二、三、四、五庭. 中国刑事审判指导案例：妨害社会管理秩序罪. 北京：法律出版社，2009：251.

站附近从刘绍某处取回购得的海洛因约2 000克。后廉伟某根据廉明某的安排，于4月8日在该区妇幼保健站附近将海洛因连同火车票交给杨明某，由杨明某乘火车将海洛因运送至乙市，准备转交给吴冰某贩卖。同月10日，杨明某到达乙市后，在吴冰某租住地被公安机关抓获，当场被缴获海洛因1 959.01克。

（3）2004年7月，廉明某与刘绍某联系后，指使廉伟某在丙市某区烈士陵园旁的加油站附近从刘绍某处取回购得的海洛因2 000克。后吴冰某先后3次从廉伟某的住处提取海洛因2 000克运至乙市，先储藏于邢报某在乙市的租住处，后用于贩卖。

（4）2004年9月中旬，廉明某与刘绍某联系后，指使廉伟某在丙市某区某车站附近从刘绍某处取回购得的海洛因3 000克。根据廉明某的安排，廉伟某于同月14日在都市花园某洗脚馆内将其中的2 000克海洛因连同火车票交给刘宏某，由刘宏某从丙市乘火车将海洛因于同月16日运输至乙市，并根据吴冰某的安排，在乙市金城医院附近将海洛因交给吴冰某派去的苏文某。吴冰某接收到海洛因后取走1 200克贩卖，将剩余的800克储藏于邢报某在乙市的租住处，后用于贩卖。

（5）2004年9月下旬，廉明某与刘绍某联系后，指使廉伟某在丙市某区烈士陵园加油站附近从刘绍某处取回购得的海洛因9 000克放于自己家中。同月28日，廉伟某根据廉明某的安排，在丙市师范学院门口将其中的2 000克海洛因连同火车票交给刘宏某，由刘宏某乘火车将海洛因于30日运输至乙市，在乙市金城医院附近交给吴冰某派去的苏文某。苏文某将上述毒品全部储藏在邢报某在乙市的租住处，后用于贩卖。

（6）2004年9月30日，廉伟某根据廉明某的安排，在丙市沙阳路供电局缴费站附近将2 000克海洛因连同火车票交给陈民某，由陈民某乘火车于10月2日将海洛因运送至乙市，在乙市金城医院附近交给吴冰某。吴冰某、苏文某当即取走部分海洛因贩卖，将剩余的700克海洛因储藏于邢报某在乙市的租住处，用于日后贩卖。

（7）2004年10月8日，廉伟某根据廉明某的安排，在丙市第三中学门口将2 000克海洛因连同火车票交给刘宏某，由刘宏某乘火车于同月10日将海洛因运送至乙市，在乙市金城医院附近交给吴冰某派去的苏文某。后吴冰某取走100克海洛因贩卖，将剩余的1 900克海洛因储藏于邢报某在乙市的租住处，用于日后贩卖。

（8）2004年10月22日，廉伟某根据廉明某的安排，在丙市第八中学附近将2 000克海洛因连同火车票交给陈民某，由陈民某乘火车于同月24日将海洛因运送至乙市，在乙市的金城医院附近交给吴冰某。后吴冰某、苏文某分别取走1 200克和100克海洛因贩卖,将剩余的700克海洛因储藏于邢报某在乙市的租住处,用于日后贩卖。

(9) 2004年10月24日,廉伟某根据廉明某的安排,在丙市第八中学附近将2 817克海洛因连同火车票交给刘宏某、强涂某,由刘宏某、强涂某二人乘火车于同月26日将海洛因运送至乙市,在乙市的金城医院附近交给吴冰某派去的苏文某。苏文某将其中的500克海洛因直接用于贩卖,将其余的2 317克海洛因带至邢报某在乙市的租住处储藏。邢报某将其中的2 000克海洛因藏匿于其妹妹鲜某某的住处,准备用于日后贩卖。同月29日,公安机关从邢报某、鲜某某处查获海洛因2 317克。

(10) 2004年10月27日,廉伟某根据廉明某的安排,在丙市某区武装部招待所附近将2 008克海洛因连同火车票交给刘宏某,由刘宏某乘火车运送至乙市欲转交给吴冰某贩卖。同月29日,刘宏某在乙市火车站被公安机关抓获,公安机关当场缴获其随身携带的海洛因2 008克。

综上所述,被告人廉明某纠集他人共同贩卖、运输海洛因10次共计20 284.01克,此外还单独或伙同他人贩卖海洛因9次计1 402克;被告人吴冰某直接运输或者安排人员接收海洛因8次计16 317克并亲自贩卖或指使苏文某、杨明某贩卖,此外还单独贩卖海洛因1次100克;被告人廉伟某在廉明某指使下参与运输及贩卖海洛因10次计20 284.01克;被告人刘宏某参与运输海洛因5次计10 825克;被告人苏文某受吴冰某的指使,4次在乙市接收海洛因计8 817克,并贩卖海洛因1 436克。案发后,公安机关共缴获海洛因6 381.01克,其余毒品均已流入社会。

乙市中级人民法院依照《刑法》第347条第2款第1及2项、第25条第1款、第26条、第27条、第48条第1款、第65条第1款、第356条、第70条、第71条、第57条第1款之规定,于2005年7月8日判决如下:

(1) 被告人廉明某犯贩卖、运输毒品罪,判处死刑,剥夺政治权利终身,并处没收全部财产。

(2) 被告人吴冰某犯贩卖、运输毒品罪,判处死刑,剥夺政治权利终身,并处没收全部财产。

(3) 被告人廉伟某犯贩卖、运输毒品罪,判处死刑,剥夺政治权利终身,并处没收全部财产。

(4) 被告人刘宏某犯运输毒品罪,判处死刑,剥夺政治权利终身,并处没收全部财产。

(5) 被告人苏文某犯贩卖毒品罪,判处死刑,剥夺政治权利终身,并处没收全部财产。

(6) 被告人邢报某犯贩卖毒品罪,判处死刑,剥夺政治权利终身,并处

第八章　共同犯罪

没收全部财产。

（7）被告人杨明某犯贩卖、运输毒品罪，判处死刑，剥夺政治权利终身，并处没收全部财产；连同原判刑罚，决定执行死刑，剥夺政治权利终身，并处没收全部财产。

（8）被告人强涂某犯运输毒品罪，判处死刑，缓期二年执行，剥夺政治权利终身，并处没收财产人民币8万元；连同前罪尚未执行完毕的刑罚，决定执行死刑，缓期二年执行（死刑缓期二年执行的期间，从甲省高级人民法院核准之日起计算），剥夺政治权利终身，并处没收财产人民币8万元。

宣判后，被告人廉明某、吴冰某、强涂某服判，未提出上诉，其余被告人均提出上诉。

甲省高级人民法院依照《刑事诉讼法》（1996年）第189条第1、2项和《刑法》第347条第2款第1及2项、第25条第1款、第26条第1及3款、第27条、第48条第1款、第65条第1款、第356条、第70条、第71条、第57条第1款之规定，于2006年2月17日判决如下：

（1）维持对被告人廉明某、吴冰某、廉伟某、刘宏某、苏文某的判决；

（2）维持对被告人杨明某、邢报某、强涂某的定罪，撤销对杨明某、邢报某、强涂某的量刑。

（3）被告人杨明某犯贩卖、运输毒品罪，判处死刑，缓期二年执行，剥夺政治权利终身，并处没收全部财产；连同原判刑罚，决定执行死刑，缓期二年执行，剥夺政治权利终身，并处没收全部财产。

（4）被告人邢报某犯贩卖毒品罪，判处无期徒刑，剥夺政治权利终身，并处没收全部财产。

（5）被告人强涂某犯运输毒品罪，判处无期徒刑，剥夺政治权利终身，并处没收财产人民币8万元；连同前罪尚未执行完毕的刑罚，决定执行无期徒刑，剥夺政治权利终身，并处没收财产人民币8万元。

最高人民法院依照《刑事诉讼法》（1996年）第199条和最高人民法院《关于执行〈中华人民共和国刑事诉讼法〉若干问题的解释》第285条第1项、第3项，《刑法》第347条第2款第1项、第25条第1款、第26条第1款及第4款、第65条第1款、第356条、第48条第1款、第57条第1款的规定，判决如下：

（1）核准甲省高级人民法院刑事判决维持一审以贩卖、运输毒品罪判处被告人廉明某、吴冰某死刑，剥夺政治权利终身，并处没收全部财产；以运输毒品罪判处被告人刘宏某死刑，剥夺政治权利终身，并处没收全部财产；以贩卖毒品罪判处被告人苏文某死刑，剥夺政治权利终身，并处没收全部财产的部分。

(2) 撤销甲省高级人民法院和乙市中级人民法院刑事判决中对被告人廉伟某的量刑部分。

(3) 被告人廉伟某犯贩卖、运输毒品罪，判处死刑，缓期二年执行，剥夺政治权利终身，并处没收全部财产。

2. 涉案问题

本案中的共同犯罪属于一般共同犯罪还是属于犯罪集团？如何认定犯罪集团？

3. 裁判理由

乙市中级人民法院认为，被告人廉明某不满足于零星贩卖海洛因而纠集被告人吴冰某、廉伟某、刘宏某、苏文某、邢报某、杨明某、强涂某等人，组成贩卖海洛因的犯罪集团，有组织地贩卖、运输大宗海洛因。被告人廉明某、吴冰某、廉伟某、杨明某的行为均已构成贩卖、运输毒品罪；被告人苏文某、邢报某的行为均已构成贩卖毒品罪；被告人刘宏某、强涂某的行为均已构成运输毒品罪。各被告人贩卖、运输海洛因的数量均达到且明显超过《刑法》第347条第2款第1项的法定标准。在犯罪集团中，被告人廉明某系起组织、指挥作用的首要分子，应对集团所犯的全部罪行承担刑事责任；被告人吴冰某、廉伟某、刘宏某、苏文某、邢报某、杨明某均系积极实施的主犯，均应对各自实施的全部犯罪承担刑事责任；被告人强涂某起次要作用，系从犯。被告人廉明某、刘宏某、苏文某、杨明某均曾因犯贩卖毒品罪被判过刑，又进行毒品犯罪，依照《刑法》第356条之规定，均应当从重处罚；被告人吴冰某、强涂某在前罪有期徒刑以上刑罚执行完毕后的5年内又重新故意犯罪，依照《刑法》第65条第1款之规定均系累犯，均应当从重处罚。综合考察被告人廉明某、吴冰某、廉伟某、刘宏某、苏文某、邢报某、杨明某犯罪的主观恶性及造成的社会危害性，均属罪行极其严重，依法均应予以严惩。被告人强涂某虽系累犯，但根据其在集团犯罪中所处的地位和所起的作用，对其判处死刑可不立即执行。被告人杨明某在刑罚执行期间被发现还有其他罪行没有得到判决，应依照《刑法》第70条之规定实行数罪并罚；被告人强涂某在前罪主刑执行完毕后的附加剥夺政治权利执行期间又犯新罪，应依照《刑法》第71条之规定实行数罪并罚。

甲省高级人民法院经审理后认为，原审判决认定事实清楚、证据确实、充分，定罪正确，审判程序合法。被告人廉明某纠集吴冰某、廉伟某、刘宏某、苏文某、杨明某、邢报某、强涂某，贩卖运输大宗海洛因，系共同犯罪。原审判决认定本案被告人为犯罪集团不当。原审判决对杨明某、邢报某、强涂某量刑不当，应予以改判。

最高人民法院复核认为，被告人廉明某纠集被告人吴冰某、廉伟某、刘宏某、苏文某等人，贩卖、运输海洛因数量特别巨大，吴冰某积极参与运输、贩卖海洛因，刘宏某积极参与运输海洛因，苏文某积极参与贩卖海洛因，廉伟某在廉明某指使、安排下积极参与贩卖、运输海洛因，廉明某、吴冰某、廉伟某的行为均已构成贩卖、运输毒品罪，刘宏某的行为构成运输毒品罪，苏文某的行为构成贩卖毒品罪。廉明某、吴冰某、刘宏某、苏文某均系主犯，应当按照其所参与的全部犯罪处罚。一、二审判决认定的事实清楚，证据确实、充分，定罪准确；审判程序合法。廉明某、刘宏某、苏文某曾因犯贩卖毒品罪被判刑，又进行毒品犯罪，系毒品再犯；吴冰某因犯罪被判处有期徒刑以上刑罚，刑罚执行完毕后5年内又重新故意犯罪，系累犯，均应依法从重处罚。该四被告人犯罪主观恶性深，罪行极其严重，一、二审判决对其量刑适当。廉伟某在廉明某的指使和安排下，取回和送出廉明某购得的海洛因，参与运输、贩卖，其犯罪行为带有一定被动性。根据其在共同犯罪中实际所起的作用，以及主观恶性程度，对其判处死刑可不立即执行。

4. 评析意见

《刑法》第26条第2款规定："三人以上为共同实施犯罪而组成的较为固定的犯罪组织，是犯罪集团。"参考司法解释与司法实践[①]，犯罪集团通常具有以下特征：（1）人数较多。即三人以上，二人不足以成为集团。（2）组织较为固定。这表现为有明显的首要分子，有的首要分子是在纠集过程中形成的，有的人在纠集开始时就是首要分子；重要成员固定或基本固定；集团成员以首要分子为核心结合得比较紧密；集团成员实施一次或数次犯罪行为后，其组织形式继续存在。（3）目的明确。犯罪集团的形成是为了反复多次实施一种或数种犯罪行为；集团的犯罪活动通常有预谋、有计划地进行，即便是突发性的作案，往往也是在集团的总的犯罪故意支配下进行的。（4）危害严重。犯罪集团成员较多，形成一个集体的思想力量和行动力量。这种力量使犯罪集团可能实施单个人或一般共同犯罪人难以实施的重大犯罪；使犯罪集团的活动计划周密，易于得逞，给法益造成重大损害；使犯罪集团在犯罪后也易于转移赃物、消灭罪迹、逃避侦查。即使犯罪集团实际实施的犯罪次数不多，犯罪集团的形成本身也对社会具有严重的危险性。

本案中，被告人廉明某、吴冰某、廉伟某、苏文某等人纠合在一起进行贩卖、运输毒品的犯罪活动，在诸多外在表现上具备犯罪集团的一些特征。例如，涉及本案的犯罪分子共有9人，犯罪人数达到了3人以上，并且有基本成员廉明某、吴冰某、廉伟某、苏文某等人；廉明某的主要作用较为明显，

[①] 最高人民法院、最高人民检察院、公安部1984年6月15日《关于当前办理集团犯罪案件中具体应用法律的若干问题的解答》、1984年5月26日《关于怎样认定和处理流氓集团的意见》。

毒品货源由其组织，最终的资金流向控制权也归属于廉明某，毒品在乙市的销售价格也由廉明某确定，其可视为首要分子；各被告人之间有一定的明确分工，廉明某负责组织货源，廉伟某负责取货、发货，杨明某、吴冰某、刘宏某、强涂某、陈民某相继负责运输毒品至乙市，吴冰某负责乙市接收毒品并安排储藏、出售，邢报某将在乙市的租住处作为储藏毒品的地点，苏文某负责在乙市出售；多次实施同一犯罪行为，涉案的毒品海洛因总量达20 284.01克，社会危害后果极其严重。从这些因素看，本案的共同犯罪似乎属于犯罪集团行为，一审法院也是基于此认定廉明某等被告人构成犯罪集团。

然而，本案各被告人间的组合比较松散，组织程度不够紧密。这主要体现在，虽然各被告人之间多次共同犯罪，分工均比较稳定，被告人廉明某对整个贩毒的犯罪活动起着出资、组织货源、安排人员等主导作用，但廉明某对其他被告人的组织、领导、指挥作用尚未达到犯罪集团所要求的程度，对其他各被告人不存在领导与被领导的服从关系，各被告人之间也缺乏犯罪集团所应有的组织约束，这一点在某些犯罪分子可以比较随意地不从事一些犯罪活动中得到体现，如2004年9月中旬，廉明某与刘绍某联系后，指使廉伟某在丙市某区某车站附近从刘绍某处取回购得的3 000克海洛因。根据廉明某的安排，廉伟某将3 000克毒品分装两袋，准备于2004年9月14日在都市花园某洗脚馆内将毒品连同火车票交给被告人刘宏某、强涂某准备运送至乙市。但强涂某借故不愿意前往，并嗣后将装有海洛因的袋子退还廉伟某。从此可以看出，其他被告人不愿实施犯罪行为是可以自愿退出的，廉明某对其他犯罪分子并无突出的控制和领导作用，内部约束并不严格，该团伙的组织程度较低。综上所述，廉明某等被告人之间的组织性尚未达到犯罪集团的程度，仍属于一般共同犯罪。二审法院也是基于此将其认定为一般共同犯罪。

深度研究

《刑法》第26条第3款规定："对组织、领导犯罪集团的首要分子，按照集团所犯的全部罪行处罚。"司法实务在确定"集团所犯的全部罪行"的范围时，往往存在模糊性，对此需要细致分析。"集团所犯的全部罪行"明显宽于首要分子"参与的全部罪行"，也宽于首要分子"组织、指挥的全部罪行"。犯罪集团的首要分子并非仅对自己参与的罪行负责，也不是仅对自己直接组织、指挥的犯罪负责，而是要对"集团所犯的全部罪行"负责。但问题是：如何理解和认定"集团所犯的全部罪行"？例如，当集团成员实施的犯罪行为完全超出了首要分子的故意内容时，首要分子是否承担刑事责任？当集团成员自作主张为犯罪集团谋取利益而实施犯罪行为时，首要分子是否承担刑事责任？当集团成员完全为了个人目的实施犯罪行为，但该犯罪行为又没有超出首要分子的故意范围时，首要分子是否承担刑事责任？

确定犯罪集团首要分子的刑事责任范围，必须遵循责任主义。责任主义包括主观责任原则与个人责任原则。

第一，主观责任原则。这是指成立犯罪要求行为人主观上具有故意或过失。这是反对结果责任或客观归罪的当然结论。这一点对犯罪集团的首要分子也没有例外。不过，犯罪集团首要分子的罪过与集团一般成员的罪过以及单个人犯罪的罪过，存在明显区别。一方面，首要分子的罪过，并不意味着其对成员所实施的各种具体犯罪都有具体的故意，而是只要具有总体性的、概括性的故意即可。另一方面，犯罪集团首要分子的罪过，尤其是恐怖活动组织、黑社会性质组织的首要分子的罪过会经常发生变化。这是因为首要分子为了维持集团或者组织的存续，或者为了继续发展其集团或者组织，必然想方设法对付干扰其存续与发展的活动，于是会不断产生新的犯意，策划新的犯罪行为。因此，在追究犯罪集团首要分子的刑事责任时，既要查明其原本"预谋"的犯罪内容，也不能忽略首要分子在犯罪集团或组织发展过程中所产生的新的故意内容。

第二，个人责任原则。这是指行为人只能对自己的行为及其结果承担责任，或者说，只能就行为人实施的个人的行为对行为人进行非难；而不能对与自己无关的他人行为承担责任。这是反对团体责任的必然结论。团体责任，是指一个人实施犯罪行为后，不仅该犯罪人要承担刑事责任，与犯罪人有关的某些人也要承担刑事责任。团体责任是君主专制制度的产物，也随着君主专制制度的崩溃而退出历史舞台。因为团体责任实际上是对犯罪人的亲属、乡邻、友人、周围人追究刑事责任，使有责者害怕法律，无责者害怕命运；它不仅使人们无时不生活在恐惧之中，还使人们远离父母、近亲、朋友。为了使人们自由地居住、自由地交往、自由地生活，个人责任原则应运而生。犯罪人只能对自己的行为及其结果负责，首要分子也不例外。既然如此，首要分子就只能对自己直接实施的、参与实施的、组织实施的、策划实施的、指挥实施的罪行承担刑事责任。刑法之所以规定犯罪集团中的首要分子对集团所犯的全部罪行负责，就是因为集团所犯的全部罪行，都是由首要分子组织、策划、指挥实施的。如果集团成员所实施的罪行，在任何意义上，都不属于首要分子组织、策划、指挥实施的罪行，则首要分子就不应当承担刑事责任。所以，对犯罪集团的首要分子，按"集团"所犯的全部罪行处罚，不按"全体成员"所犯的全部罪行处罚，否则便违反了个人责任原则。

行为人只能对自己的行为及其结果承担责任，因而在共同犯罪中，我们对"自己的行为及结果"应当作出合理解释。共同犯罪中，由于各共犯人相互利用、补充对方的行为，而使数人的行为形成一个整体，每个共犯人的行为都是其他共犯人行为的一部分，其他共犯人的行为也是自己行为的一部分，故共犯人不仅要对自己的行为及其结果承担刑事责任，而且要对所参与的（包括组织、策划、指挥的）整个共同犯罪承担刑事责任，即对其他共犯人的行为所造成的结果承担责任。即使不能查清结果由谁的行为引起，也要令所有共犯人对该结果承担刑事责任。这便导致共同犯罪的违法具有连带性，为此应遵循"部分实行、全部责任"的原则。由于犯罪集团具有组织性，首要分子与集团成员之间的相互利用、相互补充的关系更为明显、密切，所以，集团成员在集团故意支配下实施的行为，也是首要分子的行为。因此，集团成员听从首要分子策划、指挥所实施的犯罪行为，同时也是首要分子的行为，令首要分子对此承担责任，并不违反个人责任原则。

犯罪集团首要分子对集团成员在其总体性、概括性故意之内的总体策划、指挥下的罪行，即使不知详情，也应当承担刑事责任。例如，黑社会性质组织的首要分子，要求组织成员维护其组织的经济利益，对凡是侵害其组织经济利益的人，应不惜一切代价报复对方。在这种情况下，只要集团成员为了维护黑社会性质组织经济利益而报复（杀人、伤害等）"侵害者"，该罪行就应当认为是首要分子策划、指挥的罪行，首要分子应当对此承担责任。不能认为，首要分子只对具体策划、指挥的罪行负责。否则，犯罪集团首要分子的刑事责任，就与聚众共同犯罪的首要分子的刑事责任等同了。反之，集团成员完全超出首要分子的总体上、概括性故意的行为，只能由实施者承担刑事责任。例如，盗窃集团的首要分子，要求集团成员有机会就实施盗窃行为，但集团成员在实施盗窃的过程中强奸妇女的，首要分子对强奸行为不承担刑事责任。

在首要分子对集团成员的犯罪内容作出某种程度的确定、指示，但没有明确限定具体目标、具体罪名等情况下，集团成员实施的犯罪行为没有明显超出首要分子的确定范围，或者说，集团成员实施的犯罪行为仍然处于首要分子确定、指示的范围之内时，首要分子仍应承担刑事责任。例如，盗窃集团的首要分子指示成员实施盗窃行为，而没有限定盗窃的目标等内容，集团成员盗伐林木的，首要分子仍然对该盗伐林木的犯罪承担刑事责任。同样，集团成员盗窃危险物质，危害公共安全的，首要分子也应对盗窃危险物质罪承担刑事责任。

集团成员实施的犯罪性质与首要分子预谋、策划、指挥的犯罪性质相同，但集团成员完全基于个人原因或者为了个人利益实施该犯罪的，首要分子应否承担刑事责任？如果该行为仍然属于集团犯罪行为的一部分，则首要分子应当承担刑事责任。否则，首要分子不承担刑事责任。例如，盗窃集团的首要分子甲，指示集团成员："你们只能实施盗窃行为，每月上交集团1 000元，剩下的由各人所有。"在这种情况下，首要分子对各成员超出 1 000 元的盗窃数额，应当承担刑事责任。这不仅因为集团成员的盗窃行为是在首要分子总体策划、指挥下实施的，而且因为成员各人除上交集团赃物之外可得赃物，这只不过是集团分配的一种形式，故各人的盗窃行为都是集团犯罪行为的一部分。又如，盗窃集团的首要分子丙，指示集团成员："盗窃所得的利益必须归集团所有，然后再分配。"集团某成员 A 外出旅游时，因缺乏返还的路费，盗窃他人 3 000 元用于个人。如果不能肯定 A 的行为是由首要分子丙的总体策划、指挥所致，那么，将 A 的行为认定为集团犯罪行为的一部分就存在一定难度，令首要分子对此承担责任可能并不妥当。①

二、从犯

知识背景

（一）概念

准确区分主犯和从犯，对于适当量刑至关重要，但实务上可能持"不能区分"主从犯、"不宜区分"主从犯或"不应区分"主从犯的立场，使得在共同犯罪中起次要作用的人也可能被认定为主犯，导致对部分共犯人量刑过重。上述实务做法或理论主张均值得商榷。对于大量案件应当区分主从犯，否则罪刑相适应原则的贯彻、死刑的限制适用等都可能受到影响。

我国《刑法》第 27 条规定，在共同犯罪中起次要或者辅助作用的人，是从犯。

1. 在共同犯罪中起次要作用者

在共同犯罪中起次要作用的人，是指次要的正犯。这种正犯虽然直接实施了符合构成要件的行为，但可能并非犯意的发起者，或者没有实施寻找共犯的行为，或者参与实行的主动性不强，或者为被动接受他人的指挥者，或者所造成的危害后果较小，因此，相对于起主要作用的正犯而言，在共同犯罪中的作用要小。对在共同犯罪中起次要作用的正犯以从犯论处，考虑了罪刑均衡原则，具有其合理性。

在共同犯罪中起次要作用的人大致包括：（1）起次要作用的共同正犯（包括参与实施犯罪，但没有直接侵害法益，结果与之无关的正犯，并不直接针对重要法益实施构成要件行为的正犯，部分承继的共同正犯的后参与者，以及参与实行，有中止行为但没有阻止他人既遂的正犯等）；（2）部分胁从犯；（3）部分共谋共同正犯；（4）绝大多数教唆犯。

---

① 以上论述参见张明楷. 犯罪集团首要分子的刑事责任. 法学，2004（3）.

2. 在共同犯罪中起辅助作用者

在共同犯罪中起辅助作用的人，是指帮助犯。帮助犯为他人实行犯罪提供各种物质和精神的便利，对犯罪缺乏实质的支配，在共同犯罪中不可能起重要作用，所以，都属于从犯。

在司法实务中，有少数案件，共犯人在共同犯罪中的作用大致相同，都可以认定为主犯。但在大多数案件中，都存在主犯与从犯之别。在认定顺序上，需要先确定主犯，再认定从犯，而不是相反。

(二) 处罚

根据我国《刑法》第 27 条第 2 款的规定，对于从犯，应当从轻、减轻处罚或者免除处罚。刑法虽然没有规定对从犯必须"比照"主犯从宽处罚，但是，在实务上，从犯与主犯相比，无论是主观恶性还是客观危害都要轻一些，所以，在具体情况下，对主犯和从犯进行比照，然后确定从犯的处罚标准，应该是合理的思路。

规范依据

(一)《刑法》

第 27 条 在共同犯罪中起次要或者辅助作用的，是从犯。

对于从犯，应当从轻、减轻处罚或者免除处罚。

(二) 最高人民法院《关于贯彻宽严相济刑事政策的若干意见》

第 30 条 对于恐怖组织犯罪、邪教组织犯罪、黑社会性质组织犯罪和进行走私、诈骗、贩毒等犯罪活动的犯罪集团，在处理时要分别情况，区别对待：对犯罪组织或集团中的为首组织、指挥、策划者和骨干分子，要依法从严惩处，该判处重刑或死刑的要坚决判处重刑或死刑；对受欺骗、胁迫参加犯罪组织、犯罪集团或只是一般参加者，在犯罪中起次要、辅助作用的从犯，依法应当从轻或减轻处罚，符合缓刑条件的，可以适用缓刑。

对于群体性事件中发生的杀人、放火、抢劫、伤害等犯罪案件，要注意重点打击其中的组织、指挥、策划者和直接实施犯罪行为的积极参与者；对因被煽动、欺骗、裹胁而参加，情节较轻，经教育确有悔改表现的，应当依法从宽处理。

第 31 条 对于一般共同犯罪案件，应当充分考虑各被告人在共同犯罪中的地位和作用，以及在主观恶性和人身危险性方面的不同，根据事实和证据能分清主从犯的，都应当认定主从犯。有多名主犯的，应在主犯中进一步区分出罪行最为严重者。对于多名被告人共同致死一名被害人的案件，要进一步分清各被告人的作用，准确确定各被告人的罪责，以做到区别对待；不能以分不清主次为由，简单地一律判处重刑。

第33条 在共同犯罪案件中,对于主犯或首要分子检举、揭发同案地位、作用较次犯罪分子构成立功的,从轻或者减轻处罚应当从严掌握,如果从轻处罚可能导致全案量刑失衡的,一般不予从轻处罚;如果检举、揭发的是其他犯罪案件中罪行同样严重的犯罪分子,或者协助抓获的是同案中的其他主犯、首要分子的,原则上应予依法从轻或者减轻处罚。对于从犯或犯罪集团中的一般成员立功,特别是协助抓获主犯、首要分子的,应当充分体现政策,依法从轻、减轻或者免除处罚。

(三)最高人民法院、最高人民检察院、海关总署《关于办理走私刑事案件适用法律若干问题的意见》

关于单位与个人共同走私普通货物、物品案件的处理问题。

单位和个人(不包括单位直接负责的主管人员和其他直接责任人员)共同走私的,单位和个人均应对共同走私所偷逃应缴税额负责。

对单位和个人共同走私偷逃应缴税额为5万元以上不满25万元的,应当根据其在案件中所起的作用,区分不同情况作出处理。单位起主要作用的,对单位和个人均不追究刑事责任,由海关予以行政处理;个人起主要作用的,对个人依照刑法有关规定追究刑事责任,对单位由海关予以行政处理。无法认定单位或个人起主要作用的,对个人和单位分别按个人犯罪和单位犯罪的标准处理。

单位和个人共同走私偷逃应缴税额超过25万元且能区分主、从犯的,应当按照刑法关于主、从犯的有关规定,对从犯从轻、减轻处罚或者免除处罚。

案例评价

[案例8-14] 唐某、童某强奸案[①](从犯的认定)

1. 基本案情

被告人唐某与被害人王某系公媳关系。2001年8月18日,被告人唐某、童某晚饭后乘凉时,唐某告诉童某,儿媳王某同他人有不正当两性关系,而自己多次想与她发生性关系均遭拒绝,但是"只要是外人,都肯发生性关系",并唆使童某与王某发生性关系。童某遂答应去试试看。唐某又讲自己到时去逮个"息脚兔"(即"捉奸"),迫使王某同意与自己发生性关系。当日晚9时许,童某在王某房间内与其发生性关系后,唐某随即持充电灯赶至现场"捉奸",以发现王某与他人有奸情为由,以将王某拖回娘家相威胁,并采用殴打等手段,强行对被害人实施奸淫。因生理原因,唐某的强奸行为未能

---

① 最高人民法院刑事审判第一、二、三、四、五庭.中国刑事审判指导案例:侵犯公民人身权利、民主权利罪.北京:法律出版社,2009:412.

得逞。

乙市某区人民法院依照《刑法》第236条第1及4款、第27条第1及2款、第25条第1款、第26条第1及4款、第27条第1及2款、第55条第1款、第56条第1款之规定，于2001年11月21日判决如下：（1）被告人唐某犯强奸罪，判处有期徒刑5年，剥夺政治权利1年。（2）被告人童某犯强奸罪，判处有期徒刑3年。宣判后，二被告人均未上诉，检察机关也未抗诉，判决发生法律效力。

2. 涉案问题

被告人童某与被告人唐某是否构成共同犯罪？如果构成，唐某是否构成从犯？

3. 裁判理由

某区人民法院认为，被告人唐某、童某以奸淫为目的，采取暴力、胁迫手段，强行与被害人发生性关系，其行为均构成强奸罪。公诉机关指控罪名成立。二被告人系共同犯罪，其中，被告人唐某提出预谋、策划，并采用暴力、威胁手段，积极实施对被害人王某的奸淫行为，在共同犯罪中起主要作用，系主犯，应依法惩处；被告人童某参与预谋、策划，其与被害人发生性关系，虽系被害人自愿，但其行为客观上为被告人唐某奸淫王某提供了便利条件，且其行为均在二被告人预谋范围内，其在共同犯罪中起辅助作用，系从犯，依法应当从轻处罚。被告人唐某因意志以外的原因而奸淫未成，系犯罪未遂，依法可以比照既遂犯从轻处罚。被告人童某提出其未参与预谋、不构成强奸罪的辩护意见，无事实和法律依据，不予采纳。

4. 评析意见

共同犯罪是指二人以上共同故意犯罪。构成共同犯罪，第一，要求主观方面必须有共同的犯罪故意，即各共同犯罪人通过意思联络，认识到他们的共同行为会产生危害社会的结果，并决意参加共同犯罪，希望或放任这种结果发生的心理态度。第二，客观方面必须有共同的犯罪行为，即各犯罪人都实施了同一犯罪构成的行为，而且其行为在共同故意的支配下，相互联系、相互配合、相互协调补充，形成一个统一的犯罪活动的整体。

本案中，被告人童某与被告人唐某事前有关于唐某强奸王某的共同预谋，且其行为均在预谋范围之内。童某与唐某晚饭后乘凉时到厕所处，唐某告诉童某，儿媳王某同他人有不正当两性关系，而自己多次想与她发生性关系均遭拒绝，但是"只要是外人，都肯发生性关系"，并唆使童某与王某发生性关系。童某遂答应去试试看。这时唐某又讲自己到时去逮个"息脚兔"，意思是童某与王某发生性关系后，唐某立即现场捉奸，然后迫使王某同意与其发生性关系。对唐某的这一意图，童某是明知的，二人事前就具有让唐某强奸王某的共同意思联络。此后，二人按照预谋的内容实施了犯罪。因此，二人构成共同犯罪。

不过，童某在共同犯罪中只是起到帮助作用，属于从犯。被告人唐某知道王某平常愿意与外人发生性关系，就唆使童某先与王某通奸，并告知他到时候去逮个"息脚兔"。唐某这样安排，是要以抓到王某与他人通奸作为把柄，以此来迫使王某同意与其发生性关系。同样，童某也知道自己与王某发生性关系，可以使唐某现场捉奸，可以为唐某强奸王某提供便利条件。尽管童某与王某发生性关系，没有违背王某的意志，但是其通奸行为是后来强奸行为的铺垫，为唐某随后的强奸行为创造了方便条件，成了唐某强奸被害人王某的借口。从整体来看，童某先期通奸行为为唐某后期强奸行为提供了帮助，童某与唐某在共同预谋的支配下，相互配合、相互联系，形成一个统一的犯罪活动整体。其中，唐某迫使王某与自己发生性关系，是强奸罪的实行犯，而童某是强奸犯罪的帮助犯。对帮助犯在处罚时按照从犯来处罚，即应当从轻、减轻或免除处罚。

［案例 8-15］俞某、戴某故意杀人案[①]**（从犯的认定和处罚）**

1. 基本案情

被告人俞某因与丈夫甘某关系不睦，于 2000 年外出打工，并与被告人戴某相识，后二人非法同居。其间，二人商定结婚事宜。俞某因离婚不成，便产生使用安眠药杀害丈夫的念头，并将此告知了戴某。2001 年 8 月，俞某因母亲有病，同戴某一起回到成武县田集家中。同年 8 月 13 日上午，俞某与其 10 岁的儿子及戴某在田集药店买安眠药未果。当日下午，三人回到家中，俞某又以给戴某介绍对象为名，到秦淮药店买到 6 片安眠药后回家，乘其丈夫外出买酒之际将安眠药碾碎，并告诉戴某要乘机害死其丈夫甘某。当晚，俞某与丈夫甘某及其儿子和戴某一起喝酒、吃饭，待甘某酒醉后，俞某乘机将碾碎的安眠药冲兑在水杯中让甘某喝下。因甘某呕吐，俞某怕药物起不到作用，就指使戴某将她的儿子带出屋外。俞某用毛巾紧勒酒醉后躺在床上的丈夫的脖子，用双手掐其脖子，致其机械性窒息死亡。戴某在见甘某死亡后，将俞某勒丈夫用的毛巾带离现场并扔掉。次日凌晨，二被告人被抓获归案。

甲市中级人民法院依照《刑法》第 232 条、第 25 条、第 26 条第 1 及 4 款、第 27 条、第 57 条之规定于 2002 年 11 月 5 日判决如下：（1）被告人俞某犯故意杀人罪，判处死刑，剥夺政治权利终身。（2）被告人戴某犯故意杀人罪，判处有期徒刑 10 年。

[①] 最高人民法院刑事审判第一、二、三、四、五庭. 中国刑事审判指导案例：刑法总则. 北京：法律出版社，2017：128.

一审宣判后，二被告人不服，提出上诉。俞某上诉提出，不是为与戴某结婚才杀人，戴某没参与杀人。其辩护人提出，俞某杀人是为了摆脱其丈夫折磨，不应对故意杀人负全部责任。戴某及其辩护人上诉提出，俞某杀人时其不知道，一直没进屋，其无共同犯罪行为，不构成故意杀人罪，也不构成包庇罪。

某省高级人民法院根据《刑事诉讼法》（1996年）第189条第1项的规定，于2003年4月17日裁定驳回上诉，维持原判。

2. 涉案问题

被告人俞某与戴某是否构成共同犯罪？被告人戴某的行为是否起到辅助作用，能否认定为从犯？

3. 裁判理由

甲市中级人民法院认为，被告人俞某为达到与戴某结婚生活的目的，使用安眠药，又用毛巾勒、手掐压颈部，致其丈夫死亡，其行为构成故意杀人罪，且动机卑劣、后果特别严重，公诉机关指控的罪名成立，其应依法惩处。被告人戴某明知俞某杀死其丈夫，不但不加阻止，反而听从俞某的指使，将俞某的儿子带离现场，以便俞某顺利实施犯罪；在被害人死亡后，又将作案用的毛巾带走，与俞某共同逃离现场，毁灭罪证。被告人戴某的行为符合共同犯罪的构成要件，其行为已构成故意杀人罪。公诉机关指控其犯包庇罪，罪名不当，应予纠正。被告人俞某及其辩护人的辩护意见经查不实，不予采纳。被告人戴某及其辩护人提出的戴某"不知杀人，不在现场，没有将毛巾带走，要求宣告无罪"的辩护意见，与其供述、证人证言等证据矛盾，不予采纳。在犯罪中，被告人戴某起辅助作用，属从犯，应予从轻处罚。

某省高级人民法院经审理认为，上诉人俞某因离婚不成，主谋杀害其丈夫，情节恶劣，应予严惩。上诉人戴某明知俞某要使用安眠药致死其丈夫，且辅助实施，其行为构成故意杀人罪。其中，俞某在共同犯罪中起主要作用，系主犯，应依法惩处；戴某在共同犯罪中作用较小，系从犯，原审对其从轻处罚并无不当。二上诉人的上诉理由及其辩护人的辩护意见，与事实证据不符，均不能成立，不予采纳。一审判决认定事实清楚，定罪准确，量刑适当，审判程序合法，应予维持。

4. 评析意见

共同犯罪是指二人以上共同故意犯罪。具有共同的犯罪故意和共同的犯罪行为，是构成共同犯罪的两个必要条件。本案中，二被告人都明知其行为的性质和后果，并且知道不是自己孤立地实施犯罪，通过犯意的传递、反馈，通过言行的交流和配合，已经形成杀死被害人的共同故意。俞某先让其丈夫喝下安眠药，又勒掐其脖子，希望和追求其丈夫死亡的结果。戴某在得知俞某想用安眠药杀死其丈夫后,明知其要杀死丈夫,不仅没有拒绝,而且以自己的行动参与了杀人行为:先参与买安眠药(未果),又听从俞某指使将小孩带出屋外,便利了俞某具体实施杀人的行为,二人的杀人共同故意由此形成并得到实现。戴某即使不存在希望、积极追求的直接故意,也已具有了放任、容忍、听之任之的间接故意的主观心态。不论戴某是直接故意,还是间接故意,都与俞某具有杀人的同一故意,具备了成立共同犯罪的主观条件。

被告人戴某在明知俞某要杀死其丈夫的情况下,不但不加阻止,反而在事前准备阶段与俞某一起去田集药店买安眠药,因药店没有安眠药而未买到;事中实施阶段,在知道俞某已经让其丈夫喝下安眠药、准备勒死丈夫的情况下,又听从俞某的指使,将俞某10岁的儿子带离现场,领到屋外三轮车上玩,以免孩子哭闹阻挠或者惊吓孩子,也消除了孩子作为俞某勒掐丈夫致使其死亡的目击证人的可能,便利了俞某顺利实施犯罪;在事后即被害人死亡后,又隐匿犯罪证据,将作案用的毛巾装到裤兜里带离现场,并于逃跑途中扔掉。被告人戴某的行为属于复杂共同行为,孤立地看不属于杀人客观要件行为,但与俞某的行为相互配合、相互协调、相互补充,形成一个整体,整体的行为能够全面满足杀人的行为要件。戴某虽没有直接实施杀人行为,但为俞某犯罪创造了方便条件,帮助了俞某实施杀人犯罪,也具备了共同犯罪的客观要件。因此,戴某主观上有共同犯罪的故意,客观上有共同犯罪的行为(帮助行为),具备了共同犯罪的主客观条件,与俞某构成故意杀人共同犯罪。

俞某应为主犯,戴某应为从犯。俞某主谋杀害丈夫,事前提出用安眠药杀害丈夫的犯意,采取下安眠药、用毛巾勒和手掐颈部的方法,直接造成其丈夫死亡的严重后果,在共同犯罪中处于主导和支配地位,起主要作用,是主犯。被告人戴某在明知俞某要害死其丈夫的情况下,在事前准备阶段与其一起去田集药店买安眠药,因药店没有安眠药而未买到;事中实施阶段,又听从俞某的指使,将俞某10岁的儿子带离现场,便利了俞某顺利实施犯罪;事后又隐匿犯罪证据,将作案用的毛巾装到裤兜里带离现场,并于逃跑途中扔掉。被告人戴某的行为属于辅助行为,在共同犯罪中起辅助作用,属于从犯。

深度研究

在对单位犯罪的处罚中,存在对直接负责的主管人员和其他直接责任人员是否区分主犯、从犯的问题。一般而言,如果案件中同时存在直接负责的主管人员和其他直接责任人员,前者的作用比后者的要大,后者可以被认定为从犯。但直接负责的主管人员和其他直接责任人员不是当然的主从犯关系。

最高人民法院《关于审理单位犯罪案件对其直接负责的主管人员和其他直接责任人员是否区分主犯、从犯问题的批复》（2000年9月28日）规定："在审理单位故意犯罪案件时，对其直接负责的主管人员和其他直接责任人员，可不区分主犯、从犯，按照其在单位犯罪中所起的作用判处刑罚。"根据这一规定，对于主从关系不明显的，可以不予区分。但是，在决策者与执行者之间明显存在服从与被服从之关系，具有不同的地位和作用的情况下，区分主犯与从犯还是有必要的。对此，最高人民法院《全国法院审理金融犯罪案件工作座谈会纪要》（2001年1月21日）予以认可，即具体案件可以分清主、从犯，且若不分清主、从犯，在同一法定刑档次、幅度内量刑无法做到罪刑相适应的，应当分清主、从犯，依法处罚。司法实践中，对单位共同犯罪的主从犯参照自然人共同犯罪的主从犯来划分，一般不存在太大问题，但需要探讨两个问题。

第一，在单位与单位共同犯罪中，如果对共犯单位已划分主从犯，对单位内部的自然人即直接负责的主管人员和其他直接人员是否还要区分主从犯？有观点认为，共犯单位内部的自然人一般可不区分主从犯，因为从单位行为与内部自然人行为一体性的特点而言，主犯单位中的自然人原则上均为主犯，从犯单位中的自然人均为从犯。然而，一些严重的单位犯罪案件涉案人数众多，各自然人的行为之间确实存在明显的危害性差异，如在同一法定刑幅度内量刑，则显然无法体现罪刑相适应原则，此种情况下便需要区分主从犯。

第二，在单位与自然人共同犯罪中，由于单位犯罪的起刑点数额通常较高，法定刑大多较轻，在认定主从犯时以何为基准？对此需要具体分析。（1）单位是主犯、个人是从犯的，犯罪单位和个人均应以单位所犯之罪定罪处刑，个人是该共同犯罪的从犯，应从宽处罚。（2）个人是主犯、单位是从犯的，由于单位无法适用个人犯罪的法定刑，且适用单位犯罪的法定刑一般不会加重犯罪单位中的犯罪人的刑事责任，故应当对犯罪单位和个人分别适用各自的法定刑；如果将起帮助作用的单位行为独立评价尚未达到相关单位犯罪的追诉标准，则只能追究作为主要实行犯的个人的刑事责任，对有关单位可建议有关主管部门依法给予行政处罚。（3）单位与个人共同实行犯罪且作用相当的，对犯罪单位和个人亦应分别适用各自的法定刑。如果共同实行的危害行为仅达到个人犯罪的起刑点数额，尚未达到单位犯罪的追诉标准，则只能追究个人的刑事责任，对有关单位可建议有关主管部门依法给予行政处罚。[①]相关司法解释也是如此处理的。例如，2002年7月8日最高人民法院、最高人民检察院、海关总署《关于办理走私刑事案件适用法律若干问题的意见》

---

① 项谷，张菁. 共同犯罪中主从犯的认定问题. 犯罪研究，2009（2）：66.

指出:"关于单位与个人共同走私普通货物、物品案件的处理问题。单位和个人(不包括单位直接负责的主管人员和其他直接责任人员)共同走私的,单位和个人均应对共同走私所偷逃应缴税额负责。对单位和个人共同走私偷逃应缴税额为5万元以上不满25万元的,应当根据其在案件中所起的作用,区分不同情况做出处理。单位起主要作用的,对单位和个人均不追究刑事责任,由海关予以行政处理;个人起主要作用的,对个人依照刑法有关规定追究刑事责任,对单位由海关予以行政处理。无法认定单位或个人起主要作用的,对个人和单位分别按个人犯罪和单位犯罪的标准处理。单位和个人共同走私偷逃应缴税额超过25万元且能区分主、从犯的,应当按照刑法关于主、从犯的有关规定,对从犯从轻、减轻处罚或者免除处罚。"

三、胁从犯

知识背景

(一) 概念

根据我国《刑法》第28条的规定,被胁迫参加犯罪的人是胁从犯。

1. 被胁迫

主犯与从犯虽然在共同犯罪中的作用有所不同,但都是基于本人的意思参加犯罪;教唆犯就是犯意的发起者,这些共犯人在共同犯罪中都居于主动的地位。胁从犯原本没有犯罪意图,被胁迫实施犯罪在一定程度上是违背其个人意愿的。只不过胁从犯犯罪之时,即或精神上受到一定程度的威逼或者强制,也并没有丧失意志自由,在被胁迫之后实施危害行为的,刑法对其进行处罚,无论是主观条件还是客观条件都是具备的。

胁从犯和由于不能抗拒的原因所引起的不可抗力存在明显区别。如果行为人在身体上完全受到强制,丧失了意志自由,即使由此造成了客观损害,也因主观上没有罪过而不应承担刑事责任,可以根据我国《刑法》第16条的规定认定为不可抗力,而不能认定为胁从犯。

2. 参加犯罪

胁从犯参加犯罪,通常意味着犯罪是他人的"作品",胁从犯只是被动参加[①],其在共同犯罪中所起的作用较小。

(二) 处罚

我国《刑法》第28条规定,对胁从犯,应当按照他的犯罪情节,减轻或者免除处罚。"犯罪情节"包括胁从犯被胁迫的程度、胁从犯的分工是实行还

---

① 从分工上看,胁从犯在共同犯罪中可能承担实行行为,也可能承担帮助行为。

是帮助、胁从犯实施的行为样态、胁从犯对犯罪结果的"贡献"等各种情况。

规范依据

《刑法》

第 28 条 对于被胁迫参加犯罪的,应当按照他的犯罪情节减轻处罚或者免除处罚。

案例评价

[案例 8-16] 薛某、王某放火案[①](胁从犯的认定)

1. 基本案情

2003 年 3 月 3 日早晨 6 时许,天津和平区轻纺城内云盛公司的法人代表李某,携带 4 桶共 100 千克的汽油到了公司。这一天,李某因为租赁房屋等问题情绪十分低落。进到公司后,李某便将汽油泼洒在公司员工薛某及王某的身上,然后,手持打火机逼迫薛某和王某二人将剩余的汽油洒满公司。薛某和王某在李某的胁迫下,将汽油洒到公司的一、二楼各处以及李某的身上。而后,薛某、王某二人离开李某七八米,这时,李某自己引燃了汽油。在大火中,李某最终丧生。事发后,薛某、王某二人迅速逃离了现场,两人当时均未报警。当天上午,思虑一番的薛某到公安机关投了案。一个多月后,先是逃回原籍山东、后又潜回天津市的王某被抓获归案。大火造成轻纺城损失惨重,轻纺城租赁柜台的经营者自报损失达 190 余万元。

公诉机关认为,二被告人受李某胁迫,与李某共同实施了放火行为,法院应以放火罪追究二被告人的刑事责任。

某区人民法院经审理后判决被告人薛某和王某犯放火罪,属于胁从犯,判处被告人薛某有期徒刑 7 个月,判处王某有期徒刑 1 年。

2. 涉案问题

被告人薛某和王某在本案中受到胁迫泼洒汽油的行为,属于紧急避险,还是属于放火罪的胁从犯行为?

3. 裁判理由

被告人的辩护律师就本案作无罪辩护,认为二被告人的行为属于紧急避险。

公诉机关认为,二被告人向屋子及楼道泼洒汽油的行为虽是受到李某的胁迫,并后来由李某实施了放火,但二被告人的行为已构成放火罪,在共同

---

① 张晓敏,赵杰. 是胁从犯罪还是紧急避险. 人民法院报,2003-12-11.

犯罪中处于胁从地位。但是，薛某的辩护人表示，薛某是在其人身完全被李某控制和剥夺的情况下泼洒汽油的，其行为不能反映其个人意志，其行为属于紧急避险，而紧急避险依法不负刑事责任。对此，公诉机关反驳称，紧急避险是保护最大利益，牺牲最小利益的行为，被告人的行为是为保护自己的利益，与紧急避险不相干。薛某的辩护人称，薛某没有犯罪的主观故意。而公诉人则认为，薛某等人明知自己的行为会造成极为严重的后果，但为了保全自己，对可能给周围群众造成的损失不予理睬，放任后果的发生，他们的行为完全符合刑事犯罪中的"间接故意"。

某区人民法院认为，被告人的行为是否构成胁从犯，关键要看其是否完全失去意志自由，如果其行为完全不受意志支配，那么其行为不构成犯罪，反之则构成胁从犯。从本案看，二被告人在与李某"二对一"的力量对比中，并未完全失去意志自由。而在李某的胁迫下，在可以选择实施或不实施的情况下，二被告人却实施了泼洒汽油的行为，且在案发后逃离现场，不尽报警职责，对火灾的发生有间接故意，故依法应定为胁从犯。紧急避险与胁从犯的界限在于行为人造成的损害是否小于他所避免的损害，如果所造成的损害大于他所欲避免的损害，则他属于胁从犯。本案二被告人在生命受到威胁时，为了避免本人的利益受到损害，而置大量的公私财产及他人的生命于不顾，其行为依法不应认定为紧急避险，而应认定为胁从犯，是共同犯罪的一种。同时，在客观方面，泼洒汽油的行为与重大财产损失的社会危害结果之间存在因果关系，故二被告人的行为均已构成放火罪。鉴于二被告人属胁从犯，且薛某在案发当日上午有自首情节，故法院依法对其减轻处罚。

4. 评析意见

根据犯罪构成体系，受胁迫行为具有构成要件符合性、违法性及有责性的，受胁迫者才构成胁从犯。在认定胁从犯中的"胁迫"时，应注意以下几点。

第一，这里的"胁迫"不包括剥夺身体活动自由的情形。剥夺身体活动自由，受强制者就失去意思支配可能性，其行为就不具有实行行为性。例如，甲用强力按住乙的手来伪造文书，乙不构成伪造文书罪。[1]

第二，这里的"胁迫"要求达到足以抑制意思决定自由的程度。胁迫的程度包括两种情形：一是使他人产生恐惧心理；二是足以抑制他人意思决定自由，压制对方反抗。胁从犯中的胁迫要求达到足以抑制对方意思决定自由的程度。唯有如此，受胁迫者的期待可能性（他行为可能性）才会降低，所

---

[1] 卡斯东·斯特法尼，等．法国刑法总论精义．罗结珍，译．北京：中国政法大学出版社，1998：388.

受的非难可能性随之降低，责任随之降低，如此才会成立胁从犯，享受从宽处罚的待遇。如果受胁迫者仅仅产生恐惧心理，并没有被抑制意思决定自由，其期待可能性（他行为可能性）并未降低，责任便不会降低，便不能享受胁从犯的从宽处罚待遇。

第三，如果胁迫行为抑制了他人意思决定自由，受胁迫者所实施的行为符合紧急避险而阻却违法的，则受胁迫者不构成胁从犯。例如，甲持枪劫持出租车司机乙，令乙送其前往某地杀害甲的仇人丙，司机被迫答应的，其被胁迫后的行为属于紧急避险，不构成胁从犯。关于受胁迫行为构成紧急避险还是胁从犯，需要考虑补充性要件（不得已）、法益衡量及无辜第三者的自我决定权。首先，受胁迫行为应当满足补充性要件，否则不能阻却犯罪。满足补充性要件，主要是看有无别的办法可以救济法益。例如，劫匪甲、乙绑架了妇女丙，威胁要杀死她，除非她与他们一起抢劫银行。甲、乙等在门口让丙进去。丙便进去实施抢劫。① 在此案中，丙进入银行后完全可以加入银行职员一方，从而解除当时的被胁迫状况。因此丙的行为不构成紧急避险。

其次，衡量受胁迫行为保护的法益与损害的法益，保护的法益如果大于损害的法益，则成立紧急避险；如果等于损害的法益或无法衡量，则不成立紧急避险。例如，亡命天涯的歹徒劫持摩托车以并以杀害相要挟，要求车主驾驶摩托车追赶前面的被害人，车主为了保全性命，答应歹徒要求，途中引发被害人重伤的，摩托车主的生命法益更重要，其行为构成紧急避险。

最后，在衡量法益的同时，应考虑无辜第三者的自我决定权。有时即使受胁迫行为保护的法益大于损害的法益，但是考虑到无辜第三者的自我决定权，仍认为受胁迫行为具有违法性。例如，乙等四人为了满足其变态心理，深夜在河边持枪胁迫素不相识的甲，要甲当着乙等人的面奸淫其女朋友丙，甲一开始不同意，丙便对准甲所在的方向开了一枪，其他三人也声称要杀死甲。甲只能不顾丙的激烈反抗强奸了丙。虽然甲迫不得已，甲的生命法益似乎大于丙的性自由法益，但是丙的性自我决定权应当受到尊重，否则，任何无辜的人的重要法益均会成为他人的牺牲品，这种代价的付出会使人们对法秩序稳定性的信心濒于崩溃。同时，从《刑法》第20条第3款关于针对暴力实施的强奸行为可以进行特殊防卫的规定来看，性自主决定权这一法益的重要性并不明显低于生命法益。基于此，甲的强奸行为无法排除违法性，至多在有责性阶段考虑其责任的有无或刑罚减免问题。

本案中，李某向薛某和王某身上泼洒汽油，然后拿打火机威胁。这种情形对薛某、王某的生命的确有威胁，但是薛某、王某二人对付李某一人占有

---

① 乔治·弗莱彻. 反思刑法. 邓子滨, 译. 北京: 华夏出版社, 2008: 603.

人数优势,有能力制服李某。虽然薛某、王某身上被泼洒汽油,但李某用打火机要引燃二人身体,仍存在一定难度。即使薛某、王某身体被引燃,二人也有很大机会灭火,不会必然重伤或死亡。因此,虽然薛某、王某二人受到了威胁,但是二人仍有采取其他防止措施的可能性。就此而言,二者的行为不符合紧急避险的补充性要件(不得已),实施放火不是避免危险的唯一选择,因此二者不构成紧急避险,而属于放火罪中的胁从犯。

深度研究

受胁迫是国外刑法理论普遍认可的排除犯罪事由,只是理论界对其排除犯罪的根据及体系地位尚有争议。在我国,由于刑法规定了胁从犯,因而对受胁迫行为的研究主要集中在对胁从犯的认定上,理论界很少将受胁迫作为一项独立的排除犯罪事由加以研究。至于受胁迫作为排除犯罪事由的实质根据及其犯罪论体系地位,更无深入细致探讨。在犯罪论体系上,受胁迫行为包括四种情形。

(一)阻却构成要件该当性的受强制行为[①]

受强制行为阻却构成要件该当性,是指这种行为不属于构成要件的行为。受强制行为是否阻却构成要件该当性,主要是判断受强制行为是否属于实行行为。为了实现行为概念的界限要素机能,应当肯定实行行为的意思要素。实行行为的意思要素,又称心素,是指意思决定与意思活动。行为人基于意思决定,而开始实施行为,并继而经由意思活动,持续不断地支配行为,终至完成实行行为。[②] 判断受强制行为是否属于实行行为,主要是判断受强制行为在这里是否具有意思要素。

行为概念中的意识性,是指行为人意思支配可能性[③],至于意思支配的内容,则是有责性的内容。这种意思支配可能性是一种客观要素,代表行为人的意思能力,是行为人意思活动的前提。意思支配可能性涉及意思自由的问题。[④] 根据自由的层次划分,意思自由分为意思活动自由和意思决定自由。[⑤] 前者是指意思控制身体的自由,如果具有这种自由,就具有身体活动自由。后者是指意思选择决策的自由,如果具有这种自由,就具有了控制身体作出何种活动的自由。两种自由是不同层级的自由,意思活动自由是前提基础,

---

[①] 受强制包括受暴力强制和受胁迫强制。
[②] 林山田.刑法通论:上册.增订6版.台北:元照出版公司,1999:101.
[③] 大谷实.刑法讲义总论:第2版.黎宏,译.北京:中国人民大学出版社,2008:94.
[④] 需要指出的是,这里的意志自由不是指哲学上决定论、非决定论讨论的"意志自由",而是指心理学上的一种心理事实。
[⑤] 西田典之.日本刑法各论:第3版.刘明祥,王昭武,译.北京:中国人民大学出版社,2007:56.

意思决定自由是具体表现。如果失去意思活动自由，就失去了意思决定自由；虽然失去了意思决定自由，但不意味着失去意思活动自由。对两种自由的侵害会产生不同的法律后果。例如，日本刑法规定了胁迫罪和强要罪（或强制罪）。胁迫罪的保护法益是个人的意思决定自由，强要罪的保护法益是个人的意思活动自由及意思决定自由。①

应注意的是，实行行为的意思支配可能性，仅指意思活动自由，而不要求同时具备意思活动自由和意思决定自由。这是因为，在具有意思活动自由而不具有意思决定自由时，行为人只是失去了意思选择决策自由，并没有失去身体活动自由。既然行为人可以支配自己的身体，那么其行为就具备了有意性，其身体动静就是刑法上的行为。即刑法上的行为，只要求是身体活动自由的表现，不要求是在身体活动自由的基础上自己具体意愿的表现。因此，行为人具有意思活动自由，其行为就属于实行行为；如果行为人丧失了意思活动自由，其行为便不属于实行行为。

（二）阻却违法的受胁迫行为

如果受胁迫的行为具有实行行为性，不阻却构成要件该当性，接下来应在违法性阶段判断该行为是否阻却违法。在具体判断时，大陆法系理论并未将受胁迫行为列为独立的阻却违法事由，而是归入紧急避险来讨论，即所谓的受胁迫的紧急避险。例如，A绑架了B的儿子，要求B抢劫银行巨额资金，否则杀害其子。B为了挽救儿子生命抢劫了银行。如何认识B的行为？限定说认为，应一分为二看待。被胁迫实施的如果是轻罪，则成立紧急避险。实施的如果是重罪（如抢劫、杀人），则不成立紧急避险；此时，行为人如果缺乏期待可能性，则阻却责任。非限定说认为，应当在补充性要件（不得已）的范围内探讨是否成立紧急避险，而不能对此附加其他特别限制。只要受胁迫的行为符合紧急避险的条件，就成立紧急避险。如果银行职员对B进行反击，则这属于对A的不法侵害的紧急避险。②

相比较而言，限定说比较合理。在紧急避险的正当化根据上，非限定说持阻却违法说立场，限定说持二分说立场。阻却违法说认为，在两种法益产生冲突、没有其他方法可以避免的情况下，行为人在衡量法益后损害较小法益的，就阻却了实质的违法性。二分说认为，保护较大法益损害较小法益的，是违法阻却事由；两种法益的价值相同的，是责任阻却事由。③ 二分说是德国刑法理论的通说，已被立法所确认。的确，在两种法益等价或者难以进行比较的场合，无法衡量法益损害大小，特别是在两种法益是生命、身体时，更

---

① 大谷实．刑法讲义总论：第2版．黎宏，译．北京：中国人民大学出版社，2008：77．
② 张明楷．刑法学．5版．北京：法律出版社，2016：223．
③ 张明楷．外国刑法纲要．2版．北京：清华大学出版社，2007：172，173．

是如此，此时无法排除违法性，但可能排除责任。特别是在受胁迫行为的场合，二分说更为合理。这是因为，阻却违法说所持的一个理由是，行为人为了保护第三人的法益而实施紧急避险的，不存在"不得已"的问题，不能说除了实施紧急避险，就无法期待行为人实施其他行为；换言之，此时不能用期待可能性原理来说明行为人阻却责任。① 然而，受胁迫的行为与一般的紧急避险不同，行为人是自身受到胁迫，为了自己而实施紧急避险。即使是自己的亲属被绑架，也是行为人自己受到胁迫，为了自己亲属的利益而实施紧急避险。此时，行为人仍存在"不得已"的问题，由此可能丧失期待可能性，进而阻却责任。

根据限定说，受胁迫而实施犯罪，是否成立紧急避险，应当考虑补充性要件（不得已）、法益衡量及无辜第三者的自我决定权。首先，受胁迫行为应当满足补充性要件，否则不能阻却犯罪。是否满足补充性要件，主要是看行为人有无别的办法可以救济法益。其次，衡量受胁迫行为保护的法益与损害的法益。保护的法益如果大于损害的法益，则成立紧急避险；如果等于损害的法益或无法衡量，则不成立紧急避险。最后，在衡量法益的同时，应考虑无辜第三者的自我决定权。有时即使受胁迫行为保护的法益大于损害的法益，考虑到无辜第三者的自我决定权，也应认为受胁迫行为具有违法性。

（三）阻却责任的受胁迫行为

如果受胁迫行为不能阻却违法，那么该行为便具有实质违法性，评价工作由此转入有责性阶段。受胁迫行为如果能够阻却责任，则最终无罪。

关于受胁迫行为阻却责任的根据，大陆法系理论一般以期待可能性原理来说明。行为人如果不具有期待可能性，便可免责。问题是，行为人何时才具有期待可能性？这就涉及他行为可能性的问题。如果行为人能够回避符合构成要件的违法行为，能够实施其他行为，行为人便具有他行为可能性。② 行为人具有他行为可能性，法律便可期待其作出适法行为，即对其具有期待可能性。在此情况下，行为人如果实施了违法行为，则应受非难。因此可以说，他行为可能性是期待可能性的前提基础。③ 而所谓受胁迫行为，是指在意思决定自由被剥夺的情况下迫不得已实施的行为。在此情形下，受胁迫者失去他行为可能性，便缺乏期待可能性，由此可以免责。受胁迫行为阻却责任，需要满足两个条件：第一，法益因素。如果受胁迫行为保护的法益大于损害的法益，则该行为整体上不具有法益侵害性，在违法阶段便阻却了实质违法性。如果受胁迫行为保护的法益与损害的法益价值相当或无法衡量，则该行为不

---

① 黎宏. 刑法总论问题思考. 北京：中国人民大学出版社，2007：350.
② 山口厚. 刑法总论：补订版. 东京：有斐阁，2005：165.
③ 张明楷. 期待可能性理论的梳理. 法学研究，2009（1）.

阻却违法，但有可能阻却责任。第二，他行为可能性。受胁迫行为如果满足补充性要件（不得已），受胁迫者便可能失去他行为可能性，进而缺乏期待可能性。

（四）胁从犯

受胁迫行为如果没有阻却构成要件该当性、违法性及有责性，则应成立犯罪。这就是所谓的胁从犯。胁从犯参加犯罪，通常意味着犯罪是他人的"作品"，胁从犯只是被动参加，其在共同犯罪中所起的作用较小。① 具体而言，胁从犯的作用不会达到主犯的作用，但是可以达到从犯的作用，也可以小于从犯的作用。当然，如果行为人开始受胁迫，但之后又积极主动实施犯罪，并且起到主要作用，则可以认定为主犯。因为胁从犯是指行为人受胁迫状态在犯罪过程中一直持续，胁迫一旦解除，行为人就不再是胁从犯。②

四、教唆犯

知识背景

我国刑法对共犯人主要以犯罪分子在共同犯罪中所起的作用为标准进行区分，但教唆犯是以犯罪分子在共同犯罪中的分工为标准进行分类的结果。这主要是因为对教唆犯的量刑，具有一些不同于其他共犯人量刑的特点。

根据《刑法》第29条第1款的规定：教唆他人犯罪的，应按照他在共同犯罪中所起的作用处罚。判断教唆犯在共同犯罪中的作用时，应当从教唆犯的事实、性质、情节和对社会的危害程度入手。凡是教唆方法比较恶劣，对被教唆的人影响力大，教唆他人所犯之罪社会危害性较大，或者对未成年人进行教唆的，应视为起主要作用，以主犯论处。在某些情况下，教唆犯与被教唆的人在共同犯罪中的作用不相上下的，可以都以主犯论处，处以大致相同的刑罚。教唆方法比较缓和，对被教唆的人影响力不大，且综合其他犯罪情节，在共同犯罪中不起主要作用的，应以从犯论处。

我国《刑法》第29条第1款还规定，教唆不满18周岁的人犯罪的，应当从重处罚。刑法之所以这样规定，主要是因为不满18周岁的人思想不够成熟，心智尚未成熟，社会经验不足，辨别是非能力弱，意志不坚定，容易被教唆。对教唆未成年人犯罪的从重处罚，以有效保护未成年人，是完全必要的。

---

① 周光权. 刑法总论. 北京：中国人民大学出版社，2007：330.
② 曲新久. 刑法学. 2版. 北京：中国政法大学出版社，2008：166.

规范依据

《刑法》

第 29 条　教唆他人犯罪的，应当按照他在共同犯罪中所起的作用处罚。教唆不满十八周岁的人犯罪的，应当从重处罚。

如果被教唆的人没有犯被教唆的罪，对于教唆犯，可以从轻或者减轻处罚。

案例评价

[案例 8-17] 吴某故意伤害案[①]

1. 基本案情

2001 年 1 月上旬，被告人吴某应朋友李良某（另案处理）的要求，雇请无业青年胡某、方斌某（均不满 18 周岁）欲重伤李德某。吴某带领胡某、方斌某指认李德某，并告之以李德某回家的必经路线。当月 12 日晚，胡某、方斌某等人携带钢管在李德某回家的路上守候。当日晚 10 时许，李德某骑自行车路过，胡某、方斌某等人即持凶器上前殴打李德某，把李德某连人带车打翻在路边田地里，并从李身上劫走人民币 580 元。事后，吴某给付胡某等人"酬金"人民币 600 元。经法医鉴定，李德某的伤情为轻微伤甲级。

甲市人民法院根据《刑法》第 234 条第 1 款、第 25 条第 1 款、第 29 条第 1 款及第 2 款的规定，于 2002 年 5 月 16 日判决：被告人吴某犯故意伤害罪（教唆未遂），判处有期徒刑 6 个月。一审宣判后，在法定期限内，被告人吴某没有上诉，甲市人民检察院也没有提出抗诉，判决已发生法律效力。

2. 涉案问题

该如何处理被教唆者胡某、方斌某的行为？该如何处理教唆者吴某？吴某对胡某、方斌某的抢劫行为是否负责？

3. 裁判理由

甲市人民法院认为：被告人吴某雇请胡某、方斌某等人故意伤害被害人李德某致其轻微伤甲级，其行为已构成故意伤害罪（教唆未遂）。被雇用人胡某等人超过被告人吴某的授意范围而实施的抢劫行为，属"实行过限"。根据刑法规定的罪责自负原则，教唆人只对其教唆的犯罪负刑事责任，而被教唆人实行的过限行为应由其自行负责。公诉机关指控的事实成立，但指控罪名不当，应予纠正。因被教唆人胡某等人实施的伤害行为后果较轻，尚不构成故意伤害罪，故法院可以对吴某从轻或减轻处罚。吴某教唆未满 18 周岁的人

[①] 最高人民法院刑事审判第一、二、三、四、五庭. 中国刑事审判指导案例：侵犯公民人身权利、民主权利罪. 北京：法律出版社，2009：263.

实施故意伤害犯罪，应当从重处罚。

4. 评析意见

吴某教唆、雇用胡某、方斌某重伤被害人李德某。胡某、方斌某的行为应构成故意伤害罪（未遂）。故意伤害罪在主观方面是故意。一般认为，行为人如果对通过暴力行为来造成他人生理机能丧失的结果持积极追求或者明显的放任态度，就具有伤害罪的故意。① 这是要求行为人对暴行和伤害结果都同时有所认识。但是，刑事司法实践历来的做法是，行为人只对暴力行为本身有所认识，而对伤害结果的程度没有认识或者无法预料的，只要伤害结果达到相当程度，就构成伤害罪。例如，用浓硫酸泼洒他人的情形，造成毁容的就是重伤，只达到了一定程度的烧伤的就是轻伤，审判中一般将重伤的情形确定为行为人有重伤的故意，将轻伤的情形确定为行为人有轻伤的故意，也就是说，法院是由客观的结果出发来反推行为人的主观心态，一般不会认为行为人是基于轻伤故意导致了重伤结果。不过，这并不违反责任主义，不属于客观归罪，因为无论是重伤结果还是轻伤结果，都在行为人概括的伤害故意之中，任何一种结局的出现都不违背其本意。

故意轻伤，但未造成轻伤结果的，不成立犯罪，不存在未遂问题。行为人基于重伤意图着手实施伤害行为，行为对他人身体机能具有重大威胁，只是由于意志以外的原因未得逞的，应以故意重伤（未遂）被处理。此时，法院不能仅根据客观结果来处理，不能因为伤害结果只是轻微伤而不作犯罪处理。

本案中，吴某明确要求胡某、方斌某重伤被害人李德某，胡某、方斌某也予以接受。这表明胡某、方斌某具有重伤李德某的故意。同时，胡某、方斌某携带钢管殴打正在骑自行车的李德某，把李德某连人带车打翻在路边田地里。这种行为对被害人的身体机能具有重大威胁，属于重伤行为。因此，只是因为胡某、方斌某意志以外原因，被害人李德某未受重伤，只受到轻微伤，胡某、方斌某构成故意伤害罪（未遂）。

根据共犯与犯罪形态的原理，如果实行犯犯罪未遂，对教唆犯而言属于意志以外的原因，教唆犯也构成犯罪未遂。本案中，实行犯胡某、方斌某构成故意伤害罪（未遂），对教唆犯吴某而言，这是意志以外的原因，因此教唆犯吴某也构成故意伤害罪（未遂）。

至于实行犯胡某、方斌某又实施抢劫，这种行为超出了吴某与胡某、方斌某的共同犯罪的故意范围，属于实行过剩的行为。对此，教唆犯吴某不需负责。

---

① 高铭暄. 新编中国刑法学：下册. 北京：中国人民大学出版社，1998：693.

深度研究

（一）教唆未遂的认定

如何正确理解我国《刑法》第 29 条第 2 款的规定，是一个重大的理论问题。《刑法》第 29 条第 2 款规定："如果被教唆的人没有犯被教唆的罪，对于教唆犯，可以从轻或者减轻处罚。"

对该款规定的理解，在共犯区分制之下，有三种学说：（1）共犯独立性说。即《刑法》第 29 条第 1 款、第 2 款都体现了教唆犯刑事责任的独立性，共犯不从属于实行犯。[①]"我国《刑法》第 29 条第 2 款明文规定处罚教唆犯的未遂犯，即没有正犯的共犯，因而不存在实行从属性。换言之，从我国《刑法》第 29 条第 2 款规定不得不得出我国刑法采共犯独立性说的结论。"[②]（2）从属性说。其中又包括两种解释思路：其一，将《刑法》第 29 条第 2 款解释为关于共同犯罪的教唆而未达到既遂状态的处罚规定。[③] 其二，认为《刑法》第 29 条规定的是广义的教唆犯，即第 1 款规定的是狭义或真正意义上的教唆犯，且采取的是教唆犯从属性说；第 2 款则是对以教唆方式实施的间接正犯未遂所作的规定。[④]（3）二重性说。即《刑法》第 29 条第 1 款的规定体现了教唆犯的从属性，而第 2 款规定，即便被教唆的人没有犯被教唆的罪，教唆犯与被教唆人根本不成立共同犯罪，对教唆犯仍然要定罪处罚，这表明教唆犯具有独立性。[⑤]

但是，刘明祥教授曾撰文指出，前述讨论共犯独立性和从属性的各种观点，都以区分制为法律根据，但我国刑法采用的不是区分制，而是单一的正犯概念。以此为前提，刘明祥教授认为，教唆犯从属性说没有存在的法律基础，对《刑法》第 29 条第 2 款必须作新的解释，即将其解释为被教唆的人没有按教唆犯的意思实施犯罪。具体包括四种情形：（1）教唆犯已实施教唆行为但教唆信息（或内容）还未传达到被教唆的人；（2）被教唆的人拒绝教唆犯的教唆；（3）被教唆的人虽接受教唆，但还未为犯罪做准备；（4）被教唆的人虽接受教唆，但后来改变犯意或者因误解教唆犯的意思而实施了其他犯罪，并且所犯之罪不能包容被教唆的罪。论者还将《刑法》第 29 条第 2 款的规定与我国台湾地区旧"刑法"的相关规定类比，最终得出单一正犯概念意

[①] 高铭暄. 刑法学原理：第 2 卷. 北京：中国人民大学出版社，1993：411.
[②] 陈兴良. 教义刑法学. 北京：中国人民大学出版社，2010：652.
[③] 张明楷. 论教唆犯的性质//陈兴良. 刑事法评论：第 21 卷. 北京：北京大学出版社，2007：85.
[④] 何庆仁. 我国刑法中教唆犯的两种涵义. 法学研究，2004（5）.
[⑤] 伍柳村. 试论教唆犯的二重性. 法学研究，1982（1）；马克昌. 犯罪通论. 武汉：武汉大学出版社，1999：556；陈世伟. 论共犯的二重性. 北京：中国检察出版社，2008：60.

义上的共犯独立性说的结论。①

然而，承认单一正犯概念，从根本上讲，会和罪刑法定原则产生紧张关系。具体表现在：

（1）单一正犯概念将因果关系的起点视为构成要件的实现，可能无限扩张刑事可罚性的范围。例如，单一正犯概念认为分则对教唆行为和帮助行为进行了规定，对共犯可以直接按照分则的规定定罪处罚，这明显是不合理的。因为其抹杀了构成要件的定型化功能。同时，单一正犯概念并不能提出任何决定正犯范围的标准，其所声称的对实现构成要件结果有贡献，实际上就是因果关系条件说的另一种表述，而条件说饱受攻击之处就在于处罚范围的扩大化，这一缺点在单一正犯概念中仍然存在。就法治国原则来看，单一正犯概念舍弃从构成要件的角度来定位正犯概念，与根植在构成要件行为基础上的刑事处罚原则相抵触，也背离社会上一般人对行为的理解。例如，很难把出借工具的举止理解成窃取他人之物的行为。根植于因果关系（条件说）的单一正犯概念尤其会造成无法接受的刑法扩张现象。例如，单纯的教唆行为或者协助行为会被解读成可罚的构成要件实施行为，从而构成相关犯罪的未遂犯。

（2）在身份犯的场合，单一正犯概念可能缩小共犯的处罚范围。如果承认教唆犯、帮助犯都是正犯，那么，身份犯就必须具有特定身份才可能成立狭义共犯。换言之，教唆他人贪污者需要具有国家工作人员身份，否则难以成立共犯。但这一结论明显不合理，也有违反罪刑法定原则之嫌。

（3）单一正犯概念竭力绕开共犯论的很多难题，不再明确区分正犯和共犯，以使刑法判断简单化，在实务上有相当的便利和经济之处。但是，其目的可能难以达到。采取单一正犯概念，在制定共同犯罪人的刑罚裁量原则时，必须针对不同参与者确定极其烦琐的处理规则，并通过这些规则实现量刑平衡，这是一项可能比区分正犯和共犯更为繁重的任务。如果无法做到这一点，单一正犯概念将导致量刑标准变得粗糙；而随着法官个案裁量权限的扩大，单一正犯体系必然产生量刑不确定性的致命缺陷。

对此，合理的解释思路是，剥离刘明祥教授所例示的诸种情形，将其区别为三种情况处理：《刑法》第 29 条第 2 款规定的被教唆的人"没有犯被教唆的罪"，仅指教唆犯教唆他人犯罪，被教唆人已经着手实行犯罪，但"没有达到既遂状态"的情形；对于教唆犯教唆他人犯罪，被教唆人仅有预备行为但"没有着手犯被教唆的罪"的情形，即便要处罚教唆犯，也应该适用（他人）预备罪的法理，引用《刑法》第 22 条第 2 款的规定进行处罚，这与教唆

---

① 刘明祥．"被教唆的人没有犯被教唆的罪"之解释．法学研究，2011（1）.

未遂和共犯从属性原理无关,更不需要对教唆预备犯适用《刑法》第29条第2款;至于刘明祥教授所说的教唆信息还未传达到被教唆人、被教唆人拒绝教唆、被教唆人虽接受教唆但还未为犯罪做准备等三种情形,教唆行为对法益缺乏抽象危险,教唆者不但不能成立教唆未遂,而且连教唆预备犯都不成立,不属于刑罚处罚的对象。

具体而言,第一,在被教唆者没有预备行为时,不能处罚教唆犯。刘明祥教授认为,教唆犯已实施教唆行为但教唆信息还未传达到被教唆的人、被教唆的人拒绝教唆犯的教唆、被教唆的人虽接受教唆但还未为犯罪做准备等三种情形,都应当成立教唆未遂。但是,在本书看来,教唆者此时的法益侵害性没有达到值得刑罚处罚的程度,其不仅不能成立教唆未遂,而且连教唆预备犯都不成立,从而不是刑罚处罚的对象。将上述教唆行为作为刑罚处罚的对象,不仅是对教唆未遂概念、《刑法》第29条第2款规定的曲解,而且没有考虑体系性地解释刑法规定的要求,最终有倒向刑法主观主义的危险。此外,对于被教唆的人虽接受教唆,但后来改变犯意或者因误解教唆犯的意思而实施了其他犯罪,并且所犯之罪不能包容被教唆的罪的情形,刘明祥教授认为,教唆犯与被教唆者之间没有共犯关系,教唆犯单独成立教唆未遂。但是,被教唆的人按照他人的教唆进行了预备,只是在实行时才有所改变的,教唆者与被教唆者可以在预备的层面成立共犯关系,只是不涉及教唆犯的未遂问题而已。例如,甲教唆乙盗窃他人财物,乙为盗窃准备了工具,但到现场后发现没有可以随意搬动的财物,就砸毁了被害人的汽车,甲只能成立(盗窃罪)教唆犯的预备,而不能成立教唆未遂。

第二,被教唆人已经着手实行犯罪的,教唆犯有成立未遂的余地。将上述两种情况剔除出《刑法》第29条第2款的适用范围之后,教唆未遂就只能解释为,教唆犯教唆他人犯罪,被教唆人接受之后,已经着手实行犯罪,但尚未达到既遂状态。换言之,被教唆的人"'没有犯'被教唆的罪"仅指被教唆的人已经实行但"没有犯(被教唆的、达到既遂状态)的罪",如此才有成立教唆未遂的余地。在这个意义上,教唆犯的成立从属于正犯的实行。

肯定《刑法》第29条第2款规定的被教唆人"没有犯被教唆的罪"仅指被教唆人"没有犯(被教唆的、达到既遂状态)的罪"这一种情形的合理性在于:

(1)坚持共犯从属性的法理。

按照本书对《刑法》第29条第2款的解释,在正犯处于实行阶段时,其具有可罚性,共犯也才具有未遂的可罚性。此时,教唆行为产生了一个对应的直接侵害法益的共同参与人,刑法这才处罚狭义共犯,使共犯从属性原理得到坚持。于是,教唆未遂必须从属于正犯的未遂(实行从属性),必须以正犯着手实行为前提的有力观点没有被改变。

（2）在解释论上使法条之间没有矛盾。

按照刘明祥教授以及我国刑法学通说的观点，在被教唆的人连犯罪预备行为也没有实施时，也要适用《刑法》第29条第2款处罚教唆犯。这意味着对教唆犯最多只能减轻处罚而不能免除处罚，但被教唆人如果单独实施犯罪预备行为，按照《刑法》第22条的规定，可以免除处罚。由此出现的奇怪现象是，对直接面对法益的单独预备犯的处罚，比必须通过被教唆人才能（间接）针对法益的教唆预备犯的处罚要轻。

对于刘明祥教授将教唆未遂的范围无限扩张，可能带来处罚上明显不合理的结局这一问题，如果结合实例，可以看得更为清楚。1）甲自己为盗窃准备工具、制造条件，成立犯罪预备，适用《刑法》第22条，可以免除处罚。2）甲教唆乙盗窃，乙接受教唆后，为盗窃准备工具、制造条件，乙是预备犯，按照刘明祥教授的观点，对甲适用《刑法》第29条第1款，认定甲为教唆犯未遂，同时适用《刑法》第23条，不能免除处罚。3）甲教唆乙盗窃，但信息未传递给乙或者乙拒绝教唆，对甲适用《刑法》第29条第2款，甲成立单独犯的未遂犯，但不能免除处罚。实际上，如果考虑法益保护主义，考虑共犯处罚根据，不难看出，在上述三种情形中，情形1）中甲对法益的危险性最大，情形3）中甲对法益还没有值得刑法处罚的危险，原本就不应该受到刑法追究，遑论成立犯罪未遂。因此，对情形1）免除处罚但对情形3）不能免除处罚的合理性难以得到认同。情形2）中甲的行为存在一定危险，但是，如果认为情形2）中甲成立共犯意义上的教唆未遂犯，那么对其的处罚就和情形1）中的明显不协调。换言之，其不合理的结局是一个离法益侵害的危险性越远的人，刑罚处罚越重，这明显难以令人接受。

通说面对这种处理结论上的不合理毫无解决办法，只能将其解释为是由《刑法》第29条第2款规定自身的不合理所造成的；解决上述处罚不协调的问题，只能是修改刑法的规定，即对单独教唆犯按预备犯的规定处罚。但是，本书认为，在刑法解释论上，不对现有条文进行目的性缩限和体系解释，而动辄批评立法不当，在方法论上存在根本缺陷。因此，通说和刘明祥教授在法条规定原本没有矛盾时，不当理解《刑法》第29条第2款，人为制造法条之间的矛盾，过分扩大教唆未遂的主张所带来的负面效果，在这里充分显示出来。其实，只要对教唆预备犯适用他人预备罪的法理，而不与教唆未遂挂钩，对教唆预备犯，就应当按照《刑法》第22条（承认共犯关系，再辅之以《刑法》第29条第1款）进行处罚，而不能适用《刑法》第29条第2款。

（3）考虑刑法的法益保护目的，杜绝错误理解《刑法》第29条，防止滑向刑法主观主义。

刘明祥教授认为《刑法》第 29 条第 2 款能够包容的前三种情形，都明显不属于刑罚处罚的对象，其结论明显和法益保护原则相冲突。对这些情形以未遂犯处罚，等于在法益危险性的判断上坚持纯粹主观说，仅仅以行为人主观上的危险性为判断依据来认定犯罪未遂，采取了从主观到客观的思考方法，有主观归罪之嫌，并不足取。刘明祥教授主张《刑法》第 29 条第 2 款只规范共犯自身具有违法性的情形。但是，如果承认《刑法》第 29 条第 2 款所要惩罚的教唆犯，至少是被教唆者接受教唆后开始实行的情形，则实际上是在重申犯罪是违反行为规范进而侵害法益的行为。狭义共犯参与他人的犯罪，在被教唆者、被帮助者的行为处于实行阶段，对法益有具体危险时，刑法必须作出反应。但是，对于教唆信息未传递到被教唆人、被教唆人拒绝教唆、被教唆人实施其他与教唆无关的罪等情形，教唆犯的行为对法益不会造成需要刑法处罚的抽象危险，不能将表现教唆者犯罪人格的行为与正犯的实行行为同等看待，对这种教唆者不应进行处罚。唯其如此，才能在教唆未遂问题上，不走在日本已被抛弃的共犯独立性说的老路，进而从根本上防止对我国刑法具体规定的解释滑向刑法主观主义。①

（二）对"造意为首"的思考

我国刑法以作用分类法为主、以分工分类法为辅，将共同犯罪人分为主犯、从犯、胁从犯、教唆犯四种，并明确规定了相应的处罚原则。如此归类，能够根据罪犯在共同犯罪中所起的具体作用大小，确定行为人在共同犯罪中的相互地位，进而说明行为的法益侵害程度，较好地解决量刑问题。但是，在司法实务中，一方面，从犯的确定有时的确比较困难；另一方面，实务上往往也不习惯于区分主从犯，很多关于共同犯罪的判决都以各被告人在共同犯罪中的作用相当，不宜区分主从犯而一笔带过，说理较为粗疏。

从理论上看，区分主从犯，确定谁是从犯比较重要：（1）从犯的处罚，通常要比主犯的轻，由此，罪刑相适应原则才能得到贯彻。有的国家或地区的刑法典明确规定，从犯之刑减正犯之刑的 1/2 或者更大的幅度。我国《刑法》第 27 条第 2 款虽然没有类似规定，但是，也规定对从犯应当从轻、减轻或者免除处罚。（2）在有的案件中，区分主从犯，才能做到案结事了。对在共同犯罪中作用较小的人，如果将其认定为主犯，对其判主犯之刑，则其必然不能接受这样的判决结论，可能反复申诉，判决的社会效果不好。（3）区分主从犯有助于推进量刑程序改革。最高人民法院 2010 年 10 月 1 日实施的《人民法院量刑指导意见（试行）》中规定，对从犯，应当综合考虑其在共同

---

① 以上内容参见周光权."被教唆的人没有犯被教唆的罪"之理解——兼与刘明祥教授商榷.法学研究，2013（4）.

犯罪中的地位、作用，以及是否实施犯罪实行行为等情况，予以从宽处罚，可以减少基准刑的20%～50%。如果对应该区分主从犯的场合不进行区分，《人民法院量刑指导意见（试行）》关于从犯从宽处罚的精神就可能落空。因此，在实务中，有少数案件，共犯人在共同犯罪中的作用可能大致相同，都可以认定为主犯。但在大多数案件中，可能都存在主犯与从犯之别，那么，在认定顺序上，就需要先确定主犯，再认定从犯。

对主犯、从犯的认定，在实践中似乎比较统一的认识是：提起犯意的人，似乎毫无例外地被认定为主犯。这种比较绝对化的认识，继承了自《唐律》以来"造意为首"的理念，有其法制史上的渊源。但是，某些一直存在的现象，不一定合理。"造意为首"这一实务中被广泛接受的观点，确实有值得质疑的地方。具体问题是：实务上对提起犯意的人，通常都认定为主犯，只有极其罕见的场合，才有成立从犯的余地。但是，合理的观点应当是：对提起犯意的人，通常都应该是从犯，只有在造意后又着手实行、针对未成年人提起犯意、为犯罪集团或者聚众犯罪造意等极其罕见的场合，才有成立主犯的余地。因此，实务中流传甚广并深入人心的造意为首观念，可能需要改变。换言之，在很多情况下，造意者未必为首。

1. 主犯、从犯区分的一般理论

从主犯参加犯罪活动的情况来看，他们一般在事前拉拢、勾结他人，出谋划策；实施犯罪时积极参加，担任主角，并协调他人的行动，所犯具体罪行较重。那么，是否出谋划策、提起犯意的人就一定是主犯？

（1）造意并成为正犯者，可以成立主犯。一般共同犯罪中的主犯，多数都是正犯。但是，并不是所有正犯都是主犯，正犯在共同犯罪中所起的作用较小，是次要实行犯的，仍然可以成立从犯。正犯是否成立从犯，需要综合考虑其是否提起犯意、纠集共犯的积极性、参与实行的主动性、是否充当指挥者角色以及所有共犯人各自导致危害后果的大小等因素。换言之，正犯虽然直接实施了符合构成要件的行为，但可能并非犯意的发起者，或者没有实施寻找共犯的行为，或者参与实行的主动性不强，或者被动接受他人的指挥，或者所造成的危害后果较小，因此，其相对于起主要作用的正犯而言，在共同犯罪中的作用要小，可以成立从犯。对在共同犯罪中起次要作用的正犯以从犯论处，考虑了罪刑均衡原则，具有其合理性。认定从犯，虽然要考虑其"对共同故意形成的作用"，但即便行为人是犯意的发起者，或者实施了寻找共犯的行为，事后并未参与实行的，也可以成为从犯。

（2）少数教唆犯。个别出谋划策，使他人产生犯意的教唆犯，在共同犯罪中起主要作用的，是主犯。但多数教唆犯仍然有成立从犯的可能。

2. 确定造意者作用的立场：共犯从属性说

有观点认为，在共同犯罪中，出谋划策的，是起主要作用的人；从犯只对主犯的犯罪意图表示赞成、附和、服从，听从主犯的领导、指挥，不参与主犯有关犯罪的决策和谋划。① 这是将复杂问题简单化的一种考虑，但可能有过于绝对化之嫌，且是共犯独立性思想的体现。

刑法主观主义出于行为共同说的考虑，主张共犯独立性说：行为者的危险性一旦通过一定的行为流露出来，即可认定其有实行行为，所以，教唆、帮助行为原本就是行为人自己犯意的实行表现，教唆、帮助犯等共犯本身就有实行行为，这些实行行为就是独立的犯罪行为。教唆犯、帮助犯的犯罪性，为共犯所独有，由此决定了共犯本身具有独立的犯罪性和可罚性，其责任是共犯固有的责任，是一种独立存在，与正犯成立与否无关，由此自然存在独立的未遂情形，而不取决于正犯是否着手实行犯罪，即使没有正犯的行为，法院也可以对狭义共犯依照未遂的规定给予处罚。根据共犯独立性说，甲教唆乙杀人，教唆行为独立构成犯罪，而不论乙是否真的实施。该说重在强调教唆犯、帮助犯个人的行为动机和人格否定；看重反社会性质，不依赖乙的行为，甲构成故意杀人罪（教唆）未遂。共犯独立性说瓦解了构成要件的观念，否认了犯罪行为的定型性，存在明显缺陷。

按照共犯独立性的逻辑，在共同犯罪中单纯提起犯意、出谋划策的人，其行为的危险性、正犯性都是非常清楚的，应当成立主犯。但是，有学者指出：只有在刑法强调犯意在犯罪中的意义时，才会得出"造意为首"的结论，从而影响立法和司法。在我国，从《唐律》开始，至明、清止，都一直将"造意为首"作为立法取向，"在共同犯罪中的作用问题上，更注意犯意发起。这也反映了我国封建统治者诛心的思想"②。在强调建设社会主义法治国家的今天，对造意者的作用认定，改变共犯独立性的主张，肯定共犯从属性说的价值，或许有特殊意义。

刑法客观主义赞成共犯从属性说。基于犯罪共同说的立场，刑法客观主义将共同实施一定的犯罪作为共犯成立的前提，认为正犯的行为依构成要件理论是符合基本构成要件的实行行为，对构成要件结果的形成具有根本性影响，自然可以成立独立的犯罪。但是，对犯罪的发生只有间接关系的狭义共犯（教唆犯、帮助犯）的行为，本身并不能成为独立的犯罪，共犯没有实施正犯意义上的实行行为，并无独立的犯罪性和可罚性，其犯罪性和可罚性都隶属于正犯，依赖于正犯的实行行为，无正犯即无可罚的共犯。只有单纯的教唆、帮助行为，他人并未接受教唆、帮助的，共犯并不构成犯罪；必须在被教唆、被帮助的人着手实施犯罪时，共犯才成立。共犯成立必须以正犯具

---

① 胡康生，等．中华人民共和国刑法释义．北京：法律出版社，1997：38．
② 高铭暄．刑法学原理：第2卷．北京：中国人民大学出版社，1993：454．

有实行行为为前提。刑法分则中规定的每个罪的构成要件都是以实行行为为模式设计的，教唆犯、帮助犯的犯罪性较低，所以，教唆犯、帮助犯必须从属于实行行为。共犯从属性说以正犯的行为为中心，使共犯依附于正犯而成立，这就严格地限制了共犯的构成条件，在一定程度上正确地揭示了正犯与共犯的关系，因而具有合理性。

按照共犯从属性说的观点，在他人并未着手实行的场合，教唆者无罪；即便被教唆者着手实行，出谋划策、提起犯意的人对法益的侵害也相对间接，其危害性要小于着手实行的正犯的危害性。因此，基于共犯从属性说的立场，将绝大多数提起犯意的人认定为从犯是有其合理性的。

上述分析充分表明，共犯从属性说、独立性说的争论，不仅对定罪有影响，对狭义共犯的作用确定及量刑也有重大影响。

3. 确定造意者作用的方法论：先客观再主观

要确定造意者是主犯还是从犯，必须根据每一个案件的具体情况进行判断。根据理论上的一般看法，符合以下条件的，一般应当认定为从犯：（1）在共同犯罪中的地位相对低，没有参加策划，只是接受他人分工，起次要作用的；（2）实际参加的程度有限的；（3）具体罪行较小，造成的危害后果有限的；（4）对犯罪结果所起的作用有限的。上述四点，应该说同时考虑了主客观要素，具有合理性。

但是，在综合主观要素和客观要素判断从犯时，需要在逻辑上确定先考虑客观要素还是先考虑主观要素。应该承认，在从犯认定时，必须同时兼顾主客观要素，因为行为人在共同犯罪中的作用既包括在共同犯罪故意形成中的作用，也包括在共同犯罪实施中的作用，仅仅从具体实施犯罪的客观方面分析，忽视主观方面的倾向是片面的。但是，如果坚决地贯彻刑法客观主义的立场，在主从犯判断问题上，则应该遵循先客观后主观的顺序进行。换言之，个人在共同犯罪中所起的作用大，是因为其客观危害大，而不是仅仅因为其主观恶性、人身危险性大。共同犯罪人对危害结果发生究竟有多大的影响力，发挥了多大的作用，不是因为其起意，也不是因为其参与策划，而是因为其实际参与犯罪实行的程度较深，以及其实行行为造成危害结果较重。无论如何造意，如何出谋划策，只要他人不着手实行，或者着手实行者不通过其自己的行为直接造成法益侵害，造意行为对社会的危害极其有限。其实，在犯罪成立与否的评价上，以及在作用判断上，实行犯都是整个犯罪的灵魂人物，是犯罪的核心角色；造意者必须通过实行犯的行为才能造成法益侵害，与实行犯的作用相比，造意者多多少少处于边缘地位，对法益的侵害相对间接。因此，在思考逻辑上，先确定行为人的客观危害，再考虑其主观恶性，进而确定其在共犯中的主从关系，是刑法客观主义的题中之义。唯有如此，规范上对从犯的判断,才不至于将刑法作为"诛心"的工具。

在方法论上的先客观后主观,意味着:(1)积极参与实行,同时是造意者的,应当成立主犯。但认为其成立主犯主要不是因为考虑造意,而是因为首先考虑其直接侵害法益的实行行为危害大,其次考虑其造意,将其作为主犯处理。(2)参与实行的人,客观上的危害较其他实行犯的要小的,也是从犯。对此,有学者正确地指出:即便是教唆犯和实行犯,但只要其在共同犯罪中起次要作用,就可以认定为从犯。(3)即便是提起犯意,在共同犯罪故意形成阶段起主要作用的人,只要其行为仅仅停留在教唆环节,其没有参与实行,在实行阶段没有起到实际作用,就只能成立从犯。(4)即便仅仅对主犯的犯罪意图表示赞成、附和、服从的人,对共同犯罪故意的形成起次要作用,但是,在分工实行时非常积极,实行行为危害很大,直接导致危害结果发生的,其也应该成立主犯。①

---

① 以上内容参见周光权. 造意不为首. 人民检察,2010(23).

第九章 单位犯罪

第一节 单位犯罪的主体

知识背景

《刑法》第30条规定:"公司、企业、事业单位、机关、团体实施的危害社会的行为,法律规定为单位犯罪的,应当负刑事责任。"

根据该规定,单位犯罪的主体包括公司、企业、事业单位、机关、团体五种组织。其中,公司是指依法定条件和程序设立的,以营利为目的组织其生产和经营活动的经济组织,包括有限责任公司和股份有限公司。企业,是指以从事生产、流通、科技等活动为内容,以获取赢利和增加积累、创造社会财富为目的的一种营利性的社会经济组织。公司是企业的一种,但这里的企业是指公司以外的企业。事业单位,是指依法成立的从事各种社会事业,拥有独立经费或财产的各种社会组织,包括国家事业单位和集体事业单位,如医院、学校、文艺单位、科研机构等。除法律有特别规定的以外,公司、企业、事业单位的所有制性质,不影响其作为单位犯罪的主体。根据相关司法解释的规定,《刑法》第30条规定的公司、企业、事业单位,既包括国有、集体所有的公司、企业、事业单位,也包括依法设立的合资经营、合作经营企业和具有法人资格的独资、私营等公司、企业、事业单位。机关,是指履行国家的领导、管理职能和保卫国家安全职能的机构,包括立法机关、行政机关、司法机关和军事机关等。团体,是指各种群众性组织,如工会、共青团、妇联、学会、协会等。

单位犯罪的主体,必须是依法成立的公司、企业、事业单位、机关、团体。非法成立的,或者未经批准成立的组织,即使是以组织的名义,在组织意志支配下实施了刑法规定的犯罪行为,也不能认为是单位犯罪,而应当按照自然人犯罪追究刑事责任。个人为进行违法犯罪活动而设立的公司、企业、事业单位实施犯罪的，或者公司、企业、事业单位设立后，以实施犯罪为主要活动的，均不以单位犯罪论处，而应以自然人犯罪论处。

单位犯罪的主体，必须是具有相对独立人格的组织，即具有相对独立的行为能力、拥有一定财产和经费、能够以自己的名义承担责任的组织。单位的附属机构能否成为单位犯罪的主体，也主要取决于其是否具有相对独立的人格。单位的附属机构一般可以分为两类：一是单位的分支机构，如母公司下属的子公司、总厂下属的分厂、银行等金融单位的分支机构等；二是单位内部的职能部门，如机关的科室、公司的营业部、学校的学院等。单位的分支机构一般拥有独立的经费或财产可供支配，在决策上也具有一定的自主性，能够独立地对外承担责任，具有相对独立的人格，能够成为单位犯罪的主体。而单位内部的职能部门，一般情况下没有独立的资金，不能独立决策经营，必须以单位名义进行对外活动，没有独立的利益归属，缺乏相对独立的人格，所以一般不能成为单位犯罪的主体。但也不能一律排除例外情况的存在，当某一单位的职能部门在其业务范围内具有相对独立的经营决策权，能够以职能部门本身的名义对外独立进行活动并将取得的利益归本部门支配时，其也可以成为单位犯罪的主体。

涉嫌犯罪的单位一旦被撤销、注销、吊销营业执照或者宣告破产之后，就如同自然人死亡一样，不能再承担刑事责任，不再对其追诉。但对实施犯罪行为的该单位直接负责的主管人员和其他直接责任人员，应当根据刑法关于单位犯罪的相关规定追究刑事责任。

人民检察院起诉时该犯罪企业已被合并到一个新企业的，仍应依法追究原犯罪企业及其直接负责的主管人员和其他直接人员的刑事责任。人民法院审判时，对被告单位应列原犯罪企业名称，但注明其已被并入新的企业，对被告单位所判处的罚金数额以其并入新的企业的财产及收益为限。

符合我国法人资格条件的外国公司、企业、事业单位，在我国领域内实施危害社会的行为，依照我国刑法构成犯罪的，应当依照我国刑法关于单位犯罪的规定追究刑事责任。个人为在我国领域内进行违法犯罪活动而设立的外国公司、企业、事业单位实施犯罪的，或者外国公司、企业、事业单位设立后在我国领域内以实施违法犯罪为主要活动的，不以单位犯罪论处。

规范依据

（一）《刑法》

第 30 条　公司、企业、事业单位、机关、团体实施的危害社会的行为，法律规定为单位犯罪的,应当负刑事责任。

(二)最高人民法院《关于审理单位犯罪案件具体应用法律有关问题的解释》

第1条 刑法第30条规定的公司、企业、事业单位,既包括国有、集体所有的公司、企业、事业单位,也包括依法设立的合资经营、合作经营企业和具有法人资格的独资、私营等公司、企业、事业单位。

第2条 个人为进行违法犯罪活动而设立的公司、企业、事业单位实施犯罪的,或者公司、企业、事业单位设立后,以实施犯罪为主要活动的,不以单位犯罪论处。

(三)最高人民法院研究室《关于企业犯罪后被合并应当如何追究刑事责任问题的答复》

人民检察院起诉时该犯罪企业已被合并到一个新企业的,仍应依法追究原犯罪企业及其直接负责的主管人员和其他直接人员的刑事责任。人民法院审判时,对被告单位应列原犯罪企业名称,但注明已被并入新的企业,对被告单位所判处的罚金数额以其并入新的企业的财产及收益为限。

(四)最高人民法院研究室《关于外国公司、企业、事业单位在我国领域内犯罪如何适用法律问题的答复》

符合我国法人资格条件的外国公司、企业、事业单位,在我国领域内实施危害社会的行为,依照我国《刑法》构成犯罪的,应当依照我国《刑法》关于单位犯罪的规定追究刑事责任。

个人为在我国领域内进行违法犯罪活动而设立的外国公司、企业、事业单位实施犯罪的,或者外国公司、企业、事业单位设立后在我国领域内以实施违法犯罪为主要活动的,不以单位犯罪论处。

(五)最高人民检察院《关于涉嫌犯罪单位被撤销、注销、吊销营业执照或者宣告破产的应如何进行追诉问题的批复》

涉嫌犯罪的单位被撤销、注销、吊销营业执照或者宣告破产的,应当根据刑法关于单位犯罪的相关规定,对实施犯罪行为的该单位直接负责的主管人员和其他直接责任人员追究刑事责任,对该单位不再追诉。

(六)最高人民法院《全国法院审理金融犯罪案件工作座谈会纪要》

以单位的分支机构或者内设机构、部门的名义实施犯罪,违法所得亦归分支机构或者内设机构、部门所有的,应认定为单位犯罪。不能因为单位的分支机构或者内设机构、部门没有可供执行罚金的财产,就不将其认定为单位犯罪,而按照个人犯罪处理。

案例评价

[案例 9-1] 某市新客派公司、王某虚开增值税专用发票案[①]
（一人公司能否成为单位犯罪的主体）

1. 基本案情

2008年1月8日，被告人王某注册成立以其一人为股东的某市新客派公司，王某系法定代表人。2008年9月23日、10月28日，王某以支付开票费的方式，通过他人让某投资有限公司先后为新客派公司虚开增值税专用发票各1份，价税合计分别为人民币221 000元、350 000元，其中税款分别为32 111.11元、50 854.70元，并分别于开票当月向税务局申报抵扣，骗取税款共计82 965.81元。案发后，被骗税款被全部追缴。

该市某区人民法院判决被告单位某市新客派公司犯虚开增值税专用发票罪，判处罚金3万元；被告人王某犯虚开增值税专用发票罪，判处有期徒刑1年，缓刑1年。

一审判决后，被告单位、被告人没有上诉，检察机关亦没有抗诉，判决发生法律效力。

2. 涉案问题

本案所涉及的一个重要问题是，新客派公司是王某以其一人为股东注册成立的，这种依法成立的一人公司能否成为单位犯罪的主体？

3. 裁判理由

该市某区人民法院审理后认为，被告单位新客派公司让他人为自己虚开增值税专用发票，致使国家税款被骗82 000余元，构成单位犯罪；被告人王某系直接负责的主管人员，也构成虚开增值税专用发票罪。

4. 评析意见

2005年修订后的《公司法》首次明确肯定了一人公司的法人地位，其第58条（现为第57条）第2款对一人有限责任公司作了如下的定义："本法所称一人有限责任公司，是指只有一个自然人股东或者一个法人股东的有限责任公司。"公司法对一人公司的承认给刑法中单位犯罪的法律适用带来了如下问题：一人公司犯罪能否构成单位犯罪？单从刑法条文来看，只要公司实施了法律规定可以由单位构成的犯罪的行为，就可以成立单位犯罪，公司的性质、规模、股东人数等，均无限制。但在1997年刑法修订时，公司法尚未承认一人公司的法律地位，故刑法理论与司法实践一般对一人公司的单位犯罪

[①] 最高人民法院刑事审判第一、二、三、四、五庭.刑事审判参考：2011年第6集.北京：法律出版社，2012：1-14.

主体资格是持否定态度的。那么，随着一人公司法人地位的确立，刑法就不得不面临对涉及一人公司的单位犯罪如何处理、一人公司是否具备单位犯罪主体资格的问题。

在一人公司的法人地位得到公司法的肯定后，仍然否认一人公司的单位犯罪主体资格的理由主要包括以下两点：第一，一人公司不具有独立的整体意志。在有多名股东的有限责任公司和股份有限公司中，股东之间通过多数表决的方式形成公司的整体意志，且股东会、董事会、监事会互相监督、制约，从而使公司的整体意志有别于公司中任何一个人的单独意志。而在一人公司中，股东一人控制着公司的经营活动，股东的意志无法受到监督、制约，公司的意志和股东的意志无法区分，不具有单位意志的独立性和整体性特征。第二，一人公司不具有利益归属的团体性特征。一人公司只有单一股东，公司的利益就是单一股东的个人利益，公司利益均为股东个人所得，利益归属不具有团体性特征。

本书认为，在一人公司依法成立的情况下，以上两点否定其可以成为单位犯罪主体的理由并不成立。

第一，并非只要是一人公司就不具有独立的整体意志。根据公司法和公司的运作机制，公司的经营管理活动主要由公司董事会、经理层甚至公司职工等负责，股东的身份在公司经营管理中不起决定性作用。在一人公司中，虽然股东只有一人，但其实际的经营管理者并不一定只有一人，公司可能会聘请专职管理人员参与或负责公司的经营管理活动。管理层在其职权范围内按照法定程序作出的公司决策，显然不同于股东的个人意志，而是公司整体意志的体现。即使不聘请专职管理人员，而是由股东一人直接负责公司的经营管理活动，也不能说其一人作出的决策就一定不是公司的整体意志。因为公司意志的独立性不一定体现在管理者和作出决策者人数的复数性上，并不是只有经过管理层集体研究作出的决策才能视为单位的整体意志，一人作出的决策就不是公司的整体意志。例如，公司的总经理或者董事长一个人在其职权范围内为了公司的利益而作出的决策，就应当视为公司的整体意志。所以，从本质上而言，公司意志的独立性与其说体现为决策人员的复数性，还不如说是体现为决策权限的法定性、程序性和决策者身份的合法性。如果这种决策是在法律及公司章程等文件规定的职权范围内依照一定程序作出的，且作出这种决策是为了公司的利益，则这种决策就应当视为独立于决策者自然人身份的公司管理者的决策，即应视为公司的决策而不是自然人个人的决策。所以说，并非只要是一人公司就不能形成独立的整体意志，无论是股东独自负责和控制公司的经营管理活动，还是由专职管理层负责和控制公司的经营管理活动，只要是在法定的决策权限内、遵循法定的决策程序、为了公司利益进行决策，都有可能形成独立于股东的公司意志。

第二，并非只要是一人公司就缺乏利益归属的团体性。一方面，即使是一人公司，其管理者、职工一般不止一人。事实上，随着一人公司的发展壮大，并不排除拥有几百、上千甚至上万职工的一人公司的可能性。公司的利益与公司所有这些成员的利益息息相关。按照公司法的规定，公司的税后利润应当提取一部分作为公司法定公积金，在提取法定公积金之前还应当先弥补公司亏损，在提取法定公积金之后还可以提取任意公积金。另外，公司经营效益决定公司成员包括一般职工的工资、奖金等物质待遇，所以，公司的收益与公司所有成员的利益均密切相关。从这个意义上说，一人公司也具有利益归属的团体性。另一方面，利益归属的团体性的本质不在于享受利益主体的复数性，而在于利益归属主体的独立性，即利益直接而完整地归公司所有的，这种利益就是公司的利益而不是自然人个人的利益，也就是公司作为一个由自然人组成的团体的利益。这种利益归属的直接性和完整性主要体现在公司作为一个整体首先概括地、全部地承受犯罪带来的利益，如犯罪所得的收益直接进入公司的账号，作为公司的收入予以记载，或者直接抵偿公司债务，用于公司的开支。至于公司承受这些利益后将利益进行再分配，甚至唯一的股东分得其中的绝大多数，这是公司对自己财产的处分，不影响利益初始归属的属性。所以，一人公司实施犯罪，只要犯罪所得是由公司支配而不是其中的自然人包括股东支配的，就不影响公司利益归属的团体性特征。

综上可见，一人公司虽然只有一个股东，但其完全可能具有独立于股东的整体意志和利益归属，一概否认一人公司的单位犯罪主体资格的观点，明显缺乏合理性。本书认为，与其他单位一样，一人公司能否成为单位犯罪的主体，其判断标准均在于其是否具有独立的人格。具有独立人格的一人公司，就可以成为单位犯罪的主体；不具有独立人格的一人公司，就不能成为单位犯罪的主体。一人公司如果按照法定的条件和程序成立，依照公司章程规定的宗旨经营，具有公司法所要求的法人治理结构，能够形成独立的意志，具有独立的财产，就可以认定其具有独立于股东的公司人格，能够成为单位犯罪的主体。

本案中，新客派公司依法成立，作为公司唯一股东和法定代表人的王某为了公司的利益，让他人为公司虚开增值税专用发票用于骗取税款，其行为完全可以被评价为公司意志的体现，故法院认定新客派公司构成单位犯罪是正确的。

[案例9-2] 某市陆港实业发展有限公司等走私案[①]
（单位职能部门能否成为单位犯罪的主体）

1. 基本案情

1994年年底至1995年年初，原某市陆港实业发展有限公司（下称"陆港公司"）董事长兼总经理张甲（另案处理）与公司副经理姚某、王甲，共谋利用进料加工方式保税进口铝锭在国内倒卖牟利。在张甲明确告知被告人张乙"进料加工"的实质和具体操作方法的情况下，张乙为了本单位能获取1‰的代理费，在接受张甲的委托后以原某省东星进出口集团股份有限公司机电部（下称"东星公司机电部"）的名义签订了进出口协议，并安排机电部业务员许某具体办理陆港公司免税进口487.322吨铝锭有关通关手续。原某省有色金属工业公司海门铝材厂（下称"海门铝材厂"）负责人宋某、朱某为海门铝材厂低价购进该铝锭，在原某市海关关员王乙的撮合下，为配合被告单位陆港公司、东星公司机电部骗领进料加工手册积极提供帮助。1995年4月下旬，被告单位陆港公司凭骗领的加工手册从海关免税进口铝锭487.322吨，并出售给海门铝材厂，从中获利100余万元，海门铝材厂从中获利30余万元。本案中被告单位陆港公司等单位偷逃应缴税款计人民币218万余元。

某市中级人民法院依法判决如下：

（1）被告单位陆港公司犯走私罪，判处罚金人民币50万元。

（2）被告单位东星公司机电部犯走私罪，判处罚金人民币20万元。

（3）被告人张乙、姚某、王甲、许某、王乙、宋某、朱某犯走私罪……

一审宣判后，被告单位与被告人不服，向某省高级人民法院提出上诉。某省高级人民法院经依法审理后认为，原审判决对上诉人的定罪准确，量刑适当，且审判程序合法，依法裁定：驳回上诉，维持原判。

2. 涉案问题

本案所涉及的关键问题是：东星公司机电部副经理张乙在明知被告单位陆港公司"进料加工"的实质和具体操作方法的情况下，为使本单位能获取1‰的代理费，接受陆港公司的委托代理这笔"进料加工"业务，擅自以东星公司机电部的名义签订了进出口协议，并安排东星公司机电部业务员许某具体办理陆港公司免税进口487.322吨铝锭有关通关手续，该走私行为的犯罪主体是东星公司还是东星公司机电部？在案件审理过程中，法院对此存在较大的争议，并形成了以下不同的意见：

第一种意见认为，东星公司机电部是上述走私罪的犯罪主体。理由是：

[①] 国家法官学院，中国人民大学法学院. 中国审判案例要览：2003年刑事审判案例卷. 北京：人民法院出版社，中国人民大学出版社，2004：13-19.

单位犯罪是在单位集体研究决定或者负责人员决定下实施的危害社会的行为，本案中张乙作为东星公司机电部的副经理，是东星公司机电部的负责人，因而由其决定实施的犯罪行为，实为东星公司机电部的单位犯罪行为，该刑事责任应由东星公司机电部承担。

第二种意见认为，东星公司是上述走私罪的犯罪主体。案件中张乙以"东星公司"单位名义协助陆港公司走私，且将犯罪所得交东星公司所有，主观上是为东星公司牟利，所以该走私行为的刑事责任应由东星公司承担，即应是东星公司而非东星公司机电部为本案中走私罪单位犯罪的犯罪主体。

3. 裁判理由

某市中级人民法院依法审理后认为，被告单位陆港公司的行为构成走私罪；被告人姚某、王甲系被告单位陆港公司直接负责的主管人员和直接责任人员，应承担相应的刑事责任。被告人张乙是东星公司机电部的负责人，其擅自以东星公司机电部的名义帮助他人走私，且约定的违法所得代理费归其单位所有，据此认定被告单位东星公司机电部走私罪名成立。被告人张乙、许某分别是被告单位东星公司机电部的直接负责的主管人员、直接责任人员，应承担相应的刑事责任。被告人王乙为被告单位陆港公司实施走私犯罪提供帮助，其行为亦构成走私罪；海门铝材厂亦为被告单位陆港公司实施走私犯罪提供帮助，虽该单位已被注销，但其直接负责的主管人员、直接责任人员被告人宋某、朱某仍应承担走私犯罪的刑事责任。本案发生在现行刑法施行以前，根据从旧兼从轻原则应适用全国人民代表大会常务委员会《关于惩治走私罪的补充规定》的规定，本案被告单位、被告人的行为应认定为走私罪。

4. 评析意见

本案中，东星公司机电部副经理张乙等人的走私犯罪到底是应该归属于东星公司还是归属于东星公司机电部，涉及的核心问题是：单位的职能部门或者内设机构能否成为单位犯罪的主体？

单位的职能部门或者内设机构属于单位的附属机构。一般来说，单位的附属机构可以分为两类（第一类是单位的分支机构，如母公司下属的子公司、总厂下属的分厂、银行等金融单位的分支机构等；第二类是单位内部的职能部门，如机关的科室、公司的营业部、学校的学院等）。对于单位的附属机构能否成为单位犯罪的主体，我国刑法没有明文规定，学界与实务界对此一直存在争议。肯定说认为，不仅单位的分支机构可以成为单位犯罪的主体，而且单位的职能部门可以成为单位犯罪的主体；否定说认为，我国刑法规定了单位犯罪的主体只能是公司、企业、事业单位、机关、团体，并没有包括其分支结构和内部单位，如果认定这些附属机构也能成为单位犯罪的主体，显然违反了罪刑法定原则;折中说认为,单位附属机构中具有相对独立性的分支机构可以成为单位犯罪的主体,而单位内部的职能部门不能成为单位犯罪的主体。

本书认为,我国刑法主要是以是否具有独立人格为标准来判断一个单位是否是适格的犯罪主体的。虽然一个单位不具有法人资格,甚至不能对外独立承担民事责任,但它如果在从事业务活动中具有相对的独立性,即能够形成相对独立的意志又能够获得相对独立的利益归属,就可以成为单位犯罪的主体。根据这个标准,单位的分支机构一般有相对独立的经费可供支配,在业务决策上具有一定的自主性,能够形成相对独立于单位的整体意志,其利益和单位之间也能够相对分离,所以,单位的分支机构成为单位犯罪的主体基本没有疑问。而单位的职能部门,一般情况下没有独立的资金,不能独立决策经营,必须以单位名义进行对外活动,没有独立的利益归属,所以,一般不能成为单位犯罪的主体。但是,不排除有的单位职能部门与单位之间相对独立,在业务范围内具有相对独立的经营决策权,能够以职能部门本身的名义对外独立进行活动并将其谋取的利益归本部门支配。在这种情况下,其行为可以认为是该职能部门的行为,其可以成为单位犯罪的主体。

在本案中,东星公司机电部作为东星公司的职能部门,能以自己的名义对外独立进行活动,具有相对独立性;其副经理张乙作出的以东星公司机电部名义进行走私的决定,因其负责人的身份而转化为东星公司机电部的意志。因此,这种走私行为的犯罪主体既不是张乙,也不是东星公司,而应该是东星公司机电部。法院对此问题的认定是正确的。

深度研究

对单位犯罪的主体,我国刑法从存在形式的角度规定为公司、企业、事业单位、机关、团体五类,但通过上文的分析可见,事实上并非只要是公司、企业、事业单位、机关、团体就可以成为单位犯罪的主体,也并非只有公司、企业、事业单位、机关、团体才可以成为单位犯罪的主体。刑法规定单位犯罪,根本上是因为单位具有独立的人格,具有独立于管理者或者所有者的意志。所以,从刑法规定单位犯罪的规范目的来看,判断一个单位能否成为犯罪主体时,需要我们进行更为实质的判断,即判断该单位是否具有相对独立的人格。换句话说,有无相对独立的人格,应是我们在判断一个单位能否成为犯罪主体时应当考虑的决定性因素。而判断一个单位是否具有独立人格,应该着重考虑以下几项标准:(1)能否形成独立的意志?(2)是否具有独立的财产利益?(3)能否独立地对外从事活动?(4)是否具有相对完善的治理结构?(5)是否依法成立并合法运转?

根据以上标准，依法成立的具有法人资格的单位，包括一人公司，无疑具有独立人格，可以成为单位犯罪的主体。最高人民法院 1999 年《关于审理单位犯罪案件具体应用法律有关问题的解释》第 1 条也规定：《刑法》第 30 条规定的公司、企业、事业单位，既包括国有、集体所有的公司、企业、事业单位，也包括依法设立的合资经营、合作经营企业和具有法人资格的独资、私营等公司、企业、事业单位。当然，需要指出的是，具有法人资格的单位，成立的目的必须是依法从事经营活动，且客观上确实从事了一定的合法经营活动。单位如果以从事非法甚至犯罪活动为目的而成立，或者成立后主要从事非法或犯罪活动，则不能成为单位犯罪的主体。

我国刑法对单位犯罪主体资格的规定以是否具有相对独立人格为标准，某一单位虽然不具有法人资格，但只要能够形成相对独立的人格，就可以成为单位犯罪的主体，如不具有法人资格的子公司、分厂等。最高人民法院 2001 年《全国法院审理金融犯罪案件工作座谈会纪要》规定：以单位的分支机构或者内设机构、部门的名义实施犯罪，违法所得亦归分支机构或者内设机构、部门所有的，应认定为单位犯罪。不能因为单位的分支机构或者内设机构、部门没有可供执行罚金的财产，就不将其认定为单位犯罪，而按照个人犯罪处理。根据该规定，单位的分支机构或者内设机构、部门虽然不具有法人资格，但只要是能够对外以自己的名义实施犯罪，且违法所得归自己所有的，就可以认定为单位犯罪的主体。

第二节　单位犯罪的行为

> **知识背景**

单位犯罪虽然是单位本身的犯罪，但单位毕竟只是虚拟性的存在，其具体犯罪行为最终还是要由单位内部成员来实施。那么问题便是：在什么情况下，单位内部成员所实施的行为可以算作是单位的犯罪行为？对此，我国刑法理论通说一般认为，作为单位犯罪的行为，应当符合以下几个条件。

（一）在单位意志支配下以单位名义实施

单位犯罪是单位本身作为主体所实施的犯罪，内部成员的行为必须是单位意志的体现，必须在单位意志支配下实施。单位意志一般由单位决策机构或者有权决策人员通过一定的决策程序来加以体现。未经单位集体研究决定或者单位负责人决定、同意的行为，一般不能认定为单位意志行为。在"一长制"单位中，有关负责人员在其职权范围内所作出的决定，如私营企业的企业主、某个团体的领导的决定,就可以被认为是单位的决定。在有决策机构的单位中,单位犯罪的决定一般要由单位决策机构的组成人员经过集体研究确定。在单位决策的研究过程中,可能并非所有的参与人员都同意,但只要是最终以单位名义作出的决议,即可认为是体现了单位的整体意志。

一般情况下,单位犯罪是在单位意志支配下以单位名义实施的,是否以单位名义实施是区分单位犯罪和自然人犯罪的一个重要标准。例如,在非法吸收公众存款案件中,区分个人犯罪与单位犯罪的一个首要标志就是:吸收公众存款是以个人名义还是以单位名义实施的。如果是以个人名义实施的,就不可能构成单位犯罪。只有以单位名义实施,并且非法所得归单位所有的,才可能由单位构成非法吸收公众存款罪。

(二) 违法所得归单位所有

单位的犯罪行为体现了单位的整体意志,其目的是为单位谋取非法利益,最终的违法所得要归单位所有。对此,1999年6月25日最高人民法院《关于审理单位犯罪案件具体应用法律有关问题的解释》第3条规定:"盗用单位名义实施犯罪,违法所得由实施犯罪的个人私分的,依照刑法有关自然人犯罪的规定定罪处罚。"即对于虽然以单位名义实施犯罪,但犯罪所得直接由实施犯罪的行为人获得或者所有的,不能认定为单位犯罪,而应按照自然人犯罪定罪处罚。

值得注意的是,《刑法》第396条规定的私分国有资产罪和私分罚没财物罪虽是单位犯罪,但并不要求违法所得归单位所有,而要求以单位名义将国有资产或应当上缴国家的罚没财物集体私分给个人。这可以看作是刑法分则的一种特殊规定。

(三) 由刑法明文规定

单位犯罪以刑法有明文规定为前提,即只有当刑法分则规定某种犯罪行为可以由单位实施时,才可能将其认定为单位犯罪。当刑法对某种犯罪行为没有规定单位可以实施时,即使在现实生活中出现了单位实施该犯罪行为的情形,也不能将此认定为单位犯罪。

规范依据

(一) 《刑法》

第30条 公司、企业、事业单位、机关、团体实施的危害社会的行为,法律规定为单位犯罪的,应当负刑事责任。

(二) 全国人大常委会《关于〈中华人民共和国刑法〉第三十条的解释》

公司、企业、事业单位、机关、团体等单位实施刑法规定的危害社会的行为,刑法分则和其他法律未规定追究单位的刑事责任的,对组织、策划、实施该危害社会行为的人依法追究刑事责任。

(三) 最高人民法院《关于审理单位犯罪案件具体应用法律有关问题的解释》

第3条　盗用单位名义实施犯罪，违法所得由实施犯罪的个人私分的，依照刑法有关自然人犯罪的规定定罪处罚。

案例评价

[案例9-3] 王甲、王乙等走私普通货物案[①]
(以单位名义走私，大部分违法所得去向不明，是单位犯罪还是个人犯罪?)

1. 基本案情

某省银发公司和某市威润科技有限公司于1993年5月10日共同成立某省通华电子实业有限公司（下称"通华公司"）。同月15日，某省人民政府发给通华公司《中华人民共和国外商投资企业批准证书》。1994年10月31日，某省工商行政管理局为通华公司办理了《企业法人营业执照》，唐某任董事长，被告人王甲任总经理。

1995年7月至1998年1月，被告人王甲、王乙以通华公司名义先后与某省邮电局某市烟草专卖局、某省移动通信局、某市电信局等单位签订代理进口合同6份，自己或通过他人采用伪报、瞒报等手段，将上述单位购买的锅炉、GSM蜂窝系统等设备走私进口，共计偷逃税款人民币1亿多元。有关单位支付给通华公司的款项，除去由王甲决定支付卖方货款，以某省移动通信局、某市电信局等单位名义补交关税及运输、提货、通关、购买虚开的增值税专用发票以及公司运转、向有关人员行贿等各种成本费用外，有部分偿还了通华公司在走私犯罪之前就已形成的欠款，有部分缴纳了通华公司应缴的税款，剩下的去向不明。

某市中级人民法院审理后认为，被告人王甲、王乙以通华公司名义，采取包税方式与某省移动通信局等单位签订设备代理进口合同，而后通过他人或自己采取伪报、瞒报及绕关等手段，将某省邮电局等单位的设备走私进口，偷逃应缴税额人民币1亿多元，其行为已构成走私普通货物罪，且情节特别严重。在共同走私普通货物犯罪中，王甲系主犯，王乙系从犯。判决被告人王甲犯走私普通货物罪，判处死刑，缓期二年执行，剥夺政治权利终身，并处没收个人全部财产；被告人王乙犯走私普通货物罪，判处有期徒刑13年，剥夺政治权利3年，并处没收财产100万元。

[①] 最高人民法院刑事审判第一、二、三、四、五庭. 中国刑事审判指导案例：破坏社会主义市场经济秩序罪. 北京：法律出版社，2009：66-75.

一审宣判后两被告人均不服,提出上诉。两被告人及其辩护人认为,本案应属于单位犯罪。

某省高级人民法院经依法审理后判决王甲犯走私普通货物罪,判处有期徒刑15年,剥夺政治权利3年;王乙犯走私普通货物罪,判处有期徒刑10年。

2. 涉案问题

在本案中,王甲、王乙以通华公司名义实施的走私行为,是由王甲个人决定的,且大部分违法所得去向不明,应该认定为单位犯罪还是个人犯罪?

3. 裁判理由

某省高级人民法院经依法审理后认为,通华公司系依法设立的单位,有固定的人员和场所,并且进行了正常的经营活动。虽其从事走私、行贿、虚开增值税专用发票犯罪等活动系总经理王甲个人决定,但王甲是通华公司的主要负责人,且大部分犯罪活动是由通华公司职工完成的。同时,现有证据证实犯罪所得有部分偿还了犯罪之前的通华公司贷款,有部分为通华公司缴纳了税款,且没有证据证明通华公司的犯罪所得归个人所有,故"本案系通华公司单位犯罪"的上诉理由成立,予以采纳。法院判决王甲犯走私普通货物罪,判处有期徒刑15年,剥夺政治权利3年;王乙犯走私普通货物罪,判处有期徒刑10年。

4. 评析意见

在本案中,首先涉及的问题是:通华公司是合法成立的具有法人资格的中外合资经营企业,设有董事长,王甲是公司的总经理,王甲个人决定的以公司名义进行走私的行为,能否认定为单位犯罪?

对此,我国刑法理论一般认为,单位犯罪必须体现单位的整体意志,在"一长制"单位中,有关负责人员的个人决定就可以被认为是单位的决定;而在有决策机构的单位中,单位犯罪的决定要由单位决策机构的组成人员集体研究确定。但是,对于有决策机构的单位形成单位犯罪决定的形式,不能作绝对化理解。在有决策机构的单位中,单位犯罪决定的形成除由单位决策机构的组成人员集体研究确定之外,还包括由单位负责人根据其权限范围自行作出决定,即由单位主要领导、分管领导在自己的职权范围内决定实施单位犯罪。这是因为,单位负责人根据公司章程在其权限范围内作出的决定,同样也是单位意志的体现。因此,经单位决策机构集体研究决定和经单位负责人在其权限范围内决定实施单位犯罪,是有决策机构的单位形成单位犯罪意志的两种主要形式,也是司法实务部门认定单位犯罪的主要标准。在本案中,王甲身为通华公司总经理,是公司的主要负责人,其在职权范围内作出的决定可以被视为单位的决定。而且,从本案的证据来看,王甲之所以决定走私,是因为至1996年,通华公司因经营不善等各方面的原因造成严重亏损,通华公司已欠银行贷款达3 000多万元无力偿还。王甲正是为了偿还公司债务才决定走私的,也就是说是为了公司利益而决定走私的,应该被视为单位犯罪。

其次,在本案中,王甲等以通华公司名义实施走私犯罪,但现有证据只能证实部分违法所得用于单位的经营活动,而大部分违法所得去向无法查清,能否认定为单位犯罪?

单位犯罪是单位作为主体实施的犯罪,所以尤其是牟利型单位犯罪,要求必须是为了单位的利益,违法所得要归单位所有,这无论在由单位决策机构集体研究决定还是在由单位负责人决定的犯罪中,均是一个必须具备的条件。虽然是以单位名义实施犯罪,但违法所得最终由个人占有或私分的,不能认定为单位犯罪。1999年6月25日最高人民法院《关于审理单位犯罪案件具体应用法律有关问题的解释》第3条明确规定:"盗用单位名义实施犯罪,违法所得由实施犯罪的个人私分的,依照刑法有关自然人犯罪的规定定罪处罚。"尤其是在由个别单位成员在其业务范围内决定实施的犯罪中,违法所得是否归单位所有,更是判断是否成立单位犯罪的根本标准。因此,在本案中,判断王甲在自己业务范围内决定的走私行为是属于单位犯罪还是属于个人犯罪的关键在于走私犯罪所得是否为王甲、王乙所占有。从走私犯罪所得的去向看,相关单位付给通华公司的款项都进入通华公司的账户,这些款项,除去由王甲决定支付卖方货款,以相关单位名义补交关税及运输、提货、通关、购买虚开的增值税专用发票以及公司运转、向有关人员行贿等各种成本费用外,有部分偿还了通华公司在走私犯罪之前就已形成的欠款,有部分缴纳了通华公司应缴税款,剩下的大部分走私所得去向不明,但又没有任何证据证明王甲、王乙等被告人加以私分而占为己有。对此,本案的裁判理由明确指出:根据刑事犯罪事实认定的基本规则,在没有确实、充分的证据证明通华公司走私移动电信设备等货物的违法所得为王甲、王乙等行为人个人私分的情况下,就应作出有利于被告人的事实认定,即王甲、王乙等人并没有私分通华公司的走私犯罪所得,从而不能认定本案行为是为了王甲、王乙等个人的私利,而应认定是为了通华公司的利益,因而应当认定本案行为属于通华公司单位犯罪,而非王甲、王乙等个人犯罪,故被告人王甲和王乙只分别应承担单位犯罪中直接负责的主管人员和其他直接责任人员的刑事责任。本案的裁判理由应该是值得肯定的。考虑到我国刑法在罪名相同的情况下,对自然人犯罪的处罚总体上要重于在认定为单位犯罪情况下对其直接负责的主管人员和其他直接责任人员的处罚,在无法查证单位犯罪所得的去向时,应当作出有利于被告人的事实认定,即认定为构成单位犯罪。

[案例9-4] 马甲等贷款诈骗案[①]（单位实施贷款诈骗行为如何处理）

1. 基本案情

1997年9月，马甲在明知明华公司所属子公司北京影视兄弟商务有限责任公司（下称"影视兄弟公司"）、北京影视多媒体开发制作有限公司（下称"影视多媒体公司"）不具备高额贷款和提供担保的条件，无保证还贷能力的情况下，为获取银行高额贷款，指使明华公司财务负责人徐某采取变造、虚构影视兄弟公司、影视多媒体公司的营业执照、财务报表等贷款证明文件的手段，将影视兄弟公司的注册资金由人民币30万元变造为人民币330万元，将影视多媒体公司的注册资金由28万美元变造为128万美元，将法定代表人由马甲变造为张某，并将两公司的财务报表做大，以影视兄弟公司为借款人，以影视多媒体公司为保证人，从中国民生银行北京中关村支行骗取贷款人民币500万元。该贷款中的100万元转至明华公司，其余款项均用于明华公司的债务及其他事务。

1997年11月，马甲又指使徐某使用马乙提供的北京市西城区明珠制衣厂（下称"明珠制衣厂"）、北京市今捷易通经贸公司（下称"今捷易通公司"）的营业执照进行变造，将明珠制衣厂的注册资金由人民币40万元变造为1 000万元，将今捷易通公司的注册资金由人民币20万元变造为1 200万元，并对两单位的财务报表等贷款证明文件进行变造，以明珠制衣厂为借款人，以今捷易通公司为保证人，分两次从中国民生银行北京中关村支行骗取贷款人民币共计人民币800万元。该贷款转至马甲等人以明珠制衣厂的名义在中国民生银行北京中关村支行开设的账户上，其中650万余元转至明华公司账上，其余150万余元用于明华公司的债务及其他事务支出。

1998年1月，马甲伙同徐某、马乙采取变造北京华视通广告公司（下称"华视通公司"）、北京燕智忠经贸有限责任公司（下称"燕智忠公司"）的营业执照、财务报表等贷款证明文件的手段，将华视通公司的注册资金由人民币150万元变造为人民币600万元，将法定代表人由马甲变造为马乙，将燕智忠公司的注册资金由50万元变造为人民币1 000万元，以华视通公司为借款人，以燕智忠公司为保证人，从中国民生银行北京中关村支行骗取贷款计人民币500万元，该贷款大部分被明华公司使用。

某市第一中级人民法院审理判处马甲无期徒刑，剥夺政治权利终身，并没收个人全部财产；判处马乙有期徒刑12年，剥夺政治权利3年，并处罚金人民币8万元；判处徐某有期徒刑10年，剥夺政治权利2年，并处罚金人民币5万元。

[①] 最高人民法院刑事审判第一、二、三、四、五庭. 中国刑事审判指导案例：危害国家安全罪·危害公共安全罪·侵犯财产罪·危害国防利益罪. 北京：法律出版社，2009：710-718.

2. 涉案问题

本案中，被告人马甲身为明华公司的法定代表人兼总经理，为明华公司的利益分别指使明华公司财务负责人徐某，冒用多家公司的名义，采用伪造、使用虚假的贷款证明文件的手段与银行签订贷款合同，骗取银行贷款，从其身份和主观目的出发，其行为应视为能够代表单位意志的职务行为，且所骗贷款大部分均被其任职的明华公司使用，所以二被告人共同实施的诈骗银行贷款的行为应认定为为单位利益而实施的单位犯罪。但是，我国刑法没有规定单位可以成为贷款诈骗罪的主体，那么，对于单位实施了刑法没有规定单位可以成为犯罪主体的犯罪的情形，该如何处理？

3. 裁判理由

某市第一中级人民法院审理后认为：被告人马甲、马乙、徐某，以非法占有为目的，冒用他人名义，利用虚假的贷款证明文件签订借款合同，为明华公司的利益而骗取银行贷款，三被告人的行为均已构成合同诈骗罪。判处马甲无期徒刑，剥夺政治权利终身，并没收个人全部财产；判处马乙有期徒刑12年，剥夺政治权利3年，并处罚金人民币8万元；判处徐某有期徒刑10年，剥夺政治权利2年，并处罚金人民币5万元。

4. 评析意见

在本案中，被告人马甲身为明华公司的法定代表人兼总经理，为明华公司的利益而实施了贷款诈骗犯罪，但是，我国刑法并没有规定单位可以成为贷款诈骗罪的主体，对此该如何处理？单位犯罪以刑法有明文规定为前提，即只有当刑法分则规定某种犯罪行为可以由单位实施时，才可能将其认定为单位犯罪。当刑法对某种犯罪行为没有规定可以由单位实施时，即使在现实生活中出现了单位实施该犯罪行为的情形，也不能认定为单位犯罪。但问题是，现实生活中可能会出现单位实施刑法没有规定单位可以成为犯罪主体的犯罪的情形，如单位集体盗窃、单位贷款诈骗等。对此类案件该如何处理，刑法理论和司法实务曾经存在争论，形成了三种不同观点：

第一种观点认为，单位中的直接负责的主管人员和直接责任人员的刑事责任是以单位构成犯罪为前提的，因此，在法律没有规定可以由单位构成犯罪的情况下，单位中的直接负责的主管人员和直接责任人员不能被追究刑事责任。在这种法律没有规定可以由单位成为某种犯罪的主体的情况下，不仅不能追究单位的刑事责任，而且对单位中的直接负责的主管人员和直接责任人员也不能追究刑事责任。[①]

第二种观点认为，在某种犯罪行为"由单位实施"，但刑法没有将单位规

---

① 陈兴良. 口授刑法学. 北京：中国人民大学出版社，2007：360-361.

定为行为主体时，应当而且只能对自然人定罪量刑。对单位实施的贷款诈骗行为，只能对单位犯罪中的直接责任人员以贷款诈骗罪论处。[1] 2002年7月8日最高人民检察院通过的《关于单位有关人员组织实施盗窃行为如何适用法律问题的批复》即采取了这种观点："单位有关人员为谋取单位利益组织实施盗窃行为，情节严重的，应当依照刑法第二百六十四条的规定以盗窃罪追究直接责任人员的刑事责任。"

第三种观点认为，单位贷款诈骗的行为应当被认定为合同诈骗罪。理由是，根据《贷款通则》，所有贷款应当由贷款人与借款人签订借款合同。因此，单位要获得贷款须与金融机构签订借款合同，可以认为单位诈骗金融机构贷款是利用特殊合同——借款合同骗取对方当事人的财物，所以，对单位骗贷的行为依合同诈骗罪定罪处罚符合罪刑法定原则。[2] 2001年1月21日最高人民法院《全国法院审理金融犯罪案件工作座谈会纪要》对有关单位贷款诈骗行为的处理即采纳了此种观点："根据刑法第三十条和第一百九十三条的规定，单位不构成贷款诈骗罪。对于单位实施的贷款诈骗行为，不能以贷款诈骗罪定罪处罚，也不能以贷款诈骗罪追究直接负责的主管人员和其他直接责任人员的刑事责任。但是，在司法实践中，对于单位十分明显地以非法占有为目的，利用签订、履行借款合同诈骗银行或其他金融机构贷款，符合刑法第二百二十四条规定的合同诈骗罪构成要件的，应当以合同诈骗罪定罪处罚。"

2014年4月24日全国人大常委会发布的《关于〈中华人民共和国刑法〉第三十条的解释》，专门针对该问题进行了立法解释，让以上争论成为过去式。该立法解释规定："公司、企业、事业单位、机关、团体等单位实施刑法规定的危害社会的行为，刑法分则和其他法律未规定追究单位的刑事责任的，对组织、策划、实施该危害社会行为的人依法追究刑事责任。"据此，在某种犯罪行为"由单位实施"，但刑法没有将单位规定为该犯罪的行为主体时，应当而且只能对其中组织、策划、实施犯罪行为的自然人追究刑事责任。对于单位实施的贷款诈骗行为，只能对单位中具体组织、策划、实施该贷款诈骗行为的自然人以贷款诈骗罪定罪量刑。

[案例9-5] 陈某纬等非法经营案[3]
（为违法犯罪而设立单位实施犯罪的，不以单位犯罪论处）

1. 基本案情

2003年12月，被告人陈某纬、王某泽、郑某中为从事非上市股份有限公

---

[1] 张明楷. 刑法学. 4版. 北京：法律出版社，2011：139.
[2] 薛瑞麟，丁天球. 论单位骗贷. 政法论坛，2001（3）.
[3] 最高人民法院公报，2009（1）.

司股票代理销售业务，注册设立被告单位利百代公司，陈某纬、王某泽、郑某中分别担任该公司的总经理、董事长、副总经理。该公司经工商管理部门核准的经营范围为：实业项目投资策划、咨询，会计业务咨询，企业管理咨询，企业股份制改造，企业转制策划、咨询。被告人陈某纬、王某泽、郑某中自 2003 年 12 月起，指令该公司业务员推销未上市股份有限公司的股票，并谎称所推销的原始股、股票短期内即可上市，非法从事未上市股份有限公司的股票销售业务。至 2004 年 11 月底，利百代公司向陈某红等 30 人销售陕西阳光生物工程股份有限公司股票 22.9 万股；向陈某琴等 39 人销售西部世纪软件股份有限公司股票 21.8 万股；向邵某萍等 87 人销售西安圣威科技实业股份有限公司股票 90.85 万股；向王某兰等 60 人销售陕西中科航天农业发展股份有限公司股票 53.3 万股。总计销售未上市股份有限公司股票达 188.85 万股，销售总金额达人民币 657 万余元。被告单位利百代公司自设立后未从事其他业务。

某市中级人民法院于 2007 年 2 月 8 日判决：

（1）被告人陈某纬犯非法经营罪，判处有期徒刑 5 年 6 个月，并处罚金人民币 250 万元；

（2）被告人王某泽犯非法经营罪，判处有期徒刑 5 年 6 个月，并处罚金人民币 250 万元；

（3）被告人郑某中犯非法经营罪，判处有期徒刑 5 年，并处罚金人民币 250 万元。

（4）犯罪违法所得之赃款予以继续追缴。

陈某纬、王某泽、郑某中均不服一审判决，向某省高级人民法院提出上诉。

某省高级人民法院认为，一审判决认定事实清楚，证据确实、充分，适用法律正确，定罪量刑适当，审判程序合法。该院遂于 2007 年 6 月 14 日裁定：驳回上诉人陈某纬、王某泽、郑某中的上诉，维持原判。

2. 涉案问题

本案的争议焦点是：被告单位利百代公司及被告人陈某纬、王某泽、郑某中在本案中的行为是否构成非法经营罪；如果构成非法经营罪，是否应认定为单位犯罪。公诉机关起诉认为，利百代公司为牟取非法利益，未经国家有关主管部门批准非法经营证券业务，其行为已构成非法经营罪，且系单位犯罪；陈某纬、王某泽、郑某中作为利百代公司单位犯罪行为直接负责的主管人员和直接责任人员，其行为亦构成非法经营罪。

3. 裁判理由

某市中级人民法院审理后认为，根据本案事实，被告单位利百代公司及被告人陈某纬、王某泽、郑某中的行为已经构成非法经营罪，应当依法惩处。根据本案事实，被告人陈某纬、王某泽、郑某中为非法从事非上市股份有限公司股票代理销售业务，注册设立被告单位利百代公司。利百代公司成立后，除从事涉案非法经营犯罪行为外，再无其他任何经营行为。最高人民法院《关于审理单位犯罪案件具体应用法律有关问题的解释》第2条规定，个人为进行违法犯罪活动而设立的公司、企业、事业单位实施犯罪的，或者公司、企业、事业单位设立后，以实施犯罪为主要活动的，不以单位犯罪论处。因此，三被告人为非法经营证券业务而设立利百代公司，且利百代公司成立后以非法经营证券业务为主要活动，故本案不能以单位犯罪论处，应当认定为自然人犯罪。

某省高级人民法院经二审审理后认为：一审判决认定事实清楚，证据确实、充分，适用法律正确。

4. 评析意见

本案的关键问题是：为进行违法犯罪活动而设立的公司、企业、事业单位实施犯罪的，或者公司、企业、事业单位设立后，以实施犯罪为主要活动的，以单位犯罪论处还是以个人犯罪论处？对此本书认为，一、二审法院判决结果是正确的。主要理由如下。

第一，根据本案事实，被告单位利百代公司及被告人陈某纬、王某泽、郑某中的行为已经构成非法经营罪，应当依法惩处。

首先，被告单位利百代公司及被告人陈某纬、王某泽、郑某中的行为违反了我国关于证券经营管理的法律、法规和政策。

我国证券市场实行证券业务许可制度。公开发行证券，必须符合法律、行政法规规定的条件，并依法报国务院证券监督管理机构或者国务院授权的部门注册，未经依法注册，任何单位和个人不得公开发行证券。国务院办公厅、证监会亦多次明文要求严厉打击以证券期货投资为名进行的违法犯罪活动，对超出核准的经营范围、非法从事或变相非法从事证券期货交易活动的，以涉嫌非法经营罪立案查处。证监会曾发文明确规定，以非上市公司将要上市并可以获得高额的原始股回报等为幌子，或者编造虚假的公司经营业绩和许诺丰厚的投资回报率等手段，诱骗投资者购买非上市公司股票，从而进行收取代理费等费用的违法活动的，属于非法代理买卖非上市公司股票。非法发行股票和非法经营证券业务的行为严重危害社会稳定和金融安全。其主要形式，一是编造公司即将在境内外上市或发行股票获得政府批准等虚假信息，诱骗社会公众购买所谓"原始股"；二是非法中介机构以"投资咨询机构""产权经纪公司""外国资本公司或投资公司驻华代表处"的名义，未经法定机关批准，向社会公众非法买卖或代理买卖未上市公司股票；三是不法分子以证券投资为名，以高额回报为诱饵，诈骗群众钱财。

本案中，被告单位利百代公司并未取得国务院证券监督管理机构或者国务院授权的部门核发的证券业务许可证，但擅自公开向社会不特定群众代理销售非上市股份有限公司的股票，且系拆细发行。在经营活动中，该公司谎称涉案非上市股份有限公司将要上市、投资人可以获得高额原始股回报，诱骗投资者购买涉案非上市股份有限公司的股票，从中收取代理费等费用，其行为属于非法代理买卖非上市公司股票的违法行为。利百代公司经工商管理部门核准的经营范围是实业项目投资策划、咨询，会计业务咨询，企业管理咨询，企业股份制改造，企业转制策划、咨询，并不包括证券经营业务。该公司在因超范围经营被工商行政管理部门处罚后，虽申请并经工商行政管理部门核准增加了"代办产权交易申请手续"的经营范围，但依照有关规定，"代办产权交易申请手续"是指接受产权所有人委托，以产权所有人的名义向产权交易机构提出产权交易申请的服务业务，不涉及其他产权交易营销行为。根据有关规定，产权交易经纪机构是指具有产权交易从业资格，接受企业委托代理产权交易的中介机构，且从事产权交易业务的人员必须具有相应的经纪资格。利百代公司不具有产权交易的从业资格，并非产权交易经纪机构，被告人陈某纬、王某泽、郑某中等利百代公司人员亦不具有相应的经纪资格。利百代公司既未被授权或许可经营证券业务，又不具备产权交易经纪机构资格，超出工商行政管理部门核准的经营范围，非法从事证券交易活动，其行为属于非法经营。

其次，被告单位利百代公司及被告人陈某纬、王某泽、郑某中的行为构成非法经营罪。

根据《刑法》第225条的规定，非法经营罪是指未经许可经营法律、行政法规规定的专营、专卖物品或者其他限制买卖的物品，买卖进出口许可证、进出口原产地证明以及其他法律、行政法规规定的经营许可证或者批准文件等严重扰乱市场秩序、情节严重的非法经营行为。如前所述，本案中被告单位利百代公司及被告人陈某纬、王某泽、郑某中的行为属于非法经营行为。被告单位及三被告人共计向216人代理销售了4家非上市股份有限公司的股票，总计销售未上市股份有限公司股票达188.85万股，销售总金额达人民币657万余元，从中非法获利240余万元。从后果看，涉案购股投资人所购买的涉案非上市股份有限公司的股票，最终能否得到涉案非上市股份有限公司的认可存在很大问题，极有可能就是废纸一张。可以认定，被告单位及三被告人的非法经营行为情节严重，危害波及面广，社会危害性大，已经构成非法经营罪，应依法追究刑事责任。

第二，本案不属于单位犯罪。

根据本案事实，被告人陈某纬、王某泽、郑某中为非法从事非上市股份有限公司股票代理销售业务，注册设立被告单位利百代公司。利百代公司成立后，除从事涉案非法经营犯罪行为外，再无其他任何经营行为。最高人民法院《关于审理单位犯罪案件具体应用法律有关问题的解释》第 2 条规定，个人为进行违法犯罪活动而设立的公司、企业、事业单位实施犯罪的，或者公司、企业、事业单位设立后，以实施犯罪为主要活动的，不以单位犯罪论处。因此，三被告人为非法经营证券业务而设立利百代公司，且利百代公司成立后以非法经营证券业务为主要活动，故本案不能以单位犯罪论处，应当认定为自然人犯罪。

综上，被告人陈某纬、王某泽、郑某中为非法经营证券业务而成立被告单位利百代公司，在经营中超越工商行政管理部门核准登记的经营范围，在未经法定机关批准的情况下，擅自公开向不特定的社会公众代理转让非上市股份有限公司的股权，在因超范围经营被工商行政管理部门处罚后，又以增加"代办产权交易申请手续"的经营范围为由，继续超范围非法经营证券业务，在有关行政执法部门指出其无权经营证券业务后仍不停止该非法经营活动，扰乱国家证券市场，情节严重，其行为均已构成非法经营罪，三被告人为非法经营证券业务而设立利百代公司，且利百代公司成立后也仅仅从事非法经营活动，故本案不能以单位犯罪论处，而应当认定为自然人共同犯罪，公诉机关关于单位犯罪的指控不成立。

深度研究

单位犯罪是单位本身作为主体所实施的犯罪，它除必须由刑法明文规定可以由单位实施之外，最根本的特征就是必须体现单位意志。单位具有区别于其内部成员意志的独立意志，这是确定单位犯罪的基本理论前提，但是单位的意志和行为又具有间接性，单位的一切活动只能通过它的内部成员的行为实现，因此，单位意志的实现不能脱离其内部成员执行职务的行为。因此，核心的问题便是：单位成员的行为在什么情况下可以视为体现了单位的意志？

如上所述，单位决策机构集体研究作出的决定或者由单位负责人员作出的决定毫无疑问可以被认为体现单位意志。但还有一种情况值得注意，即单位一般工作人员在职权范围内为了单位的利益作出的决定能否被视为体现单位意志。下面将以林某偷税案[①]加以说明。

林某，系某金属制品公司（集体性质）会计。1996 年 4 月，林某在给某房地产开发公司开具销货发票时，因单位资金紧张，为达到给单位少缴税款

---

① 陈兴良. 刑法适用总论：上卷. 2 版. 北京：中国人民大学出版社，2007：549-550.

的目的，擅自做主，采取重复填写多联发票的手段，在发票联如实填写所销货物的金额交给客户，在存根联、记账联另行开具比发票联金额少得多的金额，以存根联应付税收人员检查，以记账联记账纳税，共隐瞒收入19.9万元，使单位少缴税款3万余元。对林某的行为应如何定性有两种意见。第一种意见认为，本案是单位偷税，林某所在的金属制品公司构成偷税罪，林某作为直接责任人员对其也应以偷税罪处罚。单位犯罪指单位的主管人员或直接责任人员在其职务范围内以单位名义、为了单位利益而实施的犯罪行为。本案中林某作为公司会计，全权处理公司财务，明知开首尾相异的发票隐瞒收入可以偷税，主观上有为单位偷税的故意，在客观上实施了开具首尾相异发票隐瞒收入的行为，为单位偷税3万余元，符合单位偷税的特征。因此，对金属制品公司和林某应以偷税罪论处。第二种意见认为，林某的行为不构成偷税罪，单位偷税罪的主要法律特征有：一是犯罪的主观动机限于为单位牟取利益而偷税，二是犯罪是由单位决定的，即体现单位的意志，主要由有权代表单位决策的董事长、经理、厂长等人决定。本案中，林某未经公司领导同意，擅自做主，采取开具首尾相异发票隐瞒收入使单位少缴税款，但是这种行为的产生，不是在单位意志的直接支配下实施的，所以本案不是单位偷税。林某作为公司的会计，不具有单位的决策权，其擅自做主，所产生的结果属超越职权的行为所致，他为单位少缴税款，并未据为己有。在单位偷税罪不成立的前提下，不能对单位主管人员和其直接责任人员追究刑事责任，本案属法律没有明文规定的行为，对林某不应以偷税罪处罚，有关部门应责令金属制品公司补缴税款，按行政处罚处理。

　　在本案中，虽然林某偷税是为了单位利益，但其行为毕竟并非经单位决策机构集体研究决定或经单位负责人同意的行为，而是林某个人擅自决定实施的行为，那么，其行为能否被视为单位的犯罪行为呢？对此，上述两种观点是明显对立的。本书认为，单位一般工作人员在其职权范围内为了单位的利益所实施的行为是职务行为。单位赋予单位一般工作人员的职权其实就是单位对其一般工作人员的授权，当单位一般工作人员行使其职权时，其所作出的决定（包括犯罪的决定）当然应当视为单位意志的体现，其犯罪行为当然也应视为单位的行为。因此，当作为单位会计的林某，在其职权范围内为了单位的利益决定实施偷税犯罪时，其实施犯罪的决定就是单位犯罪意志的形成形式，其行为应该认定为单位犯罪。正如有学者所言："在判断某一个人的行为是否单位自身行为时，不能仅仅根据该行为是否经过单位负责人的同意或单位集体的同意，有时尽管没有经过单位负责人同意，但该行为符合单位业务活动的政策、规定或操作习惯时，也应将该行为视为单位自身的行为。"① 因此，在考察单位一般工作人员犯罪和单位犯罪关系时，应该从单位业务活动的政策、制度、管理、规定或操作习惯等各个方面考察单位一般工作人员的意志和行为是否能够归于单位的意志和行为。单位一般工作人员行为如果在其职权范围内，符合单位长期的业务政策、规定或操作习惯，也可以被视为体现了单位意志，进而可以单位犯罪论处。

当然，相对于由单位决策机构集体讨论确定或由单位负责人决定积极形成单位意志而言，这种情况下单位意志的形成则是相对消极的。对此，我国也有学者指出：单位意志并不完全体现为单位决策机关的决策。应当肯定，决策是单位意志的积极表现形式和主要表现形式。但是，除决策以外，还存在其他体现单位意志的形式，即管理、监督不力。相对于决策而言，管理、监督不力是单位意志的消极表现形式和次要表现形式。在负有管理、监督的职责而应当采取防止单位犯罪的措施时，单位机关成员没有采取足够的措施来预防单位犯罪，如果此时单位成员在业务行为中实施了犯罪行为，那么，这种单位成员的行为也是单位意志的反映，其行为也是单位自身的行为。② 对这种情况追究单位刑事责任的基础可以理解为：单位管理上的疏漏，使相关人员有机可乘，单位需要承担作为监督者的过失责任。同时，单位有责任对其代理人遵守法律和单位规定进行监督，而不尽责任或者对代理人重复性、习惯性的行为疏于管理，实际上是对代理人行为的默认或批准。这在一定程度上体现了单位意志因素。

另外，还有学者认为，将单位一般工作人员在职权范围内为了单位的利益决定实施的犯罪归属于单位，要求事后经单位决策机构或者负责人认可。这种观点的意图是让这种情形与单位的整体犯罪意志相联系。但是，本书认为，即使单位决策机构或者负责人对单位一般工作人员在职权范围内为了单位的利益决定实施犯罪的情形予以认可，那也只能是事后的认可，表明的是一种事后的主观心理态度。事实上，单位一般工作人员在职权范围内为了单位利益决定实施犯罪，是单位一般工作人员的职务行为，其职权范围就是单位对其的授权，在单位一般工作人员于其职权范围内决定实施犯罪的情形下，单位的犯罪意志绝不是一种事后的故意，因为此时单位一般工作人员履行其职责的意志和行为，就是单位意志和单位行为的体现。换言之，单位一般工作人员依据其职权作出的犯罪决定，就是单位的意志，而并不仅仅是其个体的意志。因为单位是一个由职位组成的行动系统，单位成员以其在单位组织

---

① 黎宏. 单位犯罪的若干问题新探. 法商研究, 2003 (4).
② 王良顺. 单位犯罪论. 北京：中国人民公安大学出版社, 2008：175.

体中的职务或者职位而成为单位的要素，单位一般工作人员履行其职责的行为，就是单位共同目标的实现过程。单位决策机构或者单位负责人事后对单位一般工作人员在职权范围内实施犯罪的认可，只不过是单位一般工作人员的相关决定是单位意志的证明而已。即使单位决策机构或者单位负责人事后对单位一般工作人员在职权范围内实施犯罪的决定不予认可，也不能就此认定这种决定不是犯罪当时单位意志的体现，只能说明犯罪后单位意志的内容发生了变化。

第三节　单位犯罪的直接责任人员

知识背景

我国《刑法》第31条规定："单位犯罪的，对单位判处罚金，并对其直接负责的主管人员和其他直接责任人员判处刑罚。本法分则和其他法律另有规定的，依照规定。"根据该规定，我国刑法对单位犯罪采取的是以双罚制为主、以单罚制为辅的处罚原则，即在单位犯罪的情况下，原则上对单位判处罚金，同时对单位直接负责的主管人员和其他直接责任人员判处刑罚，但当刑法分则或其他法律另有规定时，则不处罚单位，只处罚直接负责的主管人员和其他直接责任人员。因此，无论刑法对某一具体单位犯罪采取的是双罚制还是单罚制，认定犯罪单位的直接负责的主管人员和其他直接责任人员，都是一个重要的实务问题。

对于如何认定单位直接负责的主管人员和其他直接责任人员，最高人民法院《全国法院审理金融犯罪案件工作座谈会纪要》作了如下界定：直接负责的主管人员，是在单位实施的犯罪中起决定、批准、授意、纵容、指挥等作用的人员，一般是单位的主管负责人，包括法定代表人。其他直接责任人员，是在单位犯罪中具体实施犯罪并起较大作用的人员，既可以是单位的经营管理人员，也可以是单位的职工，包括聘任、雇用的人员。应当注意的是，在单位犯罪中，对于受单位领导指派或奉命而参与实施了一定犯罪行为的人员，一般不宜作为直接责任人员追究刑事责任。

规范依据

（一）《刑法》

第31条　单位犯罪的，对单位判处罚金，并对其直接负责的主管人员和其他直接责任人员判处刑罚。本法分则和其他法律另有规定的，依照规定。

（二）最高人民法院《全国法院审理金融犯罪案件工作座谈会纪要》

单位犯罪直接负责的主管人员和其他直接责任人员的认定：直接负责的主管人员，是在单位实施的犯罪中起决定、批准、授意、纵容、指挥等作用的人员，一般是单位的主管负责人，包括法定代表人。其他直接责任人员，是在单位犯罪中具体实施犯罪并起较大作用的人员，既可以是单位的经营管理人员，也可以是单位的职工，包括聘任、雇佣的人员。应当注意的是，在单位犯罪中，对于受单位领导指派或奉命而参与实施了一定犯罪行为的人员，一般不宜作为直接责任人员追究刑事责任。对单位犯罪中的直接负责的主管人员和其他直接责任人员，应根据其在单位犯罪中的地位、作用和犯罪情节，分别处以相应的刑罚，主管人员与直接责任人员，在个案中，不是当然的主、从犯关系，有的案件，主管人员与直接责任人员在实施犯罪行为的主从关系不明显的，可不分主、从犯。但具体案件可以分清主、从犯，且不分清主、犯，在同一法定刑档次、幅度内量刑无法做到罪刑相适应的，应当分清主、从犯，依法处罚。

（三）最高人民法院《关于审理单位犯罪案件对其直接负责的主管人员和其他直接责任人员是否区分主犯、从犯问题的批复》

在审理单位故意犯罪案件时，对其直接负责的主管人员和其他直接责任人员，可不区分主犯、从犯，按照其在单位犯罪中所起的作用判处刑罚。

案例评价

> **[案例9-6] 某市匡达制药厂偷税案**[①]
> **（单位犯罪直接负责的主管人员的认定）**

1. 基本案情

某市匡达制药厂于1997年9月12日注册成立，法定代表人王某，总经理王某某，经济性质系股份合作制企业，主要生产的产品是健骨生丸。某市匡达制药厂于1998年2月6日至1998年12月23日，共生产健骨生丸566 600盒。总经理王某某指令保管员肖某将其中358 313盒登记在该药厂正式账上，其余208 287盒采用不登记入库的方法，另作记录，该药厂销售科人员可以打白条形式将药品领走。被告人王某在任某市匡达制药厂的法定代表人期间，于1998年1月至1999年1月，在某市针灸骨伤学院坏死性骨病医疗中心共打白条领出5 123盒健骨生丸，销售后的金额为人民币4 508 240元，既没有在某市匡达制药厂登记入账，亦未向国税局申报纳税，

[①] 最高人民法院刑事审判第一、二庭. 刑事审判参考：2003年第4辑. 北京：法律出版社，2003：1-6.

使某市匡达制药厂偷逃增值税税款人民币 655 043.42 元，占同期应纳税款额的 52.97%。

某区人民法院认为，被告单位某市匡达制药厂及其直接责任人王某为企业获取非法利益，违反税收法规，采取生产的产品不入账，用白条出库，收款不入账的手段，通过在某市针灸骨伤学院坏死性骨病医疗中心销售本厂生产的药品，偷逃税款人民币 655 043.42 元，占同期应纳税额 52.97%，破坏了税收征管制度，扰乱了社会市场经济秩序，均已构成偷税罪，应予惩处。① 在偷税的过程中，任法定代表人兼任某市针灸骨伤学院坏死性骨病医疗中心主任的王某负有直接责任，法院在追究法人单位的同时应一并追究直接责任人王某的刑事责任。法院判决被告单位某市匡达制药厂犯偷税罪，判处罚金人民币 140 万元；判决被告人王某犯偷税罪，判处有期徒刑 3 年，缓刑 3 年，并判处罚金人民币 70 万元。

一审宣判后，被告单位某市匡达制药厂及被告人王某不服，向某市第一中级人民法院提出上诉。被告人王某上诉提出其行为不构成偷税罪。

某市第一中级人民法院审理后撤销了一审判决，判决某市匡达制药厂犯偷税罪，判处罚金人民币 70 万元，判决王某无罪。

2. 涉案问题

本案所涉及的关键问题是：被告人王某作为某市匡达制药厂的法定代表人，是否能够被认定为匡达制药厂偷税罪直接负责的主管人员？

3. 裁判理由

某市第一中级人民法院经审理认为：被告单位某市匡达制药厂偷逃税款的行为已构成偷税罪。被告人王某虽为匡达制药厂的法定代表人，但经法庭质证确认的证据证明，某市匡达制药厂由总经理王某某负责，将其中 358 313 盒登记在该药厂正式账上，其余 208 287 盒采用不登记入库的方法，另作记录，可由该药厂销售科人员以打白条形式领走，此系王某某授意而为，无证据证明王某具有决定、批准、授意、指挥企业人员不列或少列收入，从而偷税的行为。故认定王某系匡达制药厂偷税犯罪直接负责的主管人员，应追究偷税罪的刑事责任证据不足。故依法判决被告人王某无罪。

4. 评析意见

在本案审理中，对被告人王某是否应当承担偷税罪的刑事责任产生了争议，形成两种不同观点：一审法院认为，在被告单位某市匡达制药厂偷税的过程中，任法定代表人的王某负有直接责任，在追究法人单位的同时应一并追究直接负责的主管人员王某的刑事责任；二审法院认为，王某虽然是某市

---

① 根据《刑法修正案（七）》第 3 条的规定，本罪已被修改为逃税罪，特此说明。

匡达制药厂的法定代表人,但不是偷税的直接责任人员。王某在主观方面没有控制某市匡达制药厂进行偷税的主观故意,在客观方面也未实施控制和决定某市匡达制药厂偷税的行为。总经理王某某是主管该药厂的生产、库存、销售、申报纳税的直接责任人,应由王某某承担刑事责任,而王某不构成偷税罪。

对于单位犯罪直接负责的主管人员的认定,最高人民法院《全国法院审理金融犯罪案件工作座谈会纪要》指出,直接负责的主管人员,是在单位实施的犯罪中起决定、批准、授意、纵容、指挥等作用的人员,一般是单位的主管负责人,包括法定代表人。据此,成为单位犯罪直接负责的主管人员,应当同时符合以下两个要件:一是身份要件。即单位直接负责的主管人员,应当是单位中实际行使管理职权的负责人员。具体来说,单位的主管人员,应当是在单位中对单位事务具有一定的决策、管理、领导、指挥、监督职权的领导人员,一般可以包括单位的法定代表人、主要负责人、部门负责人等。二是责任要件。即单位犯罪直接负责的主管人员,应当是对单位犯罪负直接责任的人员。直接责任,是指主管人员的行为是引发单位实施犯罪的直接原因,没有主管人员的行为,就不会有单位犯罪的发生。换言之,直接负责的主管人员是单位犯罪的发动者、批准者或者支持者。

上述两个要件缺一不可,只有同时符合这两个要件的人,才能成为单位犯罪直接负责的主管人员。如非单位的管理人员,就谈不上成为主管人员;如是与单位犯罪没有直接关系的人,就不能说对单位犯罪负有直接责任。因此,单位的主管人员并非在任何情况下都要对单位犯罪承担刑事责任,只有当其在单位犯罪中起决定、批准、授意、纵容、指挥等作用时,才能成为单位犯罪的直接负责的主管人员。在由单位其他主管人员决定、指挥、组织实施单位犯罪,本人并不知情的情况下,则其不应因为是单位的主管人员而被追究刑事责任。当然,单位的主管人员因失职行为而构成其他犯罪的,依法应当承担相应的刑事责任。

具体到本案中,被告人王某虽为某市匡达制药厂的法定代表人,但经法庭质证确定的证据不能证明王某具有决定、批准、授意、纵容、指挥企业人员将生产的部分产品隐匿,销售后不入账,偷逃增值税的行为。相反,相关证据证明决定、批准、授意、纵容、指挥企业人员在账簿上不列或少列收入,以偷逃税款的行为系药厂总经理王某某所为。所以,一审法院判决认定王某系某市匡达制药厂偷税罪直接负责的主管人员,应追究偷税罪刑事责任的证据不足,二审法院依法予以改判王某无罪的判决是正确的。

[案例9-7] 吴某等虚开增值税专用发票案[①]
（单位犯罪直接责任人员的认定）

1. 基本案情

1996年2月，吴某、纪某为给本单位谋取不正当利益，与宋某合谋，将宋某任厂长的不符合申报条件的某县诸佛庵竹木综合厂虚报为一般纳税人。嗣后，西城税务分局利用诸佛庵竹木综合厂代管监开的增值税专用发票为辖区内其他小规模纳税人虚开增值税专用发票，按销货金额收取6‰或3‰的税款。宋某在增值税专用发票上加盖本厂财务章，并协助支取税款。至2000年3月，西城税务分局以诸佛庵竹木综合厂名义，共为阎某等60余人虚开增值税专用发票302份。在所虚开的增值税专用发票中，经吴某、纪某等审批后，安排汪某填开246份。

1997年3月至1999年7月，经吴某提议，纪某、俞某（另案处理）研究，并在西城税务分局股以上干部会议上通过，西城税务分局以某县黑石渡三环塑料厂名义，为不具有一般纳税人资格的某县顺达塑料制品厂等单位及个体户杨某、范某代开增值税专用发票，收取6‰的税款，共代开增值税专用发票155份。在所代开的增值税专用发票中，经吴某、纪某等人审批后，由被告人汪某填开102份。

1997年5月至1998年9月，吴某、纪某以某县黑石渡乡铁砂供销经理部名义采用高开低征的方法为另一具有一般纳税人资格的某县超级铁精粉厂虚开进项增值税专用发票13份，其中经吴某、纪某等审批后，由汪某开票12份。

1998年1月至12月，吴某在明知某县工艺品公司无营业执照、未实际生产，不具备一般纳税人资格的情况下，为其虚开增值税专用发票59份。在所开的59份增值税专用发票中，有42份为汪某所填写。

1998年8月至1999年4月，吴某、纪某以某县黑石渡乡铁砂供销经理部名义，为不具有一般纳税人资格的某县大化坪镇铁砂经销部刘宗某代开增值税专用发票9份，经吴某、纪某审批后，由汪某经手开票。

1999年3月至5月，吴某、纪某以某县农副产品有限责任公司名义，采用高开低征的方法为不具有一般纳税人资格的某县翔鹰商贸经营部刘某代开增值税专用发票14份作销项发票。其中，经吴某、纪某审批后，由汪某开票4份。

1999年年初，项某安排金某先后两次分别以某县工艺品公司、某县富毅

[①] 最高人民法院刑事审判第一、二、三、四、五庭. 中国刑事审判指导案例：破坏社会主义市场经济秩序罪. 北京：法律出版社，2009：265-274.

工艺厂的虚假名义,为董某无货虚开增值税专用发票3份。

1999年1月,项某安排金某以某县胡家河石料厂的虚假名义,为刘某代开增值税专用发票2份。

1999年6月,项某安排金某以某县磨子潭云雾茶厂的名义,为个体户汪某某代开增值税专用发票1份。

对于汪某和金某的行为,某市中级人民法院审理后认为,被告人汪某作为西城税务分局的票管员,盲目服从单位领导的决定,为他人代填增值税专用发票参与犯罪,但其是根据吴某、纪某等单位领导的审批手续,并受吴某指派代为他人填开的,犯罪情节显著轻微,对其行为不宜以犯罪论,应宣告其无罪。被告人金某作为磨子潭税务分局的票管员,参与该局为他人虚开增值税专用发票6份,但其是在被告人项某的指派下参与的,只是消极地履行其职责,情节显著轻微,对其行为不宜以犯罪论,应宣告其无罪。

一审宣判后,吴某、项某等被告人不服,分别向某省高级人民法院提起上诉;某市人民检察院亦提出抗诉。某市人民检察院抗诉认为:原审被告人汪某受单位指派,为他人虚开增值税专用发票,税款数额巨大;原审被告人金某受单位指派,为他人虚开增值税专用发票,其行为均构成虚开增值税专用发票罪,应当依照《刑法》第205条第3款的规定处罚。而原判认定原审被告人汪某在西城税务分局单位犯罪中作用不大,情节显著轻微;原审被告人金某只是消极地履行自己的职责,情节显著轻微,宣告两人无罪,实属认定事实和适用法律错误。某省高级人民法院审理后判决被告人汪某犯虚开增值税专用发票罪,判处有期徒刑1年,宣告缓刑2年;判决被告人金某无罪。

2. 涉案问题

本案所涉及的关键问题是:被告人汪某、金某作为税务机关的票管员,受单位领导指派,为他人虚开增值税专用发票,是否是单位虚开增值税专用发票犯罪的直接责任人员?

3. 裁判理由

某省高级人民法院审理后认为,原审被告人汪某在参与西城税务分局虚开增值税专用发票的犯罪过程中,经手开票416份*,虚开税款数额达184万元,在单位犯罪中起到较大作用。因此,原判认定其犯罪情节显著轻微不当,汪某应作为其他直接责任人员追究刑事责任。原审被告人金某参与虚开增值税专用发票6份,虚开税款数额6万余元,虽已超过追究刑事责任的起刑点标准,但其受单位领导指派,犯罪情节显著轻微,不宜作为其他直接责任人员追究刑事责任。基于以上理由,判决被告人汪某犯虚开增值税专用发票罪,

---

* 总和差1份,可能涉及证据和事实认定,具体无法考证。——编辑注

判处有期徒刑1年,宣告缓刑2年;被告人金某无罪。

4. 评析意见

本案中,被告人汪某、金某作为税务机关的票管员,受单位领导指派,为他人虚开增值税专用发票,对此应如何处理司法机关存在不同意见:检察机关认为,二被告人为他人虚开增值税专用发票的数额大大超过1万元的起刑点数额,属于单位虚开增值税专用发票犯罪的直接责任人员,构成虚开增值税专用发票犯罪。一、二审法院均认为被告人金某的行为情节显著轻微,不构成犯罪;对被告人汪某,一审法院认为不构成犯罪,二审法院认为其应作为单位虚开增值税专用发票犯罪的直接责任人员被追究刑事责任。

对单位犯罪中的直接责任人员,最高人民法院《全国法院审理金融犯罪案件工作座谈会纪要》指出:其他直接责任人员,是在单位犯罪中具体实施犯罪并起较大作用的人员,既可以是单位的经营管理人员,也可以是单位的职工,包括聘任、雇用的人员。应当注意的是,在单位犯罪中,对于受单位领导指派或奉命而参与实施了一定犯罪行为的人员,一般不宜作为直接责任人员追究刑事责任。据此,单位犯罪的直接责任人员,必须具备以下三个条件:首先,必须是单位内部的工作人员。如果实施单位犯罪的自然人不是单位内部的人员,而是单位外部人员,则该犯罪属于单位和自然人共同犯罪,自然人不能认定为单位犯罪的直接责任人员。其次,必须参与实施了单位犯罪行为。没有实施犯罪的单位内部人员,自然不可能成为单位犯罪的直接责任人员。最后,也是尤其要注意的,必须是对单位犯罪负直接责任的人员。由单位犯罪特殊的行为结构所决定,单位犯罪通常是由多数参与人在单位犯罪意志的支配下分工、协力完成的。但不同的参与人在单位犯罪中所起的作用并不完全相同,有的参与人在单位犯罪中特别积极,对单位犯罪的完成起到了较大的推动作用,而有的参与人则表现一般,在单位犯罪中所起的作用很小。而所谓对单位犯罪负直接责任的人员,就是指在单位犯罪中起较大作用,对单位犯罪的实行和完成具有重要作用的骨干分子和积极分子。因此,并不是所有参与实行了单位犯罪的人员,都可以被视为单位犯罪的直接责任人员,只有积极参与实施单位犯罪并在其中起较大作用的人员才能被认定为单位犯罪的直接责任人员。

具体到本案中,被告人汪某在参与西城税务分局虚开增值税专用发票的犯罪过程中,经手开票416份,虚开税款数额184万余元。被告人金某未参与西城税务分局虚开增值税专用发票的犯罪活动,在参与磨子潭税务分局虚开增值税专用发票的犯罪过程中,经手开票6份,虚开税款数额6万余元。综合全案,虽然被告人汪某、金某均为税务分局的票管员,受领导指派为他人虚开增值税专用发票,但汪某多次参与犯罪活动,而且持续时间长,虚开增值税专用发票的份数多、数额巨大，在西城税务分局的犯罪活动中起到了重要作用，应以单位犯罪的直接责任人员被追究刑事责任；而虽然金某参与虚开的增值税专用发票数额已经达到最高人民法院所规定的虚开税款数额1万元的定罪数额标准，但他作为单位犯罪的执行人员，放在全案中比较，其犯罪情节显著轻微，在单位犯罪中所起的作用微小，其不宜作为直接责任人员被追究刑事责任。二审法院的认定是正确的。

深度研究

刑法无论对单位犯罪采取双罚制还是单罚制，都要处罚单位中的相关人员。在单位犯罪的情况下，处罚单位理所当然，为什么还要处罚单位中的相关人员呢？厘清这个问题，对正确认定单位相关责任人员具有重要理论意义。我国学者蒋熙辉博士对单位犯罪双罚制的理论作了以下梳理综述[1]：（1）双重主体论，认为单位犯罪是一个犯罪两个犯罪主体，一个刑罚主体（单罚制）或者两个刑罚主体（双罚制）。单位犯罪具有行为的双重性和罪过的双重性的特征；单位责任人员对单位整体犯罪的产生，主观上有罪过，客观上有行为；既惩罚单位又惩罚责任人员，贯彻了罪责自负的原则，更利于刑罚目的的实现。（2）犯罪的双重性论，认为两罚制的根据是单位犯罪的两重性：它既包含作为独立主体的单位的犯罪，又包含自然人犯罪（直接责任者的犯罪）。只有认识到单位犯罪与自然人犯罪的双重机制，双罚制才具有根据。（3）连带刑事责任论，认为两罚制的根据是单位犯罪的连带刑事责任原则。连带刑事责任源于侵权法中的民事连带赔偿责任，其被援引到刑事责任理论中是指单位与单位成员的犯罪行为相互关联，故应同时追究二者的刑事责任。（4）双层机制论，认为单位犯罪存在一个独特的双层机制：表层犯罪者以单位为主体，深层犯罪者以单位代表及其有关主管人员和直接责任人员为主体；追究单位刑事责任采取双罚制即考虑到双层机制在单位犯罪中的作用。（5）复合主体论，认为单位犯罪的主体是复合主体，是由以法人或法人社会组织为形式，以自然人为内容复合组成的特别主体。复合主体既有别于单一主体，又不能简单地被看作两个主体。在单位犯罪的构成中，复合主体在统一的犯罪构成中是一个主体，又可以在单位的整体犯罪构成与其直接责任人员的个体犯罪构成的区分中，相对分为两个主体，这也是单位犯罪实行双罚制的依据。（6）双重人格论，认为直接责任人员作为单位成员在单位意志支配下，为单位利益而实施犯罪的不具有独立的主体资格，不构成单位的共犯。构成独立犯罪的是单位，这是处罚单位的正当根据。同时，行为人在为单位牟利、实

---

[1] 蒋熙辉. 单位犯罪刑事责任探究与认定. 北京：人民法院出版社，2005：129-135.

施犯罪之外,仍然具有自己的独立人格和意志,这是处罚责任人员的正当根据。(7)双重机制论,认为法人的社会属性与自然属性是统一的;法人具有独立的意志,法定代表人的行为只有符合法人的意志时,才得视为法人的行为,由法人承担法律后果。同时,法人的意志又是通过其法定代表人来实现的,离开了法定代表人的行为,法人只不过是一具"法律僵尸"而已。由此可见,法人犯罪具有双重机制:表层的是法定代表人的犯罪行为,当这一犯罪行为由法人作出决策或者认可时,就触及了深层的法人的犯罪行为。正是在这个意义上,法定代表的人行为具有双重属性:既作为本人犯罪的行为,又作为法人犯罪的行为。这正是对法人的犯罪实行两罚制的事实基础。

以上各种观点虽然都是为单位犯罪双罚制提供理论基础,但也从侧面论证了刑法处罚单位犯罪相关人员的理论基础。各种观点都在单位与单位的相关责任人员之间的关系上加以论证,论证的视角主要有三个:一是主体,二是机制,三是责任。双重主体论、复合主体论、双重人格论,基本上都是从犯罪主体角度入手的,力图证明在单位犯罪情况下存在单位与个人两个主体。而犯罪的双重性论、双层机制论和双重机制论,都是从犯罪机制角度切入的,认为存在双层次的犯罪结构。至于连带刑事责任论,则是从责任角度,论证单位与单位相关责任人员之间存在关联性的,由此导致刑事责任上的牵连。在单位犯罪中,确实存在单位与单位中的相关责任人员这样两种主体要素,这两种要素呈现出一体化的形态。单位不能离开相关责任人员而存在,否则单位就是一具"法律僵尸"。同样,相关责任人员也不能离开单位而存在,否则就不成其为单位犯罪。正是这种单位与单位相关责任人员的两位一体性质为刑法处罚单位犯罪相关人员提供了理论根据。

刑法处罚单位犯罪相关人员,具体来说是要处罚单位犯罪的直接负责的主管人员和其他直接责任人员。刑法对这两类人员的称谓都强调了"直接责任"。关于"直接责任"的理解,以下两点值得注意:

第一,这种责任是行为责任而非身份责任。在单位犯罪处罚的两类责任人员中,直接责任是两者的共同特征,同时也是关键特征。只有厘清直接责任的含义,才能在此基础上具体划定直接负责的主管人员和其他直接责任人员的范围。对直接责任的含义,我国学者指出:直接责任是一种行为责任,即单位成员之所以对单位负有直接责任,是因为其参与实施了单位犯罪,具有罪过,其行为是单位犯罪的组成部分。确立了直接责任的性质是行为责任,就排除了单位成员的身份责任,即单位成员并不因具有单位成员的身份而对单位犯罪承担刑事责任。将直接责任定义为行为责任,首先是罪责自负原则的要求。单位成员对单位犯罪承担刑事责任,是因为其参与实施了单位犯罪行为。同时,只有将直接责任理解为行为责任,才能有效限制单位犯罪处罚的单位成员的范围。将直接责任限制为行为责任，就可以将那些没有参与单位犯罪实施的单位成员排除于受处罚的范围之外，从而控制单位犯罪处罚成员的范围。否则，若不将直接责任限制为行为责任，直接责任就可能被理解为包括行为责任与身份责任，这样一来，每个单位成员都会因为其单位成员的身份而与单位犯罪具有某种联系，从而就无法限制受处罚的责任人员的范围。因此，直接责任的性质应当是行为责任，而不可能是身份责任。[①]

单位犯罪两类人员的责任是行为责任而非身份责任，意味着其并非因为是犯罪单位的主管人员或职员而受刑事追究，而主要是因为其参与实施了单位犯罪行为，其行为是单位犯罪的组成部分而受到刑事惩罚。在司法实践中，如何正确认定单位犯罪中的直接负责人员，是一个没有得到很好解决的问题。在某些司法机关和司法人员的思想观念中，还存在身份责任的思想。因此，在某一单位构成犯罪的情况下，他们就会简单地把该单位的有关负责人员，尤其是法定代表人认定为直接负责的主管人员，而不管该负责人对单位犯罪主观上是否知情，客观上是否参与。直接责任是行为责任而不是身份责任这个命题的提出，对于正确界定单位犯罪相关责任人员的范围是十分重要的。当然，在刑法规定的两类人员中，其责任的表现形式也是有所不同的：直接负责的主管人员的行为责任，由于其行为表现为决定、批准、授意、纵容、指挥等，因而具有管理监督责任的性质；而其他直接责任人员的行为责任，则主要表现为实施构成要件行为的责任。

第二，这种责任是"直接责任"。所谓直接责任，是指其行为与单位犯罪之间具有直接的因果关系。对主管人员而言，其行为是决定、批准、授意、纵容、指挥单位实施犯罪这一事实的直接原因，没有主管人员的行为，就不会有单位犯罪的发生。对主管人员之外的其他直接责任人员而言，其往往积极参与实施单位犯罪，并在单位犯罪的实施和完成中起到了较大作用，其行为是整个单位犯罪的重要组成部分。强调相关人员的责任是直接责任，对主管人员之外的其他直接责任人员的认定尤其重要，即并不是所有参与实行了单位犯罪的人员，都可以被视为单位犯罪的直接责任人员，只有积极参与实施单位犯罪并在其中起较大作用的人员才能被认定为单位犯罪的直接责任人员。

[①] 王良顺. 单位犯罪论. 北京：中国人民公安大学出版社，2008：216.

第十章 罪数与竞合

所谓罪数，顾名思义就是要解决行为是构成一罪还是数罪的问题。在通常情况下，行为人实施一个行为，触犯一个罪刑法条，满足一个犯罪的构成要件，只成立一罪。比如，甲朝乙砍了一刀致后者轻伤，此时，甲的行为只符合故意伤害罪的要件，自然构成一个故意伤害罪。反之，行为人实施数个行为，触犯数个罪刑法条，满足数个犯罪的构成要件，一般成立数罪。比如，甲朝乙砍了一刀后，又跑到乙家将乙的新买的液晶电视给砸坏，此时乙既构成故意伤害罪也构成故意毁坏财物罪。在前述两种情形之下，罪数的认定并不成为问题。然而，司法实践中往往会出现如下特殊的情形：（1）一行为触犯数个罪刑法条，该当数个犯罪构成。想象竞合与法条竞合属于此类情形。（2）数行为数次触犯同一罪刑法条，数次该当同一犯罪构成。连续犯与同种数罪应归入此种情形。（3）数行为触犯不同罪刑法条，该当数个犯罪构成，但只需以一罪论处。吸收犯、牵连犯与结合犯等属于此类情形。

前述情形之所以特殊，是因为它们并不属于一行为成立一罪或数行为成立并罚数罪的典型情形，而都涉及竞合的问题，即至少从形式上看，行为已经该当数个犯罪构成，此时便面临是评价为一罪还是数罪的问题。因而，罪数论或者竞合论的核心便是要解决，在竞合的情况下，如何对行为人的行为进行合理评价，以便在此基础上科处刑罚。竞合论的根本目的，便是要对行为人的所有行为，作出充分而不过度、不重复的评价。所谓"充分而不过度"，其实也就是罪刑相当、禁止过度评价以及禁止不足评价等原则映射在竞合论的倒影；所谓"（充分但）不重复"的评价，则是为了合乎一行为（或一罪）不两罚原则、一事不再理原则的基本要求，同时具有实体法与程序法的双重面向。[①]

---

① 林钰雄．新刑法总则．北京：中国人民大学出版社，2009：429.

第一节　行为个数的判断

知识背景

一、区分行为单数与行为复数的意义

对于一行为触犯数罪名的想象竞合，国外存在这样的立法例，即只要触犯数罪名便进行数罪并罚，而不区分是一行为所致还是数行为所致。不过，从我国刑法理论与实务来看，人们基本无争议地认为一行为只能处以一罪，不管它是否触犯了数罪名。如此一来，在竞合论中便首先需要区分行为个数，即究竟是行为单数还是行为复数，因为行为单复数的不同将直接决定应当适用什么样的处理原则。换言之，一旦确定行为的单复数，便决定了之后要走截然不同的路线，二者从此分道扬镳：（1）在行为单数的情形下，但凡存在一行为该当数个犯罪构成的情况，便只可能或者成立想象竞合，或者成立法条竞合，最终得出只成立一罪的结论。（2）在行为复数的情况下，根据触犯的罪名的同异进一步判断数个行为是同种行为还是异种行为。如果是同种行为，可能成立连续犯或同种的数罪并罚（当然，由于我国刑法对许多犯罪采取的是累计数额的做法，因而对同种数罪往往不并罚）；如果是异种行为，则需要进一步考察是否构成牵连犯或者吸收犯，如肯定便成立一罪，如否定便成立数罪并罚。如下图所示。

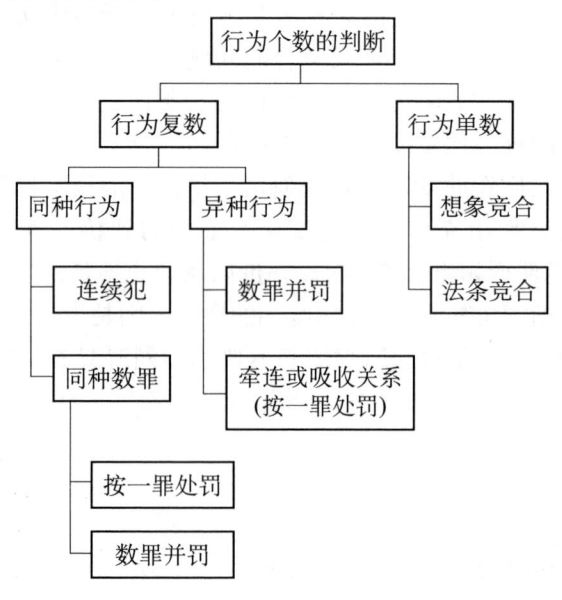

二、行为单数的类型

在判断行为个数时,需要先判断是否成立行为单数;如果不属于行为单数的任何类型,则可直接得出成立行为复数的结论。行为单数通常分为四种类型,即纯粹的单一行为、自然的行为单数、构成要件行为单数以及法律拟制的行为单数。

(一) 纯粹的单一行为

纯粹的单一行为是基于一个行为决意而实施的一个身体动作,它是从身体自然动作的角度所言的一行为。比如,前述甲拿刀向乙砍一刀致乙轻伤的例子中,甲的行为便是纯粹的单一行为。纯粹的单一行为当然也可能造成多个法益侵害结果,比如朝某个建筑内扔一颗炸弹,致多人死亡、多人重伤,同时还造成财物损坏的后果。即便如此,纯粹的单一行为也没有进一步再进行切割的可能,它只涉及人的一个身体动作,再行切割便不成其为行为了。需要注意的是,同时进行的动作不一定只成立纯粹的单一行为,比如丙对丁存在砍的动作与辱骂的动作,这是基于两个决意与两个动作,并非纯粹的单一行为,只不过这两个动作同时发生而已。

(二) 自然的行为单数

尽管纯粹的单一行为只能视为行为单数,但这不意味着有多个身体动作便必然成立行为复数。毕竟,行为个数的判断要受到行为的社会意义的影响。尽管涉及多个身体动作,但行为可能在社会意义上仍被视为一行为。自然的行为单数是指基于单一的犯罪意思,实施数个身体动作,数个动作之间存在紧密的时空上的关联,按社会一般观念只构成一个整体的行为。自然的行为单数具体可分为两种情形:一是反复实施同质性的身体动作。比如,行为人为伤害被害人,对后者胸腹部连踢数脚,致被害人重伤。二是以逐步达成的方式实现同一后果。比如,为杀死被害人,行为人先投毒,投毒不成又用棍子击打,击打后发现被害人还没死,于是又将其推到水里,直至被害人淹死。

(三) 构成要件行为单数

构成要件行为单数是指构成要件上的一行为。具体而言,就是以刑法分则所规定的个罪的犯罪构成为标准,对行为个数所作出的判断,凡是仅该当单一的独立犯罪构成的,便成立构成要件行为单数。构成要件行为单数的认定,往往并不取决于行为本身的物理意义或社会意义,而取决于立法者的设定,它归根到底是一种法规范意义上的判断。因而,构成要件行为单数的判断,取决于对刑法分则各具体个罪的犯罪构成的解释。

构成要件行为单数主要包括以下四种情形。

(1) 多行为犯。即立法者在设定某一犯罪的犯罪构成时，要求必须以同时存在自然的数行为为前提，该自然的数行为必须共同结合才能成立一个构成要件行为。多行为犯最典型的例子便是抢劫罪，抢劫罪中构成要件行为的成立本身必须同时包含手段行为（即使用暴力、胁迫或者其他方法的强制行为）与目的行为（即取得财物的行为）。强奸罪则有所不同，并非只有同时存在手段行为与性交行为，才能满足强奸罪构成要件行为的成立条件；手段上的强制，并非成立强奸罪的必备要件。比如，单纯利用妇女熟睡或者酒醉的状况，违背妇女意志发生性行为，同样构成强奸罪。除此之外，多行为犯中还存在一种所谓的短缩的二行为犯的类型。① 刑法分则中有些犯罪较为特殊，其构成要件行为要求行为人具有额外的特定目的。虽然犯罪的成立本身只要求行为人主观上具有该特定目的，而不要求其实现该特定目的，但如果行为人在客观上进一步实现该特定目的，则仍被视为只成立构成要件一行为。典型的例子如绑架罪。绑架罪（既遂）的成立要求行为人除有劫持行为之外，还需具备勒索财物的目的（或其他不法目的），但不要求其勒索财物的目的已经实现；同时，如果行为人在实施劫持行为的同时，进一步实现其勒索财物的目的，仍只成立一个绑架行为。《刑法》第363条的传播淫秽物品牟利罪也是如此，行为人在实施传播淫秽物品行为时主观上必须具有牟利的目的，不然就无法成立该罪；但如果其在实施传播淫秽物品行为的同时进一步在客观上实现了牟利目的，也只成立一个构成要件行为。

(2) 继续性行为（继续犯）。对一般的犯罪而言，法益侵害状态的造成往往意味着实行行为的终了，即不法状态的形成乃作为实行行为的结果而出现，二者并不同时存在。比如，在盗窃罪中，行为人完成窃取行为之后，犯罪便终了，而法益受侵害的状态则处于持续之中。然而，在有些犯罪中，实行行为自造成法益侵害状态起，与后者同时继续。这便是所谓的继续犯。非法拘禁罪被认为是典型的继续犯，自行为人着手实施非法剥夺他人人身自由行为起直至后者人身自由得以恢复为止，实行行为始终处于持续的状态之中。除非法拘禁罪之外，持有类犯罪也是典型的继续犯，一旦行为人着手持有某种法定的违禁物品（比如枪支、弹药、毒品、伪造的发票等），实行行为与不法状态便同时持续。在继续犯中，即使行为中间有短暂的中断，比如，行为人在让被害人获得短暂自由之后又重新对后者进行非法拘禁，在整体上仍被评

---

① 短缩的二行为犯也称为间接目的犯，其基本特点是，"完整"的犯罪行为原本由两个行为组成，但刑法规定，只要行为人以实施第二个行为为目的实施了第一个行为，就以犯罪（既遂）论处，而不要求行为人客观上实施第二个行为；与此同时，如果行为人不以实施第二个行为为目的，即使客观上实施了第一个行为，也不成立犯罪（或仅成立其他犯罪）。张明楷. 论短缩的二行为犯. 中国法学, 2004 (3): 148.

价为一个继续性行为。

(3) 选择性行为。对同一罪名的犯罪构成，如果立法者规定了两种以上的行为方式，并且这些行为方式之间属于或然性的选择关系，则即使行为人表面看来实施的是数个行为，也仍认定只成立一个构成要件行为。我国刑法分则规定了不少选择性罪名，其中一种类型便涉及行为性选择。《刑法》第125条的非法制造、买卖、运输、邮寄、储存枪支、弹药、爆炸物罪，第171条的出售、购买、运输假币罪，第253条的私自开拆、隐匿、毁弃邮件、电报罪，以及第294条的组织、领导、参加黑社会组织罪等，均属于行为选择性罪名。对行为选择性罪名而言，行为人实施其中之一的行为，便该当一个犯罪构成，但如果行为人同时实施两个以上的选择性行为，仍只成立一个构成要件行为，该当一个犯罪构成。比如，甲在非法制造一批枪支之后予以储存，之后找到异地的买家乙便将枪支运送至乙的所在地，以50 000元的价格将该批枪支卖给乙。本案中，甲在形式上实施了多个行为：非法制造枪支的行为、储存枪支的行为、运输枪支的行为以及出卖枪支的行为。不过，由于这些行为均属于《刑法》第125条中所规定的选择性行为，因而，甲的行为被视为只成立一个构成要件行为，相应地只构成一个犯罪，即非法制造、买卖、运输、储存枪支罪。

(4) 集合性行为（集合犯）。集合性行为是指立法者所预设的构成要件行为本身就具有不断反复实施的特性。基于此，基于反复实施的意思，仅实施一次行为的，固然成立一个构成要件行为；反复多次实施同类性质的行为，在整体上仍只被当作一个构成要件行为。刑法理论上所称的惯犯（或称常习犯）、职业犯或营业犯，其构成要件行为均预设为集合性行为。所谓惯犯，是指以有惯犯习性的行为人反复实施的行为为内容的犯罪；所谓职业犯，是指以反复实施一定犯罪为职业的犯罪；所谓营业犯，是指出于营利目的而反复实施犯罪的情况。[1] 我国刑法没有规定惯犯[2]，但存在营业犯与职业犯。营业犯与职业犯不要求行为人将犯罪行为作为唯一职业，也不要求犯罪行为具有不间断性。判断何种构成要件行为是集合性行为时，有时可由对罪状描述所使用的概念的文义解释得知。比如，我国《刑法》第303条赌博罪所规定的"以赌博为业"，必定意味着需以反复实施赌博行为为前提。再如，《刑法》第225条非法经营罪中的"非法经营"与《刑法》第336条规定的非法行医罪，

---

[1] 大谷实. 刑法讲义总论. 黎宏, 译. 北京：中国人民大学出版社，2008：435.

[2] 有观点认为，赌博罪中"以赌博为业"的行为属于惯犯。实际上，将赌博罪纳入职业犯更为合适，"以赌博为业"意味着偶然参与赌博的行为并不符合赌博罪的构成要件。相反，在惯犯的概念之下，单次参与的行为本身往往就已然构成犯罪。

也必然蕴含反复实施的意思，否则难以称得上是"经营"或"行医"。有时，则需要考虑经验事实，或者从值得刑罚处罚的法益侵害性的角度，对相关要件作实质解释才能判断某一犯罪所预设的构成要件行为是否为集合性行为。比如，《刑法》第170条伪造货币罪中的伪造货币行为与第173条的变造货币罪中的变造货币行为，从文义上看虽然并不必然要求多次反复实施，但难以想象实际生活中行为人是以单一行为来实施本罪的。就变造而言，只变造一次的行为，往往也很难达到值得刑罚惩罚的程度。因而，此类犯罪也可能涉及集合性行为。

（四）法律拟制的行为单数

法律拟制的行为单数，是指无论在自然意义上还是在规范意义上都涉及数个行为，但立法者将其特别规定为行为单数的情形。法律上的拟制是有意地将明知不同者等同视之，其目标通常在于将针对一构成要件事实（T1）所作的规定，适用于另一构成要件事实（T2），从而赋予二者相同的法律后果。[1] 拟制虚构的是T1与T2之间的相似性，它是一项实体法上的规则，其效果不容许被推翻。法律拟制仅适用于刑法明文规定的情形，而不具有普遍意义；对类似情形，如果没有拟制规定，就不得比照拟制规定处理。[2] 在刑法领域，拟制是立法者才有权使用的技术，司法者如使用拟制不仅违反罪刑法定，还有越权解释之嫌。法律拟制的行为单数主要包括两种类型：一是结合犯，二是转化犯。

1. 结合犯

结合犯是指数个原本独立的犯罪行为，根据刑法的明文规定而结合成一个犯罪的情况。典型的结合犯表现为甲罪＋乙罪＝丙罪，我国刑法中并不存在此种结合罪。理论界有种观点考虑将甲罪＋乙罪＝加重的甲罪（或乙罪）归入结合犯的范畴，认为结合犯的概念应根据本国刑法的相关规定予以确定，究竟是将甲罪与乙罪结合为丙罪，还是将甲罪与乙罪结合为甲罪或乙罪的加重情形，并不存在实质差异；是否结合为新罪名，在很大程度上取决于对罪名的理解与确定。[3] 若是承认甲罪＋乙罪＝加重的甲罪（或乙罪）的结合犯形式，则我国《刑法》第239条绑架罪中规定的"杀害被绑架人"（即绑架罪＋故意杀人罪＝加重的绑架罪），第240条拐卖妇女罪规定的"奸淫被拐卖的妇女"（即拐卖妇女罪＋强奸罪＝加重的拐卖妇女罪）等，均可理解为结合犯。

---

[1] Vgl. Karl Larenz, Methodenlehre der Rechtswissenschaft, 6. Aufl., Berlin: Spring-Verlag, 1991, S. 262.

[2] 张明楷. 刑法分则的解释原理：下. 北京：中国人民大学出版社，2011：632.

[3] 张明楷. 刑法学. 5版. 北京：法律出版社，2016：467.

对前述情形，理论界与实务界通常理解为基本犯的加重构成。这两种理解本质上并不矛盾，此种结合犯在广义上当然也可解读为基本犯的加重构成。关键在于，我国刑法中的加重构成，实际上包含多种类型：有的是因结果而加重（即结果加重犯），有的是因数额而加重（即数额加重犯），有的是因情节而加重（即情节加重犯），而前述情形则是由于结合另一犯罪而加重（即结合犯）。将前述情形解读为结合犯，有利于处理相关犯罪的犯罪形态（即着手、未遂与既遂）与共同犯罪的问题。比如，甲在拐卖妇女的过程中，又对被害妇女实施奸淫行为，乙未参与拐卖行为，但在甲实施奸淫时，帮甲按住被害妇女以便于甲进行奸淫。从结合犯的角度入手，乙的刑事责任便很好解决：由于乙只参与后一犯罪（即强奸行为），其与甲仅在强奸罪的范围内成立共同犯罪，故乙构成强奸罪，甲则构成加重的拐卖妇女罪。

2. 转化犯

转化犯是刑法理论上对刑法中特定立法形式的一种理论概括，而并不是现实存在的犯罪形态。除《刑法》第269条规定的转化型抢劫之外，我国刑法中的转化犯还包括：第238条第2款规定的在非法拘禁的过程中，使用暴力致人伤残、死亡的情形（按故意伤害罪、故意杀人罪论处），第247条第1款规定的刑讯逼供或暴力逼取证言致人伤残、死亡的情形（按故意伤害罪、故意杀人罪论处），第248条第1款规定的虐待被监管人致人伤残、死亡的情形（按故意伤害罪、故意杀人罪论处），第292条第2款规定的聚众斗殴致人重伤、死亡的情形（按故意伤害罪、故意杀人罪论处），以及第333条第2款规定的非法组织卖血、强迫卖血对他人造成伤害的情形（按故意伤害罪论处）。对转化犯，刑法要求只按转化后的重罪一罪进行处罚。转化犯中，重罪的犯意是刑法拟制的结果，所谓"致人伤残、死亡"或"致人重伤、死亡"等，并不包含故意伤害或故意杀人的情形。如果行为人在实施较轻犯罪的过程中，故意致人伤残、重伤或死亡，应当对其进行数罪并罚，而不适用转化犯的规定。

三、行为复数的认定

在行为个数的判断上，应先判断是否成立行为单数。在肯定成立行为单数的场合，即无须再作进一步的判断；一旦出现同时符合数个犯罪构成的情形，只要考虑是成立想象竞合还是成立法条竞合即可。只有在否定成立行为单数的情况下，才有成立行为复数的余地。行为复数的判断较为简单。只要否定行为单数的成立，自然便可得出成立行为复数的结论。

案例评价

[案例 10-1] 龚某、赵某等抢劫案① (行为单数中多行为犯的认定)

1. 基本案情

被告人龚某与被告人赵某等人结伙,以摆摊摸奖的方式设局诈骗钱财,且事先明确如果"摸奖"的人不愿交出钱款,即围住并胁迫对方交付。2008年4月30日晨,赵某与龚某等人到某村爱喜多鞋服超市前路边摆摊"摸奖"行骗。被害人陈某"摸奖"发现被骗后不愿交付钱款。龚某等人即将陈某围住迫使陈某交出240元人民币。陈某遂从自行车上取下一个装有切料刀具的袋子挥打反击,龚某等人夺下袋子,并从袋子里各取出一把刀具,与持随身携带的铁棍的同伙共同殴打陈某。其中,龚某持刀朝陈某左大腿砍了一刀,致陈某左股动脉、左股静脉断裂大出血而死亡。随后,赵某驾车载龚某等人逃离现场。

某中级人民法院认为:被告人龚某等人行骗不成,持械故意伤害他人身体,并致人死亡,其行为均构成故意伤害罪;被告人赵某明知是有罪的人而帮助其逃匿,其行为构成窝藏罪。法院判决龚某犯故意伤害罪,判处死刑,剥夺政治权利终身;判决赵某犯窝藏罪,判处有期徒刑7年。

一审宣判后,被告人龚某、赵某提出上诉,龚某的上诉理由是原判量刑过重,赵某的上诉理由是原判认定窝藏情节严重不当,请求从轻改判。某高级人民法院经审理认为,被告人龚某、赵某等人以非法占有为目的,在行骗过程中被人发现后采用暴力威胁手段劫取他人财物并致人死亡,其行为均已构成抢劫罪,判处龚某死刑、缓期2年执行,剥夺政治权利终身;判处赵某有期徒刑7年。

2. 涉案问题

在行骗过程中被他人发现,为继续非法占有财物而使用暴力的,涉及的是一个抢劫行为还是数个行为(即抢劫行为与故意伤害行为)?

3. 裁判理由

裁判理由指出,一审法院仅对整个犯罪过程的一个片段即故意伤害行为进行认定,而对本案发生在行骗过程中胁迫被害人交付钱款的行为未作考虑,由此导致定性不当。二审法院对案件事实进行全面认定,以抢劫罪进行改判是正确的。本案被告人的行为应当认定为抢劫罪而非转化型抢劫,区分二者

---

① 最高人民法院刑事审判第一、二、三、四、五庭. 刑事审判参考:2009年第5集. 北京:法律出版社,2010:46-53.

的关键在于行为人的主观方面，抢劫罪中行为人当场实施暴力或以暴力相威胁的行为具有不法占有他人财物的目的，而转化型抢劫中行为人当场实施暴力或者以暴力相威胁的目的，是"窝藏赃物、抗拒抓捕或者毁灭罪证"。在此基础上，裁判理由进一步指出，为保护抢劫得来的财物而当场对被害人实施暴力的，无须单独认定为故意伤害罪（或故意杀人罪）。就本案而言，虽然财物已经从被害人手中转移到被告人手中，但因被害人欲当场夺回被劫财物，故犯罪过程并未就此结束。被告人为保护其犯罪成果而当场使用暴力，该暴力行为具有非法占有财物的目的性，仍然属于抢劫犯罪手段行为的一部分，不具有单独评价的意义。

4. 评析意见

关于本案的定性，可能会存在三种观点。第一种观点认为，被告人在诈骗过程中，为窝藏赃物而当场使用暴力致被害人死亡，构成《刑法》第269条规定的转化型抢劫。第二种观点认为，被告人在设局诈骗未成的情况下，通过胁迫从被害人处获得240元，构成《刑法》第263条规定的普通抢劫罪，其后所实施的暴力行为服务于对财物的非法占有目的，并无独立的意义，仍作为抢劫罪中的手段行为。第三种观点认为，鉴于被告人先前设局诈骗只取得240元，并未达到成立犯罪的程度，故只需对后续的使用暴力致被害人死亡的情形单独进行评价，以故意伤害罪一罪论处即可。一审判决持第三种观点，二审法院与裁判理由则支持第二种观点。

前述三种观点中，究竟哪种观点较为合理，有必要做探讨。从自然意义上来看，本案涉及数个行为：一是设局诈骗的行为；二是胁迫获得240元的行为；三是殴打陈某，并持刀朝陈某左大腿砍一刀致后者死亡的行为。在规范层面，如何结合抢劫罪与转化型抢劫罪的构成要件来分析这三个行为（尤其是后两个行为）之间的关系，成为本案定性的关键所在。如果前述三个行为在规范层面只成立一个构成要件行为，便只成立一罪。如果在规范层面存在数个构成要件行为，便应考虑各构成要件行为是否均成立犯罪；若结论为肯定，则会涉及数罪的问题。可见，判断本案中被告人究竟构成何罪，其首要前提是判断其构成要件行为的个数。

从《刑法》第269条规定的转化型抢劫来看，转化型抢劫的构成要件行为由两部分行为组成：一是实施盗窃、诈骗或抢夺犯罪行为，二是为窝藏赃物、抗拒抓捕或者毁灭罪证而当场使用暴力或者以暴力相威胁。乍一看，本案似乎成立典型的转化型抢劫，被告人在诈骗不成的情况下，为窝藏赃物而使用暴力致被害人死亡。然而，这样的结论分明忽视了前述第二个行为，即240元的获得是基于被告人胁迫的结果，而不是被害人因被诈骗陷入认识错误而自愿交付的结果。由此，转化型抢劫根本无法包容前述提及的三个行为，尤其是，由于财物乃基于被告人胁迫而交付，所以，根本不存在成立转化型抢劫罪的余地。

由于存在基于胁迫而强制被害人交付财物的行为，合乎逻辑的推论是前述第二个行为成立《刑法》第263条规定的抢劫罪。可以肯定的是，设立骗局的行为超出抢劫罪的构成要件范围而具有独立性。因而，第一个行为与第二个行为之间是犯意转化的关系（即从诈骗的犯意转化为抢劫的犯意），二者分别成立独立的构成要件行为。本案被告人龚某等人在被害人发现被骗不愿交付钱款时，即上前围住并胁迫后者交付钱款，此时，其以暴力相威胁的目的是从被害人处获得财物，故应直接以《刑法》第263条的抢劫罪来认定。被害人在被迫交出240元人民币后又欲夺回被劫财物而对被告人进行反击，被告人龚某为保住犯罪所得赃款而实施的暴力伤害行为，是将其单独认定为故意伤害罪，与之前的抢劫罪进行并罚，还是直接将其认定为抢劫罪的手段行为，这一点需要从抢劫罪的犯罪构成来分析。本案中，虽然财物已经从被害人手中转移到被告人手中，但因被害人欲当场夺回被劫财物，故犯罪过程并未就此结束，被告人的非法占有目的尚未实现。被告人为了保护其犯罪成果而当场使用暴力，该暴力行为具有非法占有财物的目的性，仍然属于抢劫犯罪手段行为的一部分，不具有单独评价的意义，无须另行认定为故意伤害罪。

综上可见，一审判决认定被告人的行为构成故意伤害罪并不合理。一则，其没有对使用胁迫获得240元的行为作评价，所以存在评价不充分的问题。二则，一审判决人为地割裂获得财物的行为与后续的暴力致死行为，没有认识到暴力行为的真正目的所在。二审法院的改判是合理的，本案应按抢劫罪论处，而不应认定为故意伤害罪。

[案例10-2] 陈某复制、贩卖淫秽物品牟利案[①]
（行为单数中选择性行为的认定）

1. 基本案情

2009年3月2日16时许，被告人陈某在某市某区其所经营的手机维修店内，以人民币30元的价格，通过电脑向李某的手机存储卡内复制淫秽视频文件254个，后被抓获。公安机关当场从被告人陈某的电脑主机内查获淫秽视频文件346个，经某市公安机关淫秽物品审查鉴定，以上视频均为淫秽物品。

---

① 最高人民法院刑事审判第一、二、三、四、五庭．刑事审判参考：2011年第1集．北京：法律出版社，2011：15-21.

某区人民法院认为，被告人陈某以牟利为目的，复制、贩卖淫秽视频文件，其行为已构成复制、贩卖淫秽物品牟利罪，依照我国《刑法》第363条第1款、第72条、第73条第2款、第3款、第52条、第61条与最高人民法院《关于审理非法出版物刑事案件具体应用法律若干问题的解释》第8条第1款之规定，判决陈某犯复制、贩卖淫秽物品牟利罪，判处有期徒刑2年，缓刑3年，并处罚金15 000元。

一审宣判后，被告人陈某未提出上诉，判决已发生法律效力。

2. 涉案问题

被告人陈某以牟利为目的实施的复制、贩卖行为，在构成要件上应视为一行为还是数行为？

3. 裁判理由

裁判理由指出，关于本案如何定罪存在三种意见：一是行为人通过复制淫秽物品的方式牟利，复制淫秽物品牟利罪这一罪名已经可涵盖其犯罪构成；二是行为人复制淫秽物品的行为是为获得物质利益，属于贩卖行为不可分割的组成部分，应定贩卖淫秽物品牟利罪；三是复制、贩卖淫秽物品牟利罪是选择性罪名，应根据行为人实施的行为确定罪名，行为人向他人手机存储卡内复制淫秽物品并收取费用，实施的是复制、贩卖两个行为，应定复制、贩卖淫秽物品牟利罪。裁判理由同意第三种意见，认为制作、复制、出版、贩卖、传播淫秽物品牟利罪系选择性罪名，所谓选择性罪名，是指刑法分则条文把两种以上具有独立意义又紧密联系的犯罪行为、犯罪客体或者犯罪对象规定在一起而形成的罪名，只要符合其中之一即可构成犯罪，如符合两种或两种以上条件，仍为一罪，不实行数罪并罚。

本案中，陈某通过向顾客的手机存储卡内复制淫秽视频，赚取了30元钱，实施了复制、贩卖两种行为，定复制、贩卖淫秽物品牟利罪可以准确地体现被告人的行为特征。且选择性罪名都为一罪，将两个行为并列不会加重行为人的罪责，故应将体现被告人行为特征的罪名在法律文书中予以引用，依法以复制、贩卖淫秽物品牟利罪对被告人定罪量刑。

4. 评析意见

本案中，陈某向顾客的手机存储卡内复制淫秽视频的行为构成复制行为，收取30元钱的行为则构成贩卖行为，这两个行为彼此之间无法包容，从自然意义上可谓存在数个行为。然而，由于《刑法》第363条第1款规定的制作、复制、出版、贩卖淫秽物品牟利罪，将制作、复制、出版、贩卖行为作为该罪的选择性行为，因而在规范层面上，陈某的行为仅成立一个构成要件行为，符合一个犯罪构成，相应只成立一罪。制作、复制、出版、贩卖淫秽物品牟利罪属于典型的行为选择性罪名。选择性罪名的犯罪构成具有伸缩性，既可概括适用，又可分解拆开适用。行为人实施其中之一的选择性行为，固然足以该当一个构成要件行为；而实施两种或两种以上的选择性行为，也仍只评价为一个构成要件行为。只不过，如果行为人实施选择性罪名构成要件中所规定的全部行为，直接按选择性罪名定罪处罚；如果行为人仅实施其中之一或部分行为，则根据其所实施的具体行为来确定相对应的分解罪名。在本案中，陈某实施了复制与贩卖的行为，故应按复制、贩卖淫秽物品牟利罪来论处。

选择性罪名一般涉及犯罪客观要件中行为要素或对象要素的选择运用。主要包括以下三种类型：一是行为选择性罪名（如出售、购买、运输假币罪），二是对象选择性罪名（如倒卖车票、船票罪），三是行为与对象同时选择性罪名（如非法制造、买卖、运输、邮寄、储存枪支、弹药、爆炸物罪）。立法者规定选择性罪名并非任意，其实质依据在于，各行为类型在内在性质与法益侵害上具有一致性，且在经验层面上，彼此之间往往具有并发性或连锁性。法益侵害的一致性与经验上的密切关联性，是刑法设置选择性罪名的关键所在。选择性罪名属于实质的一罪，即成立行为单数与犯罪单数，各选择性行为相互之间并无独立评价的意义。然而，这不意味着选择性罪名没有成立数罪的可能。选择性罪名中认定成立一个构成要件行为（即行为单数）时，需同时具备以下几个条件：（1）数个选择性行为为一个选择性罪名的犯罪构成所包容；（2）数个选择性行为由同一行为人实施；（3）数个选择性行为系在一个整体的概括故意的支配之下完成；（4）数个选择性行为针对的是同一行为对象；（5）数个选择性行为往往同时发生，或者在某一个特定的时间段内先后连续发生。如果不满足前述条件，则涉及选择性罪名的情形，同样有成立数个同种类的构成要件行为的可能。比如，甲在 2002 年制造一批枪支，在 2005 年又运输一批弹药，此时就不应认定只成立一个构成要件行为，即制造、运输枪支、弹药的行为，不应认定甲仅构成一个非法制造、运输枪支、弹药罪；相反，应当认为甲实施了两个构成要件行为，即制造枪支的行为与运输弹药的行为，认定甲构成同种数罪。当然，对甲是否进行数罪并罚，要看立法或司法解释上是否对数额进行累计，如果累计数额，对同种数罪，最终仍可能按一罪来进行处罚。

[案例 10-3] 王某绑架案[①]（结合犯中行为单数的认定）

1. 基本案情

2001 年 1 月 6 日上午，被告人王某到西良村学校附近，找其表弟高某

[①] 最高人民法院刑事审判第一、二庭. 刑事审判参考：2004 年第 3 集. 北京：法律出版社，2004：111 - 115.

(10岁),以找高某的叔叔为由将高某骗走。王某挟持高某坐车先后到河南安阳、山西长治、榆社县和河北武安、涉县等地。此间,王某用事先准备好的手机亲自或胁迫高某多次给高家打电话索要现金5万元。在索要未果的情况下,王某将高某挟持到涉县境内一火车隧道内,乘高某不备,用石头砸击其头部,将其击昏后放到下水道内,并用水泥板盖住后逃离现场。1月13日下午,高某被铁路工人发现,被抢救后脱险。经法医鉴定,高某颅骨多发性骨折,属轻伤。

某市中级人民法院认为,王某以勒索财物为目的,将被害人打昏后放在下水道内杀害被绑架人,手段恶劣,情节严重,其行为构成绑架罪。依照《刑法》第239条第1款［《刑法修正案(七)》中调整为第2款］、第57条第1款的规定,以绑架罪判处王某死刑,剥夺政治权利终身。

一审宣判后,王某以绑架未遂、量刑过重为由提出上诉。某省高级法院经审理认为,王某绑架儿童勒索钱财不逞,杀害被绑架人,其行为构成绑架罪;其虽因意志以外的原因未造成被绑架人死亡,但其犯罪手段极其恶劣,应当判处死刑。二审法院裁定驳回上诉,维持原判。

2. 涉案问题

绑架过程中杀害被绑架人未遂的,是属于现行《刑法》第239条第2款规定的"杀害被绑架人"的情形,还是属于行为复数而应分别成立绑架罪与故意杀人(未遂)罪?

3. 裁判理由

裁判理由指出,《刑法》第239条中"杀害被绑架人"应包括杀害被绑架人未遂的情况。理由在于:(1)刑法对绑架罪规定了严厉的法定刑,反映立法者对绑架罪不同寻常的否定评价。如果将杀害未遂排除在可判处死刑的情形之外,明显与立法者对故意杀人罪和绑架罪的评价不相符,且与《刑法》第234条第2款故意伤害罪的法定刑不相协调。(2)从比较《刑法修正案(七)》之前的"致使被绑架人死亡"和"杀害被绑架人"的罪过形式来看,前者指过失致被绑架人死亡的情形,后者则指对被绑架人实施故意杀害的行为。故意杀害的主观恶性程度明显高于过失致人死亡的情形,对后者尚可适用死刑,对故意杀害被绑架人未遂的,特别是手段残忍、后果严重的这类情形,更没有理由不适用死刑。将"杀害被绑架人"扩张解释为包括杀害被绑架人未遂的情况在内,更符合立法本意。根据案件特殊情况,确需在法定刑(死刑)以下量刑的,则应依照《刑法》第63条规定的特别程序来解决。

4. 评析意见

无论从自然意义上还是从一般的规范意义上判断,绑架过程中实施故意杀人的行为，均涉及数行为，即绑架行为与故意杀人行为。倘若不是现行《刑法》第 239 条第 2 款将"杀害被绑架人"规定为加重的绑架罪，则前述情形本来应当在数行为的基础上成立数罪，进行数罪并罚。《刑法》第 239 条第 2 款之类的规定应当理解为结合犯，即绑架罪（基本犯）＋故意杀人罪＝加重的绑架罪。立法者将那些原本独立的犯罪规定为结合犯，一般是基于两种考虑：一是甲罪行为与乙罪行为在客观上存在紧密的关联性，因而将二者结合作为一罪存在经验层面的事实基础。二是将两罪结合为一罪处理，体现从严惩处的精神。当然，后一因素才是规定结合犯的真正动因所在，即结合犯的规定旨在排除数罪并罚的适用，以达到从严惩处的法律效果。结合犯实质上是将原本该当数个犯罪构成的数罪当作一罪来处理，所以，它涉及的是立法上的拟制规定。拟制规定与注意规定的区别之处便在于："拟制仅适用于刑法明文规定的情形，而不具有普遍意义；对于类似情形，如果没有拟制规定，就不得比照拟制规定处理。"[①] 换言之，如果法律没有明文规定将数罪拟制为一罪，则理应按刑法理论上的一般原理进行处理，即认为存在行为复数并成立犯罪复数。

　　一旦刑法明文规定将原本独立的数个犯罪结合为一罪，从构成要件的角度而言，便意味着只存在一个构成要件行为，即只成立行为单数。由于只有一个构成要件行为，且只该当一个犯罪构成（即加重的绑架罪），自然只能成立一罪，而并无再进一步讨论竞合的必要。在肯定"杀害被绑架人"属于结合犯的前提之下，故意杀害被绑架人未遂的情形是否也应当包括在内的问题便容易回答。"杀害被绑架人"既然是将绑架行为与故意杀人行为相结合的结果，就前述案件而言，便只需判断王某用石头砸击被绑架人高某的头部是否属于故意杀人行为即可。裁判中对王某的行为属于故意杀人并无争议，王某对此也并无异议，王某的行为自然应归入"杀害被绑架人"的情形之内。换言之，王某的杀人（未遂）行为并无独立评价的意义，其杀人行为与先前的绑架行为一起，已为加重的绑架罪所包容。可见，裁判理由认为"杀害被绑架人"的情形包括杀害被绑架人未遂，是正确的。

　　对故意杀害被绑架人未遂的，是否应当适用总则关于未遂犯从轻或减轻处罚的规定，值得作进一步说明。裁判理由认为，如案件存在特殊情况，确需在法定刑以下量刑的，应依照《刑法》第 63 条规定的特别程序报最高人民法院核准处理，基本否定成立法定的从轻或减轻情节。这样的见解在理论界存在争议。理论界有一种观点认为，结合犯同样存在既遂与未遂之分，只不过其既遂、未遂与被结合的前罪没有关系，而只取决于后罪是既遂还是未遂。

[①] 张明楷. 刑法分则的解释原理：下. 北京：中国人民大学出版社，2011：632.

从实现罪刑相适应与合理处理绑架杀人中止的角度来看，有必要承认结合犯的未遂，并适用总则对未遂犯从轻、减轻处罚的规定。在我国刑法中，考虑到结合犯并不成立独立的罪名，有必要承认，在基本犯既遂的情况下，加重构成可能存在未遂的情形。如本案应当认定绑架罪（基本犯）既遂，作为加重构成的"杀害被绑架人"成立未遂。除结合犯之外，结果加重犯也完全可能存在基本犯既遂而加重构成未遂的情形。比如，行为人为劫财而对被害人实施杀害行为，在成功劫取财物的同时，并未导致被害人死亡，对此，有必要认定为结果加重犯的未遂，即成立加重的抢劫罪（"抢劫致人重伤、死亡"），同时适用总则有关未遂犯的规定。前述观点为处理类似案件提供了有益的思路，不过，目前它尚未为司法实务所广泛接受。

[案例 10-4] 亢某抢劫案[①]（行为复数的认定）

1. 基本案情

2000 年 11 月 30 日夜 12 时许，亢某与同伙牛一某、牛二某、朱某（三人均在逃）酒后回工地时，见王某一人在前边行走。朱某即提出一起殴打该人取乐，其他人表示同意。几人即上去从背后将王某打翻在地。被告人亢某走上前正准备用脚踢倒地的王某时恰巧被绊倒，无意间碰到王某腰间的手机。亢某乘机从王某腰间夺下手机起身便跑，后被王某带人追上并将其抓获。该手机价值 1 750 元。

某区人民法院经审理后认为，被告人亢某酒后滋事，无故殴打被害人后见财起意，趁被害人被打倒不备之机，公然夺取被害人的手机后逃跑，其行为已构成抢夺罪，公诉机关定性不当应予纠正。依照《刑法》第 267 条第 1 款的规定，一审法院以抢夺罪判处亢某有期徒刑 1 年，并处罚金人民币 1 000 元。一审宣判后，公诉机关认为原审被告人亢某使用暴力，劫取他人财物，其行为构成抢劫罪，以原判定性不准、量刑不当为由提起抗诉。某中级人民法院经审理后认为，根据现有证据不能证实亢某与牛一某等人殴打王某是为了劫取钱财，其劫财属于临时起意。亢某等人先行实施的寻衅滋事、无故殴打王某的行为，并非亢某劫取财物的手段，后行取财时，也无采用暴力或威胁手段来达到非法占有财物的目的，只是趁王某被打倒在地之机，公然夺走王的手机，不符合抢劫罪的特征。二审法院认为，公诉机关抗诉理由不能成立，不予采纳，裁定驳回抗诉，维持原判。

2. 涉案问题

亢某等人无故殴打他人后临时起意夺财的行为，涉及一行为（行为单数）

[①] 最高人民法院刑事审判第一、二庭. 刑事审判参考：2002 年第 5 辑. 北京：法律出版社，2003：43-46.

还是数行为（行为复数）？

3. 裁判理由

裁判理由指出，实施暴力殴打行为时，亢某及其同伙均无劫财的故意和目的，该暴力行为不能视为亢某个人夺取他人财物的手段。其后亢某个人见财临时起意，乘人不备夺取他人财物时，暴力殴打行为已经结束，亢某并没有为了获得王某的手机而继续对王某施加暴力。换言之，本案中亢某及其同伙殴打王某的行为和夺取王某的手机的行为在刑法意义上是两个独立的阶段，先行寻衅滋事无故殴打王某的行为，并非亢某夺取财物的手段；后行夺财，并非事先即有强行占有他人财物的目的，亢某只是见财临时起意趁机夺走王某的手机。因而，亢某的行为不符合抢劫罪的特征，应认定为抢夺罪。

4. 评析意见

从表面上看，本案中的亢某既有暴力殴打行为，又有夺取财物的行为，似乎只成立一个构成要件行为，有评价为抢劫罪的余地。然而，抢劫罪中作为手段行为的暴力行为，必须与作为结果行为的取得财物的行为之间具有内在的关联，即暴力行为必须基于劫财的目的而实施。正是劫财的目的，将抢劫罪中的手段行为与结果行为有机地整合在一起，使之在规范层面上成立一个构成要件行为。在本案中，由于亢某及其同伙殴打被害人王某只是为了取乐，因而对其实施的殴打行为必须作独立的评价，即殴打行为该当的是寻衅滋事的构成要件。相应地，亢某其后取得手机的行为也应作独立的评价，单独考虑行为的定性问题。

可见，亢某先后实施了两个独立的构成要件行为：一是寻衅滋事行为，具体表现为随意殴打他人；二是夺取手机的行为。由于两行为在性质上存在差异，且不能互相包容或为第三个犯罪的构成要件所包容，故必须对其分别进行评价。当然，因随意殴打的行为要构成寻衅滋事罪，必须同时符合"情节恶劣"的要件，故本案中，亢某及其同伙的行为是否达到"情节恶劣"的程度，需要作进一步的考量。仅就本案的情况来看，由于既未造成王某受伤，也没有造成其他的后果，可认为没有达到"情节恶劣"的程度，认定不构成寻衅滋事罪，而只作治安管理处罚即可。亢某其后夺取手机的行为，必须在不考虑之前殴打行为的情况下进行单独评价。既然手机的取得并非由暴力行为所导致，亢某的行为不可能构成抢劫罪，因而，公诉机关认为构成抢劫罪的抗诉理由不能成立，裁判理由认为本案不构成抢劫罪的意见是合理的。当然，亢某夺取手机的行为究竟构成抢夺罪还是盗窃罪，尚有讨论的余地。本案中，虽然手机是被害人王某紧密占有的财物，但由于亢某在获得手机时采取了平和手段，所以，宜认定为成立盗窃罪。只有在同时满足如下两个条件时，才有成立抢夺罪的余地：其一，所夺取的财物是被害人紧密占有的财物；

其二，行为人对财物使用了非平和的手段，即可以评价为对物暴力的强夺行为。①

本案的分析表明，构成要件行为个数的判断不仅必须结合相关犯罪的构成要件，还需要考虑行为人的主观因素。客观上相同的行为，会因主观犯意的不同而影响行为单复数的判断。设若本案中亢某是基于取得财物的目的而实施的暴力，则对殴打行为与取财的行为便应合二为一进行考虑，认为仅成立一个抢劫行为。

深度研究

我国现有的罪数理论将整个研究重心放在一罪与数罪的区分上，试图寻找统一的罪数区分标准。为此，学者从理论上提出不同的认定标准，包括行为说、法益说、犯意说、构成要件说以及个别化说。具体而言，行为说主张以行为的数量为标准区分一罪与数罪；法益说则提出应以行为侵犯法益数量为标准区分一罪与数罪；犯意说认为有一个犯意的为一罪，有数个犯意的为数罪；构成要件说以行为符合的构成要件数量为标准来区分一罪与数罪；个别化说则主张以单一的标准区分罪数并不现实，而应当根据罪数的不同种类采取不同的区分标准。在此基础上，罪数的类型被分为一罪与数罪。一般认为一罪可分为三种类型：一是实质的一罪，包括继续犯、想象竞合犯与结果加重犯；二是法定的一罪，包括结合犯与集合犯；三是处断的一罪，包括连续犯、牵连犯与吸收犯。数罪则为分实质数罪与想象数罪、异种数罪与同种数罪、并罚数罪与非并罚数罪，以及判决宣告以前的数罪与刑罚执行期间的数罪。② 也有的学者将罪数分为四种类型：单纯的一罪（继续犯与法条竞合）、包括的一罪（连续犯、集合犯、吸收一罪与狭义的包括一罪等）、科刑的一罪（包括想象竞合犯与牵连犯）与并罚的数罪。③ 然而，这样的理论框架存在重大的缺陷。

首先，现有的理论框架偏离了问题的重心。罪数形态要解决的重心并不是依照哪种标准来判断犯罪的问题（判断犯罪的标准无疑只应当是犯罪构成），而是在行为形式上已经该当数个犯罪构成的情况下，如何对其进行评价，以便在此基础上合理科处刑罚的问题。因而，抽象地研究罪数的标准毫无意义，无论是行为说、法益说、犯意说还是构成要件说，都只能适用于某一类型的罪数判断。个别化说倒是可适用于所有的类型，但这样的标准根本

---

① 张明楷. 盗窃与抢夺的界限. 法学家，2006 (2).
② 高铭暄，马克昌. 刑法学. 8 版. 北京：北京大学出版社，高等教育出版社，2017：197 - 198.
③ 张明楷. 刑法学. 5 版. 北京：法律出版社，2016：461.

不成其为标准，充其量只是提供了一个指导性的准则，即判断罪数时，应当根据罪数的不同类型而采取不同的区分标准。此外，个别化说也没有说明，为什么有些犯罪类型应以构成要件说为标准，而有些犯罪类型（如连续犯、吸收犯等）应将行为说与法益说结合起来作为标准，而在想象竞合犯、牵连犯等科刑的一罪的场合，则应以行为说为标准。

其次，现有的理论框架对于罪数类型的分类极为混乱，不仅分类标准本身并不统一，而且将性质与处理规则完全不同的情形归在同一类型之下，致使罪数论成为刑法理论中最为混乱的领域。比如，传统刑法理论对所谓的实质一罪，采取的是行为个数标准，对法定的一罪则以犯罪构成为标准，在界定处断一罪时又完全抛弃了行为个数或犯罪构成的标准，而是从法律效果上按一罪处刑的角度而言；此外，想象竞合既被置于实质的一罪之中，同时又放在数罪的分类之下作为想象数罪而存在。再如，所谓科刑的一罪，其所包含的想象竞合犯、结合犯与牵连犯[①]，除在处断效果上均按一罪来论处之外，彼此之间在性质与处理规则上完全不相同：想象竞合犯是一行为触犯数罪名，而结合犯是原本成立数罪的数行为经刑法明文规定而结合成一罪，牵连犯则是指原本成立数罪的数行为，因行为之间存在牵连关系而按一罪论处。

最后，罪数论中所使用的概念在指涉上也很混乱。比如，实质的一罪与法定的一罪中的"罪"指的均是宣告罪，而处断的一罪中的"罪"分明指的是处断或科刑意义上的罪，其在宣告意义上仍成立数罪。那么，罪数论中所讲的"罪"究竟是宣告意义上的犯罪，还是科刑意义上的犯罪，传统理论在这一点上说得不清不楚。此外，为什么宣告意义上的数罪，在处断上竟然可作为一罪来处罚，在说理方面未免过于薄弱。

正是基于罪数论存在的重大缺陷，刑法理论上出现从罪数论向竞合论转变的趋势。[②] 甚至开始有教科书完全抛弃罪数论的框架，而改采竞合论。[③] 在承认一行为只能作一罪评价的原则之下，行为个数的判断无疑构成竞合论的前提要件。"竞合论所涉及的问题，均为复数规范被侵害，所不同者，仅在于该数规范之侵害，究竟系一行为或数行为所致而已。因此，对于竞合论前提的判断，应以区隔'行为数'较为妥当。"[④] 行为单数或行为复数的确定，直接决定了此后思考与检讨的路线：在单个行为实现数个犯罪构成的情况下，

[①] 张明楷. 刑法学. 4版. 北京：法律出版社，2011：433-439. 在2016年的第5版中，张明楷教授改将结合犯放在法条竞合之中来处理。

[②] 庄劲. 犯罪竞合：罪数分析的结构与体系. 北京：法律出版社，2006；陈兴良. 从罪数论向竞合论：一个学术史的考察. 现代法学，2011（3）.

[③] 陈兴良. 规范刑法学：上. 北京：中国人民大学出版社，2008：272.

[④] 柯耀程. 刑法竞合论. 北京：中国人民大学出版社，2008：4.

需要检讨的是成立法条竞合还是想象竞合；在数个行为实现数个犯罪构成的情况下，需要考虑是同种行为还是异种行为，同种行为在我国刑法中只在例外时进行并罚，而异种行为则一般应实行数罪并罚。

第二节 法条竞合与想象竞合

> 知识背景

在确定行为单数的前提之下，如果一行为在形式上实现数个犯罪构成，则需要进一步探讨究竟是成立法条竞合还是想象竞合。

一、法条竞合

（一）概念与成立前提

法条竞合，也称为假性竞合或法条单一，指的是一行为同时符合数个法条所规定的犯罪构成，因数个法条在逻辑上存在包容关系或者交叉关系，因而，只能适用其中一个法条，并排除其他法条适用的情形。法条竞合是因法条本身的逻辑关系而形成的竞合，而不是因行为事实而形成的犯罪竞合。在法条竞合的情形下，数个刑法法规只是表面上相竞合，但实际上是一个刑法法规排除了其他刑法法规，所以，是非真正的竞合。[1] 由于只有一个违法事实，并且只侵犯一个法益（复杂客体的犯罪在整体上仍被视为侵犯一个法益），行为符合数个犯罪构成是立法规定的错综复杂所致，故只能适用一个法条，不然就涉及重复评价的问题。换言之，法条竞合中，适用其中之一的构成要件进行处罚，就已经完全处理了相关行为的不法内容与罪责内容。如学者所言，"系争行为的不法内涵，已经被某个构成要件所全部囊括，因而才排斥其他构成要件之适用，以避免重复评价（一罪不两罚）"[2]。

法条之间如果是对立关系，即符合 A 法条意味着排斥 B 法条的适用，则没有成立法条竞合的余地。比如，《刑法》第 264 条规定的盗窃罪与第 266 条规定的诈骗罪之间是对立关系。盗窃罪是夺取型犯罪，行为人取得财物以违背相对方的意志为前提，而诈骗罪则是交付型犯罪，行为人取得财物基于相对方的有瑕疵的自愿交付。很显然，行为人取得财物不可能既违背相对方的意志又不违背相对方的意志。所以，盗窃罪与诈骗罪是对立关系，符合盗窃罪的犯罪构成便不可能同时符合诈骗罪的犯罪构成。此外，如果法条之间是

---

[1] 耶塞克，魏根特．德国刑法教科书：下．徐久生，译．北京：中国法制出版社，2017：999.
[2] 林钰雄．新刑法总则．北京：中国人民大学出版社，2009：448.

中立关系（即两个犯罪类型原本不同，但既不是非此即彼的对立关系，也不是并存关系，二者的联系取决于案件事实），也不可能成立法条竞合。比如，《刑法》第234条规定的故意伤害罪与第266条规定的诈骗罪是中立关系，从构成要件的角度来看，两罪之间没有成立法条竞合的可能。当然，这不意味着一个行为不可能同时符合诈骗罪与故意伤害罪，比如，行为人将被害人用于治病的药物骗走，从而导致被害人因未及时服药而受伤害的结果，便可能形成诈骗罪与故意伤害罪的想象竞合。

只有当法条之间是包容关系或交叉关系时，才有可能成立法条竞合。比如，就诈骗罪与合同诈骗罪的法条而言，二者之间是包容关系，合同诈骗罪的法条从属于诈骗罪的法条。就重婚罪与破坏军婚罪的法条而言，二者之间是交叉关系，明知是现役军人的配偶而与之结婚的情形，属于两罪之间的交集范围，同时符合重婚罪与破坏军婚罪的构成要件。

（二）特别关系的判断

在判断特别关系是否成立时，应当从构成要件要素的角度入手。但凡一个罪刑规范所规定的构成要件包含另一个罪刑规范所规定的构成要件的全部要素，并且只能根据其至少还包含的一个进一步的特别要素，而将之与后者相区分的，两个法条之间就存在特别关系。换言之，特别关系是指刑法所规定的甲罪（或甲罪中的某一行为类型），在构成要件上必然包含乙罪（或乙罪中的某一行为类型）所有构成要件要素，并在此基础上额外要求存在另一或另外数个要素，因而，实现甲罪（至少是其中的一种行为类型）必然同时实现乙罪的情形。在两个法条是包容关系的场合，甲罪（或甲罪中的某一行为类型）的构成要件与乙罪的构成要件在整体上存在这样的关联；在两个法条是交叉关系的场合，则可能只是甲罪中的某一行为类型与乙罪中的某一行为类型在构成要件层面存在这样的关联。举例而言，如果乙罪（或乙罪中的某一行为类型）的构成要件要素是A＋B＋C，而甲罪（或甲罪中的某一行为类型）的构成要件要素是A＋B＋C＋D，则甲罪乃是在乙罪的构成要件基础上额外增加特别构成要件要素而来。此时，甲罪与乙罪成立法条竞合的特别关系，其中甲罪的法条为特别法条，而乙罪的法条为普通法条。比如，《刑法》第127条第2款的抢劫枪支、弹药、爆炸物、危险物质罪，包含第263条规定的抢劫罪的所有构成要件要素，并且在第263条之外还要求行为对象系枪支、弹药、爆炸物或危险物质这一特别要素。

可见，特别关系准确地说应是特别构成要件与一般构成要件之间的关系。法条竞合特别关系的形成，是由立法所设定的构成要件本身存在重合所致，是纯粹规范内部的问题，因而，只有在各构成要件之间存在包含与被包含关系或者交叉关系的条件之下，才可能发生法条竞合。立法意旨本来就在于，同时符合 D 这一特别构成要件要素时，仅成立甲罪而不成立乙罪。基于此，便只能适甲罪的法条，不然，便会违反禁止重复评价的原则。

（三）处理规则

法条竞合中特别关系的处理规则是特别法（条）优于普通法（条），即应当以特别法条进行定罪量刑，而不能适用普通法条。除非立法有明文的规定，方可例外地适用重法（条）优于轻法（条）。比如，我国《刑法》第 149 条第 1 款规定，生产、销售第 141 条至第 148 条所列产品，不构成各该条所规定的犯罪，但销售金额在 5 万元以上的，依照第 140 条的生产、销售伪劣产品罪定罪处罚；第 2 款规定，生产、销售第 141 条至第 148 条所列产品，同时又构成第 140 条规定之罪的，依照处罚较重的规定定罪处罚。在特别关系的处理中，原则上应当拒绝重法条优于轻法条的原则，这是因为"如果仅仅根据司法者或者解释者个人对于'罪刑是否相适应'的感受，就将这一例外性的法律规定不受约束地扩展适用至其他条文，则明显是在重刑思维下把公民个人的自由权和立法者的决定权一股脑地给了司法者"[①]。

二、想象竞合

想象竞合是指一行为触犯数个同种或异种罪名，实现数个同种或异种的犯罪构成，而数个犯罪构成之间在逻辑上并无包容关系的情形。想象竞合的情形中，一行为所触犯的数罪名均成立，造成数个法益侵害后果，属于真正的竞合。因而，在判决主文中，必须将所触犯的罪名均列举出来，不能仅列其中的重罪。反之，法条竞合中被排斥的法条并不真正成立，所以判决主文中只需列明所应适用的法条与相应的罪名即可。想象竞合本质上属于数罪，只是"因为刑法的评价对象是'行为本身'，既然行为仅止于单数，因此，为了避免对同一行为进行重复评价，所以由法律在效果上拟制为犯罪单数，仅从一重处断。'想象'竞合表达的就是这种法律效果上的拟制关系"[②]。

根据一行为所触犯的数罪名是同种罪名还是异种罪名，想象竞合可以分为同种想象竞合与异种想象竞合。比如，前者如行为人将一块石头丢向人群，致 2 人受轻伤；后者如行为人开一枪，致 1 名被害人死亡，子弹同时击穿被害人身后的古董花瓶。前种情形下涉及两个故意伤害罪的想象竞合，后种情形则涉及故意杀人罪与故意毁坏财物罪的想象竞合。在异种想象竞合中，也可能成立故意犯与过失犯的想象竞合。

想象竞合犯虽然在实质上侵犯了数个法益，但由于客观上只有一个行

[①] 车浩. 强奸罪与嫖宿幼女罪的关系. 法学研究，2010（2）：142.
[②] 林钰雄. 新刑法总则. 北京：中国人民大学出版社，2009：454.

为，行为人主观上也只有一个意思，所以才作为一罪来处罚。一般认为，对想象竞合犯应采取从一重罪处罚的原则。因而，在涉及想象竞合的情形中，必须对所触犯的罪名进行法定刑上的比较，最终按其中的一个重罪定罪处罚。

三、法条竞合与想象竞合的区分

由于法条竞合本质上为一罪，只能适用特别法条优于普通法条的原则，而想象竞合本质上为数罪，且适用重法条优于轻法条的原则，所以刑法理论一般要求对二者进行区分。不过，在如何区分法条竞合与想象竞合的问题上，理论界存在较大的争议。

学术有力的见解认为，应当根据两罪之间的竞合仅仅是可能还是必然来进行区分：但凡一行为在符合一个法条的同时必然也符合另一个法条的，属于法条竞合；而倘若一行为在符合一个法条的同时不必然符合另一个法条的，则属想象竞合。晚近以来，受德日刑法理论的影响，人们开始接受法益的标准。即行为虽在形式上违反数个罪刑规范，但侵害其中一个罪刑规范所保护的法益，成立法条竞合；行为不仅违反数个罪刑规范，而且侵害数个罪刑法规范所保护的法益，则为想象竞合。

前一标准是从法条之间的竞合是可能还是必然的角度，尝试区分法条竞合与想象竞合；然而，它与其说是区分标准，不如说是区分之后的效果。在究竟成立法条竞合还是想象竞合本身尚存疑问的情况下，这一标准恐怕很难奏效。后一标准是从实质的角度，以所侵犯的法益是否同一为依据来区分法条竞合与想象竞合。只是，法益的标准有时也不具有可操作性。比如，对诈骗罪与金融诈骗类罪名，学理上普遍认为构成法条竞合中的特别关系，但二者在法益上其实并不一致，诈骗罪侵犯的是财产权，而金融诈骗罪除侵犯财产权之外，还侵犯金融管理秩序。况且，某一罪刑规范究竟保护什么法益，本身就是个需要解释的问题。"经常是经过解释之后，我们才知道个别刑法规定是要保护什么，而不是我们先知道个别刑法规定是要保护什么，然后据以解释个别刑法规定的处罚范围。"[①]

本书认为，法益标准切中了法条竞合与想象竞合之间区别的本质。严格而言，法条竞合是一行为侵犯一法益而符合数罪名，而想象竞合则是一行为侵犯数法益而符合数罪名。因而，所侵害之法益是否同一，就成为区分想象竞合与法条竞合的界线之所在。[②] 换言之，所侵害之法益是否同一，是区分想

[①] 黄荣坚. 基础刑法学：上. 北京：中国人民大学出版社，2009：19.
[②] 黄荣坚. 基础刑法学：下. 北京：中国人民大学出版社，2009：603.

象竞合与法条竞合的实质标准。凡是只侵犯一个法益或者所侵犯的数个法益之间存在重要的重合的，就可否定成立想象竞合的可能；反之，则应否定成立法条竞合的可能。当然，如果主张以法益为标准来区法条竞合与想象竞合，应当考虑从只有一个法益侵害事实还是有数个法益侵害事实的角度来展开。在涉及复杂客体（或双重法益）的犯罪中，必须认为只有一个法益侵害事实，行为只侵害一个犯罪的法益，而不是两个以上犯罪的法益。

　　在考虑法益标准的同时，有必要进一步从构成要件的角度，去判断究竟成立法条竞合还是想象竞合。法条竞合本质上涉及规范内部的逻辑关系，所涉数个法条所规定的犯罪，在构成要件上存在包容关系，由于仅涉及一个法益侵害事实，故只需适用其中一个法条便足以对不法行为作出充分评价。其中，特别关系的成立与否，无论法条之间是包容关系还是交叉关系，均应当从构成要件要素的角度展开判断。凡是一个罪刑规范包含另一个罪刑规范的所有要素，并且只能根据其至少还包含的一个进一步的特别要素，而将之与后者相区分的，两个法条之间便存在特别关系，前者属于一般法条，后者属于特别法条。在成立特别关系的情况下，基于所涉犯罪在犯罪构成要素上的重合特性，行为但凡符合特别法条的，必定也符合普通法条。想象竞合所触犯的法条之间则根本不存在规范逻辑上的这种关系，而只是案件事实本身的特殊性，导致一行为同时触犯数个罪名，符合数个犯罪构成。一般说来，如果能够肯定所触犯的数个罪名之间，在构成要件上缺乏这种内在的重合性，便应考虑成立想象竞合。

　　归结而言，立足于构成要件的形式标准与立足于法益的实质标准，二者之间并不矛盾。构成要件的功能便在于体现对法益的侵害，某一行为若是符合构成要件，势必已经侵害到特定的法益，故原则上可推定为违法。违法性层面从其功能而言，只是为了解决利益冲突的情形；在面临利益冲突时，立法者基于保护更为优越的利益的考虑，例外地容许对特定法益的侵害，从而产生阻却违法的效果。这意味着，形式的标准与实质的标准只是立足的视角不同，两者之间其实是对应关系。从标准的可操作性的角度，采构成要件的形式标准，有利于对法条竞合与想象竞合作出合理的区分。

　　鉴于法条竞合中的特别关系，一般适用特别法条优于普通法条的处理规则，故有必要将一行为触犯数罪名的其他情形纳入想象竞合犯的范围，从而适用重法条优于轻法条的处理规则。换言之，如果所触犯的两罪之间在构成要件上并不存在前述所言的内在关联性，则应视为只能成立想象竞合。对法条竞合与想象竞合这样的界分，既有利于确保在特别关系情形中立法意旨的实现，也有利于实现与贯彻罪刑相适应的原则。

案例评价

[案例 10-5] 王某峰、王某生故意杀人、保险诈骗案①（想象竞合的认定）

1. 基本案情

被告人王某峰在齐齐哈尔市打工时与被害人朱某成相识，王某峰认为朱某成比较有钱，遂起意先抢了朱某成的钱后再买人寿保险来骗取保险金。1999年1月23日王某峰以合伙做生意为名将朱某成骗至其老家内蒙古图里河镇。25日凌晨4时许，王某峰乘朱某成睡熟时，用斧子向朱某成头部猛击数下，致其死亡，并搜走朱某成随身携带的人民币5 300余元，后又用棉被、衣物等将尸体包住，运至附近的防洪坝挖坑掩埋。经法医鉴定，朱某成系被钝器击打头部造成颅骨粉碎性骨折颅脑严重损伤而死亡。

杀死朱某成后，王某峰返回齐齐哈尔市其暂住地，用抢来的一部分钱先后在太平洋保险公司为自己购买了人寿保险7份，保险金额总计14万余元。其后便与其弟被告人王某生共同预谋商定杀死被害人刘某伟，自己再借尸诈死实施保险诈骗。1999年3月20日14时许，王某峰以请客为名，将刘某伟骗至王某生在齐齐哈尔市开办的隆威音像店内一起喝酒吃饭。在将刘某伟灌醉后，二被告人即共同将刘某伟摁倒在床上，用衣物捂压刘某伟的口鼻致其死亡。经刑事技术鉴定，刘某伟生前被他人用软物捂闷口鼻及按压颈部造成机械性窒息而死亡。

次日晨，王某峰用事先准备好的汽油浇在尸体上和室内，点燃后逃往外地躲藏起来，王某生则向公安机关报案谎称死者系其兄王某峰，并让其家人等共同欺骗公安机关，以骗取公安机关的证明后再向太平洋保险公司骗取保险金。因公安机关及时侦破此案，王某生尚未来得及向太平洋保险公司申请赔付，保险诈骗未得逞。

某市中级人民法院经审理后认为，被告人王某峰的行为分别构成抢劫罪、故意杀人罪，被告人王某生的行为构成故意杀人罪。依照《刑法》第232条、第263条第5项等规定，判决如下：被告人王某峰犯故意杀人罪，判处死刑，剥夺政治权利终身；犯抢劫罪，判处死刑，缓期二年执行，剥夺政治权利终身，并处没收个人全部财产，决定执行死刑；被告人王某生犯故意杀人罪，判处死刑，剥夺政治权利终身。

一审宣判后，被告人王某峰、王某生不服，均以杀死刘某伟系王某峰一人所为，王某生没有参与杀死刘某伟为由提出上诉。某省高级人民法院经审

---

① 最高人民法院刑事审判第一、二庭. 刑事审判参考：2002年第5辑. 北京：法律出版社，2003：10-15.

理后认为，原审认定事实清楚，证据确实、充分，裁定驳回上诉，维持原判。

2. 涉案问题

对为骗取保险金而故意杀人的应如何定罪？

3. 裁判理由

裁判理由指出，本案可分为两个阶段。第一阶段，被告人王某峰杀死朱某成并劫走其随身携带的钱财，其后又以抢来的钱为自己购买7份人寿保险。王某峰的上述行为符合"为劫取财物而预谋故意杀人"的特征，应以抢劫罪定罪处罚，同时该行为也可视为其在为实施保险诈骗犯罪制造条件，构成保险诈骗罪的预备。第二阶段，王某峰与王某生共同杀死刘某伟，并焚烧尸体借以造成王某峰被意外烧死的假象；之后，王某峰逃往外地躲藏，王某生则出面向公安机关报假案，意图在骗取死亡证明后骗取保险金。

两被告人的前述行为已构成故意杀人罪，同时该行为也属于为实施保险诈骗犯罪创造条件，构成保险诈骗罪的预备。依据禁止重复评价的原则，或是根据想象竞合犯的理论，在裁判时，只能选择定一个罪，而不能对同一行为既定抢劫罪又定保险诈骗罪（预备），或者既定故意杀人罪又定保险诈骗罪（预备）。因此，本案以两个重罪即抢劫罪和故意杀人罪对王某峰定罪处罚是正确的。裁判理由进而指出，认为两被告人还同时构成保险诈骗罪（未遂）的观点是错误的，因保险诈骗罪以行为人开始向保险人申请给付保险金为着手，本案两被告人的行为尚处于保险诈骗罪的预备阶段，故不能构成保险诈骗罪的未遂。

4. 评析意见

本案裁判理由的观点是合理的。第一阶段中，被告人王某峰为购买人寿保险而杀死朱某成抢劫财物，属于一行为触犯两个罪名，即抢劫罪与保险诈骗罪（预备）。此时，便涉及究竟是成立法条竞合还是想象竞合的问题。从抢劫罪与保险诈骗罪的关系来看，两罪之间并非对立关系，即成立其中的一罪并不意味着排斥另一犯罪的成立，而属于中立关系，即肯定行为成立其中一罪时，既可能肯定也可能否定行为成立另一犯罪。从构成要件要素的角度来检讨，抢劫罪与保险诈骗罪并不存在如下关系，即其中一罪乃是在另一罪的构成要件基础上额外增加特别构成要件要素而来。基于此，可以否定成立法条竞合的可能性。从法益侵害的角度来看，王某峰的行为在侵犯他人的人身安全与财产权利的同时，也对保险管理秩序与保险公司的财产权构成威胁，属于一个行为造成两个法益侵害事实。鉴于只有一个行为，而所侵犯的两个法益又相互独立，因而，应当认为王某峰在此阶段的行为成立想象竞合。

在第二阶段中，被告人王某峰与王某生为造成王某峰被意外烧死的假象，将刘某伟杀死并焚烧尸体，以便向保险公司提出理赔。两人的行为同样属于一行为触犯两个罪名，即故意杀人罪与保险诈骗罪（预备）。从故意杀人罪与保险诈骗罪的关系来看，两罪的构成要件也并不存在逻辑上的关联。之所以同时触犯两个罪名，完全是因为特定的事实：本案被告人的杀人行为，乃基于骗取保险金的动机而实施的。从法益侵害的角度来看，两人的行为在侵犯他人生命权的同时，也对保险管理秩序与保险公司的财产权构成威胁。由于所侵犯的两个法益之间完全不重合，故应认为两被告人在此阶段的行为也成立想象竞合。

[案例10-6] 赖某爆炸案[①]（法条竞合与想象竞合的区分）

1. 基本案情

1999年10月，被告人赖某经人介绍，与扎某家的保姆普某按当地风俗举行结婚仪式后同居（未办理结婚登记手续）。后因双方生活方式不和，普某于1999年年底回到扎某家。赖某数次到扎某家劝普某回家，遭后者拒绝。2000年4月，赖某又到扎某家，劝普某回家未果，便向扎某提出返还礼金500元人民币的要求，扎某不从。赖某恼怒之下产生报复扎某一家的念头。同年5月16日晚10时许，赖某携带事先自制的炸药包、炸药瓶等爆炸物到扎某家北侧房顶潜伏。次日凌晨3时40分许，赖某用细线将一炸药瓶吊至扎某家南侧的厨房天窗内，并随即引爆，致使扎某之子因房屋倒塌窒息死亡，普某、扎某与扎某之妻受轻微伤。

某市中级人民法院认为，赖某为报复他人自制爆炸物，采用爆炸手段故意杀害他人的行为，已构成故意杀人罪，公诉机关指控赖某犯有爆炸罪不当。依照《刑法》第232条、第57条第1款，判决赖某犯故意杀人罪，判处死刑，剥夺政治权利终身。一审宣判后，赖某以没有故意杀人目的、自己的行为系过失致人死亡为由，向某省高级人民法院提出上诉。某省高级人民法院经审理认为，赖某自制爆炸物并有预谋地实施爆炸，虽然目的是致扎某与普某死亡，但就客观上危害扎某家人的生命健康与对左邻右舍的生命财产安全持放任态度的行为，应以爆炸罪论处。依照《刑法》第115条的规定，改判赖某犯爆炸罪，判处死刑，剥夺政治权利终身。

2. 涉案问题

以报复特定人为目的的爆炸行为构成故意杀人罪还是爆炸罪？两罪之间是什么关系？

3. 裁判理由

裁判理由认为，赖某以杀人为目的而实施的爆炸行为危害了公共安全，

[①] 最高人民法院刑事审判第一、二庭．刑事审判参考：2001年第11辑．北京：法律出版社，2001：1-4．

构成爆炸罪。采用爆炸手段实施的故意杀人罪与爆炸罪之间，在侵害客体、客观行为、主观故意等三个方面存在明显区别。可见，区分两罪的关键之处在于是否危害公共安全。本案中，赖某知道附近居住其他居民，且懂得炸药的性能与威力，其对爆炸的后果非常清楚。赖某明知爆炸可能会危及周围住户的生命财产安全，但为达报复杀人的目的而对其行为的严重后果持放任态度，造成一死三伤的后果，同时还使周围房屋受到不同程度的破坏。赖某的行为危害了公共安全，而非局限于特定人的生命权，故其行为构成爆炸罪而非故意杀人罪。本案属于法条竞合犯，赖某基于一个杀人的故意而实施爆炸行为，同时触犯爆炸罪、故意杀人罪两项罪名。对法条竞合犯定罪处刑应坚持特别法优于普通法、复杂法优于简单法、重法优于轻法的原则。二审法院按照法条竞合的一般处理原则，以爆炸罪定罪处罚是正确的。

4. 评析意见

本案中赖某仅实施一个爆炸行为，爆炸行为既导致特定的他人死亡，又危及公共安全，此时只需考虑行为单数情形下的竞合，即是成立法条竞合还是想象竞合的问题。相比于有些论者将爆炸罪与故意杀人罪理解为对立关系，裁判理由在竞合论的范畴中展开对这一问题的思考，是明智的。那么，爆炸罪与故意杀人罪之间，究竟是成立法条竞合还是想象竞合？以下评析将表明，二审判决是合理的。

对爆炸罪与故意杀人罪的关系，理论界有一种观点认为两罪成立想象竞合，而非法条竞合。[①] 其理由在于，首先，从犯罪构成的角度来看，爆炸罪的构成要件并非在故意杀人罪的基础之上额外要求某一特别要素。爆炸罪的成立并不要求出现导致他人死亡的结果，而是只要存在危害公共安全的危险便足以成立。其次，行为构成爆炸罪的，未必就一定成立故意杀人罪，两罪之间并不存在必然关系。这也说明爆炸罪的法条与故意杀人罪的法条之间欠缺规范层面的竞合。最后，尽管公共安全中也可能涉及个人的生命身体安全，但特定人的生命权不能被还原为公共安全本身，两种法益并不同一。

本书认为，这样的观点存在疑问。就本案而言，赖某的行为同时符合爆炸罪与故意杀人罪的构成要件，是基于两个法条之间存在规范层面的逻辑关联，而并非单纯因赖某采取爆炸这种危害公共安全的手段来实施杀人行为的事实。

从《刑法》第114条与第115条第1款之间的关系来看，理应将《刑法》第114条理解为第115条的未遂犯形式。由于单纯的财产安全难以被认为是公共安全，从《刑法》第115条的立法表述来看，第114条中的公共安全的

[①] 张明楷. 论以危险方法杀人案件的性质. 中国法学，1999（6）.

具体危险，指的是具有致不特定或多数人重伤、死亡的现实危险。为杀人而实施爆炸行为的，表面上看来似乎具有双重属性，即同时具有危害公共安全的性质与剥夺他人生命的杀人性质。然而，生命安全本身就包含在公共安全的范畴之中，从实质的法益标准入手，可断定故意杀人罪与爆炸罪之间在所侵害的法益上存在重要的重合。由此，爆炸罪可分解为两种不法行为类型：一是采用爆炸的方式，故意导致他人重伤；二是采用爆炸的方式，故意导致他人死亡。

这意味着，从法条的角度而言，爆炸罪与故意杀人罪在规范逻辑上存在交叉关系。从构成要件要素的角度审视，爆炸罪的构成要件要素包含了故意杀人罪构成要件的全部要素，并额外要求采取爆炸方式这一特别要素。因而，两罪之间成立法条竞合的特别关系，其在法条上存在部分交叉关系。而从法益的角度来看，爆炸罪中的公共安全指的是不特定或多数人生命与身体的重大健康，它并不具有独立的内容，因而，必然会与故意杀人罪的法益存在重合。基于此，将爆炸罪与故意杀人罪理解为法条竞合是合理的选择。由于爆炸罪是特别法条，故意杀人罪是一般法条，而适用爆炸罪并不会导致罪刑不相适应的结果，故应当认为，被告人赖某的行为构成爆炸罪。

值得注意的是，在故意采用爆炸的方式杀害多数人而结果没有造成严重结果的场合，依据重法优于轻法的处理规则，可能有成立故意杀人罪的余地。此种情形下，若是认为构成《刑法》第114条的爆炸罪，便只能适用3年以上10年以下的法定刑；相反，如果认定成立故意杀人罪的未遂，则适用10年以上有期徒刑、无期徒刑或死刑的法定刑（同时适用刑法总则关于未遂犯从轻、减轻处罚的规定）。既然故意杀害一个人未遂适用的是10年以上有期徒刑、无期徒刑或死刑的法定刑，则根据举轻以明重的原理，故意杀害多数人未遂的，理应适用相同的法定刑。基于此，对前述情形宜按故意杀人罪未遂来认定，而不是依据《刑法》第114条的爆炸罪进行处罚。

深度研究

关于法条竞合，有三个问题需要作进一步的探讨：一是除特别关系之外，法条竞合是否还包括其他类型；二是法条竞合特别关系的处理规则，除特别法条优于普通法条之外，是否还可补充适用重法优于轻法；三是是否有必要区分法条竞合与想象竞合。

（一）法条竞合的类型

对于法条竞合究竟存在哪些具体类型，理论界存在较大的争议。传统德日刑法学理论认为法条竞合包括四种类型：（1）特别关系，指一个行为既符合一般法也符合特别法的，适用特别法优于一般法。（2）补充关系，指一个行为可以同时符合基本法的构成要件和补充法的构成要件的，适用基本法优于补充法。(3) 吸收关系，指在适用于一个行为的数个构成要件中，某个构成要件比其他构成要件具有完全性的，适用完全法优于不完全法。(4) 择一关系，指一个行为的数个构成要件相互处于不可两立的关系的，只适用其中一个构成要件，排除其他构成要件的适用。① 晚近以来，理论界已日益认为，应将择一关系排除出法条竞合的范畴。这是因为，在择一关系中，行为在形式上根本不可能同时符合数个犯罪构成，而是符合 A 罪就不符合 B 罪，两者处于非此即彼的关系。符合择一关系的行为由于在构成要件判断上只能实现一个构成要件，因而，根本不是竞合论要处理的问题。其他的类型如补充关系与吸收关系，是否也应考虑放在法条竞合之外讨论，还存在争议。不过，将特别关系作为法条竞合的主要类型或基本类型，而抛开补充关系与吸收关系不论，有着充分的理由。

就补充关系而言，其与特别关系的区别，仅在于观察角度的不同。正如学者所言："基本上规范彼此间所得以形成假性竞合关系，应为双向之观察，而非仅是单方向的界定，在二构成要件间如属内含关系，则包含者之于被包含者，或可以特别关系称之，但被包含者之于包含要件，则并非特别关系，此时被包含要件系一种拦截之规定，或可视为补充包含要件的适用规定。"② 因而，没有必要将补充关系列为独立的类型。至于吸收关系，要么属于包括的一罪，要么属于想象竞合犯③，也没有作为法条竞合类型之一的必要。将吸收关系也放在法条竞合之下讨论，只会增添无谓的混乱。无怪乎我国台湾地区学者黄荣坚教授会认为，特别关系、补充关系或吸收关系等等，在此之所以被放在一起来思考，并不是这几种关系类型之间有什么共同的特征，而是因为偶然，因为他们基于各自不同的理由，而恰好都被赋予一个相同的法律效果，亦即法条之间的排斥作用。同时也只因为这个偶然的因素，所以这几种关系类型被取了一个共同的名称叫作"法条竞合"④。可见，从体系上的清晰性考虑，也为便于实践层面的操作，有必要将法条竞合的基本类型仅限于特别关系。

(二) 法条竞合特别关系的处理规则

法条竞合的处理规则，除特别法条优于普通法条之外，是否还可适用重法优于轻法的原则？这是刑法理论上争论颇大的问题。对此，大体有三种观点。

---

① 大塚仁.刑法概说（总论）.冯军，译.北京：中国人民大学出版社，2003：418-419.
② 柯耀程.刑法竞合论.北京：中国人民大学出版社，2008：136.
③ 张明楷.刑法学.5 版.北京：法律出版社，2016：465.
④ 黄荣坚.刑法问题与利益思考.北京：中国人民大学出版社，2009：201.

第一种观点认为，法条竞合在通常情况下应适用特别法条优于普通法条的原则；但在特殊情况下，应适用重法条优于轻法条的原则。所谓的特殊情况是指：(1) 法律明文规定按重罪定罪处罚；(2) 法律虽然没有明文规定按普通法条规定定罪量刑，但对此也没作禁止性规则，而且按特别法条定罪明显不能做到罪刑相适应时，按重法条优于轻法条的原则定罪量刑。① 这种观点不仅在学界有重大的影响力，而且为实务部门所接受。第二种观点则通过将法条竞合分为包容竞合与交叉竞合两种类型，认为对包容竞合只能适用特别法条优于普通法条的原则，而对交叉竞合则应适用重法条优于轻法条的原则。② 第三种观点则主张，对法条竞合中的特别关系，只应适用特别法条优于普通法条的原则，除非法律明文规定按重罪法条定罪，不然就不允许适用重法条优于轻法条的原则。这也是德日刑法学的通说立场。支持此种观点的学者，基本上关注的是特别法条所规定的构成要件所具有的定型性，认为立法者制定特别法条时有特殊考虑，对此种特殊考虑，司法上必须尊重，不然，就模糊了刑罚权的性质，是解释权对立法权的僭越；此外，这种将量刑判断优先于定罪判断的思维路径，可能带来刑法适用方法论上的困惑。③

第一种观点尽管在实质判断上具有合理性，但若是允许在法无明文规定的情形下适用重法优于轻法的原则，则无异于否认法条竞合与想象竞合之间的区分意义：如果除法有明文规定适用特别法条之外，均可根据罪刑相适应的考虑，适用重法条优于轻法条的原则，又何必费心去构建法条竞合与想象竞合之间的区别呢？所以，除非认为法条竞合与想象竞合之间的区分并不重要，而提倡一种包容法条竞合与想象竞合的大竞合概念，不然，在法条竞合中适用重法条优于轻法条的做法，恐怕难以获得正当性。

第二种观点仅允许在交叉竞合的情形下适用重法条优于轻法条的原则，虽然部分弥补了前一种观点的缺陷，使法条竞合与想象竞合的区分仍有其意义，但没有说明为什么重法条优于轻法条的原则可适用于交叉竞合的情形。此外，论者也没有表明，交叉竞合究竟属于法条竞合中的特别关系还是其他类型的关系。

本书认为，除非否认法条竞合与想象竞合之间的区分意义，不然，对法条竞合还是应当适用不同于想象竞合的处理规则。基于此，本书倾向于认为，法条竞合中的特别关系不允许适用重法条优于轻法条的原则，除非刑法明文

---

① 张明楷. 刑法学. 4 版. 北京：法律出版社，2011：423 - 424. 需要说明的是，张明楷教授在第 5 版中观点有调整，但实质上仍认同重法优于轻法的适用。
② 陈兴良. 规范刑法学. 北京：中国人民大学出版社，2008：279.
③ 周光权. 法条竞合的特别关系研究. 中国法学，2010 (3)：165 - 168；车浩. 强奸罪与嫖宿幼女罪的关系. 法学研究，2010 (2)：141.

规定适用重法条。与此同时，为防止出现明显的罪刑不适应情况，应考虑适当扩张想象竞合的成立范围，将属于一行为符合数个犯罪构成但又不符合法条竞合特别关系的情形，纳入想象竞合犯的范畴。换言之，不妨将想象竞合视为对法条竞合的堵截，在一行为触犯数罪名的场合，但凡不成立法条竞合，便直接考虑成立想象竞合，适用重法条优于轻法条的处理规则。如此一来，既可维持传统上对法条竞合与想象竞合的区分，又有利于实质公平的实现。

（三）法条竞合与想象竞合的区分是否必要

法条竞合与想象竞合本质上都要防止重复评价的问题，为防止重复评价而只允许适用一个法条，最终按一罪来论处。传统理论认为，法条竞合属于实质的一罪，只存在一个法益侵害事实，而想象竞合属于实质的数罪，存在数个法益侵害事实。基于此，必须维持法条竞合与想象竞合之间的区分，并适用不同的处理规则。不过，对法条竞合与想象竞合的区分的质疑，在晚近的刑法理论中不断出现。质疑者大致是从区分的必要性与可行性的角度出发，认为区分法条竞合与想象竞合不仅有损理论的简洁性，使竞合论被人为地弄得异常复杂，而且认为此种复杂没有什么意义，只会让实务无所适从。

当然，真正明确地主张废弃法条竞合与想象竞合之间的区分，而提倡大竞合论的学者，只是个别。比如，有学者提出，由于我国不存在类似国外刑法中所公认的具有减轻根据的特别法条，故无须严格区分法条竞合与想象竞合，而应提倡一种大竞合论，只要构成要件间存在"竞合"关系，从一重处罚即可；大竞合论不仅有助于实现罪刑相适应原则，而且有助于处理所谓罪名之间的界限问题，还有助于克服所谓的立法缺陷。[1] 此外，有的学者虽然没有明确地这么主张，但从其支持对重法条优于轻法条的适用，且大力倡导从竞合关系的角度去思考犯罪之间的关系的立场来看[2]，显然也有弱化法条竞合与想象竞合的区分的倾向。也有学者从性质上直接解构法条竞合与想象竞合的差别，认为"由于逻辑严格意义的特别关系，其犯罪构成要件之间也不具不法关联关系，因此特别关系在基本上也是属于想象竞合。按照刑法对想象竞合的规定，其效果是从一重处断。然而，如果对所有的特别关系都从一重处罚，有时会抵触立法者的立法目的，因为立法者订定特别规定，其目的往往是在减轻，而不是加重。基于此，就特别关系有独立处理的必要，以避免想象竞合从重规定的适用"[3]。其言下之意是，法条竞合其实是想象竞合的一种类型。如果能够确定立法者规定特别条款意在重处，则此种特别关系与想

---

[1] 陈洪兵. 不必严格区分法条竞合与想象竞合：大竞合论之提倡. 清华法学，2012（1）.
[2] 张明楷. 犯罪之间的界限与竞合. 中国法学，2008（4）.
[3] 黄荣坚. 刑法问题与利益思考. 北京：中国人民大学出版社，2009：199.

象竞合并无差别，就是在适用重法条优于轻法条的原则。只不过，此时重法条以特别法条的面目出现，而轻法条则等于普通法条，适用特别法条优于普通法条的法律效果与适用重法条优于轻法条的法律效果完全相同。

法条竞合与想象竞合的关系如何处理，是个令人头痛的问题。在肯定想象竞合只能按一罪处罚的前提下，从降低理论的繁复性与提升实用性的角度，取消法条竞合与想象竞合的区分，或许不失为一条有效的途径。如此一来，理论上便无须再费心构建法条竞合与想象竞合的区分标准；相反，只需考虑立法有无明文规定必须适用轻法条，不然便可一律适用重法条优于轻法条的处理准则。然而，这种过于实质化的处理方式，会面临违背罪刑法定原则的质疑。尤其是，如果立法上明确规定适用特别规定，显然不能因普通法条处罚较重而适用普通法条。比如，《刑法》第266条涉及诈骗罪，该条明确规定"本法另有规定的，依照规定"。现行司法解释对诈骗罪与金融诈骗犯罪的定罪量刑标准并不一致，金融诈骗犯罪的入罪标准与法定刑升格的标准均较诈骗罪的为高，对此，显然不应认为，只要涉及诈骗罪与金融诈骗犯罪的竞合，就要一律按诈骗罪定罪处罚。基于此，本书倾向于认为，应当坚持法条竞合与想象竞合之间的区分，对法条竞合只能遵循特别法条优于普通法条的处理准则。

第三节　行为复数时的一罪与数罪

知识背景

在确定成立行为复数的前提之下，首先需要确定数行为是属于同种行为还是异种行为。如系同种行为，则进一步确定是否为连续犯或无须并罚的同种数罪；若肯定，便应按一罪来定罪量刑；若否定，则应考虑按同种数罪并罚。反之，如系异种行为，有必要进一步考虑是否存在牵连关系或吸收关系；若肯定，便应择一重罪进行处罚；若否定，则必须实行数罪并罚。需要指出的是，在行为复数的情况下，由于数行为该当数个犯罪构成，故无论从形式上还是从实质上来看，成立的都是数罪。对于数行为成立数罪的情形，原则上应当进行数罪并罚。除非是立法上有特殊的规定，或者数行为之间存在某种内在的关联性，以一罪定处足以涵盖对相关行为的不法评价之时，才允例外地仅论以一罪。鉴于将数行为当作一罪来处理毕竟是数罪并罚的例外，在解释时应当作严格的限定，不应任意地扩张连续犯、牵连犯或吸收犯的成立范围。

一、连续犯

所谓连续犯，是指基于同一或概括的犯罪故意，连续实施性质相同的数个行为，侵害同种法益并触犯同一罪名的犯罪。连续犯的成立，首先，在主观要件上满足基于同一或概括的犯罪故意的要求。过失犯因不存在同一或概括的犯罪故意，故理论上一般认为不能成立连续犯；此外，另起犯意或各起犯意的情形，也不能成立连续犯。其次，连续犯的成立，客观要件上必须满足三个条件：一是行为人实施数个性质相同的行为，且数行为系连续地实施；二是数行为侵犯的是同种法益；三是数行为触犯的是同一罪名。对同种法益的问题，刑法理论上强调，凡属高度个人专属性的法益（如生命权、健康权或性的自主权等），均不属于连续犯中所称的同种法益。因而，如果行为人连续杀害数人或连伤数人，则不能成立连续犯。最后，连续犯的成立，一般要求连续实施的数行为中，至少有一个行为要达到能独立构成犯罪的程度。如果连续实施的数行为，每次都不能独立构成犯罪，而只有数行为的集合才成立犯罪，便不构成连续犯。比如，《刑法》第264条规定的"多次盗窃"，并不要求每一次的盗窃达到构成盗窃罪的程度，刑法只是将多次盗窃的集合当作盗窃罪入罪的标准。这意味着，"多次盗窃"即使是连续实施的，也未必就能成立连续犯，而可能涉及的是具有连续关系的数行为是否应该被视为一行为，即行为单数的认定问题。

连续犯不同于集合犯。集合犯中的构成要件行为，原本就含有反复实施同一行为的意思，因而在行为个数的判断上只被视为一行为。前述提及的"多次盗窃"，宜认为是集合犯，而非连续犯。连续犯也有别于同种数罪。不仅过失犯或涉及个人专属法益的故意犯罪中并无成立连续犯的余地，而只能成立同种数罪；在一般的故意犯罪中，如果数个行为之间在时空上缺乏连续性，也不能成立连续犯，而必须视为同种数罪。这是因为，倘若行为人所实施的数行为在时空上存在间隔，便难以认为其是在同一或概括的犯罪故意的支配之下所实施。

连续犯的认定中，核心的问题在于如何界定其中的连续关系。从当前主流的刑法理论来看，连续关系主要依赖于故意来限定，即数行为之间是否具有连续关系取决于行为人是否是在同一故意或概括故意的支配之下实施。为避免连续关系概念的过于泛化，合理界定连续犯的成立范围，有必要对同一故意尤其是概括故意作严格的解释。一般说来，如果数行为之间存在有意义的间隔，便不应认为受同一故意或概括故意的支配。无论是同一故意或概括故意，都仅针对一行为而言，概括故意只是意味着结果发生的客体不特定，即客体的个数以及哪个客体发生结果是不确定的，但结果的发生应当是确定的，因而，它充其量只能支配一次犯罪行为。比如，行为人一个晚上去同一居民楼伺机盗窃，从多户人家窃得财物。此种情形下，行为人具有概括的故意，故可视为连续犯。反之，行为人如果隔段时间潜入居民楼某一住户，先后数次从该住户家中窃得财物，便不应视为连续犯；尤其是行为之间相隔数月乃至数年之久的，更不应认定成立连续犯。

二、牵连犯

牵连犯是指为实施某一犯罪，其方法行为或结果行为又触犯其他罪名的情形。刑法理论上一般认为，牵连犯是数个行为侵犯数个法益，触犯数个罪名，但鉴于数个行为之间存在的牵连关系，数个行为作为一罪处理，属于"处断的一罪"的范畴。由于数行为符合犯罪复数的情形，原则上应当数罪并罚，牵连犯仅以其中的重罪进行处罚乃是一种例外，故对牵连犯的成立范围必须严格进行限定，不能任意扩张牵连犯的范围，不然，必将导致对不法行为评价不充分的问题。

对牵连犯的认定关键在于对牵连关系的理解。牵连关系包括两种类型：一是目的行为与手段行为之间的牵连，二是原因行为与结果行为之间的牵连。牵连犯的成立，要求数行为必须是异种行为，如果所牵连的数行为系同种行为，则不能视为牵连犯。比如，行为人为盗窃银行，而先行盗窃车辆作为犯罪工具，由于所牵连的犯罪均系盗窃罪，故根据通行的刑法理论，不能成立牵连犯，而应视为连续犯或同种数罪。为什么在存在牵连关系时，数行为该当数个犯罪构成且触犯数罪名的情形，只能按一罪来处理？其中的实质根据何在，是必须思考的问题。

牵连犯之所以在科刑上可当作一罪来处罚，基本缘由并非在于行为人主观上只是出于一个意图，由于意图实施一罪而其手段行为或结果行为又触犯其他罪名，从而使得主观可责性有所降低；而主要在于目的行为与手段行为或原因行为与结果行为之间，在法益上具有相当的重合性，与其他独立的数行为相比，这种法益上的重合性在相当程度上降低了行为的不法程度。因而，对牵连关系的理解，也必须从这一前提出发。本书认为，只有当行为人主观上将某种行为作为目的行为的手段行为或者作为原因行为的结果行为，并且目的行为与手段行为、原因行为与结果行为存在类型性的关联时，才能视为牵连犯。所谓类型性的关联，指的是在经验层面上，某种犯罪（手段行为）通常被作为实施他种犯罪（目的行为）的手段，或者某种原因行为通常导致某种结果行为；在规范层面上，两罪之间的关联性已为立法者考虑，按其中一罪的犯罪构成评价足以容纳另一罪行在法益侵害性上的内容。比如，为进行票据诈骗而伪造票据，之后拿伪造的票据实施诈骗的，应当视为成立牵连犯，因为票据诈骗罪的构成要件本身便要求使用伪造的支票，故伪造支票的行为可谓并未超出票据诈骗罪的规范预设范围。反之，行为人为抢劫银行而盗窃枪支，尽管盗窃枪支按行为人的主观设想是作为手段行为而存在，但由于盗窃行为在规范层面无法为抢劫罪所容纳，难以认为其与抢劫行为之间存在类型性的关联，所以当然不能成立牵连犯。

三、吸收犯

吸收犯是指行为人所实施的数行为之间具有吸收关系，最终只以一罪定处的犯罪形态。吸收犯的认定，要旨也仍在于对吸收关系的理解。在承认吸收犯的存在有其必要性的前提之下，对吸收关系的界定，必须既区别于法条竞合或想象竞合，也区别于牵连关系。

吸收犯本质上是数行为该当数个犯罪构成，其与法条竞合区别的关键在于，后者属于行为单数的情形，是一行为在形式上该当数个犯罪构成。基于此，针对同一法益的犯罪，如果存在阶段性的发展形态，即预备犯、未遂犯与既遂犯，则应当归入法条竞合的范围，而不能认定为吸收犯。因为在此种情形中，实际上只存在一个构成要件行为，且仅该当一个犯罪构成。对此，应按法条竞合的原理进行处理：优先考虑成立既遂犯，在不成立既遂犯的情况下，再逐次考虑是否成立未遂犯或预备犯，即既遂犯＞未遂犯＞预备犯。危险犯与实害犯之间，也存在阶段性的发展关系，适用实害犯＞危险犯的公式。此外，在共同犯罪中，正犯、教唆犯与帮助犯之间也存在类似的关系，因只存在一个构成要件行为，故不能认为正犯行为与共犯行为之间存在吸收关系，而同样应考虑按法条竞合的原理来处理。

吸收犯与牵连犯的相同之处在于，均属数行为该当数个犯罪构成；其区别在于数行为之间的具体关系有所不同，且数行为之间是只限于异种犯罪还是同时包括同种犯罪也存在差别。在承认牵连犯与吸收犯为并行的两种犯罪形态的前提下，有必要将目的行为与手段行为或原因行为与结果行为的牵连排除在吸收关系的范围之外。基于此，行为人在盗窃枪支之后予以藏匿的行为，应归入牵连犯的范畴。此处，盗窃枪支行为成立原因行为，藏匿行为则作为结果行为，二行为之间存在明显的牵连关系，故不应认定为吸收犯。

此外，吸收犯的概念中也应排除附随犯的情形。所谓附随犯，指的是一行为引起数个法益侵害，但与对主法益的侵害相附随而引起的对次法益的侵害部分，不作为处罚对象，仅以侵害主法益的犯罪一罪论处。附随犯是一行为触犯数罪名，数罪名之中，B罪的犯罪构成虽并不必然包含A罪的犯罪构成之中，但属于A罪犯罪构成通常且典型的伴随现象；且B罪的不法与罪责内涵已为 A 罪所包含，此时仅成立 A 罪，即足以对行为作出充分的评价。比如，行为人开枪射击被害人，在致后者死亡的同时也致其衣服破损。在此，毁坏财物只是杀人行为的伴随结果，仅以故意杀人罪论处即可。不难发现，附随犯实际上属于想象竞合的情形，按想象竞合的原理即可合理地解决，不应归入吸收犯的范畴。

本书认为，即使承认吸收犯概念的独立价值，吸收关系也只限于如下情形，即共罚的事前事后行为（也称为与罚的事前事后行为或不可罚的事前事后行为）。就共罚的事前行为而言，前行为已经被合并到后行为之中，以后行为定罪即足以包含对前行为的不法与罪责的内涵的评价。比如，行为人在侵占他人汽车钥匙之后，又将汽车盗走。此处，侵占汽车钥匙的行为乃为盗走汽车的行为所吸收，只按盗窃罪定处即可。就共罚的事后行为而言，事后行为为之前的主行为所吸收，故仅以之前的主行为定罪。比如，盗窃犯在窃得财物之后，又将财物毁坏。此类案件中，事后行为之所以不可罚，或者是因为没有侵害新的法益，或者是因为事后行为缺乏期待可能性。可见，共罚的事前事后行为不是指事前或事后行为本身不可罚，而是指事前或事后行为已被置于主行为的可罚性之中一起考虑。就事前或事后行为单独来看，其行为本身符合某一犯罪的犯罪构成，如果由他人来予以实施，理应将其作为犯罪来处理。由是之故，吸收关系只能存在于同一行为人所实施的数行为之间，而不可能发生在不同行为人的场合。

四、数罪并罚

在数行为该当数个犯罪构成时，排除成立连续犯、牵连犯与吸收犯的情况，便成立犯罪复数，应考虑进行数罪并罚。不过，由于我国立法与司法对同种数罪的处罚有其特殊性，故本书有必要按同种数罪与异种数罪两种情形分别进行论述。

（一）同种数罪

在缺乏连续关系的情况下，行为人实施数个同种行为，若是数行为中有两个以上的行为单独成立犯罪，此时便成立同种数罪。按刑法的一般原理，同种数罪会涉及数罪并罚的问题。不过，我国刑法中很多财产性犯罪或涉及数额的犯罪，均有累计数额进行处罚的做法，最后以各行为所涉及的总数额在科刑上作为一罪来处罚。比如，我国《刑法》第153条第3款规定，对多次走私未经处理的，按照累计走私货物、物品的偷逃应缴税额处罚。《刑法》第383条第2款规定，对多次贪污未经处理的，按照累计贪污数额论处。除立法上的此类规定，根据现有的立法方式，比如以数额的递增作为法定刑升格的要件（如数额较大、数额巨大、数额特别巨大等），以及司法解释的习惯性做法，但凡涉及根据累计数额进行定罪量刑的犯罪，如盗窃罪、诈骗罪、挪用公款罪、贪污罪、受贿罪、走私罪等，即使不构成连续犯而成立同种数罪，最终也只按一罪进行处罚。对同种数罪究竟是按一罪进行处罚还是实行数罪并罚，归根到底是要看处罚结果是否能符合罪刑相适应的原则。但凡立法或司法解释没有累计数额的规定，且按一罪处罚会导致罪刑不相适应的结果的，便应考虑实行数罪并罚。

（二）异种数罪

当行为人所实施的数行为触犯数个罪名，该当数个不同的犯罪构成时，便会成立异种的数罪。对异种数罪，除成立牵连犯与吸收犯之外，应当考虑实行数罪并罚。

在异种数罪的认定中，需要注意区分貌似一罪实为数罪的一些特殊情形[1]：（1）侵害同一对象而成立数罪。比如，行为人在抢劫完毕之后，为灭口又将被害人杀死。在行为所侵害的是同一对象时，究竟成立一罪还是数罪，不仅要看涉及的行为是一行为还是数行为，还要看行为侵犯几种法益，符合几个犯罪构成。（2）另起犯意而成立数罪。行为人在着手实施某罪之后，又另起犯意而实施另一犯罪行为的，应成立数罪并罚。比如，行为人在实施强奸的过程中，发现被害人身上有财物，又将其财物拿走的，应视情况按强奸罪与盗窃罪或抢劫罪并罚。（3）超出原犯罪范围而成立数罪。比如，行为人长期虐待被害人，情节恶劣，其中一次伤害行为造成被害人重伤。由于致人重伤的行为已超出虐待罪的范围，故对行为人应按虐待罪与故意伤害罪进行并罚。至于哪些行为超出了原犯罪的范围，要根据刑法规定的犯罪构成的预定范围确定。

案例评价

[案例 10-7] 夏某抢劫、破坏电力设备案（连续犯的认定）[2]

1. 基本案情

被告人夏某，男，1971 年 4 月 4 日生。1996 年因强奸罪被判处有期徒刑 6 年，1999 年 8 月刑满释放；2003 年因抢劫罪被判处有期徒刑 3 年 6 个月，2005 年 7 月刑满释放。2007 年因涉嫌抢劫罪被逮捕。

（1）关于抢劫事实

1）2007 年 1 月 28 日，夏某伙同张某（已判刑）预谋抢劫出租车司机。

---

[1] 张明楷. 刑法学. 5 版. 北京：法律出版社，2016：492.
[2] 最高人民法院刑事审判第一、二、三、四、五庭. 刑事审判参考：2010 年第 5 集. 北京：法律出版社，2010：1-10.

当日15时许，二人携带卡簧刀在山河镇骗乘周某驾驶的出租车，要求周将车开往四合屯。行至杜家镇时，周某拒绝前行，要求二人下车。夏某与张某担心立即抢劫可能被人发觉，遂下车步行至附近一综合商店。在该店附近，二人骗乘被害人徐某驾驶的松花江牌微型汽车（价值7 700元）返回山河镇。当驶至半路，夏某让徐某停车，张某当即搂住徐某颈部，夏某持卡簧刀连刺徐某胸部、腹部数刀直至徐某不再动弹。后夏某与张某将徐某拖至驾驶员后排座位，夏某从徐某身上翻出现金300余元及西门子MC60型手机1部（价值200元）。随后，夏某与张某以为徐某已死亡，便将汽车浇上汽油烧毁。徐某左胸部被刀刺伤造成左肺多发破裂，急性大量失血致呼吸循环衰竭，辅以焚烧窒息而死亡。

2) 2006年12月25日14时许，夏某携刀在山河镇搭乘被害人刘某驾驶的三轮出租车。当车行驶至半路，夏某持刀向刘某索要财物，并将其拽出车外，抢得现金50余元及手机1部（价值100元）。随后，夏某持刀连刺刘某的胸腹部及面部数刀，致刘某重伤后逃离现场。

3) 2007年3月18日，夏某伙同张某到银行附近抢劫。当日10时许，张某在一工商银行发现被害人郑某支取大额现金。待郑某离开银行后，二人便尾随其至一胡同内，夏某上前将郑某摔倒在地，并强行抢走其手提包（内有现金9 100余元）。

（2）关于破坏电力设备的事实

　　………………

某市中级人民法院认为，夏某采取暴力手段劫取他人财物，构成抢劫罪；在抢劫中致一人死亡、一人重伤，且系累犯，依法应从重处罚。依照《刑法》第263条第4项、第5项等规定，判决夏某犯抢劫罪，判处死刑，剥夺政治权利终身，并处没收个人全部财产；犯破坏电力设备罪，判处有期徒刑4年；决定执行死刑，剥夺政治权利终身，并处没收个人全部财产。

宣判后，夏某没有提出上诉，检察院也没有抗诉。一审判决经某省高级人民法院复核，并报最高人民法院核准，已生效。

2. 涉案问题

在第1节抢劫事实中，夏某抢劫周某的行为与随后抢劫徐某的行为是否构成连续犯？夏某在不到三个月的时间内实施多起抢劫事实，是否成立连续犯？

3. 裁判理由

裁判理由指出，夏某与张某基于连续意图支配下的抢劫故意，在自愿放弃抢劫周某后，又改为抢劫徐某，符合连续犯的特征，也符合司法解释关于抢劫罪的罪数规定。通过援引最高人民法院《关于审理抢劫、抢夺刑事案件适用法律若干问题的意见》第3条对"多次抢劫"中的"多次"的规定，裁判理由认为，对于同一犯意支配下的时间和空间具有同一性或连续性的抢劫行为，宜认定为一次犯罪。鉴于本案中夏某伙同张某先后对周某、徐某实施抢劫，在时间上紧密相连，在空间上亦具有连续性，故其抢劫周某的行为应与抢劫徐某的行为以一次抢劫罪处罚。

4. 评析意见

关于抢劫周某的行为如何处罚的问题，实务界存在三种不同意见：一是认为该节事实可被认定为犯罪情节轻微，被告人免予处罚；二是认为该行为可被抢劫徐某的行为吸收，无须单独进行处罚；三是认为该行为与抢劫徐某的行为构成连续犯，无须单独处罚。裁判理由支持的显然是第三种意见。

本案中，夏某与张某是在周某拒绝前行要求其下车的情况下，因担心立即抢劫可能被人发觉才放弃犯罪。由于被告人尚未着手实施抢劫，故应成立抢劫预备。被告人在抢劫周某未得逞的情况下，又另找犯罪对象转而抢劫徐某，究竟属于原抢劫犯意的继续还是另起犯意，值得斟酌。第一种意见将抢劫预备视为犯罪情节轻微，并以此作为免予刑事处罚的理由，缺乏法律依据，也有违案件的基本事实。况且，该意见实际上并未交代该行为与其后抢劫徐某的行为之间的关系。第二种意见认为成立吸收关系也并不合理。夏某伙同张某抢劫周某与徐某分明是两个行为，且针对的是不同的行为对象，两个行为同时符合抢劫罪的犯罪构成，存在两个法益侵害事实。如果仅对抢劫徐某的行为进行定罪，而不考虑抢劫周某的行为，则明显没有对夏某与张某的不法行为作充分的评价。根据本书对吸收关系的界定，只有不可罚的事前、事后行为才应纳入吸收犯的范畴，本案对周某的抢劫行为不可能视为对徐某的抢劫行为的事前行为，故无法成立吸收犯。鉴于两行为之间在法益侵害上并不重合，且前一抢劫行为（预备犯）完全独立于后一抢劫行为，即便认为实行行为吸收预备行为是吸收关系的一种类型，本案也不能认定为存在吸收关系。抢劫周某的行为虽处于预备形态，但不可能视为后一抢劫行为的预备行为，两个行为既然并不处于同一构成要件行为之下，而是相互独占，便根本不可能有适用实行行为吸收预备行为的规则的余地。

第三种意见认为成立连续犯是正确的。"在连续犯中，行为人在开始实施第一个犯罪行为时，即有连续实施数个犯罪行为的犯罪意图，或者是为完成一个预定的犯罪计划，或者是为实现一个总的目标，或者是预见到了总的犯罪结果。这是连续犯与同种数罪的主要区别所在。"[①] 本案抢劫事实中，夏某伙同张某基于抢劫出租车司机的犯意，伺机寻找作案对象，在抢劫周某不成

---

① 最高人民法院刑事审判第一、二庭．刑事审判参考：2003年第6辑．北京：法律出版社，2004：52.

的情况下，又转而对另一司机徐某下手。其前后两行为，不仅在客观上存在连续关系，而且明显受概括的抢劫故意所支配，符合连续犯的成立特征，也符合司法解释的精神。最高人民法院在《关于审理抢劫、抢夺刑事案件适用法律若干问题的意见》第 3 条关于"多次抢劫"的认定的规定中指出，对于行为人基于一个犯意实施犯罪的，如在同一地点同时对在场的多人实施抢劫的；或基于同一犯意在同一地点实施连续抢劫犯罪的，如在同一地点连续对途经此地的多人进行抢劫的；或在一次犯罪中对一栋居民楼房中的几户居民连续实施入户抢劫的，一般应认定为一次犯罪。基于此，本案中夏某伙同张某先后抢劫周某与徐某的行为，宜视为一次犯罪。

与此同时，因第 2、3 节抢劫事实与第 1 节抢劫事实均相隔月余，不能认为是在同一故意或概括故意的支配之下，且客观上后两节事实与第 1 节事实之间也缺乏必要的连续性，因而，不能视为连续犯，而应成立同种数罪。由于我国《刑法》第 263 条第 4 项已明确将多次抢劫规定为加重的抢劫罪，故对被告人夏某不实行同种数罪并罚，而应直接适用抢劫罪的加重法定刑。

[案例 10-8] 庄某等非法买卖枪支、贩卖毒品案[①]（牵连关系的认定）

1. 基本案情

2006 年 8 月某日，被告人庄某在一假日旅馆内，将 1 把自制手枪、1 发子弹以人民币 1 800 元出售给被告人刘某。同年 12 月某日，刘某先后将上述手枪和子弹以人民币 3 500 元出售给被告人郑某，其中的 1 400 元郑某以 1.7 克左右的冰毒交付。同年 12 月 19 日晚，郑某将上述手枪与子弹以 10 000 元的价格出售给他人时，被公安人员当场抓获。经检验，缴获的枪支以火药为动力，可以击发子弹并具有杀伤力。

某区人民法院认为，被告人庄某、刘某与郑某非法买卖枪支，其行为均已构成非法买卖枪支罪；郑某明知是毒品而贩卖，其行为同时构成贩卖毒品罪。依照《刑法》第 125 条第 1 款，第 347 条第 1、4 款等规定，判决庄某犯非法买卖枪支罪，判处有期徒刑 3 年；刘某犯非法买卖枪支罪，判处有期徒刑 3 年；郑某犯非法买卖枪支罪，判处有期徒刑 3 年 3 个月，犯贩卖毒品罪，判处有期徒刑 8 个月，并处罚金 1 000 元，决定执行有期徒刑 3 年 6 个月，并处罚金 1 000 元。

2. 涉案问题

本案中郑某以毒品冲抵部分买卖枪支价款的行为与非法买卖枪支的行为之间，是否存在牵连关系，从而成立牵连犯？

[①] 最高人民法院刑事审判第一、二、三、四、五庭. 刑事审判参考：2007 年第 6 集. 北京：法律出版社，2008：1-7.

3. 裁判理由

裁判理由认为，毒品冲抵部分买卖枪支价款属于有偿转让毒品，属于贩卖的范畴，故相应行为构成贩卖毒品罪。该贩卖毒品行为与非法买卖枪支行为之间不存在牵连关系。罪数的判断标准是犯罪构成，牵连犯作为处断的一罪必须具有犯罪构成理论上的依据，即牵连关系必须能够说明不同的犯罪行为具有一罪的内在本质。牵连关系的内容应当包含某种犯罪构成的内容，使得两个犯罪行为当具有这种关系时，能够充足一个犯罪构成。这种关系才能够充分说明牵连犯的一罪性，也才能为牵连犯作为一罪处理找到充分的罪数根据。从法益的角度来看，只有先后发生的两个符合不同犯罪构成要件的犯罪行为，处于对同一法益的同一次侵犯过程中，才说明两个犯罪行为侵犯的是同一法益，也才能够充足一个犯罪构成。根据犯罪构成的罪数判断标准，可以成立一罪，故可适用从一重罪处断的原则，不实行数罪并罚。本案中，郑某以毒品冲抵部分买卖枪支价款的行为已单独构成贩卖毒品罪，侵犯的是国家对毒品的管制秩序；其非法买卖枪支的行为也构成犯罪，侵犯的是公共安全。由于其以毒品冲抵部分买卖枪支价款的方法行为与非法买卖枪支的目的行为，所侵犯的法益不属于同一法益，这两个行为不能够充足一个犯罪构成，故不能成立牵连犯所要求的牵连关系，应以贩卖毒品罪与非法买卖枪支罪实行数罪并罚。

4. 评析意见

本案中郑某为收买枪支，而以毒品冲抵部分买卖枪支的价款。表面看来，收买枪支是郑某的目的，而以毒品冲抵部分买卖枪支价款则充当着实现其目的的手段，似乎二者之间存在目的行为与手段行为之间的牵连关系。然而，这样理解牵连犯中的牵连关系未免流于表面。

牵连犯属于数行为触犯数罪名，而该当数个犯罪构成的犯罪形态。之所以不实行数罪并罚，并非因为行为人主观上只有一个犯罪目的。说到底，罪数的判断应当是客观的，犯罪构成才是判断成立一罪还是数罪的判断标准，究竟是数罪并罚还是按一罪处罚，不可能因行为人的主观设想而有所改变。也正是基于此，行为人为抢劫银行而先实施盗窃枪支，随后以所盗枪支为犯罪工具而实施抢劫的场合，不可能只定抢劫罪一罪，而必定要实行数罪并罚，尽管行为人主观上其实只有抢劫一个犯罪目的。司法解释也表明，对类似的情形应当实行数罪并罚。比如，2005年最高人民法院《关于审理抢劫、抢夺刑事案件适用法律若干问题的意见》明确规定，为抢劫其他财物，劫取机动车轮当作犯罪工作或者逃跑工具使用的，被劫取机动车辆的价值计入抢劫数额；为实施抢劫以外的其他犯罪劫取机动车辆的，以抢劫罪和实施的其他犯罪实行数罪并罚。再如，2002年最高人民法院、最高人民检察院与海关总署联合印发的《关于办理走私刑事案件适用法律若干问题的意见》第16条规定，海关工作人员收受贿赂又放纵走私的，应以受贿罪和放纵走私罪数罪并罚。

之所以牵连犯在科刑上可当作一罪受处罚，归根到底是因为行为人所实施的目的行为与手段行为或原因行为与结果行为之间，在法益上具有相当的重合性，正是法益上的重合性在相当程度上降低了行为的不法程度。由是之故，目的行为与手段行为或原因行为与结果行为之间只有存在类型性的关联时，才能成立牵连关系。而所谓类型性的关联，不仅要求在经验层面上，某种犯罪（手段行为）通常被用于实施某种犯罪（目的行为），或者某种原因行为通常导致某种结果行为，更重要的是，在规范层面上，两罪之间的关联性也已为立法者所考虑，按其中一罪的犯罪构成评价足以容纳另一罪在法益侵害性上的内容。本案中，郑某以毒品冲抵部分买卖枪支价款的行为触犯贩卖毒品罪，其非法买卖枪支的行为则构成非法买卖枪支罪，两行为之间不仅在经验层面上欠缺常态的目的—手段型关联，而且两个相应的犯罪，单独都无法容纳另一行为的法益侵害内容。若是以其中一罪对郑某定罪量刑，必定面临评价不充分的问题。因而，裁判理由认为对郑某应予数罪并罚是正确的，其从法益与犯罪构成的角度展开论证切中问题的要点。

在理解牵连关系时，一定要注意的是数行为该当数个犯罪构成时，实行数罪并罚是原则，而只按一罪处罚才是例外，对例外自然应作严格的限定。若任意扩张例外的范围，势必将原则置于可有可无的地位，最终将使原则彻底丧失约束力。在数行为之间存在目的行为与手段行为或原因行为与结果行为的关联时，究竟是适用从一重处断原则，还是实行数罪并罚，应进一步考量罪刑是否实现均衡。正是基于此，有论者提出，对受贿型渎职犯罪，除刑法有特别规定的以外原则上实行数罪并罚，有利于实现量刑上的均衡。① 这样的见解应该说是合理的，牵连犯理论难以有效解决受贿型渎职案件的罪数认定问题。

值得注意的是，实务中存在任意扩张牵连关系范围的现象。比如，在贾某编造、故意传播虚假恐怖信息案中，裁判理由便认为，贾某侵入属于国家事务计算机系统的某省地震局网站的行为，已构成非法侵入计算机信息系统罪，但其非法侵入计算机信息系统的行为，是编造、发布虚假恐怖信息的手段行为，与编造、发布虚假恐怖信息的犯罪行为之间属于手段和目的的牵连关系，属于牵连犯。根据牵连犯从一重罪的处罚原则，应以编造虚假恐怖信息罪对被告人进行定罪量刑。② 在李某等以危险方法危害公共安全案中，裁判

---

① 最高人民法院刑事审判第一、二、三、四、五庭. 刑事审判参考：2010年第5集. 北京：法律出版社，2010：70.

② 最高人民法院刑事审判第一、二、三、四、五庭. 刑事审判参考：2009年第3集. 北京：法律出版社，2009：14-16.

理由也提出，李某等人在实施敲诈勒索的目的犯罪行为过程中，其驾车冲撞其他车辆制造交通事故的手段行为又触犯了以危险方法危害公共安全罪，按照牵连犯从一重罪处断的原则，应按照以危险方法危害公共安全罪定罪处罚。① 前述两个案件中，无论是贾某非法侵入计算机信息系统的行为与编造、发布虚假恐怖信息的行为之间，还是李某的敲诈勒索行为与以危险方法危害公共安全的行为之间，都不存在类型性的关联，以其中一罪定处，根本无法容纳另一行为的法益侵害内容，因而，没有理由仅按牵连犯的从一重罪处断的原则进行处罚；相比之下，数罪并罚才是合理的选择。

[案例 10-9] 谭某等强奸、抢劫、盗窃案②（吸收关系的认定）

1. 基本案情

2003年5月23日20时许，被告人谭某、罗某与赖某（另案处理）在春城镇的水库边，持刀对在此谈恋爱的蒙某、瞿某（女）实施抢劫，抢得蒙某230元，瞿某60元。抢劫后，谭某、罗某、赖某用皮带反绑蒙某双手，用黏胶粘住蒙某的手腕，将蒙某的裤子脱至脚踝处，然后威逼瞿某脱光衣服，强迫二人进行性交给其观看。蒙某因害怕，无法进行。谭某等人又令瞿某用口含住蒙某的生殖器进行口交。在口交过程中，蒙某乘谭某等人不备，挣脱皮带跳进水库并呼叫救命，方逃脱。

2003年5月，谭某、罗某伙同他人先后在春城镇三桥等处5次持刀抢劫现金、手机等财物共计价值人民币5 879元。2000年9月19日凌晨，谭某在一游戏室，将严某的一辆价值3 705元的轻骑摩托车盗走。

某市人民法院认为，谭某、罗某等人以暴力手段劫取他人财物，其行为已构成抢劫罪；二人在抢劫的过程中，违背妇女意志，使用暴力胁迫的手段，强迫他人与妇女发生性关系，其行为已构成强奸罪。谭某秘密窃取他人财物，数额较大，其行为已构成盗窃罪。二人犯数罪，依法应当数罪并罚。依照《刑法》第263条第1款及第2款第4项、第236条第1款、第264条等规定，判决谭某犯抢劫罪，判处有期徒刑13年，剥夺政治权利3年，并处罚金人民币3 000元；犯强奸罪，判处有期徒刑9年；犯盗窃罪，判处有期徒刑10个月，并处罚金人民币1 000元；决定执行有期徒刑20年，剥夺政治权利3年，并处罚金人民币4 000元。判决罗某犯抢劫罪，判处有期徒刑11年，剥夺政治权利3年，并处罚金人民币3 000元；犯强奸罪，判处有期徒刑8年，决定

---

① 最高人民法院刑事审判第一、二、三、四、五庭. 刑事审判参考：2009年第6集. 北京：法律出版社，2009：14-16.

② 最高人民法院刑事审判第一、二、三、四、五庭. 刑事审判参考：2008年第4集. 北京：法律出版社，2008：1-9.

执行有期徒刑18年，剥夺政治权利3年，并处罚金人民币3 000元。

一审宣判后，谭某、罗某提出上诉。某市中级人民法院认为，谭某与罗某以暴力胁迫的手段劫取他人财物，其行为已构成抢劫罪；谭某入室窃取他人财物，数额较大，其行为构成盗窃罪。谭某、罗某持刀胁迫二被害人脱光衣服，强迫其进行性交，后又强迫瞿某口含蒙某生殖器再进行口交，其主观上是寻求精神上的刺激，调戏作乐，没有强奸的目的，客观上没有强奸行为，原审法院认定该行为构成强奸罪不当，应以强制猥亵妇女罪论处。依照《刑法》第263条第4项、第264条、第237条第1款等规定，撤销原审判决，判决谭某犯抢劫罪判处有期徒刑13年，剥夺政治权利3年，并处罚金人民币3 000元；犯强制猥亵妇女罪，判处有期徒刑3年；犯盗窃罪，判处有期徒刑10个月，并处罚金人民币1 000元，决定执行有期徒刑15年，剥夺政治权利3年，并处罚金人民币4 000元。判决罗某犯抢劫罪，判处有期徒刑3年，并处罚金人民币3 000元；犯强制猥亵妇女罪，判处有期徒刑3年，决定执行有期徒刑13年，剥夺政治权利3年，并处罚金人民币3 000元。

2. 涉案问题

为寻求精神刺激，在同一时间内强迫他人对同一犯罪对象实施性交和猥亵行为供其观看的行为，是按强奸罪与猥亵妇女罪进行数罪并罚，还是择一重罪处罚？两罪之间是什么关系？

3. 裁判理由

裁判理由指出，虽然谭某与罗某没有亲自实施强奸、猥亵妇女的行为，但其强迫他人实施上述行为，属于间接实行犯，应按实行正犯来处理。谭某、罗某为追求精神刺激，先是希望通过强迫蒙某与瞿某性交来满足其欲望，在此阶段，其主观上有强奸瞿某的故意，客观上实施了威逼蒙某强奸瞿某的行为，符合强奸罪的构成要件，因蒙某未能完成性交行为，应认定为强奸未遂。随后，二被告人又胁迫瞿某与蒙某口交，口交行为属于刑法意义上的猥亵行为，故其后阶段实施的行为又符合强制猥亵妇女罪的构成要件。谭某与罗某所实施的强奸、猥亵行为，因猥亵行为是强奸行为的自然延续，符合吸收犯的成立要件，应依照吸收犯的择一重罪处罚的原则进行处理。本案中，鉴于瞿某与蒙某本系恋人，在危害后果上与一般强奸犯罪有所区别，且强奸未遂，而强制猥亵妇女的行为已既遂，且情节恶劣，两相比较，对谭某与罗某适用强制猥亵妇女罪（既遂）的刑罚比对其适用强奸罪（未遂）的刑罚重。因此，应以强制猥亵妇女（既遂）的行为吸收较轻的强奸（未遂）行为，按强制猥亵妇女罪定罪处罚。

裁判理由特别强调，如果行为人强制猥亵妇女行为与强奸行为的时间间隔较长，已超过生理上二行为自然延续过程，或者强奸对象与强制猥亵对象不是同一人,则强奸行为与强制猥亵行为之间就不具备吸收关系,不能按吸收犯的处理原则择一重处罚,而应实行数罪并罚。

4. 评析意见

一审与二审判决尽管在结论上相异,但均建立在被告人仅实施一行为的基础之上,认为本案属于一行为触犯一罪的情形。最高人民法院相关业务庭在裁判理由的解说中,则显然认为被告人实施了数行为,符合数个犯罪构成,只是因数行为之间具有吸收关系,所以才按一罪来处罚。可见,本案定性的关键,首先在于谭某与罗某胁迫蒙某与瞿某进行性交,在未得逞的情况下又胁迫其进行口交,究竟是一行为还是数行为;其次,如果是一行为,则它属于想象竞合还是法条竞合,如果是数行为,则数行为之间是否如裁判理由所言存在吸收关系。

在竞合论中,行为个数的判断并不是在自然意义上而言的,而是具有很强的规范性,取决于刑法的规定与相应犯罪的具体犯罪构成。就谭某与罗某的前述行为而言,其所可能触犯的是强奸罪与强制猥亵妇女罪。强奸罪的本质在于违背妇女意志而强行与之性交。我国刑法并未规定"性交"的含义,传统上习惯于将"性交"限定于双方生殖器的直接接触或插入,除此以外的其他具有性的意义、侵害妇女性的自决权的行为,则被归入性质相对较轻的猥亵行为的范围。强奸罪不是亲手犯,在具有意思支配的情况下,并未实施性交行为的幕后者完全可能成立间接正犯。基于此,二审判决以被告人主观上是寻求精神上的刺激,没有强奸的目的,客观上没有强奸行为为由,否定强奸罪的成立,是不合理的。

传统理论对"性交"的界定,大大限缩了强奸罪的成立范围,而使强制猥亵妇女罪的范围得以扩张。问题在于,违背妇女意志强行将男子的阴茎插入妇女的口腔(如本案被告人强迫两被害人进行口交一样)或者肛门的行为,与违背妇女意志而强行将男子的阴茎插入妇女阴道的行为相比,其对妇女的性的自主权的侵害程度并不更低,二者之间的差别仅在于后者有致妇女怀孕的可能。然而,是否有怀孕的可能显然不是区别强奸中的性交行为与猥亵类犯罪中的猥亵行为的关键,不然,凡是采取避孕措施的强行性交就都不称其为强奸了。与传统的生殖器性交相比,强迫妇女进行口交或肛交同样侵犯妇女的性自主权,同时更易使妇女感觉被冒犯,产生严重的性的羞耻感。从法益侵害程度而言,完全可将强迫妇女口交或肛交的行为,纳入强奸罪中的"性交"的范畴。正如同性之间的性交易可解释为"卖淫"一样,随着社会发展的需要,也完全有必要对"性交"作出新的解释。这样的实质解释并未突破"性交"概念的语义可能性范围,故并不违反罪刑法定。将强奸罪中的性行为指向,从受害人的阴道扩大到受害人的阴道、肛门和口腔,也是当代许多国家强奸罪发展中的共同走向。

倘若接受前述解释结论，即强奸罪中的"性交"既包括生殖器性交也包括肛交或口交，则本案中谭某与罗某强迫二被害人进行直接性交与口交的行为，将被视为只成立一个强奸行为，其行为构成强奸罪（既遂）。无论是之前强迫性交而未遂的行为，还是随后的强迫口交的行为，均作为强奸行为的组成部分。由于只存在一个行为，自然就谈不上吸收关系的问题。此时，需要讨论的只是其行为是否同时构成强制猥亵妇女罪的问题。这涉及强奸罪与猥亵妇女罪之间的关系，只要承认性交行为本质上是猥亵行为，强奸罪与猥亵妇女罪就成立法条竞合的特别关系：强奸行为也是强制猥亵行为的一种，只是由于刑法特别规定了强奸罪，所以对强奸行为不再认定为强制猥亵妇女罪。①

反之，如果不接受前述解释结论，认为强奸罪中的"性交"不包括口交与肛交，则本案中谭某与罗某强迫他人进行直接性交与口交的行为，已经溢出强奸行为的范畴。对此，有两种思考路径：一是在承认强奸罪与猥亵妇女罪成立法条竞合的特别关系的前提下，肯定性交行为本质上也是猥亵行为。如此一来，谭某与罗某仍只存在一个猥亵行为，该行为既触犯强奸罪也触犯强制猥亵妇女罪，按特别法条优于普通法条的处理规则，按强奸罪（未遂）进行处罚。二是认为强奸罪与强制猥亵妇女罪属于对立关系，性交行为与猥亵行为在性质上并不相同，故谭某与罗某的行为成立行为复数，即既存在强奸行为，也存在猥亵行为。此时便面临两个行为是否存在吸收关系的问题。

裁判理由无疑采纳的是第二种思考路径。在此基础上，裁判理由认为吸收关系主要基于两种情况产生：一种是基于一般观念认为，一罪为他罪当然实行的方法或当然发生的结果，即前行为是后行为的发展阶段，或者后行为是前行为发展的必然结果，例如为越狱而破坏监狱门窗、盗窃枪支后予以私藏等；另一种是基于法条的规定，一罪的犯罪构成为他罪的犯罪构成所当然涵括，例如军人战时残害居民、掠夺居民财物罪中，包含了故意杀人、故意伤害、放火、抢劫、抢夺罪等，如果行为人符合前一罪罪名条件，则其实施的后述行为均被前罪吸收，不另定处其他罪名。② 裁判理由肯定谭某与罗某行为之间的吸收关系，属于第一种情况。对此，且不说前述两种情况根本不成立吸收关系（前者成立牵连犯，而后者成立想象竞合或法条竞合），即使承认第一种是吸收关系的类型，本案中谭某与罗某的行为也并不符合前行为是后行为的发展阶段，或者后行为是前行为发展的必然结果的情形。如果口交行

---

① 张明楷. 刑法学. 5 版. 北京：法律出版社，2016：880.
② 最高人民法院刑事审判第一、二、三、四、五庭. 刑事审判参考：2008 年第 4 集. 北京：法律出版社，2008：7-8.

为在前性交行为在后，尚可将前者视为猥亵行为，而认为其构成强奸行为发展过程中的组成部分，是强奸行为的发展阶段。问题在于，本案中，强迫进行口交的行为发生在强奸行为之后，人们很难认为，强奸行为是猥亵行为的发展阶段，或者猥亵行为是强奸行为发展的必然结果。

本书认为，吸收关系只存在于共罚的事前事后行为中，所以，需要考察的是，谭某与罗某实施的强迫性交与强迫口交的行为，是否成立共罚的事前事后行为。共罚的事前事后行为之所以不单独进行处罚，或者是因为其并没有侵害新的法益，以主行为一罪定处即足以对行为的不法与罪责内涵作出充分评价，或者是因为行为缺乏期待可能性。在将强奸罪与强制猥亵妇女罪理解为对立关系的情况下，在强奸未遂的情况下，谭某与罗某又强迫被害人进行口交的行为明显超出了强奸罪的范围，侵害了新的法益；所以，以强奸罪或强制猥亵妇女罪中任何一罪来评价被告人的行为，均存在评价不充分的问题。此外，后续实施的强迫口交行为显然也不存在欠缺期待可能性的问题。可见，按前述裁判理由所采纳的思考路径，理应得出数罪并罚的结论，而不是依吸收犯的原理按强制猥亵妇女罪一罪来处罚。

本书倾向于认为，宜将口交也纳入强奸罪中"性交"的范畴，故谭某与罗某先后强迫被害人进行性交与口交的行为只成立一个强奸行为，应以强奸罪既遂对被告人进行处罚。若是认为将口交纳入强奸罪中的"性交"，在国民的一般观念中存在严重的障碍，也可考虑将谭某与罗某的行为视为一个猥亵行为，该行为既触犯强奸罪（未遂），又触犯强制猥亵妇女罪，按法条竞合的原理，认定被告人构成强奸罪（未遂）。但无论如何，不能像二审判决那样，认为被告人的行为不成立强奸罪，而只符合强制猥亵妇女罪的构成要件；也不能如最高人民法院相关业务庭"裁判理由"所主张的，在将强奸罪与强制猥亵妇女罪理解为对立关系的前提下，又认为被告人所实施的强奸行为与猥亵行为之间存在吸收关系，按吸收犯来处理。

[案例 10 - 10] 俞某交通肇事案（数罪并罚的认定）[①]

1. 基本案情

2009 年 10 月 3 日晚，被告人俞某在无机动车驾驶证的情况下，驾驶一辆黑色丰田轿车，在行经某县高速公路互通连接线白溪路口时，与横过公路的邱某驾驶的三轮黄包车相撞，造成车辆损坏、邱某受伤及三轮车上的乘客缪某经抢救无效当日死亡。事故发生后，俞某及其车上的乘客周某等人逃离现场。经公安机关道路交通事故认定书认定：俞某负事故主要责任，邱某负事

---

① 最高人民法院刑事审判第一、二、三、四、五庭. 刑事审判参考：2011 年第 2 集. 北京：法律出版社，2011：1-8.

故次要责任。事发当晚，俞某因无证驾驶害怕承担法律责任，要求雷某为其顶罪，并答应支付雷某人民币40万元，如雷某被判刑坐牢，再支付10万元。商议妥当后，雷某叫来其妻徐某，从俞某处拿到现金10万余元与20万元的欠条一张，之后便前往交警队投案并冒充交通事故的肇事者。次日，俞某又唆使蒋某等人到交警队，作了事发当时驾驶员是雷某的伪证。事后，徐某陆续从俞某处拿到财物共计36万余元。徐某将其中15万元交到交警大队作为交通事故预付款，5万元付给被害人缪某的家属作为赔偿款。徐某还到交警大队作了雷某发生交通事故的虚假证言。

某县人民法院认为，俞某在无机动车驾驶证的情况下驾驶机动车辆，以致发生交通事故，造成一人死亡；且在肇事后逃逸，负事故的主要责任，其行为构成交通肇事罪。在事故发生后，俞某又以贿买的方式指使他人作伪证，其行为构成妨害伪证罪。法院依照《刑法》第133条、第307条第1款等规定，判决俞某犯交通肇事罪，判处有期徒刑3年10个月；犯妨害作证罪，判处有期徒刑10个月；数罪并罚，决定执行有期徒刑4年。（其余被告人略）一审宣判后，各被告人均未提出上诉，判决已生效。

2. 涉案问题

俞某在交通肇事致人死亡逃逸后，以贿买方式指使他人冒名顶罪、作伪证，对其是以交通肇事罪一罪定处，还是以交通肇事罪与妨害作证罪实行数罪并罚？

3. 裁判理由

裁判理由认为，俞某以贿买方式指使他人顶罪的行为不属于交通肇事罪中的"逃逸"行为，逃逸是一种不作为，是对应当履行且能够履行的法定义务不履行，而俞某以贿买方式指使他人顶罪的行为是一种积极的作为，且与抢救伤者和财产关联性不大，已超出交通肇事罪中"逃逸"的应有之义，故不能将其认定为交通肇事罪的量刑情节。本案中，俞某以贿买方式指使他人顶罪、作伪证的行为，妨害了司法活动的客观公正性，符合妨害作证罪的构成要件。基于此，俞某逃避法律追究所实施的逃离现场行为应认定为交通肇事罪中的"逃逸"，以贿买方式指使他人顶罪、作伪证的行为应依据《刑法》第307条第1款的规定，认定为妨害作证罪，对其应进行数罪并罚。

4. 评析意见

对俞某的行为，存在两种定性意见：一种认为，俞某在交通事故后逃离现场的行为与以贿买方式指使他人顶罪、作伪证的行为性质相同，均出于逃避法律追究的目的。两行为在本质属性上相同，可将其理解为交通肇事罪中的"逃逸"，作为交通肇事罪中的量刑情节来处理。另一种认为，俞某以贿买方式指使他人顶罪、作伪证的行为，已侵害另一种法益，应另定妨害作证罪，与交通肇事罪实行并罚。裁判理由支持后一种观点。

本案中，俞某因交通肇事造成车辆损坏、邱某受伤，同时导致缪某经抢救无效而死亡，逃离现场后又以贿买的方式指使他人作伪证。初步判断，俞某实施了三个行为：一是交通肇事行为，二是逃逸行为，三是以贿买的方式指使他人作伪证的行为。那么，这三个行为之间是什么关系呢？结合《刑法》第133条可知，对俞某行为的定性，取决于对"交通运输肇事后逃逸"规定的理解。

就俞某所实施的前两个行为而言，交通肇事行为是因违反交通管理法规而引起重大交通事故，导致他人重伤、死亡或者公私财产遭受重大损失的过失犯；逃逸行为则涉及不作为，行为人因先前的肇事行为而处于保证人地位，对事故的伤者负有救助的义务，其不履行救助义务，在规范上便有被评价为遗弃罪的可能。由于逃逸行为无法为交通肇事罪的基本构成要件所包容，而交通肇事行为与逃逸行为也不存在成立牵连犯或吸收犯的余地，在此种情况下，本来应该考虑成立交通肇事罪与遗弃罪的数罪并罚。然而，《刑法》第133条明确规定，此种情形应作为加重的交通肇事罪来处理。这涉及刑法理论上的结合犯。尽管典型的结合犯表现为甲罪＋乙罪＝丙罪的情形，但这不意味着它是结合犯的唯一类型，甲罪＋乙罪＝加重的甲罪（或乙罪）同样可归入结合犯的范畴。结合犯的概念理应根据本国刑法的相关规定予以确定，究竟是将甲罪与乙罪结合为丙罪，还是将甲罪与乙罪结合为甲罪或乙罪的加重情形，并不存在实质差异；是否结合为新罪名，很大程度上取决于对罪名的理解与确定。①《刑法》第133条中的"交通运输肇事后逃逸"便属于甲罪＋乙罪＝加重的甲罪的情形，其中的甲罪是交通肇事罪（基本犯），乙罪则是遗弃罪，二者结合成立加重的交通肇事罪。因而，就本案而言，俞某在交通肇事后逃离事故现场，尽管在形式上看存在两个行为，但由于《刑法》第133条已将两个本来独立的犯罪结合为一罪，故只需以加重的交通肇事罪一罪定处即可。

问题仅在于：俞某之后指使他人作伪证的行为，是否可纳入"逃逸"概念的范畴，因而为加重的交通肇事罪的构成要件所包容？俞某之后以贿买方式指使他人顶罪、作伪证的行为，显然已经超出遗弃罪的构成要件范围，故不能仅以结合犯（即加重的交通肇事罪）一罪论处。只要承认逃逸规定的规范保护目的是保护对伤者的救助义务，则对"逃逸"的解释，其重心必定要落在不救助之上。只有不救助行为才会升高伤者的伤亡风险，并由此加剧或

---

① 张明楷．刑法学．5版．北京：法律出版社，2016：467．

扩大既有的法益侵害的程度或范围，因而，不救助本质上是一种不作为的遗弃。以贿买方式指使他人顶罪、作伪证的行为，显然与伤者的生命或身体安全的法益并无关联，不可能理解为不作为意义上的遗弃。相反，它以积极的作为方式侵害新的法益，即司法活动的客观公正性，理应构成独立的妨害作证罪。只有这样，才不至于对俞某行为的不法与罪责内涵评价不足。可见，裁判以加重的交通肇事罪与妨害作证罪对俞某实行数罪并罚，是正确的。

从本案的分析可知，在一罪与数罪的判断中，必须结合刑法的规定，认真分析所涉各罪的犯罪构成，看适用其中一罪的犯罪构成，是否足以对行为的不法内容作出充分的评价，从而获得罪刑相适应的结果。

深度研究

数行为符合数个犯罪构成，原本应当作数罪的评价。然而，在我国刑法理论中，数行为往往因被认为成立连续犯、牵连犯或吸收犯，而只按一罪进行处罚。明明是数罪，为何只按其中一罪处罚，理论上所提供的依据殊为不足。即学理上往往无法说明，有何理由对犯数罪的行为人只按其中一罪来追究其刑事责任。同时，在实务中，也普遍存在任意认定连续犯、牵连犯或吸收犯的现象。由于连续犯、牵连犯与吸收犯都只按一罪来处罚，而我国刑法上又没有可在法定刑之上再加重其刑的规定，这就使得原本的数罪最终按一罪来处罚，不仅存在评价不充分的问题，有违竞合论的基本宗旨，而且有鼓励乃至轻纵犯罪之嫌。对连续犯、牵连犯与吸收犯的成立范围的界定，将直接影响数罪并罚的成立范围。以下分四个部分分别予以论述。

（一）连续犯

连续犯在我国刑法中是一个意义模糊的概念。之所以如此，根本原因在于连续关系认定上的任意。由于我国刑法理论与实务主要依赖行为人的主观故意来界定连续关系，且对其中的概括故意缺乏严格的界定，因此连续关系范围的扩张变得不可避免。实务上对连续犯中所涉及的同一罪名认定往往过宽，"所谓'概括故意'，经常可连绵数年之久，且在采证上多趋于宽松，每每在起诉之后，最后事实审判决之前，对继续犯同一罪名之罪者，均适用连续犯之规定论处"[1]。不难想见，若是前后相隔数年的行为都当作连续犯来处理，不仅是对概括故意的基本含义的重大背离，也使连续关系成为缺乏起码边界的概念。

我国的刑法理论与司法实务，一向不严格区分连续犯与同种数罪，显然与连续关系范围的任意扩张有关。不区分连续犯与同种数罪，一则当然是简

---

[1] 林钰雄. 新刑法总则. 北京：中国人民大学出版社，2009：468.

化了犯罪的认定，二则不免时常带来评价不充分的问题。比如，行为人连续致多人受轻伤的场合，若只按连续犯一罪来处理，势必造成罪刑严重不相适应的后果。由于任意扩张连续犯的适用范围，连续犯几乎全盘取代了同种数罪的概念，以至实务中一提到数罪并罚，人们便理所当然地认为是异种犯罪，根本不能想象或接受同种数罪也可能存在并罚的情形。然而，有什么理由认为，对反复独立地实施同一犯罪行为的行为人，只应当以一罪进行处罚呢？以连续犯的概念全盘取代同种数罪，并由此避免数罪并罚，分明是在有意地轻纵犯罪人。这样的处理，不仅违背竞合论的基本宗旨，使不法行为无法得到充分的评价，也有违罪刑相适应的原则。

连续犯的提出，本意在于通过连续关系概念回避数罪并罚的适用；而将按竞合论原理原本应当适用数罪并罚的情形按一罪来处理，主要是源于实用性的考虑，为了简化和便利司法者的工作。然而，仅仅出于实用性的考虑，应当并不足以对不法行为作降低的评价，更无法在实质上说明为什么对于连续实施同种犯罪行为的行为人，应当给予刑罚上的优惠。基于此，可以肯定的是，当前司法实务中过于宽泛地认定连续犯的做法，必须予以纠正。问题在于：究竟采取什么方法来解决连续犯适用中的偏差？

本书选择的是一种折中的途径，即通过限缩连续关系的成立范围，来限制连续犯的适用。不过，最有效的方法或许是彻底取消连续犯的概念。连续犯的存在是否有其价值，在当前的刑法理论中已不断面临质疑。鉴于连续关系界定上的困难，以及按一罪评价必然造成评价不充分的问题，日本、瑞士、德国与我国台湾地区等先后废除了连续犯的概念。对此，我国刑法该如何应对，值得做认真的思考。

(二) 牵连犯

当前我国司法实务中，对牵连关系的认定也有流于恣意之嫌。与连续犯一样，不当地扩张牵连关系的成立范围已成为实务中的一大流弊。对行为的轻重判断，显然不能基于行为人主观上的设想，或数行为之间在客观上存在目的与手段的关系或原因与结果的关系，而应当有明确的法律依据与实质依据。任意地将本来符合数罪并罚的情形只按择一重罪进行处罚，缺乏起码的正当性。此外，为什么牵连犯只能存在于异种犯罪之间，而不能存在于同种犯罪之间？为什么所牵连的数行为若是异种行为，只需按其中的重罪行为来处理；相反，若是同种行为，则数行为均需进行评价？对此，现有的理论也说得不明不白。牵连犯本质上是行为复数且成立犯罪复数，"这本来正是实质竞合（数罪并罚）的特征。硬是将牵连犯从实质竞合切割出来，不但整个打乱了犯罪竞合论的基本体系（行为复数被说成是行为单数；犯罪复数被视同犯罪单数），进而施以刑罚优惠，随之造成对犯罪行为不充分评价的结果，背离竞合论的根本目的。这种刑罚优惠的理由，无非认为犯罪目的终究只有一个，但这种说法却忽略了竞合论所有的其他考虑，罪刑相当不论，行为的单复数、犯罪的单复数、侵害法益的种类、数量及程度等，完全置之不理，根本毫无道理可言"①。

我国的牵连犯概念乃受日本与台湾地区的刑事立法与刑法理论的影响。德国刑法中并无牵连关系的规定，学理上也不承认牵连关系的存在，只是实务上例外承认单一犯罪类型的牵连关系适用，即所谓意图犯的整体判断关系，其将此种整体事实判断的适用关系，称为"方法、目的关系"，并将此种关系视为想象竞合的一种特殊类型。②然而，由于牵连犯在实务中引发诸多弊端，且按一罪处罚在理论上也缺乏足够的依据，故日本在其修法草案中删除了牵连犯；而我国台湾地区在修"法"时，更是直接取消了牵连犯的立法规定，将相关的情形要么按数罪并罚处理，要么认为成立想象竞合犯。我国刑法理论中是否要继续保留牵连犯的概念，需要作进一步的探讨。在保留牵连犯概念的前提下，为防止对行为的评价不够充分，将牵连关系理解为规范内部的关系，对其作严格的限定，应该说是一种合理的选择。

我国刑法分则关于牵连犯的处罚规定，大体分为三种情形：（1）按手段行为或原因行为定罪处罚，如伪造货币并出售的，根据《刑法》第171条第3款的规定，以伪造货币罪定罪从重处罚；（2）以目的行为或结果行为定罪处罚，如使用伪造、变造的委托收款凭证、汇款凭证、银行存单等其他银行结算凭证的，根据《刑法》第194条第2款的规定，以金融凭证诈骗罪定罪处罚；（3）数罪并罚，如以暴力、威胁方法抗拒缉私的，根据《刑法》第157条的规定，以走私罪和妨害公务罪数罪并罚。按本书的界定，只有前两种情形才符合牵连犯的成立要求。前两种情形之所以可作为数罪并罚的例外，原因不仅在于数行为之间存在目的与手段或原因与结果之间的内在关联，更在于数行为尽管表面上侵犯不同的法益，但其中一罪的犯罪构成足以容纳对另一罪行的法益侵害内容，按一罪处罚足以对行为作出充分的评价，故可从一重罪处断。

（三）吸收犯

相比于连续犯与牵连犯，吸收犯在我国刑法理论与实务中引发的混乱要更加严重一些。在界定吸收犯时，多数观点认为，成立吸收关系要求数行为之间前行为是后行为发展的必经阶段，后行为是前行为发展的必然结果；具体而言，吸收关系被认为分为三种，即主行为吸收从行为、重行为吸收轻行

---

① 林钰雄. 新刑法总则. 北京：中国人民大学出版社，2009：470-471.
② 柯耀程. 刑法竞合论. 北京：中国人民大学出版社，2008：195.

为与实行行为吸收预备行为。不过，除前述三种类型之外，诸如高度行为吸收低度行为、全部行为吸收部分行为、正犯行为（或实行行为）吸收共犯行为以及既遂犯吸收未遂犯等，有时也被认为是吸收关系的类型。

稍加审视便可发现，各种吸收关系类型不仅分类标准不尽一致，在性质上也各不相同，比如，主行为吸收从行为和重行为吸收轻行为的类型，涉及数行为之间关系的处理，而实行行为吸收预备行为，则实际上仅涉及一个构成要件行为。如此一来，吸收关系的内容就显得异常庞杂，既涉及法条竞合的情形，也包括想象竞合的现象，同时还涵盖了牵连关系的类型。只是，"如此过度使用吸收，致使吸收繁衍膨胀而成为一罪或数罪判断中的怪物，动辄吸收之下，使学习刑法者，有如坠入五里雾中，而不知所措。更由于吸收犯概念的提出，其与法律单数的吸收关系究属一物，或属有所区别的两物，学说上亦是众说纷纭，莫衷一是，使本来已够混淆的概念，更形紊乱，而令人不知所从"①。

吸收关系判断标准的混乱与任意，已使吸收犯存在的必要性屡屡受到质疑。令人头痛的首先是，吸收犯与法条竞合中的吸收关系究竟是什么关系，二者是完全同一的还是存在差别的。对此，刑法理论一直无法提供有效的解决方案。其次便是吸收关系与牵连关系的处理。如果吸收关系的本质是重行为吸收轻行为，则牵连关系何尝不是如此？如果牵连关系本质上是一种吸收关系，则吸收犯与牵连犯之间便不可能进行界分。基于此，国内有学者明确主张取消吸收犯的概念，建议将其中一部分作为不可罚的事前、事后行为看待，另一部分作为实质数罪看待，还有一部分作为法条竞合意义上的吸收关系处理。②

本书认为，即使保留吸收犯的概念，也必须确保其与法条竞合、牵连犯、想象竞合之间不存在重合，不然，便会使竞合论的体系充满混乱，而且不利于实务案件的处理。鉴于刑法理论所主张的多种吸收关系类型，或者可归入法条竞合，或者可成立想象竞合，或者可理解为牵连关系，故本书只将吸收犯限于不可罚的事前事后行为。这算是不得已而为之的一种选择。

（四）数罪并罚

无论是否肯定连续犯、牵连犯与吸收犯存在的必要性，在当前的刑法理论中，有一点已基本取得共识，那就是应扩大数罪并罚的成立范围。在行为人实施数行为该当数个犯罪构成时，但凡以一罪定处会导致对行为的不法与罪责内涵的评价不足，便应考虑实行数罪并罚。这也是罪刑相适应原则的基本要求。数罪并罚不仅存在于涉及异种犯罪的场合，同种数罪也可能涉及并

---

① 林山田. 刑法通论：下册. 增订10版. 台北：作者个人发行，2008：373.
② 周光权. 法条竞合的特别关系研究. 中国法学，2010（3）：161.

罚。实务界习惯于认为数罪并罚中的数罪限于异种犯罪，对同种数罪一般都不进行并罚，这就未免过于限制并罚的数罪的范围，有时会因不予并罚而导致罪刑不相适应的结果。

虽然我国现有的立法与司法解释模式使得区分连续犯与同种数罪的意义有所削弱，但连续犯与同种数罪的区分仍有一定的意义，尤其是在侵犯高度个人专属性法益的场合，更是有区分的必要。比如，行为人基于报复社会的意图，在公共场合逢人便砍，连续砍伤10人，均达到轻伤的程度，此时应当认为成立10个故意伤害罪，并进行并罚，而不能视之为连续犯按一罪处理，依据《刑法》第234条第1款所规定的法定刑，即在3年以下有期徒刑、拘役或管制的幅度内进行量刑。此外，即便不涉及数罪并罚，有时也仍有必要区分连续犯与同种数罪。比如，在追诉时效的问题上，根据《刑法》第89条第1款的规定，犯罪行为有连续或者继续状态的，从犯罪行为终了之日起计算。可见，对连续犯的追诉期限是从犯罪行为终了之日起计算；因而，数行为究竟是成立连续犯还是同种数罪，对追诉时效的计算有重要的意义。另外，在涉及犯罪形态（如中止、未遂）或共同犯罪的问题时，这样的区分也有其重要性。比如，实施数个相同行为的行为人，在单一行为中存在犯罪中止的情节，或者共犯只参与数行为中的一行为，此时，按连续犯处理或是按同种数罪来对待，便会得出不同的结论。

第十一章　刑罚的适用

第一节　量刑情节

一、量刑情节的种类和范围

> 知识背景

量刑情节，是指由法律规定或认可，在定罪事实以外，能够体现犯罪行为的社会危害程度和犯罪人的人身危险性大小，进而在决定是否判处刑罚以及判处何种刑罚时予以考虑的各种主客观事实情况。

（一）量刑情节与定罪情节的区别

定罪情节是指决定犯罪是否成立的事实情节。我国刑法中的犯罪成立条件普遍存在"量"的规定，根据《刑法》第13条，社会危害性达到一定的"量"的行为才能构成犯罪，定罪情节即是这种成立犯罪的"量"的规定的一种形式。例如，《刑法》第246条第1款规定，以暴力或者其他方法公然侮辱他人或者捏造事实诽谤他人，情节严重的，构成侮辱罪、诽谤罪。其中，"情节严重"即为侮辱罪、诽谤罪的定罪情节。定罪情节是构成犯罪必须具备的情节，而量刑情节不影响定罪，只影响量刑。在内容上，量刑情节与定罪情节存在相似之处，但功能上存在不同。一般认为，同一案件中的同一行为或事实在被作为定罪情节适用后，就不能再作为量刑情节适用，以避免重复评价。当然，同一行为或事实在涉及不同量刑情节时，也不得重复适用。

需要说明的是，关于定罪情节与量刑情节是否存在交叉的问题。本书认为，定罪情节具有明确的内涵和外延，这是罪刑法定原则的必然要求。量刑情节，尤其是酌定量刑情节，其外延具有不确定性，二者之间在功能上存在差别。但是，同一种情节，有时可能是定罪情节，有时可能是量刑情节。以交通肇事罪中的"逃逸"情节为例，最高人民法院《关于审理交通肇事刑事案件具体应用法律若干问题的解释》第2条第2款第6项规定，交通肇事致一人以上重伤，负事故全部或者主要责任，并具有"为逃避法律追究逃离事故现场的"（逃逸）等六种情形之一，可构成交通肇事罪的基本犯（处3年以下有期徒刑或者拘役）。此时，"逃逸"情节为定罪情节。而根据《刑法》第133条（交通肇事罪）的规定，"交通运输肇事后逃逸"，处3年以上7年以下有期徒刑，即将"交通运输肇事后逃逸"规定为情节加重犯。此时"逃逸"情节为量刑情节。当然，根据该解释第3条的规定：作为加重犯的"交通运输肇事后逃逸"，是指行为人具有该解释第2条第1款规定和第2款第1至5项规定（不包括第6项"逃逸"情节）的情形之一，在发生交通事故后，为逃避法律追究而逃跑的行为。这也就是说，如果"逃逸"情节已经被作为定罪情节适用，就不能再作为量刑情节。"逃逸"情节不能被同时作为定罪情节、量刑情节，被重复评价。

当然，如果某一情节没有被作为定罪情节，仍然可以作为量刑情节而适用。例如，在概括罪名（刑法规定的危害行为存在多种形式），或者选择性罪名（行为形式或对象具有多种形式）的情况下，当行为人实施了多种形式行为，或者行为针对多个对象时，法院可用一种情节定罪，剩余情节可用于量刑。例如，《刑法》第293条规定："有下列寻衅滋事行为之一，破坏社会秩序的，处五年以下有期徒刑、拘役或者管制：（一）随意殴打他人，情节恶劣的；（二）追逐、拦截、辱骂、恐吓他人，情节恶劣的；（三）强拿硬要或者任意损毁、占用公私财物，情节严重的；（四）在公共场所起哄闹事，造成公共场所秩序严重混乱的。"这就意味着，行为人具有上述四种情形之一（例如，随意殴打他人，情节恶劣的），破坏社会秩序的，即可构成寻衅滋事罪，此时，该情节即为定罪情节；当行为人同时具有上述四种情形中的两个或者两个以上情形时，由于行为人仅具有其中一个情形，即可构成寻衅滋事罪，那么，另一个情形，应作为量刑情节在量刑时予以评价。此时，定罪情节也可以作为量刑情节适用。

责任要素（刑事责任年龄等）有时候既可作为定罪情节又可作为量刑情节。例如，15周岁的张三盗窃之后为抗拒抓捕而将被害人打成重伤。在定罪时，年龄15周岁是定罪情节，根据《刑法》第17条第1款、最高人民法院《关于审理未成年人刑事案件具体应用法律若干问题的解释》第10条，张三不能构成转化型抢劫，应以故意伤害罪（重伤）论处。在定罪之后，年龄15周岁是量刑情节，根据《刑法》第17条第3款，行为人应当从轻或者减轻处罚。

（二）量刑情节的分类

根据不同的标准，可以对量刑情节作不同分类。

（1）法定量刑情节与酌定量刑情节。这是以刑法有无明确规定对量刑情节所作的区分。法定量刑情节，是指刑法明文规定在量刑时应当予以考虑的情节。它包括总则性量刑情节和分则性量刑情节。总则性量刑情节是刑法总则明文规定的对犯罪普遍适用的情节，如未成年人罪犯情节、防卫过当或避险过当情节、自首、立功、累犯情节，等等；分则性量刑情节是刑法分则明文规定的对特定犯罪适用的情节，如强奸罪中奸淫不满10周岁幼女情节、二人以上轮奸情节等。酌定量刑情节，是指刑法未作明文规定，根据刑事立法精神与有关刑事政策，由人民法院从审判经验中总结出来的，在量刑时需要酌情考虑的情节，例如，犯罪的动机、犯罪的对象及行为人罪前、罪后的表现，等等。现行最高人民法院、最高人民检察院《关于常见犯罪的量刑指导意见（试行）》（法发〔2021〕21号）第三部分"常见量刑情节的适用"，除了列举未成年人犯罪、老年人犯罪、限制行为能力的精神病人犯罪、又聋又哑的人或者盲人犯罪、防卫过当、避险过当、犯罪预备、犯罪未遂、犯罪中止、从犯、胁从犯和教唆犯等常见法定量刑情节以外；还列举了退赃退赔、被害人谅解、达成刑事和解协议、羁押期间表现好、认罪认罚、前科、犯罪对象为弱势人员、灾害期间故意犯罪等常见酌定量刑情节。

（2）从宽量刑情节与从严量刑情节。这是以量刑情节对量刑轻重的影响力为标准进行的划分。从宽量刑情节，是指对犯罪人的量刑发生从宽影响力，使法院可能对其采用较轻的刑种或者适用较轻的刑度的情节，例如自首、立功、被害人谅解等情节；从严量刑情节，是指对犯罪人的量刑发生从严影响力，犯罪人可能因此被判处较重刑罚的情节，例如累犯、前科情节。

（3）应当型量刑情节和可以型量刑情节。这是以量刑情节适用的约束力为标准进行的划分。应当型量刑情节，是指在行为人具备该种情节时，司法者必须依照刑法规定的量刑规则适用的情节。例如，《刑法》第17条第4款规定，对依照前三款规定追究刑事责任的不满18周岁的人，应当从轻或者减轻处罚。犯罪人具有该量刑情节的，必须依法从轻或者减轻处罚。可以型量刑情节，是指在行为人具备该种情节时，司法者可以根据具体情况选择性适用或者不适用的量刑情节。例如，对自首情节，司法者可以从轻或者减轻处罚，对犯罪较轻的，可以免除处罚，即可以根据个案具体情况，决定是否适用。当然，虽然对于可以型量刑情节适用与否，司法者具有自由裁量权，但在不存在特殊的不适用理由时，原则上应当适用，只是适用幅度大小，应结合具体个案裁量。

（4）单功能量刑情节（单一量刑情节）和多功能量刑情节（选择性量刑情节）。这是以量刑情节对量刑的具体功能是否单一为标准进行的划分。单功能量刑情节，是指刑法规定对量刑的影响只具有单一性功能的情节。例如，

《刑法》第 29 条第 1 款规定，教唆不满 18 周岁的人犯罪的，应当从重处罚。多功能量刑情节，是指刑法规定对量刑的影响具有两种或两种以上功能的情节，例如，《刑法》第 29 条第 2 款规定，如果被教唆的人没有犯被教唆的罪，对于教唆犯，可以从轻或者减轻处罚。

(5) 罪中量刑情节、罪后量刑情节、罪前量刑情节。这是以量刑情节发生、存在或出现的时间为标准进行的划分。罪中量刑情节，是指定罪事实以外、与犯罪行为密切相关并可能影响行为社会危害性和犯罪人人身危险状况的主客观事实情况。罪后量刑情节，是指犯罪行为实施终了以后，能够反映犯罪人对待犯罪的态度、对犯罪后果所采取的补救措施等主客观事实情况，如认罪认罚、退赃退赔、取得被害人谅解等。罪前量刑情节，是指犯罪行为实施前已存在、足以影响行为人的人身危险性状况，进而影响量刑的情节，如前科、累犯。

规范依据

《刑法》

第 61 条　对于犯罪分子决定刑罚的时候，应当根据犯罪的事实、犯罪的性质、情节和对于社会的危害程度，依照本法的有关规定判处。

案例评价

[案例 11 - 1] 李甲故意杀人案[①]
（酌定情节的认定：民间矛盾、亲属协助抓捕）

1. 基本案情

2006 年 4 月 14 日，被告人李甲因犯盗窃罪被判处有期徒刑 2 年，2008 年 1 月 2 日刑满释放。2008 年 4 月，经他人介绍，李甲与被害人徐某（女，殁年 26 岁）建立恋爱关系。同年 8 月，二人因经常吵架而分手。8 月 24 日，当地公安机关到李甲的工作单位给李甲建立重点人档案时，其单位得知李甲曾因犯罪被判刑一事，并以此为由停止了李甲的工作。李甲认为其被停止工作与徐某有关。

同年 9 月 12 日 21 时许，被告人李甲拨打徐某的手机，因徐某外出，其表妹王某（被害人，时年 16 岁）接听了李甲打来的电话，并告知李甲，徐某已外出。后李甲又多次拨打徐某的手机，均未接通。当日 23 时许，李甲到哈尔滨市呼兰区徐某开设的"小天使形象设计室"附近，再次拨打徐某的手机，

[①] 最高人民法院指导案例 12 号．

与徐某在电话中发生吵骂。后李甲破门进入徐某在"小天使形象设计室"内的卧室,持室内的铁锤多次击打徐某的头部,击打徐某表妹王某头部、双手数下。稍后,李甲又持铁锤先后再次击打徐某、王某的头部,致徐某当场死亡、王某轻伤。为防止在场的"小天使形象设计室"学徒工佟某报警,李甲将徐某、王某及佟某的手机带离现场抛弃,后潜逃。同月23日22时许,李甲到其姑母李乙家中,委托其姑母转告其母亲梁某送钱。梁某得知此情后,及时报告公安机关,并于次日晚协助公安机关将来姑母家取钱的李甲抓获。在本案审理期间,李甲的母亲梁某代为赔偿被害人亲属4万元。

黑龙江省哈尔滨市中级人民法院于2009年4月30日作出刑事判决,认定被告人李甲犯故意杀人罪,判处死刑,剥夺政治权利终身。宣判后,李甲提出上诉。某省高级人民法院于2009年10月29日作出刑事裁定,驳回上诉,维持原判,并依法报请最高人民法院核准。

2. 涉案问题

被告人犯罪手段残忍,系累犯,且被害人亲属不予谅解;但因民间矛盾引发,被告人亲属主动协助公安机关将其抓捕归案,并积极赔偿的,是否可以认定有酌情从轻情节?如何综合考虑这些情节,应当判处死刑立即执行还是死缓限制减刑?

3. 裁判理由

最高人民法院根据复核确认的事实和被告人母亲协助抓捕被告人的情况,作出刑事裁定,不核准被告人李甲死刑,发回某省高级人民法院重新审判。某省高级人民法院经依法重新审理,认为:被告人李甲的行为已构成故意杀人罪,罪行极其严重,论罪应当判处死刑。本案系因民间矛盾引发的犯罪;案发后李甲的母亲梁某在得知李甲杀人后的行踪时,主动、及时到公安机关反映情况,并积极配合公安机关将李甲抓获归案;李甲在公安机关对其进行抓捕时,顺从归案,没有反抗行为,并在归案后始终如实供述自己的犯罪事实,认罪态度好;在本案审理期间,李甲的母亲代为赔偿被害方经济损失;李甲虽系累犯,但此前所犯盗窃罪的情节较轻。综合考虑上述情节,法院可以对李甲酌情从宽处罚,对其可不判处死刑立即执行。同时,鉴于其故意杀人手段残忍,系累犯,且被害人亲属不予谅解,法院于2011年5月3日作出刑事判决,以故意杀人罪改判被告人李甲死刑,缓期二年执行,剥夺政治权利终身,同时决定对其限制减刑。

4. 评析意见

本案是最高人民法院发布的指导性案例,具有参考效力。判例的本意是确定死缓限制减刑的标准。其"裁判理由"为:对于因民间矛盾引发的故意杀人案件,被告人犯罪手段残忍,且系累犯,论罪应当判处死刑,但被告人亲属主动协助公安机关将其抓捕归案，并积极赔偿的，人民法院根据案件具体情节，从尽量化解社会矛盾角度考虑，可以依法判处被告人死刑，缓期二年执行，同时决定限制减刑。

分析此"裁判理由"，可知裁判死刑的依据是对量刑情节的综合考虑，即对从严量刑情节与从宽量刑情节对比。本案的从严量刑情节有三个：手段残忍、累犯、被害人亲属不予谅解；从宽量刑情节有三个：民间矛盾引发、被告人亲属协助抓捕、积极赔偿。综合考虑，法院决定死缓并限制减刑。

当然，该指导性案例也确定了酌定量刑情节（本案中仅有累犯这一个情节系法定量刑情节），在从宽量刑情节方面，将民间矛盾引发、被告人亲属协助抓捕、积极赔偿都确定为酌定量刑情节；在从严量刑情节方面，将手段残忍、被害人亲属不予谅解确定为酌定量刑情节。可见，司法实务中酌定量刑情节的范围，特别是死刑案件中酌定量刑情节的范围，非常宽泛。被告人亲属协助抓捕，属于与犯罪人本人无关的情节，也属酌定量刑情节。

二、量刑情节的适用

知识背景

（一）量刑规范化改革与量刑方法的完善

所谓量刑，就是对被告人所应判处刑罚的度量。以往，我国各级人民法院严格依法办案，认真贯彻落实宽严相济的刑事政策，对犯罪分子所判处的刑罚是公正的，办案质量和办案效果也是好的。但由于刑法规定的法定刑幅度过于宽泛，对一些具体量刑情节规定得比较原则，司法实践中没有统一遵循的量刑方法和量刑步骤，法官往往凭经验"估堆"量刑。加上法官认识水平参差不齐，裁量权没有得到有效规范，导致有的案件量刑不均衡，甚至不公正；一些本来公正的判决也因量刑活动公开不够，受到当事人和人民群众的质疑，在一定程度上影响了司法的公信力和权威。随着我国经济社会的快速发展和人民群众法治意识的增强，人民群众对人民法院量刑工作提出了一系列新要求、新期待：不仅要求定罪正确，还期待量刑均衡公正；不仅要求量刑规范，还期待量刑公开透明；不仅要求公开裁判文书，还期待增强裁判说理；不仅要求参与法庭审理，还期待对量刑发表意见。可以说，量刑规范化改革是中国刑事司法发展、完善的重要组成部分。从长远来看，这项改革的顺利施行，将更加有利于依法准确惩罚犯罪，保障公民的诉讼权利，维护社会和谐稳定，提高司法公信力。

传统的量刑方法是法官根据案件基本犯罪事实和各种量刑情节，进行综合分析判断，一次性估量出宣告刑。这种量刑方法的优点在于能够对各种量刑情节进行整体的、综合的分析评价。但也存在弊端：其一，对被告人的犯罪行为以及各种量刑情节缺乏一个量化分析的过程，主要依靠法官个人的法律素养和实践经验进行"估堆"量刑，其结果自然会出现因人而异的情况，有的甚至差异还很大；其二，每一个量刑情节是否发挥了对刑罚的影响力，且在多大程度上影响量刑结果，均"只能意会，无法言传"，不符合刑罚裁量公开化、透明化、可预期性的要求。可以说，量刑方法不规范、不科学，是造成量刑不公、量刑失衡的重要原因之一。量刑规范化工作迫在眉睫。

最高人民法院在认真总结试点经验、广泛征求意见的基础上，于2010年9月13日发布《人民法院量刑指导意见（试行）》（法发〔2010〕36号，现已废止），自2010年10月1日起试行；2013年12月23日又发布《关于实施量刑规范化工作的通知》（现已废止），同时发布《关于常见犯罪的量刑指导意见》（法发〔2013〕14号），于2014年1月1日实施（后于2017年修订）；2017年3月9日发布《关于实施修订后的〈关于常见犯罪的量刑指导意见〉的通知》（法发〔2017〕7号，现已废止），于2017年4月1日起实施；后又发布《关于常见犯罪的量刑指导意见（二）（试行）》（现已废止），补充规定了8种犯罪的量刑，自2017年5月1日起试行。2021年6月16日，最高人民法院、最高人民检察院颁布《关于常见犯罪的量刑指导意见（试行）》（法发〔2021〕21号，以下简称《2021年量刑指导意见》），于2021年7月1日实施。《2021年量刑指导意见》的内容分为量刑的指导原则、量刑的基本方法、常见量刑情节的适用（规定了18种量刑情节）、常见犯罪的量刑（规定了23种犯罪的量刑）、附则，共五部分。

以上量刑规范化工作和指导意见，对量刑步骤、量刑情节的适用方法、常见犯罪的量刑作出了明确规定，有助于进一步规范量刑活动，实现量刑的公开、公正、均衡。

（二）《2021年量刑指导意见》规定的量刑情节的适用方法

我国《刑法》对量刑情节的适用仅作了从轻、减轻或者从重处罚的规定（《刑法》第62、63条），至于具体量刑情节对刑罚的影响力有多大，刑法和司法解释没有进一步明确，完全委之于法官自由裁量，由于不同的法官掌握的尺度不一样，导致有的案件量刑不均衡。前述最高人民法院发布的量刑指导意见引入了定量分析，对量刑情节的适用进行了适度量化，确定从轻或者从重的幅度，有助于量刑情节的规范适用。

根据现行《2021年量刑指导意见》的规定，量刑（确定宣告刑）分为三个步骤：第一步，确定量刑起点，即根据基本犯罪构成事实在相应的法定刑幅度内确定量刑起点；第二步，确定基准刑，即根据其他影响犯罪构成的犯罪数额、犯罪次数、犯罪后果等犯罪事实，在量刑起点的基础上增加刑罚量确定基准刑；第三步，确定宣告刑，即根据量刑情节调节基准刑，并综合考虑全案情况，依法确定宣告刑。

关于量刑情节调节基准刑的方法，《2021年量刑指导意见》规定：(1) 具有单个量刑情节的，根据量刑情节的调节比例直接调节基准刑。(2) 具有多个量刑情节的，一般根据各个量刑情节的调节比例，采用同向相加、逆向相减的方法调节基准刑；具有未成年人犯罪、老年人犯罪、限制行为能力的精神病人犯罪、又聋又哑的人或者盲人犯罪、防卫过当、避险过当、犯罪预备、犯罪未遂、犯罪中止、从犯、胁从犯和教唆犯等量刑情节的，先适用该量刑情节对基准刑进行调节，在此基础上，再适用其他量刑情节进行调节。(3) 被告人犯数罪，同时具有适用于个罪的立功、累犯等量刑情节的，先适用该量刑情节调节个罪的基准刑，确定个罪所应判处的刑罚，再依法实行数罪并罚，决定执行的刑罚。

关于确定宣告刑的方法，《2021年量刑指导意见》规定：(1) 量刑情节对基准刑的调节结果在法定刑幅度内，且罪责刑相适应的，可以直接确定为宣告刑；具有应当减轻处罚情节的，应当依法在法定最低刑以下确定宣告刑。(2) 量刑情节对基准刑的调节结果在法定最低刑以下，具有法定减轻处罚情节，且罪责刑相适应的，可以直接确定为宣告刑；只有从轻处罚情节的，可以依法确定法定最低刑为宣告刑；但是根据案件的特殊情况，经最高人民法院核准，也可以在法定刑以下判处刑罚。(3) 量刑情节对基准刑的调节结果在法定最高刑以上的，可以依法确定法定最高刑为宣告刑。(4) 综合考虑全案情况，独任审判员或合议庭可以在20%的幅度内对调节结果进行调整，确定宣告刑。当调节后的结果仍不符合罪责刑相适应原则的，应当提交审判委员会讨论，依法确定宣告刑。(5) 综合全案犯罪事实和量刑情节，依法应当判处无期徒刑以上刑罚、拘役、管制或者单处附加刑、缓刑、免予刑事处罚的，应当依法适用。

规范依据

《刑法》

第62条 犯罪分子具有本法规定的从重处罚、从轻处罚情节的，应当在法定刑的限度以内判处刑罚。

第63条第1款 犯罪分子具有本法规定的减轻处罚情节的，应当在法定刑以下判处刑罚；本法规定有数个量刑幅度的，应当在法定量刑幅度的下一个量刑幅度内判处刑罚。

案例评价

[案例 11-2] 俞某绑架案①
（绑架他人后又自动放弃继续犯罪的如何量刑）

1. 基本案情

2007年3月29日7时30分许，被告人俞某驾驶面包车途经浙江省某市一交叉路口时，看到被害人魏某（女，8岁）背着书包独自站在路边，因其无法偿还所欠他人债务顿生绑架勒索财物之念。俞某以驾车送其上学为由，将魏某诱骗上车，后驾车途经该市下属乡镇及相邻的浙江省海宁市等地。其间，俞某通过电话，以魏某在其处相要挟，向魏某的父亲以"借"为名索要5万元，并要求将钱汇至自己用假身份证开设的农业银行金穗通宝卡上。当日10时许，俞某出于害怕，主动放弃继续犯罪，驾车将魏某送回某市并出资雇三轮车将魏某安全送回所在学校。

某市人民法院认为，被告人俞某以勒索财物为目的，采用拐骗等手段对人质进行控制，其行为已构成绑架罪。依照《刑法》第239条和第63条第2款的规定，法院判决如下：被告人俞某犯绑架罪，判处有期徒刑4年，并处罚金人民币3万元。

一审宣判后，被告人俞某服判，未上诉，检察机关亦未抗诉。某市人民法院依法逐级上报核准。某市中级人民法院、某省高级人民法院和最高人民法院复核认定的事实和证据与原审判决认定的事实和证据相同，并同意原审对被告人俞某犯绑架罪，在法定刑以下量刑的判决。

2. 涉案问题

被告人绑架他人后又自动放弃继续犯罪的，如何适用该量刑情节？

3. 裁判理由

某市人民法院认为，被告人俞某以勒索财物为目的，在将被害人魏某以拐骗方式实际控制后，其犯罪行为已既遂，其主动将被害人送回学校，放弃继续犯罪的行为不属于犯罪中止。虽俞某不具备法定减轻处罚情节，但其绑架犯罪属临时起意，其绑架人质采用诱骗方式，控制人质期间未对被害人实施暴力或威胁，后能及时醒悟，主动将被害人送回，未对被害人造成身体、心理上的伤害，其犯罪时间较短，手段、情节、危害后果较轻，对其在法定刑幅度内量刑明显过重，应予减轻处罚。

最高人民法院经复核后认为，被告人俞某以勒索财物为目的，采用拐骗

---

① 最高人民法院刑事审判第一、二、三、四、五庭. 刑事审判参考：2008年第4集. 北京：法律出版社，2008：10-16.

等手段对儿童进行控制,并向其亲属勒索钱财,其行为已构成绑架罪。鉴于俞某拐骗控制儿童时间较短,在控制期间未实施暴力、威胁,且能及时醒悟,不再继续犯罪,作案后认罪态度较好,确有悔罪表现等具体情节,对其可以在法定刑以下判处刑罚。依照《刑法》第63条第2款和最高人民法院《关于执行〈中华人民共和国刑事诉讼法〉若干问题的解释》第270条的规定,最高人民法院裁定同意对被告人俞某的判决。

4. 评析意见

本案中,被告人俞某以勒索财物为目的,以诱骗的方式实际控制了被害人,符合刑法规定的绑架罪的构成要件,对被害人的人身权利构成了实质性侵害,而且实施了向被害人家属的勒索行为,足以认定构成绑架罪既遂。但俞某犯绑架罪又有一些必须予以评价的酌定从宽情节,如俞某犯罪后不再继续勒索财物,且将人质安全送回,系自动放弃继续犯罪。该情节在量刑时必须予以充分评价,以实现罪刑均衡。

本案发生于2007年,在审判及复核时,我国刑法尚未对绑架罪的法定刑作出修改。修订前的《刑法》规定,"以勒索财物为目的绑架他人的,或者绑架他人作为人质的,处十年以上有期徒刑或者无期徒刑,并处罚金或者没收财产"。根据上述规定,被告人俞某无任何法定减轻处罚情节,即应在"十年以上有期徒刑或者无期徒刑"幅度内量刑,并处罚金或者没收财产。一审法院、某市中级人民法院、某省高级人民法院和最高人民法院考虑到俞某实施绑架犯罪的情节、性质、危害及体现出来的人身危险性均轻于一般的绑架犯罪,具体体现在以下几个方面:(1)犯罪既遂后,俞某主动放弃继续犯罪,并实施了一系列补救措施,如放弃继续勒索,在获取赎金之前,自动放弃对被害人的人身控制,并将被害人安全送回;(2)俞某实施绑架的手段是拐骗而不是暴力,且其控制被绑架人的时间较短,其在控制期间既未对被绑架者实施威胁,也未实施暴力,仅以被绑架人在其处进行勒索,而未以"撕票"等人身侵害手段相威胁,对被害人及其亲属的身心伤害相对较轻;(3)俞某能及时醒悟,不再继续犯罪,且将人质安全送回,作案后认罪态度较好,确有悔罪表现等具体情节,均体现了其相对较小的人身危险性。基于上述考虑,上述法院认为对俞某在法定刑幅度内从轻处罚,即使给予最低刑罚有期徒刑10年,也体现不出因其具有明显异于一般绑架犯罪的从宽量刑情节而对其明显有别地从宽处遇。鉴于此,根据我国《刑法》第63条第2款的规定,一审法院决定对被告人适用特殊减轻处罚,即在法定刑以下对被告人俞某判处有期徒刑4年,并处罚金人民币3万元。我们认为,该判决符合罪刑相适应原则的要求,贯彻了宽严相济的刑事政策。

需要指出的是,2009年全国人大常委会通过的《刑法修正案(七)》对绑架罪的法定刑作了修改，新增了"情节较轻的，处五年以上十年以下有期徒刑，并处罚金"的法定刑幅度。这就意味着对犯绑架罪的被告人，在量刑时要结合其犯罪前的一贯表现、犯罪目的和动机、犯罪手段、对被害人等造成的危害后果及认罪、悔罪态度等，综合判断绑架行为是否符合"情节较轻"的规定，对于符合"情节较轻的"情形的，应当在最低一档法定刑幅度内量刑。该规定实质上将审判实践中对犯绑架罪的被告人量刑时通常考量的各种酌定量刑情节上升为更为抽象的法定情节，即"情节较轻的"。该修改有助于实现罪刑相适应。《刑法修正案（七）》施行后，若再发生类似俞某绑架案的案件，即可根据具体案情认定为"情节较轻"，在"五年以上十年以下有期徒刑，并处罚金"法定刑幅度内量刑。当然，如果在上述法定刑幅度内量刑仍然量刑过重，还可以适用特殊减轻的规定。

三、特殊减轻情节的适用

知识背景

《刑法》第63条第2款规定："犯罪分子虽然不具有本法规定的减轻处罚情节，但是根据案件的特殊情况，经最高人民法院核准，也可以在法定刑以下判处刑罚。"这就是我国刑法关于特殊减轻的规定，相对于我国刑法明确规定的法定减轻，这一制度又叫酌定减轻，它主要是考虑到犯罪的复杂性以及罪刑设置本身可能存在的不合理性，依据罪刑相适应原则，赋予人民法院酌定减轻处罚的权力，确保个案公正，是对法定减轻处罚制度必要的、有益的补充。

对被告人在法定刑以下判处刑罚需要满足以下三个条件：其一，被告人不具有法定减轻或者免除处罚情节，这是适用特殊减轻的前提条件；其二，根据案件的特殊情况，需要对被告人在法定刑以下判处刑罚，这是适用特殊减轻的实质条件；其三，依法报经最高人民法院核准，这是适用特殊减轻的程序条件。在具体适用时，需要注意以下问题：

（1）关于"案件的特殊情况"的内涵与外延。有观点认为："所谓'特殊'情况，主要是对一些案件的判决关系到国家的重大利益，如国防、外交、民族、宗教、统战以及重大经济利益。"这一观点得到了最高立法机关的认同。在冯某受贿案中，全国人大法工委在答复最高人民法院的意见中指出：因"特殊情况"在法定刑以下判处刑罚的规定，主要是针对涉及国防、外交、民族、宗教等极个别特殊案件的需要，不是对一般刑事案件的规定。这种解释显然是对"特殊情况"的限缩解释，适用性和操作性不强，也日益与审判实践脱节。

以许霆盗窃案为典型例证，对于该案，广州市中级人民法院起初以盗窃罪判处许霆无期徒刑，剥夺政治权利终身，并处没收个人全部财产。宣判后，许霆提出上诉。广东省高级人民法院撤销原判，发回重审，广州市中级人民法院以许霆犯盗窃罪，在法定刑以下判处有期徒刑5年，并处罚金人民币2万元。宣判后，许霆又提出上诉。广东省高级人民法院维持原判，并报最高人民法院核准。最高人民法院裁判认为："许霆盗窃金融机构，数额特别巨大，依法本应判处无期徒刑以上刑罚。但考虑到许霆是在发现自动柜员机发生故障的情况下临时起意盗窃，其行为具有一定的偶然性，与有预谋、有准备盗窃金融机构的犯罪相比，主观恶意性相对较小；许霆是趁自动柜员机发生故障之机，采用输入指令取款的方法窃取款项，与采取破坏手段盗取钱财相比，犯罪情节相对较轻，对许霆可以适用刑法第六十三条第二款的规定，在法定刑以下判处刑罚。"从中已不难看出，最高人民法院通过个案复核丰富了"特殊情况"的内涵，从效果看，许霆盗窃案的裁判效果是良好的，这也说明了进一步丰富"特殊情况"的内涵得到了社会公众的认同。当然，对"特殊情况"的把握也要慎重，不能无限制扩大，防止酌定减轻处罚权的滥用。

(2) 关于特殊减轻是否受下一格减轻处罚限制的问题。《刑法修正案（八）》对法定减刑处罚的适用规则进行了修改，修正后的《刑法》第63条第1款规定："犯罪分子具有本法规定的减轻处罚情节的，应当在法定刑以下判处刑罚；本法规定有数个量刑幅度的，应当在法定量刑幅度的下一个量刑幅度内判处刑罚。"那么，酌定减轻是否受下一格减轻处罚限制？本书认为，根据全国人大常委会法工委的意见，对"特殊情况"的案件，可以根据具体情况和维护国家利益的需要，不受《刑法》第63条第1款规定的下一格减轻处罚的限制。

实践中，有的案件不具有法定减轻处罚情节，能否直接适用《刑法》第37条"对于犯罪情节轻微不需要判处刑罚的，可以免予刑事处罚"的规定？答案是肯定的，关键是要正确理解和把握"犯罪情节轻微不需要判处刑罚的"含义。"犯罪情节轻微"，主要指针对犯罪构成事实。如果一个罪名有两个或者两个以上法定刑幅度，犯罪构成事实一般指在第一个法定刑幅度内的；如果行为人所实施的犯罪事实，已经符合第二个乃至第三个、第四个法定刑幅度的犯罪构成事实，其犯罪事实就已经超出了"犯罪情节轻微"的范畴，在这种情况下，一般不能直接引用《刑法》第37条之规定，直接免予刑事处罚。以诈骗罪为例，最高人民法院、最高人民检察院《关于办理诈骗刑事案件具体应用法律若干问题的解释》第3条规定：诈骗公私财物虽已达到"数额较大"的标准，但具有"法定从宽处罚情节""一审宣判前全部退赃、退赔""没有参与分赃或者获赃较少且不是主犯""被害人谅解"等情形，且行为人认罪、悔罪的，可以根据《刑法》第 37 条、《刑事诉讼法》第 16 条第 1 项、第 177 条的规定不起诉。如果行为人诈骗公私财物已经达到"数额巨大"的标准，即要在第二档量刑幅度内裁量刑罚的，不宜直接引用《刑法》第 37 条之规定，直接免予刑事处罚。

规范依据

《刑法》

第 63 条第 2 款　犯罪分子虽然不具有本法规定的减轻处罚情节，但是根据案件的特殊情况，经最高人民法院核准，也可以在法定刑以下判处刑罚。

案例评价

[案例 11-3] 闫某故意伤害案①
（将正在实施盗窃的犯罪分子追打致死的刑罚裁量）

1. 基本案情

2008 年 1 月 7 日 23 时许，钟某（被害人）伙同他人在临近的某县杨庄户乡钟庄村腰东村民组偷盗耕牛时被腰东村村民发现。被告人闫某在追撵、堵截钟某时，持柴麦刀夯钟某右侧肋部，致使钟某跌入水沟内。闫某又与同村村民持砖块砸击钟某，致使钟某死于沟内。经鉴定，钟某系因钝性外力作用致重型闭合性颅脑损伤、失血性休克致溺水窒息而死亡。

某县人民法院认为，被告人闫某故意伤害他人身体，致一人死亡的事实清楚，其行为已构成故意伤害罪。依照《刑法》第 234 条第 1 款、第 2 款等的规定，法院认定被告人闫某犯故意伤害罪，减轻判处有期徒刑 5 年，并依法逐级上报核准。

某市中级人民法院和某省高级人民法院复核认定的事实和证据与原审判决认定的事实和证据相同，并同意原审对被告人闫某以故意伤害罪判处有期徒刑 5 年的刑事判决。最高人民法院经复核，裁定核准。

2. 涉案问题

追打犯罪分子时，致犯罪分子死亡的案件，可否适用特殊减轻处罚？

3. 裁判理由

某县人民法院认为，被告人闫某认罪态度较好，有悔罪表现，可酌情从轻处罚。虽然闫某不具有法定减轻处罚情节，但被害人是盗窃他人财物时

---

① 最高人民法院刑事审判第一、二、三、四、五庭. 刑事审判参考：2010 年第 1 集. 北京：法律出版社，2010：27-31.

被发现并在逃跑过程中被闫某打伤的,其本人具有重大过错,其死亡也是由多种原因造成的。对闫某在法定刑幅度内处以最轻的刑罚仍然过重,故法院在法定刑以下对闫某减轻处罚,判处其有期徒刑5年,并依法逐级上报核准。

最高人民法院经复核后认为,被告人闫某持刀把击打他人身体并用砖块砸击他人的行为已构成故意伤害罪,且造成了被害人死亡的后果,依法应当在10年以上有期徒刑判处刑罚。但鉴于本案由被害人盗窃公民财物的违法行为引发;被害人的死亡结果是多种原因、多人行为所致的,不应由被告人一人承担全部责任;被告人认罪态度好等情节,对其可在法定刑以下判处刑罚。

4. 评析意见

对于本案中被告人闫某在小偷盗窃后、追小偷而打死小偷行为的定性,要考虑其是否具备法定量刑情节,例如《刑法》第20条第2款规定的防卫过当情节,而"应当减轻或者免除处罚"。

这就需要判断其行为是否属于防卫行为。在防卫时间条件方面,尽管最高人民法院、最高人民检察院、公安部《关于依法适用正当防卫制度的指导意见》第6条规定"在财产犯罪中,不法侵害人虽已取得财物,但通过追赶、阻击等措施能够追回财物的,可以视为不法侵害仍在进行",但本案中小偷并未盗窃得逞取得财物,行为人之前的追撵行为,是了追捕小偷,具有扭送性质。但是,在小偷跌入沟中丧失反抗能力之后,属于"不法侵害人确已失去侵害能力或者确已放弃侵害的,应当认定为不法侵害已经结束"的情况。在此之后,行为人又持砖块砸击,此段行为性质,不是为了追回财物,也不是为了抓捕,不具有防卫性质,也不具有扭送性质。以防卫过当、扭送过当为由减轻处罚,并不适当。其属于事后防卫,可构成故意伤害罪。

在法定刑方面,闫某与他人一起追打盗窃完毕的钟某,并致钟某死亡,构成故意伤害罪(致人死亡),法定最低刑为有期徒刑10年。但是,鉴于案件是由被害人钟某重大过错引起,如果对闫某判处10年以上有期徒刑,会让人感觉量刑畸重。

法院认为,可以适用特殊减轻处罚。首先,被害人有严重过错。被害人当晚进入被告人闫某所在村意图偷窃,并已经进入他人家中。其次,本案发生前,当地发生多起村民被盗事件,当地群众对偷盗行为极为愤恨,且案发时该县正在开展平安建设,鼓励群众自觉参加巡逻打更,积极同违法犯罪行为作斗争。最后,被害人死亡是由村民多人致伤、多种原因造成的,致使被害人死亡并非闫某一人所为。鉴于以上原因,对被告人判处10年有期徒刑或者以上刑罚,显然过重。为实现个案公正,依法对被告人适用特殊减轻,贯彻了宽严相济刑事政策，实现了罚当其罪。

第二节 累 犯

知识背景

我国刑法中的累犯是再犯的一种特别情况，分为一般累犯和特别累犯，都是被判处一定刑罚的犯罪人，在刑罚执行完毕或者赦免以后，在法定期限内又犯一定之罪的情形。累犯是我国刑法规定的从严量刑情节，应当从重处罚。

（一）一般累犯的认定

一般累犯是指因故意犯罪被判处有期徒刑以上刑罚的犯罪分子，在刑罚执行完毕或者赦免以后，在5年内故意再犯应当判处有期徒刑以上刑罚之罪的情形，未满18周岁的人犯罪除外。构成一般累犯，需要符合以下四个条件：一是前罪与后罪都必须是故意犯罪。如果前后两罪或者其中一罪是过失犯罪，就不成立累犯。二是前罪已被判处有期徒刑以上刑罚，后罪应当判处有期徒刑以上刑罚。后罪应当判处有期徒刑以上刑罚，是指后罪根据事实以及刑法的规定，应当判处有期徒刑以上刑罚，而不是指触犯罪名的法定刑。当然，后罪要求仍能追诉，如果已过追诉时效，则也不构成累犯。三是后罪必须发生在前罪刑罚执行完毕或赦免以后5年以内。如果后罪发生在前罪的刑罚执行期间，不构成累犯，应按先减后并规则数罪并罚。如果后罪发生在前罪的刑罚执行完毕或者赦免5年以后，也不构成累犯，应认定为具有再犯前科。这里的"刑罚执行完毕"，是指主刑执行完毕，不包括附加刑在内。"五年以内"应从服刑人在服刑最终日当天被实际释放之后起算，被实际释放之后于释放当天又犯罪的，构成累犯。关于终止日，司法实践一般以对应的日期进行计算，对应日当天犯罪的认为是"以内"，对应日第二日犯罪的，认为是"以外"。例如，2010年1月1日刑满释放，2015年1月1日犯罪的，可构成累犯；2015年1月2日犯罪的，则不构成累犯。被假释的犯罪分子，如果在假释考验期内又犯新罪，不构成累犯，应当撤销假释，按"先减后并"原则数罪并罚；但在假释考验期满后5年以内又犯新罪的，构成累犯。对于被判处缓刑的犯罪分子，在缓刑考验期间又犯新罪的，应当撤销缓刑，数罪并罚；对于在缓刑考验期满后又犯新罪的，应当单独对新罪进行处罚，行为人不构成累犯。四是实施前罪与后罪行为时犯罪分子都已年满18周岁。行为人实施前后两次犯罪时都未满18周岁，或者实施前罪时未满18周岁，实施后罪时已满 18 周岁的，均不构成一般累犯。

(二) 特别累犯的认定

特别累犯是指因犯危害国家安全犯罪、恐怖活动犯罪、黑社会性质的组织犯罪受过刑罚处罚，在刑罚执行完毕或者赦免以后，在任何时候再犯上述任一类罪的情形。构成特别累犯，需要符合以下三个条件：一是前罪与后罪必须是危害国家安全犯罪、恐怖活动犯罪、黑社会性质的组织犯罪。危害国家安全犯罪指《刑法》分则第一章"危害国家安全罪"中的相关罪名。恐怖活动犯罪包括组织、领导、参加恐怖组织罪（第 120 条），帮助恐怖活动罪（第 120 条之一），准备实施恐怖活动罪（第 120 条之二），宣扬恐怖主义、极端主义、煽动实施暴力恐怖活动罪（第 120 条之三），利用极端主义破坏法律实施罪（第 120 条之四），强制穿戴宣扬恐怖主义、极端主义服饰、标志罪（第 120 条之五），非法持有宣扬恐怖主义、极端主义物品罪（第 120 条之六）；还包括恐怖组织实施的杀人、爆炸、绑架等普通犯罪。编造、故意传播虚假恐怖信息罪（第 291 条之一第 1 款）、拒绝提供间谍犯罪、恐怖主义犯罪、极端主义犯罪证据罪（第 311 条），不属恐怖活动犯罪。黑社会性质组织犯罪包括组织、领导、参加黑社会性质组织罪（第 294 条第 1 款），入境发展黑社会组织罪（第 294 条第 2 款），包庇、纵容黑社会性质组织罪（第 294 条第 3 款），还包括黑社会性质组织实施的普通犯罪，例如黑社会性质组织实施的强迫交易罪等。成立特别累犯，不要求后罪的种类与前罪的种类相同，只要前、后罪都是前述三类犯罪中一种。二是后罪发生在前罪刑罚执行完毕或者赦免以后，两罪之间无时间间隔的限制。三是前罪曾被判处过刑罚。这是根据"刑罚执行完毕或者赦免以后"推导出的应有之意，前罪被定罪免刑，或者被判处缓刑并且缓刑考验期满，再犯前述三类犯罪的，不构成累犯。当然，对于后罪是否应当被判处刑罚，刑法并没有要求。此外，与一般累犯的成立相比，特别累犯的成立并不要求实施前、后罪时行为人已满 18 周岁。

(三) 累犯的法律后果

对于累犯，应当从重处罚。累犯从重处罚，一般指对构成累犯的后罪在量刑时从重。此外，累犯不适用缓刑，不得假释。对被判处死刑缓期执行的累犯，人民法院根据犯罪情节等情况可以同时决定对其限制减刑。如果行为人在前罪刑罚执行完毕或赦免之后，又犯数个新罪，且数个新罪都符合累犯的规定，则人民法院应当将每个后犯的新罪都认定为累犯，分别从重量刑，然后再并罚；而不能先不分别从重量刑，通过并罚得出总和刑期后，再在总和刑期的基础上从重处罚。

规范依据

(一)《刑法》

第65条　被判处有期徒刑以上刑罚的犯罪分子，刑罚执行完毕或者赦免以后，在五年以内再犯应当判处有期徒刑以上刑罚之罪的，是累犯，应当从重处罚，但是过失犯罪和不满十八周岁的人犯罪的除外。

前款规定的期限，对于被假释的犯罪分子，从假释期满之日起计算。

第66条　危害国家安全犯罪、恐怖活动犯罪、黑社会性质的组织犯罪的犯罪分子，在刑罚执行完毕或者赦免以后，在任何时候再犯上述任一类罪的，都以累犯论处。

(二)最高人民法院《关于适用刑法时间效力规定若干问题的解释》

第3条　前罪判处的刑罚已经执行完毕或者赦免，在1997年9月30日以前又犯应当判处有期徒刑以上刑罚之罪，是否构成累犯，适用修订前的刑法第六十一条的规定；1997年10月1日以后又犯应当判处有期徒刑以上刑罚之罪的，是否构成累犯，适用刑法第六十五条的规定。

(三)最高人民法院《关于〈中华人民共和国刑法修正案（八）〉时间效力问题的解释》

第3条　被判处有期徒刑以上刑罚，刑罚执行完毕或者赦免以后，在2011年4月30日以前再犯应当判处有期徒刑以上刑罚之罪的，是否构成累犯，适用修正前刑法第六十五条的规定；但是，前罪实施时不满十八周岁的，是否构成累犯，适用修正后刑法第六十五条的规定。

曾犯危害国家安全犯罪，刑罚执行完毕或者赦免以后，在2011年4月30日以前再犯危害国家安全犯罪的，是否构成累犯，适用修正前刑法第六十六条的规定。

曾被判处有期徒刑以上刑罚，或者曾犯危害国家安全犯罪、恐怖活动犯罪、黑社会性质的组织犯罪，在2011年5月1日以后再犯罪的，是否构成累犯，适用修正后刑法第六十五条、第六十六条的规定。

(四)最高人民法院、最高人民检察院《关于缓刑犯在考验期满后五年内再犯应当判处有期徒刑以上刑罚之罪应否认定为累犯问题的批复》

被判处有期徒刑宣告缓刑的犯罪分子，在缓刑考验期满后五年内再犯应当判处有期徒刑以上刑罚之罪的，因前罪判处的有期徒刑并未执行，不具备刑法第六十五条规定的"刑罚执行完毕"的要件，故不应认定为累犯，但可作为对新罪确定刑罚的酌定从重情节予以考虑。

案例评价

[案例11-4] 秋某盗窃案①（"刑罚执行完毕"的认定）

1. 基本案情

被告人秋某，曾因犯盗窃罪于1995年6月8日被判处有期徒刑8年，服刑期间因犯脱逃罪被判处有期徒刑3年、犯盗窃罪被判处有期徒刑1年，与原判刑期余刑6年14天，并处剥夺政治权利1年并罚，决定执行有期徒刑9年，剥夺政治权利1年。其后经减刑于2004年12月6日被释放。其于2005年5月27日因本案被逮捕。

被告人秋某于2005年5月20日9时50分许，在某早市的20号摊位内窃得摊主李洪芳的挎包1个，内有现金2 000余元，托普牌移动电话1部、小灵通电话1部以及"三达"牌烟斗2个（上述物品共计价值630元）。秋某被当场抓获。赃款、赃物均已被起获。

某区人民法院依照《刑法》第264条、最高人民法院《关于审理盗窃案件具体应用法律若干问题的解释》第6条第3项等的规定，认定被告人秋某犯盗窃罪，判处有期徒刑2年，并处罚金人民币2 000元，与前罪未执行完毕的附加刑剥夺政治权利6个月17天并罚，决定执行有期徒刑2年，剥夺政治权利6个月17天，并处罚金人民币2 000元。一审判决后，被告人未上诉，公诉机关未抗诉，判决已发生法律效力。

2. 涉案问题

前罪主刑执行完毕后，附加刑尚未执行完毕前，又犯新罪的，是否构成累犯？

3. 裁判理由

某区人民检察院认为，被告人秋某曾因犯盗窃罪被判处有期徒刑以上刑罚，此次在刑罚执行完毕后5年内再次犯应判处有期徒刑以上刑罚之罪，系累犯，应予从重处罚。某区人民法院认为，秋某曾因犯盗窃罪被判处有期徒刑以上刑罚，仍不思悔改，刑罚执行完毕后5年内再次犯应判处有期徒刑以上刑罚之罪，系累犯，依法应予从重处罚，根据最高人民法院《关于审理盗窃案件具体应用法律若干问题的解释》第6条第3项之规定，这属于具有"其他严重情节"；鉴于其此次犯罪系未遂，且其当庭自愿认罪，具有一定悔罪表现，未给被害人造成财产损失，故对其所犯盗窃罪依法减轻处罚。

---

① 国家法官学院，中国人民大学法学院．中国审判案例要览：2006年刑事审判案例卷．北京：人民法院出版社，中国人民大学出版社，2007：62-65．

4. 评析意见

被告人秋某因犯前罪经减刑于 2004 年 12 月 6 日被释放并剥夺政治权利一年，在剥夺政治权利执行期间又于 2005 年 5 月 20 日实施盗窃，应被判处有期徒刑以上刑罚。其是否构成累犯？在审理中法院有两种不同意见：第一种意见认为，《刑法》第 65 条中的"刑罚执行完毕或赦免以后"中的"刑罚"，既包括主刑也包括附加刑，本案附加刑尚未执行完毕，被告人不构成累犯；第二种意见认为，"刑罚执行完毕"是指主刑执行完毕，被告人构成累犯。本书同意第二种意见，认为累犯构成条件中的"刑罚执行完毕"，是指主刑执行完毕。理由如下。

其一，这是对《刑法》第 65 条第 1 款前后文进行体系解释得出的结论。"被判处有期徒刑以上刑罚的犯罪分子，刑罚执行完毕或者赦免以后，在五年以内再犯应当判处有期徒刑以上刑罚之罪的，是累犯，应当从重处罚，但是过失犯罪和不满十八周岁的人犯罪的除外"，"刑罚"一词在该条行文中先后出现三次。第二次出现的"刑罚执行完毕"中的"刑罚"，与第一次出现的"被判处有期徒刑以上刑罚"中的"刑罚"应具有同样的内涵和外延，即在前罪所判有期徒刑以上刑罚执行完毕或者被赦免以后，5 年以内再犯应当判处有期徒刑以上刑罚之罪的，是累犯。"刑罚执行完毕"中的"刑罚"专指被判有期徒刑以上的主刑，而不包括附加刑。

其二，《刑法》第 65 条第 2 款的规定也可以印证上述观点。该款规定："前款规定的期限，对于被假释的犯罪分子，从假释期满之日起计算。"假设被告人甲被判处有期徒刑 5 年，并附加剥夺政治权利 3 年，在有期徒刑执行 4 年后被假释，在假释考验期满后 1 年又犯应被判处有期徒刑的新罪。依前条规定，其系在假释考验期满后 5 年之内犯新罪，可以构成累犯。但是，其附加刑剥夺政治权利应从假释之日起计算，其剥夺政治权利的附加刑至假释考验期满后 2 年才执行完毕。被告人在犯新罪时，附加刑剥夺政治权利仍在执行期间，其仍然构成累犯。这说明主刑执行完毕、附加刑尚未执行完毕期间犯新罪的，可以构成累犯。

此外，前罪主刑执行完毕后，前罪主刑所剩余的刑罚量已为零，对被告人数罪并罚已无实际意义。在此情况下，认定被告人构成累犯，对其所犯后罪依法从重处罚，是基于特殊预防的要求，能够实现罪刑相适应。

第三节　自　首

我国刑法中的自首分为两种类型，即一般自首和特别自首。一般自首是指犯罪以后自动投案，如实供述自己罪行的行为。一般自首强调的是自动投案，即主动地将自己置于司法机关控制之下。特别自首，又称特殊自首、余罪自首、准自首，是指被采取强制措施的犯罪嫌疑人、被告人和正在服刑的罪犯，如实供述司法机关尚未掌握的本人其他罪行的行为。

自首制度的设立根据以及对自首的犯罪人从宽的依据，一方面在于犯罪人自动投案后如实供述自己的罪行，表明其人身危险性减小；另一方面在于自首使案件被及时侦破和审判，节约了司法资源。前者立足于特殊预防，后者立足于功利目的，具有刑事政策意义。

一、一般自首成立条件之一：自动投案

知识背景

自动投案，是指犯罪分子在犯罪之后、归案之前，出于本人的意志而自愿将自己置于司法机关的控制之下，接受审判的行为。关于自动投案的理解与认定，要注意以下几个方面的问题：

在投案时间上，要求投案行为必须发生在犯罪嫌疑人归案前，即犯罪事实尚未被发觉，或者案件尚未被侦破、犯罪嫌疑人尚未被发现，或者犯罪嫌疑人尚未被缉拿归案。具体包括：（1）在犯罪事实或犯罪嫌疑人尚未被发觉前自动投案的，包括形迹可疑型的自首，即罪行尚未被司法机关发觉，仅因形迹可疑，被有关组织或者司法机关盘问、教育后，主动交代自己的罪行的；（2）在犯罪事实和犯罪嫌疑人已被确认但未被讯问和采取强制措施前自动归案的；（3）在犯罪事实被发现但尚未被缉拿归案之前投案的；（4）已被采取强制措施后，潜逃后又投案的；（5）在因特定违法行为被采取行政拘留、司法拘留、强制隔离戒毒等行政、司法强制措施期间，主动向执行机关交代尚未被掌握的犯罪行为的。

在投案对象上，一般是犯罪嫌疑人向司法机关投案，例如向公安机关、人民检察院和人民法院及其派出单位（如派出所、基层人民法庭等）投案。犯罪嫌疑人向其所在单位、城乡基层组织或者其他有关负责人员投案的，也应视为自动投案。此外，犯罪嫌疑人向其他非司法机关或个人投案，最终能使自己置于司法机关的控制之下的，也应认定为自动投案。

在投案方式上，除犯罪嫌疑人亲自前去司法机关投案（亲首）外，还可以采取代首、信首、陪首、送首等方式投案，只要自动将自己置于司法机关控制之下即可成立自首。（1）代首是指犯罪嫌疑人因病、伤或者为了减轻犯罪后果，委托他人先代为投案的情形；（2）信首是指先以信电方式投案，而后自己归案的情形；（3）陪首是指并非出于犯罪嫌疑人主动，而是经亲友规劝后愿意投案以及因害怕不敢投案而由亲友陪同投案的情形；（4）送首是指

公安机关通知犯罪嫌疑人的亲友，或者犯罪嫌疑人的亲友主动报案后，将犯罪嫌疑人送去投案的情形；(5) 经查实，犯罪嫌疑人确已准备去投案，或者正在投案途中，被公安机关捕获的，应当视为自动投案；(6) 犯罪嫌疑人在实施了告诉才处理的犯罪（亲告罪）以后，向有告诉权的人告知自己的犯罪事实，并同意其告知司法机关的，也应认定为自动投案。

在投案意愿上，自动投案要求犯罪嫌疑人主观上主要基于自己的意志选择而自动投案；此外，还要求投案具有彻底性，亦即犯罪嫌疑人投案后听候、接受司法机关的侦查、起诉和审判，而不是再次逃跑和逃避，但并不要求其认罪悔罪。

规范依据

（一）《刑法》

第 67 条第 1 款　犯罪以后自动投案，如实供述自己的罪行的，是自首。对于自首的犯罪分子，可以从轻或者减轻处罚。其中，犯罪较轻的，可以免除处罚。

（二）最高人民法院《关于处理自首和立功具体应用法律若干问题的解释》

第 1 条　根据刑法第六十七条第一款的规定，犯罪以后自动投案，如实供述自己的罪行的，是自首。

（一）自动投案，是指犯罪事实或者犯罪嫌疑人未被司法机关发觉，或者虽被发觉，但犯罪嫌疑人尚未受到讯问、未被采取强制措施时，主动、直接向公安机关、人民检察院或者人民法院投案。

犯罪嫌疑人向其所在单位、城乡基层组织或者其他有关负责人员投案的；犯罪嫌疑人因病、伤或者为了减轻犯罪后果，委托他人先代为投案，或者先以信电投案的；罪行尚未被司法机关发觉，仅因形迹可疑被有关组织或者司法机关盘问、教育后，主动交代自己的罪行的；犯罪后逃跑，在被通缉、追捕过程中，主动投案的；经查实确已准备去投案，或者正在投案途中，被公安机关捕获的，应当视为自动投案。

并非出于犯罪嫌疑人主动，而是经亲友规劝、陪同投案的；公安机关通知犯罪嫌疑人的亲友，或者亲友主动报案后，将犯罪嫌疑人送去投案的，也应视为自动投案。

犯罪嫌疑人自动投案后又逃跑的，不能认定为自首。

……

（三）最高人民法院《关于处理自首和立功若干具体问题的意见》

一、关于"自动投案"的具体认定

《解释》第一条第（一）项规定七种应当视为自动投案的情形，体现了犯罪嫌疑人投案的主动性和自愿性。根据《解释》第一条第（一）项的规定，犯罪嫌疑人具有以下情形之一的，也应当视为自动投案：1. 犯罪后主动报案，虽未表明自己是作案人，但没有逃离现场，在司法机关询问时交代自己罪行的；2. 明知他人报案而在现场等待，抓捕时无拒捕行为，供认犯罪事实的；3. 在司法机关未确定犯罪嫌疑人，尚在一般性排查询问时主动交代自己罪行的；4. 因特定违法行为被采取劳动教养、行政拘留、司法拘留、强制隔离戒毒等行政、司法强制措施期间，主动向执行机关交代尚未被掌握的犯罪行为的；5. 其他符合立法本意，应当视为自动投案的情形。

罪行未被有关部门、司法机关发觉，仅因形迹可疑被盘问、教育后，主动交代了犯罪事实的，应当视为自动投案，但有关部门、司法机关在其身上、随身携带的物品、驾乘的交通工具等处发现与犯罪有关的物品的，不能认定为自动投案。

交通肇事后保护现场、抢救伤者，并向公安机关报告的，应认定为自动投案，构成自首的，因上述行为同时系犯罪嫌疑人的法定义务，对其是否从宽、从宽幅度要适当从严掌握。交通肇事逃逸后自动投案，如实供述自己罪行的，应认定为自首，但应依法以较重法定刑为基准，视情决定对其是否从宽处罚以及从宽处罚的幅度。

犯罪嫌疑人被亲友采用捆绑等手段送到司法机关，或者在亲友带领侦查人员前来抓捕时无拒捕行为，并如实供认犯罪事实的，虽然不能认定为自动投案，但可以参照法律对自首的有关规定酌情从轻处罚。

（四）最高人民法院、最高人民检察院《关于办理职务犯罪案件认定自首、立功等量刑情节若干问题的意见》

一、关于自首的认定和处理

根据刑法第六十七条第一款的规定，成立自首需同时具备自动投案和如实供述自己的罪行两个要件。犯罪事实或者犯罪分子未被办案机关掌握，或者虽被掌握，但犯罪分子尚未受到调查谈话、讯问，或者未被宣布采取调查措施或者强制措施时，向办案机关投案的，是自动投案。在此期间如实交代自己的主要犯罪事实的，应当认定为自首。

犯罪分子向所在单位等办案机关以外的单位、组织或者有关负责人员投案的，应当视为自动投案。

没有自动投案，在办案机关调查谈话、讯问、采取调查措施或者强制措施期间，犯罪分子如实交代办案机关掌握的线索所针对的事实的，不能认定为自首。

案例评价

[案例11-5] 王某盗窃案① (经传唤而投案)

1. 基本案情

2004年3月某日22时许,被告人王某盗窃田某的海陵二轮摩托车1辆,价值1 960元。同年5月,王某在得知该车主系田某后,向田某索要500元现金后将摩托车退还给了田某。同年5月14日,王某在被传唤到公安机关后,主动交代了上述犯罪事实。

某市人民法院经审理认为,被告人王某采取秘密手段窃取他人财物,数额较大,其行为已构成盗窃罪;依据《刑法》第264条等的规定,认定被告人王某犯盗窃罪,单处罚金人民币3 000元。一审判决后,被告人王某服判,在法定期限内没有上诉,公诉机关在法定期限内没有抗诉,判决已发生法律效力。

2. 涉案问题

如何认定经传唤而投案的性质?

3. 裁判理由

某市人民法院认为,被告人王某在接到传唤后主动归案,如实供述犯罪事实,系自首,可予以从轻处罚。

4. 评析意见

在本案中,公安机关已发觉犯罪嫌疑人王某的基本犯罪事实,并掌握相关证据,但是,公安机关并未对王某采取强制措施,而只是传唤其到案,王某在被传唤后到案后交代犯罪事实,是否可认定为自动投案?最高人民法院《关于处理自首和立功具体应用法律若干问题的解释》第1条第1项规定,自动投案是指犯罪事实或者犯罪嫌疑人尚未被司法机关发觉,或者虽被发觉,但犯罪嫌疑人尚未受到讯问、未被采取强制措施时,主动、直接向司法机关投案。也就是说,自动投案的情形包括多种情况,既包括形迹可疑型自首,即在犯罪事实尚未被发觉或者犯罪人尚未确认之前自动投案的;也包括归案型自首,即犯罪事实和犯罪嫌疑人已被确认,但犯罪嫌疑人尚未被司法机关控制,行为人主动归案的。

应当注意的是:在归案型自首中,犯罪嫌疑人是否自动投案,以其是否被讯问和被采取强制措施为界线。如果司法机关已掌握了犯罪事实并已确定犯罪嫌疑人,对其进行了讯问或者采取了强制措施,将其置于控制之下,则

---

① 最高人民法院刑事审判第一、二庭. 刑事审判参考: 2005年第4集. 北京: 法律出版社, 2006: 15-17.

犯罪嫌疑人没有机会再自动投案；犯罪嫌疑人只有在被讯问和被采取强制措施前，向司法机关投案的，才能被认定为自动投案。

本案中，司法机关采取的传唤措施，是使用传票通知王某在指定的时间自行到指定的地点接受询问的诉讼行为，它强调被传唤人到案的自觉性，不使用械具，不具有强制性，与拘传不同，并不属于刑事强制措施。王某在被传唤前，未被司法机关控制，经传唤后，对于是否归案有自主选择的余地，王某接到传唤后，未选择逃离而是归案，可以认定为自动归案。

二、一般自首的成立条件之二：如实供述

知识背景

如实供述，指犯罪嫌疑人自动投案后，如实交代自己的主要犯罪事实，以及同案犯的相关信息或其所知的犯罪事实。犯罪嫌疑人自动投案后，只有如实供述自己的罪行的，才成立自首。

（一）如实供述的内容

如实供述的内容，具体而言包括两项：一是本人的基本信息，包括姓名、年龄、职业、住址、前科等情况。犯罪嫌疑人供述的身份等情况与真实情况虽有差别，但不影响定罪量刑的，应认定为如实供述自己的罪行。犯罪嫌疑人自动投案后隐瞒自己的真实身份等情况，影响对其定罪量刑的，不能认定为如实供述自己的罪行。二是自己的罪行，即自己的主要犯罪事实。如实供述自己的罪行不要求是全部罪行，只要求是主要犯罪事实。犯罪嫌疑人如果在交代犯罪的过程中隐瞒主要事实或关键情节，掩盖真相，企图蒙混过关，则属于未如实供述罪行，不能成立自首。这里的主要犯罪事实，应当根据不同情形予以判断：（1）对犯罪嫌疑人多次实施同种罪行的，法院应当综合考虑已交代的犯罪事实的危害程度与未交代的犯罪事实的危害程度，决定是否认定为如实供述主要犯罪事实。犯罪嫌疑人虽然投案后没有交代全部犯罪事实，但如实交代的犯罪情节重于未交代的犯罪情节，或者如实交代的犯罪数额多于未交代的犯罪数额，一般应认定为如实供述自己的主要犯罪事实。（2）无法比较已交代的犯罪情节的严重程度与未交代的犯罪情节的严重程度，或者已交代的犯罪数额与未交代的犯罪数额相当，一般不认定为如实供述自己的主要犯罪事实。（3）犯罪嫌疑人自动投案时虽然没有交代自己的主要犯罪事实，但在司法机关掌握其主要犯罪事实之前主动交代的，应认定为如实供述自己的罪行。

此外，共同犯罪人需交代同案犯和共同犯罪事实。共同犯罪案件中的犯罪嫌疑人，除如实供述自己的罪行以外，还应当供述所知的同案犯的罪行，

主犯则应当供述所知其他同案犯的共同犯罪事实，才能认定为自首。

（二）如实供述的认定

如实供述指犯罪嫌疑人供述的内容与其主观记忆和客观事实基本一致，即主要犯罪事实或关键情节符合客观事实。犯罪嫌疑人自动投案并如实供述自己的罪行后，又翻供的，不能认定为自首；但在一审判决前又能如实供述的，应当认定为自首。此外，被告人在如实供述主要犯罪事实的前提下，对行为性质的辩解不影响自首的成立。当然，如果犯罪嫌疑人故意隐瞒主要犯罪事实或关键情节，并以此为借口为自己开脱罪责，则不属于合理辩解，也不属于如实供述，犯罪嫌疑人不成立自首。

规范依据

（一）最高人民法院《关于处理自首和立功具体应用法律若干问题的解释》

第1条第2项　如实供述自己的罪行，是指犯罪嫌疑人自动投案后，如实交代自己的主要犯罪事实。

犯有数罪的犯罪嫌疑人仅如实供述所犯数罪中部分犯罪的，只对如实供述部分犯罪的行为，认定为自首。

共同犯罪案件中的犯罪嫌疑人，除如实供述自己的罪行，还应当供述所知的同案犯，主犯则应当供述所知其他同案犯的共同犯罪事实，才能认定为自首。

犯罪嫌疑人自动投案并如实供述自己的罪行后又翻供的，不能认定为自首，但在一审判决前又能如实供述的，应当认定为自首。

（二）最高人民法院《关于处理自首和立功若干具体问题的意见》

第2条　关于"如实供述自己的罪行"的具体认定

《解释》第一条第（二）项规定如实供述自己的罪行，除供述自己的主要犯罪事实外，还应包括姓名、年龄、职业、住址、前科等情况。犯罪嫌疑人供述的身份等情况与真实情况虽有差别，但不影响定罪量刑的，应认定为如实供述自己的罪行。犯罪嫌疑人自动投案后隐瞒自己的真实身份等情况，影响对其定罪量刑的，不能认定为如实供述自己的罪行。

犯罪嫌疑人多次实施同种罪行的，应当综合考虑已交代的犯罪事实与未交代的犯罪事实的危害程度，决定是否认定为如实供述主要犯罪事实。虽然投案后没有交代全部犯罪事实，但如实交代的犯罪情节重于未交代的犯罪情节，或者如实交代的犯罪数额多于未交代的犯罪数额，一般应认定为如实供述自己的主要犯罪事实。无法区分已交代的与未交代的犯罪情节的严重程度，或者已交代的犯罪数额与未交代的犯罪数额相当，一般不认定为如实供述自己的主要犯罪事实。

犯罪嫌疑人自动投案时虽然没有交代自己的主要犯罪事实，但在司法机关掌握其主要犯罪事实之前主动交代的，应认定为如实供述自己的罪行。

案例评价

[案例 11 - 6] 张甲故意杀人案①（"主要犯罪事实"的认定）

1. 基本案情

1993 年，被告人张甲与其邻居被害人张乙之妻方某勾搭成奸。1995 年 5 月，被害人张乙与方某离婚。1996 年 10 月，被告人张甲与方某结婚。1997 年 8 月 29 日 18 时许，被害人张乙到被告人张甲住处拿小孩衣服。被告人张甲开门后，见是妻子的前夫，便将门关上。被害人张乙见状继续敲门，并用力将门推开，欲进房内。被告人用力抵住门不让被害人进入。二人发生争吵。被告人即用菜刀猛砍被害人左颈部一刀，并将被害人往外推。被害人因流血过多摔倒在公用走廊上。被告人见状即从家中拿出毛巾捂住被害人颈部，并请人叫救护车。后被害人经抢救无效死亡。

被告人杀人后，当到达现场的民警问被告人是谁干的时，被告人承认是他干的，并说"先救人，然后我到派出所投案自首"。但被告人到案后否认故意杀人，辩称"是被害人到厨房拿菜刀砍我时，我才夺刀防卫将被害人杀死"。但是，根据现场目击证人的证言证实，被害人未带凶器，且自始至终未进入被告人家门内。被害人不可能到被告人家的厨房拿菜刀。

某市中级人民法院一审判决被告人张甲犯故意杀人罪，判处死刑，缓期二年执行，剥夺政治权利终身。一审宣判后，某市人民检察院以原判量刑不当，被告人张甲罪行极其严重、不杀不足以平民愤为由，向某省高级人民法院提出抗诉；被告人张甲以没有杀人故意，有自首情节，量刑过重为由，提出上诉。某省高级人民法院经审理改判处被告人张甲死刑，并处剥夺政治权利终身。某省高级人民法院依法将本案报请最高人民法院核准。最高人民法院经复核认为：被告人张甲构成故意杀人罪，后果特别严重，应依法惩处。鉴于其有投案和抢救被害人的表现，对其判处死刑，可不立即执行，判决撤销某省高级人民法院刑事判决中对被告人张甲的量刑部分，判处被告人张甲犯故意杀人罪，判处死刑，缓期二年执行，剥夺政治权利终身。

2. 涉案问题

杀人犯罪后承认系自己所为，但编造事实辩称对方行凶在先，主张正当防卫的，可否认定为如实供述？

---

① 最高人民法院刑事审判第一庭. 刑事审判参考：2000 年第 6 辑. 北京：法律出版社，2000：16 - 19.

3. 裁判理由

某省高级人民法院经审理认为：一审法院认定被告人张甲犯故意杀人罪的事实清楚，被告人对原判认定的事实提出的异议及提出被告人无杀人故意、有自首情节等问题，经查均不能成立。被告人张甲为琐事不计后果持刀行凶杀人，且归案后认罪态度极差，依法应予严惩。最高人民法院经复核，认定了被告人具有的投案情节和抢救被害人的表现，并据此改判被告人死缓，但未认定被告人有自首情节。

4. 评析意见

本案中，行为人犯罪之后不离开现场，并对到达现场的民警承认是自己所为，符合最高人民法院《关于处理自首和立功具体应用法律若干问题的解释》第1条规定的自动投案的情形；但认定被告人是否成立自首，还需判断其是否如实供述自己的罪行。

行为人需如实交代"主要犯罪事实"才可认为是如实供述，本案中行为人承认被害人系其杀死，只是对其中的具体情节进行了虚假陈述，可否认定为如实供述了"主要犯罪事实"呢？本书认为，如实供述中的"主要犯罪事实"，指的是可能影响定罪量刑的犯罪行为事实情节。如果某个事实情节，即使行为人不供述，对定罪量刑也没有重大影响，则此事实情节就不属"主要犯罪事实"。故判断某事实情节是否属于"主要犯罪事实"，需要对供述引起的法律后果与不供述引起的法律后果进行对比分析。在本案中，对于被告人杀人时被害人持刀与否的事实，被告人供述与事实不符。被告人辩称"是被害人到厨房拿菜刀砍我时，我才夺刀防卫将被害人杀死"。而根据更为可靠的证据，当时的事实是被害人在被害时未带凶器。依照两种不同事实得出的结论也不一样：依照被告人的辩称，被告人的行为应认定为正当防卫，对其量刑则应当减轻或者免除处罚。而根据查明的事实，被告人的行为会被认定为故意杀人罪，且不属于正当防卫，故被告人杀人时被害人有没有没有持刀的事实，属于足以影响定罪量刑的"主要犯罪事实"。行为人对此主要犯罪事实供述不实，不属如实供述。其虽符合自动投案的条件，但归案后未如实供述，不能认定为自首。

当然，本案还应区分对犯罪事实虚假供述与对行为法律性质的辩解。根据最高人民法院《关于被告人对行为性质的辩解是否影响自首成立问题的批复》的规定，被告人对行为性质的辩解不影响自首的成立。本案被告人承认被害人系其杀死，但主张其系正当防卫，此情形表面上貌似是对行为法律性质的辩解。但是，对行为性质的辩解是以如实供述犯罪事实为前提的，如果供述虚假事实，就不会涉及对行为性质的辩解的问题。本案被告人主张正当防卫，是以被害人持刀的虚假事实为依据的，系对犯罪事实的不实供述，而不是如实供述之下对行为法律性质的辩解。

三、特别自首

知识背景

特别自首，又称余罪自首、准自首，是指被采取强制措施的犯罪嫌疑人、被告人和正在服刑的罪犯，如实供述司法机关尚未掌握的本人其他罪行的行为。在特别自首的情况下，行为人已经被采取强制措施或者正在服刑，已经丧失了人身自由，不可能向司法机关投案，因此特别自首不具备一般自首的自动投案特征。但是行为人如实供述司法机关尚未掌握的其他罪行，表明行为人主观上具有悔罪态度，也节省了司法机关侦破案件的成本，其本质与一般自首的本质是相同的。成立特别自首，需要具备两个条件：

一是自首的主体是被采取强制措施的犯罪嫌疑人、被告人以及正在服刑的罪犯。这里的"强制措施"，根据刑事诉讼法的规定，包括拘传、取保候审、监视居住、拘留、逮捕，即被动归案的犯罪嫌疑人、被告人。这里的强制措施不包括行政、司法强制措施，最高人民法院《关于处理自首和立功若干具体问题的意见》规定，在因特定违法行为被采取行政拘留、司法拘留、强制隔离戒毒等行政、司法强制措施期间，主动向执行机关交代尚未被掌握的犯罪行为的，属一般自首。"正在服刑的罪犯"，指正在执行主刑的罪犯，即已经宣判并正在执行管制、拘役、有期徒刑、无期徒刑、死刑缓期执行的罪犯，以及依法被宣告缓刑、依法予以减刑、假释，但是尚处于考验期或执行余刑的罪犯。对被单处罚金、剥夺政治权利，或者并处罚金、剥夺政治权利、没收财产等附加刑且尚未执行完毕但主刑已执行完毕的，不认为是正在"服刑（执行主刑）"，在此期间主动交代司法机关尚未掌握的本人其他罪行的，属于一般自首。

二是如实供述司法机关尚未掌握的本人其他罪行。"本人其他罪行"是指犯罪分子本人实施的，与司法机关掌握的犯罪不相同的犯罪。罪行是否属同种罪行，司法机关一般应以罪名区分。虽然如实供述的其他罪行的罪名与司法机关已掌握犯罪的罪名不同，但如实供述的其他犯罪与司法机关已掌握的犯罪属选择性罪名或者在法律、事实上密切关联，应认定为同种罪行。被采取强制措施的犯罪嫌疑人、被告人和已宣判的罪犯，如实供述司法机关尚未掌握的罪行，与司法机关已掌握的或者判决确定的罪行属同种罪行的，属坦白。对此司法机关可以酌情从轻处罚；对如实供述的同种罪行较重的，司法机关一般应当从轻处罚。"司法机关尚未掌握"，一般指司法机关尚未发觉、立案、侦破，或者无确切证据证明，即未实际掌握。如果该罪行已被通缉，一般应依据该如实供述的其他罪行是否在司法机关通缉令发布范围内作出判断，不在通缉令发布范围内的，应认定为还未掌握，在通缉令发布范围内的，应视为已掌握。如果该罪行已录入全国公安信息网络在逃人员信息数据库，应视为已掌握。如果该罪行未被通缉、也未录入全国公安信息网络在逃人员信息数据库，应以该司法机关是否已实际掌握该罪行为标准。

规范依据

（一）《刑法》

第 67 条第 2 款　被采取强制措施的犯罪嫌疑人、被告人和正在服刑的罪犯，如实供述司法机关还未掌握的本人其他罪行的，以自首论。

（二）最高人民法院《关于处理自首和立功具体应用法律若干问题的解释》

第 2 条　根据刑法第六十七条第二款的规定，被采取强制措施的犯罪嫌疑人、被告人和已宣判的罪犯，如实供述司法机关尚未掌握的罪行，与司法机关已掌握的或者判决确定的罪行属不同种罪行的，以自首论。

第 3 条　根据刑法第六十七条第一款的规定，对于自首的犯罪分子，可以从轻或者减轻处罚；对于犯罪较轻的，可以免除处罚。具体确定从轻、减轻还是免除处罚，应当根据犯罪轻重，并考虑自首的具体情节。

第 4 条　被采取强制措施的犯罪嫌疑人、被告人和已宣判的罪犯，如实供述司法机关尚未掌握的罪行，与司法机关已掌握的或者判决确定的罪行属同种罪行的，可以酌情从轻处罚；如实供述的同种罪行较重的，一般应当从轻处罚。

（三）最高人民法院《关于处理自首和立功若干具体问题的意见》

三、关于"司法机关还未掌握的本人其他罪行"和"不同种罪行"的具体认定

犯罪嫌疑人、被告人在被采取强制措施期间，向司法机关主动如实供述本人的其他罪行，该罪行能否认定为司法机关已掌握，应根据不同情形区别对待。如果该罪行已被通缉，一般应以该司法机关是否在通缉令发布范围内作出判断，不在通缉令发布范围内的，应认定为还未掌握，在通缉令发布范围内的，应视为已掌握；如果该罪行已录入全国公安信息网络在逃人员信息数据库，应视为已掌握。如果该罪行未被通缉、也未录入全国公安信息网络在逃人员信息数据库，应以该司法机关是否已实际掌握该罪行为标准。

犯罪嫌疑人、被告人在被采取强制措施期间如实供述本人其他罪行，该罪行与司法机关已掌握的罪行属同种罪行还是不同种罪行，一般应以罪名区分。虽然如实供述的其他罪行的罪名与司法机关已掌握犯罪的罪名不同，但如实供述的其他犯罪与司法机关已掌握的犯罪属选择性罪名或者在法律、事实上密切关联，如因受贿被采取强制措施后，又交代因受贿为他人谋取利益

行为，构成滥用职权罪的，应认定为同种罪行。

（四）最高人民法院、最高人民检察院《关于办理职务犯罪案件认定自首、立功等量刑情节若干问题的意见》

没有自动投案，但具有以下情形之一的，以自首论：（1）犯罪分子如实交代办案机关未掌握的罪行，与办案机关已掌握的罪行属不同种罪行的；（2）办案机关所掌握线索针对的犯罪事实不成立，在此范围外犯罪分子交代同种罪行的。

案例评价

[案例11-7] 彭某贩卖、运输毒品案①（"本人其他罪行"的认定）

1. 基本案情

2007年6月15日，被告人彭某接受杜某、王某（均在逃）的雇请，同意从广东省广州市运送冰毒（甲基苯丙胺）和底粉（咖啡因）至河南省制作"麻古"，彭某收取了报酬16 000元。之后，彭某租来一辆轿车，将6包冰毒和13包底粉藏入车尾箱内，并雇其朋友黄某帮忙开车。同年6月20日10时，当彭某等人驾车驶至京珠高速公路湖南省境内某收费站时，被公安民警拦截检查，当场从车尾箱内查获6包甲基苯丙胺，净重6 000克；咖啡因13包，净重37 000克。

被告人彭某在被采取强制措施后，如实供述了司法机关尚未掌握的其贩卖毒品的事实，该事实经查证为：2007年4月7日及6月中旬，彭某先后两次在某市从谢某（绰号"阿水"，另案处理）处购买毒品K粉（氯胺酮）共计2 800克，分别卖给某市的"阿勇"（在逃）等人，获利7 000元。

某市中级人民法院依照《刑法》第347条第1款、第2款第1项等的规定，认定被告人彭某犯贩卖、运输毒品罪，判处死刑，剥夺政治权利终身，并处没收个人全部财产。一审宣判后，彭某提出上诉，称其贩卖毒品属于自首。某省高级人民法院经审理后裁定驳回上诉，维持原判，并依法报请最高人民法院核准。最高人民法院经依法复核，裁定核准了被告人死刑。

2. 涉案问题

被告人因运输毒品被抓获，又如实供述司法机关尚未掌握的贩卖毒品罪行的，是否属于供述其他罪行，能否构成自首？

3. 裁判理由

某市中级人民法院认为，被告人彭某贩卖氯胺酮2 800克，运输甲基苯丙

---

① 最高人民法院刑事审判第一、二、三、四、五庭．刑事审判参考：2009年第6集．北京：法律出版社，2009：48-53.

胺 6 000 克、咖啡因 37 000 克的行为构成贩卖、运输毒品罪。虽彭某在被采取强制措施后，如实供述了司法机关尚未掌握的其贩卖毒品的事实，但这与司法机关已掌握的其运输毒品的事实属同种罪行，不属于自首。

4. 评析意见

对于被告人彭某因运输毒品被抓获又如实供述贩卖毒品的事实，能否构成自首的问题，在审理过程中法院曾有不同意见。第一种意见认为，被告人因运输毒品被抓获，又主动供述了贩卖不同宗毒品的罪行，应认定为自首。理由在于：第一，是否属同种罪行不能以对数个犯罪行为是否实行数罪并罚为准，应以罪名为准，运输和贩卖不同宗毒品是两起相互独立的犯罪，犯罪构成不同，罪名不同，因此属于不同种罪行；第二，自首制度的本意是鼓励犯罪人认罪、悔罪，如实供述司法机关尚未掌握的罪行，以利于侦破案件，追诉犯罪，节约司法成本，即使对选择性罪名不实行数罪并罚，对如实供述选择性罪名罪行的仍可以以自首论。第二种意见认为，无论被告人如实供述的贩卖毒品与公安机关掌握的运输的毒品是否为同一宗，均不构成自首。《刑法》第 347 条规定的走私、贩卖、运输、制造毒品罪是同种罪行，彭某运输、贩卖毒品的行为属于同种罪行，故不构成自首。本书同意第二种意见，具体理由如下：

根据最高人民法院《关于处理自首和立功若干具体问题的意见》的规定，罪行属同种罪行还是不同种罪行，一般应以罪名区分。虽然如实供述的其他罪行的罪名与司法机关已掌握犯罪的罪名不同，但如实供述的其他犯罪与司法机关已掌握的犯罪属选择性罪名或者在法律、事实上密切关联，应认定为同种罪行。在本案中，运输毒品、贩卖毒品在具体层面上虽系不同行为，但在法律层面上，均属《刑法》第 347 条走私、贩卖、运输、制造毒品罪同一罪名之下的行为，即是选择性罪名下的不同行为，应当认定为同种罪行。由于走私、贩卖、运输、制造毒品罪规定在同一法条中，故多次走私、贩卖、运输、制造毒品，未经处理的，毒品的数量累计计算。《全国部分法院审理毒品犯罪案件工作座谈会纪要》也规定，"对不同宗毒品分别实施了不同种犯罪行为的，应对不同行为并列确定罪名，累计毒品数量，不实行数罪并罚"。故本案被告人供述的罪行不属其他罪行，不能构成自首。

当然，被告人如实供述司法机关尚未掌握的罪行，与司法机关已掌握的或者判决确定的罪行属同种罪行的，虽不构成自首，但仍可以适当从宽。最高人民法院《关于处理自首和立功具体应用法律若干问题的解释》第 4 条规定，被采取强制措施的犯罪嫌疑人、被告人和已宣判的罪犯，如实供述司法机关尚未掌握的罪行，与司法机关已掌握的或者判决确定的罪行属同种罪行的，可以酌情从轻处罚；如实供述的同种罪行较重的，一般应当从轻处罚。

第四节 立 功

立功,是指犯罪分子揭发他人犯罪行为经查证属实的,或者提供重要线索,从而得以侦破其他案件的,以及其他协助司法机关工作的行为。立功的主体是犯罪分子,包括未决犯,即犯罪嫌疑人、被告人,也包括已决犯,即正在服刑期间的罪犯。未决犯的立功又称为审前立功,根据《刑法》第68条的规定,犯罪分子有揭发他人犯罪行为,查证属实的,或者提供重要线索,从而得以侦破其他案件等立功表现的,可以从轻或者减轻处罚;有重大立功表现的,可以减轻或者免除处罚。已决犯的立功又称审后立功,根据《刑法》第78条的规定,被判处管制、拘役、有期徒刑、无期徒刑的犯罪分子,在执行期间,有立功表现的,可以减刑;有重大立功表现的,应当减刑。

依据最高人民法院《关于处理自首和立功具体应用法律若干问题的解释》,以及最高人民法院《关于办理减刑、假释案件具体应用法律的规定》,立功的表现形式通常有六种:一是阻止他人实施犯罪活动,又称阻止他人犯罪型立功。二是揭发他人犯罪或提供破案线索,又称揭发、提供线索型立功。犯罪分子到案后检举、揭发他人犯罪行为,包括共同犯罪案件中的犯罪分子揭发同案犯共同犯罪以外的其他犯罪,经查证属实的;或者提供侦破其他案件的重要线索,经查证属实的。三是协助抓捕犯罪人,又称协助抓捕型立功。即协助司法机关抓捕其他犯罪嫌疑人(包括同案犯)。四是进行技术革新,在生产、科研中进行技术革新,成绩突出的。五是抗灾排险,在抗御自然灾害或者排除重大事故中,表现积极的。六是具有利国利民突出表现,具有对国家和社会有其他较大贡献的。

一、揭发、提供线索型立功

知识背景

揭发型立功,是指犯罪分子到案后有检举、揭发他人犯罪行为,包括共同犯罪案件的犯罪分子揭发同案犯共同犯罪以外的其他犯罪,经查证属实的;提供线索型立功,是指犯罪分子向司法机关提供侦破其他刑事案件的重要线索,而使其他刑事案件得以侦破的。

(一) 揭发型立功的认定

成立揭发型立功,首先要求有揭发行为,指向司法机关检举、揭发他人实施犯罪行为,使尚未掌握该犯罪事实、侦破案件或发现作案人的司法机关得以侦破、查明犯罪。揭发型立功的价值在于帮助司法机关追究犯罪，从而有利于社会、国家。如果被检举、揭发的犯罪事实已经被司法机关掌握，则不能成立揭发型立功。揭发他人实施犯罪行为，既包括揭发司法机关尚未发觉的刑事案件并检举作案人，也包括揭发已被司法机关发觉但尚未侦破的刑事案件的作案人，或者已决刑事案件的真正作案人。

作为揭发内容的"犯罪行为"，指的是符合刑法规定的具体罪名构成要件的危害行为。揭发他人违法行为，被揭发的违法行为未达到构成犯罪的数额、情节标准的，或者被揭发的违法行为属于刑法规定的"情节显著轻微危害不大"的行为的，或者行为人不具故意、过失系属意外事件、不可抗力的，或者揭发需被害人告诉才处理的犯罪而被害人最终未告诉的，或者被揭发的事实缺乏构成犯罪的事实依据，不符合刑法规定的具体罪名的构成要件的，由于揭发的内容不属犯罪行为，揭发者的行为不能认为立功。当然，这里的"犯罪行为"无须考虑刑事责任年龄和刑事责任能力因素，揭发他人犯罪行为，实施犯罪行为的行为人因未达到刑事责任年龄或不具刑事责任能力，而被认定为不承担刑事责任的，揭发者的行为应被认定为立功。作为揭发内容的"犯罪行为"只需在事实层面上可被认定为犯罪，而无须经由人民法院审判确定为有罪。行为人在实施犯罪行为后死亡，或者行为超过追诉时效，而未经过审判确定为犯罪的，揭发者也可构成立功。当然，在刑事程序上，揭发内容是否属于"犯罪行为"，需经有权机关（一般是司法机关）予以确认：被揭发案件经过人民法院审判的，根据判决结论及判决理由予以认定；被揭发案件未经审判的，根据侦查机关、检察机关确认的事实、出具的证明予以认定。

揭发"他人"实施犯罪，既包括揭发非同案犯，也包括揭发同案犯。故揭发型立功具体又可分为两种形式：一是犯罪分子揭发非同案犯的犯罪行为，即揭发与本案无关的其他犯罪分子的犯罪行为。二是共同犯罪案件的犯罪分子揭发同案犯共同犯罪以外的其他犯罪，既包括揭发同案犯实施的与本人犯罪行为没有任何关系的犯罪行为，例如盗窃犯甲揭发共同实施盗窃的同案犯乙另外实施的抢劫犯罪；也包括揭发与本人犯罪行为存在一定关联、但超出如实供述范围之外的他人实施的其他犯罪，例如涉嫌掩饰、隐瞒犯罪所得的甲揭发其帮助的盗窃犯乙的盗窃犯罪行为。

需要说明的是，要注意揭发型立功与自首、坦白之间的区别。犯罪分子揭发同案犯的犯罪行为，特别是揭发与本人犯罪存在一定关联的他人犯罪的行为，在认定时容易与自首、坦白混淆。区分揭发型立功与自首、坦白的界限主要在于犯罪分子供述事实的范围。自首、坦白供述的范围是本人实施的犯罪，包括共同犯罪中同案犯实施的共同犯罪事实。揭发型立功则是揭发他人实施的其他犯罪,包括同案犯实施的共同犯罪以外的其他犯罪。犯罪分子供述事实的范围如果未超越刑法及相关司法解释规定的如实供述范围,仍只构成自首或坦白。

(二) 提供线索型立功的认定

在揭发型立功中,行为人揭发的是"他人犯罪行为",具有较为确切的事实依据,而在提供线索型立功中,行为人提供的是"破案线索",即确定性和关联性较小、较为零碎的事实、情节。仅凭行为人提供的信息,尚不可直接确定犯罪行为系特定人员实施,侦查机关仍需结合其他已掌握的事实、线索,确定具体的犯罪嫌疑人,才能侦破案件。在内容上,"破案线索"既包括犯罪发生过程本身,也包括犯罪相关的外围事实,甚至其他涉案重大信息。只要是可以帮助侦查机关将犯罪事实与犯罪嫌疑人关联起来的,能为案件侦破提供依据和途径的重要事实情节,均可认为是"破案线索"。当然,依据最高人民法院《关于处理自首和立功具体应用法律若干问题的解释》的规定,提供线索型立功要求行为人提供的线索必须是"重要线索","重要"一词,意味着该线索对案件侦破所起作用、意义重大,缺乏此线索,案件就不可能得到侦破,或者侦破难度极大。

规范依据

(一)《刑法》

第 68 条 犯罪分子有揭发他人犯罪行为,查证属实的,或者提供重要线索,从而得以侦破其他案件等立功表现的,可以从轻或者减轻处罚;有重大立功表现的,可以减轻或者免除处罚。

(二) 最高人民法院《关于处理自首和立功具体应用法律若干问题的解释》

第 5 条 根据刑法第六十八条第一款的规定,犯罪分子到案后有检举、揭发他人犯罪行为,包括共同犯罪案件中的犯罪分子揭发同案犯共同犯罪以外的其他犯罪,经查证属实;提供侦破其他案件的重要线索,经查证属实;阻止他人犯罪活动;协助司法机关抓捕其他犯罪嫌疑人(包括同案犯);具有其他有利于国家和社会的突出表现的,应当认定为有立功表现。

第 6 条 共同犯罪案件的犯罪分子到案后,揭发同案犯共同犯罪事实的,可以酌情予以从轻处罚。

(三) 最高人民法院《关于处理自首和立功若干具体问题的意见》

四、关于立功线索来源的具体认定

犯罪分子通过贿买、暴力、胁迫等非法手段,或者被羁押后与律师、亲友会见过程中违反监管规定,获取他人犯罪线索并"检举揭发"的,不能认定为有立功表现。

犯罪分子将本人以往查办犯罪职务活动中掌握的，或者从负有查办犯罪、监管职责的国家工作人员处获取的他人犯罪线索予以检举揭发的，不能认定为有立功表现。

犯罪分子亲友为使犯罪分子"立功"，向司法机关提供他人犯罪线索、协助抓捕犯罪嫌疑人的，不能认定为犯罪分子有立功表现。

六、关于立功线索的查证程序和具体认定

被告人在一、二审审理期间检举揭发他人犯罪行为或者提供侦破其他案件的重要线索，人民法院经审查认为该线索内容具体、指向明确的，应及时移交有关人民检察院或者公安机关依法处理。

侦查机关出具材料，表明在三个月内还不能查证并抓获被检举揭发的人，或者不能查实的，人民法院审理案件可不再等待查证结果。

被告人检举揭发他人犯罪行为或者提供侦破其他案件的重要线索经查证不属实，又重复提供同一线索，且没有提出新的证据材料的，可以不再查证。

根据被告人检举揭发破获的他人犯罪案件，如果已有审判结果，应当依据判决确认的事实认定是否查证属实；如果被检举揭发的他人犯罪案件尚未进入审判程序，可以依据侦查机关提供的书面查证情况认定是否查证属实。检举揭发的线索经查确有犯罪发生，或者确定了犯罪嫌疑人，可能构成重大立功，只是未能将犯罪嫌疑人抓获归案的，对可能判处死刑的被告人一般要留有余地，对其他被告人原则上应酌情从轻处罚。

被告人检举揭发或者协助抓获的人的行为构成犯罪，但因法定事由不追究刑事责任、不起诉、终止审理的，不影响对被告人立功表现的认定；被告人检举揭发或者协助抓获的人的行为应判处无期徒刑以上刑罚，但因具有法定、酌定从宽情节，宣告刑为有期徒刑或者更轻刑罚的，不影响对被告人重大立功表现的认定。

（四）最高人民法院、最高人民检察院《关于办理职务犯罪案件认定自首、立功等量刑情节若干问题的意见》

二、关于立功的认定和处理

立功必须是犯罪分子本人实施的行为。为使犯罪分子得到从轻处理，犯罪分子的亲友直接向有关机关揭发他人犯罪行为，提供侦破其他案件的重要线索，或者协助司法机关抓捕其他犯罪嫌疑人的，不应当认定为犯罪分子的立功表现。

据以立功的他人罪行材料应当指明具体犯罪事实；据以立功的线索或者协助行为对于侦破案件或者抓捕犯罪嫌疑人要有实际作用。犯罪分子揭发他人犯罪行为时没有指明具体犯罪事实的；揭发的犯罪事实与查实的犯罪事实不具有关联性的；提供的线索或者协助行为对于其他案件的侦破或者其他犯罪嫌疑人的抓捕不具有实际作用的,不能认定为立功表现。

犯罪分子揭发他人犯罪行为,提供侦破其他案件重要线索的,必须经查证属实,才能认定为立功。审查是否构成立功,不仅要审查办案机关的说明材料,还要审查有关事实和证据以及与案件定性处罚相关的法律文书,如立案决定书、逮捕决定书、侦查终结报告、起诉意见书、起诉书或者判决书等。

据以立功的线索、材料来源有下列情形之一的,不能认定为立功:(1)本人通过非法手段或者非法途径获取的;(2)本人因原担任的查禁犯罪等职务获取的;(3)他人违反监管规定向犯罪分子提供的;(4)负有查禁犯罪活动职责的国家机关工作人员或者其他国家工作人员利用职务便利提供的。

(五)最高人民法院《关于办理减刑、假释案件具体应用法律的规定》

第4条 具有下列情形之一的,可以认定为有"立功表现":

(一)阻止他人实施犯罪活动的;

(二)检举、揭发监狱内外犯罪活动,或者提供重要的破案线索,经查证属实的;

(三)协助司法机关抓捕其他犯罪嫌疑人的;

(四)在生产、科研中进行技术革新,成绩突出的;

(五)在抗御自然灾害或者排除重大事故中,表现积极的;

(六)对国家和社会有其他较大贡献的。

第(四)项、第(六)项中的技术革新或者其他较大贡献应当由罪犯在刑罚执行期间独立或者为主完成,并经省级主管部门确认。

案例评价

[案例11-8] 同某窝藏、盗窃案[①]
(揭发、提供线索型立功与自首、坦白的界分)

1. 基本案情

被告人吴某等四人,于2005年7月29日13时许,在某公园西墙外发现一辆停在路边的面包车,对面包车内的被害人任某、段某进行抢劫。其间,吴某持随身携带的尖刀猛扎任某胸部、腿部及腕部数刀,致任某急性失血性休克而死亡。四被告人抢得现金520元、移动电话2部。被告人同某明知吴某等四人系犯罪后潜逃的罪犯,为四人提供隐藏处所,帮助逃匿。同某还于2005年7月20日13时许,在某超市停车场盗窃他人电动自行车1辆,该车价值1090元。同某于2005年8月5日因涉嫌窝藏赃物被公安机关传唤后,

---

① 最高人民法院刑事审判第一、二、三、四、五庭.刑事审判参考:2008年第4集.北京:法律出版社,2008:33-41.

如实供述了盗窃事实，并揭发了公安机关不掌握的吴某等人抢劫犯罪的事实。

某市第二中级人民法院认为，被告人同某的行为构成窝藏罪、盗窃罪。鉴于其归案后，如实供述公安机关还不掌握的本人盗窃罪行，具有自首情节，依法对其所犯盗窃罪从轻处罚。法院判决被告人同某犯窝藏罪，判处有期徒刑4年；犯盗窃罪，判处有期徒刑6个月，罚金人民币1000元；数罪并罚决定执行有期徒刑4年，罚金人民币1000元。

一审宣判后，被告人同某提出上诉，称其被抓获后交代了被告人吴某等人的抢劫事实，一审判决未认定其具有立功情节。某市人民检察院的出庭意见是：应认定同某具有立功情节，建议依法改判。某市高级人民法院经审理后，判决同某犯窝藏罪，判处有期徒刑2年；犯盗窃罪，免予刑事处罚。

2. 涉案问题

窝藏犯供述其实施的窝藏行为时，一并揭发被窝藏人实施的犯罪的，是否成立立功？

3. 裁判理由

某市高级人民法院认为，被告人同某揭发他人重大犯罪行为，经查证属实，有重大立功表现；依法对其所犯窝藏罪减轻处罚，对其所犯盗窃罪免予刑事处罚。

4. 评析意见

在本案中，争议的焦点在于作为窝藏犯的同某揭发被窝藏的抢劫犯吴某等人的抢劫犯罪行为，是否构成立功。有两种不同意见：第一种意见认为，对于揭发与本人犯罪行为有关的他人犯罪行为的，由于行为人在如实供述本人犯罪行为时都会涉及他人的犯罪行为，因此都不应认定为立功。同某在如实供述其窝藏行为时，也应一并供述被窝藏人吴某等人的犯罪行为，其揭发吴某等人的抢劫犯罪行为不能认定为立功。第二种意见认为，对窝藏犯罪而言，构成立功，窝藏人主观上仅需明知对方系"犯罪的人"，无须对被窝藏人的具体犯罪行为具有明确的认识。同某揭发吴某等人的具体抢劫犯罪行为，超出了如实供述的范围，应当认定为立功。

本书认为第二种观点正确。在认定揭发型立功时，需要对"他人犯罪行为"与本人犯罪行为加以区分。揭发与本人犯罪行为没有任何关系的他人犯罪行为的，当然构成立功。而揭发与本人犯罪行为具有某种关联性的他人犯罪行为的是否构成立功，则要看揭发的事实是否是在自首或坦白如实供述的必要事实范围之内。在此必要范围之内的只构成自首或坦白，超过必要范围的才能成立立功。

在本案中，被告人同某在自动投案之后，如实供述自己窝藏的犯罪事实。对窝藏罪而言，其客观方面的构成要件要求被窝藏的对象是"犯罪的人"，而未明确规定其为何种犯罪人。故司法机关在对同某的行为进行认定时，只需确定其窝藏对象是犯罪的人、其主观上明知窝藏的对象是犯罪的人，即可认定同某构成窝藏罪。同某在供述被窝藏人吴某是"犯罪的人"的同时，又揭发吴某实施的抢劫犯罪事实，已超出了如实供述的范围，可成立立功。

二、协助抓捕型立功

知识背景

协助抓捕型立功，指犯罪分子协助司法机关抓捕其他犯罪嫌疑人，包括共同犯罪中的同案犯。成立协助抓捕型立功，首先，要求犯罪分子实施了协助司法机关抓捕的行为，即邀约犯罪嫌疑人，指认、辨认犯罪嫌疑人，带领抓捕，提供犯罪嫌疑人联络方式、藏匿地址等行为；其次，要求该协助行为对抓捕其他犯罪嫌疑人起到一定的作用。

根据最高人民法院《关于处理自首和立功若干具体问题的意见》，协助抓捕型立功有以下几种表现形式：其一，按照司法机关的安排，以打电话、发信息等方式将其他犯罪嫌疑人（包括同案犯）约至指定地点；其二，按照司法机关的安排，当场指认、辨认其他犯罪嫌疑人（包括同案犯）；其三，带领侦查人员抓获其他犯罪嫌疑人（包括同案犯）；其四，提供司法机关尚未掌握的其他案件犯罪嫌疑人的联络方式、藏匿地址；等等。

在认定协助抓捕同案犯的行为性质时，应当注意协助抓捕型立功与自首、坦白的界分。在共同犯罪中，如犯罪分子成立自首、坦白，则其除如实供述本人罪行外，还需供述所知的同案犯，主犯应当供述所知其他同案犯的共同犯罪事实，故供述同案犯的基本情况，犯罪前、犯罪中为犯罪而准备和使用的信息的，都属自首、坦白如实供述的范围。犯罪分子提供同案犯姓名、住址、体貌特征等基本情况，或者提供犯罪前、犯罪中掌握、使用的同案犯联络方式、藏匿地址，司法机关据此抓捕同案犯的，不能认定为协助司法机关抓捕同案犯，只成立自首、坦白，不成立立功。

规范依据

（一）最高人民法院《关于处理自首和立功若干具体问题的意见》

五、关于"协助抓捕其他犯罪嫌疑人"的具体认定

犯罪分子具有下列行为之一，使司法机关抓获其他犯罪嫌疑人的，属于《解释》第五条规定的"协助司法机关抓捕其他犯罪嫌疑人"：1. 按照司法机关的安排，以打电话、发信息等方式将其他犯罪嫌疑人（包括同案犯）约至指定地点的；2. 按照司法机关的安排，当场指认、辨认其他犯罪嫌疑人（包

括同案犯）的；3. 带领侦查人员抓获其他犯罪嫌疑人（包括同案犯）的；4. 提供司法机关尚未掌握的其他案件犯罪嫌疑人的联络方式、藏匿地址的，等等。

犯罪分子提供同案犯姓名、住址、体貌特征等基本情况，或者提供犯罪前、犯罪中掌握、使用的同案犯联络方式、藏匿地址，司法机关据此抓捕同案犯的，不能认定为协助司法机关抓捕同案犯。

（二）最高人民法院《全国部分法院审理毒品犯罪案件工作座谈会纪要》

共同犯罪中同案犯的基本情况，包括同案犯姓名、住址、体貌特征、联络方式等信息，属于被告人应当供述的范围。公安机关根据被告人供述抓获同案犯的，不应认定其有立功表现。被告人在公安机关抓获同案犯过程中确实起到协助作用的，例如，经被告人现场指认、辨认抓获了同案犯；被告人带领公安人员抓获了同案犯；被告人提供了不为有关机关掌握或者有关机关按照正常工作程序无法掌握的同案犯藏匿的线索，有关机关据此抓获了同案犯；被告人交代了与同案犯的联络方式，又按要求与对方联络，积极协助公安机关抓获了同案犯等，属于协助司法机关抓获同案犯，应认定为立功。

案例评价

[案例 11-9] 梁某等贩卖、运输毒品案[①]
（协助抓捕型立功与供述同案犯基本事实的区分）

1. 基本案情

2001 年 8 月中旬，被告人梁某、陈某、张某共谋贩毒，后由梁某、陈某携款去云南省昭通市，以每克 90 元的价格购得海洛因 195.10 克。在返回途中，陈某因有事中途下车。梁某携带该批海洛因至浙江省嘉兴市，当月 26 日与张某、李某会合。次日上午，李某、梁某、张某一起将该批海洛因携带至浙江省平湖市张某平家，在欲对该批海洛因进行包装时，被公安人员抓获，公安人员当场从李某随身携带的皮包内查获海洛因 195.10 克。此外，梁某还参与贩卖、运输海洛因 490.10 克。

被告人梁某被抓获后，向公安机关供述其与陈某在四川省宜宾市筠连县分手时曾约定数日后在绍兴柯桥弥陀碰面，并由陈某负责联系毒品买主，故陈某可能藏匿在绍兴柯桥弥陀附近其姐姐陈光某的租住房，并描述了该房的大体位置。后公安机关在浙江省绍兴县柯桥镇陈某的姐姐陈光某的租住房内将陈某抓获。

[①] 最高人民法院刑事审判第一、二庭. 刑事审判参考：2003 年第 3 辑. 北京：法律出版社，2003：66-73.

某市中级人民法院依照《刑法》第347条第2款第1项、最高人民法院《关于处理自首和立功具体应用法律若干问题的解释》第5条等的规定，认定被告人梁某犯贩卖、运输毒品罪，判处死刑，剥夺政治权利终身，并处没收个人全部财产。

一审宣判后，被告人梁某上诉称，其有配合公安机关抓获同案犯的重大立功表现。某省高级人民法院裁定驳回上诉，维持原判，并报请最高人民法院核准。最高人民法院经复核后，认为一审判决和二审裁定认定的事实清楚，证据确实、充分，定罪准确，审判程序合法，但量刑不当。最高人民法院依法判决如下：（1）撤销某省高级人民法院刑事裁定和某市中级人民法院刑事判决中对被告人梁某的量刑部分；（2）被告人梁某犯贩卖、运输毒品罪，判处死刑，缓期二年执行，剥夺政治权利终身，并处没收个人全部财产。

2. 涉案问题

被告人提供同案犯可能的藏身地点的，是否成立协助抓捕型立功？

3. 裁判理由

关于被告人梁某的辩护人提出的梁某有立功表现的问题。某市中级人民法院认为，梁某当庭供称，其与陈某在四川省宜宾市筠连县分手时曾约定数日后在绍兴柯桥弥陀碰面，并由陈某负责联系毒品买主，故梁某在供述中提及的陈某可能在绍兴柯桥弥陀的这一情节，属于其共同犯罪过程的必然交代，此行为不属于独立于其本人犯罪行为以外的检举揭发，不能认定为立功表现。某省高级人民法院认为，梁某未提供同案犯确切的藏身地址，也未带领公安人员前去抓捕，故其称有配合公安机关抓捕同案犯的立功表现的理由不能成立，也不予采信。最高人民法院认为，梁某归案后能够协助公安机关抓获同案犯，有重大立功表现，应从轻处罚。

4. 评析意见

关于被告人梁某向公安机关提供线索抓获同案犯陈某的行为是否属于协助抓捕型立功，有两种不同意见。第一种意见认为，梁某的行为不属于协助公安机关抓捕同案犯，不构成立功。理由有二：（1）梁某在供述中提及的同案犯陈某可能在绍兴柯桥弥陀的这一情节，属于其共同犯罪过程的必然交代，此行为不属于独立于其本人犯罪行为以外的检举揭发，不能认定为立功；（2）梁某未提供同案犯陈某的确切的藏身地址，也未带领公安人员前去抓捕。第二种意见认为，梁某的行为属于协助公安机关抓捕同案犯，构成立功。本书同意第二种意见，理由及分析如下：

本案涉及两个问题，一是协助抓捕型立功的行为方式，是否要求行为人必须"带领公安人员前去抓捕"才能成立立功。本案二审法院认为梁某不构成立功的理由之一即是认为梁某未带领公安人员前去抓捕。本书认为，协助抓捕型立功不要求行为人必须具有"带领公安人员前去抓捕"的行为。根据最高人民法院《关于处理自首和立功若干具体问题的意见》等的规定，协助抓捕型立功中的"协助抓捕"行为应作扩大的理解，不仅包括"带领公安人员前去抓捕"，还包括提供信息给司法机关由其抓捕，与司法机关配合协作抓捕，等等。本案中，梁某在归案后向公安机关提供同案犯可能的藏身地址，公安人员根据这一线索将同案犯陈某抓获归案。梁某虽未"带领公安人员前去抓捕"陈某，但其提供了重大信息，应当认定有协助抓捕行为。

二是协助抓捕同案犯的立功与如实供述同案犯的坦白之间的区别。某市中级人民法院认为，被告人梁某在供述中提及的陈某可能在绍兴柯桥弥陀的这一情节，属于其共同犯罪过程的必然交代，此行为不属于独立于其本人犯罪行为以外的检举揭发，不能认定为立功；而最高人民法院认定了梁某具有立功情节。某市中级人民法院和最高人民法院在判决理由部分区分共同犯罪中立功与坦白的标准是一致的，即以行为人供述内容是否超过应当如实供述的范围为标准，只是在对具体供述内容的认定上以及该内容是否属如实供述范围的判断上不同。某市中级人民法院认为，梁某供述陈某的可能下落地浙江省绍兴县柯桥镇，是两人约定的贩毒碰面地点，故其供述属于对共同犯罪过程的交代，系如实供述的范围。最高人民法院审理后认为，梁某供述陈某的可能下落地是浙江省绍兴县柯桥镇其姐姐陈光某的租住房，该地点并非双方约定的贩毒场所，故其供述不属如实供述的范围。结合案情来看，最高人民法院的认定切合事实，是正确的。

最高人民法院在其"裁判理由"中还提出一项判断某具体供述事实是否属如实供述范围的排除方法，即对陈某可能藏匿的地点（其姐姐的租住房处）这一内容，即使梁某不向公安机关提供，公安机关也不能认为梁某是不如实供述犯罪事实，因此，该内容应不属如实供述的范围。由此可以得出结论认为：若行为人不供述某一特定内容，而只供述其他内容，行为人仍可被认定是自首（坦白），则该特定内容即不是应如实供述范围之内的事实。

此外，最高人民法院《关于处理自首和立功若干具体问题的意见》规定，提供司法机关尚未掌握的其他案件犯罪嫌疑人的联络方式、藏匿地址的，协助抓捕同案犯的，可构成立功；提供犯罪前、犯罪中掌握、使用的同案犯联络方式、藏匿地址，司法机关据此抓捕同案犯的，不构成立功。本案中，被告人梁某提供的陈某可能藏匿的地点（其姐姐的租住房处）是其根据案情因素的推断，不是犯罪前、犯罪中掌握、使用的藏匿地址，司法机关也尚未掌握，故其应认定为立功。

三、重大立功的认定

知识背景

根据立功所揭发、协助抓捕的犯罪人的罪行的轻重,以及立功的影响大小,立功可被区分为一般立功和重大立功,二者对量刑、刑罚执行的作用有所不同。一般立功的,依据刑法规定,对未决犯可以从轻或者减轻处罚;对已决犯,即被判处管制、拘役、有期徒刑、无期徒刑的犯罪分子,可以减刑。重大立功的,依据刑法的规定,对未决犯,可以减轻或者免除处罚;对已决犯,即被判处管制、拘役、有期徒刑、无期徒刑的犯罪分子,应当减刑;此外,对判处死刑缓期执行的罪犯,在死刑缓期执行二年期满后,可减为25年有期徒刑。

依据最高人民法院《关于处理自首和立功具体应用法律若干问题的解释》第7条的规定,重大立功是指犯罪分子有检举、揭发他人重大犯罪行为,经查证属实的;提供侦破其他重大案件的重要线索,经查证属实的;阻止他人重大犯罪活动的;协助司法机关抓捕其他重大犯罪嫌疑人(包括同案犯)的;对国家和社会有其他重大贡献的;等等。

"重大犯罪""重大案件""重大犯罪嫌疑人"的标准,一般指犯罪嫌疑人、被告人可能被判处无期徒刑以上刑罚或者案件在本省、自治区、直辖市或者全国范围内有较大影响等情形。"可能被判处无期徒刑以上刑罚",参照最高人民法院、最高人民检察院《关于办理职务犯罪案件认定自首、立功等量刑情节若干问题的意见》的规定,是指根据犯罪行为的事实、情节可能判处无期徒刑以上刑罚。案件已经判决的,以实际判处的刑罚为准。但是,根据犯罪行为的事实、情节应当被判处无期徒刑以上刑罚,因被判刑人有法定情节经依法从轻、减轻处罚后被判处有期徒刑的,应当被认定为重大立功。在省、自治区、直辖市或者全国范围内有较大影响的案件,一般指涉案犯罪行为的作案地点、作案对象、被害人等涉及省内或国内众多地点的案件。

对国家和社会有其他重大贡献,指的是重大发明、科技创新等获得了国家级奖项,或者作出了与此相当的特别巨大贡献,或者其行为在维护国家领土、政权统一、社会稳定及取得重大军事胜利等涉及国家利益方面具有特别巨大的作用。

规范依据

(一)《刑法》

第78条 被判处管制、拘役、有期徒刑、无期徒刑的犯罪分子,在执行期间，如果认真遵守监规，接受教育改造，确有悔改表现的，或者有立功表现的，可以减刑；有下列重大立功表现之一的，应当减刑：

（一）阻止他人重大犯罪活动的；

（二）检举监狱内外重大犯罪活动，经查证属实的；

（三）有发明创造或者重大技术革新的；

（四）在日常生产、生活中舍己救人的；

（五）在抗御自然灾害或者排除重大事故中，有突出表现的；

（六）对国家和社会有其他重大贡献的。

（二）最高人民法院《关于处理自首和立功具体应用法律若干问题的解释》

第7条　根据刑法第六十八条第一款的规定，犯罪分子有检举、揭发他人重大犯罪行为，经查证属实；提供侦破其他重大案件的重要线索，经查证属实；阻止他人重大犯罪活动；协助司法机关抓捕其他重大犯罪嫌疑人（包括同案犯）；对国家和社会有其他重大贡献等表现的，应当认定为有重大立功表现。

前款所称"重大犯罪"、"重大案件"、"重大犯罪嫌疑人"的标准，一般是指犯罪嫌疑人、被告人可能被判处无期徒刑以上刑罚或者案件在本省、自治区、直辖市或者全国范围内有较大影响等情形。

（三）最高人民法院《关于办理减刑、假释案件具体应用法律的规定》

第5条　具有下列情形之一的，应当认定为有"重大立功表现"：

（一）阻止他人实施重大犯罪活动的；

（二）检举监狱内外重大犯罪活动，经查证属实的；

（三）协助司法机关抓捕其他重大犯罪嫌疑人的；

（四）有发明创造或者重大技术革新的；

（五）在日常生产、生活中舍己救人的；

（六）在抗御自然灾害或者排除重大事故中，有突出表现的；

（七）对国家和社会有其他重大贡献的。

第（四）项中的发明创造或者重大技术革新应当是罪犯在刑罚执行期间独立或者为主完成并经国家主管部门确认的发明专利，且不包括实用新型专利和外观设计专利；第（七）项中的其他重大贡献应当由罪犯在刑罚执行期间独立或者为主完成，并经国家主管部门确认。

（四）最高人民法院、最高人民检察院《关于办理职务犯罪案件认定自首、立功等量刑情节若干问题的意见》

犯罪分子检举、揭发的他人犯罪，提供侦破其他案件的重要线索，阻止他人的犯罪活动，或者协助司法机关抓捕的其他犯罪嫌疑人，犯罪嫌疑人、被告人依法可能被判处无期徒刑以上刑罚的，应当认定为有重大立功表现。

其中，可能被判处无期徒刑以上刑罚，是指根据犯罪行为的事实、情节可能判处无期徒刑以上刑罚。案件已经判决的，以实际判处的刑罚为准。但是，根据犯罪行为的事实、情节应当判处无期徒刑以上刑罚，因被判刑人有法定情节经依法从轻、减轻处罚后判处有期徒刑的，应当认定为重大立功。

对于具有立功情节的犯罪分子，应当根据犯罪的事实、性质、情节和对于社会的危害程度，结合立功表现所起作用的大小、所破获案件的罪行轻重、所抓获犯罪嫌疑人可能判处的法定刑以及立功的时机等具体情节，依法决定是否从轻、减轻或者免除处罚以及从轻、减轻处罚的幅度。

案例评价

[案例11-10] 张某、樊某抢劫、盗窃案[①]（"重大犯罪嫌疑人"的认定）

1. 基本案情

2008年4月至7月，被告人张某、樊某共同盗窃了李某的江牌摩托车（价值4 760元钱）、喻某的银钢牌摩托车（价值2 496元）、宁某的豪鹰牌摩托车（价值4 160元）、宋某的劲隆牌摩托车（价值3 000元）各1辆。张某单独盗窃了王某的豪达牌摩托车（价值1 900元）、匡某的鑫源牌摩托车（价值3 800元）各1辆。

2008年7月4日，被告人张某在因实施盗窃被群众抓获移交公安机关后，供述了其伙同樊某实施盗窃的事实，并协助公安机关抓获了樊某。公安机关在侦查过程中，发现张某、樊某系抢劫杀害被害人陈甲的犯罪嫌疑人，该抢劫犯罪事实为：2008年7月3日，张某、樊某共谋对陈甲实施抢劫，樊某持刀划破陈甲的面部，张某则持双刃匕首朝陈甲的腹部等处捅刺数刀，致陈甲死亡。两人从陈甲处劫取现金90元、联想牌手机1部、银钢牌摩托车1辆（两件价值合计5 070元）。公安机关后又发现二人另一起抢劫犯罪事实：2008年6月18日晚，张某、樊某从陈乙处劫取现金100元、手机1部及大阳牌摩托车1辆（价值4 480元）。

某市第二中级人民法院依据《刑法》第263条第5项、第264条等的规定，认定被告人张某犯抢劫罪，判处死刑，剥夺政治权利终身，并处没收个人全部财产；犯盗窃罪，判处有期徒刑5年，并处罚金人民币5 000元；数罪并罚决定执行死刑，剥夺政治权利终身，并处没收个人全部财产。法院认定被告人樊某犯抢劫罪，判处死刑，缓期二年执行，剥夺政治权利终身，并处没收个人全部财产；犯盗窃罪，判处有期徒刑4年，并处罚金人民币4 000

[①] 最高人民法院刑事审判第一、二、三、四、五庭. 刑事审判参考：2010年第2集. 北京：法律出版社，2010：36-43.

元；数罪并罚决定执行死刑，缓期二年执行，剥夺政治权利终身，并处没收个人全部财产。

一审宣判后，被告人张某提起上诉，其辩护人提出张某协助抓获樊某，构成重大立功。某市高级人民法院经审理查明：2008年7月4日，张某因实施盗窃被群众抓获移交公安机关后，供述了其伙同樊某实施盗窃的事实并协助公安机关抓获了樊某。法院对被告人张某犯抢劫罪的主刑改判为死刑，缓期二年执行，其余维持，并对数罪并罚执行刑罚作出相应变动。

2. 涉案问题

被告人张某协助抓获盗窃罪同案犯樊某，但樊某后因抢劫罪被判处死缓，张某的行为应当认定为一般立功还是重大立功？

3. 裁判理由

某市高级人民法院根据查明的事实认定被告人张某有立功情节，认为对其可判处死刑，缓期二年执行。

4. 评析意见

对于本案被告人张某的行为是否属于"协助抓捕重大犯罪嫌疑人"，有两种不同意见：第一种意见认为，只需依据客观结果来判断被抓捕的犯罪嫌疑人是否属于"重大犯罪嫌疑人"，本案中同案犯樊某最终被判处死缓，系"重大犯罪嫌疑人"，故应认定张某的行为系协助抓捕重大犯罪嫌疑人，其构成重大立功；第二种意见认为，张某协助抓捕同案犯樊某，只供述了樊某盗窃事实，当时樊某仅为盗窃数额巨大的犯罪嫌疑人，故张某只构成一般立功，不构成重大立功。本书同意第二种意见，分析及理由如下：

本案争议的焦点是"重大犯罪嫌疑人"的认定基准问题，涉及两项基准，一是认定的主体基准问题，应以立功者认知的事实为基准，还是以司法机关认知的事实为基准；二是认定的时间基准问题，是以立功行为实施时所知的事实为基准，还是以立功行为实施之后最终查明的事实为基准？

本书认为，应当以立功当时、以司法机关认知的事实为基准。犯罪嫌疑人是一般犯罪嫌疑人还是"重大犯罪嫌疑人"，系属法律认定问题，应当以司法机关掌握的事实为依据。被告人张某在协助抓捕同案犯樊某时，其主观上明知樊某还实施了抢劫且抢劫致人死亡，系抢劫罪的"重大犯罪嫌疑人"，但张某只向公安机关供述樊某所犯的盗窃罪，司法机关根据张某的供述认为樊某系盗窃罪一般犯罪嫌疑人，张某只构成一般立功。

在本案中，被告人张某在协助抓捕同案犯樊某的当时，只供述了樊某实施的盗窃行为，公安机关在当时也只掌握了樊某的盗窃罪行。根据当时掌握的盗窃事实，樊某涉及的盗窃数额仅为巨大，法定最高刑为10年有期徒刑，樊某不属"重大犯罪嫌疑人"，换言之，张某协助抓捕的不是"重大犯罪嫌疑人"，只是一般犯罪嫌疑人，只构成一般立功，而非重大立功。

第五节 数罪并罚

数罪并罚，是指人民法院对一人犯有数罪分别定罪量刑，判决数个刑罚，根据刑法规定的并罚规则与方法，对行为人决定应当合并执行刑罚的方法。数罪并罚实际上是对数个刑罚进行合并执行的方法，适用数罪并罚的前提是一人犯有数罪并被判处数个刑罚。并罚的数罪，指判决罪名为两个或两个以上，既可以是故意犯罪，也可以是过失犯罪。但对判决宣告前一人所犯的同种数罪，司法实践一般作一罪处理，累计数额和情节，而不予并罚。并罚的数个刑罚，既包括主刑也包括附加刑。若行为人犯有两罪，其中一罪被免予刑事处罚，也不涉及数罪并罚的问题。

我国《刑法》第 69 至 71 条对不同刑事诉讼阶段（审判时或行刑时）发现数罪时的并罚规则作出了规定。其中，第 69 条规定了判决宣告前一人犯数罪的并罚规则，即简单并罚规则；第 70 条规定了判决宣告后、刑罚执行完毕前司法机关发现漏罪的并罚规则，即漏罪并罚规则，适用先并后减规则；第 71 条规定了判决宣告后、刑罚执行完毕前，行为人又犯新罪的并罚规则，即新罪并罚规则，适用先减后并规则。下面分别论述。

一、判决宣告前一人犯数罪的并罚

知识背景

判决宣告前一人犯数罪的并罚，即简单并罚，是最为常见、最为基础的数罪并罚情形，简单并罚包括主刑的并罚和附加刑的并罚两种不同的并罚方式。

（一）主刑的并罚

对数个主刑的并罚，我国刑法规定了吸收规则、限制加重规则、并科规则。(1) 吸收规则。对于判处数个死刑、数个无期徒刑或数刑中有一个死刑或无期徒刑的，只宣告一个死刑或无期徒刑，其他刑罚均被死刑或无期徒刑所吸收。数罪中有判处有期徒刑和拘役的，有期徒刑吸收拘役，执行有期徒刑，不执行拘役。数罪中有判处死刑和拘役的，只执行死刑；数罪中有判处无期徒刑和拘役的，只执行无期徒刑；数罪中有判处死刑和管制的，只执行死刑；数罪中有判处无期徒刑和管制的，只执行无期徒刑。(2) 限制加重规则。数个管制、数个拘役、数个有期徒刑的并罚适用限制加重规则。即对判处数个管制，或者数个拘役，或者数个有期徒刑的，在数刑中最高刑期以上、总和刑期（以及刑法规定的并罚最高刑期）以下，决定执行的刑罚。这些刑罚单处时各自均有最高期限的规定，同时，刑法也对这些刑罚并罚的最高刑期作了规定：管制并罚最高不能超过3年；拘役并罚最高不能超过1年；有期徒刑并罚总和刑期不满35年的，最高不能超过20年，总和刑期在35年以上的，最高不能超过25年。（3）并科规则。管制与有期、拘役并科：数罪中有判处有期徒刑和管制或者拘役和管制的，有期徒刑、拘役执行完毕后，管制仍须执行。

（二）附加刑的并罚

对附加刑的并罚，刑法首先规定了附加刑与主刑适用并科原则，即数罪中有判处附加刑的，附加刑仍须附加在并罚后得出的主刑上一并执行。对数个附加刑的并罚，刑法规定了两种情形：（1）数个种类相同的附加刑合并执行。这里的"种类不同"和"种类相同"，应当以刑法对附加刑规定的种类为区分标准。对没收财产刑，没收部分财产与没收全部财产应当认为是种类相同的附加刑。"合并执行"包括如下含义：基本含义为并科，例如，数个罚金刑、数个没收部分财产刑应当累加并科。不能并科时才采用吸收等其他并罚方法。例如，有没收全部财产与没收部分财产的应当吸收执行，只执行一个没收全部财产；有剥夺政治权利终身与有期限的剥夺政治权利的也应当吸收执行，只执行一个剥夺政治权利终身；有数个驱逐出境的也应吸收执行，只执行一个驱逐出境。而对有期限的数个剥夺政治权利的并罚，在以前，最高人民法院研究室《关于数罪中有判处两个以上剥夺政治权利附加刑的应如何并罚问题的电话答复》（已失效）规定，应当限制加重，并罚最高不能超过5年。现在，一般认为采并科制，将期限累加计算即可。（2）数个种类不同的附加刑分别执行。刑法规定了剥夺政治权利、罚金、没收财产、驱逐出境四种附加刑，它们相互之间应当认为是种类不同的附加刑。"分别执行"的基本含义为并科，没收全部财产刑与罚金刑的并罚，按此规定也应并科。罚金、没收全部财产的并罚，需并科，先执行罚金，再没收财产。其依据是最高人民法院《关于刑事裁判涉财产部分执行的若干规定》第13条第1款："被执行人在执行中同时承担刑事责任、民事责任，其财产不足以支付的，按照下列顺序执行：（一）人身损害赔偿中的医疗费用；（二）退赔被害人的损失；（三）其他民事债务；（四）罚金；（五）没收财产。"

规范依据

《刑法》

第69条 判决宣告以前一人犯数罪的，除判处死刑和无期徒刑的以外，应当在总和刑期以下、数刑中最高刑期以上，酌情决定执行的刑期，但是管制最高不能超过三年，拘役最高不能超过一年，有期徒刑总和刑期不满三十五年的，最高不能超过二十年，总和刑期在三十五年以上的，最高不能超过二十五年。

数罪中有判处有期徒刑和拘役的，执行有期徒刑。数罪中有判处有期徒刑和管制，或者拘役和管制的，有期徒刑、拘役执行完毕后，管制仍须执行。

数罪中有判处附加刑的，附加刑仍须执行，其中附加刑种类相同的，合并执行，种类不同的，分别执行。

案例评价

[案例 11-11] 张某等走私普通货物案① （一人犯数罪的并罚）

1. 基本案情

1999年10月至2002年7月，被告人张某等人在进口冻品业务过程中，分别结伙，由张某等人确定报关价格，采用制作、利用虚假外贸合同、发票等单证低价报关的方法，偷逃应缴税额共10起，其中张某参与其中第6～10起共5起。

某市中级人民法院认为，被告人张某等人为个人和单位牟取非法利益，违反海关法规，采用低价报关的方法，偷逃应缴税额。其中第6起事实系金亚联公司走私，偷逃应缴税额计2 200 980.77元，情节严重，张某作为金亚联公司直接负责人已构成走私普通货物罪。此外，第7～10起事实系张某单独或与其他单位、个人共同走私，偷逃应缴税额计3 970 743.95元，其行为已构成走私普通货物罪，且系共同犯罪。

某市中级人民法院依照《刑法》第153条第1款第1项、第2款、第3款等的规定，判决被告人张某犯（单位）走私普通货物罪，判处有期徒刑2年；犯走私普通货物罪，判处有期徒刑13年，并处罚金人民币3 970 743.95元；数罪并罚决定执行有期徒刑14年，并处罚金人民币3 970 743.95元。一审判决后，张某提出上诉。张某及其辩护人提出第9、10起是单位犯罪，不是个人犯罪。

某省高级人民法院经审理认为，被告人张某实施第9、10起犯罪的性质属金亚联公司单位犯罪，原审判决对该二起事实的定性有误，应予以纠正。据此，二审法院判决如下：(1)撤销对被告人张某的判决部分。(2)张某犯（单位）走私普通货物罪，判处有期徒刑2年；犯走私普通货物罪判处有期徒

---

① 最高人民法院刑事审判第一、二、三、四、五庭. 刑事审判参考：2007年第5集. 北京：法律出版社，2007：1-10.

刑 12 年，并处罚金人民币 2 980 288.15 元；数罪并罚决定执行有期徒刑 13 年，并处罚金人民币 2 980 288.15 元。

2. 涉案问题

行为人因单位犯罪而承担刑事责任，同时又因自然人犯罪而触犯相同罪名的，是否应当进行数罪并罚？

3. 裁判理由

某市中级人民法院认为，被告人张某等人与其他单位或个人共同实施走私犯罪，应当处以刑罚；张某作为单位走私的直接负责人亦应承担相应的刑事责任，故对其应实行数罪并罚。

4. 评析意见

对于行为人因单位犯罪而承担刑事责任，同时又因自然人犯罪而触犯相同罪名，应当如何定罪处刑的问题，有两种不同意见：第一种意见认为，因单位走私普通货物罪和自然人走私普通货物罪两罪系同种数罪，故应合并对被告人只定走私普通货物罪一罪，应将单位犯罪偷逃应缴税额和被告人在单位犯罪中所起的作用与地位作为量刑情节从重处罚，不实行并罚；第二种意见认为，对被告人应定（单位）走私普通货物罪和走私普通货物罪两个罪，应数罪并罚。

本书赞同第二种意见。本案对被告人是否数罪并罚，关键在于被告人所犯两罪是同种数罪还是异种数罪。本书认为，被告人承担的单位犯罪罪名与其自然人犯罪罪名虽然相同，但不是同种犯罪，而是异种数罪，应当数罪并罚。原因如下：

其一，自然人因单位犯罪而承担刑事责任的原理与自然人因本人实施犯罪而承担刑事责任的原理并不相同。在单位犯罪中，犯罪主体是单位，自然人只是刑罚主体；而在自然人犯罪中，自然人既是犯罪主体，又是刑罚主体。对单位犯罪，虽然当前一些审判机关出于习惯只在裁判文书列出承担责任的自然人，而不列出犯罪单位，但在理论层面上，在自然人因单位犯罪而承担责任时，犯罪主体并不是自然人，而是单位。自然人没有"犯罪"，只是承担刑事责任，且该刑事责任是其按在单位犯罪中所起的作用分担的，源于单位行为。故应当将自然人因单位犯罪而承担的刑事责任与自然人因本人实施犯罪而承担的刑事责任区分开来。

其二，在我国刑法中，单位犯罪与同罪名的自然人犯罪，虽然罪名相同，援引法条也相同，但构成要件并不相同。在主体方面，单位犯罪的主体是单位，而自然人犯罪主体是自然人本人；在客观要件方面，对有些具体罪名的单位犯罪和自然人犯罪，刑法及有关司法解释规定的定罪标准及量刑标准均有所不同，一般对单位犯罪规定了较高的起点。例如，走私普通货物罪，根据《刑法》第153条和最高人民法院、最高人民检察院《关于办理走私刑事案件适用法律若干问题的解释》第16、24条的规定，自然人的定罪标准是偷逃应缴税额在10万元以上，而单位的定罪标准则在20万元以上。如果将单位犯罪与同罪名的自然人犯罪视为同种数罪，将犯罪数额累计计算，一并按自然人犯罪处罚的话，则势必会加重被告人所应判处的刑罚，这对被告人不公平。

本案中，犯罪主体除了被告人张某等自然人外，还应列明金亚联公司。在金亚联公司实施的（单位）走私普通货物罪中，张某作为直接责任人员承担该罪的刑事责任；在张某实施的（自然人）走私普通货物罪中，张某构成（自然人）走私普通货物罪，并应承担刑事责任。由于该两项刑事责任来源于两个不同罪名，即（单位）走私普通货物罪与（自然人）走私普通货物罪，且在判决宣告前一并发现，故应当适用《刑法》第69条的规定进行数罪并罚。二审法院的处理方法是正确的。

二、判决宣告后发现漏罪的并罚

知识背景

（一）先并后减规则的适用

关于漏罪的并罚，《刑法》第70条规定："判决宣告以后，刑罚执行完毕以前，发现被判刑的犯罪分子在判决宣告以前还有其他罪没有判决的，应当对新发现的罪作出判决，把前后两个判决所判处的刑罚，依照本法第六十九条的规定，决定执行的刑罚。已经执行的刑期，应当计算在新判决决定的刑期以内。"此即先并后减规则。适用该规则需满足以下条件：（1）一人所犯数罪均发生在原判决宣告以前；（2）原判决只对其中的部分犯罪已作出判决，而对其他部分犯罪没有判决。这里的数罪既可以是异种数罪，也可以是同种数罪。

适用《刑法》第70条先并后减规则的漏罪，在时间上有发生时间和发现时间两方面的要求：既要求犯罪发生的时间是在判决生效以前，又要求发现犯罪的时间是在判决宣告以后、刑罚执行完毕以前。犯罪如果发生在判决生效以后，则不应认定为漏罪，而应认定为新罪，适用《刑法》第71条确定的并罚规则。如果发现犯罪的时间是在判决宣告以前，则应适用《刑法》第69条确定的并罚规则。如果发现犯罪的时间是在刑罚执行完毕以后，则应独立量刑并执行。

对于判决宣告以后、交付执行之前发现漏罪的，应当根据已宣告的判决是否发生法律效力，分不同情况进行处理：（1）当判决已宣告但尚未发生法律效力时发现漏罪的，例如，一审人民法院宣告判决之后，被告人提出上诉或者人民检察院提出抗诉，二审人民法院在审理期间，发现原审被告人在一审判决宣告以前还有其他罪没有判决的，在这种情况下，二审人民法院不能简单地对新发现的犯罪作出宣判，并适用《刑法》第70条的规定进行并罚，可以裁定发回原审人民法院重新审理，由人民检察院对新发现的罪追加起诉，原审人民法院对新发现的罪作出裁判后，可依据《刑法》第69条的规定进行并罚。（2）当宣告判决发生法律效力之后，但尚未实际交付执行时，发现被判刑的犯罪分子还有其他漏罪的，应当适用《刑法》第70条的规定并罚，这样做一方面维护已生效刑事判决的既判力，另一方面也符合《刑法》第70条的规定。

（二）缓刑、假释考验期间发现漏罪的并罚

对于缓刑、假释考验期间发现漏罪的并罚，刑法已单独作出规定，该并罚不再适用《刑法》第70条规定。（1）缓刑考验期间发现漏罪。《刑法》第77条规定："被宣告缓刑的犯罪分子，在缓刑考验期限内犯新罪或者发现判决宣告以前还有其他罪没有判决的，应当撤销缓刑，对新犯的罪作出判决，把前罪和后罪所判处的刑罚，依照本法第六十九条的规定，决定执行的刑罚。"如果该漏罪须判处实刑，则应撤销对前罪所宣告的缓刑，已经执行的缓刑考验期，不折抵刑期，但是，判决执行前先行羁押的日期，应当予以折抵。（2）假释考验期间发现漏罪。《刑法》第86条规定："在假释考验期限内，发现被假释的犯罪分子在判决宣告以前还有其他罪没有判决的，应当撤销假释，依照本法第七十条的规定实行数罪并罚。"需注意的是：只有在缓刑、假释考验期间发现漏罪的，才能撤销缓刑、假释，实行数罪并罚。在考验期满后才发现漏罪的，则不能撤销缓刑、假释，而应对发现的漏罪单独处刑、单独处罚。

（三）主刑执行完毕、附加剥夺政治权利期间发现漏罪的并罚

对被判处有期徒刑，主刑已执行完毕，在执行附加剥夺政治权利期间发现判决以前尚未判处的漏罪的罪犯，如何并罚？依照最高人民法院《关于在执行附加刑剥夺政治权利期间犯新罪应如何处理的批复》的规定精神，并根据《刑法》第69、70条的规定，可得出以下两点。（1）对漏罪无须判处附加剥夺政治权利的，应当在对被告人的漏罪作出判决时，将漏罪所判处的刑罚和前罪没有执行完毕的附加剥夺政治权利进行并科，即在漏罪所判处的主刑执行完毕以后，继续执行前罪没有执行完毕的附加剥夺政治权利。（2）对漏罪判处附加剥夺政治权利的，应当将前罪所判附加剥夺政治权利与漏罪所判附加剥夺政治权利，按先并后减规则并罚，决定合并执行的剥夺政治权利，在漏罪所判处的主刑执行完毕以后，继续执行该合并执行的剥夺政治权利。

规范依据

（一）《刑法》

第70条　判决宣告以后，刑罚执行完毕以前，发现被判刑的犯罪分子在判决宣告以前还有其他罪没有判决的，应当对新发现的罪作出判决，把前后两个判决所判处的刑罚，依照本法第六十九条的规定，决定执行的刑罚。已经执行的刑期，应当计算在新判决决定的刑期以内。

（二）最高人民法院《关于判决宣告后又发现被判刑的犯罪分子的同种漏罪是否实行数罪并罚问题的批复》

人民法院的判决宣告并已发生法律效力以后，刑罚还没有执行完毕以前，发现被判刑的犯罪分子在判决宣告以前还有其他罪没有判决的，不论新发现的罪与原判决的罪是否属于同种罪，都应当依照刑法第六十五条的规定实行数罪并罚。

（三）最高人民法院《关于办理减刑、假释案件具体应用法律的规定》

第33条　罪犯被裁定减刑后，刑罚执行期间因故意犯罪而数罪并罚时，经减刑裁定减去的刑期不计入已经执行的刑期。原判死刑缓期执行减为无期徒刑、有期徒刑，或者无期徒刑减为有期徒刑的裁定继续有效。

第34条　罪犯被裁定减刑后，刑罚执行期间因发现漏罪而数罪并罚的，原减刑裁定自动失效。如漏罪系罪犯主动交代的，对其原减去的刑期，由执行机关报请有管辖权的人民法院重新作出减刑裁定，予以确认；如漏罪系有关机关发现或者他人检举揭发的，由执行机关报请有管辖权的人民法院，在原减刑裁定减去的刑期总和之内，酌情重新裁定。

第35条　被判处死刑缓期执行的罪犯，在死刑缓期执行期内被发现漏罪，依据刑法第七十条规定数罪并罚，决定执行死刑缓期执行的，死刑缓期执行期间自新判决确定之日起计算，已经执行的死刑缓期执行期间计入新判决的死刑缓期执行期间内，但漏罪被判处死刑缓期执行的除外。

第36条　被判处死刑缓期执行的罪犯，在死刑缓期执行期满后被发现漏罪，依据刑法第七十条规定数罪并罚，决定执行死刑缓期执行的，交付执行时对罪犯实际执行无期徒刑，死缓考验期不再执行，但漏罪被判处死刑缓期执行的除外。

在无期徒刑减为有期徒刑时，前罪死刑缓期执行减为无期徒刑之日起至新判决生效之日止已经实际执行的刑期，应当计算在减刑裁定决定执行的刑期以内。

原减刑裁定减去的刑期依照本规定第三十四条处理。

第37条　被判处无期徒刑的罪犯在减为有期徒刑后因发现漏罪，依据刑法第七十条规定数罪并罚，决定执行无期徒刑的，前罪无期徒刑生效之日起至新判决生效之日止已经实际执行的刑期，应当在新判决的无期徒刑减为有期徒刑时，在减刑裁定决定执行的刑期内扣减。

无期徒刑罪犯减为有期徒刑后因发现漏罪判处三年有期徒刑以下刑罚，数罪并罚决定执行无期徒刑的，在新判决生效后执行一年以上，符合减刑条件的，可以减为有期徒刑，减刑幅度依照本规定第八条、第九条的规定执行。

原减刑裁定减去的刑期依照本规定第三十四条处理。

案例评价

[案例11-12] 王某等合同诈骗案[①]（无期徒刑减刑后发现漏罪的并罚）

1. 基本案情

被告人王某，原系梦晨公司法定代表人，因犯金融凭证诈骗罪于2000年6月8日被乙市中级人民法院判处无期徒刑。其在服刑期间，于2002年12月被裁定减为有期徒刑20年，剥夺政治权利9年。其在刑罚执行期间，于2005年又被发现还有本案所涉的合同诈骗犯罪没有判决。

被告人王某于1996年10月通过他人得知物资公司在某银行存款500万元后，即萌生采取以梦晨公司名义向该银行申请贷款，假冒物资公司名义提供质押担保的欺诈手段，骗取该银行贷款之念，并指使他人伪造相关单据，骗取该银行贷款375万元。该375万元部分被用于梦晨公司经营，部分被王某用于赌博等个人花用。

甲市第一中级人民法院依照《刑法》第12条第1款，1979年《刑法》第152条、第52条、第60条、第64条、第65条等的规定，判决如下：被告人王某犯合同诈骗罪，判处有期徒刑15年，剥夺政治权利4年，并处没收个人财产人民币10万元；连同乙市中级人民法院于2000年6月8日作出的刑事判决，即王某犯金融凭证诈骗罪，判处无期徒刑，剥夺政治权利终身，并处没收个人财产人民币20万元；数罪并罚决定执行无期徒刑，剥夺政治权利终身，并处没收个人财产人民币30万元。

一审判决后，被告人王某不服，向甲市高级人民法院提出上诉。王某上诉称，其因犯金融凭证诈骗罪曾于2000年6月8日被判处无期徒刑，剥夺政治权利终身，并处没收财产人民币20万元，在服刑期间，于2002年12月被裁定减为有期徒刑20年，剥夺政治权利9年。现甲市第一中级人民法院又以合同诈骗罪判处其有期徒刑15年，剥夺政治权利4年，连同此前判决，决定

[①] 国家法官学院，中国人民大学法学院.中国审判案例要览：2005年刑事审判案例卷.北京：人民法院出版社，中国人民大学出版社，2006.

执行无期徒刑，剥夺政治权利终身，并处没收个人财产人民币30万元。甲市第一中级人民法院并罚时没有将裁定其减刑的刑期计算在内，不当。甲市高级人民法院裁定驳回上诉，维持原判。

2. 涉案问题

原判刑罚为无期徒刑，减刑后，在刑罚执行期间又发现漏罪的，应当如何处理？

3. 裁判理由

甲市第一中级人民法院认为，被告人王某等人的行为均已构成合同诈骗罪，且情节特别严重，依法应予惩处。王某曾因犯金融凭证诈骗罪被判刑。刑罚执行期间又被发现还有本案所涉的合同诈骗犯罪没有判决，应对王某所犯合同诈骗罪作出判决，对其犯金融凭证诈骗罪被判处的刑罚和合同诈骗罪被判处的刑罚，依照1979年《刑法》第64条之规定，决定执行的刑罚。

甲市高级人民法院认为，无论是依照《刑法》第70条的规定，还是依照1979年《刑法》第65条的规定，都应当对被告人王某因本案被判处的刑罚与此前因犯金融凭证诈骗罪被判处的无期徒刑进行并罚，决定执行刑罚。王某提出的应该将其被裁定减刑的刑期计算在并罚后决定执行的刑期内的理由，于法无据。

4. 评析意见

对于因前罪被判处无期徒刑后又被裁定减刑至有期徒刑的罪犯，在刑罚执行完毕之前，又被发现原判决宣告以前有漏罪的，应如何进行并罚？对此有两种不同观点：一种观点认为应当将漏罪所判处的刑罚与减刑之前的前罪原判刑罚数罪并罚，先并后减；另一种观点认为应当将漏罪所判处的刑罚与前罪原判刑罚经减刑之后所确定的刑罚数罪并罚，先并后减。这两种并罚方法所得到的并罚结果完全不同，第二种并罚结果显然要轻于第一种的，尤其在原判刑为无期徒刑或者死刑缓期二年执行的情况下，二者相差悬殊。本书赞同第一种观点，认为对无期徒刑减刑后发现漏罪的，应当先将漏罪所判处的刑罚与减刑之前的前罪原判刑罚数罪并罚，然后再减去已经执行的刑期。其理由是：

首先，将漏罪所判处的刑罚与原判刑罚数罪并罚更符合刑法规定。《刑法》第70条规定的发现漏罪适用先并后减的规则，"并"的对象为"前后两个判决所判处的刑罚"，其中"前面的判决"指的应当是前罪的原判决，而非原判决之后的减刑裁定。就减刑裁定性质而言，其并不改变原判决，而只是刑罚的一种执行方式。减刑裁定的事实依据是罪犯在服刑期间的悔改表现，不是罪犯的犯罪行为。《刑法》第70条中所称"前面的判决"显然是针对原犯罪事实作出的判决。

其次，主张将漏罪所判处的刑罚与减刑后所确定的刑罚数罪并罚的观点，事实上是将原判刑罚减去已执行刑期后，把前罪没有执行的刑罚和后罪所判处的刑罚并罚，实质上采取先减后并规则，而非先并后减规则，这与《刑法》第70条的基本精神相违背。

本案中，由于被告人王某的原判刑罚为无期徒刑，与漏罪所判处的刑罚并罚的结果仍为无期徒刑，因而在新判决中不存在如何计算已经执行的刑期问题。也就是说，王某已经执行的刑期，事实上无法计算在新判决的刑期以内，先并后减的结果仍为无期徒刑。这可能有些不公平，可以在以后的减刑时考虑这一因素。尤其是，在对原判无期徒刑减刑后，对实际执行时间较长或者新发现漏罪较轻的，新判决确定的刑罚为无期徒刑且从新判决确定之日起重新计算无期徒刑的服刑期限对被告人较为不利，可以在执行期间减刑时充分考虑这一因素。

需要说明的是，如果原判刑罚不是本案中的无期徒刑，而是有期徒刑，在原判有期徒刑被裁定减刑后，在刑罚执行期间又发现漏罪的，其并罚方法也与上述方法相同。即应先将漏罪所判处的刑罚与原判决判处的有期徒刑并罚；之后如果仍决定执行有期徒刑，应将已经执行的刑期以及裁定减去的刑期计算在新判决决定的刑期之内，即依法减刑的刑期也不必再执行，应视为已执行的刑期。例如，甲因犯抢劫罪被判处有期徒刑12年，有期徒刑执行2年后被依法裁定减刑1年；有期徒刑执行5年后，司法机关又发现甲在宣判决前还犯有盗窃罪，经审查认为，漏罪盗窃罪应判处有期徒刑15年。司法机关应先将甲前罪所判12年刑期和后罪所判15年刑期并罚，如对其决定执行有期徒刑20年。由于甲已执行5年有期徒刑，并且被依法减刑1年，故其只需继续执行14年有期徒刑。

三、判决宣告后又犯新罪的并罚

> 知识背景

（一）先减后并规则

关于判决宣告后又犯新罪的并罚，《刑法》第71条规定："判决宣告以后，刑罚执行完毕以前，被判刑的犯罪分子又犯罪的，应当对新犯的罪作出判决，把前罪没有执行的刑罚和后罪所判处的刑罚，依照刑法第六十九条的规定，决定执行的刑罚。"此即先减后并规则。先减后并规则的适用方法是：一是先减，即将前罪原判刑罚减去已经执行的刑期，得出没有执行的刑罚；二是后并，即将没有执行的刑罚，与新罪所判处的刑罚，依照《刑法》第69条的原则进行并罚；三是已经执行的刑期不得计算在新判决所决定的刑期以内,即先减后并得出的刑期,为需继续执行的刑罚。

与宣判后发现漏罪并罚时适用的先并后减规则相比,采取先减后并规则对犯罪人的处罚更为严厉。这不仅体现在并罚的结果上,即在前罪、后罪及已执行刑期相同的情况下,采用先减后并得出的并罚结果及被告人实际执行的刑期,一般情况下要重于采用"先并后减"得出的并罚结果及被告人实际执行的刑期;而且体现在以下几个方面。首先,在后罪所判处的刑期比前罪尚未执行的刑期长的情况下,决定执行刑罚的最低期限,先减后并比先并后减规则决定执行刑罚的最低期限有所提高;其次,在前罪与后罪都被判处的总和刑期,超过数罪并罚法定最高刑期限制的情况下,采用先减后并规则,犯罪人实际执行的刑期可能会超过数罪并罚法定最高刑期的限制;最后,犯罪人在刑罚执行期间所犯新罪的时间距离前罪所判刑罚执行完毕的期限越近,或者犯罪人再犯新罪时前罪所判刑罚的残余刑期越少,数罪并罚决定执行刑罚的最低期限以及实际执行的刑期的最低限度就越高。对再犯新罪的并罚之所以采取更为严厉的并罚方法,主要是因为犯罪人在服刑期间不思悔改再犯新罪,其人身危险性大于发现判决宣告以前的漏罪的情形的人身危险性。

(二)缓刑、假释考验期间犯新罪的并罚

关于缓刑、假释考验期间犯新罪的并罚,我国刑法已作出了明文规定:(1)缓刑考验期间犯新罪。《刑法》第77条规定,"被宣告缓刑的犯罪分子,在缓刑考验期限内犯新罪或者发现判决宣告以前还有其他罪没有判决的,应当撤销缓刑,对新犯的罪或者新发现的罪作出判决,把前罪和后罪所判处的刑罚,依照本法第六十九条的规定,决定执行的刑罚"。如果所犯新罪必须被判处实刑,则法院应撤销对前罪所宣告的缓刑,已经执行的缓刑考验期,不折抵刑期;但是,判决执行以前先行羁押的日期应当折抵刑期。(2)假释考验期间发现漏罪。《刑法》第86条第1款规定:"被假释的犯罪分子,在假释考验期限内犯新罪,应当撤销假释,依照本法第七十一条的规定实行数罪并罚。"需要说明的是:缓刑、假释考验期间犯新罪的,无论是在考验期内被发现,还是考验期满后被发现,均应被撤销缓刑、假释,实行数罪并罚。

(三)主刑执行完毕、附加剥夺政治权利期间又犯新罪的并罚

罪犯在主刑执行完毕,附加剥夺政治权利执行期间又犯新罪的,应如何处理?最高人民法院《关于在执行附加刑剥夺政治权利期间犯新罪应如何处理的批复》以及最高人民法院《关于在附加剥夺政治权利执行期间重新犯罪的被告人是否适用数罪并罚问题的批复》(已失效)规定:(1)对判处有期徒刑并处剥夺政治权利的罪犯,主刑已执行完毕,在执行附加刑剥夺政治权利

期间又犯新罪，如果所犯新罪无须附加剥夺政治权利，依照《刑法》第71条的规定数罪并罚；(2) 前罪尚未执行完毕的附加刑剥夺政治权利的刑期从新罪的主刑有期徒刑执行之日起停止计算，并依照《刑法》第58条规定从新罪的主刑有期徒刑执行完毕之日或者假释之日起继续计算，附加刑剥夺政治权利的效力施用于新罪的主刑执行期间；(3) 对判处有期徒刑的罪犯，主刑已执行完毕，在执行附加刑剥夺政治权利期间又犯新罪，如果所犯新罪也剥夺政治权利，依照《刑法》第55条、第57条、第71条的规定并罚。即附加剥夺政治权利执行期间又犯新罪的，法院对于附加刑剥夺政治权利的并罚，也按先减后并的规则并罚。其中，在"并"时，法院对于数罪中有一个被判处死刑或无期徒刑附加剥夺政治权利终身的，因其剥夺政治权利已达到该刑种法定最高限度，故应采取吸收原则，只执行剥夺政治权利终身；而对于剥夺政治权利均为一定期限的，采取限制加重方法，把前罪未执行完毕的剥夺政治权利的刑期与新罪的剥夺政治权利并罚，除《刑法》第57条第2款规定外，依照《刑法》第55条规定在1年以上5年以下决定应执行的刑期。由于《刑法》第57条第2款对死刑缓期执行、无期徒刑减为有期徒刑的剥夺政治权利的期限规定为3年以上10年以下，在此情形下并罚时的剥夺政治权利期限可能超过5年。

规范依据

（一）《刑法》

第71条　判决宣告以后，刑罚执行完毕以前，被判刑的犯罪分子又犯罪的，应当对新犯的罪作出判决，把前罪没有执行的刑罚和后罪所判处的刑罚，依照本法第六十九条的规定，决定执行的刑罚。

（二）最高人民法院《关于在执行附加刑剥夺政治权利期间犯新罪应如何处理的批复》

一、对判处有期徒刑并处剥夺政治权利的罪犯，主刑已执行完毕，在执行附加刑剥夺政治权利期间又犯新罪，如果所犯新罪无须附加剥夺政治权利的，依照刑法第七十一条的规定数罪并罚。

二、前罪尚未执行完毕的附加刑剥夺政治权利的刑期从新罪的主刑有期徒刑执行之日起停止计算，并依照刑法第五十八条规定从新罪的主刑有期徒刑执行完毕之日或者假释之日起继续计算；附加刑剥夺政治权利的效力施用于新罪的主刑执行期间。

三、对判处有期徒刑的罪犯，主刑已执行完毕，在执行附加刑剥夺政治权利期间又犯新罪，如果所犯新罪也剥夺政治权利的，依照刑法第五十五条、第五十七条、第七十一条的规定并罚。

案例评价

[案例 11-13] 代某盗窃案①（缓刑考验期内又犯新罪的并罚）

1. 基本案情

被告人代某因犯滥伐林木罪于 2008 年 8 月 26 日被判处有期徒刑 1 年，缓刑 1 年，并处罚金人民币 5 000 元（判决前羁押 1 个月 27 天）。代某因涉嫌盗窃罪于 2009 年 9 月 5 日被逮捕。2009 年 5 月 13 日 22 时许，代某将王某的红色三菱 125 摩托车盗走，该车价值 2 668 元。

某区人民法院认为，被告人代某秘密窃取他人财物的行为已构成盗窃罪。代某在缓刑考验期内又犯新罪，依法应当撤销缓刑。法院依照《刑法》第 264 条等的规定，认定被告人代某犯盗窃罪，判处有期徒刑 7 个月，并处罚金人民币 2 000 元；犯滥伐林木罪，判处有期徒刑 1 年，缓刑 1 年，并处罚金人民币 5 000 元，现撤销缓刑，余刑 10 个月 3 天；数罪并罚，决定执行有期徒刑 11 个月，并处罚金人民币 7 000 元。一审宣判后，某区人民检察院以原审判决适用法律错误、量刑不当为由，向某市中级人民法院提出抗诉。

某市中级人民法院经审理认为，被告人代某秘密窃取他人财物的行为已构成盗窃罪。法院依照《刑法》第 264 条、第 77 条、第 69 条、《刑事诉讼法》（1996 年）第 189 条第 2 项之规定，判决如下：（1）维持某区人民法院对被告人代某犯盗窃罪的定罪量刑部分。（2）撤销某区人民法院刑事判决中对被告人代某所犯盗窃罪与滥伐林木罪数罪并罚，决定执行的刑期部分。（3）被告人代某犯盗窃罪，判处有期徒刑 7 个月，并处罚金人民币 2 000 元；犯滥伐林木罪，判处有期徒刑 1 年，缓刑 1 年，并处罚金人民币 5 000 元，现予以撤销缓刑；数罪并罚，决定执行有期徒刑 1 年 4 个月，并处罚金人民币 7 000 元。

2. 涉案问题

如何并罚缓刑考验期内又犯新罪的？

3. 裁判理由

某市中级人民法院认为，原审法院定罪准确，量刑适当，审判程序合法，但在将盗窃罪与所犯滥伐林木罪数罪并罚，决定执行刑罚时，适用法律错误，致使决定执行的刑期不当。根据《刑法》第 77 条的规定，被告人代某在缓刑考验期内犯盗窃罪，法院应当撤销缓刑，对盗窃罪作出判决，把犯滥伐林木罪和盗窃罪所判处的刑罚，依照《刑法》第 69 条的规定，决定执行的刑罚。法院对代某应在有期徒刑 1 年至 1 年 7 个月之间决定执行刑期，原审决定执

---

① 最高人民法院刑事审判第一、二、三、四、五庭. 刑事审判参考：2010 年第 5 集. 北京：法律出版社，2010：37-42.

行有期徒刑 11 个月确属适用法律错误。

4. 评析意见

本案被告人在缓刑考验期内又犯新罪,根据《刑法》第 77 条的规定,应当撤销缓刑,按《刑法》第 69 条的规定并罚,此并无异议;对于缓刑撤销,判处实刑之后,缓刑考验期并不计入刑期也无异议。但本案被告人在前罪缓刑判决之前被公安机关羁押,对于在数罪并罚中如何处理该羁押期间,存在不同意见:第一种意见认为,应当先处理被撤销的缓刑,在撤销缓刑执行实刑的刑期减去缓刑判决前的羁押期间之后,以得到的前罪余刑与新罪之刑按《刑法》第 69 条的规定并罚,此刑期即为行为人应继续执行的刑罚;在新罪判决之前的羁押期间,应当折抵刑期。一审法院即根据此种理解作出并罚判决。第二种意见认为,应当先将撤销缓刑执行实刑的刑期与新罪之刑按《刑法》第 69 条的规定并罚,此刑期即为行为人应继续执行的刑罚;前罪缓刑判决前的羁押期间,以及新罪判决之前的羁押期间,应当折抵刑期,二审法院即根据此种理解依法改判并作出并罚判决。本书同意第二种意见,即认为缓刑考验期内又犯新罪的在数罪并罚时,行为人前罪缓刑判决之前羁押时间的折抵,应当在数罪并罚决定执行刑罚之后再进行,理由如下:

其一,第一种意见实际上是根据《刑法》第 71 条先减后并规则进行并罚,但对于缓刑考验期内又犯新罪的进行并罚的规则,《刑法》第 77 条已作了特别规定,即采用《刑法》第 69 条的并罚规则。第一种意见适用法律错误,造成这种错误的原因是将缓刑考验期间作为刑罚执行期间,认为缓刑考验期内又犯新罪即是在刑罚执行完毕之前犯新罪,故依先减后并规则并罚。事实上,缓刑是附条件的不执行,在缓刑考验期间原判刑罚是否执行尚处于不确定状态,无从谈起刑罚是否已经执行完毕,缓刑考验期间不属于刑罚执行,不能适用《刑法》第 71 条并罚,只能适用《刑法》第 77 条并罚。

其二,判前羁押,可被视为刑罚执行,用以抵扣期刑,而不能作为犯罪所判刑期用于《刑法》第 69 条(第 77 条)的并罚。判前羁押,是判决交付执行前,办案机关为确保刑事诉讼活动的顺利进行,针对犯罪嫌疑人、被告人而采取的人身强制措施,有剥夺人身自由的性质。在判决确定之后,判前羁押用于折抵刑期,是将其视为刑罚执行。缓刑考验期内又犯新罪的进行数罪并罚,适用《刑法》第 77 条的规定,亦即采用《刑法》第 69 条的并罚规则。而《刑法》第 69 条数罪并罚的对象,系数罪所对应的数刑,即犯罪判处的原判刑期。故在对缓刑考验期内犯新罪的进行数罪并罚时,其并罚对象,是新罪之刑与原判缓刑对应的实刑刑期,而非以原判缓刑对应的实刑刑期减去判前羁押期间得出的"前罪没有执行的刑罚"。对被告人前罪判前羁押的期间，根据最高人民法院《关于撤销缓刑时罪犯在宣告缓刑前羁押的时间能否折抵刑期问题的批复》的精神，的确应当折抵刑期，但应当在数罪并罚决定并罚的刑罚之后再进行折抵。

某市中级人民法院根据《刑法》第77条第1款的规定，将滥伐林木罪和盗窃罪直接依照《刑法》第69条的规定决定执行的刑罚；对于代某因犯滥伐林木罪被先行羁押的时间，以及因涉嫌盗窃罪被先行羁押的时间，在数罪并罚决定执行的刑罚之后再依照《刑法》第47条的规定折抵，这种并罚方式是正确的。

第六节 缓刑、减刑、假释

缓刑、减刑、假释都涉及刑罚的执行（行刑）问题。缓刑是在量刑时决定的附条件不执行的刑罚执行方式，减刑是在刑罚执行期间内缩短原刑期的刑罚执行方式，假释是在刑罚执行期间内附条件提前释放的刑罚执行方式。

我国《刑法》第72至77条对缓刑的适用条件、考验期、执行方式、撤销作出了规定。《刑法》第78至80条对减刑的适用条件、程序、刑期计算作出了规定。《刑法》第81至86条对假释的适用条件、考验期、执行方式、撤销作出了规定。下面分别论述。

一、缓刑

知识背景

缓刑是指对符合刑法规定的犯罪人，（在量刑时由法院决定）有条件地不执行所判决的刑罚的制度（量刑制度、刑罚执行制度）。被判缓刑的犯罪人，会被马上释放，但会被设定一定期限的考验期。被判缓刑的犯罪人在考验期内遵守规定没有撤销缓刑事由，则考验期满后，不再执行原判刑罚，可被视为只被定过罪而未被判过刑；如果考验期内不遵守规定或出现撤销缓刑事由，则被撤销缓刑，执行原判刑罚。缓刑与死刑缓期执行（《刑法》第48条）、战时缓刑（《刑法》第449条）有区别。

（一）缓刑的适用条件

1. 对象人：被判处拘役、3年以下有期徒刑的犯罪人。3年以下有期徒刑指宣告刑。（最高人民检察院法律政策研究室《关于对数罪并罚决定执行刑期为三年以下有期徒刑的犯罪分子能否适用缓刑问题的复函》）

2. 适用缓刑的实质条件：（1）犯罪情节较轻；（2）有悔罪表现；（3）没有再犯罪的危险；（4）宣告缓刑对所居住社区没有重大不良影响。

3. 不适用缓刑：累犯、犯罪集团的首要分子。

4. （1）可以宣告缓刑的对象：一般人。（2）应当宣告缓刑的对象：1）不满18周岁的人；2）怀孕的妇女；3）已满75周岁的人。

(二) 缓刑的考验期限

1. 拘役的缓刑考验期限为原判刑期以上1年以下，但是不能少于2个月，最长不得超过1年。

2. 有期徒刑的缓刑考验期限为原判刑期以上5年以下，但是不能少于1年。

3. 缓刑的考验期限，从判决确定之日起计算。判决确定以前先行羁押的，不能折抵考验期限；但如果缓刑被撤销改判实刑，则判决确定以前先行羁押可以折抵考验期限（最高人民法院《关于撤销缓刑时罪犯在宣告缓刑前羁押的时间能否折抵刑期问题的批复》）。

4. 被宣告缓刑的犯罪人，如果被判处附加刑，附加刑仍须执行。

5. 宣告缓刑，可以根据犯罪情况，同时决定禁止令。

6. 对宣告缓刑的犯罪分子，在缓刑考验期限内，依法实行社区矫正。

(三) 缓刑考验期遵守规定

（1）遵守法律、行政法规，服从监督；（2）按照考察机关的规定报告自己的活动情况；（3）遵守考查机关关于会客的规定；（4）离开所居住的市、县或者迁居，应当报经考察机关批准。

(四) 缓刑的撤销

1. 在缓刑考验期内犯新罪的，撤销缓刑，数罪并罚。即使经过了缓刑考验期限后才发现新罪，如该新罪未超过追诉时效，也应当撤销缓刑。

2. 在缓刑考验期内发现判决宣告以前还有其他罪没有判决（漏罪）的，撤销缓刑，数罪并罚。法院如果在缓刑考验期满后发现漏罪，则不撤销缓刑，不再执行原判刑罚，而直接另对新罪判刑。

3. 在缓刑考验期内，违反法律、行政法规，或者国务院有关部门有关缓刑的监督管理规定，情节严重的。

4. 违反人民法院判决中的禁止令，情节严重的。

规范依据

(一)《刑法》

第72条 对于被判处拘役、三年以下有期徒刑的犯罪分子，同时符合下列条件的，可以宣告缓刑，对其中不满十八周岁的人、怀孕的妇女和已满七十五周岁的人，应当宣告缓刑：

（一）犯罪情节较轻；

（二）有悔罪表现；

（三）没有再犯罪的危险；

（四）宣告缓刑对所居住社区没有重大不良影响。

宣告缓刑，可以根据犯罪情况，同时禁止犯罪分子在缓刑考验期限内从事特定活动，进入特定区域、场所，接触特定的人。

被宣告缓刑的犯罪分子，如果被判处附加刑，附加刑仍须执行。

第 73 条　拘役的缓刑考验期限为原判刑期以上一年以下，但是不能少于二个月。

有期徒刑的缓刑考验期限为原判刑期以上五年以下，但是不能少于一年。

缓刑考验期限，从判决确定之日起计算。

第 74 条　对于累犯和犯罪集团的首要分子，不适用缓刑。

第 75 条　被宣告缓刑的犯罪分子，应当遵守下列规定：

（一）遵守法律、行政法规，服从监督；

（二）按照考察机关的规定报告自己的活动情况；

（三）遵守考察机关关于会客的规定；

（四）离开所居住的市、县或者迁居，应当报经考察机关批准。

第 76 条　对宣告缓刑的犯罪分子，在缓刑考验期限内，依法实行社区矫正，如果没有本法第七十七条规定的情形，缓刑考验期满，原判的刑罚就不再执行，并公开予以宣告。

第 77 条　被宣告缓刑的犯罪分子，在缓刑考验期限内犯新罪或者发现判决宣告以前还有其他罪没有判决的，应当撤销缓刑，对新犯的罪或者新发现的罪作出判决，把前罪和后罪所判处的刑罚，依照本法第六十九条的规定，决定执行的刑罚。

被宣告缓刑的犯罪分子，在缓刑考验期限内，违反法律、行政法规或者国务院有关部门关于缓刑的监督管理规定，或者违反人民法院判决中的禁止令，情节严重的，应当撤销缓刑，执行原判刑罚。

（二）最高人民检察院法律政策研究室《关于对数罪并罚决定执行刑期为三年以下有期徒刑的犯罪分子能否适用缓刑问题的复函》

根据刑法第七十二条的规定，可以适用缓刑的对象是被判处拘役、三年以下有期徒刑的犯罪分子；条件是根据犯罪分子的犯罪情节和悔罪表现，适用缓刑确实不致再危害社会。对于判决宣告以前犯数罪的犯罪分子，只要判决执行的刑罚为拘役、三年以下有期徒刑，且符合根据犯罪分子的犯罪情节和悔罪表现，适用缓刑确实不致再危害社会的案件，依法可以适用缓刑。

（三）最高人民法院《关于撤销缓刑时罪犯在宣告缓刑前羁押的时间能否折抵刑期问题的批复》

根据刑法第七十七条的规定，对被宣告缓刑的犯罪分子撤销缓刑执行原判刑罚的,对其在宣告缓刑前羁押的时间应当折抵刑期。

(四)最高人民法院、最高人民检察院《关于办理职务犯罪案件严格适用缓刑、免予刑事处罚若干问题的意见》

二、具有下列情形之一的职务犯罪分子,一般不适用缓刑或者免予刑事处罚:

(一)不如实供述罪行的;

(二)不予退缴赃款赃物或者将赃款赃物用于非法活动的;

(三)属于共同犯罪中情节严重的主犯的;

(四)犯有数个职务犯罪依法实行并罚或者以一罪处理的;

(五)曾因职务违纪违法行为受过行政处分的;

(六)犯罪涉及的财物属于救灾、抢险、防汛、优抚、扶贫、移民、救济、防疫等特定款物的;

(七)受贿犯罪中具有索贿情节的;

(八)渎职犯罪中徇私舞弊情节或者滥用职权情节恶劣的;

(九)其他不应适用缓刑、免予刑事处罚的情形。

三、不具有本意见第二条规定的情形,全部退缴赃款赃物,依法判处三年有期徒刑以下刑罚,符合刑法规定的缓刑适用条件的贪污、受贿犯罪分子,可以适用缓刑;符合刑法第三百八十三条第一款第(三)项的规定,依法不需要判处刑罚的,可以免予刑事处罚。

不具有本意见第二条所列情形,挪用公款进行营利活动或者超过三个月未还构成犯罪,一审宣判前已将公款归还,依法判处三年有期徒刑以下刑罚,符合刑法规定的缓刑适用条件的,可以适用缓刑;在案发前已归还,情节轻微,不需要判处刑罚的,可以免予刑事处罚。

案例评价

[案例 11-14]王某被撤销缓刑案[①]
(撤销缓刑后的数罪并罚和先行羁押期间的折抵问题)

1. 基本案情

罪犯王某,男,1986 年 6 月 9 日出生,因涉嫌犯抢劫罪,于 2001 年 4 月 22 日被刑事拘留,同年 4 月 29 日被逮捕,同年 8 月 10 日被取保候审。2001 年 8 月 10 日,某区人民法院作出刑事判决认定王某犯抢劫罪,判处有期徒刑 2 年,缓刑 3 年,并处罚金 500 元。该判决已发生法律效力并于 2001 年 8 月

---

① 最高人民法院刑事审判第一、二庭. 刑事审判参考:2003 年第 3 辑. 北京:法律出版社,2003:1-7.

27日交付执行。在缓刑考验期内，王某又因涉嫌盗窃，于2002年3月20日被某市公安局某区分局刑事拘留。

缓刑执行机关某市公安局某区分局于2002年4月17日向某市某区人民法院提出撤销对罪犯王某缓刑的建议书。缓刑执行机关提出，王某在2001年10月至12月先后7次参与高某等人进行的盗窃活动，盗窃物资价值3 000余元；2002年3月参与付朝某等人抢夺学生财物两次，其行为虽不构成新的犯罪，但违反了有关行政管理法规，情节严重，应依法撤销对罪犯王某的缓刑。

2. 涉案问题

撤销缓刑后，如何进行数罪并罚，先行羁押期间如何折抵？

3. 裁判理由

法院经审理后认为：罪犯王某在缓刑考验期内，多次参与结伙盗窃和抢夺学生财物的活动，情节严重，依法应当撤销缓刑，执行原判刑罚。某市公安局某区分局的建议，应予采纳。依照《刑法》第77条第2款和最高人民法院《关于执行〈中华人民共和国刑事诉讼法〉若干问题的解释》第357条的规定，法院于2002年4月19日裁定：撤销该院某刑事判决书中对罪犯王某宣告缓刑3年的执行部分；对罪犯王某收监执行原判有期徒刑2年。（刑期从本裁定执行之日起计算，先行羁押的，羁押一日折抵刑期一日，即自2002年4月19日起至2003年12月28日止。）

4. 评析意见

根据《刑法》第77条的规定，缓刑执行期间，可因四种事由而撤销缓刑。原判宣告缓刑之前的犯罪分子已因犯罪而被先行刑事羁押，或者因考验期内违反行政法规、监管规定而被先行行政拘留，或者因考验期内涉嫌再犯新罪或者发现漏罪被再次先行刑事羁押的，如何折抵实刑刑期？

关于因考验期内违反行政法规、监管规定而被先行行政拘留，能否折抵实刑刑期的问题，学界基本上不存在争议，认为应当不能折抵。基本理由是：违反行政法规、监管规定的行政违法行为，与之前的犯罪行为，是对两个不同行为进行了不同处罚，不是对同一行为，不能进行折抵。当然，因同一行为，先被行政处罚拘留，后因发现涉嫌犯罪而被判处刑罚的，是可以进行折抵的。

难点在于，如果原判宣告缓刑之前已因犯罪而被初次先行刑事羁押，后又因考验期内涉嫌再犯新罪或者发现漏罪而被再次先行刑事羁押，如何数罪并罚，以及折抵实刑刑期？对此存在两种意见：第一种意见认为，在撤销缓刑后，应当先各自折抵、再数罪并罚。即首先以前次先行刑事羁押期间，折抵原罪实刑刑期；其次以后次先行刑事羁押期间，折抵新罪或漏罪实刑刑期；最后并罚得出总和刑，收监执行。第二种意见认为，应当先数罪并罚、再进行折抵。即在撤销缓刑后，首先将原罪实刑刑期，与新罪或漏罪实刑刑期，数罪并罚，得出总和刑；然后一并折抵减除前次、后次先行刑事羁押期间，收监执行。

本书同意前述第二种意见。第一种意见看似合理，但是，实际上是将"在缓刑考验期限内"再犯新罪或发现漏罪，当作"刑罚执行完毕以前"再犯新罪或发现漏罪；将原判宣告缓刑之前因犯罪而被初次先行刑事羁押的期间，视为刑罚执行期间，从而并罚时本质上采用了《刑法》第70、71条的漏罪并罚或新罪并罚的规则。但是，"在缓刑考验期限内"再犯新罪或发现漏罪，本质上与"刑罚执行完毕以前"再犯新罪或发现漏罪，存在差别。因为"在缓刑考验期满后"再犯新罪或发现漏罪，直接对新罪、漏罪单独判罚即可，不必扣除之前缓刑之罪的先行刑事羁押期间。"在缓刑考验期限内"再犯新罪或发现漏罪，并不属于"刑罚执行完毕以前"再犯新罪或发现漏罪，因此不能适用《刑法》第70、71条的规定。

事实上，对于"在缓刑考验期限内"再犯新罪或发现漏罪的处理，《刑法》第77条第1款已作明确规定，直接按照该规定执行即可。即应首先按前述第二种意见，对新罪或漏罪作出判决，与前罪判决的刑期实行数罪并罚，决定执行的刑期；然后，再将因前罪被先行羁押的时间和因新罪被先行羁押的时间一并从决定执行的刑罚中折抵扣除。

在前述王某被撤销缓刑案中，王某因为实施盗窃、抢夺时，不满16周岁，所以不能认定为"在缓刑考验期限内再犯新罪"，只能认定为违反行政法规、监管规定。故而，直接撤销缓刑执行实刑时，因涉嫌犯抢劫罪而被先行刑事羁押的期间，可以折扣刑期；因盗窃、抢夺而被先行行政处罚拘留的期间，不可折抵扣除刑罚刑期。

二、减刑

知识背景

减刑，是指被判处管制、拘役、有期徒刑、无期徒刑的犯罪人，在刑罚执行期间，认真遵守监规，接受教育改造，确有悔改表现，或者有立功表现，适当减轻原判刑罚的制度。

（一）减刑的条件

（1）对象：被判处管制、拘役、有期徒刑、无期徒刑的犯罪人。

（2）实质条件。

1) 可以减刑：认真遵守监规，接受教育改造，确有悔改表现。

"确有悔改表现"是指同时具备以下条件：认罪悔罪；遵守法律法规及监规，接受教育改造；积极参加思想、文化、职业技术教育；积极参加劳动，努力完成劳动任务。

职务犯罪、破坏金融管理秩序和金融诈骗犯罪、组织（领导、参加、包庇、纵容）黑社会性质组织犯罪等罪犯，不积极退赃、协助追缴赃款赃物、赔偿损失，或者服刑期间利用个人影响力和社会关系等不正当手段意图获得减刑、假释的，不能认定为"确有悔改表现"（不能符合悔改型的减刑条件）。

2）可以减刑：有一般立功表现（无须前述悔改表现）。

3）应当减刑：有重大立功表现（无须前述悔改表现）。

职务犯罪等七种犯罪的罪犯，符合减刑条件的，以及确有履行能力而不履行或者不全部履行生效裁判中财产性判项（指判决罪犯承担的附带民事赔偿义务判项，以及追缴、责令退赔、罚金、没收财产等判项）的罪犯，例如有一般立功、重大立功，符合立功型的减刑条件的，仍可减刑，只不过对减刑起始时间、限度应从严把握。

（二）减刑的程序

犯罪分子的减刑，由执行机关向中级以上人民法院提出减刑建议书。人民法院应当组成合议庭进行审理，对确有悔改或者立功事实的，裁定予以减刑。非经法定程序不得减刑。

规范依据

（一）《刑法》

第78条　被判处管制、拘役、有期徒刑、无期徒刑的犯罪分子，在执行期间，如果认真遵守监规，接受教育改造，确有悔改表现的，或者有立功表现的，可以减刑；有下列重大立功表现之一的，应当减刑：

（一）阻止他人重大犯罪活动的；

（二）检举监狱内外重大犯罪活动，经查证属实的；

（三）有发明创造或者重大技术革新的；

（四）在日常生产、生活中舍己救人的；

（五）在抗御自然灾害或者排除重大事故中，有突出表现的；

（六）对国家和社会有其他重大贡献的。

减刑以后实际执行的刑期不能少于下列期限：

（一）判处管制、拘役、有期徒刑的，不能少于原判刑期的二分之一；

（二）判处无期徒刑的，不能少于十三年；

（三）人民法院依照本法第五十条第二款规定限制减刑的死刑缓期执行的犯罪分子，缓期执行期满后依法减为无期徒刑的，不能少于二十五年，缓期执行期满后依法减为二十五年有期徒刑的，不能少于二十年。

第79条　对于犯罪分子的减刑，由执行机关向中级以上人民法院提出减刑建议书。人民法院应当组成合议庭进行审理，对确有悔改或者立功事实的，裁定予以减刑。非经法定程序不得减刑。

第80条　无期徒刑减为有期徒刑的刑期，从裁定减刑之日起计算。

(二) 最高人民法院《关于办理减刑、假释案件具体应用法律的补充规定》

第1条　对拒不认罪悔罪的，或者确有履行能力而不履行或者不全部履行生效裁判中财产性判项的，不予假释，一般不予减刑。

第2条　被判处十年以上有期徒刑，符合减刑条件的，执行三年以上方可减刑；被判处不满十年有期徒刑，符合减刑条件的，执行二年以上方可减刑。

确有悔改表现或者有立功表现的，一次减刑不超过六个月有期徒刑；确有悔改表现并有立功表现的，一次减刑不超过九个月有期徒刑；有重大立功表现的，一次减刑不超过一年有期徒刑。

被判处十年以上有期徒刑的，两次减刑之间应当间隔二年以上；被判处不满十年有期徒刑的，两次减刑之间应当间隔一年六个月以上。

第3条　被判处无期徒刑，符合减刑条件的，执行四年以上方可减刑。

确有悔改表现或者有立功表现的，可以减为二十三年有期徒刑；确有悔改表现并有立功表现的，可以减为二十二年以上二十三年以下有期徒刑；有重大立功表现的，可以减为二十一年以上二十二年以下有期徒刑。

无期徒刑减为有期徒刑后再减刑时，减刑幅度比照本规定第二条的规定执行。两次减刑之间应当间隔二年以上。

第4条　被判处死刑缓期执行的，减为无期徒刑后，符合减刑条件的，执行四年以上方可减刑。

确有悔改表现或者有立功表现的，可以减为二十五年有期徒刑；确有悔改表现并有立功表现的，可以减为二十四年六个月以上二十五年以下有期徒刑；有重大立功表现的，可以减为二十四年以上二十四年六个月以下有期徒刑。

减为有期徒刑后再减刑时，减刑幅度比照本规定第二条的规定执行。两次减刑之间应当间隔二年以上。

第5条　罪犯有重大立功表现的，减刑时可以不受上述起始时间和间隔时间的限制。

第6条　对本规定所指贪污贿赂罪犯适用假释时，应当从严掌握。

第7条　本规定自2019年6月1日起施行。此前发布的司法解释与本规定不一致的，以本规定为准。

(三) 最高人民法院《关于办理减刑、假释案件具体应用法律的规定》

第3条　"确有悔改表现"是指同时具备以下条件：

(一) 认罪悔罪；

(二) 遵守法律法规及监规，接受教育改造；

(三) 积极参加思想、文化、职业技术教育；

（四）积极参加劳动，努力完成劳动任务。

对职务犯罪、破坏金融管理秩序和金融诈骗犯罪、组织（领导、参加、包庇、纵容）黑社会性质组织犯罪等罪犯，不积极退赃、协助追缴赃款赃物、赔偿损失，或者服刑期间利用个人影响力和社会关系等不正当手段意图获得减刑、假释的，不认定其"确有悔改表现"。

罪犯在刑罚执行期间的申诉权利应当依法保护，对其正当申诉不能不加分析地认为是不认罪悔罪。

第4条 具有下列情形之一的，可以认定为有"立功表现"：

（一）阻止他人实施犯罪活动的；

（二）检举、揭发监狱内外犯罪活动，或者提供重要的破案线索，经查证属实的；

（三）协助司法机关抓捕其他犯罪嫌疑人的；

（四）在生产、科研中进行技术革新，成绩突出的；

（五）在抗御自然灾害或者排除重大事故中，表现积极的；

（六）对国家和社会有其他较大贡献的。

第（四）项、第（六）项中的技术革新或者其他较大贡献应当由罪犯在刑罚执行期间独立或者为主完成，并经省级主管部门确认。

第12条 被判处死刑缓期执行的罪犯经过一次或者几次减刑后，其实际执行的刑期不得少于十五年，死刑缓期执行期间不包括在内。

死刑缓期执行罪犯在缓期执行期间不服从监管、抗拒改造，尚未构成犯罪的，在减为无期徒刑后再减刑时应当适当从严。

第13条 被限制减刑的死刑缓期执行罪犯，减为无期徒刑后，符合减刑条件的，执行五年以上方可减刑。减刑间隔时间和减刑幅度依照本规定第十一条的规定执行。

第14条 被限制减刑的死刑缓期执行罪犯，减为有期徒刑后再减刑时，一次减刑不超过六个月有期徒刑，两次减刑间隔时间不得少于二年。有重大立功表现的，间隔时间可以适当缩短，但一次减刑不超过一年有期徒刑。

第15条 对被判处终身监禁的罪犯，在死刑缓期执行期满依法减为无期徒刑的裁定中，应当明确终身监禁，不得再减刑或者假释。

第18条 被判处拘役或者三年以下有期徒刑，并宣告缓刑的罪犯，一般不适用减刑。

前款规定的罪犯在缓刑考验期内有重大立功表现的，可以参照刑法第七十八条的规定予以减刑，同时应当依法缩减其缓刑考验期。缩减后，拘役的缓刑考验期限不得少于二个月，有期徒刑的缓刑考验期限不得少于一年。

案例评价

[案例 11-15] 魏某云被减刑案①（重大立功的减刑）

1. 基本案情

罪犯魏某云，因犯强奸、抢劫罪，于 1984 年 10 月 15 日被贵州省高级人民法院终审判决判处无期徒刑，剥夺政治权利终身。判决发生法律效力后，其被交付执行。1988 年 2 月 24 日经某省高级人民法院裁定，其被减为有期徒刑 19 年，刑期从 1988 年 2 月 24 日至 2007 年 2 月 23 日；剥夺政治权利 8 年。1993 年 1 月 14 日其经贵州省遵义地区中级人民法院裁定减刑 1 年；1994 年 11 月 1 日经贵阳市中级人民法院裁定减刑 1 年 6 个月。该两次减刑刑期共计 2 年 6 个月，刑期应至 2004 年 8 月 23 日。

执行机关某监狱于 1996 年 10 月 10 日提请对魏某云减刑建议书认为，该犯在服刑改造期间，确有重大立功表现，具体事实如下：1996 年 9 月 12 日下午 14 时 50 分，某监发生一起 9 名罪犯持械暴力冲监、组织越狱案件。当时该犯正在监狱接见室二楼协助监狱管理干部工作，听见接见登记室有打斗声时，其立即与干部刘某一起前往制止，这时 3 名冲监犯向他们扑来，并用匕首、铁棍等凶器同时对二人进行攻击。在搏斗中魏某云的右手被杀伤。其当听到冲监犯中有人喊"先冲小接见室"，即敏捷地转身跑回小接见室将小接见室的铁门锁闭，使暴力冲监越狱罪犯从小接见室冲出监狱的阴谋未能得逞。尔后其又朝接见登记室跑去阻拦冲监的罪犯，与冲监的犯人从二楼搏斗到一楼，在冲监犯李某纯已经手持铁棒冲出监狱铁门，正欲越过铁栏杆脱逃时，其不顾生命危险冲上去奋力将李某纯抱住，李某纯用力挣脱并击魏某云两铁棒，其又奋力将李某纯抱住拖回监内并制服，协助前来追捕的监管干部擒获李某纯。后魏某云又积极主动地将受重伤的干部送到监狱内医院抢救。综上所述，罪犯魏某云在服刑改造期间确有重大立功表现，符合减刑条件，根据《刑法》第 71 条的规定，某监狱建议对罪犯魏某云减余刑释放，特提请法院审核裁定。

2. 涉案问题

按照现行刑法规定和相关司法解释，如何认定重大立功？重大立功的减刑，是否受原判刑罚和减刑幅度的限制？

3. 裁判理由

某市中级人民法院根据某监狱报送的关于提请对罪犯魏某云减刑的意见，

---

① 国家法官学院，中国人民大学法学院. 中国审判案例要览：1997 年刑事审判案例卷. 北京：人民法院出版社，中国人民大学出版社，1998：252-258.

依法组成合议庭，对罪犯魏某云在服刑期间的表现进行了审核，认为：罪犯魏某云在"九·一二"罪犯暴力冲监事件中，不顾生命危险，敢于与冲监犯人搏斗，在受伤的情况下，及时将接见室铁门锁闭，并奋力抱住持有铁棒的冲监罪犯，且在被该犯连击几棒的情况下，将其抓获，随后又积极将受伤的干部送医院抢救，确有重大立功表现。

某市中级人民法院根据1979年《刑法》第71条、《监狱法》第29条的规定及最高人民法院《关于办理减刑、假释案件具体应用法律若干问题的规定》（1991年发布实施，现已失效），经审判委员会讨论决定，作出如下裁定：对罪犯魏某云准予减刑54个月，剥夺政治权利减为4年。

4. 评析意见

在立功情节的认定上，本案中魏某云积极阻止了罪犯暴力冲监、抓获冲监罪犯，并将受伤的干部送医院抢救，确有立功表现，此应认定为一般立功还是重大立功？最高人民法院《关于处理自首和立功具体应用法律若干问题的解释》（法释〔1998〕8号）第7条规定，阻止他人重大犯罪活动，协助司法机关抓捕其他重大犯罪嫌疑人（包括同案犯）的，应当认定为有重大立功表现。前款所称"重大犯罪""重大案件""重大犯罪嫌疑人"的标准，一般是指犯罪嫌疑人、被告人可能被判处无期徒刑以上刑罚或者案件在本省、自治区、直辖市或者全国范围内有较大影响等情形。本案魏某云阻止的是9名罪犯持械暴力冲监、组织越狱案件，越狱罪犯持有匕首、铁棍等凶器，并已实施攻击、砍人、行凶行为，依照现行《刑法》第317条第2款（暴动越狱罪、聚众持械劫狱罪）的规定，首要分子和积极参加的，处10年以上有期徒刑或者无期徒刑；情节特别严重的，处死刑。魏某云属于阻止"重大犯罪""重大案件"、协助抓捕"重大犯罪嫌疑人"，构成重大立功。

在减刑幅度和减刑间隔时间方面，魏某云因犯强奸、抢劫罪而原判判处无期徒刑，其行为属重大立功，根据最高人民法院《关于办理减刑、假释案件具体应用法律的补充规定》（法释〔2019〕6号，自2019年6月1日起施行）第3条，无期徒刑减为有期徒刑后再减刑时，减刑幅度比照该规定第2条的规定（有重大立功表现的，一次减刑不超过一年有期徒刑）执行。两次减刑之间应当间隔2年以上。并且，该司法解释第5条规定：罪犯有重大立功表现的，减刑时可以不受上述起始时间和间隔时间的限制。但是，减刑幅度还是要受其限制的。

根据前述解释，罪犯魏某云减刑的幅度应为1年（12个月）。由于本案发生在前述司法解释生效之前，当时司法解释对于减刑幅度并无明确限制，并且行为人一次有阻止犯罪、抓捕罪犯、救人三项表现，法院对其进行较大幅度的减刑是合适的。

三、假释

> **知识背景**

假释,是指被判处有期徒刑、无期徒刑的部分犯罪人,在执行一定刑罚之后,确有悔改表现,不致再危害社会的,附条件地予以提前释放的制度。

(一)假释的适用条件

(1)对象:被判处有期徒刑、无期徒刑的犯罪人。死刑缓期执行罪犯减为无期徒刑或者有期徒刑,原判刑罚不属不得假释情形(累犯,七种暴力犯、有组织暴力性犯罪被判处10年以上有期徒刑、无期徒刑),且符合以下条件的,也可假释。

(2)执行刑期条件。

1)有期徒刑执行原判刑期1/2以上。从判决执行之日(罪犯实际送交刑罚执行机关之日)起计算,判决执行以前先行羁押的,羁押一日折抵刑期一日。

2)无期徒刑实际执行13年以上。从判决生效之日起计算,判决生效以前先行羁押的时间不予折抵。

3)被判处死刑缓期执行的罪犯减为无期徒刑或者有期徒刑后,实际执行15年以上的,方可假释,该实际执行时间应当从死刑缓期执行期满之日起计算。死刑缓期执行期间不包括在内,判决确定以前先行羁押的时间不予折抵。

4)如果有特殊情况,经最高人民法院核准,可以不受上述执行刑期的限制。这指有国家政治、国防、外交等方面特殊需要的情况。

(3)实质条件:认真遵守监规,接受教育改造,确有悔改表现,没有再犯罪的危险。

1)是否"没有再犯罪的危险",除考虑是否符合《刑法》第81条规定的情形外,法院还应当根据犯罪的具体情节、原判刑罚情况,在刑罚执行中的一贯表现,罪犯的年龄、身体状况、性格特征,假释后生活来源以及监管条件等因素综合考虑。

2)对于生效裁判中有财产性判项(判决罪犯承担的附带民事赔偿义务判项,以及追缴、责令退赔、罚金、没收财产等判项),罪犯确有履行能力而不履行或者不全部履行的,不认定其"确有悔改表现",一律不予假释(注意:这与减刑有所不同)。

(4)消极条件(对于以下犯罪人不得假释)。

1)累犯。没有限定判处的刑罚的犯罪人。

2)因故意杀人、强奸、抢劫、绑架、放火、爆炸、投放危险物质(七种暴力犯），单罪被判处 10 年以上有期徒刑、无期徒刑、死刑缓期两年执行的犯罪人。

3) 有组织的暴力性犯罪被判处的犯罪分子，因单罪而被判处 10 年以上有期徒刑、无期徒刑、死刑缓期两年执行的。这里的"暴力性犯罪"没有限定为七种暴力犯。

A. "10 年以上有期徒刑、无期徒刑"指原判刑期，而不是减刑后的刑期。判处死缓后减为无期徒刑、有期徒刑的，当然也不能假释。

B. 被判处 10 年以上有期徒刑，指因单罪而被判 10 年以上有期徒刑。因单罪而被判处 10 年以下有期徒刑，数罪并罚的总和刑为 10 年以上有期徒刑的，也可以假释。

（二）假释的程序：与减刑基本相同

（三）假释的考验期限

有期徒刑的假释考验期限，为没有执行完毕的刑期；无期徒刑的假释考验期限为 10 年。假释考验期限，从假释之日起计算。在假释考验期内，实行社区矫正。

（四）假释的撤销：与缓刑基本相同

（1）考验期限内犯新罪的，撤销假释，数罪并罚。即使经过了缓刑考验期限才发现新罪，如未超过追诉时效，也应当撤销。数罪并罚按先减后并规则（犯新罪）。

（2）考验期限内发现漏罪的，撤销假释，数罪并罚。数罪并罚按先并后减规则（发现漏罪）。如果在考验期满后才发现漏罪，则不撤销假释，直接对漏罪判罚。

（3）考验期限内违反法律、行政法规，撤销假释，数罪并罚。

（4）考验期限内违反国务院有关部门关于假释的监督管理规定的行为，撤销假释，数罪并罚。

规范依据

（一）《刑法》

第 81 条　被判处有期徒刑的犯罪分子，执行原判刑期二分之一以上，被判处无期徒刑的犯罪分子，实际执行十三年以上，如果认真遵守监规，接受教育改造，确有悔改表现，没有再犯罪的危险的，可以假释。如果有特殊情况，经最高人民法院核准，可以不受上述执行刑期的限制。

对累犯以及因故意杀人、强奸、抢劫、绑架、放火、爆炸、投放危险物质或者有组织的暴力性犯罪被判处十年以上有期徒刑、无期徒刑的犯罪分子，不得假释。

对犯罪分子决定假释时，应当考虑其假释后对所居住社区的影响。

第82条　对于犯罪分子的假释，依照本法第七十九条规定的程序进行。非经法定程序不得假释。

第83条　有期徒刑的假释考验期限，为没有执行完毕的刑期；无期徒刑的假释考验期限为十年。

假释考验期限，从假释之日起计算。

第84条　被宣告假释的犯罪分子，应当遵守下列规定：

（一）遵守法律、行政法规，服从监督；

（二）按照监督机关的规定报告自己的活动情况；

（三）遵守监督机关关于会客的规定；

（四）离开所居住的市、县或者迁居，应当报经监督机关批准。

第85条　对假释的犯罪分子，在假释考验期限内，依法实行社区矫正，如果没有本法第八十六条规定的情形，假释考验期满，就认为原判刑罚已经执行完毕，并公开予以宣告。

第86条　被假释的犯罪分子，在假释考验期限内犯新罪，应当撤销假释，依照本法第七十一条的规定实行数罪并罚。

在假释考验期限内，发现被假释的犯罪分子在判决宣告以前还有其他罪没有判决的，应当撤销假释，依照本法第七十条的规定实行数罪并罚。

被假释的犯罪分子，在假释考验期限内，有违反法律、行政法规或者国务院有关部门关于假释的监督管理规定的行为，尚未构成新的犯罪的，应当依照法定程序撤销假释，收监执行未执行完毕的刑罚。

（二）最高人民法院《关于办理减刑、假释案件具体应用法律的规定》

第22条　办理假释案件，认定"没有再犯罪的危险"，除符合刑法第八十一条规定的情形外，还应当根据犯罪的具体情节、原判刑罚情况，在刑罚执行中的一贯表现，罪犯的年龄、身体状况、性格特征，假释后生活来源以及监管条件等因素综合考虑。

第23条　被判处有期徒刑的罪犯假释时，执行原判刑期二分之一的时间，应当从判决执行之日起计算，判决执行以前先行羁押的，羁押一日折抵刑期一日。

被判处无期徒刑的罪犯假释时，刑法中关于实际执行刑期不得少于十三年的时间，应当从判决生效之日起计算。判决生效以前先行羁押的时间不予折抵。

被判处死刑缓期执行的罪犯减为无期徒刑或者有期徒刑后，实际执行十五年以上，方可假释，该实际执行时间应当从死刑缓期执行期满之日起计算。死刑缓期执行期间不包括在内，判决确定以前先行羁押的时间不予折抵。

第24条　刑法第八十一条第一款规定的"特殊情况"，是指有国家政治、国防、外交等方面特殊需要的情况。

第25条 对累犯以及因故意杀人、强奸、抢劫、绑架、放火、爆炸、投放危险物质或者有组织的暴力性犯罪被判处十年以上有期徒刑、无期徒刑的罪犯，不得假释。

因前款情形和犯罪被判处死刑缓期执行的罪犯，被减为无期徒刑、有期徒刑后，也不得假释。

第26条 对下列罪犯适用假释时可以依法从宽掌握：

（一）过失犯罪的罪犯、中止犯罪的罪犯、被胁迫参加犯罪的罪犯；

（二）因防卫过当或者紧急避险过当而被判处有期徒刑以上刑罚的罪犯；

（三）犯罪时未满十八周岁的罪犯；

（四）基本丧失劳动能力、生活难以自理，假释后生活确有着落的老年罪犯、患严重疾病罪犯或者身体残疾罪犯；

（五）服刑期间改造表现特别突出的罪犯；

（六）具有其他可以从宽假释情形的罪犯。

罪犯既符合法定减刑条件，又符合法定假释条件的，可以优先适用假释。

第27条 对于生效裁判中有财产性判项，罪犯确有履行能力而不履行或者不全部履行的，不予假释。

第28条 罪犯减刑后又假释的，间隔时间不得少于一年；对一次减去一年以上有期徒刑后，决定假释的，间隔时间不得少于一年六个月。

罪犯减刑后余刑不足二年，决定假释的，可以适当缩短间隔时间。

第30条 依照刑法第八十六条规定被撤销假释的罪犯，一般不得再假释。但依照该条第二款被撤销假释的罪犯，如果罪犯对漏罪曾作如实供述但原判未予认定，或者漏罪系其自首，符合假释条件的，可以再假释。

被撤销假释的罪犯，收监后符合减刑条件的，可以减刑，但减刑起始时间自收监之日起计算。

第31条 年满八十周岁、身患疾病或者生活难以自理、没有再犯罪危险的罪犯，既符合减刑条件，又符合假释条件的，优先适用假释；不符合假释条件的，参照本规定第二十条有关的规定从宽处理。

第32条 人民法院按照审判监督程序重新审理的案件，裁定维持原判决、裁定的，原减刑、假释裁定继续有效。

再审裁判改变原判决、裁定的，原减刑、假释裁定自动失效，执行机关应当及时报请有管辖权的人民法院重新作出是否减刑、假释的裁定。重新作出减刑裁定时，不受本规定有关减刑起始时间、间隔时间和减刑幅度的限制。重新裁定时应综合考虑各方面因素，减刑幅度不得超过原裁定减去的刑期总和。

再审改判为死刑缓期执行或者无期徒刑的，在新判决减为有期徒刑之时，原判决已经实际执行的刑期一并扣减。

再审裁判宣告无罪的，原减刑、假释裁定自动失效。

案例评价

[案例 11-16] 丁某军强奸抢劫、盗窃案① （假释的撤销）

1. 基本案情

被告人丁某军，1992 年 8 月 4 日因犯强奸罪被判处有期徒刑 9 年，1997 年 9 月 5 日被假释，假释考验期至 1999 年 5 月 2 日止。其因涉嫌犯强奸、抢劫、盗窃罪于 2001 年 8 月 17 日被逮捕。

被告人丁某军于 1998 年 6 月至 2001 年 4 月，携带匕首、手电筒等作案工具，先后入户强奸作案近 40 起，对代某、倪某、姜某等 32 名妇女实施强奸，其中强奸既遂 21 人，强奸未遂 11 人。在入户强奸作案的同时，被告人丁某军还抢劫作案 5 起，盗窃作案 1 起，劫得金耳环等物品，价值人民币 970 余元，窃得电视机 1 台，价值 200 余元。

被告人丁某军于 1999 年 4 月至 2001 年 7 月，携带匕首、手电筒等作案工具，采用翻墙入院、破门入室等手段，盗窃作案 14 起，盗窃王某等 14 人的摩托车、电视机、酒、花生油等物品，价值合计 16 600 余元。案发后公安机关共追回赃物价值 8 800 余元，其余被其挥霍。

2. 涉案问题

在假释考验期间直至期满后连续实施犯罪的是否应撤销假释并构成累犯？

3. 裁判理由

一审法院认为：丁某军构成强奸罪、抢劫罪、盗窃罪。有部分行为系在假释考验期限内重新犯罪，应当撤销假释，将前罪没有执行完的刑罚和后罪所判处的刑罚，实行数罪并罚；还有部分行为系在假释考验期满后重新犯罪，构成累犯，依法应当从重处罚。

某省高级人民法院经复核认为：丁某军在假释考验期间、期满后大肆进行强奸作案，且犯有抢劫罪、盗窃罪，应当撤销假释。原审判决定罪准确，量刑适当，审判程序合法，唯认定累犯不当，应予纠正。

4. 评析意见

关于本案，一种意见是对被告人撤销假释，将新罪与前罪的余刑并罚；但不应认定为累犯，因为既然撤销假释，就意味着原判刑罚没有执行完毕，从而也就没有构成累犯的前提条件。另一种意见是既要撤销假释，实行并罚，

---

① 最高人民法院刑事审判第一、二庭. 刑事审判参考：2002 年第 5 辑. 北京：法律出版社，2003：37-42.

又得认定为累犯,因为被告人的一部分罪行实际上是发生在前罪刑罚事实上应已执行完毕之后的。

本案之所以产生争议,是因为存在"连续犯"这种罪数问题。连续犯,是指基于同一的或者概括的犯罪故意,连续实施性质相同的数个行为,触犯同一罪名的犯罪。本案中丁某军所犯强奸罪、抢劫罪、盗窃罪,均是数行为组成的连续犯。部分行为发生在假释考验期内,部分行为发生在假释考验期满之后。如果将把连续犯分为两段行为,则前段行为发生在假释考验期内,假释应当撤销,但其不构成累犯;后段行为发生在假释考验期满后,假释不应当撤销,而其构成累犯。但是,我国刑法将连续犯只认定为一个犯罪,故而,只能有一种处理方法:要么认为犯罪行为发生在考验期内,要么认为犯罪行为发生在考验期满后。关键在于,《刑法》第86条"在假释考验期限内犯新罪",就连续犯而言,是以行为开始实施时认定"犯新罪"更为合理,还是以行为终了时认定"犯新罪"更为合理?综合各种情况考虑,还是应以行为开始实施时认定"犯新罪"更为合理。基本理由是:撤销假释后数罪并罚,比单处新罪,在处刑上更为严厉,更有利于罪刑均衡。既然部分行为发生在假释考验期内,则行为人即使只实施有此部分行为,单就此部分行为而言,也理应撤销假释。部分行为发生在假释考验期内,部分行为发生在假释考验期满之后的,就更应当撤销假释了,从而,就难以认定为累犯。

第七节 追诉时效

追诉时效,是刑法规定的追究犯罪人刑事责任的有效期限;在此期限内,司法机关有权追究犯罪人的刑事责任;超过了此期限,司法机关就不能再追究刑事责任(在我国,对于法定最高刑为无期徒刑、死刑的,经过20年;仍认为必须追诉的,须报请最高人民检察院核准)。

知识背景

(一)追诉时效的期限

追诉时效期限以法定最高刑为标准,不是以实际应当判处的刑罚为标准。犯罪经过下列期限不再追诉:

(1)法定最高刑为不满5年有期徒刑的,经过5年;法定最高刑为5年有期徒刑的,经过10年。

(2)法定最高刑为不满10年有期徒刑的,经过10年;法定最高刑为10年有期徒刑的,经过15年。

(3) 法定最高刑为 10 年以上有期徒刑的，经过 15 年；即使法定最高刑为 15 年有期徒刑，也经过 15 年。

(4) 法定最高刑为无期徒刑、死刑的，经过 20 年；仍认为必须追诉的，须报请最高人民检察院核准。注意：仅有法定最高刑为无期徒刑、死刑的才可超过时效后报请最高检核准追诉，其他情况不可。

(二) 不受追诉期限的限制的情形（无论经过多少年都能追诉，不用算时限）

不受追诉期限的限制，是指在追诉时效的进行期间，因为发生法律规定的事由，而使案件无论经过多长时间均可追诉。有两种情况。

(1) 第一种情况包括两个条件：1) 司法机关立案侦查（指对事立案）或者人民法院受理案件以后；2) 逃避侦查或者审判的。

(2) 第二种情况包括两个条件：1) 被害人在追诉期限内提出控告；2) 司法机关应当立案而不予立案的。

另外，对于 1997 年 9 月 30 日以前实施的犯罪行为，应按照 1979 年旧刑法的规定认定、计算。

1979 年《旧刑法典》第 77 条规定："在人民法院、人民检察院、公安机关采取强制措施以后，逃避侦查或者审判的，不受追诉期限的限制。"

最高人民法院《关于适用刑法时间效力规定若干问题的解释》（法释[1997] 5 号）第 1 条规定："对于行为人 1997 年 9 月 30 日以前实施的犯罪行为，在人民检察院、公安机关、国家安全机关立案侦查或者在人民法院受理案件以后，行为人逃避侦查或者审判，超过追诉期限或者被害人在追诉期限内提出控告，人民法院、人民检察院、公安机关应当立案而不予立案，超过追诉期限的，是否追究行为人的刑事责任，适用修订前的刑法第七十七条的规定。"亦即，对于 1997 年 9 月 30 日以前实施的犯罪行为，符合两个条件：(1) 采取强制措施以后；(2) 逃避侦查或者审判的，才不受时效限制。如果 1997 年 9 月 30 日以前实施的犯罪行为，当时司法机关仅是立案，但未采取强制措施，犯罪人逃避侦查或者审判的，仍受时效限制。

(三) 追诉期限的起算点

(1) 一般犯罪：从犯罪之日起算。

"犯罪之日"应是犯罪成立之日，即行为符合犯罪构成之日。对不以危害结果为要件的犯罪而言，实施行为之日即是犯罪之日；对以危害结果为要件的犯罪而言，危害结果发生之日才是犯罪之日。

(2) 连续犯或继续犯：犯罪行为终了之日起算。

犯罪行为有连续或者继续状态的，从犯罪行为终了之日起计算。

(四) 追诉时效的中断

追诉时效的中断，即在追诉期限以内又犯罪的，前罪的追诉时效便中断，其追诉时效从后罪成立之日起重新计算。亦即在 A 罪追诉期间内犯 B 罪，A 罪追诉时效从犯 B 罪之日起算。

（五）追诉期限的终点（破案之后，不再考虑时效）

追诉时效的终止时间，应当以司法机关侦破案件亦即确定犯罪嫌疑人之日，或者自诉案件受理案件之日为准。亦即，侦破案件确定犯罪嫌疑人从而对其立案之日，自诉案件以人民法院受理案件确定被告人之日以后，即使没有抓获犯罪人，也不再考虑时效问题。

（六）超过追诉期限的法律后果

一般犯罪，不再追诉。法定最高刑为无期徒刑、死刑的，超过 20 年以后认为必须追诉的，须报请最高人民检察院核准。

规范依据

《刑法》

第 87 条　犯罪经过下列期限不再追诉：

（一）法定最高刑为不满五年有期徒刑的，经过五年；

（二）法定最高刑为五年以上不满十年有期徒刑的，经过十年；

（三）法定最高刑为十年以上有期徒刑的，经过十五年；

（四）法定最高刑为无期徒刑、死刑的，经过二十年。如果二十年以后认为必须追诉的，须报请最高人民检察院核准。

第 88 条　在人民检察院、公安机关、国家安全机关立案侦查或者在人民法院受理案件以后，逃避侦查或者审判的，不受追诉期限的限制。

被害人在追诉期限内提出控告，人民法院、人民检察院、公安机关应当立案而不予立案的，不受追诉期限的限制。

第 89 条　追诉期限从犯罪之日起计算；犯罪行为有连续或者继续状态的，从犯罪行为终了之日起计算。

在追诉期限以内又犯罪的，前罪追诉的期限从犯后罪之日起计算。

案例评价

[案例 11-17] 朱某志交通肇事案① **（追诉期限是否适用从旧兼从轻原则）**

1. 基本案情

1993 年 9 月 9 日晚，货主焦某生支付运费 400 元让朱某志和付某豪开车

---

① 最高人民法院刑事审判第一、二庭．刑事审判参考：2002 年第 3 辑．北京：法律出版社，2002：1-7．

从驻马店至泌阳县城给其运送化肥15吨。货运到后，焦某生以少11袋化肥为由要求朱某志、付某豪以运费抵偿损失，朱某志、付某豪不同意，双方为此争执不下。后朱某志、付某豪二人趁焦某生去找人卸化肥之机，由朱某志驾车逃跑，被给焦某生看门市部的易某峰发现。易某峰即随后追赶并冲到车前意欲拦车。由于当时雨下得很大，朱某志在发现不及时和紧急刹车失灵的情况下，将易某峰撞死，朱某志、付某豪逃逸。

1993年9月10日5时20分，死者易某峰的哥哥易某伦到泌阳县交警队报案，公安机关决定立案，但之后没有对朱某志采取拘传、取保候审、监视居住、拘留等任何强制措施。1999年3月24日，泌阳县公安局将朱某志刑事拘留。

2. 涉案问题

朱某志实施交通肇事行为发生在1993年9月10日，公安机关刑事拘留其的时间是1999年3月24日，距其交通肇事之日已超过5年。

朱其志系交通肇事后逃逸，根据行为当时（1993年）的刑法即1979年《刑法》第113条和1987年8月21日最高人民法院、最高人民检察院《关于严格依法处理道路交通肇事案件的通知》第1条第1、3项规定，应处"三年以下有期徒刑或拘役"的法定刑幅度；追诉时效是5年。但是，根据刑事拘留时（1999年）的刑法即现行《刑法》第133条的规定，应处"三年以上七年以下的有期徒刑"的法定刑幅度；追诉时效是10年。

问题是：追诉期限是否适用从旧兼从轻原则？

3. 裁判理由

法院经公开审理后认为，公诉机关指控朱某志犯故意杀人罪证据不足，起诉指控的罪名不能成立，不予支持。被告人为摆脱运输纠纷，违反《道路交通管理条例》（1988年发布实施，现已失效）"必须遵守右侧通行"的规定，驾车从路的左侧行驶，撞死突然冲到车前拦车的易某峰。朱某志在明知可能发生了"事故"的情况下，为逃避责任而逃逸，致使事故责任无法查明，根据国务院《道路交通事故处理办法》（1991年发布，现已失效）第20条"当事人逃逸……使交通事故责任无法认定的，应当负全部责任"的规定，朱某志应负事故的全部责任。

被告人的交通肇事行为发生在1993年9月10日，根据《刑法》第12条的规定，应适用当时的法律追究其刑事责任。依照1979年《刑法》第76条、第77条和第78条、第133条和1987年8月21日最高人民法院、最高人民检察院《关于严格依法处理道路交通肇事案件的通知》第1条第1、3项的规定，朱某志具体肇事行为的追诉时效应为5年。由于公安机关刑事拘留朱某志的时间是1999年3月24日，距其交通肇事之日已超过5年，其间又没有对其采取拘传、取保候审、监视居住、拘留等任何一种强制措施，因此，不应再追究其刑事责任。依照《刑事诉讼法》（1996年）第15条第2项和最高人民法院《关于执行〈中华人民共和国刑事诉讼法〉若干问题的解释》（已失效）第176条第8项的规定，法院裁定本案终止审理。

4. 评析意见

本案在追诉时效计算方面，涉及两个问题：一是行为人在公安机关立案后逃避侦查的，是否不受时效限制？二是如果受时效限制，新旧刑法对期限规定不一致的，是否适用从旧兼从轻原则？

第一个问题即是否不受时效限制，其实也涉及从旧兼从轻问题。1979年《刑法》规定不受追诉期限限制的条件为司法机关"采取强制措施后"，而现行刑法规定为司法机关"立案侦查或者在人民法院受理案件以后，逃避侦查或者审判的"。本案中行为人虽是在公安机关立案后逃避侦查，但并未被司法机关采取强制措施。故而，依照行为时的旧法即1979年《刑法》，其要受追诉期限限制；而依审判时的现行刑法，则其不受追诉期限限制。1997年9月25日通过的最高人民法院《关于适用刑法时间效力规定若干问题的解释》第1条规定："对于行为人1997年9月30日以前实施的犯罪行为，在人民检察院、公安机关、国家安全机关立案侦查或者在法院受理案件以后，行为人逃避侦查或者审判，超过追诉期限或者被害人在追诉期限内提出控告，人民法院、人民检察院、公安机关应当立案而不予立案，超过追诉期限的，是否追究行为人的刑事责任，适用修订前的刑法第七十七条的规定。"由此，本案要受追诉期限限制。

同时，前述司法解释的精神，也是认为追诉时效应适用从旧兼从轻原则。在第二个问题上，即新旧刑法对期限规定不一致的，也应适用从旧兼从轻原则。本案行为人被采取强制措施时，距其交通肇事行为之日已超过5年，经过了1979年《刑法》规定的追诉期限，从而其不可再追诉。

案例索引

［案例6-1］姜某抢劫案（已满14周岁不满16周岁的未成年人能否成为转化型抢劫罪的主体的问题）⋯⋯⋯⋯⋯⋯⋯⋯⋯⋯⋯⋯ 7
［案例6-2］关于对未成年人适用无期徒刑的问题⋯⋯⋯⋯⋯⋯⋯⋯ 9
［案例6-3］引发"刑事责任年龄是否应该下调"争议的案例 ⋯⋯⋯ 13
［案例6-4］李某故意杀人案（精神病人刑事责任的认定）⋯⋯⋯⋯ 21
［案例6-5］阿某故意杀人案（限制责任能力精神病人的刑事责任）⋯ 23
［案例6-6］梅某抢劫案（精神病人刑事责任能力的判断）⋯⋯⋯⋯ 25
［案例6-7］苏某、王某敲诈勒索案（盲人刑事责任的认定）⋯⋯⋯ 31
［案例6-8］房某故意杀人案（醉酒状态犯罪的量刑问题）⋯⋯⋯⋯ 34
［案例6-9］彭某故意杀人案（吸食毒品的刑事责任认定）⋯⋯⋯⋯ 37
［案例6-10］傅某以危险方法危害公共安全案（吸毒后驾车肇事的刑事责任）⋯⋯⋯⋯⋯⋯⋯⋯⋯⋯⋯⋯⋯⋯⋯⋯⋯⋯⋯⋯⋯⋯ 38
［案例6-11］李某故意杀人案（吸食毒品后杀人的刑事责任）⋯⋯ 40
［案例6-12］黄某故意杀人案（吸食毒品后杀人的量刑情节问题）⋯ 40
［案例6-13］赵某华非法持有枪支案⋯⋯⋯⋯⋯⋯⋯⋯⋯⋯⋯⋯ 45
［案例6-14］石某伟绑架人质强迫杀人案（受胁迫参与犯罪行为的受害人是否构成犯罪）⋯⋯⋯⋯⋯⋯⋯⋯⋯⋯⋯⋯⋯⋯⋯⋯ 50
［案例7-1］曹某故意杀人案⋯⋯⋯⋯⋯⋯⋯⋯⋯⋯⋯⋯⋯⋯⋯ 60
［案例7-2］周某票据诈骗（未遂）案⋯⋯⋯⋯⋯⋯⋯⋯⋯⋯⋯ 61
［案例7-3］曾某、黄某保险诈骗、故意伤害案⋯⋯⋯⋯⋯⋯⋯⋯ 62
［案例7-4］朱某销售假冒注册商标的商品案⋯⋯⋯⋯⋯⋯⋯⋯⋯ 64
［案例7-5］张甲等抢劫案⋯⋯⋯⋯⋯⋯⋯⋯⋯⋯⋯⋯⋯⋯⋯⋯ 71
［案例7-6］蒲某抢劫（预备）案⋯⋯⋯⋯⋯⋯⋯⋯⋯⋯⋯⋯⋯ 72
［案例7-7］黄某等抢劫（预备）案⋯⋯⋯⋯⋯⋯⋯⋯⋯⋯⋯⋯ 73
［案例7-8］白某、肖某绑架案⋯⋯⋯⋯⋯⋯⋯⋯⋯⋯⋯⋯⋯⋯ 84
［案例7-9］杨某销售假冒注册商标的商品案⋯⋯⋯⋯⋯⋯⋯⋯⋯ 86
［案例7-10］朱某等制造、贩卖毒品案⋯⋯⋯⋯⋯⋯⋯⋯⋯⋯⋯ 92

[案例 7-11] 农某组织他人偷越国（边）境案 …………………………………… 94
[案例 7-12] 王某等组织出卖人体器官案 ……………………………………… 96
[案例 7-13] 张某贩卖淫秽物品牟利案 ………………………………………… 98
[案例 7-14] 花某盗窃案 ………………………………………………………… 99
[案例 7-15] 胡某、张甲等故意杀人、运输毒品案 …………………………… 103
[案例 7-16] 张某拐卖妇女案 …………………………………………………… 104
[案例 7-17] 孙某等盗掘古墓葬罪 ……………………………………………… 107
[案例 7-18] 王某绑架案 ………………………………………………………… 109
[案例 7-19] 吴某绑架案 ………………………………………………………… 110
[案例 7-20] 弓某抢劫案 ………………………………………………………… 112
[案例 7-21] 穆某抢劫案 ………………………………………………………… 114
[案例 7-22] 谷某抢劫案 ………………………………………………………… 115
[案例 7-23] 唐某、杨某强奸案 ………………………………………………… 115
[案例 7-24] 张甲、张乙强奸案 ………………………………………………… 117
[案例 7-25] 孙某、濮某等绑架、抢劫、故意杀人案 ………………………… 122
[案例 7-26] 刘某盗窃案 ………………………………………………………… 127
[案例 7-27] 俞某绑架案 ………………………………………………………… 127
[案例 7-28] 王某、邵某抢劫、故意杀人案 …………………………………… 130
[案例 7-29] 白某、肖某绑架案 ………………………………………………… 131
[案例 7-30] 李某抢劫、故意杀人案 …………………………………………… 133
[案例 7-31] 郭某故意杀人案 …………………………………………………… 135
[案例 7-32] 夏某、张某抢劫案 ………………………………………………… 135
[案例 7-33] 黄某等教唆故意伤害案 …………………………………………… 150
[案例 7-34] 张某等强奸、强制猥亵妇女案 …………………………………… 152
[案例 7-35] 韩某等抢劫、强奸案 ……………………………………………… 152
[案例 7-36] 刘某等抢劫案 ……………………………………………………… 154
[案例 7-37] 朱某强奸、故意杀人案 …………………………………………… 157
[案例 8-1] 李某强奸案（共同犯罪的主体要件） …………………………… 164
[案例 8-2] 陈某、金大某等盗窃案（事前通谋的认定） …………………… 166
[案例 8-3] 侯某等抢劫案（承继的共同正犯） ……………………………… 178
[案例 8-4] 包某等故意伤害、抢劫案（教唆犯的成立） …………………… 197
[案例 8-5] 刘某等金融凭证诈骗案（帮助犯故意的认定） ………………… 200
[案例 8-6] 高某盗窃案（无身份者与有身份者共同犯罪） ………………… 209
[案例 8-7] 王某等故意伤害案（实行过限的认定） ………………………… 218
[案例 8-8] 郭某抢劫案（共犯与加重结果） ………………………………… 220

［案例 8-9］黄某等故意伤害案（教唆犯中止的认定） ………………… 228
［案例 8-10］张某等强奸、强制猥亵妇女案（共同正犯的中止） ……… 231
［案例 8-11］王建某、王强某等故意杀人、抢劫案（对多名主犯如何
区别量刑） …………………………………………………… 238
［案例 8-12］宋某运输毒品案（主犯与死刑适用） ……………………… 242
［案例 8-13］廉明某等贩卖毒品案（犯罪集团的认定） ………………… 244
［案例 8-14］唐某、童某强奸案（从犯的认定） ………………………… 255
［案例 8-15］俞某、戴某故意杀人案（从犯的认定和处罚） …………… 257
［案例 8-16］薛某、王某放火案（胁从犯的认定） ……………………… 262
［案例 8-17］吴某故意伤害案 ……………………………………………… 269
［案例 9-1］某市新客派公司、王某虚开增值税专用发票案（一人公司
能否成为单位犯罪的主体） ………………………………… 283
［案例 9-2］某市陆港实业发展有限公司等走私案（单位职能部门能否
成为单位犯罪的主体） ……………………………………… 286
［案例 9-3］王甲、王乙等走私普通货物案（以单位名义走私，大部分
违法所得去向不明，是单位犯罪还是个人犯罪？） ……… 291
［案例 9-4］马甲等贷款诈骗案（单位实施贷款诈骗行为如何处理） …… 294
［案例 9-5］陈某纬等非法经营案（为违法犯罪而设立单位实施犯罪的，
不以单位犯罪论处） ………………………………………… 296
［案例 9-6］某市匡达制药厂偷税案（单位犯罪直接负责的主管人员的
认定） ………………………………………………………… 304
［案例 9-7］吴某等虚开增值税专用发票案（单位犯罪直接责任人员的
认定） ………………………………………………………… 307
［案例 10-1］龚某、赵某等抢劫案（行为单数中多行为犯的认定） …… 320
［案例 10-2］陈某复制、贩卖淫秽物品牟利案（行为单数中选择性
行为的认定） ………………………………………………… 322
［案例 10-3］王某绑架案（结合犯中行为单数的认定） ………………… 324
［案例 10-4］亢某抢劫案（行为复数的认定） …………………………… 327
［案例 10-5］王某峰、王某生故意杀人、保险诈骗案（想象竞合的
认定） ………………………………………………………… 336
［案例 10-6］赖某爆炸案（法条竞合与想象竞合的区分） ……………… 338
［案例 10-7］夏某抢劫、破坏电力设备案（连续犯的认定） …………… 349
［案例 10-8］庄某等非法买卖枪支、贩卖毒品案（牵连关系的认定） … 352
［案例 10-9］谭某等强奸、抢劫、盗窃案（吸收关系的认定） ………… 355
［案例 10-10］俞某交通肇事案（数罪并罚的认定） …………………… 359

［案例 11-1］李甲故意杀人案（酌定情节的认定：民间矛盾、亲属
　　　　　　协助抓捕） ································· 370
［案例 11-2］俞某绑架案（绑架他人后又自动放弃继续犯罪的
　　　　　　如何量刑） ································· 375
［案例 11-3］闫某故意伤害案（将正在实施盗窃的犯罪分子追打致死的
　　　　　　刑罚裁量） ································· 379
［案例 11-4］秋某盗窃案（"刑罚执行完毕"的认定） ·············· 384
［案例 11-5］王某盗窃案（经传唤而投案） ······················ 389
［案例 11-6］张甲故意杀人案（"主要犯罪事实"的认定） ··········· 392
［案例 11-7］彭某贩卖、运输毒品案（"本人其他罪行"的认定） ····· 396
［案例 11-8］同某窝藏、盗窃案（揭发、提供线索型立功与自首、
　　　　　　坦白的界分） ······························· 402
［案例 11-9］梁某等贩卖、运输毒品案（协助抓捕型立功与供述
　　　　　　同案犯基本事实的区分） ····················· 405
［案例 11-10］张某、樊某抢劫、盗窃案（"重大犯罪嫌疑人"
　　　　　　 的认定） ································· 410
［案例 11-11］张某等走私普通货物案（一人犯数罪的并罚） ········ 414
［案例 11-12］王某等合同诈骗案（无期徒刑减刑后发现漏罪的并罚）··· 419
［案例 11-13］代某盗窃案（缓刑考验期内又犯新罪的并罚） ········ 424
［案例 11-14］王某被撤销缓刑案（撤销缓刑后的数罪并罚和先行
　　　　　　 羁押期间的折抵问题） ····················· 429
［案例 11-15］魏某云被减刑案（重大立功的减刑） ··············· 435
［案例 11-16］丁某军强奸抢劫、盗窃案（假释的撤销） ············ 441
［案例 11-17］朱某志交通肇事案（追诉期限是否适用从旧兼从轻
　　　　　　 原则） ··································· 444

后　　记

　　刑法学不是象牙塔里的学问，不能停留在理论推演上，其必须面对实务难题提出妥当的解决方案，将问题思考与体系思考完美地结合起来。本书的写作就是想在这方面作出一些尝试，即结合实务上的案例对刑法学上重要的原理和命题进行理论分析，展示实务争点、提炼裁判规则、辨析理论争议，尽可能为司法实务提供指导，而对于与实务联系相对不那么紧密的问题则略过。

　　本书的写作分工如下：

　　第一章　罪刑法定原则：车浩；

　　第二章　犯罪概念与犯罪构成：柏浪涛；

　　第三章　客观构成要件：柏浪涛；

　　第四章　主观构成要件：付立庆；

　　第五章　违法阻却事由：陈兴良；

　　第六章　责任阻却事由：王沛；

　　第七章　未完成形态：林维；

　　第八章　共同犯罪：周光权；

　　第九章　单位犯罪：沈琪；

　　第十章　罪数与竞合：劳东燕；

　　第十一章　刑罚的适用：方鹏。

　　本书是在陈兴良教授亲身参与和指导下完成的，他不仅对全书的篇章结构、写作体例、案例选择等精心筹划，而且对各位作者提交的初稿逐一进行审阅，提出很多具体修改意见，从而确保了本书的质量。

　　本书是合作完成的作品，各位作者都在教学科研任务极其繁重的情形下，在很短的时间内保质保量地完成其所承担的写作任务，贡献了自己的智慧，非常值得钦佩。

　　此外，本书能够顺利出版，需要特别感谢柏浪涛教授。与所有作者的联系、收集稿件进行初审等烦琐工作都由他完成，为此，陈兴良教授特别嘱咐我在后记中要对柏浪涛教授所付出的辛劳表示敬意和谢意！

近年来，我国刑法学发展呈现出一片繁荣景象，无论是教科书还是专题著作都为数不少；但是，结合实务上处理的真实案件深度阐述刑法理论的著作在我国目前还非常欠缺，本书的出版其实只是在这方面开了一个头，我非常期待今后有更多相关著作面世。如果本书能够为未来的类似研究提供一个参照物，能够为司法实务提供一些借鉴和指导，我们的写作目标也就算达到了。

周光权

2022 年 3 月于清华园

图书在版编目（CIP）数据

案例刑法研究：总论.下卷/陈兴良主编.--2版
.--北京：中国人民大学出版社，2022.5
（中国刑法司法适用疑难问题研究丛书/陈兴良，
周光权总主编）
ISBN 978-7-300-30554-7

Ⅰ.①案… Ⅱ.①陈… Ⅲ.①刑法－案例－中国
Ⅳ.①D924.05

中国版本图书馆CIP数据核字（2022）第062714号

中国刑法司法适用疑难问题研究丛书
总主编　陈兴良　周光权

案例刑法研究（总论）（下卷）（第二版）
主　编　陈兴良
副主编　周光权
Anli Xingfa Yanjiu（Zonglun）

出版发行	中国人民大学出版社		
社　　址	北京中关村大街31号	邮政编码	100080
电　　话	010-62511242（总编室）	010-62511770（质管部）	
	010-82501766（邮购部）	010-62514148（门市部）	
	010-62515195（发行公司）	010-62515275（盗版举报）	
网　　址	http://www.crup.com.cn		
经　　销	新华书店		
印　　刷	涿州市星河印刷有限公司		
开　　本	720 mm×1000 mm　1/16	版　次	2020年10月第1版
			2022年5月第2版
印　　张	28.5 插页1	印　次	2024年11月第3次印刷
字　　数	522 000	定　价	258.00元（上、下卷）

版权所有　　侵权必究　　印装差错　　负责调换